Jyri Hasecker
Quellen zur päpstlichen Pressekontrolle
in der Neuzeit (1487-1966)

Römische Inquisition und Indexkongregation

herausgegeben von
Hubert Wolf

Bd. 19

2017
FERDINAND SCHÖNINGH

Jyri Hasecker

QUELLEN ZUR PÄPSTLICHEN PRESSEKONTROLLE IN DER NEUZEIT (1487-1966)

2017
FERDINAND SCHÖNINGH

Gedruckt mit freundlicher Unterstützung der Deutschen Forschungsgemeinschaft
(Mittel des Gottfried Wilhelm Leibniz-Preises)

Titelabbildung:
Antonio Grecolini (Vorlage) und Girolamo Rossi (Stich):
Der Triumph der Kirche über die Häresie, aus: Mario Guarnacci, Vitae et res gestae
pontificum Romanorum et S.R.E. cardinalium, Rom 1751, Bd. 2, Sp. 369f.
(Bibliotheca Hertziana – Max-Planck-Institut für Kunstgeschichte)

Bibliografische Information der Deutschen Nationalbibliothek

Die Deutsche Nationalbibliothek verzeichnet diese Publikation in der Deutschen
Nationalbibliografie; detaillierte bibliografische Daten sind im Internet über
http://dnb.d-nb.de abrufbar.

(Verlag Ferdinand Schöningh GmbH & Co. KG, Jühenplatz 1, D-33098 Paderborn)

Internet: www.schoeningh.de

Einbandgestaltung: Anna Braungart, Tübingen
Printed in Germany.
Herstellung: Ferdinand Schöningh GmbH & Co. KG, Paderborn

ISBN 978-3-506-78566-4

Inhaltsverzeichnis

Vorwort des Reihenherausgebers

»Gewiss kann man durchs Bücherlesen ohne Schwierigkeit Bildung erwerben und die Technik des Buchdrucks … hat den Menschen vielerlei Vorteile gebracht, da nun mit wenig Aufwand eine riesige Anzahl von Büchern zur Verfügung steht, mit denen sich die Begabten sehr bequem in das wissenschaftliche Studium einarbeiten können.« Diese Formulierungen finden sich in einem der ersten Pressegesetze der katholischen Kirche, in der Bulle »Inter sollicitudines« Papst Leos X. vom 4. Mai 1515, die auf dem 5. Laterankonzil verlesen wurde.

Gleichzeitig machten dem Papst aber schlimme Bücher Sorgen, in »denen Glaubensirrtümer oder gefährliche Lehren enthalten sind oder der christlichen Religion widersprechen«. Deshalb schärfte er die Präventivzensur ein, nach der Bücher nur nach vorhergehender Prüfung durch die kirchliche Obrigkeit gedruckt werden dürfen. Diese hatte Innozenz VIII. im ersten kirchlichen Pressegesetz, der Bulle »Inter multiplices« vom 17. November 1487, verbindlich vorgeschrieben. Kirchliche Zensur und Aufsicht über Drucker und Autoren sollte verhindern, dass die »segensreiche Erfindung« des Buchdrucks in ihr Gegenteil verkehrt und zusammen »mit der guten Saat auch Dornengestrüpp aufwachse oder der Arznei Gift beigemischt werde«.

Wenn vom Umgang der katholischen Kirche mit der Erfindung Johannes Gutenbergs die Rede ist, kommt meistens nur die schwarze Liste des Vatikan, der berühmt-berüchtigte »Index librorum prohibitorum« in den Blick, der als Liste mit einzelnen verbotenen Büchern aufgefasst wird. Aber schon der Index ist weit mehr als ein Buchkatalog, er ist im Grunde ein kirchliches Pressegesetz mit universalem Anspruch – und er ist keineswegs nicht die einzige rechtliche Regelung dieser Gattung. Dabei darf der Begriff »Presse« nicht im modernen, verengten Wortsinn von Zeitungen und Zeitschriften verstanden, sondern seine ursprüngliche Bedeutung muss in Erinnerung gerufen werden: als Neutrum des Partizips Perfekt »pressum« von premere, das pressen und drücken bedeutet, sich auf den Druckvorgang in Druckerpressen bezieht und deshalb alle Druckerzeugnisse meint.

Im Zuge des von der Deutschen Forschungsgemeinschaft finanzierten Langfristvorhabens zur römischen Buchzensur wurde rasch klar, dass es eine Vielzahl kirchlicher Erlasse, Dekrete, Konstitutionen, Regeln und Beschlüsse gibt, die man unter dem Titel »Pressegesetze« zusammenfassen kann. Es wurde aber auch klar, dass es bislang keine brauchbare Sammlung dieser wichtigen Quellen gibt.

Herr Dr. Jyri Hasecker, langjähriger Mitarbeiter im Münsteraner Indexprojekt und ausgewiesener Kenner der römischen Archive, der einschlägigen päpstlichen Gesetzgebung und der umfangreichen Forschungsliteratur, hat sich der jahrelangen Mühe unterzogen, alle einschlägigen Texte zu sammeln, sie mitunter auch erst mühsam aufzuspüren und sie in einer kritischen Edition vorzulegen. Besonders dankbar wird der heutige Benutzer für die präzisen und gut lesbaren Übersetzungen der lateinischen und italienischen Texte ins Deutsche und die knappe, äußerst instruktive Einleitung sein, die die einzelnen Quellen gekonnt in das äußerst komplexe Koordinatensystem kirchlicher Pressegesetzgebung einordnet.

Insgesamt werden neunundsechzig Quellen zum System päpstlicher Pressekontrolle in der Neuzeit geboten. Sie beginnen mit »Inter multiplices« Innozenz' VIII. von 1487 und enden mit »Integrae servandae«, dem Motuproprio, mit dem Paul VI. 1965 den »Index der verbotenen Bücher« aufhob. Die Dokumente sind in drei Kategorien aufgeteilt, in Pressegesetze für die Gesamtkirche, Pressegesetze für Rom und den Kirchenstaat und Normen für die Organisation der römischen Zensurbehörden. Die klare Gliederung macht die Quellen leicht benutzbar.

Der Band wird künftig ein unverzichtbares Hilfsmittel für Zensurforscher sein. Er ist aber auch für interessierte Laien und Studierende leicht benutzbar, wenn sie sich für die katholische Kontrolle des Druckmarktes interessieren.

Als Projektleiter des Münsteraner Indexprojekts danke ich Jyri Hasecker herzlich, dass er neben der Belastung durch die Grundlagenforschung des 16. und 17. Jahrhunderts die Bearbeitung dieses Bandes übernommen hat. Ich wünsche dieser wichtigen Quellensammlung zahlreiche Benutzer, die sie wirklich verdient. Denn wenn für ein Werk die Aussagen von »Inter sollicitudines« Leos X. von 1515 zutreffen, dann für dieses Werk: Man kann tatsächlich »ohne Schwierigkeit Bildung erwerben« und sich »mit wenig Aufwand eine riesige Anzahl« von Informationen zur kirchlichen Pressekontrolle verschaffen, »mit denen sich die Begabten sehr bequem in das wissenschaftliche Studium« der römischen Buchzensur »einarbeiten können«.

Münster in Westfalen, am 17. September 2016, dem Gedenktag des Bischofs, Kirchenlehrers und Inquisitors Robert Bellarmin
Hubert Wolf

Vorwort des Autors

Dieses Buch ist entstanden im DFG-Langfristvorhaben »Römische Inquisition und Indexkongregation in der Neuzeit, 1542–1966«. Unter der Leitung des Kirchenhistorikers Hubert Wolf (Westfälische Wilhelms-Universität, Münster) erforscht dieses Projekt die Bücherzensur der römischen Kurie in theologisch-historischer Perspektive. Das vorliegende Buch ist das Ergebnis eines im Förderantrag unter dem Arbeitstitel »Dokumente zur Römischen Buchzensur« beantragten Einzelprojekts, das im Rahmen des Langfristvorhabens von 2010 bis 2012, drei Jahre lang, von der Deutschen Forschungsgemeinschaft im Umfang einer halben Mitarbeiterstelle und mit Reisemitteln gefördert wurde. Ich habe dieses Vorhaben parallel zu meinen weiteren Aufgaben in dem Münsteraner Langfristvorhaben durchgeführt, nach Ablauf der dreijährigen Förderung erfolgte die Fertigstellung großenteils in Privatarbeit.

Dass ich dieses Buch schließlich zur Publikationsreife bringen konnte, habe ich der gedeihlichen Unterstützung einer ganzen Reihe von Personen und Institutionen zu verdanken, denen ich hier im Einzelnen meinen Dank aussprechen möchte.

Mein erster Dank gebührt dem Projektleiter, Herrn Professor Dr. Hubert Wolf, der mein Einzelprojekt im Jahr 2009 wohlwollend in den für das Langfristvorhaben fälligen Fortsetzungsantrag integrierte. Der Projektleiter räumte mir bei der Durchführung des Vorhabens alle nötigen Freiheiten ein und ließ mich an der exzellenten Forschungsumgebung des von ihm geleiteten Seminars für Mittlere und Neuere Kirchengeschichte teilhaben. Zu der ausgezeichneten Ausstattung gehört die Abteilung für Wissenschaftskommunikation und -management, die in Person von Dr. Barbara Schüler und Dr. Holger Arning auch die Drucklegung dieses Bands fachkundig begleitete. Zu Beginn der editorischen Arbeiten erhielt ich außerdem Unterstützung durch die studentischen Mitarbeiter des Langfristvorhabens: Michael Ballhausen, Jasper Berg, Mirjam Meyer, Barbara Reuver, Verena Smit, Kathrin Söllner und Florian Warnsloh fertigten von einigen Quellen erste Transkriptionen an. Bei allen organisatorischen Fragen konnte ich stets auf die Hilfe und den kompetenten Rat von Dr. Thomas Bauer (Geschäftsführung des Seminars) und Maria Schmiemann (Sekretariat) zählen. Katharina Hörsting von der Firma Zeilenform (Dülmen) danke ich für die Herstellung des Drucksatzes.

Für die über viele Jahre erlebte freundschaftliche Arbeitsatmosphäre, die vielen anregenden Gespräche und nicht zuletzt Hilfestellungen bei der italienischen Korrespondenz danke ich meinen direkten Münsteraner Projekt-Kolleginnen und Kollegen Dr. Andreea Badea, Dr. Thomas Brockmann, Dr. Bruno Boute, Hedwig Rosenmöller, Dr. Judith Schepers und Florian Warnsloh. Ausdrücklich danken möchte ich außerdem den Archiven und Bibliotheken, in denen ich das Material für diese Edition zusammengetragen habe, allen voran der Biblioteca Apostolica Vaticana, der Biblioteca Casanatense, dem Archivio della Congregazione per la Dottrina della Fede sowie dem Archivio Segreto Vaticano. Mein ganz besonderer Dank gilt schließlich Prof. Dr. Bernward Schmidt und Dr. Maria Pia Lorenz-Filograno. Beide haben die nicht gerade kurze Einleitung zu dieser Edition im Manuskript aufmerksam gelesen und ihre kritischen Anmerkungen dazu gegeben.

Seit ich mit den ersten Vorarbeiten zu diesem Buch begann, sind sechs Jahre vergangen. Hätte ich am Anfang schon vorausgesehen, wie lang die Strecke wirklich ist, die vor mir liegt, hätte ich mich möglicherweise für ein anderes Vorhaben entschieden. Auch weil eine Edition als akademische Kapitalanlage im Vergleich bekanntlich deutlich weniger Rendite abwirft als eine Monografie. Umso mehr hoffe ich darauf, dass dieses Buch als das aufgenommen wird, was es sein will: eine Handreichung an alle diejenigen, die sich die normativen Grundlagen der neuzeitlichen kirchlichen Zensur quellennah erschließen möchten.

Münster in Westfalen, Ostern 2016
Jyri Hasecker

I. Einleitung

1. Ziele und Anlage der Edition

Die seit dem Beginn dieses Jahrtausends im Gang befindliche Medienrevolution hat eine intensive Debatte über neue, den digitalen Medien angemessene Formen der Kontrolle entfacht. Im Zuge dessen hat auch das Interesse der historischen Forschung an Fragen der Zensur und ihren Institutionen und Normen deutlich zugenommen. Wird dabei nach historischen Analogien zu der heutigen Entwicklung gesucht, gerät die Frühe Neuzeit in den Blick, jene Epoche also, an deren Anfang um 1500 die Erfindung des Buchdrucks die erste Medienrevolution auslöste und an deren Ausklang sich mit dem Aufkommen des modernen Zeitungswesens Mitte des 18. Jahrhunderts ein neues, von Massenmedien geprägtes Zeitalter ankündigte.[1] Überall dort, wo die Erfindung Gutenbergs Fuß fasste, erlebte diese Epoche die Ausbildung neuer obrigkeitlicher Kontrollmittel sowohl rechtlicher als auch institutioneller Art. An diese formative Phase schloss sich eine Kernzeit an, in der sich die obrigkeitlichen Kontrollmittel etablierten und stabilisierten. Vor den Herausforderungen des modernen Pressewesens ging diese Phase schließlich in eine Zeit des Wandels und der Anpassung über, die sich vielerorts bis weit ins 19. Jahrhundert hinzog.

Wenn in Bezug auf diese rund drei Jahrhunderte von obrigkeitlicher Zensur bzw. Pressekontrolle (zur Begrifflichkeit s. u.) die Rede ist, muss neben der staatlich-weltlichen Gewalt die Rolle der Kirche bzw. der Geistlichkeit immer mit berücksichtigt werden. In den Ländern und Territorien, die während der Reformation beim alten Glauben blieben, war es sogar in erster Linie die kirchliche Gewalt, die die Kontrolle über das Druckwesen für sich reklamierte und sich dabei lange Zeit auch relativ selbständig neben der weltlichen Gewalt behaupten konnte.

---

[1] Vgl. z. B. die Sammelbände: Gigliola Fragnito (Hg.), Adrian Belton (Übers.), Church, Censorship and Culture in Early Modern Italy, Cambridge 2001; Hubert Wolf (Hg.), Inquisition, Index, Zensur. Wissenskulturen der Neuzeit im Widerstreit (Römische Inquisition und Indexkongregation 1), Paderborn u. a. 2001; Edoardo Tortarolo (Hg.), Censorship in Early Modern Europe (Journal of Modern European History III/1), München 2005; Wilhelm Haefs, York-Gothart Mix (Hg.), Zensur im Jahrhundert der Aufklärung. Geschichte – Theorie – Praxis (Das achtzehnte Jahrhundert. Supplementa 12), Göttingen 2007; Hubert Wolf (Hg.), Verbotene Bücher. Zur Geschichte des Index im 18. und 19. Jahrhundert (Römische Inquisition und Indexkongregation 11), Paderborn u. a. 2008; Ludolf Pelizaeus, Franz Stephan Pelgen (Hg.), Kontrolle und Nutzung. Medien in geistlichen Gebieten Europas 1680–1800 (Mainzer Studien zur neueren Geschichte 28), Frankfurt/Main u. a. 2011; Hubert Wolf (Hg.), Inquisition und Buchzensur im Zeitalter der Aufklärung (Römische Inquisition und Indexkongregation 16), Paderborn u. a. 2011.

Die nachhaltigsten Impulse zur kirchlichen Pressekontrolle gingen von der Kirchenleitung in Form des Papsttums aus. Dem erstmals 1558/59 und zuletzt 1948 von Rom herausgegebenen »Index der verbotenen Bücher« kommt hierbei eine herausragende Bedeutung zu. Der Index enthält in allen seinen Ausgaben nicht nur die namensgebende Liste mit Büchern und Autoren, deren Besitz und Lektüre kraft päpstlicher Autorität allen Gläubigen untersagt war. Die Indizes enthalten darüber hinaus auch allgemeine Rechtsvorschriften zur Ordnung der Zensurverhältnisse in der Gesamtkirche. Welche kirchlichen Instanzen dürfen Druckgenehmigungen erteilen und Bücherverbote aussprechen? Wie sind die Kompetenzen zwischen ortskirchlichen (diözesanen) und zentralen (römischen) Instanzen auf dem Gebiet der Pressekontrolle verteilt? Welche Normen sind von den kirchlichen Zensoren bei der Begutachtung von Büchern und Schriften anzuwenden? Welche Sonderregeln gelten für den Kirchenstaat, wo der Papst als Souverän auch die weltliche Gewalt innehat? Fragen dieser Art werden von den allgemeinen, meist im Vorspann der Index-Ausgaben abgedruckten Vorschriften behandelt, die seit dem Ende des 16. Jahrhunderts auch als »Indexregeln« bezeichnet werden.

In diesen »Regeln« und Rahmengesetzen erst manifestiert sich der eigentliche Charakter des Index. Der Index stellte weit mehr dar als einen Katalog verbotener Bücher. Seinem Anspruch nach war er ein universales, das heißt in der gesamten (katholischen) Kirche unmittelbar geltendes, gegenüber der weltlich-staatlichen Sphäre autonomes Pressegesetz. Das Ziel war die Unterwerfung des geschriebenen und gedruckten Wortes (wie übrigens auch des gedruckten Bildes) unter ein universales, nach den päpstlich-römischen Entwürfen geordnetes Kontrollsystem, dessen Grundzüge und Entwicklungen die vorliegende Edition im Spiegel der zentralen normativen Quellen vorzustellen beabsichtigt.

Die Entscheidung darüber, welche Dokumente das Leitkriterium der Zentralität erfüllen und in diese Edition aufgenommen werden, ergab sich in erster Linie aus der eigenen Forschungspraxis. Wer sich in wissenschaftlicher Absicht mit Fragen der kirchlichen Zensur und ihren rechtlichen Grundlagen im katholischen Europa beschäftigt, wird beim Studium der Quellen und Literatur immer wieder auf die hier versammelten päpstlichen Rahmengesetze zurückgeführt werden. Man könnte sogar sagen, das hier gelieferte Gesetzeskorpus konstituiert sich von selbst. Da nämlich die einzelnen Pressegesetze oft auf der älteren Legislation aufbauen, zeigen bereits die Zitate und Verweise in den Gesetzestexten die Umrisse des Normenkanons. Das Pressedekret des 5. Laterankonzils (Dok. A 2) wird beispielsweise von den Trienter Indexregeln (Dok. A 9) zitiert, diese werden wiederum zitiert von der Instructio Clemens' VIII. (Dok. A 13) usw.

Das der Auswahl zugrunde gelegte Kriterium der Zentralität schließt unvermeidlich den wissenschaftliche Editionen oft legitimierenden Originalitätsanspruch aus. So handelt es sich bei den hier gebotenen Quellen nur in Ausnahmen um vorher unveröffentlichtes Material. Im Gegenteil, viele der hier vereinten Dokumente wurden nach ihrer amtlichen Erstveröffentlichung (z. B. in einer

Index-Ausgabe, in einem Plakatedikt oder einem Separatdruck) dutzendfach in den bekannten kanonistischen, dogmatischen und historischen Quellenwerken nachgedruckt (wenn auch oft nicht in ihrer Gesamtlänge).[2] Gerade in Zeiten fortschreitender Digitalisierung von Archiv- und Bibliotheksbeständen, die leichten Zugriff auf die Original- und Nachdrucke der hier wiedergegebenen Texte ermöglicht, stellt sich deshalb die Frage nach dem Wert eines solchen Unternehmens. Dieser liegt aus der Sicht des Bearbeiters einerseits in der kompakten Darbietung des vormals nur verstreut publizierten Materials. Denn nur in der hier erstmals ermöglichten Zusammenschau der Quellen werden die historischen Entwicklungen, welche das System päpstlicher Pressekontrolle durchlief, erkennbar. Auch dürfte einem mit der Materie weniger vertrauten Benutzer erst durch die hier geleistete Quererschließung, die den intertextuellen Verweisen in den Dokumenten nachgeht, die wechselseitige Abhängigkeit zwischen den einzelnen Rechtsvorschriften ersichtlich werden. Angesichts des in den vergangenen zwei Jahrzehnten rasant erweiterten Forschungsstands, auf den in einem folgenden Abschnitt noch einzugehen ist, erschien zudem eine Neubewertung mancher Stücke im Licht der neueren Erkenntnisse und Quellenfunde als sinnvoll.

2. Terminologie und periodischer Zuschnitt

Die im Titel dieses Buchs begegnende Begriffswahl bedarf einiger einleitender Erläuterungen. Wie aus den vorangegangenen Zeilen deutlich wurde, liegt der Schwerpunkt dieser Edition auf der Frühen Neuzeit, genauer: auf der Zeit von 1487, dem Jahr, in dem ein Papst zum ersten Mal ein gesamtkirchliches

[2] Zu nennen sind offiziöse Sammlungen wie etwa die päpstlichen Bullarien (hier benutzt v. a. BullLux und BullTaur) oder die von Kard. Pietro Gasparri verantwortete Belegsammlung für den Codex Iuris Canonici von 1917 (CICF) wie auch akademische Arbeiten wie Denzingers »Enchiridion Symbolorum« (DH) oder Carl Mirbts »Quellen zur Geschichte des Papsttums und des römischen Katholizismus« (hier eingesehen wurde die 5. Aufl. Tübingen 1934). Zeitlich näher an den Quellen sind die für Mitarbeiter der Inquisition vom 16. bis 18. Jahrhundert kompilierten Amtshandbücher, die ebenfalls die zu ihrer Zeit gültigen Vorschriften zur Pressekontrolle wiedergeben, vgl. z. B. den Abschnitt »Litterae Apostolicae«, in: Francisco Peña (Hg.), Nicolás Eymerich, Directorium inquisitorum […]. Cum commentariis Francisci Pegnae […]. In hac postrema editione iterum emendatum et auctum, et multis litteris apostolicis locupletatum, Rom: Ferrarius, 1587. Des Weiteren gibt die ältere Historiografie Dokumente und Aktenstücke wieder, die auch in dieser Edition erscheinen, so z. B. Francesco Antonio Zaccaria, Storia polemica delle proibizioni de' libri, Rom: Salomoni, 1777, passim; Joseph Hilgers, Der Index der verbotenen Bücher. In seiner neuen Fassung dargelegt und rechtlich-historisch gewürdigt, Freiburg/Breisgau 1904, S. 479–584; Franz Heinrich Reusch (Hg.), Die Indices librorum prohibitorum des sechzehnten Jahrhunderts (Bibliothek des Literarischen Vereins in Stuttgart 176), Tübingen 1886 (ND Leipzig 1936), S. 176–208, 243–281, 448–578. Über neuere Editionsvorhaben berichtet weiter unten Kapitel I.3.

Rahmengesetz zur Pressekontrolle erließ (Dok. A 1), bis zum Ende des Ancien Régime um 1800. Wenngleich in dieser Zeitspanne die Rolle der Kirche und des Papsttums durch so einschneidende Entwicklungen wie den Zerfall der Glaubenseinheit und die sich anschließende Konfessionalisierung, die Ausbildung der europäischen Staatenwelt, den Absolutismus und schließlich die Aufklärung mehrfach verschoben wurde, lassen sich von der Warte unseres Themas diese drei Jahrhunderte doch auf einen gemeinsamen Nenner bringen. Dank der Teilhabe der Kirche an der öffentlichen Gewalt, die Zwangsgewalt mit einschloss, waren die Durchsetzungsschancen päpstlicher Gesetze (nach der Glaubensspaltung freilich nur in den altgläubigen Ländern und Territorien) grundsätzlich gegeben, wenn auch je nach Land in ganz unterschiedlichem Ausmaß. Das hatte zur Folge, dass im Unterschied zu später die »Souveränität der katholischen Kirche über alle Formen verschriftlichten Wissens« (Wolf) auch ohne den gewissenhaften Konsens des einzelnen Gläubigen wirksam werden konnte.[3]

Dass hier zusätzlich zur Frühen Neuzeit die Entwicklung nach 1800 – gleichwohl nur ganz ausschnitthaft – mitberücksichtigt wird, dient dazu, die Eigenheiten des frühneuzeitlichen Systems päpstlicher Pressekontrolle durch Gegenüberstellung mit den modernen Normen stärker zu konturieren. Die Voraussetzung für eine solche Betrachtung im historischen Längsschnitt ist zum einen durch die institutionengeschichtliche Sonderstellung des Kirchenstaats gegeben. Im Unterschied zu den anderen geistlichen Wahlmonarchien (vgl. die deutschen Fürstbistümer und -abteien sowie den Staat des Johanniterordens auf Malta) wurde der Kirchenstaat bei der Neuordnung Europas durch den Wiener Kongress wiederhergestellt. Dadurch überdauerten im Kirchenstaat zum Teil die vormodernen Strukturen der Pressekontrolle bis zum endgültigen Untergang des Papststaats im Risorgimento (1870). In Bezug auf den Kirchenstaat stellt die Napoleonische Ära somit weniger eine Zäsur als eine zeitliche Fuge dar.

Zum anderen lädt die Langlebigkeit des Index selbst ein zum Blick über die Epochengrenzen des Fachs hinweg. Der Index und die »Indexregeln« überlebten die Epochenwende von 1800, obwohl beinahe überall die gesellschaftlich-politischen Rahmenbedingungen, in denen ein von der Kirche diktiertes Pressegesetz toleriert werden konnte, entfallen waren. Spätestens mit dem Zusammenbruch des Kirchenstaats war der Index nur noch Teil der kircheninternen Satzung. Nur für den Klerus war er noch disziplinarisch verbindlich, für den Laien allenfalls noch im Gewissen. Auf diesen elementaren Bedeutungswandel reagierte die Kirchenleitung um 1900 zwar mit einer gründlichen Reform des Index und der »Indexregeln« (Dok. A 29–30). Nichtsdestoweniger hielt sie mit dem Index auch im 20. Jahrhundert noch an einem vom Ansatz her frühneuzeitlichen Gesetz fest – bis zu seiner Abschaffung in den Jahren 1965/66 (Dok. A 32–33, C 13), die den zeitlichen Schlusspunkt dieser Edition setzt.

[3] Hubert WOLF, Index. Der Vatikan und die verbotenen Bücher, München 2007 (zuerst: 2006), S. 56.

Auch der Begriff »Pressekontrolle« gehört so, wie er hier angewendet wird, nicht zum Jargon des Faches. Abweichend vom allgemeinen deutschen Sprachgebrauch wird der Begriff »Presse« hier nicht nur zur Bezeichnung des modernen periodischen Schrifttums verwendet, sondern auf alle Arten von Druckerzeugnissen sowie auf die an deren Produktion und Distribution beteiligten Personen und Sachen ausgeweitet. Dem Begriff »Kontrolle« wurde dem in den vergangenen Jahren oft theoretisch überdehnten Begriff »Zensur« der Vorzug gegeben. Ist im Folgenden von Zensur die Rede, wird damit vornehmlich jener Teilaspekt der Pressekontrolle bezeichnet, der die inhaltliche Überprüfung von Presseerzeugnissen vor dem Druck (Vor- bzw. Präventivzensur) und nach dem Druck (Nach- bzw. Prohibitivzensur) durch die Obrigkeit betrifft.[4] Eine konsequente, künstliche Trennung der Begriffe »Zensur« und »Pressekontrolle« wurde im Darstellungsteil aber bewusst vermieden.

3. Stand der Forschung und Editionen

Einleitend wurde bereits auf das wachsende Interesse der historischen Forschung an zensurgeschichtlichen Themen hingewiesen. Dieser Trend, der neben der Geschichts- und Literaturwissenschaft auch die Theologie erfasst hat, erstreckt sich nicht zuletzt auf den hier interessierenden Bereich der päpstlichen Pressekontrolle. Als forschungsgeschichtliches Katalysator-Ereignis wirkte dabei die am 22. Januar 1998 inaugurierte Freigabe der historischen Archivbestände der Kongregation für die Glaubenslehre (ACDF), die vorher nur mit Sondergenehmigung konsultierbar gewesen waren.[5] Als Nachfolgebehörde verwahrt die »Glaubenskongregation« die historischen Aktenbestände der 1542 eingerichteten Kongregation der Hl. Römischen und Universalen Inquisition (im Folgenden: Sanctum Officium). Hinzu kommen – seit der Verschmelzung beider Dikasterien im Jahr 1917 (vgl. Dok. C 12) – die Bestände der 1571 gegründeten Indexkongregation. Die Archivöffnung ermöglichte somit einen Blick auf die zentrale Überlieferung jener beiden Einrichtungen der Römischen Kurie, bei denen seit Mitte des 16. Jahrhunderts die päpstliche Pressekontrolle hauptsächlich ressortierte.

4 Vor- und Präventivzensur bzw. Nach- und Prohibitivzensur werden im Folgenden jeweils synonym verwendet, der z. B. bei Breuer begegnenden sachlichen Unterscheidung der Begriffe wird hier nicht gefolgt: Dieter Breuer, Geschichte der literarischen Zensur in Deutschland, Heidelberg 1982, S. 19f.

5 Vgl. die aktuelle und kompakte Beschreibung der Archivbestände in: DSI 1, S. 89–91 (Art. »Archivi e serie documentarie: Vaticano«) von A. Del Col; ausführlicher: Francis X. Blouin (Hg.), Vatican Archives. An Inventory and Guide to Historical Documents of the Holy See. Supplement #1: The Archives of the Congregation for the Doctrine of the Faith, Ann Arbor 2003.

Die seitdem erschienenen Publikationen zum Thema, zu denen neben akademischen auch populäre Darstellungen zählen, sind in ihrer Gesamtheit schon jetzt – trotz einer Reihe guter Literaturberichte – nicht mehr überschaubar.[6] Die folgenden Absätze beschränken sich auf die Präsentation der wichtigsten Unternehmungen mit Material erhebendem Charakter, wobei der Stand nur so weit verfolgt wird, wie es zum Verständnis der Anlage und Ziele dieser Edition für notwendig erachtet wird.

Das erste von den drei großen Editions- und Erschließungsunternehmen, die hier zu nennen sind, reicht noch in die Zeit vor der Archivöffnung zurück. Koordiniert von dem kanadischen Renaissance-Fachmann Jesús María de Bujanda (Sherbrooke) entstand zwischen 1984 und 1996 die zehnbändige Edition »Index des livres interdits« (Im Folgenden: IdLI). Im Zentrum des Projekts standen die »nationalen« Kataloge verbotener Bücher, die im 16. Jahrhundert – mitunter noch vor Erscheinen des ersten römischen Index – in verschiedenen katholischen Ländern auf Befehl der geistlichen und weltlichen Obrigkeit zusammengestellt wurden, um den religiösen Dissens im eigenen Land zu unterdrücken. Im Einzelnen bietet Bujandas Werk in sieben Bänden die Indizes des 16. Jahrhunderts aus Frankreich, Flandern (Löwen, Antwerpen), Portugal und Spanien (Bd. 1–7). Die Bände 8 und 9 widmen sich, auch diesmal konzentriert auf das 16. Jahrhundert, dem römisch-universalen Index. Zusätzlich zu den drei Ausgaben von 1558/59 (Index Paulinus), 1564 (Index Tridentinus) und 1596 (Index Clementinus), die amtlich-offiziellen Status erlangten, werden dabei auch die drei nicht promulgierten Indizes von 1557, 1590 (Index Sixtinus) und 1593 (Index Sixto-Clementinus) in der Edition berücksichtigt.

Das 1996 durch ein Gesamtregister beschlossene Projekt wurde 2002 durch einen sich in der Anlage vom Rest der Reihe abhebenden Band zu den römischen Index-Ausgaben des 17. bis 20. Jahrhunderts ergänzt (Bd. 11). Im Unterschied zu den Bänden 8 und 9, die zusätzlich zu den nach modernen bibliografischen Richtlinien entschlüsselten Titeln der verbotenen Bücher jeweils auch vollständige Faksimiles der behandelten römischen Index-Ausgaben inklusive der Indexregeln liefern, ist Band 11 als ein analytischer Katalog konzipiert. Der Band enthält keine Faksimiles der Indizes nach 1596, sondern listet summarisch alle zwischen 1600 und 1966 von Rom verbotenen Bücher alphabetisch unter Angabe der Geltungsdauer des jeweiligen Bücherverbots auf. Die Indexregeln,

[6] Die Forschungsgeschichte ist kurz und präzise dargestellt in: Elisa REBELLATO, La fabbrica dei divieti. Gli Indici dei libri proibiti da Clemente VIII a Benedetto XIV (Il sapere del libro), Mailand 2008, S. 7–10. Über Neuerscheinungen der Jahre von 2007 bis 2012 informiert Marco CAVARZERE, Un cantiere aperto della storiografia religiosa: alcuni nuovi studi sulla censura in Italia, in: RSLR 48 (2012), S. 179–192. Ein Literaturbericht der 1980er Jahre benötigte für Vorstellung der einschlägigen Forschungen noch wenige Zeilen: Agostino BORROMEO, The Inquisition and Inquisitorial Censorship, in: John W. O'MALLEY (Hg.), Catholicism in Early Modern History. A Guide to Research (Reformation Guides to Research 2), Ann Arbor 1988, S. 253–272, hier: S. 265f. – Die ausführlichste und aktuellste Bibliografie zum Themenkomplex »Inquisition«, in den (für Italien, Spanien und Portugal gesprochen) auch die Pressekontrolle fällt, bietet das DSI 4, S. 3–340.

die zwischen dem 17. und 20. Jahrhundert mehrfach novelliert oder auch gründlich revidiert wurden, sind in diesem letzten Band der Reihe nicht mit erfasst. Die Dokumentation der Indexregeln auch aus dieser Zeitspanne leistet nun die vorliegende Edition.

Das zweite dem Thema gewidmete große Forschungsvorhaben, in dem auch dieses Buch entstanden ist, war am Lehrstuhl des Kirchenhistorikers Hubert Wolf (zunächst Frankfurt am Main, dann Münster/Westfalen) angesiedelt und wurde von 1999 bis 2015 von der Deutschen Forschungsgemeinschaft (DFG) gefördert.[7] Im Zentrum des Projekts stand die »Grundlagenforschung« mit dem Ziel, die zensorische Tätigkeit der Kongregationen des Index und der Inquisition auf Basis der neu zugänglichen römischen Archivüberlieferung möglichst umfassend zu dokumentieren. Neben einer Prosopografie der beiden Kurienbehörden und einem systematischen Repertorium der einschlägigen Archivalien, das auch den Verlauf der einzelnen Zensurfälle skizziert, entstand eine Edition aller Bücherverbotsdekrete, die im Namen der Inquisition oder der Indexkongregation ergingen und von diesen Behörden in Form von Plakatedikten (Bandi) publiziert wurden.[8] Dank dieses Vorhabens liegen jetzt zusätzlich zu den Editionen des Index (in der Reihe IdLI) auch die primären Notifikationsinstrumente römischer Bücherverbote in wissenschaftlicher Edition vor.[9] In das Editionsprogramm wurden allerdings nur solche Plakate aufgenommen, die konkrete Bücherverbote enthalten. Edikte und päpstliche Schreiben, die allgemeine Regelungen zur Pressekontrolle zum Inhalt haben, blieben zunächst außen vor.[10] Diese Lücke wird mit der vorliegenden Edition geschlossen.

Das dritte groß angelegte Editionsunternehmen wird von dem Historiker Ugo Baldini (Rom) und dem Philosophen Leen Spruit (Neapel) betrieben. Wie der Titel »Catholic Church and Modern Science« anzeigt, folgt das Projekt einem thematisch engeren Zuschnitt als die zwei vorher genannten. Ausgehend von der Frage nach dem Umgang der katholischen Kirche mit den Naturwissenschaften bzw. dem Widerstreit zwischen apodiktisch-theologischem Wahrheitsschatz und empirischer Erforschung der Natur, strebt das Projekt eine vollständige kritische Edition sämtlicher Archivalien des ACDF an, die im Zusammenhang mit dieser Kontroverse gesehen werden können. Den Großteil der Edition machen Zensurgutachten und Corrigenda (sogenannte Expurgationen) aus, die Fachgutachter im Auftrag einer der beiden hier interessierenden römischen Kongregationen zu naturwissenschaftlichen Werken angefertigt haben. Hinzu kommt aber

7 Genese, Zielsetzung und Methodik des Projekts sind in einem Einleitungsband dargelegt: GruFo 1814–1917: Einleitung.

8 GruFo 1542–1700, 1701–1813, 1814–1917: (I) Bandi, (II) Repertorium, (III) Personen.

9 Auf die primären (Bandi) und sekundären (Indizes) Publikationsformen wird in der »Einführung in die Dokumente« noch zurückzukommen sein (Kapitel II.4.4.c).

10 Die Fokussierung der Edition auf Bandi mit konkreten Bücherverboten wurde in einer 2012 erschienenen Rezension ausgiebig kritisiert: Herman H. Schwedt, »Römische Bücherverbote«. Anmerkungen zu einer Edition, in: RQ 106 (2011), S. 278–300. Dass zu diesem Zeitpunkt bereits seit zwei Jahren ein Ergänzungsprojekt im Gange war, das in die vorliegende Edition mündete, war dem Rezensenten anscheinend nicht bekannt.

auch ausgewähltes administratives Schriftgut, das die behördliche Routine der Kongregationen des Index und der Inquisition beleuchtet. Auch Dokumente aus dem normativen Bereich werden – soweit die Herausgeber sie als themenrelevant einstufen – mitberücksichtigt, so dass es punktuell zu Überschneidungen mit der vorliegenden Edition kommt. Zum gegenwärtigen Zeitpunkt deckt die Edition von Baldini und Spruit das 16. Jahrhundert ab, Bände zu den späteren Jahrhunderten sind in Vorbereitung.[11]

Über diese drei Großprojekte hinaus wurden im Rahmen von Fallstudien über einzelne Zensurverfahren oder Inquisitionsprozesse große Mengen Aktenmaterial des ACDF vollständig oder in Auswahl abgedruckt. Mustergültige Aufarbeitungen einiger prominenter Zensurfälle, die mit vollständigen Editionen der Zensururteile und Gutachten versehen sind, verdankt die Forschung z. B. dem Literaturwissenschaftler Gustavo Costa (Berkeley) und der Ideenhistorikerin Marta Fattori (Rom).[12] Massimo Firpo (Turin, Pisa) und Dario Marcatto legten zudem monumentale Editionen zu den großen Inquisitionsprozessen der Ära des italienischen Evangelismus aus der zweiten Hälfte des 16. Jahrhunderts vor.[13] Da in mindestens der Hälfte aller Inquisitionsprozesse der Römischen Inquisition den Beschuldigten auch Lektüre, Besitz oder gar Autorschaft missliebiger Bücher zur Last gelegt wurden, berühren solche Prozessakten oftmals auch Aspekte der Pressekontrolle. Auch in der bekanntesten Cause célèbre in der Geschichte des Sanctum Officium, dem Prozess gegen Galileo Galilei, spielten Verstöße gegen die Pressegesetze eine entscheidende Rolle.[14]

Auf wichtige Studien zum Thema wird im zweiten Teil der Einleitung (»Einführung in die Dokumente«) noch zurückzukommen sein. Einen Eindruck von der Breite und Tiefe der Forschungserträge vermitteln zudem die Literaturan-

---

[11] Baldini-Spruit.

[12] Vgl. z. B. Gustavo Costa, Vico e l'Inquisizione, in: NRL (1999), S. 93–124; Ders., Malebranche e Roma. Documenti dell'archivio della Congregazione per la dottrina della fede (Le corrispondenze letterarie, scientifiche ed erudite dal Rinascimento all'età moderna. Subsidia 3), Florenz 2003; Ders., La Congregazione dell'Indice e Jonathan Swift. Documenti sulla recezione italiana di »A Tale of a Tub«, in: Paratesto 1 (2004), S. 145–165; Ders., Thomas Burnet e la censura pontificia. Con documenti inediti (Le corrispondenze litterarie, scientifiche ed erudite dal Rinascimento all'Età moderna. Subsidia 6), Florenz 2006; Ders., La Santa Sede e Milton: contributo alla ricezione delle State Letters e del Paradise Lost in Italia, in: NRL 26 (2006), S. 23–79; Ders., La Santa Sede di fronte a Locke, in: NRL 2003/1–2, S. 37–122; Marta Fattori, Le censure di Antonio Baldigiani alla rivista »Nouvelles de la République des Lettres« di Pierre Bayle, in: NRL 2006/2, S. 105–121; Dies., La filosofia moderna e il S. Uffizio: »Hobbes haereticus est, et Anglus«, in: Rivista di storia della filosofia 2007/1, S. 83–108; Dies., »Vafer Baconus«: la storia della censura del »De augmentis scientiarum«, in: NRL 2000/2, S. 97–130.

[13] Vgl. z. B. Massimo Firpo, Dario Marcatto (Hg.), I processi inquisitoriali di Pietro Carnesecchi, 1557–1567 (Collectanea Archivi Vaticani 43; 48/1–3), 2 Bde., Vatikanstadt 1998–2000; Dies. u. a. (Hg.), Il processo inquisitoriale del cardinal Giovanni Morone, Edizione critica, 6 Bde., Rom 1981–1995 (2. Aufl. Rom 2011–2013); Dario Marcatto (Hg.), Lorenzo Davidico (1513–1574) e il suo processo inquisitoriale (Biblioteca della RSLR. Studi 4), 2 Bde., Florenz 1992.

[14] Die zurzeit maßgebliche Edition der Prozessakten ist: Sergio Pagano (Hg.), I documenti vaticani del processo di Galileo Galilei. Nuova edizione accresciuta, rivista e annotata (Collectanea Archivi Vaticani 69), Vatikanstadt 2009.

gaben im Editionsteil. Deutlich geworden sein dürfte hier, dass die vorliegende Quellensammlung nicht den Anspruch einer Pionierleistung erhebt, sondern den Stand der Editionen gezielt ergänzen will. Punktuellen Überschneidungen wurde nicht ausgewichen, da an dem Charakter dieser Edition als Kompendium essentieller Quellen keine zu großen Abstriche vorgenommen werden sollten.

4. Editorische Prinzipien

Bei den hier abgedruckten Texten handelt es sich ausnahmslos um normative Quellen, um Gesetzesvorschriften zum System päpstlicher Pressekontrolle, die entweder im Namen des Papstes oder eines Dikasteriums der Römischen Kurie ergingen. Sie wurden vom Bearbeiter hier nach ihrem jeweiligen Geltungsbereich in drei Gruppen eingeteilt. Teil A bietet die nominell für die Gesamtkirche erlassenen Gesetze, deren Aussteller neben dem Papst selbst vor allem das römische Sanctum Officium und die Indexkongregation waren, die beide über universale Kompetenzen verfügten. Teil B vereint die wichtigsten Gesetze zur Pressekontrolle in der Stadt und im Distrikt Rom, wo, beginnend im späten 15. Jahrhundert, ein spezielles Kontrollregime unter der Leitung des päpstlichen Palasttheologen, des Magister Sacri Palatii, installiert wurde. In Teil C schließlich sind solche Dokumente zusammengefasst, die sich auf die internen Verhältnisse der Indexkongregation und des Sanctum Officium beziehen.

Als Textgrundlage der Edition wurde stets eine authentische Publikationsform der Gesetzestexte gewählt. In vielen Fällen stellt dabei der Index, dessen Charakter als päpstliches Pressegesetz oben bereits unterstrichen wurde, nicht nur eine authentische Überlieferung, sondern zugleich die Editio princeps der Texte dar, so dass die Wiedergabe so wichtiger Normen wie der Trienter Indexregeln (Dok. A 9) oder der Instructio Clemens' VIII. (Dok. A 13) hier auf Basis des Erstdrucks in der jeweiligen Index-Ausgabe erfolgen musste. Wurden Texte zuerst separat als päpstliche Schreiben oder Edikte einer Kurienbehörde publiziert, bevor sie in einem zweiten Schritt in den Index übernommen wurden, gibt diese Edition der Separatveröffentlichung bzw. der Urkunde den Vorzug. Das Breve »Dominici gregis« von 1564 z. B., mit dem Papst Pius IV. den Index Tridentinus einführte und das im Vorspann dieser Ausgabe des Index abgedruckt wurde, wird hier auf Grundlage des Eintrags in den päpstlichen Breven-Registern wiedergegeben (Dok. A 10). »Speculatores domus Israel«, das Approbationsbreve Alexanders VII. für den gründlich revidierten Index von 1664, ist hier nach dem in der päpstlichen Kammerdruckerei entstandenen Separatdruck ediert. Die bei der Suche nach guten Textvorlagen konsultierten Archiv- und Bibliotheksbestände sind dem Literatur- und Quellenverzeichnis am Ende des Buchs zu entnehmen.

Absicht der Edition ist es, den Text eines Dokuments in seinem definitiven Stadium wiederzugeben. Die Textgenese zu dokumentieren war nicht Teil des Programms, sie wird nur in einigen wenigen Fällen, wo dies aus inhaltlichen Gründen angeraten erschien, angedeutet (z. B. Dok. A 11, 13 und 21). Dagegen wird die Textgeschichte, mithin die Veränderungen, die ein Gesetzestext über die Dauer seiner Geltung in Form von Novellierungen oder Revisionen erfuhr, im Apparat dokumentiert oder in den Text selbst aufgenommen und kenntlich gemacht (vgl. Dok. A 15).

Die Regesten wurden angesichts der mitgelieferten, vollständigen Übersetzungen der Dokumente nicht als reine Inhaltsangaben konzipiert. Sie dienen vielmehr der Einordnung der Dokumente in ihren jeweiligen historischen Kontext und geben, sofern der Forschungsstand dies zuließ, auch über die näheren Umstände der Textentstehung Auskunft. Sofern die Geltungsdauer eines Gesetzes verlässlich bestimmbar war, ging auch diese Angabe in das Regest ein. Die inhaltliche Kommentierung der Dokumente im Apparat dient nur der Ergänzung und fällt entsprechend knapp aus.

Die Wiedergabe der lateinischen und italienischen Texte richtet sich mit nur wenigen Abweichungen nach den bewährten »Empfehlungen zur Edition frühneuzeitlicher Texte«.[15] Dementsprechend wird der Buchstabenbestand der Vorlage unverändert übernommen. E-caudata jedoch wird als »ae« ausgeschrieben, »u« und »v« werden entsprechend ihrem heutigen Lautwert normalisiert wiedergegeben. Auf »j« wird grundsätzlich zugunsten des »i« verzichtet. Diakritische Zeichen werden auch in den lateinischen Texten vorlagengetreu beibehalten. Abweichend von den »Empfehlungen« aber werden bei italienischen Texten weder Akzente noch Apostrophen modernisierend ergänzt. Lapidare Druckfehler (»sen« statt »seu« usw.) werden stillschweigend korrigiert. Auch Abbreviaturen und Ligaturen werden stillschweigend aufgelöst, mit Ausnahme der im Abkürzungsverzeichnis aufgeführten Kürzel, die in dieser Edition auch dort verwendet werden, wo die Vorlage eventuell den ausgeschriebenen Begriff bietet: statt »Sancta Romana Ecclesia« z. B. heißt es in der Edition durchweg Platz sparend »S. R. E.«. Konnte eine Abkürzung nicht zweifelsfrei aufgelöst werden, steht die Konjektur in spitzen Klammern. Über die weiteren editorischen Zeichen informiert das Abkürzungsverzeichnis.

Die Interpunktion orientiert sich bei lateinischen Texten an den deutschen Regeln, bei italienischen Texten an dem modernen Gebrauch. In der Vorlage ausgeschriebene Ordnungszahlen werden in der Regel als Zahl wiedergegeben, nicht aber in der Datumszeile von Urkunden, wo der Usus der Vorlage erhalten bleibt. Ausgeschriebene Zahlen vor Mengenangaben und Maßeinheiten werden durch arabische Ziffern ersetzt. Die Groß- und Kleinschreibung wurde im Fall lateinischer Texte in Anlehnung an die gemäßigte Kleinschreibung normalisiert, bei italienischen Texten orientiert sie sich an dem modernen Gebrauch. Römische Zahlen werden, sofern sie nicht ausgeschrieben sind, grundsätzlich

[15] Arbeitskreis »Editionsprobleme der Frühen Neuzeit«: Empfehlungen zur Edition frühneuzeitlicher Texte, in: Jahrbuch der historischen Forschung 1980, S. 85–96.

großgeschrieben. Typographische Charakteristika der Vorlagen werden in der Edition nicht nachgeahmt, so dass alle Quellen in einem vereinheitlichten Layout wiedergegeben werden. Die Absätze wurden bei überlangen Passagen vom Editor der Lesbarkeit halber frei von der Vorlage gesetzt.

Die deutschen Übersetzungen der Quellen sollen dem Benutzer Hilfestellungen zum Textverständnis bieten und eine schnelle, auch kursorische Erfassung des Inhalts der lateinischen und italienischen Dokumente ermöglichen. Sie wurden unter der Maßgabe der Lesbarkeit verfasst. Sie sind – wo nicht auf Grundlage einer älteren Vorlage gearbeitet wurde – das Werk eines Historikers, der bereit war, Kompromisse zu Lasten der wortgetreuen Übertragung einzugehen. Ein Philologe, Theologe oder Rechtshistoriker hätte sich an vielen Stellen wohl für eine andere Wortwahl entschieden. Wem an einer kritischen Auseinandersetzung mit den Quellen gelegen ist, wird die Lektüre der lateinischen und italienischen Originaltexte nicht umgehen können.

II. Einführung in die Dokumente

1. Die Einsetzung des ortskirchlichen Kontrollsystems durch das Papsttum

1.1. Die Anfänge des Buchdrucks aus Sicht der Kirche

»Der Buchdruck ist ein Segen, solange er für das Gute und Richtige eingesetzt wird. Im Dienst des Bösen und der Lüge aber gerät der Segen schnell zu einem Fluch.« So lautete das zeitgenössische Urteil vieler Humanisten über die Erfindung Gutenbergs, die in den Jahren von 1452 bis 1456 gereift war und deren Siegeszug sich schon im letzten Drittel des 15. Jahrhunderts als unaufhaltsam abzeichnete.[1] Das in vielen Variationen überlieferte Diktum hat sich auch in den frühesten Gesetzesäußerungen des Papsttums über den Buchdruck niedergeschlagen (Dok. A 1–2). Fortan gehörte die Paarung von Lob und Warnung zur Standardrhetorik päpstlicher Pressegesetze – bis in die Moderne (vgl. Dok. A 29, Abs. 3; B 20, Abs. 1; B 22, Abs. 1). Weswegen die Kirche den Buchdruck, so sehr er auch kirchlichen Interessen dienen konnte, mit Sorge betrachtete, liegt auf der Hand. In Zeiten, die noch von geringer Schriftlichkeit geprägt waren, genoss das geschriebene Wort generell schon eine heute gar nicht mehr nachzuempfindende Autorität. Die Kirche aber überhöhte die Bedeutung des Wortes, betrachtete es nachgerade als etwas Sakrales. Die Vorstellung, dass sich Gott den Menschen im Wort offenbart hatte, das Vorliegen der heiligen Lehren der Kirche in den Texten der Konzilien und Kirchenväter, die Fixierung der heiligen Riten und Gebete in den liturgischen Büchern: all dies begründete eine tiefe Ehrfurcht der Kirche vor der Schrift und gleichzeitig die Sorge vor einem »abusus« der Presse.

Die Schrift-Verehrung der Kirche ging mit einem simplen wie rigorosen Anspruch einher: Das, was geschrieben und veröffentlicht wurde, hatte wahr, nützlich und gut zu sein.[2] Wenn Unwahres, Unnützes und Schlechtes in Büchern

---

[1] Hans Widmann, Gutenberg im Urteil der Nachwelt, in: Ders. (Hg.), Der gegenwärtige Stand der Gutenberg-Forschung (Bibliothek des Buchwesens 1), Stuttgart 1972, S. 251–272; Carlo De Frede, Gli Umanisti e l'invenzione della Stampa, in: Antonio Garzya (Hg.), Per la storia della tipografia napoletana nei secoli XV–XVIII. Atti del convegno internazionale, Napoli 2005, 16–17 dicembre (Quaderni dell'Accademia Pontaniana 41), Neapel 2006, S. 41–89. – Vgl. auch die Äußerungen Kard. Agostino Valiers, eines Mitglieds der CIndex, in seinem Traktat »De cautione adhibenda in edendis libris« (1589–1604): Giovanni Cipriani, La mente di un inquisitore. Agostino Valier e l'Opusculum De cautione adhibenda in edendis libris (1589–1604), Florenz 2008, c. II, S. 201f.

[2] »Statt mit der Presse die Wahrheit zu propagieren, (werden) viel häufiger Lügen verbreitet«, beklagt noch 1825 ein kirchenstaatliches Pressegesetz und bestätigt somit, dass die Äquivalenz

stehe, würden andere dies aufnehmen, würden die Gelehrten darüber ihre Zeit mit sinnlosen Diskussionen verschwenden, würden Prediger das aufgenommene falsche Wissen unters Volk bringen. Falsche Worte vermochten die Sitten zu verderben und Ärger, Irrtümer und im schlimmsten Fall sogar verderbliche Lehren und Häresie zu stiften, wodurch das höchste Gut der Menschen, ihr Seelenheil, in Gefahr geriet. »Wird das Feld nicht gejätet, schießt das Unkraut empor, das die gute Saat zerstört und den Menschen nicht ernährt.« Mit diesem Bild, das auf dem Gleichnis vom Unkraut unter dem Weizen (Mt 13,24–30) beruht, wird die von schlechten Büchern ausgehende Gefahr in nahezu allen päpstlichen Pressegesetzen des hier betrachteten Zeitraums veranschaulicht (vgl. z. B. Dok. A 11, Abs. 2; Dok. A 14, Abs. 1; Dok. A 30, Abs. 1). Danach hatte der Papst als Nachfolger Petri dafür zu sorgen, dass allein die gute Lehre gedieh und von der schlechten nicht vedrängt wurde. Als Vikar Christi und oberster Hirte hatte er auch die Aufgabe, seine Schafe vor giftigem Kraut zu schützen und an Weideplätze zu führen, wo sie gute und heilsame Kost aufnehmen konnten (vgl. z. B. Dok. A 12, Abs. 1; A 18, Abs. 8). Durch sein Lehr- und Hirtenamt konnte sich der Papst als der natürliche Oberwächter über die Presse begreifen.

1.2. Die kirchenweite Einführung des Imprimaturs (1487)

Das Hirtenamt (»pastorale officium«) ist auch der Ausgangspunkt des ersten von einem Papst für die Gesamtkirche erlassenen Rahmengesetzes zur Kontrolle der Presse.[3] Es handelt sich um die mit den Worten »Inter multiplices« beginnende Bulle Innozenz' VIII. vom 17. November 1487 (Dok. A 1).[4] Ihr Ziel war die Errichtung eines im gesamten Orbis christianus einheitlichen Kontrollsystems, um dem beklagten Missbrauch des Buchdrucks entgegenzutreten. Die Instrumente, die dabei zum Einsatz kommen sollten, werden in dieser Einführung noch häufiger begegnen. Auch Jahrhunderte später werden sie noch zum Stammrepertoire kirchlicher Pressekontrolle gehören, weshalb auf die Hauptpunkte der Konstitution an dieser Stelle etwas genauer einzugehen ist.

---

des veröffentlichten Wortes mit der Wahrheit in der kirchlichen Vorstellungswelt bis zum Übergang zur Moderne konserviert wurde: Dok. B 20, Abs. 1.

[3] Alle älteren päpstlichen Verordnungen zum Buchdruck hatten nicht universalen, sondern rein partikularrechtlichen Charakter, so z. B. die oft zitierte Verleihung der Strafgewalt über Drucker, Verkäufer und Leser unorthodoxer Bücher an die Universität Köln durch Sixtus IV., 17.3.1479, in: HILGERS, Index (wie Kapitel I, Anm. 2), S. 479f.

[4] Zu dieser Bulle – im Übrigen eine der ersten gedruckten päpstlichen Konstitutionen – vgl. die in der Edition (Dok. A 1) angegebene Literatur. Der konkrete Auslöser dürften die Ereignisse um Giovanni Pico della Mirandola, den durch Girolamo Savonarola beinflussten, schwärmerischen Grafensohn (1463–1494), gewesen sein, dessen 900 Thesen (»Conclusiones DCCCC publice disputandae«) im Dezember 1486 in Rom, von den kirchlichen Autoritäten unbehelligt, gedruckt worden waren: Thomas WERNER, Den Irrtum liquidieren. Bücherverbrennungen im Mittelalter (Veröffentlichungen des Max-Planck-Instituts für Geschichte 225), Göttingen 2007, S. 367–370, 645f.

Im Zentrum der Bulle steht die kirchenweite Einführung der Imprimatur-Pflicht. Kein Buch solle fortan mehr in die Druckerpresse gehen, ohne dass es vorher durch die kirchliche Autorität geprüft und für unbedenklich erklärt wurde. In den Ortskirchen, also in jeglichen Diözesen außer der römischen, erhalten die Bischöfe die Zuständigkeit für das Imprimatur. Sie sollen mithilfe sachverständiger und rechtgläubiger Zensoren (»periti et catholici«) die eingereichten Manuskripte vor ihrem Gang in die Druckerpresse prüfen und die Druckfreigabe erst erteilen, wenn ausgeschlossen werden könne, »dass irgendetwas gedruckt wird, was dem orthodoxen Glauben widerspricht oder was gottlos oder ärgerlich ist«. Die Erteilung des Imprimaturs solle gratis erfolgen, das heißt sie sollte zu den regulären, nicht den außerordentlichen Amtsaufgaben des Bischofs gezählt werden.[5] In Rom, wo der Papst der Bischof ist, wird ein Sonderregime unter der Leitung des päpstlichen Palasttheologen (Magister Sacri Palatii) installiert, das weiter unten (Kapitel II.5.) näher behandelt werden wird.

Über die Vorzensur (Imprimatur) hinaus erteilt die Bulle den Bischöfen Kompetenzen auf dem Gebiet der Nachzensur und gibt ihnen ferner den Auftrag, die Presse auch polizeilich zu kontrollieren. So sollen die Ortsordinarien nach Bekanntwerden der Bulle ihren Untergebenen eine Frist setzen, innerhalb deren alle Drucker und sonstigen Buchbesitzer der Diözese Inventarlisten der in ihrem Besitz befindlichen Drucke einzureichen haben. Sind Bücher im Umlauf, die von den Ortsordinarien als verboten angesehen werden, weil »sie dem katholischen Glauben Widersprechendes, Gottloses, Übles, Ärgerliches oder schlecht Klingendes enthalten«, sind diese dem Bischof auszuhändigen, der für die Verbrennung der Schriften zu sorgen hat. Die Bischöfe sollen ferner Maßnahmen ergreifen, um gegebenenfalls auch ohne Kooperation der Besitzer an die schädlichen Bücher zu gelangen. Besitzer gefährlicher Bücher sowie deren »Auftraggeber« (also Autoren und Drucker/Verleger) sollen vom Bischof hinsichtlich ihrer Motive genau überprüft werden, da immerhin der Anfangsverdacht der Häresie bestehe.

Verstöße gegen die Imprimatur-Pflicht ahndet die Bulle mit der schwersten aller kirchlichen Zensuren (»Zensur« hier im Sinne von Kirchenstrafe): der Exkommunikation, die als Tatstrafe im Moment des Vergehens eintritt (»excommunicatio latae sententiae ipso facto incurrenda«).[6] Das heißt, es bedurfte keines weiteren gerichtlichen Verfahrens zur Urteilsfindung. Sofern die Schuld

---

5 Vittorio FRAJESE, Regolamentazione e controllo delle pubblicazioni negli antichi stati italiani (sec. XV–XVIII), in: Simonetta CAVACIOCCHI (Hg.), Produzione e commercio della carta e del libro (secc. XIII–XVIII) (Atti della Settimana di Studi, 15–20 aprile 1991), Florenz 1992, S. 677–624, hier: S. 688.

6 Peter HUIZING, The Earliest Development of Excommunication latae sententiae by Gratian and the Earliest Decretists, in: Studia Gratiana 3 (1955), S. 1955, S. 277–320. – Die in dieser Edition versammelten frühneuzeitlichen Quellen unterscheiden meines Erachtens nicht präzise zwischen Besserungs- und Vindikativstrafen (censurae bzw. poenae), was sich auch auf die Begrifflichkeit der Strafaufhebung (Absolution bzw. Begnadigung) auswirkt. Im Folgenden werden in der Regel alle kirchlichen Sanktionen als Strafen, die Lösung von diesen als Absolution bezeichnet. Zum Problem der Terminologie vgl. Plöchl 5 (1969), S. 40f., 74–77.

feststellbar war, galten Urteil und Strafe bereits als verhängt. Allein die Bischöfe bzw. der Papst waren befugt, die Exkommunikation aufzuheben.[7] Sie konnten außerdem zusätzliche Geldstrafen verhängen, die zur Hälfte der weltlichen Gewalt – dem »brachium seculare« – zustand, deren Hilfe man bei der Durchsetzung der Pressegesetze in Anspruch nehmen wollte.

Der Anspruch der Kirche, der sich in diesen Vorschriften widerspiegelt, hätte kaum weiter gefasst werden können. Ohne Einschränkungen wird die gesamte Presse der kirchlichen Aufsicht und Jurisdiktion unterworfen. Ob Autoren, Drucker, Verleger und Händler, ob Produktion oder Distribution von Presseerzeugnissen: Das gesamte Druckwesen wurde durch die Bulle von 1487 zum Rechtsbereich der Kirche deklariert. Die Instrumente, die 1487 dem kirchlichen Kontrollanspruch Geltung verschaffen sollten, werden noch am Ende der Frühen Neuzeit dieselben sein: Vorzensur (Imprimatur), Nachzensur (Bücherverbote) und Pressepolizei (hier z. B. Kontrolle des Buchbesitzes). Zwar bleibt die von der Forschung gestellte Frage, bis zu welchem Grad die Konstitution Innozenz' VIII. auch umgesetzt wurde, weiterhin offen.[8] An dem 1487 formulierten Anspruch einer kirchlichen Pressehoheit aber hielt das Papsttum bis zur Mitte des 19. Jahrhunderts unverbrüchlich fest. Die Vergegenwärtigung dieser Rechtsvorstellung ist eine unverzichtbare Voraussetzung für das Verständnis der frühneuzeitlichen päpstlichen Pressegesetzgebung, aber auch der Geschichte von Presse und Literatur in den katholischen Ländern im Allgemeinen.

1.3. Die Einführung des »Konjunktim« (1515)

Rund dreißig Jahre nach der Konstitution Innozenz' VIII. erklärte erneut ein päpstliches Gesetz das kirchenweite Imprimatur zur Vorschrift (Dok. A 2). Das durch Leo X. im V. Laterankonzil erlassene Dekret »Inter sollicitudines« vom 4. Mai 1515 wiederholt in groben Zügen die älteren Verfügungen, in Bezug auf die Zuweisung der Pressehoheit aber weicht es vom ursprünglichen Erlass ab. Im Unterschied zum Vorgängergesetz erteilt das Konzilsdekret die Kompetenz der Imprimatur-Vergabe nicht mehr exklusiv dem jeweils zuständigen Bischof, sondern dem Bischof zusammen mit dem örtlichen Inquisitor, vollkommen parallel und paritätisch. Es wird – um die Formulierung eines späteren Gesetzes aufzugreifen (Dok. A 13) – ein »Konjunktim« von Ortsbischof und Ortsinquisitor in der Trägerschaft und Ausübung der Pressehoheit eingeführt. Diese Doppelung der Pressehoheit, in der die bischöflich-ordentliche und die inquisitoriale delegierte Gewalt theoretisch über dieselben Kompetenzen bei der Kontrolle des Druckwesens verfügen, prägte die Zensurverhältnisse in jenen Ländern Europas, in denen die Inquisition weiterbestand, bis ans Ende des Ancien Régimes. Dies ist der Grund, weshalb in der Kanonistik und Kirchengeschichtsschreibung bis ins 19. Jahrhundert das Laterankonzil als Ursprung der

[7] Art. »Assoluzione in ›foro conscientiae‹«, in: DSI 1, S. 108f. von E. BRAMBILLA.
[8] WERNER (wie Anm. 4), S. 367–370, 645f.

kirchlichen Imprimatur-Pflicht angegeben wird, während die rein »episkopale« Bulle von 1487 in Vergessenheit geriet.[9]

Die Gründe für das »Einsickern« der Inquisition in das Pressedekret von 1515 aufzuzeigen wäre eine eigene Untersuchung wert. Ein wesentlicher Faktor dürfte der stark von den italienischen Verhältnissen geprägte Erfahrungshorizont der Konzilsväter gewesen sein: Über drei Viertel der Teilnehmer des V. Laterankonzils waren Italiener.[10] Diese waren Zeugen, wie zu ihrer Zeit in Italien die Inquisition wieder erstarkte. Denn nicht erst die Einrichtung der Behörde der »Hl. Römischen und Universalen Inquisition« im Jahr 1542 (vgl. Kapitel II.3.1) markierte den Übergang der italienischen Inquisition von der spätmittelalterlichen Schwundform zur neuzeitlichen Effizienz, wie es in der Literatur oft dargestellt wird.[11] Einer jüngeren Studie zufolge setzte die Ertüchtigung der von Dominikanern und Franziskanern unterhaltenen Glaubenstribunale in (Nord-)Italien vielmehr bereits rund 100 Jahre früher ein und steigerte sich dann allmählich bis zur großen Inquisitionsreform von 1542.[12] Die Re-Formierung der italienischen Inquisition fiel demzufolge mit den großen institutionellen und geistigen Erneuerungen der Spätrenaissance zusammen, die im kirchlichen Ordenswesen ihren Ausdruck in den verschiedenen Observanzbestrebungen fand.[13] Als das Konzil 1515 das Pressedekret in der Lateranbasilika verabschiedete, war die Inquisition in Italien bereits wieder eine feste Größe geworden, mit der die Kirchenleitung in ihrem Bemühen, die Presse zu zügeln, planen konnte.

Bevor auf die weitere Entwicklung der Gesetzgebung eingegangen wird, soll noch auf ein aus späterer Sicht bemerkenswertes Merkmal des frühen päpstli-

---

9 In einer von dem Assessor des SO Pietro Girolamo Guglielmi (im Amt von 1743 bis 1753) verfassten historischen Skizze der päpstlichen Büchergesetzgebung z. B. wird die Konstitution von 1487 übergangen: ACDF SO St.St. M-2-m (»Notizie e decisioni del S. O. raccolte da mons. Guglielmi, assessore del S. O. dal 1743 al 1753«), fol. 171r/v; zu Guglielmi vgl. GruFo: Personen 1701–1813. Direkter äußerte sich der Jurist und Konsultor der Inquisition von Parma Francesco Bordoni TOR (1597–1671) zur Frage der Genese des kirchlichen Imprimaturs. In seinem viel benutzten Inquisitoren-Manual gibt er auf die Frage, ob bereits vor dem Lateranense eine Imprimatur-Pflicht bestanden habe, ein klares Nein: Operum tomus primus quo continetur sacrum tribunal iudicum in causis sanctae fidei […], Lyon: Huguetan-Ravaud, 1665, c. XV, Nr. 3, S. 355. Schon in den Trienter Indexregeln aus dem Jahr 1563 erscheint das Datum 1515 als Epochenscheide zwischen altem und neuen Zensursystem: Dok. A 9, Rgl. I; vgl. dazu Baldini-Spruit I/3, S. 2568f., Anm. 2.

10 Nelson H. MINNICH, The Participants of the Fifth Lateran Council, in: AHP 12 (1974), S. 157–206.

11 Die Annahme eines Schwunds der Aktivität der Inquisition im 15. Jahrhundert findet sich noch in neueren Darstellungen: Giovanni ROMEO, L'Inquisizione nell'Italia moderna (BEL 48), 4. Aufl., Roma – Bari 2009 (zuerst: 2002), S. 7.

12 Michael M. TAVUZZI, Renaissance Inquisitors. Dominican Inquisitors and Inquisitorial Districts in Northern Italy, 1474–1527 (Studies in the History of Christian Traditions 134), Leiden 2007.

13 Nicht zufällig fungierte gerade der lombardische Observantenzweig der Dominikaner als Motor der »Renaissance« der italienischen Inquisition. Dieser sich bald zur »Provincia utriusque Lombardiae« zusammenschließende Verband nahm in der 1542 gegründeten römischen Zentralbehörde für die Inquisition (SO) und an ihren Satellitentribunalen eine beherrschende Stellung ein, die bis ins 19. Jahrhundert verteidigt werden konnte.

chen Systems zur Pressekontrolle hingewiesen werden. Sowohl in der Bulle von 1487 als auch im Pressedekret von 1515 ist die Rolle des Papstes auf die des Stifters und Garanten (vgl. die Strafandrohungen) der Rechtsordnung beschränkt. Eine Teilhabe der Päpste oder des Hl. Stuhls am operativen Geschäft der Pressekontrolle ist nicht vorgesehen. Die Hoheit über die Presse sollte stattdessen von den Bischöfen und (seit 1515) den Inquisitoren auf ortskirchlicher Ebene ausgeübt werden.

2. Der »integralistische« Kontrollanspruch der Kirche

In der Literatur begegnet hin und wieder das Missverständnis, dass die Einführung des Imprimaturs sich allein auf den kirchlichen Bereich bezogen habe. Werden Verhältnisse des 20. Jahrhunderts unkritisch auf die entferntere Vergangenheit übertragen, erscheint eine solche Sichtweise durchaus plausibel, zumal ein selektives Studium der Quellen diese zu stützen scheint. Anlass zu Fehlinterpretationen gab vor allem das sogenannte Vulgata-Dekret des Trienter Konzils (Dok. A 3). Das auf den 8. April 1546 datierte Dekret erklärt – als Reaktion auf die humanistisch-reformatorische Kritik am damals gebräuchlichen lateinischen Bibeltext – die »Vulgata«, also die am meisten verbreitete lateinische Version der Bibel, zum authentischen Text der Hl. Schrift. Die Auslegung der Bibel, die wie Predigten, Disputationen usw. fortan einzig und allein auf dieser Textgrundlage zu erfolgen habe, wird darüber hinaus zum alleinigen Vorrecht der Kirche erklärt. Um die gewünschte Einheitlichkeit des Bibeltextes und anderer kirchlicher Normtexte zu erzielen, sollen zukünftig beim Druck von Büchern »de rebus sacris« Schutzvorkehrungen getroffen werden: Beim Druck von Bibeln müsse höchste Sorgfalt walten und Bücher über sakrale Themen dürften nicht mehr anonym veröffentlicht werden. In diesem Zusammenhang wird auch an die Notwendigkeit des Imprimaturs durch die geistliche Obrigkeit erinnert. Das Imprimatur ist danach für Texte »de rebus sacris« verpflichtend, von einer Reduktion dieser Pflicht auf den sakralen Bereich jedoch ist in dem Dekret keine Rede.[14]

Tatsächlich war es weder nur die religiös-geistliche Literatur, die der kirchlichen Aufsicht unterstellt war, noch waren allein Kleriker der Imprimatur-Pflicht

[14] Es darf hier allerdings erwähnt werden, dass selbst ein Apologet der Inquisition und kirchlichen Pressekontrolle wie Francesco Bordoni zu einer engeren Auslegung des Trienter Dekrets tendierte und auf den Widerspruch zwischen Tridentinum und Lateranense in dieser Frage aufmerksam machte: »In [decreto] Tridentino autem sermo est tantum de libris Sacrae Scripturae seu de rebus sacris tractantibus. Amplior igitur est prohibitio Lateranensis respectu librorum quam Tridentina«: BORDONI, Sacrum Tribunal (wie Anm. 9), c. XV, Nr. 6, S. 355. In seinen weiteren Ausführungen jedoch geht Bordoni von der kirchlichen Imprimatur Pflicht für alle Arten von Büchern und Schriften aus.

unterworfen. Der 1487 und 1515 formulierte Kontrollanspruch unterlag keiner Selbstbegrenzung. Die Vorstellung von autonomen, profanen Wissensbereichen war dem Zeitalter noch fremd, die Vorstellung, dass alles Wissen wie eine Magd der Theologie diente, dagegen noch fest im Denken verankert. Dieser scholastischen Rangzuweisung folgend, waren alle erdenklichen Veröffentlichungen »kirchenrelevant«, da sie potenziell immer den Glauben oder die Sitten – verstanden als das religiösen Normen unterliegende Handeln der Menschen – tangierten. So galt auch für alle Schriften gleichermaßen die Pflicht des kirchlichen Imprimaturs.[15]

Schon Mitte des 16. Jahrhunderts war ein so weit gefasster Kontrollanspruch freilich nicht mehr selbstverständlich. Selbst eine Symbolfigur des intransigenten Flügels der Römischen Kurie wie der langjährige Inquisitor und spätere Papst Michele Ghislieri (Pius V.) hegte offenbar Zweifel. 1557 gab der Dominikaner Ghislieri in einem Brief an einen Mitbruder zu bedenken, dass die Kirche sich lächerlich machte, würde sie die Dichtungen eines Boccaccio oder Ariosto nach theologischen Kriterien zensieren und sie somit behandeln, als seien sie »Sache des Glaubens«.[16] Ein Jahrhundert später hielt es ein für die Stadt Rom erlassenes Pressegesetz für notwendig, daran zu erinnern, dass das kirchliche Imprimatur ausdrücklich »für alle denkbaren Werke und Schriften, gereimte oder in Prosa geschriebene, auf Latein, in der Volkssprache oder in irgendeiner anderen Sprache oder in einem Dialekt verfasste« Bücher einzuholen ist (Dok. B 10; vgl. auch schon Dok. B 1, Abs. 5: »in quacumque re vel facultate«).

Erst 200 Jahre später aber, im Jahr 1848, hob Papst Pius IX. mit einem Presse-Erlass für den Kirchenstaat die kirchliche Imprimatur-Pflicht für das nichtreligiöse Schrifttum auf. Fortan sollten sich die kirchlichen Zensoren im Herrschaftsgebiet des Papstes nur noch »um Texte aus den Bereichen Hl. Schrift, Theologie, Kirchengeschichte, Kirchenrecht, Natürliche Theologie, Ethik und weiteren Bereichen aus Religion und Moral kümmern, generell also um alles, was speziell die Religion, Anstand und Sitte betrifft« (Dok. B 23). Das Schrifttum, das in keine dieser Kategorien fiel, bedurfte der kirchlichen Druckfreigabe nicht mehr, wobei der Papst die Selbstbeschränkung der Kirche erstaunlicherweise aus dem erwähnten Vulgata-Dekret von 1546 ableitete. Folgt man der Interpretation Pius' IX., hätte die Kirche im Umkehrschluss 300 Jahre lang entgegen der Intention des Konzilsdekrets ihre Kontrollkompetenz überdehnt.

---

15 Wie Gigliola Fragnito feststellte, zog ausgerechnet die Öffnung der Archive des SO und der CIndex in der Forschung eine Verfestigung der »theologischen« Sicht auf das Imprimatur nach sich: La censura ecclesiastica in Italia: volgarizzamenti biblici e letteratura all'Indice. Bilancio degli studi e prospettive di ricerca, in: Maria VEGA u. a., Reading and Censorship in Early Modern Europe: Barcelona, 11–13 de diciembre de 2007 (Studia aurea monografica 2), Barcelona 2010, S. 39–56, hier bes. S. 44.

16 Ghislieri an den Inquisitor von Genua, 27.6.1557: »[...] perché simili libri non si leggono come cose a qual si habbi da credere, ma come fabule«, zit. n. Ugo ROZZO, La letteratura italiana negli »Indici« del Cinquecento, Udine 2005, S. 34.

3. Pressekontrolle auf zentraler Ebene: römisches Sanctum Officium und Indexkongregation

Mit der Einführung eines kirchenweiten Kontrollsystems in den Jahren 1487 und 1515 hatte die Kirchenleitung bewiesen, dass sie die revolutionäre Kraft des Buchdrucks klar erfasste. Schriften hatten bei der Verbreitung religiöser Irrlehren zwar schon immer eine Hauptrolle gespielt. Doch im Manuskriptzeitalter war gezielte Massenwirkung von Schriftlichkeit, wenn überhaupt, nur unter enormen Aufwendungen möglich gewesen. Jetzt aber konnte ein einziger Druckstock an einem Tag mehr produzieren, als sich in einem Jahr schreiben ließ, so dass – wie Schiller sich ausdrückte – »ein einziger unruhiger Kopf zu Millionen« sprechen konnte.[17] Die ganze historische Wirkungsmacht der neuen Technik zeigte sich in den Ereignissen, die 1517 nördlich der Alpen ihren Lauf nahmen. Im Einsatz der Reformation, deren Erfolg ohne den Buchdruck kaum vorstellbar war, wurde die Presse zur Waffe gegen die Kirche.[18]

Wie der Schöpfer des Stichs, der auf dem Einband dieses Buchs zu sehen ist, verliehen viele Künstler der neuen Bedrohung in allegorischen Darstellungen Ausdruck. Das Buch wurde zu einem Attribut der personifizierten Häresie.[19] In unserem Beispiel, das den viel gelesenen Papst- und Kardinalsviten Mario Guarnaccis aus dem Jahr 1751 entnommen ist, gab der Künstler der Irrlehre die Gestalt eines Mannes, dessen Äußeres (halbnackt, mit wildem Haar) Zügellosigkeit und Ungehorsam, die typischen Charaktereigenschaften des Ketzers, verrät. Er liegt geschlagen am Boden, zu Fall gebracht von einem Haufen Bücher, die nun unter seinem Körper begraben liegen. Die auf einer Wolke thronende, siegreiche Kirche hält in der erhobenen Hand ein Bündel Blitze, die sie gleich dem Feind zum Bann entgegenschleudern wird. Mit der anderen Hand zeigt sie ihm die Konsequenzen seines Sturzes auf: Sein Weg führt in den Höllenschlund, in »die Grube ewiger Verdammnis« (Dok. A 11, Abs. 2), wo Teufel bereits das Feuer für den neuen Bewohner entfacht haben. Ein über der Szene schwebender Putto hält eine Banderole, die den Triumph über die Irrlehrer mit einem Zitat aus dem Felsenwort (Mt 16,18) feiert: »Non praevalebunt« – die Mächte der Unterwelt werden die auf dem petrinischen Fels gebaute Kirche nicht überwältigen!

Die hinter dem Bild stehende Überzeugung, dass häretische Bücher die Gläubigen infizieren und sie zu Fall bringen, wurde während der reformatorischen Welle des 16. Jahrhunderts handlungsleitend für die Gegner. Wollte man die Länder und Territorien halten, die noch nicht an die Reformation verloren

---

[17] WIDMANN (wie Anm. 1), S. 252 (Zitat); DE FREDE (wie Anm. 1), S. 54 (vgl. hier das Zitat Ulrich Hahns: »Imprimit ille die quantum non scribitur anno«).

[18] Die Wechselwirkung zwischen Buchdruck und Reformation beschreibt z. B. Elizabeth L. EISENSTEIN, Die Druckerpresse. Kulturrevolutionen im frühen modernen Europa, Wien u. a. 1997, S. 134–169.

[19] Art. »Häresie, Häretiker«, in: LCI 2 (1970), S. 216–221 von Lore KAUTE.

waren, galt es nicht nur, die Ketzer selbst unschädlich zu machen. Vor allem mussten ihre Schriften aus dem Verkehr gezogen werden, richteten diese doch weitaus mehr Schaden an als die Menschen, die sie geschrieben hatten, schließlich erreichten sie ein viel größeres Publikum. Sie predigten ewig, wie Ende des 16. Jahrhunderts der Inquisitionsjurist Francisco Peña warnte.[20] Da sich die vorhandenen rechtlichen und institutionellen Mittel durch die Ereignisse selbst als unzulänglich erwiesen hatten, bedurfte es robusterer Instrumente, um der Lage Herr zu werden. Ein erster Schritt der Kirchenleitung war die stärkere Einbindung der Zentrale in die Kontrolle der Presse. War vor der Reformation der Papst lediglich Stifter und Garant einer sich auf ortskirchlicher Ebene manifestierenden kirchlichen Pressehoheit, riefen die Päpste des anbrechenden konfessionellen Zeitalters eigene Institutionen auf der universal-zentralen Ebene ins Leben. Darüber hinaus rückten nun neben den Produzenten verstärkt auch die Leser gefährlicher Bücher in den Fokus kirchlicher Pressekontrolle, die dadurch eine neue Dimension erhielt.

3.1. Die Gründung des römischen Sanctum Officium

In der Zeit zwischen 1540 und 1600 gelangen dem Papsttum tiefgreifende rechtliche und institutionelle Reformen, die in ihrer Summe schließlich ein System päpstlicher Pressekontrolle entstehen ließen, das ohne größere Veränderungen bis ans Ende der Frühen Neuzeit bestehen blieb. Bei nahezu allen Entscheidungen, die in diesem Zusammenhang getroffen wurden, hatten die Verantwortlichen – wie bereits auf dem Konzil von 1515 – primär die Verhältnisse in Italien im Sinn, auch dann, wenn in den entsprechenden Gesetzen ein universaler Geltungsanspruch formuliert wurde.[21] Deutlich wird dies an der ersten und wichtigsten behördlichen Neuschöpfung der neuen Ära: der »Kongregation für die Hl. Römische und Universale Inquisition«, für die im Folgenden der Einfachheit halber die Begriffe »Sanctum Officium« oder auch »Inquisitionskongregation« verwendet werden.[22]

---

[20] Peña (wie Kapitel I., Anm. 2), c. III, S. 91: »plus nocent libri haereticorum erronei quàm auctores [haeretici] ipsi, cum ad plures libri perveniant«; Quaestio XXVII, comm. LII, S. 314f.: »quia libri fortiores nervos habent ad nocendum quàm homines, cum qui eos legunt, firmius eis insistant quàm qui homines loquentes audiunt. Item quia vivae haereticorum voces vix unam civitatem replere possunt, libri autem cum facile hinc et inde transvehantur, non modo unam civitatem, sed et regna et provincias inficiunt. Sunt enim velut perpetui quidam fontes haeresum virus copiose emittentes. [...] [libri] non semel aut iterum, sed semper de die de nocteque praedicant«.

[21] Zuletzt wurde dies von Marco Cavarzere emphatisch in Erinnerung gerufen: »Italia dunque, e quasi solo l'Italia, era l'oggetto della censura romana [...]«: La prassi della censura nell'Italia del Seicento. Tra repressione e mediazione (Temi e testi 92), Rom 2011, S. XI.

[22] Die Quellen aus der Zeit vom 16. bis 18. Jahrhundert verwenden unterschiedliche Bezeichnungen für die neue Behörde: z. B. »Officium-« bzw. »Congregatio S. Romanae et universalis Inquisitionis« (Dok. A 6, Dok. B 4). Ist in den zeitgenössischen Quellen dagegen nur von »Sanctum Officium« (ggf. mit Ortsangabe) die Rede, kann damit sowohl ein spezielles

Die Gründung des neuen Dikasteriums im Jahr 1542 war eine direkte Reaktion des Papsttums auf die Ausbreitung der Reformation. Die aus deutscher Perspektive auffallende zeitliche Verzögerung erklärt sich dadurch, dass das Papsttum erst allmählich die Tragweite der reformatorischen Ereignisse erfasste. Zwar dürfte der Name Luther schon bald nach 1517 auch in Italien vielen ein Begriff gewesen sei.[23] Rom aber ordnete das Wirken des Reformators zunächst noch ganz in die Tradition der Kirchenreformströmungen des 15. Jahrhunderts ein. Erst nach der traumatischen Erfahrung des Sacco di Roma, der Plünderung Roms durch kaiserliche (darunter auch protestantische) Landsknechte im Jahr 1527, wich diese Wahrnehmung der Einsicht, dass man es doch mit einer ganz neuen Qualität der Ketzerei zu tun hatte. Die Sorge wuchs sich erst recht zur Furcht aus, als sich Anzeichen dafür mehrten, dass die Reformation auch in Italien Fuß fassen würde. Dass die heterodoxen Kräfte im Unterschied zu den mittelalterlichen Ketzerbewegungen sozial kaum spezifizierbar waren, machte die Lage noch bedrohlicher. Wie sich immer deutlicher abzeichnete, ging der religiöse Dissens als Riss vom einfachen Volk bis hinauf in die obersten Etagen der kirchlichen Hierarchie.[24]

Allerdings waren für die Eliten in Italien nicht so sehr Luther und Calvin die wichtigsten Bezugspunkte der religiösen Erneuerung. Prominenter waren Exponenten des Bibelhumanismus wie Erasmus von Rotterdam oder Mittlerfiguren wie der seit 1533 von Neapel aus wirkende Spanier Juan de Valdés. Dessen verinnerlichte, synkretische Religiosität, die Anleihen aus Mystik, Luthertum und Katholizismus miteinander verband, fand Adepten in höchsten Kirchenkreisen: Vittore Soranzo, Bischof von Bergamo, Pietro Carnesecchi, Sekretär Papst Clemens' VII., sowie die Kardinäle Reginald Pole und Giovanni Morone waren namhafte Vertreter dieser Strömung, für die sich heute die Bezeichnung »Spi-

---

Inquisitionstribunal wie auch abstrakt das Rechtsinstitut Inquisition gemeint sein. – Aus der inzwischen stattlichen Reihe neuerer Gesamtdarstellungen zur Geschichte der neuzeitlichen Inquisition in Italien sind diese drei hervorzuheben: Andrea Del Col, L'Inquisizione in Italia. Dal XII al XXI secolo, Mailand 2006; Romeo, Inquisizione (wie Anm. 11); Christopher F. Black, The Italian Inquisition, New Haven – London 2009.

23 Immerhin kursierten in Mailand bereits im Jahr 1519 Schriften des deutschen Reformators, ein Jahr später konnte man sie auch in Venedig kaufen: Agostino Borromeo, La congregazione cardinalizia dell'Inquisizione (XVI–XVIII secolo), in: Ders. (Hg.), L'inquisizione. Atti del simposio internazionale, Città del Vaticano, 29–31 ottobre 1998 (StT 417), Vatikanstadt 2003, S. 324–344, hier: S. 324.

24 Über die ältere Literatur zur »italienischen Reformation« informiert die Bibliografie von John Tedeschi (Hg.), James M. Lattis (Mitarb.), Massimo Firpo (Einl.), The Italian Reformation of the Sixteenth Century and the Diffusion of Renaissance Culture. A Bibliography of the Secondary Literature, ca. 1750–1997, Modena 2000. Nicht nur forschungsgeschichtlich von Bedeutung ist nach wie vor die Arbeit von Delio Cantimori, Eretici italiani del Cinquecento [zuerst: 1939] e Prospettive di storia ereticale italiana del Cinquecento. A cura di Adriano Prosperi, Turin 2002. Erhellende Quellen für die Perspektive der Kurie auf die Anfänge der Reformation in: Bartolomeo Fontana (Hg.), Documenti vaticani contro l'eresia Luterana in Italia, in: ASRSP 15 (1892), S. 71–165, 365–474. Einführend vgl. den Art. »Evangelismus« in: TRE 10 (1982), S. 686–690 von Georg Denzler, sowie: Klaus Ganzer, Die religiösen Bewegungen im Italien des 16. Jahrhunderts (Katholisches Leben und Kirchenreform im Zeitalter der Glaubensspaltung 63), Münster 2003.

ritualismus« etabliert hat.[25] Die zeitgenössische Gegenpartei maß solchen begrifflichen Differenzierungen indes nicht allzu viel Gewicht bei: die »Spirituali« erschienen ihren Gegnern schlicht als Anhänger Luthers, als »Luterani«, die sich nun – so schien es – anschickten, den Marsch durch die Institutionen anzutreten.[26]

Der Spiritualismus hatte mächtige Vertreter wie die Kardinäle Pole, Morone und Gasparo Contarini, die in den Fragen der Kirchenreform und in dogmatischen Streitpunkten zu Zugeständnissen an die deutschen Reformatoren bereit waren. Zur Lösung strebten sie ein Allgemeines Konzil an. Gegen die Spiritualen, die im Wesentlichen mit der pro-kaiserlichen Partei in Italien deckungsgleich waren, formierte sich in den 1530er Jahren eine Partei der Zelanten (auch: Intransigenten). Auch die Zelanten waren nach eigenem Verständnis Reformer, wobei »Reform« noch ganz im vormodernen Verständnis des Begriffs als Wiederherstellung einer im Laufe der Zeit deformierten Ordnung verstanden wurde. Die Strategie der Zelanten war im scharfen Gegensatz zu den Spiritualen nicht die diskursive Klärung strittiger Punkte, wie sie z. B. Kaiser Karl V. mit den Religionsgesprächen im Reich praktizierte, sondern die autoritäre Repression heterodoxer Gruppen, die mit einer Stärkung von Disziplin und Moral in Klerus und Volk einhergehen sollte. Der Dissens sollte nicht auf dem Weg der theologischen Disputation, sondern mithilfe des kirchlichen Strafrechts gelöst werden. Die Inquisition erschien dafür als das Mittel der Wahl.

Mit dem Scheitern der Regensburger Religionsgespräche Anfang 1541, an denen mit Kard. Contarini ein Führer der Spiritualen teilgenommen hatte, gewann an der Kurie die Partei der Zelanten, angeführt von dem Neapolitaner Kard. Gian Pietro Carafa (dem späteren Papst Paul IV.), die Oberhand und mit ihr die inquisitoriale Option.[27] Mit der Bulle »Licet ab initio« Pauls III. vom 21. Juli 1542, die die Einrichtung einer Zentralbehörde für die Inquisition verfügte, fand das Rezept der Zelanten den Weg zum Gesetz (Dok. C 1). Das neue Gremium aus zunächst sechs vom Papst ernannten Kardinälen (den »Generalinquisitoren«, später auch »Kardinalinquisitoren« genannt) sollte als Glaubenstribunal und Ermittlungsbehörde in Italien und in der Gesamtkirche Fälle von Häresie und Verdachtsmomenten verfolgen und aburteilen. Die Kardinalinquisitoren erhielten dafür die volle Ermittlungs-, Prozess- und Strafgewalt über jegliche Personen, sowohl über Laien aller Stände als auch über Welt- und Ordenskleriker aller Ränge – Kardinäle und Bischöfe inbegriffen.

Zu den Vollmachten, die sich als besonders wichtig erweisen würden, gehörte zum einen das Recht der Kardinalinquisitoren, weiteres Gerichtspersonal

[25] Art. »Valdesianesimo«, in: DSI 3, 1626f. von G. Dall'Olio. Zu den Problemen des Begriffs »spirituali« vgl. Camilla Russell, Religious Reforming Currents in Sixteenth-Century Italy: The »Spirituali« and the Tridentine Debates over Church Reform, in: Journal of Religious History 38 (2014), S. 457–475, hier: S. 459–462.

[26] Zu den tatsächlich vorhandenen Beziehungen zwischen den Spiritualen und Luther vgl. Paolo Simoncelli, Inquisizione romana e riforma in Italia, in: RSI 100 (1988), S. 5–125.

[27] Claus Arnold, Die Römische Zensur der Werke Cajetans und Contarinis (1558–1601). Grenzen der theologischen Konfessionalisierung (Römische Inquisition und Indexkongregation 10), Paderborn 2008, S. 172 (mit weiterer Lit.).

(Fiskalprokuratoren, Notare und weitere Beamte) einzustellen, wodurch der anfangs gar nicht beabsichtigten Verstetigung der Einrichtung Vorschub geleistet wurde.[28] Zum anderen durften sie Subdelegierte einsetzen und ihre Vollmachten an diese vollumfänglich oder begrenzt übertragen. Die Subdelegierten sollten der direkten Aufsicht der Zentralbehörde unterstellt werden und durch diese jederzeit abberufen werden können.

Das Recht der Subdelegation der eigenen Vollmachten ermöglichte dem Sanctum Officium, die disparaten inquisitorialen Strukturen in Italien in einen zusammenhängenden, pyramidal auf das Zentrum zulaufenden Apparat umzuwandeln. Vor 1542 waren die einzelnen, meist in den Provinzhauptstädten angesiedelten Glaubenstribunale Einrichtungen der Bettelorden (vor allem Dominikaner- und Franziskaner), denen vom Papsttum im Hochmittelalter das heilige Amt der Inquisition anvertraut worden war. Stellenbesetzungen und Verwaltung der Tribunale wurden weitgehend ordensintern, oft gar auf lokaler Ebene geregelt. Dem Sanctum Officium ist es im Laufe der zweiten Hälfte des 16. Jahrhunderts nun gelungen, die meisten der bestehenden Inquisitionstribunale Mittel- und Norditaliens zu immediatisieren und der direkten Kontrolle Roms zu unterwerfen. Die Ortsinquisitoren wurden direkt von den Kardinalinquisitoren eingesetzt, versetzt und gegebenenfalls abberufen. So wurden die lokalen Tribunale faktisch in Filialen des römischen Obertribunals umgewandelt. Sie mussten regelmäßig an die Zentrale berichten und erhielten ihrerseits von dort Anweisungen, wie sie bestimmte Causen zu handhaben und ihre Gerichtssitze zu verwalten hatten.

Die 1542 begonnene Neuorganisation der italienischen Inquisition markiert eine scharfe Zäsur in der Geschichte des Papsttums und der Kirche Italiens. Nach dem Aufkommen des Legatenwesens und der Eximierung der überregionalen Bettel- und Ritterorden, mit denen das Papsttum vor allem im 12. und 13. Jahrhundert direkten Zugriff auf die Ortskirchen gewinnen wollte, fanden die zentralistischen Ordnungsvorstellungen der Kirchenleitung in der reorganisierten Inquisition eine neuzeitliche Ausdrucksform. Verlierer dieser Politik waren die Bischöfe, die nicht nur Teile ihrer Jurisdiktionsgewalt an die örtlichen Inquisitoren abtreten mussten. Sie selbst standen im Fokus der inquisitorischen Überwachung, schließlich lieferte im 16. Jahrhundert in Italien der Episkopat die spektakulärsten Fälle für den Abfall vom rechten Glauben. Der 1549 über die Alpen zu den Protestanten geflohene Bischof von Capodistria, Pier Paolo Vergerio, war ein ebenso empörendes wie symptomatisches Beispiel dieser »Ketzerei von oben«.[29]

[28] Das 1542 eingesetzte Gremium war vom Papst ursprünglich als reine Notmaßnahme gedacht, die mit dem Beginn eines Allgemeinen Konzils obsolet werden würde, vgl. den Wortlaut der Bulle (Dok. C 1) sowie die Bemerkungen von: Herman H. SCHWEDT, Die Anfänge der römischen Inquisition: Kardinäle und Konsultoren 1542 bis 1600 (RQ. Supplementbd. 62), Freiburg/Breisgau 2013, S. 8f.

[29] Art. »Vergerio, Pier Paolo«, in: DSI 3, S. 1666 von R. A. PIERCE (mit weiterer Lit.).

Die Mitte des 16. Jahrhunderts auf die ordentliche Kirchenverfassung in Italien gelegte inquisitoriale Struktur, die allerdings erst 100 Jahre später den Zenit ihrer Entwicklung erreichte, schuf auch die Voraussetzungen für eine zentrale Kontrolle der Presse mithilfe des behördlichen Apparates der Inquisition. Die konstituierende Bulle »Licet ab initio« (Dok. C 1) enthält selbst zwar keinerlei Passagen über die Bücherzensur. Dass die neu gegründete Inquisitionsbehörde und ihre Filialen zensorische Befugnisse haben würden, stand aber außer Frage. Zensur gehörte seit jeher zum Geschäft der Inquisition, zuletzt hatte schließlich erst 1515 das Lateranense die Inquisitoren an der Pressehoheit in den Ortskirchen teilhaben lassen (Dok. A 2). Tatsächlich sollte die Kontrolle der Presse in Italien sich zu einer der Hauptaufgaben des römischen Sanctum Officium entwickeln.

Schon wenige Monate nach der Gründung machte sich die Existenz der neuen Institution in Rom dadurch bemerkbar, »dass keine üblen Bücher mehr erschienen«, wie sich einige Jahre später der Kardinalnepot Alessandro Farnese erinnerte.[30] Bezeichnend war auch, dass sich der erste öffentliche Erlass, der im Namen des neuen Dikasteriums erging, dem Druckwesen widmete (Dok. B 1).[31] Das vom 12. Juni 1543 datierende Edikt verbietet den Buchhändlern, Bücher ohne entsprechende Lizenz des vor Ort zuständigen Inquisitors zu verkaufen. Druckern wird die Produktion von Druckschriften ohne inquisitoriales Imprimatur untersagt, Zollbeamten das Passierenlassen von Druckwaren ohne vorherige Inspektion durch den Inquisitor. Verstöße werden mit Exkommunikation, Berufsverbot, Exil und Geldstrafen belegt. Dass das Edikt zensorische und pressepolizeiliche Vollmachten exklusiv den Inquisitoren überträgt, ohne auf die paritätischen Kompetenzen der Bischöfe einzugehen, wie sie das Konzil 1515 festgeschrieben hatte, ist kein Zufall, sondern zeigt die intendierte Verschiebung der Gewichte in der Kirchenverfassung Italiens an. Auch die nachfolgende Legislation des Sanctum Officium folgte der Devise, auf partikularer Ebene die örtlichen Inquisitionen gegenüber den Bischöfen zu stärken und somit die Kontrolle der Presse mit der zentralen Ebene gleichzuschalten.

3.2. Das Pressegesetz der Inquisition: Der Index Paulinus (1558/59)

Das 1543 durch das Sanctum Officium erlassene Presse-Edikt richtet sich erklärtermaßen gegen die Verbreitung und Lektüre von »häretischen, irrigen und frevelhaften und aufrührerischen Bücher[n]« (Dok. B 1). Sieben Jahre später befiehlt ein von Papst Julius III. erlassenes Schreiben Buchbesitzern, »luthera-

[30] Kard. Farnese an Giovanni Della Casa, Nuntius in Venedig, 15.6.1549: Lorenzo CAMPANA, Monsignor Giovanni Della Casa e i suoi tempi, in: Studi storici 17 (1908), S. 145–282, 381–606, hier: S. 275 (»[…] talchè non si trova da molti mesi in qua, che esca fuora libro cattivo«).

[31] Bislang ist kein früherer gedruckter Erlass bekannt geworden; bereits 1749 hielt der Assessor des SO Guglielmi das Presse-Edikt von 1543 für das früheste Plakat seiner Behörde: ACDF SO St.St. D-2-f (»Della origine, giurisdizione, privilegi e rendite dell'inquisizione di mons. Pier Gerolamo Guglielmi, assessore del S. Offizio«, 3 Bde. [1749]), fol. 334r.

nische und andere häretische Bücher oder Bücher, die die lutherische oder eine andere falsche Lehre beinhalten«, binnen 60 Tagen dem Ortsinquisitor auszuhändigen (Dok. A 4). Woran aber sollten die Adressaten dieser Erlasse erkennen, welche Bücher unter diese Kategorien fielen? Ein Hilfsmittel, das ihnen die Identifizierung verbotener Bücher ermöglichte, war nicht zur Hand.[32] Die Orientierung wurde dadurch erschwert, dass sich das Angebot des Buchmarkts immer rasanter erweiterte, wobei eingeführte oder vor Ort nachgedruckte Werke von Protestanten eine immer größere Rolle spielten. Vor diesem Problem standen nicht nur die italienischen Staaten, sondern alle altgläubigen Länder und Territorien. Die Reaktion auf diese literarische »Infiltration« war denn auch oft identisch: Als »Indizes« oder »Kataloge« betitelte, systematisch geordnete Listen wurden gedruckt, in denen Titel verzeichnet wurden, die wegen Häresie oder aus anderen Gründen verboten waren. Die Indizes der Universitäten von Paris (1544) und Löwen (1546) sowie der von der kirchlichen und weltlichen Autoritäten gemeinsam ausgearbeitete Index von Venedig (1549), die für ihren jeweiligen Geltungsbereich (also Frankreich, die Niederlande und die Republik Venedig) erlassen wurden, waren die Vorreiter dieser neuen Gattung.[33]

Mitte der 1540er Jahre begann man auch in Rom mit den Planungen für einen Verbotskatalog, der im Unterschied zu den partikularen Gegenstücken aber universale Geltung in der gesamten (katholischen) Christenheit für sich beanspruchen würde.[34] Die ersten Vorbereitungen liefen im gerade erst eingerichteten Sanctum Officium an. Nicht zuletzt aufgrund des noch geringen Personalstands der jungen Behörde erwies sich das Projekt als langwierig und wurde mehrfach auf Eis gelegt. Die nötige Dynamik erhielt es erst durch die Papstwahl vom 23. Mai 1555. Mit Gian Pietro Carafa, der den Namen Paul IV. annahm, bestieg der Führer der Zelanten und geistige Vater des Sanctum Officium den Stuhl Petri.[35] In der Sicht Carafas und seiner Adepten waren die neuen Häresien, die in ganz Europa weiterhin auf dem Vormarsch waren, vor allem Folge einer Kultur des Ungehorsams, die im geistigen Klima der Renaissance hätte gedeihen können, wo die neo-paganen, frivolen Züge des Humanismus die christlichen Wertmaßstäbe verderbt hätten. Eine große Säuberung der Kultur von Häresie, Heidentum, Aberglaube und Magie sollte die Wende zum Guten einleiten. Dem Index maß man in diesem Reformprojekt eine überragende Bedeutung bei.[36]

---

[32] Wie sehr der Erlass eines römischen Index im Interesse der Drucker und Buchhändler war, die ohne klare Identifizierung verbotener Bücher Gefahr liefen, unwissentlich gegen die Pressegesetze zu verstoßen, zeigt die im Mai 1549 beim SO eingegangene Supplik einer Abordnung des römischen Buchgewerbes: Peter GODMAN, The Saint as Censor. Robert Bellarmine between Inquisition and Index, Leiden u. a. 2000, S. 313 (Edition des Eintrags aus dem Dekret-Register des SO).

[33] Zu den »nationalen« Indizes des 16. Jahrhunderts vgl. die Bände IdLI 1–7 und den Abriss in: DSI 2, S. 775–780 (Art. »Indici dei libri proibiti, Cinquecento«) von J. M. DE BUJANDA.

[34] Zur Vorgeschichte des Index von 1559 vgl. ausführlich IdLI 8 (1990), S. 27–37.

[35] Art. »Paolo IV, papa«, in: DSI 3, S. 1164–1166 von D. SANTARELLI.

[36] Den Index als Teil eines bestimmten Reformkonzepts begreifbar zu machen, ist ein besonderes Anliegen der Monografie von Vittorio FRAJESE, Nascita dell'Indice. La censura ecclesiastica dal Rinascimento alla Controriforma, Brescia 2006, bes. S. 39–87, 271–315.

Für die Erarbeitung des Index wurde innerhalb des Sanctum Officium eine eigene Kommission eingerichtet, deren Leitung der Papst einem seiner engsten Vertrauten, dem »Commissarius Sancti Officii« und späteren Papst Michele Ghislieri OP (Pius V.) übertrug. Aus der Arbeit dieser Kommission haben sich keinerlei Akten erhalten, weshalb die genauen Abläufe, die schließlich zum ersten römischen Index führten, im Dunkeln liegen.[37] Fest steht, dass im November 1557 die Kommission ihr Ergebnis vorlegte und der Index einen Monat später beim Kammerdrucker Antonio Blado in die Presse ging.[38] Da dem Papst bei der abschließenden Lesung Mängel an dem Bücherverzeichnis auffielen, blieb die Approbation aber aus.[39] Die erforderlichen Nachbesserungen vertraute Paul IV. dann einigen ausgewählten Vertretern der Orden an, die sich unter Leitung des Generalmagisters der Dominikaner zu Sitzungen im römischen Kloster von S. Maria sopra Minerva trafen.[40] Kurz darauf ging die Arbeit wieder auf die Index-Kommission im Sanctum Officium über, in der jetzt anstelle von Ghislieri Kard. Gian Bernardino Scotti den Vorsitz führte.[41]

Die Revision war im November 1558 beendet, und der Druck begann von Neuem. Am vorletzten Tag des Jahres 1558 setzte ein Dekret des Sanctum Officium den ersten römisch-universalen Index in Kraft (Dok. A 6).[42] Flankiert wurde die Promulgation durch ein päpstliches Breve, das sämtliche bis zu diesem Termin erteilten Lizenzen zum Lesen verbotener Bücher für ungültig erklärte (Dok. A 5). Nur acht Jahre vorher hatte Julius III. bereits dieselbe Maßnahme ergriffen (Dok. A 4). Die neuerliche Generalrevokation der Leselizenzen sollte der Zäsur, die die Einführung des neuen Pressegesetzes markierte, offenbar zusätzlich Ausdruck verleihen (vgl. auch Kapitel II.4.5.).

Die Mehrheit derer, die in Italien beruflich in irgendeiner Weise auf Bücher angewiesen waren, reagierte bestürzt auf den Index Paulinus. Die intransigente Terreur, die sich seit dem Beginn des Carafa-Pontifikats in überharten Urtei-

---

Zu einer ganz ähnlichen Interpretation gelangte bereits Paolo SIMONCELLI, Documenti interni alla Congregazione dell'Indice, 1571–1590. Logica e ideologia dell'intervento censorio, in: Annuario dell'Istituto storico italiano per l'età moderna e contemporanea 35–36 (1983–1984), S. 189–215, hier: S. 214.

[37] Die bei den Arbeiten an diesem Index angefallenen Akten wurden bei den Unruhen nach dem Tod Pauls IV. im August 1559 (s. u.) vernichtet, doch sind vereinzelt Zensurgutachten aus dieser Zeit erhalten, vgl. mit einem Beispiel: ARNOLD (wie Anm. 27), S. 71, 74f. Als Mitglieder der Kommission sind neben Ghislieri der Jesuiten-General Diego Laínez sowie die beiden Augustinereremiten Cristoforo da Padova und Giuseppe da Verona belegt: FRAJESE, Nascita (wie Anm. 36), S. 71. Zudem dürfte Giuseppe Panfilo OSA für die Kommission tätig gewesen sein: Gigliola FRAGNITO, La Bibbia al rogo. La censura ecclesiastica e i volgarizzamenti della Scrittura (1471–1605), Bologna 1997, S. 82.

[38] Ein Faksimile dieses verworfenen Index in: IdLI 8 (1990), S. 717–751.

[39] Zu den möglichen Gründen vgl. Reusch 1, S. 259.

[40] Gigliola FRAGNITO, Girolamo Savonarola e la censura ecclesiastica, in: RSLR 35 (1999), S. 501–530, hier: S. 504f., Anm. 10.

[41] Neben Kard. Scotti, der wie der Papst dem Theatinerorden angehörte, zählten zu dieser Kommission die Kardinalinquisitoren Clemente d'Olera OFMObs, Michele Ghislieri OP und Scipione Rebiba: FRAGNITO, Savonarola (wie Anm. 40), S. 504, Anm. 11.

[42] Index 1559.

len gegen Sympathisanten der Spiritualen und in einem desolat verlaufenden Krieg gegen das Haus Habsburg geäußert hatte, setzte sich nun auf dem Gebiet der Pressekontrolle fort. Sie traf jetzt Drucker und Buchhändler, die ihre absatzstärksten Bücher nicht mehr drucken oder verkaufen durften. Dozenten und Studenten der Theologie, Jura oder Medizin wurden ihrer Lehrbücher und Nachschlagewerke beraubt. Humanistische Gelehrte und Philologen verloren wichtige Arbeitsinstrumente. Als Konsequenz des weit ausgreifenden Häresie-Verständnisses des Papstes und seiner Getreuen inkriminierte der Index nämlich nicht nur Bücher, in denen tatsächlich häretische Lehren verbreitet wurden, sondern auch solche, denen auch nur im Entferntesten eine Beziehung zur reformatorischen Bewegung nördlich der Alpen nachgewiesen werden konnte. Besonders schwer zu verkraften waren die Verbote ganzer Verlagsprogramme. Insgesamt 61 Offizinen aus dem Norden standen mit ihrer gesamten Produktion auf dem Index. [43]

In der Konsequenz forderte der neue Index den Verzicht auf wesentliche Teile der wissenschaftlich-humanistischen Errungenschaften der vergangenen 50 Jahre. Unter die Verbote fielen die besten Kirchenväter- und Klassiker-Ausgaben, die verlässlichsten Wörterbücher und juristischen Kompendien. Die Tatsache, dass bei einem Werk ein Protestant oder ein »Verdächtiger« als Editor oder auch nur als Drucker seine Hand im Spiel gehabt hatte, genügte als Verbotsgrund. Ob in den Büchern religiöse Themen überhaupt behandelt wurden, war unerheblich. Allein das im Index gleich an zwei Stellen wirksam platzierte Verbot des Gesamtwerks des Erasmus von Rotterdam schnitt tief in das kulturelle Leben Italiens ein. Dem Schulbetrieb drohten so die Lehrmittel für den Unterricht in den alten Sprachen, aber auch für manche Bereiche der Theologie verloren zu gehen.[44]

Nicht nur die im Index versammelten Pauschal- und Einzelverbote gaben dem Index von 1559 einen überaus rigiden Charakter. Auch die angedrohten Strafen waren drakonisch. Schon im umständlichen Titel des neuen Pressegesetzes wird der Benutzer auf die Straffolgen hingewiesen: »Index der Autoren und Bücher, vor denen auf Befehl der Hl. Römischen und Universalen Inquisition jeder Christ sich hüten möge, bei den Zensuren, die in der Abendmahlsbulle gegen Leser und Besitzer verbotener Bücher ausgesprochen werden, sowie bei weiteren Zensuren und Strafen, die im Dekret des Sanctum Officium genannt sind«.

Das im Titel erwähnte, den Index eröffnende Dekret (Dok. A 6) präzisiert dann den zwischen dem Index Paulinus und der so genannten Abendmahlsbulle (Dok. A 21) hergestellten Zusammenhang. Die seit dem Mittelalter im Namen

[43] Dazu: IdLI 8 (1990), S. 134–137.

[44] Silvana Seidel Menchi, Erasmus als Ketzer. Reformation und Inquisition im Italien des 16. Jahrhunderts (Studies in Medieval and Reformation Thought 49), Leiden u. a. 1993; insgesamt waren im Index 1559 über 1.000 Verbote versammelt, davon 603 Namen von Autoren, deren Gesamtwerk von dem Verbot betroffen war (1. Indexklasse), 126 Einzeltitel (von 117 Autoren) und 332 anonyme Titel (3. Indexklasse), Zahlen n. Art. »Indici dei libri proibiti, Cinquecento« (wie Anm. 33), S. 776.

der Päpste jedes Jahr (zuletzt 1768) an Gründonnerstag verlesene Bulle war lange Zeit Dreh- und Angelpunkt der höchstrichterlichen Gewalt der Päpste. Formal handelt es sich bei dieser Bulle um eine Sammlung von Exkommunikationssentenzen.[45] Zusammengefasst werden jene Vergehen, die die »excommunicatio latae sententiae« nach sich ziehen und deren Absolution dem Papst reserviert ist. Von einem Verstoß gegen den Strafkatalog durfte der Bischof geschweige denn der ordentliche Beichtvater den Delinquenten nicht lossprechen.[46] Der Fall musste an den Papst nach Rom oder einen päpstlichen Bevollmächtigten überwiesen werden.[47] Von jeher hieß es in der ersten Sentenz der Bulle, dass alle Häretiker und ihre Anhänger »eo ipso« exkommuniziert sind. Paul III. hatte in diese Sentenz auch die Leser der Werke von Martin Luther einbezogen, Paul IV. dehnte zwei Jahre vor Einführung des römischen Index die Sentenz auf die Leser sämtlicher Bücher von Häretikern aus, ohne (wie spätere Päpste) zu differenzieren zwischen Büchern von Häretikern, die tatsächlich auch Häresie enthielten und solchen, die gar nicht von religiösen Dingen handelten.[48]

Für die Gläubigen hatte die Verknüpfung zwischen dem Index und der Abendmahlsbulle zur Folge, dass jeder Verstoß gegen den Index mit der für den Einzelnen sich verheerend auswirkenden Exkommunikation geahndet werden konnte, ganz gleich ob er Martin Luther, Erasmus, Lorenzo Valla oder Niccolò Machiavelli gelesen hatte. Und mehr noch: Das Promulgationsdekret des Index gibt zu verstehen, dass jeder Verstoß gegen das neue Pressegesetz einen Häresieverdacht begründe.

Durch diese einschneidenden Modifikationen der Rechtslage erreichte die oben schon in Bezug auf das Presse-Edikt von 1543 (Dok. B 1) festgestellte Marginalisierung der Bischöfe durch die Inquisition auf dem Gebiet der Pressekontrolle eine neue Stufe. Der Index erklärte Pressedelikte per se zu Glaubensdelikten, wodurch sie in die Gerichtsbarkeit des Inquisitors fielen. Da die Inquisition in Italien der zentralen römischen Leitungsbehörde unterstellt war, sicherte sich Rom allein schon durch die Festlegung der Zuständigkeit direkte Eingriffsmöglichkeiten in die lokale Pressekontrolle. Die Definition der Strafe als einer reservierten Strafe, von der nur der Papst lossprechen konnte, schuf einen zusätzlichen Hebel, über den eine zentrale Kontrolle der Presse ausgeübt werden konnte. Mit Blick auf das System päpstlicher Pressekontrolle verfolgte der Index Paulinus vor allem also ein Ziel: Das 1515 festgeschriebene »Kon-

---

[45] Vgl. die in der Edition (Dok. A 21) genannte Lit.

[46] Art. »Casi reservati«, in: DSI 1, S. 290f. von E. BRAMBILLA.

[47] Die aus Übertretungen der Abendmahlsbulle resultierenden Exkommunikationen wurden zunächst von der Poenitentiaria Apostolica, später dann vor allem durch das SO bearbeitet. Ein Beispiel einer durch die Pönitentiarie erteilten Absolution von der Exkommunikation in Folge der Lektüre häretischer Bücher in: Filippo TAMBURINI, Ludwig SCHMUGGE (Hg.), Häresie und Luthertum. Quellen aus dem Archiv der Pönitentiarie in Rom (15. und 16. Jahrhundert) (Quellen und Forschungen aus dem Gebiet der Geschichte. N. F. 19), Paderborn u. a. 2000, S. 146f. (6.7.1540).

[48] Der entsprechende Passus zit. bei FRAJESE, Nascita (wie Anm. 36), S. 227.

junktim« von Bischöfen und örtlichen Inquisitoren sollte aufgebrochen und in eine ausschließliche Pressehoheit der delegierten Glaubensrichter umgewandelt werden. Infolge der Zentralisierung der Inquisition in Italien lief dies auf eine Konzentration der Pressekontrolle auf eine päpstliche Behörde, das Sanctum Officium, hinaus.[49]

Das neue inquisitorische Kontrollsystem wie auch viele der Einzel- und Pauschalverbote, die der Index von 1559 versammelte, stießen in allen italienischen Territorien, in denen das neue Pressegesetz eingeführt werden sollte, auf eine breite Front der Ablehnung. Hochburgen des Widerstands waren Universitätsstädte und Zentren des Buchdrucks wie Rom, Florenz, Mailand, Bologna und Venedig. Auch aus dem Jesuitenorden, dessen aufstrebende Lehranstalten von den Bücherverboten hart getroffen worden wären, waren tadelnde Stimmen deutlich zu vernehmen.[50]

Der Protest zeitigte rasch Wirkung. Bereits im Februar 1559 reagierte das Sanctum Officium auf die negative Stimmungslage mit einem Rundschreiben an die untergeordneten Ortsinquisitoren (Dok. A 7). Das Zirkular mit dem Titel »Instructio circa Indicem« enthält neben rein berichtigenden auch manche relativierende Ergänzungen des erst wenige Wochen zuvor veröffentlichten Index. Die aus späterer Sicht wichtigsten Bestimmungen dieser Instructio beziehen sich auf das zensorische Instrument der »Bücherreinigung« (Expurgation), das Paul IV. während der Vorarbeiten am Index noch kategorisch abgelehnt hatte.[51] Fachbücher und Texteditionen (gedacht war vor allem an juristische und medizinische Literatur sowie an Klassiker- und Kirchenväterausgaben), die nach den Vorgaben des Index verboten waren, da sie in irgendeiner Weise mit den reformatorischen Strömungen jenseits der Alpen in Verbindung gebracht werden konnten, sollten bei Beachtung bestimmter Auflagen wieder benutzbar sein. Zu diesen gehörte prinzipiell, dass in den Büchern alle Spuren, die auf die häretischen Herausgeber oder Drucker der Texte zurückzuführen waren (z. B. Kommentare, Einleitungen, Register), geschwärzt oder abradiert werden mussten, ebenso wie deren Namen.

Wie die Instructio circa Indicem in mehreren Artikeln betont, waren für das Expurgationswesen in erster Linie die Inquisitoren zuständig, die Bischöfe hingegen nur an solchen Orten, an denen es keinen Inquisitor oder Beauftragten der Inquisition gab. Diese neuerliche Privilegierung der Inquisition kommt gleich im ersten Artikel des Zirkulars zum Ausdruck. Hier heißt es, dass verbotene Bücher, von denen sich die Besitzer nach der Vorschrift des Index trennen müssen, immer dem Inquisitor zu überlassen seien, dem Bischof wiederum nur dann, wenn für den Ort kein Inquisitor zuständig ist. Dies entsprach zwar

---

49 Ähnlich das Resümee von ROMEO, Inquisizione (wie Anm. 11), S. 17.

50 IdLI 8 (1990), S. 39–44. Zur Kritik der Jesuiten am Index vgl. auch HILGERS, Index (wie Kapitel I, Anm. 2), S. 194–206.

51 Zum Expurgationswesen vgl. v. a. ROZZO, Letteratura italiana (wie Anm. 16); DERS., L'espurgazione dei testi letterari nell'Italia del Secondo Cinquecento, in: DERS. (Hg.), La censura libraria nell'Europa del secolo XVI. Convegno Internazionale di Studi, Cividale del Friuli, 9/10 Novembre 1995, Udine 1997, S. 219–271.

einem Erlass Julius' III. aus dem Jahr 1550, der ebenfalls dazu aufgefordert hatte, lutheranische oder andere häretische Bücher den Ortsinquisitoren auszuhändigen (Dok. A 4). Der Index Paulinus aber drückte sich danach nicht mehr so eindeutig aus: In dem Einsetzungsdekret vom 30. Dezember 1558 heißt es, verbotene Bücher würden von den »Ortsordinarien oder -inquisitoren« entgegengenommen (Dok. A 6). Mit der Instructio circa Indicem legte sich Rom nun wieder auf eine klare Hierarchie der Beziehung zwischen Bischof und Inquisitor in Pressefragen fest. Die Konsequenz in diesem konkreten Fall war, dass auch die Bischöfe – die aufgrund der Empfänglichkeit der Elite für die neuen Häresien ohnehin zu den Hauptadressaten der restriktiven Pressegesetzgebung des 16. Jahrhunderts gezählt werden müssen – ihre verbotenen Bücher an den Inquisitor abtreten mussten.[52]

Die in Form der Instructio circa Indicem vorgenommenen Nachbesserungen konnten die Akzeptanz des Index Paulinus nicht erhöhen, zumal das ganze Projekt mit dem Tod Pauls IV. am 18. August 1559 seinen stärksten Rückhalt verlor. Die Revolte, die nach dem Tod des Pontifex in Rom losbrach und in einem Sturm auf den römischen Inquisitionspalast gipfelte, war bereits Vorbote für den Politikwechsel, den der am Weihnachtstag 1559 zum Nachfolger gewählte Giovanni Angelo Medici (Pius IV.) einschlagen sollte.[53] Sofort nach der Papstwahl äußerten die Jesuiten erneut den Wunsch nach einer Index-Revision. Es bedurfte keiner großen Überzeugungsarbeit, um den Papst für dieses Vorhaben zu gewinnen. Ohne direkt ein Gegner der Inquisition zu sein, misstraute der Medici-Papst stark der von seinem Vorgänger aufgebauten römischen Zentralbehörde, die Tendenzen zur Verselbständigung zeigte und selbst gegenüber dem Pontifex auf einer Art Autonomie bestand.[54] Die Zügelung der Macht der Inquisition und ihrer intransigenten »Kulturpolitik« sollte auch über eine Reform des Paulinischen Pressegesetzes erreicht werden.

Im Frühjahr 1561 erteilte der Papst einer Kommission den Auftrag, den Index zu revidieren.[55] Das Ergebnis dieser kleinen Pianischen Indexreform war die auf den 14. Juni 1561 datierte Moderatio Indicis (Dok. A 8). Diese in Form einer Direktive des Sanctum Officium publizierte Index-Novelle wiederholte zum Teil die Vorgaben der Instructio circa Indicem von 1559. Andere Bestim-

[52] Der Bf. von Mantua beispielsweise, Kard. Girolamo Morone, musste in Folge der Einführung des Index Paulinus verbotene Bücher aus seinem Besitz dem für die Diözese zuständigen Inquisitor aushändigen, Pius IV. restituierte sie dem Kardinal am 8.5.1560: FONTANA (Hg.), Documenti (wie Anm. 24), S. 453f.

[53] Zum Pontifikat Pius' IV. sind zuletzt erschienen: Elena BONORA, Roma 1564. La congiura contro il papa, Rom 2011; Miles PATTENDEN, Pius IV and the Fall of the Carafa. Nepotism and Papal Authority in Counter-Reformation Rome, Oxford 2013.

[54] Alain TALLON, Le concile de Trente et l'Inquisition romaine. À propos des procès en matière de foi au concile, in: Mélanges de l'Ecole française de Rome. Italie et Méditerranée 106 (1994), S. 129–159, hier: S. 144; Elena BONORA, Giudicare i vescovi. La definizione dei poteri nella Chiesa postridentina, Rom u. a. 2007, bes. S. 150–194; Massimo FIRPO, Da Inquisitori a pontefici. Il Sant'Ufficio Romano e la svolta del 1552, in: RSI 122 (2010), S. 911–950.

[55] Zur Zusammensetzung dieser Kommission, die manchmal im Beisein des Papstes tagte: Dok. A 8, Anm. 1.

mungen gingen darüber hinaus. So werden beispielsweise weitere Nachschlagewerke und Fachbücher für die Expurgation freigegeben, das Verbot ganzer Verlagsprogramme deutlich abgeschwächt.[56] In der Summe spiegelt sich hier bereits die neue zensurpolitische Leitlinie wider, wonach nur noch solche Bücher als verboten zu deklarieren waren, in denen sich tatsächlich auch häretische Sätze fanden. Die geradezu xenophoben Kategorien, nach denen Paul IV. das Schrifttum in verbotene und erlaubte Bücher eingeteilt hatte, waren obsolet.

Auch was die organisatorische Seite der Pressekontrolle betrifft, schlug Pius IV. eine andere Richtung ein als sein Vorgänger. Indem die Moderatio von 1561 in allen zentralen Paragrafen von der paritätischen Ausübung der Pressehoheit durch den Inquisitor und den Bischof ausgeht, wird das von der vorkonfessionellen Gesetzgebung eingeführte »Konjunktim« der beiden ortskirchlichen Gewalten wiederhergestellt.[57] Sämtliche mit dem Expurgationswesen zusamenhängenden Schritte sollen an Orten, an denen beide Instanzen vorhanden sind, vom Inquisitor und dem Bischof durchgeführt werden. Die Bischöfe werden zudem wieder in die Strafverfolgung von Pressedelikten eingebunden, nicht jedes Pressedelikt musste ipso iure vom Inquisitor geahndet werden.

3.3. Das konziliare Zwischenspiel: Der Index Tridentinus (1564)

Durch die 1559 und 1561 vorgenommenen Nachbesserungen war der Index und damit das Herzstück der römischen Pressegesetzgebung keine zwei Jahre nach seiner Einführung zum Stückwerk geraten. Der Makel eines ins Zwielicht gerückten Pontifikats, der an dem Werk haftete, ließ sich außerdem nicht übertünchen. Sollte der römische Index in der katholischen Welt allgemein rezipiert werden, und das war nach wie vor das Ziel päpstlicher Politik, war eine tiefer gehende Revision unausweichlich. Die kirchenpolitische Neuausrichtung des Medici-Pontifikats eröffnete dafür ganz neue Wege. Denn anders als sein Vorgänger, der als Papst dem konziliaren Milieu stets misstraut hatte, entschied sich Pius IV. für eine Fortsetzung der seit 1552 ruhenden Trienter Kirchenversammlung.[58]Am 29. November 1560 erging aus Rom die Einladung an die Konzilsväter zur nunmehr dritten Sitzungsperiode der großen Kirchenversammlung. Als bei den bald darauf begonnenen Vorbereitungen auch der umstrittene Index Pauls IV. auf die konziliare Agenda rückte, widersetzte sich der Papst nicht.[59] Ohne päpstliche Autorisierung sollte in Trient die Index-Frage

---

[56] IdLI 8 (1990), S. 51–54.

[57] Gigliola FRAGNITO, La censura libraria tra Congregazione dell'Indice, Congregazione dell'Inquisizione e Maestro del Sacro Palazzo (1571–1596), in: Ugo ROZZO (Hg.), La censura libraria nell'Europa del secolo XVI. Convegno Internazionale di Studi, Cividale del Friuli, 9/10 Novembre 1995, Udine 1997, S. 163–175, hier: S. 164.

[58] Zum Verhältnis Pauls IV. zur Konzilsfrage: René ANCEL, Paul IV et le Concile, in: Revue d'Histoire Ecclésiastique 8 (1907), S. 716–741.

[59] Zur Behandlung der Index-Frage auf dem Trienter Konzil. IdLI 8 (1990), S. 55–99; der Darstellung dort liegen die älteren Arbeiten zugrunde: Stephan EHSES, Zur Vorgeschichte

jedoch nicht verhandelt werden, weshalb Pius IV. am 14. Januar 1562, vier Tage vor der feierlichen Eröffnung, dem Konzil ganz förmlich den Auftrag erteilte, sich der Korrektur des Index von 1559 im Speziellen und den Missständen (»abusus«) im Pressewesen im Allgemeinen zu widmen.[60]

Einen Monat später, am 17. Februar, stellten die päpstlichen Legaten eine zu Beginn aus 18 Mitgliedern bestehende Deputation zusammen, die zehn Tage darauf von der Generalkongregation des Konzils zur Behandlung der Index-Frage ermächtigt wurde.[61] Beinahe trotzig wirkt das Edikt, mit dem einige Wochen darauf die Drucker und Buchhändler im Kirchenstaat durch das Sanctum Officium an die bestehenden Pressegesetze, das heißt an den Index von 1559 und die Ergänzungsverordnungen, erinnert wurden (Dok. B 2). Offenbar wollten die Kardinalinquisitoren dadurch der Fehldeutung entgegensteuern, das Konzil habe mit der Aneignung der Index-Revision die Zuständigkeit der Inquisitionsbehörde in Pressefragen aufgehoben.

Unterdessen setzte die Index-Deputation in Trient ihre Arbeit fort.[62] Ihr Arbeitsprogramm zerfiel in drei Bereiche. Erstens, war die eigentliche Liste verbotener Bücher des Index von 1559 zu überprüfen. Fehler mussten berichtigt, unverhältnismäßige Verbote getilgt, Neuerscheinungen gegebenenfalls in den Katalog aufgenommen werden.[63] Nicht alle Revisionen aber waren mit wenigen Federstrichen zu lösen. Werke, die zwar im Grundsatz als gut und nützlich eingestuft wurden, jedoch verstreut Irrtümer enthielten, mussten erst expurgiert werden, bevor man sie freizugeben bereit war. Obwohl das Trienter Gremium arbeitsteilig zu Werke ging und die Expurgationen auf die einzelnen Deputierten verteilt wurden, überstieg der Arbeitsaufwand die Möglichkeiten der Beteiligten. Im abschließenden Bericht sind von den überhaupt nur 24 Expurgationsprojekten, die die Deputierten konkret in Angriff genommen hatten, nur die Hälfte als abgeschlossen gekennzeichnet.[64] Als drittes Arbeitsfeld neben der Katalog-Revision und den Expurgationen machte sich die Deputation an die Formulierung allgemeiner Regeln, mit denen einerseits pauschale Bücher-

---

des Trienter Index verbotener Bücher, in: Vorträge und Abhandlungen der Herren Grauert, Scharnagl, Lübeck, Ehses, Köln 1921, S. 68–82; Daniel De Pablo Maroto, El índice de libros prohibidos en el Concilio de Trento, in: Revista Española de Teologia 36 (1976), S. 39–64; Pastor 7, S. 296–304; José Ignacio Tellechea Idigoras, La aprobación del Catecismo de Carranza en Trento con noticias sobre la Comisión del Index (1563), in: Scriptorium Victoriense 34 (1987), S. 348–402.

60 Text in: Tellechea Idigoras (wie Anm. 59), S. 392.

61 Trid. sess. 25 (26.2.1562): COD 3, S. 723f.

62 Die Deputation setzte sich überwiegend aus ital. Bischöfen zusammen, den Vorsitz führte der kaiserliche Gesandte und Ebf. von Prag Anton Brus von Müglitz, koordiniert wurden die Arbeiten durch den Deputationssekretär Francisco Foreiro OP: IdLI 8 (1990), S. 74.

63 Der Papst hatte das Mandat der Index Deputation am 6.2.1563 auf die Aktualisierung des Bücherverzeichnisses erweitert, welche in den früheren Instruktionen nicht ausdrücklich als Aufgabe der Deputation erwähnt worden war, vgl. das Breve in: Tellechea Idigoras (wie Anm. 59), S. 392f.

64 Die Aufstellung des Sekretärs Foreiros zu Händen des SO in: Tellechea Idigoras (wie Anm. 59), S. 397–402; eine Abschrift des Dokuments ist auch in den frühesten Akten der CIndex überliefert: ACDF Index. Prot. 1 (A), fol. 126r–127v.

verbote festgelegt, andererseits die Organisation der Pressekontrolle geregelt werden sollten. Einen Ausgangspunkt boten die im Index von 1559 verstreut enthaltenen Indexregeln (Dok. A 6), doch galt es, deren inquisitionslastigen Tenor an die Vorstellungen des bischöflichen Flügels auf dem Konzil anzupassen.

Erst einen Tag vor der Schlusssitzung des Konzils waren die Vorrede, die Indexregeln und das Bücherverzeichnis in präsentable Form gebracht. Für eine gründliche Prüfung durch die Konzilsväter, Voraussetzung für die Approbation der Texte durch das Gesamtkonzil, war nun keine Zeit mehr. In seiner abschließenden Sitzung, am 4. Dezember 1563, fasste das Konzil deshalb den Beschluss, den Index-Entwurf zusammen mit den anderen Trienter Editionsvorhaben (Katechismus, Brevier und Missale) zurück in Hände des Papstes zu legen, damit dieser »nach seinem Urteil und mit seiner Autorität« die Bearbeitung abschließe und das fertige Werk publiziere.[65]

Welche waren die maßgeblichen Neuerungen, die die Trienter Index-Deputation auf den Weg brachte? Kern des in Trient redigierten Index waren die in zehn Paragrafen untergliederten Trienter Indexregeln (Dok. A 9). In ihnen wurde die bereits in der Moderatio Indicis (1561) angedeutete zensurpolitische Kurskorrektur fortgeschrieben. Das ungefährliche protestantische oder protoprotestantische Schrifttum wurde aus der »Sippenhaft«, in die es durch den Index Paulinus geraten war, befreit. Schriften protestantischer Autoren, die frei von häretischen Äußerungen waren, sollten wieder benutzbar gemacht werden. Zu diesem Zweck einigten sich die Konzilsväter auf eine neue Klassifizierung der Häretiker. Die bipolare Systematik Häretiker-Katholik wurde aufgebrochen und um eine dritte Kategorie, die des »Häresiarchen«, ergänzt. Nach Definition der II. Trienter Indexregel fallen in diese Gruppe die Erfinder und Anstifter moderner Häresien sowie die Häupter und Anführer der neuen Ketzer, wobei Luther, Calvin, Pacimontanus und Schwenckfeld als Beispiele angeführt werden.[66] Nur gegen die Schriften solcher Erzhäretiker sollte auch weiterhin ein Totalverbot gelten. Von den »harmloseren« Häretikern dagegen, den Mitläufern, werden nur diejenigen Schriften verboten, die »ex professo«, also erklärtermaßen und schon vom Ansatz her von der Religion handeln. Bücher, die andere Themen behandeln, waren nach einer durch die ortskirchlichen Träger der Pressehoheit veranlassten Inhaltsprüfung zulässig.

---

[65] Trid. sess. 25 (4.12.1563): COD 3, S. 797.

[66] Eine später im inquisitorischen Milieu kursierende, mit Papst Pius V. in Verbindung gebrachte Liste der Häresiarchen nennt überdies: Andreas Osiander, Bernhard Rottmann, Bernardino Ochino, David Joriszoon, Francesco Stancaro, Georg Major, Georgius Siculus, Johannes Agricola, Johannes Brenz, Johannes Oecolampadius, Mathurin Cordier, Martin Bucer, Menno Simons, Philipp Melanchthon und Thomas Müntzer: IdLI 9 (1994), S. 56f. Im August 1588 erweiterte der spanische Gelehrte Alonso Chacón OP im Auftrag der CIndex den »Catalogus Haeresiarcharum«, der dabei auf 87 Namen (darunter sechs Wiederholungen) anwuchs, abgedruckt im (unterdrückten) Index 1590: IdLI 9 (1994), S. 848f.; dazu vgl. die Bemerkungen ebd., S. 277, 311–313. Ein um 1592 von Roberto Bellarmino ebenfalls im Auftrag der CIndex angefertigter Häresiarchen-Katalog umfasst 50 Namen: GODMAN (wie Anm. 32), S. 286f. (Edition).

Bei bestimmten Textgattungen wie etwa Ausgaben der Hl. Schrift und der Kirchenväter waren gesonderte Vorsichtsmaßnahmen zu beachten, zu denen auch die Expurgation der Texte gehörte. Im Unterschied zu den früheren Bestimmungen der Instructio circa Indicem (1559) und der Moderatio Indicis (1561), die sich auf Einzelfälle beziehen, erhob die Trienter Index-Deputation die Expurgation nun zu einem generellen Modus der kirchlichen Zensur. Regel VIII zieht die Expurgation grundsätzlich für alle Bücher in Betracht, »deren Hauptthema gut ist, in denen aber verstreut etwas vorkommt, das in den Bereich der Häresie oder Gottlosigkeit, der Wahrsagerei oder des Aberglaubens gehört«. Wurden solche Bücher »im Auftrag der Generalinquisition von katholischen Theologen expurgiert«, konnten sie zugelassen werden, so lange bis ein emendierter Druck erschienen sein würde.

Die X. Trienter Indexregel widmet sich schließlich der organisatorischen Seite der Pressekontrolle. Sie bestätigt zunächst das Pressedekret des V. Laterankonzils (Dok. A 2), wonach die Hoheit über das Imprimatur in den Ortskirchen beim jeweils zuständigen Bischof und Inquisitor zusammen lagen. Als pressepolizeiliches Instrument werden regelmäßige Visitationen der Druckereien und Buchläden vorgeschrieben. Darüber hinaus werden Restriktionen für den Handel mit Büchern verfügt. Bei den Straffolgen differenziert die Regel entlang der seit 1561 gezogenen Trennlinie zwischen häretischer und nichthäretischer Literatur: Nur ein Index-Verstoß, bei dem der Gegenstand der Verfehlung ein häretisches Buch ist, also ein Buch, das wegen der Häresie des Autors oder wegen der im Text enthaltenen Glaubensirrtümer verboten ist, soll die Exkommunikation nach sich ziehen, wobei diese nicht explizit als »reserviert« deklariert wird.[67] Liegen einem Bücherverbot keine dogmatischen, sondern moralische Beanstandungen zugrunde, verfällt derjenige, der gegen dieses Verbot verstößt, lediglich der Todsünde, die im Rahmen des Bußsakraments getilgt werden kann. Die nähere Regelung der Strafen wird den Bischöfen anheim gestellt. So stellt die X. Indexregel im Großen und Ganzen das durch den Index von 1559 unterlaufene bischöflich-inquisitoriale »Konjunktim« bei der Ausübung der Pressehoheit wieder her, wobei jetzt das Pendel deutlich zur Seite der Bischöfe ausschlägt.[68]

Der recht sortierte Eindruck, der sich bei einer separaten Lektüre der X. Trienter Indexregel einstellt, zerfasert, sobald die Kompetenzfestlegungen aus den anderen Indexregeln mit berücksichtigt werden. Besonders unübersichtlich wurde der Bereich der Expurgationen geregelt, für deren Durchführung und Genehmigung ein erweiterter Kreis von zensorischen Kompetenzträ-

---

[67] Dieser Sachverhalt führte später zu Missverständnissen des Strafsystems des Index, die im Vorfeld des römischen Index von 1758 zur Sprache gebracht wurden: REBELLATO, Fabbrica (wie Kapitel I, Anm. 6), S. 225f.

[68] Zu diesem Ergebnis bei der Bewertung der Trienter Indexregeln kam bereits ROMEO, Inquisizione (wie Anm. 11), S. 18: »[...] da un impianto rigorosamente centralizzato si passava a un modello decentrato, che faceva affidamento sui poteri concessi a vescovi e inquisitori.« Ähnlich das Fazit von Elena BONORA, La Controriforma (BEL 35), 5. Aufl., Rom – Bari 2009 (zuerst: 2001), S. 53.

gern vorgesehen ist. Übersetzungen des Neuen Testaments, die auf Häretiker zurückgehen, sollen beispielsweise von katholischen Universitäten oder einer Generalinquisition (also der Römischen, Spanischen oder Portugiesischen Inquisition) expurgiert werden (Rgl. III). Von Häretikern herausgegebene Wörterbücher, Lexika, Sprichwortsammlungen usw. sind dagegen von Bischöfen und lokalen Inquisitoren zu expurgieren (Rgl. V). Dies steht in gewissem Widerspruch zur allgemein formulierten Regel VIII (s. o.), wonach Expurgationen im Auftrag einer Generalinquisition vorgenommen werden sollen.

In der zerfahrenen Normsetzung wird das jeweilige Anliegen zweier antagonistischer Strömungen erkennbar: Die »Episkopalisten« wollten die Zensurhoheit der lokalen Gewalten, vor allem der Bischöfe festigen, während die Zentralisten die oberste Zensurautorität bei den obersten Inquisitionsbehörden (»Generalinquisitionen«) ansiedeln wollten. Als Folge von Kompromissen fixieren die Indexregeln ein polyzentrisches, in Teilen auch offenes Zensursystem und bieten selbst für eine zentrale Herausforderung wie die Bücher-Expurgationen kein klares Rezept an. So ergab sich beinahe zwangsläufig ein Nachregelungsbedarf, wodurch sich dem nach-tridentinischen Papsttum, das sich als Motor und Interpret der Konzilsbeschlüsse begriff, die Türen weit öffneten.

Freilich darf man bei der Bewertung der Trienter Indexregeln nicht außer Acht lassen, dass die 1564 letztlich in Druck gegebene, kanonische Version (Dok. A 9) nur unter Vorbehalt als ein Konzilstext zu werten ist. Denn wie bereits dargestellt wurde, ging der neue Index nicht direkt von Trient aus in die Presse, sondern wurde zur abschließenden Bearbeitung erst an den Papst überwiesen. Pius IV. leitete die Trienter Ergebnisse zu diesem Zweck nicht etwa dem Index-erprobten Sanctum Officium weiter, sondern berief eine Extra-Kommission aus engen Vertrauten, die die Trienter Textvorlagen (Vorrede, Indexregeln, Bücherverzeichnis) Stück für Stück durchgingen.[69]

Über den Gesamtumfang der Änderungen, die an den Konzilsdokumenten in Rom vorgenommenen wurden, liegen bis heute keine genauen Erkenntnisse vor. Die wenigen sicher belegten Hinzufügungen aber betreffen ausgerechnet die für die gesamtkirchliche Ordnung der Zensurverhältnisse zentrale Regel X. Fest steht z. B., dass der Passus, der es Inquisitoren und Bischöfen freistellt, Bücher zu verbieten, die nach dem Willen der Indexregeln eigentlich erlaubt wären, in der Trienter Redaktion fehlte.[70] Die Zeilen wurden erst später auf

[69] Zu der vom Papst eingesetzten Kommission gehörten nachweislich Carlo Borromeo, Kardinalnepot Pius' IV., und Marco Antonio Colonna. Letzterer hatte bereits in der Trienter Index-Deputation mitgewirkt. Weitere Mitglieder waren vermutlich Muzio Calini, Ebf. von Zara, Leonardo Marini OP, Bf. von Lanciano, und Egidio Foscarari, Bf. von Modena: Tellechea Idigoras (wie Anm. 59), S. 387. – Den Transport der Akten von Trient nach Rom erledigte der Sekretär der Trienter Index-Deputation Francisco Foreiro OP.

[70] Erklärung Marco Antonio Colonnas im römischen Inquisitionsprozess gegen den Bf. von Toledo, Bartolomé de Carranza OP, 24.10.1567, in: Tellechea Idigoras (wie Anm. 59), S. 385–388, bes. S. 387f. – Zu Carranza vgl. den Art. in: DSI 1, S. 284–287 von J. Edwards.

Druck der Spanischen Inquisition eingefügt.[71] Durch derlei Nachbesserungen verloren die im Trienter Willensbildungsprozess ohnehin schon zergliederten Vorschriften für die Organisation der Zensur möglicherweise weiter an Kohärenz. Umso mehr darf man über die Nachhaltigkeit dieses Regelwerks staunen: Bis zur großen Indexreform Leos XIII. im Jahr 1897 (vgl. Dok. A 29) werden die Indexregeln das Rahmengesetz Nr. 1 der päpstlichen Pressekontrolle bleiben.[72]

Rund drei Monate benötigte die römische Kommission für die Durchsicht des Trienter Index-Entwurfs. Den Schlusspunkt setzte am 24. März 1564 der Papst mit der Signierung des Approbationsbreve »Dominici gregis« (Dok. A 10). In dem Breve erklärt der Papst den Trienter Index zu einem allgemeinen Gesetz der Kirche, das nach Ablauf einer dreimonatigen Übergangsfrist ohne Ausnahme für alle Kleriker und Laien verbindlich werde. In den Strafbestimmungen nimmt das Breve die oben erwähnte Unterscheidung aus der X. Indexregel wieder auf. Vielleicht als Konzession an die Inquisition wird allerdings eine unscheinbare, aber doch nicht unbedeutende Ergänzung vorgenommen: Gegen Übertreter, deren Delikt die Exkommunikation nach sich zieht, soll wegen des Verdachts der Häresie ermittelt werden (vgl. dazu auch Dok. A 1). Damit war – dort, wo es sie gab – die Inquisition bei der Verfolgung von Pressedelikten unmissverständlich wieder ins Spiel gebracht.[73]

Im April 1564 wurde der Index in der römischen Offizin von Paolo Manuzio gedruckt. Sein Titel lautet übersetzt: »Index der verbotenen Bücher. Mit den Regeln, ausgearbeitet von den Vätern, die das Konzil für diese Aufgabe ausgewählt hat. Mit päpstlicher Autorität bestätigt durch Pius IV.«[74] Darin enthalten sind das Breve »Dominici gregis« (Dok. A 10), die Vorrede des Sekretärs der Trienter Index-Deputation Foreiro, die zehn Indexregeln (Dok. A 9) sowie das eigentliche Bücherverzeichnis. In dieser Form blieb der Index 32 Jahre lang in Kraft. Bis 1590 erschienen allein in Italien mindesten 30 Nachdrucke, teilweise als Separatdruck, oft aber auch als Anhang zu den Trienter Konzilsdekreten, die 1564 ebenfalls bei Manuzio in Rom in der Editio princeps erschienen.[75]

---

[71] Die Spanische Inquisition wollte dadurch verhindern, dass das von ihr erlassene Verbot gegen den Katechismus Carranzas (s. vorige Anm.), dem man krypto-lutheranische Lehren vorwarf, durch den Index delegitimiert würde, hatte doch die Trienter Index-Deputation das Werk des Ebf. von Toldeo als katholisch approbiert: IdLI 8 (1990), S. 97–99.

[72] Dass die fehlende Kohärenz der Trienter Indexregeln kein Problem moderner Quellenhermeneutik ist, sondern auch von den Zeitgenossen so wahrgenommen wurde, geht aus den vielen Zweifelsfällen (Dubia) hervor, die noch Jahrzehnte nach Einführung der Regeln die CIndex erreichten: Rebellato, Fabbrica (wie Kapitel I, Anm. 6), S. 36–40 (zu Dubia des Generalinquisitors von Portugal, 1617).

[73] Vgl. Frajese, Nascita (wie Anm. 36), S. 233f.; Bordoni, Sacrum Tribunal (wie Anm. 9), c. XIV, S. 351.

[74] Index 1564.

[75] IdLI 9 (1994), S. 37. – Canones, et decreta sacrosancti oecumenici et generalis Concilii Tridentini sub Paulo III., Iulio III., Pio IV. Pontificibus Max., Romae: Manutius, 1564.

3.4. Der Ausbau der zentralen Ebene: Von der Gründung der Indexkongregation zum Index Clementinus (1596)

Auf den am 9. Dezember 1565 verstorbenen »Konzilspapst« Pius IV. folgte am 7. Januar 1566 der Dominikaner Michele Ghislieri, der nach der Wahl den Namen Pius V. annahm. Eine Kontinuität zur Politik seines Vorgängers, wie sie die Namenswahl anzeigen könnte, verfolgte der neue Papst nicht. Im Gegenteil handelte es sich bei Ghislieri – anders als bei seinem Vorgänger – um einen scharfen Gegner der Spiritualen und energischen Befürworter der Inquisition. Ghislieris Vorbild war Paul IV., dem er als politischer Ziehsohn seine Karriere verdankte.[76] So kehrten mit Pius V. auch die zensurpolitischen Optionen der 1550er Jahre zurück, die der 1564 eingeführte Index Tridentinus vor allem wegen der Rücksichten auf die Kompetenzen der Bischöfe gerade nicht verkörperte.[77] Mit der Papstwahl von 1565 begannen die Anläufe zur Bereinigung dieses pressepolitischen »Missverständnisses« der Konzilsära – sie sollten sich über 30 Jahre hinziehen. Erst der Index Clementinus (1596) schaffte Ersatz für den lästig gewordenen Tridentinus.

a) Der Index Paulinus als Richtschnur: Das Beispiel der Bibelübersetzungen

Im intransigenten Milieu der Römischen Kurie herrschte Konsens, dass manche der durch den Index Tridentinus abgemilderten oder aufgehobenen Bestimmungen aus dem ersten römischen Index umgehend reaktiviert werden sollten. Als vordringlich erachtete man die Frage volkssprachlicher Bibeln. Schon seit dem Beginn der Reformation sahen die Intransigenten (im Unterschied zu den Spiritualen) die eigenständige Bibellektüre durch das Volk als einen der Hauptgründe für das religiöse Aufbegehren an.[78] Sollte die Heterodoxie nicht weitere Blüten treiben, mussten die Bibel und ihre Auslegung wieder ganz zur Sache der Kirche und des Klerus werden. Das Konzil von Trient griff 1546 mit dem oben erwähnten Vulgata-Dekret einen Punkt aus dem intransigenten Programm auf, indem es die Auslegung der Bibel zum exklusiven Vorrecht der Kirche erklärte (Dok. A 2). Auf Bestimmungen, die geeignet waren, die Lektüre von Bibeln in

[76] Ghislieri trat zuerst als Ortsinquisitor von Como ins Licht der Geschichte. Durch den Eifer, mit dem er dieses Amt ausübte, zog er die Aufmerksamkeit der römischen Zentralbehörde und vor allem des leitenden Kardinals, Gian Pietro Carafas, auf sich. Carafa holte den Dominikaner im Jahr 1551 nach Rom, wo man ihn zum Commissarius Sancti Officii, quasi zum Chef-Ermittler im Dienst der Kardinalinquisitoren ernannte. Er wurde Carafas verlängerter Arm in der Inquisitionsbehörde, als dieser 1555 Papst wurde, 1557 wurde er zum Kardinal erhoben und erhielt den danach nie wieder verliehenen Titel »Inquisitor maior et perpetuus«. Im Pontifikat des Nachfolgers, Pius' IV., wurde Ghislieri als Kreatur Carafas marginalisiert. Im Hintergrund hielt er derweil die Front der Zelanten zusammen, die im Jahr 1565 den Inquisitionsfunktionär schließlich als ihren Führer auf den Thron Petri hoben.

[77] Gigliola FRAGNITO, Proibito capire. La Chiesa e il volgare nella prima età moderna, Bologna 2005, S. 42f.

[78] Ebd., S. 137, mit Anm. 7.

den Volkssprachen einzudämmen, konnten sich die Konzilsväter jedoch nicht einigen. Männern wie Carafa oder Ghislieri gingen die Trienter Restriktionen deshalb nicht weit genug. Ihre intransigenten Vorstellungen kamen später im Index Paulinus zum Ausdruck. Dieser Index verbot sämtliche Übersetzungen der Vulgata und anderer Versionen der Hl. Schrift in den Landessprachen (Italienisch, Deutsch, Französisch usw.). Druck, Lektüre und Besitz solcher »Volksbibeln« wurden mit den schweren Strafen der Abendmahlsbulle sanktioniert. Ausnahmegenehmigungen (Leselizenzen) sollte allein das Sanctum Officium in Rom erteilen dürfen, also weder die Ortsbischöfe noch die Ortsinquisitoren (Dok. A 6, Biblia prohibita; zu den Leselizenzen vgl. u. II.4.5.4.).

Der vier Jahre danach auf dem Konzil redigierte Index Tridentinus milderte das Paulinische »Volksbibel«-Verbot wieder deutlich ab. Das von der IV. Trienter Indexregel vorgesehene Kontrollsystem stellte den nicht lateinkundigen Laien wieder leichteren Zugang zum Bibeltext in Aussicht: Bischof und Inquisitor sollten demnach je nach Einzelfall, im Zusammenwirken mit dem Pfarrer bzw. Beichtvater des Antragstellers, über die Erteilung einer Leseerlaubnis entscheiden (Dok. A 9, Rgl. IV). Das Bibelstudium der Laien also sollte auf ortskirchlicher statt auf zentraler Ebene kontrolliert werden. Diese durch die Kompetenzverschiebung angestrebte Lockerung des Bibelverbots versuchte das Sanctum Officium im Pontifikat Pius' V. baldigst wieder rückgängig zu machen. So wurden die Ortinquisitoren angewiesen, die IV. Indexregel nicht mehr anzuwenden, auf lokaler Ebene sollten keine Leselizenzen mehr für »Volksbibeln« erteilt werden.[79]

Die definitive Rücknahme der IV. Trienter Indexregel gelang dem Sanctum Officium allerdings erst im Jahr 1596 in Form einer Ergänzungsverordnung (Observatio), die mit dem in diesem Jahr eingeführten Index Clementinus veröffentlicht wurde (Dok. A 15).[80] Den Bischöfen und Ortsinquisitoren wurde darin ihre Vollmacht, Gläubigen für »Volksbibeln« Leselizenzen auszustellen, wieder entzogen. Die 1559 noch aufgezeigte Möglichkeit, beim Sanctum Officium eine Sondergenehmigung zu beantragen, wurde nun nicht mehr explizit eingeräumt, so dass sich 1596 das »Volksbibel«-Verbot im Vergleich zum Index Paulinus sogar noch verschärfte. Dank der Entschlossenheit, mit welcher der inquisitoriale Apparat dieses Verbot auf italienischem Boden durchsetzte, gelang es dem Papsttum, die »illiterati«, also das nicht lateinkundige Volk, von der selbständigen Bibellektüre auszuschließen. Erst anderthalb Jahrhunderte später, im Jahr 1757, hob Benedikt XIV. das rigide Verbot der »Volksbibeln« wieder auf (ebd., Additio).[81]

[79] Auf einen vom Inquisitor von Bologna eingegebenen Zweifelsfall (Dubium), ob er die Benutzung volkssprachlicher Bibeln gestatten dürfe, antwortet der MSP Sisto Fabri da Lucca OP (im Amt von 1580 bis 1583) apodiktisch: »Delle Bibie volgari, non ostante la regola [IV.] dell'Indice, non si permettono […]«: Antonio ROTONDÒ (Hg.), Nuovi documenti per la storia dell'Indice dei libri proibiti (1572–1638), in: Rinascimento. N. S. 3 (1963), S. 145–211, hier: S. 171.

[80] Vgl. auch Kapitel II.3.4.g.

[81] Der Erfolg der Bibel-Politik des SO drückt sich in der Tatsache aus, dass nach 1567 in Italien keine Bibeln in der Landessprache mehr gedruckt wurden – bis zu der kirchlich genehmigten

Die Observatio von 1596 war ohne Frage mit engem Blick auf die Verhältnisse in Italien erlassen worden, doch war sie formal – als Teil des Index Clementinus – ein universales Gesetz. In der Zeit der Einführung dieses Index hagelte es aus vielen Teilen Europas Protest, der deutlich machte, dass außerhalb Italiens das Verbot der »Volksbibeln« nicht umsetzbar war. Das Sanctum Officium und die Indexkongregation erließen deshalb eine ganze Reihe von lokalen Sonderregelungen: Schon 1596 ließ Rom beispielsweise in Böhmen katholische Bibelübersetzungen zu; 1598 wurde der Gebrauch der polnischen Jesuiten-Bibel genehmigt; in Deutschland unterstützte Clemens VIII. nach langem Zögern die Bibelübersetzung des Freiburger Theologieprofessors Jodocus Lorichius.[82] Ein Grundsatzbeschluss der Indexkongregation vom 31. Juli 1604 legte schließlich als Prinzip fest, dass in jenen Ländern, in denen sich regelmäßige Kontakte zwischen Katholiken und Protestanten nicht vermeiden ließen, geprüfte katholische Übersetungen der Bibel (Vulgata) in die Volkssprache zulässig seien. [83] Nie aber fanden diese Sonderregeln Eingang in die universalen Pressegesetze. Nach dem Buchstaben des Gesetzes blieben bis 1758 – gewissermaßen weltweit – »Volksbibeln« verboten.

b) Die Konzentration des Expurgationsprojekts auf Rom und den Magister Sacri Palatii

Nicht in allen Belangen wollte das Ghislieri-Regime wie in der Bibel-Frage einfach die Uhr auf das Jahr 1559 zurückstellen. Man war längst zu der Einsicht gelangt, dass das humanistische Erbe unverzichtbar, die massenhafte Vernichtung von Wissen – zu der es bei einer getreuen Auslegung des Index Paulinus gekommen wäre – dagegen kein vernünftiger Weg war. Noch Paul IV. selbst hatte aus diesem Grund in der ersten Index-Novelle das Instrument der Bücher-Expurgation eingeführt (Dok. A 7), das seitdem im Prinzip auch in den intransigenten Kreisen allgemein akzeptiert wurde. Viele teilten die Ansicht des Kard. Stanislaus Hosius: Vorläufig habe die katholische Welt

---

Bibel-Übersetzung von Antonio Martini, die zwischen 1769 und 1782 herausgebracht wurde. Vgl. dazu die Arbeiten von Fragnito, Bibbia (wie Anm. 37); Dies., Proibito capire (wie Anm. 77); zusammenfassend: Art. »Bibbia«, in: DSI 1, S. 185–187 von A. Prosperi.

[82] Zu Leben und Werk des Freiburger Gelehrten vgl. Karl-Heinz Braun, Pugna spiritualis. Anthropologie der katholischen Konfession: Der Freiburger Theologieprofessor Jodocus Lorichius (1540–1612) (Quellen und Forschungen aus dem Gebiet der Geschichte. Neue Folge 23), Paderborn u. a. 2003.

[83] »[...] quod in regionibus, ubi impunè haeretici versantur cum catholicis permittatur Sacra Bibblia in eorum vulgari lingua procurando, quod fidelem et catholicam habeant versionem [...]«: ACDF Index Diari 1 (1571–1606), fol. 171r (Dekret der CIndex, 31.7.1604). Vgl. dazu Gigliola Fragnito, Per una geografia delle traduzioni bibliche nell'Europa cattolica (sedicesimo e diciassettesimo secolo), in: Jean-Louis Quantin, Jean-Claude Waquet (Hg.), Papes, princes et savants dans l'Europe moderne. FS Bruno Neveu (Hautes Études médiévales et modernes 90), Genf 2007, S. 51–77, hier: S. 71f.

keine andere Wahl, als (in gereinigter Form) die Bücher der Gegner zu lesen.[84]

Die Expurgation sollte aber nur Etappe auf dem Weg zu einer »katholischen Presse« sein, die, so hoffte man, innerhalb der erneuerten Kirche und unter einem funktionierenden klerikalen Kontrollregime erblühen würde und deren Produkte das von der Reformation befleckte Schrifttum nach und nach ersetzen würden.[85] Bei diesen wissenskulturellen Uniformierungen und Kodifikationen, denen die Forschung im Zusammenhang mit der »Konfessionalisierungsthese« besondere Beachtung geschenkt hat, reklamierte Rom für sich die Vorreiterrolle.[86] Die Ansiedlung des berühmten venezianischen Druckers Paolo Manuzio in Rom im Jahr 1561, in dessen Offizin die für die katholische Welt verbindlichen Referenzwerke erscheinen sollten, stand bereits in diesem Kontext.[87] So hatten Ghislieri und seine Anhänger auch keine Einwände gegen das von den Trienter Indexregeln umrissene Expurgationsprogramm. Wohl aber widersprach die dezentrale Durchführung des Programms auf ortskirchlicher Ebene den pressepolitischen Leitlinien des ersten nach-tridentinischen Pontifikats.

Pius V. und seine Vertrauten setzten auf eine andere Lösung: Die Arbeiten sollten auf zentraler Ebene in Rom koordiniert und dort großenteils auch durchgeführt werden. Zu diesem Zweck richtete der Papst am 19. November 1570 eine Zentralstelle für die Expurgationen ein (Dok. C 3). Das entsprechende Motuproprio bemängelt, dass der in der II. und VIII. Indexregel formulierte Expurgationsappell in den Ortskirchen bislang wirkungslos verhallt sei.[88] So würden die Gläubigen noch immer Bücher benutzen, die in unexpurgierter Fassung verboten seien, wodurch den Lesern Gefahren für ihr Seelenheil entstünden. Abhilfe solle nun der Mann schaffen, zu dessen Gunsten das päpstliche Schreiben ausgestellt wurde: der Spanier Tomás Manrique, ein Theologe aus

[84] Kard. Girolamo Seripando an Paolo Manuzio, 1561 (dort über Hosius): Giuseppe FINOCCHIARO, Cesare Baronio e la Tipografia dell'Oratorio. Impresa e ideologia (Storia della tipografia e del commercio librario 6), Florenz 2005, S. 14.

[85] Die mit diesem Projekt verbundenen Erwartungen formuliert Erennio Cervini, Neffe Papst Marcellus' II., in einem undatierten Brief an den späteren Dekan der CIndex Sirleto: »Es gäbe dann gute Bücher im Überfluss, so dass man ausländische Bücher gar nicht mehr benötigen würde, die Bücher der Häretiker würden dabei ihren Wert verlieren und verschwinden«: SIMONCELLI, Documenti (wie Anm. 36), S. 205–207, Zitat S. 207 (»[…] si abunderìa tanto di libri buoni che non ci sarìa bisogno alcuno delli libri forestieri, le stampe delli heretici perdendo il guadagno tuttavia verriano declinando…«). Vgl. auch Dok. A 11, Rgl. VI.

[86] Vgl. z. B. Gottfried MARON, Die nachtridentinische Kodifikationsarbeit in ihrer Bedeutung für die katholische Konfessionalisierung, in: Heinz SCHILLING, Wolfgang REINHARD (Hg.), Die Katholische Konfessionalisierung. Wissenschaftliches Symposion der Gesellschaft zur Herausgabe des Corpus Catholicorum und des Vereins für Reformationsgeschichte 1993 (Reformationsgeschichtliche Studien und Texte 135), Münster 1995, S. 104–124.

[87] Zu ihm vgl. Dok. C 3, Anm. 12.

[88] In den Quellenbeständen des ACDF sind nur vereinzelte Expurgationsvorhaben erfasst, die infolge des Index Tridentinus begonnen wurden. Dokumentiert ist z. B. die Initiative des Bf. von Cortona (Toskana), auf dessen Vorschlag das SO einen Dominikaner- und einen Augustiner-Pater zu Expurgatoren des Buchbestands der Diözese ernannte: ACDF SO Decreta 1565–1567, fol. 13v (27.9.1565).

dem Dominikanerorden, der seit 1565 in Rom als Magister Sacri Palatii amtierte, wurde zum päpstlichen Bevollmächtigten für das Expurgationsprojekt ernannt. Da das Vorhaben die Kräfte einer Einzelperson bei weitem überstieg, wurde ein arbeitsteiliges Vorgehen ins Auge gefasst, das die lokale kirchliche Hierarchie in die Textarbeit mit einbeziehen solte. Manrique sollte dabei die Rolle des Koordinators übernehmen, der zu diesem Zweck Weisungsbefugnis und Zwangsgewalt über alle Erzbischöfe, Bischöfe, Ordensobere und andere hohe Prälaten in der gesamten Kirche erhielt. Wurde ein Buch fertig expurgiert, sollte der Magister Sacri Palatii dafür sorgen, dass die purgierte Fassung in der römischen Druckerei Paolo Manuzios (»Stamperia del Popolo Romano«) in Druck ging.

Für die Entscheidung des Papstes, einer Einzelperson die Beaufsichtigung dieses gigantesken Vorhabens anzuvertrauen, wo doch das einst von ihm selbst mit aufgebaute Sanctum Officium bereits über die nötigen Vollmachten und Vorkenntnisse verfügte, fehlt noch die letzte Erklärung. Das Motuproprio selbst begründet den Schritt des Papstes mit den Erfahrungen Manriques als Bücher-Expurgator.[89] Kein Wort verliert das Schreiben hingegen über die Tradition des Amts des Magister Sacri Palatii, obwohl diese eigentlich reichlich Anknüpfungspunkte für die neue Rolle des Amtsinhabers als »Chef-Expurgator« bot. Das Palast-Magisteriums ging in seinem Ursprung auf die Kurienuniversität, das »Studium Curiae Romanae« zurück, das im 14. Jahrhundert, zur Zeit des Avignoneser Papsttums, erblühte.[90] Der Magister Sacri Palatii nahm innerhalb dieser Universität verschiedene Funktionen in der theologischen Lehre wahr, er dozierte und verlieh akademische Grade.[91] Hinzu kamen Predigttätigkeiten, besonders an Konsistorialtagen, an denen die außerhalb der Aula wartende En-

---

[89] Dank der Corrigenda Manriques waren z. B. die viel benutzten Rechtskommentare Filippo Decios und Alessandro Tartagnis, die zuvor gedruckt nur in einer durch Textzutaten des calvinistischen Herausgebers, Charles Dumoulin, »verunreinigten« Ausgabe greifbar waren, wieder verkehrsfähig geworden: Dok. C 3, Anm. 10. – Manrique hatte darüber hinaus weitere literarische Meriten vorzuweisen. Seit 1569 bearbeitete er im Auftrag des Papstes, mit dem ihn die Ordensbruderschaft und viele Jahre gemeinsamer Arbeit für das Sanctum Officium verbanden, die authentische Gesamtausgabe der Werke des Thomas von Aquin. Unter seiner Ägide wurde das monumentale Vorhaben nach nur zwei Jahren vollendet, wodurch sich der Magister Sacri Palatii um den großen theologischen Entwurf des Ghislieri-Pontifikats verdient gemacht hatte: den Thomismus zur theologischen Leitdoktrin der gesamten Kirche zu erheben (vgl. die Erhebung Thomas' von Aquin zum Kirchenlehrer durch Pius V. am 11.4.1567), dazu: ARNOLD (wie Anm. 27), S. 101–106.

[90] Zur Geschichte der Institution vgl. Giuseppe CATALANI, De Magistro Sacri Palatii apostolici libri duo, Romae: Fulgoni, 1751; Moroni 41 (1846), S. 199–219; Raymond CREYTENS, Le »Studium Romanae Curiae« et le Maître du Sacré Palais, in: AFP 12 (1942), S. 5–83; GODMAN (wie Anm. 32), S. 8f.; Michael TAVUZZI, Giovanni Rafanelli da Ferrara OP († 1515), Inquisitor of Ferrara and Master of the Sacred Palace, in: AFP 67 (1997), S. 113–149; und zuletzt: Brigide SCHWARZ, Kurienuniversität und stadtrömische Universität von ca. 1300 bis 1471, Leiden 2012, S. 253–263, 374–380 u. ö.

[91] Die Kurienuniversität ging im Pontifikat Leos X. (1513–1521) in der neuformierten Universität Sapienza (Studium Urbis, gegründet 1303 von Bonifaz VIII.) auf, wo der Magister Sacri Palatii ebenfalls beherrschenden Einfluss auf die Lehre ausüben sollte, dazu: SCHWARZ, Kurienuniversität (wie Anm. 90).

tourage der Kardinäle dank der Lesungen des Magisters in den Genuss eines »Studium generale in Theologie« (Schwarz) kam.[92] Die Amtsträger, die seit 1347 ausschließlich aus dem Dominikanerorden rekrutiert wurden, waren oft renommierte Theologen und Persönlichkeiten, denen neben Lehre und Predigt auch und vor allem die Beratung des Papstes in theologischen Fragen zufiel.

Als Verkörperung der guten und reinen Lehre empfahl sich die Institution des Palast-Magisteriums auch für zensorische Aufgaben. Hier rückte bald die Aufsicht über das in der päpstlichen Kapelle gepredigte Wort in den Mittelpunkt. Wer in der Kapelle zur Predigt zugelassen werden wollte, hatte dem Magister im Vorfeld das Redemanuskript auszuhändigen.[93] Im Laufe des 15. Jahrhunderts gewann der zensorische Amtsaspekt weiter an Bedeutung. In dem Entwurf für eine Kurienreform, den Papst Pius' II. im Sommer 1464 ausarbeitete, ist vom Magister Sacri Palatii als dem Inquisitor »in curia nostra« die Rede. Seine Aufgabe wäre es zu ermitteln, »ob jemand [...] schlecht über den Glauben spreche, schreibe oder denke«, worüber er gegebenenfalls dem zuständigen Glaubensrichter (»iudex fidei«) Anzeige zu machen hätte.[94] Die Aufsicht über das Buchwesen wird hier noch nicht explizit zu seinen Aufgaben gezählt, da das Problem überhaupt erst drei Jahre später mit der Eröffnung der ersten Druckerei am Tiber (durch die Deutschen Konrad Sweynheym und Arnold Pannartz) aktuell wurde.[95] Die Übertragung der stadtrömischen Zensurhoheit 1487 durch Innozenz VIII., von der weiter oben schon die Rede war, stand aber in einer Entwicklungslinie mit dieser doktrinellen, zensorischen und inquisitorischen Amtstradition (Dok. A 1). Erst mit der Erhebung zum »Chef-Expurgator« 1570 erhielt das Amt allerdings auch ausdrücklich gesamtkirchliche Autorität, obgleich diese Ausweitung der Amtskompetenzen, wie die weitere Entwicklung zeigt, Episode blieb.[96]

---

92 Ebd., S. 256.

93 John W. O'Malley, Praise and Blame in Renaissance Rome. Rhetoric, Doctrine, and Reform in the Sacred Orators of the Papal Court, c. 1450–1521, Durham 1979, S. 17–35: mit Belegen aus dem 15. und frühen 16. Jahrhundert; zum 17. Jahrhundert vgl. Marco Cavarzere, Il diario di un Maestro del Sacro Palazzo (1678–1681). Raimondo Capizucchi e la censura romana, in: Dimensioni e problemi della ricerca storica 2012/1, S. 215–295, hier: S. 273f.

94 Rudolf Haubst, Der Reformentwurf Pius des Zweiten (sic), in: RQ 49 (1954), S. 188–242, hier: S. 228: »[...] Inquirat, an aliquis in curia nostra sit, qui de fide catholica aut male loquatur aut male scribat vel male sentiat, illumque iudici fidei deferat et corrigendum denuntiet etc.« Die hier hergestellte Verbindung des Amts zur Inquisition drückte sich auch darin aus, dass manche Dominikaner zeitgleich als MSP und Ortsinquisitor (meist in Städten der Lombardei) amtierten, so z. B. Giovanni Rafaneli da Ferrara OP, von 1481 bis 1514 Inquisitor von Ferrara und vom 15.5.1503 bis zum Tod (1515) MSP: Tavuzzi, Rafanelli (wie Anm. 90). Paolo Moneglia da Genova OP, MSP vom 6.6.1490 bis zum 1.2.1499, wurde 1498 von Alexander VI. zum Inquisitor von Rom ernannt mit dem Auftrag, die jüdische Gemeinde der Stadt zu überwachen: Tavuzzi, Renaissance Inquisitors (wie Anm. 12), S. 141–147.

95 Zu den Anfängen des Buchdrucks in Rom vgl. den Katalog: Massimo Miglio, Orietta Rossini (Hg.), Gutenberg e Roma. Le origini della stampa nella città dei papi (1467–1477), Neapel 1997.

96 Zu den Expurgationsprojekten, die Manrique nach seiner Beförderung zum »Chef-Expurgator« 1570 koordinierte, gehörte die gereinigte Ausgabe der »Adagia« des Erasmus von Rotterdam (Florenz: Giunti, 1575), an der neben dem auf dem Titelblatt genannten Paolo Manuzio auch

c) Die Gründung der Indexkongregation

Erst vier Monate waren seit dem Motuproprio vom 19. November vergangen, als Pius V. den Ausbau des Palast-Magisteriums zur gesamtkirchlichen Expurgationszentrale schon wieder bremste. Die vorher Manrique allein übertragenen Aufgaben sollte nun eine Ad-hoc-Kommission übernehmen, die der Papst am 5. März 1571 im Anschluss an ein Konsistorium berief. Sie kam am 27. März 1571 zu ihrer konstituierenden Sitzung zusammen.[97] Teilnehmer waren die vier Kardinäle Jérome Souchier OCist, Felice Peretti da Montalto OFMConv, Arcangelo Bianchi OP und Vincenzo Giustiniani OP. Als Expertenrat (Konsult) fungierten die Generalprokuratoren der Dominikaner, Franziskaner (Observanten und Konventualen), Karmeliten, Augustinereremiten und Serviten sowie Eustachio Locatelli OP und Giuseppe Panfilo OSA, beide zu ihrer Zeit berühmte Theologen. Als sozusagen »erster Konsultor« hatte auch Tomás Manrique in seiner Funktion als Magister Sacri Palatii einen festen Sitz in der neuen Kongregation. Als schriftführender Sekretär diente der Theologe Antonio Posio aus dem Orden der Franziskanerkonventualen.[98] Bis 1917 sollte diese Einrichtung, die bald unter der Bezeichnung »Indexkongregation« firmierte, als ständige Kardinalskongregation der Kurie bestehen bleiben.

Der Gründungsakt am 5. März 1571 ging ohne jedwede Form der Beurkundung einher, so dass die Indexkongregation ihre Arbeit begann, ohne dass ihre Aufgaben und Kompetenzen schriftlich festgelegt worden wären. Gäbe es nicht das (zum privaten Gebrauch angelegte) Konsistorialtagebuch Kard. Giulio Antonio Santoris, lägen die Begebenheiten an dem besagten Märztag ganz im Dunkeln. Santori zufolge rief der Papst im Anschluss an das Konsistorium eine Gruppe von sechs Kardinälen zu sich und gab ihnen den Auftrag, die »Magdeburger Centurien« und weitere Bücher des lutheranischen Bekenntnisses zu »revidieren bzw. zu zensieren«. Außerdem sollte die Gruppe den Bücher-Index »revidieren bzw. zusammenstellen«. Mehr konnte Kard. Santori, der anscheinend einige Meter vom Geschehen entfernt stand, von der Unterredung nicht verstehen.[99]

Eustachio Locatelli OP beteiligt war: Paul F. GRENDLER, The »Adages« of Paolo Manuzio. Erasmus and the Roman Censors, in: James V. MEHL (Hg.), In laudem Caroli. Renaissance and Reformation Studies for Charles G. Nauert (Sixteenth Century Essays and Studies 49), Kirksville 1998, S. 1–21.

97 Die Datierung der konstituierenden Sitzung folgt dem zuerst von HILGERS, Index (wie Kapitel I, Anm. 2), S. 513, gesichteten kurzen Bericht des ersten Sekretärs Posio, in: BAV Vat. lat. 6207, fol. 203r (ehemals evt. ACDF Index Prot. E).

98 ACDF Index Diari 1 (1571–1606), fol. 1r/v.

99 Der vollständige Eintrag im Tagebuch Santoris zum 5.3.1571 lautet: »Sanctissimus vocavit cardinales Varmiensem [=Stanislaus Hosius], Columnam [=Marco Antonio Colonna], Sirletum [Guilelmo Sirleto], qui erat absens, Theanensem [=Arcangelo Bianchi OP], Montaltum [=Felice Peretti OFMConv] et Iustinianum [=Vincenzo Giustiniani OP], quibus commisit centuriarum et librorum confessionis Augustanae revisionem, seu censuram, et Indicis librorum revisionem, seu confectionem. (Non potui bene percipere)«: Pietro TACCHI-VENTURI (Hg.), Diario Concistoriale di Giulio Antonio Santori cardinale di S. Severina, in: Studi e documenti di storia e diritto 23 (1902), S. 297–347 (I), 24 (1903), S. 73–142 (II), 25 (1904), S. 89–135 (III), hier:

Beim ersten Punkt, den Santori erwähnt, war allem Anschein nach an die Erarbeitung einer katholischen Antwort auf die von dem Protestanten Matthias Flacius initiierte, monumentale Kirchengeschichte gedacht (13 Bde., 1559–1574). Die »Centurien« setzten methodisch neue Maßstäbe und rüttelten mit gelehrt-wissenschaftlichen Argumenten an den Grundpfeilern der päpstlichen Kirchenherrschaft. Schon im August 1565 hatte sich im Sanctum Officium eine Kommission gebildet, die an einer Widerlegung dieser historiografischen Bekenntnisschrift des Protestantismus arbeiten sollte, doch war sie bislang das erhoffte Ergebnis schuldig geblieben.[100] An der Beauftragung der Indexkongregation mit der Abfassung der katholischen Gegen-Geschichte wird ersichtlich, wie eng in der Pressepolitik Pius' V. repressive und schöpferische Elemente, »Zensur und ›positive‹ Kanonbildung« (Arnold) miteinander verbunden waren.[101] Allerdings scheint sich die Indexkongregation als Ganzes – wenn überhaupt – nur sehr kurz mit diesem Auftrag aufgehalten zu haben. Gegen Ende der 1570er fiel das Projekt dem Oratorianer Cesare Baronio zu, dessen »Annales ecclesiastici« (12 Bde., 1588–1607) bald den Status einer offiziellen katholische Darstellung der Kirchengeschichte erlangen sollten.[102] Schon in der mit eineinhalb Jahren Verspätung von Gregor XIII. (1572–1585), dem Nachfolger Pius' V., aufgesetzten Einsetzungsbulle für die Indexkongregation ist von der historiografischen Stiftungsaufgabe keine Rede mehr.

Diese Bulle Gregors XIII. mit dem Inzipit »Ut pestiferarum opinionum« vom 13. September 1572, die gemeinhin als das Gründungsdokument der Indexkongregation (Dok. C 4) betrachtet wird, macht zu Beginn deutlich, dass es sich bei der neuen Kurienbehörde um eine Institution handelt, die der weiteren Ausbreitung »pestilenzialischer« Ideen entgegentreten solle. Als konkrete Aufgabe des Dikasteriums wird an erster Stelle die Anfertigung eines neuen, leicht benutzbaren und klaren Index genannt. Die Kongregation erhält die dafür notwendige Vollmacht, Bücher zu verbieten und bestehende Bücherverbote aufzu-

---

(I) S. 322; Pastor 8 (1920), S. 94, identifiziert »Theanensis« mit Marcantonio Maffei, Ebf. von Chieti, gemeint ist aber Arcangelo Bianchi, Bf. von Teano. – Die Forschung erkennt erst seit Fragnito, Bibbia (wie Anm. 37), S. 115, in diesem Vorgang die Gründung der CIndex. Hilgers und Pastor (ebd.) gingen nur von der Gründung einer Kommission speziell für die Widerlegung der Zenturiatoren aus. Paul Grendler missinterpretierte das Motuproprio vom 19. Nov. 1570 (Dok. C 3) als Gründungsdokument der CIndex: IdLI 9 (1994), S. 272.

100 Die Leitung dieser Kommission vertraute Pius IV. Kard. Marco Antonio Colonna senior an. Mitarbeiter waren die Theologen Tomás Manrique OP (MSP), Eustachio Locatelli OP (Generalprokurator seines Ordens), Felice Peretti OFMConv (Generalprokurator seines Ordens), Giovanni Matteo Valdina OP (Theolge des Kard. Colonna), Alfonso Salmerón, Diego de Ledesma, Miguel de Torres, Juan de Mariana (alle vier SJ) sowie die Historiker Achille Stazio und Onofrio Panvinio OSA. Die Zusammensetzung der Kommission geht aus einer Leselizenz hervor, welche das SO den Mitgliedern am 23.8.1565 »pro conficiendis Centurionibus« erteilte: ACDF SO Decreta 1565–1567, fol. 5v; ACDF SO St.St. Q-1-a (»Extensorum S. O.«), fol. 100r/v (nur hier wird Salmerón als Mitglied erwähnt).

101 Arnold (wie Anm. 27), S. 224 (Zit.).

102 Baronio allerdings arbeitete eng mit den Kardinälen und Sachverständigen (Konsultoren) der CIndex zusammen. Gleich nach seiner Erhebung zum Kardinal 1596 wurde der Historiker auch selbst zum Mitglied der CIndex ernannt, vgl. Dok. C 6, Anm. 5.

heben. Hinzu kommt als zweiter Auftrag die Bücher-Expurgation. Dabei wird beklagt, dass es inzwischen nicht selten zu ein und demselben Text verwirrend viele Expurgationen gäbe, so dass die Aufgabe der Indexkongregation nun darin bestehe, diese zu vereinheitlichen. Damit sie ihre Funktionen erfüllen könne, erteilt der Papst der Kongregation Weisungsbefugnis und Strafgewalt gegenüber »allen Patriarchen, Erzbischöfen, Bischöfen, Äbten und den übrigen Ordinarien wie darüber hinaus auch Doktoren, Magistern, Buchhändlern, Buchdruckern, Kaufleuten, Zollbeamten und allen anderen Personen«.

Mit der Indexkongregation erschuf das Papsttum nach dem Sanctum Officium und dem Magister Sacri Palatii ein drittes Dikasterium auf zentralkirchlicher Ebene, dem Aufgaben in der Pressekontrolle zugeschrieben wurden. Da die Bulle Gregors XIII. sämtliche an andere Personen erteilten Vollmachten im Kompetenzbereich der Kongregation widerruft (die Urkunde wird deshalb in der Sanctio am Schluss auch als »revocatio« und »abolitio« bezeichnet) war die Ansicht vertretbar, dass allein noch die Indexkongregation für die Bereiche des gesamtkirchlichen Bücherverbots (Index), der Presserahmengesetze (Indexregeln) und der Expurgationen zuständig sein solle. Doch ließ der Text gerade in Bezug auf die Kompetenzen der Indexkongregation in Abgrenzung zu den anderen Dikasterien wichtige Fragen offen. Sollte die neue Kurienbehörde tatsächlich das »Expurgationsmonopol« (Arnold) für sich beanspruchen können, auch gegen den Willen der Trienter Indexregeln, die bei aller Undeutlichkeit keinen Zweifel daran ließen, dass Expurgationen auch auf ortskirchlicher Ebene stattfinden sollten? Welche Rolle sollte zukünftig der Magister Sacri Palatii spielen, der zwar in die Indexkongregation (und das Sanctum Officium) als Konsultor eingebunden war, dessen Amt aber auch eigenständig fortbestand? Und schließlich: Inwieweit waren das Sanctum Officium und die Ortsinquisitoren an die Weisungen der Indexkongregation gebunden?

Eine Definition der Machtverhältnisse hat die Bulle von 1572 wohl ganz bewusst umgangen. Denn bei detaillierter Lektüre fällt auf, dass bei der Beschreibung des Personenkreises, über den die Kongregation ihre Weisungsbefugnis geltend machen durfte, weder die Kardinalinquisitoren (bzw. überhaupt die Kardinäle) noch die Ortsinquisitoren genannt werden. Ein Präjudiz über die Autonomie und faktische Suprematie des Sanctum Officium als oberster Kurienbehörde auch in Fragen der Zensur sollte offenbar vermieden werden. Die Bulle »Ut pestiferarum opinionum« erweckt so den Eindruck, der Papst habe durch sie lediglich einen hinreichenden Legitimationsrahmen für die Existenz der Indexkongregation schaffen wollen. Die präzisere Definition ihrer Kompetenzen und Machtbefugnisse dagegen wurde vertagt.

d) Der Index Sixtinus

In den ersten, quellenmäßig schlecht dokumentierten Jahren ihres Bestehens befasste sich die Indexkongregation vorwiegend mit Einzelverboten von Büchern. Diese Verbotsdekrete wurden den Trägern der lokalen Zensurhoheit in Italien, den Bischöfen und Inquisitoren, brieflich mitgeteilt, verbunden mit dem Befehl, den Dekreten Geltung zu verschaffen. Expurgationen traten demgegenüber in den Hintergrund.[103] Des Weiteren bearbeitete die Kongregation Zweifelsfälle (Dubia), die bei der Anwendung der Indexregeln aufkamen. Allein schon deshalb, weil die Trienter Indexregeln die jüngsten institutionellen Entwicklungen auf zentraler Ebene der Pressekontrolle nicht widerspiegelten, erschien eine Novellierung bzw. Neufassung unumgänglich.[104] Weder ein neuer Index noch neue Indexregeln aber waren druckreif, als der dominierende Kardinal der frühen Indexkongregation, Kard. Guglielmo Sirleto, am 6. Oktober 1585 verstarb. Sein Tod markierte nach 14 Jahren des Bestehens das vorläufige Ende der Institution.

Erst unter Sixtus V., der als Kardinal selbst eines der Gründungsmitglieder gewesen war, wurde Anfang 1587 die Indexkongregation reaktiviert.[105] Der Papst, der wie kein anderer nach ihm noch einmal ganz im Geist Bonifaz' VIII. die Universalherrschaft des Nachfolgers Petri betonte, verfolgte auch in der Pressepolitik hohe Ziele. Neue Kirchenväterausgaben und liturgische wie kanonistische Normtexte sollten in Rom entstehen (vgl. Dok. A 11, Rgl. VI, XIX). Höchste Priorität kam dabei der Neuausgabe der Vulgata zu, die seit dem Konzilsdekret von 1546 als Desiderat im Raum stand (Dok. A 3). Aber auch der Index, der als Pressegesetz den juristischen Rahmen für das groß angelegte editorische Programm bilden sollte, wurde vom Papst als dringlich behandelt.

In den ersten Sitzungen der 1587 einberufenen »Zweiten Indexkongregation« stand zunächst die Revision der Indexregeln im Zentrum der Debatten. Ziel der sich zäh gestaltenden Verhandlungen war die Formulierung eines neuen Rahmengesetzes, das die Teilbereiche Bücherverbote, Expurgationen und Buchdruck unter Berücksichtigung der institutionellen Entwicklungen seit Ende des Trienter Konzils abdecken sollte. Darüber hinaus musste das Verzeichnis der verbotenen Bücher überarbeitet werden, schließlich war der auf dem Konzil von Trient festgelegte Katalog aufgrund der zahllosen Neuerscheinungen längst veraltet. Mit Elan und unter dem Beifall des Druckgewerbes wurde auch das Expurgationsprojekt angegangen, wobei die Kongregation jetzt fest von ihrem »Expurgationsmonopol« auszugehen schien: Gleich im März 1587 fassten die »Index«-Kardinäle den Grundsatzbeschluss, dass fortan alle Expurgationen, auch die in den Ortskirchen angefertigten, die Approbation der Indexkongre-

---

[103] Vittorio FRAJESE, La politica dell'Indice dal Tridentino al Clementino (1571–1596), in: AISP 11 (1998), S. 269–356, hier: S. 272–278; Beispiele brieflicher Verbotsnotifikationen der CIndex und des SO in: ROTONDÒ (Hg.), Nuovi documenti (wie Anm. 79).

[104] Einige Dokumente im Zusammenhang mit diesen Diskussionen sind ediert in: GODMAN (wie Anm. 32), S. 238–242, 333f.

[105] Die erste Sitzung der CIndex seit dem Herbst 1585 fand am 8.2.1587 statt. – Die Phase der Sixtinischen Neugründung der Kongregation wird von der Literatur ausgiebig behandelt: vgl. z. B. ARNOLD (wie Anm. 27), S. 301–312; IdLI 9 (1994), S. 271–352; FRAGNITO, Bibbia (wie Anm. 37), S. 143–156; FRAJESE, Nascita (wie Anm. 36), bes. S. 107f.; DERS., Politica (wie Anm. 103), S. 282–312.

gation benötigten.[106] Aus der Bulle Gregors XIII. von 1572 ließ sich eine solche Superkompetenz – wie oben bemerkt – allenfalls bei sehr wohlmeinender Interpretation ableiten (Dok. C 4). Dem Selbstverständnis als Expurgationszentrale entsprang auch der Plan, zusätzlich zum »Index prohibitorius« einen Index expurgatorius zu veröffentlichen. Entstehen sollte ein Kompendium mit gesamtkirchlich verbindlichen Korrekturanweisungen zu den am dringendsten benötigten Titeln aus dem Expurgationsprogramm. Die darin aufzunehmenden Corrigenda sollten zum Hauptteil von der Kongregation selbst erarbeitet werden.

Dieses »Insourcing« veränderte den Charakter des Expurgationsprogramms und die Gestalt der Kongregation grundlegend. Zur Zeit der »Ersten Indexkongregation« unter Kard. Sirleto war die eigentliche Text-Arbeit auf die (Mendikanten-)Orden verteilt gewesen, die im Konsult der Kongregation durch ihre Generalprokuratoren vertreten waren. Die Kongregation, die mehr oder weniger die Funktion einer »Clearingstelle« erfüllte, war mit wenig Personal ausgekommen. Da die »Zweite Indexkongregation« nun weite Teile des Projekts kongregationsintern realisieren wollte, musste die Zahl der Konsultoren stark heraufgesetzt werden. Zu den fünf Kardinälen kamen jetzt ganze 22 Konsultoren, darunter einige Theologen (z. B. Roberto Bellarmino), Kanonisten (z. B. Francisco Peña), Literaten und Gelehrte (z. B. Pierre Morin und Latino Latini) von höchstem Rang. Die Kardinäle teilten die Konsultoren in mehrere Gruppen (»Klassen«) ein, die jeweils gemeinschaftlich an der Expurgation der ihrer Gruppe zugewiesenen Bücher arbeiten sollten.[107]

Die Betriebsamkeit und der hohe Personalstand Ende der 1580er Jahre waren Anzeichen dafür, dass sich die Indexkongregation zu einer Art Presseministerium für die Gesamtkirche entwickeln würde. Allerdings waren die anderen Dikasterien, die im selben Bereich tätig waren, nicht zur Abtretung ihrer Kompetenzen bereit. Seit Bestehen der Indexkongregation hatte das Sanctum Officium nicht aufgehört, eine eigene Pressepolitik zu betreiben. Und auch der Magister Sacri Palatii ging trotz der abrogierenden Klausel, welche die Bulle Gregors XIII. von 1572 (Dok. C 4) enthält, weiterhin davon aus, dass seine Zensurkompetenz über die Stadt Rom hinausging, so dass sich nun drei Kurienstellen gleichzeitig für die Pressekontrolle in der Gesamtkirche zuständig erachteten. Auch vertikal, zwischen der ortskirchlichen und der zentralen Ebene,

---

106 Dekret der CIndex, 5.3.1587: »Decretum omnes librorum expurgationes in posterum ad Congregationem transmittendas, per quam approbatae permittantur«: ACDF Index Diari 1 (1571–1606), fol. 17r. Wohl noch im selben Jahr legte der Sekretär der CIndex, Vincenzo Bonardo OP, den Kardinälen einen Entwurf für Indexregeln vor, der ebenfalls von einem Monopol der Kongregation im Expurgationswesen ausgeht: »Librum vero expurgatum vel correctum ad Congregationem [...] referent, quorum erit expurgationem vel correctionem examinare et probare prout ipsis visum fuerit«: GODMAN (wie Anm. 32), S. 446–448, hier: S. 446.

107 ACDF Index Diari 1 (1571–1606), fol. 16v (Personalstand vom 15.2.1587). – Dokumente zur Klasseneinteilung in: GODMAN (wie Anm. 32), S. 351–365. Das Expurgations-Programm umfasste Autoren wie Erasmus von Rotterdam, Gerolamo Cardano, Juan Luis Vives, Ludovico Ariosto und Platina: FRAJESE, Politica (wie Anm. 103), S. 293.

fehlte eine klare Kompetenzaufteilung, was sich in den Anfragen (Dubia) von Bischöfen und Inquisitoren zum Regime der Pressekontrolle äußert, die sich aus diesen Jahren zahlreich in den Akten der Indexkongregation erhalten haben.

Eine günstige Gelegenheit für eine organisatorische Flurbereinigung bot die von Sixtus V. angeordnete Kurienreform, deren Kernstück die Bulle »Immensa aeterni Dei« vom 22. Januar 1588 darstellte (Dok. C 5). Die Reform folgte der Maßgabe, die Effizienz der päpstlichen Verwaltung zu steigern und gleichzeitig die Machtstellung des Kardinalskollegiums als »Senats der Kirche« zu schwächen.[108] Die Kurie wurde zu diesem Zweck in 15 Kardinalskongregationen gegliedert, denen – mit Fachministerien vergleichbar – bestimmte Ressorts zugewiesen wurden. Einige Kongregationen, wie das Sanctum Officium, die Konzils- und die Indexkongregation hatten schon vor 1588 bestanden, andere – wie z. B. die Ritenkongregation – waren Neuschöpfungen.

Die Indexkongregation gehörte nicht zu den Profiteuren dieser Reform. Allein das in der Bulle angeordnete Revirement, dem der Venezianer Agostino Valier und somit die Persönlichkeit, die zuletzt die Kongregation geführt hatte, zum Opfer fiel, schwächte ihre Position.[109] Auch die in der Bulle festgelegte Rangfolge der Kurienorgane war wenig schmeichelhaft: In der kurialen Behörden-Hierarchie, die vom Sanctum Officium angeführt wird, rangiert die »congregatio pro Indice librorum«, immerhin die drittälteste ständige Kongregation der Kurie, nur an siebter Stelle. Die Kompetenzumschreibung komplettierte schließlich die Herabstufung. Zwar bestätigt die Bulle dem »Index« in vielen Bereichen die Zuständigkeit (z. B. Revision des Index und der Indexregeln, Prüfung und gegebenenfalls Verbot neu erschienener Bücher), doch ließ er ausgerechnet bei der eigentlichen Domäne der Kongregation Zurückhaltung walten. Die Kongregation solle einen Index expurgatorius anfertigen und allgemeine Regeln für die Expurgation und Approbation von Büchern aufstellen, heißt es in dem Text. Bei den Expurgationen selbst aber ist die Mitwirkung der Universitäten (vor allem jener von Paris, Bologna, Salamanca und Löwen) vorgesehen, ohne dass der Text die Weisungsbefugnis der Kongregation gegenüber den hohen Schulen festlegen würde.[110] Das Expurgationsmonopol der Index-

[108] Wolf, Index (wie Kapitel I, Anm. 3), S. 38. – Wolf folgt hier der klassischen Interpretation der Sixtinischen Kurienreform als früh-absolutistischer Maßnahme, wie sie als Erster systematisch Paolo Prodi formuliert hat: Lo sviluppo dell'assolutismo nello Stato pontificio (secoli XV.–XVI.). Vol. 1: La monarchia papale e gli organi centrali di governo. Dalle lezioni tenute nella Facoltà di Magistero dell'Universita di Bologna nell'anno accademico 1967–68, Bologna 1968, S. 87–114.

[109] Außer Valier verloren auch die Kardinäle Vincenzo Laureo und Costantino da Sarnano ihren Sitz. Bestätigt wurden die Kardinäle Marco Antonio Colonna, Girolamo Della Rovere, William Allen und Ascanio Colonna. Neu hinzu kam Philippe de Lenoncourt. Nach dem Tod Sixtus' V. wurden Valier und Sarnano ihre Sitze restituiert: Frajese, Nascita (wie Anm. 36), S. 120–123; ders., Politica (wie Anm. 103), S. 297–299.

[110] Die Einbindung der Universitäten in das Expurgationsprojekt war zuvor u. a. von Antonio Castelvetro, einem Arzt aus Modena, gefordert worden. Sein Memorandum an den Papst vom April 1585 ist mehrfach überliefert: IdLI 9 (1994), S. 276. Ein halbes Jahr vor dem Erlass der Reformbulle hatte Sixtus V. am 20.6.1587 in einem Breve die Universitäten von Paris,

kongregation war in Frage gestellt, wenn auch – für die Kurie nicht untypisch – eindeutig uneindeutig.

Die Unsicherheit über die eigenen Befugnisse verkomplizierte in der Folge die andauernden Diskussionen über die Revision der Trienter Indexregeln. Im Verlauf des Jahres 1588 gingen etliche Entwürfe des neuen Presse-Rahmengesetzes zwischen der Kongregation und dem Papst hin und her. Wie bei anderen Editionsprojekten dieses Pontifikats mischte sich der Pontifex persönlich in die Redaktion des Gesetzestexts ein, wenn nicht sogar er selbst als der Hauptautor angesehen werden muss.[111] Wohl Anfang 1589 einigten sich Papst und Kongregation schließlich auf den Text, der in dem ein Jahr später aufgelegten Index abgedruckt worden ist (Dok. A 11). Verglichen mit dem Tridentinischen Vorläufer von 1563/64 waren die neuen, Sixtinischen Indexregeln um mehr als ein Drittel umfangreicher. Zudem wurde das jetzt nicht mehr zehn, sondern 22 Paragrafen zählende Regelwerk kleinteiliger und kasuistischer, dadurch aber nicht unbedingt handlicher. Der Text bietet ein reiches Panorama Sixtinischer Ordnungsvorstellungen, aus dem hier nur jene Stellen, die die konstitutionell-organisatorischen Aspekte der Zensur berühren, gewürdigt werden können.

Die neuen Indexregeln setzen einen starken Akzent auf die Kontrolle des stadtrömischen Druckwesens, was mit der zentralen Rolle der Urbs im »katholischen Presseprojekt« begründet wird: In Rom gedruckte Bücher würden überall in der (katholischen) Welt als autoritativ aufgenommen, weshalb enthaltene Fehler und Irrtümer schweren Schaden anrichten könnten. Um eine bessere Kontrolle der römischen Presse zu gewährleisten, sollen »die dazu berufenen Kardinalskongregationen« das »Recht« (»ius«) erhalten, in Rom die Druckmanuskripte vorzensorisch zu prüfen (Rgl. XVIII), wodurch in die Domäne des Magister Sacri Palatii eingedrungen wurde, bei dem seit 1487 die römische Vorzensur eigentlich ressortierte. Die Indexkongregation erhielt auch – zusammen mit dem Magister – die Kompetenz, in Rom die Zirkulation von Manuskripten zu überwachen (Rgl. XVI). Ferner sollte ihr die Approbation von Büchern aus dem Genre der populären Andachtsliteratur obliegen, sofern der Druck in Rom erfolgte.

Dem Zuwachs vorzensorischer Kompetenzen der Indexkongregation steht auf der anderen Seite die schon in »Immensa aeterni Dei« (Dok. C 5) implizierte Beschränkung ihres »Expurgationsmonopols« entgegen. Das »Expurgationsmonopol« besteht nach Regel XXI nur für sakrale Bücher, Kirchenväterausgaben sowie für Bücher über das Kirchenrecht und die Kirchengeschichte. Sie durften nach dem neuen Gesetz ausschließlich durch die Indexkongregation (oder durch andere Deputierte des Papstes) expurgiert werden. Für alle anderen literarischen

---

Salamanca, Alcalá, Coimbra und Löwen zur Mithilfe am neuen Index aufgefordert: Vittorio Frajese, La revoca dell'Index sistino e la Curia romana (1588–1596), in: NRL 1986/1, S. 15–49, hier: S. 15, 21; Text des Breve in: Hilgers, Index (wie Kapitel I, Anm. 2), S. 517–519. Eventuell diente bei diesem Plan die Kalenderreform Gregors XIII. als Vorbild, die unter maßgeblicher Beteiligung der Universitäten durchgeführt worden war.

111 Frajese, Nascita (wie Anm. 36), S. 123–127, 133.

Gattungen ist dagegen ausdrücklich auch die Expurgation auf ortskirchlicher Ebene erwünscht, wo der Bischof das Aufsichtsrecht genießen solle. Ein Expurgationsleitfaden gibt das dabei anzuwendende Prozedere vor (Rgl. XXI).

Wie am Beispiel der Expurgationen erkennbar, stellen die neuen Indexregeln die lokale Pressehoheit der Bischöfe und -inquisitoren im Grundsatz nicht in Frage.[112] Auffällig im Vergleich zu den Trienter Indexregeln ist aber, dass die Universitäten, die schon von »Immensa aeterni Dei« in den Blick gerückt worden waren, nun stärker in die Überwachung der Presse einbezogen werden sollen. An Orten, an denen es keinen zuständigen Inquisitor gibt, aber eine Universität existiert, solle der Dekan analog zum Inquisitor Mitinhaber der Zensurhoheit sein (Rgl. XVI, XVIII, XX). Besonders beim theologischen Schrifttum setzt das neue Pressegesetz – das hier auf den Spuren des 40 Jahre älteren Trienter Vulgata-Dekrets wandelt (Dok. A 3) – auf den Sachverstand der Lehranstalten. So sollen die »heiligen und kirchlichen Bücher« beispielsweise nur an Orten gedruckt werden, an denen ein Inquisitor oder eine Universität (!) ein sachkundiges Kontrollregime gewährleistet.[113] Würde ein kanonistischer, theologischer oder liturgischer Normtext in einer römischen Ausgabe erschienen, solle jedoch überall nur die »Editio Romana« (und nicht die lokale Ausgabe) nachgedruckt werden. Einmal mehr ist hier die Verbindung zwischen der Index-Gesetzgebung und dem »katholischen Presseprojekt« hergestellt (Rgl. XIX).

Mit der Bulle »Romanum Pontificem« vom 10. März 1590 (Dok. A 11) wurden die neuen Indexregeln zusammen mit dem aktualisierten Bücherverzeichnis vom Papst approbiert. Auch die Bulle enthält Bestimmungen zur Organisation der Zensurverhältnisse, die teilweise allerdings, aus hier nicht erklärbaren Gründen, die Dispositionen der Regeln geradezu konterkarieren. Sie laufen auf eine nahezu vollständige Zentrierung der kirchlichen Pressekontrolle auf Rom hinaus und hebeln dadurch die in den Regeln gerade noch festgeschriebene Pressehoheit der ortskirchlichen Gewalten aus: Zentralisiert werden soll nach dem Willen der Bulle etwa die Herausgabe von Indizes. So verfügt der Papst in der wohl bemerkenswertesten Stelle der Urkunde, dass mit dem Inkrafttreten des neuen Index nicht nur die älteren römischen Indizes (von 1559 und 1564) abgeschafft seien, sondern auch sämtliche partikularen Indizes, wobei der Text so formuliert ist, dass auch die von weltlichen Autoritäten veröffentlichten Bücherverzeichnisse unter die Revokation fallen (ebd., Abs. 9). Gleichzeitig werden Entscheidungen der Bischöfe und Inquisitoren auf dem Gebiet der Nachzensur unter Vorbehalt gestellt: Stieße einer von ihnen in Zukunft auf

[112] ROZZO, Letteratura italiana (wie Anm. 16), S. 63, vertritt allerdings die entgegengesetzte Auffassung, wonach mit den Sixtinischen Indexregeln »per la prima volta si dichiara che gli unici espurgatori autorizzati sono i componenti della Congregazione romana, mettendo così fine alla finzione giuridica dell'autonomia degli inquisitori e dei presuli locali«.

[113] Diese Regelungen erinnern an die Zensurbestimmungen des Wormser Edikts (8.5.1521): Ulrich EISENHARDT, Die kaiserliche Aufsicht über Buchdruck, Buchhandel und Presse im Heiligen Römischen Reich Deutscher Nation (1496–1806). Ein Beitrag zur Geschichte der Bücher- und Pressezensur (Studien und Quellen zur Geschichte des deutschen Verfassungsrechts. Reihe A: Studien 3), Karlsruhe 1970, S. 27.

missliebige Bücher, so solle er diese aus eigener Autorität »suspendieren« (der Begriff »verbieten« wird vermieden) und darüber sogleich die Indexkongregation in Kenntnis setzen. Erst diese solle dann definitiv darüber urteilen, ob die angezeigten Bücher zu verbieten, zu korrigieren oder anders zu behandeln seien.[114] Konsequenterweise sollten partikulare Indizes fortan auch nur noch mit Genehmigung des Hl. Stuhls veröffentlicht werden.

Auch in Hinblick auf die Expurgationen fasst die Bulle die Kompetenzen der ortskirchlichen Ebene viel enger als die Regeln (Rgl. XIX). In der Bulle heißt es, gar keine Corrigenda zu expurgationsbedürftigen Büchern sollen mehr ohne Genehmigung des Hl. Stuhls veröffentlicht werden, so dass hier doch wieder ein Expurgationsmonopol ins Spiel kommt, wenn auch die Indexkongregation nicht direkt als Träger des Monopols genannt wird (ebd., Abs. 10). Insgesamt fügen sich die Bestimmungen der Einsetzungsbulle zu einem Szenarium, in dem die päpstlichen Prärogativen auf dem Gebiet der Zensur deutlich zum Tragen kommen. Die Kernaussage lautete, dass die Presse weniger Sache der Kirche als vielmehr Sache des Papstes sei.

Am 12. Mai 1590 verließen erste Exemplare des Index die römische Offizin von Antonio Blado.[115] In welcher Auflagenhöhe dieser Index im Sommer 1590 gedruckt und in welchem Umfang er ausgeliefert wurde, ist nicht bekannt. Zu denjenigen, die ein Exemplar empfingen, gehörte wohl der Botschafter der Republik Venedig in Rom. Immerhin war er so weit im Bilde, dass er im August dem Papst eine detaillierte Stellungnahme vortragen konnte, in der er den Index in Bausch und Bogen verriss. Sein Protest erscheint wie eine Reprise der Kritik am Index Paulinus vom Jahr 1559: Das Bücherverzeichnis sei viel zu restriktiv, vor allem die vielen Verbote, die sich gegen volkssprachliche Werke richteten, seien für das venezianische Druckgewerbe Existenz bedrohend.[116] Unzufrieden mit dem Index waren auch die Jesuiten, denn auf päpstlichen Befehl waren Bellarminos »Controversiae« auf den Index gesetzt worden, gegen den Widerstand der Indexkongregation, die sich hinter ihren prominenten Konsultor stellte.[117]

---

[114] Bemerkenswerterweise hat Rom danach, selbst im Zuge der Zentralisierungsoffensive des 17. Jahrhunderts (s. u.), den Bischöfen das Recht, in ihrer Diözese Bücherverbote mit lokaler Geltung auszusprechen, nie wieder streitig gemacht. Vgl. dazu das ausführliche Gutachten Kard. Francesco Albizzis im Auftrag Innozenz' X., in: ALBIZZI (wie Anm. 167), c. XXX, Nr. 148–186, S. 281–285.

[115] Der Index erschien ohne eigenen Titel, auf dem Frontispiz erscheint stattdessen ein Regest der Promulgationsbulle: Index 1590 (vgl. Quellen- und Literaturverzeichnis). Von dem heute überaus seltenen Druck wurden mindestens zwei inhaltlich voneinander abweichende Versionen produziert: IdLI 9 (1994), S. 310f., 319.

[116] IdLI 9 (1994), S. 277–280. – Die Dominanz der venezianischen Presse in Italien lässt sich an der Zahl der Drucker veranschaulichen: 640 Drucker und Verleger sind im 16. Jahrhundert in Venedig nachgewiesen, in Rom, dem zweitgrößten Druckort, dagegen nur 177, in Mailand und Neapel 109 bzw. 84: Gédéon BORSA, Drucker in Italien vor 1601, in: Gutenberg Jahrbuch 52 (1977), S. 166–169.

[117] Grund für das Verbot der »Controversiae« war Bellarminos Definition der päpstlichen Vollgewalt, wonach der Papst in weltlichen Dingen nur über eine indirekte Gewalt verfüge: FRAJESE, Nascita (wie Anm. 36), S. 131–133, vgl. auch Xavier Marie LE BACHELET, Bellarmin à l'Index. Documents nouveaux, in: Études 111 (1907), S. 227–246.

Der Papst konnte zu alldem nicht mehr Stellung beziehen. Er starb am 27. August 1590, noch bevor der Versand des neuen Index richtig begonnen hatte. Einen Monat später, am 26. September, suspendierte der Nachfolger, Urban VII. (Giovanni Battista Castagna), den Index, elf Tage nach seiner Wahl zum Papst.[118] Zu einer Aufhebung dieser Suspendierung ist es danach nicht mehr gekommen: der Index Sixtinus trat nie in Kraft.

e) Der Index Sixto-Clementinus

In den zwei Jahren nach dem Tod Sixtus' V. wechselten sich drei Päpste auf dem Thron Petri ab (Urban VII., Gregor XIV., Innozenz IX.), die jeweils nur einige Wochen oder Monate regierten. Im ständigen Modus des Regierungswechsels konnte an der Kurie Alltag erst gar nicht aufkommen, so dass ein Ersatz für den Index Tridentinus weiter auf sich warten ließ. Erst die Wahl Clemens' VIII. am 30. Januar 1592 verschaffte dem römischen Behördenapparat wieder Stabilität. 13 Jahre lang sollte es keinen Wechsel im höchsten Amt der Kirche mehr geben, was sich auf das Index-Projekt günstig auswirkte.

Der neue Papst wies die Indexkongregation an, die Expurgationen erst einmal zurückzustellen, um alle Kräfte auf die Ausarbeitung des neuen Pressegesetzes (Index und Indexregeln) zu konzentrieren. Dem Rat des Konsultors und späteren Kardinals Bellarmino folgend, verständigte man sich in der Indexkongregation darauf, nicht den suspendierten Index Sixtinus, sondern den Tridentinus zum Ausgangspunkt aller weiteren Arbeiten zu nehmen. Letzterer war als »Konzilstext« schließlich vergleichsweise wohlwollend aufgenommen worden. Würde der neue Index als Ergänzungsbeschluss daherkommen, hoffte Bellarmino, wäre mit einer höheren Akzeptanz zu rechnen als bei einem Büchergesetz ex novo wie dem Index Sixtus' V. – mit dieser Prognose lag der Jesuit ganz richtig, wie sich im Nachhinein erweisen sollte.[119] Die Arbeiten kamen schnell voran, so dass schon im Frühjahr 1593 das Resultat vorlag. Am 8. Juli präsentierte der Kongregationskardinal Girolamo Bernieri Andrucke des neuen Büchergesetzes in einer Sitzung des Sanctum Officium, das an diesem Tag (wie immer donnerstags) in Gegenwart des Papstes tagte.[120]

Das Werk, das dem Urteil des Hl. Vaters unterbreitet wurde, wies äußerlich kaum Gcmcinsamkcit mit dem verworfenen Vorgänger von 1590 auf.[121] Augenfällig waren dagegen, wie beabsichtigt, die Bezüge zum Index von 1564. Bereits der Titel zeichnet eine deutliche Traditionslinie: »Index der verbotenen Bücher mitsamt den Regeln, die von der Väter-Delegation des Trienter Konzils

---

[118] Frajese, Politica (wie Anm. 103), S. 310–312.

[119] Godman (wie Anm. 32), S. 269–272, 439 (Dokumente); vgl. auch Fragnito, Bibbia (wie Anm. 37), S. 157f.; Frajese, Politica (wie Anm. 103), S. 314f.

[120] Frajese, Politica (wie Anm. 103), S. 319f.

[121] De Bujanda zufolge haben sich von dieser Ausg. (Index 1593) lediglich vier Exemplare erhalten: IdLI 9 (1994), S. 313f.

abgefasst worden sind. Zuerst im Namen Pius' IV. erschienen, dann von Sixtus V. und schließlich von Papst Clemens VIII. durchgesehen und erweitert. Mit einer hinzugefügten Instruktion über den Buchdruck und einer Anleitung zur Berichtigung von Büchern.«[122] Auf Titelblatt und Druckerprivileg (für Paolo Blado, 6. Juli 1593) folgt das Einführungsbreve »Gregem dominicum« Clemens' VIII. (Dok. A 12). Das Breve verleiht den im Titel ausgedrückten Kontinuitäten juristische Substanz, indem es nicht nur die von der Indexkongregation vorgenommenen Hinzufügungen approbiert, sondern auch den Trienter Index samt den Indexregeln vollständig bestätigt.[123] Dem apostolischen Schreiben folgt der im Textbestand unveränderte Vorspann von 1564: das Einführungsbreve »Dominici gregis« Pius' IV. (Dok. A 10), die Vorrede Francisco Foreiros sowie die zehn Indexregeln (Dok. A 9). Daran angeschlossen ist die im Titel angekündigte Instruktion zu Buchdruck und Expurgation, auf die weiter unten zurückzukommen ist. Anders als im Vorspann, in dem die neuen Anteile klar von den Trienter Texten getrennt sind, wurden im eigentlichen Bücherverzeichnis Altes und Neues vermischt. Die neu hinzugekommenen Verbote sind mit der Trienter Liste verschmolzen.

Dem in der Forschung als »Sixto-Clementinus« bezeichneten Index von 1593 war schon vor der internen Präsentation der Ruf vorausgeeilt, eine allzu harte Linie zu verfolgen. Dem Druckgewerbe etwa machte die Breitseite gegen die volkssprachliche Literatur Sorgen, wieder drohten durch die Einführung eines neuen Pressegesetzes ökonomische Einbußen.[124] Auf Ablehnung stieß der Index auch im Milieu des aufstrebenden Oratoriums Filippo Neris, dem kein Geringerer als Clemens VIII. anhing. So kam es dazu, dass am 9. Juli 1593, einen Tag nach dem Auftritt Kard. Bernieris im Sanctum Officium, der Papst befahl, die Promulgation aufzuschieben und erst einmal die vernommenen Kritikpunkte zu sammeln. Kurz darauf ordnete er die nochmalige Überarbeitung des Index an.[125] Drei Jahre nach der Suspendierung des Index Sixtinus wurde erneut ein fertiger und bereits gedruckter Index zurückgezogen, bevor er Geltung erlangt hatte.

f) Die Instructio Clemens' VIII.

In den folgenden Monaten prüfte die Indexkongregation die gesammelten »Oppositiones«, die gegen den Index von 1593 laut geworden waren und machte sich dann noch einmal an die Überarbeitung ihres Werks.[126] Einen der zentralen Kritikpunkte aufgreifend, entschieden die Kardinäle, die saubere Trennung

[122] Index 1593 (vgl. Quellen- und Literaturverzeichnis); der Titel des Index folgte dem Entwurf Bellarminos.

[123] Zur Redaktion des Breve vgl. ACDF Index Diari 1 (1571–1606), fol. 60r.

[124] Vgl. dazu die Quellen in: HILGERS, Index (wie Kapitel I, Anm. 2), S. 531–535.

[125] ACDF Index Diari 1 (1571–1606), fol. 69v. – Nach seiner Meinung befragt wurde u. a. erneut der Botschafter Venedigs: IdLI 9 (1994), S. 281–285; FRAJESE, Nascita (wie Anm. 36), S. 151.

[126] FRAJESE, Politica (wie Anm. 103), S. 324–333; FRAGNITO, Bibbia (wie Anm. 37), S. 173–198; DIES., Proibito capire (wie Anm. 77), S. 45–48.

von Konzilstexten und Ergänzungen nicht nur im Vorspann, sondern auch im Bücherverzeichnis selbst durchzuhalten. So wurde in der überarbeiteten Fassung des Index der Trienter Bücherkatalog 1:1 übernommen, die seitdem hinzugekommenen Bücherverbote hängte man als Appendizes einzeln an jeden Buchstaben und jede Indexklasse an.[127] Auch die zum etlichen Mal wieder aufgenommene Debatte über die Indexregeln trug Früchte. Der unter Sixtus V. entstandene Index von 1590 hatte – wie oben bereits erläutert wurde – die zehn Trienter Regeln verworfen und sie durch 22 neue Regeln ersetzt. Bei der Vorbereitung des Sixto-Clementinus hatte man wiederum die Sixtinischen Indexregeln ad acta gelegt. Stattdessen wurden getreu nach den Prinzipien einer behutsamen Reform die Trienter Regeln unverändert wiederabgedruckt, die neu hinzugekommenen Bestimmungen, die wie einst der Index-Nachtrag von 1559 als »Instructio« betitelt wurden, folgten in einem eigenen Abschnitt, so dass ein gebührender Abstand zwischen dem Konzilstext und den späteren Zutaten eingehalten wurde.[128]

Die erste, im unterdrückten Index von 1593 abgedruckte Version dieser neuen Instructio besteht aus insgesamt 13 Paragrafen, von denen fünf zum Abschnitt »Die Bücher-Korrektur« (im Folgenden: De corr.), die restlichen zum Abschnitt »Der Druck von Büchern« (De impress.) zusammengefasst sind (Dok. A 13, Apparat).[129] Im Verlauf der Nachbesserungen kam ein dritter Abschnitt »Das Bücherverbot« (De prohib.) hinzu. Zwischen Juli und Ende September 1595 wurden an dem Text der Instructio erneut einige Änderungen vorgenommen, die in einem heute noch erhaltenen Originalmanuskript dokumentiert sind, das am Fuß die Druckfreigabe des Papstes aufweist.[130] Nach letzten sprachkosmetischen Texteingriffen approbierte Clemens VIII. am 17. Oktober 1595 die Instructio zusammen mit dem überarbeiteten Verbotskatalog durch das Breve »Sacrosanctum« (Dok. A 14). In die endgültige Fassung wurde die Instructio allerdings erst Monate später – nach dem Druck! – gebracht. Im Mai 1596, als die Publikation des Index ein letztes Mal aufgehalten wurde (s. u.), fügten die

[127] ACDF Index Diari 1 (1571–1606), fol. 82r–83r (Dekret der CIndex, 22.10.1594); der Zuwachs gegenüber dem Index Tridentinus betrug insgesamt 1.143 Verbotseinträge, davon 682 Namen in der 1. Indexklasse, 185 Einzeltitel (2. Indexklasse) und 276 anonyme Schriften (3. Indexklasse), Zahlen n. Art. »Indici dei libri proibiti, Cinquecento« (wie Anm. 33), S. 778.

[128] Vgl. die Grundsatzbeschlüsse der CIndex vom 22.8. und 5.9.1592: ACDF Index Diari 1 (1571–1606), fol. 49v, 50r.

[129] Diese erste Version der Instructio war am 5.9.1592 von der CIndex approbiert worden. An der Formulierung waren Roberto Bellarmino SJ (Konsultor), Bartolomé de Miranda OP (MSP) sowie die Kardinäle Agostino Valier und Ascanio Colonna beteiligt, ebd., fol. 50v.

[130] ACDF Index XVI (Ms. mit gedrucktem Frontispiz). Das von Kard. Francisco de Toledo OP notierte päpstliche Imprimatur lautet: »Annuit S. D. N. Clemens Papa VIII. sic correctum Indicem imprimi et publicari. Cardinalis Toledo [manu propria]«, fol. [81v]. Der Vorgang ist im Diarium der Kongregation unter dem 26.9.1595 vermerkt: ACDF Index Diari 1 (1571–1606), fol. 86v. Die Änderungen gehen wahrscheinlich zurück auf eine Dreierkommission, bestehend aus Cesare Baronio Or, Silvio Antoniano und Marco Antonio Maffa, die Clemens VIII. am 2.7.1595 mit der abschließenden Lektüre des Index betraut hatte, dazu: Frajese, Nascita (wie Anm. 36), S. 162f. Danach sollte es freilich noch ein halbes Jahr dauern, bis der Index, nach einem zweiten päpstlichen Imprimatur vom 8.3.1596, schließlich gedruckt wurde (s. u.).

Redaktoren dem Paragrafen 1 noch einen Satz hinzu (s. u.). Das erste Blatt der Instruktion wurde deshalb nachgedruckt und separat an die Empfänger des Index versandt.[131] Nicht in allen heute erhaltenen Exemplaren des Index von 1596 ist allerdings der Blattaustausch vorgenommen worden.

Die im Index von 1596 abgedruckte, mit dem Namen Clemens' VIII. verbundene Instructio war die erste kirchenweit eingeführte Ergänzung der Trienter Indexregeln von 1563/64 und somit wie diese eine Art oberstes Rahmengesetz für die Pressekontrolle in der Universalkirche (Dok. A 13). Sie richtet sich an die Inhaber der Pressehoheit (Bischöfe, Inquisitoren und Magister Sacri Palatii), an die kirchlichen Zensoren und an die Drucker. Diese erhalten Anordnungen darüber, »was in Zukunft […] beim Verbieten und bei der Vernichtung schlechter Bücher, […] bei der kritischen Durchsicht und Korrektur von Büchern und anderen Schriften, wie auch […] beim Drucken der Bücher […] grundsätzlich und ohne Abstriche zu befolgen ist.« Was bereits die Vorrede andeutet, wird in den einzelnen Artikeln der Instructio bestätigt: Das neue Pressegesetz fußt ganz auf der konziliaren Legislation von 1515 und 1563/64, indem es von der lokalen Zensurhoheit von Bischöfen und Inquisitoren ausgeht.[132] Die enthaltenen Bestimmungen sollen als Erweiterung und Präzisierung der konziliaren Gesetzgebung (v. a. der X. Trienter Indexregel) aufgefasst werden, nicht als ein Ersatz.

Die Artikel konkretisieren z. B. das bei der Vorzensur einzuhaltende Verfahren (vgl. die Regelung des Publiceturs: De impress. § IV). Andere machen Vorgaben zur Gestaltung der Titeleien gedruckter Bücher (ebd., De impress. § I, VII). Wieder andere ordnen die Bereiche Nachzensur und Pressepolizei. In allen Belangen stechen die Unterschiede zum gescheiterten Pressegesetz Sixtus' V. hervor. Wollte jenes die ortskirchlichen Zensurstellen auf den Status von Befehlsempfängern Roms reduzieren, gewährte ihnen das Gegenstück Clemens' VIII. wieder weit reichende Autonomie. Deutlich kommt dies in der Aufforderung an Bischöfe und Inquisitoren zur Geltung, selbständig, gegebenenfalls mithilfe der Universitäten, partikulare Indizes zu publizieren. Anders als in den Sixtinischen Indexregeln ist dies nicht an eine Approbation Roms geknüpft. Es besteht lediglich die Pflicht, die Indexkongregation über die lokalen Verbote in Kenntnis zu setzen, damit – so ist der Appell wohl zu verstehen – die lokalen Verbote bei der nächsten Ausgabe des Index berücksichtigt werden könnten (ebd., De prohib. § III–IV).

Am detailliertesten widmet sich die Instructio dem Bereich der Expurgationen. Auch hier lässt sich im Unterschied zu den Vorschriften von 1590 eine dezentrale Organisation erkennen. Bischöfe und Inquisitoren, heißt es jetzt ex-

---

131 Fragnito, Bibbia (wie Anm. 37), S. 183.

132 Die zensorischen Kompetenzen der Ortskirchen wurden auffälligerweise während der vorletzten Redaktion zwischen Juli und Oktober 1595 durch einige Umformulierungen noch deutlicher herausgestrichen. Werden die Inhaber der lokalen Zensurhoheit in den Vorversionen vornehmlich mit dem flexiblen Terminus »Superiores« umschrieben, ist in der Endversion durchgehend konkret von »Episcopi et Inquisitores« die Rede: Dok. A 13, Apparat. – Der Interpretation von Fragnito, Censura libraria (wie Anm. 57), S. 170f., durch die Umformulierung seien die Inquisitoren gegenüber den Bischöfen gestärkt worden, wird hier nicht gefolgt.

plizit, haben »coniunctim« die Vollmacht, Bücher nach den Vorschriften der Instructio zu expurgieren. An Orten aber, für die es keinen zuständigen Inquisitor gibt, solle der Bischof allein dazu ermächtigt sein. Als Schablone für die Expurgation (aber auch die vorzensorische Prüfung von Druckmanuskripten) wird den kirchlichen Zensoren eine Auflistung von 17 Fehlergattungen an die Hand gegeben (De corr. § II.). Analog zu dem Appell an die Bischöfe und Inquisitoren, Indizes verbotener Bücher zu veröffentlichen, sollen sie auf partikularer Ebene auch »Codices expurgatorii« einführen, in denen die für den Amtsbezirk relevanten Expurgationen zusammengefasst werden sollen (De corr. § V).[133]

Was den letzten Schritt im Expurgationsprozess angeht, die Umsetzung, geht die Instructio auf zwei Möglichkeiten ein. Der erste Fall setzt die Existenz eines »Codex expurgatorius« voraus. Sobald ein solcher vorliegt, dürfen Buchbesitzer nach Einholung einer Lizenz des Bischofs oder Inquisitors selbst ihre persönlichen Exemplare gemäß den amtlichen Corrigenda korrigieren (De corr. § V). Im zweiten Fall lassen sich Besitzer suspendierter Bücher eine Lizenz ausstellen, ihre Bücher unexpurgiert zu behalten. Sie sind dann gehalten, selbst eine Korrektur vorzunehmen, die sie schließlich dem Bischof und Inquisitor einzureichen haben. Die Expurgation wird also als eine Art Gegenleistung für die Leseerlaubnis erbracht (De prohib. § II). Die zuvor in Italien übliche Praxis, dass Bischöfe und Inquisitoren die korrekturbedürftigen Bücher ihres Bezirks beschlagnahmen, wird nicht thematisiert.[134] Zuletzt geht die Instructio noch auf den Fall ein, dass eine emendierte Neuauflage eines suspendierten Buchs im Druck erschien. Dem Titel der Neuauflage musste entnommen werden können, dass es sich um eine expurgierte Version handelte. Wurde der Autor in der ersten Indexklasse geführt, sollte dies im Titel besonders kenntlich gemacht werden, etwa durch die Formulierung »damnato auctore« (De corr. § VII).

300 Jahre lang blieb die Instructio Clementina als kirchenweites Gesetz in Geltung. Alle Index-Ausgaben seit 1596 drucken den Text im Vorspann ab. Erst die Indexreform Leos XIII. schaffte sie zusammen mit den Trienter Indexregeln ab und ersetzte sie durch die mit der Konstitution »Officiorum ac munerum« vom 25. Januar 1897 publizierten »Decreta generalia« (Dok. A 29).

Betrachtet man das von der Instructio gezeichnete Gesamttableau, fällt auf, dass die Rolle der zentralkirchlichen Zensurorgane (Sanctum Officium, Indexkongregation und Magister Sacri Palatii) unbestimmt bleibt. Allein das Einsetzungsbreve »Sacrosanctum« (Dok. A 14) geht auf diesen Aspekt ein, wenn

---

[133] Dazu Gigliola FRAGNITO, »In questo vasto mare de libri prohibiti et sospesi tra tanti scogli di varietà et controversie«: la censura ecclesiastica tra la fine del Cinquecento e i primi del Seicento, in: Cristina STANGO (Hg.), Censura ecclesiastica e cultura politica in Italia tra Cinquecento e Seicento. IV Giornata Luigi Firpo. Atti del Convegno, 5 marzo 1999, Florenz 2001, S. 1–36, hier: S. 23f.

[134] Das Einsammeln suspendierter Bücher hatte zu vielen Klagen geführt, da die lokalen Instanzen meist die Expurgationen schuldig blieben, so dass die Besitzer dauerhaft auf ihre Bücher verzichten mussten. Die Praxis ist u. a. beschrieben in einem Brief des Sekretärs des SO (Camillo Borghese) an den Inquisitor von Modena, 2.10.1603, in: ROTONDÒ (Hg.), Nuovi documenti (wie Anm. 79), S. 145–211, hier: S. 179. Vgl. dazu auch Kapitel II.4.3.

auch es sich nur zur Rolle der Indexkongregation näher äußert. Auch hier ist das offenkundige Bemühen erkennbar, mit dem bis ins Utopische gesteigerten Zentralismus der Sixtinischen Ära zu brechen. Das Breve definiert die Kompetenz der Indexkongregation vage als »auctoritas praecipua« im Pressewesen. Zu ihren Hauptaufgaben zähle die Klärung von Zweifelsfällen, die bei der Anwendung des Index aufkommen, wobei alle Kleriker und Laien – und diesmal ausdrücklich auch die Inquisitoren, nach wie vor jedoch nicht die Kardinäle – den Sprüchen der Kongregation gehorchen müssten. Erstaunlicherweise schränkt das Breve die Vollmachten der Indexkongregation aber an einem anderen Ende dadurch wieder ein, dass es das Motuproprio Pius' V. von 1570 bestätigt (Dok. C 3), das seit der Gründung der Indexkongregation wiederholt den Anlass zu Kompetenzstreitigkeiten mit dem Magister Sacri Palatii gegeben hatte.[135]

g) Die Observatio Clementina

Aus dem beschriebenen Entstehungsverlauf der Instructio Clementina ging bereits hervor, dass die Vorgeschichte des neuen Index mit der Signierung des Approbationsbreve durch den Papst am 17. Oktober 1595 (Dok. A 14) noch nicht endete. Es dauerte noch sechs Monate, bis der Papst am 8. März 1596 die Druckfreigabe für den Nachfolger des Index Tridentinus erteilte.[136] Rund drei Wochen darauf, am 27. März 1596, folgte mit der »Promulgatio in valvis« – dem Aushang des fertigen Index an festgelegten öffentlichen Plätzen in Rom – schließlich die offizielle Inkraftsetzung.[137] Nuntien, Bischöfen und Inquisitoren gingen daraufhin Exemplare des neuen Pressegesetzes zu mit der Aufforderung, es in ihrem jeweiligen Amtsbezirk zu implementieren.[138] Am 7. April folgte im Konsistorium noch eine Art öffentliche Präsentation für die versammelten Kardinäle, bei der auch Handexemplare, u. a. an die Mitglieder des Sanctum Officium, ausgeteilt wurden.[139] In den folgenden Tagen wurden weitere Kuriale versorgt, darunter die Bediensteten der Apostolischen Kam-

---

[135] Auf diese in der Literatur oft übersehene Auffälligkeit des Einführungsbreve von 1596 wies Bujanda hin: Art. »Indici dei libri proibiti, Roma«, in: DSI 2, S. 780–784 von J. M. De Bujanda, hier: S. 781.

[136] Die Chronologie der Ereignisse hier n. ACDF Index Diari 1 (1571–1606), fol. 87r–89; danach auch die Darstellung in: Frajese, Politica (wie Anm. 103), S. 334–345; eine Auswahl der Dokumente ist ediert in: Godman (wie Anm. 32), S. 451–453.

[137] Die »Promulgatio in valvis« ist u. a. in einem Exemplar des Index aus der früheren Bibliothek der Barberini vermerkt: BAV Stamp. Barb. Z.XIV.103, Hilgers, Index (wie Kapitel I, Anm. 2), S. 537.

[138] Vgl. z. B. das Begleitschreiben an den Inquisitor von Florenz, 27.3.1596, in: John Tedeschi (Hg.), Florentine Documents for a History of the Index of Prohibited Books, in: Anthony Molho, John Tedeschi (Hg.), Renaissance. Studies in Honor of Hans Baron, Florenz 1971, S. 577–605, hier: S. 589f.

[139] Vgl. das Schreiben des Assessors des SO an den Sekretär der CIndex, 6.7.1596, in: ACDF Index Prot. 14 (P), fol. 152r. Hier wird allerdings vom Index als »non anchora publicato« gesprochen, was angesichts des bereits vollzogenen Aushangs auffällig ist.

mer, die Konsultoren der Index- und der Inquisitionskongregation sowie die Ordensoberen. Insgesamt 300 Exemplare des Index wurden allein in Rom verteilt.[140]

Die Ziellinie also war bereits überquert, als das Werk der Indexkongregation doch noch in kritische Lage geriet: Das Sanctum Officium, unter der Leitung des mächtigen Kard. Giulio Antonio Santori, legte Veto gegen den neuen Index ein. Am 13. April wurde der Sekretär der Indexkongregation, Paolo Pico OP, zum Papst zitiert und erhielt Order, den Index zu suspendieren. Als Grund wurde Pico ein Abschnitt der Instructio Clementina (§ 1 De prohib.) genannt. Hier fehle, wurde ihm erklärt, ein konkreter Termin, bis zu dem die Gläubigen Rechenschaft über ihren Buchbesitz geben sollten.[141] An der wichtigen Novelle der Trienter Indexregeln musste also noch einmal gefeilt werden. Einstweilen wurden Nuntien, Bischöfe und Inquisitoren von der Indexkongregation und vom Sanctum Officium angewiesen, mit der Einführung des Index noch zu warten.[142] Wie sich herausstellte, gab es zusätzlich zu dem monierten Abschnitt der Instructio noch weitere Kritikpunkte.[143] In den Akten ist diffus von bestimmten »Dekreten« des Sanctum Officium die Rede, welche im Index nicht berücksichtigt worden wären.

Verständlich werden diese merkwürdigen Vorgänge erst unter Einbeziehung der von Gigliola Fragnito überzeugend herausgearbeiteten Differenzen grundsätzlicher Natur, die während des Aldobrandini-Pontifikats zwischen der Indexkongregation und der Inquisitionsbehörde bestanden.[144] Dass in den beiden Dikasterien zu jener Zeit jeweils Vertreter unterschiedlicher klerikaler Milieus die Oberhand hatten, darf als der tiefere Grund der Meinungsverschiedenheiten angesehen werden. Im Sanctum Officium gaben nach wie vor die von Kard. Santori angeführten Zelanten den Ton an, die in ihrer ganzen kirchenpolitischen Ausrichtung noch die intransigenten Maximen Carafas und Ghislieris vertraten.

---

140 ACDF Index Diari 1 (1571–1606), fol. 87v.

141 Bei der späteren Umsetzung des Index Clementinus in den italienischen Diözesen stellte der Bücherzensus tatsächlich einen entscheidenden Schritt dar: REBELLATO, Fabbrica (wie Kapitel I, Anm. 6), S. 32f. Da die eingesendeten Bücherinventare nicht nur die indizierten, sondern meist alle Titel einer Bibliothek aufführten, wich die Praxis des Zensus von den Vorgaben der Instructio ab. Besondere Aufmerksamkeit schenkte die Forschung den Rückläufen der Enquete aus den Ordensbibliotheken, die als eine von Buchhistorikern geschätzte Quelle heute in der BAV aufbewahrt werden: Rosa Maria BORRACCINI, Roberto RUSCONI (Hg.), Libri, biblioteche e cultura degli Ordini regolari nell'Italia moderna attraverso la documentazione della Congregazione dell'Indice. Atti del Convegno, Macerata, 30 maggio – 1 giugno 2006 (StT 434), Vatikanstadt 2006. Einschlägiges Material zu der Generalinventur von Buchbeständen in den einzelnen italienischen Inquisitionsbezirken in: ACDF Index XVIII (Miscellanea).

142 ACDF Index Diari 1 (1571–1606), fol. 88r; das entsprechende Rundschreiben des SO in: Scriniolum Sanctae Inquisitionis Astensis, in quo quaecumque ad id muneris obeundum spectare visa sunt [...], Asti: de Zangrandis, 1610, S. 124f. (Ausfertigung an den Inquisitor von Asti, 27.4.1596), dort auch weitere Korrespondenz im Zusammenhang mit der Index-Einführung.

143 Vgl. dazu den Bericht des Indexsekretärs Paolo Pico OP an den Papst: GODMAN, (wie Anm. 32), S. 453–455.

144 FRAGNITO, »In questo vasto mare...« (wie Anm. 133).

Im »Index« hingegen hatte eine eher »tridentinisch« geprägte Fraktion, darunter Angehörige des Oratoriums Filippo Neris, die Meinungsführerschaft.

Zensurpolitisch verfolgte der Oratorianer-Flügel eine Stärkung der Pressehoheit der Bischöfe gegenüber den Inquisitoren, während das Sanctum Officium naturgemäß auf seinen eigenen Apparat setzte und folglich die Kompetenzen der Ortsinquisitoren gestärkt sehen wollte. Die gegenläufigen kirchenpolitischen Vorstellungen kristallisierten sich an Fragen wie der Zulässigkeit volkssprachlicher Bibelübersetzungen heraus. Das Sanctum Officium hatte sich mit der IV. Trienter Indexregel, die Bischöfen und lokalen Inquisitoren die Entscheidung darüber anheimstellte, ob sie Gläubigen Leselizenzen für (katholische) Bibelübersetzungen erteilen wollten, nie arrangieren können (vgl. Kapitel II.3.4.a). Mit der zensurpolitischen Ausrichtung der Indexkongregation hingegen war die Regel gut vereinbar, weshalb sie diese im Index von 1596 unverändert beibehielt. Ebenfalls bestand zwischen den beiden Dikasterien Meinungsverschiedenheit, ob Verstöße gegen das Verbot prognostizierender Astrologie von Bischöfen oder von Inquisitoren verfolgt werden sollten, ob der Talmud und Machsor der Juden zu verbieten oder unter bestimmten Auflagen zu erlauben war, und ob die Werke des französischen Staatsdenkers Jean Bodin »omnino« (ganz) oder nur »donec corrigatur« (bis zur Expurgation) verboten werden sollten.

Seit dem 30. April 1596 tagte in Rom ein Krisenkomitee, dem die Führungsriege des Sanctum Officium, der Magister Sacri Palatii sowie der Sekretär der Indexkongregation angehörten.[145] Es formulierte in den darauf folgenden Tagen einen Satz von Ergänzungsbestimmungen (Observationes), der das neue Pressegesetz in den strittigen Punkten mit der Zensurpolitik des Sanctum Officium in Einklang bringen sollte. Gravierender als der Inhalt der Ergänzungen war die Tatsache an sich, dass das Sanctum Officium sich erfolgreich gegen die päpstlich verbriefte »auctoritas praecipua« der Indexkongregation in Pressefragen behauptet hatte. Am 10. Mai 1596 approbierte Clemens VIII. den Entwurf der Ergänzungsverordnung, welche den Titel »Observatio« erhielt (Dok. A 15).[146] Der Text ging darauf in Druck und wurde zusammen mit dem Austauschblatt der Instructio Clementina an die Empfänger des Index versandt, die bei dieser Gelegenheit Mitteilung erhielten, dass die Suspendierung des Index aufgehoben war und mit der Umsetzung desselben begonnen werden sollte.[147] Dies war der

[145] Ergebnis-Protokoll der Sitzung in: ACDF Index Prot. 14 (P), fol. 154.

[146] Frajese, Nascita (wie Anm. 36), S. 166–175; der Inhalt der »Observatio« war den lokalen Inquisitoren bereits per Brief des SO vom 27.4. mitgeteilt worden, vgl. die Ausfertigung an den Inquisitor von Florenz, in: Tedeschi (Hg.), Florentine Documents (wie Anm. 138), S. 577–605, hier: 590f.

[147] Vgl. die Ausfertigungen an den Inquisitor von Florenz, 2.[lies: 11.]5.1596, in: Tedeschi (Hg.), Florentine Documents (wie Anm. 138) S. 577–605, hier: S. 591f.; vgl. auch Fragnito, Bibbia (wie Anm. 37), S. 183, sowie Rebellato, Fabbrica (wie Kapitel I, Anm. 6), S. 19. An manchen Orten Italiens vergingen noch einige Wochen, bis der Index Clementinus offiziell eingeführt wurde. In Pavia beispielsweise erfolgte die Promulgation des Index per Edikt des Inquisitors und des Bischofs am 17.8.1596: ACDF SO St.St. A-1-a, Nr. 37 (Bando).

Punkt, an dem der Index von 1564 kirchenweit durch ein neues Pressegesetz abgelöst wurde, nach 32 Jahren und zwei gescheiterten Anläufen.[148]

4. Das konsolidierte Kontrollsystem des 17. und 18. Jahrhunderts

4.1. Voraussetzungen

Die Literatur zum Thema »Index und Inquisition« behandelt das 17. und 18. Jahrhundert gewöhnlich getrennt vom Cinquecento. Diese Periodisierung resultiert weniger aus einem zenturialen Ordnungsdenken der Historiker als aus der qualitativen Zäsur, die die Einführung des Index Clementinus in der Geschichte der päpstlichen Pressekontrolle darstellte. Unter diesem ersten gesamtkirchlichen Pressegesetz der post-tridentinischen Ära konsolidierten sich binnen kurzer Zeit die Institutionen und Verfahren der Zensur in einer Weise, wie sie dann bis an die Schwelle des 19. Jahrhunderts (und teilweise sogar darüber hinaus) Bestand haben sollten.[149] Der Übergang zur Konsolidierung spiegelt sich nicht zuletzt in einer Verlangsamung der Rahmenlegislation wider und findet somit auch in der zeitlichen Verteilung der Quellen in dieser Edition einen Niederschlag: Den 15 in Teil A versammelten Dokumente aus der Zeit von 1487 bis 1600 stehen nur acht aus dem 17. und 18. Jahrhundert gegenüber.

Die Konsolidierung der Institutionen und Verfahren der päpstlichen Zensur fällt zeitlich mit einem Phasenwechsel in der italienischen Religions- und Kirchengeschichte zusammen. Das Szenarium akuter Bedrohung, in dem das Papsttum und die italienische Kirche über ein halbes Jahrhundert lang ihre Entscheidungen getroffen hatten, begann sich zu Beginn des 17. Jahrhunderts zu verflüchtigen. Dank einer über die einzelnen Pontifikate hinweg konstant tatkräftigen päpstlichen Politik war es gelungen, Italien gegen die Reformation abzuschotten. Gleichzeitig war die Leistungskraft der Kurie durch Verwaltungsreformen erhöht, der Kirchenstaat modernisiert und die italienischen Diözesen – vor allem Nord- und Mittelitaliens – enger an das römische Zentrum angebunden worden. Im Ergebnis erlangte das Papsttum in Italien eine nie dagewesene Machtposition, die es in den rund 150 Jahren, die uns in diesem Kapitel beschäftigen, zu behaupten vermochte. Grundlegung und Behauptung der päpstlichen Suprematie wären ohne die 1542 eingeleitete Binnenexpansion der

[148] Index 1596.

[149] Zur Vertiefung darf auf drei Synthesen aus jüngerer Zeit verwiesen werden, die jeweils ganz unterschiedliche Facetten der Thematik behandeln: Cavarzere, Prassi (wie Anm. 21); Patrizia Delpiano, Il governo della lettura. Chiesa e libri nell'Italia del Settecento, Bologna 2007; Rebellato, Fabbrica (wie Kapitel I, Anm. 6).

Inquisition, die im 17. Jahrhundert ihren Zenit erreichen sollte, kaum gelungen. Die Römische Inquisition, also die Gesamtheit des direkt dem Sanctum Officium unterstehenden Apparats, bildete die Machtbasis des frühneuzeitlichen Papsttums in Italien.[150] Auch war ihre Existenz die unabdingbare Voraussetzung für den wirksamen Zugriff Roms auf die lokale Presse.

a) Der italienische Machtbereich des Sanctum Officium

Im 17. und 18. Jahrhundert spannte sich über den nördlichen Teil der Apenninhalbinsel ein effizientes, flächendeckendes Netz von Zweigstellen des Sanctum Officium. Dank einer intakten Befehlskette, die durch einen regelmäßigen Briefverkehr zwischen Zentrum und Peripherie aufrecht erhalten wurde, konnte der Wille der römischen Kardinalinquisitoren an die Ortsinquisitionen und schließlich an die Inquisitionsvikariate in der Ebene übertragen werden.[151] Der Apparat war dadurch zu konzertierten Aktionen im Stande, wobei die Professionalisierung des zunehmend in der römischen Zentrale ausgebildeten Personals den Zusammenhalt zwischen den Gliedern stärkte.[152] An der Spitze entwickelten sich das Sanctum Officium und in kleinerem Umfang auch die Indexkongregation zu Behörden, die gemessen an den Maßstäben der Zeit einen außerordentlichen Organisierungsgrad erreichten, was sich nicht zuletzt an den bürokratisierten Verfahrensroutinen ablesen lässt, die beide Dikasterien zur Bewältigung ihrer Aufgaben ausbildeten (vgl. Kapitel II.4.4.a, b).

Das Kerngebiet der Römischen Inquisition umfasste Mittel- und Norditalien, mit dem Kirchenstaat, der Toskana, den Herzogtümern Parma, Modena, Mailand und Savoyen sowie den Republiken Venedig und Genua als politischen Großeinheiten. Ende des 17. Jahrhunderts waren über 40 lokale Inquisitionstribunale in diesem Gebiet sesshaft geworden.[153] Hinzu kamen die kirchenstaatliche Exklave Avignon (Comtat Venaissin) sowie die Johanniterinsel Malta. Vergleichsweise marginale Bedeutung hatten die Inquisitionstribunale in Besançon (Franche-Comté), Toulouse, Carcassonne und Köln, deren Leiter zwar von Rom bestellt wurden, die aber über weitaus geringerer Vollmachten

[150] Die Verwendung des Begriffs »Römische Inquisition« folgt hier der Definition von Adriano Prosperi: »Si definisce Inquisizione romana la rete di tribunali operanti sotto il controllo della Congregazione cardinalizia creata da papa Paolo III […]«: Art. »Inquisizione romana«, in: DSI 2, S. 815–827, hier: S. 815.

[151] Del Col, Inquisizione (wie Anm. 24), S. 759f. (zur Bedeutung der Briefe).

[152] Zu nennen sind hier v. a. die aus dem Dominikanerorden rekrutierten Socii des Commissarius Sancti Officii, die nach dreijähriger Praxis am römischen Zentraltribunal oft als Inquisitoren an ein Lokaltribunal berufen wurden. Vgl. dazu die Dekrete in: ACDF SO St.St. Q-2-n (»Collectio diversorum decretorum Sancti Officii Urbis à Sacra Congregatione Eminentissimorum diversis temporibus editorum quae novissime ordine alphabetico digesta sunt. Hanc collectionem novis additionibus locupletavit Fr. Laurentius Ganganelli Urbinas S. R. U. Inquis. Consultor«), S. 431.

[153] Del Col, Inquisizione (wie Anm. 24), S. 742–744 (mit Karte).

verfügten als die römischen Tribunale in Italien.[154] Ganz außerhalb des direkten Einflussbereichs des römischen Sanctum Officium lagen die Inseln Sardinien und Sizilien, die bis zum Ende des Spanischen Erbfolgekriegs 1713/14 der Jurisdiktion der spanischen Inquisition unterstanden. Nur mittelbaren, wenn auch nicht unwesentlichen Einfluss besaß das Sanctum Officium im spanischen Vize-Königreich Neapel.[155]

Wie noch zu zeigen sein wird, stand dort, wo das Sanctum Officium durch eine mit robusten Vollmachten ausgestattete Filiale vertreten war, hinter der päpstlichen Pressegesetzgebung eine Vollzugsmacht, wie sie sonst in keinem anderen Land Europas existierte. Durch die Präsenz der Inquisition entwickelte sich dieses »Inquisitorial-Italien« (Fragnito) insoweit zum Musterland kirchlicher Zensur, als der Zugriff der kirchlichen Obrigkeit auf die Presse wohl nirgendwo fester war als hier.[156] Auf der anderen Seite verführten die Machtmöglichkeiten, welche der »generale trionfo dell'Inquisizione« (Cavarzere) den kirchlichen Institutionen im 17. Jahrhundert bescherte, aber auch dazu, dass diese sich über die gesamtkirchlichen rechtlichen Normen kontinuierlich hinwegsetzten.[157]

b) Binnenkirchliche Kontroversen auch nach Trient

Trotz der disziplinierenden und uniformierenden Wirkung, die von der Präsenz der Inquisition auf die religiös-sozialen Verhältnisse ausging, war selbst in dem oben umrissenen Kerngebiet päpstlichen Einflusses das katholische Christentum alles andere als ein monolithischer Block. Die binnenkirchlichen Kon-

---

[154] Über Arbeitsweise und Wirkung dieser überwiegend ephemeren Außenposten auf dem Gebiet der Pressekontrolle ist aufgrund fehlender Studien noch nicht viel bekannt. Vgl. die jeweiligen Artikel im DSI.

[155] Im Vize-Königreich Neapel ressortierte die Inquisition nach dem gescheiterten Versuch, das spanische Modell zu übernehmen, bei den Ortsbischöfen, angeführt vom Ebf. bzw. Generalvikar von Neapel. Dadurch unterschied sich die Situation im Süden von jener in Nord- und Mittelitalien, wo die delegierten, dem SO gehorchenden Glaubensrichter aus den Orden wirkten. Ungeachtet dessen bestanden enge Verbindungen zwischen der römischen Inquisitionsbehörde und der Neapolitanischen Inquisition. Der für die Inquisition zuständige Generalvikar von Neapel erhielt seit 1553 z. B. seine richterlichen Fakultäten aus Rom. Seit 1585 ernannte das SO auch regelmäßig einen der besonders papsttreuen Bfe. im Vize-Königreich zum »Minister« oder »Kommissar« der römischen Inquisitionsbehörde. Dieser diente als Bindeglied zwischen Rom und Neapel und nahm im Sinne Roms kontinuierlich Einfluss auf die Kirchenpolitik im Regnum. Im Jahr 1746 wurde die Inquisitionsgerichtsbarkeit in Neapel aufgehoben: Luigi AMABILE, Il Santo Officio della Inquisizione in Napoli. Narrazione con molti documenti inediti, Città di Castello 1892 (ND Soveria Mannelli 1987); kurz zusammengefasst in: Hinschius 6, S. 331–335; Giovanni ROMEO, Una città, due Inquisizioni. L'anomalia del Sant'Ufficio a Napoli nel tardo '500, in: RSLR 24 (1988), S. 43–67; Pierroberto SCARAMELLA, Le lettere della congregazione del Sant'Ufficio ai Tribunali di Fede di Napoli, 1563–1625 (Inquisizione e società. Fonti 2), Triest 2002; speziell zu den Zensurverhältnissen: Pasquale LOPEZ, Inquisizione, stampa e censura nel Regno di Napoli tra '500 e '600, Neapel 1974.

[156] FRAGNITO, »In questo vasto mare…« (wie Anm. 133), passim (»Italia inquisitoriale«).

[157] CAVARZERE, Prassi (wie Anm. 21), S. XII.

troversen über theologische, moralische, philosophische und ekklesiologische Fragen wurden auch nicht weniger erbittert als vor dem Trienter Konzil und zu Zeiten des eskalierenden konfessionellen Gegensatzes geführt.

Zu Beginn des 17. Jahrhunderts verfestigte sich z. B. der von Spanien ausgehende Streit zwischen Jesuiten und Dominikanern über das richtige Verständnis der thomistischen Gnadenlehre. In der Interpretation des jeweiligen Anteils von göttlicher Gnade und menschlichen Werken, von Willensfreiheit und Prädetermination bei der Rechtfertigung des Menschen gab es fundamentale Differenzen zwischen diesen beiden Orden, die um die Lehrhoheit in der katholischen Welt konkurrierten.[158] Der Gnadenstreit (»controversia de auxiliis divinae gratiae«) mündete beinahe übergangslos in die Auseinandersetzung um den Jansensimus, der an der Universität Löwen seinen Ausgang nahm und das ganze 18. Jahrhundert über virulent blieb.[159] Auch die alte Streitfrage, ob die unbefleckte Empfängnis Mariens zum Dogma erhoben werden sollte, wurde im 17. Jahrhundert wieder aktuell (vgl. dazu Dok. A 28).[160] Mitte des Jahrhunderts wurde in der Moraltheologie eine weitere Front im Konflikt zwischen dem »laxistisch«-jesuitischen und dem »rigoristisch«-dominikanischen Lager eröffnet.[161] Im 18. Jahrhundert stritten dieselben Parteien im »Ritenstreit« über die Frage, wie weit das Christentum bei der China- und Indienmission sich an die lokalen, heidnischen Kulte anpassen sollte. Die historischen, wissenschaftlichen und scholastischen Argumente, deren sich die Kontrahenten in all diesen Debatten bedienten, führten nicht selten zum Streit über die Erkenntnismethoden selbst.

Auch die Pluralisierung von Frömmigkeits- und Andachtsübungen sorgte für Verwerfungen. In Italien fand im 17. Jahrhundert – vor allem bei Frauen – die Mystik der Alumbrados große Resonanz, wobei der mit dem Namen Miguel de Molinos' verbundene Quietismus auch im Milieu der Kurie Anhänger fand.[162] In diesem Zusammenhang kam es auch immer wieder zu Fällen »angemaßter

[158] Paolo Broggio, La teologia e la politica. Controversie dottrinali, curia romana e monarchia spagnola tra Cinque e Seicento (Biblioteca della RSLR. Studi 22), Florenz 2009, S. 45–129; Ausschnitte aus der Gesetzgebung des SO mit Bezug zur Kontroverse »de auxiliis« in: CollSO, Nr. 514–539.

[159] Die Resonanz des Jansenismus in Italien wurde von Pietro Stella in mehreren Studien und Editionen erforscht und dokumentiert: Il giansenismo in Italia. Collezione di documenti, bislang 4 Bde., Zürich – Rom 1966–1995; hinzuzuziehen ist auch die kompaktere, ältere Darstellung: Enrico Dammig, Il movimento giansenista a Roma nella seconda metà del secolo XVIII., Rom 1988 (zuerst 1945); vgl. auch die Beiträge in: Dominik Burkard, Tanja Thanner (Hg.), Der Jansenismus – eine »katholische Häresie«? Das Ringen um Gnade, Rechtfertigung und die Autorität Augustins in der frühen Neuzeit (Reformationsgeschichtliche Studien und Texte 159), Münster 2014.

[160] Broggio (wie Anm. 158). Innerhalb der römischen Zensurorgane schlug sich die Kontroverse z. B. im Streit über das Verbot der »Mystica Ciudad de Dios« der spanischen Mystikerin María de Jesús y Àgreda nieder: Rebellato, Fabbrica (wie Kapitel I, Anm. 6), S. 168–185.

[161] Jean-Pascal Gay, Morales en conflit. Théologie et polémique au Grand Siècle 1640–1700, Paris 2011.

[162] Adelisa Malena, L'eresia dei perfetti. Inquisizione romana ed esperienze mistiche nel seicento italiano (Temi e Testi 47), Rom 2003; Del Col, Inquisizione (wie Anm. 24), S. 666–680.

Heiligkeit« und zu nicht autorisierten Kulten, Gebeten, Ablässen usw.[163] Diese spirituellen Extravaganzen wie auch der gesamte, in Italien tief verwurzelte Komplex der Magie riefen bei den Gegnern den Wunsch nach einer stärkeren Regulierung der Frömmigkeit und einem sicheren Schutz der Sakramentenlehre vor den neuen Formen individualisierter Spiritualität hervor.[164]

Über die theologischen und dogmatischen Konflikte hinaus wurde über unterschiedliche Konzepte der Kirchenverfassung gestritten, wobei das mit dem Absolutismus gut verträgliche gallikanische Modell, das anstelle des Papstes das Konzil als oberste Autorität der Kirche ansah und auf die Etablierung von Landeskirchen hinauslief, in Frankreich (vgl. die Gallikanischen Artikel von 1682), später auch im Reich (vgl. den Febronianismus) und in einzelnen Staaten Italiens eine lange Hochkonjunktur durchlief. Davon nicht immer zu trennen sind die häufig vom örtlichen Klerus mitgetragenen Bestrebungen in den katholischen Ländern, die weltlichen Herrschaftsrechte, Immunitäten und Privilegien der Kirche zugunsten des Staatskirchentums zu überwinden (z. B. »Jurisdiktionalismus« im Königreich Neapel, Josephinismus in Österreich, Mailand und Toskana).

Austragungsort all dieser binnenkirchlichen Konflikte war in erster Linie die Publizistik, die sich wie überall in Europa auch in Italien immer stärker diversifizierte. Selbst die kultischen und magischen Praktiken der Gläubigen waren in Form von Gebets- und Ablassblättern, Zaubersprüchen, Prophezeiungen, Offenbarungen usw. als Druckerzeugnisse fassbar. Wollte das Papsttum Einfluss nehmen, musste es den Hebel hier ansetzen. Kaum ein anderes päpstliches Interventionsmittel hatte denn auch einen höheren Stellenwert als die Zensur und Kontrolle der Publizistik, kaum ein Problem wurde nicht auch auf dem Weg der Zensur angegangen. An den Zusammenstellungen pauschaler Bücherverbote, die im Zuge der Index-Revisionen von 1758 und 1900 kompiliert wurden (Dok. A 22, § II–III; Dok. A 29, Decreta generalia), lässt sich das Anwendungsgebiet der Zensur in seiner ganzen Breite ermessen. Wie in einem Prisma bricht sich darin die polito-theologische Agenda des frühneuzeitlichen Papsttums. Es zeigt sich das Relief einer zerklüfteten Kirche, das die Päpste der Frühen Neuzeit durch Zensur und Verbot mehr zu überdecken als durch dogmatische Definitionen einzuebnen versuchten.

4.2. Vorzensur

Im System der Pressekontrolle bildete die Vorzensur die erste Verteidigungslinie, die es auch nach Abklingen der reformatorischen Bedrohung, nicht zuletzt aufgrund der oben umrissenen binnenkirchlichen Fundamentaldebatten, zu halten galt. Eine möglichst flächendeckende kirchliche Überwachung dessen, was für den Druck bestimmt war, blieb ein prioritäres Ziel römischer Pressepolitik.

[163] Del Col, Inquisizione (wie Anm. 24), S. 659–666.
[164] Ebd., S. 640–659.

Der im Sommer 1596 eingeführte Index Clementinus (Dok. A 13–14) lieferte hierfür die rechtlichen Grundlagen, hatte er doch die seit 1487 bestehende kirchliche Imprimatur-Pflicht für sämtliche Druckwerke bestätigt. Nach wie vor galten dabei die vom V. Lateran- und Trienter Konzil vorgenommenen Spezifizierungen, wonach Bischöfe an Orten, die im Amtsbezirk eines Inquisitors lagen, sich die Pressehoheit mit diesem teilten, so dass Bücher das Imprimatur beider kirchlicher Gewalten benötigten (Dok. A 13, De Impress. § V). Gegenüber der älteren Legislation hatte der Index von 1596 sogar noch einen weiteren Anker ausgeworfen, um den kirchlichen Hoheitsanspruch über die Presse zu festigen: Die Instructio Clementina schrieb Druckern und Buchhändlern vor, dem Bischof bzw. Inquisitor einen Eid zu leisten, die Vorschriften des Index einzuhalten, gegebenenfalls verbunden mit der Ablegung des Glaubensbekenntnisses (ebd., De impress. § VI). Wo diese Vorschrift zur Anwendung kam, waren Drucker und Buchhändler gleich in doppelter Weise den kirchlichen Presseoberen unterworfen: von Rechts wegen und durch Eid.

Im Machtbereich der Römischen Inquisition lagen Norm und Praxis des kirchlichen Imprimaturs bis zur Mitte des 18. Jahrhunderts dicht beieinander. Dass hier zwischen 1600 und 1750 überhaupt in nennenswerter Zahl Bücher ohne kirchliche Druckgenehmigung erschienen, müsste erst noch bewiesen werden.[165] Wer ein Buch in Druck geben wollte, hatte das von der Instructio Clementina vorgeschriebene Prozedere genau zu befolgen, andernfalls drohten Strafen und die unter rechtswidrigen Umständen produzierten Bücher durften nicht in den Handel gelangen (Dok. A 13, und B 7, Abs. 3, B 11, Abs. 5).[166] Gemäß der Instructio Clementina reichte der Autor oder Herausgeber (bzw. der Drucker oder Verleger) das für den Druck vorgesehene Manuskript als Erstes dem Inquisitor und Bischof ein. Diese gaben die Schrift dann einem oder mehreren ihrer Bücherzensoren (auch: Revisoren) weiter, vertrauenswürdigen Theologen, Kanonisten und Fachgelehrten, die ein schriftliches Votum über das Werk abgaben. Fiel das Urteil der Zensoren positiv aus, erteilten die Hoheitsträger das Imprimatur. Ordensleute waren zudem verpflichtet, vor dem ordentlichen Imprimatur zusätzlich die Druckgenehmigung ihres Ordensoberen einzuholen, der ebenfalls das Manuskript durch Revisoren überprüfen ließ (De impress. § II).

Später wurde bei bestimmten theologisch und kirchenpolitisch brisanten Themen zudem die Approbation durch eine römische Behörde erfoderlich: Schriften zu Fragen der Mission z. B. benötigten seit 1672 der Freigabe durch die ›Propaganda Fide‹ (Dok. A 20), Publikationen zum Gnaden- und Ritenstreit mussten dem Sanctum Officium vorgelegt werden (Dok. A 22, § II, Nr. 1, § 4, Nr. 6), ebenso alle Schriften, die die Inquisition selbst zum Gegenstand hat-

---

[165] Vgl. die Beobachtungen am Beispiel Sienas von CAVARZERE, Prassi (wie Anm. 21), S. 51–61. Die dort, S. 60f., zitierten Ergebnisse der Studien über die Situation in Genua und Pavia bedürften noch einer genaueren Interpretation.

[166] Vgl. dazu den Brief Kard. Bellarminos an den Inquisitor von Modena, 28.8.1615, in: ROTONDÒ (Hg.), Nuovi documenti (wie Anm. 79), S. 198.

ten.[167] Bestimmte liturgische Gattungen wie z. B. die Marienoffizien bedurften der Approbation der Ritenkongregation (ebd., § 4, Nr. 5).

Alle Druck-Genehmigungen mussten gemäß der Instructio Clementina zusammen mit den Zensoren-Voten (Approbationen) am Anfang des Buchs abgedruckt (ebd. § V) werden. Nach dem Druckabschluss kollationierte ein kirchlicher Zensor den fertigen Druck mit dem eingereichten Manuskript, um Täuschungen seitens der Autoren oder Drucker durch nachträglich vorgenommene Änderungen am Text auf die Spur zu kommen. Verlief die Prüfung ohne Befund, erhielt das Buch schließlich die Veröffentlichungslizenz (Publicetur) und durfte verbreitet werden (ebd., § IV).

Der Grundsatz, dass Bücher die kirchliche Zensur durchlaufen mussten, und dass dafür die Bischöfe und Inquisitoren zuständig waren, erscheint im Bannkreis der Römischen Inquisition bis weit ins 18. Jahrhundert kaum ernsthaft hinterfragt worden zu sein. Schwierigkeiten bereitete in der Praxis aber das vom Index Clementinus geforderte »Konjunktim«, das von einer völligen Gleichrangigkeit des Bischofs und Inquisitors in Pressefragen ausgeht und beiden Gewalten die Pressehoheit vollumfänglich einräumt. Das »Konjunktim« gab Anlass zu Rangstreitigkeiten zwischen Ortsbischöfen und Inquisitoren, deren Klärung – da der Rechtsstatus der Inquisition berührt war – in die Jurisdiktion des Sanctum Officium fiel. Dabei stand die Frage im Vordergrund, welche Reihenfolge bei den Druckgenehmigungen einzuhalten wäre. Aus den Dekreten, die aus Rom daraufhin verlauteten, spricht die Absicht des Sanctum Officium, zeremoniell die Präzedenz der Bischöfe gegenüber den Inquisitoren zu wahren. Im gedruckten Buch sollte demnach das bischöfliche Imprimatur über dem des Inquisitors angebracht werden, es sei denn anstelle des Bischofs zeichnete der bischöfliche Generalvikar, dessen Imprimatur dann unter dem des Inquisitors stehen sollte.[168] In der Praxis wertete die dekretierte Reihenfolge freilich eher den Inquisitor als den Ordinarius auf, denn Ersterer konnte aus seiner Funktion als Unterzeichner die Befugnis ableiten, im Konfliktfall die bischöfliche

[167] Die schon früher bestehende besondere Genehmigungspflicht für Publikationen über die Inquisition wurde in einem Dekret des SO vom 2.5.1674 erneuert: ACDF SO Priv. 1669–1699, fol. 213r (mit Verweis auf Vorläufer-Dekrete aus den Jahren 1630/1631); vgl. auch Francesco Albizzi, De inconstantia in iure admittenda [...]. Tractatus Primus: De inconstantia in fide admittenda, Amsterdam [i.e. Lyon?]: Huguetan, 1683, c. XXX, Nr. 135, S. 280.

[168] ACDF SO Decreta 1658, fol. 68v (Dekret des SO vom 10.4.1658 anlässlich einer Anfrage des Inquisitors von Tortona), Text teilweise in: CollSO, Nr. 1093. Den gleichen Beschluss hatte das SO bereits im Jahr 1601 gefasst: ACDF St.St. E-4-b (»Collectio decretorum veterum et resolutionum S.O.«), im Abschnitt »Libri« (fol. 66v–70v); vgl. auch Albizzi (wie Anm. 167), c. XXX, Nr. 132, S. 280. Das unspezifische Imprimatur mit Formeln wie »cum licentia superiorum« war am 2.8.1601 durch Papst Clemens VIII. verboten worden: ACDF SO Decreta 1601, fol. 171v; vgl. auch die briefliche Notifikation dieses Dekrets an den Inquisitor von Modena, 4.8.1601, in: Rotondò (Hg.), Nuovi documenti (wie Anm. 79), S. 174. Später wurde das unspezifische Imprimatur für offensichtlich ungefährliche Druckschriften toleriert: Albizzi (wie Anm. 167), c. XXX, Nr. 126, S. 269 (mit Verweis auf ein Dekret des SO vom 14.2.1607). Die zeremonielle Rangfolge Bischof-Inquisitor bzw. Inquisitor-Generalvikar wurde durch ein Dekret des SO vom 29.11.1616 auch für alle anderen öffentlichen Handlungen vorgeschrieben: ACDF SO Decreta 1616, S. 484.

Druckgenehmigung zu annullieren.[169] Brisant wurde diese Konstellation immer dann, wenn der Ortsinquisitor sein Imprimaturrecht auch auf bischöfliche Edikte anwendete. Denn dadurch ergab sich für den unterzeichnenden Inquisitor eine Handhabe, unliebsame bischöfliche Gesetze auf dem Weg der Zensur zu kassieren, wodurch sich der Glaubensrichter faktisch zur Letztinstanz in der Diözese aufschwang.[170]

Auch andere Direktiven des Sanctum Officium, die die Ausführung des »Konjunktim« regelten, verschoben die Machtverhältnisse in den Diözesen zu Gunsten der örtlichen Inquisitoren. Im Jahr 1623 beispielsweise erreichte die Inquisitoren aus der römischen Zentrale die Anweisung, die Originalmanuskripte, welche den gedruckten Büchern zugrunde lagen, nicht beim Bischof, sondern beim Inquisitor zu archivieren.[171] Weitere Stellschrauben boten sich bei der Umsetzung von Bücherverboten, auf die weiter unten zurückzukommen sein wird (vgl. Kapitel II.4.4.d.).

Wie weit Rom die Befugnisse der Inquisitoren ausdehnen konnte, hing stets von den örtlichen Machtkonstellationen ab, die auch im inquisitorialen Italien mitunter stark divergierten. Auf Malta z. B. stritten sich seit Mitte des 17. Jahrhunderts mehrere Generationen von Bischöfen und Inquisitoren über die Präzedenz beim Imprimatur mit der Konsequenz, dass sich 100 Jahre lang gar keine Druckerei auf der Insel niederlassen konnte.[172] Die Situation auf der kleinen Ritterinsel wurde dadurch verkompliziert, dass der weltliche Herr der Insel, der Großmeister des Johanniterordens, das Imprimatur als sein Herrscher-Regal betrachtete. Nach den päpstlichen Pressegesetzen war eine Beteiligung der weltlichen Gewalt am Imprimatur-Verfahren jedoch gar nicht vorgesehen, das Papsttum betrachtete schließlich seit den Anfängen des Buchdrucks die Presse grundsätzlich als eine Angelegenheit der Kirche (vgl. Kapitel II.1.–2.).

---

[169] Vgl. die in der Sitzung des SO vom 7.6.1690 behandelte Anfrage des Inquisitors von Ferrara: ACDF SO Decreta 1690, fol. 194r.

[170] Eine entsprechende Kontroverse zwischen dem Inquisitor und Bf. der Stadt Faenza im Kirchenstaat entschied das SO am 17.6.1676 zugunsten des Bf., der zukünftig seine Amtsdrucke auch ohne Druckfreigabe des Inquisitors veröffentlichen durfte: ACDF St.St. O-2-c, Fasz. 1/1601. In einem Fall aus Modena entschied das SO 1659, dass der Bf. Einblattdrucke von Casus conscientiae auch ohne das inquisitorische Imprimatur in Umlauf bringen durfte: CollSO, Nr. 342 (15.1.1659); vgl. auch ebd., Nr. 804.

[171] CollSO, Nr. 1096, ähnlich Nr. 1114 (1603); Albizzi (wie Anm. 167), c. XXX, Nr. 125, S. 279, nennt als Datum des erstgenannten Dekrets den 20.8.1625 (statt 1623). Dieselbe Regelung war in Einzelfällen auch schon früher getroffen worden. So erhielt 1592 der Inquisitor von Pavia vom SO den Befehl, »quod originalia librorum impressorum et imprimendorum remaneant penes ipsum Inquisitorem«: Ludwig von Pastor (Hg.), Allgemeine Dekrete der Römischen Inquisition aus den Jahren 1555–1597, in: HJb 33 (1912), S. 479–549, hier: S. 527f. (Dekret des SO, 4.6.1592). Ein Jahr später (und erneut 1602) wurde auch der bischöfliche Vikar in Piacenza angewiesen, entgegen einem Synodalbeschluss von 1589 die Aufbewahrung der Druckmanuskripte dem örtlichen Inquisitor zu überlassen: ACDF SO St.St. I-2-g (»Collectio decretorum Sacrae Congregationis S. Officii«), fol. 365v (Dekrete des SO, 31.7.1593 und 9.5.1602).

[172] Jyri Hasecker, Abbé Vertots antipäpstliche Geschichte des Johanniterordens: Ein Fall für die Zensur auf Malta und in Rom 1727/1728, in: HJb 131 (2011), S. 285–313, hier: S. 308–313.

Wie auf Malta kam es auch in anderen Territorien zu Imprimatur-Konflikten mit der weltlichen Gewalt. Das Sanctum Officium, das sich als Bollwerk aller kirchlichen Prärogativen und Immunitäten gegenüber den Staaten verstand, verfolgte in dieser Frage meist eine eiserne Linie. Ein Dekret von 1593 etwa schließt rundheraus die Beteiligung der weltlichen Gewalt an der Bücherzensur aus.[173] Eine Maximalposition, die nicht überall einlösbar war. In der Toskana etwa behielt sich die weltliche Gewalt die formale Kenntnisnahme des kirchlichen Imprimaturs vor, so dass ein Zensor des Großherzogs die kirchlichen Druckfreigaben mit dem Vermerk »visto« abzeichnete. Andernorts war der Einfluss der weltlichen Gewalt auf das Imprimatur-Verfahren größer: Im spanisch regierten Herzogtum Mailand etwa kamen die Beteiligten, nach zähem Streit, Anfang des 17. Jahrhunderts überein, dass ein Buch das Imprimatur des Bischofs, des Inquisitors und des Senats bzw. des örtlichen Podestà benötigte. Komplexer waren die Dynamiken im Herrschaftsgebiet Venedigs, wo neben der kirchlichen und weltlichen Gewalt auch die Universität Padua Ansprüche stellte.[174] Die Republik akzeptierte den Index Clementinus schließlich auch nur nach Gewährung von Sonderkonditionen, zu denen u. a. die Ausnahme der örtlichen Drucker und Buchhändler von der Eidespflicht gehörte.[175]

Trotz aller lokalen Unterschiede sollte das Gesamtbild einer autonomen und aus eigenem Recht ausgeübten, engmaschigen kirchlichen Vorzensur in Italien im Zeitraum zwischen 1600 und 1750 nicht zu stark relativiert werden. Erst im Zuge der aufgeklärt-absolutistischen Reformen, die Mitte des 18. Jahrhunderts um sich griffen, gelang es den weltlichen Regierungen allmählich, die Kirche auf diesem Feld zu verdrängen (Kapitel II.6.1.). Diese staatlichen Reformen zielten dabei nicht generell auf die Abschaltung des kirchlichen Einflusses auf die Zensur. Sie waren nicht anti-klerikal, sondern verfolgten vielmehr das Ziel, das Papsttum als eine landesfremde Macht aus der Kontrolle der Presse im eigenen Territorium herauszudrängen, die Inquisition als »Staat im Staate« zu beseitigen.[176] Diese Zielrichtung der Reformen ist aufschlussreich für den Charakter

[173] »Librorum revisio non spectat ad dominos temporales«: CollSO, Nr. 1098, und ACDF SO St.St. E-4-b, fol. 15v–16v (ohne Tagesangabe); vgl. auch ALBIZZI (wie Anm. 167), c. XXX, Nr. 19, S. 279f. (hier mit Datum 16.8.1593).

[174] Art. »Imprimatur«, in: DSI 2, 773f. von V. FRAJESE; DERS., Regolamentazione (wie Anm. 5), bes. S. 706f.

[175] Gemeinsame Erklärung des Patriarchen, Apostolischen Nuntius und Inquisitors vom 14.9.1596 u. d. T. »Dechiarationi delle regole dell'Indice delli libri prohibiti«, in: IdLI 9 (1994), S. 308f., hier: § 8. Vgl. dazu: Paul F. GRENDLER, The Roman Inquisition and the Venetian Press, 1540–1605, in: The Journal of Modern History 47 (1975), S. 48–65, hier: S. 63–65; REBELLATO, Fabbrica (wie Kapitel I, Anm. 6), S. 28–31; dort (S. 160–168 u. ö.) auch zu den späteren Kontroversen zwischen Venedig und Rom über die Geltung römischer Bücherverbote in der Lagunenrepublik.

[176] Der aufgeklärte österreichische Staatskanzler Wenzel Anton von Kaunitz z. B. warb in einem viel zitierten Brief an den Gouverneur von Mailand für die Abschaffung der Glaubenstribunale in der österreichischen Lombardei mit dem Hinweis darauf, dass es sich bei dieser Institution um »una estranea, dispotica ed illegale giurisdizione dentro lo stato« handle: Luigi FUMI, L'Inquisizione Romana e lo Stato di Milano, in: Archivio Storico Lombardo 13–14 (1910), S. 5–124 (I.), 285–414 (II.), 145–220 (III.), hier: III., S. 167 (Kaunitz an Karl Joseph Firmian, 14.1.1768).

des älteren Kontrollsystems, das sie bekämpften: Formal befolgte das am Index Clementinus ausgerichtete System zur Kontrolle der Presse zwar das Postulat der vorreformatorischen und Trienter Gesetzgebung, wonach die Hoheit über die lokale Presse bei den ortskirchlichen Gewalten lag. Aufgrund der zentralen Struktur aber, in die die Inquisition in der Folgezeit überführt wurde, konnte im 17. und 18. Jahrhundert der lokale Inquisitor nicht mehr als ortskirchliche Gewalt betrachtet werden. Er war Befehlsempfänger der römischen Zentrale, die über ihn jederzeit auf die lokale Zensurpolitik einwirken konnte.[177]

Die zentralistische Entwicklung im Bereich der Vorzensur erreichte Mitte des 17. Jahrhunderts eine neue Stufe. Am 18. Januar 1640 wies die Inquisitionszentrale in einer äußerlich ganz unscheinbaren, nach ihrem Gehalt aber bahnbrechenden Direktive alle Ortsinquisitoren Italiens an, fortan das Sanctum Officium über alle bei ihnen eingehenden Imprimatur-Anträge zu informieren (Dok. B 9). Dadurch erhob die Zentrale den Anspruch, direkt in das lokale Druckgeschehen einzugreifen, so dass die letzte Entscheidung darüber, ob ein Buch gedruckt werden sollte, nicht mehr bei den ortskirchlichen Presseoberen, sondern bei Rom lag.[178] Die Direktive, die anscheinend erst nach der neuerlichen Verabschiedung im Jahr 1657 richtig zu greifen begann, verfolgte kein geringeres Ziel als die Einführung eines Zentralimprimaturs für das inquisitoriale Italien!

Die Forschung hat diesem Wendepunkt in der Zensurgeschichte Italiens bislang noch nicht die ihm gebührende Aufmerksamkeit geschenkt, weshalb zum gegenwärtigen Zeitpunkt viele Detailfragen bezüglich der Umsetzung und Wirkung noch ungeklärt sind. Manche Verfahrenselemente werden aber schon bei oberflächlicher Durchsicht der einschlägigen Quellenüberlieferung deutlich, die in Form der Archivserie »Tituli Librorum« vorliegt, mit der 1640/57 nach der Einführung des Zentralimprimaturs begonnen wurde.[179] Demnach gehörte zur Verfahrensroutine, dass die Ortsinquisitoren nach dem Eingang eines Antrags auf Imprimatur zunächst das gedruckte oder handschriftliche Frontispiz des zu druckenden Buchs nach Rom sandten. Die Anträge wurden dann vom Assessor oder Commissarius in Empfang genommen. Auf Grundlage des Titelblatts entschieden sie, ob sie selbst im Kurzverfahren den Antrag bearbeiten oder ihn der Kongregation vorlegen würden. Im zweiten Fall setzte der Assessor den Antrag auf die Agenda einer Sitzung der Inquisitionskongregation. In der Sitzung mussten nun die Kardinalinquisitoren auf Grundlage der verfügbaren Informationen beurteilen, ob sie dem Ortsinquisitor die Entscheidung über die Druckgenehmigung überlassen oder das Imprimatur-Verfahren an sich ziehen wollten.

---

[177] Vgl. FRAJESE, Regolamentazione (wie Anm. 5), S. 704.

[178] Damit glich sich die Handhabung von Imprimatur-Verfahren derjenigen von inquisitorischen Strafprozessen an. Seit 1581 waren die Ortsinquisitoren in Italien verpflichtet, vor der Urteilsverkündung den Richterspruch zusammen mit der Prozess-Zusammenfassung nach Rom zu schicken und die Antwort der Kardinalinquisitoren abzuwarten: CollSO, Nr. 702.

[179] Die Serie ACDF SO Tit.Libr. wurde von dem Münsteraner Forschungsprojekt partiell dokumentiert: GruFo 1542–1700, 1701–1813: (II) Repertorium, Inquisition.

War Letzteres der Fall, wurde der Ortsinquisitor aufgefordert, das vollständige Druckmanuskript nach Rom zu senden, damit es von den Fachgutachtern der Kongregation geprüft werden konnte.

Je nach dem, wie die Kongregation den Fall nach Anhörung der Gutachter entschied, erhielten die lokalen Inquisitoren ihre Befehle. Gab es an dem Text Beanstandungen, wurde dem Ortsinquisitor aus Rom eine Liste der Corrigenda zugestellt, von deren Umsetzung die Erteilung des Imprimaturs abhängig gemacht werden sollte. Wurde der Text für unkorrigierbar befunden, erhielt der Inquisitor Befehl, das Imprimatur zu verweigern. Das Druckmanuskript verblieb in solchen Fällen üblicherweise in Rom, was für die Autoren, die oft keine weitere Version ihres Buchs besaßen, einen unwiederbringlichen Verlust bedeutete. Manche wandten sich danach voller Demut an das Sanctum Officium und flehten um Rückgabe des Manuskripts.[180] Doch war der Verlust des Manuskripts oft gar nicht die schlimmste Strafe. Hatte der Verfasser sich mit Aussagen in seinem Werk zu weit von der offiziellen Lehre der Kirche entfernt, konnte das Sanctum Officium auch eine Bestrafung oder sogar die Einleitung einer Häresie-Untersuchung gegen den Urheber anordnen.

Durch die 1640/1657 in Gang gesetzte Konzentration der Vorzensur in den Händen der Kardinalinquisitoren wurde das bischöflich-inquisitorische »Konjunktim« faktisch unterlaufen. Es kam so zu der paradoxen Situation, dass ausgerechnet in jener Region, wo für die Kirche die Voraussetzungen am günstigsten waren, den eigenen Pressegesetzen Geltung zu verschaffen, sie sich selbst nicht streng an diese hielt, wenn auch die gewählten Mittel (Zentralisierung) dem Zweck (Kontrolle) dienlich sein konnten. Dass dem Sanctum Officium diese Problematik durchaus bewusst war, darf aus der Art und Weise gefolgert werden, wie es die Neujustierung des Zensursystems anbahnte. Obwohl die Maßnahmen von 1640/1657 als »un'opera di accentramento di proporzioni inusitate« (Cavarzere) einen tiefen Einschnitt in die konstitutionellen Verhältnisse darstellte, wurde die Zentralisierung der Vorzensur nicht durch eine Novellierung der bestehenden Presse-Rahmengesetzgebung abgesichert: Die entsprechenden Erlasse ergingen als interne Dienstanweisungen und wurden nie der Allgemeinheit notifiziert.[181]

Der gegenwärtige Forschungsstand lässt noch keine Aussagen darüber zu, wie lange das Sanctum Officium an dem Zentralimprimatur festhielt. Aus manchen der später erlassenen Durchführungsbestimmungen wird ersichtlich, dass die gestiegene Arbeitslast die Behörde vor nicht geringe organisatorische Probleme stellte. Allein die Vorprüfung der eingehenden Imprimaturanträge war von dem Assessor und dem Commissarius wohl kaum zu bewältigen, wie de-

[180] Exemplarisch die Bitte des greisen Jesuiten Alberto Alberti an das SO aus dem Jahr 1674, ihm sein mehrbändiges Manuskript über die Moraltheologie zurückzuerstatten, an dem er mehr als 50 Jahre lang gearbeitet hatte: Gian Luca D'ERRICO, Il ruolo di Ludovico Marracci nelle congregazioni del Sant'Uffizio e dell'Indice: consultore, censore o interprete di un cambiamento?, in: DERS. (Hg.), Il Corano e il pontefice. Ludovico Marracci fra cultura islamica e curia papale (Studi storici Carocci 224), Rom 2014, S. 30–47, hier: S. 40.

[181] CAVARZERE, Prassi (wie Anm. 21), S. 54 (Zitat).

ren Bitte an den Papst zu entnehmen ist, Konsultoren der Indexkongregation und weitere Ordensleute für die Aufgabe einspannen zu dürfen.[182] Bald wurden Ortsinquisitoren auch aufgefordert, nur noch relevante Veröffentlichungen in Rom anzumelden, während sie für die unverfänglichen Titel eigenmächtig die Druckgenehmigung erteilen sollten.[183] Es ist also fraglich, ob Rom zu irgendeinem Zeitpunkt wirklich einen flächendeckenden Überblick über das italienische Druckgeschehen besaß. Entscheidend aber war der Anspruch, und dieser dürfte noch bis in die Zeit der beginnenden absolutistischen Staatsreformen aufrechterhalten worden sein. Erst gegen Mitte des 18. Jahrhunderts rückte das Sanctum Officium vom Zentralimprimatur ab. In seinem 1749 angelegten Inquisitionshandbuch räumt der Assessor Guglielimi seiner Behörde nur noch eine untergeordnete Rolle in der Vorzensur ein. Das Sanctum Officium würde nur noch auf Zuruf Bücher vor dem Druck prüfen, ebenso wie es gedruckte Bücher nur dann zensorisch prüfte, wenn sie in Rom denunziert worden waren.[184]

4.3. Expurgationen

Ganz im Unterschied zum Sanctum Officium, das im 17. Jahrhundert zur Zentrale der kirchlichen Vorzensur in Italien avancierte, spielte die Indexkongregation auf diesem Sektor allenfalls eine untergeordnete Rolle. Die »auctoritas praecipua« im Pressewesen, die Clemens VIII. ihr in dem Einführungsbreve zum Index von 1596 zugesprochen hatte (Dok. A 14), löste die Indexkongregation in dem Bereich der präventiven Zensur nicht ein.[185] Sie entwickelte sich in

---

[182] ACDF SO Decreta 1658, fol. Bl. 62v (3.4.1658). Der Antrag wurde vom Papst genehmigt, wobei dem Assessor und dem Commissarius die Auswahl der Zensoren anheim gestellt wurde. Bei dieser Gelegenheit erinnerte der Papst aber auch daran, dass an dem Dekret [von 1657] festgehalten werden solle (»in reliquis servari decretum«).

[183] Beispielsweise wurde der Inquisitor von Piacenza am 18.12.1658 angewiesen, nur noch die Frontispize relevanter Veröffentlichungen nach Rom zu senden: ACDF SO St.St. Q-2-p (»Collectio diversorum decretorum Sacrae Congregationis S. Officii ordine alphabetico digestorum«), fol. 101r. Ein halbes Jahr später wurde sein Kollege in Verona gebeten, Büchern mit unverfänglicher Thematik auch ohne vorherige Rücksprache mit dem SO das Imprimatur zu erteilen. Zugleich aber wurde er aufgefordert, Listen der von ihm imprimierten Bücher nach Rom zu senden, damit die Zentrale über das lokale Druckgeschehen im Bilde blieb: ebd. (Dekret des SO, 5.2.1659). Ähnlich hatte das SO einige Wochen zuvor eine Anfrage des Inquisitors von Brescia entschieden. Ihm wurde eingeräumt, in Ausnahmen auch eigenmächtig Imprimaturen zu erteilen, wenn dadurch Streit mit den Repräsentaten des Staates (»cum repraesentantibus publicis«) vermieden werden konnte. Auch er aber erhielt zugleich den Befehl, die im Eilverfahren imprimierten Titel nach Rom zu melden: ACDF SO Decreta 1658, fol. 40v (Dekret des SO, 23.2.1658).

[184] ACDF SO St.St. D-2-f, fol. 334v: »In questa guisa si è introdotto nella Sag. Cong.ne lo stile d'esaminarsi i libbri ad oggetto ò di permetterne l'impressione [...] ò di proibirne la lettura [...] ma quando agli uni e agli altri non suol mai imprendersene la revisione se non quando dagli autori ò da altri che vogliono imprimergli sono voluntariamente esibiti ò allorche i gia impressi sono da tal'uno denunziati [...].«

[185] Schon im Jahr 1619 legten die Kardinäle der CIndex fest, dass sich die Kongregation außer auf ausdrücklichen Befehl des Papstes nicht in die Vorzensur in Rom und somit in das Ressort

den ersten Jahrzehnten des 17. Jahrhunderts immer deutlicher zu einer Institution der Nachzensur. Einzig im Zusammenhang mit den Expurgationen behielt sie einen begrenzten Einfluss auf die Zensur von Büchern vor dem Druck.

Für ein besseres Verständnis der späteren Entwicklung ist an dieser Stelle noch einmal auf den Stand des Expurgationsprojekts vor Einführung des Index Clementinus zurückzukommen. Wie oben bemerkt, hatte sich seit den ersten Nachbesserungen am Index von 1559 in Rom die Auffassung durchgesetzt, dass die nicht im eigentlichen Sinne häretische Literatur durch Tilgungen oder Umformulierungen problematischer Textpassagen wieder benutzbar gemacht werden sollte. In Italien hatten daraufhin Gelehrte, Juristen, Theologen, Ärzte und Drucker massenhaft ihre expurgationsbedürftigen Bücher dem zuständigen Inquisitor überlassen in der Erwartung, sie bald »gereinigt« wieder in Empfang nehmen zu dürfen (vgl. Kapitel II.3.4.f.). Sie warteten aber oft vergebens. Sei es, weil die Kompetenzen unklar waren, oder weil die personellen Ressourcen und das Know-how für die Expurgation fehlten, lagerten die expurgierbaren Bücher zum Ärger ihrer wirtschaftlich und oft auch beruflich geschädigten Besitzer in den Archiven der Ortsinquisitionen.[186] Auf Rom wuchs deshalb der Druck, den Bereich der Expurgationen zielführend und möglichst bestandsschonend zu regeln, zumal man in anderen Ländern schon wesentlich weiter war. In den Habsburgischen Niederlanden und in Spanien standen immerhin für einige der am dringendsten benötigten Bücher offizielle Korrekturinstrumente in Form des Antwerpener bzw. Spanischen Index expurgatorius (1571 bzw. 1584) zur Verfügung. Rom hat diese wie auch spätere nationale Expurgationsindizes jedoch nie offiziell zum Gebrauch in der Gesamtkirche zugelassen, in Italien waren sie deshalb nicht ohne Weiteres anwendbar.[187]

Clemens VIII., ein dem kulturellen Geschehen aufgeschlossener Papst, stieß im Herbst 1592 das nach dem Tod Sixtus' V. versandete Expurgationsprojekt wieder an. Als der Index (Sixto)-Clementinus und damit das vordringliche Ziel »Index prohibitorius« bereits Gestalt angenommen hatte, sollte bald nun auch der lang ersehnte Expurgationsindex folgen. Nachdem man unter Sixtus damit gescheitert war, sämtliche für den Expurgationsindex benötigten Corrigenda von der Indexkongregation in Eigenregie anfertigen zu lassen, setzte man jetzt wieder auf ein arbeitsteiliges Vorgehen: Nur zu einem kleinen Teil sollten die Corrigenda von den Konsultoren der Indexkongregation in Rom erledigt werden, das restliche Programm wurde an die großen katholischen Universitäten

des MSP (vgl. Kapitel II.5) einmischen würde: ACDF Index Diari 2 (1607–1620), S. 155 (Dekret der CIndex, 28.2.1619). Ein Jahr später bestätigte die Kongregation diese Haltung in der Frage der Vorzensur: »[…] cum Congregatio non se ingerat circa libros imprimendos, sed circa tantummodo correctionem aut prohibitionem librorum iam impressorum, si aliquid ibi correctione aut prohibitione dignum videatur«: ebd., S. 196 (Dekret der CIndex, 1.5.1620).

[186] Auf dieses Problem machte Roberto Bellarmino die CIndex in einem Gutachten über den Verlauf des Expurgationsprojekts aufmerksam: ACDF Index XIX/1, fol. 6r (»Consultatio de correctione Librorum prohibitorum«, um 1600). Vgl. auch oben Kapitel II.3.4.f.

[187] Hasecker, Zensurexemplare (wie Anm. 270), S. 72 mit Anm. 62; Rebellato, Fabbrica (wie Kapitel I, Anm. 6), S. 85f.

(Coimbra, Madrid, Salamanca, Löwen, Padua, Bologna und Perugia) und an die Orden ausgelagert. Bis 1596 lag indes noch kein handfestes Ergebnis vor.

Der in diesem Jahr erschienene Index Clementinus trieb die Arbeitsteilung noch einen Schritt weiter. Wie oben bereits dargestellt wurde, delegierte die darin enthaltene Instructio das Expurgationsprogramm mehr oder minder ganz an die Ortskirchen, wo Bischöfe und Inquisitoren gemeinsam die Bücher ihres Bezirks expurgieren und dann – ebenfalls nur für ihren Bezirk – »Indices expurgatorii« publizieren sollten. Zur Umsetzung dieser Vorgaben sollten nach den Vorstellungen der Indexkongregation auch auf Ebene der Diözesen »Indexkongregationen« eingerichtet werden, in denen Bischof, Inquisitor und örtliche Sachverständige gemäß den allgemeinen Vorgaben die Textarbeit durchführten.[188] Aufgrund der besonderen personellen Konstellation in der Indexkongregation um 1600, wo mit Gabriele Paleotti, Federico Borromeo, Agostino Valier und Marcantonio Colonna glühende Verfechter des tridentinischen Bischofsideals den Ton angaben, galt die Sympathie des »Index« dabei klar den Bischöfen, deren zensorische Rolle sie gegenüber den Inquisitoren stärken wollten. Das verursachte zwangsläufig Konflikte mit dem Sanctum Officium, das – wie oben im Zusammenhang mit der Vorzensur gezeigt wurde – eine gegenläufige Politik verfolgte.

Doch nicht allein Richtungs- und Kompetenzstreitigkeiten zwischen der Index- und der Inquisitionskongregation, auch die Verhältnisse in den italienischen Bistümern bremsten die große Expurgationsoffensive, die der Index Clementinus eigentlich in Gang setzen sollte. Viele Bistümer verfehlten Grundvoraussetzungen, um sich in das Unternehmen einzubringen. In ländlich geprägten Diözesen mangelte es an ausreichend gebildeten Männern, die die Expurgationen hätten ausführen können. Auch waren vielerorts überhaupt keine Bücher vorhanden, so dass es gar nichts zu expurgieren gab.[189] Oft konnte die Expurgation nicht koordiniert werden, weil der Bischof nicht in seiner Diözese residierte. Anders waren die Voraussetzungen in den urbanen Zentren Nord- und Mittelitaliens. In den Universitätsstädten Bologna, Florenz, Neapel, Mailand, Padua und Perugia beispielsweise kam es nach 1596 tatsächlich zur Bildung von lokalen Indexkongregationen. Der Briefverkehr, den die vorsitzenden Bischöfe und Inquisitoren mit der Indexkongregation unterhielten, verrät aber große Unsicherheiten über den konkreten Arbeitsauftrag. Sollten nur diejenigen (ca. 200) Titel expurgiert werden, die im Index Clementinus mit dem Vermerk »(prohibitus) donec corrigatur« gekennzeichnet waren, oder erstreckte sich der Auftrag auch auf die unermessliche Zahl Bücher, die nicht namentlich im Index erschienen, die aber aufgrund der pauschalen Bücherverbote der Indexregeln als suspendiert galten? Sollten die auf partikularer Ebene entstandenen Expurgationen tatsächlich in Form von »Indices expurgatorii« veröffentlicht werden?

---

[188] Zum Folgenden vgl. FRAGNITO, »In questo vasto mare…« (wie Anm. 133).

[189] Vgl. hierzu das von Frajese zitierte Schreiben des Inquisitors von Alessandria an die CIndex, 28.3.1597: Vittorio FRAJESE, Le licenze di lettura tra vescovi ed inquisitori. Aspetti della politica dell'Indice dopo il 1596, in: Società e storia 86 (1999), S. 767–818, hier: S. 788.

Bedurften lokale Expurgationen vor der Veröffentlichung einer römischen Approbation durch die Indexkongregation?

Nicht in all diesen an sie herangetragenen Fragen war die Politik der Indexkongregation kohärent. In einem Punkt aber wurde recht schnell Einigkeit erzielt: Die auf lokaler Ebene angefertigten Expurgationen sollten vor der Veröffentlichung immer der Indexkongregation vorgelegt werden.[190] Hinter dieser Neuauflage zentralistischer Vorstellungen, die der dezentralen Prämisse der Instructio Clementina krass zuwiderliefen, stand einerseits der Wille der Kongregation, das Projekt effizienzsteigernd zu koordinieren und zu vermeiden, dass an verschiedenen Orten an ein und demselben Werk gearbeitet wurde. Ferner wollte man das Material der lokalen Indexkongregationen in Rom sammeln, um es für den vom Papst angeforderten universalen Index expurgatorius zu verwenden.[191] Sicher war die erneute »Kurialisierung« des Expurgationsprojekts aber auch eine Strategie der Selbstbehauptung einer in ihren Aufgaben limitierten und zudem mit dem Sanctum Officium in Konkurrenz stehenden Institution.

Je mehr Corrigenda aus der Provinz in Rom eintrafen, desto größer wurden dort die Zweifel an der Opportunität eines universalen Index expurgatorius. Die apostolische Autorität, mit der ein solches Werk erscheinen würde, machte unbedingte Korrektheit der Corrigenda zur Pflicht. Ein Buch, das anhand der römischen Corrigenda expurgiert worden wäre, hätte schließlich gewissermaßen das »Gütesiegel« einer Editio Romana erlangt und wäre dadurch in den Rang einer offiziellen Verlautbarung Roms erhoben worden. Welcher Zensor wollte aber garantieren, dass er keine gravierenden Fehler in den expurgierten Büchern übersehen hatte – Fehler, die möglicherweise die Position einer Gegenseite bestärkten, die sich dann darauf würde berufen können? Die Fallhöhe für die Verantwortlichen des Projekts war schlicht zu hoch, und es griff ein lähmender »timore dell'errore« (Fragnito) um sich.[192]

---

[190] Venedig hatte bei Einführung des Index Clementinus Sonderkonditionen mit Rom ausgehandelt, um wirtschaftlichen Schaden von seiner Druckindustrie abzuwenden. Danach durften z. B. Bücher vor Ort expurgiert werden, ohne den Umweg über Rom zu nehmen, denn – wie es in dem entsprechenden Dokument ganz richtig heißt – »havendo sufficiente facoltà per il nuovo Indice li Vescovi insieme con li Inquisitori«: »Dechiarationi delle regole dell'Indice delli libri prohibiti« (wie Anm. 175), S. 308, § 2.

[191] Fragnito, »In questo vasto mare…« (wie Anm. 133), S. 23f. mit Anm. 85f.

[192] Ebd., S. 34; ähnlich äußert sich Elisa Rebellato, Il miraggio dell'espurgazione. L'indice di Guanzelli del 1607, in: Società e storia 122 (2008), S. 715–742, hier: S. 723. – Die mit der obrigkeitlichen Approbation verbundene Gewährleistung für den Inhalt war kein ausschließliches Problem der päpstlichen oder kirchlichen Zensur, sondern betraf im gleichen Maße auch die weltliche Zensur. Die französische Zensurbehörde vergab aus diesem Grund im 18. Jahrhundert sogenannte »stillschweigende Druckgenehmigungen« (permissions tacites), wodurch – meist mit fingiertem Impressum erschienene Werke von der Zensur unbehelligt in Frankreich gehandelt und gelesen werden konnten, ohne offiziell genehmigt worden zu sein. Zu ähnlichen Maßnahmen griff auch die Zensur in der Toskana und in Venedig: Mario Infelise, I libri proibiti da Gutenberg all'Encyclopédie (BEL 18), 9. Aufl., Rom – Bari 2009 (zuerst: 1999), S. 108–144; Frajese, Regolamentazione (wie Anm. 5), S. 714–719; Frank Jung, Zensur, Buchmarkt und öffentliche Meinung im Großherzogtum Toskana während des 18. Jahrhunderts, in: QFIAB 82 (2002), S. 702–729, hier: S. 708–710.

Im Jahr 1604 schließlich versuchte die Kongregation, sich auf elegante Weise des heiklen Projekts zu entledigen, indem sie die Redaktion des Index expurgatorius dem Magister Sacri Palatii abtrat. Ein zweites Mal nach 1570 entfiel somit die Rolle des »Chef-Expurgators« auf den stadtrömischen Oberzensor. Träger des Amts war jetzt der ambitionierte Dominikaner Giovanni Maria Guanzelli (nach seinem Heimatort auch »Brisighella« genannt), der sich zusammen mit einer Handvoll Mitarbeitern ans Werk machte. Da Guanzelli sich bei vielen Expurgationen großzügig aus dem Antwerpener und Spanischen Expurgations-Index bediente, gelang es ihm, schon im Dezember 1606 die Frucht seiner Arbeit in Druck zu geben.[193] Aus einer Reihe von Gründen, zu denen unstatthafte finanzielle Interessen des Magisters wie auch persönliche Animositäten zwischen ihm und dem Sekretär der Indexkongregation, Paolo Pico OP, zählten, weigerte sich die Indexkongregation, den »Index Brisighella« als einen offiziellen Index der Kirche anzuerkennen.[194] Nachdem sie den Index zuerst sogar einem Zensurverfahren unterzogen und suspendiert hatte, ließ sie dessen Status am Ende einfach in der Schwebe. Im Pontifikat Pauls V. folgten zaghafte Versuche, das Projekt »Index expurgatorius« wiederzubeleben, bevor es in den 1630er Jahren endgültig von der Agenda der Kongregation verschwand. Ein viel späterer Plan des »Index«-Sekretärs Ricchini aus dem Jahr 1758, für eine Auswahl berühmter wissenschaftlicher Werke (z. B. Schriften von Francis Bacon, Galileo Galilei, Hugo Grotius) einen Index expurgatorius anzufertigen, blieb Gedankenspiel.[195] Um die lokalen Indexkongregationen war es schon lange vorher still geworden.

Etwa zur gleichen Zeit wie in den anderen Bereichen der päpstlich-kirchlichen Pressekontrolle kam es nun auch im Expurgationsprojekt zu einer Wende. Die Expurgation verlor nach dem Scheitern des »Index Brisighella« den ursprünglichen Charakter als ein großes, von Rom koordiniertes Presseprojekt mit dem Ziel, rückwirkend die Eckpfeiler der literarischen Überlieferung an die dogmatischen und kulturellen Normen der tridentinischen Kirche anzupassen. Wurde fortan in der Indexkongregation von »Expurgation« gesprochen, war damit vielmehr die punktuelle Ausbesserung neu erschienener Werke gemeint, die von den Zensoren immer dann in Erwägung gezogen wurde, wenn ein ihnen vorgelegtes Werk nicht absolut (»omnino«) verboten werden sollte, da es nützlich und nur in Teilen anstößig erschien. Das Dekret lautete dann meist »verboten bis zur Korrektur« (»prohibitus donec corrigatur«). In der Praxis kam eine solche Suspendierung beinahe nur für Werke katholischer Autoren infrage, denn sobald das Werk eines Protestanten sich auch über religiös-geistliche The-

[193] Der erste Bd. des in der Literatur als »Index Brisighella« bekannten Werks – dem nie ein zweiter Teil folgen sollte – bietet Expurgationen zu Werken von rund 50 Autoren, unter ihnen Albert Krantz, Andreas Masius und Sebastian Münster.

[194] Rebellato, Miraggio (wie Anm. 192).

[195] Rebellato, Fabbrica (wie Kapitel I, Anm. 6), S. 207–211; Hubert Wolf, Bernward Schmidt, Benedikt XIV. und die Reform des Buchzensurverfahrens. Zur Geschichte und Rezeption von »Sollicita ac provida« (Römische Inquisition und Indexkongregation 13), Paderborn u. a. 2011, S. 93f.

men äußerte, war es nach den geltenden Indexregeln de iure verboten und nicht expurgierbar (Dok. A 9, Rgl. II).[196]

Traf ein Werk das Verdikt der Suspendierung, wurde das entsprechende Dekret in der Regel auch zeitnah publiziert (s. u. Abschnitt c). Wollte die Kongregation aber den Ruf eines Autors schützen, schob sie manchmal die Verbotspublikation auf und unterrichtete erst einmal nur den Autor oder seine kirchlichen Oberen persönlich von dem Urteil, so dass dieser Zeit erhielt, sein Werk zu überarbeiten (Dok. C 10, § 9).[197] Hatte der Autor, der Verleger, ein Verwandter oder Rechtsnachfolger Interesse an der Rettung des suspendierten Werks, meldete er sich mit einer emendierten Version seines Textes bei der Kongregation zurück. Diese ließ den Text in Hinsicht auf die durchgeführten Korrekturen prüfen und erteilte gegebenenfalls eine Genehmigung für die Neuauflage oder den Druck eines Beilegeblatts mit Corrigenda.

Die Anzahl der Ausgaben, welche die Indexkongregation auf diese Weise »betreute«, ist bis heute schwer zu ermessen. Denn aus demselben Grund, weshalb die Kongregation keine Verantwortung für einen Index expurgatorius übernehmen wollte, kaschierte sie oft auch ihren Beitrag an verbesserten Auflagen von zuvor suspendierten Werken. Nur in Ausnahmefällen trat die Kongregation aus ihrer Reserve hervor und ließ ein von ihr suspendiertes Werk »im Hause« expurgieren. Das bekannteste Beispiel ist die Expurgation von Kopernikus' »De Revolutionibus Orbium Coelestium«.[198]

Da es insgesamt nur in einem Bruchteil der Fälle, in denen Werke »donec corrigatur« verboten wurden, auch zu expurgierten Neuausgaben kam, stellte sich den Gläubigen im 17. und 18. Jahrhundert die Frage, wie mit den so in der Schwebe gelassenen Büchern umzugehen war. Wie oben erwähnt, hatte im 16. Jahrhundert der kirchliche Zensurapparat von den Besitzern suspendierter Bücher erwartet, diese der kirchlichen Obrigkeit auszuhändigen und abzuwarten, bis sie von den Zensoren expurgiert wurden. Die seit 1596 geltenden Regeln des Index Clementinus aber legten die Auslegung nahe, dass Bücher, die von Rechts wegen (das heißt aufgrund der Indexregeln) oder durch Urteilsspruch (per Dekret) suspendiert waren, mit Erlaubnis der kirchlichen Obrigkeit von jeder dazu befähigten Person expurgiert und folglich auch behalten werden durften (Dok. A 13, De prohib. § II). Diese Interpretation stieß im Milieu der Inquisition jedoch auf Widerstand. Das dort vorherrschende Rechtsempfinden

---

[196] Francesco Bordoni formuliert am deutlichsten: »libri vero suspensi sunt illorum auctorum, qui formaliter non sunt haeretici«: Bordoni, Sacrum Tribunal (wie Anm. 9), c. XIV, S. 347. Dem widerspricht allerdings ein Passus der Instructio Clemens' VIII. über die Expurgation von Werken der »auctores damnati«: Dok. A 13, De impress. § VII.

[197] Frajese, Nascita (wie Anm. 36), S. 313.

[198] Owen Gingerich, The Censorship of Copernicus »De Revolutionibus«, in: Annali dell'Istituto e Museo di Storia della Scienza di Firenze 6 (1981), S. 45–61. – Um möglicherweise dogmatisch riskante Eingriffe in einen Text zu vermeiden, verabschiedete 1629 die CIndex einen neuen »stylus correctorii«, wonach Expurgationen nur noch in Form von Tilgungen ganzer Teile eines Texts vorzunehmen waren, auf Textzutaten oder Umformulierungen von Passagen sollten die Zensoren verzichten: ACDF Index Diari 3 (1621–1628), fol. 162v (Dekret CIndex, 20.12.1628); vgl. dazu mit eigener Interpretation Rebellato, Miraggio (wie Anm. 192), S. 739.

drückte der Inquisitionsjurist Francesco Bordoni in einem Vergleich aus: Die Expurgation sei die Vollstreckung eines richterlichen Urteils und als solche eine »öffentliche Handlung« (»actus publicus«), die einzig und allein von »öffentlichen Personen« (»à personis publicis«) ausgeführt werden könne.[199]

Auch hinsichtlich der Straffolgen, die Besitzern suspendierter Bücher drohten, gab es divergierende Auffassungen. Die im Sanctum Officium herrschende Ansicht stützte sich auf das Breve »Dominici gregis« (Dok. A 10). Danach waren Besitz und Lektüre unkorrigierter Bücher (wie aller Bücher unterhalb der Häresie-Schwelle) eine Todsünde. In der Konsequenz mussten sich die Gläubigen von suspendierten Büchern trennen, wollten sie die Absolution empfangen und nicht dauerhaft im Sündenstand verharren.[200] Die gegenteilige Meinung, expurgationsbedürftige Bücher dürften von den Besitzern mit der nötigen Vorsicht aufbewahrt werden, wurde vor allem von Sympathisanten der Jesuiten vertreten – bis Alexander VII. 1665 (und erneut ein Jahr später) diese Ansicht auf Druck des Sanctum Officium als laxistisch verurteilte. Wer danach noch diese Auffassung vertrat, fiel gemäß dem strafbewehrten apostolischen Schreiben in die Exkommunikation.[201]

Wie schon in der praktischen Regelung der Vorzensur lässt sich auch in der Behandlung des Expurgationsproblems durch die Kurie und speziell das Sanctum Officium erkennen, dass in der Phase des konsolidierten päpstlichen Zensurregimes die Praxis in Italien von den universalen Normen signifikant abweichen konnte. Im Resultat führte die undurchsichtige Lage dazu, dass die Bedeutung des Verwaltungshandelns wuchs. Besitzer expurgierbarer Bücher, die kein Risiko eingehen wollten, ließen sich den Besitz ihrer Bücher von den dafür zuständigen Stellen in Rom durch Sondergenehmigungen (Leselizenzen) legalisieren (dazu Kapitel II.4.5.). Der Berg von Leselizenzen, den die Kongregationen des Index und der Inquisition im 17. und 18. Jahrhundert produzierte, spiegelt zu einem gewissen Grad auch das Scheitern des römischen Expurgationsprogramms wider.

4.4. Nachzensur und Pressepolizei

Als die Indexkongregation 1571 eingerichtet wurde, ahnte wohl niemand, dass sie Jahrzehnte, ja sogar Jahrhunderte später noch existieren würde. Die Kongregation sollte anfangs schließlich recht eng definierte Projekte realisieren:

---

199 Bordoni, Sacrum Tribunal (wie Anm. 9), c. XIV., S. 347.

200 Vgl. z. B. die in Anm. 186 zit. »Consultatio« Bellarminos; dieselbe Ansicht vertritt Cesare Carena, Tractatus de officio sanctissimae Inquisitionis et modo procedendi in causis fidei [...], Cremona: Belpierus, 1641, Pars II, Tit. 10, § 10, Nr. 59, S. 205.

201 Verurteilt wurde der Satz »Libri prohibiti donec expurgentur possunt retineri, usque dum adhibita diligentia corrigantur«: CICF 4 (1951), S. 20 (Dekrete des SO 24.9.1665 und 18.3.1666). Dass die Auffassung, suspendierte Bücher könnten bedenkenlos gelesen werden, weit verbreitet war, tritt in früheren Dekreten des SO wiederholt zu Tage: vgl. z. B. CollSO, Nr. 988 (27.8.1626); zur Kontroverse auch: Carena (wie Anm. 200), Pars II., Tit. 10, § 2, S. 200.

nützliche Bücher reinigen, schlechte Bücher verbieten, die Verbote in einem Index versammeln und belastbare Indexregeln ausarbeiten. Würden die Instrumente der Vorzensur und Pressepolizei erst einmal greifen und das »katholische Presseprojekt« Früchte getragen haben, hätte sich die Notwendigkeit einer Indexkongregation erledigt – so hoffte man, doch nahmen die Dinge bekanntlich einen anderen Verlauf. Aufgrund der Dynamik des Buchmarkts war die Nachzensur nicht in Form eines einmaligen Projekts durchführbar. Sondierung des Buchmarkts, Prüfung verdächtiger Bücher und gegebenenfalls deren Verbot oder Suspendierung mussten vielmehr in das Tagesgeschäft übergehen.[202] Dieser Einsicht konnte sich spätestens nach Einführung des Index Clementinus, dessen Katalog verbotener Bücher quasi im Moment des Erscheinens 1596 schon veraltet war, niemand mehr entziehen. Noch während der Einführungsphase beschäftigte sich die Kongregation bereits mit ergänzenden Bücherverboten, ohne dass je ein Ende dieser Tätigkeit in Sicht geriet. Der Verfahrensgang, der sich in den zwei Jahrzehnten nach der Einführung des Index Clementinus für die nun zur Routine werdende Nachzensur entwickelte, soll hier vereinfachend skizziert werden. Er bestimmte das Geschehen in der Indexkongregation bis zu ihrer Auflösung als selbständiger Behörde im Jahr 1917.

a) Das Verfahren zur Bücherzensur in der Indexkongregation

Die von der Indexkongregation bei der Bücherzensur angewandten Verfahrensregeln orientierten sich an den gesamtkirchlichen Zensurvorschriften, wie sie in der Instructio Clementina fixiert waren.[203] Im Laufe der Jahre entwickelten sich aus der Praxis weitere Normen. Zusammen ergaben sie ein Amalgam aus Fallrecht, Gewohnheit und Statut, das in den Akten der Indexkongregation mit dem Begriff »stylus congregationis« bezeichnet wird. An einer systematisierenden Verschriftlichung des »stylus« versuchte sich als Erster der Kongregationssekretär Giulio Maria Bianchi OP (im Amt von 1684 bis 1707), der für den Eigengebrauch ein Praxis- und Formelbuch (»Acta et Formulae«) zusammenstellte.[204] Erst 1753 wurde der »stylus« in den Punkten, die das Zensurverfahren (nicht so sehr die Administration der Kongregation) betrafen, in der Bulle »Sollicita ac provida« niedergeschrieben und der Öffentlichkeit zur Kenntnis gebracht (Dok. C 10, §§ 6–24). Dabei kam es, wie zuletzt die Untersuchung von Bernward Schmidt und Hubert Wolf betont hat, punktuell zwar zu Ergänzungen der bestehenden Normen, im Großen und Ganzen aber bestätigt die Konstitution die

---

[202] WOLF/SCHMIDT (wie Anm. 195), S. 57f.

[203] Das Prozedere in der CIndex findet sich vielfach in der Literatur beschrieben; vgl. z. B. ebd., S. 44–66; GruFo 1814–1917: Einleitung, S. 32–38; Jyri HASECKER, Die Römische Buchzensur im europäischen Kontext. Überlegungen zum 18. Jahrhundert, in: Ludolf PELIZAEUS, Franz Stephan PELGEN (Hg.), Kontrolle und Nutzung – Medien in geistlichen Gebieten Europas 1680–1800 (Mainzer Studien zur Neueren Geschichte 28), Frankfurt/Main u. a. 2011, S. 113–134.

[204] ACDF Index XIII (»Acta et Formulae«).

Regularien, wie sie sich schon in den ersten Jahrzehnten des 17. Jahrhunderts nach und nach etabliert hatten.[205]

Da die Indexkongregation nur selten von sich aus tätig wurde, stand am Anfang eines Zensurverfahrens in der Regel eine Anzeige (denunciatio).[206] Zuträger, vor allem aus der lokalen kirchlichen Hierarchie Italiens und Frankreichs, in geringerer Zahl auch aus dem Reich, den Habsburgischen Niederlanden, Polen und Spanien-Portugal, setzten die Indexkongregation von dem Erscheinen missliebiger Bücher in Kenntnis.[207] Vor allem von Bischöfen, Apostolischen Nuntien und Legaten, die zur Anzeige verbots- und expurgationswürdiger Bücher gesetzlich verpflichtet waren (Dok. A 13, De prohib. § VI), trafen laufend Meldungen ein, dass in ihrer Region dieses oder jenes verdächtige Buch erschienen sei.[208] Nach Eingang der Anzeige prüfte der Kongregationssekretär, ob prima vista der Verdacht nachvollziehbar und die gegen die Schrift vorgebrachten Anschuldigungen glaubwürdig waren. Erhärteten sich bei der Vorprüfung die Verdachtsmomente, referierte der Sekretär auf einer Sitzung der Kongregation die Anzeige den versammelten Kardinälen. Die Kardinäle bestimmten dann einen Mann aus dem Expertenrat (Konsult) der Kongregation zum ersten Gutachter, oder sie überließen die Auswahl des Gutachters dem Sekretär. Stellte sich bei der Vorstellung der Anzeige in der Kongregation heraus, dass das Buch unter eines der Pauschalverbote fiel, konnte die Benennung eines Gutachters entfallen und das Verbot erging unverzüglich (Beispiele für Pauschalverbote in: Dok. A 9, A 13, De corr. § II, A 22, A 29).[209] Auch Übersetzungen von bereits früher verbotenen Büchern urteilte man im Schnellverfahren ab (Dok. A 13, De corr. § VI; A 25).

Wie bereits aus diesen wenigen Sätzen deutlich wurde, kam den Gutachten, auf deren Grundlage die Kardinäle das Urteil über ein Buch fällten, und ihren Verfassern, den Sachverständigen (Konsultoren), eine eminent wichtige Rolle in den Zensurverfahren der Indexkongregation zu. Im Expertenrat der Kongregation waren in dem hier betrachteten Zeitabschnitt vorwiegend Theologen und Kanonisten versammelt, Vertreter anderer gelehrter Disziplinen und Literaten waren weitaus schwächer vertreten, Naturwissenschaftler und Ärzte bildeten

---

205 Dies war im Übrigen auch die erklärte Absicht der Konstitution: Dok. C 10, § 2.

206 Die selbständige Sondierung des Buchmarkts von Amts wegen wurde erst im Jahr 1908 als Aufgabe der CIndex festgelegt: Dok. C 11, I.7.1.

207 Die Anzeigeschreiben sind in die Bde. der Serie ACDF Index Prot. einsortiert. Bei der Verzeichnung der Zensurakten durch das Münsteraner Forschungsprojekt wurde bei Vorliegen entsprechender Hinweise der Ursprung einer Anzeige stets mit angegeben: GruFo1542–1700, 1701–1813, 1814–1917: Repertorium. Zum Quellenwert der Anzeigeschreiben vgl. die Überlegungen von Marco Cavarzere, Suppliche di denuncia e censura ecclesiastica alla metà del Seicento (1620–1650), in: AISP 20 (2007), S. 145–168.

208 Ein Dekret des SO vom 17.11.1677 erinnerte die Nuntien in Paris, Köln und Brüssel an ihre Pflicht, die Presse in ihrem Bezirk zu beobachten und verdächtige Bücher nach Rom zu senden: ACDF SO St.St. D-2-f, fol. 341r. Zur Rolle der Nuntien vgl. auch Hasecker, Römische Buchzensur (wie Anm. 203), S. 116.

209 Vgl. Rebellato, Fabbrica (wie Kapitel I, Anm. 6), S. 198.

noch ganz die Ausnahme.[210] Anfänglich hatte die Kongregation ihre Konsultoren frei wählen können, seit Mitte des 17. Jahrhunderts aber bedurften solche Personalien der Approbation des Papstes, der manchmal auch auf eigene Initiative Vertraute in das Gremium einschleuste.[211] Einziger Konsultor ex officio in dieser Zeit war der Magister Sacri Palatii, doch hatten gemäß dem »stylus« auch Vertreter der geistlichen Orden einen gewohnheitsmäßigen Anspruch auf einen Sitz im Konsult. Dominikaner, Franziskaner (Observantenzweige und Konventualen), Augustinereremiten, Karmeliten (beschuhte und unbeschuhte) und Serviten waren meist durch ihren jeweiligen Generalprokurator im Konsult vertreten. Hinzu kamen Lektoren aus den römischen Ordensstudien der Mönchs- und Regularklerikerordern wie z. B. der Zisterzienser, Theatiner, Barnabiten, Mercedarier, Trinitarier und Caraccioliner.[212] Auch Professoren der römischen Universitäten (Collegio Romano, La Sapienza) saßen im Expertenrat. Der Kanonisten-Flügel des Konsults wurde zumeist aus dem Personal der Apostolischen Gerichtshöfe (zuerst der Rota, später vor allem der Signaturen) rekrutiert.[213]

Entgegen dem Bild vom Bücherzensor als unverständigem Bürokraten und Polizeimenschen, das ausgehend von den Verhältnissen in staatlichen Zensurbehörden des 19. und 20. Jahrhunderts von manchen Autoren auch auf die Kurie übertragen wurde, waren die römischen Konsultoren in der Frühen Neuzeit überwiegend angesehene Vertreter ihrer jeweiligen Berufe und akademischen Disziplinen.[214] Meist repräsentierten sie das wissenschaftlich-gelehrte Milieu

---

[210] Die Konsultoren der CIndex wurden von dem Münsteraner Forschungsprojekt für die Zeit von 1701 bis 1817 vollständig, für das 16. und 17. Jahrhundert in Auswahl bio-bibliografisch beschrieben: GruFo1542–1700, 1701–1813, 1814–1917: III Personen. Ergänzend zum 16. Jahrhundert ist Baldini-Spruit I/4, S. 2783–2965, heranzuziehen. Auswertend: Tobias LAGATZ, Die Prosopographie von Römischer Inquisition und Indexkongregation – Einblicke in das Innenleben beider Dikasterien (1814–1917), in: WOLF (Hg.), Verbotene Bücher (wie Kapitel 1, Anm. 1), S. 139–151; Herman H. SCHWEDT, Die Römischen Kongregationen des Inquisition und des Index: Die Personen (16.–20. Jh.), in: Wolf (Hg.), Inquisition und Buchzensur (wie Kapitel 1, Anm. 1), S. 89–101.

[211] Die Notwendigkeit, die Ernennung von »Index«-Konsultoren durch den Papst zu approbieren, wurde von Innozenz X. festgelegt: ACDF Index Diari 5 (1650–1654), fol. 28r/v (21.7.1654); vgl. dazu auch ACDF Index XIII (»Acta et Formulae«), S. 358.

[212] Soweit mir bekannt ist, wurde allein im Fall des Ordens der Minderen Regularkleriker (Caraccioliner) das Recht, in der CIndex mit einem Konsultor vertreten zu sein, auch schriftlich verbrieft. Bei allen anderen der genannten Orden waren die Ansprüche rein gewohnheitsmäßig begründet: Jyri HASECKER, »Decet enim de artibus solos artifices iudicare«. Beobachtungen zum Konsult der Indexkongregation im 18. Jahrhundert, in: Wolf (Hg.), Inquisition und Buchzensur im Zeitalter der Aufklärung, S. 67–86, hier: S. 76f.

[213] Ebd.; CAVARZERE, Prassi (wie Anm. 21), S. 83–134.

[214] INFELISE, Libri proibiti (wie Anm. 192), S. 26: »La qualifica di revisore [...] non evocò a lungo immagini di polizieschi figuri intenti a lottare contro la libertà di espressione, ma fu piuttosto prerogativa di uomini di studio apprezzati anche per la moderazione e l'apertura, i quali erano spesso in grado di esprimere giudizi sul valore letterario del testo«; in dieselbe Richtung geht das Fazit von Adriano Prosperi: »la figura del censore, prima di diventare sinonimo di inquisitore poliziesco, nemico della carta stampata, era stata una figura familiare e dalle funzioni positive e apprezzate nella società dei letterati«: La Chiesa e la circolazione della cultura nell'Italia della Controriforma. Effetti imprevisti della censura, in: ROZZO (Hg.), La censura libraria (wie Anm. 16), S. 147–161, hier: S. 155.

Roms, waren selbst schriftstellerisch tätig und standen nicht selten im regen Austausch mit der die Länder und Konfessionen übergreifenden Respublica literaria.[215] Zuletzt hat eine Studie Marco Cavarzeres ihre Rolle in Italien als die von Mediatoren charakterisiert: Sie vermittelten zwischen den Interessen der Autoren, denen sie intellektuell auf Augenhöhe begegneten, und den kirchlichen Zensurvorschriften.[216] Vor allem im papsttreuen Italien war der Titel »consultor sacrae congregationis Indicis« mit großem Renommee verbunden, so dass sich um einen vakanten Posten im Konsult oft gleich mehrere Kandidaten bewarben. Der Erfolg einer solchen Bewerbung hing zwar immer auch von den Patronagenetzwerken ab, über die der Kandidat verfügte, nie aber wurden Personalentscheidungen ohne Hinsicht auf die nötigen fachlichen Qualifikationen getroffen.[217]

Bei der Frage nach der Motivation ist festzuhalten, dass die Index-Konsultoren gemäß einer Grundregel, die für alle kirchlichen Zensoren seit 1487 galt, ihre Arbeit gratis versahen (Dok. A 1–3; A 9, Rgl. X; A 11, Rgl. XVII; A 29, II., c. § 40; u. ö.).[218] Der Dienst für den Hl. Stuhl lohnte sich auf andere Weise, vor allem für die Ordensleute im Konsult. Sie genossen seit 1659 das Vorrecht, für die Dauer ihres Konsultorendienstes vor Ort in Rom bleiben zu dürfen, so dass sie ohne Zustimmung der Kongregation von ihren Ordensoberen von dort nicht abberufen werden durften. 1673 wurde ihnen zudem die »Konventualität« zugesichert, das heißt das Privileg, in einem römischen Haus ihres Ordens unterzukommen und von diesem versorgt zu werden (Dok. C 8). Vielleicht noch höher geschätzt wurde ein weiteres Privileg, das für Ordensleute und Weltkleriker im Konsult gleichermaßen galt: Sie konnten verbotene (und oft zudem neue) Bücher lesen, dienstlich und ohne Sorge vor Sanktionen (Kapitel II.4.5.).

In der Kirchenmetropole zu wirken und sich von lästigen Verwaltungsaufgaben unbehelligt ganz dem Studium (als nichts anderes wurde die zensorische Tätigkeit wahrgenommen) zu verschreiben, war für viele intellektuellen Ordensmänner eine verlockende Perspektive. Der »Index«-Dienst war derart attraktiv, dass sich Benedikt XIII. 1727 zu der Einschränkung veranlasst sah, pro Orden jeweils nur einem Mann die Konventualität für die Dauer des Konsultorats zu gestatten. Zusätzliche Konsultoren aus demselben Orden mussten ihrem Gastkonvent Alimente zahlen und genossen zudem nicht das Bleiberecht

[215] Wichtige Einsichten zur Situation im 18. Jahrhundert gewährt die Dissertation von Bernward Schmidt, Virtuelle Büchersäle. Lektüre und Zensur gelehrter Zeitschriften an der römischen Kurie 1665–1765 (Römische Inquisition und Indexkongregation 14), Paderborn 2009.

[216] Cavarzere, Prassi (wie Anm. 21).

[217] Hasecker, »Decet enim …« (wie Anm. 212).

[218] Der Jurist und spätere Kardinal Giovanni Battista De Luca (1614–1683) hebt in seinem Kurienhandbuch diesen Grundsatz der CIndex besonders hervor: »Idemque huius Congregationis est commendabilis stylus omnia gratis peragendi, rigorosè prohibita consultoribus ac revisoribus cuiuscumque mercedis recognitione, etiam sub praetextu magni laboris vel expensarum, quas facere oporteret pro eadem revisione«: Relatio Curiae Romanae […], Köln: Metternich, 1683, Relatio, Disc. XIX, Nr. 20.

wie der »ordentliche« Konsultor (Dok. C 9). Um Scheinfromme und Müßiggänger fernzuhalten, die nach ihrer Ernennung zum Konsultor um keine Ausrede verlegen waren, Gutachtenaufträge der Kongregation abzulehnen, führte die Kongregation außerdem einen Anwärterdienst für ihre Gutachter ein. Ein Aspirant hatte danach erst drei Referate als Konsultor auf Probe (»Relator«) zu halten, bevor über die definitive Aufnahme in den Konsult entschieden wurde (Dok. C 10, § 6).[219]

Zurück zum Ablauf der Zensurverfahren. Hatte die Kongregation nach der Bekanntgabe der Anzeige einen Konsultor oder Relator zum Gutachter benannt, erhielt dieser den Auftrag, eine Expertise (censura) anzufertigen. Der Gutachter war dabei angehalten, das ihm zur Prüfung anvertraute Buch gründlich zu studieren, wobei als Raster für die Bewertung der Leitfaden aus der Instructio Clementina genommen werden konnte (Dok. A 13, De corr. § II), der später durch die Konstitution »Sollicita ac provida« noch erweitert wurde (Dok. C 10, §§ 13–24). Letztere legte besonderen Wert darauf, dass der Gutachter die Gesamtaussage des begutachteten Werks würdige, und nicht so sehr nach der lange üblichen scholastischen Methode vorginge, wonach die Wörter im Text für sich zu nehmen und zu bewerten waren (»prout jacent«).[220] Das Gutachten mündete in einem konsultativen Votum, das den Kardinälen entweder die Verfahrenseinstellung (dimissio) oder aber die Suspendierung oder das Verbot des Buchs empfahl. War das Gutachten fertig verfasst, wurde der Konsultor zum Vortrag vor die Kongregation geladen, die vom 17. bis zum 19. Jahrhundert ungefähr vier bis sechs Mal pro Jahr zu Plenarsitzungen (congregationes generales) zusammentrat. Zusätzlich zum mündlichen Vortrag war das Gutachten gleichzeitig auch in Schriftform einzureichen.[221]

Die kirchenweit für die Vorzensur vorgeschriebene Regel, dass stets mehr als ein Gutachter einen Text prüfen sollte (Dok. A 13, De corr. § I), fand in der Indexkongregation auch auf die Nachzensur Anwendung.[222] So folgte auf das erste oft ein zweites, drittes oder sogar viertes Gutachten anderer Konsultoren,

---

[219] Hasecker, »Decet enim ...« (wie Anm. 212), S. 69–71; Ders., Römische Buchzensur (wie Anm. 203), S. 124f.

[220] Art. »Censures doctrinales«, in: DTHC 2 (1932), Sp. 2101–2113 von H. Quilliet, hier: Sp. 2110 (Zitat).

[221] Die im Zusammenhang mit den Zensurverfahren in der CIndex entstandenen Gutachten sind verzeichnet in: GruFo1542–1700, 1701–1813, 1814–1917: Repertorium. Die Einreichung des Zensurgutachtens in Schriftform hatte ein Dekret vom 26.2.1587 zur Pflicht erklärt: ACDF Index Diari 1 (1571–1606), fol. 17r. Am 15.1.1600 einigte sich die Kongregation auf den Modus, dass die Konsultoren einzeln und nacheinander ihre Gutachten vortrugen. Nach Ende der Vortrags wurde der Konsultor aus dem Sitzungssaal entlassen. Die Kardinäle diskutierten anschließend den Fall unter sich auf Grundlage des verschriftlichten Vortrags: ebd., fol. 128r. Über die Reihenfolge der Gutachtenvorträge entschied gemäß einem späteren Dekret das jeweilige Dienstalter des Konsultors: ACDF Index Diari 7 (1665–1682), fol. 6r

[222] Die Kongregation fasste dazu am 15.1.1610 den Beschluss, »quod ad praescriptum Indicis, considerata qualitate et gravitate libri, tradantur semper libri censurandi pluribus, qui collatis invicem censuris postmodum in Congregatione qualificatis propositionibus tum de authore, tum de libro suam sententiam et voce dicant et scripto tradant«: Index Diari 2 (1607–1620), fol. 12v.

bevor die Kardinäle das Urteil über ein Buch fällten. Auf diese Weise sollte subjektiven oder interessegeleiteten Urteilen entgegengewirkt werden.[223]

Trotz solcher Vorsichtsmaßnahmen wurden seit Mitte des 17. Jahrhunderts in den rivalisierenden Lagern der katholischen Kirche Vorwürfe laut, die Indexkongregation benachteilige mit ihren Zensururteilen die jeweils eigene Partei. Vor allem die Jesuiten warfen der Kongregation immer wieder Parteilichkeit vor.[224] Das Misstrauen der Jesuiten wurde durch die Tatsache geschürt, dass der römische Zensurapparat stark von den Dominikanern beherrscht wurde. Seit den Anfängen des Systems päpstlicher Pressekontrolle versah der Orden, der seit dem 13. Jahrhundert untrennbar mit dem kirchlichen Institut der Inquisition verbunden war, Schlüsselpositionen: Mit dem Magister Sacri Palatii, dem Sekretär der Indexkongregation und dem Commissarius Sancti Officii waren die zentralen Ämter im zensorisch-inquistorischen Apparat mit Dominikanerpatres besetzt. Hinzu kam die Übermacht des Ordens in den örtlichen Inquisitionen in Italien: Mit Ausnahme der Toskana und Teilen Venetiens, wo die Tribunale unter Leitung von Franziskanerkonventualen standen, und Maltas, wo Juristen aus dem Weltklerus als Glaubensrichter amtierten, waren alle Inquisitoren Dominikaner.[225]

In Reaktion auf die wachsende Kritik an ihrer Zensurpolitik veröffentlichte die Indexkongregation am 3. Februar 1659 ein Dekret, das kirchenweit Maßnahmen gegen die Instrumentalisierung der kirchlichen Zensur durch Parteiinteressen anordnet (Dok. A 17). Danach durften Zensoren in keinerlei Beziehung zu den Autoren stehen, deren Texte sie zensierten; Ordensschriftsteller durften – abgesehen von der internen Ordenszensur – nicht von einem Zensor des eigenen Ordens zensiert werden (vgl. auch A 13, De impress. § V). Weitere »objektivierende« Verfahrensregeln, die ebenfalls vor dem Hintergrund der Kritik an der römischen Zensur zu lesen sind, wurden später in der Konstitution »Sollicita ac provida« festgeschrieben (Dok. C 10, § 10, § 17–18).

b) Die Teilhabe des Sanctum Officium an der Nachzensur

Die Indexkongregation war das hauptverantwortliche Dikasterium der Kurie für die Nachzensur und die Veröffentlichung der Bücherverbote auf Bandi und

---

[223] In demselben Kontext ist auch das Mandat Alexanders VII. zu verstehen, das die Konsultoren der CIndex zur Verschwiegenheit verpflichtete: ACDF Index Diari 7 (1665–1682), fol. 4r (4.6.1665).

[224] Zu den Kritikern und Apologeten des Index und ihren jeweiligen Argumenten vgl. WOLF/SCHMIDT (wie Anm. 195), S. 24–37, 95–97; Ursula PAINTNER, »Mio Dio! meno di questo preteso lume, e più fede.« – Kritik und Rechtfertigung des Index im 18. Jahrhundert, in: WOLF (Hg.), Inquisition und Buchzensur (wie Kapitel 1, Anm. 1), S. 43–65; Bernward SCHMIDT, »Wie ein Hund, der den Stein beißt, weil er den Werfer nicht mehr fangen kann«. Überlegungen zu einer Rezeptionsgeschichte des Index librorum prohibitorum, in: Rottenburger Jahrbuch für Kirchengeschichte 28 (2009), S. 23–37.

[225] Vgl. dazu die vom Historischen Institut der Dominikaner in Rom herausgegebenen Bde. in der Reihe »Praedicatores, inquisitores« (zurzeit 3 Bde., 2002–2008).

in Indizes, doch setzte parallel das Sanctum Officium seine eigenen nachzensorischen Aktivitäten fort. Das Nebeneinander zweier Kurienstellen mit gesamtkirchlicher Zensurkompetenz war anfangs durch Abstimmungsprobleme und Konkurrenz gekennzeichnet, denen wir oben im Zusammenhang mit der Einführung des Index Clementinus bereits begegnet sind. Erst im Verlauf des 17. Jahrhunderts wurde der Geschäftsgang besser koordiniert.[226] Zu einer klaren Abgrenzung der zensorischen Kompetenzen beider Behörden ist es während der Frühen Neuzeit jedoch nicht gekommen.[227] Die Zuständigkeit ergab sich oft freilich von selbst. Immer dann, wenn in Büchern Lehren vertreten wurden, die potenziell den Glauben gefährdeten, aber anhand der aktuellen Kriteriologie nicht eindeutig als häretisch qualifizierbar waren und de iure verboten werden konnten, rückte das Sanctum Officium auf den Plan. Im Unterschied zur Indexkongregation konnte es in seiner Funktion als »Glaubenskongregation« in Gegenwart des Papstes auf den Donnerstagssitzungen lehramtliche Entscheidungen treffen.[228] Erst recht war das Sanctum Officium zuständig, wenn eine Schrift Rückschlüsse auf die Häresie lebender Personen im päpstlich-inquisitorialen Herrschaftsbereich zuließ. In solchen Fällen konnte das Zensurverfahren in ein Strafverfahren übergehen, das die Indexkongregation ihrerseits nicht führen konnte. Zwar hatte Papst Clemens VIII. im Jahr 1600 erklärt, dass diese in ihrem Kompetenzbereich auch Disziplinargewalt über Autoren, Drucker, Leser usw. besitze. War Häresie im Spiel, hatte sie aber nach derselben Verlautbarung den Fall an das Sanctum Officium abzutreten (Dok. C 6).[229]

Ein Zensurverfahren unter Regie des Sanctum Officium wies – vor allem nach der verfahrensnormierenden Konstitution »Sollicita ac provida« – in formaler Hinsicht keine gravierenden Unterschiede zu einem Verfahren in der Indexkongregation auf, wenngleich die beiden Dikasterien selbst miteinander

[226] Per Dekret vom 20.4.1613 z. B. erbat die CIndex vom SO, zukünftig über alle Bücherdekrete der Inquisitionskongregation unaufgefordert informiert zu werden: ACDF Index Diari 2 (1607–1620), fol. 46r. Die Befolgung des Dekrets wird durch die Existenz vieler interner Verbotsmeldungen aus dem SO in den Akten der CIndex belegt.

[227] In den Worten Giovanni Battista De Lucas besaß das SO »cumulativam facultatem […] cum Magistro S. Palatii et cum congregatione Indicis super lectura librorum prohibitorum«: Relatio (wie Anm. 218), Disc. XIV., Nr. 12, S. 96.

[228] Dieser Unterschied ist nicht zuletzt für die Bewertung des Falls Galilei von Bedeutung: Francesco BERETTA, Le procès de Galilée et les Archives du Saint-Office, in: RSPT 83 (1999), S. 441–490, bes. S. 452; Vittorio FRAJESE, Il processo a Galileo Galilei. Il falso e la sua prova, Brescia 2010, S. 34 (»L'Indice proibiva libri, non definiva dottrine«). – Den Usus der regelmäßigen Anwesenheit des Papstes bei den Donnerstagssitzungen hatte schon Paul IV. eingeführt: ACDF SO Decreta 1548–1558, fol. 176v (Mandat des Papstes, 18.4.1556).

[229] Das SO wurde indes nicht ausschließlich bei Glaubensdelikten zensorisch aktiv. In vielen der dort verhandelten Zensurfälle waren Verfehlungen deutlich unterhalb der Häresieschwelle Gegenstand des Verfahrens. Letztlich lag es rein im Ermessen der Inquisitionskongregation, ob sie Fälle selbst bearbeitete oder die CIndex zum Zuge kommen ließ. Niels Stensen fasste die Lage knapp und zutreffend zusammen: »per la censura de' libri l'ordinario ricurso si fa alla congregazione dell'Indice, ma in materie gravi si va a quella del Sant'Uffizio«, Stensen an Cosimo III., zit. n. Pina TOTARO, Documenti su Spinoza nell'Archivio del S. Uffizio dell'Inquisizione, in: NRL 2000/1, S. 95–128, hier: S. 110f.

nicht vergleichbar waren (Dok. C 10, §§ 3–5, 9).[230] Die Indexkongregation hatte einen vergleichsweise eng umschriebenen Kompetenzbereich, keine eigenen Einkünfte und verfügte mit dem Sekretär nur über einen einzigen »hauptamtlichen« Mitarbeiter, der zusammen mit dem vorsitzenden Kardinal-Präfekten Schrift- und Geschäftsführung innehatte. Die Situation im Sanctum Officium stellte sich in vielen Beziehungen anders dar. Das Dikasterium stand an der Spitze der kurialen Behördenhierarchie, seine Vollmachten als Gericht in allen Belangen des Glaubens sowie als Zentralverwaltung der Inquisition ließen es wie die eigentliche Regierung der Kirche Italiens erscheinen.[231] Es verfügte über beträchtliches Stiftungsvermögen und zahlreiche hauptamtliche Mitarbeiter, zu denen z. B. der Commissarius (ermittelnder Richter, Inquisitor), Assessor (Richter, Chef der Verwaltung), Fiskal (Ankläger), Notar und weiteres Kanzleipersonal zählten. Der Präfekt der Kongregation war der Papst selbst, weshalb der schriftführende Kardinal den Titel »(Kardinal-)Sekretär« führte.

Die an das Sanctum Officium gerichteten Buchanzeigen liefen meist beim Assessor (seltener beim Commissarius) ein, der wie der Sekretär in der Indexkongregation die Anzeige kursorisch prüfte. Er entschied, ob das angezeigte Buch in die Zuständigkeit seiner Behörde gehörte oder doch besser von der Indexkongregation untersucht werden sollte (ebd. § 3).[232] Im ersten Fall trug er die Anzeige den Kardinalinquistoren vor, die zweimal wöchentlich (mittwochs im römischen Dominikanerkloster S. Maria sopra Minerva, donnerstags in einem der apostolischen Paläste) tagten.[233] Auf das Referat des Assessors wurde ein Gutachter bestimmt. Dieser wurde im 17. Jahrhundert meist aus dem Kreis der so genannten Qualifikatoren ausgewählt. Die Qualifikatoren waren vereidigte Theologen des Sanctum Officium, deren ursprüngliche Aufgabe in der Qualifizierung von Lehrsätzen nach der traditionellen theologischen Taxonomie (»häretisch«, »dicht an der Häresie«, »nach Häresie schmeckend«, »irrig«, »gefährlich«, »skandalös«, »verwegen«, »arrogant« usw.) bestand.[234] In

[230] Zum Folgenden vgl. WOLF/SCHMIDT (wie Anm. 195), S. 44–53.

[231] Die italienische Historiografie stellt in der Bewertung der Römischen Inquisition heute oft den unifizierenden Einfluss heraus, den diese als einzige quasi-nationale Institution auf das frühneuzeitliche Italien ausgeübt habe (Prosperi). Kritiker dieser Sichtweise verweisen auf die Studien Gigliola Fragnitos, die die systematische Unterdrückung der volkssprachlichen Kultur und somit eines Nationalbewusstseins seitens der Römischen Inquisition aufgezeigt haben: FRAGNITO, Proibito capire (wie Anm. 77), S. 7–26.

[232] Zu dieser Vorauswahl vgl. auch das Dekret des SO vom 25.7.1703, in: WOLF/SCHMIDT (wie Anm. 195), S. 200; sowie die Bemerkungen des Assessors Guglielmi in: ACDF SO St.St. D-2-f, fol. 334v.

[233] Das Minervakloster wurde von Paul V. zum Tagungsort der Mittwochssitzungen (Feria IV.) bestimmt: ACDF SO St.St. Q-2-n, S. 431 (Mandat des Papstes, 14.9.1628). Zuvor hatten die Kongregationssitzungen mittwochs im Palast des jeweils »ältesten« Kardinals stattgefunden.

[234] Einem Gutachten des Qualifikators Giovanni Damasceno Bragaldi OFMConv zufolge unterschied man um 1700 im SO zwischen 36 Qualifikationen bzw. »Graden der Zensur« (gradus censurarum): ACDF SO St.St. UV 25 (»S. O. Damasceno consultore. Censurae propositionum in materia fidei et morum ab anno 1653 ad 1658«), fol. 1r–2r. Zur Kriteriologie der theologischen Zensur vgl. den Art. »Censures doctrinales« (wie Anm. 220) sowie die Ausführungen von: Bernward SCHMIDT, Die Praxis des Zensierens. Zur Bedeutung von

einem Bücherzensurverfahren aber war die Rolle der Qualifikatoren dieselbe wie die der Konsultoren in der Indexkongregation, deren Vorrechte sie auch teilten.[235] Im Unterschied dazu übten die Konsultoren des Sanctum Officium andere Funktionen aus. Sie gehörten zum Gerichtspersonal und hatten die Aufgabe, im inquisitorischen Gerichtsverfahren vor dem Endurteil der Kardinalinquisitoren ein konsultatives Votum abzugeben. Ihr Einsatz als Gutachter in Zensurverfahren wurde erst im 18. und 19. Jahrhundert häufiger (vgl. Dok. C 10, § 4). Ausnahmen waren die drei theologischen Konsultoren ex officio: der Magister Sacri Palatii, der Generalmagister der Dominikaner sowie der »pater consultor« aus dem Orden der Franziskanerobservanten, die auch schon früher regelmäßig als Gutachter in Zensurverfahren zum Einsatz gekommen waren. Im 18. und 19. Jahrhundert griff das Sanctum Officium schließlich vermehrt auch auf externe Gutachter und spezielle Bücherrevisoren zurück.[236]

Wie in der Indexkongregation war auch im Sanctum Officium das Fachgutachten zum Vortrag vor der versammelten Kongregation bestimmt, der dann das Urteil bzw. die Anforderung weiterer Gutachten oblag.[237] Der Verhandlung des Buchs in der großen Kongregation konnten Beratungen in der montags stattfindenden Sitzung der Konsultoren vorausgehen, in der diese eine Beschlussvorlage für die Kardinalinquisitoren vorbereiteten (ebd. §§ 4–5). Die Konstitution »Sollicita ac provida« von 1753 schreibt vorbereitende Konsultorensitzung nach diesem Muster auch für die Indexkongregation vor, doch etablierten sich diese Zusammenkünfte erst im 19. Jahrhundert (ebd., § 8).[238]

Proposition und Qualifikation im römischen Buchzensurverfahren der Frühen Neuzeit, in: HJb 134 (2014), S. 221–250.

[235] Die Aufgabe der Qualifikatoren werden beschrieben in einer um 1760 vom damaligen Assessor des SO verfassten »Relazione sopra la deputazione de Qualificatori«, in: ACDF SO St.St. II-2-m (»Elenco de qualificatori e revisori«, 1760), Fasz. 3, 10. Wie die Konsultoren der CIndex übten die Qualifikatoren ihren Zensorendienst gratis aus, die Ordensleute unter ihnen genossen wie ihre Kollegen in der CIndex das »Bleiberecht« in Rom, weshalb ihre Ordensoberen sie nur nach Absprache mit dem SO aus Rom abberufen durften: ACDF SO Priv. 1669–1699, fol. 221–226v, hier: fol. 220v (Dekret des SO, 11.7.1664); ACDF SO St.St. II-2-m, Fasz. 3 (mit Verweis auf ein Dekret des SO vom 18.8.1728). Entsprechend der Regel für die »Index«-Konsultoren wurden die Qualifikatoren von der Kongregation (SO) nominiert, mussten aber nach einem Dekret Alexanders VII. vom 18.12.1658 durch den Papst in diesem Amt bestätigt werden: ebd., Fasz. 10 (Fortsetzung des Fasz. 3), das Dekret in: ACDF SO Decreta 1658, fol. 256r.

[236] So z. B. für die Zensur jüdischer Literatur: Marina CAFFIERO, I libri degli Ebrei. Censura e norme della revisione in una fonte inedita, in: Cristina STANGO (Hg.), Censura ecclesiastica e cultura politica in Italia tra Cinquecento e Seicento. Atti del Convegno, 5 marzo 1999, Florenz 2001, S. 203–223.

[237] Ein Dekret des SO vom 23.12.1682 hält fest, dass mindestens zwei Qualifikatoren über ein Buch oder eine These in der Kongregationssitzung referiert haben mussten, bevor ein Verbot ausgesprochen werden durfte: Adriano GARUTI, S. Pietro unico titolare del primato. A proposito del decreto del S. Uffizio del 24 gennaio 1647 (Collectio Antoniana), Bologna 1993, S. 72 (Dekret bestätigt durch den Papst am 6.1.1683).

[238] WOLF/SCHMIDT (wie Anm. 195), S. 88–91.

c) Publikation der Verbote: Bandi und Indizes

Im Verlauf des 17. Jahrhunderts wurde es üblich, dass die Indexkongregation und das Sanctum Officium ihre Bücherdekrete dem Papst zur Approbation vorlegten, bevor sie bekannt gegeben wurden. Der Papst erteilte die Approbation in der Regel mündlich in einer Privataudienz, zu der er den »Index«-Sekretär bzw. Assessor Sancti Officii regelmäßig empfing.[239] Auf die Approbation stand als Nächstes die Bekanntgabe des Urteils an. Diese geschah für die längste Zeit der hier betrachteten Periode in Form von Plakatedikten (Bandi), die im Namen der urteilenden Behörde erschienen.[240] Dieser Usus war allerdings erst das Ergebnis einer recht langwierigen Findungsphase, die von Rivalitäten zwischen den drei hier betrachteten Dikasterien untereinander sowie von dem Ringen zwischen der ortskirchlichen und zentralen Ebene um Zuständigkeiten in der Pressekontrolle gekennzeichnet war. Auch im Hinblick auf die Verbotspublizierung lässt sich so die Tendenz zur Zentralisierung beobachten, von der die gesamte Entwicklung der päpstlichen Pressekontrolle zu Beginn des 17. Jahrhunderts erfasst wurde.

Bevor sich die Verhältnisse im Verlauf des 17. Jahrhunderts nach dem oben beschriebenen Muster sortierten, war die Frage, welche Stelle Bücherverbote welcher Behörde publizieren sollte, umstritten gewesen. Es herrschte nicht einmal Klarheit darüber, ob die universalen Bücherdekrete der Indexkongregation und des Sanctum Officium überhaupt allgemein notifiziert werden sollten. Im 16. und noch in den ersten zwei Jahrzehnten des folgenden Jahrhunderts gaben sowohl die Indexkongregation wie auch das Sanctum Officium ihre Verbotsdekrete in erster Linie nur den mit der Exekution betrauten lokalen kirchlichen Presseoberen über die Dienstpost bekannt.[241] Die lokalen Stellen entschieden dann, auf welche Weise sie die Bücherverbote implementierten, was nicht zwingend die Publizierung der Verbote erforderte. Man ging allgemein davon aus, dass die Bischöfe und Inquisitoren die Orte ihres Bezirks, an denen Bücher

---

[239] Die nachträgliche Approbation durch den Papst erübrigte sich, wenn das Verbot in einer Feria-V.-Sitzung des SO gefallen war, da an diesen Sitzungen der Papst persönlich teilnahm (Dok. C 10, § 5). Wie lange an der von Alexander VII. am 2.2.1661 erlassenen Regel festgehalten wurde, über Bücherverbote und -suspendierungen grundsätzlich nur noch in den Donnerstagssitzungen zu entscheiden, wäre zu prüfen: »Sanctitas Sua iussit [...] nec in posterum ad suspensionem vel prohibitionem cuiuslibet libri [deveniri], nisi facta relatione decreti Eminentissimorum in congregatione, quae coram Sanctitate Sua habetur qualibet feria V.«: ACDF SO Decreta 1661, fol. 20r. Mitte des 18. Jahrhunderts waren auch wieder Bücherverbote in den Mittwochssitzungen üblich: Dok. C 10, § 4–5. Zur Approbation der »Index«-Dekrete vgl. ebd., § 1, § 8; und Dok. C 5, Congr. pro Ind. libr., Abs. 3.

[240] Die im Namen der CIndex und des SO erschienenen Plakate sind, sofern sich die Verbote auf konkrete Buchtitel beziehen, ediert in: GruFo 1542–1700, 1701–1813, 1814–1917: (I) Bandi.

[241] Vgl. dazu den Beschluss der CIndex vom 10.7.1612, ihre Dekrete vorerst weiterhin »per litteras privatas« bekannt zu geben: ACDF Index Diari 2 (1607–1620), fol. 41v. Einschlägige Beispiele aus der Dienstkorrespondenz sind ediert in: Rotondò (Hg.), Nuovi documenti (wie Anm. 79); Tedeschi (Hg.), Florentine Documents (wie Anm. 138). Vgl auch das weiter unten ausgeführte Beispiel der Suspendierung einer Schrift des Bf. von Faro, Mascarenhas.

eingeführt, gehandelt, gelagert oder gelesen wurden, so gut kannten, dass sie wussten, wo danach zu suchen war. Es genügte deshalb, wenn die Visitatoren des Inquisitors, die Beamten der örtlichen Zollstelle oder andere pressepolizeilichen Funktionsträger Listen zur Hand hatten, denen sie die geltenden Bücherverbote entnehmen konnten.[242]

Die Lage änderte sich erst nach der Einführung des Index Clementinus. Die darin enthaltene Instructio trägt den ortskirchlichen Stellen auf, in ihrem Bezirk fortan auch eigene Indizes zu publizieren (Dok. A 13, De prohib. § III). Diese lokalen Indizes sollten die im jeweiligen Bezirk geltenden Bücherverbote auflisten, und dazu gehörten selbstverständlich auch die universalen Verbote, mit deren »Serienproduktion« die römische »Verbotsfabrik« (Rebellato) gerade nach Einführung des Index Clementinus begann. Solche für den allgemeinen Gebrauch bestimmten, lokalen Indizes, welche die nach-clementinischen Verbote des Sanctum Officium und der Indexkongregation versammelten, erschienen z. B. in Florenz (1616), Bologna (1618) und Perugia (1620).[243] In Rom war es der Magister Sacri Palatii, der als Oberer über die lokale Presse diesen Auftrag ausführte.[244]

Das mittelbare, auf die lokalen Mechanismen gestützte Vorgehen der römischen Dikasterien bei der Verbotspublikation entsprach ganz der ortskirchlichen Ausrichtung des Index Clementinus und erschien genau deshalb auch bald schon nicht mehr zeitgemäß. Besonders die Indexkongregation begann zunehmend Anstoß an der herrschenden Publikationspraxis zu nehmen. Problematisch aus ihrer Sicht waren vor allem die Bandi des Magister Sacri Palatii, deren Geltungsbereich juristisch zwar auf den stadtrömischen Amtsbezirk des Palasttheologen beschränkt war (vgl. Kapitel II.5.), die nichtsdestoweniger aber auch außerhalb Roms rezipiert und dabei als »universal« wahrgenommen wurden.[245] Mit seinem Befehl vom 3. Januar 1608, das nächste Bando des Magisters an alle Inquisitoren, Ordinarien und Nuntien zu versenden, leistete Papst Paul V. der

---

[242] Ebenfalls verbreitet dürfte die »publicatio in faciem« gewesen sein, bei der Bücherverbote den Buchhändlern und Druckern persönlich durch den Inquisitor in Anwesenheit von Zeugen bekannt gegeben wurden, dazu ein Beispiel aus Asti, 16.2.1576(?), in: Scriniolum (wie Anm. 142), S. 90.

[243] Hierzu Rebellato, Fabbrica (wie Kapitel I, Anm. 6), S. 58–86, 237–271 (mit Edition des Bologneser »Syllabus« von 1618); vgl. auch Beispiele aus Asti, Pavia, Turin, Alessandria, Tortona, Genua in: Scriniolum (wie Anm. 142), S. 194f., 316–318, 347f., 391f., 420–422, 483–487.

[244] Den ersten lokal-römischen Index, mit dem die seit 1596 erlassenen Verbote der CIndex und des SO publiziert wurden, veröffentlichte der Magister Sacri Palatii am 7.8.1603 in Form eines Bando. Eine enstprechende Genehmigung dazu hatte ihm die CIndex bereits am 17.11.1601 erteilt: ACDF Index Diari 1 (1571–1606), fol. 149v; vgl. auch fol. 148v–149r. Weitere Bandi dieser Art folgten (jeweils mit den seit dem letzten Bando hinzugekommenen Verboten) 1605, 1609 und 1610, vgl. die Abdrucke im Index 1664: S. 293–296 (7.8.1603), 296–298 (16.12.1605), 300f. (23.7.1609), 301f. (7.9.1609), 303f. (9.11.1609), 304f. (30.1.1610).

[245] Zu lokalen Nachdrucken von Bandi des MSP kam es z. B. in Neapel und in Tortona (1607): Rebellato, Fabbrica (wie Kapitel I, Anm. 6), S. 43–47; Exemplare gingen auch dem Inquisitor von Asti zu: Scriniolum (wie Anm. 142), S. 357f., 454f., 459f., 465.

Universalisierung der Erlasse des Palast-Magisteriums noch weiter Vorschub.[246] Ein Bando des Magisters aus dem Jahr 1610 enthielt schließlich erstmals auch Formeln, die ganz offen eine gesamtkirchliche Verbindlichkeit suggerierten, wenngleich die italienische Sprachwahl mit dieser Aussage kontrastierte. Die Indexkongregation wollte diese Anmaßung der eigentlich ihr selbst zustehenden universalen Kompetenzen nun nicht mehr länger tolerieren.[247] Mit Verweis darauf, dass »die Edikte des Magister Sacri Palatii keine Geltung außerhalb Roms und erst recht nicht außerhalb Italiens besitzen«, ging sie im Jahr 1613 dazu über, ihre Beschlüsse auf eigenen Bandi zu publizieren, womit eine bis ins 20. Jahrhundert weitergeführte Tradition begründet wurde.[248]

Im Jahr 1620 ging die Kongregation bei der Betonung ihrer universalen Autorität noch einen entscheidenden Schritt weiter, indem sie die Veröffentlichung lokaler Indizes untersagte, es sei denn, sie selbst hatte diese vorher geprüft und approbiert.[249] Das Dekret erinnerte an den Geist der (verworfenen) Index-Bulle Sixtus' V. von 1590 (Dok. A 11), mit den geltenden Regeln der Instructio Clementina aber war es unvereinbar. Dieser Widerspruch kommt in den Kongregationsakten erst im Jahr 1662 zur Sprache, als im Zuge einer Index-Revision die Presse-Rahmengesetze auf den Prüfstand kamen. Das Verbot wurde daraufhin auf solche partikularen Indizes beschränkt, die mit einer fingierten römischen Approbation auf den Markt gebracht wurden. Ansonsten aber wurden partikulare Indizes im Sinne der Instructio Clementina ausdrücklich wieder zugelassen.[250]

Doch war die Zeit der lokalen Indizes in Italien zu diesem Zeitpunkt längst vorüber. An ihre Stelle waren inzwischen die römischen Verlautbarungen getreten, mit denen sich die beiden mit der Bücherzensur befassten Kongregationen jetzt direkt an die Allgemeinheit wandten. Nicht zuletzt weil die Herstellung der Bandi mit Kosten verbunden war, erfolgte jedoch nicht nach jeder Sitzung der Indexkongregation und erst recht nicht nach jeder Sitzung des Sanctum Officium die Ausfertigung eines Bando. Außer in dringenden Fällen, die keinen Aufschub zuließen, wartete man mit der Veröffentlichung, bis eine lohnende Zahl Verbote angefallen war. Das Sanctum Officium zog es dabei noch bis in die Mitte des 17. Jahrhunderts vor, seine Bücherurteile auf Bandi der Indexkongregation zu veröffentlichen.[251] Erst danach – in einem hier nicht näher er-

---

[246] ACDF SO Decreta 1608, S. 16.

[247] Bando des MSP, 30.1.1610: »[...] nell'altre città, terre et luoghi di qual si voglia regno, natione et popolo [...]«, hier zit. n. dem Abdruck in: Scriniolum (wie Anm. 142), S. 465.

[248] ACDF Index Diari 2 (1607–1620), fol. 46v (20.4.1613): »aedicta magistri Sacri Palatii extra Urbem non habent vigorem, et multo minus extra Italiam«.

[249] Das Dekret wurde unter dem 16.3.1621 auf einem Bando der CIndex publiziert: GruFo 1542–1700: (I) Bandi; das Diarium verzeichnet den entsprechenden Beschluss unter dem 30.6.1621(1620?): ACDF Index Diari 3 (1621–1628), fol. 57v–58r. Zu der Zäsur von 1613 vgl. CAVARZERE: Prassi (wie Anm. 21), S. 16f.; Gigliola FRAGNITO, Un archivio conteso: Le »carte« dell'Indice tra congregazione e Maestro del Sacro Palazzo, in: RSI 119 (2007), S. 1276–1317, hier: S. 1282; DIES., Proibito capire (wie Anm. 77), S. 129.

[250] REBELLATO, Fabbrica (wie Kapitel I, Anm. 6), S. 84, 88, 121.

[251] Die Praxis des SO, eigene Bücherverbote teilweise auf den Bandi der CIndex zu veröffentlichen, stellte Letztere vor die Frage, ob sie die überwiesenen Verbote nicht auch durch ein eigenes

klärbaren Zusammenhang mit der Jansenismus-Kontroverse – publizierte das Sanctum Officium seine Verbotsdekrete regelmäßig auch im eigenen Namen. In besonders gravierenden Fällen hatte es zudem die Möglichkeit, den Papst um die Veröffentlichung eines Bücherverbots in Form eines apostolischen Schreibens (Breve bzw. Bulle) zu bitten.[252] So wurde z. B. der »Augustinus« Cornelius Jansens per Bulle (»In eminenti«, 6. März 1642) verboten, im 18. Jahrhundert viele Hauptwerke der Aufklärung wie etwa John Lockes »Essay Concerning Human Understanding« (Breve »Cum sicut nobis«, 19. Juni 1734).[253]

Die Bandi der beiden Kongregationen wurden nach ihrer Herstellung in der Kammerdruckerei genau so wie andere päpstliche Dekrete und Konstitutionen von den päpstlichen Boten (Cursoren) in den römischen Hauptkirchen und an weiteren öffentlichen Plätzen ausgehängt (vgl. z. B. Dok. A 4, A 16, 21).[254] Diese »Publicatio in valvis« war eine rechtsrelevante Handlung, denn mit der Publikation »an den Türen« der Kirchen in Rom wurden die päpstlichen Gesetze nach kurialistischer Interpretation in der Gesamtkirche verbindlich.[255] Das heißt allerdings nicht, dass nicht auch andere Kommunikationswege zur Bekanntmachung genutzt wurden. Exemplare der Bandi wurden an die lokalen Inquisitoren bzw. Bischöfe in Italien und an die Apostolischen Nuntien im Ausland versandt, verbunden mit der Aufforderung, sie im eigenen Amtsbezirk nachzudrucken und zu publizieren.[256] In der Regel wurde dabei das Bando Wort für Wort in ein Edikt des örtlich zuständigen Inquisitors (oder Bischofs) inseriert, so dass der römische Ursprung und damit der universale Charakter der Verlautbarung immer erkennbar blieb.[257]

Zwar konnten – besonders im Fall der Indexkongregation – die meist mehrere Dutzend Verbotsdekrete zusammenfassenden Bandi in gewisser Hinsicht als Indizes betrachtet werden, doch wurde mit der anwachsenden Zahl der Dekrete

---

Prüfungsverfahren absichern müsste, bevor diese auf ihren Plakaten erschienen. Alexander VII. beantwortete die Frage 1666 sibyllinisch, ohne das Problem dadurch zu lösen: REBELLATO, Fabbrica (wie Kapitel I, Anm. 6), S. 152. – Plakate beider Dikasterien sind ediert in: GruFo 1542–1700, 1701–1813, 1814–1917: (I) Bandi.

252 Dass die Wahl der Publikationsform immer auch etwas über die »Feierlichkeit« und den Ernst eines Bücherverbots aussagte, macht eine entsprechende »Rangliste« im Dienst-Handbuch des Assessors des SO Guglielmi deutlich: WOLF/SCHMIDT (wie Anm. 195), S. 48f.

253 Die einschlägigen päpstlichen Schreiben sind dokumentiert in: Joseph HILGERS, Die Bücherverbote in Papstbriefen. Kanonistisch-Bibliographische Studie, Freiburg/Breisgau 1907. – In dem im Jahr 1900 erschienenen Index Leoninus beläuft sich die Gesamtzahl der ursprünglich per apostolischem Schreiben erlassenen Bücherverbote auf rund 140 (im Verbotskatalog des Leoninus mit † gekennzeichnet): HILGERS, Index (wie Kapitel I, Anm. 2), S. 88, 96–101.

254 Zu den Cursoren vgl. Dok. A 4, Anm. 10.

255 Alfredo CIRINEI, Bandi e giustizia criminale a Roma nel Cinque e Seicento, in: Roma moderna e contemporanea 5,1 (1997), S. 81–95, hier: S. 83f.

256 Warum die CIndex den Versand von Bandi an die Ortsinquisitoren zeitweilig eingestellt hatte, bevor der Usus im Jahr 1658 wieder aufgenommen wurde, konnte bislang nicht befriedigend erklärt werden: CAVARZERE, Prassi (wie Anm. 21), S. 8

257 Die lokalen Nachdrucke der Bandi sind in Auswahl dokumentiert in: GruFo 1542–1700: (I) Bandi.

auch der Ruf nach einer Fortsetzung bzw. einem Nachfolger des Index von 1596 laut. Die Indexkongregation jedoch hatte lange Zeit Bedenken, den 1596 so mühsam auf die Erfolgsspur gebrachten Index Clementinus anzutasten. Ob von Beginn an so beabsichtigt oder nicht: Die Entscheidung, in diesem Index den Vorgänger (Index Tridentinus) intakt zu lassen, hatte bewirkt, dass der 30 Jahre nach dem Konzilsende erschienene »Clementinus« als ein veritabler Konzilstext rezipiert und dementsprechend weit verbreitet wurde, in Separatdrucken, vor allem aber auch in Ausgaben der Trienter Konzilsdekrete.[258] Ein neuer Index barg die Gefahr, dass im Fall eines Misserfolgs das bereits Erreichte zunichte gemacht würde. Um sich den Index von 1596 als Rückfallposition zu sichern, entschied die Kongregation deshalb, die neu hinzugekommenen Bücherverbote getrennt von dem Erfolgsindex zu veröffentlichen, in Form von Kompilationen der Bandi oder systematisch in Form eines alphabetischen Katalogs. Die ersten post-clementinischen Verbotskataloge trugen somit eher den Charakter von Supplementen zur Index-Ausgabe von 1596 als den vollständiger Indizes.[259]

Gegen Mitte des 17. Jahrhunderts war die Zahl der seit 1596 hinzugekommenen Bücherverbote allerdings derartig angewachsen, dass eine vollständige Neuausgabe des römischen Index unausweichlich wurde. Motor des Projekts wurde der tatkräftige Kongregationssekretär und Protegé Alexanders VII. Giacinto Libelli OP (im Amt von 1655 bis 1664), der das Vorhaben noch vor Ende seiner Amtszeit zum Abschluss bringen konnte. Am 5. März 1664 approbierte der Chigi-Papst den neuen Index mit dem Breve »Speculatores domus Israel« (Dok. A 18), am 22. September wurde der Abschluss des Drucks in der Kongregation vermeldet.[260] Der Index Alexandrinus brach mit manchen der seit dem Tridentinus von 1564 gepflegten Traditionen. Er verzichtet z. B. auf die konservative Scheidung des Konzilsindex von den späteren Ergänzungen (Appendizes), auf die man bei der Anfertigung des Index Clementinus so großen Wert gelegt hatte. Im neuen Index wurden alte und neue Verbote in einer einzigen Liste dargeboten, der im Titel des Clementinus noch hervorgehobene Bezug zum »Konzilsindex« wurde entfernt. Der Index war jetzt schlicht mit dem Namen des regierenden Papstes verbunden: »Index Librorum Prohibitorum Alexandri VII. Pontificis Maximi iussu editus«.[261] Damit der Benutzer den Ursprung eines jeden Eintrags trotz der Verschmelzung der Indizes von 1564 und 1596 mit den späteren Dekreten nachvollziehen konnte, gab Libelli seinem Werk einen umfangreichen Quellenanhang bei. Darin werden im Volltext die Bandi der Indexkongregation und des Sanctum Officium sowie der komplette Index Clementinus (hier bezeichnend »Index Tridentinus« genannt) wieder abgedruckt.

---

[258] Den zurzeit besten Katalog der römischen Index-Ausgaben von 1596 bis 1758 bietet: REBELLATO, Fabbrica (wie Kapitel I, Anm. 6), S. 272–373; dort auch (S. 24–27) zu der teilweise symbiotischen Druckgeschichte des Index Clementinus mit den Konzilsdekreten.

[259] Zwischen dem Index Clementinus und dem Nachfolger-Index von 1664 gab die CIndex mindestens drei solcher Supplemente heraus: 1619, 1624 und 1632: REBELLATO, Fabbrica (wie Kapitel I, Anm. 6), S. 306 (Nr. 77), 311 (Nr. 85), 318f. (Nr. 100).

[260] Zur Entstehung des Index Alexandrinus vgl. die fundierten Ausführungen ebd., S. 113–142.

[261] Index 1664.

Auch entfiel 1664 die umständliche Gliederung des Katalogs in Indexklassen. Seit dem ersten römischen Index war der Verbotskatalog zu jedem Buchstaben in drei Klassen untergliedert (vgl. Dok. A 7). In der 1. Klasse standen Namen von Häretikern, deren Gesamtwerk, ungeachtet der Thematik der einzelnen Bücher, verboten war (so genannte »Opera omnia«-Verbote). Die 2. Indexklasse versammelte »omnino« oder »donec corrigatur« verbotene Einzelwerke, während die 3. Klasse anonyme Werke aufführte. Wie das Einführungsbreve Alexanders VII. moniert, wollte man fortan auf die Klasseneinteilung verzichten, weil Benutzer sie als Hierarchie der Verbote missverstanden hätten. Ein in der 3. Klasse aufgeführtes Werk aber konnte ebenso gefährlich sein wie eins aus der 2. Klasse (Dok. A 18). Um Missverständnissen entgegenzutreten, verfügte der Index fortan über eine durchlaufende alphabetische Liste, wobei im Fall von Verboten, die aus den älteren Indizes übernommen wurden, mit dem Quellenbeleg auch die ursprüngliche Klasse angegeben wurde.[262]

Ein Jahr später gab der Nachfolger Libellis im Sekretärsamt, Vincenzo Fani OP (im Amt von 1664 bis 1672), eine verschlankte Version des Alexandrinus heraus, die von sämtlichen Quellenanhängen und dem von Libelli angelegten Autoren- und Sachregister (»Index secundus/tertius«) befreit war.[263] Die einzige echte Ergänzung, die Fani vornahm, waren die zwei mit dem Namen Alexanders VII. verbundenen »Observationes« zur X. Trienter Indexregeln (Dok. A 19). Sie geben summarisch jeweils ein Dekret der Indexkongregation und des Sanctum Officium wieder. Beim ersten handelt es sich um die oben erwähnten Vorschriften der Indexkongregation zur »Objektivierung« der kirchlichen Zensur vom 3. Februar 1659 (Dok. A 17). Das zweite Dekret wiederholt ein an die Bewohner des Kirchenstaats gerichtetes Verbot, Schriften als Exildrucke im Ausland drucken zu lassen, das ursprünglich am 18. September 1625 vom Sanctum Officium erlassen worden war (Dok. B 8). Ansonsten blieb es im Index Alexandrinus bei der Rahmengesetzgebung von 1596.

Nachdem der Index Clementinus rund 70 Jahre als gesamtkirchliches Pressegesetz gedient hatte, blieb der Nachfolger sogar beinahe ein volles Jahrhundert lang in Kraft. Die in den Jahren 1670, 1681, 1704, 1734 und 1739 erschienenen römischen Indizes waren aktualisierte Neuauflagen des Index von 1665.[264] An den Indexregeln wurden dabei keine weiteren Änderungen vorgenommen, sie blieben nach wie vor beinahe unverändert im Zustand von 1596. Erst im Zuge der folgenden Indexreform Mitte des 18. Jahrhunderts kam wieder Bewegung

[262] Tatsächlich spielten bei der Abschaffung der Indexklassen auch arbeitsökonomische Überlegungen eine Rolle. Auch erwecken die kongregationsinternen Erörterungen den Eindruck, dass selbst die Mitglieder der CIndex den Aussagewert der Indexklassen ganz unterschiedlich deuteten: REBELLATO, Fabbrica (wie Kapitel I, Anm. 6), S. 117f., 138, 147, 159f.

[263] Index 1665; zur Entstehung dieser Ausgabe: REBELLATO, Fabbrica (wie Kapitel I, Anm. 6), S. 142–151.

[264] Dazu die Ausführungen und genauen Druckbeschreibungen bei REBELLATO, Fabbrica (wie Kapitel I, Anm. 6), S. 152–198, 336 (Nr. 133), 340 (Nr. 144), 353 (Nr. 169), 354 (Nr. 170), 355 (Nr. 171).

in die Rahmengesetzgebung. Von der 1753 veröffentlichten Konstitution »Sollicita ac provida«, welche das Zensurverfahren in den Kongregationen des Index und des Sanctum Officium fixierte, war weiter oben bereits die Rede (Dok. C 10). Sie stand im Kontext einer Generalrevision des Index, die der Kongregationssekretär Tommaso Agostino Ricchini OP (im Amt von 1749 bis 1759) nach den Vorgaben Papst Benedikts XIV. durchführte. Viele als antiquiert empfundene Bücherverbote wurden unter dem der Aufklärung aufgeschlossenen Papst überprüft, Irrtümer und fehlerhafte oder unklare bibliografische Angaben berichtigt.[265] Im Zuge dessen wurde auch das 1596 vom Sanctum Officium noch energisch verteidigte Verbot der Bibel in den Landessprachen gelockert (vgl. Kapitel II.3.4.a). Von nun an waren »Volksbibeln« zulässig, sofern sie vom Hl. Stuhl approbiert waren und der Bibeltext einordnende Kommentare aufwies (Dok. A 15, Additio). Diese Regelung wurde noch im Jahr 1836 vor dem Hintergrund des Wirkens der Bibelgesellschaften bestätigt und ging 1897/1900 in den Index Leoninus, 1917 schließlich in den CIC ein (Dok. A 26; A 29, Tit. I, De prohib., c. III., Nr. 7; A 31, Can. 1391). Ebenfalls kulturell bedeutsam war die Rücknahme des seit 1616 bestehenden pauschalen Verbots aller Schriften, die nach Kopernikus das heliozentrische Weltbild lehrten, der Name Galilei freilich wurde vorerst auf dem Index belassen.[266]

Eine weitere Modifizierung, die aus dieser Indexreform hervorging, stellen die in den Vorspann des Index aufgenommenen »Decreta de libris prohibitis nec in Indice nominatim expressis« dar (Dok. A 22). Darin wurden die seit dem Index Clementinus aufgetürmten pauschalen Bücherverbote, die in den älteren Index-Ausgaben in den alphabetischen Verbotskatalog unter Lemmata wie »libri«, »folia«, »imagines«, »indulgentiae« usw. einsortiert und deshalb schwer auffindbar waren, systematisch dargereicht. Zusammen mit »Sollicita ac provida« wies der Index von 1758 somit zwei substanzielle Erweiterungen der Indexregeln auf – die ersten seit 150 Jahren. Der per Breve vom 23. Dezember 1757 approbierte (Dok. A 23), später mehrere Male aktualisierte Index blieb über die Epochenwende von 1800 hinaus in Geltung.[267] Ersetzt wurde er erst im Jahr 1900 durch den Index Leoninus.

d) Vollzug der Pressegesetze

Hatte das Sanctum Officium oder die Indexkongregation ein Bücherverbot erlassen und dieses per Bando publiziert, war allein dadurch noch nicht viel er-

[265] Ebd., S. 186–230.

[266] Galileis »Dialogo sopra i due massimi sistemi del mondo« taucht erst seit 1835 nicht mehr in den Ausgaben des römischen Index auf, zwei Jahre zuvor hatte Gregor XVI. das berüchtigte Verbot aufgehoben: Pierre-Noël MAYAUD, La condamnation des livres Coperniciens et sa révocation à la lumière des documents inédits des Congrégations de l'Index et de l'Inquisition (Miscellanea Historiae Pontificiae 64), Rom 1997, bes. S. 272f.

[267] Index 1758. – Aktualisierte Auflagen des Index Bendictinus erschienen 1761, 1764, 1770, 1786, 1787, 1819, 1835, 1841, 1843, 1852, 1876, 1877, 1881 und 1884.

reicht, außer dass das betreffende Buch von apostolischer Seite missbilligt und der Ruf des Autors beschädigt waren. Diese »symbolische« und an das Gewissen der Gläubigen appellierende Damnatio gewann ab der Mitte des 18. Jahrhunderts als Zweck der päpstlichen Bücherverbote immer mehr an Bedeutung. Vorher aber hatte Rom mit den Bücherverboten wesentlich konkretere Ziele verfolgt. Nicht die Kommunizierung der Verbote, mit der – wie oben (Abschnitt c) erwähnt – auch erst in den ersten Jahrzehnten des 17. Jahrhundert allgemein begonnen wurde,[268] sondern die Implementierung im Sinne einer »Entmaterialisierung« (Bellingradt) bzw. Unterdrückung der proskribierten Schriften stand im Vordergund.[269] Durch ein römisches Verbot sollte ein Buch im wahrsten Sinne des Wortes aus der Welt geschafft werden. Es wurde Folgsamkeit und Konsequenz erwartet, die der Autorität des Befehls angemessen waren, schließlich handelte es sich bei den römischen Bücherverboten und Indexregeln um universale Gesetze, die nach kurialistischer Auffassung an der Spitze der Rechtshierarchie rangierten, sowohl im geistlichen wie im weltlichen Bereich (vgl. z. B. Dok. A 11, Abs. 1).

Angesichts der immer weiter voranschreitenden Arrondierung königlicher und fürstlicher Prärogativen, welche für die politische Entwicklung Europas im Zeitalter des Absolutismus kennzeichnend war, ist es beinahe überflüssig zu betonen, dass es in den meisten Ländern des Orbis catholicus den von Rom geforderten Automatismus bei der Umsetzung päpstlicher Gesetze nicht gab. Inwieweit und ob überhaupt Gesetze und Direktiven aus Rom in den katholischen Ländern Europas zur Ausführung gelangten, hing von dem Einvernehmen des weltlichen Herrschers und des nationalen Episkopats und somit immer auch von den konkreten politischen Umständen ab.[270]

In manchen Ländern waren die Mauern gegen den römisch-universalistischen Machtanspruch höher als in anderen. Zu einem wahren Problemfall für die Kurie in dieser Hinsicht war Frankreich geworden. Das Land hatte die in der Ära der Reformkonzilien im 15. Jahrhundert erworbenen kirchlichen Freiheiten behaupten können und setzte seinen Sonderweg mit der Duldung der konfessio-

[268] Es ist bezeichnend, dass erst 40 Jahre nach Gründung der CIndex der Kongregationssekretär Paolo Pico OP zu einer aus heutiger Perspektive ganz banalen Einsicht wie dieser gelangte: »frustra prohibentur libri, si eorumdem non publicatur prohibitio«: ACDF Index Diari 2 (1607–1620), fol. 44r (25.2.1613).

[269] Daniel Bellingradt, Wenig Papier, viel Aufwand. Öffentliche Buchverbrennungen der Frühen Neuzeit als materielles Problem, in: Jahrbuch für Kommunikationsgeschichte 16 (2014), S. 28–48, hier: S. 28 (Zitat).

[270] Zu der im folgenden behandelten Problematik der Index-Umsetzung vgl. meine Bemerkungen in: Römische Buchzensur (wie Anm. 203), S. 128–134; und in: Zensurexemplare der Mainzer Stadtbibliothek als Quelle für die Umsetzung des römischen Index der verbotenen Bücher (17./18. Jahrhundert), in: Mainzer Zeitschrift 108 (2013), S. 63–75. Die komparatistische Betrachtung katholischer Zensurregime der Frühen Neuzeit ist ein besonderes Verdienst der Arbeiten von Mario Infelise, vgl. z. B.: La censure dans les pays méditerranéens, 1500–1750, in: Hans Bots, Françoise Waquet (Hg.), Commercium litterarium. La communication dans la république des lettres, 1600-1750 (Études de l'Institut Pierre Bayle 25), Amsterdam 1994, S. 261–279.

nellen Koexistenz weiter fort (Edikt von Nantes, 1598). Gemäß der Verfassung der gallikanischen Kirche bedurften allgemein verbindliche päpstliche Gesetze bzw. Dekrete der Kurienbehörden, denen der Index und die Bücherverbote zuzurechnen waren, des königlichen Plazets und der Prüfung und Registrierung durch das Pariser Parlament, vorher durften sie nicht angewendet werden.[271] Zwar unternahm Rom wiederholt Anläufe, Frankreich den Index als allgemeines Pressegesetz zu oktroyieren und somit den Rahmen dafür zu schaffen, das Land in das System päpstlicher Pressekontrolle einzugliedern. Doch scheiterten diese Versuche schon im Ansatz daran, dass das Reich des Allerchristlichsten Königs die Trienter Konzilsdekrete und damit die Pressehoheit der Kirche – wie sie z. B. die X. Indexregel postuliert (Dok. A 9) – nie offiziell akzeptierte.[272] Die Zensur unterstand dem König und entwickelte sich mit der Verlagerung der Zuständigkeiten von der Pariser Universität und dem Parlament auf die Chancellerie seit den 1620er Jahren immer deutlicher zu einem Teil der weltlichen Verwaltung des Königreichs, unbeschadet dessen, dass Geistliche eine nicht unbedeutende Rolle in der königlichen Zensurbehörde spielten.[273] Da in Frankreich entsprechende rechtliche und institutionelle Automatismen fehlten, musste Rom auf die Diplomatie ausweichen, um dem päpstlichen Willen im Zielland Geltung zu verschaffen. Eine Schlüsselrolle bei dem stets schwierigen Unterfangen, römische Bücherverbote auch in Frankreich zu implementieren, spielte deswegen die apostolische Nuntiatur in Paris, die praktisch im ständigen Kontakt mit den zwei hier interssierenden Kongregationen stand.

Auf etwas günstigere Umstände traf Rom in den katholischen Territorien des Reichs, vor allem den geistlichen, die erst spät im 18. Jahrhundert den großen

[271] Rom hatte zwar die Rekonziliation des Bourbonen Heinrich IV. an die Annahme des Tridentinums geknüpft, doch blieb der König diese schuldig. Die Trienter Dekrete wurden nie en bloc in die königliche Gesetzgebung integriert, wohl aber wurden Bestimmungen daraus durch die Bischöfe auf diözesaner Ebene umgesetzt: Ségolène de DAINVILLE-BARBICHE, Autour du gallicanisme politique. La réception en France des bulles, brefs et autres expéditions de la cour de Rome (XVIIIe siècle – 1802), in: QUANTIN/WAQUET (wie Anm. 83), S. 143–160; DIES., Bernard BARBICHE, La diplomatie pontificale à l'épreuve de la réception du concile de Trente en France (XVIe–XVIIe siècles), in: Patrick ARABEYRE, Brigitte BASDEVANT (Hg.), Les clercs et les princes. Doctrines et pratiques de l'autorité ecclésiastique à l'époque moderne (Études et rencontres de l'École des chartes 419), Paris 2013, S. 297–308; ausführlich dazu: Alain TALLON, La France et le concile de Trente (1518–1563) (Bibliothèque des écoles françaises d'Athènes et de Rome 295), Rom 1997. – Zur Behandlung der Kongregationsdekrete durch das Parlament von Paris vgl. den Arrêt vom 31.12.1650, der generell die Verbreitung von Dekreten des SO ohne vorherige königliche Erlaubnis und Prüfung durch das Parlament untersagte: Code de la librairie et imprimerie de Paris [...], Paris: Communauté des imprimeurs et libraires de Paris, 1744, S. 426.

[272] Gigliola FRAGNITO, Diplomazia pontificia e censura ecclesiastica durante il regno di Enrico IV, in: Rinascimento 42 (2002), S. 143–167.

[273] Zum französischen Zensursystem vgl. Raymond BIRN, La censure royale des livres dans la France des Lumières. Préface de Daniel Roche (Collège de France), Paris 2007; Edgar MASS, Literatur und Zensur in der frühen Aufklärung: Produktion, Distribution und Rezeption der »Lettres persanes« (Analecta Romanica 46), Frankfurt/Main 1981; INFELISE, Libri proibiti (wie Anm. 192), S. 89–96.

Schritt zur Emanzipation vom Hl. Stuhl wagten.[274] Im Reich stand allerdings die starke politische Fragmentierung einem einheitlichen, streng an den gesamtkirchlichen Normen orientierten Zensurregime entgegen. Zwar gab es Pläne – z. B. seitens der Kölner Inquisitoren – dieses Hindernis durch die Schaffung überregionaler Strukturen zu überwinden.[275] Doch blieben solche Vorhaben gemessen an dem groß dimensionierten Anspruch der römischen Legislation erfolglos. Dasselbe galt für das Wirken des Apostolischen Bücherkommissars, der im 17. und 18. Jahrhundert die Kölner Nuntiatur und über diese auch die Kurie mit Informationen über das deutsche Pressegeschehen belieferte, ansonsten aber wohl nur wenig auszurichten vermochte, um den päpstlichen Gesetzen in der Germania Geltung zu verschaffen.[276] So hing auch im Reich die Umsetzung der römischen Bücherverbote hauptsächlich von der Durchsetzungskraft des in Köln amtierenden Nuntius ab, dem im Übrigen wenig an der Errichtung einer weiteren apostolischen Dienststelle in Form der Dominikaner-Inquisition gelegen sein konnte, schließlich wäre dies der Exklusivität seiner Vollmachten – zu denen auch inquisitorische Fakultäten zählten – abträglich gewesen. Noch weniger dürften derartige Bemühungen bei den Erzbischöfen von Köln Unterstützung gefunden haben.[277]

Im Vergleich zu den Ländern jenseits der Alpen fiel die päpstliche Pressegesetzgebung in Spanien und Portugal auf wesentlich günstigeren Boden. Beide

---

[274] Zum anti-römischen Episkopalismus der späten Reichskirche, der in den Koblenzer Gravamina (1769) und der Emser Punktation (1786) kulminierte, vgl. Michael PRINTY, Enlightenment and the Creation of German Catholicism, Cambridge 2009, S. 25-101.

[275] Erwähnenswert ist der 1609 nach Rom übermittelte Plan des Kölner Inquisitors Gisbert Specht OP, der u. a. die Einsetzung von Inquisitionsvikaren in Mainz, Trier und Frankfurt zur Umsetzung des Index Clementinus vorsah: ACDF Index Prot. 22, fol. 116–118, 126. Über das frühneuzeitliche Wirken der Kölner Inquisitoren, die meist mit den Prioren des örtlichen Dominikanerkonvents identisch waren, ist erst wenig gearbeitet worden, vgl. DSI 1, S. 349f von P. SCHMIDT; die dort genannte Literatur wäre zu ergänzen um: Herman H. SCHWEDT, Kölns Inquisitor Sebastian Knippenberg OP († 1733) auf dem »Index der verbotenen Bücher«, in: Heinz FINGER u. a. (Hg.), Ortskirche und Weltkirche in der Geschichte. Kölnische Kirchengeschichte zwischen Mittelalter und Zweitem Vatikanum. FS Norbert Trippen, S. 591–626. – Allgemein zum Einfluss der Römischen Inquisition auf das Reich vgl. die Beiträge in: Albrecht BURKARDT, Gerd SCHWERHOFF (Hg.), Tribunal der Barbaren? Deutschland und die Inquisition in der Frühen Neuzeit. Unter Mitwirkung von Dieter R. Bauer (Konflikte und Kultur – Historische Perpektiven 25), Konstanz – München 2012.

[276] Eine der konkreten Aufgaben des Apostolischen Bücherkommissariats, das meist in Personalunion von dem kaiserlichen Bücherkommissar in Frankfurt am Main ausgeübt wurde, bestand darin, von der Frankfurter Buchmesse einen Katalog der zweifelsfrei katholischen Neuerscheinungen aus dem Reich nach Rom zu senden. Der Katalog diente Zoll-Bediensteten in Italien als Hilfsmittel, anhand dessen sie die Ware kontrollieren sollten, welche Buchführer aus dem Reich über die Alpen brachten. Vgl. HASECKER, Römische Buchzensur (wie Anm. 203), S. 132f., mit der dort angegebenen Lit.

[277] Im Jahr 1735 beispielsweise wies der Kölner Ebf. Clemens August Pläne des Kölner Inquisitors Ludwig Fliegen OP, die Inquisition gemäß dem »Konjunktim« an der Bücherzensur in der Erzdiözese zu beteiligen, empört zurück: Emil PAULS, Aus der Geschichte der Inquisition in der Erzdiözese Köln. Ein päpstlicher Inquisitor im Jahre 1735, in: Annalen des Historischen Vereins für den Niederrhein 74 (1902), S. 127–138; vgl. auch SCHWEDT, Kölns Inquisitor (wie Anm. 275), S. 593f.

Länder (Spanien von 1478 bis 1808/1820, Portugal von 1536 bis 1821) zeichneten sich schließlich durch die Präsenz einer Inquisition aus, die in beiden Fällen die maßgebliche Kontrollinstanz über die Presse im jeweiligen Land darstellte.[278] An der Spitze der zwei Inquisitionen stand jeweils ein Generalinquisitor, der vom jeweiligen König nominiert wurde, seine Amtsvollmachten als Glaubensrichter, die den gesamten inquisitorialen Apparat erst legitimierten, aber stets durch den Papst erhielt. Als Delegaten des Hl. Stuhls waren die spanischen und portugiesischen Generalinquisitoren im besonderen Maße zur Anwendung der päpstlichen Pressegesetze verpflichtet, doch wichen die Zensurverhältnisse in den beiden Ländern nicht unwesentlich von den gesamtkirchlichen Normen ab. In Spanien waren nach entsprechenden königlichen Erlassen von 1502 und 1558 an der Vorzensur weder Inquisitoren noch Bischöfe beteiligt. Das Imprimatur wurde als ein Regal behandelt, für die Vorzensur war der Kronrat zuständig. Nachzensur und Pressepolizei (Einfuhrkontrollen, Inspektion der Buchlager und -läden usw.) hingegen lagen in der Verantwortung der Inquisition. In Portugal war der Abstand zwischen den kanonischen Normen und der tatsächlichen Organisation der Zensur etwas geringer. Bis zur Zensurreform unter dem Marquês de Pombal (1768) teilten sich Inquisitoren und Bischöfe die Vorzensur mit der königlichen Hofgerichtsbarkeit. Die Nachzensur und der Vollzug der Pressegesetze lagen auch hier in der alleinigen Verantwortung der Inquisition.

Dass die Präsenz der zwei Inquisitionen päpstlichen Rechts auf der Iberischen Halbinsel nicht automatisch zur getreuen Umsetzung der päpstlichen Pressegesetze führte, zeigt auch die Existenz nationaler Indizes mit jeweils eigenen Indexregeln. In Spanien wurden diese – wie im Übrigen auch die prohibitiven Bücheredikte – durch die Generalinquisitoren in ihrer Funktion als Verantwortliche für die Nachzensur erlassen. Sie entstanden vollkommen unabhängig von den römischen, wenn auch die römisch-universalen Bücherverbote selektiv in die spanischen Verbotskataloge integriert wurden und auch die Indexregeln sich an den päpstlichen Normen orientierten.[279] Die von den römischen Dikasterien erlassenen Bücherdekrete wurden in Spanien nicht ohne Zustimmung der Inquisition und des Königs akzeptiert und publiziert mit dem Effekt, dass beispielsweise Kopernikus und Galilei in Spanien nicht verboten waren.[280] Wiederum enger an Rom angelehnt waren die Pressegesetze in Portugal, wo seit 1559 der

---

[278] Art. »Inquisizione portoghese«, in: DSI 2, S. 811–815 von E. CUNHA DE AZEVEDO MEA, und Art. »Inquisizione spagnola«, in: ebd., S. 827–845 von R. LÓPEZ-VELA.

[279] »Indici dei libri proibiti, Spagna«, in: DSI 2, S. 784–787 von J. M. DE BUJANDA; IdLI 5 (1984), 6 (1993). – Die Zahl der Regeln des Spanischen Index, die auf den Trienter Indexregeln basierten, diese aber nicht vollumfänglich integrierten (bezeichnenderweise fehlte z. B. die X. Trienter Indexregel), betrug seit 1583 14, im Jahr 1640 kamen zwei weitere hinzu, außerdem wurden Teile der Instructio Clemens' VIII. von 1596 übernommen: Mariano DELGADO, Spanische Inquisition und Buchzensur, in: Stimmen der Zeit 224 (2006), S. 461–474, hier: S. 469f.

[280] Jesús Martinez DE BUJANDA, Censure romaine et censure espagnole aux temps de Galilée, in: I primi Lincei e il Sant'Uffizio. Questioni di scienza e di fede (Roma, 12–13 giugno 2003), Rom 2005, S. 15–30, hier: S. 23, 27f.

römische Index und die universalen Indexregeln – allerdings auch hier in modifizierter Form – Teil der Landesgesetze waren.[281]

Rom hat den gesamten hier interessierenden Zeitraum über die Autonomie der Iberischen Inquisitionen und der landeseigenen Zensurregime akzeptiert (vgl. z. B. Dok. C 5, Congr. pro S. Inq., Abs. 4). Das Sanctum Officium betrachtete diese Inquisitionen nicht als Filialen. Selten intervenierte es offen in Angelenheiten der iberischen Glaubenstribunale, beinahe nie liest man von direkten Befehlen der römischen Kardinalinquisitoren an die spanischen oder portugiesischen Generalinquisitoren. In der Summe also waren auch die Beziehungen der römischen Inquisitionszentrale zur spanischen und zur portugiesischen Inquisition nicht dienstlicher, sondern politisch-diplomatischer Natur. Die Iberische Halbinsel lag somit bestenfalls auf einem äußeren Ring im System päpstlicher Pressekontrolle, wobei es im 18. Jahrhundert zu einer weiteren Entfremdung kam, als in Spanien Jesuiten und Anti-Jansenisten beherrschenden Einfluss auf die Zensur gewannen, während im römischen Zensurapparat nach wie vor die Dominikaner das Ruder in der Hand hatten.

Es bedürfte noch einiger Anstrengungen der Forschung, bevor wirklich belastbare Aussagen über den Index-Gehorsam und die Durchsetzungschancen päpstlicher Pressegesetze in Europa getroffen werden können. Es steht zu erwarten, dass dabei noch manche unerwarteten Belege für die Autorität des römischen Index zusammengetragen werden.[282] An der strukturellen Unvergleichbarkeit mit den Verhältnissen in Ober- und Mittelitalien werden aber auch die überraschendsten Befunde nicht rühren können. Denn nur dort besaß das Papsttum in Form der Römischen Inquisition einen wirksamen Transmissionsriemen, der trotz der Unwägbarkeiten, welche auch hier die weltlichen Regierungen und der lokale Klerus dem Willen Roms bereiten konnten, die päpstlichen Pressegesetze und Bücherverbote in die rechtliche, kulturelle und soziale Realität umsetzte.[283] Einige Schlaglichter auf die ausführende Ebene des Systems päpstlicher Pressekontrolle im inquisitorialen Italien müssen hier genügen, um die fundamentalen Unterschiede hervortreten zu lassen.

Eine erste Vorstellung von den Möglichkeiten des inquisitorialen Vollzugsapparats geben die personellen Ressourcen, über die ein durch das Sanctum Officium bestellter Ortsinquisitor verfügte. Aus Modena z. B. liegen genaue Zahlen aus der Mitte des 18. Jahrhunderts vor.[284] Der Sprengel dieser lokalen Inquisition erstreckte sich auf das autonome, nicht zum Kirchenstaat gehörige

[281] »Indici dei libri proibiti, Portogallo«, in: DSI 2, S. 778–780; IdLI 4 (1995).

[282] Vgl. meine Beobachtungen zu Kurmainz, in: Zensurexemplare (wie Anm. 270).

[283] Auf die in Italien im Vergleich zu allen anderen Ländern viel günstigeren Gegebenheiten für das Papsttum, die Presse zu kontrollieren, machte Roberto Bellarmino bereits um das Jahr 1600 in einem oft zitierten Zirkularschreiben an die Ortsinquisitoren aufmerksam: Paolo SIMONCELLI, Clemente VIII e alcuni provvedimenti del Sant'Uffizio (»De Italis habitantibus in partibus haereticorum«), in: Critica storica 13 (1976), S. 129–171, hier: S. 134.

[284] Die folgenden Angaben zum Personalstand der Inquisitionen von Modena und Ferrara n. Adriano PROSPERI, Tribunali della coscienza. Inquisitori, confessori, missionari, Nuova ed. (Piccola biblioteca Einaudi. N. S. 472), Turin 2009 (zuerst: 1996), S. 184–188.

gleichnamige Herzogtum. Sitz der Inquisition war die Residenz- und Bischofsstadt Modena, wo der Inquisitor und sein Stab den Dominikanerkonvent bewohnten. Hier, am Sitz, waren dem Inquisitor 61 Personen zu Diensten. Dazu gehörten neben dem eigentlichen Gerichtspersonal (Generalvikar, Fiskal, Konsultoren) gleich mehrere Vollzugsbeamte (z. B. die Mandatari, der Bargello und die Esecutori), die etwa für Festnahmen, Razzien, Konfiskationen und die Publikation von Edikten (Bandi) zuständig waren. Zwei spezielle »Revisoren« sichteten am Stadttor und an der Zollstelle die ein- und ausgeführten Waren wie z. B. die Buchfässer. Für die Bücherzensur im engeren Sinne konnte der Inquisitor auf neun Zensoren (revisori) zurückgreifen: jeweils einen für die Fachgebiete Theologie, Philosophie, Jura, Medizin, Literatur, »opere morali«, Mathematik und Astrologie sowie für französische und hebräische Bücher. Zu dem Personal am Sitz kamen noch 143 Personen hinzu, die die Inquisition in der Fläche repräsentierten. Zu den Aufgaben dieser Inquisitions-Vikariate gehörte auch die Entgegennahme von Denunziationen und von Anträgen auf Leselizenzen, die dann an den Inquisitor in Modena weitergeleitet und von diesem gegebenenfalls nach Rom übermittelt wurden.[285] In der Aufstellung nicht inbegriffen ist die erweiterte »familia« der Inquisition, jener oft zu einer Bruderschaft (Crucesignati) zusammengeschlossene Laien-Verband, der dem Inquisitor als Spitzelkolonne und Miliz bei robusten Exekutivmaßnahmen behilflich war. Im Gegenzug für ihren »Eifer« für die Sache des Glaubens genossen die Familiaren verschiedene Privilegien (z. B. Gerichts-, Waffen- und Steuerprivilegien).[286]

Die Inquisition von Modena gehörte zu den größeren Ablegern des Sanctum Officium, doch auch kleinere Tribunale verfügten über einen ansehnlichen Personalstand, so z. B. die Inquisition im Herzogtum Ferrara, das unter Clemens VIII. 1598 in den Kirchenstaat eingegliedert wurde.[287] Auch hier gab es neben dem Gerichtspersonal mehrere Vollzugsbeamte und Zensoren, die nicht zuletzt für die Umsetzung der Pressegesetze eingesetzt werden konnten, darunter einen »visitatore de' libri«, der die Buchballen an der Zollstelle kontrollierte, fünf Zensoren und einen wohl ebenfalls für zensorische Tätigkeiten eingesetzten Dolmetscher für Deutsch. Hinzu kamen 63 Familiaren.

Politische Klugheit und ungestörte Beziehungen zwischen den lokalen Herrschaftsträgern und der Kurie vorausgesetzt, gehorchte der Apparat in der Provinz den Befehlen aus Rom, so dass in »Inquisitorial-Italien« die Wege für die römischen Bücherverbote kurz waren. Das galt insbesondere für Verbote, die das Sanctum Officium verhängte, da es im Unterschied zur Indexkongregation

---

[285] Die Inquisition von Modena war im Jahr 1622 an 40 Orten ihres Sprengels durch Vikare vertreten: DSI 3, S. 1684–1686 von A. Del Col, hier: S. 1685.

[286] DSI 2, S. 569f. von E. Brambilla; Romeo, Inquisizione (wie Anm. 11), S. 71. – Die Funktion der Familia als eines organisierten Spitzeldienstes der Inquisition hebt Cesare Carena in seinem offiziösen Inquisitorenhandbuch hervor: »Specialis obligatio istorum familiarium S. Officii [...] est denunciare haereticos et de haeresi suspectos [...]«: Carena (wie Anm. 200), S. 53 (P. I, Tit. 14, § 7, Nr. 24).

[287] Birgit Emich, Territoriale Integration in der Frühen Neuzeit: Ferrara und der Kirchenstaat, Köln u. a. 2005.

direkte Befehlsgewalt über die Ortsinquisitoren besaß.[288] Oft kamen Bücherverbote schon lange vor der Veröffentlichung auf einem Bando – sofern diese überhaupt geschah – zur Anwendung, was hier an einem ganz beliebig gewählten Beispiel illustriert werden kann:

Über einen gedruckten Traktat, mit dem sich der Bischof von Faro (Portugal), Mascarenhas, in die Kontroverse »de auxiliis« einschaltete, fiel am 14. April 1605 in einer Feria-V.-Sitzung des Sanctum Officum das Dekret, die Schrift zu »suspendieren«.[289] Sieben Tage darauf ging an die Inquisitoren Italiens ein Schreiben des Kardinalsekretärs Camillo Borghese heraus mit dem Befehl, die im Umlauf befindlichen Exemplare zu konfiszieren und den weiteren Verkauf zu unterbinden.[290] Man darf davon ausgehen, dass sich die Exekutiv-Maschinerie bald nach Eingang der Post überall so wie in Genua in Gang setzte, wo der örtliche Inquisitor unverzüglich zur Tat schritt. Weil er Rom in einem Schreiben von Problemen bei der Ausführung des Befehls berichtete, ist sein Fall aktenkundig geworden. Die Jesuiten in Genua, meldete der Pater Inquisitor im Juni an seine Dienstherren, hätten sich unter Berufung auf etwaige Vollmachten geweigert, ihm ihr Exemplar des von Rom suspendierten Buchs während der Requirierung auszuhändigen. Das Sanctum Officium befahl dem Inquisitor daraufhin, er solle erneut bei den Jesuiten vorstellig werden und auf die Herausgabe des Buchs drängen, andernfalls solle er »seines Amtes walten und gegen den (leitenden Jesuiten-Pater) vorgehen«.[291] Angesichts der Tatsache, dass es in diesem Fall neben der grundsätzlichen Gehorsamsfrage um den Verbleib eines einzelnen Exemplars eines suspendierten Buchs ging, belegt die Problemanzeige aus Genua eher die Konsequenz des pressepolizeilichen Vorgehens der Inquisition denn ein etwaiges Vollzugsdefizit.

Neben der Funktionstüchtigkeit des polizeilichen Apparats war auch die soziale Disziplinierung der Gläubigen eine wichtige Voraussetzung für die effektive Überwachung der Presse und ihrer Leser durch die Inquisition. Hinzuweisen ist

---

[288] Korrespondierte die CIndex im 16. Jahrhundert oft noch direkt mit den Ortsinquisitoren Italiens, lässt die Intensivität des Briefverkehrs im 17. Jahrhundert nach. Auch die CIndex fiel schließlich unter das Dekret des SO vom 10.8.1669, wonach lokale Inquisitoren von keiner anderen Kongregation als dem SO Befehle empfangen durften: CAVARZERE, Prassi (wie Anm. 21), S. 8; die Problematik war wiederholt Gegenstand von Diskussionen innerhalb der Kongregation: REBELLATO, Fabbrica (wie Kapitel I, Anm. 6), S. 155f.

[289] ACDF SO Decreta 1605, fol. 278r; das fragliche Buch des Bischofs Fernão Martins Mascarenhas (1548–1628), »Tractatus de auxiliis divina gratia«, war im selben Jahr (1605) in Lyon bei Cardon erschienen. Der Titel erschien nie auf einem Bando des SO, wohl aber auf Edikten lokaler Tribunale: REBELLATO, Fabbrica (wie Kapitel I, Anm. 6), S. 47, 49, 247. Zu Mascarenhas, der am 4.6.1616 durch päpstliches Breve zum Generalinquisitor Portugals ernannt wurde und in dieser Funktion 1624 den letzten portugiesischen Index herausgab, vgl. den Artikel in: DSI 2, S. 1004–1006 von J. P. PAIVA.

[290] Die Ausfertigung an den Inquisitor von Florenz ist abgedruckt in: ROTONDÒ (Hg.), Nuovi documenti (wie Anm. 79), S. 181. Dass das Schreiben als Zirkular an alle Inquisitoren Italiens ging, würde dem am 11.10.1601 festgelegten Modus des SO entsprechen, dass »Librorum prohibitiones debent notificari omnibus inquisitoribus, ut exequtiones sint uniformes«: ACDF SO St.St. Q-2-p, fol. 98r/v.

[291] ACDF SO Decreta 1605, fol. 307v: »ut [...] fungatur officio suo et contra illum procedat«.

in diesem Kontext auf die allgemeine Anzeigepflicht für verbotene Bücher, wie sie im Kirchenstaat und im italienischen Bannkreis der Inquisition bestanden hat. Wer erfuhr, dass jemand Bücher besaß oder las, die Glaubenswahrheiten in Zweifel zogen oder Häresie verkündeten, war verpflichtet, dem zuständigen Inquisitor (in Rom dem Commissarius Sancti Officii) Meldung zu machen, wollte er sich nicht selbst strafbar machen (Dok. B 17, Abs. 6). War ein Inquisitor durch einen Denunzianten oder auf andere Weise auf einen Besitzer häretischer Bücher aufmerksam geworden, hatte er Handhabe, dessen Haus und Geschäft durchsuchen zu lassen.[292] Erbrachte die Durchsuchung ausreichend Beweise für die Lektüre verbotener Bücher, sollte die beschuldigte Person in Gewahrsam genommen und durch den Inquisitor verhört werden. Dabei war auch Folter zulässig, wenn die Angaben, die die Person zur Sache und zu möglichen Komplizen und Mitwissern machte, unzureichend erschienen.[293] Sofern dieses »esame rigoroso« nicht noch weitere Delikte zu Tage förderte und keine mildernden Umstände angeführt werden konnten, wurde das Verfahren mit der Abschwörung von schwerem Häresie-Verdacht (abiuratio de vehementi) abgeschlossen, an die sich weitere Ermessensstrafen anschließen konnten.[294] Die Abschwörung entfiel hingegen immer dann, wenn die Bücher im Besitz der beschuldigten Personen keine Gefahr für den Glauben darstellten, sondern lediglich minder schwere Verfehlungen enthielten.[295]

Mehr systematisch-statistische Arbeiten wären nötig, um den Stellenwert der Verfolgung von Pressedelikten im gesamten Aufgabenspektrum einer ita-

---

[292] Das Folgende n. dem weit verbreiteten Praxis-Handbuch des Dominikanerpaters und Inquisitionsfunktionärs Desiderio Scaglia (1568–1639): ACDF SO St.St. Q-2-g: (»Desiderio Sacglia, Pratica del S. Officio ò sia breve instruttione per i cardinali, che di nuovo entrano nella congregatione del S. Officio«), S. 34f. (Manuskript-Bearbeitung des 18. Jahrhunderts mit diversen Ergänzungen, ehemals im Besitz der Inquisition von Cremona). Vgl. auch die Edition des Textes n. anderer Vorlage: Alfonso MIRTO (Hg.), Un inedito del Seicento sull'Inquisizione, in: NRL 1986/1, S. 99–138.

[293] Andere zeitgenössische Kommentatoren äußern sich zurückhaltender bezüglich der Anwendung von Folter bei Bücherdelikten. So wurde von einigen juristischen Autoren Folter nur in dem Fall für angemessen erachtet, dass die beschuldigte Person bereits in schlechtem Ruf stand: CARENA (wie Anm. 200), Pars II., Tit. 10, § 7, S. 202f.; ihm folgt BORDONI, Sacrum Tribunal (wie Anm. 9), c. XIV., S. 351; vgl. auch DERS., Manuale consultorum in causis S. Officii contra haereticam pravitatem refertum […] opera posthuma undequaque absolutissima, nunc primum edita, Parma: de Rosatis, 1693, Sectio XXXXIX, Nr. 79–81, S. 402. – Belegt ist die Anwendung der Folter z. B. im Fall des Caesar de Pisce, der im Mai 1610 in Cremona über seine Intention für den Besitz von Schriften Machiavellis und Bodins examiniert wurde und schließlich zur »abiuratio de levi« und Haft verurteilt wurde: ACDF SO St.St. I-2-g, fol. 367r. Ein weiterer Fall ist aus Genua überliefert, wo im Jahr 1613 der Maler Cesare Corte wegen des Besitzes verbotener Bücher peinlich befragt wurde: Paolo FONTANA, I confini della repubblica e i confini della fede. Eresia e inquisizione nella Repubblica di Genova tra XVI e XVII secolo tra centro e periferia, in: Livio ANTONIELLI, Stefano LEVATI (Hg.), Controllare il territorio. Norme, corpi e conflitti tra medioevo e prima guerra mondiale, Soveria Mannelli 2013, S. 469–488, hier: S. 487.

[294] Vgl. zu den Implikationen den Art. »Abiura«, in: DSI 1, 5f. von E. BRAMBILLA.

[295] Auch die Frage, welcher Grad der Abjuratio in welchem Fall angezeigt war, wurde von den Kanonisten kontrovers diskutiert: CARENA (wie Anm. 200), ebd., S. 203f.; gegen ihn ALBIZZI (wie Anm. 167), c. XXX, bes. Nr. 108, S. 277.

lienischen Ortsinquisition bestimmen zu können. Bis heute dominiert in der Forschung die Ansicht, dass in den Inquisitionsprozessen des 17. und 18. Jahrhunderts zwar regelmäßig auch Pressedelikte (meist Lektüre verbotener Bücher) verhandelt wurden, diese insgesamt aber nur selten der alleinige Prozessgegenstand gewesen seien.[296] Eine Studie zum Wirken des Franziskaners Giulio Missini da Orvieto, der von 1645 bis 1653 als Inquisitor von Friaul im Amt war, zeichnet hingegen ein anderes Bild. Von den 414 Ermittlungen und Prozessen, welche Missini in seiner knapp achtjährigen Amtszeit dokumentierte, ging es in 114 Fällen um den Besitz verbotener Bücher und in 21 um häretische Äußerungen. Damit waren Verstöße gegen die Pressegesetze nach Magie (146 Fälle) das zweithäufigste Delikt überhaupt in den Fallakten dieses Inquisitors.[297]

Die Furcht, sich mitschuldig zu machen und so in die Mühlen einer inquisitorischen Untersuchung zu geraten, dürfte die Gläubigen so weit konditioniert haben, dass sie ein wachsames Auge auf das Leseverhalten ihrer Mitmenschen hatten. Dieses System der gegenseitigen Überwachung wurde, wie Adriano Prosperi in seiner viel beachteten Studie über den Konnex zwischen Inquisition, Beichte und Predigt gezeigt hat, durch die im Zuge der Trienter Reformen eingeschärfte Pflicht zur Osterbeichte stark begünstigt.[298] Stellte sich in der jährlichen Beichte heraus, dass der Pönitent selbst häretische Bücher oder z. B. volkssprachliche Bibeln las oder besaß oder Leute kannte, die dies taten, musste ihm der Confessarius die Absolution verweigern.[299] Der Pönitent hatte dann zum Zweck einer »Selbstanzeige« (spontanea comparitio) vor den Inquisitor (in Rom vor den Commissarius Sancti Officii) zu treten und ein vollumfassendes Geständnis der eigenen und der Taten seiner Komplizen abzulegen.[300] Erst wenn der Inquisitor ihn entlastet und entlassen hatte, durfte der Confessarius ihm die Absolution erteilen. Blieb jemand der Osterbeichte fern, machte er sich schon dadurch der Häresie verdächtig und geriet in das Visier der Inquisition, so dass sich niemand der inquisitorischen Kontrolle wirklich entziehen konnte.[301]

---

[296] Infelise, Libri proibiti (wie Anm. 192), S. 12, 77

[297] Dario Visintin, L'attività dell'inquisitore fra Giulio Missini in Friuli (1645–1653). L'efficienza della normalità. Prefazione di Andrea Del Col (Inquisizione e società. Studi 4), Triest 2008; die Ergebnisse hier n. Matteo al Kalak, La macchina dell'omologazione. A proposito di alcuni recenti studi sull'Inquisizione Romana tra Cinque e Seicento, in: Bolletino della Società di Studi Valdesi 208 (2011), S. 160–166, hier: S. 164f.

[298] Prosperi, Tribunali (wie Anm. 284); vgl. auch die gesammelten Studien Prosperis: Eresie e devozioni. La religione italiana in età moderna, 3 Bde., Rom 2010, sowie dessen Art. »Confessione: gli intrecci«, in: DSI 1, S. 370–372. Die gegen die Forschungsergebnisse Prosperis vorgebrachten Einwände Giovanni Romeos wurden zuletzt von Elena Brambilla überzeugend entkräftet: Confessione sacramentale e inquisizione: ritorno su di un dibattito, in: RSI 122 (2010), S. 176–245, hier bes. S. 211–216.

[299] Zu Verweigerung der Absolution aufgrund von Bibellektüre vgl. Fragnito, Per una geografia (wie Anm. 83), S. 59.

[300] Beipiele von Selbstanzeigen wegen Besitzes bzw. Lektüre verbotener Bücher vor dem Inquisitor von Aquileia (Udine), in: Silvano Cavazza, Inquisizione e libri proibiti in Friuli e a Gorizia tra Cinquecento e Seicento, in: Studi goriziani 43 (1976), S. 29–80, hier: S. 75f. (29.3.1600), 76f. (25.3.1603)

[301] Carena (wie Anm. 200), S. 299 (P. II, Tit. 17, § 1).

Das auf diese Weise erzeugte soziale Großklima von Überwachung und Denunziation begünstigte alle weiteren Maßnahmen, mit denen auf der ortskirchlichen Ebene die Presse kontrolliert und Bücherverbote implementiert wurden. Dabei kam es wie im Bereich der Vorzensur auch bei der Pressepolizei zu einer klaren Hierarchisierung innerhalb der Doppelspitze, die nach Vorgabe der Trienter Indexregeln und des Index Clementinus die Presse zu kontrollieren hatte: Faktisch oblag dem Inquisitor die Pressehoheit, der Bischof hatte eher die Rolle eines Gehilfen. Dieses Machtverhältnis kommt augenfällig in einigen Dekreten des römischen Sanctum Officium zum Vorschein, die den Umgang mit konfiszierten Büchern regeln. Bei den Visitationen von Bibliotheken und Buchläden, wie sie die Indexregeln von der kirchlichen Obrigkeit forderten (Dok. A 9, Abs. 3), fielen den Visitatoren zwangsläufig verbotene Bücher in die Hände. Dasselbe galt für Razzien in Privathäusern und Buchläden, die etwa anlässlich eines neuen Bücherverbots von Rom oder dem lokalen Inquisitor angeordnet wurden. Auch bei den ebenfalls von den Indexregeln geforderten Zoll- und Hafenkontrollen (ebd., Abs. 4) fielen regelmäßig verbotene Bücher an.[302] Seit dem 16. Jahrhundert machte das Sanctum Officium gleich mehrmals darauf aufmerksam, dass sich der Bischof und sein Vikar an solchen Requisitionen bzw. Visitationen zwar beteiligen sollten, sie aber angehalten waren, die eingesammelten Bücher unverzüglich dem zuständigen Inquisitor abzuliefern.[303] Nur die expurgierbaren bzw. »donec corrigatur« verbotenen Bücher fielen nicht unter die Abgabepflicht, diese durfte der Bischof einbehalten und gemeinsam mit dem Inquisitor korrigieren. Sie sollten im Unterschied zu den absolut verbotenen Büchern, die meist Häretisches enthielten, grundsätzlich auch nicht verbrannt werden.[304]

Hatte sich in der Asservatenkammer des Inquisitors eine größere Menge an verbotenen Büchern angesammelt, musste der Glaubensrichter für die Verbrennung der Bände sorgen.[305] Diese vom Ortsinquisitor ausgerichteten Bücherverbrennungen wurden durch die römische Zentrale streng kontrolliert.[306] In Rom

---

[302] Zu den Hafenkontrollen vgl. die Dekrete des SO aus dem Jahr 1593, in: CollSO, Nr. 1121, und: ALBIZZI (wie Anm. 167), c. XXX, Nr. 138f., S. 280. Protokolle von Bibliotheksvisitationen aus dem Amtsbezirk des Inquisitors von Aquileia (Udine) in: CAVAZZA (wie Anm. 300), S. 71–75.

[303] Vgl. die Dekrete des SO in: CollSO, Nr. 351 (1597, 1598, 23.1.1607, 1612), Nr. 373–375 (1597), Nr. 1084 (14.2.1658), Nr. 1100, Nr. 1116 (1603), und: ACDF St.St. E-4-b, fol. 15v–16v (1598, 1641); ALBIZZI (wie Anm. 167), c. XXX, Nr. 142, S. 280, nennt zu manchen dieser Dekrete abweichende Daten. Die Indexkongregation vertrat in dieser Frage dieselbe Haltung: »ubi est inquisitor, illi et non episcopo libri consignentur«, heißt es in einem Dekret vom 17.9.1647: ACDF Index Diari 4 (1628–1650), Bl. 138v.

[304] Dekret der CIndex, 22.11.1596: ACDF Index Diari 1 (1571–1606), fol. 97(b)v; Dekret des SO, 27.7.1617: FRAJESE, Licenze (wie Anm. 189), S. 787; ALBIZZI (wie Anm. 167), Nr. 145, S. 280 (hier das Dekret-Datum 18.6.1617).

[305] Allgemein zum Phänomen der Bücherverbrennungen vgl. die epochenübergreifende Monografie von Hermann RAFETSEDER, Bücherverbrennungen. Die öffentliche Hinrichtung von Schriften im historischen Wandel (Kulturstudien 12), Wien u. a. 1988; die neuere Literatur zum Thema wurde zusammengetragen von BELLINGRADT, Wenig Papier (wie Anm. 269); speziell zu Italien vgl. FRAGNITO, Proibito capire (wie Anm. 77), S. 191–213.

[306] Lokale Inquisitoren waren z. B. aufgefordert, Rom genaue Listen der zu verbrennenden Bücher einzureichen: ACDF SO Decreta 1649, fol. 1r (über eine Bücherverbrennung in Udine, 5.1.1649;

selbst fanden im 18. Jahrhundert Bücherverbrennungen stets nur auf Anordnung des Sanctum Officium (nicht der Indexkongregation!) statt. Schauplatz der öffentlichen Veranstaltungen war der Platz vor der Kirche S. Maria sopra Minerva, wo der Scharfrichter den Scheiterhaufen entzündete, während zur selben Zeit im angeschlossenen gleichnamigen Dominikanerkonvent die Kardinalinquisitoren zu ihrer Mittwochssitzungen zusammenkamen.[307] Nicht alle »Buchhinrichtungen« (Rafetseder) allerdings folgten dieser Dramaturgie des Theaters des Schreckens.[308] Manchmal wurde die Verbrennung auch diskret im Hof einer lokalen Inquisition durchgeführt, wohl um ungewollte Werbung für die verbotenen Bücher zu vermeiden oder schwer kontrollierbare Volksaufläufe zu unterbinden.

Unter den Ortsinquisitoren in Italien war es offenbar üblich, von den zur Verbrennung destinierten Büchern jeweils ein Exemplar einzubehalten und zu asservieren.[309] Auf diese Weise entstanden an den lokalen Inquisitionssitzen regelrechte Referenzbibliotheken für verbotene Bücher, zu denen mit entsprechender Sondergenehmigung Angehörige der kirchlich-politischen Elite kontrollierten Zutritt erhielten.[310] Auch die Büchersammlung des Sanctum Officium, die man zeitweilig wohl zu einer Art »Zentralbibliothek« der Römischen Inquisition auszubauen gedachte, war im 17. Jahrhundert gut sortiert. Für einen stetigen Bestandszuwachs sorgte ein Dekret von 1633, das den lokalen Inquisitoren befahl, von jedem verbotenen Buch, das ihnen bei Konfiskationen und anderen pressepolizeilichen Maßnahmen in die Hände fiel, unaufgefordert ein Exemplar nach Rom zu schicken.[311] Entweder weil der Bücherversand außer

vgl. zu derselben [?] Bücherverbrennung das Protokoll in: Cavazza [wie Anm. 300], S. 77–80 [13.12.1648]). Pfarrern und Privatpersonen war die Veranstaltung eigener Bücherverbrennungen untersagt: ACDF SO Decreta 1658, fol. 98r (Dekret des SO an den Inquisitor von Vercelli, 22.5.1658; unter anderem Datum auch in: CollSO, Nr. 1094); vgl. auch in dems. Bd. das Dekret vom 20.2.1658, fol.19r. Mit den Verfahrensregeln für die Bücherverbrennung befassen sich auch die Inquisitionshandbücher dieser Zeit, vgl. z. B. Bordoni, Sacrum Tribunal (wie Anm. 9), c. XIV, S. 346; ähnlich: Albizzi (wie Anm. 167), c. XXX, Nr. 95f., S. 276f.

307 Belege in: Hasecker, Römische Buchzensur (wie Anm. 203), S. 128f., Anm. 66.

308 Hermann Rafetseder, Buchhinrichtungen. Öffentliche Schriftenverbrennungen durch Henkershand als Extremfälle der Zensur, in: Herbert G. Göpfert, Erdmann Weyrauch (Hg.), »Unmoralisch an sich …«: Zensur im 18. und 19. Jahrhundert (Wolfenbütteler Schriften zur Geschichte des Buchwesens 13), Wiesbaden 1988, S. 89–104.

309 Zur Begründung heißt es in den Inquisitionsmanualen, erst die Kenntnis der Argumente des Feindes mache deren Widerlegung möglich, vgl. z. B. Bordoni, Sacrum Tribunal (wie Anm. 9), S. 346.

310 Im Jahr 1603 gewährte z. B. der Inquisitor von Modena dem herzoglichen Rat Giovanni Battista Laderchi Zugang zur Bibliothek der Inquisition, wo Laderchi die streng verbotenen Werke Charles Dumoulins studieren durfte: Rotondò (Hg.), Nuovi documenti (wie Anm. 79), S. 175. Zu manchen der inquisitorialen Bibliotheken existieren Kataloge, so z. B. zu jener der Inquisition von Padua: Antonino Poppi (Hg.), Giovanni Angeli: Lettere del Sant'Ufficio di Roma all'Inquisizione di Padova (1567–1660). Con nuovi documenti sulla carcerazione padovana di Tommaso Campanella in appendice (1594). Presentazione di Stefania Malavasi (Centro studi antoniani 51), Padua 2013, S. 159f., vgl. dazu die ergänzenden Beobachtungen in der Rezension von Herman H. Schwedt, in: AFH 107 (2014), S. 211–215, bes. S. 214f.

311 ACDF SO St.St. E-4-b, fol. 15v–16v (1633, ohne Tagesangabe); vgl. dazu Bordoni, Sacrum Tribunal (wie Anm. 9), S. 346.

Übung gekommen war, oder weil Aufwand und Transportkosten in Grenzen gehalten werden sollten, änderte der Papst im Jahr 1658 die Vorschrift ab.[312] Danach mussten die Inquisitoren nur noch Listen der eingesammelten Titel der Zentrale einsenden, wobei ein fester Turnus vorgeschrieben wurde. Immer im Mai und November wurden die Bücherlisten fällig. Stellte man dann fest, dass ein auf der Liste genannter Titel in der Bibliothek des Sanctum Officium fehlte, erhielt der Inquisitor die Aufforderung, ein Exemplar nach Rom zu schicken.[313]

Die Bischöfe verfügten über keine mit den inquisitorialen Büchersammlungen vergleichbaren »Bibliothecae haereticae«, im Gegenteil mussten auch sie sich, wie schon bemerkt, von allen absolut verbotenen Büchern, die in ihre Hände gelangten, trennen. Die hier sich manifestierende Hierarchie zwischen den Bischöfen und den Inquisitoren drückte sich auch in anderen Bereichen der Bücherpolizei aus. So wurden beinahe alle Stufen des Buchhandels durch den Inquisitor kontrolliert. Bereits 1625 schrieb das Sanctum Officium vor, dass Buchhändler und Drucker den von den allgemeinen Pressegesetzen vorgeschriebenen Eid (Dok. A 13, De impress. § VI) vor dem Inquisitor und – so darf man wohl ergänzen – nicht dem Bischof ablegten. In demselben Dekret stellten die Kardinalinquisitoren auch klar, dass der Inquisitor derjenige sei, der das Verkaufssortiment der Buchhändler in seinem Bezirk genehmigte.[314] Eine ergänzenden Regelung aus dem Jahr 1658 räumte dem Bischof lediglich bei Bilddrucken eine Mitsprache darüber ein, ob diese gehandelt werden durften.[315] Entsprechend waren auch die nach der X. Trienter Indexregel erforderlichen Einfuhrkontrollen für Bücher (Dok. A 9, Rgl. X, Abs. 4) zugunsten der Inquisitoren geordnet. Entgegen dem Wortlaut der Indexregel heißt es in einem Dekret von 1602, dass sich der Bischof aus der Vergabe der Ein- und Ausfuhrgenehmigungen heraushalten solle, sie obliege allein dem Inquisitor. Kurze Zeit später korrigierte das Sanctum Officium die vielleicht doch als zu forsch empfundene Entscheidung, ohne aber im Kern von seiner Haltung abzurücken.[316] Im Jahr 1619 reichte die Behörde in der ihr eigenen Verklausulierung noch ein Dekret nach, in dem es heißt, dass der Bischof allein nicht entscheiden dürfe, welche

[312] ACDF SO Decreta 1658, fol. 34v (Dekret des Papstes im SO, 14.2.1658); das Dekret wurde per Zirkularschreiben vom 16. des Monats allen Inquisitoren Italiens notifiziert.

[313] Ebd.; vgl. auch in dems. Bd. das Dekret vom 13.3.1658, fol. 49r.

[314] CollSO, Nr. 1117 (Dekret des SO, 1625); bei Albizzi (wie Anm. 167), Nr. 141, S. 280, mit dem Datum 20.8.1625. – Eine vollständige Formel des Drucker-Eids findet sich im Eidbuch der Inquisition von Cremona aus dem Jahr 1740: ACDF SO St.St. Q-2-c. Eine vom Inquisitor von Besançon benutzte Formel aus den 1630er Jahren in: ACDF Index Prot. 26. fol. 235r/v.

[315] Auf eine Anfrage aus der Provinz, ob auch die bischöflichen Stellen Verkaufslizenzen erteilen dürften, stellte das SO klar, »quod licentia vendendi libros spectat specialiter ad inquisitores et eorum ministros«. Beim Verkauf von Bildern »pro sola mercatura« hingegen sollen Bischof und Inquisitor im Einklang (»de concerto«) die Lizenz erteilen: ACDF SO Decreta 1658, fol. 37v: (Dekret des SO, 20.2.1658).

[316] ACDF SO St.St. Q-2-n, S. 486f.: »Libri non debent deferri in civitatem nec ab ea asportari nisi de licentia inquisitoris, et in hoc ordinarii non debent se ingerere […]. Fuit tamèn hoc decretum moderatum, ità ut episcopus et inquisitor in eorum edictis respectivè apponant clausulam alternativam, videlicet ›de licentia inquisitoris et episcopi‹ vel è contrà […]« (Dekrete des SO, 1602 und 1603, ohne Tagesangabe).

Bücher in seine Stadt eingeführt werden. Es sei immer auch die Genehmigung des Inquisitors notwendig. Ob andererseits die Zustimmung des Bischofs zwingend erforderlich sei, wird nicht festgestellt. So blieb ausreichend Spielraum für die großzügige Auslegung, dass für den legalen Handel mit importierten Büchern allein die Genehmigung des Inquisitors maßgeblich war.[317]

4.5. Leselizenzen

Aus seiner Vollgewalt leitete der Papst nicht nur das Recht ab, Bücherverbote und allgemeine Pressegesetze zu erlassen, sondern auch Einzelpersonen und Gruppen von deren Befolgung zu entbinden. Von dieser Dispensgewalt machten die Päpste und der Hl. Stuhl in dem gesamten hier betrachteten Zeitraum auch steten Gebrauch, so dass jederzeit ein Kreis von Personen existierte, der dank Sondergenehmigungen verbotene Bücher, ohne Sorge vor dies- und jenseitigen Sanktionen, aufbewahren und lesen durfte. Fünf der in dieser Edition abgedruckten Dokumente stehen in einem unmittelbaren Zusammenhang mit diesen als »Leselizenzen« (»licentiae legendi et tenendi libros prohibitos«) bezeichneten Sondergenehmigungen, was Grund genug ist, sie an dieser Stelle gesondert zu behandeln. Doch auch unabhängig von der Logik dieses Buchs verdienen die Leselizenzen Beachtung.[318] Im System päpstlicher Pressekontrolle war ihre Bedeutung jener der repressiven Kontrollinstrumente ebenbürtig, was bereits bei einer oberflächlichen Durchsicht der frühneuzeitlichen Sitzungsprotokolle und Akten der Indexkongregation und des Sanctum Officium erkennbar wird: Im Tagesgeschäft beider Dikasterien nahm die Bearbeitung von Anträgen auf Leselizenzen nicht weniger Raum ein als die eigentlichen zensorischen Tätigkeiten, die auf Verbot, Suspendierung oder »Freilassung« (dimissio) von Büchern hinausliefen: Das System päpstlicher Pressekontrolle bestand ebenso darin, einer handverlesenen Elite – einer »aristocrazia di liberi lettori« (Delpiano) – die Lektüre verbotener Literatur zu gestatten, wie darin, anderen diese durch die strikte Anwendung der Verbote vorzuenthalten.[319]

---

[317] »Libri non possunt introduci in civitatem cum licentia ordinarii tantum, sed requisitur etiam licentia S. Officii [= i.e. des Inquisitors]«: ebd., S. 487 (Dekret des SO von 1619, ohne Tagesangabe). Gemeint ist wahrscheinlich das auf einen Vorfall in Cesena bezogene Dekret des SO vom 18.1.1619: ACDF SO Decreta 1619–1620, fol. 18r.

[318] Die rechtlichen Unterschiede zwischen einer »Dispens« und »Lizenz« erläutert: Bordoni, Manuale consultorum (wie Anm. 293), Sectio L, Nr. 4f., S. 403f.

[319] Frajese, Nascita (wie Anm. 36), S. 403: »Non bisgona infatti pensare che la censura consistesse soltanto nell'operazione del sottrarre: essa consisteva altrettanto nel modo del concedere«; das Zitat im Text oben aus: Delpiano, Governo (wie Anm. 149), S. 2. Die Thematik der Leselizenzen ist von der neueren Forschung bereits aus verschiedenartigen Perspektiven behandelt worden, vgl. u. a. Baldini-Spruit I/3, S. 2567–2779 (Einführung, Edition); I/4, S. 3084–3100 (Statistik); Patrizia Delpiano, Per una storia della censura ecclesiastica nel Settecento. Aspetti e problemi, in: Società e Storia 105 (2004), S. 487–530, bes. S. 522–529; DSI 3, S. 1192–1195 von V. Frajese; ders., Licenze (wie Anm. 189); Ders., Nascita (wie Anm. 36), S. 208–220, 363–368, 415–431 u. ö.

Nicht bloß der Stellenwert der Leselizenzen in den Kongregationsgeschäften fällt beim Studium der Quellen ins Auge, auch die Kontroversen, die das Thema hervorrief und die regelmäßig in Grundsatzdebatten über die Frage mündeten, wer Leselizenzen in welchem Umfang wem erteilen durfte, sind auffällig.[320] Die in beiden Kongregationen anzutreffenden Unsicherheiten über Rechts- und Verfahrenfragen in diesem Punkt finden sich auch in der zeitgenössischen Jurisprudenz wieder, wo die Meinungen oft selbst dann divergieren, wenn die Autoren auf derselben Rechtsgrundlage argumentieren.[321] Eine der Hauptursachen für die andauernden Kontroversen war, dass in Italien im 17. und 18. Jahrhundert die Praxis der Lizenzvergabe stark mit der gesamtkirchlichen Rahmengesetzgebung kontrastierte. Dies wiederum resultierte aus dem seit Mitte des 16. Jahrhunderts konservierten Anspruch des Sanctum Officium, im Bereich der Leselizenzen über die alleinige Regelungskompetenz zu verfügen. Dieser Anspruch wurde auch dann noch aufrecht erhalten, als er mit den universal geltenden Indexregeln nicht mehr vereinbar war. Bei genauerem Blick auf diesen Aspekt lässt sich auch hier feststellen, dass die realen Machtmöglichkeiten des kirchlichen Zensurapparats in Italien nicht immer auch in den Dienst der getreuen Normenumsetzung gestellt wurden.

Die in den Anfangsjahren des Sanctum Officium entwickelte Politik in Bezug auf die Leselizenzen stand in einem unauflösbaren sachlichen Zusammenhang zu der Problematik, in welchem gerichtlichen Forum der Kirche (forum internum, externum, conscientiae usw.) Delinquenten von Häresie bzw. Verdachtsmomenten absolviert werden durften; ob Bischöfe, Ordensobere oder bestimmte Beichtväter ihre Pönitenten im Rahmen der sakramentalen Beichte begnadigen durften; oder ob Häresie-Sachen grundsätzlich eines öffentlichen Gerichtsverfahrens vor dem Tribunal des Inquisitors bedurften; ob Häresie Sünde oder Verbrechen war. Die Binnenlogik der Diskussion nachzuvollziehen würde einen weit ausgreifenden kanonistischen Exkurs erfordern, der sich an dieser Stelle verbietet und außerdem von einem Theologen kompetenter zu bewältigen wäre. Hier soll der Hinweis genügen, dass die Konzentration der Verfolgung von Glaubensdelikten auf die Inquisitionsbehörde und ihre Filialen eines der Hauptanliegen der von den Päpsten seit 1542 geförderten Expansion des Sanctum Officium in Italien war.[322] Bischöfen und Ordensoberen dagegen

---

[320] Besonders gut dokumentiert sind die kongregationsinternen Debatten über Fragen im Zusammenhang mit den Leselizenzen in den Akten der CIndex aus der Zeit des Sekretärs Giulio Maria Bianchi OP, vgl. z. B. ACDF Index Diari 10 (1692–1696), passim.

[321] Austragungsort der kanonistischen Kontroverse waren nicht zuletzt die Inquisitionsmanuale des 17. Jahrhunderts, vgl. z. B. Giovanni ALBERGHINI, Manuale Qualificatorum Sanctae Inquisitionis [...], Saragossa: Verges, 1671, c. XXXII, S. 128–135; ALBIZZI (wie Anm. 167), c. XXX, S. 260–317; Luigi BARIOLA, Flores directorii inquisitorum [...]. Nova hac impressione omnia ab eodem recognita et aucta, Mailand: Da Ponte erede & Piccaglia, 1625, S. 34–37; BORDONI, Manuale consultorum (wie Anm. 293), Sectio XXXXIXf., S. 392–408; DERS., Sacrum Tribunal (wie Anm. 9), c. XIV, S. 345–354; CARENA (wie Anm. 200), Pars II., Tit. 10, S. 196–206; PEÑA (wie Kapitel 1, Anm. 2), Pars II, c. III, S. 90–95, Quaestiones XXIV–XXX, S. 310–318.

[322] Elena DONORA, Conflitti d'autorità tra vescovi, papato e Sant'Ufficio, in: Patrick ARABEYRE, Brigitte BASDEVANT (Hg.), Les clercs et les princes. Doctrines et pratiques de l'autorité

wurde diese Kompetenz abgesprochen, sie selbst sollten schließlich der Aufsicht und Jurisdiktion des neuen päpstlichen Inquisitionsapparats unterworfen werden. Dies war einer der Schlüsse, die Rom aus der damals die Einheit der Kirche gefährdenden »Häresie von oben« zog, und dieser »atto di sovranità« (Frajese), der das Fundament für die neuzeitliche päpstliche Kirchenherrschaft in Italien legte, zog auch die Entmachtung der partikularen kirchlichen Gewalten auf dem Gebiet der Leselizenzen nach sich.[323]

Ein wichtiger Schritt zur Durchsetzung der Alleinkompetenz des Sanctum Officium für die Vergabe von Leselizenzen war das Revokationsbreve Julius' III. aus dem Jahr 1550 (Dok. A 4). Durch dieses universalkirchlich wirksame Breve verloren sämtliche umlaufenden Sondergenehmigungen zur Aufbewahrung und Lektüre verbotener Bücher, von wem auch immer diese ausgestellt worden waren, ihre Gültigkeit. Allein die Lizenzen, die der Papst den Kardinalinquisitoren und ihren Vertretern in der Provinz ausgestellt hatte, blieben so lange in Kraft, wie die Inhaber ihr inquisitorisches Amt ausübten. Acht Jahre danach erließ Paul IV., um dem einige Tage später eingeführten ersten römischen Index den Boden zu bereiten, erneut eine Generalrevokation aller Leselizenzen (Dok. A 5). Die geradezu egalitäre Botschaft beider Erlasse bestand darin, dass niemand – ob Laie, Fürst oder König, ob Kleriker, Ordensmann, Bischof, Erzbischof oder Kardinal – aus eigenem Recht befugt war, häretische Bücher zu lesen und folglich auch keine Vollmacht besaß, anderen solche Lizenzen zu erteilen. Alle, ohne Ansehen der Person, bedurften dafür einer speziellen Ermächtigung des Papstes bzw. der in seinem speziellen Auftrag agierenden Kardinalinquisitoren.[324]

Das vom Sanctum Officium beanspruchte Leselizenzen-Monopol war freilich nur so lange folgerichtig, wie eine völlige Äquivalenz zwischen verbotenen und häretischen Büchern bestand. Exakt auf dieser Gleichung basierte, wie oben erwähnt, noch der erste römische Index, indem er unterschiedslos alle indizierten Bücher unter das Gesetz der Abendmahlsbulle stellte (Dok. A 6; Dok. A 21, § 1). Wer irgendeines der im Index genannten Bücher las, stürzte danach »ipso facto« in die dem Papst bzw. dem Hl. Stuhl reservierte Exkommunikation, geriet unter Häresieverdacht und musste sich folglich im Tribunal des Inquisitors rechtfertigen. Schon mit den Nachbesserungen am Index Paulinus (Dok. A 7–8), erst recht dann mit der Einführung des Index Tridentinus 1564 entfiel aber die Prämisse dafür, dass ein Index-Delikt den Delinquenten

ecclésiastique à l'époque moderne (Études et rencontres de l'École des chartes 419), Paris 2013, S. 30–46, bes. 33f.

323 DSI 3 (wie Anm. 319), S. 1194 (Zitat).

324 Eindrückliche Beispiele für die von Gleichbehandlung gekennzeichnete Vergabepraxis des SO sind die Leselizenzen für den Großherzog der Toskana Francesco I. Medici (18.7.1577) und den Herzog von Urbino Francesco Maria II. della Rovere (1.8.1577), in: Baldini-Spruit I/3, S. 2625–2629. – Die »Gleichheit vor dem Gesetz« war eine der Grundmaximen des Inquisitionsrechts und gehörte zu den »modernen« Aspekten dieses Rechtsinstituts: Francisco Bethencourt, Die Inquisition und die Paradoxa der Moderne, in: Zeitsprünge 1 (1997), S. 670–683, hier: S. 672.

gleich auch einem Häresieverdacht aussetzte. Der Konzilsindex differenzierte zwischen den eigentlich »häretischen« Büchern, die aufgrund der Häresie des Autors oder der darin enthaltenen Irrlehren verboten waren, und jenen, die aus anderen – etwa moralisch-sittlichen – Gründen den Gläubigen vorenthalten werden sollten. Die X. Indexregel und das Breve »Dominici gregis« (24. März 1564) legten für die neue Kategorie verbotener Bücher ein separates, nicht an die Inquisition gebundenes Strafsystem fest: Bestrafen sollte in Fällen, die keinen automatischen Häresieverdacht begründeten, der ordentliche Beichtvater, nicht der Inquisitor (Dok. A 9, Rgl. X., Abs. 6; Dok. A 10, Abs. 5). Folglich konnte auch die Entbindung vom Verbot nicht mehr global vom Sanctum Officium beansprucht werden, schließlich war eine »Lizenz« nichts anderes als eine vorsorgliche Befreiung von den Straffolgen, die Lizenzierung somit das Recht des zuständigen »Gerichts«.

Neben der Ausklammerung des »nicht-häretischen« Schrifttums aus dem Zuständigkeitsbereich der Inquisition gefährdete strukturell das gesamte Expurgationsprogramm den Anspruch auf Alleinkompetenz des Sanctum Officium. Der Index Tridentinus siedelte die Bücherreinigung auf ortskirchlicher Ebene an und ging dabei ganz selbstverständlich davon aus, dass die partikularen kirchlichen Gewalten auch über alle dafür notwendigen Lizenzen verfügten bzw. diese ihren Zensoren und Expurgatoren erteilen konnten (Dok. A 9). Für das expurgierbare, »nicht-häretische« Schrifttum kündigte der Index Tridentinus somit eine weitgehende Dezentralisierung der Lizenzvergabe an. Eine Reaktion des Sanctum Officium auf die drohende Aushöhlung seines Monopols ließ nicht lange auf sich warten. Am 27. August 1564, ein halbes Jahr nach Einführung des Konzilsindex, ließen sich die Kardinalinquisitoren die Kompetenz für die Erteilung von Leselizenzen vom Papst bestätigen, bei gleichzeitiger Widerrufung aller nicht von ihnen selbst ausgestellten Lizenzen (Dok. C 2).[325] Mit anderen Worten: die Kardinäle des Sanctum Officium wurden vom Papst zu den einzig rechtmäßigen Ausstellern von Leselizenzen erklärt.

Es ist kein Zufall, dass sich von diesem Zeitpunkt an in den Beschlussprotokollen des Sanctum Officium die Einträge über erteilte Leselizenzen häufen.[326] Auf keinen Fall wollte es jetzt die Kontrolle über die Lizenzvergabe an die ortskirchliche Ebene abtreten! Es untermauerte diesen Anspruch durch die Ausgabe von Lizenzen an Bischöfe und andere kirchliche Funktionsträger, später untersagte es unverhohlen den Bischöfen und Ortsinquisitoren in Mittel- und

---

[325] Dem vorangegangen war das von FRAJESE, Licenze (wie Anm. 189), S. 770f., zitierte Revokationsbreve »Cum pio munere« (24.3.1564), das aus einem Dekret Pius' IV. im SO vom 6.3.1564 resultierte: ACDF SO Decreta 1563–1565, fol. 38v; ediert in: Baldini-Spruit I/3, S. 2601f.

[326] Vgl. z. B. ACDF SO Decreta 1563–1565, fol. 84r/v (3.11.1564), fol. 115r (8.3.1565), fol. 121r (5.4.1565); ACDF SO Decreta 1565–1567, fol. 66r (24.1.1566), 88r/v (12.12.1566), 91v (2.1.1567). Unter den Empfängern dieser frühen Leselizenzen finden sich mehrere Bfe., unter ihnen Carlo Borromeo (Mailand): FONTANA (Hg.), Documenti (wie Anm. 24), S. 468f. (Leselizenz im Namen Pius' V., 26.6.1566).

Oberitalien, eigenmächtig Leselizenzen zu erteilen.[327] Nur außerhalb »Inquisitorial-Italiens« hielt man die kirchliche Hierarchie an der längeren Leine: Den Apostolischen Nuntien und Bischöfen im Reich z. B. erteilte der Hl. Stuhl in den 1570er Jahren zusammen mit den weiteren Fakultäten auch die Vollmacht, selbst verbotene Bücher zu lesen und anderen entsprechende Lizenzen zu verleihen.[328] Erst später übte man auch dem Klerus im Ausland gegenüber größere Zurückhaltung.[329]

Mit dem 1596 eingeführten Nachfolger des Index Tridentinus verschlechterte sich aus Sicht des Sanctum Officium die Rechtslage noch weiter. In der Instructio Clementina heißt es unmissverständlich, dass für alle expurgierbaren Bücher Bischöfe und Inquisitoren im »Konjunktim« – in Rom der Magister Sacri Palatii – Leselizenzen erteilen dürften (Dok. A 13, De prohib. § II). Diese Regelung schien angesichts der Ausweitung des Expurgationsprogramms auch unabdingbar zu sein. Tatsächlich explodierte nach der Einführung des neuen Index die Nachfrage nach Leselizenzen. Benötigt wurden sie von dem Heer von Zensoren, das in Rom und lokal am Expurgationsprojekt mitwirkte, ebenso wie von gewöhnlichen Buchbesitzern. Letztere wollten nun die Möglichkeit nutzen, bestimmte »donec corrigatur« verbotene Bücher gedeckt durch die Leselizenzen in unexpurgierter Fassung zu behalten. Und der Kreis derer, die an Leselizenzen interessiert waren, wuchs mit jeder neu hinzugekommenen Bücher-»Suspendierung«. Den späteren römischen Reaktionen nach zu urteilen, kamen die ortskirchlichen Presseoberen dieser Nachfrage bereitwillig entgegen, wobei

---

[327] Ein Dekret des SO aus dem Jahr 1595 hält fest, dass »librorum prohibitorum licentias [legendi] non possunt inquisitores concedere, quod fuit pluries omnibus inquisitoribus notificatum a S. Congregatione«: ACDF SO St.St. E-4-b, Bl. 15v–16v (1595, ohne Tagesangabe). Im selben Jahr kamen die Kardinäle des SO noch ein weiteres Mal darin überein, dass »ipsi inquisitores non habent facultatem huiusmodi licentiam concedendi«: PASTOR (Hg.), Allgemeine Dekrete (wie Anm. 171), S. 533 (1.3.1595); das Dekret wurde per Zirkular an alle Inquisitoren versandt: Scriniolum (wie Anm. 142), S. 120f. (Ausfertigungen an die Inquisitoren von Turin, Asti, Tortona, 11.3.1591); vgl. dazu Baldini-Spruit I/3, S. 2576, Anm. 25. In den Jahren zuvor waren die lokalen Inquisitoren in der Tat mehrmals über das Verbot, eigenmächtig Leselizenzen zu erteilen, in Kenntnis gesetzt worden: vgl. z. B. das Schreiben Kard. Giulio Antonio Santoris an den Inquisitor von Florenz, in: TEDESCHI (Hg.), Florentine Documents (wie Anm. 138), S. 587f. (11.3.1592), sowie das (Zirkular-)Schreiben des SO vom 9.7.1594, in: Baldini-Spruit I/3, S. 2665. Auch später wurden die Ortsinquisitoren noch öfters an dieses Verbot erinnert: CollSO, Nr. 796, 826 (Dekrete des SO, 31.4.1646, 13.11.1658).

[328] Vgl. z. B. die Fakultätenbreven Gregors XIII. an die Nuntien im Reich, in: Leo MERGENTHEIM, Die Quinquennalfakultäten pro foro externo. Ihre Entstehung und Einführung in deutschen Bistümern (Kirchenrechtliche Abhandlungen 52/53), 2 Bde., Stuttgart 1908 (ND Amsterdam 1965), hier: Bd. 2, S. 242–249, 260–266 (Breven für Kaspar Gropper und Felizian Ninguarda). Ähnliche Fakultäten wie die Nuntien erhielten in den 1570er Jahren die Bfe. von Regensburg und Würzburg: ebd., Bd. 2, S. 246–249 (3./28.8.1574). Anscheinend machten sie davon aber nur sparsamen Gebrauch, denn zur selben Zeit erhielten Einzelpersonen aus der Jurisdiktion der genannten Bfe. Leselizenzen auch direkt durch das SO, z. B. der Abt des Schottenklosters St. Jakob in Regensburg: ACDF SO Decreta 1576–1577, fol. 149r (17.7.1577), und Balthasar König, geistlicher Rat des Bf. von Würzburg: ACDF SO Decreta 1581, o. Bl. (2.3.1581).

[329] In den Fakultätenbreven für die Nuntien des 18. Jahrhunderts wird das Recht, die dem Nuntius ad personam erteilte Leselizenz an andere zu subdelegieren, ausgeschlossen bzw. auf eine genau definierte Zahl beschränkt: ebd., Bd. 2, S. 301–308.

man sich wohl nicht immer an die in der Instructio Clementina festgeschriebene Einschränkung hielt, Lizenzen ausschließlich für expurgierbare Bücher zu erteilen.[330] Ein paralleles Regime zu den Ortskirchen entwickelte sich in den Orden. So wähnte sich beispielsweise der Ordensgeneral der Jesuiten dazu befugt, seine Untergebenen mit Lizenzen zur Lektüre und Aufbewahrung verbotener Bücher zu versorgen.[331] In Rom stellte der Magister Sacri Palatii Lizenzen aus, die bald auch den Weg über die Grenzen seines Amtsbezirks hinaus fanden. Schließlich gab auch die Indexkongregation ihre anfängliche Scheu vor der Erteilung von Leselizenzen auf und trug somit ihren Teil zur Inflation der Ausnahmegenehmigungen bei.[332]

Das Sanctum Officium, das in dieser Lage die Kontrolle zu verlieren drohte, wagte sich nun weit vor. Ungeachtet der neuen rechtlichen Situation, hielt es an dem Anspruch der Alleinkompetenz fest. Als habe es die Instructio Clementina gar nicht zur Kenntnis genommen, wies es Bischöfe und Inquisitoren weiterhin an, keine Leselizenzen ohne Genehmigung der römischen Zentrale zu erteilen. 1597 etwa belehrten die Kardinalinquisitoren den Bischof von Lodi, dass er keinerlei Befugnis habe, häretische oder nicht-häretische verbotene Bücher aufzubewahren oder seinen Beamten Leselizenzen zu erteilen.[333] Im Jahr 1606 wurde dem Inquisitor von Florenz von derselben Stelle erklärt, dass die lokalen Inquisitionen keine Vollmacht hätten, irgend jemandem eine Leselizenz zu erteilen.[334] Die lokal eingegangenen Anträge sollten vielmehr nach Rom weitergeleitet werden, wo in einer Sitzung der Inquisitionskongregation über sie ent-

---

330 Baldini-Spruit I/3, S. 2575f.

331 Die Privilegierung des Jesuitenordens bei der Benutzung verbotener Bücher bedürfte einer näheren Untersuchung, die Meinungen in der Literatur gehen in dieser Frage auseinander, vgl. Baldini-Spruit I/3, S. 2572, Anm. 11. Die in den späteren Revokationsbreven gewählten Formeln hoben jedenfalls auch etwaige Sonderrechte der Gesellschaft Jesu auf, so dass spätestens ab 1622/1631 alle älteren Privilegien annulliert waren (Dok. A 16, bes. Abs. 2: »cuiuscumque ordinis, societatis [!] et instituti«).

332 Die CIndex durfte in der Anfangszeit lediglich ihren Konsultoren Leselizenzen für verbotene Bücher erteilen (Dok. C 4, Abs. 4; Dok. C 5, »Congregatio pro Indice librorum«, Abs. 4), Anträge von Personen, die keine Funktionsträger in der Kongregation waren, wurden abgelehnt bzw. an das SO weitergeleitet, vgl. die Notiz Kard. Sirletos vom 14.8.1571, in: Godman (wie Anm. 32), S. 332; und das Dekret in: ACDF Index Diari 1 (1571–1606), fol. 60v (29.11.1592); dazu auch Baldini-Spruit I/3, S. 2577–2579. Nach der Einführung des Index Clementinus begann auch die CIndex routinemäßig mit der Ausgabe von Leselizenzen, wie dem dafür angelegten Register zu entnehmen ist: ACDF Index VIII/1 (»Registrum licentiarum legendi libros expurgabiles«, 1596–1616). Am 18.8.1615 allerdings revidierte die Kongregation ihre Position mit dem Beschluss, zukünftig Anträge auf Leselizenzen je nach Herkunft des Petenten an den MSP bzw. das SO weiterzuleiten: ACDF Index Diari 2 (1607–1620), fol. 84r. Die (vorübergehende) Anwendung dieses Dekrets schlägt sich in dem Abbrechen des Lizenzenregisters mit dem Jahr 1616 nieder (s. o.).

333 Frajese, Licenze (wie Anm. 189), S. 783.

334 Schreiben Kard. Pompeo Arrigonis an den Inquisitor von Florenz, 16./15.4.1606, in: Tedeschi (Hg.), Florentine Documents (wie Anm. 138), S. 604; vgl. dazu Frajese, Licenze (wie Anm. 189), S. 785. – Kurz darauf wich das SO in zwei Dekreten von seiner Grundlinie ab und konzedierte den lokalen Inquisitoren die Erteilung von Leselizenzen für expurgierbare Bücher: ACDF SO St.St. I-2-g, fol. 363r–364r (Dekrete des SO, 5.7.1608, 21.5.1609). Da diese auf längere Sicht aber keinen prinzipiellen Politikwechsel markierten, trugen sie nur noch mehr zur späteren Konfusion bei, als das SO die Inquisitoren in Hinblick auf die Lizenzierung wieder ganz entmachtete (s. u.).

schieden werden sollte.[335] Noch früher als im Bereich des Imprimaturs, das erst seit 1640 vom Sanctum Officium monopolisiert wurde, zeichnete sich demnach bei der Regelung der Leselizenz-Vergabe ab, dass die Inquisitionszentrale ihre Macht nicht nur zur Umsetzung des Index, sondern auch zur Beugung einzelner Bestimmungen einsetzen würde, sofern dies dem Ausbau der päpstlichen Suprematie dienlich war.

Am 27. Juli 1617 bestätigte zwar Paul V. in Reaktion auf ein »Dubium«, mit dem sich der Generalinquisitor von Portugal Rat suchend an Rom gewandt hatte, dass Bischöfe und Inquisitoren das Recht besäßen, expurgierbare Bücher zu verwahren und zur Expurgation an Zensoren auszugeben.[336] Die eigentliche Kernfrage aber, ob Bischöfe aus eigenem Recht eine Leseerlaubnis für Bücher solcher Art besaßen und ob sie darüber hinaus diese Lizenz auch an ihre Zensoren subdelegieren durften, blieb unbeantwortet. Eine Antwort gab fünf Jahre später der Nachfolger auf dem Stuhl Petri, Gregor XV., der dem Sanctum Officium das Lizenzierungsmonopol mit der größtmöglichen Autorität bestätigte. In seinem Breve vom 30. Dezember 1622 widerrief der Papst einmal mehr sämtliche im Umlauf befindlichen Leselizenzen, ausgenommen jene, die er selbst erteilt hatte. Darüber hinaus verfügte der Papst, dass fortan Leselizenzen einzig und allein in den Feria-V.-Sitzungen des Sanctum Officium erteilt würden. Keine andere kirchliche Gewalt hatte danach das Recht, solche Lizenzen zu gewähren. Als sich daraufhin ein Inquisitor aus der Provinz irritiert erkundigte, ob sich das Breve tatsächlich auch auf die lokal ausgestellten Lizenzen für expurgierbare Bücher beziehe, bejahte dies das Sanctum Officium entschieden.[337]

Damit war die Grenze zum offenen Rechtsbruch überschritten, denn mit dem zu dieser Zeit geltenden gesamtkirchlichen Pressegesetz, dem Index Clementinus, waren diese Regelungen nicht vereinbar (vgl. Dok. A 13, De prohib. § II). Die Inquisitionsjuristen des 17. Jahrhunderts nahmen diesen Rechtskonflikt durchaus zur Kenntnis, belassen es aber in ihren Inquisitionshandbüchern bei der Tatsachenfeststellung. Bischöfe und Inquisitoren – konstatiert z. B. Francesco Albizzi, der über Jahrzehnte dem Sanctum Officium in unterschiedlichen Funktionen angehörte – hätten zwar laut den Indexregeln das Recht, Leselizenzen für Bücher, »die nicht von der Religion handeln und keine Häresien enthalten«, zu erteilen, »doch können sie heutzutage von dieser Vollmacht aufgrund der geltenden Apostolischen Konstitutionen [von 1622 und 1631] keinen Gebrauch machen«.[338]

---

335 Ein entsprechendes Mandat erging z. B. an den Bf. von Lucca, 20.8.1620: Decreta 1620, S. 303; vgl. auch Frajese, Licenze (wie Anm. 189), S. 816f.

336 Ebd., S. 787.

337 ACDF SO Decreta 1623, S. 53 (Dekret des SO zum »Dubium« des Inquisitors von Ferrara, 23.2.1623). – Die früher von mir vertretene Ansicht, dass »auch die Lokalinquisitoren [...] in aller Regel über die Fakultät [verfügten], Gläubige vom Index zu dispensieren«, muss ich korrigieren: Hasecker, Römische Buchzensur (wie Anm. 203), S. 131.

338 Albizzi (wie Anm. 167), c. XXX, Nr. 272, S. 292: »Hodie tamen stantibus constitutionibus apostolicis praedictis nullatenus dicta facultate uti possunt«, ähnlich fatalistisch: Bariola (wie Anm. 321), S. 34f.

Das Revokationsbreve von 1622 provozierte immerhin den Widerstand des Magister Sacri Palatii, der auf sein in der Instructio Clementina verbrieftes Recht pochte. Sein Protest hatte Erfolg, am 19. Januar 1623 erklärte Gregor XV. in einer Feria-V. des Sanctum Officium, dass der Magister in Rom – aber nur dort – weiterhin Leselizenzen ausstellen dürfe, sofern diese sich auf expurgierbare Bücher bezögen.[339] Als mit dem Übergreifen des Dreißigjährigen Kriegs deutsche Söldner Italien durchzogen und mit ihnen konfessionelle Kampfschriften die Halbinsel erreichten, sah sich Urban VIII. im Jahr 1631 veranlasst, die Generalrevokation seines Vorgängers zu wiederholen.[340] Da diese Ausfertigung von den zeitgenössischen Kommentatoren häufiger zitiert wird als die Erstfassung, wurde ihr in der Edition der Vorzug gegeben (Dok. A 16). Wie bereits beim ersten Erlass gab auch dieses Mal der Papst wenig später, am 30. Oktober 1631, eine Erklärung ab, in der er seine der Generalrevokation zugrunde liegende Intention nachträglich genauer erläuterte (Dok. C 7). Die Erklärung zeigt Parallelen zu derjenigen Gregors XV. Auch Urban VIII. bestätigt darin den Kardinalinquisitoren ihre eigenen Leselizenzen und die Vollmacht, solche Lizenzen an andere Personen weiterzuverleihen. Neben dem Magister Sacri Palatii, dessen Recht, in Rom Leselizenzen zu erteilen, erneut anerkannt wurde, bezog der Papst nun auch die Indexkongregation in die Erklärung mit ein. Ihr wurden auf dem Gebiet der Leselizenzen ihre alten Befugnisse bestätigt, um welche es sich dabei genau handelte, blieb unausgesprochen. Offensichtlich legte die Indexkongregation die Entscheidung aber großzügig aus, denn fortan entwickelte sich die Vergabe von Leselizenzen immer mehr zu ihrem »Kerngeschäft« neben der eigentlichen Bücherzensur.[341] So etablierte sich im zweiten Drittel des 17. Jahrhunderts die Praxis, dass beide Kongregationen, sowohl das Sanctum Officium wie auch die Indexkongregation, routinemäßig Leselizenzen erteilten.[342]

---

[339] ACDF SO Decreta 1623, S. 30f.: »S. D. N. declaravit [...], ut magister Sacri Palatii continuet in Urbe tantum concedere licentiam legendi libros prohibitos, dummodo non tractent ex professo de religione et non sint primae classis Indicis librorum prohibitorum non obstante constitutione nuper aedita [...]«. Bereits Paul V. hatte die Fakultät des MSP, Leselizenzen zu erteilen, auf Rom beschränkt, nachdem bekannt geworden war, dass durch den römischen Oberzensor ausgestellte Lizenzen in Pavia kursierten: ACDF SO Decreta 1612, S. 187 (3.5.1612).

[340] Zu den tagespolitischen Hintergründen: Frajese, Licenze (wie Anm. 189), S. 796f.

[341] Für die quellenmäßig gut dokumentierten Jahre von 1655 bis 1664 lässt sich ein Schnitt von etwa 250 Leselizenzen ermitteln, die die CIndex pro Jahr expedierte. Das Volumen lag damit deutlich höher als im ebenfalls gut dokumentierten Zeitraum von 1628 bis 1632, in dem SO und CIndex zusammen nur rund 60 Lizenzen pro Jahr ausstellten: DSI (wie Anm. 319), S. 1194f.

[342] Dabei lässt sich eine lose Arbeitsteilung zwischen den zwei Kongregationen beobachten. Während das SO eher die obere kirchliche Hierarchie sowie Antragsteller aus dem Ausland mit Leselizenzen versorgte, die zudem häufig mit Inquisitionsfakultäten (z. B. dem Recht, im Forum internum von reservierten Fällen loszusprechen) verbunden waren, vergab die CIndex Leselizenzen hauptsächlich an italienische Petenten, v. a. an Juristen, Theologen, Gelehrte, Ärzte, Adlige und Patrizier. Vgl. dazu die Tabelle in: Frajese, Licenze (wie Anm. 189), S. 805. Ein weiterer Unterschied bestand darin, dass die CIndex Leselizenzen meist nur für einzelne, genau spezifizierte Titel aus der Kategorie der expurgierbaren Bücher ausstellte, wohingegen das SO meist Generallizenzen für sämtliche verbotene Bücher erteilte, jeweils mit den aktuellen »exceptiones« (wie z. B. Machiavelli, Dumoulin, Maimbourg, Giannone, Astrologie), für die nur der Papst persönlich eine Lizenz erteilen durfte. Eine um 1613 entstandene Liste

Das eigenartige Spannungsverhältnis zwischen der Instructio Clementina, die bis zum Ende des 19. Jahrhunderts das gültige Rahmengesetz der Kirche für die Presse bleiben sollte, und der auf Alleinkompetenz beharrenden Politik des Sanctum Officium, das sich dabei auf die Generalrevokationen von 1622 und 1631 berufen konnte, blieb bis zum Ende des hier betrachteten Zeitraums bestehen. Versuche zu einer systematischen Neuregelung des Vergabesystems versandeten. So machte beispielsweise 1665 der »Index«-Sekretär Fani während der kleinen Revision des Alexandrinischen Index den Vorschlag, den problematisch gewordenen Passus in der Instructio Clementina über die Leselizenzen (De prohib. § II) zu modifizieren. In einem Gutachten stellte er fest, dass die darin vorgesehene Vergabe solcher Lizenzen durch den örtlichen Bischof und Inquisitor nicht mehr der Praxis entspreche (»il che è contro l'uso e lo stile che s'osserva«).[343] Es solle deshalb erklärt werden, dass auf ortskirchlicher Ebene Leselizenzen nur für jene Bücher erteilt würden, die auch nur von den lokalen Instanzen verboten worden waren. Über Ausnahmen von den römisch-universalen Bücherverboten dürfte hingegen nur in Rom entschieden werden.

In demselben Gutachten macht Fani auch Vorschläge zur Ergänzung der X. Trienter Indexregel. Letztere fanden die Zustimmung der Kongregation und wurden als »Observationes ad Regulam X.« in den Index von 1665 übernommen (Dok. A 19). Die Novelle des fraglichen Paragrafen der Instructio Clementina dagegen wurde nicht verwirklicht. Nur auf eine Spur stößt man noch in den Akten Fanis. Im Anschluss an ein handschriftliches Konzept der »Observationes« findet sich die einsame Überschrift »Al titolo De prohibitione librorum al § II dove si dice ›Si qui erunt, qui librum unum aut plures ex prohibitis‹«.[344] Wir wüssten gern, wie Fani die Novelle weiter formuliert hätte, doch ist der Rest der Seite leer und die Überschrift wurde komplett durchgestrichen. Wahrscheinlich war der Sekretär ausgebremst worden oder ihm selbst wurde erst jetzt bewusst, dass mit dem Thema »Leselizenzen« ekklesiologisch hochbrisante Grundsatzfragen über die Verfassung der nach-tridentinischen Kirche in Italien verbunden waren. Eine Rücknahme der tridentinisch-clementinischen Regelung hätte unweigerlich die Frage der Hierarchie zwischen dem Papst bzw. der Kurie und den Bischöfen aufgeworfen und somit den Finger in eine (bis heute) nicht verheilte Wunde gelegt. Ob die Problematik bei den späteren Anläufen zu einer gesetzlichen Neuregelung der Vergabe von Leselizenzen offener diskutiert wurde, wäre zu prüfen.[345]

---

der »exceptiones« (»Nota de libri de quali non si suol dar licentia dal Santo Officio«) in: Baumgarten II/1 (wie Dok. C 5, Lit.), S. 181; die 1740 geltenden »exceptiones« aufgelistet im Formelbuch des Assessors Guglielmi: ACDF SO St.St. M-2-m, fol. 182v–193r; dort auch zu den Absolutionsfakulâten für Empfänger »ultra montes«: fol. 195r–196, 232a–b (Vordrucke); Beispiele aus dem 19. Jahrhundert in: Nikolaus Nilles, Die päpstlichen (Quinquennal-) Fakultäten pro foro externo, und der Index librorum exceptorum in denselben, in: Zeitschrift für katholische Theologie 15 (1891), S. 550–557.

343 ACDF Index Prot. 35 (1665), fol. 4r–9r.

344 Ebd., fol. 27r/v.

345 Zu untersuchen wäre z. B. der Plan Clemens' XI. aus dem Jahr 1714, das Revokationsbreve Urbans VIII. zu erneuern. Die vom Papst mit der Prüfung der Frage beauftragten Konsultoren des SO rieten in ihrem Votum vom 30.4.1714 dazu, in der Sache nichts Grundsätzliches zu

Bei aller Konfusion in den Verfahrensfragen herrschte im Bereich der Leselizenzen in manchen Punkten im 17. und 18. Jahrhundert aber auch Einigkeit. So wurden Leselizenzen z. B. nie an unbekannte Petenten ausgestellt. Antragsteller, die in Rom nicht bekannt waren, mussten ein Leumundszeugnis eines geistlichen Oberen beibringen. Ferner galt die Regel, dass die Expedierung von Leselizenzen stets gratis erfolgte und diese zeitlich befristet wurden: Empfänger in Italien erhielten zumeist eine auf drei Jahre befristete Lizenz, die nach Deutschland, Frankreich, England, Irland und Flandern expedierten Lizenzen waren meist fünf Jahre gültig. Bittsteller aus Polen erhielten oft Sieben-Jahres-Lizenzen.[346] In seinem Antrag musste der Antragsteller ein legitimes Anliegen plausibel machen. Entsprechend waren die von der Indexkongregation und dem Sanctum Officium ausgestellten Lizenzen meist zweckgebunden. Die Lizenzen für expurgierbare Bücher fordern z. B. den Empfänger auf, korrekturwürdige Stellen im Text zu notieren und diese dann nach Rom zu melden. Lizenzen für häretische Literatur beinhalten die Aufforderung, die darin vorgefundenen Irrlehren zu widerlegen. Seit Mitte des 17. Jahrhunderts aber verkam die »Zweckbindung« zur bloßen Formel.[347] Des Weiteren herrschte auch in dem Punkt Einigkeit, dass es außer für das römische Zensurpersonal keine Leselizenzen von Amts wegen gab. Ob weltliche Fürsten, Kardinäle, Erzbischöfe, Bischöfe und Ortsinquisitoren: Ausnahmslos jedes Glied der Kirche war dem römischen Index unterworfen, und nur eine Lizenz aus Rom konnte von der Bindung an die Bücherverbote befreien.[348] Leselizenzen kam somit gleichsam ein

---

unternehmen (»ut nihil innovetur«). Sie empfahlen vielmehr, dass das SO zukünftig noch sorgfältiger die Anträge prüfen und Bewilligungen von den Leumundszeugnissen der Antragsteller abhängig machen sollte. Zuvor hatten die Konsultoren die Rechtslage sondiert und dabei anscheinend überrascht bemerkt, dass »in Regulis Indicis datur facultas episcopis et inquisitoribus concedendi licentias legendi libros prohibitos«. Am 3.5.1714 ordnete der Papst dennoch an, den Präfekten und Sekretär der CIndex zu beauftragen, zusammen mit dem MSP ein Dekret »circa modum et formam concedendi in posterum licentias legendi libros prohibitos« auszuarbeiten: ACDF SO St.St. UV 57 (»S. O. Damasceno consultore. Vota et scripturae«), Fasz. 38. Meiner Kenntnis nach kam ein solches Dekret nicht zustande. Auch bei den Vorarbeiten zur Bulle »Sollicita ac provida« im Jahr 1750 wurde die Einführung neuer Regeln für die Vergabe von Leselizenzen diskutiert: ASV Fondo Benedetto XIV., Bolle e Costituzioni 22, fol. 105r–120r.

346 Hier n. den Mitte des 18. Jahrhunderts befolgten Regularien des SO: ACDF SO St.St. D-2-f, fol. 370v.

347 Zur Unverbindlichkeit des Expurgationsappells vgl. die mehrmals verlängerte Leselizenz (1596, 1606, 1618) des Kard. Benedetto Giustiniani: Silvia Danesi Squarzina (Hg.), La collezione Giustiniani, Bd. 3: Documenti, Turin – Mailand 2003, S. 27f. Zu den in die Leselizenzen des SO aufgenommenen Formeln wie »ad effectum haereses redarguendi« o. ä. erklärten die Kardinalinquisitoren schon am 27.4.1615, dass diese den Lizenz-Inhaber nicht zur Abfassung einer schriftlichen Widerlegung verpflichteten: ACDF SO St.St. Q-2-n, S. 483.

348 Beispiele für Leselizenzen an Fürsten und kirchliche Würdenträger aller Ränge aus dem 1. Drittel des 17. Jahrhunderts sind enthalten in: ACDF SO St.St. Q-2-n, fol. 159v–166r (»Facultates legendi libros prohibitos concessae diversis vel denegatae«); ein Beispiel einer Leselizenz für einen Inquisitor in: ACDF SO Decreta 1658, fol. 96v (Lizenz für Girolamo Casanate, Inquisitor von Malta, 22.5.1658).

juristischer wie symbolischer Wert zu. Sie schützten den Inhaber vor Sanktionen und affirmierten die Hierarchie zwischen dem Zentrum und den Ortskirchen.[349]

5. Sonderfall Rom: Das Kontrollregime des Magister Sacri Palatii

Die Zensurverhältnisse in der Stadt Rom wurden von der päpstlichen Gesetzgebung von Anfang an gesondert behandelt. Gleich bei der Einführung der kirchenweiten Imprimatur-Pflicht im Jahr 1487 sprach Innozenz VIII. in Rom dem Magister Sacri Palatii die Hoheit über die örtliche Presse zu, wodurch dieser dieselben Kontrollbefugnisse über das Druckgeschehen in seinem Amtsbezirk erhielt wie die Bischöfe in ihren Diözesen (Dok. A 1).[350] Als das V. Laterankonzil 1515 die Imprimatur-Gesetze überarbeitete und dabei das »Konjunktim« von Bischof und Inquisitor einführte, wirkte sich das auch auf die Verhältnisse in Rom aus. Spiegelverkehrt zu der Lage in den Ortskirchen, wo sich der Ordinarius fortan die Pressehoheit mit dem Inquisitor teilen sollte, wurde in Rom dem päpstlichen Hoftheologen die ordentliche Gewalt an die Seite gestellt. Sie wurde repräsentiert durch den (Kardinal-)Vikar, den Amtsvertreter des Papstes in seiner Funktion als römischer Bischof (Dok. A 2; bestätigt 1543, 1563/64 und 1596: Dok. B 1, Abs. 5; A 9, Rgl. X; A 13).[351] Bis ans Ende der Frühen Neuzeit ruhte in Rom die Pressehoheit auf dieser Doppelspitze, wobei sich die Vikare seit der Wende zum 17. Jahrhundert bei der Imprimatur-Vergabe durch ihren jeweiligen (General-)Vikar, den Vicegerente (Vicegerens), vertreten ließen. [352] Die in Rom im 17. und 18. Jahrhundert gedruckten Bücher sind deshalb in aller Regel durch den Magister Sacri Palatii und den Vicegerente imprimiert.

Analog zu dem »Konjunktim« von Bischof und Inquisitor in den Ortskirchen übten in der Theorie auch in Rom der Vikar und Magister Sacri Palatii die Presse-Hoheit gemeinsam und völlig gleichrangig aus (Dok. B 1, Abs. 5;. A 9, Rgl. X; A 13). Wie im gesamten inquisitorialen Italien aber verschob sich auch in Rom bald die Macht zu Ungunsten des bischöflichen Parts. Formal allerdings wurde auch hier die Präzedenz des Ordinarius gewahrt. So ordnete ein Dekret

[349] Zu weiteren Funktionen vgl. FRAJESE, Licenze (wie Anm. 189), S. 800 u. ö.

[350] Auf die historischen Grundlagen dieses Sonderregimes und die Amtstradition des Palast-Magisteriums wurde oben bereits eingegangen: Kapitel II.1.2. und 3.4.b.

[351] Die Analogie formulierte der MSP Raimondo Capizucchi in seinem Amtstagebuch mit den Worten: »il cardinale Vicario procede come ordinario et il Maestro del Sacro Palazzo come giudice deputato sopra gli stampatori«: CAVARZERE, Diario (wie Anm. 93), S. 282.

[352] Vgl. Dok. A 2, Anm. 6 und Dok. B 4.

des Sanctum Officium vom 4. März 1599 an, dass in Rom das Imprimatur zuerst vom Vikar bzw. Vicegerente erteilt werde, erst danach vom Magister Sacri Palatii (Dok. B 4). Dass, wie oben im Hinblick auf die Ortskirchen bereits angemerkt wurde, der zweite Unterzeichner faktisch die stärkere Instanz war, traf natürlich auch auf Rom zu. Dort wurde aus der realen Machtverteilung auch gar kein Hehl gemacht, wie die im 17. und 18. Jahrhundert vom Vicegerente verwendete Formel für das Imprimatur verdeutlicht: »Imprimatur, si videbitur reverendissimo patri magistro Sacri Palatii apostolici«. Die Druckgenehmigung des Vikariats stand also ausdrücklich unter dem Vorbehalt der Zustimmung des Magister Sacri Palatii.

So blieb auch nach der Einführung des »Konjunktim« stets ein Dominikaner-Pater der eigentliche Herr über das Imprimatur und fungierte somit weiterhin als Chef der Zensur in der Ewigen Stadt. Diese Stellung war alles andere als unbedeutend. Seit den Anfängen des Buchdrucks war Rom schließlich nach Venedig das zweitgrößte Druckzentrum Italiens, und aus kirchlicher Sicht gab es wegen des offiziösen Charakters römischer Drucke sogar keinen bedeutenderen Verlagsort auf der Welt als die Stadt am Tiber.[353] Bei der Ausübung seiner zensorischen Amtsaufgaben war der Magister Sacri Palatii wie alle Inhaber der kirchlichen Pressehoheit an die gesamtkirchlichen Normen gebunden, deren Fundament die Rahmengesetzgebung des Index Clementinus bildete, namentlich die Trienter Indexregeln (Dok. A 9) und die Instructio Clemens' VIII. (Dok. A 13). Die Magister beauftragten hierfür meist in Rom ansässige Theologen, Juristen und Gelehrte aus ihrem persönlichen Umfeld. Oft waren dies Männer, die auch für Indexkongregation und das Sanctum Officium als Zensoren (Konsultoren, Qualifikatoren) tätig waren.[354] Ihre Approbationen sind in den römischen Drucken der Zeit zusammen mit den Imprimaturen des Vicegerente und des Magisters am Beginn oder Ende eines Buchs abgedruckt, so wie die Vorschriften es verlangten. Worauf die Zensoren bei der Prüfung der Druckmanuskripte besonders zu achten hatten, lässt sich einem um 1610 vom Palast-Magisterium ausgegebenen Zensurleitfaden entnehmen (Dok. B 6).

Wenn jemand in Rom gegen die allgemeinen Imprimatur-Gesetze verstieß, drohten ihm härtere Strafen als an anderen Orten, an denen die Inquisition über das Druckwesen wachte: Zusätzlich zu den vom Laterankonzil festgesetzten Zensuren und Geldstrafen stand seit 1659 auf Imprimatur-Delikte die lebenslange Galeere (Dok. B 10).[355] Ebenfalls harte Strafen drohten in Rom ansäs-

[353] Vgl. Sabina Brevaglieri, Editoria e cultura a Roma nei primi tre decenni del Seicento: lo spazio della scienza, in: Antonella Romano (Hg.), Rome et la science moderne entre Renaissance et Lumières (Collection de l'Ecole Française de Rome 403), Rom 2008, S. 257–319, hier: S. 263–270.

[354] Vgl. z. B. die Biogramme von Antonio Caracciolo CR, Alessandro Pollini, Niccolò Bello MI und Juan de Salazar OSB in: GruFo 1542–1700: Personen.

[355] Die ewige Galeerenstrafe galt nach der Todesstrafe als härteste Strafe der frühneuzeitlichen Justiz im Kirchenstaat. Die Römische Inquisition verhängte Galeerenstrafen u. a. bei Bigamie, Gotteslästerung, Meineid, Magie, Sakralraub und Verführung während der Beichte (»sollicitatio ad turpia«): DSI 2, 635f. von K. Siebenhüner.

sigen Autoren, die ihre literarischen Schöpfungen als »Exildrucke« an einem anderen Ort drucken ließen, um so das besonders restriktive Zensurregime in der Kirchenmetropole zu unterlaufen (Dok. B 8).

Imprimaturpflichtig waren in Rom nicht nur gedruckte Texte, sondern auch alle Arten von Bilddrucken und Medaillen.[356] Die Künstler oder Drucker mussten dem Magister Sacri Palatii Abzüge der Schnitte, Stiche, Prägungen usw. einreichen, um von diesem die Herstellungs- und Vertriebsfreigabe (Incidatur, Publicetur) zu erhalten (Dok. B 16, B 18). Selbst die im 18. Jahrhundert bei römischen Frauen offenbar in Mode gekommenen Prägungen auf Lederstiefeln bedurften der Freigabe durch den Magister (Dok. B 14). Angesichts des Rangs, den Rom seit dem 16. Jahrhundert auch als Zentrum der Druckgrafik besetzte, dürfte die vorzensorische Prüfung von Bildern und Bildinschriften einen wesentlichen Teil der Arbeit des Magister Sacri Palatii und seines Stabs ausgemacht haben. Offiziell ausgenommen vom Imprimatur waren seit der Mitte des 18. Jahrhunderts Amtsdrucke für den internen Gebrauch in römischen Behörden und an Gerichten (Dok. B 15, Abs. 3).

Neben der Vorzensur umfasste die Presse-Hoheit des Magister Sacri Palatii auch die Rechtsprechungs- und Polizeigewalt über die Drucker und Buchhändler Roms, die sich auch in der gelegentlich gebrauchten Eigentitulatur des Magisters als »iudex ordinarius« ausdrückte (Dok. B 18, Abs. 1).[357] Der Sprengel, in dem der Magister seine natürliche Amtsgewalt ausübte, erstreckte sich auf die Stadt Rom und den Distrikt (auch: »Comarca di Roma«), das heißt den Umkreis der Stadt bis zum 40. Meilenstein, der auch den Bannkreis anderer stadtrömischer Tribunale markierte.[358] In einem Dekret vom 11. Juni 1620 erweiterte das Sanctum Officium den Amtsbezirk des Magisters von Stadt und Distrikt noch auf Teile der römischen Kirchenprovinz, und zwar auf diejenigen Orte, für die kein Ortsinquisitor zuständig war. Der Magister teilte sich hier die Presse-Hoheit mit dem jeweils zuständigen Ortsbischof, wobei sich seine Amtsgewalt in diesen Exklaven nicht durch einen »ordentlichen«, sondern delegierten Charakter auszeichnete.[359] Die nötigen Vollmachten erhielt er vom Sanctum Officium (Dok. B 7). In der römischen Kirchenprovinz war der Magister Sacri Palatii somit – so wie ein Ortsinquisitor – Delegierter des Sanctum Officium, in Stadt und Distrikt Rom hingegen übte er sein Amt allein im

---

[356] Gian Lodovico Masetti Zannini, Stampatori e librai a Roma nella seconda metà nel Cinquecento. Documenti inediti. Prefazione di Francesco Barberi, Rom 1980, S. 208.

[357] In keinem der mir bekannten Dokumente wird die Titulatur vollständig wiedergegeben. In seinem Amtstagebuch bezeichnet sich der MSP Capizucchi an einer Stelle als »giudice ordinario di tutti i stampatori, non eccettuato alcuno«: Cavarzere, Diario (wie Anm. 93), S. 282.

[358] Moroni 15 (1842), S. 47 53.

[359] Über die Rechte des MSP in der römischen Kirchenprovinz kam es wiederholt zu Streitereien mit den örtlichen Bichöfen, vgl. das auf die 1730er oder 1740er Jahre zu datierende Gutachten »De iurisdictione reverendissimi patris Sacri Palatii apostolici magistri super revisione librorum eorumque impressione«, in: ACDF SO St.St. M-2-m, fol. 174r–180v. Zu der gleichen Frage hatte schon früher der Konsultor der CIndex Michelangelo Ricci ein Gutachten angefertigt: ACDF Index Prot. 34 (1659–1663), fol. 451r–454v (undatiert).

päpstlichen Auftrag aus und war dem Sanctum Officium nicht rechenschaftspflichtig.[360]

In seiner Stellung als »iudex ordinarius« hatte der Magister legislatorische, richterliche, administrative und polizeiliche Funktionen in der Stadt und im Distrikt.[361] Das recht breite Aufgabenspektrum spiegelt sich in den Gesetzen, die im 17. und 18. Jahrhundert in seinem Namen erlassen wurden. Er erließ Zensurvorschriften im engeren Sinn bis hin zu Gewerbe- und Handelsregulierungen. Buchhändler z. B. wurden gesetzlich dazu verpflichtet, sich ihr Verkaufssortiment durch das Palast-Magisterium genehmigen zu lassen, so dass die römische Zensurstelle in der Theorie über jedes in Rom gehandelte Buch im Bilde war (Dok. B 19, Abs. 3).[362] Auch das Monopol des Buchhandels, das den wirtschaftlichen Interessen der Buchhändler und dem Kontrollstreben der Zensur gleichermaßen diente, wurde durch Gesetze des Magister Sacri Palatii geschützt. Nur die zugelassenen Buchhändler (librai) durften in Rom mit Büchern handeln, nicht aber die Drucker (tipografi, stampatori), Buchbinder (legatori) und Papierhändler (cartolai), geschweige denn Kolporteure (storiai) oder Trödel-Händler (Dok. B 18, § 8).[363] Buchhändler und Drucker waren vor der Eröffnung eines Ladens oder einer Werkstatt verpflichtet, vom Magister einen Gewerbeschein (Patent) zu erwirken (Dok. B 12). Zu diesem Zweck mussten sie gemäß den Vorgaben der Instructio Clementina dem Magister einen Eid leisten, der in der Regel mit der Ablegung des Glaubensbekenntnisses kombiniert wurde und bei jedem Amtswechsel im Magisterium zu erneuern war (Dok. A 13, De impress. § VI; B 12, § 1; B 18, B 12, B 16).[364]

Die Mittel, die dem Magister für die Ausübung seines Amts zur Verfügung standen, waren überschaubar, wenngleich wohl hinreichend. Zur Amtsaustat-

---

[360] Auf diesen Aspekt weist Capizucchi in seinem Amtstagebuch hin: CAVARZERE, Diario (wie Anm. 93), S. 256f.

[361] Plöchls Charakterisierung des kirchlichen »iudex ordinarius« in der Frühen Neuzeit trifft deshalb auch auf den MSP zu: »[…] im ›iudex ordinarius‹, welcher Instanz immer er sein mochte, [war und ist] eine Gewaltentrennung ausgeschlossen. Er bleibt Gesetzgeber, Richter und oberstes Vollzugsorgan in seinem Bereich«: Plöchl 4 (1966), S. 383.

[362] Auch hierin bestand eine Parallele zu den Verhältnissen in den lokalen Inquisitionsbezirken, wo der zuständige Inquisitor bzw. einer seiner Vikare das Ladensortiment der Buchhändler genehmigte (vgl. Kapitel II.4.4.d).

[363] Zu den römischen Druckern und Buchhändlern und ihren Werkstätten und Läden finden sich detaillierte Angaben in: Saverio FRANCHI (Hg.), Orietta SARTORI (Mitarbeit), Le impressioni sceniche. Dizionario bio-bibliografico degli editori e stampatori romani e laziali di testi drammatici e libretti per musica dal 1579 al 1800, 2 Bde. (Sussidi eruditi 44 & 57), Rom 1994–2002; zu den unterschiedlichen Gewerbezweigen des römischen Buchwesens vgl. Maria Iolanda PALAZZOLO, Banchi, botteghe, muricciioli. Luoghi e figure del commercio del libro a Roma nel Settecento, in: Roma moderna e contemporanea 2/2 (1994), S. 419–444, hier: S. 422–426. Im Jahr 1632 zählte man in Rom 89 Buchhändler, die Zahl der Drucker belief sich im 18. Jahrhundert auf etwa 100: Francesco BARBERI, Libri e stampatori nella Roma dei papi, in: DERS., Per una storia del libro. Profili, note, ricerche (Il Bibliotecario 7), Rom 1981, S. 197–235, hier: S. 215, 217.

[364] PALAZZOLO, Banchi (wie Anm. 363), S. 413. Die Eidespflicht gegenüber dem MSP bestand auch in den Exklaven seiner Jurisdiktion in der römischen Kirchenprovinz: ACDF SO St.St. M 2 m, fol. 177v–178v. An anderen Orten Italiens mussten die Buchhändler und Drucker den Eid dem Inquisitor leisten (vgl. Kapitel II.4.4.d).

tung gehörten eine Amtswohnung im vatikanischen Palast sowie ein Archiv, das in den Quellen mehrmals erwähnt wird, über dessen Verbleib bis heute aber keine näheren Erkenntnisse vorliegen.[365] Es diente u. a. zur Aufbewahrung von Druckmanuskripten und konfiszierten Büchern, die nach der Einführung des Index Clementinus hier zentral gesammelt wurden. Wie in den Ortskirchen, wo Inquisitoren auch die von bischöflichen Visitatoren eingesammelten Bücher verwahrten, mussten auch in Rom die Inspektoren des Vicegerente die von ihnen requirierten Bücher dem Magister abgeben (Dok. A 13 De impress. § IV; Dok. B 2, B 4). Nach einer später eingeführten Regel allerdings musste seinerseits der Magister – wie im Übrigen auch die Indexkongregation – alle nicht expurgierbaren Bücher, die an ihn gelangten, dem Sanctum Officium übergeben, das dadurch zur zentralen Sammelstelle für absolut verbotene Bücher wurde.[366] Diese Übergaben sollten nach einem Dekret Urbans VIII. zweimal im Jahr, im Juli und Dezember, stattfinden.[367] Dessen ungeachtet dürften die Magister während ihrer Amtszeit einen stattlichen Buchbestand aufgetürmt haben, denn von jedem in Rom gedruckten Buch mussten die Drucker an ihn Pflichtexemplare abtreten.[368]

Bei der Erledigung seiner Amtsaufgaben wurde der Titular meist von zwei Socii bzw. Compagni unterstützt, die (wie ihr Vorgesetzter) mit dem Magistergrad dekorierte Theologen aus dem Dominikanerorden waren. Sie durften im Auftrag des Amtsinhabers sämtliche seiner Amtsgeschäfte vollziehen. Alle Amtshandlungen der Socii – auch ihr Imprimatur – waren vorbehaltlos gültig, und sie verfügten über Befehlsgewalt (Dok. B 18, § 14). In den Exklaven seiner Jurisdiktion in der römischen Kirchenprovinz benannte der Magister einzelne Kleriker zu Vikaren, die in seinem Auftrag vor Ort die Amtsgewalt ausübten.[369]

Bei der Wahrnehmung seiner exekutiven Aufgaben erhielt der Magister Sacri Palatii Amtshilfe von anderen römischen Magistraten und Dikasterien. Er durfte z. B. das Gerichtspersonal und den Vollzugsapparat des Sanctum Officium nutzen.[370] Überhaupt waren seine Verbindungen zu den Kongregationen der In-

---

[365] Fragnito, Archivio (wie Anm. 249); vgl. auch Baldini-Spruit I/1, S. 28, Anm. 88. Kleine Reste des Archivs sind im heutigen Archiv der römischen Dominikanerprovinz (S. Caterina da Siena) im Kloster S. Maria sopra Minerva erhalten geblieben.

[366] Vgl. die Erneuerungen eines entsprechenden Dekrets durch den Papst am 15.2.1629: ACDF Index Prot. 33 (1650–1659), fol. 540r. Das Dekret wurde auch später noch mehrmals wiederholt, z. B. am 16.9.1630 und 4.4.1657: ACDF SO St.St. D-2-f, fol. 339v–340r.

[367] Erneuerung des Dekrets Urbans VIII. durch Alexander VII. in einer Feria-V. des SO am 14.2.1658: ACDF Index Prot. 33 (1650–1659), fol. 542r; Prot. 36 (1664–1672), fol. 13r.

[368] Über die in Rom befolgte Pflichtexemplar-Regelung informiert ein Schreiben Vincenzo Fanis OP an den »Index«-Sekretär Libelli. Danach hatten Drucker dem Palast-Magisterium insgesamt vier Exemplare eines Drucks unaufgefordert einzureichen. Jeweils ein Exemplar behielten der Magister und seine zwei Socii, in das vierte notierte der Magister das Publicetur und gab es dem Drucker zum Verbleib zurück: ACDF Index Prot. 34 (1659–1663), fol. 427r (Viterbo, 3.10.1663); vgl. auch die zwei danach folgenden Stücke, fol. 428f.

[369] Zu den Orten mit Vikaren des MSP gehörten im 18. Jahrhundert Viterbo, Montefiascone, Orvieto, Bolsena, Acquapendente, Nepi und Sutri u. a.: ACDF SO St.St. M-2-m, fol. 177r/v.

[370] Dekret des SO, 30.3.1594: BAV Barb. lat. 1502 (»Decreta generalia Sancti Officii et non nullae literae apostolicae non impressae«), S. 82.

quisition und des Index eng, da er ex officio beiden Einrichtungen als Konsultor angehörte. Außerdem führte eine regelrechte »Karriereleiter« vom »Index«-Sekretariat zum Palast-Magisterium. Manch ein römischer Dominikanerpater begann seine Laufbahn als Socius des Magister Sacri Palatii, wurde dann Sekretär der Indexkongregation, um danach schließlich selbst Chef der römischen Zensur zu werden.[371] Weitere dienstliche Verbindungen bestanden zu den Zollstellen, an denen die ein- und ausgeführten Waren routinemäßig nach undeklarierten Büchersendungen durchsucht wurden. Alle Druckerzeugnisse und Manuskripte, die die Dogana passierten, mussten durch den Transporteur angemeldet werden. Die Sendung blieb auf der Zollstelle, bis der Magister oder seine Mitarbeiter sie kontrolliert und freigegeben hatten. Erst danach durfte die Sendung dem Adressaten ausgehändigt bzw. weiterbefördert werden (Dok. B 1, Abs. 7, B 18, § 3).[372]

Die polizeilichen Aufsichtspflichten des Magisters machten eine Zusammenarbeit mit dem Gouverneur von Rom notwendig. Der Gouverneur (gubernator Almae Urbis, governatore di Roma), ein vom Papst in sein Amt berufener, speziell für seine richterlichen Aufgaben dispensierter Prälat im Bischofsrang, verkörperte als römischer Polizeichef und Inhaber der Blutgerichtsbarkeit den »weltlichen Arm« der kirchlichen Justiz in der Stadt und im Distrikt Rom.[373] So dürften auch die in den Gesetzen der Magister angedrohten Körperstrafen durch das Vollzugspersonal des Gouverneurs vollzogen worden sein (zu den Körperstrafen: Dok. B 7; B 13, § 3; B 16, Abs. 1; B 18, § 1). Zu einer Überschneidung der Kompetenzen des Magisters und des Gouverneurs kam es auf dem weiten Feld der Schmähschriften (Libelli famosi, Pasquillen), die der Gouverneur wegen seiner Zuständigkeit für den Tatbestand der Verleumdung als seine Sache betrachtete, die aufgrund der Verbote in den kirchlichen Gesetzen aber auch ins geistliche Gerichtsforum und somit in die Kompetenz des Magister Sacri Palatii gehörten (Dok. B 5, vgl. auch Dok. B 11, Abs. 9). Auch andere Magistrate und Kurienstellen erließen Gesetze, die ordnend in das Pressewesen der Stadt Rom eingriffen. Als Beispiel wurde in die Edition ein Edikt des Kardinalkämmerers (Camerlengo) aufgenommen, das den Handel mit alten Manuskripten und Dokumenten in Rom reguliert (Dok. B 13).

---

[371] Vgl. z. B. die Biogramme zu Vincenzo Bonardo (gest. 1601), Raimondo Capizucchi (1616–1691) und Gregorio Selleri OP (1654–1729), in: GruFo 1542–1700, 1701–1813: (III) Personen.

[372] Die Ein- und Ausfuhr von Büchern wurde in ganz »Inquisitorial-Italien« durch Bischöfe und Inquisitoren kontrolliert und setzte deren Genehmigung voraus: ALBIZZI (wie Anm. 167), c. XXX, Nr. 136f., S. 280 (mit Verweis auf Dekrete des SO vom 30.11.1602 und 2.12.1603 sowie drei Dekrete von 1619).

[373] Das Amt bestand seit 1432, von 1472 an wurde der Gouverneur von Rom stets zusätzlich auch zum Vertreter des Kardinalkämmerers, zum Vize-Kämmerer (Vice-Camerarius, Vice-Camerlengo), ernannt. Seine Jurisdiktion dehnte sich somit auf Fälle aus dem Zuständigkeitsbereich der Apostolischen Kammer aus, Sitten- und Häresiedelikte dagegen fielen in die Zuständigkeit des Kardinalvikars bzw. des SO. Pius IX. hob das Amt am 12.6.1847 per Motuproprio auf: Peter BLASTENBREI, Kriminalität in Rom 1560–1585 (Bibliothek des Deutschen Historischen Instituts in Rom 82), Tübingen 1995, S. 10 13; Niccolò DEL RE, Monsignor Governatore di Roma, Rom 1972.

Auch das Sanctum Officium griff regelmäßig in das Pressewesen der Stadt Rom ein. Dies lag vor allem daran, dass der Magister Sacri Palatii zwar die Presse-Hoheit verkörperte, die andernorts die Inquisitoren innehatten, er jedoch nicht Inquisitor von Rom war und folglich keine inquisitorischen Untersuchungen geschweige denn Prozesse führen konnte. Das für Rom zuständige Inquisitionstribunal war das Sanctum Officium, wo der Commissarius die Aufgaben eines Ortsinquisitors erfüllte. Bei ihm landeten denn auch jene lokalen Pressedelikte, die einen Häresie-Verdacht begründeten wie z. B. die Verstöße gegen das Verbot, Schriften von Häresiarchen oder Häretikern, die über die Religion handeln, zu lesen (Dok. B 11, Abs. 9).

Im Verlauf des hier interessierenden Zeitraums kam es wiederholt zu Differenzen zwischen Sanctum Officium und Palast-Magisterium über die jeweiligen Befugnisse. Ein häufig wiederkehrendes Streitthema waren die von den Magistern wohl schon seit den Anfängen der päpstlichen Pressegesetzgebung ausgestellten Leselizenzen, über die weiter oben gehandelt wurde (Kapitel II.4.5.).[374] Am 19. Januar 1623 sprach Gregor XV. dem Magister schließlich das Recht zu, Leselizenzen an römische Bittsteller auszugeben, doch durften sich diese nur auf expurgierbare und nicht auf im engeren Sinne häretische Bücher beziehen. Auch in diesem Punkt lässt sich eine Besonderheit des stadtrömischen Zensurregimes feststellen: Deckten sich im Großen und Ganzen die zensorischen Kompetenzen des Magisters in Rom mit denjenigen der Ortsinquisitoren, hatten die Letztgenannten ihr Recht, eigenmächtig Leselizenzen zu erteilen, verloren.[375]

Auch die Indexkongregation rang mit dem Magister Sacri Palatii um Kompetenzen. Keim der Konflikte war der von einigen Magistern bis zum Beginn des 17. Jahrhunderts recht energisch vertretene Anspruch, in bestimmten Bereichen über universalkirchliche Amtsautorität zu verfügen. Dieser Anspruch wurde zum einen auf dem Gebiet der Expurgationen artikuliert, auf dem die Amtsinhaber auf das Motuproprio Pius' V. aus dem Jahr 1570 verweisen konnten (Dok. C 3). Erst der Misserfolg des »Index Brisighella« (1606) schuf die Perspektive, den Magister Sacri Palatii dauerhaft als »Chef-Expurgator« der Kirche zu installieren, aus der Welt (Kapitel II.4.3.). Nur wenig später kam es auch zur Klärung der ebenfalls strittigen Frage der Publikation von Bücherverboten der Indexkongregation und des Sanctum Officium (vgl. Kapitel II.4.4.c). Seit 1613 publizierte nicht mehr der Magister Sacri Palatii die Verbotsedikte mit universaler Geltung, sondern die Indexkongregation (bzw. das Sanctum Officium). Davon unbenommen war das auf den Index Clementinus gestützte Recht des Magisters, partikulare – das heißt in der Geltung auf den eigenen Jurisdiktionsbezirk beschränkte – Bücherverbote auszusprechen und zu publizieren. Besonders im 18. Jahrhundert machten die Palastmagister – wie im Übrigen auch die Kardinalvikare – von diesem Recht auch Gebrauch.[376]

---

[374] Vgl. auch Baldini-Spruit I/3, S. 2569,

[375] Dazu Kapitel II.4.5.

[376] Bandi mit Bücherverboten des MSP sind abgedruckt in: Index 1664, S. 293–298, 300–305, 338f., 361f. Zahlreiche Originale sind in dem teilweise digitalisierten Bestand Bandi e editti

Es dürfte sich in Zukunft noch mancher Forscher mit der Wirkung und Wirksamkeit des kirchlichen Kontrollregimes über die römische Presse beschäftigen. Bis auf Weiteres lässt sich für die Zeit von der Mitte des 16. bis zur Mitte des 18. Jahrhunderts von einer relativ engmaschigen und effektiven Überwachung des Druckwesens ausgehen. Bereits Michel de Montaigne hielt in dem Bericht über seine Italienreise fest, dass an keiner anderen Zollstelle sein Gepäck so gründlich nach Büchern durchsucht worden sei wie an der römischen Porta del Popolo, wo Zollbedienstete ihm im November 1580 Bücher und Manuskripte abnahmen, um sie dem Magister Sacri Palatii zur Prüfung weiterzuleiten.[377] Aus der Mitte des 18. Jahrhunderts mehren sich dann aber Zeugnisse und Indizien, die auf eine zunehmende Nichtbeachtung der Pressegesetze schließen lassen. Eine Bestimmung aus dem Jahr 1761 z. B., welche den Handel mit verbotenen Büchern streng untersagt und den römischen Buchhändlern Entschädigung für den Verlust ihrer verbotenen Ware in Aussicht stellt, legt einen vorher recht florierenden Handel mit Libri prohibiti nahe (Dok. 18, Abs. 6; vgl. auch Dok. B 20, Tit. II, Nr. 6–7). Rom war demnach von der allgemeinen Krise der kirchlichen Zensur ebenso betroffen wie das restliche Italien (s.u.).[378]

Die kirchliche Obrigkeit reagierte auf die anscheinend abnehmende Gesetzestreue ihrer Untertanen zunächst mit einer Verschärfung der Gesetze. Im Jahr 1744 bestätigte Papst Benedikt XIV. global die Imprimatur-Gesetzgebung für die Stadt Rom (Dok. B 15). Die Strafverfolgung sollte zur Abschreckung nun jedoch der Verantwortung des Sanctum Officium obliegen, wodurch der schon 1487 formulierte, später aber differenzierte Grundsatz, dass Presse-Delikte den Häresie-Verdacht wecken, erneuert wurde (Dok. A 1, Abs. 7; B 15, Abs. 6).[379] Nichtsdestoweniger wirkte die Obrigkeit zunehmend machtlos gegen den klandestinen Bücherhandel, in den z. B. die in Rom akkreditierten ausländischen Diplomaten verwickelt waren und dabei ihre Immunität, welche die Dienstpost mit einschloss, einzusetzen wussten.[380] Ein gut informierter Beobachter wie der Jesuit Francesco Antonio Zaccaria moniert in einer Denkschrift an den Papst aus dem Jahr 1777, dass man in Rom ganz offen auf den Verkaufstischen die Werke von Jansenisten und gefährlichen Autoren wie Montesquieu und Pietro Giannone angeboten bekäme.[381] Die Offerte der berüchtigten Société typogra-

---

der BCas überliefert. Zu den Bücherverboten des Kardinalvikars vgl. die Beobachtungen von SCHWEDT, »Römische Bücherverbote« (wie Kapitel I, Anm. 10), S. 293.

377 Journal du voyage de Michel de Montaigne en Italie par la Suisse & l'Allemagne en 1580 & 1581, avec des notes par M. de Querlon, 2 Bde., Rom: Le Jay, 1774, hier: Bd. 1, S. 279f., Bd. 2, S. 35–37, 76f.

378 DELPIANO, Governo (wie Anm. 149), S. 16, 156.

379 Die drastischste mir bekannte Strafverschärfung für Pressedelikte dieser Jahre ordnete (ebenfalls unter Benedikt XIV.) der päpstliche Pro-Legat für das Comtat Venaissin an, der in seinem Amtsbezirk Druckern häretischer Bücher mit der Todesstrafe drohte, Exzerpt des Edikts vom 27.8.1745 in: ACDF SO St.St. M-2-m, fol. 172v.

380 PALAZZOLO, Banchi (wie Anm. 363), S. 442.

381 Die Denkschrift Zaccarias (»Progetto per favorire il commercio librario di Roma«), in: Giuseppe PIGNATELLI, Aspetti della propaganda cattolica a Roma da Pio VI. a Leone XII. (Istituto per la storia del Risorgimento italiano. Memorie 29), Rom 1974, S. 317–329, hier. S. 318.

phique de Neuchâtel an einen römischen Buchhändler, ihm den Vertrieb der Werke Rousseaus in Rom zu überlassen, wies dieser im Jahr 1780 mit der Begründung zurück, dass die Stadt doch bereits voll sei von den Schriften des radikalen Philosophen.[382] Auf der anderen Seite liest man zur selben Zeit aber auch von Klagen römischer Intellektueller, sie wären in Rom wegen der strengen Zensur von den neuen, interessanten Veröffentlichungen ganz abgeschnitten.[383]

6. Ausblick: Päpstliche Pressekontrolle im 19. und 20. Jahrhundert

6.1. Herrschaftssäkularisation und das Ende der kirchlichen Pressehoheit in Italien

In den vorangegangenen Kapiteln wurde deutlich, wie sehr das Papsttum seine Zugriffsmöglichkeiten auf die Presse in Italien der Stärke des inquisitorialen Apparats verdankte. Die Voraussetzung für die Leistungsfähigkeit der Inquisition ihrerseits aber war, dass die jeweilige weltliche Regierung die Teilhabe der Kirche an der öffentlichen Gewalt in ihrem Land duldete, sie bei der Ausführung von Zwangsmaßnahmen gewähren ließ oder ihr nötigenfalls zu diesem Zweck den »weltlichen Arm« lieh. Mitte des 18. Jahrhunderts begann sich unter dem Einfluss aufgeklärten Staatsdenkens diese Symbiose von Staat und Kirche bzw. Staat und Inquisition in nahezu allen Ländern Italiens zu lockern. Unter den reformabsolutistischen Regierungen, die nun den Kurs bestimmten, wurden die unter römischem Kommando stehenden Inquisitionstribunale einer strengeren staatlichen Aufsicht unterstellt und dadurch in ihrer Autonomie eingeschränkt. In einem Prozess, der mitunter mehrere Jahrzehnte andauerte, kündigten die Staaten unilateral die alte Allianz mit der Inquisition auf und definierten den Grenzverlauf zwischen weltlichen und kirchlichen Aufgaben neu. Den örtlichen Inquisitoren wurden die Zwangsmittel entzogen, die Gefängnisse der Inquisition wurden geschlossen, ihre Familiaren (Inquisitionsmiliz) entwaffnet. Die Zensur, vormals ein Hoheitsrecht der Kirche, ging nach und nach in die Staatsgewalt über.

---

[382] Jean-Jacques Rousseau stand seit 1762 mit einigen seiner Werke auf dem Index: IdLI 11 (2002), S. 787f. Vgl. dazu auch die entsprechenden Einträge in: GruFo 1701–1813: (II) Repertorium, sowie: Nicola BORCHI, Jean-Jacques Rousseau et Jean-Baptiste René Robinet devant le Saint-Office, in: Dix-Huitième Siècle 34 (2002), S. 335–348; im selben Bd. außerdem: Laurence MACÉ, Les Lumières françaises au tribunal de l'Index et du Saint-Office, in: ebd., S. 11–25. Die Episode aus dem Jahr 1780 ist entnommen aus: PALAZZOLO, Banchi (wie Anm. 363), S. 442f.

[383] PALAZZOLO, Banchi (wie Anm. 363), S. 435; entsprechende Stimmen aus dem 17. Jahrhundert zitiert BREVAGLIERI (wie Anm. 353), bes. S. 266–268, 280–284.

Eine Vorreiterrolle in diesem Prozess spielte Savoyen, wo bereits im ersten Drittel des 18. Jahrhunderts Pläne für eine umfassende Neugestaltung der Zensurverhältnisse gefasst wurden, die – wären sie konsequent umgesetzt worden – dem kirchlichen Imprimatur nur noch den Charakter einer Empfehlung belassen hätten. Später begonnen, aber umso energischer durchgeführt wurde die Reform in der Toskana, wo 1737 das Haus Habsburg-Lothringen in die Nachfolge der Medici getreten war. Das von Großherzog Franz Stephan, dem späteren Kaiser Franz I., am 28. März 1743 erlassene Pressegesetz bereitete der kirchlichen Pressehoheit ein Ende. In Florenz unterstand die Vorzensur fortan dem vom Großherzog als Regierung eingesetzten Regentschaftsrat. Ein deputierter Ratssekretär fungierte als Oberzensor. Diesem waren die Manuskripte vor dem Druck einzureichen, jeweils ein weltlicher und ein geistlicher Zensor prüften dann die Texte in seinem Auftrag. Die rechtlich wirksame Druckgenehmigung erging schließlich im Namen der weltlichen Gewalt.[384] In der österreichischen Lombardei war es ein von Staatskanzler Kaunitz inspiriertes Edikt vom 30. Dezember 1768, das die Verstaatlichung der Zensur besiegelte.[385] Wenige Jahre später folgte auch der Herzog von Modena diesem Beispiel. Er gab seinem Fürstentum 1772 eine neue Zensurverfassung, die der einst mächtigen örtlichen Inquisition keine Rolle mehr zudachte, allein die erzbischöfliche Kurie blieb weiterhin in die Vorzensur eingebunden.

Der Machtverlust der Kirche und speziell der Übergang vormals kirchlicher Zensurbefugnisse in die staatliche Hoheit führte das päpstliche Zensurregime in Italien in die Krise. Rom reagierte auf diese Herausforderung zunächst noch mit den traditionellen Mitteln, indem es die Axt einmal mehr an die geistigen Wurzeln des Übels legte. Die Hauptwerke der Aufklärung von Montesquieu, Voltaire, der »Encyclopédie« über Rousseau und Cesare Beccaria wurden auf den Index gesetzt und die Maximen der neuen Philosophie in mehreren päpstlichen Enzykliken verurteilt.[386] Doch war das päpstliche Bücherverbot unter den gewandelten politischen und kulturellen Verhältnissen ein stumpfes Schwert geworden. Nicht nur verfügte die Kirche vielerorts gar nicht mehr über die Vollzugs- und Strafmittel, um den Verboten Wirkung zu verschaffen, auch das geistige Klima war den römischen Bücherurteilen nicht mehr förderlich. Dem Empfinden der jetzt aufstrebenden intellektuellen Laienkreise verlieh der Livorneser Verleger Giuseppe Aubert in einem Brief an den Mailänder Publizisten Pietro

---

[384] Das SO hat das neue Pressegesetz umgehend verurteilt (17.4.1743). Druckern, die Bücher ohne das kanonisch vorgeschriebene Doppel-Imprimatur des Inquisitors und Bischofs druckten, drohte es die Exkommunikation an: Maria Augusta MORELLI TIMPANARO, Autori, stampatori, librai. Per una storia dell'editoria in Firenze nel secolo XVIII. (Accademia toscana di scienze e lettere La Colombaria. Studi 182), Florenz 1999, S. 1–130, bes. 54f.; zusammenfassend: JUNG (wie Anm. 192).

[385] Anna Paola MONTANARI, Il controllo della stampa »ramo di civile polizia«. L'affermazione delle censura di Stato nella Lombardia austriaca del XVIII secolo, in: Roma moderna e contemporanea 2 (1994), S. 343–378.

[386] DEL COL, Inquisizione (wie Anm. 24), S. 712f.; DELPIANO, Governo (wie Anm. 149), bes. S. 92–105.

Verri Ausdruck: »Nicht Rom ist es, das mit seinen Bücherurteilen über den Wert eines Buchs entscheidet; das Publikum entscheidet darüber!«[387]

Die Kurie musste ihre Pressepolitik nun insgesamt neu ausrichten. Die alternativen, weicheren Gegenmaßnahmen, zu denen sie im späteren 18. Jahrhundert schließlich griff, hat Patrizia Delpiano in einer bemerkenswerten Studie aus dem Jahr 2007 herausgearbeitet.[388] Demnach setzte die Kirchenleitung zunehmend darauf, die Gläubigen durch Überzeugungskraft statt durch Zwang zur Beachtung kirchlicher Bücherverbote zu bewegen. Eine wichtige Voraussetzung dafür waren Transparenz und Fairness der römischen Buchzensurverfahren, so dass bereits die Konstitution »Sollicita ac provida« als Dokument dieses Strategiewechsels zu lesen sei (Dok. C 10, bes. § 2).[389] Insgesamt verschob sich der Akzent von der Zensur auf die Presselenkung, wodurch die Kirche gezielt die öffentliche Meinung, die im Zuge des sozialen Wandels des späteren 18. Jahrhunderts zu einem immer bedeutenderen politischen Faktor wurde, zu beeinflussen versuchte. An die Stelle repressiver Zensurmaßnahmen trat die Propaganda. Schlechten Büchern sollten gute entgegengesetzt, die Argumente der Aufklärer durch Gegenschriften, Zeitschriftenbeiträge und Rezensionen entkräftet werden. Auf diese Weise kam es gleichsam zu einer Neuauflage des »katholischen Presseprojekts« der Tridentinischen Ära, das ebenfalls von der Dialektik zwischen Pressekontrolle und -nutzung getragen gewesen war, nur dass jetzt ein aufgeklärter Einschlag hinzukam. Die katholischen Publikationen, Predigten und die Volkskatechese zielten darauf ab, die Gläubigen zur selbständigen Auswahl guter Lektüre und zur Meidung schädlicher Bücher zu erziehen, sie zur Selbstzensur im Gewissen zu befähigen – von dort war es nur noch ein kleiner Schritt zur Transformation des Index vom Gesetz zum mahnenden »väterlichen Zeigefinger« (Hilgers), die sich im späteren 19. Jahrhundert vollzog.[390]

Parallel schritt die Herrschaftssäkularisation in den italienischen Staaten weiter voran. Hatte der weltliche Arm vielerorts schon seit längerem aufgehört, den Befehlen der Inquisition zu gehorchen, begann er nun, sich direkt gegen die kirchlichen Glaubenstribunale zu wenden. In den Jahren von 1767 bis 1769 wurde im von den Bourbonen regierten Herzogtum Parma-Piacenza die Inquisition auf Betreiben des Premierministers Du Tillot abgeschafft. Die 1780 beschlossene Wiedereinrichtung der Glaubenstribunale blieb Episode. Am

387 »[...] perché non è Roma che colle sue proibizioni decida del merito dei libri; è il pubblico che ne decide«, Aubert an Verri, 15.3.1766, zit. n. JUNG (wie Anm. 192), S. 710.

388 DELPIANO, Governo (wie Anm. 149).

389 Gemessen an dem Ziel, die Kritiker des Index zu besänftigen, ist die Konstitution Benedikts XIV. gescheitert. Die in Teilen schon im 17. Jahrhundert geprägten Kritikmuster existierten bis ins 20. Jahrhundert fort, sie hallen z. B. noch deutlich im Werk des Index-Apologeten Hilgers nach, der im Wirken der CIndex »nicht inquisitorische Verfolgungssucht, sondern weise Mäßigung und feinsinnige Weitherzigkeit« erkannte: HILGERS, Index (wie Kapitel I, Anm. 2), S. 79.

390 DELPIANO, Governo (wie Anm. 149), bes. S. 217–230; vgl. auch CAVARZERE, Cantiere (wie Kapitel I, Anm. 6); sowie SCHWEDT, »Römische Bücherverbote« (wie Kapitel I, Anm. 10), passim. – Das Zitat, das mit den unterschiedlichen Bedeutungen des lateinischen Begriffs »Index« spielt, aus: HILGERS, Index (wie Kapitel I, Anm. 2), S. 73.

9. März 1775 verkündete ein Dekret Maria Theresias das Aus für die Inquisition in der österreichischen Lombardei. Nach dem Willen der Kaiserin sollten die lombardischen Tribunale nach dem Tod des gerade amtierenden Inquisitors nicht wiederbesetzt werden. In der Toskana ordnete Großherzog Pietro Leopoldo, der spätere Kaiser Leopold II., am 5. Juli 1782 die Abolition der Inquisition in seinem Herrschaftsgebiet an. In Modena war es Herzog Ercole III. d'Este, der am 6. September 1785 die Auflösung der Inquisition verfügte. Die restlichen Niederlassungen der Römischen Inquisition wurden später unter napoleonischer Besetzung bzw. während des ersten italienischen Königreichs (1805–1814) aufgehoben. Bis 1810 war die Inquisition endgültig aus Italien verschwunden – mit der einzigen Ausnahme des Kirchenstaats.[391] Nach den an Wechselfällen reichen Jahren unter französischer Herrschaft wurden im Stato pontificio ab 1814 die alten Verhältnisse wiederhergestellt.[392] Die Inquisitionstribunale blieben hier bis zum Anschluss der letzten kirchenstaatlichen Provinzen an das vereinigte Italien in den Jahren 1859/60 (Romagna, Marken, Umbrien) bzw. 1870 (Rom und Latium) bestehen.[393]

Mit der sukzessiven Auflösung der Inquisition seit den 1760er Jahren stürzten auch die Reste der frühneuzeitlichen Infrastruktur in sich zusammen, auf die Rom sich einst bei der Umsetzung seiner Pressepolitik gestützt hatte. Wollte das Papsttum weiterhin Einfluss auf die Presse behalten, bot sich nach dem Wegfall der Inquisition überhaupt nur die ordentliche, bischöfliche Gewalt als Hebel an. So kam es in der ersten Hälfte des 19. Jahrhunderts beinahe notgedrungen zu einer »Re-Episkopalisierung« der kirchlichen Pressekontrolle.[394] Dies ging, quer zum allgemeinen Trend in der Ekklesiologie des 19. Jahrhunderts, mit einer Dezentralisierung einher, die einerseits durch die beschriebenen veränderten Rahmenbedingungen kirchlicher Politik in den säkularen Staaten, andererseits aber auch mediengeschichtlich durch die Popularisierung der Presse und den Aufstieg des Zeitungswesens bedingt war. Alle diese Aspekte kommen in einem Mandat Leos XII. vom 18. April 1825 zum Ausdruck (Dok. A 24), in dem der Papst die Bischöfe an die Indexregeln erinnert und sie aufruft, ihre Schafe vor

---

391 Art. »Abolizione dei tribunali«, Italia, in: DSI 1, S. 6–8 von A. Borromeo; Del Col, Inquisizione (wie Anm. 24), S. 699–740, 793f.; Infelise, Libri probiti (wie Anm. 192), S. 89–123.

392 Die chronologische Abfolge der Schritte zur Wiedereinrichtung der Inquisition im Kirchenstaat wurde auf Basis der Quellen dargestellt von: David Armando, Nel cantiere dell'Inquisizione: la riapertura dei tribunali del Sant'Uffizio negli anni della Restaurazione, in: Andrea Cicerchia u.a. (Hg.), Prescritto e proscritto. Religione e società nell'Italia moderna (secc. XVI–XIX), Rom 2015, S. 233–254.

393 Del Col, Inquisizione, S. 793f.; Art. »Stato pontificio«, in: DSI 3, S. 1478f. von I. Irace. Der von Del Col monierte Forschungsstand zum Wirken der kirchenstaatlichen Inquisitionen im 19. Jahrhundert wurde bislang noch nicht wesentlich ergänzt. So bleibt vorerst auch unklar, was es mit den Inquisitoren und Inquisitionsvikaren genau auf sich hatte, die noch nach der nationalen Einheit (bis ins Jahr 1880!) Gehälter aus Rom bezogen. Eines der noch spät aktiven Tribunale war die Inquisition von Spoleto: Roberto Nini, Il Sant'Uffizio di Spoleto. Repertorio delle fonti di un'Inquisizione umbra, Foligno 2015.

394 Vgl. auch Delpiano, Governo (wie Anm. 149), S. 188: »[...] al progressivo declino del sistema inquisitoriale si fece fronte domandando l'aiuto dei vescovi presenti in tutti gli Stati italiani.«

dem Einfluss schlechter Bücher zu schützen. Als Grund für die Inpflichtnahme der Bischöfe liest man, dass Rom angesichts der unaufhörlichen publizistischen Flut nicht mehr im Stande sei, alle üblen Schriften der Welt aufzuspüren und sie auf den Index zu setzen. Die Bischöfe sollen deshalb auf eigene Initiative schädliche Bücher verbieten und vor allem das Volk erziehen, damit es zwischen heilsamen und schädlichen Büchern zu unterscheiden lerne (Dok. A 24).

Mit der Aufwertung ortskirchlicher Strukturen schlug der Appell Leos XII. neue Töne an. Gleichzeitig machte er aber auch deutlich, dass trotz der gravierenden Umbrüche, die sich in dem vorangegangenen halben Jahrhundert ereignet hatten, die Kurie auf juristischer Ebene das Ancien Régime weiter am Leben erhielt. Das Mandat beruft sich schließlich auf die Trienter Indexregeln und die ergänzenden Bestimmungen, mithin auf die frühneuzeitlichen Normen, die fast nirgendwo mehr umsetzbar waren! Auf der Apenninhalbinsel hatte sich zwar nach dem Ende der napoleonischen Ära der Wind wieder zugunsten der Kirche und des Papsttums gedreht. Der gemeinsame Feind in Gestalt des Liberalismus und Jakobinertums schweißte Staat und Kirche aufs Neue zusammen, wodurch die für das Zeitalter der Restauration charakteristische Allianz von Thron und Altar zustande kam.[395] Dadurch konnte die Kirche in den Ländern des ehemaligen inquisitorialen Italiens auch wieder stärkeren Einfluss auf die Kontrolle der Presse gewinnen. Ein Rückfluss von Hoheitsrechten vom Staat an die Kirche aber blieb aus: Auch wenn der Klerus in den staatlichen Zensurbehörden wieder einflussreich wurde, lagen Vorzensur, Nachzensur und Bücherpolizei doch weiterhin in staatlicher Verantwortung. Entsprechend war auch der Umgang mit dem römischen Index. Er wurde von den staatlichen Zensurbehörden in Italien oft als Richtschnur verwendet und manchmal wurden die römischen Bücherverbote auch in die staatlichen Verbotskataloge übernommen. Den Status eines öffentlichen Gesetzes aber besaß der Index (mit der auffälligen Ausnahme Modenas) lediglich noch im Kirchenstaat.[396]

6.2. Die letzten Pressereformen im Kirchenstaat und der Abschied vom »integralistischen« Kontrollanspruch

Indem Rom an den vormodernen Indexregeln festhielt, die nur noch auf den unmittelbaren päpstlichen Herrschaftsbereich anwendbar waren, erhob es den Sonderfall zur Norm für die Gesamtkirche mit dem Ergebnis, dass die gesamtkirchliche Presse-Rahmengesetzgebung von der Realität abgekoppelt wurde. Gänzlich zum Relikt wurden die Indexregeln schließlich, als sich auch im Kirchenstaat die Verhältnisse zu wandeln begannen. Noch unter Leo XII. kam es zu einer Reform der Zensurorganisation in der Stadt und im Distrikt Rom. Das entsprechende Reformedikt erließ bezeichnenderweise nicht der Magister Sacri Palatii – das

[395] Maria Iolanda Palazzolo, I libri il trono l'altare. La censura nell'Italia della restaurazione (Studi e ricerche di storia dell'editoria 21), Mailand 2003, bes. S. 22.
[396] Ebd., S. 25, 38, 80.

römische Pendant zu den Ortsinquisitoren –, sondern der Kardinalvikar für das Bistum Rom, was einmal mehr den oben festgestellten Trend zur »Re-Episkopalisierung« der Zensur bestätigt (Dok. B 20). Das Vikariatsedikt bezieht sich vor allem auf die Organisation der Vorzensur, bei der bislang der Magister Sacri Palatii das Sagen hatte. Zukünftig sollte in Rom und im Distrikt der Stadt dafür ein neues Gremium zuständig sein: der Zensur- bzw. Revisionsrat. Dieser Rat war an die stadtrömische Universität angebunden und bestand aus fünf, die Fakultäten der Universität abbildenden Klassen: Theologie, Jura, Philologie, Medizin und Naturwissenschaften (Naturphilosophie). Jede Fakultät entsandte vier ihrer Mitglieder in den Rat, mit Ausnahme der theologischen Fakultät, deren Kollegium im Ganzen auch die theologische Klasse des Zensurrats bildete.

Der Ratsvorsitz gebührte dem Magister Sacri Palatii, dessen leitende Stellung u. a. darin zum Ausdruck kam, dass er die zu druckenden Manuskripte entgegennahm und auf die Zensoren der jeweils zuständigen Klassen verteilte. Wurde der Text von den Zensoren approbiert, erteilten wie eh und je der Magister Sacri Palatii und der Vikar das Imprimatur mit dem Unterschied, dass jetzt der Kardinalvikar bzw. sein Stellvertreter (Vicegerente) als Zweiter zeichnete (ebd., Tit. I, Nr. 6). Formal blieb also das frühneuzeitliche »Konjunktim« bestehen, doch waren die Rollen nun so vertauscht, dass sich auch daran die Aufwertung der ordentlich-bischöflichen Gewalt bzw. die »tendenza alla marginalizzazione della figura del Maestro« ablesen lässt.[397] Letzterer behielt als exklusives Recht immerhin die Erteilung der obligatorischen Vertriebsfreigabe (Publicetur) (ebd. Tit I, Nr. 13). Die pressepolizeilichen Aufgaben (z. B. Inspektion der Bücherlager, Gewerbeaufsicht, Überwachung der Zollstellen) wurden zwischen Kardinalvikar und Magister aufgeteilt (ebd., Tit. II.–III.).

Eine weitere Neuerung gegenüber den frühneuzeitlichen Verhältnissen stellte die Einbeziehung der Studienkongregation in die Pressekontrolle dar. Die von Leo XII. (Konstitution »Quod divina sapientia«, 18. August 1824) eingerichtete Kongregation, die im Kirchenstaat nach Art eines Bildungsministeriums das Schul- und Studienwesen kontrollierte, fungierte zeitweilig als Aufsichtsbehörde über die Zensur und diente als Appellationsinstanz.[398] Autoren, die mit dem Ausgang eines vom Zensurrat beschiedenen Imprimatur-Antrags unzufrieden waren, konnten vor der Studienkongregation in die Revision gehen. Ebenfalls neu war die Einführung eines gesonderten Verfahrensgangs für die politische Zensur. Wann immer den Zensoren bei der Vorprüfung von Druckmanuskripten Inhalte auffielen, die außen- oder innenpolitische Kontroversen hervorrufen konnten, war der Fall an das Staatssekretariat weiterzuleiten (ebd., Tit. I, Nr. 8). Auch veränderte sich durch das Gesetz von 1825 der Strafkatalog, aus

---

397 Ebd., S. 55, Anm. 34.

398 Mitglieder der CStudi waren ex officio der Kardinalstaatssekretär, der Kardinalkämmerer, der Vikar des Bistums Rom sowie die Kardinalpräfekten der CIndex und der Kongregation des Buon Governo: Niccolò Del Re, La Curia romana. Lineamenti storico-giuridici, 4. Aufl., Vatikanstadt 1998, S. 183–196. Das Archiv der CStudi befindet sich heute im ASR, vgl. dazu das Inventar von Manola Ida Venzo (Hg.), Congregazione degli studi. La riforma dell'istruzione nello Stato pontificio (1816–1870). Inventario, Rom 2009.

dem die Körperstrafen entfernt wurden. Und auch das Schicksal konfiszierter Bücher wurde jetzt neu bestimmt: Sie sollten nicht mehr dem Sanctum Officium ausgehändigt oder verbrannt werden, sondern waren fortan einer der öffentlichen Bibliotheken Roms zu überlassen, wo sie von Besitzern einer Leselizenz benutzt werden durften (ebd. Tit. III., Nr. 14–17). In einem Dekret vom 11. Mai 1836 (Dok. B 21) übertrug die Studienkongregation manche der Bestimmungen aus dem nur die römischen Verhältnisse ordnenden Vikariatsedikt auch auf den gesamten Kirchenstaat. Danach sollte z. B. an allen Orten des Kirchenstaats der Bischof erst nach dem Inquisitor das Imprimatur unterzeichnen und somit das letzte Wort über die Druckgenehmigungen erhalten. Zudem wurden nun auch die in der Provinz tätigen Zensoren angewiesen, politisch heikle Publikationen an das päpstliche Staatssekretariat nach Rom weiterzuleiten.

Zu einer neuerlichen Reform der kirchenstaatlichen Zensurorganisation kam es 1847 unter Pius IX.[399] Im Mittelpunkt stand dabei das Zeitungswesen, dessen Ausdifferenzierung in den europäischen Gesellschaften immer mehr zum Gradmesser für den Fortschritt wurde, das im Kirchenstaat bisher aber über ganz rudimentäre Ausmaße nicht hinausgekommen war. Außer den offiziellen Anzeigern (wie z. B. in Rom dem Diario Romano) gab es keine nennenswerten Periodika, die auch den journalistischen Ansprüchen des liberalen Bürgertums genügt hätten. Da der rigide Zensurapparat kaum Spielraum für einen legalen politischen Journalismus bot, brach dieser sich in einer wachsenden Zahl klandestiner Blätter Bahn, hinter denen meist risikobereite extremistische Kräfte standen. Dieser Zustand war selbst aus konservativer Sicht inakzeptabel, denn weder wollte man die Beeinflussung der öffentlichen Meinung den Radikalen überlassen, noch konnte man aus etatistischer Sicht länger auf ein modernes Zeitungswesen verzichten, sollte der Kirchenstaat nicht vollends zum Panoptikum eines absolutistisch-klerikalen Obskurantismus degenerieren. So wurde die Förderung eines geregelten Zeitungswesens auch zu einer Frage der öffentlichen Sicherheit und des Staatswohls.

Die Lösung, zu der der moderate Flügel an der Kurie Pius' IX. fand, war ein neues Zensurgesetz, welches das Sicherheitsbedürfnis des Staates einerseits und das Verlangen des Bürgertums nach Information und Aufklärung andererseits in Einklang brachte. Das entsprechende Edikt wurde am 15. März 1847 (Dok. B 22) durch das Staatssekretariat erlassen, das bisher mit der politischen Zensur betraut gewesen war. Der Erlass führte für die politische Zensur – das heißt vor allem für die Zeitungen – eine eigene Organisationsstruktur ein, die an die beschleunigten redaktionellen Vorgänge im Zeitungswesen angepasst war. Für die Zeitungszensur sollten in den Provinzhauptstädten des Kirchenstaats jeweils eigene Zensurräte eingerichtet werden, bestehend aus dem Provinzvorsteher und zwei Zensoren. An der Spitze des Apparats rangierte ein fünfköpfiger römischer Zensurrat. Das Edikt erkennt die Berichterstattung über das politische Zeitge-

[399] Knappe kirchenhistorische Einordnung des Pontifikats in: Klaus SCHATZ, Pius IX., in: Martin GRESCHAT (Hg.), Das Papsttum II. Vom Großen Abendländischen Schisma bis zur Gegenwart (Gestalten der Kirchengeschichte 12), Stuttgart u. a. 1985, S. 184–202.

schehen (»la storia contemporanea e le materie appartenenti alla pubblica amministrazione«) als ein legitimes Anliegen an. Dies allein war bereits ein großes Zugeständnis an die Liberalen und den politischen Journalismus, der sich im Rahmen des neuen Zensurgesetzes jetzt auch im Kirchenstaat entfalten konnte.

Die italienische Presseforschung schenkt dem Edikt von 1847 speziell im Kontext der revolutionären Erhebung von 1848/49 und der Rolle der Zeitungen in der Vorgeschichte der Römischen Republik Aufmerksamkeit.[400] Doch verdient es nicht nur im Zusammenhang mit der Geschichte der liberalen Bewegung Beachtung. Da mit der durch das Edikt weiter vorangetriebenen organisatorischen Trennung der politischen von der »ordentlichen« kirchlichen Zensur letztendlich auch der traditionelle »integralistische« Kontrollanspruch der Kirche gegenüber der Presse aufgebrochen wurde, darf das Edikt auch als ein Zeugnis des epistemischen Wandels betrachtet werden. Allerdings wurde mit dem Edikt von 1847 das Politische noch nicht gänzlich aus der Obhut der Geistlichkeit bzw. der Theologie entlassen: In den Zensurräten, die infolge des Erlasses in Rom und in der Provinz eingerichtet wurden, dominierten zahlenmäßig zwar die Laien, an der Spitze stand jedoch jeweils ein Kleriker bzw. Theologe: in den Provinzräten war dies der stets dem Klerus angehörige Provinzvorsteher, in Rom der Magister Sacri Palatii.[401] Der letzte trennende Schritt wurde erst ein Jahr später vollzogen. Unter dem Druck der Liberalen sah sich Pius IX. im Jahr 1848 veranlasst, die Vorzensur für das politische Schrifttum ganz aufzuheben, Kontrolle sollte fortan nur noch mit den Mitteln der Nachzensur bzw. Pressepolizei ausgeübt werden.[402] Im religiös-kirchlichen Bereich jedoch sollte die Zensur weiter bestehen, was den Papst zu einer historischen Trennungserklärung nötigte: Am 2. Juni 1848 wies Pius IX. in einem Schreiben die Prälaten des Kirchenstaats (Dok. B 23) an, in Zukunft allein noch Schriften (inklusive Zeitungsartikel) zu religiösen, moralischen und ethischen Themen einer vorzensorischen Prüfung zu unterziehen. Das profane Schrifttum wurde dadurch – zum ersten Mal seit 1487 – der kirchlichen Zuständigkeit entzogen.[403]

---

[400] Nach dem Urteil Giovanni Ponzos etwa markierte das Edikt von 1847 den Übergang von einem »regime di completa negazione di qualsiasi libertà di espressione ad un regime di quasi libertà di stampa«: Le origini della libertà di stampa in Italia (1846–1852), Mailand 1980, S. 36.

[401] Zur Zusammensetzung der insgesamt 20 Zensurräte, die infolge des Edikts von 1847 in Rom und den Provinzen eingerichtet wurden, vgl. ebd., S. 59–75.

[402] Vgl. den »Statuto fondamentale per il governo temporale degli stati di S. Chiesa« vom 14.3.1848 und das »Motu-proprio sulla legge repressiva della stampa« vom 3.6.1848: Renato LEFEVRE, Le riforme di Pio IX e la libertà di stampa, in: Studi Romani 3 (1955), S. 667–694, hier: S. 683–686.

[403] Die Begründung zu diesem Schritt liest sich in dem päpstlichen Schreiben gleichsam als nachträgliche Bestätigung der bis dahin gültigen »Allkompetenz des Lehramts und seiner Zensurorgane« (Wolf): Die Flut periodischer Publikationen, heißt es in dem Schreiben, übersteige die Kapazitäten der kirchlichen Zensur. Ein Inkraftlassen der alten Imprimatur-Gesetze wäre daher unverantwortlich, schließlich würden die Gläubigen davon ausgehen, dass alles Gedruckte auch die kirchliche Vorzensur passiert hätte. So würde als kirchlich approbiert erscheinen, was in Wahrheit nie einem kirchlichen Zensor zu Augen gekommen war. Zitat aus: Hubert WOLF, Die »deutsche« Indexreform Leos XIII. Oder: Der ausgefallene Fall des Altkatholiken Franz Heinrich Reusch, in: Historische Zeitschrift 272 (2001), S. 63–116.

Mit der Trennung zwischen politischer und kirchlich-theologischer Zensur näherte sich der Kirchenstaat auf dem Gebiet der Pressekontrolle vorsichtig den Maßstäben moderner Staatlichkeit an. Normen und Institutionen hielten aber schon bald mit den beschleunigten Zeitläufen nicht mehr Schritt. Nachdem in der Römischen Republik die Zensur aufgehoben worden war, führte sie der mithilfe des französischen Militärs am 14. Juli 1849 wieder in seine Herrschaft eingesetzte Pius IX. im Zuge der nun beginnenden anti-liberalen Restauration wieder ein.[404] Nur zehn Jahre später verlor das Papsttum 1859/60 den Großteil seines weltlichen Territoriums an den italienischen Nationalstaat. Als am 8. Dezember 1869 in Rom das I. Vatikanische Konzil eröffnet wurde, war der Papst seit einem Jahrzehnt nur noch Herr über die Stadt Rom und das alte Patrimonium Petri (Latium). Die Einnahme Roms durch die königliche Armee am 22. September 1870 besiegelte das Ende des Kirchenstaats, der erst 1929 unter ganz anderen Vorzeichen wieder ins Leben gerufen werden sollte. Der Untergang des Kirchenstaats markierte auch das Ende der obrigkeitlichen Pressekontrolle durch Institutionen der katholischen Kirche. Der römische Index trat in die Phase des Nachlebens, die allerdings noch einmal gut ein Jahrhundert andauern sollte.

6.3. Die Abschaffung der frühneuzeitlichen Indexregeln durch den Index Leoninus (1900)

Das erste wichtige Ereignis in dieser Endphase der Index-Geschichte war die Herausgabe einer gründlich revidierten Ausgabe des Index librorum prohibitorum unter Leo XIII. im Jahr 1900. Die Vorgeschichte dieser vorletzten Indexreform reicht bis in die Zeit des I. Vatikanums zurück, als Eingaben aus dem deutschen und französischen Episkopat eine grundsätzliche Reform des Verbotskatalogs und der Indexregeln gefordert hatten (vgl. Dok. A 29, Abs. 7). Die eilige Auflösung des Konzils am 20. Oktober 1870, vier Wochen nach der Eroberung Roms, hatte die Diskussionen jäh beendet. Aufgenommen wurden sie erst wieder dank eines Impulses von außen. In den Jahren 1883 und 1885 brachte Franz Heinrich Reusch in zwei voluminösen Bänden die erste wissenschaftliche Gesamtdarstellung der Geschichte des römischen Index heraus. Der aus der Kirche ausgeschlossene Priester und frühere Theologieprofessor deckte in dieser Studie viele formelle und sachliche Fehler in der römischen Verbotsliste auf, was beim Leser Zweifel am Sachverstand des römischen Zensurapparats wecken musste.[405] Auf römischer Seite galt es nun, diese peinlichen Fehler

[404] PONZO (wie Anm. 400), S. 344–350.

[405] Wie tief Reusch seine ultramontanen Gegner mit der Aufdeckung fehlerhafter oder gar unsinniger bibliografischer Titelaufnahmen getroffen hatte, lässt sich aus der kindischen Freude erahnen, mit der Joseph Hilgers Fehler, die »dem deutschen Gelehrten« Reusch seinerseits unterlaufen waren, auskostet: z. B. HILGERS, Index (wie Kapitel I, Anm. 2), S. 86 (Zit.).

auszuräumen, wollte man den Kritikern des auf dem Konzil (18. Juli 1870) verkündeten Unfehlbarkeitsdogmas, zu denen auch Reusch zählte, nicht unnötig Munition liefern.

Unter Leitung des Präfekten der Indexkongregation begann im Sommer 1892 eine Reformkommission ihre Arbeit, in der sich – wie Hubert Wolf hervorhob – vor allem deutsche Gelehrte wie z. B. der Jesuit Franz Ehrle und sein Assistent Joseph Hilgers hervortaten. Penibel gingen die Männer den Befunden Reuschs nach, verifizierten und verbesserten bibliografische Angaben.[406] Man einigte sich schließlich auf zwei wesentliche Reformprinzipien: Erstens sollten Werke, die aus anderen als (nach den aktuellen Maßstäben) theologischen Beweggründen verboten worden waren, vom Index genommen werden. Zweitens, sollten Verbote verschwinden, zu denen sich die Verfahren nicht mehr aktenmäßig rekonstruieren ließen. Letzteres traf mehrheitlich auf Verbote zu, die ihren Ursprung in der Zeit vor der Verfestigung der römischen Verfahrensregeln in den ersten Jahren des 17. Jahrhunderts hatten und seitdem in den Verbotskatalogen mitgeschleppt worden waren. Die Kommission entschied sich zu einem resoluten Schritt: alle Verbote, die auf die Index-Ausgaben des 16. Jahrhunderts zurückgingen, wurden in der aktuellen Verbotsliste nicht mehr aufgeführt.[407] Betroffen waren rund 1.700 Einträge, darunter ungefähr 1.000 Autorennamen aus der 1. Indexklasse.[408]

Die Revision der Verbotsliste war jedoch nur ein Aspekt der Indexreform Leos XIII. Der weitaus anspruchsvollere Teil der Reformarbeit bestand in der Ausarbeitung neuer Indexregeln. Die zugehörige Dokumentation, die sich im Archiv der Indexkongregation in zwei dicken Aktenbänden erhalten hat, wartet noch immer auf eine wissenschaftliche Auswertung, weshalb an dieser Stelle nur das Resultat der Reformarbeit besprochen werden kann. Es liegt in Form der apostolischen Konstitution »Officiorum ac munerum« vom 25. Januar 1897 vor. Die Konstitution Leos XIII., die drei Jahre später im Vorspann des Index Leoninus abgedruckt wurde, ist insofern das erste »moderne« gesamtkirchliche Pressegesetz, als es erstmals nicht mehr auf den frühneuzeitlichen Indexregeln aufbaut. Die Zäsur war für jeden, der den neuen Index mit seinen Vorgängern verglich, auf Anhieb erkennbar. Der gesamte bis dahin übliche Vorspann war entfallen. Noch die letzte hier herangezogene römische Index-Ausgabe alten Stils aus dem Jahr 1884 hatte im vollen Umfang die kumulative Gesetzgebung wiedergegeben, angefangen von den Trienter Indexregeln (Dok. A 9) über die Ergänzungen aus der Zeit Clemens' VIII. (Dok. A 13, A 15), Alexanders VII. (Dok. A 19) und Benedikts XIV. (Dok. A 22–23, C 10) bis hin zu den letzten Zusätzen des 19. Jahrhunderts (Dok. A 24–28).[409] Im neuen Index dagegen folgt auf das vom 17. September 1900 datierende Einführungsbreve Leos XIII.

---

[406] Die bibliografischen Richtlinien des Index Leoninus erläutert HILGERS, ebd., S. 79–86.

[407] Ebd., S. 104–114; WOLF, Indexreform (wie Anm. 403), S. 92,100. – Vgl. auch Dok. A 29, Tit. I, c. 1, Nr. 1.

[408] HILGERS, Index (wie Kapitel I, Anm. 2), S. 105.

[409] Index 1882, S. [V]–LI.

(Dok. A 30) und die obligatorische Vorrede des amtierenden Sekretärs der Indexkongregation, Thomas Esser OP, die besagte Konstitution »Officiorum ac munerum«, gefolgt – als letztem Rest der älteren Gesetzgebung – von der Konstitution »Sollicita ac provida« Benedikts XIV (vgl. auch Dok. 29, Abs. 10).[410]

Die inhaltlichen Änderungen waren nicht weniger gravierend. Das eigentliche Pressegesetz erscheint in der Konstitution unter der Überschrift »Decreta generalia de prohibitione et censura librorum«. Diese »Decreta generalia« zerfallen in zwei Rubriken (Tituli), deren erste (»De prohibitione librorum«) über Bücherverbote und Nachzensur handelt, während die zweite Rubrik (»De censura librorum«) die kirchlichen Zensurregeln zusammenfasst. In der ersten Rubrik werden vor allem die pauschalen Bücherverbote zusammengefasst (Tit. I, c. I.–VIII.). Dieser Teil baut ganz offensichtlich auf den für die Indexreform Benedikts XIV. zusammengestellten »Decreta de libris prohibitis« (Dok. A 22) auf, geht aber bei der Systematisierung und der Zusammenführung älterer und jüngerer Bestimmungen weit über die Vorlage von 1757 hinaus, so dass nun ein regelrechter Kodex der allgemeinen Bücherverbote vorlag.[411] Wesentliche Neuerungen gab es vor allem im Umgang mit Werken von Nicht-Katholiken zu verzeichnen. Die 1564 eingeführte Kategorie des »Häresiarchen« entfiel, und auch der ebenfalls aus dem Index von 1564 stammende Grundsatz, dass alle über Religion handelnden Bücher nicht-katholischer Autoren de iure verboten waren, wurde gelockert (Tit. I, c. I., 1.–4.), was allerdings zur Folge hatte, dass wieder häufiger Einzelprüfungen von Werken evangelischer Theologen durchgeführt wurden, so dass Protestanten fortan wieder öfter indiziert wurden.

Des Weiteren enthält die Rubrik Bestimmungen über Leselizenzen, deren Vergabesystem nun klarer als je zuvor geordnet wurde. Grundsätzlich sollten Leselizenzen im Sinne von Generallizenzen für alle speziell und pauschal verbotenen Bücher allein durch den Hl. Stuhl bzw. seine Delegierten ausgestellt werden (ebd., c. IX., Nr. 23–26). Die Zuständigkeit verteilte sich auf die Indexkongregation und das Sanctum Officium, in Rom wird der Magister Sacri Palatii, in den Missionsgebiete die Propaganda Fide für zuständig erklärt. Die Bischöfe dagegen sollen Leselizenzen in der Regel nur in dringenden Fällen und nur für einzelne Titel ausstellen. Sie können aber auch beim Hl. Stuhl die Fakultät beantragen, Generallizenzen auszugeben. Beachtung verdient dabei die Klausel, dass eine Generallizenz des Hl. Stuhls den Inhaber nicht automatisch von den Verboten befreit, die sein Bischof gegen Bücher und Zeitschriften in seiner Diözese ausgesprochen hat. Die schon im gesamten 19. Jahrhundert zu beobachtende Tendenz der »Re-Episkopalisierung« im kirchlichen Zensurwesen setzt sich in dieser »Immunisierung« der lokalen, bischöflichen Bücherverbote fort. In dieselbe Richtung gehen die im Kapitel über die Anzeige

[410] Index 1900.

[411] Obwohl Hilgers dicht am Reformgeschehen dran war, ist ihm die Abhängigkeit der »Decreta generalia« von den »Decreta de libris prohibitis« merkwürdigerweise entgangen, anscheinend war ihm das Dokument aus dem Pontifikat Benedikts XIV. überhaupt unbekannt: Index (wie Kapitel I, Anm. 2), S. 172.

schlechter Bücher zusammengefassten Bestimmungen (ebd., c. X., Nr. 27–29). Die Bischöfe sollen demnach als Wächter über die lokale Presse fungieren und eigenmächtig Verbote aussprechen. Nur wenn sie eine genauere Prüfung oder ein Verbot auf höchster Ebene für notwendig erachteten, sollte der Hl. Stuhl eingeschaltet werden.

Die zweite Rubrik (»De censura librorum«) versammelt die Vorschriften zur kirchlichen Vorzensur, die unter den Bedingungen moderner, säkularer Staatlichkeit einen völlig anderen Charakter als zu Zeiten des Ancien Régimes erhielten. Augenfällig ist die Abgrenzung des Zuständigkeitsbereichs: Kontrolle beansprucht die Kirche nur noch bei Publikationen aus ihrem eigenen Funktionsbereich. Die Gläubigen werden nur noch im Falle von Schriften über die »res sacrae« (z. B. Bibel, Theologie, Kirchengeschichte, Kirchenrecht, Moral) dazu aufgefordert, diese ihrem Bischof zur Vorprüfung vorzulegen (Tit. II, c. III, Nr. 41).[412] Lediglich vom Klerus erwartet die Konstitution, alle Arten von Publikationen der bischöflichen Vorzensur zu unterbreiten. An der Spitze der Zensur steht allein noch der Bischof, in dessen Auftrag Zensoren die eingereichten Bücher nach den Normen der Konstitution »Sollicita ac provida« prüfen sollen (ebd., c. II, Nr. 38f.). Nur spezielle Themen (z. B. Bibelausgaben in den Landessprachen, Bücher über Heiligsprechungen oder Sammlungen römischer Kongregationsdekrete) sind Rom »reserviert«, bedürfen also der Druckfreigabe durch die Kurie (ebd., c. I, Nr. 30–35). Gesondert wird nach wie vor die Stadt Rom behandelt, wo der Magister Sacri Palatii und der Kardinalvikar die bischöflichen Zensurbefugnisse ausüben; Ordensleute unterliegen weiterhin zusätzlich zur ordentlichen auch der Zensur durch ihre Ordensoberen (ebd., 36–37).

Vorschriften aus dem Bereich der Pressepolizei sind in diesem Rahmengesetz verständlicherweise nicht mehr zu finden. Drucker werden lediglich aufgefordert, keine der kirchlichen Druckgenehmigung unterliegenden Bücher ohne die vorgeschriebene Approbation zu drucken, Buchhändler sind gehalten, keine moralisch verwerflichen Bücher anzubieten, aus theologischen Gründen verbotene Bücher sollen sie nur mit Genehmigung der Indexkongregation und an Inhaber einer entsprechenden Lizenz verkaufen. Von dem einst komplexen Bereich der Expurgationen ist nur ein Rest im Tit. II., c. I, Nr. 31, übrig geblieben: Die Regel besagt, dass Neuausgaben von Büchern, welche von einem Verbot des Hl. Stuhls getroffen wurden, nur mit Genehmigung der Indexkongregation veröffentlicht werden dürfen.

Im Bereich der Strafandrohung, die für den Laien nun keine diesseitigen Konsequenzen mehr befürchten ließen, wurden die Jahrhunderte lang durch das Nebeneinander von Abendmahlsbulle und Trienter Indexregeln verknoteten Fäden entwirrt. Tatstrafen waren nur noch in zwei Fällen vorgesehen: Wer wissentlich Bücher las, die entweder mutwillig Häresie verkündeten oder spe-

[412] Dieser Artikel ist beinahe wörtlich dem oben erwähnten Schreiben Pius' IX. aus dem Jahr 1848 entnommen, in dem der Papst den »integralistischen« Kontrollanspruch zurückgenommen hatte (Dok. B 23, Abs. 3).

ziell durch ein päpstliches Schreiben verboten waren, verfiel in die dem Papst reservierte Exkommunikation. Dem, der sich über die Vorzensurregeln hinwegsetzte, drohte dagegen die nicht reservierte Exkommunikation. In allen anderen Presse-Vergehen hatte der Bischof das Strafmaß festzulegen (ebd. c. IV, Nr. 47–49).

6.4. Kurienreformen und das Ende des Index

Der mit seinen Studien zur Index-Geschichte noch heute in der wissenschaftlichen Literatur zitierte Jesuit Joseph Hilgers feierte den im Jahr 1900 erschienenen Index, an dem er als Gehilfe Franz Ehrles selbst hatte mitwirken dürfen, euphorisch als ein Buch, »das sich selbst empfehlen wird« (S. 79). Macht man sich die Perspektive des kurialen Zensurapparats zueigen, war seine Prognose durchaus zutreffend. Speziell die Konstitution »Officiorum ac munerum« mit den zugehörigen »Decreta generalia« war ein Erfolg, da die Redaktoren des Dokuments ihrer Zeit voraus gewesen waren. Sie hatten für den Teilbereich der kanonischen Pressegesetzgebung bereits jene Kodifizierungsarbeit geleistet, die 1904 für das gesamte Kirchenrecht in Angriff genommen und dann, 13 Jahre später, mit der Einführung des kirchlichen Gesetzbuchs (CIC 1917) abgeschlossen wurde. Dank der bei der Leoninischen Indexreform geleisteten Arbeit konnten die Bearbeiter des CIC die bestehenden Pressegesetze mühelos in den Kodex einarbeiten. Aktualisierungen waren überhaupt nur in jenen Gesetzesteilen nötig, die sich mit den Zuständigkeiten der einzelnen römischen Dikasterien befassten. Denn die behördliche Architektur der Kurie hatte sich seit Einführung des Index Leoninus an einem neuralgischen Punkt der päpstlichen Zensur entscheidend verändert: Die Indexkongregation existierte nicht mehr.

Pläne, die Indexkongregation mit dem Sanctum Officium zu verschmelzen, hatte es bereits bei den Vorarbeiten zur Kurienreform Pius' X. gegeben. Konservativen Kräften gelang es aber, die Selbständigkeit der Indexkongregation vorerst zu behaupten. Die mit der Konstitution »Sapienti consilio« vom 8. Juni 1908 (Dok. C 11) eingeleitete Reform des päpstlichen Behördenapparats – die erste dieser Art seit 1588 (Dok. C 5) – weitete die Zuständigkeit der Indexkongregation sogar noch einmal leicht aus. Sie sollte fortan nicht nur auf Zuruf (Denunziation) Bücher prüfen, sondern auch von sich aus Prüfungen einleiten. Den Verantwortlichen erschien dies offenbar als passende Antwort auf den »ins Ungeheuerliche anwachsenden Lesestoff schlimmster Art«, der den Männern an der Kurie zu dieser Zeit Sorgen bereitete.[413] Keine neun Jahre später wurden die Fusionspläne dann aber doch in die Tat umgesetzt. Benedikt XV. nahm die Einführung des CIC zum Anlass, die Indexkongregation per Motuproprio vom 25. März 1917 (Dok. C 12) – fast auf den Tag genau 346 Jahre nach ihrer ersten Sitzung – im Sanctum Officium aufgehen zu lassen. Im Sanctum Officium, des-

---

413 HILGERS, Index (wie Kapitel I, Anm. 2), S. 15 (Zitat).

sen offizielle Bezeichnung seit 1908 »Congregatio Sancti Officii« statt »S. Romana et universalis Inquisitio« lautete, sollte fortan für alle Index- und Zensurfragen eine neu eingerichtete Abteilung zuständig sein: die »Sezione della censura dei libri«, die einen großen Teil der ehemaligen Mitarbeiter der Indexkongregation aufnahm. Erstmals seit den Tagen des ersten römischen Index von 1559 war nun wieder offiziell ganz allein das Sanctum Officium für Bücherindizierungen und die Herausgabe des Index librorum prohibitorum zuständig.

Über die Interna der Index-Sektion des Sanctum Officium ist bislang nicht viel bekannt geworden.[414] Man weiß z. B. nur wenig über die Handlungsspielräume der päpstlichen Zensur unter dem faschistischen Regime in Italien. Dass die Arbeit der Zensoren nie über längere Zeit zum Erliegen kam, zeigt indes die relativ dichte Zahl der Index-Ausgaben, die die Vatikandruckerei nach der Inkorporation der Indexkongregation in das Sanctum Officium verließen: Nach 1917 erschien der römische Index 1922, 1924 und 1925. Dabei kommt der Ausgabe von 1925 in der Indexgeschichte insofern besondere Bedeutung zu, als sie die letzte Auflage des Index Leoninus war, der nun, im Pontifikat Pius XI., auf den Prüfstand kam.[415] Aktualisierungsbedarf herrschte nicht zuletzt im Vorspann des Leoninus, wo seit 1900 die gesamtkirchlichen Pressegesetze in Form der Kontitutionen Leos XIII. (Dok. A 29) und Benedikts XIV. (Dok. C10) wiedergegeben wurden. Mit der Promulgation des CIC 1917 und den darin enthaltenen Presse-Kanones hatte sich die Gültigkeit von »Officiorum ac munerum« formell erledigt, wenn auch inhaltlich die meisten Artikel der Konstitution vom Kodex adaptiert worden waren. In den letzten drei Auflagen des Index Leoninus wurde zusätzlich zu den zwei genannten apostolischen Konstitutionen im Vorspann ein Exzerpt aus dem CIC 1917 gedruckt, das die einschlägigen Artikel des Kodex mit Presse-Bezug versammelte.[416] Der revidierte Index Pius' XI., der 1929 (im Jahr der Lateranverteräge) in erster Auflage erschien, druckte konsequent nur noch das CIC-Exzerpt ab, das fortan die »Indexregeln« verkörperte (Dok. A 31). Der Index Pianus zeichnete sich noch durch eine weitere Neuerung aus: Als erster in der Geschichte der römischen Indizes war der Index von 1929 durchgehend auf Italienisch verfasst. Die zweite Auflage von 1938 erschien wieder auf Latein, so wie auch die beiden Auflagen des Index Pianus, die unter dem 1939 gewählten Nachfolger Eugenio Pacelli (Pius XII.) 1940 und 1948

---

[414] Das Folgende n. Herman H. SCHWEDT, Papst Paul VI. und die Aufhebung des römischen Index der verbotenen Bücher in den Jahren 1965–1966, in: Tobias LAGATZ, Sabine SCHRATZ (Hg.), Censor Censorum. Gesammelte Aufsätze von Herman H. Schwedt. FS zum 70. Geburtstag (Römische Inquisition und Indexkongregation 7), Paderborn u. a. 2006 (zuerst: 1999), S. 279–328. Vgl. ergänzend: Hubert WOLF, Holger ARNING, Das Ende des ›Index der verbotenen Bücher‹, in: York-Gothart MIX (Hg.), Kunstfreiheit und Zensur in der Bundesrepublik Deutschland, Berlin – Boston 2014, S. 96–118.

[415] Der Index Leoninus erschien nach der Editio princeps von 1900 noch acht Mal: 1901, 1904, 1907, 1911, 1917, 1922, 1924, 1925. Die offizielle Zählung übergeht die Aufl. aus dem Jahr 1924, da es sich bei dieser um einen unveränderten Neudruck der 7. Aufl. von 1922 handelte: vgl. Index 1922/1924, S. XI. Die letzte Aufl. des Index Leoninus von 1925 war offiziell die 8. Aufl.

[416] Index 1924, S. XXV–XXXI; Index 1925, S. XXXI–XL.

erschienen. Zur Aktualisierung der Auflage von 1948 druckte der Vatikan 1954 und 1961/62 noch zwei Ergänzungsblätter mit den jeweils neuesten Bücherverboten.[417] Danach sollte es keine weitere Ausgabe des römischen Index mehr geben, die Pianische Indexrevision von 1929 blieb die letzte Reform dieser Art.

Die Gründe, die die Kirchenleitung letztlich dazu veranlasst haben, auf das Jahrhunderte alte Instrument des Bücherindex zu verzichten, müssen hier nicht im Detail referiert werden. Sie sind zum großen Teil selbstverständlich. Allein die Konzentration der Verbotsliste auf Bücher und Zeitschriften war einer pluralen Medienlandschaft aus Illustrierten, Rundfunk, Film und Fernsehen längst nicht mehr angemessen. Als Symbol der Inquisition und Gegenreformation verkörperte der Index zudem das Gegenbild des »Aggiornamento« und stand als Hindernis einer glaubwürdigen Versöhnung der Kirche mit der Moderne im Weg. Viele rechneten fest damit, dass das II.Vatikanische Konzil (1962–1965) das unliebsame Relikt aus der Welt schaffen würde, doch schaffte es das Thema »Index« erst gar nicht auf die Agenda der Sitzungen. Der Reformen aufgeschlossene Papst Paul VI. entledigte sich des unangenehmen Erbes auf andere Weise: Er verknüpfte die Problematik der Bücherverbote mit der Kurienreform und dabei ganz speziell mit der Reform des Sanctum Officium, die auf dem Konzil von Vätern wie dem Kölner Kard. Frings dringend gefordert wurde.[418] In dem neuen Behördenplan sollte das Sanctum Officium seine ehemalige Sonderstellung als oberste Behörde (»Suprema«) verlieren und wie alle anderen Dikasterien der Aufsicht des Staatssekretariats unterstellt werden. In dem neuen Statut (Motuproprio »Integrae servandae«, 6. Dezember 1965: Dok. C 13), welches der Papst der nun in »Kongregation für die Glaubenslehre« umgetauften Inquisitionsbehörde gab, erhielt diese u. a. die Aufgabe, Bücher, die ihr angezeigt werden, gründlich zu untersuchen und wenn nötig auch zu »missbilligen« (ebd., Nr. 5). Der Begriff war mit Bedacht gewählt, denn »missbilligen« (reprobare) ist nicht dasselbe wie »verbieten« (prohibere), folglich fehlte die rechtliche Grundlage für einen »Index der verbotenen (!) Bücher«. Man darf deshalb »das kirchenoffizielle Ende des Index [...] auf ›Integrae servandae‹ datieren«, wie Herman Schwedt in seiner bis heute maßgeblichen Studie zu dieser Thematik festhält.[419]

Paul VI. entließ den Index gewissermaßen durch die Hintertür in die Geschichte, doch ging er dabei so diskret vor, dass selbst Kennern der kurialen Rhetorik die Tragweite der Formulierungen entging. Erst als der Leiter der Glaubenskongregation, Kard. Ottaviani, einige Wochen später in einem Zeitungsinterview verkündete, dass seine Behörde keinen Nachfolger für den Index von 1948 mehr veröffentlichen werde, las man das Motuproprio genauer. Rom erreichten nun Anfragen aus den Bistümern, wie denn nach »Integrae servan-

[417] SCHWEDT, Papst Paul VI. (wie Anm. 414), S. 293, Anm. 47.
[418] Norbert TRIPPEN, Josef Kardinal Frings (1887–1978) (Veröffentlichungen der Kommission für Zeitgeschichte. Reihe B, Forschungen 94 und 104), 2 Bde., Paderborn u. a. 2003–2005, hier: Bd. 2, S. 383–389
[419] SCHWEDT, Paul VI. (wie Anm. 414), S. 322.

dae« mit den Index-Verboten korrekt umzugehen sei. In einer Notifikation ließ die Glaubenskongregation am 14. Juni 1966 erklären, dass der Index als Gesetz keine Wirkung mehr habe, seine moralische Kraft aber behalte. Da in der Notifikation vom Index, nicht aber von den Pressegesetzen des CIC die Rede war, stellte sich die Frage, inwiefern auch diese von der Index-Aufhebung betroffen waren. In einem am 15. November 1966 veröffentlichten Dekret stellte die Glaubenskongregation fest, dass die in can. 1399/CIC 1917 zusammengestellten pauschalen Bücherverbote analog zum Index ihre Gesetzeskraft verloren hatten. Auch den die Straffolgen bei Index-Delikten regelnden can. 2318 hob das Dekret auf. Wer sich auf Grund eines Index-Delikts die Exkommunikation zugezogen hatte, galt als absolviert. So endete das kirchenhistorische Kapitel »Index« auf eine Weise, wie auch Kriege und Unrechtsregime zu Ende gehen: mit einer Generalamnestie.

III. Edition

Teil A: Pressegesetze für die Gesamtkirche

A 1 | 1487 November 17: Bulle »Inter multiplices« Innozenz' VIII.

Papst Innozenz' VIII. erlässt das erste gesamtkirchliche Pressegesetz. Es schreibt zur Abwehr schädlicher Bücher für alle Druckschriften die kirchliche Druckgenehmigung (Imprimatur) vor. Die Vergabe des Imprimaturs obliegt in den Teilkirchen den Bischöfen bzw. Ortsordinarien, in Rom (Curia Romana) dem Magister Sacri Palatii. Vor Erteilung der Druckgenehmigung hat eine inhaltliche Prüfung des Druckmanuskripts durch kirchlich autorisierte Zensoren stattzufinden. Über die Vorzensur hinaus sollen die Träger der Presse-Hoheit auch im Sinne einer Nachzensur tätig werden und bereits gedruckte Bücher in ihrem Amtsbezirk überprüfen. Vgl. Einf., Kapitel II.1.2.

Die Bulle aus dem Jahr 1487 wurde am 1. Juni 1501 von Papst Alexander VI. ein zweites Mal ausgestellt, dieses Mal jedoch nicht als Universal-, sondern Partikulargesetz für die Kirchenprovinzen Mainz, Köln, Trier und Magdeburg. 1515 wurde das Gesetz durch den Presse-Erlass des V. Laterankonzils (Bulle »Inter sollicitudines«, Dok. A 2) abgelöst.

Lit.: *Maria Grazia Blasio, Cum gratia et privilegio. Programmi editoriali e politica pontificia, Roma 1487–1527, Rom 1988, S. 15f.; Paola Casciano u. a. (Hg.), Indice delle edizioni romane a stampa, 1467–1500, Vatikanstadt 1980; Joseph Hilgers, Der Index der verbotenen Bücher. In seiner neuen Fassung dargelegt und rechtlich-historisch gewürdigt, Freiburg/Breisgau 1904; Carlos-Josaphat Pinto De Oliveira, Le premier document pontifical sur la presse. La constitution »Inter multiplices« d'Innocent VIII, in: RSPT 50 (1966), S. 628–643; Vera Sack, Die Inkunabeln der Universitätsbibliothek und anderer öffentlicher Sammlungen in Freiburg im Breisgau und Umgebung: Teil 2, Wiesbaden 1985; Ernst Voulliéme, Der Buchdruck Kölns bis zum Ende des fünfzehnten Jahrhunderts. Ein Beitrag zur Inkunabelbibliographie, Bonn 1903 (ND Düsseldorf 1978), S. LXXXVII–XCIII; Thomas Werner, Den Irrtum liquidieren. Bücherverbrennungen im Mittelalter (Veröffentlichungen des Max-Planck-Instituts für Geschichte 225), Göttingen 2007, S. 367–370, 645f.*

V.: *Text hier, wie auch bei Hilgers (s. Lit.), S. 480–482, n. Statuta provincialia et synodalia ecclesie Coloniensis, Coloniae: Impressa per me Johannem Koelhoff de Lubyck, 29.IX.1492, fol. [88f.], Exemplar: ULB Darmstadt Inc IV 158 (im Apparat Sigle: V.); verglichen mit dem schon von Pinto De Oliveira (s. Lit.) abgedruckten Registereintrag in: ASV Reg. Vat. 692, fol. 96r/v (Sigle: RV), und mit dem Separatdruck: Bulla S. D. N. Innocentii contra impressores librorum reprobatorum, [Rom: Eucarius Silber], 1487, Exemplar: UB Freiburg Ink. A 1403 (Sigle: UB); Druckerzuschreibung n. Casciano (s. Lit.), S. 145 (n.° 1054), und Sack (s. Lit.), S. 678 (n.° 2021).*

Bulla S. D. N. Innocentii[1] contra impressores librorum reprobatorum:[2]

Innocentius VIII. episcopus
servus servorum Dei[3]
ad perpetuam rei memoriam

Inter multiplices nostre[4] sollicitudinis curas illam in primis suscipere pro nostro pastorali officio debemus, ut que salubria et laudabilia ac catholice fidei consona et bonis moribus conformia nostro tempore oriuntur, non solum[5] conserventur et augeantur, verum etiam ad posteros propagentur, et que perniciosa et[6] damnabilia et impia sunt, succidantur et radicitus extirpentur nec pullulare usquam sinantur; ea in agro dominico et vinea domini Sabaoth dumtaxat conseri permittendo,[7] quibus fidelium mentes pasci spiritualiter possint, eradicata zizania et oleastri sterilitate succisa. [8]

Attendentes igitur, quod quemadmodum humano generi plurimum conferre dinoscitur, ut ea, que ad bonas artes et probatos mores pertinent, divulgentur et ad <lucem ac>[9] hominum notitiam, tam presentium quam eorum, qui futuri sunt, deducantur – quod maxime fieri solet beneficio litterarum, quibus ipse virtutes[10] quasi alligate ad usum absentium pariter <et>[11] futurorum deducuntur, conservantur et propagantur –, ita perniciosum et maxime eidem humano generi inimicum censeri debet, si ea, que noxia sunt et sanis doctrinis honestisque moribus et in primis orthodoxe religioni comperiuntur adversa, publicentur et ministerio litterarum ad notitiam plurimorum extendantur. Quemadmodum enim bonum quanto universalius tanto utilius, divinius et maius, ita et malum quanto amplius et copiosius tanto deterius abhominabiliusque arbitrari debet, maxime quia humane fragilitatis cogitationes proniores reperiuntur ad malum quam ad bonum. Hinc est, quod sicut ars impressoria litterarum utilissima habetur ad faciliorem multiplicationem librorum probatorum et utilium, ita plurimum damnosum foret, si illius artifices ea arte perverse uterentur, passim imprimendo que perniciosa sunt. Debent igitur impressores ipsi merito compesci oportunis remediis, ut ab eorum impressione desistant, que fidei catholice contraria fore noscuntur vel adversa aut in mentibus fidelium possunt verisimiliter scandalum generare.

---

1 Giovanni Battista Cibo (1432–1492), von 1484 bis 1492 Papst Innozenz VIII., über ihn: EncPapi 3, S. 1–13 von Marco Pellegrini.

2 ‡ Bulla … reprobatorum: *RV fehlt*

3 ‡ Episcopus … Dei: *RV* etc.

4 ‡ *V. verwendet kein »ae« oder e-caudata.*

5 ‡ solum: *UB* soluta

6 ‡ et: *UB, RV fehlt*

7 Jes 5,7.

8 Mt 13,24–30, vgl. auch Röm 11,17.24.

9 ‡ *erg. n. RV und UB*

10 ‡ virtutes: *UB* veritates

11 ‡ *erg. n. RV und UB*

Et ea propter Nos, qui illius locum tenemus in terris, qui ad illuminandum hominum mentes et errorum tenebras exterminandum descendit e celis, cum[12] fideli relatione intellexerimus artificio dicte artis plurimos libros atque tractatus in diversis mundi partibus fuisse impressos in se varios errores ac perniciosa dogmata, etiam sacre christiane religioni inimica, continentes et in dies etiam passim imprimi, huiusmodi detestande labi occurrere cupientes, ut ex commisso desuper pastorali officio tenemur, omnibus et singulis dicte artis impressoribus et illorum obsequiis quomodolibet insistentibus et se circa eorum imprimendi artem quoquo modo exercentibus, tam in Rhomana Curia quam in reliquis Italie, Germanie, Francie, Hispaniarum, Anglie et Scotie aliarumque nationum quarumlibet christianorum civitatibus, terris, castris, villis et locis aliis degentibus, sub excommunicationis late sententie pena ipso facto incurrenda et mulcta pecuniaria per locorum ordinarios pro eorum arbitrio exigenda auctoritate apostolica presentium tenore districte precipiendo inhibemus, ne de cetero libros, tractatus aut scripturas qualescunque imprimere aut imprimi facere presumant, nisi consultis prius super hoc in dicta Curia magistro Sacri Palatii seu in eius absentia ipsius vicesgerenti et extra eam locorum ordinariis et eorum speciali et expressa impetrata licentia gratis concedenda.

Quorum conscientias oneramus, ut antequam huiusmodi licentiam concedant, imprimenda diligenter examinent, sive a peritis et catholicis examinari faciant, et procurent ac diligenter advertant, ne quid imprimatur, quod orthodoxe fidei contrarium, impium et scandalosum existat.

Et quia parum esset, adversus futuras impressiones providere, nisi que iam fore noscuntur erronea, impia et scandalosa supprimantur, eisdem ordinariis et magistro mandamus auctoritate predicta, ut videlicet magister Sacri Palatii in prefata Curia et ordinarii prefati extra illam in suis civitatibus et diocesibus moneant et requirant auctoritate nostra omnes et singulos impressores ac personas alias cuiuscumque <dignitatis>,[13] status, gradus, conditionis vel preeminentie existant, quatenus omnia et singula inventaria librorum et tractatuum quorumcumque impressorum ordinariis et magistro respective predictis, omni fraude et dolo cessantibus, infra terminum eorum arbitrio prefigendum coram eis respective presentent et consignent.

Ac libros et tractatus impressos, in quibus per ordinarium et magistrum predictos aut eorum singulos aliqua fidei catholice contraria, impia, adversa, scandalosa aut male sonantia contineri iudicatum sive declaratum fuerit, similiter presentent et consignent, sub simili excommunicationis late sententie et eorum arbitrio exigenda pecuniaria pena, ut prefertur, incurrenda; <et>[14] studeant sic impressos etiam alias, prout expedire putaverint, ad eos deferri et delatos comburi facere; et ne quispiam illos ligare vel tenere presumat, sub similibus censuris et penis auctoritate nostra prohibere. Nec omittant diligenter inquirere, quibus procurantibus tales libri impressi fuerint, qua ve de causa illud procura-

[12] ‡ cum: *UB* Quum

[13] ‡ dignitatis: *erg. n. RV; UB, V. fehlt*

[14] ‡ et: *erg. n. RV; UB, V. fehlt*

verint in fidei catholice, quam profitentur, detrimentum, et an procurantes ipsi de aliqua heresi suspecti sint, contradictores per censuram ecclesiasticam appellatione postposita compescendo[15], invocato etiam ad hoc, si opus fuerit, auxilio brachii secularis, cui (ut diligentius opem ferat) medietatem pene pecuniarie, quam exegerit, applicamus.

Non obstantibus constitutionibus et ordinationibus apostolicis contrariis quibuscumque seu <si>[16] impressoribus et eorum obsequiis insistentibus seque in eorum artificio exercentibus et imprimi procurantibus et sollicitantibus, prefatis vel quibusvis aliis, communiter vel divisim a Sede apostolica indultum existat, quod interdici, suspendi vel excommunicari non possint per litteras apostolicas non facientes plenam et expressam, ac de verbo ad verbum, de indulto huiusmodi mentionem. Et quia difficile foret presentes litteras ad singula loca, in quibus Christi nomen colitur, deferre, volumus et apostolica auctoritate decernimus, quod earum transsumpto auctentico, sigillo alicuius prelati ecclesiastici et notarii inde rogati subscriptione munito, eadem prorsus fides ubique adhibeatur, in iudicio et extra, que adhiberetur presentibus originalibus litteris, si essent exhibite vel ostense.

Hortamur propterea[17] eosdem ordinarios et magistrum Sacri Palatii, ut zelum fidei et salutem animarum pre oculis habentes in premissis ita se diligentes et sollertes exhibeant, quod eis a Deo perennis vite premium et a nobis condigna proveniat actio gratiarum.

Nulli ergo omnino hominum liceat hanc paginam[18] nostre inhibitionis, onerationis, mandati, constitutionis, voluntatis et hortationis infringere, vel ei ausu temerario contraire[19]. Si quis autem hoc attentare presumpserit, indignationem omnipotentis Dei ac beatorum Petri et Pauli apostolorum eius se noverit incursurum[20].

Datum Rhome, apud S. Petrum, anno incarnationis dominice[21] millesimo quadringentesimo octogesimo septimo, decimoquinto Kalendas Decembris, pontificatus nostri anno quarto.[22]

---

[15] ‡ ecclesiasticam … compescendo: *RV* etc.
[16] ‡ si: *erg. n. RV und UB*
[17] ‡ propterea: *UB*, *RV* preterea
[18] ‡ omnino … paginam: *RV* etc.
[19] ‡ vel … contraire: *RV* etc.
[20] ‡ hoc … incursurum: *RV* etc.
[21] ‡ incarnationis dominice: *RV* etc.
[22] ‡ *RV folgen Kanzleivermerke, links:* visa P<etrus> Altissen, *mittig:* coll<atum> Io<annis> d'Ancona, *rechts:* Phi<lippus> Posius

A 2 | 1515 Mai 4: Bulle »Inter sollicitudines« Leos X. (V. Laterankonzil, Sess. 10)

Als Teil eines Maßnahmenkatalogs zur Kirchenreform, der am 4. Mai 1515 von dem in Rom versammelten V. Laterankonzil verabschiedet wurde, erneuerten Papst und Konzil auch die 1487 eingeführte Imprimatur-Pflicht für alle Druckwerke (vgl. Dok. A 1). In Abwandlung des älteren Gesetzes legte das Laterankonzil eine Doppelung der Zuständigkeiten fest: In den Teilkirchen sollten sich nun die Ortsordinarien (Bischöfe) die Presse-Hoheit mit den lokalen Inquisitoren teilen, in Rom sollten sowohl der Magister Sacri Palatii als auch der (Kardinal-)Vikar des Papstes für das Imprimatur zuständig sein. Vgl. Einf., Kapitel II.1.3.

Der Konzilserlass von 1515 war Jahrhunderte lang ein Grundpfeiler der päpstlichen Pressegesetzgebung. Kirchenstaatliche Gesetze nehmen noch im 19. Jahrhundert direkt auf ihn Bezug (vgl. Dok. B 20, B 23). Der hier gebotene Text folgt dem ersten Separatdruck, der offenbar anhand des auf dem Konzil verlesenen Originaldokuments entstand. Später wurde der Text in die Konziliensammlungen aufgenommen.

Lit.: *Remigius Bäumer, Leo X. und die Kirchenreform, in: Manfred Weitlauff, Karl Hausberger (Hg.), Papsttum und Kirchenreform. FS Georg Schwaiger, St. Ottilien 1990, S. 281–299, hier: S. 289f., 295; Blasio (wie Dok. A 1, Lit.), S. 54f.; Francesco Bordoni, Operum Tomus Primus Quo Continetur Sacrum Tribunal Iudicum In Causis Sanctae Fide […], Lyon: Huguetan-Ravaud, 1665, c. XV., S. 355f.; Vittorio Frajese, Nascita dell'Indice. La censura ecclesiastica dal Rinascimento alla Controriforma, Brescia 2006, S. 34f.; Hilgers, Index (wie Dok. A 1, Lit.), S. 6, 135, 206, 408, 482; Rudolf Hirsch, Bulla Super Impressione Librorum, 1515, in: Gutenberg Jahrbuch 1973, S. 248–251; Alberto Tinto, Gli annali tipografici di Eucario e Marcello Silber (1501–1527), Florenz 1968, S. 182f.*

V.: *Separatdruck: Bulla super impressione librorum lecta in decima sessione sacrosancti Lateranensis concilii, [Rom: Marcellus Silber], 1515, Exemplar: BSB München Conc. 108/books.google.com; Druckerzuschreibung n. Hirsch (s. Lit.); ders. Druck auch in: BAV Stamp. Ross. 4315, n.° 5(4), fol. 13r–14v, und: ASV A.A. Arm. I–XVIII 2095, fol. 22–25; ein Nachdruck ist beschrieben bei Tinto (s. Lit.), S. 182f.; Text-Abdrucke der Bulle auch in: Cocquelines-Mainardi III/3, S. 409f.; CICF 1 (1947), S. 115f; und COD 2, S. 632f.*

Bulla super impressione librorum lecta in decima sessione sacrosancti Lateranensis concilii[23] per reverendum patrem dominum episcopum Nanatensem[24]:

Leo[25] episcopus
servus servorum Dei
ad perpetuam rei memoriam
sacro approbante concilio

Inter sollicitudines nostris humeris incumbentes perpeti cura revolvimus, ut errantes in viam veritatis reducere ipsosque lucrifacere Deo – sua nobis cooperante gratia – valeamus. Hoc est, quod profecto desideranter exquirimus. Ad id nostre[26] mentis sedulo destinamus affectum. Ac circa illud studiosa diligentia vigilamus.

Sane licet litterarum peritia per librorum lectionem possit faciliter obtineri, ac ars imprimendi libros, temporibus potissimum nostris divino favente numine inventa seu aucta et perpolita, plurima mortalibus attulerit commoda, cum parva impensa copia librorum maxima habeatur, quibus ingenia ad litterarum studia percommode exerceri et viri eruditi in omni linguarum genere – presertim autem catholici, quibus S. R. E. abundare affectamus – facile evadere possunt, qui etiam infideles sciant et valeant sacris institutis instruere fideliumque collegio per doctrinam christiane fidei salubriter aggregare. Quia tamen multorum querela nostrum et Sedis apostolice pulsavit auditum, quod nonnulli huius artis imprimendi magistri in diversis mundi partibus libros, tam grece, hebraice, arabice et chaldee linguarum in latinum translatos quam alios, latino ac vulgari sermone editos, errores etiam in fide ac pernitiosa dogmata etiam religioni christiane contraria ac contra famam personarum etiam dignitate fulgentium continentes, imprimere ac publice vendere presumunt, ex quorum lectura non solum legentes non hedificantur, sed in maximos potius tam in fide quam in vita et moribus prolabuntur errores, unde varia sepe scandala, prout experientia rerum magistra docuit, exorta fuerunt et maiora in dies exoriri formidantur.

Nos itaque, ne id, quod ad Dei gloriam et fidei augmentum ac bonarum artium propagationem salubriter est inventum, in contrarium convertatur ac christifidelium saluti detrimentum pariat, super librorum impressione curam nostram habendam fore duximus, ne de cetero cum bonis seminibus spine coalescant[27] vel medicinis venena intermisceantur.

Volentes igitur de oportuno super his remedio providere, hoc sacro approbante concilio, ut negocium impressionis librorum huiusmodi eo prosperetur felicius quo deinceps indago solertior diligentius et cautius adhibeatur, statuimus et

---

[23] V. Laterankonzil (1512–1517).
[24] François Hamon (gest. 1532), von 1511 bis 1532 Bf. von Nantes: HC 3 (1922), S. 252.
[25] Giovanni de' Medici (1475–1521), von 1513 bis 1521 Papst Leo X., über ihn: EncPapi 3, S. 42–64 von Marco PELLEGRINI.
[26] ‡ *V. verwendet kein »ae« oder e-caudata.*
[27] Mt 13,7.

ordinamus, quod de cetero perpetuis futuris temporibus nullus librum aliquem seu aliam quamcumque scripturam, tam in urbe nostra quam aliis quibusvis civitatibus et diocesibus, imprimere seu imprimi facere presumat, nisi prius in Urbe per vicarium nostrum[28] et Sacri Palatii magistrum, in aliis vero civitatibus et diocesibus per episcopum vel alium habentem peritiam scientie libri seu scripture huiusmodi imprimende, ab eodem episcopo ad id deputandum, ac inquisitorem heretice pravitatis civitatis sive diocesis, in quibus librorum impressio huiusmodi fieret, diligenter examinentur, et per eorum manu propria subscriptionem, sub excommunicationis sententia, gratis et sine dilatione imponendam, approbentur.

Qui autem secus presumpserit, ultra librorum impressorum amissionem et illorum publicam combustionem ac 100 duc. Fabrice basilice Principis apostolorum de Urbe sine spe remissionis solutionem ac anni continui exercitii impressionis suspensionem, excommunicationis sententia innodatus existat, ac demum ingravescente contumacia taliter per episcopum suum vel vicarium nostrum respective per omnia iuris remedia castigetur, quod alii eius exemplo similia minime attemptare presumant.[29]

Nulli ergo omnino hominum liceat hanc paginam nostrorum statuti et ordinationis infringere vel ei ausu temerario contraire. Si quis autem hoc attemptare presumpserit, indignationem omnipotentis Dei ac beatorum Petri et Pauli apostolorum eius se noverit incursurum.

Datum Rome, in publica sessione, in Lateranensi sacrosancta basilica solemniter celebrata, anno incarnationis dominice MDXV, quarto Nonas Maii, pontificatus nostri anno tertio.

»Placent vobis patres, que per me lecta sunt?« Fuit responsum per omnes: »Placet. Scribatur in forma.«

---

[28] Der Kardinalvikar (Vicario del Papa) ist der Vertreter des Papstes in seinem Amt als Bf. von Rom. In der frühneuzeitlichen Stadt leitete sich die große Bedeutung dieses Amts aus der Vikariatsgerichtsbarkeit ab. Das Vikariatsgericht war in der Diözese Rom Erstinstanz bei Sittendelikten und zuständiges Gericht in Kriminalsachen sowohl einheimischer wie auch fremder Kleriker. Die Ausübung der Amtsgewalt trat der Kardinalvikar später zunehmend an den im Bischofsrang stehenden Vicegerente (Viecegerens) ab, der seinerseits richterliche Aufgaben wiederum an stellvertretende Richter (luogotenenti civili und criminali) delegierte: Peter BLASTENBREI, Kriminalität in Rom 1560–1585 (Bibliothek des Deutschen Historischen Instituts in Rom 82), Tübingen 1995, S. 17–19; vgl. auch Gabriella BONACCHI, Legge e peccato. Anime, corpi, giustizia alla corte dei papi, Rom u. a. 1995.

[29] Vgl. Dok. B 23.

A 3 | 1546 April 8: »Vulgata-Dekret« des Trienter Konzils (Trid. sess. 4., decr. 2)

Das in Trient versammelte Generalkonzil erklärt die Vulgata, also die damals gängigste Fassung des lateinischen Bibeltextes, zur authentischen Version der Hl. Schrift. Die neueren, unter Anwendung humanistischer Textkritik entstandenen Versionen der lateinischen Bibel werden auf diese Weise verworfen. Der Konzilserlass erklärt außerdem die Schriftauslegung zum exklusiven Vorrecht der Kirche und mahnt zur Sorgfalt beim Bibel-Druck. In diesem Zusammenhang wird für alle Druckwerke, die sakrale Themen behandeln, ein Impressum vorgeschrieben. Anonymes Publizieren »über die heiligen Dinge« (»de rebus sacris«) dagegen wird verboten, sofern die kirchliche Autorität die anonyme Publikation nicht speziell genehmigt hat. Ordensleute müssen zusätzlich zum ordentlichen Imprimatur auch die Druckgenehmigung ihres Ordensoberen einholen. Vgl. Einf., Kapitel II.2.

Die Bestimmungen des Dekrets werden später von den Indexregeln wieder aufgegriffen (Dok. A 6–7, A 9).

Lit.: *Fridolin AMANN, Die Vulgata Sixtina von 1590. Eine quellenmässige Darstellung ihrer Geschichte mit neuem Quellenmaterial aus dem venezianischen Staatsarchiv (Freiburger Theologische Studien 10), Freiburg/Breisgau 1912, bes. S. 8–12, 79f.; Paul Maria BAUMGARTEN, Die Vulgata Sixtina von 1590 und ihre Einführungsbulle. Aktenstücke und Untersuchungen (Alttestamentliche Abhandlungen III/2), Münster/Westfalen 1911, S. 20–28; BORDONI, Sacrum Tribunal (wie Dok. A 2, Lit.), c. XV., S. 355f.; David D'AVRAY, Julia WALWORTH, The Council of Trent and Print Culture: Documents in the archive of the Congregatio Concilii, in: Zeitschrift für Kirchengeschichte 121 (2010), S. 188–204, bes. S. 195f.; Cyriel EYKENS, Het Concilie van Trente (vierde zitting, 8 april 1546) en de boekencensuur, in: Ephemerides Theologicae Lovanienses 34 (1958), S. 496–521; Gigliola FRAGNITO, La Bibbia al rogo. La censura ecclesiastica e i volgarizzamenti della Scrittura (1471–1605), Bologna 1997, S. 75; Hildebrand HÖPFL, Beiträge zur Geschichte der Sixto-Klementinischen Vulgata. Nach gedruckten und ungedruckten Quellen (Biblische Studien 18/1–23), Freiburg/Breisgau 1913, S. 1–43; Ulrich HORST, Der Streit um die Autorität der Vulgata. Zur Rezeption des Trienter Schriftdekrets in Spanien, in: Revista da Universidade de Coímbra 29 (1983), S. 157–252; DERS., Melchior Cano und Dominicus Báñez über die Autorität der Vulgata. Zur Deutung des Trienter Vulgatadekrets, in: Münchener Theologische Zeitschrift 51 (2000), S. 331–351.*

V.: *COD 3, S. 664f. (Wiedergabe hier ohne den Apparat und mit angeglichener Interpunktion).*

Decretum secundum:
Recipitur vulgata editio Bibliae praescribiturque
modus interpretandi sacram scripturam etc.

Insuper eadem sacrosancta synodus[30] – considerans non parum utilitatis accedere posse ecclesiae Dei, si ex omnibus latinis editionibus, quae circumferuntur sacrorum librorum, quaenam pro authentica habenda sit, innotescat – statuit et

[30] Konzil von Trient, erste Tagungsperiode (von 1545 bis 1547).

declarat, ut haec ipsa vetus et vulgata editio, quae longo tot saeculorum usu in ipsa ecclesia probata est, in publicis lectionibus, disputationibus, praedicationibus et expositionibus pro authentica habeatur, et quod nemo illam reiicere quovis praetextu audeat vel praesumat.

Praeterea ad coercenda petulantia ingenia decernit, ut nemo, suae prudentiae innixus, in rebus fidei et morum ad aedificationem doctrinae christianae pertinentium sacram scripturam ad suos sensus contorquens contra eum sensum, quem tenuit et tenet sancta mater ecclesia, cuius est iudicare de vero sensu et interpretatione scripturarum sanctarum, aut etiam contra unanimem consensum patrum ipsam scripturam sacram interpretari audeat, etiamsi huiusmodi interpretationes nullo unquam tempore in lucem edendae forent. Qui contravenerint, per ordinarios declarentur et poenis a iure statutis puniantur.

Sed et impressoribus modum in hac parte, ut par est, imponere volens, qui iam sine modo, hoc est – putantes sibi licere quidquid libet – sine licentia superiorum ecclesiasticorum ipsos sacrae scripturae libros et super illos adnotationes et expositiones quorumlibet indifferenter, saepe tacito, saepe etiam ementito prelo et, quod gravius est, sine nomine auctoris imprimunt, alibi etiam impressos libros huiusmodi temere venales habent, decernit et statuit, ut posthac sacra scriptura, potissimum vero haec ipsa vetus et vulgata editio, quam emendatissime imprimatur; nullique liceat imprimere vel imprimi facere quosvis libros de rebus sacris sine nomine auctoris neque illos in futurum vendere aut etiam apud se retinere, nisi primum examinati probatique fuerint ab ordinario, sub poena anathematis et pecuniae in canone concilii novissimi Lateranensis[31] apposita.

Et si regulares fuerint, ultra examinationem et probationem huiusmodi licentiam quoque a suis superioribus impetrare teneantur recognitis per eos libris iuxta formam suarum ordinationum.

Qui autem scripto eos communicant vel evulgant, nisi antea examinati probatique fuerint, eisdem poenis subiaceant, quibus impressores. Et qui eos habuerint vel legerint, nisi prodiderint auctorem, pro auctoribus habeantur. Ipsa vero huiusmodi librorum probatio in scriptis detur atque ideo in fronte libri, vel scripti vel impressi, authentice appareat. Idque totum, hoc est et probatio et examen, gratis fiat, ut probanda probentur et reprobentur improbanda.

Post haec temeritatem illam reprimere volens, qua ad profana quaeque convertuntur et torquentur verba et sententiae sacrae scripturae, ad scurrilia scilicet, fabulosa, vana, adulationes, detractiones, superstitiones, impias et diabolicas incantationes, divinationes, sortes, libellos etiam famosos[32], mandat et praecipit ad tollendam huiusmodi irreverentiam et contemptum, et ne de cetero quisquam quomodolibet verba scripturae sacrae ad haec et similia audeat usurpare, ut omnes huius generis homines, temeratores et violatores verbi Dei, iuris et arbitrii poenis per episcopos coerceantur.[33]

---

[31] Dok. A 2.

[32] Zum Begriff vgl. Dok. B 5, Anm. 53.

[33] Vgl. Dok. A 11, Rgl. XIII.

A 4 | 1550 April 29: Bulle »Cum meditatio cordis« Julius' III.

Der Papst widerruft sämtliche Lizenzen zum Lesen verbotener Bücher. Lediglich die vom Hl. Stuhl für die Kardinalinquisitoren und Inquisitionskommissare ausgestellten Lizenzen behalten für die Dauer der Amtsausübung ihre Gültigkeit. Zugleich werden Besitzer von verbotenen Büchern angewiesen, diese innerhalb von zwei Monaten dem örtlichen Inquisitor zu übergeben. Wer diese Anweisung befolgt, soll von allen Zensuren und Strafen, die auf den Besitz verbotener Bücher stehen, losgesprochen werden. Auf eine öffentliche Abschwörung wird verzichtet. Vgl. Einf., Kapitel II.3.2 und 4.5.

Vom selben Tag datiert die Bulle »Illius qui misericors«, die Häretiker zur Selbstanzeige auffordert. Die beiden Bullen stehen in der mittelalterlichen Tradition der »Gnadenedikte«, mit denen Inquisitoren bei Beginn ihrer Tätigkeit Delinquenten zur Selbstanzeige aufriefen und im Gegenzug Milde und Diskretion zusagten. Im Laufe des 16. und 17. Jahrhunderts kam es noch mehrmals zu Generalrevokationen von Leselizenzen, oft im Zusammenhang mit der Veröffentlichung eines neuen Index (Dok. A 5, A 16).

***Lit.:** Elena Brambilla, Alle origini del Sant'Uffizio. Penitenza, confessione e giustizia spirituale dal Medioevo al XVI. secolo, Bologna 2000, S. 381–387; BullTaur 6 (1860), S. 414–417 (Bulle »Illius qui misericors«); Bartolomeo Fontana (Hg.), Documenti vaticani contro l'eresia Luterana in Italia, in: ASRSP 15 (1892); Kim Siebenhüner, Zwischen Justiz, Pädagogik und Bürokratie. Zur Gewalt der römischen Inquisition (1600–1750), in: Kaspar von Greyerz u. a. (Hg.), Religion und Gewalt. Konflikte, Rituale, Deutungen (1500–1800) (Veröffentlichungen des Max-Planck-Instituts für Geschichte 215), Göttingen 2006, S. 383–401, hier: S. 387–391.*

***V.:** Francisco Peña (Hg.), Nicolás Eymerich, Directorium inquisitorum [...]. Cum commentariis Francisci Pegnae [...]. In hac postrema editione iterum emendatum et auctum, et multis litteris apostolicis locupletatum, Rom: Ferrarius, 1587, S. 115f. (im Teil »Litterae apostolicae«); vgl. auch den Abdruck einer Text-Überlieferung aus den Vatikanischen Registern in: Fontana (s. Lit.), S. 412–414.*

Iulius[34] episcopus
servus servorum Dei
ad perpetuam rei memoriam

Cum meditatio cordis[35] nostri ad id potissimum tendat, ut fides catholica ubique augeatur et floreat, ad ea libenter intendimus, per quae omnis ab ea declinandi occasio tollatur. Sane cum sicut nobis nuper innotuit ex facultatibus, quae aliquibus, ut libros haereticos aut de fide suspectos, etiam ad effectum eorundem

[34] Giovan Maria Ciocchi del Monte (1487–1555), von 1550 bis 1555 Papst Julius III., über ihn: EncPapi 3, S. 111–121 von Giampiero Brunelli. – Zu den Personen (wo nicht anders vermerkt) vgl. GruFo 1542–1700. (III) Personen.

[35] Vgl. Ps 48(49),4.

librorum errores repellendi, tenere et legere possent, aliquando concessae fuerunt, non ii, qui sperabantur, fructus hactenus provenerint, quinimmo diversa inconvenientia subsecuta sunt.[36]

Nos praemissis occurrere et christifidelium animarum saluti consulere cupientes, motu proprio, non ad alicuius nobis super hoc oblatae petitionis instantiam, sed de nostris certa scientia et matura deliberatione, omnes et singulas facultates et licentias legendi et tenendi libros lutheranos aut alios haereticos seu de fide suspectos quibusvis personis cuiuscunque status, gradus, ordinis vel conditionis existentibus, etiam si episcopali vel archiepiscopali aut alia maiori dignitate ecclesiastica seu saeculari praeeminentia praefulgeant – inquisitoribus seu commissariis super haeretica pravitate ab apostolica Sede pro tempore deputatis durante ipsa deputatione dumtaxat exceptis –, à quibusvis praedecessoribus nostris ac nobis et dicta Sede apostolica seu eius legatis, etiam de latere, aut maiori paenitentiario[37] nostro vel quibusvis aliis, sub quibuscunque verborum formis et expressionibus ac cum quibusvis etiam derogatoriarum derogatoriis clausulis irritantibusque et aliis decretis quomodolibet, etiam motu et scientia similibus, hactenus concessas apostolica auctoritate tenore praesentium revocamus, irritamus et annullamus et pro revocatis, irritis et penitus infectis quoad[38] omnia habemus et ab aliis haberi volumus.

Districtius inhibentes personis praefatis, sub sententiis, censuris et poenis contra similes libros tenentes aut legentes, tam à sacris canonibus quàm à nobis et Sede apostolica hactenus inflictis et promulgatis, ne de cetero facultatibus et licentiis praedictis uti aut earum praetextu seu aliàs quomodolibet libros praedictos aut quoscunque alios hactenus reprobatus aut in futurum reprobandos tenere aut legere praesumant.

Et insuper omnes et singulos librorum impressores et bibliothecarios ac libros quomodolibet vendentes et quascunque alias personas libros lutheranos aut alios haereticos seu lutheranam aut aliam falsam doctrinam in se continentes, vel à nobis et dicta Sede quomodolibet reprobatos, ex quavis causa, etiam ex nostra et dictae Sedis speciali licentia seu permissione, penes se habentes, cuiuscunque status, gradus, ordinis vel conditionis aut praeeminentiae existant, etiam si, ut praefertur, pontificali aut alia quacunque etiam maiori ecclesiastica vel mundana dignitate praefulgeant – dictis inquisitoribus et commissariis, ut praefertur, exceptis – dicta apostolica auctoritate et earundem tenore praesentium requirimus et monemus ac eis et eorum cuilibet in virtute sanctae obedientiae et sub incursu haeresis ac omnibus contra haereticos de iure inflictis et promulgatis tam ecclesiasticis quàm temporalibus sententiis, censuris et poenis

---

[36] ‡ *V. am Rand* Edita anno domini 1550. Ex bibliotheca nostra [=*Peña*] eratque impressa Romae anno domini 1550.

[37] Beispiele für Leselizenzen aus der Apostolischen Pönitentiarie finden sich in: Filippo TAMBURINI, Ludwig SCHMUGGE (Hg.), Häresie und Luthertum. Quellen aus dem Archiv der Pönitentiarie in Rom (15. und 16. Jahrhundert) (Quellen und Forschungen aus dem Gebiet der Geschichte. N. F 19), Paderborn u. a. 2000, bes. S. 148–150 (Leselizenz für Bonifacio Valentini aus Modena, 26.1.1541).

[38] ‡ quoad: *V.* quo ad

districte praecipiendo mandamus, quatenus infra spatium sexaginta dierum, à die publicationis praesentium modo et forma infrascriptis faciendae computandorum, quorum viginti pro primo et alios viginti pro secundo ac reliquos viginti dies pro tertio et peremptorio termino ac monitione canonica eis et eorum cuilibet in iis scriptis assignamus, omnes et singulos libros lutheranos aut alios haereticos seu lutheranam aut aliam falsam doctrinam in se continentes, vel à nobis et dicta Sede quomodolibet reprobatos, penes se eos ex quavis causa, etiam mercaturae, et ex nostra ac eiusdem Sedis permissione ac licentia etiam speciali, ut praefertur, penes eos existentes inquisitoribus haereticae pravitatis in civitatibus, in quibus libri huiusmodi existunt consignasse debeant realiter et cum effectu.

Et nihilominus veneralbili fratri Ioanni Petro episcopo Tusculano Neapolitano[39] et dilectis filiis nostris Ioanni S. Clementis de Burgos[40] ac Marcello S. Crucis in Hierusalem Cervino[41] et Francisco S. Anastasiae titulorum Sfondrato[42] nuncupatis, presbyteris cardinalibus, inquisitoribus generalibus per Sedem apostolicam deputatis, per apostolica scripta pari motu mandamus, quatenus ipsi, per se vel alium seu alios, eosdem requisitos et monitos monitioni et mandato nostris praedictis non parentes, quos haeresim ac alias sententias, censuras et poenas praedictas propter non paritionem huiusmodi incurrere contigerit, ex nunc prout ex tunc et e contra haereticos ac sententiis, censuris et poenis praedictis irretitos tam diu publice nuntient et faciant ab aliis nuntiari, donec ipsi omnes et singulos libros lutheranos aut alios haereticos huiusmodi inquisitoribus praefatis in civitatibus, in quibus libri huiusmodi, ut praefertur, existunt, consignaverint et rehabilitationis gratiam obtinuerint.

Contradictores per censuram ecclesiasticam appellatione postposita compescendo, non obstantibus constitutionibus et ordinationibus apostolicis contrariis quibuscunque, aut si aliquibus communiter vel divisim ab eadem sit Sede indultum, quod interdici, suspendi vel excommunicari non possint per litteras apostolicas non facientes plenam et expressam ac de verbo ad verbum de indulto huiusmodi mentionem.

Caeterum, ut praemissa omnia ad eorum, quorum interest, notitiam deducantur nullusque de eis ignorantiam iuste praetendere aut se legitime excusare possit, volumus et dicta auctoritate apostolica decernimus, quòd praesentes literae per aliquos Curiae nostrae cursores[43] in basilica Principis apostolorum de

---

39 Kard. Gian Pietro Carafa (1476–1559), von 1542 bis 1555 Gründungsmitglied des SO und dessen Leiter, von 1555 bis 1559 Papst Paul IV.

40 Kard. Juan Álvarez de Toledo OP (1488–1557), von 1542 bis 1557 Gründungsmitglied des SO, nach Kard. Carafa zweitwichtigste Persönlichkeit in der neuen Römischen Inquisition.

41 Kard. Marcello Cervini (1501–1555), von 1546 bis 1555 Mitglied des SO, vom 9.4. bis zum 1.5.1555 Papst Marcellus II.

42 Kard. Francesco Sfondrati (1493–1550), von 1546 bis 1550 Mitglied des SO.

43 Apostolische Cursoren: seit dem Hochmittelalter belegtes Kollegium von Hofbediensteten des Papstes, das an der Apostolischen Kammer angesiedelt war. In ihren Aufgaben den Herolden weltlicher Herrscher vergleichbar, wurden die Cursoren v. a für Boten- und Bütteldienste eingesetzt, hatten aber auch Aufgaben bei der Bewachung des Papstes und im Zeremoniell. Im frühneuzeitlichen päpstlichen Gesetzgebungsverfahren sorgten sie für den Aushang aposto-

Urbe et ecclesia Lateranensi, dum inibi multitudo populi ad divina audienda congregari solet, palam et clara voce legantur, et lectae in earundem basilicae et ecclesiae valvis, necnon in porta Cancellariae apostolicae et in acie Campi Florae affigantur, ubi ad lectionem et notitiam cunctorum aliquandiu affixae pendeant. Et cum inde amovebuntur, earum exempla in eisdem locis remaneant affixa. Quòdque per lectionem, affixionem et publicationem huiusmodi omnes et singulae personae sub praesentibus comprehensae, post sexaginta dies huiusmodi respective, ita sint obligatae et astrictae, ac si eis coram et personaliter lectae et intimatae essent. Et earum transumptis manu notarii publici subscriptis et sigillo alicuius personae in dignitate ecclesiastica constitutae munitis ea prorsus fides adhibeatur, quae praesentibus adhiberetur, si forent exhibitae vel ostensae.

Volumus autem quòd ii, qui libros lutheranos seu alios praedictos infra spatium et terminum huiusmodi dictis inquisitoribus consignaverint, nisi ipsi aliàs quàm ex retentione librorum huiusmodi haeretici seu de fide suspecti fuerint, eo ipso etiam absque aliqua desuper facienda abiuratione à censuris et poenis propterea forsan incursis, in utroque foro absoluti sint et esse censeantur, prout nos eos in eventum praedictum, ex nunc prout ex tunc, dummodo paenitentiam, quam confessor per eos eligendus eis propterea duxerit iniungendam, omnino adimpleant, absolvimus.

Nulli ergo omnino hominum liceat hanc paginam nostrae revocationis, irritationis annullationis, inhibitionis, requisitionis, monitionis, mandati, decreti, voluntatis infringere, vel ei ausu temerario contraire. Si quis autem hoc attentare praesumpserit, indignationem omnipotentis Dei ac beatorum Petri et Pauli apostolorum eius se noverit incursurum.

Datum Romae, apud S. Petrum, anno incarnationis dominicae millesimo quingentesimo quinquagesimo, tertio Calendis Maii, pontificatus nostri anno primo.

Marcellus card. Crescentius[44]

Blosius[45] A. de Martolis

---

lischer Schreiben, Bullen, Dekrete usw. an den dafür bestimmten öffentlichen Plätzen in Rom, wodurch diese Erlasse Rechtskraft erlangten (sogenannte Publicatio ad valvas). Die Leitung oblag dem Magister cursorum. Seit 1586 »uffici vacabili«, wurden die Cursoren erst 1968 durch Papst Paul VI. abgeschafft: Moroni 19 (1843), S. 49–63; zur neueren Lit. vgl. Brigide SCHWARZ, Im Auftrag des Papstes. Die päpstlichen Kursoren von ca. 1200 bis ca. 1470, in: Andreas MEYER u. a. (Hg.), Päpste, Pilger, Pönitentiarie. FS Ludwig Schmugge, Tübingen 2004, S. 49–71.

44 Kard. Marcello Crescenzi (1500–1552), zeichnet hier offenbar in seiner Funktion als Mitglied der Kommission zur Reform der Dataria Apostolica (seit März 1550), ab dem 15.11.1550 war er Mitglied des SO.

45 Biagio Pallai bzw. Blosius Palladius (gest. August 1550), Brevensekretär Pauls III. und Julius' III., von 1540 bis 1547 Bf.-Administrator von Foligno (Umbrien): Pastor 5 (1928), S. 734; 6 (1928), S. 57; Enzo BENTIVOGLIO (Hg.), Blosio Palladio di Collevecchio in Sabina nella Roma tra Giulio II. e Giulio III. (Collana di studi storici e artistici sulla Sabina 1), Collevecchio 1990; Thomas FRENZ, Die Kanzlei der Päpste der Hochrenaissance (1471–1527) (Bibliothek des Deutschen Historischen Instituts in Rom 63), Tübingen 1986, S. 306, Nr. 448.

Anno a nativitate Domini MDL, Indictione VIII., die vero V. mensis Iunii, pontificatus sanctissimi in Christo patris et D. N. D. Iulii divina providentia Papae III., anno eius primo, retroscrittae[46] litterae revocationis, inhibitionis et voluntatis palam, publice, alta et intelligibli voce in basilica Principis apostolorum de Urbe, dum ibidem divina officia de mane celebrabantur et magna populi multitudo congregata esset, de verbo ad verbum per me Ioannem Roillad S. D. N. Papae cursorem lectae et deinde affixae et publicatae fuerunt. Et sic affixae per aliquod spatium dimisi, et successive eadem die in ecclesia S. Ioannis Lateranensis etiam de verbo ad verbum hora vesperorum per me, eundem Ioannem Roillad, lectae, affixae et publicatae fuerunt. Et postmodum eadem die affixae et publicatae fuerunt in valvis seu portis Cancellariae apostolicae et in acie Campi Florae, dimissis in suprascriptis valvis et locis per aliquod temporis spatium affixis et deinde amotis copiam earundem litterarum in quibuslibet valvis, portis et locis suprascriptis affigendo et dimittendo per nos Ioannem Roillad, clericum coniugatum, Viridunensis[47] dioecesis[48], et Maturinum Menandi, clericum Cenomanensis dioecesis[49], praefati S. D. N. Papae cursores.

Ita est Ioannes Roillad, cursor, subscripsi

Ita est Maturinus Menandi, cursor

Ita est Petrus Gomes, magister cursorum

---

46 ‡ retroscrittae: *sic!*

47 ‡ Viridunensis: *V.* Viridim

48 »Viridunensis dioecesis«: Diözese Verdun

49 »Cenomanensis dioecesis«: Diözese Le Mans

A 5 | 1558 Dezember 21: Breve »Quia in futurorum« Pauls IV.

Dem Vorbild seines Vorgängers Julius III. folgend (vgl. Dok. A 4), widerruft auch Paul IV. sämtliche bisher ausgestellten Lizenzen und Fakultäten zum Lesen verbotener Bücher. In dem Breve erinnert der Papst außerdem die Gläubigen an ihre Pflicht, Besitzer verbotener Bücher dem örtlichen Inquisitor anzuzeigen. Die Revokation der Leselizenzen wird damit begründet, dass sich Inhaber solcher Ausnahmegenehmigungen durch die Lektüre verbotener Bücher eher mit Häresien infiziert hätten, statt, wie erhofft, daraus Argumente für die Widerlegung häretischer Lehren zu schöpfen. Ausgenommen von der Widerrufung sind wie schon 1550 die Kardinalinquisitoren, deren Leselizenzen in Kraft bleiben. Vgl. Einf., Kapitel II.3.2 und 4.5.

Das erst am 8. Januar 1559, 18 Tage nach der Datierung, in Rom publizierte Revokationsbreve flankierte die Einführung des ersten römisch-universalen Index (Dok. A 6) und findet sich in einigen Nachdrucken dieses Index mit abgedruckt. Auch später wurde die Einführung neuer Index-Ausgaben bisweilen von solchen Revokationsbreven begleitet.

Lit.: *FRAJESE, Nascita (wie Dok. A 2, Lit.), S. 208f.; HILGERS, Index (wie Dok. A 1, Lit.), S. 495f.; Antonio PANELLA, L'introduzione a Firenze dell'Indice di Paolo IV, in: Rivista Storica degli Archivi Toscani 1 (1929), S. 11–25, hier: S. 19.*

V.: *Druck (Bando), [Romae, 1558/59], in: ACDF St.St. A-1-a, n.° 4; der im Text fehlerhafte Druck in: ASV Misc. Arm. IV–V 31, fol. 42, und ebd. Arm. 30, fol. 2, hat im Unterschied zur Vorlage am Fuß einen auf den 8.1.1559 datierten Publikationsvermerk (Affixum) der apostolischen Kursoren.*

Breve revocationis omnium licentiarum et facultatum tenendi et legendi libros haereticos seu de haeresi suspectos quibusvis personis hactenus concessarum:

Paulus Papa IV.[50]
Ad futuram rei memoriam

Quia in futurorum eventibus adeò humani fallitur incertitudo iudicii, ut quod verisimili coniectura utile videbatur, progressu temporis damnosum appareat, nonnunquam Romanus Pontifex, quod consultè statutum esse videbatur, consultius revocat, prout temporis et personarum qualitate pensata in Domino conspicit salubriter expedire.

Innotuit siquidem nobis, quod diversi tam clerici saeculares et diversorum ordinum regulares quàm laici, qui se lutheranis et aliis huius seculi haereticis resistere et eorum errores ac falsas opiniones confutare posse praesumebant et

[50] Vgl. Dok. A 4, Anm. 39.

ad hoc ipsorum haereticorum libros legendi facultatem sibi à Sede apostolica concedi extorserant, se lectioni librorum huiusmodi ita dediderunt, ut propriae innitentes prudentiae et à recta Domini via aberrantes ipsorum haereticorum fallaciis et superstitiosis ac falsis adinventionibus irretiti remanserint. Et qui alios ab erroribus revocare temerè arbitrabantur, ipsi in puteum interitus prolapsi sint.

Nos considerantes, quód Spiritus ubi vult spirat[51] et quod sine eius numine nullum bonum provenit, et propterea satius esse cum simplicitate cordis ad eum recurrere et cum eius adiutorio orthodoxam fidem in catholicis et à S. R. E. approbatis libris exquirere quàm falsitates haereticorum per lectionem eorum librorum detegere velle.

Volentes praemissis inconvenientibus, quantum cum Deo possumus, occurrere et ne similia de caetero contingant opportunè providere omnes et singulas licentias et facultates legendi libros, haereticorum seu de haeresi suspectorum aut à nobis seu generalibus haeretice pravitatis in singulis provinciis aut regnis deputatis inquisitoribus damnatos et reprobatos, quibuscunque tam clericis secularibus vel, ut praefertur, regularibus quam laicis cuiuscunque status, gradus, ordinis, conditionis et praeeminentiae existant, etiam si abbatiali, episcopali, archiepiscopali, patriarchali, primatiali aut alia maiori ecclesiastica dignitate, seu etiam cardinalatus honore, vel mundana etiam marchionali, ducali, regia vel imperiali auctoritate seu excellentia praefulgeant, generalibus inquisitoribus praefatis dumtaxat exceptis, per quoscunque Romanos Pontifices praedecessores nostros ac nos, etiam vivae vocis oraculo, et Sedem praedictam seu eius poenitentiarium maiorem vel quosvis ordinarios aut diocesanos seu alios, etiam per literas apostolicas in forma brevis seu sub plumbo expeditas, sub quibuscunque tenoribus et formis ac cum quibusvis, etiam derogatoriarum derogatoriis alijsque efficacioribus et insolitis clausulis necnon irritantibus et aliis decretis ac ex quibuscunque causis seu praetextibus, etiam motu proprio et ex certa scientia ac de apostolicae potestatis plenitudine et aliàs quomodolibet concessas apostolica auctoritate, tenore praesentium revocamus, cassamus, irritamus et annullamus ac viribus penitus evacuamus et pro revocatis cassis, irritis et nullis haberi easque nemini suffragari posse aut debere decernimus.

Omnibus et singulis clericis et laicis, etiam ut praefertur qualificatis, non tamen generalibus inquisitoribus praefatis aut quibus hoc per nos specialiter iniunctum fuerit S. R. E. cardinalibus, in virtute sanctae obedientiae et sub excommunicationis latae sententiae aliisque sententiis, censuris et poenis ecclesiasticis et etiam temporalibus in legentes libros huiusmodi hactenus latis et promulgatis – a quibus non nisi à nobis aut pro tempore existente Romano Pontifice seu singulis inquisitoribus praedictis, preterquam in mortis articulo, absolvi possint – districtius inhibentes, ne libros huiusmodi ex quavis causa vel praetextu publicé vel occultè quovis ingenio vel colore legere aut apud se tenere seu imprimere vel venales habere praesumant.

---

[51] Jo 3,8.

Ac mandantes eisdem sub censuris et poenis praedictis, ut infra terminum eis à singulis inquisitoribus huiusmodi per eorum publicum edictum locis affigendum publicis statuendum libros ipsos officio Inquisitionis haereticae pravitatis huiusmodi omnino consignent. Et qui de eisdem libris notitiam aliquam habuerint, seu personas ipsos libros legentes aut apud se tenentes vel imprimentes aut venales habentes sciverint, id, quod sciverint, ac nomina et cognomina libros ipsos legentium aut apud se tenentium vel imprimentium aut venales habentium et qualitatem eorundem librorum praedicto officio omnino revelent et notificent.[52]

Non obstantibus constitutionibus et ordinationibus apostolicis contrariis quibuscunque aut si aliquibus communiter vel divisim ab eadem sit Sede indultum, quod interdici, suspendi vel excommunicari non possint per literas apostolicas non facientes plenam et expressam[53] ac de verbo ad verbum de indulto huiusmodi mentionem.

Ut autem praesentes literae ad omnium, quorum interest, notitiam deducantur, eas in basilicae Principis apostolorum de Urbe et Cancellariae apostolicae valvis ac acie Campi Florae per aliquos ex cursoribus nostris publicari et affigi ac earum copiam inibi affixam dimitti volumus. Et nihilominus omnibus et singulis venerabilibus fratribus episcopis, archiepiscopis, patriarchis et primatibus aliisque locorum ordinariis et diocesanis in virtute sanctae obedientiae iniungentes et mandantes, ut in eorum dioc<esibus>, civitatibus et provinciis, absque aliqua requisitione eis desuper facienda, praesentes literas seu earum transumptum manu notarii publici subscriptum et sigillo alicuius personae in dignitate ecclesiastica constitutae aut curiae ecclesiasticae munitum publicent et publicari faciant, ad hoc ut nemo earum ignorantiam praetendere aut contra eas excusationem aliquam afferre valeat. Nos enim transumpto sic, ut praefertur, subscripto et sigillo munito eam prorsus fidem adhiberi volumus, quae eisdem originalibus literis adhiberetur, si originaliter exhiberentur.

Datum Romae, apud S. Petrum, sub annulo piscatoris, die XXI. Decembris MDLVIII, pontificatus nostri anno quarto.

Ioannes Barengus[54]

[52] Vgl. dazu Dok. B 17.

[53] ‡ expressam: *V.* expraessam

[54] Giovanni Barengo (gest. Juni 1559), Brevensekretär Pauls IV.: René Ancel, La secrétairerie pontificale sous Paul IV, in: Revue des questions historiques 79 (1906), S. 408–470, hier: S. 454; Giuseppe Dell'Aquila-Visconti, Del prelato abbreviatore de curia. Sinossi istorica e catalogo cronologico dal 1382 al 1870, Rom 1870, S. 45f.

A 6 | 1558 Dezember 30: Der erste römische Index (Index Paulinus, Auszüge)

Seit den 1540er Jahren waren in verschiedenen katholischen Ländern Europas in der Verantwortung geistlicher wie weltlicher Autoritäten Verzeichnisse verbotener Bücher erschienen. Erst zum Jahreswechsel 1558/59 wurde nach mehreren Anläufen ein erster römischer Index publiziert. Im Unterschied zu den partikularen Verzeichnissen beanspruchte dieser universale Gültigkeit. Der Index von 1559 erschien – als einziger in der Geschichte der römischen Indizes – im Namen des Sanctum Officium, das im Jahr 1542 von Paul III. in Form einer Kurienbehörde installiert worden war (vgl. Dok. C 1). Der Index enthält neben speziellen auch pauschale Bücherverbote sowie allgemeine Regeln zur Pressekontrolle. Diese bildeten die Grundlage der späteren Indexregeln des Trienter Konzils (Dok. A 9). Der hier gebotene Auszug ist auf diese allgemeinen Normen beschränkt. Vgl. Einf., Kapitel II.3.2.

Trotz seines universalen Anspruchs erlangte der Index Paulinus außerhalb Italiens (mit der möglichen Ausnahme Portugals) keine Geltung (IdLI 4, S. 54f.; 8, S. 49f.). In Reaktion auf die scharfen Proteste gegen die Strenge dieses Pressegesetzes wurden schon bald nach der Einführung ergänzende Verordnungen erlassen (Dok. A 7–8). Mit der Veröffentlichung des Index Tridentinus im Jahr 1564 verlor der ältere Index seine Gültigkeit, wenngleich Vertreter des intransigenten Milieus in Rom auch danach noch an ihm festhielten (vgl. Dok. A 15).

Lit.: *IdLI 4 (1995), S. 54f.; 8 (1990), passim (mit weiterer Lit.); DSI 3, S. 775–787 von J. M. De Bujanda (mit weiterer Lit.); Frajese, Nascita (wie Dok. A 2, Lit.), bes. S. 80–82; Panella (wie Dok. A 5, Lit.).*

V.: *Index 1559 (2. römische Aufl. vom Januar 1559), fol. 1v–2r.*

Index auctorum et librorum
qui ab Officio S. Romanae et universalis Inquisitionis caveri ab omnibus et singulis in universa christiana republica mandantur, sub censuris contra legentes vel tenentes libros prohibitos in bulla, quae lecta est in Coena Domini expressis,[55] et sub aliis poenis in decreto eiusdem Sacri Officii contentis.

Index venundatur apud Antonium Bladum[56],
Cameralem impressorem,
de mandato speciali Sacri Officii,
Romae, anno Domini 1559, mense Ianuarius

***

Tenor prohibitionis
ex decreto S. Romanae et universalis Inquisitionis:

Universis Christi fidelibus, cuiuscunque status, gradus, ordinis, conditionis aut dignitatis sint, et ubivis terrarum agant, sub censuris et poenis in bulla ›Coenae Domini‹ et in decretis sacrosancti Lateranensis concilii[57] expressis, necnon sub poena suspitionis haeresis, privationis omnium graduum, officiorum et beneficiorum, quaecunque habuerint, et ad ea ipsa atque ad alia omnia officia et beneficia in perpetuum inhabilitationis et perpetuae infamiae et sub aliis poenis nostro arbitrio infligendis, districte praecipimus et mandamus, ne quis in posterum audeat scribere, aedere, imprimere vel imprimi facere, vendere, emere, mutuo, dono vel quovis alio praetextu dare, accipere, publice vel occulte retinere apud se vel quomodolibet aliter servare vel servari facere librum vel scriptum aliquod eorum, quae in hoc Indice Sacri Officii notata sunt, sive quascunque alias conscriptiones, quas labe aliqua cuiusvis haeresis respersas esse vel ab haereticis prodiisse compertum erit.

Quicunque obedire neglexerit vel eiusmodi libros et scripta, quaecunque habuerit, post praesentis notitiam decreti quomodocunque habitam, quamprimùm poterit, ordinariis locorum seu haereticae pravitatis inquisitoribus aut eorum vicariis sive ab officio S. Romanae et universalis Inquisitionis deputatis fideliter et re ipsa non praesentaverit vel omni studio et diligentia non curaverit praesentari, in praedictas[58] excommunicationis latae sententiae censuras poenasque alias ipso facto incurrat.[59]

---

[55] Vgl. Dok. A 21.
[56] Antonio Blado (1490–1567), von 1535 bis 1567 päpstlicher Kammerdrucker, Nachfolger von Marcello Silber und Francesco Calvo, über ihn: DBI 10 (1968), S. 753–757 von F. BARBERI.
[57] Dok. A 2.
[58] Bezugspunkt ist die Abendmahlsbulle: Dok. A 21.
[59] Vgl. dazu Dok. A 7, »In decreto Sacri Officii mandatur, ut libri prohibiti praesententur«.

Die XXX. Decembris MDLIX[60] praefatae literae affixae[61] et publicatae fuerunt ad valvas basilicae Principis apostolorum de Urbe[62], palatii Sanctissimae Inquisitionis et in acie Campi Flore, dimissis inibi illarum copiis affixis per nos Triphonem Vitorellum et Honofrium Montargul, S. D. N. Papae cursorum

***

Index alphabetico ordine distinctus est.
In singulis etiam alphabeti elementis triplex series servatur.

In primis nomina vel cognomina disponuntur eorum, qui prae caeteris et tanqùam ex professo erasse depraehensi sunt, ac ideo universae ipsorum conscriptiones, cuiuscunque argumenti sint, omninò prohibentur.

His succedunt nomina sive cognomina certorum quorundam auctorum, quorum libri aliqui ea ratione reiiciuntur, quòd vel ad haeresim vel ad aliquod praestigiosae impietatis genus vel omnino ad intollerabiles errores subindè allicere satis expertum est.

Postremo loco redactae sunt inscriptiones librorum, qui ut plurimùm ab incerti nominis haereticis conficti pestilentissimis doctrinis respersi sunt.[63]

***

A

Auctores, quorum libri et scripta omnia et quaecunque
sub eorum vel sub sequacium ipsorum nomine vel cognomine conscripta aut
edita sunt vel in posterum conscribentur sive edentur,
etiam si nil penitus contra religionem vel de religione disserant,
in universum prohibentur.

[*Es folgt der eigentliche Index. Zu jedem Buchstaben werden drei Listen geführt, jeweils eine Liste für jede der drei Indexklassen. Insgesamt enthält der Index in der 1. Indexklasse 603 Einträge, in der 2. Klasse (»Certorum auctorum libri prohibiti«) werden 126 Titel von 117 Autoren aufgeführt, in der 3. Klasse (»Libri prohibiti ab incerti nominis auctoribus compositi«) stehen 332 Titel.*]

[60] Die Datierung folgt dem im SO bis Anfang des 17. Jahrhunderts üblichen Weihnachtsstil mit Jahreswechsel am 25.12., lies hier also: 1558, dazu: Francesco BERETTA, L'Archivio della Congregazione del Sant'Ufficio: bilancio provvisorio della storia e della natura dei fondi d'antico regime, in: RSLR 37 (2001), S. 29–58, hier: S. 32.

[61] ‡ affixae: *V.* affixe

[62] ‡ Urbe: *V.* Urbae

[63] Zu den hier eingeführten »Indexklassen« vgl. Einf., Kapitel II.4.4.c), zu Anm. 262.

L

[...]

Libri, libelli et opera universa, cuiuscunque artis, facultatis, idiomatis vel argumenti sint, etiam si nullibi de fide aut de religione disserant, quaecunque à quadraginta annis citra sine nomine auctoris aut impressoris aut temporis aut loci impressa sunt.

Libri et quaecunque posthac imprimentur, cum titulo vel sine titulo auctoris, impressoris, temporis vel loci, sine licentia et approbatione in scriptis habita ab ordinario et inquisitore loci, ubi opus excusum fuerit, seu ab aliis à Sancta Sede apostolica ad id, sive ab inquisitoribus specialiter deputatis, et sine fide eiusdem licentiae et approbationis in eodem libro pariter impressa.

Libri et tractatus omnes, qui ab impressoribus quorumvis librorum haereticorum hactenus excusi sunt, pro suspectis habeantur et nullatenus vendantur aut emantur aut legantur aut teneantur, nisi prius ab ordinariis unà cum inquisitoribus, sive cum comissariis S. Inquisitionis, declaratum sit eos neque haereses aut errores continere, neque ab haereticis compositos vel editos fuisse, neque execrabilis memoriae cuiusvis haretici nomen vel ullum penitus vestigium servare.

Libri et tractatus omnes quicunque posthac vel ab impressoribus haereticis vel ab ipsorum haereticorum libros imprimentibus excudentur cuiuscunque inscriptionis, idiomatis, artis et argumenti fuerint, tanquam reiecti et omnino prohibiti caveantur.

Libri omnes et tractatus cuiuscunque inscriptionis, artis, argumenti, professionis vel idiomatis sint, insuper interpretationes, versiones, commentaria, historiae, epistolae, carmina, dialogi, apologi, scholia et in universum prorsus omnia quaecunque ab haereticis composita sunt, vel in posterum componentur vel sub haereticorum nomine vel nuncupatione sive patrocinio imprimentur, etiam si nil prorsus de fide vel de religione contineant.

Libri omnes et scripta chiromantiae, physionomiae, aeromantiae, geomantiae, hydromantiae, onomantiae, pyromantiae vel necromantiae, sive in quibus sortilegia, veneficia, auguria, aruspicia, incantationes, magicae artis vel astrologiae iudiciariae divinationes circa futuros contingentes eventus aut eventuum successus sive fortuitos casus, iis tantum naturalibus observationibus exceptis, quae navigationis, agricolationis sive medicae artis iuvandae gratia conscriptae sunt.

Libri omnes decretis quorumcunque Pontificum vel conciliorum condemnati.

[...]

M

[...]

Magicae artis libri et scripta omnia.

[...]

N

[…]

Necromantiae opera et scripta omnia.

Notoriae artis opera.

[…]

P

[…]

Pasquilli omnes omnesque conscriptiones, in quibus Deo aut sanctis aut sacramentis aut catholicae ecclesiae et eius cultus aut apostolicae Sedi quomodocunque detrahatur.

T

[…]

Thalmud hebraeorum eiusque glossae, annotationes, interpretationes et expositiones omnes.

[…]

Biblia prohibita

[*Der ›Bibel-Anhang‹ listet insgesamt 45 verbotene Ausgaben der Bibel und des Neuen Testaments auf.*]

[…]

Biblia omnia vulgari idiomate, germanico, gallico, hispanico, italico, anglico sive flandrico etc., conscripta nullatenus vel imprimi vel legi vel teneri possint absque licentia sacri officii S. Romanae Inquisitionis.

Novum Testamentum

[…]

Novi Testamenti libri vulgari idiomate conscripti sine licentia in scriptis habita ab Officio S. Romanae et universalis Inquisitionis nullatenus vel imprimi vel teneri possint.

[…]

[*Ein zweiter Anhang besteht aus einer Liste mit den Namen von 61, mehrheitlich in den Gebieten nördlich der Alpen tätigen Druckern, deren gesamtes Verlagsprogramm für verboten erklärt wird.*]

A 7 | 1559 Februar: Die »Instructio circa Indicem« des Sanctum Officium

Als »Instructiones« bezeichnete das Sanctum Officium handlungsweisende Zirkularschreiben an die lokalen Inquisitionen in Italien. Auch die hier abgedruckte Instruktion, die eine Anleitung zum korrekten Umgang mit einigen missverständlichen oder umstrittenen Bestimmungen des Index Paulinus darstellt, war zum Versand an die lokalen Inquisitoren bestimmt. Sie war in Reaktion auf die Kritik entstanden, welche Buchdrucker, Gelehrte, Dozenten und insbesondere die Jesuiten am ersten römischen Index geäußert hatten. Mit der Instructio schwächte das Sanctum Officium bestimmte Verbote ab, erläuterte andere und berichtigte Fehler. Zum ersten Mal in einem offiziellen Dokument war hier das Prinzip der »Bücherreinigung« (Expurgation), das bald ein zentrales Instrument der päpstlichen Pressepolitik werden sollte, deutlich ausgesprochen. Um die Akzeptanz des Index von 1559 weiter zu erhöhen, folgte nach dem Tod Pauls IV. eine weitere Abmilderung der Pressevorschriften (Dok. A 8). Vgl. Einf., Kapitel II.3.2.

Lit.: *Giorgio Caravale, Forbidden prayer. Church Censorship and Devotional Literature in Renaissance Italy. Translated by Peter Dawson, Farnham 2011 (zuerst: Florenz 2003), S. 71–75; Fragnito, Bibbia (wie Dok. A 3, Lit.), S. 93–95; Dies., Proibito capire. La Chiesa e il volgare nella prima età moderna, Bologna 2005, S. 144f.; Frajese, Nascita (wie Dok. A 2, Lit.), S. 83f., 230f., 320f.; IdLI 8 (1990), S. 138–140; Ugo Rozzo, La letteratura italiana negli »Indici« del Cinquecento, Udine 2005, S. 38–40; Ders., L'espurgazione dei testi letterari nell'Italia del Secondo Cinquecento, in: Ders. (Hg.), La censura libraria nell'Europa del secolo XVI. Convegno Internazionale di Studi, Cividale del Friuli, 9/10 Novembre 1995, Udine 1997, S. 219–271, hier: S. 224f.; Rodolfo Savelli, Da Venezia a Napoli: diffusione e censura delle opere di Du Moulin nel Cinquecento italiano, in: Cristina Stango (Hg.), Censura ecclesiastica e cultura politica in Italia tra Cinquecento e Seicento, Florenz 2001, S. 101–154; Ders., The Censoring of Law Books, in: Gigliola Fragnito (Hg.), Church, Censorship and Culture in Early Modern Italy, Cambridge 2001, S. 223–253.*

V.: *Einblattdruck, in: ASV Misc. Arm. IX 55, fol. 492, Faksimile in: IdLI 8 (1990), S. 102f.; spätere Abschriften finden sich in den Akten der Indexkongregation im Zusammenhang mit den Vorarbeiten zur »Instructio« Clemens' VIII. (Dok. A 13): ACDF Index Prot. 21, fol. 218r/v, 221r; Prot. 9 (K), fol. 11r–12r (gezeichnet von »fr. Io: Baptista Chiarinus, Inquisitor Generalis«, um 1596).*

Instructio circa Indicem librorum prohibitorum.
Ad omnes Inquisitores et ministros
Sacri Officii S. Romanae et Universalis Inquisitionis

In decreto Sacri Officii[64] mandatur, ut libri prohibiti praesententur:
Intentio Sacri Officii ea est, ut omnes huiusmodi libri inquisitoribus vel eorum vicariis sive, ubi ipsi non sint, ordinariis locorum diligenter et fideliter ab universis praesententur. Qui inquisitores, vicarii vel ordinarii nulli valeant licen-

[64] Dok. A 6.

tiam concedere libros penitus prohibitos in privatis domibus comburendi[65] vel aliter destruendi sine legitimis causis et urgentissimis rationibus.

»Carolus Molineus«:[66]
In libris Alexandri[67], Decii[68], Dyni[69] etc. omnes additiones impii Molinaei et omnia memoriae eius vestigia omnino delenda sunt. Merae citationes concordantium locorum vix tollerantur. Ius Canonicum[70] plurimis in locis ab ipso Molinaeo contaminatum penitus interdictum est librariis et typographis omnibus. Ab eisque omnia huiusmodi Canonici Iuris volumina auferenda sunt, sive obliteratae sint sive non margines ipsius Molinaei. Praesertim verò Hugo à Porta[71] et Antonius Vincentius[72], impressores impietatum Molinaei, privandi sunt eiusmodi libris et de caetero numerandi inter typographos de haeresi suspectos.[73] Caeteris studiosis, qui iam sine dolo huiusmodi codices Iuris Canonici compararunt, non antea licentia impertienda est utendi eis, quàm omnes annotationes et nomina Molinaei deleta sint, et inquisitores cognoverint eiusmodi libros non fuisse alicubi depravatos.

»Gondissalvus« in Indice notatus:
Alius est à Gondissalvo de Villa Diego[74].

»Gregorius Giraldus«:
Alius est à Lilio Gregorio Ferrariensi[75].

---

[65] In Rom war es nach der Einführung des Index 1559 verbreitet zu privaten Bücherverbrennungen gekommen, vgl. das Avviso vom 7.1.1559, in: HILGERS, Index (wie Dok. A 1, Lit.), S. 489.

[66] Charles Dumoulin (1500–1566), Pariser Jurist, Hugenotte; im Index 1559, fol. [5r], Verbot seiner sämtlichen Schriften, definitiv als häretisch verurteilt erst durch das Breve Clemens' VIII. vom 21.8.1602: SAVELLI (s. Lit.) und DSI 1, S. 515f. von V. LAVENIA.

[67] Liber […] consiliorum Alexandri Imolensis. His accessere Caroli Molinaei iureconsul. annotationes, 8 Vol., Lyon: Guido u. a., 1556–1557.

[68] Consilia sive Responsa celeberrimi iurisconsulti Do. Philippi Decii Mediolanensis […]. Quibus accesserunt U.I.D. Caroli Molinaei annotationes analyticae omnibus tam iuris quam praxeos studiosis utilissimae, Lyon: Guido, 1556.

[69] Dyni Muxellani [...] commentaria in regulas iuris pontificii. Cum solitis additionibus D. Nicolai Boerii […] recognita […] studio et industria Caroli Molinaei, Lyon: Vincent, 1557.

[70] Decretum divi Gratiani universi iuris canonici pontificias constitutiones et canonicas brevi compendio complectens, Lyon: [de La Porte & Vincent], 1554, vgl. dazu: Aldo ADVERSI, Saggio di un catalogo delle edizioni del »Decretum Gratiani« posteriori al secolo XV, in: Studia Gratiana 6 (1959), S. 281–451, hier: S. 412f.

[71] Hugues de La Porte, Lyoneser Drucker.

[72] Antoine Vincent, Lyoneser Drucker.

[73] Der Index 1559 enthält fol. [34v–35r] eine Liste mit den Namen von 61 Druckereien, deren gesamte verlegerische Produktion den Gläubigen verboten war.

[74] Gonzalo de Villadiego, Kanonist, Rota-Richter, von 1485 bis 1487 Bf. von Oviedo; im Index 1559, fol. [16v], Verbot sämtlicher Schriften eines nicht näher bezeichneten »Gondissalvus«: IdLI 8 (1990), S. 275.

[75] Giglio Gregorio Giraldi (1479–1552), Humanist aus Ferrara; im Index 1559, fol. [12v], Verbot sämtlicher Schriften eines »Gregorius Giraldus«: IdLI 8 (1990), S. 481.

»Ioannes Diazius«:
Alius est à Ioanne Bernardo Diazii[76] etc.

»Leonhartus Fuchsius«:[77]
Omnia ipsius opera sunt prohibita. Libri, in quibus tradit de herbarum et stirpium cognitione, et ipsi interdicti sunt nec teneri possunt absque licentia Sacri Officii. Quae non conceditur nisi in scriptis et tantum aliquot praeclaris medicae artis professoribus et ad certum tempus, in quo studeant colligere, quae ad medicinam conducere videantur. Ita tamen ut interim nusquam Fuchsii nomen vel memoria appareat.

»Libri, libelli et opera etc., quae a XL annis citra sine nomine etc.«:[78]
Quae à quadraginta annis citra impressa sunt, ita ut compertum sit eadem ante XL annos nunquam fuisse aliàs impressa vel composita, censentur prohibita. Si tamen passim inter catholicos recepta sint et probata sine controversia et suspitione alicuius labis, et viri catholici et eruditi id affirment, cum licentia officii S. Inquisitionis conceduntur.

»Sine nomine auctoris aut impressoris aut loci aut temporis«:[79]
Singulae conditiones exiguntur. Facile tamen licentia conceditur detinendi eos libros, in quibus compertum est inquisitoribus nomen impressoris, loci vel temporis superioribus saeculis sine fraude suppressum esse.

De libris bonorum auctorum à malis auctoribus versis, impressis vel recognitis: [80]
De libris orthodoxorum patrum aliorumvè fidelium vel infidelium auctorum nondum reiectorum, quotquot interpretatione, typis vel opera haereticorum in lucem prodiere, definitum est eos nullatenus legi vel detineri posse, nisi prius licentia in scriptis habita ab officio S. Romanae Inquisitionis sive ab eiusdem Sacri Officii commissariis vel ab haereticae pravitatis inquisitoribus seu ab eorum vicariis vel etiam ab ordinariis, ubi inquisitores vel eorum vicarii vel commissarii non fuerint.[81] Huiusmodi vero licentia nulli hominum impertienda est nisi abrasis primum vel adeo obliteratis, ut legi vel percipi non possint, nominibus, cognominibus, annotationibus, scholiis, censuris, argumentis, summariis

---

76 Juan Bernal Díaz de Luco (1495–1556), von 1545 bis 1556 Bf. von Calahorra; im Index 1559, fol. [12v], Verbot sämtlicher Schriften eines »Ioannes Diazius«: IdLI 8 (1990), S. 523.

77 Leonhart Fuchs (1501–1566), dt. Arzt und Botaniker, Lutheraner, vgl. Baldini-Spruit I/4, S. 2856 u. ö.

78 Dok. A 6, zu »L«.

79 Ebd.

80 Dieser Paragraf ist in einigen Aufl. des Index 1559 separat auf einem Beiblatt eingebunden, Faksimile in: IdLI 8 (1990), S. 49, 787; vgl. dazu auch die Beobachtungen von HILGERS, Index (wie Dok. A 1, Lit.), S. 488–497.

81 ‡ vel etiam ab ordinariis … fuerint: *fehlt im Text des separaten Beiblatts im Index 1559 (vgl. vorige Anm.).*

et quibuscunque aliis vestigiis memoriae vel industriae omnium eorum, qui in prima classe, secundum cuiusque elementi seriem in Indice Sacri Officii fuerint annotati. Quamprimum autem eiuscemodi codices ab haereticis versi, recogniti vel editi rursus per auctores probatae fidei evulgentur, adeo ut obtineri possint, omnis iam concessa licentia revocata et penitus irrita censeatur.

»Libri et scripta physionomiae etc.«[82]:
Physionomia, quae naturalibus complexionibus hominum flegmaticis, colericis etc. iudicandis inservit, non est reiecta, sed quae ad divinationes in morem chiromantiae convertitur.

»Robertus Stephanus«[83]:
Thesaurus latinae linguae,[84] sub ipsius nomine aeditus sed à plerisque aliis congestus, non conceditur nisi forte delectis aliquot et insignibus viris; et licentia datur ad tempus deletisque delendis (ut dictum est de Herbario Fuchsii). Idem observatur in Thesauro et Observationibus Doleti[85]. Caeterum et Roberti Stephani et Doleti opera omnia reiecta sunt, quorum ipsi auctores videantur.

»Biblia«[86]:
Quae in Indice expressa sunt et alia quoque eisdem similia, ubicunque et quandocunque impressa penitus interdicta omnibus sunt, quando quidem catholicis nimis horrendum sit uti libris sacrarum scripturarum argumentis, marginibus vel quibuscunque aliis vestigiis perfidiae pestilentium haereticorum violatis.

Biblia vulgari idiomate aedita universo foemineo sexui prohibita sunt, etiam monialibus in monasteriis inclusis. Viris quoque licentia eis utendi sine delectu nullatenus conceditur, sed tantum aliquot humilibus religiosis non existentibus in sacris secundum religionis praelatorum discretionem. Et etiam certis aliis piis et devotis personis de se optimum testimonium habentibus, quibus non indifferenter omnia, sed ea tantum Biblia conceduntur, quae inquisitores recognoverint et quae à catholicis versa et sine summariis, argumentis, indicibus marginibusvè suspectis impressa sint.

---

82 Dok. A 6, zu »L«.

83 Robert Estienne (um 1500–1559), humanistischer Drucker mit Geschäft in Paris, später in Genf, Calvinist; Verbot seiner sämtlichen Schriften im Index 1559, fol. [29r], über ihn: Elizabeth Armstrong, Robert Estienne, Royal Printer. An Historical Study of the Elder Stephanus, Cambridge 1954.

84 Dictionarium seu latinae linguae Thesaurus, non singulas modo dictiones continens, sed integras quoque latine et loquendi et scribendi formulas ex optimis quibusque authoribus accuratissime collectas. Cum Gallica fere interpretatione, Parisiis: R. Stephanus, 1531.

85 Étienne Dolet (1509–1546), Verbot seiner sämtlichen Schriften im Index 1559, fol. [29r]; von ihm sind u. a. die hier aufgeführten: Observationes in Terentii comoedias. Nempe Andriam et item Eunuchum, Lugduni: apud eundem Doletum, 1543; und: Commentariorum de Latina lingua, 2 Vol., Lugduni: apud Seb. Gryphium, 1536–1538.

86 Dok. A 6, »Biblia prohibita«

Sacerdotibus, diaconis et subdiaconis Biblia vulgaria omnino denegantur. Qui nesciunt vel horrent latina legere, vel lecta negligunt intelligere, à ministerio quoque sacrorum ordinum arcendi essent.

Epistolae et evangelia vulgaria currentia per totum annum liberius conceduntur licentiam postulantibus.

Missae omnes vulgari idiomate inter horas Beatae Virginis insertae, sive quomodocunque aliter impressae vel conscriptae penitus interdictae sunt. Idem censetur de horariis precibus, quae in ecclesiis latinè decantari solent, si in vulgarem linguam conversae, deprehendantur. Rubricae, quibus confictae quaedam virtutes psalmorum sive orationum summa cum indignitate describuntur in multis psalteriis et communibus libellis precum, iubentur vel rescindi vel deleri.[87]

Auctoritas concedendi licentiam legendi codices Canonici Iuris per Molinaeum vitiatos, Herbarium Fuchsii, Thesauros latinae linguae et Biblia vulgaria secundum iam praescriptas conditiones, et non aliter, ex indulgentia sacri officii S. Romanae et universalis Inquisitionis extra Italiam erit apud inquisitores generales regnorum, qui etiam statuere debeant, ut universi libri penitus prohibiti publice comburantur. In Italia idem ex mandato officii S. Romanae et universalis Inquisitionis disponendum est.

Romae, apud Antonium Bladum[88] impressorem cameralem, mense Februarii 1559

Claudius de Valle[89],
notarius S. Inquisitionis officii

---

[87] Zu dieser Gattung vgl. FRAGNITO, Proibito capire (s. Lit.), S. 144f., 250–252.

[88] Vgl. Dok. A 6, Anm. 56.

[89] Claudio De Valle, aus Flandern, seit ca. 1554 Notar der Römischen Inquisition: GruFo 1542–1700: (III) Personen.

A 8 | 1561 Juni 14: »Moderatio Indicis librorum prohibitorum«

Obwohl Paul IV. sich durchgerungen hatte, den unter seiner Ägide entstandenen Index bald nach dem Erscheinen in einigen Punkten wieder zu lockern (Dok. A 7), blieb die Akzeptanz des ersten umfassenden gesamtkirchlichen Pressegesetzes gering. Im Kontext der scharfen kirchenpolitischen Kurskorrektur, welche sein Nachfolger Pius IV. vornahm, geriet auch der Index auf den Prüfstand. Zu diesem Zweck berief Pius IV. zunächst eine Sonderkommission ein, die vom 24. Januar bis zum 16. März 1561 über die Revision der Index-Gesetze (»de moderando Indice librorum«) beriet.[90] *Die hier abgedruckte Moderatio ist wahrscheinlich das Produkt dieser Sonderkommission. Der leitende römische Inquisitor Michele Ghislieri formulierte schließlich den Text und versandte ihn an die zuständigen kirchlichen Stellen. Nach der Instructio circa Indicem (Dok. A 7) war dies die zweite Nachbesserung am ersten römischen Index. Deutlich ist darin der Wille erkennbar, das Instrument der Expurgation auch auf weitere Textsorten auszudehnen. Mit dem Erscheinen des neuen Index 1564 wurde die Moderatio bereits wieder hinfällig. Die Bestimmungen sind teilweise jedoch in die Trienter Indexregeln (Dok. A 9) eingegangen. Vgl. Einf., Kapitel II.3.2.*

Lit.: *FRAGNITO, Bibbia (wie Dok. A 3, Lit.), S. 95–102; DIES., La censura libraria tra Congregazione dell'Indice, Congregazione dell'Inquisizione e Maestro del Sacro Palazzo (1571–1596), in: Ugo ROZZO (Hg.), La censura libraria nell'Europa del secolo XVI. Convegno Internazionale di Studi, Cividale del Friuli, 9/10 Novembre 1995, Udine 1997, S. 163–175, hier: S. 164; DIES., Proibito capire (wie Dok. A 7, Lit.), S. 32 u. ö.; FRAJESE, Nascita (wie Dok. A 2, Lit.), S. 86f., 230–232, 306; Joseph HILGERS, Bücherverbot und Bücherzensur des sechzehnten Jahrhunderts in Italien, in: Zentralblatt für Bibliothekswesen 28 (1911), S. 108–122; IdLI 8 (1990), S. 141f.; Pastor 7 (1928), S. 297f.; ROZZO, Espurgazione (wie Dok. A 7, Lit.), S. 226f; DERS., Letteratura italiana (wie Dok. A 7, Lit.), S. 41–43; SAVELLI, Censoring of Law Books (wie Dok. A 7, Lit.), S. 230 u. ö.*

V.: *BAV Vat. lat. 3958, fol. 74r/v (hs. Kopie); nach ders. Vorlage auch in: IdLI 8 (1990), S. 105f., und in: HILGERS, Bücherverbot (s. Lit); in den Akten des SO und der CIndex sind mindestens drei hs. Exemplare einer anderen Textversion überliefert; Baldini-Spruit I/1, S. 138–140, bieten den Text dieser zweiten Version nach dem verderbten Ms. in: ACDF SO St.St. N-4-c, fol. 858r–859r; vollständig lesbar ist dagegen die hier zum Vergleich beigezogene Fassung in: ACDF Index Prot. 21, fol. 219r–220r, danach die Varianten im Apparat (Sigle: Prot.); ein Fragment dieser Version findet sich in: Index Prot. 14 (P), fol. 149r.*

[90] David GUTIÉRREZ (Hg.), Hieronymi Seripandi »Diarium de vita sua«, in: AAug 26 (1963), S. 5–193, hier: S. 137, Auszüge in: IdLI 8 (1990), S. 52. – Dieser Quelle zufolge setzte sich die Kommission aus den Dominikanern Michele Ghislieri und Tomás Manrique (MSP), den Augustinern Girolamo Seripando und Giovanni Giacomo Barba (Sakristan des Papstes), Jaime Giberto Nogueras (Dekan des Wiener Stephansdoms und Konsultor des SO) und Kard. Giambattista Cicala zusammen. – Zu den Personen im Folgenden (wo nicht anders vermerkt) vgl. GruFo 1542–1700: (III) Personen.

Moderatio Indicis librorum prohibitorum

Michael Ghislerius[91] divina miseratione tituli S. Sabinae S. R. E. presbyter cardinalis, Alexandrinus vulgariter nuncupatus, contra haereticam pravitatem in tota republica christiana summus inquisitor a S. D. N. et a Sancta Sede apostolica specialiter deputatus. Universis omnibus et singulis christifidelibus praesentes nostras visuris, lecturis seu quovis modo earum notitiam habituris salutem in Domino.

Noveritis, qualiter sanctissimus in Christo pater dominus noster[92] Pius divina providentia Papa IV. [93] perspiciens ex censuris in Indice contentis librorum prohibitorum ab officio S. Inquisitionis de Urbe quam plurimas animas illaqueari seu irretiri, post plures theologorum et iurisperitorum consultationes ac eorum diversas censuras[94] mature auditas et intellectas, humanae fragilitati, in quantum cum Deo potest, compatiendo, ad hanc moderationem praefati Indicis deveniendum mandavit, videlicet:

Ut tollerentur libri, qui nulla alia ratione prohibiti sunt, nisi quia ab impressoribus suspectis[95] in Indice nominatis emanarunt, dummodo per ordinarium et inquisitorem approbentur nullum continere errorem in fide catholica.

Versiones[96] librorum bonorum doctorum ab ordinario et inquisitore diligenter prius examinatae, an aliquem errorem in fide contineant, et ab eisdem approbatae, a quibuscumque traductoribus, tollerentur deletis nominibus haereticorum cum eorum scholiis[97], donec aliter a S. D. N. provisum fuerit.[98]

Libri sine authoris nomine impressi ante quadraginta annos[99] (dummodo nullum in fide errorem contineant) tolerentur.

Biblia omnia vulgatae aeditionis, a quibuscumque annotationibus, argumentis, summariis capitulorum quovis modo suspectis ordinarii et inquisitoris iuditio expurgata, poterunt de eorum licentia retineri.

Conceditur ubique inquisitoribus haereticae pravitatis eorumque vicariis, ut cum consensu ordinarii, prius diligenter erasis sive deletis haereticorum nominibus ac in fide erroribus, possint concedere licentiam retinendi ac legendi: codices Leonardi Fuchsii[100] in medicina herbariique, codices Iuris Canonici a

---

91 Michele Ghislieri OP (1504–1572), von 1551 bis 1557 Commissarius des SO, von 1557 bis 1566 Mitglied des SO (seit 1558 mit dem Titel »Inquisitor maior et perpetuus«), von 1566 bis 1572 Papst Pius V., 1712 heiliggesprochen.

92 ‡ noster: *Prot. folgt* dominus

93 Giovanni Angelo Medici (1499–1565), von 1556 bis 1559 Mitglied des SO, von 1559 bis 1565 Papst Pius IV.

94 ‡ censuras: *Prot.* sententias

95 Vgl. die Liste mit den Namen von 61 verdächtigen Druckern im Index 1559, fol. [34v–35r].

96 Vgl. den komplementaren Paragrafen in: Dok. A 6, zu »L«

97 ‡ scholiis: *Prot. folgt* et annotationibus

98 ‡ fuerit: *Prot. folgt* Catholicorum libri nulla alia ratione prohibiti, nisi quia praefationes, summulas et scholias habent haereticorum, purgati tollerentur, donec denuo a catholicis revisi et correcti imprimantur.

99 Vgl. Dok. A 6, zu »L«; Dok. A 7.

100 Vgl. Dok. A 7.

Molinaeo[101] annotati eius nomine annotationibusque deletis, Zaziique[102] legalia opera prius diligenter examinata. Caveant autem, ne id segniter fiat, quia erunt in culpa etc.

Thesaurum[103] latinae linguae[104] et Biblia vulgaria secundum praescriptas in Indicis Instructione[105] conditiones, ab eisdem, ut praefertur, concedi possint, et in omnibus praemissis moderatio huiusmodi Instructionis servetur.

Conceditur ordinariis et inquisitoribus et aliis ab ipsis deputandis, ut possint absolvere in foro conscientiae omnes, qui quoscumque libros (etiam qui in prima classe continentur) legerint vel tenuerint, et in utroque foro eos, qui vigore praesentis decreti seu moderationis tolerari permittuntur, libros tenuerunt et legerunt, dummodo in posterum sint obedire parati.

Omnem etiam solertiam ac diligentiam ipsi reverendi domini ordinarii ac haereticae pravitatis inquisitores adhibeant, ne in manibus suae iurisdictionis subiectorum permittant libros, nisi ab omni haeresis suspitione purgatos, tam in Indice contentos quam etiam non contentos, sive hactenus impressos aut etiam qui in posterum imprimentur. Alioquin Deo Optimo Maximo atque Sanctitati Suae rationem se noverint reddituros.

In quorum fidem praesentes manu nostra scriptas per infra scriptum secretarium nostrum subscribi nostrique soliti sigilli fecimus impressione communiri.

Datum Romae in sacro apostolico palatio apud Vaticanum, in parte nostrae solitae residentiae, die 14 mensis Iunii 1561, pontificatus eiusdem Sanctitatis Suae anno secundo.

---

101 Vgl. ebd.

102 Ulrich Zasius (1461–1535), dt. Humanist und Jurist, korrespondierte mit Erasmus von Rotterdam; Zasius blieb beim alten Glauben, weshalb die Söhne im Jahr 1562(?) gegen die Nennung ihres Vaters im Index in Rom protestierten: Pastor 7 (1928), S. 298; SAVELLI, Censoring of Law Books (s. Lit.), S. 229 u. ö.

103 ‡ Thesaurum: *richtig wäre* Thesaurus

104 Vgl. Dok. A 7, »Robertus Stephanus«

105 Dok. A 7.

A 9 | 1563 Dezember [3]: Die zehn Trienter Indexregeln

Weil der erste römische Index (Dok. A 6) vielerorts auf scharfe Ablehnung gestoßen war, die Notwendigkeit eines gesamtkirchlichen Index keineswegs aber allgemein in Zweifel gezogen wurde, setzte Pius IV. die Index-Frage auf die Agenda des Konzils von Trient, das nach zehnjähriger Sitzungspause am 18. Januar 1562 wiedereröffnet wurde. Einen Monat später (17. Februar) beriefen die päpstlichen Konzilslegaten eine Index-Deputation ein, in der Bischöfe zusammen mit Theologen und Juristen den unter Paul IV. entstandenen Index revidieren und allgemein Lösungen für den Missbrauch der Presse ausarbeiten sollten. Die Index-Deputation beendete ihre Arbeit einen Tag vor der letzten Sitzung des Konzils, am 3. Dezember 1563 (danach oben die Datierung des Dokuments). In der Abschlusssitzung am Folgetag entschieden die Konzilsväter, die Ergebnisse der Deputation nach Rom zu überweisen, damit dort der neue Index zur Druckreife gebracht werde. Außer der überarbeiteten Verbotsliste gehörten dazu insbesondere die hier abgedruckten Indexregeln. Vgl. Einf., Kapitel II.3.3.

Die Trienter Indexregeln basierten auf den pauschalen Bücherverboten und Pressegesetzen, die seit 1515 von Konzilien und Päpsten erlassen worden waren (Dok. A 2–3, A 6–8). Der wohl wichtigste Unterschied zu den früheren, im Index von 1559 enthaltenen Indexregeln (Dok. A 6) besteht in der Betonung der bischöflichen Rechte auf dem Gebiet der Zensur (vgl. z. B. Rgl. IV, VII, IX, X) sowie in der prinzipiellen Genehmigung volkssprachlicher Bibeln (Rgl. IV). Zudem rückt die Expurgation, die bereits von den Ergänzungsbestimmungen zum Index Paulinus als zensorisches Instrument eingeführt wurde (Dok. A 7–8), nun noch stärker in den Vordergrund.

Die per Breve vom 24. März 1564 (Dok. A 10) zum Gesetz erklärten Trienter Indexregeln bildeten bis zum Ende des 19. Jahrhunderts den obersten rechtlichen Rahmen für die kirchliche Zensur. Außer im (verworfenen) Index Sixtus' V. (Dok. A 11) drucken alle Index-Ausgaben seit 1564 die Regeln ab. Erst die Konstitution »Officiorum ac munerum« (Dok. A 29) setzte die Trienter Regeln offiziell außer Kraft, so dass die nach 1900 erschienenen Index-Ausgaben auf den Abdruck verzichten. Einzelne Indexregeln sind im Lauf der Zeit allerdings ergänzt bzw. modifiziert worden (vgl. Dok. A 15 »Circa quartam Regulam«, A 25).

Lit.: *Stephan* Ehses, *Zur Vorgeschichte des Trienter Index verbotener Bücher, in: Vorträge und Abhandlungen der Herren Grauert, Scharnagl, Lübeck, Ehses, Köln 1921, S. 68–82 (bes. zu den Vorstufen des Textes); IdLI 8 (1990), S. 55–99, 150–153;* Rozzo, *Espurgazione (wie Dok. A 7, Lit.), S. 229f.;* Ders., *Letteratura italiana (wie Dok. A 7, Lit.), S. 44–46; Daniel* De Pablo Maroto, *El índice de libros prohibidos en el Concilio de Trento, in: Revista Española de Teologia 36 (1976), S. 39–64; Paolo* Simoncelli, *Documenti interni alla Congregazione dell'Indice, 1571–1590. Logica e ideologia dell'intervento censorio, in: Annuario dell'Istituto storico italiano per l'età moderna e contemporanea 35–36 (1983–1984), S. 189–215, hier: S. 198–201 (zur III. Rgl.); José Ignacio* Tellechea Idigoras, *La aprobación del Catecismo de Carranza en Trento con noticias sobre la Comisión del Index (1563), in: Scriptorium Victoriense 34 (1987), S. 348–402, hier: bes. S. 387f.*

V.: Index 1564, S. 13–22, Faksimile in: IdLI 8 (1990), S. 813–822; verglichen mit den Abdrucken in: Index 1596, fol. [b4r]– [c3v]; Index 1664, S. ix–xv; und Index 1758, S. I–VI; zur Textgenese vgl. das 17 Punkte umfassende, von Gabriele Paleotti und Francisco Foreiro OP ausgearbeitete Konzept der Indexregeln vom [27.] November 1563, in: CT XIII/1 (1938), S. 603–606.

Regula I.
Libri omnes, quos ante annum MDXV aut summi Pontifices aut concilia oecumenica damnarunt, et in hoc Indice non sunt, eodem modo damnati esse censeantur, sicut olim damnati fuerunt.[106]

Regula II.[107]
Haeresiarcharum[108] libri tam eorum, qui post praedictum annum haereses invenerunt vel suscitarunt, quam qui haereticorum capita aut duces sunt vel fuerunt, quales sunt Lutherus[109], Zvinglius[110], Calvinus[111], Balthasar Pacimontanus[112], Swenchfeldius[113] et his similes, cuius<cum>que nominis, tituli aut argumenti existant, omnino prohibentur. Aliorum autem haereticorum libri, qui de religione quidem ex professo tractant, omnino damnantur. Qui vero de religione non tractant, à theologis catholicis iussu episcoporum et inquisitorum examinati et approbati permittuntur. Libri etiam catholice conscripti, tam ab illis, qui postea in haeresim lapsi sunt, quam ab illis, qui post lapsum ad ecclesiae graemium rediere, approbati à facultate theologica alicuius universitatis catholicae vel ab inquisitione generali[114] permitti poterunt. [115]

Regula III.
Versiones scriptorum etiam ecclesiasticorum, quae hactenus editae sunt à damnatis auctoribus, modo nihil contra sanam doctrinam contineant, permittuntur. Librorum autem Veteris Testamenti versiones viris tantum doctis et piis iudicio episcopi concedi poterunt, modo huiusmodi versionibus tamquam elucidationibus vulgatae editionis ad intelligendam sacram scripturam, non autem tamquam sacro textu utantur.[116] Versiones vero Novi Testamenti, ab auctoribus primae

[106] Dok. A 6, zu »L«.
[107] Vgl. Dok. A 15 »Circa quartam Regulam«.
[108] Zum Begriff vgl. Einf., Kapitel II.3.3., zu Anm. 66.
[109] Martin Luther (1483–1546), dt. Reformator, über ihn: BBKL 5 (1993), Sp. 447–482 von Manfred SCHULZE.
[110] Ulrich Zwingli (1484–1531), Zürcher Reformator, ebd. 23 (2012), Sp. 1585–1600 von Boris HOGENMÜLLER.
[111] Johannes Calvin (1509–1564), Reformator in Genf, ebd. 1 (1990), Sp. 866–889 von Friedrich Wilhelm BAUTZ.
[112] Balthasar Hubmaier (um 1485–1528), genannt »Pacimontanus« n. seinem Geburtsort Friedberg, Reformator in Waldshut, Täufer, ebd. 2 (1990), Sp. 1109–1114 von Friedrich Wilhelm BAUTZ.
[113] Kaspar von Schwenckfeld (1489–1561), dt. Reformator mit Anhängern v. a. in Schlesien, ebd. 9 (1995), Sp. 1215–1235 von Ulrich BUBENHEIMER.
[114] Generalinquisition (»ab inquisitione generali«): zu denken ist hier vor allem an die Spanische Inquisition und an das SO.
[115] Vgl. dazu Dok. A 21 (§ 1) und A 25.
[116] Vgl. Dok. A 3.

classis huius Indicis factae, nemini concedantur, quia utilitatis parum, periculi vero plurimum lectoribus ex earum lectione manare solet. Si quae vero annotationes cum huiusmodi, quae permittuntur, versionibus vel cum vulgata editione circumferuntur, expunctis locis suspectis à facultate theologica alicuius universitatis catholicae aut inquisitione generali[117] permitti eisdem poterunt, quibus et versiones. Quibus condicionibus totum volumen Bibliorum, quod vulgo ›Biblia Vatabli‹[118] dicitur, aut partes eius, concedi viris piis et doctis poterunt. Ex Bibliis vero Isidori Clarii Brixiani[119] prologus et prolegomena[120] praecidantur, eius vero textum nemo textum vulgatae editionis esse existimet.

Regula IV.

Cum experimento manifestum sit, si sacra Biblia vulgari lingua passim sine discrimine permittantur, plus inde ob hominum temeritatem detrimenti quam utilitatis oriri, hac in parte iudicio episcopi aut inquisitoris stetur, ut cum consilio parochi vel confessarii Bibliorum à catholicis auctoribus versorum lectionem in[121] vulgari lingua eis concedere possint, quos intellexerint ex huiusmodi lectione non damnum, sed fidei atque pietatis augmentum[122] capere posse. Quam facultatem in scriptis habeant. Qui autem absque tali facultate ea legere seu habere praesumpserit, nisi prius Bibliis ordinario redditis peccatorum absolutionem percipere non possit. Bibliopolae vero, qui praedictam facultatem non habenti Biblia idiomate vulgari conscripta vendiderint vel alio quovismodo concesserint, librorum pretium in usus pios ab episcopo convertendum amittant aliisque poenis pro delicti qualitate eiusdem episcopi arbitrio subiaceant. Regulares vero, nonnisi facultate à praelatis suis habita, ea legere aut emere possint.[123]

Regula V.

Libri illi, qui haereticorum auctorum opera interdum prodeunt, in quibus nulla aut pauca de suo apponunt, sed aliorum dicta colligunt, cuiusmodi sunt lexica, concordantiae, apophthegmata, similitudines, indices et huiusmodi, si quae habeant admixta, quae expurgatione indigeant, illis episcopi et inquisitoris[124] unà cum theologorum catholicorum consilio sublatis aut emendatis permittantur.

---

[117] Vgl. Anm. 114.

[118] Nach François Vatable (1485–1547), in Paris lehrender franz. Hebraist und Exeget, angeblich Urheber der Kommentare in den Bibelausgaben des Robert Estienne, über ihn: BBKL 12 (1997), Sp. 1146 von Johannes MADEY.

[119] Isidoro da Chiari OSB (1495–1555), Hg. einer emendierten Edition der Vulgata, Teilnehmer des Trienter Konzils (erste Tagungsperiode, von 1545 bis 1547), von 1547 bis 1555 Bf. von Foligno, über ihn: DHGE 26 (1995–1997), S. 192f. von P. SIMONCELLI (s. Lit.), S. 198–201.

[120] ‡ prolegomena: *Index 1596* prologomena

[121] ‡ in: *Index 1664 fehlt*

[122] ‡ augmentum: *Index 1596* argumentum

[123] Vgl. Dok. A 15, »Circa quartam regulam«.

[124] ‡ inquisitoris: *Index 1664* inquisitores

Regula VI.

Libri vulgari idiomate de controversiis inter catholicos et haereticos nostri temporis disserentes, non passim permittantur, sed idem de iis servetur, quod de Bibliis vulgari lingua scriptis statutum est. Qui vero de ratione bene vivendi, contemplandi, confitendi ac similibus argumentis vulgari sermone conscripti sunt, si sanam doctrinam contineant, non est cur prohibeantur, sicut[125] nec sermones populares vulgari lingua habiti. Quod si hactenus in aliquo regno vel pronvincia aliqui libri sunt prohibiti, quod nonnulla continerent[126], quae sine delectu ab omnibus legi non expediat, si eorum auctores catholici sunt, postquam emendati fuerint, permitti ab episcopo et inquisitore poterunt.

Regula VII.

Libri, qui res lascivas seu obscaenas ex professo tractant, narrant aut docent – cum non solum fidei, sed et morum, qui huiusmodi librorum lectione facile corrumpi solent, ratio habenda sit – omnino prohibentur. Et qui eos habuerint, severe ab episcopis puniantur. Antiqui vero ab ethnicis conscripti, propter sermonis elegantiam et proprietatem, permittuntur. Nulla tamen ratione pueris praelegendi erunt.[127]

Regula VIII.

Libri, quorum principale argumentum bonum est, in quibus tamen obiter aliqua inserta sunt, quae ad haeresim seu impietatem, divinationem, seu superstitionem spectant, à catholicis theologis inquisitionis generalis auctoritate expurgati concedi possunt. Idem iudicium sit de prologis, summariis seu annotationibus, quae à damnatis auctoribus libris non damnatis appositae sunt. Sed posthac nonnisi emendati excudantur.

Regula IX.

Libri omnes et scripta geomantiae, hydromantiae, aeromantiae, pyromantiae, onomantiae, chiromantiae, necromantiae, sive in quibus continentur sortilegia, veneficia, auguria, auspicia, incantationes artis magicae, prorsus reiiciuntur. Episcopi vero diligenter provideant, ne astrologiae iudiciariae libri, tractatus, indices legantur vel habeantur, qui de futuris contingentibus, successibus fortuitisve casibus aut iis actionibus, quae ab humana voluntate pendent, certo aliquid eventurum affirmare audent. Permittuntur autem iudicia et naturales observationes, quae navigationis, agriculturae sive medicae artis iuvandae gratia conscripta sunt.[128]

---

125 ‡ sicut: *Index 1664* sicuti

126 ‡ continerent: *Index 1664*, *1758* contineant

127 Vgl. dazu CatRom, S. 265–269.

128 Vgl. Dok. A 15, »Circa nonam regulam«.

Regula X.[129]

In librorum aliarumve scripturarum impressione servetur, quod in concilio Lateranensi sub Leone X. sess. 10 statutum est.[130] Quare, si in alma urbe Roma liber aliquis sit imprimendus, per vicarium summi Pontificis et Sacri Palatii magistrum vel per personas à S. D. N. deputandas[131] prius examinetur.[132] In aliis vero locis ad episcopum vel alium habentem scientiam libri vel scripturae imprimendae, ab eodem episcopo deputandum, ac inquisitorem haereticae pravitatis eius civitatis vel dioecesis, in qua impressio fiet, eius approbatio et examen pertineat; et per eorum manum propria subscriptione, gratis et sine dilatione imponendam, sub poenis et censuris in eodem decreto contentis, approbetur.

Hac lege et conditione addita, ut exemplum libri imprimendi authenticum et manu auctoris subscriptum apud examinatorem remaneat. Eos vero, qui libellos manuscriptos vulgant, nisi ante examinati probatique fuerint, eisdem poenis subiici debere, iudicarunt patres deputati, quibus impressores. Et qui eos habuerint et legerint, nisi auctores prodiderint, pro auctoribus habeantur. Ipsa vero huiusmodi librorum probatio in scriptis detur et in fronte libri vel scripti vel impressi autentice appareat; probatioque et examen ac cetera gratis fiant.

Praeterea in singulis civitatibus ac dioecesibus domus vel loci, ubi ars impressoria exercetur, et bibliothecae librorum venalium saepius visitentur à personis ad id deputandis ab episcopo sive eius vicario atque etiam ab inquisitore haereticae pravitatis, ut nihil eorum, quae prohibentur, aut imprimatur aut vendatur aut habeatur. Omnes vero librarii et quicumque librorum venditores habeant in suis bibliothecis indicem librorum venalium, quos habent, cum subscriptione dictarum personarum, nec alios libros habeant aut vendant aut quacumque ratione tradant, sine licentia eorundem deputandorum[133], sub poena amissionis librorum et aliis arbitrio episcoporum vel inquisitorum imponendis. Emptores vero, lectores vel impressores eorundem arbitrio puniantur.

Quod si aliqui libros quoscumque in aliquam civitatem introducant, teneantur eisdem[134] personis deputandis renunciare[135] vel, si locus publicus mercibus eiusmodi constitutus sit, ministri publici eius loci praedictis personis significent libros esse adductos. Nemo vero audeat librum, quem ipse vel alius in civitatem introduxit, alicui legendum tradere vel aliqua ratione alienare aut commodare, nisi ostenso prius libro et habita licentia à personis deputandis, aut nisi notorie constet librum iam esse omnibus permissum. Idem quoque servetur ab heredibus et executoribus ultimarum voluntatum, ut libros à defuncto relictos, sive eorum

---

[129] Vgl. dazu Dok. A 19.

[130] Dok. A 2.

[131] ‡ per personas à S. D. N. deputandas: *Index 1664* personam à S. D. N. deputandam *Index 1758* personas à S. D. N. deputandas

[132] Die Kompetenzen des MSP wurden im 17. Jahrhundert auf alle Orte der römischen Kirchenprovinz ausgeweitet, sofern nicht ein Inquisitor für den Ort zuständig war: Dok. B 7.

[133] ‡ deputandorum: *Index 1664,1758* deputatorum

[134] ‡ eisdem: *Index 1596, 1664, 1758* iisdem

[135] ‡ renunciare: *Index 1664* enunciare

indicem, illis personis deputandis afferant[136] et ab eis[137] licentiam obtineant, priusquam eis utantur aut in alias personas quacumque ratione eos transferant. In his autem omnibus et singulis poena statuatur vel amissionis librorum vel alia arbitrio eorundem episcoporum vel inquisitorum pro qualitate contumaciae vel delicti.

Circa[138] vero libros, quos patres deputati aut examinarunt aut expurgarunt aut expurgandos tradiderunt aut certis conditionibus, ut rursus excuderentur, concesserunt, quidquid[139] illos statuisse constiterit, tam bibliopolae quam ceteri observent. Liberum tamen sit episcopis aut inquisitoribus generalibus[140] secundum facultatem, quam habent, eos etiam libros, qui his Regulis permitti videntur, prohibere, si hoc in suis regnis aut provinciis vel dioecesibus expedire iudicaverint. Ceterum nomina cum[141] librorum, qui à patribus deputatis purgati sunt, tum eorum, quibus illi hanc provinciam dederunt, eorundem deputatorum secretarius[142] notario sacrae universalis Inquisitionis Romanae[143] descripta S. D. N. iussu tradidit[144].

Ad extremum vero omnibus fidelibus praecipitur, ne quis audeat contra harum regularum praescriptum aut huius Indicis prohibitionem libros aliquos legere aut habere. Quod si quis libros haereticorum vel cuiusvis auctoris scripta ob haeresim vel ob falsi dogmatis suspicionem damnata atque prohibita legerit sive habuerit, statim in excommunicationis sententiam incurrat. Qui vero libros alio nomine interdictos legerit aut habuerit, praeter peccati mortalis reatum, quo afficitur, iudicio episcoporum severe puniatur.

---

136 ‡ afferant*: Index 1596,1664* offerant

137 ‡ eis: *Index 1596, 1664, 1758* iis

138 Der Absatz »Circa … tradidit« wurde dem Text nachträglich, wahrscheinlich im Frühjahr 1564 während der Revision der Trienter Dokumente in Rom zugefügt: IdLI 8 (1990), S. 97–99; Ehses (s. Lit.), S. 7; Tellechea Idigoras (s. Lit.), S. 387f.

139 ‡ quidquid: *Index 1664, 1758* quicquid

140 »Inquisitoribus generalibus«: der Lesart von Rozzo, Espurgazione dei testi letterari (s. Lit.), S. 230, wonach Inquisitoren und Ordensgenerale angesprochen sind: »Inquisitoribus, Generalibus [degli Ordini]«, wird hier nicht gefolgt; gemeint sind hier die auch oben genannten Generalinquisitoren, vgl. Anm. 114.

141 ‡ cum: *Index 1664* eorum

142 Francisco Foreiro OP (1523–1581), von 1562 bis 1563 Sekretär der Trienter Index-Deputation, vgl. Baldini-Spruit I/4, S. 2854; die hier in Rede stehende Liste ist überliefert in: ACDF Index Prot. 1 (A), fol. 126r–127v, abgedruckt in: IdLI 8 (1990), S. 106–108.

143 Zu dieser Zeit: Claudio De Valle.

144 ‡ tradidit: *Index 1664, 1758* tradat

A 10 | 1564 März 24: Breve »Dominici gregis« Pius' IV.

Die auf dem Trienter Konzil mit Fragen der Pressekontrolle betraute Index-Deputation schaffte es erst auf der abschließenden Sitzung am 4. Dezember 1563, den Index mitsamt den Indexregeln (Dok. A 9) dem Konzil zu präsentieren. Für eine sorgfältige Lesung der Texte durch die Konzilsväter, die eine Voraussetzung für die formelle Approbation durch das Konzil gewesen wäre, fehlte die Zeit. Aus diesem Grund wurden die Schlussredaktion und Veröffentlichung des Index vom Konzil an Rom zurücküberwiesen. Nach Eintreffen der Trienter Akten beauftragte Pius IV. nicht das Sanctum Officium, das den Vorgänger-Index von 1559 redigiert hatte, sondern eine eigens zu diesem Zweck zusammengestellte Kommission aus Vertrauten mit der Durchsicht des Index, der Indexregeln und der Vorrede, die der Feder des Sekretärs der Trienter Index-Deputation, Francisco Foreiro OP, entstammte. Nach zwei Monaten schloss die Kommission ihre Arbeit ab und der Index ging in der römischen Presse des Paolo Manuzio in Druck. Vgl. Einf., Kapitel II.3.3.

Mit dem vorliegenden Breve approbiert Pius IV. den Index Tridentinus und erhebt ihn zum allgemeinen Gesetz der Kirche. Das Breve wurde im Vorspann der Index-Ausgaben von 1564 bis 1596 (wie auch im Wiederabdruck des Index von 1564 im Index von 1664, vgl. Dok. A 18, Anm. 427) abgedruckt. Im eingezogenen Index Sixtinus (1590) erscheint es als Inserat in der Einführungsbulle »Romanum Pontifcem« (Dok. A 11, Anm. 172).

***Lit.:** Fragnito, Proibito capire (wie Dok. A 7, Lit.), S. 37f., mit Anm. 25; Frajese, Nascita (wie Dok. A 2, Lit.), S. 233f.; Tellechea Idigoras (wie Dok. A 9, Lit.).*

V.: ASV Arm. XLIV 20, fol. 84v–86v (hs. Register-Eintrag); verglichen mit dem Text-Abdruck in: BullLux 2 (1727), S. 116f.; Text auch in: CICF 1 (1947), S. 186f.

Pius Papa IV.[145]
Ad perpetuam rei memoriam

Dominici gregis custodiae Domino disponente praepositi, vigilis more pastoris non desistimus ipsi gregi ab imminentibus periculis, quanta maxima possumus cura et diligentia, praecavere, ne propter negligentiam nostram pereant oves, quae pretiosissimo D. N. Iesu Christi sanguine sunt redemptae.[146] Etsi autem quae ad fidei veritatem patefaciendam et ad horum temporum haereses confutandas pertinebant in oecumenico et generali concilio Tridentino, Sancti Spiritus assistente gratia, nuper adeo enucleata ac definita fuerunt, ut facile[147] sit unicuique sanam catholicamque doctrinam à falsa adulterinaque internoscere, tamen, cum librorum ab haereticis editorum lectio non modo simpliciores homi-

[145] Vgl. Dok. 8, Anm. 93.
[146] 1 Petr 1, 18–19.
[147] ‡ facile: *BullLux folgt* iam

nes corrumpere soleat, verum saepe etiam doctos eruditosque in varios errores et à veritate fidei catholicae alienas opiniones inducere, huic quoque rei esse duximus providendum.

Cum autem aptissimum ei malo remedium esse sciremus, si componeretur atque ederetur Index sive cathalogus librorum, qui vel haeretici sint, de haeretica pravitate suspecti vel certe moribus et pietati noceant, id negotium ad sacram Tridentinam synodum reieceramus. Ea vero ex tanta episcoporum et aliorum doctissimorum virorum copia delegit ad eum conficiendum Indicem multos cum doctrina tum iudicio insignes praelatos fere ex omnibus nationibus. Qui quidem non sine maximo labore plurimisque vigiliis eum Indicem tandem, Deo iuvante, perfecerunt, adhibitis etiam in consilium lectissimis quibusdam theologis. Peracto autem concilio – cum ex ipsius synodi decreto[148] is Index nobis oblatus fuisset, ut ne ante ederetur, quam a nobis approbatus fuisset – nos doctissimis quibusdam probatissimisque praelatis eum accuratissime legendum examinandumque tradidimus, et ipsi etiam legimus.

Cum igitur eum magno studio, acri iudicio, diuturna cura confectum et praeterea commodissime digestum esse cognoverimus, Nos saluti animarum consulere eamque ob causam providere cupientes, ne libri et scripta cuiuscumque generis, quae in eo improbantur sive ut haeretica, sive ut de haeretica[149] pravitate suspecta sive ut pietati ac morum honestati inutilia aut aliqua correctione saltem indigentia, post hac à christifidelibus legantur, ipsum Indicem una cum Regulis[150] ei praepositis auctoritate apostolica tenore praesentium approbamus imprimique ac divulgari et ab omnibus universitatibus catholicis ac quibuscumque aliis ubique suscipi easque Regulas observari mandamus atque decernimus.

Inhibentes omnibus et singulis, tam ecclesiasticis personis, saecularibus et regularibus, cuiuscumque gradus, ordinis et dignitatis sint, quam laicis quocumque honore ac dignitate praeditis, ne quis contra earum Regularum praescriptum aut ipsius prohibitionem Indicis libros ullos legere habereve audeat.

Si quis autem adversus eas Regulas prohibitionemque fecerit, is quidem, qui haereticorum libros vel cuiusvis auctoris scripta propter haeresim vel falsi dogmatis suspicionem damnata atque prohibita legerit habueritve, ipso iure in[151] excommunicationis poenam incidat, eamque ob causam contra[152] eum tanquam de fide[153] suspectum inquiri et procedi liceat, praeter alias poenas super hoc ab apostolica Sede sacrisque canonibus constitutas. Qui autem libros alia de causa prohibitos legerit habueritve, praeter peccati mortalis reatum arbitrio episcoporum severe se noverit puniendum.[154]

Non obstantibus constitutionibus et ordinationibus apostolicis contrariis quibuscumque, aut si aliquibus communiter vel divisim ab eadem sit Sede indul-

---

148 Trid. sess. 25 (4.12.1563), COD 3, S. 797.

149 ‡ sive ut de haeretica: *BullLux fehlt.*

150 Dok. A 9.

151 ‡ in: *BullLux* fehlt.

152 ‡ contra: *BullLux* in

153 ‡ fide: *BullLux* haeresi

154 Vgl. Dok. A 9, Rgl. X.

tum, ne excommunicari possint per litteras apostolicas non facientes plenam et expressam ac de verbo ad verbum de indulto huiusmodi mentionem.

Ut haec autem ad omnium notitiam perveniant neve quis excusatione ignorationis uti possit, volumus et mandamus, ut hae litterae per aliquos curiae nostrae cursores in basilica Vaticana Principis apostolorum et in ecclesia Lateranensi, tunc cum in eis populus, ut missarum solennibus intersit, congregari solet, palam et clara voce recitentur; et postquam recitatae fuerint, ad valvas earum ecclesiarum itemque Cancellariae apostolicae et in loco solito Campi Florae affigantur ibique, ut legi et omnibus innotescere possint, aliquantisper relinquantur. Cum autem inde amovebuntur, earum exempla in iisdem locis affixa remaneant. Nos enim per recitationem hanc, publicationem et affixionem omnes et singulos, qui his literis comprehenduntur, post tres menses a die publicationis et affixionis earum[155] volumus perinde astrictos et obligatos esse, ac si ipsismet illae aeditae lectaeque fuissent. Transumptis quoque earum, quae manu alicuius publici notarii scripta subscriptave et sigillo ac subscriptione alicuius personae in dignitate ecclesiastica constitutae munita fuerint, fidem sine ulla dubitatione haberi mandamus atque decernimus.

Datum Romae, apud S. Petrum, sub annulo piscatoris, die XXIV. Martii MDLXIV, pontificatus nostri anno quinto.

---

[155] ‡ earum: *BullLux folgt* numerandos

A 11 | 1590 März 10: Bulle »Romanum Pontificem« Sixtus' V. und die Sixtinischen Indexregeln

Der 1564 eingeführte Index Tridentinus (Dok. A 9–10) bewährte sich in Italien nicht. Die in den Indexregeln mit deutlich »episkopalistischem« Einschlag formulierten allgemeinen Pressegesetze waren mit dem ausgeprägten Papalismus, der an der Kurie im letzten Drittel des 16. Jahrhunderts tonangebend wurde, nicht mehr verträglich. Die Buchproduktion zog außerdem so rasant an, dass die in Trient erstellte Liste verbotener Bücher schon bei ihrer Drucklegung ergänzungsbedürftig war. Ferner lieferte der Trienter Index, der zweite in der Reihe der römisch-universalen Indizes, keine praktischen Lösungen für das dringende Projekt der Bücherexpurgation. Schon unter Pius V., dem Nachfolger des »Konzilspapstes« Pius IV., wurde deshalb die Ausarbeitung eines neuen Index in Angriff genommen. Pius V. setzte zu diesem Zweck eine eigene Kardinalskongregation, die bald so genannte Indexkongregation ein (vgl. Dok. C 3–4). Trotzdem vergingen zwanzig Jahre, bis der neue Index unter Sixtus V. schließlich zur Druckreife gedieh. Vgl. Einf., Kapitel II.3.4.d).

Mit der hier vorliegenden Bulle führt Sixtus den neuen Index samt den zugehörigen Indexregeln ein. Alle früheren universalen und partikularen Indizes einschließlich der alten Indexregeln werden aufgehoben. Wie andere Editionsprojekte dieses Pontifikats (vgl. etwa die »Vulgata Sixtina«) wurde auch der Index nach dem Tod des Papstes (27. August 1590) bis auf Weiteres suspendiert, bevor er je Gesetzeskraft erlangt hatte. Von den Druckexemplaren hat sich kaum eine Handvoll erhalten.

Der hier gebotene Text der Bulle folgt nicht der in den Druckexemplaren enthaltenen Fassung, sondern einer handschriftlichen Originalausfertigung aus dem Vatikanischen Geheimarchiv. Anders als im Druck, wo Einführungsbulle und Indexregeln separat wiedergegeben werden, sind in der handschriftlichen Fassung die Regeln in die Bulle inseriert. Der Text weist noch weitere stilistische und inhaltliche Varianten gegenüber der (wohl späteren) gedruckten Version auf und ist von einem anderen päpstlichen Sekretär bzw. Skriptor unterschrieben.

***Lit.:** Art. »Arti figurative: il controllo«, in: DSI 1, S. 102–105 von C. Franceschini (zur IV. und XIV. Rgl.); Manuel Bertolini, Poesia, musica, censura. Testi italiani del XVI e del XVII secolo, in: RSLR 46 (2010), S. 272–301 (zur XIV. Regel); Fragnito, Bibbia (wie Dok. A 3, Lit.), S. 149–156; Vittorio Frajese, La Politica dell'Indice dal Tridentino al Clementino (1571–1596), in: AISP 11 (1998), S. 269–356, hier: S. 299–304, 314–316; Ders., La revoca dell'Index sistino e la Curia romana (1588–1596), in: NRL 1 (1986), S. 15–49, hier: S. 17–19; Ders., Nascita (wie Dok. A 2, Lit.), S. 123–127; Peter Godman, The Saint as Censor. Robert Bellarmine between Inquisition and Index, Leiden u. a. 2000, S. 419–422; IdLI 9 (1994), S. 343–345; Rozzo, Espurgazione (wie Dok. A 7, Lit.), S. 234f.; Ders., Letteratura italiana (wie Dok. A 7, Lit.), S. 63–66.*

***V.:** ASV A.A. Arm. I–XVIII 1995 (verungültigtes Original, Pergament, 15 Bl., Umschlag mit Aufschrift »Bulla Sixti Quinti super Indice Librorum prohibitorum« und Datum »1590 Mart. 10«,*

23 x 33 cm, mit Bleibulle Sixtus' V. an rot-gelbem Faden, an drei Rändern die Einstichlöcher einer früheren Naht); verglichen mit dem Druck in: Index 1590, Faksimilie in: IdLI 9 (1994), S. 790–780 (im Apparat Sigle: Index 1590); verschiedene Konzepte der Bulle sowie der Indexregeln in: ACDF Index Prot. 10 (L), fol. 94r–110v, 118r–129r; Prot. 19 (V), fol. 9r–31r, auszugsweise ediert in: Godman (s. Lit.), S. 419–422.

Sixtus[156] episcopus
servus servorum Dei
ad perpetuam rei memoriam

Romanum Pontificem, summi animarum pastoris et episcopi D. N. Iesu Christi in terris vicarium, et in cathedra beati Petri apostolorum principis universo terrarum orbi canones et iura condendi a Deo potestatem habentem, in eam curam precipue incumbere decet, que[157] ad unitatem fidei – pro qua, ne deficeret, idem Christus[158] rogavit[159], et in cuius fortissimo scuto omnia tela nequissimi fidelium adversarii ignea extinguuntur[160] – conservandam iure spectat, queque ad catholice doctrine veritatem, quam Dominus proprio ore promulgavit et per suos apostolos omni creature predicari voluit, in catholica ecclesia[161] confirmandam maxime pertinet.

Cum itaque perfidi tenebrarum et iniquitatis filii diabolica suggestione a veritatis et lucis via abducti eiusdem fidei et doctrine integritatem[162] dissidentibus et inter se contrariis studiis tollere eiusdemque[163] candorem ceca pravarum opinionum caligine obscurare hactenus conati sint. Idque clam doloseque nocendo et super bonum patrisfamilias semen pessima inimici hominis zizania seminando[164] bonosque mores corrumpendo innumeris semper modis, sed presertim libris omni impietatum et errorum genere refertis conscribendis et edendis, moliti fuerint. Quorum lectione plerique hominum proprie salutis immemores in varios errorum laqueos misere pertrahuntur[165] ac in ipsam tandem eterne damnationis foveam precipites labuntur[166].

---

[156] Felice Peretti da Montalto OFMConv (1521–1590), von 1585 bis 1590 Papst Sixtus V., als Kard. Gründungsmitglied der Indexkongregation (von 1571 bis 1585). – Zu den Personen (wo nicht anders vermerkt) vgl. GruFo 1542–1700: (III) Personen.
[157] ‡ *V. verwendet kein »ae« oder e-caudata.*
[158] ‡ Christus: *Index 1590 folgt* dominus noster
[159] Lk 22,32.
[160] Eph 6,16.
[161] ‡ catholica ecclesia: *Index 1590* ecclesia fidelium
[162] ‡ integritatem: *Index 1590 folgt* ab ecclesia
[163] ‡ eiusdemque: *Index 1590 folgt* puritatem et
[164] Mt 13,24–43.
[165] ‡ pertrahuntur: *Index 1590* prolabuntur
[166] ‡ labuntur: *Index 1590* protrahuntur

Iccirco sancte memorie Gelasius I.[167] et Gregorius IX.[168] aliique complures Romani Pontifices predecessores nostri, ut hanc fidei doctrineque conformitatem et sinceritatem salvam incorruptamque perpetuo retinerent, apostolici muneris providentia, pro muro domus Israel[169] adversus eiusdem fidei et doctrine rebelles hostesque se ipsos opponentes, ne illorum dolosis machinationibus occultisque insidiis incauti simpliciores homines caperentur, lucem a tenebris diviserunt, falsa a veris separarunt, que sequenda, que item cavenda essent premonstrarunt, orthodoxos et probatos libros ab apocriphis et reprobatis summa diligentia seiungentes declararunt, postremo hereticorum impia dogmata et perniciosa scripta, cum sacris conciliorum decretis ipsorumque Pontificum constitutionibus tum ecclesiasticis censuris, merito condemnarunt.

Sed, cum hisce novissimis et calamitosis temporibus idem humani generis in celestibus[170] adversarius, ad ipsam catholicam fidem labefactandam, pestiferas hereses aut veteres ab inferis excitaverit aut novas conflaverit, sacra Tridentina synodus detestabilem noxiorum librorum copiam prohibere et e medio prorsus tollere cupiens, aliquot primum doctissimos viros, qui de ea re tota cognoscerent ac deliberarent, delegit; deinde, cum ii, qui delecti fuerant, in delato munere non mediocriter progressi essent, eadem synodus iustis de causis adducta universam rem ad Sedem apostolicam deferendam statuit. Itaque felicis recordationis Pius Papa IV. predecessor noster, qui tunc ad ecclesie gubernacula sedebat, prelatis quibusdam doctrina et prudentia prestantibus adhibitis Indicem librorum prohibitorum et Regulas quasdam[171] per suas literas promulgavit[172] prout in illis latius continetur.[173]

---

[167] Gelasius I. (Papst von 492 bis 496), angeblicher Urheber des »Decretum Gelasianum«, das eine Trennung der kanonischen von den apokryphen Büchern der Bibel vornimmt (c. 2, 5) und die anerkannten Kirchenschriftsteller auflistet (c. 4), zit. im Decretum Gratiani, dist. XV, c. 3: Friedberg 1, Sp. 36–41; separate Edition: Ernst von DOBSCHÜTZ, Das Decretum Gelasianum de libris recipiendis et non recipiendis, Leipzig 1912.

[168] Ugolino, Graf von Segni, von 1227 bis 1241 Papst Gregor IX., unter ihm kam es zur Ausbildung des Inquisitionsverfahrens, 1231 (Bulle »Parens scientiarum«) ordnete er die Expurgation der »libri naturales« des Aristoteles durch die Pariser Universität an, 1239 verurteilte er den Talmud: DSI 2, 729f. von F. MORES.

[169] Vgl. die Lectio V. des Officium S. Gregorii VII. (25. Mai), BrevRom 2, S. 518, dazu: Gottfried MARON, Die nachtridentinische Kodifikationsarbeit in ihrer Bedeutung für die katholische Konfessionalisierung, in: Heinz SCHILLING, Wolfgang REINHARD (Hg.), Die Katholische Konfessionalisierung. Wissenschaftliches Symposion der Gesellschaft zur Herausgabe des Corpus Catholicorum und des Vereins für Reformationsgeschichte 1993 (Reformationsgeschichtliche Studien und Texte 135), Münster 1995, S. 104–124, hier: S. 110–112.

[170] ‡ in celestibus: *Index 1590 fehlt*

[171] ‡ et … quasdam: *Index 1590* cum Regulis ei praepositis

[172] ‡ literas promulgavit: *Index 1590* litteras in forma brevis, sub dato »Romae, apud S. Petrum, sub annulo piscatoris, die XXIV. Martii millesimo quingentesimo sexagesimo quarto, pontificatus sui anno quinto« promulgavit, tenoris infrascripti: »Pius Papa IV. Ad futuram rei memoriam [*es folgt als Inserat vollständig das Breve ›Dominici gregis‹, Dok. A 10*]«.

[173] ‡ prout … continetur: *Index 1590 fehlt*

Ceterum licet illa pro temporis ratione prudenter et opportune fuerint tunc constituta, tamen, cum ea sit[174] impii Sathane astutia, hominum vero imbecillitas et humanarum rerum varietas tanta[175], ut nihil tam diligenter constitui, nihil tam longe in posterum provideri possit, quin dies ipsa semper ailiquid afferat, quod[176] novi consilii opem et subsidium non requirat. Cumque postea plures ac varie exitialium librorum editiones veluti[177] spine ad suffocandum verbum Dei[178] coorte sint[179], sane ad eas amputandas et recidendas[180] nova tamquam[181] censure et animadversionis[182] falce novisque remediis opus esse optima rerum magistra experientia docuit. Presertim cum temporum conditio ab ea, que tunc fuerat, non mediocriter sit immutata[183]. Quamobrem Romani Pontifices ipsi predecessores nostri, qui Pium IV. sunt consequuti, cum id prudenter animadvertissent, totum hoc opus[184] nonnullis S. R. E. cardinalibus, inter quos et[185] Nos etiam in minoribus[186] constituti fuimus,[187] accurate recognoscendum fideliterque perficiendum mandarunt.

Cum autem Deo ita disponente Nos, licet immeriti, ad apostolice servitutis ministerium vocati essemus, inter nostras multiplices curas, quibus ob Dei gloriam et animarum salutem assidue urgemur, hanc quoque studiose suscepimus et a cardinalibus congregationis, que est de Indice librorum, nempe a venerabili fratre nostro Marcoantonio[188] episcopo Prenestino de Columna, et dilectis filiis Hieronymo[189] S. Petri ad Vincula de Ruere, Guilhelmo[190] S. Martini in Montibus Alano, titulorum presbyteris, necnon Ascanio[191] S. Nicolai in Carcere Columna, et Federico[192] S. Agathe Borromeo nuncupatis diaconis S. R. E. cardinalibus a nobis electis, serio suscipi mandavimus.[193]

---

174 ‡ ea sit: *Index 1590 fehlt*
175 ‡ tanta: *Index 1590 folgt* sit
176 ‡ quin … quod: *Index 1590* quod tractu temporis
177 ‡ veluti: *Index 1590* tanquam
178 Lk 8,11–14.
179 ‡ coorte sint: *Index 1590* prodierint
180 ‡ recidendas: *Index 1590* eradicandas
181 ‡ tamquam: *Index 1590 fehlt*
182 ‡ animadversionis: *Index 1590 folgt* quasi
183 ‡ mediocriter … immutata: *Index 1590* mediocriter immutata videatur
184 ‡ opus: *Index 1590 folgt:* delectis
185 ‡ et: *Index 1590 fehlt*
186 ‡ minoribus: *Index 1590 folgt* tunc
187 Sixtus V. war als Kard. Mitglied der CIndex gewesen, vgl. Anm. 156.
188 Kard. Marco Antonio Colonna (um 1523–1597) war von 1587 bis 1597 Mitglied und Dekan der CIndex. Als Ebf. von Taranto (im Amt von 1560 bis 1568) hatte er am Trienter Konzil teilgenommen, mit Sitz in der Index-Deputation des Konzils (von 1562 bis 1563).
189 Kard. Girolamo Della Rovere (1530–1592), von 1587 bis 1592 Mitglied der CIndex.
190 Kard. William Allen (1532–1594), von 1587 bis 1594 Mitglied der CIndex.
191 Kard. Ascanio Colonna (1560–1608), von 1587 bis 1608 Mitglied der CIndex.
192 Kard. Federico Borromeo (1564–1631), von 1588 bis 1631 Mitglied der CIndex.
193 Nach dem Tod des Dekans Kard. Guglielmo Sirleto (gest. 6.10.1585) ruhte die Sitzungstätigkeit der CIndex bis zur Reaktivierung der Kongregation durch Sixtus V. am 8.2.1587.

Cumque Deo ceptis annuente cardinales ipsi adhibitis in consilium viris piis eruditisque hominibus et iis, que graviora erant, ad nos relatis[194] tandem[195] opus absolverint, Indice nimirum multo copiosore Regulisque pluribus et clarioribus confectis cupientes[196] animarum nobis creditarum saluti pro nostri muneris officio consulere illud[197] ad publicam utilitatem, ad fidelium instructionem, ad heresum extirpationem et[198] eorum, qui catholici sunt, in sana[199] doctrina conservationem[200] duximus evulgandum.

Due vero sunt huius operis primarie partes, in quarum una auctores et libri, quos penitus reprobatos[201], damnatos vetitosque esse volumus, percensentur. Altera vero indicat libros quosdam, qui, postquam expurgati fuerint, permitti poterunt; et huius expurgationis perficiende rationem[202] tradit, et que in iis, qui de novo edentur, sint cavenda, prescribit.

Et quoniam huiusmodi librorum Index cum adiunctis Regulis ad puritatem fidei, quam ubique locorum unam ac uniformem oportet esse, conservandam maxime pertinet, ne quam pariat multitudo confusionem aut varietas discordiam aut licentia periculum, universos Indices quacunque auctoritate etiam predecessorum multorum[203] hucusque et ubilibet locorum editos ad hunc nostrum Indicem, tanquam[204] normam ab apostolica Sede prescriptam, ex qua recte sentiendi, credendi docendique leges in omnem ecclesiam manare par est, revocamus.

Et ceteris quibuscunque sublatis hunc tantum et eius Regulas ab omnibus personis et sub penis omnibus, que predicta Pii IV. constitutione[205] exprimuntur et quam[206] presenti decreto innovamus, apostolica auctoritate, tenore presentium servari precipimus et mandamus. Ad hec universos et singulos venerabiles fratres nostros patriarchas, primates, archiepiscopos, episcopos ceterosque[207] locorum ordinarios et animarum curam habentes vehementer in Domino hortamur. Eisque in virtute sancte obedientie precipimus, ut, si quos in posterum libros a recta fide aut bonis moribus abhorrentes unquam prodiisse compererint, omnem diligentiam ea in re collocent[208]. Et huiusmodi perniciosis libris suspensis venerabiles fratres nostros cardinales super Indice deputatos primo quoque tempore certiores reddant, ut, quid factu opus sit, in his libris aut reiiciendis aut

194 ‡ et iis … relatis: *Index 1590* fehlt

195 ‡ tandem: *Index 1590 folgt* id

196 ‡ Indice … cupientes: *Index 1590* Indicemque multò copiosiorem una cum Regulis pluribus et clarioribus confectum nobis obtulerint, cumque Nos ipsi eundem Indicem et Regulas diligenter perlegerimus et examinaverimus, propterea cupientes

197 ‡ illud: *Index 1590* illum

198 ‡ et: *Index 1590 folgt* ad

199 ‡ sana: *Index 1590* recta

200 ‡ conservationem: *Index 1590* confirmationem

201 ‡ reprobatos: *Index 1590* improbatos

202 Vgl. unten Rgl. XXI.

203 ‡ multorum: *Index 1590 besser* nostrorum

204 ‡ tanquam: *Index 1590 folgt* ad

205 ‡ predicta … constitutione: *Index 1590* praedictis Pii IV. literis

206 ‡ quam: *Index 1590* quas

207 ‡ ceterosque: *Index 1590* et caeteros

208 ‡ collocent: *Index 1590* adhibeant

castigandis aut aliter emendandis providere valeant. Reliqui vero christifideles, si idem deprehenderint, pietatis zelo commoti episcopis aut heretice pravitatis inquisitoribus aut alias animarum ipsorum curatoribus[209] id statim denuncient. Nemini autem in posterum, sive collegio sive universitati seu persone etiam in dignitate quavis constitute, libros prohibere nisi ad prescriptum Regularum a nobis editarum aut prohibitorum Indicem alium publicare aut corrigendorum censuram aliam proponere inconsulta hac Sancta Sede[210], sub penis nostro et successorum nostrorum arbitrio infligendis[211], aliquo pacto liceat.

Non obstantibus dictis literis dicti[212] Pii predecessoris atque omnibus illis, que in eisdem literis non obstare decreta sunt, et aliis constitutionibus et ordinationibus aut privilegiis, indultis vel literis apostolicis quibusvis universitatibus, collegiis aut eorum superioribus et personis quomodolibet concessis, approbatis et innovatis, que omnia, quatenus presenti constitutioni nostre in aliquo adversentur, prorsus tollimus et abrogamus, ceterisque contrariis quibuscunque, seu si aliquibus communiter vel divisim ab apostolica sit Sede indultum, quod libros huiusmodi prohibere Indicemque publicare aut eorum corrigendorum censuram proponere licite valeant, aut quod propterea molestari aut impediri vel quod interdici, suspendi aut excommunicari non possint per literas apostolicas non facientes plenam et expressam ac de verbo ad verbum de indulto huiusmodi mentionem.

Ut vero presentes litere nostre ad omnium notitiam facilius perducantur, volumus illas ad valvas Lateranensis et Principis apostolorum de Urbe basilicarum et in acie Campiflore de more publicari earumque exempla ibidem affixa relinqui, et post quindecim dies[213] eos, qui in Urbe sunt, qui vero extra eam intra Italiam post tres menses, ultra montes post sex a die publicationis predicte numerandos perinde arctare atque afficere, ac si eorum singulis personaliter intimate fuissent. Earum quoque exemplis, etiam impressis, notarii publici manu subscriptis et sigillo persone in dignitate ecclesiastica constitute obsignatis eandem fidem in iudicio et extra illud ubique adhiberi <mandamus>[214], que ipsis presentibus adhiberetur, si essent exhibite vel ostense.

Tenor vero dictarum regularum a nobis editarum, quas servari volumus, sequitur et est talis, videlicet[215]:

Regula I.

Quicunque sanctorum patrum libros vel scripta fidem seu mores concernentia, ab ecclesia hactenus recepta, non admiserint, penis a iure statutis puniantur.

---

[209] ‡ curatoribus: *Index 1590* curam habentibus
[210] ‡ inconsulta … Sede: *Index 1590* nobis et Sede apostolica inconsultis
[211] ‡ infligendis: *Index 1590* declarandis
[212] ‡ dicti: *Index 1590* ipsius
[213] ‡ quindecim dies: *Index 1590* mensem
[214] ‡ mandamus: *fehlt, erg. n. Index 1590*
[215] ‡ Tenor … videlicet: *Index 1590 fehlt, stattdessen weiter mit* Nulli ergo omnino (vgl. Regest oben)

Regula II.

Quoniam vero iidem sancti doctores, vel quia ante obortas hereses, vel quia ut eas surgentes impugnarent, fidei zelo accensi quibusdam interdum locutionibus usi sunt, quas postea Dei ecclesia Spiritusancto edocta reiecit, nemini posthac eas tenere aut eis uti liceat. Sanctis vero ipsis doctoribus, quia non animo ab ecclesia catholica recendendi talia scripserunt, debita reverentia deferatur.

Regula III.[216]

Omnes libri et scripta, cuiuscunque sint tituli aut argumenti, que ante annum MDXV a summis Pontificibus, epistolis decretalibus, conciliis ab ecclesia receptis vel alio quocunque modo damnati aut[217] damnata sunt, licet in hoc Indice non notentur, nihilominus ut olim damnati damnatave[218] censeantur. Excipiuntur vero libri, quos notatis auctorum erroribus iampridem ecclesia sancta in antiquorum rituum, ecclesiasticarum traditionum hereticorumque damnationis testimonium recepit, de quibus presertim[219] in capitulo »Sancta Romana« alisque locis alii.[220]

Regula IV.[221]

Heresiarcharum[222] (quicunque[223] aut heresum auctores[224] aut qui eas suscitarunt, seu hereticorum[225] duces aut[226] capita extiterunt) libri, tractatus, epistole, prolegomena, notationes, scolie, indices, summaria, argumenta et alia quovis nomine scripta, sive de religione sive de quocunque alio argumento, sive ante sive post lapsum in heresim edita, damnantur. Necnon eorundem sententie catholicorum libris, ipsorum nomine inserte, nisi ad eorum impugnationem adhibite sint. Similiter illorum effigies et imagines, encomia, elogia ceteraque similia, quo talium memoria a fidelium ecclesia penitus deleatur, omnino vetantur.

Regula V.[227]

Hereticorum vero scripta, cuiuscunque sint[228] argumenti, errores in fide vel in moribus non continentia, si ad ecclesiam ipsi tandem redierint, permittuntur. Si autem errores permixtos habent, nec ipsi ad ecclesiam redierint, sive ante sive

216 Vgl. Dok. A 6, zu »L«.; Dok. A 9, Rgl. I.

217 ‡ damnati aut: *Index 1590 fehlt.*

218 ‡ damnati damnatave: *Index 1590* damnata

219 ‡ presertim: *Index 1590 folgt* Gelasius

220 Decretum Gratiani, D.15 c.3 (Decretum Gelasianum): Friedberg 1, S. 36–38.

221 Vgl. Dok. A 9, Rgl. II.

222 Der Index 1590 bringt im Anhang einen »Catalogus haeresiarchum, haeresum auctorum eorumque, qui eas suscitarunt seu haereticorum duces aut capita extiterunt, qui ad faciliorem intelligentiam quartae Regulae huius Indicis apponitur«: IdLI 9 (1994), S. 848f.

223 ‡ quicunque: *Index 1590 fehlt*

224 ‡ auctores: *Index 1590* quaruncunque et eorum auctorum

225 ‡ seu hereticorum: *Index 1590* aut earum

226 ‡ aut: *Index 1590* et

227 Vgl. Dok. A 9, Rgl. II., V.

228 ‡ sint: *Index 1590 folgt* generis vel

post lapsum in heresim scripserint, sive de religione sive de quocunque alio argumento tractent, omnino prohibentur. Lexica vero, concordantie, indices, apophtegmata, sententie aliaque huiusmodi ab hereticis collecta, permittuntur, postquam expurgata fuerint, hereticorum tamen nominibus sublatis, expurgatoris vero seu recognitoris nomine expresso.

Regula VI.[229]
Versiones Bibliorum ab hereticis vel heresiarchis quocunque sermone edite damnantur et interdicuntur. Versiones autem librorum sanctorum patrum et[230] ecclesiasticorum scriptorum ab eisdem facte, cumprimum a Vaticana typographia per Sedem apostolicam[231] alie prodierint, nec edantur nec vendantur neque retineantur. Versiones vero librorum ethnicorum deletis illorum nominibus permittuntur, nisi aliqua ad discipline catholice oppugnationem, quod hereticorum est, detorserint. Tunc enim omnino tollantur, donec per Vaticanam typographiam[232] purgate edantur.

Regula VII.[233]
Biblia sacra aut earum partes, etiam a catholico viro, vulgariter quocunque sermone reddite sine[234] speciali Sedis apostolice permissu[235] nusquam permittuntur. Vulgares vero paraphrases omnino interdicuntur.

Regula VIII.[236]
Libri catholici de controversiis fidei vulgariter editi permittuntur in iis tantum locis, ubi catholici cum hereticis permixti habitant vel ob propinquitatem aliquod commercium habent. In ceteris vero locis vetantur. Libri item vulgares contra iudeos aut mahumetanos conscripti permittuntur certis personis, quarum perspecta sit fides et pietas, idque ex facultate tantum generalis alicuius regnorum aut provinciarum inquisitionis.

Regula IX.[237]
Theses, assertiones seu axiomata aut problemata aut alia quevis eius generis, etiam que exercendi ingenii aut disserendi causa aliave ratione proponuntur, doctrine[238] fidei orthodoxe pietatique christiane repugnantia, e quacunque scientia deprompta, prorsus vetantur. Que si ab hereticis collecta fuerint, etiam si

---

229 Vgl. Dok. A 9, Rgl. III.
230 ‡ et: *Index 1590* aut
231 ‡ Vaticana … apostolicam: *Index 1590* Typographia apostolica in Vaticano
232 ‡ Vaticanam typographiam: *Index 1590* eandem apostolicam Typographiam
233 Vgl. Dok. A 9, Rgl. IV.
234 ‡ sine: *Index 1590 folgt* nova et
235 ‡ permissu: *Index 1590* licentia
236 Vgl. Dok. A 9, Rgl. VI.
237 Vgl. die im V. Laterankonzil erlassene Bulle Leos X. »Apostolici regiminis sollicitudo«, 19.12.1513 (über die Grenzen der Philosophie): COD 2, S. 605f.
238 ‡ doctrine: *Index 1590 folgt* sanctorum patrum

nullatenus fidei repugnent, in hereticorum detestationem prohibentur, si nomina eorum non expungantur[239].

Regula X.

Libri Grecorum recentium, vel grece scripti vel latine conversi, quocunque nomine, titulo aut[240] argumento sint, ex professo contra catholice ecclesie dogma, aliquod[241] articulum, ritum disciplinamque compositi, nullo modo permittuntur.

Regula XI.

Iudeorum, mahumetanorum, saracenorum et aliorum[242] id generis hominum christiane religionis hostium libri, quicunque sint, aliquod contra fidem catholicam ecclesieque ritus ac disciplinam continentes, in latinum vel alium sermonem conversi, itidem prohibentur ut hereticorum libri.

Regula XII.[243]

Libri omnes, tractatus et indices astrologie iudiciarie seu divinationes[244] de futuris contingentibus, successibus fortuitisque casibus ac humanis actionibus e libero arbitrio pendentibus, prohibentur omnino. Qui vero iudicia naturalesque observationes navigationis, agriculture seu medice artis iuvande gratia tractant, permittuntur. Item scripta quecunque sortilegia, veneficia, magiam incantationesque continentia reiiciuntur omnino.

Regula XIII.[245]

Epigrammata, elegie, emblemata, satyre et poemata, item libri iniuriosi, detractorii, libelli famosi, litere, apologie et scripta quecunque, cuiuscunque sint tituli, honestati, bonis moribus, prelatorum, principum aut aliorum honori seu fame adversantia, quocunque idiomate et quavis ratione, etiam exercendi ingenii causa fiant, etiam sine nomine auctoris, prorsus interdicuntur. Item libri et scripta, in quibus verba sacre scripture torquentur ad scurrilia, fabulosa, adulationes, detractiones, libellos famosos et alia huiusmodi prophana, damnantur.

Regula XIV.[246]

Libri omnes, qui res obscenas, lascivas et amatorias vulgari sermone, etiam eleganter conscripti, tractant; necnon comedie, tragedie et fabelle ficte eiusdem idiomatis, que similia continent et que etiam non scripte a circumforaneis, va-

---

239 ‡ expungantur: *Index 1590 folgt* et eius, qui illorum nomina expunxerit, nomen item non exprimatur.

240 ‡ aut: *Index 1590* atque

241 ‡ aliquod: *Index 1590 folgt* vel

242 ‡ aliorum: *Index 1590* aliquorum

243 Vgl. Dok. A 9, Rgl. IX.

244 ‡ divinationes: *Index 1590* divinationum

245 Vgl. Dok. A 3.

246 Vgl. Dok. A 9, Rgl. VII.

gis, mimis[247] histrionibusque circumferentur; picture item ac imagines obscene tanquam muti quidam libri, e quibus morum corruptela gignitur, prohibentur. Quo nomine etiam censentur libri musice, in quibus obscene et amatorie cantiones continentur.[248]

Regula XV.
Duellorum libri, litere, libelli, scripta et capitula[249], quibus eadem duella defenduntur, suadentur, docentur[250], plane vetantur, sicut et eorum detestabilis usus a sacro Tridentino concilio[251] omnino prohibitus est. Si qui vero ex huiusmodi libris ad controversias sedandas pacesque componendas proficere possunt, expurgati et approbati permittuntur.

Regula XVI.[252]
Libri omnes, qui sine proprio auctoris aut ficto alicuius[253] nomine circunferuntur, in posterum non edantur. Qui vero iam editi sunt, emendentur et sub certo correctoris aut revisoris nomine notentur. De cetero vero libri, quocunque nomine titulove inscribuntur, sine certi nomine auctoris, approbatoris seu revisoris, loci et temporis impressionis non edantur. Secus censeantur ut libri false doctrine. Scripta autem nondum impressa de unius in alterius manus[254] non tradantur, nisi prius auctoris manu munita sint aut recognita in Urbe a congregatione Indicis et a magistro Sacri Palatii subscripta, aliis vero in locis ab inquisitoribus et locorum ordinariis seu in locis universitatum ab episcopo et decano. Libri vero[255], qui ante annum Domini MDXV impressi fuerunt et ecclesie usu recepti sunt, permittuntur.

Regula XVII.[256]
Libri vulgariter scripti de ratione bene vivendi, meditandi, confitendi et alii id generis ad augendam devotionem in vulgus editi examinentur Rome a congregatione Indicis, alibi vero ab aliqua generali inquisitione seu in locis universitatum ab episcopo et decano, et de eius approbatione imprimantur, secus prohibentur. Nec in posterum istius modi libri aliive de rebus sacris aut[257] dogmatibus ecclesiasticis[258], etiam latino sermone, a laicis, etiam peritis, aut a feminis, quas publice in ecclesia docere prohibitum est, sine tali approbatione in lucem emittantur.

---

247 ‡ vagis, mimis: *V* vagissimis, *verbessert n. Index 1590*
248 Zur Zensur von Musikstücken vgl. Bertolini (s. Lit.).
249 ‡ et capitula: *Index 1590* etc.
250 ‡ docentur: *Index 1590* docenturque
251 Trid. sess. 25 (3.–4.12.1563), in: COD 3, S. 795.
252 Vgl. Dok. A 3; Dok. A 9, Rgl. X.
253 ‡ ficto alicuius: *Index 1590* alterius ementito
254 ‡ manus: *Index 1590* manum
255 ‡ Libri vero: *Index 1590* Caeterum huiusmodi libri incerti auctoris
256 Vgl. Dok. A 9, Rgl. VI.
257 ‡ aut: *Index 1590 folgt* fidei
258 ‡ ecclesiastici: *Index 1590* ecclesiasticisve ritibus

Regula XVIII.[259]

Libros aliasve scripturas imprimendi licentia eo diligentius coercenda est, quo gravius inde damnum ecclesie Dei in dies importari[260] certissimum est. Primum Rome, unde tanquam a[261] fonte omnis recta impressio ad ceteras provincias et regiones dimanat, libros recognoscendi, examinandi atque approbandi ius habeant congregationes cardinalium ad id deputate, et – ut concilio Lateransi sub Leone X.[262] et concilio Tridentino, sessione 4.[263], cautum est – vicarius noster ac magister Sacri Palatii subscribant. Aliis vero in locis episcopus ordinariusve et inquisitor imprimendi licentiam tribuant. Quibus autem in locis inquisitoris officium constitutum non est, et studii universitas adest, episcopus cum huius universitatis decano licentiam imprimendi faciant. Ubi vero officine impressorie multe sunt, ordinarius peritos viros deligat, quorum opera studioque utatur ad libros, de quorum editione agitur, examinandos et comprobandos. Videant librorum recognitores, ut initio libri, qui imprimendus est, inscriptum sit nomen, cognomen patriaque auctoris, qui in fine eiusdem propria manu subscribet. Recognito autem et approbato libro hec approbationis formula aut alia huiusmodi adhibeatur:

»Ego N. auctoritate, qua recognoscendis atque approbandis libris ex Sedis apostolice concessu utor, accurate legi, recensui, recognovi librum N. in scriptura[264] de N. manu propria auctoris in fine signatum. In quo nihil animadverti, quod fidei doctrineve christiane[265] repugnet, quod disciplinam ac morum integritatem ledat, quod catholicorum principum nomen aut famam offendat quodque ab impressionis norma ac regula alienum sit, quam imprimendis libris demum S. D. N. Sixtus V. prescripsit. Eamque ob rem illum approbo ac dignum censeo, qui imprimatur atque edatur ad communem omnium usum. In cuius rei fidem manu mea scripsi et subscripsi, die … mense … anno … Ego N. etc.«

Porro libri approbatio facta[266] in eiusdem operis principio prescribatur. Si quis liber in lucem prodierit sine huiusmodi[267], in libris prohibitis censeatur. Approbatio autem gratis fiat.

Regula XIX.[268]

Sacrorum et ecclesiasticorum librorum impressio non passim in omni loco, sed in urbibus oppidisque nobilibus, ubi inquisitoris, universitatis censorumque iudicium atque opera adhiberi possint[269], exerceatur, nec nisi ad exemplar impres-

---

[259] Vgl. Dok. A 9, Rgl. X.
[260] ‡ ecclesie … importari: *Index 1590* in ecclesiam Dei invehi posse
[261] ‡ a: *Index 1590* è
[262] Dok. A 2.
[263] Dok. A 3.
[264] ‡ in scriptura: *Index 1590* manuscriptum
[265] ‡ christiane: *Index 1590* catholicae
[266] ‡ facta: *Index 1590 fehlt*
[267] ‡ huiusmodi: *Index 1590 folgt* approbationis forma
[268] Vgl. Dok. A 3.
[269] ‡ possint: *Index 1590* possit

sionis Vaticane, cumprimum prodierit. Nec quibusvis, sed primariis impressoribus committatur, qui superiorum iudicio fide et integritate probati et imprimendi artis[270] sint periti, prestito prius iuramento, quo spondeant se commissum impressionis munus recte fideliterque executuros nec ad impressorie[271] <artem>[272] adhibituros ministros heresis labe inquinatos vel suspectos aut aliqua infamia notatos. Neque vero figure obscene in quocunque libro imprimendo usui sint, nec in literis quidem maiusculis. Libro autem quocunque impresso in fine apponatur impressoris et loci, ubi impressus est, nomen, dies, preterea mensis et annus impressionis. Neque autem impressus liber in vulgus venalis proponatur, nisi prius a censoribus collatus. Exemplar denique libri editi asservetur Rome in archivio magistri Sacri Palatii, aliis vero in locis apud inquisitores vel ordinarios. Que vero de librorum impressione superioribus hisce regulis dicta sunt, non solum in libris nondum impressis observari volumus, sed in aliis quoque iam editis, si denuo edendi sunt[273].

Regula XX.

Bibliothece officineque impressorie, ubi sunt, Rome a magistro Sacri Palatii, aliis vero in locis ab ordinariis et inquisitoribus visitentur, aut saltem a deputatis per eos; sarcine etiam librarie eorum, qui per plateas viciniasque in urbibus libros venales exponunt aut per vicos, oppida aliaque loca illos venales circumferunt. Libri vero venales non proponantur, nisi confecto eorum indice, cui a prefatis subscriptum sit, nec alii preter in indice notatos ad vendendum proponantur sub penis eorundem arbitrio.

Et loco autem publico portoriis mercibusque importandis constituto ministri publici eius loci libros asportari non patiantur, nisi qui illos importarint aut bibliopole ab illis, ad quos recognitio pertinet, indicem ostenderint ut[274] facultatem obtinuerint. Sed nec heredes <et>[275] ultimarum voluntatum executores libris a defuncto relictis utantur aut aliis utendos dent aliave quavis ratione tradant, antequam illos aut eorum indicem ipsis deputatis attulerint facultatemque a[276] predictis obtinuerint.

Librum prohibitum norint omnes non licere propria auctoritate conscindi aut comburi, sed tradi debere Rome magistro Sacri Palatii, aliis vero in locis ordinario et inquisitori, cuius erit diligenter ab eo, qui tradit, opportuna perquirere. Ubi vero sancte Inquisitionis officium constitutum <non>[277] est, et studiorum universitas adest, episcopus cum universitatis decano hec omnia compleat.

Quorum autem librorum vel scriptorum usu fidelibus interdictum est, eos neque iudei neque infideles neque alii id generis homines in christianis pro-

---

[270] ‡ imprimendi artis: *Index 1590* et in arte imprimendi
[271] ‡ impressorie: *Index 1590* impressoriam
[272] ‡ artem: *fehlt, erg. n. Index 1590*
[273] ‡ sunt: *Index 1590* erunt
[274] ‡ ut: *Index 1590* et
[275] ‡ et: *V., Index 1590 fehlt*
[276] ‡ a: *Index 1590* de
[277] ‡ non: *erg. n. Index 1590*

vinciis locisve degentes habeant, legant, emant, vendant, asportent. Qua in re si quis eorum deliquerit, pena a prefatis plectatur pro culpe gravitate.

Tandem libri in quavis lingua prohibiti, prohibiti quoque sunt in quamcunque aliam conversi.

Regula XXI.[278]

Libros sacros[279] aut sanctorum doctorum, item decretalium aut ecclesiasticarum historiarum, ab hereticis vel ab aliis malis hominibus corruptos seu depravatos[280] extra Urbem nemini expurgare liceat, ceteri vero expurgari poterunt[281]. Libri autem, qui extra Urbem expurgandi vel corrigendi sunt, a tribus selectis viris expurgentur aut corrigantur et ab episcopo approbentur, secus prohibentur.

Ex libris vero expurgandis vel corrigendis delende sunt: omnes singuleque propositiones heretice, sapientes heresim, erronee, male sonantes sive piarum aurium offensive, temerarie, scandalose, schismatice, seditiose, blaspheme, fame aliorum (et presertim principum) detractorie, bonis moribus et christiane discipline institutis contrarie; item omnes ille, que circa ritus et ceremonias sacramentorum aliquam novitatem inducunt contra receptum usum et consuetudinem S. R. E.; verba etiam ambigua et dubia, que legentium animos abducere possunt a recto catholicoque sensu ad nepharias opiniones; verba etiam sacre scripture, que afferuntur ex versionibus hereticorum – ad usum quoque prophanum prolata – dispungenda; item detorta ad sensum a patrum auctoritate alienum; nomina preterea hereticorum delenda, nisi cum afferuntur ad eorum confutationem; eorum item epitheta laudem significantia; prophane vocum novitates[282], quibus sepe utuntur heretici ad fallendum; omnia, que docent sacrilegia, superstitiones, somniorum inanes interpretationes, obscena vitia et eius generis alia, quibus hominum mentes facile depravantur; omnia que rebus humanis necessitatem imponere videntur, easque fato fatalibusque signis vel fortuna gubernari docent; item omnia que potestatem, iurisdictionem aut immunitatem ecclesiasticam offendunt vel minuunt; in libris apophtegmatum, adagiorum, exemplorum et reliquis huius generis delenda exempla omnia, que ecclesiasticos ritus, personas seu dignitatem ledunt; deleantur etiam facetie, quibus detrahitur vite[283] aliorum; necnon verba mordacia.

Expurgentur non solum libri, verumetiam adnotationes marginales, figure obscene libris inserte, indices, epistole, prefationes et reliqua, que in libris continentur.

Libri etiam catholicorum, qui in gremio ecclesie vixerunt atque abierunt[284], si quid erroris aspersum habent, ad huius Indicis prescriptum corrigantur, non

[278] Vgl. Dok. A 9, Rgl. VIII.
[279] ‡ Libros sacros: *Index 1590* Libri sacri
[280] ‡ corruptos … depravatos: *Index 1590* corrupti seu depravati
[281] ‡ extra … poterunt: *Index 1590* in Urbe à congregatione Indicis vel ab aliis ab hac Sancta Sede deputatis expurgentur. Eos verò extra Urbem nemini expurgare liceat.
[282] 1 Tim 6,20.
[283] ‡ vite: *Index 1590* famae
[284] ‡ abierunt: *Index 1590* obierunt

tamen in prohibitis censeantur, sed[285] cum expurgationis nota, ne ex huiusmodi prohibitione nomini eorum aut dignitati aliqua infamia inuratur.

Regula XXII.[286]

Denique fidelibus omnibus, cuiuscunque sexus, gradus et conditionis existant, precipimus, ne quis contra harum regularum prescriptum aut huius Indicis prohibitionem libros aliquos legere aut habere[287] presumat. Quod si quis libros hereticorum aut cuiusvis auctoris scripta ob heresim vel ob falsi dogmatis suspitionem damnata atque prohibita legerit sive tenuerit, statim excommunicationis sententiam incurrat, a qua nequeat ab aliquo preterquam a nobis et successoribus nostris, nisi in articulo mortis et tunc nisi vere penitentie aliquod signum ostenderit, absolvi. Qui vero libros alio nomine interdictos legerit aut habuerit, preter peccati mortalis reatum, quo afficitur, iudicio episcoporum et inquisitorum severe puniatur.

Verum ne quis in re tanti ponderis ignorantiam pretendat, volumus, quod bibliopole sub eisdem penis hunc nostrum librorum Indicem apud se retineant. Ceteros vero, qui aliis de causis libros habent, in Domino requirimus et hortamur, ut ad transgressionem vitandam hunc nostrum[288] Indicem habeant et legant.

Nulli ergo omnino hominum liceat hanc paginam nostre revocationis, innovationis, preceptorum, mandati, hortationis, abrogationis et voluntatis infringere vel ei ausu temerario contraire. Si quis autem hoc attentare presumpserit, indignationem omnipotentis Dei ac beatorum Petri et Pauli apostolorum se noverit incursurum.

Datum Rome, apud S. Petrum, anno incarnationis dominice Millesimo quingentesimo octuagesimo nono[289], sexto[290] Idus Martii, pontificatus nostri anno quinto.

Evangelista card. prodatarius[291]
Alexius de Alexiis[292]

---

285 ‡ sed: *Index 1590* nisi
286 Vgl. Dok. A 9, Rgl. X.
287 ‡ habere: *Index 1590* penes se retinere
288 ‡ nostrum: *Index 1590* eundem
289 Datierung n. dem Inkarnationsstil mit Jahreswechsel am 25. März, lies: 1590.
290 ‡ sexto: *Index 1590* VII.
291 Kard. Giovanni Evangelista Pallotta (1548–1620), Ebf. von Cosenza und Pro-Datar Sixtus' V.: Nicola Storti, La storia e il diritto della Dataria Apostolica dalle origini ai nostri giorni, Neapel 1968, S. 169.
292 Alexius de Alexiis, von 1561/1572 bis 1591 Scriptor apostolicus, vgl. RORC (Zugriff: 30.06.2010); Alexander Koller (Bearb.), Nuntiaturberichte aus Deutschland 1572–1585. Bd. 10: Nuntiaturen des Orazio Malaspina und des Ottavio Santacroce. Interim des Cesare Dell'Arena (1578–1581), Berlin 2012, S. 16; die Version in Index 1590 zeichnet »M. Vestrius Barbianus«: Marcello Vestrio di Barbiano (gest. 1606), seit 1589(?) Brevensekretär Sixtus' V.: Reinhard: Datenbank, s. v. Vestri(o); Baumgarten, Vulgata (wie Dok. A 3, Lit.), S. 116f.

A 12 | 1593 Mai 17: Breve »Gregem dominicum« Clemens' VIII.

In den drei kurzen Pontifikaten, die auf Sixtus V. folgten, kam die Kurie nicht zur Ruhe. Erst nach der Wahl Clemens' VIII. am 30. Januar 1592 konnte sich in den römischen Behörden allmählich wieder eine Routine einstellen, so dass nun auch mit der Überarbeitung des suspendierten Index aus dem Jahr 1590 begonnen werden konnte. Der neue Papst maß dem Vorhaben einen hohen Stellenwert bei und trieb die Indexkongregation zur Eile. Der Zustand, dass mit dem Trienter Index von 1564 ein schon lange überholtes gesamtkirchliches Pressegesetz in Kraft war, sollte nicht länger hingenommen werden. Schon im ersten Halbjahr 1593 beendete die Indexkongregation ihre Revisionsarbeit. Die ersten Andrucke des neuen Index wurden am 8. Juli von Kard. Girolamo Bernieri auf einer Sitzung des Sanctum Officium präsentiert. Vgl. Einf., Kapitel II.3.4.e).

Das hier abgedruckte Promulgationsbreve, das auf einen Entwurf von Kard. Marco Antonio Colonna und den beiden »Index«-Konsultoren Roberto Bellarmino und Marco Antonio Maffa zurückgeht, eröffnet den rechtlich relevanten Teil des Index. Im gedruckten Index folgt darauf der im Textbestand unveränderte Vorspann des Index von 1564, bestehend aus dem Breve »Dominici gregis« Pius' IV. (Dok. A 10), der Vorrede des Sekretärs der Trienter Index-Deputation Francisco Foreiro und den zehn Indexregeln (Dok. A 9). An Letztere schließen sich die Instructio Clementina (Dok. A 13) und schließlich die eigentliche Verbotsliste an.

Papst Clemens VIII. stoppte im letzten Moment die Veröffentlichung des neuen Index und ordnete einen weiteren Überarbeitungsschritt an. Nach 1590 war somit ein zweites Mal ein römischer Index in Druck gegeben, aber am Ende nicht in Kraft gesetzt worden. Erst drei Jahre später sollte mit dem Index Clementinus der Nachfolger des Trienter Index eingeführt werden (vgl. Dok. A 13–15).

Lit.: *IdLI 9 (1994), S. 345.*

V.: *Index 1593, n. dem Faksimile in: IdLI 9 (1994), S. 851f.; verglichen mit der bis in die Orthografie übereinstimmenden hs. Ausfertigung auf Pergament, in: ACDF Index Prot. 21, fol. 510 (im Apparat Sigle: Prot.).*

Clemens Papa VIII. [293]
Ad perpetuam rei memoriam

Gregem dominicum, pro pastorali munere fidei nostrae creditum, saluberrimis catholicae doctrinae pabulis pascere atque a noxiis illaesum custodire cupientes, quae hac de causa ex sacri concilii Tridentini decreto et Sedis apostolicae

[293] Ippolito Aldobrandini (1536–1605), von 1592 bis 1605 Papst Clemens VIII., über ihn: EncPapi 3, S. 249–269 von Agostino Borromeo. – Zu den Personen (wo nicht anders vermerkt) vgl. GruFo 1542–1700: (III) Personen.

auctoritate salubriter statuta fuerunt, ea libenter apostolica sanctione saepius interposita communimus, ac, ne unquam fraude aliqua aut perversorum hominum machinatione vel temporum iniuria labefactentur, opportuna, quaecunque possumus, remedia adhibemus, prout in Domino conspicimus ad animarum salutem expedire.

Dudum siquidem felicis recordationis Pius Papa IV. praedecessor noster Indicem et Regulas[294], a deputatis per sacram Tridentinam synodum utiliter et prudenter compositas ac suo iussu a praelatis nonnullis aliisque viris doctis examinatas, necnon constitutionem[295] edidit, ex quibus Christi fideles facilè internoscerent improbatos auctores et libros, a quibus tanquam noxiis ac lethalibus cavere atque abstinere deberent. Verùm quia post id tempus alii libri perniciosi aliaque opera partim impiè, partim temerè aut minus accuratè conscripta ac divulgata emanarunt, ex quorum impura lectione non modò simpliciores homines, sed interdum docti quoque et eruditi in errores induci possent, non immeritò qui post ipsum Pium ecclesiae Dei praefuerunt nostri praedecessores, ac praesertim sanctae memoriae Sixtus Papa V., qui pio fidei zelo accensus plurimùm in hoc studii ac diligentiae posuit,[296] quaedam priori Indici ac Regulis addenda atque inserenda censuerunt.

Quae cum hactenus diu accuratè elaborata atque a venerabili fratre nostro Marcoantonio episcopo Praenestino de Columna[297], necnon dilectis filiis nostris Augustino S. Marci de Verona[298] ac Hieronymo S. Mariae supra Minervam Asculano[299], necnon Gulielmo Alano S. Martini in Montibus[300] titulorum presbyteris et Ascanio S. Mariae in Cosmedin Columna[301], necnon Federico S. Agathae Borromeo[302] nuncupatis diaconis cardinalibus ad id per nos deputatis aliisque piis et eruditis viris diligenter recognita et examinata ac nunc demum Deo iuvante absoluta fuerint, nos tam eandem Pii praedecessoris constitutionem, Indicem et Regulas, quarum tenores haberi volumus pro expressis sub eisdem poenis in ipsa constitutione propositis, quam haec ipsa illis addita, prout inferius descripta sunt, cuncta et singula auctoritate apostolica tenore praesentium approbamus et praesentis scripti patrocinio communimus, atque ab omnibus tam universitatibus quam singularibus personis ubique locorum observari praecipimus et mandamus.

[294] Dok. A 9.
[295] Dok. A 10.
[296] Vgl. Dok. A 11.
[297] Dok. A 11, Anm. 188.
[298] Kard. Agostino Valier (1530–1606), von 1587 bis 1606 (mit Unterbrechungen) Mitglied der CIndex.
[299] Kard. Girolamo Bernieri OP (1540–1611), von 1587 bis 1611 Mitglied des SO und von 1592 bis 1611 der CIndex (ab 1604 als Dekan).
[300] Vgl. Dok. A 11, Anm. 190.
[301] Vgl. ebd., Anm. 191.
[302] Vgl. ebd., Anm. 192.

Decernentes earundem praesentium exemplis, etiam impressis, notarii publici manu subscriptis et sigillo praelati alicuius ecclesiastici obsignatis eandem fidem haberi, quae haberetur ipsis praesentibus exhibitis vel ostensis.

Caeterum, si quae in posterum dubitationes aut controversiae circa ipsum Indicem et Regulas aliaque nuper illis addita emerserint, volumus, ut ad congregationem cardinalium praedictorum seu aliorum, qui super huiusmodi Indice pro tempore deputati erunt, referantur et ex sententia eorundem cardinalium nobis aut successoribus nostris, si rei gravitas id postulaverit, consultis declarentur et decidantur.

Datum Tusculi, sub annulo piscatoris, die XVII. Maii MDXCIII, pontificatus nostri anno secundo.

Marcellus Vestrius Barbianus[303]

---

[303] Zu Vestrio di Barbiano vgl. ebd. | ‡ *Prot. zeichnet dorsal* Antonius Ruloffius

A 13 | [1595 Oktober 17][304]: Die Instructio Clemens' VIII.

In dem langen Prozess der Revision des Trienter Index von 1564 ging es nicht nur um den eigentlichen Katalog der verbotenen Bücher, der als Folge des schnell wachsenden Buchmarkts dringend ergänzungsbedürftig war, sondern ganz wesentlich auch um die Neuformulierung der allgemeinen Pressegesetze, die in den Trienter Indexregeln (Dok. A 9) nicht mehr auf dem Stand der Zeit wiedergegeben waren. Unter Sixtus V. hatte die mit der Revision betraute Indexkongregation, dem Wunsch des Papstes entsprechend, ein völlig neues, aus 22 Regeln bestehendes Pressegesetz entworfen (Dok. A 11), das 1590 als Teil des neuen römischen Index eingeführt werden sollte. Nach dem Tod des Papstes und der Suspendierung des Index von 1590 änderte die Indexkongregation ihr Vorgehen. Dem Rat Roberto Bellarminos folgend, sollte im neuen Index der Trienter Vorgänger intakt gelassen und sämtliche Neuerungen als Ergänzungen realisiert werden. So wurden auch die Trienter Indexregeln unverändert stehen gelassen. Jedoch wurden sie durch umfängliche neue Regeln, die unter dem Titel »Instructio« zusammengefasst wurden, ergänzt. Dieser Instructio Clementina war in Kombination mit den Trienter Indexregeln die Funktion eines gesamtkirchlichen Basisgesetzes zur Pressekontrolle zugedacht. Vgl. Einf., Kapitel II.3.4.f).

Der in den Index von 1596 aufgenommene Text war das Ergebnis langwieriger kongregationsinterner Debatten über einzelne Formulierungen (vgl. den Apparat). Eine erste Version der Instructio war schon in dem nicht publizierten Index von 1593 gedruckt worden. Bei der anschließenden Überarbeitung kam der Titulus »De prohibitione librorum« hinzu. Letzte wesentliche Änderungen am Text wurden zwischen Juli und Oktober 1595 vorgenommen, und allerletzte Änderungen sogar erst nach dem Druck, als viele Exemplare bereits versandt worden waren, weshalb der Text in den überlieferten Drucken des Index von 1596 variiert. Der hier wiedergegebene Text folgt der definitiven Version.

Seit der Erstveröffentlichung im Index Clementinus von 1596 ist die Instructio im Vorspann aller Index-Ausgaben des 16.–19. Jahrhunderts zu finden. Sie blieb 300 Jahre lang, bis zur Index-Reform Leos XIII. gültig. An ihre Stelle traten die am 25. Januar 1897 publizierten »Decreta generalia« (Bulle »Officiorum ac munerum«, Dok. A 29).

Lit.: *Baldini-Spruit I/3, S. 2579–2582; Fragnito, Bibbia (wie Dok. A 3, Lit.), S. 158, 167, 173f., 183; Dies., »In questo vasto mare de libri prohibiti et sospesi tra tanti scogli di varietà et controversie«: la censura ecclesiastica tra la fine del Cinquecento e i primi del Seicento, in: Cristina Stango (Hg.), Censura ecclesiastica e cultura politica in Italia tra Cinquecento e Seicento. IV Giornata Luigi Firpo. Atti del Convegno, 5 marzo 1999, Florenz 2001, S. 1–36, hier: S. 23f.; Dies., Censura libraria (wie Dok. A 8, Lit.), S. 170f.; Dies., Un archivio conteso: Le »carte« dell'Indice tra congregazione e Maestro del Sacro Palazzo, in: RSI 119 (2007), S. 1276–1317, hier: S. 1286f.; Frajese, Politica (wie Dok. A 11, Lit.), S. 316–320; Ders., Le licenze di lettura tra vescovi ed in-*

[304] Datum hier n. dem Promulgationsbreve Dok. A 14.

quisitori. Aspetti della politica dell'Indice dopo il 1596, in: Società e storia 86 (1999), S. 767–818, hier: bes. S. 775f., 783; DERS., *Nascita (wie Dok. A 2, Lit.), S. 244f.;* GODMAN *(wie Dok. A 11, Lit.), S. 284f., 446–448 (Entwürfe Bellarminos und Vincenzo Bonardos); IdLI 9 (1994), S. 288–309; Elisa* REBELLATO, *Il miraggio dell'espurgazione. L'indice di Guanzelli del 1607, in: Società e storia 122 (2008), S. 715–742;* ROZZO, *Espurgazione (wie Dok. A 7, Lit.), S. 234–237;* DERS., *Letteratura italiana (wie Dok. A 7, Lit.), S. 64–66.*

V.: *Index 1596, fol. c4r–d4v; verglichen mit: Index 1593, fol. c2r–[c4v]; Index 1664, S. xvii–xxiv; und Index 1758, S. IX–XVI.*

Instructio eorum[305], qui libris tum prohibendis tum expurgandis tum etiam imprimendis diligentem ac fidelem, ut par est, operam sunt daturi[306]

Ad fidei catholicae conservationem non satis est, quinam ex iam editis libris damnatae lectionis sint cognoscere – quod Indice et Regulis confectis per patres a generali Tridentina synodo delectos praecipuè sancitum est –, nisi illud etiam caveatur, ne vel iidem denuo pullulent libri vel similes alii emergant et propagentur, qui incautas fidelium mentes occulto veneno inficientes iusta ac merita damnatione digni iudicentur.

Ut igitur quicumque posthac seu veteres seu novi libri edentur quàm maximè puri et tam in iis, quae ad fidem, quàm quae ad mores pertinent, incontaminati existant, quid circa malorum librorum interdictionem, ad eos penitus abolendos, tàm ab episcopis et inquisitoribus quàm à caeteris, quorum ad id in ecclesia Dei studium valere et auctoritas potest, (praeter ea quae Tridentinorum patrum Regulis supradictis decreta sunt) publica utilitas exigat, capitibus infra positis diligentius sancitur; iisdemque statuitur, quae omnino in posterum tum ab iisdem episcopis et inquisitoribus aliisque, ut praefertur, in malorum librorum interdictione et abolitione, tùm à correctoribus in librorum ac caeterorum quorumcumque scriptorum correctione atque emendatione, tùm à typographis in ipsorum librorum impressione – poena pro arbitrio episcopi et inquisitoris adversus eosdem typographos constituta – inviolatè sunt observanda.[307]

---

305 ‡ Instructio eorum: *Index 1664* Instructio eiusdem Clementis VIII. auctoritate Regulis Indicis adiecta eorum *Index 1758* Instructio pro iis

306 ‡ Instructio … daturi: *Index 1593* Instructio eorum, qui libris tùm expurgandis et corrigendis tùm imprimendis diligentem ac fidelem, ut par est, operam sunt daturi. | ‡ *Index 1758 folgt* Clementis VIII. auctoritate Regulis Indicis adiecta

307 ‡ caveatur … observanda: *Index 1593* caveatur, ne alii atque alii pullulent libri, qui incautas fidelium mentes occulto veneno inficientes iusta ac merita damnatione digni iudicentur. Ut igitur quicunque post hac libri edentur quàm maximè puri et tam in iis, quae ad fidem quàm quae ad mores pertinent, incontaminati existant, haec omnino in posterum, tùm à correctoribus in librorum ac caeterorum quorumcunque correctione atque emendatione tùm à typographis in ipsorum librorum impressione, poena pro arbitrio ordinarii et inquisitoris locorum adversus eosdem typographos constituta, inviolatè sunt observanda.

De prohibitione librorum[308]

§ I

Curent episcopi et inquisitores, ut, statim atque hic Index fuerit publicatus, eorum iurisdictioni subiecti ad ipsos descripta singillatim deferant nomina librorum omnium et singulorum, quos apud se in eodem Indice prohibitos quisque reperiet.

Ad huiusmodi verò libros sic significandos infrà certum tempus ab episcopo vel inquisitore praescribendum omnes, cuiuscumque gradus et conditionis extiterint, sub gravi poena eorum arbitratu infligenda teneantur.

Romae verò haec omnia, certo à se, propositis edictis praescribendo tempore, praestari curabit Sacri Palatii magister.

§ II

Si qui erunt, qui librum unum aut plures ex prohibitis, qui ad praescriptum Regularum permitti possunt, certa aliqua ex causa potestatem sibi retinendi aut legendi fieri ante expurgationem desiderent, concedendae facultatis extra Urbem ius erit penès episcopum aut inquisitorem, Romae penès magistrum Sacri Palatii.

Qui quidem gratis eam et scripto manu sua subsignato tribuent, de triennio in triennium renovandam. Ea in primis adhibita consideratione, ut nonnisi viris dignis ac pietate et doctrina conspicuis cum delectu eiusmodi licentiam largiantur, iis autem in primis, quorum studia utilitati publicae et sanctae catholicae ecclesiae usui esse compertum habuerint.

Qui inter legendum quaecunque repererint animadversione digna notatis capitibus et foliis, significare episcopo vel inquisitori teneantur.

§ III

Illud etiam catholicae fidei conservandae necessitas extra Italiam maximè cum ab episcopis et inquisitoribus tum à publicis universitatibus omni doctrinae laude florentibus postulat, ut eorum librorum Indicem confici et publicari curent, qui per eorum regna atque provincias haeretica labe infecti ac bonis moribus contrarii vagantur, sive illi propria nationis sive aliena lingua conscripti fuerint.[309]

Utque ab eorum lectione seu retentione certis poenis ab eisdem episcopis et inquisitoribus propositis eorundem regnorum ac provinciarum homines arceant.

Ad quod exequendum apostolicae Sedis nuntii et legati extra Italiam eosdem episcopos, inquisitores et universitates sedulò excitare debebunt.

---

[308] ‡ *Index 1593 beginnt mit dem Titulus* De correctione librorum; *der gesamte Titulus* De prohibitione librorum *und alle darunter aufgeführten 6 Paragrafen fehlen*

[309] Vgl. Einf., Kapitel II.3.4.c) und f).

§ IV

Iidem apostolici extra Italiam nuntii sive legati, necnon in Italia episcopi et inquisitores, eam curam suscipient, ut singulis annis catalogum diligenter collectum librorum in suis partibus impressorum, qui aut prohibiti sint aut expurgatione indigeant, ad Sanctam Sedem apostolicam vel congregationem Indicis ab illa deputatam transmittant.

§ V

Episcopi et inquisitores seu ab iisdem subdelegati et deputati, tam in Italia quàm extra, penès se habeant singularum nationum Indices, ut librorum, qui apud illas damnati ac prohibiti sunt, cognitionem habentes facilius prospicere possint, an etiam à suae iurisdictionis terris, eosdem recognitos, arcere vel retinere debeant.

§ VI[310]

In universum autem de malis et perniciosis libris id declaratur atque statuitur, ut qui certa aliqua lingua initio editi ac deinde prohibiti ac damnati à Sede apostolica sunt, eosdem[311] quoque, in quamcunque postea vertantur linguam, censeri[312] ab eadem Sede ubique gentium sub eisdem poenis interdictos et damnatos[313].

De correctione librorum[314]

§ I

Habeant episcopi et inquisitores coniunctim facultatem quoscunque libros iuxta praescriptum huius Indicis expurgandi, etiam in locis exemptis et nullius; ubi vero nulli sunt inquisitores, episcopi soli.[315]

Librorum verò expurgatio nonnisi[316] viris eruditione et pietate insignibus committatur; iique sint tres, nisi forte considerato genere libri aut eruditione eorum, qui ad id deligentur, plures vel pauciores iudicentur expedire[317].

Ubi emendatio confecta erit, notatis capitibus, paragraphis et foliis manu illius vel illorum, qui expurgaverint, subscripta reddatur eisdem episcopis et inquisitoribus, ut praefertur. Qui si emendationem approbaverint[318], tunc liber permittatur.

§ II

---

310 Vgl. dazu Dok. A 25.

311 ‡ eosdem: *Index 1758 verbessert zu* iidem

312 ‡ censeri: *Index 1758 verbessert zu* censeantur

313 ‡ interdictos … damnatos: *Index 1758* interdicti et damnati.

314 Der Titulus »De correctione librorum« ist auch im römischen Index expurgatorius von Guanzelli abgedruckt: Index Brisighella, fol. [5r– 6v]; vgl. auch REBELLATO, Miraggio (s. Lit.), S. 726.

315 ‡ Habeant … soli: *Index 1593 fehlt*

316 ‡ Librorum … nonnisi: *Index 1593* Liber expurgandus nonnisi

317 ‡ deligentur…expedire: *Index 1593* deligentur, superior plures vel pauciores iudicaverit expedire.

318 ‡ reddatur … approbaverint: *Index 1593* reddatur superiori, qui si emendationem approbaverit

Qui negotium susceperit corrigendi atque expurgandi, circumspicere omnia et attente notare debet, non solum, quae in cursu operis manifestè se offerunt, sed si quae in scholiis, in summariis, in marginibus, in indicibus librorum, in praefationibus aut epistolis dedicatoriis tanquam in insidiis delitescunt.

Quae autem correctione atque expurgatione indigent, ferè haec sunt, quae sequuntur:

<1.>[319] Propositiones haereticae, erroneae, haeresim sapientes, scandalosae, piarum aurium offensivae, temerariae, schismaticae, seditiosae et blasphemae.[320]

<2.> Quae[321] contra sacramentorum ritus et caeremonias contraque receptum usum et consuetudinem S. R. E. novitatem aliquam inducunt.

<3.> Profanae etiam novitates vocum[322] ab haereticis excogitatae et ad fallendum introductae.

<4.> Verba dubia et ambigua, quae legentium animos à recto catholicoque sensu ad nefarias opiniones adducere possunt.

<5.> Verba sacrae scripturae non fideliter[323] prolata vel è pravis haereticorum versionibus deprompta, nisi fortè afferrentur ad eosdem haereticos impugnandos et propriis telis iugulandos et convincendos.

<6.> Expungi etiam oportet verba scripturae sacrae quaecunque ad profanum usum impie accommodantur, tum quae ad sensum detorquentur abhorrentem à catholicorum patrum atque doctorum unanimi sententia.

<7.> Itemque epitheta honorifica et omnia in laudem haereticorum dicta deleantur[324].

<8.> Ad haec reiiciuntur[325] omnia, quae superstitiones, sortilegia ac divinationes sapiunt[326].

<9.> Item[327], quaecunque fato aut fallacibus signis aut ethnicae fortunae humani arbitrii libertatem subiiciunt, obliterentur[328].

<10.> Ea quoque aboleantur, quae paganismum redolent.

<11.>[329] Item, quae[330] famae proximorum et praesertim ecclesiasticorum et principum detrahunt[331] bonisque moribus et christianae disciplinae sunt contraria, expungantur[332].

---

319 ‡ *in der Vorlage und allen Vergleichsversionen ohne Nummerierung*
320 ‡ *Index 1593 folgt Punkt <11.>*
321 ‡ Quae: *Index 1593* Praeterea omnia illa, quae
322 1 Tim 6,20
323 ‡ fideliter: *Index 1593* fideliter et integrè
324 ‡ haereticorum … deleantur: *Index 1593* haereticorum.
325 ‡ reiiciuntur: *Index 1758* reiiciantur
326 ‡ sapiunt: *Index 1593 fehlt*
327 ‡ Item: *Index 1593 fehlt*
328 ‡ obliterentur: *Index 1593 fehlt*
329 ‡ *Index 1593 als Punkt <2.>*
330 ‡ Item, quae: *Index 1593 fehlt*
331 ‡ detrahunt: *Index 1593* detrahentes
332 ‡ bonisque … expungantur: *Index 1593* bonis moribus et christianae disciplinae contrariae.

<12.> Expungendae sunt etiam propositiones, quae sunt contra libertatem, immunitatem et iurisdictionem ecclesiasticam.[333]

<13.> Item, quae ex gentilium placitis, moribus, exemplis tyrannicam politiam fovent, et quam falso vocant ›rationem status‹ ab evangelica et christiana lege abhorrentem inducunt, deleantur.[334]

<14.>[335] Explodantur exempla, quae ecclesiasticos ritus, religiosorum ordines, statum, dignitatem ac personas laedunt et violant.

<15.> Facetiae etiam aut dicteria in perniciem aut praeiudicium famae et existimationis aliorum iactata repudientur.

<16.> Denique lasciva, quae bonos mores corrumpere possunt, deleantur[336].

<17.> Et si quae obscaenae imagines praedictis libris expurgandis impressae aut depictae extent, etiam in literis grandiusculis, quas initio librorum vel capitum imprimi moris est, huius generis omnia penitus obliterentur[337].

§ III

In libris autem catholicorum recentiorum, qui post annum christianae salutis MDXV conscripti sunt, si id, quod corrigendum occurrit, paucis demptis aut additis emendari posse videatur, id correctores faciendum curent – sin minus, omnino deleatur[338].[339]

§ IV

In libris autem catholicorum veterum nihil mutare fas sit, nisi ubi aut fraude haereticorum aut typographi incuria manifestus error irrepserit.

Si quid autem maioris momenti et animadversione dignum occurrerit, liceat in novis editionibus vel ad margines vel in scholiis adnotare. Ea in primis adhibita diligentia, an ex doctrina locisque collatis eiusdem auctoris sententia difficilior illustrari ac mens eius planius explicari possit.

---

[333] ‡ Expungendae … ecclesiasticam: *1593 fehlt*

[334] ‡ Item … deleantur: *Index 1593 fehlt*

[335] ‡ *Index 1593 als Punkt <11.>*

[336] ‡ deleantur: *Index 1593 fehlt*

[337] ‡ Et … obliterentur: *Index 1593* Et si quae obscenae imagines depictae extent, quibus hominum animi ad libidinem pellici solent, huius generis omnia deleantur penitus atque obliterentur.

[338] ‡ deleatur: *Index 1664* auferatur

[339] In einem späteren Dekret aus dem Jahr 1628 wich die Indexkongregation von diesem Prinzip ab. Von da an sollten bei der Expurgation Textteile nur noch gelöscht und gar nicht mehr umgeschrieben werden. Inwieweit sich dieses Dekret durchsetzte, müsste noch geprüft werden. Das Dekret vom 20.12.1628 in: ACDF Index Diari 3 (1621–1628), fol. 168v; vgl. dazu: REBELLATO, Miraggio (s. Lit.), S. 739.

§ V

Postquam »Codex expurgatorius« confectus erit ac mandato episcopi et inquisitoris[340] impressus, qui libros expurgandos habebunt, poterunt de eorundem[341] licentia, iuxta formam in Codice traditam eos corrigere ac perpurgare[342].

De impressione librorum

§ I

Nullus liber in posterum excudatur, qui non in fronte nomen, cognomen et patriam praeferat auctoris.

Quod si de auctore non constet, aut iustam aliquam ob causam tacito eius nomine episcopo et inquisitori[343] liber edi posse videatur, nomen illius omnino describatur, qui librum examinaverit atque approbaverit.

In his verò generibus librorum, qui ex variorum scriptorum dictis aut exemplis aut vocibus compilari solent, is, qui laborem colligendi et compilandi susceperit, pro auctore habeatur.

§ II

Regulares, praeter episcopi et inquisitoris[344] licentiam, de qua Regula X.[345] dictum est, meminerint teneri se sacri concilii[346] Tridentini decreto[347] operis in lucem edendi facultatem à praelato, cui subiaceant, obtinere.

Utramque autem concessionem, quae appareat ad principium operis, imprimi faciant[348].

§ III

Curent episcopi et inquisitores poenis etiam propositis, ne impressoriam artem exercentes obscenas imagines turpesve, etiam in grandiusculis literis imprimi consuetas, in librorum deinceps impressione apponant.

Ad libros verò, qui de rebus ecclesiasticis aut spiritualibus conscripti sunt, nè characteribus grandioribus utantur, in quibus expressè appareat alicuius rei prophanae, nedum turpis obscaeneve[349] species.

Qui etiam invigilabunt summopere, ut in singulorum impressione librorum[350] nomen impressoris, locus impressionis et annus, quo liber impressus est, in principio eius atque in fine annotetur.

---

340 ‡ Episcopi … Inquisitoris: *Index 1593* superioris
341 ‡ eorundem: *Index 1593* eiusdem superioris
342 ‡ perpurgare: *Index 1758* purgare
343 ‡ Episcopo … Inquisitori: *Index 1593* superioribus
344 ‡ Episcopi … Inquisitoris: *Index 1593* ordinarii
345 Dok. A 9.
346 *Index 1593 am Rand* Sess. 4
347 Dok. A 3.
348 ‡ faciant: Index 1593 *curent*
349 ‡ obscaeneve: *Index 1664, 1758 richtig* obscenaeve
350 ‡ Curent … librorum: *Index 1593 fehlt*

§ IV

Qui operis alicuius editionem parat, integrum eius exemplar exhibeat episcopo vel inquisitori. Id, ubi recognoverint probaverintque, penes se retineant[351], quod Romae quidem in archivo[352] magistri Sacri Palatii, extra Urbem verò in loco idoneo, quem episcopus aut inquisitor elegerit, reservetur.[353]

Postquam autem liber impressus erit, non liceat cuiquam venalem in vulgus proponere aut quoquomodo publicare, antequàm is, ad quem haec cura pertinet, illum cum manuscripto apud se retento diligenter contulerit licentiamque, ut vendi publicarique possit, concesserit.

Idque tum demum faciendum, cum exploratum habebitur typographum fideliter se in suo munere gessisse neque ab exemplari manuscripto vel minimum discessisse.

Qui contrafacere ausus fuerit, graviter et severè puniatur.[354]

§ V

Curent episcopi et inquisitores, quorum muneris erit[355] facultatem libros imprimendi concedere, ut eis examinandis spectatae pietatis et doctrinae viros adhibeant[356], de quorum fide et integritate sibi polliceri queant[357] nihil eos gratiae daturos nihil odio, sed omni humano affectu post habito, Dei dumtaxat gloriam spectaturos et fidelis populi utilitatem.

Talium autem virorum approbatio una cum licentia episcopi et inquisitoris[358] ante initium operis imprimatur.

§ VI

Typographi et bibliopolae coram episcopo aut inquisitore et Romae coram magistro Sacri Palatii iureiurando spondeant se munus suum catholicè, sincerè ac fideliter exequuturos huiusque Indicis decretis ac regulis episcoporumque et inquisitorum edictis, quatenus eorum artes attingunt, obtemperaturos, neque ad suae artis ministerium quemquam scienter admissuros, qui haeretica labe sit inquinatus.

Quod si inter illos insignes ac eruditi nonnulli reperiantur fidem etiam catholicam, iuxta formam à Pio IV.[359] felicis recordationis praescriptam, eorundem superiorum arbitrio profiteri teneantur.[360]

---

[351] ‡ parat … retineant: *Index 1593* parat, duplex eius exemplar exhibeat Superiori, ea ubi Superior recognoverit probaveritque: alterum illorum penes se retineat

[352] Tatsächlich verfügte der MSP zu dieser Zeit noch über kein eigenes Archiv: FRAGNITO, Archivio (s. Lit.).

[353] ‡ *Index 1593 folgt* Alterum typographo tradi mandet, quo ille ad impressionem utatur.

[354] ‡ Qui … puniatur: *Index 1758 fehlt*

[355] ‡ Curent … erit: *Index 1593* Curet Superior, cuius muneris erit

[356] ‡ adhibeant: *Index 1593* adhibeat

[357] ‡ queant: *Index 1593* queat

[358] ‡ Episcopi … Inquisitoris*: Index 1593* Ordinarii

[359] Bulle »Iniunctum nobis«, 13.11.1564: DH 1862–1870.

[360] ‡ Typographi … teneantur: *Index 1593* Typographi coram superioribus, quorum ipsorum ars potestati et auctoritati subiicitur, fidem catholicam iuxta formam à Pio IV felicis recordationis

§ VII

Liber auctoris damnati, qui ad praescriptum Regularum expurgari permittitur[361], postquam accuratè recognitus et purgatus legitimeque permissus fuerit, si denuo sit imprimendus, praeferat titulo inscriptum nomen auctoris cum nota damnationis, ut quamvis quoàd aliqua liber recipi, auctor tamen[362] repudiari intelligatur.

In eiusdem quoque libri principio tum veteris prohibitionis tum recentis emendationis ac permissionis mentio fiat, exempli gratia »›Bibliotheca‹ à Conrado Gesnero Tigurino, damnato auctore, olim edita ac prohibita, nunc iussu superiorum expurgata et permissa«.[363]

praescriptam profiteantur, ac sub iuramento spondeant se susceptum typographiae munus sincere et fideliter executuros neque ad suae artis ministerium quemquam admissuros, qui aut haeretica labe sit inquinatus aut ulla haeresis suspitione laboret.

361 ‡ qui … permittitur: *Index 1593* prohibitus

362 ‡ tamen: *Index 1593 fehlt*

363 ‡ *Index 1593 folgt* § 8. Huiusmodi igitur instructioni, quicunque libros excudere voluerint, parere teneantur.

A 14 | 1595 Oktober 17: Breve »Sacrosanctum catholicae fidei« Clemens' VIII.

Der Papst approbiert den Index Clementinus und erhebt ihn zum allgemeinen Gesetz der Kirche. Zugleich bestätigt er den darin inserierten Index Tridentinus samt den Indexregeln und der Konstitution »Dominici gregis« Pius' IV. (Dok. A 9–10). Die von Pius V., Gregor XIII. und Sixtus V. der Indexkongregation und dem Magister Sacri Palatii erteilten Fakultäten, Privilegien und Indulte werden bestätigt (Dok. C 1–3), sofern sie dem neuen Index nicht widersprechen. Die Indexkongregation erhält ferner vom Papst die Befugnis, Zweifelsfragen bezüglich des Index und der Indexregeln autoritativ zu entscheiden. Ihre Beschlüsse sind für alle Kleriker und Laien, Bischöfe, Inquisitoren, Buchdrucker, Zollbeamte usw. verbindlich.

Der hier gedruckte Text folgt dem authentischen Separatdruck des Breve. Das Breve wurde auch im Vorspann des Index 1596 abgedruckt. Vgl. Einf., Kapitel II.3.4.f).

***Lit.:** FRAGNITO, »In questo vasto mare ...« (wie Dok. A 13, Lit.), S. 4; IdLI 9 (1994), S. 346.*

***V.:** Druck (Bando), Romae: Impressores Camerales, 1596, Exemplar: ASV Misc. Arm. IV–V, 30, fol. 8; verglichen mit dem Text-Abdruck in: Index 1596, fol. a2r–a4v, und der hs. Empfänger-Ausfertigung auf Pergament, gesiegelt mit dem Fischerring, in: ACDF Index Prot. 21, fol. 511 (im Apparat Sigle: Prot.).*

Literae S. D. N. Clementis divina providentia Papae octavi[364]
super editione Indicis librorum prohibitorum[365]

Sacrosanctum catholicae fidei depositum, sine qua Deo placere aut aeternam salutem consequi nemini licet,[366] ut salvum in ecclesia Dei perpetuò conservaretur posterisque inviolatum traderetur,[367] pastoralis Romanorum Pontificum vigilantia summo semper studio et contentione laboravit. Ipsi enim à Christo domino, huius tam pretiosi depositi auctore, et illud fideliter custodiendi et bonum semen patrisfamilias ab inimici hominis zizaniis[368] discernendi et ecclesiam salutari doctrina aedificandi praecipuam curam summamque potestatem in beatissimo Petro apostolorum principe acceperunt.[369]

---

[364] Vgl. Dok. A 12, Anm. 293. – Zu den Personen (wo nicht anders vermerkt) vgl. GruFo 1542–1700: (III) Personen.

[365] ‡ Literae ... prohibitorum: *Index 1596 und Prot. beginnen* Clemens Papa VIII, ad perpetuam rei memoriam.

[366] Hebr 11,6.

[367] 2 Tim 1,12

[368] Mt 13,24–30.

[369] Mt 16,16–19; Jo 21,15–23

Quocirca sanctae memoriae Gelasius I.[370] et Gregorius IX.[371] aliique complures Romani Pontifices praedecessores nostri, zelo zelati pro domo Domini exercituum[372], ut hanc fidei catholicae doctrinaeque integritatem salvam incorruptamque in ecclesia Dei retinerent, apostolici animi magnitudine pro muro domus Israel adversus eiusdem fidei hostes seipsos opponentes, ne illorum dolis et insidiis imprudentes et simpliciores homines caperentur, lucem à tenebris, prava à rectis seiunxerunt, quae sequenda, quae cavenda essent, christifidelibus declararunt, probatos, laudabiles, orthodoxos libros ab adulterinis, perniciosis et apocryphis singulari diligentia distinxerunt, postremo haereticorum impia dogmata et noxia ac venenata scripta conciliorum decretis, Pontificiis constitutionibus aut alio opportuno censurae genere condemnarunt.

Sed cum nostris hisce calamitosis et novissimis temporibus antiquus humani generis hostis, à sua malitia numquam recedens, ad eandem catholicam doctrinam et veritatem labefactandam pestiferas haereses et detestabiles errores aut novos conflasset aut veteres ex inferis excitasset, sacra Tridentina synodus pestilentem noxiorum librorum copiam, quae plus nimio excreverat, coercere atque auferre cupiens primum quidem doctissimos aliquot viros delegit, qui de tota ea re cognoscerent et deliberarent, deinde verò, cum ii in negotio non parum progressi essent, iustis de causis eadem synodus permota ad ipsam apostolicam Sedem integram rem deferendam[373] statuit.

Itaque felicis recordationis Pius Papa IV.[374] praedecessor noster, qui tunc ad ecclesiae gubernacula sedebat, praelatis quibusdam doctrina et prudentia praestantibus adhibitis Indicem librorum prohibitorum et Regulas[375] quasdam per suas litteras in forma brevis[376] promulgavit et eiusmodi noxiorum librorum detrimentis depellendis opportunè providit. Caeterum licet illa pro temporis ratione prudenter fuerint tunc constituta, tamen cum Sathanae astutia in huiusmodi librorum editione nova in dies mala crescerent, nam post illud tempus alii etiam libri perniciosi partim conscripti atque editi, partim qui scripti erant et antea delituerant, in medium prodiere, quorum lectione simpliciores et incauti homines in errores induci facile poterant.

Propterèa piae memoriae Sixtus Papa V.[377] praedecessor noster multis illustratis atque ad regulas adiectis necessariis rebus[378] mandavit, ut nonnulli alii eiusdem generis libri eidem Indici adderentur. Verùm cum idem Sixtus re minimè absoluta ab humanis excesserit, nos animarum saluti, quantum cum Domino possumus, consulentes, quod iampridem utiliter coeptum et à multis diu desideratum erat, hoc tempore omnino perficiendum atque in lucem edendum duximus.

---

[370] Vgl. Dok. A 11, Anm. 167.
[371] Vgl. Dok. A 11, Anm. 168.
[372] 1 Kön 19,10.14; Sach 14,21
[373] ‡ deferendam: *Prot.* differendam
[374] Vgl. Dok. A 8, Anm. 93.
[375] Dok. A 9.
[376] Dok. A 10.
[377] Vgl. Dok. A 11, Anm. 156.
[378] Vgl. z. B. Dok. A 11.

Venerabili igitur fratri nostro Marco Antonio episcopo Praenestino de Columna[379] et dilectis filiis nostris Augustino S. Marci de Verona[380], Simeoni S. Anastasiae de Terranova[381], Hieronymo S. Mariae super Minervam Asculano[382], Federico S. Mariae Angelorum in Thermis Borromaeo[383], Francisco S. Mariae Transpontinae Toleto[384] titulorum presbyteris, necnon Ascanio S. Mariae in Cosmedin[385] de Columna[386] diacono cardinalibus super huiusmodi Indice per nos deputatis aliisque piis et eruditis viris in consilium adhibitis ea omnia ac singula, quae à Sixto V., ut supra diximus, instituta erant, diligenter examinanda commisimus, quae cum magno studio visa ac Deo favente demum absoluta fuerint.

Nos tam eandem Pii praedecessoris constitutionem et Indicem ac Regulas, quorum omnium tenores haberi volumus pro expressis, quàm haec ipsa illis addita, prout inferius descripta sunt omnia et singula, auctoritate apostolica tenore praesentium approbamus et praesentis scripti patrocinio communimus, atque ab omnibus tam universitatibus quàm singularibus personis ubique locorum existentibus sub eisdem poenis in dicta Pii constitutione contentis observari praecipimus et mandamus.

Quò autem facilius negotium cùm prohibitionis tum expurgationis et impressionis librorum peragatur, eas omnes facultates, privilegia et indulta, quae recolendae memoriae Pius V.[387] magistro Sacri Palatii primum, deinde Gregorius XIII.[388] et Sixtus V.[389] cardinalibus congregationis praedictae concesserunt, quorum tenores hic volumus haberi pro expressis, confirmamus et – quatenus opus est – innovamus in his omnibus, quae additis in hoc Indice non adversantur.

Volumusque propterea ac decernimus, ut, si quae in posterum dubitationes aut controversiae circa ipsum Indicem illiusque Regulas aliaque illis addita emerserint, ad congregationem supradictorum cardinalium seu aliorum, qui pro tempore super Indice huiusmodi deputati fuerint, referantur et ex sententia eorundem cardinalium nobis aut successoribus nostris, si rei gravitas id postulaverit, consultis declarentur et decidantur. Quorum auctoritatem cum permittendis tum prohibendis, expurgandis et imprimendis libris aliisque ad eam rem pertinentibus explicandis volumus esse praecipuam, atque ita mandamus ab omnibus venerabilibus fratribus nostris patriarchis, archiepiscopis, episcopis aliisque locorum ordinariis et dilectis filiis inquisitoribus, universitatibus,

---

379 Vgl. Dok. A 11, Anm. 188.
380 Vgl. Dok. A 12, Anm. 298.
381 Kard. Simone Tagliavia d'Aragona (1550–1604), von 1595 bis 1604 Mitglied (ab 1602: Dekan) der CIndex.
382 Vgl. Dok. A 12., Anm. 299.
383 Vgl. Dok. A 11, Anm. 192.
384 Kard. Francisco de Toledo SJ (1534–1596), von 1593 bis 1596 Mitglied des SO und von 1594 bis 1596 auch der CIndex, vor dem Kardinalat bereits Konsultor beider Kongregationen.
385 Vgl. Dok. A 11, Anm. 191.
386 ‡ de Columna: *Prot.* Columnae
387 Dok. C 3.
388 Dok. C 4.
389 Dok. C 5.

magistris, doctoribus, bibliopolis, impressoribus, mercatoribus, gabellariis caeterisque omnibus, cuiuscunque gradus, ordinis aut dignitatis, tam ecclesiasticis saecularibus vel regularibus quàm laicis, quocunque honore vel dignitate praeditis, inviolabiliter observari.

Non obstantibus apostolicis ac in universalibus, provincialibus et synodalibus conciliis editis generalibus vel specialibus constitutionibus et ordinationibus ac quibusvis statutis et consuetudinibus, etiam iuramento, confirmatione apostolica vel quavis firmitate alia roboratis, privilegiis quoque, indultis et literis apostolicis, sub quibuscunque tenoribus et formis in contrarium praemissorum concessis, confirmatis, approbatis et innovatis. Quibus omnibus et singulis, etiamsi pro illorum sufficienti derogatione de illis eorumque totis tenoribus specialis, specifica et ad verbum inserta mentio habenda esset, tenores huiusmodi praesentibus pro expressis habentes, hac vice dumtaxat, specialiter et expressè derogamus caeterisque contrariis quibuscumque.

Decernentes earundem praesentium exemplis, etiam impressis, notarii publici manu subscriptis et sigillo praelati alicuius ecclesiastici obsignatis eandem haberi fidem, quae haberetur ipsis praesentibus, si forent exhibitae vel ostensae.

Datum Tusculi, sub annulo piscatoris, die decimaseptima Octobris millesimo quingentesimo nonagesimoquinto, pontificatus nostri anno quarto.

Marcellus Vestrius Barbianus[390]

---

[390] Vgl. Dok. A 11, Anm 292.

A 15 | 1596 [April 27 – Mai 10][391]: Die Observatio Clemens' VIII.

Der Index Clementinus wurde am 27. März 1596 rechtswirksam publiziert, indem päpstliche Kursoren an den dafür üblichen öffentlichen Plätzen in Rom Exemplare des Drucks aushängten. Nuntien, Bischöfe und Inquisitoren erhielten den Index per Dienstpost zusammen mit der Aufforderung, das neue Pressegesetz in ihrem jeweiligen Amtsbezirk zu implementieren. Ungeachtet der bereits begonnenen Einführung legte am 13. April 1596 das Sanctum Officium Veto gegen den Index ein und ließ den Versand stoppen. Der Grund waren Diskrepanzen zwischen der für die Index-Redaktion verantwortlichen Indexkongregation und den Kardinalinquisitoren. Die Meinungsverschiedenheiten waren grundsätzlicher Natur und folgten grob der Bruchlinie zwischen dem im Sanctum Officium starken »spanischen« Lager und der »französischen« Fraktion der Kurie. Sie äußerten sich in unterschiedlichen Positionen zu Spezialfragen wie etwa zur Zulässigkeit von Bibeln in der Volkssprache oder zum Umgang mit dem talmudischen Schrifttum. Nach dem Veto arbeitete eine aus Vertretern beider Kongregationen bestehende Kommission ein aus fünf Artikeln bestehendes Nachtragsgesetz aus, das unter dem Titel »Observatio« in die bereits gedruckten Exemplare des Index von 1596 eingebunden werden sollte. Clemens VIII. approbierte den Text-Entwurf der Observatio am 10. Mai 1596. Vgl. Einf., Kapitel II.3.4.g).

Die Observatio wurde gedruckt und als loses Blatt an die Empfänger des Index versandt, wodurch zugleich die Suspendierung aufgehoben wurde. Der im Zuge späterer Index-Revisionen an manchen Stellen modifizierte Text wurde bis ins 19. Jahrhundert in allen Index-Ausgaben im Vorspann abgedruckt. Er blieb bis zur Index-Reform Leos XIII. und der Einführung der »Decreta generalia« vom 25. Januar 1897 gültig (Bulle »Officiorum ac munerum«, Dok. A 29).

***Lit.:** Artemio Enzo Baldini, Jean Bodin e l'Indice dei Libri proibiti, in: Cristina Stango (Hg.), Censura ecclesiastica e cultura politica in Italia tra Cinquecento e Seicento, Florenz 2001, S. 79–100; Art. »Bibbia«, in: DSI 1, S. 185–187 von A. Prosperi; Germana Ernst, Religione, ragione e natura. Ricerche su Tommaso Campanella e il tardo Rinascimento, Mailand 1991, S. 255–279 (zu: »Circa nonam regulam«); Luigi Firpo, Ancora sulla condanna di Bodin, in: Il pensiero politico 14 (1981), S. 173–186; Fragnito, Bibbia (wie Dok. A 3, Lit.), S. 179–198; Dies., Censura libraria (wie Dok. A 8, Lit.), S. 171; Dies., Diplomazia pontificia e censura ecclesiastica durante il regno di Enrico IV, in: Rinascimento 42 (2002), S. 143–167, hier: S. 160–167 (zu Bodin); Dies., »In questo vasto mare ...« (wie Dok. A 13, Lit.), S. 14–17; Dies., Proibito capire (wie Dok. A 7, Lit.), S. 48–72; Dies., »Zurai non legger mai più«: censura libraria e pratiche linguistiche nella penisola italiana, in: Dies., Cinquecento italiano. Religione, cultura e potere dal Rinascimento alla Controriforma. A cura di Elena Bonora e Miguel Gotor, Bologna 2011 (zuerst: 2007), S. 364–388; Frajese, Politica (wie Dok. A 11, Lit.), S. 304–312 (zum Talmud); Ders., Nascita (wie Dok. A 2, Lit.), S. 166–175, 182–184; Godman (wie Dok. A 11, Lit.), S. 121–124 (zu Bodin); Fausto Parente, La chiesa e il Talmud, in: Storia d'Italia. Annali 11 (1996), 524–643 (zum Talmud und Machsor); Amnon Raz-Krakotzkin, The Censor, the Editor and the Text. The Catholic Church and the Shaping of the Jewish Canon in the Sixteenth Century, Philadelphia 2007, S. 68–76; Reusch 1,*

---

[391] Zur Datierung: Frajese, Nascita (s. Lit.).

S. 45–53 (zum Talmud und Machsor); SAVELLI, Censoring of Law Books (wie Dok. A 7, Lit.), S. 247 (zu Bodin); Michaela VALENTE, Bodin in Italia. La »Démonomanie des sorciers« e le vicende della sua traduzione. Con un saggio introduttivo di Diego Quaglioni, Florenz 1999.

V.: Index 1596, Einlege-Bogen zwischen fol. [d4v] und 1r; verglichen mit der letzten Druckfahne in: ACDF Index Prot. 14 (P), fol. 165r/v, 170r/v (im Apparat Sigle: Prot.); Index 1664, S. XV–XVII; und Index 1758, S. VIf.

Observatio[392]

Circa quartam Regulam:[393]

Animadvertendum est circa suprascriptam[394] quartam Regulam Indicis felicis recordationis Pii Papae IV. nullam per hanc impressionem et editionem de novo tribui facultatem episcopis vel inquisitoribus aut regularium superioribus concedendi licentiam emendi, legendi aut retinendi Biblia vulgari lingua edita, cùm hactenus mandato et usu S. Romanae et universalis Inquisitionis sublata eis fuerit facultas concedendi huiusmodi licentias legendi vel retinendi Biblia vulgaria aut alias sacrae scripturae tàm novi quàm veteris testamenti partes, quavis vulgari lingua editas[395] ac insuper summaria et compendia[396] etiam historica eorundem Bibliorum seu librorum sacrae scripturae, quocunque vulgari idiomate conscripta.[397] Quodquidem inviolatè servandum est.[398]

<Additio[399]

Quod si huiusmodi Bibliorum versiones vulgari lingua fuerint ab apostolica Sede approbatae[400] aut editae cum annotationibus desumptis ex sanctis ecclesiae patribus vel ex doctis catholicisque viris conceduntur. (Decretum sacrae congregationis Indicis 13 Iunii 1757)>[401]

Circa nonam Regulam:[402]

Circa Regulam IX. eiusdem Indicis ab episcopis et inquisitoribus christifideles sedulò admonendi sunt, quòd in legentes aut retinentes, contra regulam hanc,

---

[392] ‡ Observatio: *Index 1664* Observationes ad Regulas Indicis Clementis Papae VIII. iussu factae; *Index 1758* Observationes ad Regulam quartam et nonam Clementis Papae VIII. iussu factae

[393] Dok. A 9, Rgl. IV.

[394] ‡ suprascriptam: *Index 1664* supradictam

[395] ‡ editas: *Index 1664* edita

[396] Vgl. das Feria-V.-Dekret des SO anlässlich einer Anfrage des Inquisitors von Cremona, 11.12.1594: »[…] prohibeantur etiam compendia historica Sacrorum Bibliorum et et evangelia et epistolae vulgari idiomate impressae«, ACDF SO Decreta 1594, 380v.

[397] ‡ ac insuper … conscripta: *Index 1758 fehlt*

[398] ‡ Quodquidem … est: *Index 1758 fehlt*

[399] Dazu: FRAGNITO, Bibbia (s. Lit.), S. 197f. und: DIES., »Zurai non legger mai più« (s. Lit.), bes. S. 396–403.

[400] Mit diesem Dekret hob die Indexkongregation das 1596 durch die Observatio bestätigte Verbot volkssprachlicher Bibelausgaben auf; die erste daraufhin erschienene offizielle ital. Übers. der Hl. Schrift war die mehrbändige Ausg. von Antonio Martini (zwischen 1769 und 1781). Davor war zuletzt im Jahr 1567 eine Bibel in ital. Sprache gedruckt worden: FRAGNITO, Bibbia (s. Lit.), bes. S. 197f., 324.

[401] ‡ *Erg. n. Index 1758, S. VI.; Text-Abdruck dieses Dekrets auch in: CICF 7 (1935), S. 724.*

[402] Dok. A 9, Rgl. IX.

libros huiusmodi astrologiae iudiciariae[403], divinationum et sortilegiorum rerumque aliarum in eadem Regula expressarum procedi potest non modò per ipsos episcopos et[404] ordinarios, sed etiam per inquisitores locorum ex constitutione felicis recordationis Sixti Papae V. contra exercentes astrologiae iudiciariae artem et alia quaecunque divinationum genera librosque de eis legentes ac tenentes, promulgata sub datum »Romae, apud S. Petrum, anno incarnationis dominicae MDLXXXV, Nonis Ianuarii, pontificatus sui anno primo.«[405]

De Thalmud et aliis libris hebraeorum:
Quamvis in tertia classe Indicis[406] praedicti Pii Papae IV. sub littera »T«[407] Thalmud hebraeorum eiusque glossae, annotationes, interpretationes et expositiones omnes prohibeantur, sed, quòd si absque nomine Thalmud et sine iniuriis et calumniis in religionem christianam aliquando prodiissent, tolerarentur, quia tamen S. D. N. dominus Clemens Papa VIII. per suam constitutionem contra impia scripta et libros hebraeorum, sub datum »Romae, apud S. Petrum, anno incarnationis dominicae MDLXXXXII, pridie Kalendis Martii, pontificatus sui anno secundo«[408], illos prohibuit atque damnavit. Mens ipsius non est eos propterea ullatenus etiam sub illis conditionibus permittendi aut tolerandi, sed specialiter et expresse statuit et vult, ut huiusmodi impii thalmudici, cabalistici aliique nefarii hebraeorum libri omnino damnati et prohibiti maneant et censeantur. Atque super eis et aliis libris huiusmodi praedicta constitutio perpetuò et inviolabiliter observetur.

De libro Magazor:[409]
Ad haec sciant episcopi, ordinarii et inquisitores locorum librum Magazor hebraeorum, qui continet partem officiorum et caeremoniarum ipsorum et synagogae, lusitanica, hispanica, gallica, germanica, italica, aut quavis alia vulgari lingua praeterquam hebraea editum, iamdiù ex speciali decreto[410] rationabiliter prohibitum esse. Idcirco provideant illum nullatenus permitti aut tolerari debere, nisi hebraica lingua praedicta.

De libris Ioannis Bodini:[411]
Cum in appendice[412] secundae classis sub littera »I« dicatur: »Ioannis Bodini Andegavensis ›Demonomania‹ omnino prohibetur, liber verò ›De Republi-

---

[403] ‡ iudiciariae: *Index 1664 fehlt*
[404] ‡ et: *Index 1758 setzt stattdessen Komma*
[405] Bulle »Coeli et terrae« Sixtus' V., 5.1.1586(!), in: BullTaur 8 (1863), S. 646–650.
[406] ‡ Quamvis … Indicis: *Index 1758* Quamvis in Indice
[407] ‡ sub … »T«: *Index 1758 fehlt*
[408] Bulle »Cum Hebraeorum malitia« Clemens' VIII., 28.2.1593: BullLux 3 (1727), S. 27–29.
[409] Machsor: Sammlung von Gebeten und Texten aus dem Tanach für die jüdische Feiertagsliturgien.
[410] Feria-VI.-Dekret des SO, 13.3.1585: ACDF SO Decreta 1585, fol. 54v.
[411] Jean Bodin (1529–1596), franz. Jurist, Theoretiker der Souveränität des Monarchen. | ‡ *Der folgende Paragraf fehlt in Index 1758; zum Kontext: FIRPO, VALENTE, BALDINI (s. Lit.).*
[412] Index 1596, fol. 26v.

ca‹ et ›Methodus ad facilem historiarum cognitionem‹ tamdiù prohibita sint, quousque ab auctore expurgata cum approbatione magistri Sacri Palatii prodierint«, id quidem per errorem fortasse librarii factum creditur, nam liber »De Republica« eiusdem Ioannis Bodini primùm die XV. mensis Octobris MDXCII, deinde liber »Demonomaniae« die primo mensis Septembris MDXCIIII ab eodem S. D. N. Papa simpliciter damnati sunt[413] ac proinde uterque damnatus et prohibitus censendus est.[414]

---

[413] ACDF SO Decreta 1592, fol. 391r (15.10.1592); Decreta 1594, fol. 329v (1.9.1594). Vgl. dazu Fragnito, Diplomazia (s. Lit.), S. 161 (mit Anm. 60), 164.

[414] ‡ *Prot. folgt hs.* Sanctissimus mandavit mihi, ut dicerem reverendo patri secretario congregationis Indicis, ut ederetur. Silvius Camerae magister [=*Silvio Antoniano*], X. Maii 1596.

A 16 | 1631 April 2: Breve »Apostolatus officium« Urbans VIII.

Mit Verweis auf deren stark angewachsene Zahl hebt der Papst sämtliche Leselizenzen für verbotene Bücher auf. Ausgenommen sind allein jene Lizenzen, welche der Papst selbst – nicht aber einer seiner Vorgänger – erteilt hat. Der Erlass soll in Italien nach zwei, jenseits der Alpen nach vier Monaten in Kraft treten. In der Zwischenzeit sind Besitzer verbotener Bücher aufgefordert, diese dem zuständigen kirchlichen Presseoberen zu übergeben, der für die Verbrennung der eingezogenen Bücher zu sorgen hat. Zukünftig entscheidet über Leselizenzen ausschließlich das Santcum Officium in den Sitzungen, die im Beisein des Papstes stattfinden. Vgl. Einf., Kapitel II.4.5.

Bereits Julius III. und Paul IV. (Dok. A 4, Dok. A 5) hatten mit derartigen Generalrevokationen alle Leselizenzen annulliert, ein Breve Gregors XV. vom 30. Dezember 1622 ist mit dem hier abgedruckten nahezu identisch (s. Lit.). Konkreter Anlass für die Maßnahme Urbans VIII. war die Sorge, die im Mantuanischen Erbfolgekrieg nach Italien ziehenden deutschen Söldner könnten verbotene Bücher einführen. Nur wenige Monate später gab Urban VIII. eine Erklärung zu dem vorliegenden Dekret ab, dessen Gehalt dadurch erheblich modifiziert wurde (Dok. C 7).

***Lit.:** Francesco Albizzi, De inconstantia in iure admittenda [...]. Tractatus Primus: De inconstantia in fide admittenda, Amsterdam [i.e. Lyon?]: Huguetan, 1683, c. XXX, Nr. 237–240, 262, S. 289, 290; BullTaur 12 (1867), S. 779f. (Breve vom 30.12.1622); Bordoni, Sacrum Tribunal (wie Dok. A 2, Lit.), c. XIV., S. 348–350; Cesare Carena, Tractatus de officio sanctissimae Inquisitionis et modo procedendi in causis fidei [...], Cremona: Belpierus, 1641, Pars II., Tit. 10, § 1, S. 198; Frajese, Licenze di lettura (wie Dok. A 13, Lit.), bes. S. 794–797; Ders., Nascita (wie Dok. A 2, Lit.), S. 214f., 259.*

***V.:** Druck (Bando), Romae: Typographia Rev. Camerae Apostolicae, 1631, Exemplar: BAV Editti 12 [=Stato Pontificio. Editti] (1631–1633), fol. 37; Text-Abdruck auch in: BullTaur 14 (1868), S. 217f.*

Revocatio licentiarum quarumcunquè legendi et habendi libros prohibitos:

Urbanus Papa VIII.[415]
Ad futuram rei memoriam

Apostolatus officium nobis, nullo licet meritorum suffragio divina providentia commissum, postulat, ut ad ea vigilantiae nostrae partes propensiùs intendamus, per quae religio catholica, ubi divina gratia illaesa viget, conservetur, et ubi restitutione indiget, reparetur.

[415] Maffeo Barberini (1568–1644), von 1623 bis 1644 Papst Urban VIII., als Kard. von 1609 bis 1623 Mitglied der CIndex: GruFo 1542–1700: (III) Personen.

Quapropter, cùm librorum prohibitorum lectio magno sincerae fidei cultoribus detrimento esse noscatur, et, sicut accepimus, nimis excessiva sit huiusmodi libros legendi licentiarum copia, nos, ut huic malo maturè occurratur et inposterum quàm cautissimè licentiae huiusmodi concedantur, quantùm cum Domino possumus, providere volentes, motu proprio et ex certa scientia ac matura deliberatione nostris dequè apostolicae potestatis plenitudine, omnes et singulas licentias legendi et habendi libros quoscumque, ob haeresim vel falsi dogmatis suspicionem seu per constitutiones apostolicas, etiam ratione astrologiae iudicariae vel aliàs quomodolibet prohibitos, quibuscumque personis laicis et ecclesiasticis, tàm saecularibus quàm regularibus, cuiuscumque ordinis, societatis et instituti existentibus ac quacunque dignitate, etiam ecclesiastica fulgentibus, cuiuscumquè status, gradus, conditionis, qualitatis et praeeminentiae, etiam speciali nota et mentione dignis ac per litteras apostolicas, ad tempus seù ad vitam et aliter quomodocunquè et ex quacunque causa, tàm in forma brevis quàm aliter quomodocunquè, à praedecessoribus nostris Romanis Pontificibus seù à quibuscunque aliis à nobis vel ab eis facultatem et auctoritatem habentibus – non tamen à nobismetipsis per litteras apostolicas, etiam in forma brevis, seù chirographum manu nostra signatum – concessas, earum tenores praesentibus pro expressis et insertis habentes, hac nostra perpetuo valitura constitutione revocamus, cassamus et annullamus ac pro revocatis, cassis et annullatis haberi nulliquè suffragari.

Quinimmò libros per licentias huiusmodi permissos legentes aut habentes poenas in sacris canonibus, constitutionibus apostolicis et Indicibus librorum prohibitorum contentas incurrere volumus et declaramus.

Decernentes, ut praesentes litterae, postquàm valvis basilicarum S. Ioannis Lateranensis ac Principis apostolorum de Urbe et Cancellariae apostolicae necnon in acie Campi Florae affixae fuerint, infra duos citra montes, ultra verò montes infra quatuor menses ex tunc proximos, omnes et singulos, ad quos spectat, arctent et afficiant, perinde ac si unicuiquè personaliter intimatae fuissent; quodquè dictis duobus et respectivè quatuor mensibus durantibus ii, qui libros prohibitos huiusmodi habuerint, eos ad episcopum seù inquisitorem, qui illos quantocitius cumburere debeat, deferre; quique aliquos similes libros prohibitos habere sciverint, eos denunciare teneantur.

Nequè de caeterò similes licentiae nisi à congregatione S. Officii, dum singulis hebdomadis coram nobis habetur, vel ab aliis per nos in eadem congregatione specialiter deputandis[416] concedantur.

Ac quòd earundem praesentium transumptis, etiam impressis, manu alicuius notarii publici subscriptis et sigillo personae in dignitate ecclesiastica constitutae munitis eadem prorsus fides, in iudicio et extra, adhibeatur, quae ipsis praesentibus adhiberetur, si forent exhibitae vel ostensae.

---

[416] Im Revokationsbreve Gregors XV. (s. Lit.) sind die »Deputierten« nicht explizit mit einbezogen.

Datum Romae, apud S. Petrum, sub annulo piscatoris, die II. Aprilis MDCXXXI, pontificatus nostri anno octavo.

Marcus Aurelius Maraldus[417]

Die et anno supradicto publicatae fuerunt supradictae litterae per earum affixionem ad valvas ecclesiae Lateranensis et basilicae Principis apostolorum de Urbe et Cancellariae apostolicae ac in acie Campi Florae aliisque locis solitis et consuetis ut moris est per me Andream Scalmanum, S. D. N. Papae cursorem.

---

[417] Marco Aurelio Maraldo (Maraldi), 1627–1651(?) Brevensekretär Urbans VIII.: Andreas KRAUS, Das päpstliche Staatssekretariat unter Urban VIII. 1623–1644 (RQ. Supplementheft 29), Freiburg/Breisgau 1964, S. 41, Anm. 23; Reinhard: Datenbank, s. v. Maraldo.

A 17 | 1659 Februar 3: Dekret der Indexkongregation

Die Indexkongregation ermahnt Bischöfe, Inquisitoren, Ordensobere und alle anderen geistlichen Inhaber der Zensurgewalt, die in den Druckgenehmigungsverfahren eingesetzten Gutachter sorgsam auszuwählen. Die Gutachter sollen keinerlei persönliche Bindungen zu den Autoren haben, deren Texte sie revidieren. Auch sollen sie von den Autoren keine Geschenke annehmen dürfen. Handelt es sich bei den Autoren um Ordensleute, sollen ihre Schriften nicht von Gutachtern aus demselben Orden revidiert werden. Die ordensinterne Zensur bleibt davon unberührt. Vgl. Einf., Kapitel II.4.4.a).

Das Dekret wurde durch die zunehmende Kritik der katholischen Gelehrten an den römischen Bücherverboten motiviert, die oft mit dem Vorwurf einherging, die päpstlichen Zensoren seien unverständig oder würden einseitig die Interessen des Dominikanerordens vertreten. Die Formulierung des Dekrets, dessen manierierter Sprachstil ins Auge sticht, geht auf den damaligen Sekretär der Indexkongregation Giacinto Libelli zurück. Die Publikation erfolgte erst über einen Monat nach dem Erlass am 28. März 1659. Das Dekret ging später in die Observationes ad regulam decimam ein (Dok. A 19).

***Lit.:** Marco Cavarzere, Il diario di un Maestro del Sacro Palazzo (1678–1681). Raimondo Capizucchi e la censura romana, in: Dimensioni e problemi della ricerca storica 2012/1, S. 215–295, hier: S. 233, 282f.*

***V.:** Druck (Bando), Romae: Typographia Reverendae Camerae Apostolicae, 1659, Exemplar: BAV Editti 23 [=Stato Pontificio. Editti. 1659], fol. 6; vgl. dazu die Konzepte des Index-Sekretärs Libelli in: ACDF Index Prot. 33 (1650–1659), fol. 521r–533v.*

Decretum sacrae congregationis Indicis
Feria 2. die 3. Februarii 1659

In sacra et generali congregatione Indicis, Romae habita in palatio apostolico Quirinali, coram eminentissimis et reverendissimis dominis S. R. E. cardinalibus à S. D. N. Alexandro Papa VII.[418] sanctaque Sede apostolica ad Indicem librorum eorumdemque permissionem, prohibitionem, expurgationem et impressionem in universa republica christiana specialiter deputatis.

Sacra Congregatio – animadvertens foedam ac pestiferam malorum librorum segetem, summa cum fidelium offensione ac periculo, in vinea Domini quotidiè crescere ac propagari eiusque vitii culpam apud illos residere potissimum, quorum curae pravi huiusmodi seminis extirpatio committi solet, dum in probandis novorum operum impressionibus cautelas et monita, praesertim verò per no-

[418] Fabio Chigi (1599–1667), von 1655 bis 1667 Papst Alexander VII., als Kard. 1652–1655 Mitglied des SO. – Zu den Personen (wo nicht anders vermerkt) vgl. GruFo 1542–1700: (III) Personen.

vissimam Lateranensem[419] ac Tridentinam[420] synodos comparata, in exequendo suo munere adhibere non curant – statuit gravissimo huic incommodo et, ni maturè subveniatur, in certissimam pestem animarum atque perniciem erupturo, quantum adiuvante Domino sperari ab ope humana fas est, convenienti remedio occurrere ac providere, ne impuri impotentium ingeniorum foetus passim et sine delectu prodire in publicum inque hominum luce, qua prorsus indigni sunt, versari cernantur.

Quapropter, habito prius verbo cum S. D. N., omnes et singulos patriarchas, archiepiscopos, episcopos eorumque vicarios et officiales, inquisitores haereticae pravitatis, regularium cuiuscumque ordinis superiores omnesque alios, qui librorum editioni, publicationi, impressioni assentiendi ordinariam aut delegatam auctoritatem exercent, admonendos decrevit, prout tenore praesentium districtè illos et seriò admonet, ut dent operam diligenter, ne ad examen librorum huiusmodi personas affectui auctorum quomodolibet addictas, praesertim verò propinquitate illos aut alia, quantumvis à longè petita ea sit, – veri et sinceri iudicii corruptrice – necessitudine contigentes admittant. Super omnia autem ab oblatis sibi in hanc operam per eosdem auctores censoribus caveant. Sed iis demum utantur, quos doctrina morumque integritate probatos, ab omni suspicione gratiae intactos, ac si fieri potest, auctoribus ipsis ignotos et unius boni publici Deique gloriae studiosos cognoverint.

Quo verò ad auctores regulares, cuiuscumque ordinis et instituti sint, illud praeterea inviolabiter observandum iniungit, ne eorum scripta vel opera aliis eiusdem instituti regularibus à praefatis imprimendi facultatem impertientibus – exceptis tamen quibuscumque eorumdem auctorum regularium superioribus regularibus, quos Sacra Congregatio in eo dumtaxat librorum examine, quod intrà illorum fieri debet, hac parte praesentis decreti comprehendere non intendit – examinanda committantur. Sed viri in id extra eam familiam atque alterius ordinis pii doctique et à partium studio atque ab amoris et odii stimulis prorsus remoti eligi debeant.

Admonet praeterea omnes et singulos, quibus hoc munus examinandorum librorum pro tempore deputari contigerit, ut memores officii sui, memores fidei, qua digni ab ecclesia iudicantur, debitum operi sibi credito studium, diligentiam, relligionem adhibeant, nec ea detrimenta atque incommoda, quibus à noxiorum scriptorum lectione fidelium animas affici necesse est, in se ipsos suasque conscientias redundare patiantur, neve gravissimarum Dei offensarum ac peccatorum indè orientium rationi sese tàm in hoc seculo apostolicae Sedis quàm in extremo severi iudicii examine obnoxios esse velint.

In quorum fidem manu et sigillo eminentissimi ac reverendissimi domini card. Spadae[421] episcopi Praenestini, sacrae congregationis Indicis praefecti, praesens decretum signatum et munitum fuit.

419 Dok A 2.

420 Dok. A 3 und A 9, Rgl. X.

421 Kard. Bernardino Spada (1594–1661), von 1627 bis 1661 Mitglied, ab 1642 Präfekt der CIndex.

Datum Romae, in palatio apostolico Quirinali, die et anno supradictis.

Bernhardinus card. Spada praefectus

fr. Hyacinthus Libellus[422] ordinis Praedicatorum,
sacrae congregationis secretarius

Anno à nativitate D. N. Iesu Christi 1659, Indictione 12., die vero 28. mensis Martii, pontificatus autem sanctissimi in Christo patris et D. N. domini Alexandri divina providentia Papae VII., anno eius quarto, supradictum decretum affixum et publicatum fuit ad valvas basilicae Lateranensis ac Principis apostolorum de Urbe et in acie Campi Florae ac aliis locis solitis et consuetis Urbis per me A. Castruccium, S. D. Papae cursorem.

Laurentius Fenturinus, cursorum magister

[422] Giacinto Libelli OP (1616–1684), von 1655 bis 1664 Sekretär der CIndex, von 1664 bis 1673 MSP, von 1673 bis 1684 Ebf. von Avignon.

A 18 | 1664 März 5: Breve »Speculatores domus Israel« Alexanders VII.

In der Indexkongregation entstand in den Jahren von 1655 bis 1664, unter der Federführung ihres Sekretärs Giacinto Libelli OP, ein Nachfolger für den 1596 eingeführten Index Clementinus. Mit dem vorliegenden Breve approbiert Alexander VII. den neuen Index, der sich im Aufbau stark von dem Vorgänger unterscheidet (vgl. dazu Einf., Kapitel II.4.4.c). Der Papst erklärt zudem das Breve »Dominici gregis« (Dok. A 10) und die Abendmahlsbulle (Dok. A 21) zur (einzigen) Rechtsgrundlage für die Bestrafung von Übertretern des Index.

Das Konzept für das Breve entstand in der Indexkongregation, wobei der Hauptanteil beim Sekretär Libelli lag. Für die endgültige Formulierung zeichnet der Brevensekretär Alexanders VII. Ugolini verantwortlich, dem das Konzept am 27. Juni 1663 zugegangen war. Als Vorlage der Edition dient hier die Separatveröffentlichung als Bando. Im Index von 1664 eröffnet das Breve den Vorspann.

Lit.: *Francesco Bordoni, Manuale consultorum in causis S. Officii contra haereticam pravitatem refertum [...] opera posthuma undequaque absolutissima, nunc primum edita, Parma: de Rosatis, 1693, Sectio XXXIX, Nr. 5, S. 394; Elisa Rebellato, La fabbrica dei divieti. Gli Indici dei libri proibiti da Clemente VIII a Benedetto XIV, Mailand 2008, S. 137f.*

V.: *Druck (Bando), Romae: Typographia Reverendae Camerae Apostolicae, 1664, Exemplar: BAV Editti [=Stato Pontificio. Editti] 28 (1664), fol. 23; Konzepte des Breve in: ACDF Index Diari 6 (1655–1664), fol. 120v–122v, und in: Index Prot. 34 (1659–1663), fol. 372r–373v.*

Breve S. D. N. Domini Alexandri Papae VII.[423]
super observatione Indicis librorum prohibitorum
noviter impressi:

Alexander Papa VII.
Ad perpetuam rei memoriam

Speculatores domus Israel,[424] quae est sancta Dei ecclesia, inscrutabili divinae providentiae arcano constituti, pastoralem vigilantiam nostram avertendis imminentibus gregi dominico periculis peculiari studio iugiter adhibemus, ne oves pretioso salvatoris domini nostri Iesu Christi sanguine redemptae[425] seducantur à via veritatis, sed illam insistentes sub salutaris doctrinae directione ad aeternae beatitudinis metam foelici cursu gradiantur. Cum itaque ad eiusdem ecclesiae gubernationem praecipuum sit in ordinandis moribus et castiganda doctrina

[423] Vgl. Dok. A 17, Anm 418. – Zu den Personen (wo nicht anders vermerkt) vgl. GruFo 1542–1700: (III) Personen.
[424] Ez 3,17; 33,7.
[425] 1 Petr 1, 18–19.

momentum, quod ab altero purum fidei lumen existat, ab altero operum rectitudo, Sedes apostolica – praeclarè intelligens homines legendo tam quae credenda quàm quae facienda sunt optimè discere – magnam inprimis in librorum delectu constituendo adhibet semperque adhibuit diligentiam, quo mali à bonis, noxii ab innoxiis discernerentur nominatim signatis auctoribus et scriptis, à quibus christifideles abstinere deberent.

Quam in rem venerabiles fratres nostri S. R. E. cardinales Indici librorum prohibitorum et expurgandorum praepositi non solum sua sponte et pro muneris sibi iniuncti ratione, sed etiam speciali mandato nostro attentiùs incumbentes, cùm animadverterint post Indicem librorum prohibitorum à foelicis recordationis Clemente Papae VIII. praedecessore nostro editum[426] iuxta formam alterius Indicis, qui sacrosancti concilii Tridentini auctoritate prodierat, quamvis multi libri tam à successoribus praedicti Clementis Romanis Pontificibus quàm ab eorundem cardinalium congregatione prohibiti illorumque auctores damnati fuerint, nullum tamen catalogum ordinatim atque distincte libros prohibitos et auctores damnatos huiusmodi complectentem publica auctoritate fuisse confectum magnamque proinde in hac materia oriri perplexitatem, quae in dies maior futura est, nisi opportunè provideatur.

Idcirco Nos, difficultati inveniendae hac in re veritatis occurrere cupientes, post maturam et diligentem deliberationem, cui nonnulli ex praefatis cardinalibus ad res accuratiùs dispiciendas praepositi fuerunt, decrevimus in primis deveniendum esse ad novi Indicis confectionem, quo non solum libri post novissimum Clementis praedecessoris Indicem prohibiti aut alias confixi, verùm etiam in superioribus, quos diximus, catalogis descripti continerentur; deinde quoad ordinem in disponendis auctorum et materiarum nominibus solam litterarum alphabeti seriem esse deinceps observandum, omissa nunc trina illa in classes distributione, quae licet ab initio laudabiliter esset instituta, usu nihilominus deinde cognitum est commodiorem adhuc iniri posse in hoc genere rationem et quae nullas appendicum adiectiones, multiplices alioquin et implicatas tractu temporis extituras, desideratura sit; remque expediat sine ulla legentium in quaerendis auctoribus molestia, praesertim bibliopolarum, quibus, ut facilis et explicata sit huius Indicis tractatio, publicè in primis interest, ne ipsi errantes multorum errori causam praebeant.

Accedit, quod illa classium distinctio plurimos non modo vulgares, sed etiam eruditos saepè decipiebat, dùm ex earum ordine confixionis gravitatem aestimandam putabant, quasi severius actum semper videatur cum legentibus anteriorum quàm posteriorum classium libros. Quod tamen secus esse ex ipsa classium institutione à concilio Tridentino facta colligi facilè potest. Ubi cum solum intercedat distinctio inter libros auctorum vitio ac demerito vel perniciosae doctrinae errorumque in eis contentorum ratione damnatos ac inter praeferentes aut dissimulantes auctorem contingit, ut plerique libri ignoti scriptoris, qui tertiae classi assignantur, peiores multo sint quàm in prima aut secunda recensiti. Cui

426 Index 1596.

falsae persuasioni, ne perniciosae in hac materia licentiae causam praebeat, medendum omnino existimavimus.

Quamvis autem ulteriorem classium distinctionem omitti iusserimus, hactenùs tamen observatam retinendam censuimus, ut citarentur in cuiusque libri confixione, ubi opus est, huiusmodi classes et appendices unà cum decretis, quibus primùm libri confixi fuerunt, quò rei ab initio gestae series innotescat. Quam etiam ob causam Indices Tridentinum et Clementinum[427] unà cum suis appendicibus Indici huic generali adiiciendos curavimus simulquè omnia decreta ad haec usque tempora in hac materia post praedicti Clementis praedecessoris Indicem emanata,[428] ne quid omninò, quod curiosae fidelium diligentiae prodesse posset, omissum videretur.

Quae omnia cum iuxta mentem nostram diligenter et accuratè fuerint exequutioni mandata composito Indice generali huiusmodi – cui etiam Regulae Indicis Tridentini[429] cum Observationibus[430] et Instructione[431] memorato Indici Clementino adiectis appositae fuerunt –, nos de praedictorum cardinalium consilio eundem Indicem generalem, sicut praemittitur, iussu nostro compositum atque revisum et typis Camerae nostrae apostolicae iam impressum, et quem praesentibus nostris pro inserto haberi volumus, cum omnibus et singulis in eo contentis auctoritate apostolica tenore praesentium confirmamus et approbamus, ac ab omnibus tam universitatibus quam singularibus personis ubicumque locorum existentibus inviolabiliter et inconcussè observari mandamus et praecipimus, sub poenis in constitutione recentis memoriae Pii Papae IV.[432] etiam praedecessoris nostri super dicti Indicis Tridentini confirmatione edita contentis.

Ad quas, varietatis veterum decretorum in proponendis transgredientium poenis tollendae gratia, omnes et singulas poenas per constitutiones apostolicas et decreta anteriora huiusmodi quomodolibet inflictas harum serie reducimus, firmis tamen manentibus his, quae de auctoribus et libris damnatis in litteris apostolicis die Coenae Domini[433] publicari solitis sancita sunt, circa quos nihil omninò mutare ac ne contingere quidem intendimus.

Mandantes propterea omnibus et singulis venerabilibus fratribus patriarchis, archiepiscopis, episcopis et aliis locorum ordinariis, necnon dilectis filiis eorum vicariis et officialibus ac haereticae pravitatis inquisitoribus et regularium cuiuscumque ordinis, congregationis, societatis vel instituti superioribus omnibusquè aliis, ad quos spectat et in futurum quomodolibet spectabit, ut hunc genera-

---

[427] Der mit diesem Breve eingeführte Index 1664 enthält im Anhang, S. 229–283 (»Index Tridentinus«), einen Wiederabdruck des Index Clementinus, der seinerseits vollständig den Trienter Index von 1564 beinhaltet.

[428] Der Index 1664 – sowie sein Nachdruck von 1667 – druckt als einziger auch die Originaldekrete (Bandi) mit Bücherverboten der CIndex, des SO und des MSP ab, Index 1664, S. 287–398 (»Index Decretorum«).

[429] Dok. A 9.

[430] Dok. A 15.

[431] Dok. A 13.

[432] Dok. A 10.

[433] Dok. A 21.

lem Indicem vulgandum et observandum pro viribus curent, memores ad officii sibi comissi munus pertinere, ut oves dominici gregis tam à pabulis perniciosis arceantur quàm salutaribus impleantur, à quo, si – quod absit – per malitiam aut negligentiam cessent, omnium malorum, quae inde gravissima et maxima oriri necesse est, districtam sibi apud severum iudicem reddendam esse rationem.

Non obstantibus apostolicis ac in universalibus provincialibusque et synodalibus conciliis editis generalibus vel specialibus constitutionibus et ordinationibus, necnon quibusvis etiam iuramento, confirmatione apostolica vel quavis firmitate alia roboratis statutis et consuetudinibus, privilegiis quoque indultis et litteris apostolicis sub quibuscunque tenoribus et formis ac cum quibusvis clausulis et decretis in contrarium praemissorum quomodolibet concessis, confirmatis, approbatis et innovatis. Quibus omnibus et singulis, etiamsi pro illorum sufficienti derogatione de illis eorumque totis tenoribus specialis, specifica, expressa et individua, ac de verbo ad verbum, non autem per clausulas generales idem importantes mentio seu quaevis alia expressio habenda aut alia exquisita forma ad hoc servanda foret, tenore huiusmodi praesentibus pro plenè et sufficienter expressis et insertis, ac formam in illis traditam pro servata habentes, illis alias in suo robore permansuris, ad praemissorum effectum specialiter et expressè derogamus caeterisque contrariis quibuscunque.

Volumus autem, ut earundem praesentium litterarum transumptis seu exemplis, etiam impressis, manu alicuius notarii publici subscriptis et sigillo personae in ecclesiastica dignitate constitutae munitis eadem prorsùs fides ubique locorum et gentium habeatur, quae ipsis praesentibus haberetur, si forent exhibitae vel ostensae.

Datum Romae, apud S. Mariam Maiorem, sub annulo piscatoris, die V. Martii MDCLXIV, pontificatus nostri anno nono.

Stephanus Ugolinus[434]

[434] Stefano Ugolini (gest. 1681), Brevensekretär Alexanders VII., von 1666 bis 1667 Titular-Ebf. von Korinth, von 1667 bis 1681 Titular-Patriarch von Konstantinopel: HC 4, S. 163, 165.

A 19 | 1665: Ergänzungsvorschriften (»Observationes«) der Indexkongregation zur X. Trienter Indexregel

Der Dominikaner Vincenzo Fani[435] *drängte unmittelbar nach seinem Amtsantritt als Sekretär der Indexkongregation auf eine verbesserte Ausgabe des unter seinem Amtsvorgänger Libelli entstandenen Index von 1664. Im Zuge dieser kleinen Index-Revision, deren Ergebnis bereits 1665 in Form einer Oktavausgabe des Index Alexandrinus erschien, wurde die das Prozedere der Vorzensur festlegende X. Indexregel um die hier abgedruckten »Observationes« ergänzt. Quellen sind das Dekret des Sanctum Officium vom 18. September 1625 (Dok. B 7) und jenes der Indexkongregation vom 3. Februar 1659 (Dok. A 17). Die Observationes wurden in allen Index-Ausgaben seit 1665 bis zum Ende des 19. Jahrhunderts abgedruckt. Während der Erstabdruck im Index von 1665 sie in die Observatio Clemens' VIII. (Dok. A 15) inseriert (im Anschluss an den Titulus »circa IX. Regulam«), sind sie in den späteren Ausgaben gesondert abgedruckt. Abgelöst und aufgehoben wurden die Observationes durch die Konstitution »Officiorum ac munerum« (Dok. A 29). Vgl. Einf., Kapitel II.4.4.c).*

Lit.: *Marco Cavarzere, La prassi della censura nell'Italia del Seicento. Tra repressione e mediazione (Temi e testi 92), Rom 2011, S. 118; Rebellato, Fabbrica (wie Dok. A 18, Lit.), S. 135, 148f.*

V.: *Index 1665, S. xiif.; verglichen mit dem hs. Konzept in: ACDF Index Prot. 35 (1650–1659), fol. 27 (im Apparat Sigle: ACDF); und dem Abdruck in: Index 1758, S. VIII.*

Observationes ad Regulam X.[436]
Alexandri Papae VII.[437] iussu additae

Observandum est circa Regulam X., quod degentes in statu Sedi apostolicae mediatè vel immediatè subiecto non possunt transmittere libros à se compositos alibi imprimendos sine expressa approbatione et in scriptis eminentissimi ac reverendissimi domini cardinalis S. D. N. vicarii et magistri Sacri Palatii, si in Urbe, si verò extrà Urbem existant, sine ordinarii loci illius sive[438] ab his deputatorum facultate et licentia operi infigenda.

Qui verò super impressionem librorum ordinariam aut delegatam auctoritatem exercent, dent operam, ne ad examen librorum huiusmodi personas affectui auctorum quomodolibet addictas, praesertim verò propinquitate illos aut alia, quantumvis à longe petita ea sit, – veri et sinceri iudicii corruptrice – necessitudine contingentes admittant. Super omnia autem ab oblatis sibi in hanc operam per eosdem auctores censoribus caveant. Sed iis demum utantur, quos doctrina

---

[435] Vincenzo Fani OP (1617–1672), von 1664 bis 1672 Sekretär der Indexkongregation, vgl. GruFo 1542–1700: (III) Personen.
[436] Dok. A 9, Rgl. X.
[437] Vgl. Dok. A 17, Anm 418.
[438] ‡ sine … sive: *ACDF* sine Ordinarii et Inquisitoris loci illius sive

morumque integritate probatos, ab omni suspicione gratiae intactos, ac si fieri potest, auctoribus ipsis ignotos et unius boni publici Deique gloriae studiosos cognoverint.

Quo vero ad auctores regulares, cuiuscunque ordinis et instituti sint, illud praeterea observandum, ut ne eorum scripta vel opera aliis eiusdem instituti regularibus examinanda committantur, sed alterius ordinis et instituti viri pii doctique et à partium studio atque ab amoris et odii stimulis prorsus remoti eligantur. Per hoc autem non tollitur, quin intra eorumdem regularium ordinem per religiosos eiusdem ordinis superiorum suorum iussu praefati libri examinari non[439] debeant.[440]

[439] ‡ non: *im Index 1758 korrekt ausgelassen*

[440] Zu den letzten zwei Abs. vgl. Dok. A 17.

A 20 | 1673 April 6: Breve »Creditae nobis« Papst Clemens' X.

Im Jahr 1622 wurde von Papst Gregor XV. die Congregatio de Propaganda Fide als ständige Zentralbehörde für die katholische Mission gegründet. Die ›Propaganda Fide‹ beanspruchte umfassende kirchliche Jurisdiktion über die Missionsgebiete, einschließlich der Oberaufsicht über die Presse. Ein Dekret der Kongregation vom 6. Dezember 1655 untersagte Missionaren, in den Missionsgebieten eigene oder fremde Werke ohne schriftliche Genehmigung der ›Propaganda Fide‹ zu veröffentlichen (CollCProp, Nr. 1869, S. 765). Vor dem Hintergrund des zwischen den Jesuiten und den Mendikantenorden ausgebrochenen Streits über die Zulässigkeit der Chinesischen und Malabarischen Riten, der eine scharfe publizistische Polemik nach sich zog, weitete die Kongregation ihre zensorischen Kompetenzen auf die Gesamtkirche aus. So erklärt ein Dekret vom 19. Dezember 1672, dass sämtliche Schriften, die sich mit dem Thema Mission oder damit verbundenen Fragen befassen, vor dem Druck die Freigabe durch die ›Propaganda Fide‹ benötigten – auch dann, wenn nicht Missionare in den Missionsgebieten die Verfasser waren (eine hs. Ausfertigung des Dekrets in: ASV Secr. Brev. 1510, fol. 61). Mit dem hier abgedruckten Breve bestätigt Papst Clemens X. auf Bitten der Kongregation das Dekret (s. Schreiben des Sekretärs der Kongregation an den Brevensekretär Sluse, 20. März 1673, ebd. fol. 60). Infolge dieses Breve leiteten fortan die Indexkongregation und das Sanctum Officium Zensurfälle, die unter die Bestimmungen des päpstlichen Erlasses fielen, oft ohne weitere Prüfung an die ›Propaganda Fide‹ weiter. Die Zensurgesetzgebung für die Missionsgebiete wurde besonders ab den 1770er Jahren kontinuierlich erweitert, wird hier aber nicht weiter verfolgt, dazu: Coll. Prop, Nr. 1866–1892, S. 765–772, und Ragot-Delcourt (s. Lit.). Vgl. Einf., Kapitel II.4.2.

Lit.: *CollCProp, Nr. 1866–1892, S. 765–772; Nikolaus Kowalsky, Die S. Congregatio de Propaganda Fide und die Bücherzensur der Apostolischen Missionare, in: Neue Zeitschrift für Missionswissenschaft 9 (1953), S. 41–48; Josef Metzler, Die Kongregation in der zweiten Hälfte des 17. Jahrhunderts, in: Ders. (Hg.), Sacrae Congregationis de Propaganda Fide memoria rerum. 350 anni a servizio delle missioni 1622–1972, 3 Bde., Rom 1971–1976, Bd. I/1, S. 244–305, hier: S. 281; Véronique Ragot-Delcourt, Un révélateur des rapports entre Rome et les missions au XIXe siècle. Le contrôle des livres publiés en Extrême-Orient, in: Bibliothèque de l'École des Chartes 163 (2005), S. 505–524, hier: S. 507.*

V.: *ASV Secr. Brev. 1510, fol. 59r/v (hs. Register-Eintrag; im Apparat Sigle: V); abgekürzte Formeln erg. n. dem Text-Abdruck in: BullTaur 18 (1882), S. 393f.*

Clemens Papa X.[441]
Ad perpetuam rei memoriam

Creditae nobis caelitus apostolicae servitutis ratio postulat, ut, si quos in ecclesia Dei abusus pullulare atque invalescere noscamus, eos opportunae sanctionis sarculo recidere atque è medio tollere studeamus. Cum itaque, sicut accepimus, licet aliàs congregatio venerabilium fratrum nostrorum S. R. E. cardinalium iustis de causis vetuisset, ne quis sine ipsius licentia typis evulgaret libros et scripta, in quibus aliquo pacto de missionibus ageretur,[442] nihilominus multi – vel ignari quid eadem congregatio decreverit, vel temerè decretum eius transgredientes – scripta edant et libros saepe falsa et inepta continentes, non sine piorum et doctorum hominum offensione, Nos his aliisque gravibus causis adducti, de memoratorum cardinalium consilio, auctoritate apostolica tenore praesentium iterum prohibemus:

Ne quis cuiuscumque status, gradus et conditionis, etiam regularis cuisvis ordinis, congregationis, instituti et societatis, etiam Iesu, licet is esset, de quo specifica et individua mentio facienda foret, sine licentia in scriptis congregationis eorundem cardinalium, quam in operis initio imprimere teneatur, libros et scripta, in quibus de missionibus vel de rebus ad missiones pertinentibus agatur, per se vel per alium edat, sub excommunicationis latae sententiae, à qua nemo à quoquam praeterquam à nobis seu Romano Pontifice pro tempore existente, nisi in mortis articulo constitutus, absolvi possit, ac privationis officii et vocis activae et passivae, necnon operum suppressionis poenis ipso facto incurrendis.

Hoc autem denunciari volumus omnibus et singulis superioribus generalibus cuisvis ordinis, congregationis, instituti et societatis, etiam Iesu, qui sub iisdem poenis et ipsi praesentes litteras servent et à subditis suis curent omnio servari. Ac praecipimus sub poena privationis vocis activae et passivae, ut quolibet anno teneantur superiores praefati easdem praesentes litteras sive earum tenorem in capitulis legere seu legi curare, ne aliquis sub praetextu ignorantiae se excusare possit.

Decernentes ipsas praesentes litteras semper firmas, validas et efficaces existere et fore suosque plenarios et integros effectus sortiri et obtinere; nec de subreptionis vel obreptionis aut nullitatis vitio, seu intentionis nostrae aut interesse habentium vel habere praetendentium consensus aliove quolibet, etiam quantumvis magno et substantiali ac individuam expressionem requirente, defectu notari, impugnari, infringi, retractari, aut in controversiam vocari, seu ad terminos iuris reduci ullo modo posse; sicque et non aliter in praemissis per quoscumque iudices ordinarios et delegatos, etiam <causarum Palatii apostolici>[443] auditores ac S. R. E. praefatae cardinales, etiam de latere legatos et apostolicae Sedis nuncios aliosve quoslibet quacumque praeeminentia

[441] Emilio Altieri (1590–1676), von 1670 bis 1676 Papst Clemens X., über ihn: EncPapi 3, S. 360–368 von Luciano Osbat.
[442] Dekret der CProp, 19.12.1672: IurPont CProp 2 (1909), S. 178.
[443] ‡ *V* etc. *<erg. hier und weiter unten n. BullTaur>*

et potestate fungentes et functuros, sublatâ eis <et eorum cuilibet quavis aliter iudicandi et interpretandi facultate et auctoritate>, iudicari et definiri debere; ac irritum <et inane, si secus super his a quoquam, quavis auctoritate, scienter vel ignoranter, contigerit> attentari.

Non obstantibus apostolicis ac in universalibus provincialibusque et synodalibus conciliis editis generalibus vel specialibus constitutionibus et ordinationibus; necnon quorumcumque ordinum, congregationum, institutorum et societatum, etiam Iesu, aliisve quibusvis, etiam <iuramento, confirmatione apostolicâ vel quavis firmitate aliâ roboratis> statutis et consuetudinibus, etiam immemorabilibus, privilegiis <quoque, indultis et litteris> apostolicis, praefatis ordinibus, congregationibus, institutis et societatibus, etiam Iesu, illorumque superioribus et personis aliisve quibuslibet sub quibuscumque verborum tenoribus et formis, ac cum quibusvis etiam derogatoriarum <derogatoriis irritantibusque et aliis> decretis, in genere vel in specie, seu aliàs quomodolibet in contrarium praemissorum concessis, confirmatis ac etiam pluries approbatis et innovatis. Quibus omnibus et singulis, etiamsi pro illorum sufficienti derogatione de illis eorumque totis tenoribus speciali, <specifica et individua seu quaevis alia exquisita forma ad hoc> servanda foret, tenores huiusmodi <praesentibus pro plene et sufficienter expressis ac formam in eis traditam pro servatâ habentes, hac vice specialiter, ad effectum praemissorum dumtaxat consequendum, derogamus>, ceterisque contrariis quibuscumque.

Volumus autem, ut earundem[444] praesentium litterarum transumptis seu exemplis, etiam impressis, manu alicuius notarii publici subscriptis vel sigillo personae in ecclesiastica dignitate constitutae munitis, eadem prorsus fides in iudicio et[445] extra illud habeatur, quae haberetur[446] ipsis praesentibus, si forent exhibitae vel ostensae.

Datum <Romae, apud> S. Mariam Maiorem, <sub annulo piscatoris>, die 6. Aprilis 1673, <pontificatus nostri> anno 3.

Ioannes Gualterius Slusius[447]

---

[444] ‡ earundem: *BullTaur* ipsarum

[445] ‡ in … et: *BullTaur* tam in iudicio quam

[446] ‡ habeatur … haberetur: *BullTaur* adhibeatur, quae adhiberetur

[447] Johannes Walter Sluse (1628–1687), von 1670 bis 1687 Brevensekretär Clemens' X. und Innozenz' XI., ab 1686 Kard. und Mitglied der CIndex: GruFo 1542–1700: (III) Personen.

A 21 | 1729 April 14: Die ›Abendmahlsbulle‹ (›Bulla in coena Domini‹)

Die jährlich an Gründonnerstag (lat. »dies coenae Domini«) in Rom öffentlich und in Gegenwart des Papstes verlesene ›Abendmahlsbulle‹ war ein tragender Pfeiler des frühneuzeitlichen kirchlichen Strafrechts, vor allem in Hinblick auf die Ketzer- und Pressegesetzgebung. Die Bulle stellt einen Katalog von Exkommunikationsurteilen dar, weshalb sie auch als »Prozess« oder »Akte« (processus) bezeichnet wurde. Diese Urteile sind Generalsentenzen. Sie richten sich also nicht gegen namentlich genannte Delinquenten, sondern gegen eine virtuelle Gruppe von Personen, die sich aufgrund der in der Bulle aufgeführten Delikte die Exkommunikation zugezogen haben, wobei nach der zugrundeliegenden Rechtsvorstellung die Exkommunikation durch die Tat selbst (»ipso facto«) erfolgte. Zugleich handelt es sich bei den aufgeführten Delikten ausschließlich um Reservatsfälle, so dass nur der Papst oder in seinem Auftrag die Apostolische Pönitentiarie, das Sanctum Officium bzw. andere von ihm speziell Bevollmächtigte von der Exkommunikation lösen konnten, nicht aber der Bischof oder andere Beichtbefugte. Der für das System päpstlicher Pressekontrolle relevante Passus der Bulle ist § 1, der Häretiker und Leser häretischer Schriften für exkommuniziert erklärt. Vgl. Einf., Kapitel II.3.2.

Im Lauf der Zeit wuchs der Widerstand weltlicher Herrscher gegen die Bulle, die als Inbegriff universaler päpstlicher Strafgewalt in der Epoche des Fürstenabsolutismus aus der Zeit gefallen war. Sie wurde zuletzt 1768 verlesen und 1774 von Clemens XIV. auf Druck von außen auf unbestimmte Zeit sistiert. Offiziell abgelöst wurde sie erst 1869 von der Konstitution Apostolicae Sedis (Dok. A 27).

Der Text der Bulle erfuhr von der Mitte des 16. Jahrhunderts bis zur endgültigen Fixierung durch Urban VIII. 1627 immer wieder kleinere Veränderungen (vgl. den Apparat), wobei der hier interessierende § 1 bereits 1593 seine bis 1774 bestehende Form gefunden hatte. Der hier nur auszugsweise wiedergegebene Text folgt – rein aus Verfügbarkeitsgründen – der von Benedikt XIII. publizierten Version, in der das 1627 fixierte Formular Verwendung findet.

Lit.: *Art. »Casi reservati«, in: DSI 1, S. 290f. von E. Brambilla; Bordoni, Sacrum Tribunal (wie Dok. A 2, Lit..), c. XIV., S. 349f., 352; Brambilla, Origini del Sant'Uffizio (wie Dok. A 4, Lit.), S. 186–193, 255–262; DSI 2, S. 774f. von S. Pagano; Carena (wie Dok. A 16, Lit.), Pars II., Tit. 10, § 1, S. 197–198; Frajese, Nascita (wie Dok. A 2, Lit.), S. 227–251; Massimo Carlo Giannini, Tra politica, fiscalità e religione: Filippo II di Spagna e la pubblicazione della bolla »In Coena Domini« (1567–1570), in: Annali dell'Istituto storico italo-germanico in Trento 23 (1997), S. 83–152; Emil Göller, Die papstliche Pönitentiarie von ihrem Ursprung bis zu ihrer Umgestaltung unter Pius V. (Bibliothek des Kgl. Preussischen Historischen Instituts in Rom 3), 2 Bde., Rom 1907–1911, hier: Bd. I/1, S. 242–277, und Bd. II/1, S. 190–208; Mathias Hausmann, Geschichte der päpstlichen Reservatfälle. Ein Beitrag zur Rechts- und Sittengeschichte, Regensburg 1868; Christian Jaser, Ecclesia maledicens. Rituelle und zeremonielle Exkommunikationsformen im Mittelalter (Spätmittelalter, Humanismus, Reformation 75), Tübingen 2013, bes. S. 381–404; Johann*

Friedrich Le Bret, *Pragmatische Geschichte der so berufenen Bulle In Coena Domini und ihren fürchterlichen Folgen fur den Staat und die Kirche, zur Beurtheilung aller Streitigkeiten unseres Jahrhunderts mit dem römischen Hof, 4 Bde., [Frankfurt/Main] 1769–1770; Karl* Pfaff, *Beiträge zur Geschichte der Abendmahlsbulle vom 16. bis 18. Jahrhundert, in: RQ 38 (1930), S. 23–76; Plöchl 5 (1969), S. 44–51.*

V.: Separatdruck, Romae: Typis Rev. Camerae Apostolicae, 1729, [10] S., Exemplar: BAV Editti [=Stato Pontificio. Editti] 93 (1729), fol. 121r–126v.

Literae processus S. D. N. Benedicti Papae XIII. [448]
publicatae die Coenae Domini anno MDCCXXIX:

Benedictus episcopus
servus servorum Dei
ad perpetuam rei memoriam

Pastoralis Romani Pontificis vigilantia et sollicitudo cùm in omni christianae reipublicae pace et tranquillitate procuranda pro sui muneris officio assiduè versatur, tùm potissimum in catholicae fidei, sine qua impossible est placere Deo, unitate atque integritate retinenda et conservanda maximè elucet. Nimirùm, ut fideles Christi non sint parvuli fluctuantes neque circumferantur omni vento doctrinae in nequitia hominum ad circumventionem erroris, sed omnes occurrant in unitatem fidei et agnitionis filii Dei in virum perfectum.[449] Neque se in huius vitae societate et communione laedant, aut inter se alter alteri offensionem praebeat[450], sed potiùs in vinculo charitatis coniuncti, tanquàm unius corporis membra sub Christo capite eiusque in terris vicario Romano Pontifice, beatissimi Petri successore, à quo totius ecclesiae unitas dimanat. Augeantur in aedificationem atque ita divina gratia adiutrice sic praesentis vitae quiete[451] gaudeant, ut futura quoque beatitudine perfruantur.

Ob quas sanè causas Romani Pontifices praedecessores nostri hodierna die, quae anniversaria dominicae coenae commemoratione solemnis est, spiritualem ecclesiasticae disciplinae gladium et salutaria iustitiae arma per ministerium summi apostolatus ad Dei gloriam et animarum salutem solemniter exercere consueverunt. [452]

Nos igitur, quibus nihil optabilius est, quàm fidei inviolatam integritatem, publicam pacem et iustitiam Deo auctore tueri, vetustum et solemnem hunc morem sequentes:

---

[448] Vincenzo Maria Orsini (1649–1730), von 1724 bis 1730 Papst Benedikt XIII. – Zu den Personen (wo nicht anders vermerkt) vgl. GruFo 1701–1713: (III) Personen.

[449] Eph 4,13–14.

[450] ‡ praebeat: *V.* praebeant

[451] ‡ quiete: *V.* quieta

[452] »Pastoralis … consueverunt«: Arenga der Bulle seit Sixtus V., ersetzte die ältere Arenga mit dem Inzipit »Consueverunt Romani Pontifices«.

1. Excommunicamus et anathematizamus ex parte Dei omnipotentis, Patris et Filii et Spiritus Sancti, auctoritate quoque beatorum apostolorum Petri et Pauli ac nostra quoscumque hussitas, wiclefistas, lutheranos, zvinglianos, calvinistas, ugonottos, anabaptistas[453], trinitarios[454] et à christiana fide apostatas[455] ac omnes et singulos alios haereticos, quocumque nomine censeantur et cuiuscunque sectae existant, ac eis credentes[456] eorumque receptatores, fautores et generaliter quoslibet illorum defensores, ac eorumdem libros haeresim continentes vel de religione tractantes[457], sine auctoritate nostra et Sedis apostolicae scienter[458] legentes aut retinentes, imprimentes seù quomodolibet defendentes, ex quavis causa, publicè vel occultè, quovis ingenio vel colore; necnon schismaticos[459] et eos, qui se à nostra et Romani Pontificis pro tempore existentis obedientia pertinacitèr subtrahunt vel recedunt.
2. Item excommunicamus et anathematizamus [... *es folgen 19 weitere Sentenzen, geahndet werden: Appellation an ein allgemeines Konzil, Piraterie, Strandraub, Fälschung von Papsturkunden, Lieferung von Kriegsgerät an Muslime und Häretiker, Belästigung von Rom-Reisenden, Anwendung des königlichen Plazets, Verletzungen der kirchlichen Immunität und des Privilegium fori usw.*].

Volentes praesentes nostros processus ac omnia et quaecumque his litteris contenta, quousque alii huiusmodi processus à nobis aut Romano Pontifice pro tempore existente fiant aut publicentur, durare suosque effectus omninò sortiri.[460]

Caeterùm à praedictis sententiis nullus per alium quam per Romanum Pontificem – nisi in mortis articulo constitutus, nec etiam tunc nisi de stando ecclesiae mandatis et satisfaciendo cautione praestita – absolvi possit, etiam praetextu quarumvis facultatum et indultorum quibuscumque personis eccle-

---

453 ‡ anabaptistas: *V.* anabatistas

454 Die Auflistungen der einzelnen Häresien unterliegt in den Versionen des 16. Jahrhunderts noch Schwankungen. Die Formulare zur Zeit Pauls IV. (von 1555 bis 1559) und Pius' IV. (von 1559 bis 1565) führen gar keine Häresien einzeln auf, Pius V. (von 1566 bis 1572) nimmt die in älterer Zeit üblichen Einzelnennungen wieder auf, lässt aber die noch bei Paul III. (von 1534 bis 1549) genannten Katharer, Armen von Lyon und andere mittelalterliche Sekten weg, übernimmt dagegen Hussiten, Wyclifiten und Lutheraner und fügt Zwinglianer, Hugenotten, Anabatisten und Trinitarier hinzu. Diesen Katalog ergänzte Gregor XIII. 1573 um die Calvinisten, danach blieb die Liste der Häresien bis zur Aufhebung der Bulle unverändert: PFAFF (s. Lit.), S. 31.

455 »Apostaten« erscheinen an dieser Stelle seit 1593: PFAFF (s. Lit), S. 32.

456 Die Anhänger (»ac eis credentes«) werden seit 1566 ausdrücklich mit einbezogen: ebd.

457 Die Formulierung »libros haeresim continentes vel de religione tractantes« findet sich seit 1578 im Formular der Bulle. Paul III. hatte nur die Schriften Luthers genannt, Paul IV. hingegen bezog unterschiedslos alle Bücher jeglicher Schismatiker und Häretiker in das Verbot mit ein (ebd.); der Passus aus dem Formular Pauls IV. zit. bei FRAJESE (s. Lit.), S. 227. In den mittelalterlichen Formularen des Häresieparagrafen ist das Lesen häretischer Literatur in die Sentenz noch nicht mit einbezogen.

458 Die Einschränkung »wissentlich« geht zurück auf Pius IV. (1561).

459 »Schismatiker« ließ Paul IV. in diesen Paragrafen aufnehmen, außer von Pius IV. wird der Zusatz von allen späteren Päpsten seit 1566 übernommen: PFAFF (s. Lit), S. 31f.

460 Dieser Passus (»Volentes ... sortiri«) geht inhaltlich auf Pius V. (1568) zurück, die genaue Formulierung erscheint erstmals in der Bulle Gregors XIII. (1574): ebd., S. 58.

siasticis, saecularibus et quorumvis ordinum, etiam mendicantium ac militiarum regularibus, etiam episcopali vel alia maiori dignitate praeditis ipsisque ordinibus et eorum monasteriis, conventibus et domibus ac capitulis, collegiis, confraternitatibus, congregationibus, hospitalibus et locis piis, necnon laicis, etiam imperiali, regali et alia mundana excellentia fulgentibus, per nos et dictam Sedem ac cuiusvis concilii decreta,[461] verbo, litteris aut alia quacumque scriptura, in genere et in specie, concessorum et innovatorum ac concedendorum et innovandorum.[462]

Quòd si fortè aliqui contrà tenorem praedictum talibus excommunicatione et anathemate laqueatis vel eorum alicui absolutionis beneficium impendere de facto praesumpserint, eos excommunicationis sententia innodamus, graviùs contra eos spiritualitèr et temporalitèr, proùt expedire noverimus, processuri.[463]

Declarantes ac protestantes quamcumque absolutionem, etiam solemnitèr per nos faciendam, praedictos excommunicatos sub praesentibus comprehensos, nisi priùs à praemissis cum vero proposito ulterius similia non committendi destiterint, ac quoad eos, qui contrà ecclesiasticam libertatem, ut praefertur, statuta fecerint, nisi priùs statuta, ordinationes, constitutiones pragmaticas et decreta huiusmodi publicè revocaverint et ex archiviis seù capitularibus locis aut libris, in quibus annotata reperiuntur, deleri et cassari ac nos de revocatione huiusmodi certiores fecerint, eos non comprehendere nec eis alitèr suffragari; quìn etiam per huiusmodi absolutionem aut quoscumque alios actus contrarios, tacitos vel expressos, ac etiam per patientiam et tolerantiam nostram vel successorum nostrorum, quantocunque tempore continuatam, in praemissis omnibus et singulis ac quibuscumque iuribus Sedis apostolicae ac S. R. E. undecunque et quandocumque quaesitis vel quaerendis nullatenùs praeiudicari posse aut debere.[464]

Non obstantibus privilegiis, indulgentiis, indultis et litteris apostolicis, generalibus vel specialibus, supradictis vel eorum alicui seù aliquibus aliis – cuiuscunque ordinis, status vel conditionis, dignitatis et praeeminentiae fuerint, etiamsi, ut praefertur, pontificali, imperiali, regali seù quavis ecclesiastica et mundana praefulgeant dignitate – vel eorum regnis, provinciis, civitatibus seù locis à praedicta Sede ex quavis causa, etiam per viam contractus aut remunerationis, et sub quavis alia forma et tenore ac cum quibusvis clausulis, etiam derogatoriarum derogatoriis, concessis – etiam continentibus, quòd excommunicari, anathematizari vel interdici non possint per litteras apostolicas non facientes plenam et expressam ac de verbo ad verbum de privilegiis, indulgentiis

[461] Diese Klausel richtet sich gegen den Kanon des Trienter Konzils, der Bischöfen die Lossprechungsgewalt von okkulter Häresie verleiht, Trid. sess. 24, c. 6 (De reformatione): COD, S. 764. Vgl. zu der Rücknahme des Kanons auch das Dekret des SO vom 25.5.1628 in: CollSO, Nr. 355. Zu den Implikationen dieser Korrektur: FRAJESE (s. Lit.), S. 233, 239, und BRAMBILLA (s. Lit.), S. 546–555.

[462] Der Paragraf über die päpstliche Reservation (»Caeterùm … innovandorum«) in dieser Formulierung seit Gregor XIII. (1574).

[463] Der Paragraf (»Quod … processuri«) in dieser Formulierung seit Gregor XIII. (1578).

[464] Der Paragraf (»Declarantes … debere«) in dieser Formulierung seit Gregor XIII. (1578).

et indultis huiusmodi ac de ordinibus, locis, nominibus propriis, cognominibus et dignitatibus eorum mentionem –, necnon consuetudinibus, etiam immemorabilibus, ac praescriptionibus quantumcumque longissimis et aliis quibuslibèt observantiis, scriptis vel non scriptis, per quae contrà hos nostros processus ac sententias, quominùs includantur in eis, se iuvare valeant vel tueri. Quae omnia quoad hoc eorum omnium tenores, ac si ad verbum nihil penitùs omisso insererentur, praesentibus pro expressis habentes penitùs tollimus et omninò revocamus caeterisque contrariis quibuscumque.[465]

Ut verò praesentes[466] nostri processus ad publicam omnium notitiam faciliùs deducantur, chartas seù membranas processus ipsos continentes valvis basilicae S. Ioannis Lateranensis et basilicae Principis apostolorum de Urbe appendi faciemus, ut ii, quos processus huiusmodi concernunt, quòd ad ipsos non pervenerint, aut quòd ipsos ignoraverint, nullam possint excusationem praetendere aut ignorantiam allegare, cùm non sit verisimile id remanere incognitum, quod tàm patentèr omnibus publicatur.[467]

Insupèr, ut processus ipsi et praesentes literae ac omnia et singula in eis contenta eò fiant notiora, quò in plerisque civitatibus et locis fuerint publicata, universis et singulis patriarchis, primatibus, archiepiscopis, episcopis et locorum ordinariis et praelatis ubilibèt constitutis per haec scripta committimus et in virtute sanctae obedientiae districte praecipiendo mandamus, ut per se vel per alium seù alios praesentes literas, postquàm eas receperint, seù earum habuerint notitiam, semel in anno aut, si expedire viderint, etiam pluries in ecclesiis suis, dùm in eis maior populi multitudo ad divina convenerit[468], solemniter publicent et ad christifidelium mentes reducant, nuncient et declarent.[469]

Caeterum patriarchae, archiepiscopi, episcopi aliique locorum ordinarii et ecclesiarum praelati, necnon rectores caeterique curam animarum exercentes ac praesbyteri saeculares et quorumvis ordinum regulares ad audiendas peccatorum confessiones quavis authoritate deputati transumptum praesentium lliterarum penès se habeant easque diligentèr legere et percipere studeant.[470]

Volentes earumdem praesentium transumptis, etiam impressis, notarii publici manu subscriptis et sigillo iudicis ordinarii Romanae Curiae vel alterius personae in dignitate ecclesiastica constitutae munitis, eamdem prorsùs fidem in iudicio et extra illud ubique locorum adhibendam fore, quae ipsis praesentibus adhiberetur, si essent exhibitae vel ostensae.[471]

---

[465] Der Paragraf über die Nonobstantien in dieser Formulierung beinahe unverändert seit Pius V. (1568).

[466] ‡ praesentes: *V.* praesentas

[467] Der Paragraf (»Ut verò … publicatur«) in dieser Formulierung seit Sixtus V.

[468] ‡ convenerit: *V.* convenerint

[469] Der Paragraf (»Insupèr … declarent«) in dieser Formulierung beinahe unverändert seit Julius II.

[470] Der Paragraf (»Caeterum … studeant«) in dieser Formulierung seit Sixtus V.

[471] Der Paragraf (»Volentes … ostensae«) in dieser Formulierung seit Gregor XIII. (1574).

Nulli ergò omninò hominum liceat hanc paginam nostrae excommunicationis, anathematizationis, interdicti, innovationis, innodationis, declarationis, protestationis, sublationis, revocationis, commissionis, mandati et voluntatis infringere vel ei ausu temerario contraire. Si quis autèm hoc attentare praesumpserit, indignationem omnipotentis Dei ac beatorum Petri et Pauli apostolorum eius se noverit incursurum.[472]

Datum Beneventi, anno incarnationis dominicae millesimo septingentesimo vigesimo nono, XVIII. Kalendis Maii, pontificatus nostro anno quinto.

Ioannis Baptista[473], archiepiscopus Nisibenus, sub-datarius
Visa de curia Iustus[474], archiepiscopus Ancyranus

D. Stivanus

Registrata in Camera apostolica

Antonius Petruccius, reverendae Camerae apostolicae secretarius

---

[472] Der Paragraf (»Nulli ergò … incursurum«) in dieser Formulierung seit Sixtus V.

[473] Giovanni Battista Braschi (1657–1736), von 1724 bis 1736 Titular-Ebf. von Nisibis, ab 1726 Sub-Datar Benedikts XIII., über ihn: DBI 14 (1972), S. 59–61 von Augusto CAMPANA.

[474] Giusto Fontanini (1666–1736), von 1725 bis 1736 Titular-Ebf. von Ankara, seit 1725 Abbreviatore di Curia.

A 22 | [1757 Dezember 23]: »Decreta de libris prohibitis«

Im Pontifikat Benedikts XIV. (1740–1758) wurde der Index Romanus erstmals seit 1664 wieder einer Generalrevision unterzogen. Der Überarbeitung der Liste verbotener Bücher ging die Festlegung eines verbindlichen Verfahrens für die Buchzensur in den Kongregationen des Index und des Sanctum Officium voraus. Als Ergebnis dieser ersten Reformetappe wurde am 9. Juli 1753 die Konstitution »Sollicita ac provida« erlassen (Dok. C 10). Erst ein halbes Jahr später begann die Indexkongregation mit der Revision des Index. Eines der leitenden Ziele dabei war die Verbesserung missverständlicher bibliografischer Angaben in der Verbotsliste. Ferner sollten umfänglicher als bisher zu den Verbotseinträgen die entsprechenden Dekrete angegeben werden, so dass die verbietende Behörde und das Datum des Beschlusses deutlich erkennbar würden. Für obsolet befundene Verbote – wie z. B. das pauschale Verbot heliozentrischer Schriften – waren zu tilgen. Vgl. Einf., Kapitel II.4.4.c).

Als zusätzliches Ergebnis dieser Revision entstanden die vorliegenden »Decreta de libris prohibitis«. Hierbei handelt es sich um eine in früheren Indizes präzedenzlose Zusammenstellung pauschaler Verbote von Büchern, die aufgrund ihres Themas oder der Eigenschaften ihrer Verfasser verboten waren, ohne dass die konkreten Buchtitel im Index erscheinen mussten. Solche generischen Bücherverbote waren in den früheren Ausgaben des römischen Index schwer auffindbar gewesen, da sie in die alphabetische Verbotsliste einsortiert oder aber in den Indexregeln und ihren Zusätzen »versteckt« waren. Der Beschluss zur Redaktion dieser »Decreta de libris prohibitis« fiel in der Sitzung der Indexkongregation vom 16. April 1757 (ACDF Index Diari 17, fol. 65r). Der fertige Text wurde (wie der gesamte Index Benedictinus) am 23. Dezember 1757 vom Papst approbiert (Dok. A 23, danach die Datierung oben).

Der Erstdruck erfolgte im Vorspann des Index von 1758. An derselben Position sind die »Decreta de libris prohibitis« auch in den späteren Index-Ausgaben zu finden. 1897 wichen sie den »Decreta generalia« (Konstitution »Officiorum ac munerum«, Dok. A 29). Bei der Wiedergabe des Textes hier wurde versucht, die von den Redaktoren (entgegen den Prinzipien der Revision) meist ausgelassenen Angaben bezüglich der Originaldekrete nachzuliefern, was jedoch nicht in allen Fällen gelungen ist.

Lit.: *Joseph Hilgers, Die Bücherverbote in Papstbriefen. Kanonistisch-Bibliographische Studie, Freiburg/Breisgau 1907; Pierre-Noël Mayaud, La condamnation des livres Coperniciens et sa révocation à la lumière des documents inédits des Congrégations de l'Index et de l'Inquisition (Miscellanea Historiae Pontificiae 64), Rom 1997, S. 189–211; Hubert Wolf, Bernward Schmidt, Benedikt XVI. und die Reform des Buchzensurverfahrens. Zur Geschichte und Rezeption von »Sollicita ac provida« (Römische Inquisition und Indexkongregation 13), Paderborn u. a. 2011, S. 91–95.*

V.: *Index 1758, S. xxxi–xxxvi.*

Decreta de libris prohibitis nec in Indice nominatim expressis

Cum non omnes libri, qui vi constitutionum apostolicarum aut decretorum congregationum S. Officii et Indicis prohibiti sunt, singillatim describi in Indice propter eorum ingentem numerum possint, necessarium visum est huiusmodi libros ad certa quaedam capita revocare ac per materias, de quibus agunt, eorum veluti Indicem conficere, ut, si quod circa librum aliquem in Indice non descriptum aut in Regulis[475] eiusdem Indicis non comprehensum exoritur dubium, intelligi possit, utrum inter prohibitos sit computandus.

§ I
Libri ab hareticis scripti vel editi aut ad eos sive ad infideles pertinentes prohibiti

1. Agenda seu formulae precum aut officia eorumdem.
2. Apologiae omnes, quibus eorum errores vindicantur sive explicantur et confirmantur.
3. Biblia sacra eorum opera impressa vel eorumdem annotationibus, argumentis, summariis, scholiis et indicibus aucta.
4. Biblia sacra vel eorum partes ab iisdem metrice conscriptae.[476]
5. Calendaria, martyrologia ac necrologia eorumdem.
6. Carmina, narrationes, orationes, imagines, libri, in quibus eorum fides ac religio commendatur.
7. Catecheses et catechismi omnes, quamcumque inscriptionem praeferant: sive librorum abecedariorum sive explicationum symboli apostolici, praeceptorum decalogi sive instructionum ac institutionum religionis christianae, locorum communium etc.
8. Colloquia, conferentiae, disputationes, synodi, acta synodalia de fide et fidei dogmatibus ab eisdem edita et in quibus explicationes quaecumque eorum errorum continentur.
9. Confessiones, articuli sive formulae fidei eorumdem.
10. Dictionaria autem, vocabularia, lexica, glossaria, thesauri et similes libri ab iisdem scripti sive editi, ut Henrici[477] et Caroli[478] Stephani,

[475] Dok. A 9.

[476] Dekret der CIndex, 24.8.1596: »[…] quod Sacra Scriptura vel eius partes metrice conscripte, si sunt auctorum catholicorum antiquorum ante annum 1515, permitti possunt. Hereticorum vero et scriptorum post predictum annum quorumcumque etiam catholicorum prohibeantur et nullatenus imprimi permittantur«: ACDF Index Diari 1 (1571–1606), fol. 94v; publiziert per Edikt (Bando) des MSP, 7.8.1603, abgedruckt in: Index 1664, S. 293–296, hier: S. 295.

[477] Henri (II.) Estienne (1528–1598), Hugenotte, aus der Pariser Drucker- und Humanistenfamilie, ältester Sohn des Druckers Robert, Hg. des Griechisch-Wörterbuchs »Thesaurus Graecae linguae« (1572), über ihn: ARMSTRONG (wie Dok. A 7, Anm. 83), Register.

[478] Charles Estienne (1504–1564), Hugenotte, Hg. des »Dictionarium Historicum, Geographicum et Poeticum« (1553), ebd., Register.

Ioannis[479] Scapulae, Ioannis[480] Iacobi Hofmanni etc., non permittuntur, nisi deletis iis, quae habent contra religionem catholicam.

11. Instructionum et rituum sectae Mahometanae libri omnes.[481]

§ II

Libri certorum argumentorum prohibiti

1. De materia auxiliorum divinorum libri vel compositiones ex professo vel incidenter aut praetextu commentandi S. Thomam vel quemlibet alium doctorem aut alia quavis occasione tractantes impressi nulla obtenta licentia a congregatione S. Officii.[482]
2. De B. M. V. conceptione libri omnes, conciones, disputationes, tractatus impressi post annum 1617, in quibus asseritur B. V. Mariam cum originali peccato conceptam esse, vel in quibus affirmatur opinantes B. Virginem fuisse in originale peccato conceptam esse haereticos vel impios vel peccare mortaliter.[483]
3. Declarationes, decisiones, interpretationes congregationis concilii Tridentini earumque collectiones, tam impressae quam imprimendae, ementito ipsius congregationis nomine.[484]
4. De controversia exorta inter episcopum Chalcedonensem[485] et regulares Angliae libri omnes et singuli, tractatus impressi sive manuscripti et omnia alia, quae spectant directe vel indirecte ad praedictam controversiam. Per hoc autem decretum nihil intendit sacra congregatio statuere de meritis

---

[479] Johannes Scapula (Jean Espaulaz), evangelischer Gräzist aus Savoyen, wirkte in Lausanne und Basel, Hg. des »Lexicon Graeco-Latinum« (1580), über ihn: Frank HIERONYMUS, Griechischer Geist aus Basler Pressen. Herausgegeben und für das Internet aufbereitet von Christoph Schneider und Benedikt Vögeli, Basel 2011 (www.ub.unibas.ch/cmsdata/spezialkataloge/gg, s. v., Zugriff: 2.3.2014).

[480] Johann Jakob Hofmann (1635–1706), evangelischer Theologe, Historiker und Philologe in Basel, Hg. des »Lexicon Universale Historico-Geographico-Chronologico-Poetico-Philologicum« (1677), über ihn: ADB 12 (1880), S. 630 von Wilhelm VISCHER.

[481] Dekret des SO, 8.12.1599, veranlasst durch eine entsprechende Anfrage des Inquisitors von Malta, in: ACDF SO Decreta 1597–1599, fol. 858r; publiziert per Edikt (Bando) des MSP, 7.8.1603: »Libri instructionum et rituum sectae Maometanae omnino damnantur«, abgedruckt in: Index 1664, S. 293–296, hier: S. 295; vgl. auch HILGERS, Bücherverbote (s. Lit.), S. 20.

[482] Vgl. die Formel Pauls V. zur Beendigung des Gnadenstreits vom 5.9.1607 (DH 1997) sowie die Dekrete des SO vom 1.12.1611 und 22.5.1625, in: ACDF SO Decreta 1625, fol. 91r/v, GruFo 1542–1700: (I) Bandi; ferner die Bulle »In eminenti« Urbans VIII., 2.3.1642, HILGERS, Bücherverbote (s. Lit.), S. 20.

[483] Dekret des SO, 31.8.1617, in: BullTaur 12 (1867), S. 396f.; vgl. auch das Dekret des SO vom 24.5.1622, ebd., S. 688–690; sowie DH 2015–2017 und Dok. A 28.

[484] Dekret der CIndex, 6.6.1621 (Bando), mit Verweis auf ein älteres Dekret der Konzilskongregation: GruFo 1542–1700: (I) Bandi. Vgl. auch BORDONI, Sacrum Tribunal (wie Dok. A 2, Lit.), c. XV, Nr. 33–35, S. 361.

[485] Richard Smith (1568–1655), von 1624 bis 1632 Titular-Ebf. von Chalcedon, ab 1625 Apostolischer Vikar für England, über ihn: William Maziere BRADY, The Episcopal Succession in England, Scotland and Ireland, A.D. 1400 to 1875, 3 Bde., Rom 1876–1877, hier: Bd. 3, S. 74–80.

causae vel ulli auctori aut operi ignominiam aliquam vel notam malae doctrinae inferre.[486]

5. De doctrina libri Cornelii Iansenii[487], episcopi Iprensis, qui inscribitur »Augustinus«, libri omnes et libelli aut epistolae, tam impressae quam manuscriptae, seu in posterum edendae et publicandae, in quibus illa eo modo damnata, quo eam damnavit Alexander VII., vel ut est in quinque propositionibus damnata, propugnatur vel quomodolibet approbatur aut defenditur.[488]
6. De constitutione »Unigenitus«[489] Clementis XI.[490] libri aliaque scripta, in quibus illa subdole eluditur, temere carpitur aut contemnitur et impugnatur. Item libri sive libelli, vel scripti vel typis editi aut edendi, in defensionem libri inscripti: »Le Nouveau Testament en François avec des Reflexions morales sur chaque verset«, aut alio titulo: »Abregé de la Morale de l'Evangile« etc.[491] Item actus sive instrumenta appellationum quaecunque a constitutione »Unigenitus« ad concilium generale. Nec non iudicia theologorum aut facultatum theologicarum sive academiarum earumque deliberationes, consultationes, acta, decreta quorumcumque etiam aliorum mandata, ordinationes, arresta, epistolae, interpretationes etiam et declarationes ac scripta quaelibet, quibus explicationis aut alio quovis praetextu aliquid dicitur vel scribitur, quo dictae constitutionis robur atque auctoritas et obligatio minui aut infringi possit.[492]
7. De duellis agentes libri, litterae, libelli, scripta, in quibus eadem duella defenduntur, suadentur, docentur. Si qui vero huiusmodi libri ad controversias sedandas pacesque componendas utiles esse possunt, expurgati et approbati permittuntur.[493]

---

[486] Dekret der CIndex, 19.3.1633: GruFo 1542–1700: (I) Bandi.

[487] Cornelius Jansen (1585–1638), ab 1635 Bf. von Ypern, Verfasser des »Augustinus« (posthum, 1640), n. ihm der »Jansenismus« benannt, dazu: Augustin SOKOLOVSKI, Matrix omnium conclusionum: Den »Augustinus« des Jansenius lesen. Mit einem Geleitwort von Barbara Hallersleben (Studia oecumenica Friburgensia 51), Freiburg/Schweiz 2013. Vgl. auch Einf., Kapitel II.4.1.b).

[488] Vgl. die Dekrete des SO vom 1.8.1641 und 23.4.1654, in: GruFo 1542–1700: (I) Bandi; sowie die Konstitution »Ad sanctam« Alexanders VII., vom 16.10.1656: DH 2010–2012.

[489] Konstitution »Unigenitus«, 8.9.1713: BullTaur 21 (1881), S. 568–574; DH 2400–2502.

[490] Giovanni Francesco Albani (1649–1721), von 1700 bis 1721 Papst Clemens XI.: GruFo 1542–1700: (III) Personen.

[491] Werke von Pasquier Quesnel (1634–1719), verboten durch das Breve »Universi dominici gregis« Clemens' XI., 13.7.1708: BullTaur 21 (1881), S. 327–329, zu Quesnel: BBKL 7 (1994), Sp. 1106–1107 von Irmgard WILHELM-SCHAFFER.

[492] Vgl. v. a. das Dekret des SO vom 17.2.1717, in: GruFo 1701–1813: (I) Bandi.

[493] Das zeitlich nächstliegende päpstliche Duell-Verbot ist die Bulle Benedikts XIV. »Detestabilem ac divina«, 10.11.1752, worin der Papst fünf von Duell-Befürwortern angeführte Propositionen verurteilt und die älteren apostolischen Strafsanktionen bestätigt: Benedicti XIV. Pont. Opt. Max. olim Prosperi cardinalis de Lambertinis Bullarium Tom. III., Pars II., Prati 1847, S. 31–36; zum Duell-Verbot vgl. auch DSI 1, S. 514f. von M. CAVINA.

8. De Ioannis Calà[494] asserti anachoretae praetensa sanctitate, miraculis, vaticiniis, visionibus aliisque huiusmodi signis libri, codices et folia quaecumque sive manuscripta sive impressa.[495]
9. Libri omnes immunitatem bonorum ecclesiasticorum impugnantes.
10. De laminis[496] plumbeis arabico sermone et antiquis characteribus conscriptis ac in cavernis Montis Illipulitani[497], dicti sacri, prope Granatam repertis, et de scripturis in Turri Torpiana[498] eiusdem civitatis inventis libri omnes, tractatus, responsa, consulta, commentarii, glossae, additamenta, annotationes et quaecumque alia sive manuscripta sive typis impressa. Alii vero libri sive tractatus, qui ad alia argumenta spectant, obiter vero de his laminis vel de earum doctrina tractant, permittuntur expunctis locis, quae de his laminis agunt.[499]
11. De SS. apostolis Petro et Paulo libri omnes, tam impressi quam manuscripti, in quibus asseritur et defenditur, quod »S. Petrus et S. Paulus sunt duo ecclesiae principes, qui unicum efficiunt«, vel »sunt duo ecclesiae catholicae coryphaei ac supremi duces summa inter se unitate coniuncti«, vel »sunt geminus universalis ecclesiae vertex, qui in unum divinissime coaluerunt«, vel »sunt duo ecclesiae summi pastores ac praesides, qui unicum caput constituunt«, atque haec ita explicantur, ut ponatur omnimoda aequalitas inter S. Petrum et S. Paulum, sine subordinatione S. Pauli ad S. Petrum in potestate suprema universalis ecclesiae.[500]
12. De vera et non interrupta successione filiorum S. Francisci et de vera forma caputii eiusdem libri omnes impressi, et qui inconsulta Sacra Congregatione imprimentur tractantes hanc eadem controversiam. [501]
13. Pasquilli omnes ex verbis sacrae scripturae confecti. Item pasquilli omnes, etiam manuscripti, omnesque conscriptiones, in quibus Deo aut sanctis aut sacramentis aut catholicae ecclesiae et eius cultui aut apostolicae Sedi quomodocumque detrahitur.[502]
14. Libri omnes agentes – ut vulgo dicitur – ›Delle venture e delle sorti‹.

---

[494] Johannes Calà: In die Stauferzeit verlegter legendärer kalabrischer Militär, später Eremit. 1660 fabrizierte Carlo Calà eine Heiligenvita, vgl. Jean Michel SALLMANN, Naples et ses saints à l'âge baroque (1540–1750), Paris 1994, S. 33.

[495] Dekret des SO, 27.6.1680: ACDF SO Decreta 1680, fol. 132v–133r.

[496] Die sogenannten Plomos del Sacromonte (Lamine di Granada), vgl. DSI 2, S. 868f. von A. PROSPERI.

[497] Montesacro, Granada (Spanien).

[498] Der Turm der alten Moschee von Granada.

[499] Vgl. Dekret des SO, 5.5.1639, in: GruFo 1542–1700: (I) Bandi; das Breve Innozenz' XI., 6.3.1682, in: ASV Misc. Arm. IV–V 31, fol. 276 (Bando); sowie HILGERS, Bücherverbote (s. Lit.), S. 21.

[500] Propositionen des Martin de Barcos, verboten per Dekret des SO, 24.1.1647: GruFo 1542–1700: (I) Bandi; DH 1999; dazu vgl. Adriano GARUTI, S. Pietro unico titolare del primato. A proposito del decreto del S. Uffizio del 24 gennaio 1647 (Collectio Antoniana 6), Bologna 1993.

[501] Dekret der CIndex, 10.6.1658 (Bando), in: GruFo 1542–1700: (I) Bandi.

[502] Vgl. Dok. A 6, »P«.

§ III
Imagines et indulgentia prohibita

1. Imagines cum laureolis aut radiis sive splendoribus eorum, qui neque canonizationis neque beatificationis honore insigniti sunt a Sede apostolica.[503]
2. Imagines domini nostri Iesu Christi et deiparae virginis Mariae ac angelorum, evangelistarum aliorumque sanctorum et sanctarum quarumcumque sculptae aut pictae cum alio habitu et forma, quam in catholica et apostolica ecclesia ab antiquo tempore consuevit, vel etiam cum habitu peculiari alicuius ordinis regularis.[504]
3. Imagines numismata insculpta pro confraternitatibus mancipiorum Matris Dei, italice ›Schiavi della Madre di Dio‹, sodales catenatos exprimentia. Item libelli, in quibus eisdem confraternitatibus regulae praescribuntur. Confraternitates autem, quae catenulas distribuunt confratribus et consororibus, brachiis et collo circumponendas atque gestandas, ut eo signo Beatissimae Virgini mancipatos[505] se esse profiteantur, et quarum institutum in eo mancipatu praecipue versatur, damnantur et extinguuntur. Societatibus vero, quae ritum aliquem aut quodcumque aliud ad mancipatum eiusmodi pertinens adhibent, praecipitur, ut id statim reiiciant.[506]
4. Imagines, catenulae, folia, libelli pro usu confraternitatum sub invocatione SS. Sacramenti, B. Mariae Virginis immaculatae et S. Iosephi[507] sub titulo ›Gregis boni Pastoris‹ erectarum, et in quibus repraesentantur homines penduli a Christo, a sacra pyxide, a B. Virgine, a S. Iosepho et a quovis alio sancto.[508]
5. Imagines, ubi repraesentatur puer Iesus in sublime elatus, et sub ipso tres ecclesiae doctores, et in locum aliorum trium, qui repraesentantur in imaginibus eiusdem formae iam pridem impressis, substituti sunt tres presbyteri

---

503 Dekret des SO, 13.3.1625, mit Ergänzungen vom 2.10.1625, in: GruFo 1542–1700: (I) Bandi, und: CICF 4 (1951), S. 3–5; Bordoni, Sacrum Tribunal (wie Dok. A 2, Lit.), c. XV, Nr. 15, S. 356f. Vgl. auch das Breve »Coelestis Hierusalem« Urbans VIII., 5.7.1634, in: BullLux 4 (1727), S. 85f.; ebd., Appendix (1727), S. 33–35; CICF 1 (1947), S. 402–406; Bordoni, Sacrum Tribunal (wie Dok. A 2, Lit.), c. XV, Nr. [20], S. 357f. Vgl. auch Hilgers, Bücherverbote (s. Lit.), S. 20f. Zum Kontext: Miguel Gotor, I beati del papa. Santità, Inquisizione e obbedienza in età moderna (Biblioteca della RSLR. Studi 16), Florenz 2002, bes. S. 285.

504 Breve »Sacrosancta Tridentina« Urbans VIII., 26.7.1642, in: Decreta CRiti 1, S. 170–172. Vgl. auch Bordoni, Sacrum Tribunal (wie Dok. A 2, Lit.), c. XV, Nr. 27, S. 359.

505 ‡ mancipatos: *V.* emancipatos

506 Dekret des SO, 5.7.1673: GruFo 1542–1700: Bandi (I), vgl. auch das Folgedekret des SO vom 25.1.1679, ebd.

507 ‡ Iosephi: *V.* Ioseph

508 Dekret der CIndex, 2.10.1673 (Bando): GruFo 1542–1700: (I) Bandi. Vgl. auch das Breve »Pastoralis officio« Clemens' X., 15.12.1673: BCas Per. est.18/13, n°147. Basis der Verbote war ein Dekret des SO vom 14.12.1672, das zugehörige Material befindet sich in: ACDF SO CL 1673–1675, [Nr. 12bis], und vor allem in: ebd. St.St. O-3-e, Nr. 3. Vgl. GruFo 1542–1700. (II) Repertorium SO.

regulares[509] cum his versibus: »Iesu Doctorum intima, qui nubes ignorantiae pellis virore gratiae« etc.[510]

6. Imagines, sive depictae sive sculptae sive impressae, Ioannem Calà quocumque sanctitatis vel beatitudinis signo repraesentantes.[511]
7. Imagines, ubi repraesentatur B. Virgo cum filio, in medio duorum sanctorum Societatis Iesu, quorum uni tradit librum, alii rosarium cum hac inscriptione: »Deipara Virgo cum filio inspirat commendatque Societati Iesu institutionem sodalitatum et officii rosariique usum«.[512]
8. Inscriptiones omnes imaginum SS. Francisci et Antonii de Padua, in quibus dicitur formam habitus, qua depicti sunt, esse eamdem, qua ipsi usi fuerunt vel in quibus asseritur in hoc vel illo ordine S. Francisci esse veram, legitimam et non interruptam eiusdem S. Patris in filios successionem.[513]
9. Indulgentiae omnes concessae coronis, granis seu calculis, crucibus et imaginibus sacris ante decretum Clementis VIII. anno 1597 editum »De forma Indulgentiarum«.[514] Item indulgentiae omnes concessae quibuscumque regularium ordinibus, confraternitatibus secularibus, capitulis, collegiis aut eorum superioribus ante constitutionem eiusdem Clementis VIII. »Quaecumque«, die 7. Decembris 1604[515], et Pauli V. »Romanus Pontifex«, die 23.[516] Maii 1606,[517] et »Quae salubriter«, die 23. Novembris 1610[518], revocatae sunt atque apocryphae habendae, nisi ab iisdem summis Pontificibus aut eorum successoribus renovatae ac confirmatae fuerint.
10. Indulgentiae concessae coronis S. Birgittae ab Alexandro VI. declarantur apocryphae et nullius roboris ac momenti, sine praeiudicio tamen indulgentiarum a Leone X. dictis coronis concessarum VI. Idibus Iulii 1515.[519]
11. Indulgentiae concessae crucibus S. Turibii ab Urbano VIII. tamquam falsae habendae sunt.[520]
12. Indulgentiarum libri omnes, diaria, summaria, libelli, folia etc., in quibus earum concessiones continentur, non edantur absque licentia sacrae congregationis Indulgentiarum.

---

[509] Gemeint sind Jesuiten.

[510] Dekret der CIndex, 25.1.1684 (Bando): GruFo 1542–1700: (I) Bandi, bezogen auf einen Druck von Hieronymus Wierix. Zu diesem Druck vgl. Jan VAN DER STOCK, Marjolein LEESBERG (Hg.), Hollnstein's Dutch and Flemish Etchings, Engravings and Woodcuts, 1450–1700. Vol. 61: The Wierix Family 3, Rotterdam 2003, Nr. 514, 529/1, S. 99f., 109f.

[511] Dekret des SO, 27.6.1680: ACDF SO Decreta 1680, fol. 132v–133r; GruFo 1542–1700: (I) Bandi.

[512] Dekret der CIndex, 9.2.1683 (Bando): GruFo 1542–1700: (I) Bandi.

[513] Dekret der CIndex,15.6.1658 (Bando): GruFo 1542–1700: (I) Bandi.

[514] Deklaration und Dekret Clemens' VIII., 9.1.1597: BCas Per. est. 18/3, n° 136.

[515] Das Breve in: BullLux 3 (1727), S. 182–184.

[516] ‡ 23: *V.* 13.

[517] Das Breve in: BullLux 3 (1727), S. 229f.

[518] Ebd., S. 292f..

[519] Dekret des SO, 18.7.1703: GruFo 1701–1813: (I) Bandi. Vgl. auch das Breve Clemens' XI. »De salute gregis«, 22.9.1714: BAV Editti [=Stato Pontificio. Editti] 78 (1714), fol. 225; sowie das Dekret der Ablasskongregation, 4.12.1714: ebd., fol. 291.

[520] Ebd.

§ IV
Quaedam ad ritus sacros spectantia, quae prohibita sunt

1. Benedictiones omnes ecclesiasticae, nisi approbatae fuerint a sacra Rituum congregatione.[521]
2. Exorcismorum formulae diversae ab iis, quae praescribuntur in regulis Ritualis Romani et earumdem usus, absque praevio examine coram ordinario.[522]
3. Litaniae omnes, praeter antiquissimas et communes, quae in breviariis, missalibus, pontificalibus ac ritualibus continentur, et praeter litanias de B. Virgine, quae in sacra aede Lauretana decantari solent.[523]
4. Missalis Romani omnia exemplaria alterata post edictum Pii V., praesertim quae Venetiis apud Iunctas, Sessas, Mysserinum et ad Signum Syrenae atque Europae et quoscumque alios impressa sunt ab anno 1596.[524]
5. Officia B. M. V. vel sanctorum aut sanctarum aliaque huiusmodi absque approbatione sacrae Rituum congregationis edita vel edenda.[525]
6. De ritibus Sinicis eorumque controversiis aut illorum occasione exortis libri, libelli, relationes, theses, folia et scripta quaecumque post diem 2. Octobris 1710 edita, in quibus ex professo vel incidenter quomodolibet de iis tractetur, sine expressa et speciali licentia Romani Pontificis in congregatione sanctae et universalis Inquisitionis obtinenda.[526]
7. Rituali Romano additiones omnes factae aut faciendae post reformationem Pauli V., sine approbatione sacrae congregationis Rituum.[527]
8. Rosaria quaecumque de novo inventa aut invenienda, sine opportuna Sanctae Sedis facultate, quibus authenticum rosarium Deo et B. M. V. sacrum antiquaretur.[528]

---

[521] Vgl. das Dekret der CIndex, 4.12.1724 (Bando): GruFo 1701–1813: (I) Bandi.

[522] Ebd.

[523] Dekret der CIndex, 2.9.1727 (Bando): GruFo 1701–1813: (I) Bandi. Dadurch wurde das 1602 auf einem Bando publizierte Dekret Clemens' VIII. gegen ungenehmigte Litaneien bestätigt. Letzteres ging zurück auf die Sitzungen des SO vom 6. und 20.9.1601. Vorausgegangen war am 14.6.1601 die Zensur des »Thesaurus Litaniarum« von Thomas Sailli: ACDF SO Decreta 1601, fol. 139v, 191v–192r, 200v; das genannte Bando von 1602 in: ACDF Index Prot. 20, fol. 574r; der Text auch in: CICF 4 (1951), S. 1f. Zum Vorgang vgl. die Schreiben Kard. Santoris an den Inquisitor von Florenz, 16.6. und 20.10.1601, in: John Tedeschi (Hg.), Florentine Documents for a History of the Index of Prohibited Books, in: Anthony Molho, John Tedeschi (Hg.), Renaissance. Studies in Honor of Hans Baron, Florenz 1971, S. 577–605, hier: S. 598f., 600f.; Fragnito, Proibito capire (wie Dok. A 7, Lit.), S. 236–238; Reusch 1, S. 75–78. Zur Diskussion des Verbots im Vorfeld des Index Alexandrinus: Rebellato, Fabbrica (wie Dok. A 18, Lit.), S. 120f.

[524] Dekret der CIndex, 17.2.1601 (Bando): GruFo 1542–1700: (I) Bandi.

[525] Dekret der CIndex, 12.12.1624 (Bando): GruFo 1542–1700: (I) Bandi.

[526] Dekret des SO, 25.9.1710 (Bando), publiziert: 1.10.1710, daher das im Dekret genannte Datum post quem »2.10.1710«: BCas Per. est. 18/22, n° 531. Vgl. auch die Bullen »Ex quo singulari« und »Omnium sollicitudinum« Benedikts XIV., 11.7.1742 und 12.9.1744, in: BullLux 16 (1752), S. 105–114, 231–246.

[527] Dekret der CIndex, 4.12.1724 (Bando): GruFo 1701–1813: (I) Bandi.

[528] Bulle »Pretiosus in conspectu« Benedikts XIII., 26.5.1727 (Privilegienbestätigung für den Dominikanerorden): BullLux 10 (1741), S. 313–328, hier: S. 314 (§ 6).

A 23 | 1757 Dezember 23: Breve »Quae ad catholicae« Benedikts XIV.

Papst Benedikt XIV. approbiert den in seinem Auftrag revidierten Index von 1758, einschließlich der vorgeschalteten »Decreta de libris prohibitis« (Dok. A 22), und erklärt diesen zum allgemeinen Gesetz der Kirche. Im Unterschied zum Approbationsbreve des Index von 1664 (Dok. A 18), das vor der Inserierung in den Index auch separat veröffentlicht wurde, existiert von dem Breve »Quae ad catholicae« anscheinend kein Separatdruck, so dass der Abdruck im Vorspann des Index von 1758 als Editio princeps anzusehen ist. Das Breve ist auch in den späteren Index-Ausgaben des 18. und 19. Jahrhunderts, die alle auf dem Index Benedictinus basieren, im Vorspann abgedruckt. Es verlor erst durch die Indexreform Leos XIII. (vgl. Dok. A 29) seine Gültigkeit. Vgl. Einf., Kapitel II.4.4c).

Der hier nach dem Erstdruck im Index von 1758 gebotene Text wurde mit einem Konzept aus den Akten der Indexkongregation verglichen, das eine Textstufe vor der Überarbeitung durch das päpstliche Brevensekretariat darstellt und dem Sekretär der Indexkongregation Ricchini zugeschrieben werden darf. Der Papst approbierte den Text in der Audienz für Ricchini am 22. November 1757 (ACDF Index Diari 17, fol. 68v).

***Lit.:** Rebellato, Fabbrica (wie Dok. A 18, Lit.) S. 223, 228; zum Gesamtkontext: Wolf/ Schmidt (wie Dok. A 22).*

V.: Index 1758, fol. [1r–2v]; verglichen mit dem Konzept in: ACDF Index Prot. 85 (1755–1757), fol. 41r–42v (im Apparat Sigle: Prot.).

Benedictus Papa XIV. [529]
Ad perpetuam rei memoriam

Quae ad catholicae religionis puritatem integerrime[530] tuendam et castos mores a contagione caute[531] servandos maxime pertinent, cum semper ab apostolica hac Sancta Sede provide sapienterque[532] constituta et sanctissime custodita sint, tum illud in primis laudabili[533] Romanorum Pontificum praedecessorum nostrorum zelo ac vigilantia provisum et cautum fuit[534], ne ullum propter pravos exitiososque libros, quibus fides et pietas labefactari plerumque solent, christifide-

[529] Prospero Lambertini (1675–1758), von 1740 bis 1758 Papst Benedikt XIV., vor seinem Kardinalat u. a. Fachgutachter (Relator) der CIndex und Konsultor des SO, als Kard. ab 1728 Mitglied des SO. – Zu den Personen (wo nicht anders vermerkt) vgl. GruFo 1701–1813: (III) Personen.

[530] ‡ integerrime: *Prot. fehlt*

[531] ‡ caute: *Prot. fehlt*

[532] ‡ apostolica … sapienterque: *Prot.* apostolica Sede sapienter

[533] ‡ laudabile: *Prot. fehlt*

[534] ‡ fuit: *Prot.* est

lium animabus praeiudicium ac detrimentum irrogaretur[535]. Quamobrem[536] non solum huiusmodi libros improbare et proscribere consueverunt, sed, ne vetitae quoque[537] eorum lectionis oblivio ulla unquam[538] subreperet aut ignorantia[539] obtenderetur, publicis tabulis atque catalogis eosdem perniciosos libros describi et consignari[540] voluerunt. Quo sane fieret, ut palam denunciata atque oculis subiecta eorum pravitate ab omnium manibus facilius removerentur[541].

Crescente autem in dies exitiosa ipsorum segete et copia[542] renovari identidem atque augeri oportuit Indices ipsos, quorum primum quidem[543] publica ecclesiae auctoritate a sapientissimis[544] Tridentinae synodi patribus dispositum felicis recordationis Pius Papa IV. praedecessor noster optimis Regulis[545] communitum perfecit atque apostolica auctoritate[546] vulgavit.[547] Deinde vero Clemens Papa VIII., itidem praedecessor noster[548], librorum numero auctum atque nonnullis in antedictas[549] Regulas observationibus[550] ilustratum nova luce donavit.[551] Alexander denique Papa VII., pariter praedecessor noster[552], diversa a prioribus methodo ordinatum atque in varias partes tributum huiusmodi Indicem[553] suo nomine edi voluit ac promulgari.[554]

Etsi autem pro temporum conditione satis diligenter atque utiliter in iis conficiendis laboratum sit, diuturna tamen observatione atque experimento compertum est memoratos[555] Indices neque satis correctos neque satis usui accomodatos prodiisse. Quapropter e publica utilitate fore visum est, si novus Index methodo aptiore digestus[556] atque a mendis erratisque pluribus, quae in priores irrepserant, emendatus construeretur. Rem hanc omni procul dubio[557] laboris et[558] diligentiae plenam iam

---

[535] ‡ ne … irrogaretur: *Prot.* ut ne pravis exitiosisque libris, quorum lectione fides et pietas labefactari plerumque solent, Christi fidelium animabus detrimentum aliquod irrogaretur.

[536] ‡ Quamobrem: *Prot.* Quare

[537] ‡ quoque: *Prot. fehlt*

[538] ‡ unquam: *Prot. fehlt*

[539] ‡ ignorantia: *Prot.* ignoratio

[540] ‡ catalogis … consignari: *Prot.* catalogis describi et consignari

[541] ‡Quo … removerentur: *Prot.* Quo palam denunciata eorum pravitate ab omnium manibus oculisque facilius amoverentur.

[542] ‡ exitiosa … copia: *Prot.* perniciosa illorum segete

[543] ‡ quidem: *Prot. fehlt*

[544] ‡ sapientissimis: *Prot.* sacrosanctae

[545] Dok. A 9.

[546] ‡ apostolica auctoritate: *Prot. fehlt*

[547] Anders als hier dargestellt, war nicht der Index von 1564, sondern jener von 1559 der erste gesamtkirchliche Index (vgl. Dok. A 6).

[548] ‡ Deinde … noster: *Prot.* Clemens deinde Papa VIII.

[549] ‡ antedictas: *Prot.* praefatas

[550] Dok. A 13, 15.

[551] Die Rede ist vom Index 1596.

[552] ‡ pariter … noster: *Prot.* fehlt

[553] ‡ huiusmodi Indicem: *Prot.* fehlt

[554] Die Rede ist vom Index 1664.

[555] ‡ memoratos: *Prot.* praefatos

[556] ‡ digestus: *Prot.* dispositus

[557] ‡ omni … dubio: *Prot. fehlt*

[558] ‡ et: *Prot.* ac

tum animo praeconceperamus[559], cum certas Regulas in examine et proscriptione librorum servandas tradidimus[560] in constitutione nostra, quae incipit »Sollicita ac provida«, VII. Idibus Iulii, anno incarnationis Domini MDCCLIII, pontificatus nostri anno XIII., data, huiusmodi subinde negotium mature iam discussum venerandis fratribus nostris S. R. E. cardinalibus congregationi Indicis librorum prohibitorum praepositis dirigendum promovendumque commisimus[561]. Qui pro iniuncti sibi muneris ratione, zelo ac solertia adhibitis etiam in consultationem et opus doctis ac diligentibus viris, omnia pro votis sedulo[562] accurateque perfecerunt.

Absolutum[563] itaque iuxta mentem nostram laudatum[564] Indicem et[565] ab iisdem cardinalibus revisum atque recognitum typis Camerae nostrae apostolicae edi voluimus[566], ipsumque praesentibus literis nostris[567] tanquam expresse insertum habentes auctoritate apostolica tenore praesentium[568] approbamus et confirmamus, atque ab omnibus et singulis personis ubicumque locorum existentibus inviolabiliter et inconcusse observari praecipimus et mandamus, sub poenis tam in Regulis Indicis quam in literis et constitutionibus apostolicis alias statutis[569] et expressis, quas tenore earumdem[570] praesentium confirmamus et renovamus.

Non obstantibus apostolicis generalibus vel specialibus literis[571], constitutionibus[572] ac quibusvis statutis, decretis, usibus, stylis et consuetudinibus etiam immemorabilibus caeterisque in contrarium facientibus[573] quibuscumque[574].

Volumus autem, ut earumdem praesentium literarum transumtis seu exemplis, etiam impressis, manu alicuius notarii publici subscriptis et sigillo praelati alicuius in dignitate ecclesiastica constituti obsignatis eadem prorsus fides habeatur, quae ipsis praesentibus haberetur, si forent exhibitae vel ostensae[575].

---

[559] ‡ praeconceperamus: *Prot.* à nobis conceptam

[560] ‡ tradidimus: *Prot.* praescripsimus

[561] ‡ »Sollicita ac provida« … commisimus: *Prot.* »Sollicita ac provida etc.« dirigendam promovendamque commisimus venerabilibus fratribus S. R. E. cardinalibus Indici librorum prohibitorum praepositis

[562] ‡ Qui … sedulo: *Prot.* Qui pro muneris sui ratione zelo ac sollertia in consultationem et opus adhibitis gravibus, doctis ac diligentibus viris omnia sedulo

[563] ‡ Absolutum: *Prot.* Absolutum et digestum

[564] ‡ laudatum: *Prot.* praefatum

[565] ‡ et: *Prot. fehlt*

[566] ‡ voluimus: *Prot.* volumus ac iubemus

[567] ‡ nostris: *Prot. fehlt*

[568] ‡ tenore praesentium: *Prot. fehlt*

[569] ‡ statutis: *Prot.* constitutis

[570] ‡ earumdem: *Prot. fehlt*

[571] ‡ literis: *Prot. fehlt*

[572] ‡ constitutionibus: *Prot. folgt* et ordinationibus

[573] ‡ facientibus: *Prot. fehlt*

[574] ‡ Non obstantibus … quibuscumque: *Prot., recto* Non obstantibus etc., *verso die vollständige Formel mit den angegebenen Varianten*

[575] ‡ Volumus … ostensae: *Prot., recto* Volumus autem etc., *verso die vollständige Formel:* Decernentes earundem praesentium exemplis etiam impressis notarii publici manu subscriptis et sigillo praelati alicuius eccl<e>si<astici> obsignatis eandem fidem habendam, quae haberetur ipsis praesentibus, si forent exhibitae et ostensae.

Datum Romae, apud S. Mariam Maiorem, sub annulo piscatoris, die XXIII. Decembris MDCCLVII, pontificatus nostri anno XVIII.[576]

Caietanus Amatus[577]

[576] ‡ Datum … XXVII.: *Prot. setzt nur* dat. *als Platzhalter.*

[577] Gaetano Amato (1689–1759), bis 1744 Untersekretär im Brevensekretariat (Sostituto dei brevi), dann Sekretär der Brevi ai principi und schließlich Brevensekretär Benedikts XIV.: Annuario pontificio (1744), S. 262.

A 24 | 1825 April 18: Mandat Leos XII.

In der Absicht, die Bischöfe stärker in die Pressekontrolle einzubinden, ruft der Papst allen kirchlichen Hierarchen die Indexregeln in Erinnerung. Das Mandat wurde dem Sekretär der Indexkongregation[578] *in einer Privataudienz am 18. April 1825 (danach das Datum oben) mitgeteilt. Publiziert wurde es erstmals am 26. April 1825 auf einem Bando der Indexkongregation, das ansonsten die Kongregationsbeschlüsse vom 26. März 1825 (danach unten das Datum in der Überschrift) abdruckt. Der Text wurde auf Befehl Pius' IX. erneut in einer Enzyklika der Indexkongregation vom 24. August 1864 publiziert, zusammen mit den Dekreten vom 4. März 1828 und 7. Januar 1846 (Dok A 25f.). Es wurde auch in den Vorspann des Index aufgenommen, nicht mehr jedoch in den Ausgaben des Index Leoninus ab 1900. Vgl. Einf., Kapitel II.6.1.*

Lit.: *Reusch 2, S. 882f.*

V.: Index 1835, S. XLVII.

Weitere Quellen: *Bando der CIndex vom 26.4.1825 in: GruFo 1814–1917: (I) Bandi, S. 56f.; Enzyklika der CIndex vom 24.8.1864 in: CICF 7 (1935), S. 724–727.*

Mandatum S. M. Leonis XII.[579]
additum decreto sacrae congregationis Indicis
die sabbati XXVI. Martii MDXXV

Sanctitas Sua mandavit in memoriam revocanda esse universis patriarchis, archiepiscopis, episcopis aliisque in ecclesiarum regimen praepositis ea, quae in Regulis[580] Indicis sacrosanctae synodi Tridentinae iussu editis atque in Observationibus[581], Instructione[582], Additione[583] et generalibus Decretis[584] summorum Pontificum Clementis VIII., Alexandri VII. et Benedicti XIV. auctoritate ad pravos libros proscribendos abolendosque Indici librorum prohibitorum praeposita sunt, ut nimirum, quia prorsus impossibile est libros omnes noxios incessanter prodeuntes in Indicem referre, propria auctoritate illos e manibus fidelium evellere studeant, ac per eos ipsimet fideles edoceantur, quod pabuli genus sibi salutare, quod noxium ac mortiferum ducere debeant, ne ulla in eo suscipiendo capiantur specie ac pervertantur illecebra.

---

578 Alessandro Bardani OP (um 1761–1832), im Amt von 1818 bis 1832: GruFo 1814–1917: (III) Personen.

579 Annibale Della Genga (1760–1829), von 1823 bis 1829 Papst Leo XII., über ihn: EncPapi 3, S. 529–538 von Giuseppe MONSAGRATI.

580 Dok. A 9.

581 Dok. A 15, 19.

582 Dok. A 13.

583 Dok. A 15, »Additio«.

584 Dok. A 22.

A 25 | 1828 März 4: Monitum der Indexkongregation

Im Dezember 1827 erreichte die Indexkongregation eine Anfrage des Inquisitors von Spoleto. Diesem war bei der Durchsuchung eines Buchladens die von Felice Mariottini (1756–1827) verfasste Übersetzung von John Miltons »Paradise Lost« in die Hände gefallen. Der Inquisitor wollte nun wissen, ob auf dieses Buch das Verbot übertragbar sei, das die Indexkongregation 1732 gegen eine andere italienische Übersetzung des berühmten Werks Miltons verhängt hatte. Die Kongregation nahm die Anfrage des Inquisitors zum Anlass, alle Ortsordinarien und Inquisitoren an die entsprechenden Passagen in den Indexregeln zu erinnern, aus denen sich das richtige Verhalten in diesem Fall ableiten ließ. Vgl. Einf., Kapitel II.4.4.a).

Das am 8. März 1828 von Leo XII. approbierte Monitum wurde erstmalig am 17. März 1828 in Rom auf einem Bando der Indexkongregation publiziert, das ansonsten die Kongregationsbeschlüsse vom 4. März zusammenfasste. Fortan erschien das Monitum im Vorspann der Index-Ausgaben (nicht mehr in den Ausgaben ab 1900). Auch erscheint es in einer Enzyklika der Indexkongregation vom 24. August 1864 (vgl. auch Dok. A 24 und 26).

***Lit.:** Matteo Brera, »Non istà bene in buona teologia«: Four Italian Translations of ›Paradise Lost‹ and the Vatican's Policies of Book Censorship (1732–1900), in: Italien Studies 68 (2013), S. 99–122, hier: S. 113–115.*

***V.:** Index 1835, S. XLVII.*

***Weitere Quellen:** Bando der CIndex vom 4. bzw. 17.3.1828 in: GruFo 1814–1917: (I) Bandi, S. 78f.; Enzyklika der CIndex vom 24.8.1864 in: CICF 7 (1935), S. 724–727.*

Monitum sacrae congregationis <Indicis>
editum feria III., die IV. Martii MDCCCXXVIII

Sacra Congregatio in mentem revocat omnibus patriarchis, archiepiscopis, episcopis, ordinariis et inquisitoribus locorum id, quod praescribitur in Regula, inter editas iussu sacri concilii Tridentini, n.° II, his verbis: »<…> haereticorum libri, qui de religione ex professo tractant, omnino damnantur«[585]; et ea, quae mandavit S. M. Clemens VIII. in Instructione de prohibendis libris, sequentibus verbis, § VI.: »In universum autem de malis et perniciosis libris id declaratur atque statuitur, ut qui certa aliqua lingua initio editi et deinde prohibiti ac damnati a Sede apostolica sunt, iidem quoque, in quamcumque postea vertantur linguam, censeantur ab eadem ubique gentium sub eisdem poenis interdicti e damnati.«[586]

---

585 Dok. A 9, Rgl. II.
586 Dok. A 13.

A 26 | 1836 Januar 7: Monitum der Indexkongregation

Als Reaktion auf die massenhafte Produktion volkssprachlicher, unkommentierter Bibeln bzw. Neuer Testamente, die von evangelischen und katholischen Bibelgesellschaften zu kleinem Preis in Umlauf gebracht wurden, ermahnt die Indexkongregation zur Einhaltung der IV. Trienter Indexregel und der Zusatzbestimmungen von 1596 und 1757 (Dok. A 9, A 15). Vgl. Einf., Kapitel II.4.4.d).

Das Monitum wurde am 23. Januar 1836 von Gregor XVI. approbiert und erstmals am 1. Februar per Bando publiziert, zusammen mit den Kongregationsbeschlüssen vom 7. Januar 1836 (danach die Datierung). Auf Anordnung Pius' IX. wurde der Text erneut in einer auf den 24. August 1864 datierten Enzyklika der Indexkongregation veröffentlicht (vgl. Dok. A 24, A 25). Seitdem wurde das Monitum im Vorspann der Index-Ausgaben abgedruckt, 1897 ging es in der Konstitution »Officiorum ac munerum« auf (Dok. A 29, Tit. I, c. III, § 8).

Lit.: *Reusch 2, S. 857–859; Wilhelm Gundert, Geschichte der deutschen Bibelgesellschaften im 19. Jahrhundert (Texte und Arbeiten zur Bibel 3), Bielefeld 1987, bes. S. 98–101.*

V.: *Index 1841, S. XLVIII.*

Weitere Quellen: *Bando der CIndex vom 7.1. bzw. 1.2.1836 in: GruFo 1814–1917: (I) Bandi, S. 104–107; Enzyklika der CIndex vom 24.8.1864 in: CICF 7 (1935), S. 724–727.*

Monitum sacrae congregationis <Indicis>
editum feria V., die VII. Ianuarii MDCCCXXXVI

Cum ad Sacram Congregationem certo relatum fuerit sacratissimos Bibliorum libros vulgari sermone nonnullis in locis typis edi, quin saluberrimae de ea re leges serventur, cumque inde pertimescendum sit, ne – quae hominum nequam hisce praesertim temporibus conspiratio est – errores sanctiori divini eloquii apparatu obvoluti perperam insinuentur, censuit eadem Sacra Congregatio revocanda iterum esse in omnium memoriam, quae alias decreta sunt: vernaculas nimirum Bibliorum versiones non esse permittendas, nisi »quae fuerint ab apostolica Sede adprobatae, aut editae cum adnotationibus desumptis ex sanctis ecclesiae patribus vel ex doctis catholicisque viris« (ex decreto sacrae congregationis Indicis[587] 15.[588] Iunii 1757 in additionem ad Regulas Indicis); iis praeterea omnino insistendum, quae per Regulam IV Indicis[589] et deinceps ex mandato S. M. Clementis VIII.[590] in eam causam[591] praestituta fuerunt.

---

587 Dok. A 15, »Additio«.
588 ‡ *richtig:* 13.
589 Dok. A 9, Rgl. IV.
590 Dok. A 15, »Circa quartam Regulam«.
591 ‡ causam: *V.* caussam

A 27 | [1876]: Auszüge aus der Konstitution »Apostolicae Sedis« Pius' IX. (12. Oktober 1869)

Mit der Konstitution »Apostolicae Sedis« unterzog Pius IX. das System der Reservationen, das bis in die Zeit Clemens' XIV. in der sogenannten Abendmahlsbulle festgelegt war (Dok. A 21), einer Neuregelung. Dabei wurden viele der ehemals als Reservatsfälle behandelten Delikte aus dem Katalog der Exkommunikationssentenzen entfernt, in anderen Fällen wurde der modus procedendi angepasst. Die zwei im Zusammenhang mit der Pressekontrolle wichtigen Artikel der Konstitution wurden seit 1876 im Vorspann der Index-Ausgaben unter dem Titel Additio Novissima abgedruckt. Zu klären wäre, ob eine Bitte um Rechtsauskunft des Bischofs von Galtelli-Nuoro (Sardinien), Salvatore Angelo Demartis OCarm, den konkreten Anlass zur Formulierung dieser »Additio« gegeben hat. Der Bischof wollte von der Indexkongregation wissen, ob die von der X. Trienter Indexregel angedrohten Zensuren auch nach der Veröffentlichung der Bulle »Apostolicae Sedis« noch gültig seien (ACDF Index Diari 20, S. 188f.: Sitzung der Indexkongregation vom 30. November 1877). Die Additio Novissima ging 1897 in der Konstitution »Officiorum ac munerum« auf (Dok. A 29, Tit. II, c. IV, § 47f.).

***Lit.:** Pietro Avanzini, De constitutione Apostolicae Sedis, qua censurae latae sententiae limitantur, commentarii. Ex latinis ephemeridibus, quibus titulus Acta Sanctae Sedis excerpti, Editio quarta manualis, Rom 1876 [übers. von Heinrich Kömstedt: Erklärungen zur Constitution Apostolicae Sedis von Petrus Avanzini, Münster 1873]; Giuseppe D'Annibale, In constitutionem apostolicae sedis, qua censurae latae sententiae limitantur, commentari, editio IV., Prati 1894; Libero Gerosa, La scomunica e una pena? Saggio per una fondazione teologica del diritto penale canonico (Studia Friburgensia. N. S. 64), Freiburg/Schweiz 1984, S. 149–156; Franz Heiner, Die kirchlichen Censuren, oder: Praktische Erklärung aller noch zu Recht bestehenden Exkommunikationen, Suspensionen und Interdikte l. s. der Bulle »Apostolicae Sedis«, des Konzils von Trient und der Konstitution »Romanus Pontifex«, Paderborn 1884; Plöchl 5 (1969), S. 88–95 u. ö.*

***V.:** Index 1876, S. LI.*

***Weitere Quellen:** ACDF Index Prot. 126, Nr. 328: Gutachten des Index-Konsultors Giuseppe Pennachi zu dem Dubium des Bf. von Galtelli-Nuoro, Msgr. Demartis, Rom, 22. November 1877.*

Additio novissima

Cum S. D. N. Pius Papa IX. constitutionem, quae incipit »Apostolicae Sedis«, die 12. Octobris anno 1869[592], ediderit, in qua censuras aliasque ecclesiasticas poenas anteacto tempore latas partim servandas et partim moderandas vel abrogandas decrevit, in omnium fidelium memoriam ad rem revocandum duximus, nempe:

[592] Acta Pii IX. I/ 5, S. 55–72.

1. Excommunicationi latae sententiae speciali modo Romano Pontifici reservatae subiacere »omnes et singulos scienter legentes sine auctoritate Sedis apostolicae libros apostatarum et haereticorum haeresim propugnantes, nec non libros cuiusvis auctoris per apostolicas literas nominatim prohibitos eosdemque libros retinentes, imprimentes et quomodolibet defendentes«.[593]
2. Excommunicationi latae sententiae nemini reservatae, de qua in decreto sacrosancti concilii Tridentini, sess. IV., sermo est,[594] illos tantum obnoxios esse, qui »libros de rebus sacris tractantes sine ordinarii approbatione imprimunt aut imprimi faciunt«.[595]

   Caeterum tum Regulae Indicis sacrosanctae synodi Tridentinae[596] iussu editae, tum reliqua subsequentia additamenta firma et in suo robore permanent iis tantum exceptis quae binis articulis superius memoratae constitutionis »Apostolicae Sedis« minime congruunt.

[593] Bulle »Apostolicae Sedis«, [Tit. I] § 2, ebd. S. 57.
[594] Dok. A 3.
[595] Bulle »Apostolicae Sedis«, [Tit. IV] § 4 (wie Anm. 592), S. 66.
[596] Dok. A 9.

A 28 | [1876]: Erklärung der Indexkongregation anlässlich der Bulle »Ineffabilis Deus« (8. Dezember 1854)

Die theologische Kontroverse, ob die Hl. Jungfrau ohne den Makel der Erbsünde im Leib der Mutter empfangen worden sei, hatte sich zu Beginn des 17. Jahrhunderts zu einem erbitterten Federkrieg zwischen Befürwortern und Gegnern einer Dogmatisierung der »Immaculata Conceptio« zugespitzt. Wie bei anderen binnenkatholischen Streitfragen der nach-tridentinischen Ära verordnete der Hl. Stuhl den streitenden Parteien Schweigen: Weder durfte öffentlich die Meinung vertreten werden, Maria sei von der Erbsünde befleckt empfangen worden, noch durften die Verteidiger des Mariendogmas ihre Gegner als Häretiker beschimpfen. Bücher und Schriften, in denen solche Meinungen vertreten wurden, waren pauschal verboten (Dok. A 22, § II, Nr. 2). Nach der Erklärung der »Immaculata Conceptio« zum Dogma 1854 stellte sich die Frage, ob die alten Verbote von Büchern der Immakulisten noch Gültigkeit besäßen. Die hier abgedruckte »Declaratio«, die für den Index von 1876 formuliert wurde (den ersten römischen Index seit 1852, wodurch sich der lange zeitliche Abstand zur Lehrentscheidung von 1854 erklärt), klärt diesen Zweifelsfall. Die »Declaratio« gehörte fortan zum Vorspann der Index-Ausgaben, nicht mehr jedoch zum »Index Leoninus« (ab 1900). Vgl. Einf., Kapitel II.4.1.b).

Lit.: *Ulrich Horst, Das Dogma von der Unbefleckten Empfängnis Marias (1854). Vorgeschichte und Folgen, in: Manfred Weitlauff (Hg.), Kirche im 19. Jahrhundert, Regensburg 1998, S. 95–114 (allgemein zum Kontext).*

V.: *Index 1876, S. LI.*

Declaratio

Etsi post definitum, sub die 8. Decembris 1854, de immaculata B. M. V. conceptione fidei dogma[597] quaedam opera, quae de illa agebant et in Indicem librorum prohibitorum relata sunt, ab ipso expungi debuissent, tamen hac in re nihil immutandum visum fuit, eo quod ob alia etiam motiva proscripta fuere. Et ideo declaratur: ex ea parte, qua immaculatam B. M. V. conceptionem respiciunt eamque propugnant, prohibitioni non esse obnoxia.

[597] In der Bulle »Ineffabilis Deus« Pius' IX. vom 8.12.1854: DH 2800–2804.

A 29 | 1897 Januar 25: Konstitution »Officiorum ac munerum« Leos XIII.

Bereits auf dem I. Vatikanischen Konzil 1869/70 hatten deutsche und französische Bischöfe deutlich den Wunsch nach einer Reform des Index und der päpstlichen Pressegesetze geäußert. Doch rückten durch den Untergang des Kirchenstaats die Reformpläne schon bald danach wieder ganz in den Hintergrund. Erst seit 1885 wurde die Index-Frage an der Kurie wieder intensiv erörtert. Den Anstoß zu der neuerlichen Diskussion über eine Indexreform gab das Erscheinen von Franz Heinrich Reuschs »Der Index der verbotenen Bücher« (1883–1885), der ersten umfassenden, wissenschaftlichen Standards verpflichteten Monografie zur Geschichte des römischen Index. In seiner Studie deckte der zur altkatholischen Kirche übergetretene Reusch, ehemaliger Exegese-Professor in Bonn, zahlreiche Ungereimtheiten auf, die selbst nach der letzten Generalrevision unter Benedikt XIV. in der Verbotsliste noch zu finden waren. Die Indexkongregation ließ die Ergebnisse Reuschs von einer 1892 eingesetzten Kommission sorgfältig prüfen und leitete daraus dann die Punkte ab, nach denen die Verbotsliste durchgesehen und verbessert werden sollte (vgl. Dok. A 30). In einem zweiten Schritt wurden auch die allgemeinen Pressegesetze (»Indexregeln«) in die Revision mit einbezogen. Vgl. Einf., Kapitel II.6.3.

Resultat dieser zweiten Reformetappe war die hier abgedruckte Konstitution »Officiorum ac munerum«, die die weitreichendste Reform der allgemeinen päpstlichen Pressegesetze seit der Einführung des Index Clementinus darstellte. Die frühneuzeitliche, auf die Trienter Indexregeln aufbauende, kumulative Gesetzgebung wurde abgelöst durch die in die Konstitution inserierten »Decreta generalia«, die eine Weiterentwicklung der »Decreta de libris prohibitis« darstellten, welche mit dem Index von 1758 eingeführt worden waren. In Form eines Gesetzeskodex fassen die »Decreta generalia« generische Bücherverbote und allgemeine Pressegesetze systematisierend zusammen, wobei manche der älteren Gesetze verworfen, andere adaptiert, wieder andere neu hinzugefügt werden (vgl. z. B. die Vorschriften zum periodischen Schrifttum: Tit. I., c. VIII.).

Nach der Indexreform von 1897 blieb von den frühneuzeitlichen Pressegesetzen einzig noch die Konstitution »Sollicita ac provida« (Dok. C 10) in Kraft, die im Vorspann des Reform-Index von 1900 auf die hier abgedruckte Konstitution Leos XIII. folgt.

Lit.: *Hilgers, Bücherverbote (wie Dok. A 22, Lit.); Joseph Hollweck, Das kirchliche Bücherverbot. Ein Commentar zur Constitution Leo's XIII., »Officiorum ac munerum« vom 24. Januar 1897, Mainz 1897; Giuseppe Pennacchi, In Constitutionem Apostolicam »Officiorum ac Munerum« de prohibitione et censura librorum a Leone divina providentia Papa XIII latam brevis commentatio, in: AAS 30 (1897/98), S. 33–96, 161–224, 289–352, 385–416, 481–536, 761–766; Philipp Schneider, Die neuen Büchergesetze der Kirche. Ein Kommentar zur Bulle »Officiorum ac munerum« und zu den »Decreta generalia de prohibitione et censura librorum«, Mainz 1900; Herman H. Schwedt, Papst Paul VI. und die Aufhebung des römischen Index der verbotenen*

Bücher in den Jahren 1965–1966, in: Tobias LAGATZ, *Sabine* SCHRATZ *(Hg.), Censor Censorum. Gesammelte Aufsätze von Herman H. Schwedt. FS zum 70. Geburtstag (Römische Inquisition und Indexkongregation 7), Paderborn u. a. 2006 (zuerst: 1999), S. 279–328, hier: S. 290f.; Hubert* WOLF, *Die »deutsche« Indexreform Leos XIII. Oder: Der ausgefallene Fall des Altkatholiken Franz Heinrich Reusch, in: Historische Zeitschrift 272 (2001), S. 63–116.*

***V.:** Index 1900, S. 3–17; Text-Abdruck auch in: CICF 3 (1933), S. 502–512.*

***Weitere Quellen:** ACDF Index Prot. 135 (»Preparazione della Costituzione ›Officiorum ac Munerum‹. Dubbi sulla medesima, premessi alcuni altri dubbi sull'Indice«): Akten der Indexkongregation im Zusammenhang mit der Redaktion der Bulle »Officiorum ac Munerum«, darin Nr. 78 das hs. Original der Bulle, Pergament, 14 Bl., 37 x 25 cm, mit Bleibulle Leos XIII. am Faden.*

Leonis Papae XIII.[598] constitutio
de prohibitione et censura librorum:

Leo episcopus
servus servorum Dei
ad perpetuam rei memoriam

Officiorum ac munerum, quae diligentissime sanctissimeque servari in hoc apostolico fastigio oportet, hoc caput atque haec summa est: assidue vigilare atque omni ope contendere, ut integritas fidei morumque christianorum ne quid detrimenti capiat. Idque, si unquam alias, maxime est necessarium hoc tempore, cum effrenatis licentia ingeniis ac moribus omnis fere doctrina, quam servator hominum Iesus Christus tuendam ecclesiae suae ad salutem generis humani permisit, in quotidianum vocatur certamen atque discrimen. Quo in certamine variae profecto atque innumerabiles sunt inimicorum calliditates artesque nocendi. Sed cum primis est plena periculorum intemperantia scribendi disseminandique in vulgus quae prave scripta sunt. Nihil enim cogitari potest perniciosius ad inquinandos animos per contemptum religionis perque illecebras multas peccandi.

Quamobrem tanti metuens mali et incolumitatis fidei ac morum custos et vindex ecclesia maturrime intellexit remedia contra eiusmodi pestem esse sumenda. Ob eamque rem id perpetuo studuit, ut homines, quoad in se esset, pravorum librorum lectione, hoc est pessimo veneno, prohiberet. Vehemens hac in re studium beati Pauli viderunt proxima originibus tempora.[599] Similique ratione perspexit sanctorum patrum vigilantiam, iussa episcoporum, conciliorum decreta omnis consequens aetas. Praecipue vero monumenta litterarum testantur, quanta cura diligentiaque in eo evigilaverint Romani Pontifices, ne haereticorum scripta, malo publico, impune serperent. Plena est exemplorum vetustas:

---

[598] Gioacchino Pecci (1810–1903), von 1878 bis 1903 Papst Leo XIII., über ihn: EncPapi 3, S. 575–593 von Francesco MALGERI.

[599] Vgl. Apg 19,19.

Anastasius I.[600] scripta Origenis perniciosiora, Innocentius I.[601] Pelagii, Leo Magnus[602] manichaeorum opera omnia gravi edicto damnavere. Cognitae eadem de re sunt litterae decretales de recipiendis et non recipiendis librs, quas Gelasius[603] opportune dedit. Similiter decursu aetatum monotheletarum[604], Abaelardi[605], Marsilii Patavini[606], Wicleffi[607] et Hussii[608] pestilentes libros sententia apostolicae Sedis confixit.

Saeculo autem decimo quinto, comperta arte nova libraria, non modo in prave scripta animadversum est, quae lucem aspexissent, sed etiam, ne qua eius generis posthac ederentur, caveri coeptum. Atque hanc providentiam non levis aliqua causa, sed omnino tutela honestatis ac salutis publicae per illud tempus postulabat, propterea quod artem per se optimam, maximarum utilitatum parentem, christianae gentium humanitati propagandae natam, in instrumentum ingens ruinarum nimis multi celeriter deflexerant. Magnum prave scriptorum malum ipsa vulgandi celeritate maius erat ac velocius effectum. ltaque saluberrimo consilio cum Alexander VI.[609] tum Leo X.[610], decessores nostri, certas tulere leges, utique congruentes iis temporibus ac moribus, quae officinatores librarios in officio continerent.

Mox graviore exorto turbine, multo vigilantius ac fortius oportuit malarum haereseon prohibere contagia. Idcirco idem Leo X.[611] posteaque Clemens VII.[612] gravissime sanxerunt, ne cui legere neu retinere Lutheri libros fas esset. Cum vero pro illius aevi infelicitate crevisset praeter modum atque in omnes partes pervasisset perniciosorum librorum impura colluvies, ampliore ac praesentiore remedio opus esse videbatur. Quod quidem remedium opportune primus ad-

---

600 Anastasius I., Papst (399–401), Hl., bestätigte die Verurteilung der Schriften des Origenes durch die Synode von Alexandria (Origenistenstreit), über ihn: EncPapi 1, 381–385 von Alessandra Pollastri.

601 Innozenz I., Papst (401–417), Hl., bestätigte afrikanische Synodalbeschlüsse gegen den Pelagianismus, über ihn: EncPapi 1, S. 385–392 von Alessandra Pollastri.

602 Leo I. der Große, Hl., Papst (440–461), ließ im Jahr 443 in Rom Schriften der Manichäer verbrennen, über ihn: EncPapi 1, S. 423–442 von Elena Cavalcanti.

603 Vgl. Dok. A 11, Anm. 167.

604 Der Monotheletismus wurde im Jahr 681 durch das III. Konzil von Konstantinopel als Häresie verurteilt: DH 550–552.

605 Petrus Abaelardus (gest. 1142), Papst Innozenz II. ordnete 1141 die Verbrennung seiner Schriften an: Hilgers, Bücherverbote (s. Lit.), S. 14.

606 Marsilius von Padua (gest. ca. 1342), Johannes XXII. verurteilte sein Werk »Defensor pacis« (Bulle »Licet iuxta doctrinam«, 23.10.1327): ebd., S. 15f.

607 John Wyclif (gest. 1384), Johannes XXIII. verurteilte 1413 seine Schriften, bestätigt durch das Konstanzer Konzil am 4.5.1415: ebd., S. 16, und: DH 1151–1195.

608 Jan Hus (gest. 1415), das Konstanzer Konzil verurteilte am 6.7.1415 seine Schriften: DH 1201–1230.

609 Bulle »Inter multiplices«, 1.6.1501, vgl. Dok. A 1 (Regest).

610 Dok. A 2.

611 Bulle »Exsurge Domine«, 15.6.1520: DH 1451–1492.

612 Gemeint ist wohl nicht Clemens VII. (Giulio de' Medici, Papst von 1523 bis 1534 Papst), sondern dessen Vorgänger Hadrian VI. (Adriaan Florisz, Papst von 1522 bis 1523), der das Verbot der Werke Luthers wiederholte (Bulle »Non possumus non«, 30.11.1522): Hilgers, Bücherverbote (s. Lit.), S. 18.

hibuit Paulus IV.[613], decessor noster, videlicet elencho proposito scriptorum et librorum, a quorum usu cavere fideles oporteret. Non ita multo post Tridentinae synodi patres gliscentem scribendi legendique licentiam novo consilio coercendam curaverunt. Eorum quippe voluntate iussuque lecti ad id praesules et theologi non solum augendo perpoliendoque Indici, quem Paulus IV. ediderat, dedere operam, sed Regulas etiam conscripsere in editione, lectione usuque librorum servandas. Quibus Regulis[614] Pius IV. apostolicae auctoritatis robur adiecit[615].

Verum salutis publicae ratio, quae Regulas tridentinas initio genuerat, novari aliquid in eis labentibus aetatibus eadem iussit. Quamobrem Romani Pontifices – nominatimque Clemens VIII.[616], Alexander VII.[617], Benedictus XIV.[618] – gnari temporum et memores prudentiae, plura decrevere, quae ad eas explicandas atque accommodandas tempori valuerunt.

Quae res praeclare confirmant praecipuas Romanorum Pontificum curas in eo fuisse perpetuo positas, ut opinionum errores morumque corruptelam, geminam hanc civitatum labem ac ruinam, pravis libris gigni ac disseminari solitam, a civili hominum societate defenderent. Neque fructus fefellit operam, quamdiu in rebus publicis administrandis rationi imperandi ac prohibendi lex aeterna praefuit rectoresque civitatum cum potestate sacra in unum consensere.

Quae postea consecuta sunt, nemo nescit. Videlicet cum adiuncta rerum atque hominum sensim mutavisset dies, fecit id ecclesia prudenter more suo, quod perspecta natura temporum magis expedire atque utile esse hominum saluti videretur. Plures regularum Indicis praescriptiones, quae excidisse opportunitate pristina videbantur, vel decreto ipsa sustulit vel more usuque alicubi invalescente antiquari benigne simul ac provide sivit. Recentiore memoria datis ad archiepiscopos episcoposque e principatu pontificio litteris Pius IX. Regulam X magna ex parte mitigavit.[619] Praeterea propinquo iam concilio magno Vaticano doctis viris ad argumenta paranda delectis id negotium dedit, ut expenderent atque aestimarent Regulas Indicis universas iudiciumque ferrent, quid de iis facto opus esset. Illi commutandas consentientibus sententiis iudicavere. Idem se et sentire et petere a concilio plurimi ex patribus aperte profitebantur. Episcoporum Galliae extant hac de re litterae, quarum sententia est necesse esse et sine cunctatione faciendum, ut »illae regulae et universa res Indicis novo prorsus modo nostrae aetati melius attemperato et observatu faciliori instaurarentur«[620]. Idem eo tempore iudicium fuit episcoporum Germaniae plane petentium, ut »regulae Indicis … recenti revisioni et reductioni submittantur«.[621] Quibus episcopi concinunt ex Italia aliisque e regionibus complures.

---

613 Im Pontifikat Pauls IV. erschien 1558/59 der erste Römische Index, vgl. Dok. A 6.
614 Dok. A 9.
615 Dok. A 10.
616 Dok. A 13–15.
617 Dok. A 18f.
618 Dok. A 22f., C 10.
619 Dok. B 23.
620 CollLac 7, S. 843f. (»Postulata a pluribus Galliarum Episcopis, 1869«).
621 Ebd., S. 874 (»Postulata complurium Germaniae Episcoporum, 1870«).

Qui quidem omnes – si temporum, si institutorum civilium, si morum popularium habeatur ratio – sane aequa postulant et cum materna ecclesiae sanctae caritate convenientia. Etenim in tam celeri ingeniorum cursu, nullus est scientiarum campus, in quo non litterae licentius excurrant. Inde pestilentissimorum librorum quotidiana colluvies. Quod vero gravius est: in tam grandi malo non modo connivent, sed magnam licentiam dant leges publicae. Hinc ex una parte suspensi religione animi plurimorum, ex altera quidlibet legendi impunita copia.

Hisce igitur incommodis medendum rati, duo facienda duximus, ex quibus norma agendi in hoc genere certa et perspicua omnibus suppetat. Videlicet librorum improbatae lectionis diligentissime recognosci Indicem, subinde, maturum cum fuerit, ita recognitum vulgari iussimus. Praeterea ad ipsas Regulas mentem adiecimus easque decrevimus, incolumi earum natura, efficere aliquanto molliores, ita plane ut iis obtemperare, dummodo quis ingenio malo non sit, grave arduumque esse non possit. In quo non modo exempla sequimur decessorum nostrorum, sed maternum ecclesiae studium imitamur, quae quidem nihil tam expetit quam se impertire benignam sanandosque ex se natos ita semper curavit, curat, ut eorum infirmitati amanter studioseque parcat.

Itaque matura deliberatione adhibitisque S. R. E. cardinalibus e sacro Consilio libris notandis edere Decreta generalia statuimus, quae infra scripta unaque cum hac constitutione coniuncta sunt. Quibus idem Sacrum Consilium posthac utatur unice quibusque catholici homines toto orbe religiose pareant. Ea vim legis habere sola volumus, abrogatis Regulis sacrosanctae Tridentinae synodi iussu editis[622], Observationibus[623], Instructione[624], Decretis[625], Monitis[626] et quovis alio decessorum nostrorum hac de re statuto iussuque, una excepta constitutione Benedicti XIV. »Sollicita ac provida«[627], quam, sicut adhuc viguit, ita in posterum vigere integram volumus.

Decreta generalia de prohibitione et censura librorum

Titulus I.
De prohibitione librorum

Caput I. De prohibitis apostatarum, haereticorum, schismaticorum aliorumque scriptorum libris

1. Libri omnes, quos ante annum MDC aut summi Pontifices aut concilia oecumenica damnarunt et qui in novo Indice non recensentur, eodem modo damnati habeantur, sicut olim damnati fuerunt, iis exceptis, qui per haec Decreta generalia permittuntur.[628]

[622] Dok. A 9.
[623] Dok. A 15, 19.
[624] Dok. A 13.
[625] Dok. A 22.
[626] Dok. A 25f.
[627] Dok. C 10.
[628] Vgl. Dok. A 9, Rgl. I., und Dok. A 30, Regest.

2. Libri apostatarum, haereticorum, schismaticorum et quorumcumque scriptorum haeresim vel schisma propugnantes aut ipsa religionis fundamenta utcumque evertentes omnino prohibentur.[629]
3. Item prohibentur acatholicorum libri, qui ex professo de religione tractant, nisi constet nihil in eis contra fidem catholicam contineri.
4. Libri eorumdem auctorum, qui ex professo de religione non tractant, sed obiter tantum fidei veritates attingunt, iure ecclesiastico prohibiti non habeantur, donec speciali decreto proscripti haud fuerint.

Caput II. De editionibus textus originalis et versionum non vulgarium sacrae scripturae

5. Editiones textus originalis et antiquarum versionum catholicarum sacrae scripturae, etiam ecclesiae orientalis, ab acatholicis quibuscumque publicatae, etsi fideliter et integre editae appareant, iis dumtaxat, qui studiis theologicis vel biblicis dant operam, dummodo tamen non impugnentur in prolegomenis aut adnotationibus catholicae fidei dogmata, permittuntur.[630]
6. Eadem ratione et sub iisdem conditionibus permittuntur aliae versiones sacrorum Bibliorum, sive latina sive alia lingua non vulgari, ab acatholicis editae.

Caput III. De versionibus vernaculis sacrae scripturae

7. Cum experimento manifestum sit, si sacra Biblia vulgari lingua passim sine discrimine permittantur, plus inde ob hominum temeritatem detrimenti quam utilitatis oriri, versiones omnes in lingua vernacula, etiam a viris catholicis confectae, omnino prohibentur, nisi fuerint ab apostolica Sede approbatae aut editae sub vigilantia episcoporum cum adnotationibus desumptis ex sanctis ecclesiae patribus atque ex doctis catholicisque scriptoribus.[631]
8. Interdicuntur versiones omnes sacrorum Bibliorum quavis vulgari lingua ab acatholicis quibuscumque confectae atque illae praesertim, quae per societates biblicas a Romanis Pontificibus non semel damnatas[632] divulgantur, cum in iis saluberrimae ecclesiae leges de divinis libris edendis funditus posthabeantur. Hae nihilominus versiones iis, qui studiis theologicis vel biblicis dant operam, permittuntur iis servatis, quae supra (n° 5) statuta sunt.[633]

---

629 Vgl. ebd., Rgl. II.

630 Vgl. ebd., Rgl. III.

631 Vgl. Dok. A 9, Rgl. IV; Dok. A 15, »Additio«; Dok. A 26.

632 (Katholische) Bibelgesellschaften, die sich um 1800 zur massenhaften Verbreitung billiger Übersetzungen des Neuen Testaments im Sinne der Bibelpastoral gegründet hatten, wurden beginnend mit Pius VII. (1816) von verschiedenen Päpsten des 19. Jahrhunderts verboten, u. a. 1864 durch Pius IX. in dem berüchtigten »Syllabus Errorum«, vgl. die Liste der einschlägigen Verlautbarungen des Hl. Stuhls in: GUNDERT (wie Dok. A 26, Lit.), S. 307.

633 Vgl. Dok. A 26.

Caput IV. De libris obscenis

9. Libri, qui res lascivas seu obscenas ex professo tractant, narrrant aut docent, cum non solum fidei, sed et morum, qui huiusmodi librorum lectione facile corrumpi solent, ratio habenda sit, omnino prohibentur.
10. Libri auctorum sive antiquorum sive recentiorum, quos classicos vocant, si hac ipsa turpitudinis labe infecti sunt, propter sermonis elegantiam et proprietatem, iis tantum permittuntur, quos officii aut magisterii ratio excusat, nulla tamen ratione pueris vel adolescentibus, nisi solerti cura expurgati, tradendi aut praelegendi erunt.[634]

Caput V. De quibusdam specialis argumenti libris

11. Damnantur libri, in quibus Deo aut B. M. V. vel sanctis aut catholicae ecclesiae eiusque cultui vel sacramentis aut apostolicae Sedi detrahitur. Eidem reprobationis iudicio subiacent ea opera, in quibus inspirationis sacrae scripturae conceptus pervertitur aut eius extensio nimis coarctatur. Prohibentur quoque libri, qui data opera ecclesiasticam hierarchiam aut statum clericalem vel religiosum probris afficiunt.
12. Nefas esto libros edere, legere aut retinere, in quibus sortilegia, divinatio, magia, evocatio spirituum aliaeque huius generis superstitiones docentur vel commendantur.
13. Libri aut scripta, quae narrant novas apparitiones, revelationes, visiones, prophetias, miracula, vel quae novas inducunt devotiones, etiam sub praetextu, quod sint privatae, si publicentur absque legitima superiorum ecclesiae licentia, proscribuntur.
14. Prohibentur pariter libri, qui duellum, suicidium vel divortium licita statuunt; qui de sectis massonicis vel aliis eiusdem generis societatibus agunt easque utiles et non perniciosas ecclesiae et civili societati esse contendunt; et qui errores ab apostolica Sede proscriptos tuentur.[635]

Caput VI. De sacris imaginibus et indulgentiis

15. Imagines quomodocumque impressae D. N. Iesu Christi, B. M. V., angelorum atque sanctorum vel aliorum servorum Dei ab ecclesiae sensu et decretis difformes omnino vetantur. Novae vero, sive preces habeant adnexas sive absque illis edantur, sine ecclesiasticae potestatis licentia non publicentur.
16. Universis interdicitur indulgentias apocryphas et a Sancta Sede apostolica proscriptas vel revocatas quomodocumque divulgare. Quae divulgatae iam fuerint, de manibus fidelium auferantur.

---

[634] Vgl. Dok. A 9, Rgl. VII.

[635] Zu Nr. 11–14 vgl. Dok. A 13, De corr. § II; Dok. A 22, § II.; zu den päpstlichen Verboten des Freimaurertums, angefangen von der Bulle »In eminenti« Clemens' XII. (28.4.1738): Art. »Massoneria«, in: DSI 2, S. 1008–1010 von A. Trampus.

17. Indulgentiarum libri omnes, summaria, libelli, folia etc., in quibus earum concessiones continentur, non publicentur absque competentis auctoritatis licentia.[636]

Caput VII. De libris liturgicis et precatoriis

18. In authenticis editionibus Missalis, Breviarii, Ritualis, Caeremonialis episcoporum, Pontificalis Romani aliorumque librorum liturgicorum a Sancta Sede apostolica approbatorum, nemo quidquam immutare praesumat. Si secus factum fuerit, hae novae editiones prohibentur.
19. Litaniae omnes, praeter antiquissimas et communes, quae in Breviariis, Missalibus, Pontificalibus ac Ritualibus continentur, et praeter litanias de beata Virgine, quae in sacra aede Lauretana decantari solent, et litanias sanctissimi Nominis Iesu[637] iam a Sancta Sede approbatas, non edantur sine revisione et approbatione ordinarii.
20. Libros aut libellos precum, devotionis vel doctrinae institutionisque religiosae, moralis, asceticae, mysticae aliosque huiusmodi, quamvis ad fovendam populi christiani pietatem conducere videantur, nemo praeter legitimae auctoritatis licentiam publicet. Secus prohibiti habeantur.[638]

Caput VIII. De diariis, foliis et libellis periodicis

21. Diaria, folia et libelli periodici, qui religionem aut bonos mores data opera impetunt, non solum naturali, sed etiam ecclesiastico iure proscripti habeantur. Curent autem ordinarii, ubi opus sit, de huiusmodi lectionis periculo et damno fideles opportune monere.
22. Nemo e catholicis, praesertim e viris ecclesiasticis, in huiusmodi diariis vel foliis vel libellis periodicis quidquam nisi suadente iusta et rationabili causa publicet.

Caput IX. De facultate legendi et retinendi libros prohibitos

23. Libros sive specialibus sive hisce generalibus decretis proscriptos, ii tantum legere et retinere poterunt, qui a Sede apostolica aut ab illis, quibus vices suas delegavit, opportunas fuerint consecuti facultates.
24. Concedendis licentiis legendi et retinendi libros quoscumque prohibitos Romani Pontifices sacram Indicis congregationem praeposuere. Eadem nihilominus potestate gaudent tum suprema S. Officii congregatio tum sacra congregatio de Propaganda Fide pro regionibus suo regimini subiectis. Pro Urbe tantum haec facultas competit etiam Sacri Palatii apostolici magistro.
25. Episcopi aliique praelati iurisdictione quasi episcopali pollentes pro singularibus libris atque in casibus tantum urgentibus licentiam concedere valeant. Quod si iidem generalem a Sede apostolica impetraverint faculta-

---

[636] Zu Nr. 15–17 vgl. Dok. A 22, § III.

[637] ‡ *In V. hier Fußnote:* Litaniis approbatis ex novissimo decreto S. Rit. Congr. d. d. 2 apr. 1899 adnumerantur etiam litaniae sacratissimae Cordis Iesu.

[638] Zu Nr. 18–20 vgl. Dok. A 22, § IV.

tem, ut fidelibus libros proscriptos legendi retinendique licentiam impertiri valeant, eam nonnisi cum delectu et ex iusta et rationabili causa concedant.

26. Omnes, qui facultatem apostolicam consecuti sunt legendi et retinendi libros prohibitos, nequeunt ideo legere et retinere libros quoslibet aut ephemerides ab ordinariis locorum proscriptas, nisi eis in apostolico indulto expressa facta fuerit potestas legendi et retinendi libros a quibuscumque damnatos.[639] Meminerint insuper qui licentiam legendi libros prohibitos obtinuerunt gravi se praecepto teneri huiusmodi libros ita custodire, ut ad aliorum manus non perveniant.

Caput X. De denunciatione pravorum librorum

27. Quamvis catholicorum omnium sit, maxime eorum, qui doctrina praevalent, perniciosos libros episcopis aut apostolicae Sedi denunciare, id tamen speciali titulo pertinet ad nuntios, delegatos apostolicos, locorum ordinarios atque rectores universitatum doctrinae laude florentium.
28. Expedit, ut in pravorum librorum denunciatione non solum libri titulus indicetur, sed etiam, quoad fieri potest, causae exponantur, ob quas liber censura dignus existimatur. Iis autem, ad quos denunciatio defertur, sanctum erit denunciantium nomina secreta servare.
29. Ordinarii, etiam tamquam delegati Sedis apostolicae, libros aliaque scripta noxia in sua dioecesi edita vel diffusa proscribere et e manibus fidelium auferre studeant. Ad apostolicum iudicium ea deferant opera vel scripta, quae subtilius examen exigunt, vel in quibus ad salutarem effectum consequendum supremae auctoritatis sententia requiri videatur.

Titulus II.
De censura librorum

Caput I. De praelatis librorum censurae praepositis

30. Penes quos potestas sit sacrorum Bibliorum editiones et versiones adprobare vel permittere ex iis liquet, quae supra (n° 7) statuta sunt.
31. Libros ab apostolica Sede proscriptos nemo audeat iterum in lucem edere. Quod si ex gravi et rationabili causa singularis aliqua exceptio hac in re admittenda videatur, id numquam fiet, nisi obtenta prius sacrae Indicis congregationis licentia servatisque conditionibus ab ca pracscriptis.
32. Quae ad causas beatificationum et canonizationum servorum Dei utcumque pertinent, absque beneplacito congregationis Sacris Ritibus tuendis praepositae publicari nequeunt.
33. Idem dicendum de collectionibus decretorum singularum romanarum congregationum: hae nimirum collectiones edi nequeant nisi obtenta prius licentia et servatis conditionibus a moderatoribus uniuscuiusque congregationis praescriptis.

---

[639] Vgl. das Dekret der CIndex, 6.12.1895: CICF 7 (1935), S. 728.

34. Vicarii et missionarii apostolici decreta sacrae congregationis Propagandae Fidei praepositae de libris edendis fideliter servent.
35. Approbatio librorum, quorum censura praesentium decretorum vi apostolicae Sedi vel romanis congregationibus non reservatur, pertinet ad ordinarium loci, in quo publici iuris fiunt.
36. Regulares praeter episcopi licentiam meminerint teneri se sacri concilii Tridentini decreto[640] operis in lucem edendi facultatem a praelato, cui subiacent, obtinere. Utraque autem concessio in principio vel in fine operis imprimatur.
37. Si auctor Romae degens librum non in Urbe, sed alibi imprimere velit, praeter approbationem cardinalis Urbis vicarii et magistri Sacri Palatii apostolici, alia non requiritur.

Caput II. De censorum officio in praevio librorum examine

38. Curent episcopi, quorum muneris est facultatem libros imprimendi concedere, ut eis examinandis spectatae pietatis et doctrinae viros adhibeant, de quorum fide et integritate sibi polliceri queant nihil eos gratiae daturos, nihil odio, sed omni humano affectu posthabito Dei dumtaxat gloriam spectaturos et fidelis populi utilitatem.[641]
39. De variis opinionibus atque sententiis (iuxta Benedicti XIV. praeceptum) animo a praeiudiciis omnibus vacuo iudicandum sibi esse censores sciant. Itaque nationis, familiae, scholae, instituti affectum excutiant, studia partium seponant, ecclesiae sanctae dogmata et communem catholicorum doctrinam, quae conciliorum generalium decretis, Romanorum Pontificum constitutionibus atque doctorum consensu continentur, unice prae oculis habeant.[642]
40. Absoluto examine, si nihil publicationi libri obstare videbitur, ordinarius in scriptis et omnino gratis illius publicandi licentiam in principio vel in fine operis imprimendam auctori concedat.[643]

Caput III. De libris praeviae censurae subiiciendis

41. Omnes fideles tenentur praeviae censurae ecclesiasticae eos saltem subiicere libros, qui divinas scripturas, sacram theologiam, historiam ecclesiasticam, ius canonicum, theologiam naturalem, ethicen aliasve huiusmodi religiosas aut morales disciplinas respiciunt, ac generaliter scripta omnia, in quibus religionis et morum honestatis specialiter intersit.[644]
42. Viri e clero seculari ne libros quidem, qui de artibus scientiisque mere naturalibus tractant, inconsultis suis ordinariis publicent, ut obsequentis animi erga illos exemplum praebeant. Iidem prohibentur quominus absque praevia ordinariorum venia diaria vel folia periodica moderanda suscipiant.

---

640 Dok. A 3.
641 Vgl. Dok. A 13, De impress. § V.
642 Vgl. Dok. C 10, <§ 17>.
643 Vgl. Dok. A 3.
644 Vgl. Dok. B 23, Abs. 3.

Caput IV. De typographis et editoribus librorum

43. Nullus liber censurae ecclesiasticae subiectus excudatur, nisi in principio nomen et cognomen tum auctoris tum editoris praeferat, locum insuper et annum impressionis atque editionis. Quod si aliquo in casu iustas ob causas nomen auctoris tacendum videatur, id permittendi penes ordinarium potestas sit.
44. Noverint typographi et editores librorum novas eiusdem operis approbati editiones novam approbationem exigere, hanc insuper textui originali tributam eius in aliud idioma versioni non suffragari.
45. Libri ab apostolica Sede damnati ubique gentium prohibiti censeantur et in quodcumque vertantur idioma.[645]
46. Quicumque librorum venditores, praecipue qui catholico nomine glorientur, libros de obscenis ex professo tractantes neque vendant neque commodent neque retineant. Ceteros prohibitos venales non habeant, nisi a sacra Indicis congregatione veniam per ordinarium impetraverint, nec cuiquam vendant, nisi prudenter existimare possint ab emptore legitime peti.

Caput V. De poenis in Decretorum generalium transgressores statutis

47. Omnes et singuli scienter legentes sine auctoritate Sedis apostolicae libros apostatarum et haereticorum haeresim propugnantes, nec non libros cuiusvis auctoris per apostolicas litteras nominatim prohibitos eosdemque libros retinentes, imprimentes et quomodolibet defendentes excommunicationem ipso facto incurrunt Romano Pontifici speciali modo reservatam.
48. Qui sine ordinarii approbatione sacrarum scripturarum libros vel earumdem adnotationes vel commentarios imprimunt aut imprimi faciunt, incidunt ipso facto in excommunicationem nemini reservatam.[646]
49. Qui vero cetera transgressi fuerint, quae his Decretis generalibus praecipiuntur, pro diversa reatus gravitate serio ab episcopo moneantur, et, si opportunum videbitur, canonicis etiam poenis coerceantur.

Praesentes vero litteras, et quaecumque in ipsis habentur, nullo umquam tempore de subreptionis aut obreptionis sive intentionis nostrae vitio aliove quovis defectu notari vel impugnari posse, sed semper validas et in suo robore fore et esse atque ab omnibus cuiusvis gradus et praeeminentiae inviolabiliter in iudicio et extra observari debere decernimus; irritum quoque et inane, si secus super his a quoquam, quavis auctoritate vel praetextu, scienter vel ignoranter contigerit attentari declarantes contrariis non obstantibus quibuscumque.

Volumus autem, ut harum litterarum exemplis, etiam impressis, manu tamen notarii subscriptis et per constitutum in ecclesiastica dignitate virum sigillo munitis eadem habeatur fides, quae nostrae voluntatis significationi his praesentibus ostensis haberetur.

---

[645] Vgl. Dok. A 25.

[646] Zu Nr. 47f. vgl. Dok. A 27.

Nulli ergo hominum liceat hanc paginam nostrae constitutionis, ordinationis, limitationis, derogationis, voluntatis infringere vel ei ausu temerario contraire. Si quis autem hoc attentare praesumpserit, indignationem omnipotentis Dei et beatorum Petri et Pauli apostolorum eius se noverit incursurum.

Datum Romae, apud S. Petrum, anno incarnationis dominicae millesimo octingentesimo nonagesimo sexto, VIII. Kalendas Februarias, pontificatus nostri decimo nono.

Aloisus card. Macchi[647]

Agapitus Panici,[648] sub-datarius.

Visa de curia Iosephus de Aquila e Vicecomitibus[649]

I<osephus> Cugnonius[650]

Registrata in secretaria Brevium

[647] Kard. Luigi Macchi (1832–1907), seit 1896 Brevensekretär Leos XIII.: Miranda (Zugriff: 16.12.2011).

[648] Agapito Panici (1839–1902), Sub-Datar Leos XIII.: ebd. (Zugriff: 16.12.2011).

[649] Giuseppe Dell'Aquila Visconti (1829–1912), ab 1870 Abbreviatore di Curia, Cameriere segreto Pius' IX.: Philippe Boutry, Souverain et Pontife. Recherches prosopographiques sur la curie romaine à l'âge de la restauration, 1814–1846 (Collection de l'École française de Rome 300), Rom 2002, S. 168; Dell'Aquila-Visconti (wie Dok. A 5, Anm. 54), S. 64.

[650] Giuseppe Cugnoni (1824– 1908), Scriptor latinus und Scriptor graecus der BAV: Lorenzo Bedeschi, Riforma religiosa e curia romana all'inizio del secolo, Mailand 1968, S. 171.

A 30 | 1900 September 17: Breve »Romani Pontifices« Leos XIII.

Papst Leo XIII. approbiert den Index von 1900 und erklärt ihn zum allgemeinen kirchlichen Gesetz. Der Index Leoninus war das Ergebnis einer umfassenden Indexreform, wie sie davor zuletzt im Pontifikat Benedikts XIV. stattgefunden hatte (vgl. Dok. A 22f.). Diese Reform hatte eine erhebliche Verschlankung des Bücherverbotskatalogs zur Folge. Alle Verbote, die aus der Zeit vor 1600 datierten, wurden der leichteren Handhabung wegen aus dem Index entfernt, behielten aber weiterhin ihre Gültigkeit (vgl. Dok. A 29, Tit. I., c. I., Nr. 1). Auf diese Weise verschwanden rund 2.200 Einträge aus dem Verbotskatalog. Dazu wurden rund 700 als unzeitgemäß angesehene Bücherverbote nicht nur vom Index genommen, sondern auch annulliert (die Zahlen n. Bujanda, s. Lit.). Im Zuge der Revision wurden mit großem Aufwand auch falsche Schreibweisen berichtigt und bibliografische Angaben vervollständigt. Das hier gebotene Approbationsbreve wurde im Vorspann des Index Leoninus abgedruckt, zuletzt im Index von 1925. Vgl. Einf., Kapitel II.6.3.

Lit.: *Wolf, Indexreform (wie Dok. A 29, Lit.); Art. »Indici dei libri proibiti, Roma«, in: DSI 2, S. 780–784 von J. M. De Bujanda, hier: S. 781.*

V.: *Index 1900, S. VII–X. Ein identisches Belegexemplar des gedruckten Breve in: ACDF Index Prot. 135, Nr. 79.*

Leo Papa XIII. [651]
Ad perpetuam rei memoriam

Romani Pontifices, quibus grande illud munus in beato Petro apostolorum principe commissum est universum pascendi Christi gregem, toti in eo constanter fuerunt, ut pretiosissimum fidei depositum integrum inviolatumque servarent et christianas toto orbe gentes salutaris doctrinae pabulo enutrirent. Hinc profecto vehemens illa ac provida ab ipsis adhibita perpetuo cura, ut quemadmodum bonum semen a lolio[652], ita et sani optimique libri ab adulterinis set apocryphis et perniciosis secernerentur, ne christiani homines incauto vel temerario horum usu integritatis fidei morumque detrimentum caperent. Quo in genere varia quidem pro varietate temporum tum Pontifices ipsi tum concilia nunquam neglexerunt apta malis adhibere remedia.

Quum vero compertâ saeculo decimo quinto nova arte typographica magis in dies crevisset librorum copia, praetereaque malarum haeresum pestis late grassaretur, necessarium omnino visum est, qua praecavendis periculis, qua reparandis mature damnis, in prave scripta acrius animadvertere. Itaque concilii Tridentini patres, ad quos Pius IV. praedecessor noster id negotium remiserat,

[651] Vgl. Dok. A 29, Anm. 598.
[652] Mt 13,24–30.

ingenti librorum sive haereticorum sive de haeretica pravitate suspectorum sive pietati moribusque nocentium contagioni duplici esse ratione occurrendum existimarunt. Ac primo quidem eiusdem synodi auctoritate lecti ad id praesules et theologi generales quasdam condidere Regulas[653], ut nimirum facilius dignosci posset, a quibus generatim libris fideles cavere oporteret. Tum vero accuratum atque absolutum librorum improbatae lectionis elenchum seu Indicem exararunt. Quem Indicem[654] una cum memoratis Regulis, quum peractâ synodo ex ipsius decreto[655] Pio IV. praedecessori nostro exhibitus fuerit, ut ne antea ederetur, quam apostolicae auctoritatis robur acciperet, summa diligentiâ denuo excussum idem Pontifex approbavit et ab omnibus observari iussit.

Res tamen ipsa ferebat, ut eiusdem Index novis editis decursu temporis pravis perniciosisque libris nova additamenta requireret. Idque sane ab apostolica Sede iterum iterumque assidua cura perfectum esse neminem latet. Ita quidem Clemens VIII.[656] ac deinceps Alexander VII.[657] et Benedictus XIV.[658] praedecessores nostri Indicem ipsum insertis iis libris, quos postmodum summi Pontifices vel per litteras apostolicas vel per romanas congregationes, praecipue Inquisitionis atque Indicis, proscripserant, in meliorem aptioremque formam redactum quasi innovarunt.

Quum vero a Benedicti XIV. praedecessoris nostri pontificatu maximo longa iam aetas, centum quadraginta fere annorum, effluxisset, maius quiddam atque efficacius res ipsa postulare videbatur. Non solum enim complura hoc temporis intervallo damnata fuerant prave scripta, sed non pauci etiam errores ac mendae in Indicem ipsum irrepserant. Itaque, quod in votis etiam fuisse perspectum est multorum patrum Vaticanae synodi[659], manum huic Indicis emendandi perficiendique operi admovendam duximus.

Ac primo quidem Regulas, quas e mente concilii Tridentini Pius IV. praedecessor noster constituerat, aliquanto molliores efficere easdemque tempori accommodare decrevimus. Idque sane perfecimus constitutione apostolica »Officiorum ac munerum«, edita die XXV. Ianuarii anno MDCCCXCVII.[660] Quod vero ad Indicem spectat, eum diligentissime recognosci, e mendis purgari atque ita disponi ordinarique iussimus, ut tota eiusdem ratio cum regulis seu Decretis generalibus[661] apprime congrueret. Eiusmodi negotium sane laboriosum venerabilibus fratribus nostris S. R. E. cardinalibus congregationi Indicis librorum prohibitorum praepositis demandavimus, qui doctis aliquot accitis in operis subsidium viris,[662] rem totam alacri assiduoque studio ita perfecere, ut novus Index ceteris iis, qui praecesserunt, non solum longe emendatior appareat, sed

[653] Dok. A 9.
[654] Index 1564.
[655] Trid. sess. 25 (4.12.1563): COD 3, S. 797.
[656] Index 1596.
[657] Index 1664.
[658] Index 1758.
[659] Vgl. Dok. A 29, Anm. 620f.
[660] Dok. A 29.
[661] Ebd., »Decreta generalia de prohibitione et censura librorum«.
[662] Zur Zusammensetzung der Reformkommission vgl. WOLF, Indexreform (s. Lit.), S. 92f.

et expeditioris usus omissis libris non ita paucis, quorum proscriptio – olim necessaria vel opportuna – hodie vix non inutilis evasit.

Huiusmodi igitur librorum prohibitorum generalem Indicem iussu nostro recognitum et emendatum ac typis Vaticanis impressum, quem tamquam litteris hisce expresse insertum haberi volumus, auctoritate apostolica tenore praesentium, approbamus et confirmamus, atque ab omnibus ubique locorum integre et inviolabiliter observari praecipimus, sub poenis in constitutione nostra »Officiorum ac munerum« sancitis. Mandantes omnibus locorum ordinariis itemque regularium quorumcumque superioribus omnibusque aliis, ad quos spectat aut in futurum spectabit, ut eumdem Indicem vulgandum et observandum pro viribus curent.

Non obstantibus in contrarium facientibus quibuscumque.

Datum Romae, apud S. Petrum, sub annulo piscatoris, die XVII. Septembris MCM, pontificatus nostri anno vigesimotertio.

Aloisius card. Macchi[663]

[663] Vgl. Dok. A 29, Anm. 647.

A 31 | 1929: Der CIC 1917 (Auszüge)

Die mit dem CIC 1917 erstmals verwirklichte Kodifikation des Kirchenrechts schloss auch die allgemeinen Pressegesetze mit ein. Dabei konnte auf die Bestimmungen der im Zuge der Indexreform Leos XIII. entstandenen Konstitution »Officiorum ac munerum« (Dok. A 29) zurückgegriffen werden, für die dieser Teilbereich des Kirchenrechts bereits systematisiert und modernisiert worden war. Der Index von 1922 druckt erstmals eine Zusammenstellung der Presse- und Zensurfragen behandelnden Kanones aus dem CIC 1917 ab. Seitdem gehörte der Auszug aus dem CIC zum Vorspann der Index-Ausgaben, wobei im Laufe der Zeit manche der Kanones aus der Auflistung entfernt wurden (vgl. den Apparat). Als Vorlage wurde hier nicht der Erstdruck, sondern die letzte Fassung aus dem Jahr 1948 verwendet. Vgl. Einf., Kapitel II.6.4.

Lit.: *Peter Köster, Der verbotene Philosoph. Studien zu den Anfängen der katholischen Nietzsche-Rezeption in Deutschland (1890–1918) (Supplementa Nietzscheana 5), Berlin – New York 1998, S. 107–124; Eric W. Steinhauer, Das kanonische Bücherrecht in Vergangenheit und Gegenwart: ein Überblick, in: Kirchliches Buch- und Bibliothekswesen. Jahrbuch 5 (2004), S. 149–164 (mit weiterer Lit.).*

V.: *Index 1948, S. XIII–XXIV; vgl. auch den umfangreicheren Erstdruck in: Index 1922, S. XXV–XXXI.*

Ex Codice Iuris Canonici

Can. 1385[664] – § 1. Nisi censura ecclesiastica praecesserit, ne edantur etiam a laicis:

1. Libri sacrarum scriptuarum vel eorundem adnotationes et commentaria.
2. Libri, qui divinas scripturas, sacram theologiam, historiam ecclesiasticam, ius canonicum, theologiam naturalem, ethicen aliasve huiusmodi religiosas ac morales disciplinas spectant; libri ac libelli precum, devotionis vel doctrinae institutionisque religiosae, moralis, asceticae, mysticae aliique huiusmodi, quamvis ad fovendam pietatem conducere videantur; ac generaliter scripta, in quibus aliquid sit, quod religionis ac morum honestatis peculiariter intersit.
3. Imagines sacrae quovis modo imprimendae, sive preces adiunctas habeant sive sine illis edantur.

§ 2. Licentiam edendi libros et imagines, de quibus in § 1, dare potest vel loci ordinarius proprius auctoris vel ordinarius loci, in quo libri vel imagines publici iuris fiant, vel ordinarius loci, in quo imprimantur, ita tamen ut, si quis ex iis ordinariis licentiam denegaverit, eam ab alio ordinario petere auctor nequeat, nisi eundem certiorem fecerit de denegata ab alio licentia.

[664] Index 1922 beginnt mit can. 247, § 1–5 (vgl. Dok. C 12) und can. 1384, § 1–2.

§ 3. Religiosi vero licentiam quoque sui superioris maioris antea consequi debent.

Can. 1386 – § 1. Vetantur clerici saeculares sine consensu suorum ordinariorum, religiosi vero sine licentia sui superioris maioris et ordinarii loci, libros quoque, qui de rebus profanis tractent, edere et in diariis, foliis vel libellis periodicis scribere vel eadem moderari.
§ 2. In diariis vero, foliis vel libellis periodicis, qui religionem catholicam aut bonos mores impetere solent, nec laici catholici quidpiam conscribant, nisi iusta ac rationabili causa suadente ab ordinario loci probata.

Can. 1391[665] – Versiones sacrarum scripturarum in linguam vernaculam typis imprimi nequeunt, nisi sint a Sede apostolica probatae, aut nisi edantur sub vigilantia episcoporum et cum adnotationibus praecipue excerptis ex sanctis ecclesiae patribus atque ex doctis catholicisque scriptoribus.

Can. 1395[666] – § 1. Ius et officium libros ex iusta causa prohibendi competit non solum supremae auctoritati ecclesiasticae pro universa ecclesia, sed pro suis subditis conciliis quoque particularibus et locorum ordinariis.
§ 2. Ab hac prohibitione datur ad Sanctam Sedem recursus, non tamen in suspensivo.
§ 3. Etiam abbas monasterii sui iuris et supremus religionis clericalis exemptae moderator, cum suo capitulo vel consilio, potest libros ex iusta causa suis subditis prohibere. Idemque, si periculum sit in mora, possunt alii superiores maiores cum proprio consilio, ea tamen lege ut rem quantocius deferant ad supremum moderatorem.

Can. 1396 – Libri ab apostolica Sede damnati ubique locorum et in quodcumque vertantur idioma prohibiti censeantur.[667]*
* [*Fußnote*]: Omnes cuiuscumque ritus fideles eodem modo tenentur decretis damnationis »librorum et diariorum« a Suprema S. congregatione S. Officii editis (»Declaratio S. Congr. pro Ecclesia Orientali. 26 Maii 1928«).[668]

Can. 1397 – § 1. Omnium fidelium est, maxime clericorum et in dignitate ecclesiastica constitutorum eorumque, qui doctrina praecellant, libros, quos perniciosos iudicaverint, ad locorum ordinarios aut ad apostolicam Sedem deferre. Id autem peculiari titulo pertinet ad legatos Sanctae Sedis, locorum ordinarios atque rectores universitatum catholicarum.

---

[665] Index 1922 gehen voran can. 1387, 1388 § 1–2, 1389 und 1390.
[666] Index 1922 gehen voran can. 1392 § 1–2, 1393 § 1–5, 1394 § 1–2.
[667] Vgl. Dok. A 25 und Dok. A 29, Tit. II, c. IV, § 45.
[668] AAS 20 (1928), S. 195f.

§ 2. Expedit, ut in pravorum librorum denuntiatione non solum libri inscriptio indicetur, sed etiam, quantum fieri potest, causae exponantur, cur liber prohibendus existimetur.
§ 3. Iis, ad quos denuntiatio defertur, sanctum esto denuntiantium nomina secreta servare.
§ 4. Locorum ordinarii per se aut, ubi opus fuerit, per sacerdotes idoneos vigilent in libros, qui in proprio territorio edantur aut venales prostent.
§ 5. Libros, qui subtilius examen exigant vel de quibus ad salutarem effectum consequendum supremae auctoritatis sententia requiri videatur, ad apostolicae Sedis iudicium ordinarii deferant.

Can. 1398 – § 1. Prohibitio librorum id efficit, ut liber sine debita licentia nec edi nec legi nec retineri nec vendi nec in aliam linguam verti nec ullo modo cum aliis communicari possit.
§ 2. Liber quoquo modo prohibitus rursus in lucem edi nequit, nisi factis correctionibus licentiam is dederit, qui librum prohibuerat eiusve superior vel successor.

Can. 1399[669] – Ipso iure prohibentur:*
*[*Fußnote*]: AAS. 36 (1944), p. 25

1. Editiones textus originalis et antiquarum versionum catholicarum sacrae scripturae, etiam ecclesiae orientalis, ab acatholicis quibuslibet publicatae; itemque eiusdem versiones in quamvis linguam ab eisdem confectae vel editae.[670]
2. Libri quorumvis scriptorum haeresim vel schisma propugnantes aut ipsa religionis fundamenta quoquo modo evertere nitentes.[671]
3. Libri, qui religionem aut bonos mores data opera impetunt.[672]
4. Libri quorumvis acatholicorum, qui ex professo de religione tractant, nisi constet nihil in eis contra fidem catholicam contineri.
5. Libri, de quibus in can. 1385 § 1, n° 1, et can. 1391. Itemque ex illis, de quibus in citato can. 1385, § 1, n° 2, libri ac libelli, qui novas apparitiones, revelationes, visiones, prophetias, miracula enarrant, vel qui novas inducunt devotiones, etiam sub praetextu, quod sint privatae, si editi fuerint non servatis canonum praescriptionibus.
6. Libri, qui quodlibet ex catholicis dogmatibus impugnant vel derident; qui errores ab apostolica Sede proscriptos tuentur; qui cultui divino detrahunt; qui disciplinam ecclesiasticam evertere contendunt; et qui data opera ecclesiasticam hierarchiam aut statum clericalem vel religiosum probris afficiunt.

---

[669] Kanon aufgehoben per Dekret der Kongregation für die Glaubenslehre vom 15.11.1966: Dok. A 33.
[670] Vgl. Dok. A 29, Tit. I, c. II, § 5.
[671] Vgl. ebd., Tit. I, c. I, § 2.
[672] Vgl. ebd., Tit. I, c. VIII, § 21.

7. Libri, qui cuiusvis generis superstitionem, sortilegia, divinationem, magiam, evocationem spirituum aliaque id genus docent vel commendant.
8. Libri, qui duellum vel suicidium vel divortium licita statuunt, qui de sectis massonicis vel aliis eiusdem generis societatibus agentes, eas utiles et non perniciosas ecclesiae et civili societati esse contendunt.
9. Libri, qui res lascivas seu obscenas ex professo tractant, narrant aut docent.[673]
10. Editiones librorum liturgicorum a Sede apostolica approbatorum, in quibus quidpiam immutatum fuerit, ita ut cum authenticis editionibus a Sancta Sede approbatis non congruant.[674]
11. Libri, quibus divulgantur indulgentiae apocryphae vel a Sancta Sede proscriptae aut revocatae.
12. Imagines quoquo modo impressae D. N. Iesu Christi, B. M. V., angelorum atque sanctorum vel aliorum servorum Dei ab ecclesiae sensu et decretis alienae.[675]

Can. 1400 – Usus librorum, de quibus in can. 1399, n° 1, ac librorum editorum contra praescriptum can. 1391, iis dumtaxat permittitur, qui studiis theologicis vel biblicis quovis modo operam dant, dummodo iidem libri fideliter et integre editi sint, neque impugnentur in eorum prolegomenis aut adnotationibus catholicae fidei dogmata.

Can. 1401 – S. R. E. cardinales, episcopi, etiam titulares, aliique ordinarii necessariis adhibitis cautelis ecclesiastica librorum prohibitione non adstringuntur.

Can. 1402 – § 1. Ordinarii licentiam ad libros, quod attinet ipso iure vel decreto Sedis apostolicae prohibitos, concedere suis subditis valent pro singulis tantum libris atque in casibus dumtaxat urgentibus.
§ 2. Quod si generalem a Sede apostolica facultatem impetraverint suis subditis permittendi, ut libros proscriptos retineant ac legant, eam nonnisi cum delectu et iusta ac rationabili causa concedant.

Can. 1403 – § 1. Qui facultatem apostolicam consecuti sunt legendi et retinendi libros prohibitos, nequeunt ideo legere et retinere libros quoslibet a suis ordinariis proscriptos, nisi in apostolico indulto expressa iisdem facta fuerit potestas legendi et retinendi libros a quibuslibet damnatos.
§ 2. Insuper gravi praecepto tenentur libros prohibitos ita custodiendi, ut hi ad aliorum manus non perveniant.

Can. 1404 – Librorum venditores libros de obscenis ex professo tractantes ne vendant, commodent, retineant; ceteros prohibitos venales ne habeant, nisi de-

[673] Zu Nr. 5–9 vgl. ebd., Tit. I, c. V, §§ 9–14.
[674] Vgl. ebd., Tit. I, c. VII, § 19.
[675] Zu Nr. 11–12 vgl. ebd., Tit. I, c. VI, §§ 15–17.

bitam licentiam a Sede apostolica impetraverint, neve cuiquam vendant, nisi prudenter existimare possint ab emptore legitime peti.

Can. 1405 – § 1. Licentia, a quovis obtenta, nullo modo quis eximitur a prohibitione iuris naturalis legendi libros, qui ipsi proximum spirituale periculum praestant.
§ 2. Ordinarii locorum aliique curam animarum habentes opportune moneant fideles de periculo et damno lectionis librorum pravorum, praesertim prohibitorum.

Can. 2318[676] – § 1. In excommunicationem Sedi apostolicae speciali modo reservatam ipso facto incurrunt opere publici iuris facto editores librorum apostatarum, haereticorum et schismaticorum, qui apostasiam, haeresim, schisma propugnant; itemque eosdem libros aliosve per apostolicas litteras nominatim prohibitos defendentes aut scienter sine debita licentia legentes vel retinentes.
§ 2. Auctores et editores, qui sine debita licentia sacrarum scripturarum libros vel earum adnotationes aut commentarios imprimi curant, incidunt ipso facto in excommunicationem nemini reservatam.[677]

---

[676] Kanon aufgehoben per Dekret der Kongregation für die Glaubenslehre vom 15.11.1966: Dok. A 33.
[677] Zu §§ 1f. vgl. Dok. A 29, Tit. II, c. IV, §§ 47–49.

A 32 | 1966 Juni 14: Bekanntmachung der Kongregation für die Glaubenslehre

Durch das Motuproprio »Integrae servandae« Pauls VI. vom 7. Dezember 1965 (Dok. C 13) erhielt das Sanctum Officium, dessen Name von nun an »Kongregation für die Glaubenlehre« lautete, ein neues Statut. Die Herausgabe eines Index der verbotenen Bücher ist aus dem Text der Konstitution nicht als Aufgabe der Kongregation abzuleiten, was die Frage nach der Zukunft der römischen Verbotsliste aufwarf. Die Kongregation erreichten daraufhin Anfragen aus den Bistümern, welchen Status der Index noch besitze. In Reaktion darauf veröffentlichte die Kongregation die hier abgedruckte Bekanntmachung. Die Kongregation stellt darin fest, dass der Index lediglich noch moralische Geltung besitzt, indem er den Gläubigen in Erinnerung rufen solle, dass sie von Büchern Abstand zu nehmen haben, die den Glauben und die guten Sitten gefährden. Den Status als Gesetz der Kirche dagegen hat der Index verloren. Diese »Notificatio« wird gemeinhin als offizieller Aufhebungsakt des Index Romanus betrachtet. Vgl. Einf., Kapitel II.6.4.

Lit.: *Roberto Bortolotti, Librorum prohibitio iuxta Notificationem sacrae congregationis pro Doctrina Fidei, die 14 iun. 1966, in: Periodica de re morali, canonica, liturgica 56 (1967), S. 116–138; Niccolò Del Re, La Curia Romana. Lineamenti storico-giuridici, 4. Aufl., Vatikanstadt 1998, bes. S. 102; Eugene J. Fitzsimmons, Competence of the Sacred Congregations in the Reform of Pope Paul VI., Rom 1971, S. 32f.; P.[ietro Parente], Le nuove disposizioni per la tutela della fede e della morale nelle manifestazioni della stampa, in: L'Osservatore Romano 136 (15.6.1966), Sp. 6f. (offizieller Kommentar zu der »Notificatio«), Schwedt, Papst Paul VI. (wie Dok. A 29, Lit.), S. 323; Steinhauer (wie Dok. A 31, Lit.) S. 159 (mit weiterer Lit.); Hubert Wolf, Holger Arning, Das Ende des ›Index der verbotenen Bücher‹, in: York-Gothart Mix (Hg.), Kunstfreiheit und Zensur in der Bundesrepublik Deutschland, Berlin – Boston 2014, S. 96–118, hier: S. 108–110.*

V.: *AAS 58 (1966), S. 445, verglichen mit der Erstveröffentlichung in: L'Osservatore Romano 136 (15.6.1966), Sp. 6 (Sigle im Apparat: OR).*

Sacra congregatio pro Doctrina Fidei[678]
Notificatio

Post litteras apostolicas a verbis incipientes »Integrae servandae« motu proprio datas die VII. mensis Decembris anno 1965[679] non paucae pervenerunt ad Sanctam Sedem percontationes de Indicis librorum prohibitorum conditione, quo ecclesia ad integritatem fidei et morum iuxta divinum mandatum tuendam hucusque usa est. Ut memoratis petitionibus respondeatur, haec sacra congregatio pro Doctrina Fidei facto verbo cum Beatissimo Patre nuntiat Indicem suum vigorem moralem servare, quatenus christifidelium conscientiam docet, ut ab illis scriptis ipso iure naturali exigente caveant, quae

[678] † Sacra … fidei: *OR fehlt*
[679] Dok. C 13.

fidem ac bonos mores in discrimen adducere possint; eundem tamen non amplius vim legis ecclesiasticae habere cum adiectis censuris. Quam ob rem ecclesia fidelium maturae conscientiae confidit, praesertim auctorum et editorum catholicorum atque eorum, qui iuvenibus instituendis operam navant. Firmissimam autem spem collocat in vigili sollicitudine et singulorum ordinariorum et conferentiarum episcopalium, quorum ius et officium est libros noxios tum inspiciendi tum praeveniendi atque, si res tulerit, reprehendendi et improbandi.

Sacra congregatio pro Doctrina Fidei, ad mentem litterarum apostolicarum »Integrae servandae« ac concilii Vaticani II decretorum, communicare sataget, si opus est, cum orbis catholici ordinariis, ut eorum sedulitatem adiuvet, in diiudicandis operibus editis, in sana contra insidiosam promovenda cultura, collatis etiam viribus cum institutis et studiorum universitatibus. Si autem doctrinae et opiniones quovis modo evulgatae prodierint, quae fidei ac morum principiis adversentur, et eorum auctores ad errores corrigendos humaniter invitati id facere noluerint, Sancta Sedes iure et officio suo utetur ad talia scripta etiam publice reprobanda, ut animarum[680] bono ea, qua par est, firmitate consulat. Apte denique providebitur, ut ecclesiae iudicium de editis operibus in christifidelium notitiam perveniat.[681]

Datum Romae, ex aedibus S. Officii, die XIV. Iunii, anno MCMLXVI.

Alfredo card. Ottaviani,[682] pro-praefectus[683]
sacrae congregationis pro Doctrina Fidei

Pietro Parente[684], a secretis[685]

---

[680] † animarum: *OR* animorum

[681] Vorgesehen für die Bekanntgabe der Urteile war das von der Kongregation für die Glaubenslehre herausgegebene Bulletin »Nuntius«, dessen erste (und letzte Nummer) 1967 erschien, dazu: Del Re, S. 102; Schwedt, Papst Paul VI., S. 324f. (s. Lit.).

[682] Kard. Alfredo Ottaviani (1890–1979), von 1966 bis 1968 Pro-Präfekt der Kongregation für die Glaubenslehre, über ihn: BBKL 25 (2005), S. 1014–1018 von Alexandra von Teuffenbach.

[683] Auf eine Weisung Pauls VI. vom 9.2.1966 hin lautete der Titel des Vorsitzenden der Kongregation »pro-praefectus« statt »cardinalis secretarius«, der Titel »Präfekt« gebührte dem Papst: Del Re (s. Lit.), S. 104.

[684] Pietro Parente (1891–1986), von 1965 bis 1967 Sekretär der Kongregation für die Glaubenslehre, ab 1967 Kard.: Miranda (Zugriff: 6.3.2014).

[685] Seit 1966 war »a secretis« (»Sekretär«) der Titel des früher »Assessor« genannten Prälaten der Kongregation (vgl. Anm. 683).

A 33 | 1966 November 15: Dekret der Kongregation für die Glaubenslehre

Die Aufhebung des Index am 14. Juni 1966 (Dok. A 32) warf die Frage auf, welche Auswirkungen dies auf die Gültigkeit der pauschalen Bücherverbote (can. 1399 CIC/1917) und der Straffolgen (can. 2318 CIC/1917) habe. Mit dem vorliegenden Dekret bezieht die Glaubenskongregation hierzu Stellung. Danach haben die generischen Bücherverbote analog zum letzten Index nur noch moralische Geltung. Can. 2318 wird annulliert. Wer sich auf Grund dessen eine Tatstrafe wegen Verstoßes gegen den Index oder die generischen Bücherverbote des Index zugezogen hat, gilt »ipso facto« als absolviert. Vgl. Einf., Kapitel II.6.4.

Lit.: *Fitzsimmons (wie Dok. A 32, Lit.), S. 32f.; Schwedt, Papst Paul VI. (wie Dok. A 29, Lit.), S. 324; Steinhauer (wie Dok. A 31, Lit.), hier: S. 159f. [Lit.]; Wolf/Arning (wie Dok. A 32), S. 108–110.*

V.: *AAS 58 (1966), S. 1186.*

Sacra Congregatio pro Doctrina Fidei
Decretum

Post editam Notificationem diei 14 Iunii currentis anni circa Indicem librorum prohibitorum quaesitum fuit ab hac sacra congregatione pro Doctrina Fidei, an in suo vigore permaneant can. 1399,[686] quo quidam libri ipso iure prohibentur, et can. 2318[687], quo quaedam poenae feruntur in violatores legum de censura et prohibitione librorum.

Dubiis in plenario conventu feria IV diei 12 Octobris 1966 propositis, eminentissimi patres rebus fidei tutandis praepositi respondendum decreverunt:

1. Negative ad utrumque, quoad vim legis ecclesiasticae; iterum tamen inculcato valore legis moralis, quae omnino prohibet fidem ac bonos mores in discrimen adducere.
2. Eos vero, qui forte innodati fuerint censuris, de quibus in can. 2318, ab iisdem absolutos habendos esse ipso facto abrogationis eiusdem canonis.

Et in audientia eminentissimo cardinali pro-praefecto sacrae congregationis pro Doctrina Fidei die 14 eiusdem mensis et anni concessa praefatum decretum summus pontifex Paulus Papa VI benigne adprobare dignatus est et publici iuris fieri mandavit.

---

[686] Dok. A 31.

[687] Ebd.

Datum Romae, ex aedibus sacrae congregationis pro Doctrina Fidei, die 15 Novembris 1966.

Alfredo card. Ottaviani,[688] pro-praefectus
sacrae congregationis pro Doctrina Fidei

Pietro Parente[689], a secretis

---

688 Vgl. Dok. A 32, Anm. 682.
689 Vgl. ebd., Anm. 684.

Teil B: Pressegesetze für Rom und den Kirchenstaat

B 1 | 1543 Juli 12: Edikt des römischen Sanctum Officium

1542 schuf Papst Paul III. mit dem römischen Sanctum Officium eine zentrale Behörde für die Inquisition in Italien, die ihrem Anspruch nach auch in der Gesamtkirche Jurisdiktion ausüben sollte. In dem päpstlichen Gründungsdokument vom 21. Juli 1542 (Konstitution »Licet ab initio«, Dok. C 1) fehlt zwar eine direkte Übertragung zensorischer oder bücherpolizeilicher Befugnisse an die neue Institution. Doch ließen sich solche Kompetenzen aus dem übergeordneten inquisitorischen Auftrag zum Schutz der Glaubensdinge ableiten, schließlich gehörte die Kontrolle des geschriebenen (und gesprochenen) Wortes seit jeher zu den Aufgaben eines Inquisitors (vgl. z. B. Dok. A 2).

Das hier wiedergegebene Edikt war der erste Presse-Erlass des Sanctum Officium und zugleich die erste öffentliche Verlautbarung überhaupt, die im Namen der neuen Behörde erging. Das an Buchhändler, Drucker und Zollbedienstete in Italien (und an allen anderen Orten) gerichtete Edikt unterwirft praktisch das gesamte Pressewesen der alleinigen Kontrolle durch die Inquisition, verkörpert durch die Oberbehörde oder deren Subdelegierte, und droht mit strengen Strafen gegen Übertreter der kirchlichen Büchergesetze.

Das Edikt ist anscheinend nur in einer an den Inquisitor von Ferrara und Modena gerichteten Ausfertigung überliefert. Der Inquisitionsjurist Francisco Peña (um 1540–1612), dem eines der seltenen Exemplare vorlag, druckte das Stück im Dokumentenanhang seiner Edition des Inquisitorenhandbuchs Nicholas Eymerichs ab. Der hier gebotene Text folgt dieser Vorlage.

***Lit.:** Jesús Martinez de Bujanda, L'inquisition, l'index et l'imprimerie, in: Agostino Borromeo (Hg.), L'inquisizione. Atti del Simposio Internazionale (Studi e testi 417), Vatikanstadt 2003, S. 607–631, hier: S. 610; Frajese, Nascita (wie Dok. A 2, Lit.), S. 276; Paul F. Grendler, The Roman Inquisition and the Venetian Press, 1540–1605, Princeton 1977, S. 78f.; Pasquale Lopez, Inquisizione, stampa e censura nel Regno di Napoli tra '500 e '600, Napoli 1974, S. 29; Paolo Maffei (Hg.), Giuseppe Settele, il suo diario e la questione galileiana, Foligno 1987, S. 563–567; Marco Santoro, Geschichte des Buchhandels in Italien. Übers. von Heribert Streicher (Geschichte des Buchhandels 8), Wiesbaden 2003, S. 70.*

***V.:** Francisco Peña (Hg.), Nicolás Eymerich, Directorium inquisitorum [...]. Cum commentariis Francisci Pegnae [...]. In hac postrema editione iterum emendatum et auctum, et multis litteris apostolicis locupletatum, Rom: Ferrarius, 1587, S. 111–113 (im Teil »Litterae Apostolicae«). Hier verglichen mit einer um 1600 entstandenen Abschrift aus dem Amtstagebuch (Diarium) des Sekretärs der Indexkongregation Paolo Pico OP: ACDF Index Diari 1 (1571–1606), fol. Ir/v (im Apparat Sigle: ACDF). Der Text in: Hilgers, Index (wie Dok. A 1, Lit.), S. 483–486, n. dem fehlerhaften Wiederabdruck in der Ausg. des »Directorium« Venedig: Zalterius, 1607.*

Aedictum contra bibliopolas et librorum impressores atque dohanorum officiales

Ne publice nec secrete audeant vendere aliquos libros damnatos, reprobatos et prohibitos atque de haeresi suspectos nec imprimere nec eorum dominis relaxare sine expressa licentia. Et contra vendentes, comparantes, legentes, audientes, communicantes, docentes, praedicantes, scientes et non revelantes, non reddentes nec consignantes huiusmodi libros, sub diversis poenis ut infra.[1]

Nos[2], Ioannes Petrus S. Clementis[3], Ioannes S. Sixti[4], Bartholomaeus S. Caesarii[5] et Thomas S. Sylvestri[6] titulorum S. R. E. presbyteri cardinales inquisitores generales haereticae pravitatis per universam rempublicam christianam à S. D. N. Paulo[7] divina providentia Papa III. Sanctaque Sede apostolica specialiter deputati, universis et singulis personis cuiuscunque status, gradus, ordinis et conditionis aut praeeminentiae existentibus in Alma Urbe omnibusque aliis civitatibus, oppidis, terris et locis totius Italiae ac ubilibet constitutis, ad quos praesentes nostrae litterae pervenerint, salutem et in Domino sinceram et veram fidem.

Animadvertentes, non sine maximo animorum nostrorum dolore, hisce temporibus quamplurima opuscula, tractatus, epistolas et libros, quorum quamplures erroneos, alios scandalosos, alios piarum aurium offensivos, alios temerarios et seditiosos et denique alios notorie haereticos iamdudum à sanctis patribus et generalibus conciliis ac per praefatum S. D. N. Sanctamque Sedem apostolicam reprobatos et damnatos, passim in Romana Curia aliisque Italiae civitatibus, oppidis, terris et locis vendi, emi et legi et in manibus hominum versari aliosque de novo quotidie edi, publicari et imprimi. Quibus quamplurimi filii Satanae ac pestilentes personae conantur hanc nobilissimam provinciam, quae à primordiis nascentis ecclesiae firma et illaesa in vera fide permansit, seducere atque subvertere, falsam, sacrilegam et pernitiosam doctrinam mendaciter, pernitiose et damnabiliter disseminando in maximum orthodoxorum scandalum ac reipublicae christianae periculum.

Ideo, cupientes huiusmodi haereticos et haereticorum libros de finibus christianorum expellere eorumque falsas doctrinas et errores perversos, quantum in nobis fuerit, extirpare, ut catholica et orthodoxa fides integra, illaesa et illibata permaneat, ac populus christianus in eiusdem fidei sinceritate, quolibet obscura-

---

1 ‡ AEDICTUM … infra: *ACDF fehlt*

2 ‡ *V. am Rand* Edita anno domini 1543. Ex bibliotheca nostra [=*Peña*], erat autem impressa. | *ACDF über der Zeile der Quellenbeleg* Ex Bullario Officii Sanctissimae Inquisitionis fol. 112.

3 Kard. Gian Pietro Carafa (vgl. Dok. A 4, Anm. 39). – Zu den Personen (wo nicht anders vermerkt) vgl. GruFo 1542–1700: (III) Personen.

4 Kard. Juan Álvarez de Toledo OP (vgl. Dok. A 4, Anm. 40).

5 Kard. Bartolomeo Guidiccioni (1469–1549), Gründungsmitglied des SO (seit 1542).

6 Kard. Tommaso Badia OP (1483–1547), Gründungsmitglied des SO (seit 1542).

7 Alessandro Farnese (1468–1549), von 1534 bis 1549 Papst Paul III., über ihn: EncPapi 3, S. 91–111 von Gino Benzoni.

tionis semoto velamine, immobilis et inviolatus persistat, universis[8] et singulis bibliopolis tam Almae Urbis quàm aliarum provinciarum, civitatum, oppidorum, castrorum, villarum, terrarum aliorunque locorum totius Italiae, in virtute sanctae obedientiae et sub excommunicationis latae sententiae ac 1.000 duc. Camerae apostolicae ac accusatori pro medietate applicandorum aliisque arbitrariis tam nostro quàm subdelegatorum per nos deputatorum vel in posterum deputandorum arbitrio statuendis, ac omnium librorum amissione, et insuper trium ictuum funis poenis praecipimus et mandamus:

Quatenus dicti bibliopolae aliquos libros, tractatus, opuscula, epistolas vel quaecunque alia scripta, in quocunque idiomate composita sive translata, haeretica vel de haeresi suspecta, per Sanctitatem Suam et Sedem apostolicam aliosque Romanos Pontifices eius praedecessores damnatos, reprobatos et prohibitos, necnon sermones Bernardini Ochini[9] de Senis noviter impressos[10] atque libellos quosdam, qui Pasquilii in Ecstasi[11] inscribuntur, nec quosvis alios in quacunque facultate noviter compositos et editos, et praesertim sine titulo aut auctore, publice nec secrete vendere audeant, nisi prius ostenso nobis in Romana Curia, et extra eam personis per nos delegatis seu delegandis, indice omnium et singulorum librorum, quos penes se habeat et obtenta prius licentia in scriptis à nobis vel dictis delegatis vel delegandis in suis districtibus ad eos vendendum. Alioquin pro secunda vice, si contrafecerint, ultra poenas praedictas reddantur inhabiles ad exercendam dictam bibliopolae artem et in perpetui exilii talium civitatum et locorum, ubi eos commorari contigerit, eo ipso poenam incurrant.

Praeterea omnibus et singulis tam dictae Almae Urbis quàm quaruncunque aliarum provinciarum, civitatum, oppidorum, castrorum, villarum, terrarum aliorumque locorum totius Italiae librorum impressoribus et cussoribus sub praedictis censuris et poenis praecipimus et mandamus, quatenus de caetero ne quis eorum libros praedictos, etiam si sint aliàs impressi, nec alios quoscunque noviter compositos in quacumque re vel facultate quoquomodo imprimere prae-

---

8 ‡ Animadvertentes … persistat, universis: *ACDF* Animadvertentes etc. universis [*Narratio vollständig ausgelassen*]

9 Bernardino Ochino OFMCap (1487–1564/65), aus Siena, wichtiger Vertreter des italienischen Spiritualismus aus dem Kreis um Juan de Valdés. 1538–1542 Generaloberer (Generalvikar) der Kapuziner. Wegen Predigten über die Rechtfertigung »sola fide« unter Häresieverdacht geraten. Im Juli 1542 Zitation nach Rom, im August Flucht nach Genf, spätere Stationen u. a. in Basel, Augsburg, London, Zürich und Krakau. Der Fall Ochino stellte möglicherweise das eigentliche Hintergrundereignis bei der Reorganisation der Inquisition von 1542 dar: DSI 2, S. 1129f. von M. Gotor; Karl Benrath, Bernardino Ochino von Siena. Ein Beitrag zur Geschichte der Reformation, 2. Aufl., Braunschweig 1892; Klaus Ganzer, Die religiösen Bewegungen im Italien des 16. Jahrhunderts (Katholisches Leben und Kirchenreform im Zeitalter der Glaubensspaltung 63), Münster 2003, S. 69f.

10 Gemeint sind wohl: Prediche nove predicate dal reverendo padre frate Bernardino Occhino senese, generale dell'Ordine di frati capuzzini nella inclita città di Venegia del MDXXXIX, Venedig: Il Zoppino, Mai 1541.

11 Die anti-klerikale Satire »Pasquino in estasi« von Celio Secondo Curione (1503–1569), zuerst wohl 1543 erschienen (lat. und ital.), wiederholt vom Autor überarbeitet und klandestin verbreitet: DSI 1, S. 442f. von S. Peyronel Rambaldi; Mario Biagioni, Lucia Felici, La riforma radicale nell'Europa del Cinquecento (BEL 96), Rom u. a. 2012, S. 92–94 u. ö.

sumat, nisi de expressa licentia nostra vel reverendi domini Vicarii D. N. Papae et nisi prius fuerint visi per nos vel per venerabilem Sacri Palatii apostolici magistrum pro tempore existentem in Romana Curia, extra vero eam per personas per nos, ut praemittitur, delegatas vel delegandas et subnotato semper in calce talium librorum nomine impressoris et loco, die, mense et anno, ut fieri solet.

Qui si secus fecerint, ultra poenas praedictas pro secunda vice reddantur perpetuo inhabiles ad dictum impressoris officium agendum et exercendum et perpetuo exulent et exterminentur à civitate, oppido, villa, terra vel loco, ubi eos domicilium habere contigerit. Nec dicti librorum impressores excludentur à dictis poenis, si in eorum officinis, etiam si sit sine eorum scitu, aliqua mulier vel minister id fecerit.

Item omnibus et singulis dohaneriis[12], tam Almae Urbis quam quarumcunque aliarum provinciarum, civitatum, oppidorum, castrorum, villarum, terrarum aliorumque locorum totius Italiae, sub poena 2.000 duc. et suorum officiorum privatione irremissibili praecipimus et mandamus, quatenus, postquàm ad eorum potestatem sive dohanas quicunque libri impressi vel non impressi perlati fuerint, omni diligentia nobis in Romana Curia vel praedictis delegatis extra eam significare curent, ut nos vel illi possimus tales libros inspicere nec absque nostra expressa licentia eos eorundem librorum dominis aliquo modo consignare audeant.

Item sub eisdem poenis et censuris praecipimus et mandamus omnibus et singulis supradictis, ne quis audeat libros praedictos haereticos, erroneos et temerarios et seditiosos quoquomodo comparare, emere nec per alios oblatos accipere, legere nec ab aliis lectos audire nec cum aliquo, verbo vel in scriptis, communicare, docere nec praedicare, nec ex aliis provinciis eos in Italiam asportare seu asportari facere. Quinimo, si quos penes se habent, statim ad nos vel nostrum quemlibet in Romana Curia, extra vero eam ad praedictos subdelegatos in suis districtibus, realiter et cum effectu afferant et consignent. Quas censuras et poenas incurrant omnes et singuli scientes et non revelantes, qui sunt auctores, fautores et impressores talium librorum.

Verum quia nos praemissa diversis in partibus exequi et agere non valemus, confidentes de doctrina ac sincera fide et religione reverendi patris fr. Thomae Mariae de Bononia[13], inquisitoris in civitatibus Ferrariae et Mutinae, cum L. eius substitutum, et eorum quemlibet insolidum, ad praesens edictum publicandum et servari faciendum ceteraque omnia et singula praemissa facienda, gerenda, exequenda, exercenda et procuranda in civitate et domino Ferrariae ac Mutinae terrisque omnibus his subiectis, in quibus hoc nostrum edictum publicari mandamus, tenore praesentium substituimus et subdelegamus, vices nostras ipsis et cuilibet eorum desuper plenarie committendo cum amplissima

---

[12] ‡ dohaneriis: *V. am Rand* Dohanerios vocat eos, qui in singulis urbibus exigunt vectigalia debita è mercibus, quae inducuntur aut extraducuntur.

[13] Tommaso Maria Beccadelli da Bologna OP, von 1536 bis 1543 Inquisitor von Ferrara und Modena, gleichzeitig Provinzialoberer der Lombardei: Adriano PROSPERI, L'Inquisizione romana. Letture e ricerche (Storia e letteratura 214), Roma 2003, S. 110, 114.

facultate intrandi[14] quascunque bibliothecas et officinas talium impressorum et librariorum et quorumvis privatorum domos, ecclesias et monasteria et diligenter inquirendum, si ibidem reperiuntur huiusmodi libri eosque, si necesse fuerit, publice vel secrete, prout eisdem videbitur, comburendi ceteraque faciendi, quae ad extirpandas haereses et libros huiusmodi è republica christiana exterminandos pertinere videbuntur.

Quocirca omnes et singulos christianae et catholicae fidei professores, imperatorem, reges, duces, principes, marchiones, comites, barones, milites, potestates, rectores, consules, proconsules, communitates et universitates regnorum, provinciarum, civitatum, oppidorum, castrorum, villarum, terrarum aliorumque locorum praedictorum, necnon ceteros iurisdictionem temporalem exercentes totius Italiae et extra hortamur, requirimus et in Domino monemus, quatenus praedictis subdelegatis vel subdelegandis nostris et eorum cuilibet, in suis districtibus omne auxilium, consilium et favorem ad praemissa omnia et singula facienda et exequenda, quantum in eis fuerit, quemadmodum decet viros vere orthodoxos, praestent et praestari curent, atque de provinciis, civitatibus, oppidis, castris, villis, terris et omnibus aliis locis aut dominiis supradictis, omnes et singulos haereticos, quos publice vel manifeste per facti evidentiam cognoverint esse tales, tanquam oves morbidas gregem Domini inficientes expellant, donec et quousque à praefato S. D. N. vel à nobis, qui eius vices in hac re gerimus, vel aliis iudicibus ecclesiasticis vel inquisitoribus ordinariis vel per nos deputatis seu deputandis, fidem et communionem Romanae ecclesiae tenentibus, aliud recipiant in mandatis: nec eosdem in suis districtibus praedicare, domicilia tenere, larem fovere, contractus inire, negotiationes[15] et mercantias quaslibet exercere aut humanitatis solatia cum christifidelibus habere permittant.[16]

In cuius rei testimonium praesentes nostras litteras manu nostra propria subscriptas per secretarium nostrum fieri et subscribi nostrisque sigillis impressione communiri mandavimus.[17]

Datum Bononiae[18], IV. Idus Iulii anno Domini MDXLIII, pontificatus S. D. N. Pauli divina providentia Papae III. anno VIII.

fr. Ioannes cardinalis Burgensis[19]

Bartholomaeus cardinalis Guidicionus[20]

De mandato illustrissimorum ac reverendissimorum
dominorum cardinalium inquisitorum
doctor Alfonsus Martinez secretarius

---

[14] ‡ intrandi: *V.* inerandi | *ACDF* intrandi *verbessert aus* inerandi

[15] ‡ negotiationes: *V.* negationes

[16] Der Passus »Quocirca … permittant« großenteils wörtlich bereits in der Bulle »Inter cunctas« Martins V. gegen Hussiten und Anhänger John Wyclifs, 22.2.1418: Cocquelines-Mainardi III/2 (1741), S. 418–426, hier: S. 420 (§ 7).

[17] ‡ Quocirca … communiri mandavimus: *ACDF* Quocirca etc. *[Sanctio vollständig ausgelassen]*

[18] Papst Paul III. hielt sich mit seinem Hof ab März 1543 für einige Monate in Bologna auf, Grund waren die Gespräche mit Kaiser Karl V. in Busseto und die Vorbereitungen des Konzils von Trient: Pastor 5 (1928), S. 486–508.

[19] Kard. Álvarez de Toledo.

[20] Kard. Bartolomeo Guidiccioni.

B 2 | 1562 Mai 13: Generaledikt (Bando Generale) des römischen Sanctum Officium

Nachdem das Sanctum Officium im Jahr 1559 den ersten universalen Index publiziert hatte, gaben die Kardinalinquisitoren mit dem hier abgedruckten Generaledikt eine Zusammenfassung der wichtigsten in Rom und im Kirchenstaat geltenden Pressegesetze heraus. Das Edikt richtet sich an Drucker, niedergelassene Buchhändler und fahrende Händler. Im Mittelpunkt steht die Verpflichtung aller Buchhändler zur Genehmigung ihres Verkaufssortiments durch den Magister Sacri Palatii in Rom bzw., an anderen Orten des Kirchenstaats, durch den örtlich zuständigen Inquisitor. Zuwiderhandelnden drohen schwere Strafen.

***Lit.:** Lopez (wie Dok. B 1, Lit.), S. 58; Maria Gioia Tavoni, Il banco del libraio e lo scaffale del giurista. Carlo Trenti nella Bologna di fine Settecento. Prefazione di Andrea Padovani, Bologna 1993, S. 19; Rozzo, Letteratura italiana (wie Dok. A 7, Lit.), S. 16, 41f.*

***V.:** Druck (Bando), Roma: Antonio Blado, [1562], Exemplar: BAV Editti 1 [=Stato Pontificio. Editti. Dal primo al tutto l'anno 1565], fol. 182; n. ders. Vorlage auch der Abdruck in: Hilgers, Index (wie Dok. A 1, Lit.), S. 497–499.*

Bando Generale
contra librari e venditori de libri e stampatori

Noi, Rodulpho Pio[21] vescovo Portuensis, Christophoro Madrucio[22] vescovo Albanensis, Otthone Truchses[23] di S. Maria in Trastevere, Bartholomeo della Cueva[24] di S. Croce in Hierusalem, Jacobo Puteo[25] di S. Maria in Via, Bernardino Scoto[26] di S. Matheo, Jo<annes> Reomano[27] di S. Prisca, Michael Ghislero[28] di S. Sabina Alessandrino, Clemente Moniliano[29] di S. Maria d'Ara Caeli e Jacobo Savello[30] di S. Maria in Cosmedin, di tituli della S. R. C. per la miseratione divina preti cardinali, per tutta la republica christiana contra la heretica pravità inquisitori generali dalla Santa Sedia apostolica spetialmente deputati.

A cadauno, e piu a noi, per la continoa experienza è manifesto che per l'inobedienza o negligenza e la malignità delli empii heretici o pernitiosa ma-

[21] Kard. Rodolfo Pio da Carpi (1500–1564), seit 1550 Mitglied (ab 1555: Dekan) des SO. – Zu den Personen (wo nicht anders vermerkt) vgl. GruFo 1542–1700: (III) Personen.
[22] Kard. Cristoforo Madruzzo (1512–1578), seit ca. 1562 Mitglied des SO.
[23] Kard. Otto Truchsess von Waldburg (1514–1573), seit ca. 1562 Mitglied des SO.
[24] Kard. Bartolomé de la Cueva (1499–1562), seit 1560 Mitglied des SO.
[25] Kard. Giacomo Puteo (Del Pozzo) (1495–1563), seit 1552 Mitglied des SO.
[26] Kard. Gian Bernardino Scotti CR (1493–1568), seit 1556 Mitglied des SO.
[27] Kard. Giovanni Reumano (1503–1566), auch: Jean Suau de Rieumes, seit 1556 Mitglied des SO.
[28] Vgl. Dok. A 8, Anm. 91.
[29] Kard. Clemente d'Olera (auch: di Moneglia) OFMObs (1501–1568), seit 1557 Mitglied des SO.
[30] Kard. Giacomo Savelli (1523–1587), seit 1557 Mitglied des SO.

litia di alcuni stampatori sono stampati molti e diversi libri infami et heretici, per la lettura de quali non solamente non sono edificati li lettori di essi, ma sono cascati in grandissimi errori, non solamente contro i buoni e christiani costumi, ma ancora contra la fede catholica, per la qual cosa ne sono nasciuti molte perdite d'anime e scandali et ogni di ne nascono. Ma noi, alli quali spetialmente deve essere a core la gloria d'Iddio, la conservatione e l'augumento della fede catholica e la salute di ciascuno, non dovendo, si come non havemo volsuto, manchare di usare tutte quelle diligentie quali usare si possono per provedere a tanto detrimento.

Si fa intendere e si commanda per tenore delle presente a cadauno stampatore, libraro o venditore e mercante de libri, senza pregiuditio pero di tutte le censure e pene già incorsi fino al giorno di hoggi e che di nuovo incorreranno contravenendo, che sotto la pena di 500 sc. d'applicarsi al Sant'Offitio dell'inquisitione, per spendere in opere pie e necessarie per le tre parte, e per la quarta parte d'essa o del ritratto al denuntiatore qual sarà tenuto secreto, oltra la perdita de tutti i libri che si ritroveranno havere nel dominio ecclesiastico, che devino e ciascuno di essi debbia observare inviolabilmente li capitoli infrascritti.

Prima che niuno stampi ne facci stampare libro, ne opera, ne scrittura alcuna contra l'ordine o decreto dil sacro generale concilio Lateranense[31] celebrato nel tempo di Leone X.

Che tutti li librari e quei che tengano libri per vendere o donare, in Roma o in qualunche luogo dil dominio ecclesiastico, non debbiano ritener libri in modo alcuno, che prima non habbino in Roma portato la lista de quelli sotoscritta di sua mano con il giorno, mese et anno della presentatione e nome suo, al reverendo Maestro dil Sacro Palatio, fuora di Roma al reverendo inquisitore o commissario della S. Inquisitione dil luoco, o vero non essendoli, al inquisitore del luoco piu vicino.

Che niuno come di sopra ardisca vendere ne comprare libri prohibiti contenuti nel Indice che già fu publicato[32], che prima non siano approbati in Roma dal sudetto reverendo Maestro dil Sacro Palatio, o inquisitore fuor di Roma, essere ben expurgati secondo l'ordine[33] à essi reverendo padre Maestro o inquisitore da noi dato.

E piu, sotto la medema pena, per obviare alle fraudi, che fra termine di tre mesi in Roma, e fuor di Roma quatro, debbiano dare al detto reverendo Maestro dil Sacro Palatio la lista integra sottoscritta di man loro propria de tutti li libri che hanno in Roma, col nome del stampatore, e nelli altri luoghi, precipuamente del stato ecclesiastico, alli reverendi inquisitori del luogho et in defetto, al piu vicino.

Et di piu, sotto la medema pena, che tutti li librari e mercanti de libri debbiano scrivere à i corrispondenti fuor del dominio ecclesiastico, che non gli mandino libri prohibiti; e se dapoi, che haveranno scritto e ne manderanno,

31 Dok. A 2.
32 Der Index 1559 mit den Ergänzungsbestimmungen von 1559 und 1561, vgl. Dok. A 6–8.
33 Gemeint ist die Moderatio Indicis von 1561: Dok. A 8.

adesso per all'hora li commandiamo che non li paghino, anzi debbiano subito darne notitia al sudetto reverendo maestro dil Sacro Palati e consignarli in sua mano in Roma, e fuora al reverendo padre inquisitore del luogho o al piu vicino, come disopra; e che non habbino piu commertio seco, ne contrattino con simili inobedienti.

Et piu sotto la medema pena per l'avenire debbiano in una lista o libro scrivere a chi vendano, o donano, o alienano, o in qualunche modo danno libri e quali, e tanto piu de quelli che sono contra la forma del'Indice fatto e moderato, se per aventura ad alcuno si desse licentia secondo la Moderatione[34].

Che regatieri che non hanno cognitione de libri non possino tenere libri nelle loro boteghe, ne case, che prima non habbiano portata la lista come disopra.

Che mercante alcuno, quale non facci professione di libraro, non debba far condurre alcuna sorte de libri mescolati con altre mercantie da un loco ad un altro, sotto le medeme pene; oltra che se detti libri saranno ritrovati nascosi dentro panni, lane o altre simili mercantie, si procedera contra di loro come grandemente sospetti, e come tali si faranno publicamente abiurare.[35]

Et oltra le sudette pene, appresso di chi se ritroveranno libri de heretici, o che contengono heresie, o quali non haranno osservati li sudetti capitoli, si procederà contro di loro come sospetti, come disopra.

Et acio nessuno possi pretendere ignoranza commandiamo, che il presente Bando sia stampato e la copia di esso collationata e sottoscritta con la mano del nostro notario e sigillo del S. Offitio, siano *[sic!]* affisse nelli luochi publichi e soliti di Roma; e che se ne dia una copia di esso per il cursore a detti librari.

Datum Romae, in aedibus nostris, die Mercurii decima tertia Maii MDLXII.

Claudius de Valle[36], S. Inquisitionis notarius

Io, Antonio Trombetta, ho fatto il presente Bando
per Roma nelli lochi soliti e consueti
alli 14. di Maggio 1562.

---

[34] Dok. A 8.

[35] Die Rede ist von der »abiuratio de vehementi«, die von der Inquisition bei schwerem Häresie-Verdacht verhängt wurde und die öffentliche Abschwörung und Demütigung des Delinquenten vorsah: DSI 1, 5f. von E. Brambilla.

[36] Claudius De Valle, seit ca. 1554 Notar des SO.

B 3 | 1596 Mai 17: Edikt des Magister Sacri Palatii

In seiner Funktion als päpstlicher Beauftragter für die Presse in der Stadt Rom ordnet der Magister Sacri Palatii Bartolomé de Miranda in Rom die Anwendung des neuen, von Clemens VIII. eingeführten Index an. Gemäß einer Bestimmung im Vorspann des Index (Dok. A 13, De prohib. § 1) werden die Bewohner der Stadt aufgefordert, innerhalb von drei Monaten dem Magister Listen der in ihrem Besitz befindlichen verbotenen Bücher einzureichen.

Lit.: *Fragnito, Archivio (wie Dok. A 13, Lit.), S. 1278f.; Dies., Bibbia (wie Dok. A 3, Lit.), S. 179; Rebellato, Fabbrica (wie Dok. A 18, Lit.), S. 33f.*

V.: *Druck (Bando), Romae: Impressores Camerales, 1596, Exemplar: BCas Per. est. 18/3, n° 114. Nach einer anderen Vorlage der Abdruck in: Hilgers, Index (wie Dok. A 1, Lit.), S. 538.*

Edictum
reverendi patris magistri Sacri Palatii
super notificatione librorum prohibitorum
ad praescriptum novi Indicis S. D. N. Clementis VIII.

Ut ea, quae in Indice librorum prohibitorum nuper iussu S. D. N. Clementis VIII. edito, executioni (ut par est) quantocitius demandentur, praecipimus omnibus et singulis, qui in Curia Romana[37] sunt, cuiuscunque dignitatis, gradus et conditionis existant, ut infra trium mensium spatium, à data praesentium computandum, ad nos vel à nobis deputatos, descripta singillatim deferant vel mittant nomina librorum omnium et singulorum, quos apud se in eodem Indice prohibitos quisque habuerit. Alioquin, qui non paruerint librosque eiusmodi post lapsum trimestris temporis praedicti sine legitima licentia retinuerint, sciant se in poenas in constitutione S. D. N. eidem Indici praefixa[38] incursuros, subituri etiam alias arbitratu nostro poenas pro contumacia et librorum qualitate.

Datum Romae, in Palatio Apostolico, die 17. Maii 1596.

fr. Bartholomeus de Miranda[39], Sacri Palatii magister

Die XVII. Maii 1596 supradictum edictum affixum et publicatum fuit in Cancellaria apostolica et acie Campi Florae, per me Ioannes Baptista Bagni, cursorem.

Philippus Lutius, magister cursorum

---

[37] Gemeint ist der jeweils aktuelle Aufenthaltsort der Römischen Kurie.

[38] Dok. A 14.

[39] Bartolomé de Miranda OP (1544–1597 oder 1599), von 1591 bis 1597 MSP: GruFo 1542–1700: (III) Personen.

B 4 | 1599 März 4: Feria-V.-Dekret des römischen Sanctum Officium

Auf Antrag des Magister Sacri Palatii, Giovanni Maria Guanzelli OP, definiert das Sanctum Officium in Gegenwart des Papstes die jeweiligen Kompetenzen des Palast-Magisteriums und des Vikariats von Rom bei der Kontrolle der römischen Presse. Danach erteilt zunächst (als Vertreter der bischöflichen Gewalt) der Vicegerente, dann der Magister Sacri Palatii das Imprimatur für in Rom zu druckende Bücher. An dem doppelten Imprimatur wurde in Rom die gesamte Frühe Neuzeit über festgehalten. In der Praxis des 17. Jahrhunderts wurden dem Vicegerente gewöhnlich allerdings nur Bücher, nicht aber Bilder oder Pamphlete und Einblattdrucke zur Druckgenehmigung vorgelegt. Die Reihenfolge der Imprimaturen des Magister Sacri Palatii und des Vicegerente wurde im Jahr 1825 vertauscht (Dok. B 20). Vgl. Einf., Kapitel II.5.

Lit.: *Cavarzere, Il diario (wie Dok. A 17, Lit.), S. 264.*

V.: *Hs. Registratur des Notars des SO, in: ACDF SO St.St. I-3-a: Strumenti e Sentenze 1588–1600, fol. 1426r; der entsprechende Eintrag im Dekret-Register des SO in: ACDF SO Decreta 1597–1599, fol. 293r.*

Die IV. mensis Martii feria V. MDXCIX

In generali congregatione S. Romanae et universalis Inquisitionis habita in Palatio Apostolico apud S. Petrum, coram S. D. N. domino Clemente Papa VIII. ac illustrissimis et reverendissimis domini Ludovico episcopo Sabiensi Madrutio[40], Iulio Antonio Sanctorio[41] episcopo Praenestinensi S. Severinae, Petro tituli S. Laurentii in Lucino Deza[42], Dominico tituli S. Chrisogoni Pinello[43], fr. Hieronymo Bernerio[44] tituli S. Mariae supra Minervam Asculano, Lutzio tituli SS. Quirici et Iulitae Saxo[45], Camillo tituli S. Eusebii Burghesio[46] et Pompeio tituli S. Balbinae Arrigonio[47] nuncupatis presbiteris S. R. E. cardinalibus in universa republica christiana adversus haereticam pravitatem generalibus inquisitoribus. Pro officio reverendi patris magistri Sacri Palatii Apostolici[48]. Lecto memoriali exhibito ex parte dicti reverendi patris magistri atque illo maturè

---

[40] Kard. Ludovico Madruzzo (1532–1600), von 1573 bis 1600 Mitglied des SO. – Zu den Personen (wo nicht anders vermerkt) vgl. GruFo 1542–1700: (III) Personen.

[41] Kard. Giulio Antonio Santori (1532–1602), seit 1575 Mitglied, ab 1587 Sekretär des SO.

[42] Kard. Pedro de Deza (1520–1600), seit 1586 Mitglied des SO.

[43] Kard. Domenico Pinelli (1541–1611), seit 1592 Mitglied des SO.

[44] Vgl. Dok. A 12, Anm. 299.

[45] Kard. Lucio Sasso (1521–1604), seit 1599 Mitglied des SO.

[46] Kard. Camillo Borghese, von 1587 bis 1605 Mitglied, ab 1602 Sekretär des SO, von 1605 bis 1621 Papst Paul V.

[47] Kard. Pompeo Arrigoni (1552–1616), seit 1598 Mitglied, ab 1605 Sekretär des SO, seit 1605 auch Mitglied der CIndex.

[48] Giovanni Maria Guanzelli OP (1557–1619), genannt Brisighella, von 1598 bis 1607 MSP.

considerato S. D. N. praedictus decrevit, quod licentias librorum ac scripturarum imprimendarum prius subscribat reverendus pater vicegerens[49] illustrissimi et reverendissimi domini eiusdem S. D. N. in Urbe vicarii[50], deinde magister Sacri Palatii. Idemque vicegerens deputare possit aliquem, qui inquirat et videat, an in bibliothecis sint libri prohibiti. Ipse autem non retineat nec aliis det licentiam penes se retinendi, sed libri prohibiti conserventur penes magistrum Sacri Palatii.

---

[49] Paolo De Curtis (gest. 1629), von 1598 bis 1600 und 1621/22 Vicegerente: Niccolò Del Re, Il Vicegerente del Vicariato di Roma, Rom 1976, S. 51.

[50] Kard. Girolamo Rusticucci (1537–1603), von 1588 bis 1603 Kardinalvikar: Miranda (Zugriff: 6.6.2012).

B 5 | 1600 [1599] Dezember 28[51]: Bando des Gouverneurs von Rom

Anlässlich des Heiligen Jahres 1600 wiederholt Ferrante Taverna, Gouverneur von Rom, das alte Verbot von Schmähschriften aller Art. Wegen der erwarteten Zunahme der journalistischen Berichterstattung während des Jubeljahrs gilt die Sorge besonders den »Avvisi«, deren Verfasser ausdrücklich an das generelle Verbot publizistischer Verleumdung erinnert werden. Vgl. Einf., Kapitel II.5.

Der Erlass ging später im Textbestand der allgemeinen römischen Polizeiordnung (Bando Generale) auf, die von den Gouverneuren der Stadt Rom fortlaufend erweitert und in unregelmäßigen Abständen als gedrucktes Heft veröffentlicht wurde (vgl. Dok. B 10, Anm. 90). Auch die von den Kardinalnepoten bzw. Staatssekretären erlassene gesamtkirchenstaatliche Polizeiordnung übernimmt das Verbot der »libelli famosi«.

***Lit.:** Riccardo Bassani, Fiora Bellini, Caravaggio assassino. La carriera di un valenthuomo fazioso nella Roma della Controriforma, Rom 1994, S. 95; Peter Burke, Rome as Center of Information and Communication for the Catholic World, 1550–1650, in: Pamela M. Jones, Thomas Worcester (Hg.), From Rome to Eternity: Catholicism and the Arts in Italy, ca. 1550–1650, Leiden u. a. 2002, S. 253–269; Mario Infelise, Gli Avvisi di Roma. Informazione e politica nel secolo XVII, in: Gianvittorio Signorotto, Maria Antonietta Visceglia (Hg.), La Corte di Roma tra Cinque e Seicento. »Teatro« della politica europea (Biblioteca del Cinquecento 84), Rom 1998, S. 189–205, bes. S. 192; Ders., Prima dei giornali. Alle origini della pubblica informazione, secoli XVI e XVII, Bari 2002, S. 157; Armando Petrucci (Hg.), Scrittura e popolo nella Roma barocca, 1585–1721, Rom 1982, S. 24 (mit wohl richtiger Datierung »1599«).*

***V.:** Druck (Bando), Roma: Stampatori Camerali, 1600, Exemplar: BAV Editti [=Stato Pontificio. Editti] 4 (1590–1600), fol. 196; in ders. Serie, Vol. 6–110, sind aus der Zeit von 1610 bis 1747 zahlreiche Versionen der römischen Polizeiordnungen (Bandi Generali) überliefert, in die der Erlass von 1599/1600 übernommen wurde; ebd. auch verschiedene gesamtkirchenstaatliche Polizeiordnungen, z. B. in: 54 (1690), fol. 121–126 (7.6.1690), und: 117 (1754), fol. 229–242 (8.11.1754).*

Contro detrattori della fama et honor' d'altri
in lettere d'avisi[52], versi, prose ò altrimente

Se bene dalle sacre constitutioni de Sommi Pontefici, dalli bandi ed altri ordini è stato molto bene provisto, per refrenare l'audacia de quelli che in quest'alma

[51] Da das Bando anlässlich des Jubeljahrs 1600 erlassen wurde, dürfte hier von der Datierung n. dem Weihnachtsstil (Jahreswechsel am 25.12.) auszugehen sein, so dass das Plakat n. modernem Stil auf den 28.12.1599 zu datieren wäre.

[52] Avvisi: Zwischen dem 16. und 17. Jahrhundert v. a. in Venedig und Rom verbreitete hs. Vorform der Zeitung. Sogenannte Menanti oder Gazzettieri schrieben in festem Rhythmus (mitunter täglich) Reportagen (Avvisi) über das gesellschaftliche und politische Geschehen an ihrem Standort und vertrieben diese vor Ort oder an Abonnenten in Italien und ganz Europa: Infelise, Avvisi, und allgemein: Burke, S. 264f. (s. Lit.). Um ihr Metier legal ausüben zu können, bedurften die Schreiber von Avvisi einer Lizenz des Gouverneurs von Rom, vgl. das Bando des Gouverneurs Taverna, 19.9.1602, in: BAV Editti [=Stato Pontificio. Editti] 5 (1601–1605), fol. 72.

città di Roma (capo della religione e ricetto d'huomini virtuosi), senza timor de Iddio e della giustitia, essercitavano altre volte le lor lingue pestifere in scriver lettere d'avisi in diverse parti, empiendo le carte de bugie e calunnie, ed in Roma sotto spetie di belli ingegni et motti faceti, in rime ò in prosa in modo di libelli famosi[53] e pasquinate[54], infamando et detrahendo all'honore e reputatione del prossimo, non considerando come christiani, di quanto castigo siano degni quelli che <cercano>[55] di torre la fama ed honore altrui[56]. Tuttavia con l'occasione di questo novo Anno Santo, volendo la Santità di N. S.[57] ridurre di novo à memoria le sudette prohibitioni e procurare che non seguano simili delitti.

Per questo effetto, il molto illustre e reverendissimo monsignor Ferrante Taverna[58], dell'una e l'altra Segnatura referendario e dell'alma città di Roma e suo Distretto[59] generale governatore e vice-camerlengo[60], d'ordine espresso di N. S., non recedendo in modo alcuno dalle sudette prohibitioni, anzi reducendole a memoria di ciascheduno, per il presente publico bando ordina e commanda:

Che nessuna persona, di qual si voglia grado, stato, conditione ò preminenza, ardisca ò presuma mai per alcun tempo, e massime nel prossimo Anno Santo che se deve attendere à pigliare il Santissimo Giubileo ed alle devotione, scrivere ò fare scrivere con lettere de avisi ò altre sorte de scritture a nessuna persona, di qual si voglia grado ò conditione, sotto qual si voglia pretesto, infamie, detrattioni, calunnie de nissuno e massime de principi e persone graduate, ecclesiastiche ò seculari; ne meno in verso ò prosa far pasquinate, libelli famosi ò altre scritture che contengano simile maledicentie ò detrattioni con attaccarli ò darli ad altri, acciò che vadano per mano de molti à effetto che se publichino e devulghino, sotto le pene imposte dalle leggi, constitutioni de Sommi Pontefici,

---

[53] Libelli famosi: Auf die Antike zurückgehender juristischer Terminus zur Bezeichnung rufschädigender Schriften, dazu: WERNER (wie Dok. A 1, Lit.), S. 54–57, und: Daniel BELLINGRADT, Flugpublizistik und Öffentlichkeit um 1700. Dynamiken, Akteure und Strukturen im urbanen Raum des Alten Reiches (Beiträge zur Kommunikationsgeschichte 26), Stuttgart 2011, S. 236–242 (mit weiterer Lit.). Die Tradition der Verbote solcher Libelli famosi ist lang, vgl. z. B. zeitnah zu dem hier abgedruckten Bando die Bulle »Ea est rerum« Gregors XIII. (1.9.1572), in: BullLux 2 (1727), S. 390.

[54] Pasquinaten oder Pasquillen: benannt n. dem Pasquino, einer antiken, »sprechenden« Statute im römischen Stadtteil Parione. Im engeren Sinn die Spottkommentare über das aktuelle Geschehen in der Stadt und besonders am Papsthof, die von Römern an die Statue angeheftet wurden. Im weiteren Sinn von Anton Lelio *(1465–1525)*, Pietro Aretino (1492–1556) und Celio Secondo Curione (1503–1569) geprägte Gattung der Satire: DSI 3, 1174–1176 von P. PROCACCIOLI; vgl. mit vielen Beispielen auch Valerio MARUCCI u. a. (Hg.), Pasquinate Romane del Cinquecento (Testi e documenti di letteratura e di lingua 7), 2 Bde., Rom 1983, sowie: Massimo FIRPO, Pasquinate romane del Cinquecento, in: RSI 96 (1984), S. 600–621.

[55] ‡ cercano: *V. fehlt*

[56] Ex 20,16 (das 8. Gebot).

[57] Clemens VIII.

[58] Ferrante Taverna (1558–1619), von 1599 bis 1604 Gouverneur von Rom, ab 1604 Kard., von 1615 bis 1619 Bf. von Novara: Niccolò DEL RE, Monsignor Governatore di Roma, Rom 1972, S. 97.

[59] Zum »Distretto di Roma« vgl. Einf., Kapitel II.5., zu Anm. 358.

[60] Zum Gouverneur von Rom vgl. ebd., zu Anm. 373.

bandi ed altri ordini fino al presente publicate e statuite in simil materia, tanto pecuniarie quanto corporali.[61]

Nelle quali pene incorrano anco ipso facto tutti quelli che in qual si voglia modo saranno partecipi ò consapevoli di tal cosa, ò che riceveranno simile scritture de maledicenza, ò in qual si voglia modo li saranno trovate, ò se scoprirà che n'habbiano havuto notitia e non l'haveranno denuntiato subito a sua Signoria Reverendissima.[62] All'essecutione delle quali pene se verrà contra l'inobedienti e quelli che contraverranno senza remissione alcuna ò rispetto di persona.

Avertendo che si procederà contra li transgressori per inquisitione, denuntie segrete ed in ogn'altro miglior modo; e si usarà esatissima diligenza, perche se habbi da levare simil' abuso, però ciascheduno se guardi di non contravenire; ed alli denuntiatori si useranno recognitioni bone e saranno tenuti segreti, ed essendo de delinquenti se li concederà l'impunità, purche non siano li principali.

Datum in palatio reverendissimi domini gubernatoris in Urbe, die 28. Decembris 1600.

Ferrante Taberna, gubernator

Antonius Bartholettus, pro charitate notarius[63]

Io Domenico Trombetta e compagni habbiamo publicato
il presente bando nelli luochi soliti e consueti
questo dì 28. di Decembro 1600.

---

[61] Das Strafmaß reichte bis hin zur Todesstrafe, wie sie z. B. im Fall des Satirikers Niccolò Franco (1515–1570) verhängt wurde, über ihn: Franco PIGNATTI, Niccolò Franco a Roma 1558–1570, in: ASRSP 121 (1998), S. 119–166, bes. S. 153.

[62] Vgl. zu den Ursprüngen dieser Klausel WERNER (wie Dok. A 1, Lit.), S. 54f.

[63] Notaio della carità (auch: Notarius maleficiorum): Titel des Obernotars am Strafgerichtshof (tribunale criminale) des Gouverneurs von Rom, die Bezeichnung leitet sich von der Erzbruderschaft S. Girolamo della Carità her, die das Amt 1555 kaufte, vgl. Peter BLASTENBREI, Zur Arbeitsweise der römischen Kriminalgerichte im späteren 16. Jahrhundert, in: QFIAB 71 (1991), S. 425–481, hier: S. 460–466.

B 6 | [1607–1611]: Instructio des Magister Sacri Palatii an seine Zensoren

Die vorliegende Instruktion richtet sich an die Zensoren, die im Auftrag des Magister Sacri Palatii in Rom Druckmanuskripte im Rahmen der Vorzensur prüften. Es handelt sich dabei um eine Art Leitfaden, in dem Fehlergattungen zusammengestellt werden, auf welche die Zensoren bei der Durchsicht der Manuskripte besonders zu achten hatten. Die Paragrafen 1–16 sind aus der Instructio Clementina des Index von 1596 übernommen (Dok. A 13, De corr. II, Nr. 1–16). Vgl. Einf., Kapitel II.5, zu Anm. 354.

Der hier als Textvorlage dienende, rein für den internen Gebrauch bestimmte Druck ist undatiert. Unter der Überschrift erscheint das Wappen Papst Pauls V., dessen Pontifikat vom 16. Mai 1605 bis zum 28. Januar 1621 dauerte. Einen Anhaltspunkt für eine genauere Datierung liefert § 21, der sinngemäß die vom 5. September 1607 datierende Formel Pauls V. zur Beilegung des Gnadenstreits wiedergibt, jedoch ohne die Ergänzungen vom 1. Dezember 1611, so dass von der Abfassung zwischen diesen beiden Daten auszugehen ist. Magister Sacri Palatii in diesem Zeitraum waren die Dominikaner Agostino Galamini OP (von ca. Juli 1607 bis zum 24. Mai 1608) und Luis Ystella OP (vom ca. 24. Mai 1608 bis zum 5. September 1614), vgl. GruFo 1542–1700: (III) Personen.

Lit. *Baumgarten, Neue Kunde II/2 (wie Dok. C 5, Lit.), S. 112.*

V. ASV Fondo Borghese Ser. II, 31–32, fol. 22 (Druck, 1 Bl., 30 x 47cm, zweispaltig, ohne Impressum)

Instructio pro doctoribus,
quibus nomine reverendissimi Sacri Palatii apostolici magistri
libri examinandi tradentur, ut fide illorum ac testimonio typis mandari possint

Antequam operibus ac libris ad recognoscendum et examinandum illis assignatis subscribant et testimonium proprium pro impressione apponant, seorsim in schedula, quae inter legendum correctione aut accuratiori examine digna offenderunt, diligenter notent paginas fideliter citando, apponendo etiam lineam vel asteriscum in margine operis, ut facilius, quid in cedula citatur, adinveniri possit.

Quae vero animadvertenda erunt, sequentia sunt:

1. Propositiones haereticae – si quae essent –, erroneae, haeresim sapientes, scandalosae, piarum aurium offensivae, temerariae, schismaticae, seditiosae et blasphemae.
2. Quae contra sacramentorum ritus et caeremonias contraque receptum usum et consuetudinem S. R. E. novitatem aliquam inducunt.
3. Prophanae novitates vocum ab haereticis excogitatae et ad fallendum introductae.

4. Verba dubia et ambigua, quae legentium animos à recto catholicoque sensu ad nefarias opiniones adducere possunt.
5. Verba sacrae scripturae non fideliter prolata vel è pravis haereticorum versionibus deprompta.[64]
6. Verba scripturae sacrae quaecumque ad prophanum usum impie accomodata, tum quae ad sensum detorquentur abhorrentem à catholicorum patrum atque doctorum unanimi sententia.
7. Epitheta[65] honorifica et omnia in laudem haereticorum.
8. Quae superstitiones, sortilegia ac divinationes sapiunt.
9. Quaecumque fato aut fallacibus signis aut ethnicae fortunae humani arbitrii libertatem subiiciunt.
10. Quae paganismum redolent.
11. Quae famae proximorum et praesertim ecclesiasticorum et principum detrahunt bonisque moribus et christianae disciplinae sunt contraria.
12. Propositiones, quae sunt contra libertatem, immunitatem et iurisdictionem ecclesiasticam.
13. Quae ex gentilium placitis, moribus, exemplis tyrannicam politiam fovent, et quam falso vocant ›rationem status‹ ab evangelio et christiana lege abhorrentem.
14. Exempla, quae ecclesiasticos ritus, religiosorum ordines, statum, dignitatem ac personas laedunt.
15. Facetiae etiam ac dicteria in perniciem aut praeiudicium famae et existimationis aliorum iactata.
16. Lasciva, quae bonos[66] mores corrumpere possunt

Praeter hae, quae ex felicis recordationis Clementis VIII. Indice »De correctione librorum«[67] sunt desumpta, infrascripta diligenter notent:

17. Igitur animadvertant, si ad excellentiam vel temporalium principum iurisdictionem in ordine ad alium vel alios etiam Summ<os> Pont<ifices> vel episcopos et è converso manifestandam aliqua ponantur, ut[68] sic typis dari expediat, Reverendissimus diiudicare queat.
18. Si quis, dum suam recitat opinionem contra personam aliquam, praesertim neotericam vel in dignitate aliqua – praecipue ecclesiastica – constitutam, tam inter vivos agentem quam defunctam, contrariam sentientem apologetico stylo procedat aut talem personam nominet vel circumscribat, unde eius vel leviter existimatio laedantur, vel nomine »adversarii«, »contrarii«, »antigonistae« et similibus titulis citet.
19. Si quid in dedecus alicuius principis, nationis, ordinis, reipublicae civitatis, vel è contra excellentiae super alios contineatur.

---

[64] Vgl. die längere Version dieses Paragrafen in Dok. A 13, De corr. § II, Nr. 5; vgl. auch in diesem Dok. § 27.

[65] ‡ *V.* Epithera

[66] ‡ *V.* bono

[67] Dok. A 13, De corr. II, Nr. 1 16.

[68] ‡ *V. hs. am Rand (beschnitten)* <no>n talia

20. Si gravissimorum virorum praesertim ill<ustrissimorum> huius seculi cardinalium illos nominando, innuendo vel circumscribendo aliquod dictum condemnetur.
21. Si aliqua ad auxiliorum materiam spectantia admisceantur, si nomina auctorum circa talem materiam, contra quos scribunt, citentur, similiter si explicite vel implicite aliqua huius materiae propositio (de qua sit controversia) tanquam »erronea« vel »falsa« vel »haeretica« vel »temeraria« etc. censuretur.[69]
22. Si contra sacri concilii Tridentini regulam de conceptione et sanctificatione deiparae virginis Mariae aliquid scribatur.[70]
23. Si auctores haeretici citentur, quod si necessario faciendum esse contingat, observetur, an apponatur »damnatae memoriae«.
24. Si sub aequivocis ac sub aenigmatibus, tropis et schematibus aliqua, quae tertii praeiudicium vel lasciviam oleant, quasi in insidiis delitescant et latitent.
25. Si quaedam tam obscure proferantur, ut in malam partem (eruditorum iudicio) accipi possint.
26. Si sacra prophanis misceantur, praesertim quo ad sacrae scripturae sententias.
27. Si sacrae scripturae loca non iuxta vulgatam editionem citentur non exprimendo secundam quam editionem talia loca citentur.
28. Si novae opiniones adducantur, quae piorum et doctorum aures – etiam in minimo – offendere possint.
29. Si vox »servator« pro salvatore, vox »divus« pro sancto, vox »sermo« pro verbo et similes adhibeantur.
30. Si quis praesertim ex modernis »beatus« nominetur, qui ab apostolica Sede nondum fuerit beatificatus.
31. Si intermisceatur – quod facilius evenit in vernaculae linguae scriptionibus metricis – vox »semidei«, »divinità«, »nume«, »dea«, »omnipotente« etc. loquendo de creaturis, vox »beatitudine«, »paradiso«, »gloria del cielo« pro huius vitae deliciis, vox »adorare« pro prophanarum rerum cultu, vox »fato«, »fortuna« abusive et similes.
32. Si adversus haereticos frigide ita scribatur, ut illorum rationes sapienter et dilucidè penitus, ut par est, non enerventur ac radicitus fundamenta eorum non evellantur, praesertim si verba et rationes eorum per extensum adducantur.
33. Si litaniae praeter illas, quae de sanctis communiter in Romano Breviario sunt insertae et quae de B. Virgine passim circumferuntur atque in Lauretana Domo decantari solent, ponantur.
34. Si, quae à principibus vel erga alios principes vel erga subditos gesta sunt, hoc praesertim seculo, quae in eorum dedecus respective vergere possint, adducantur.

---

[69] Vgl. DH 1997; Dok. A 22, § II, Nr. 1.

[70] Trid. sess. 5., Dekret über die Ursünde (17.6.1546): COD 3, S. 667.

35. Si, quae ad sacrae Rituum congregationis declarationem spectant (puta de caeremoniis ecclesiasticis, de novis sanctorum officiis et huiusmodi), antequam à praefata sacra congregatione approbata fuerint, apponantur.
36. Si sacrarum congregationes Concilii, super Episcopos et Regulares et aliarum decreta citentur.

Ultimo, ut se ipsos et alios à plurimis liberent molestiis, cavere debent operum huiusmodi examinatores, ne auctori tale opus sibi recognoscendum commissum fuisse manifestant.

Adnotatis igitur iuxta normam traditam, quae in operibus ipsis, marginibus, inscriptionibus, epistolis dedicatoriis, praefationibus, capitulorum seu tractatuum vel paragraphis, summariis, scholiis, additionibus et indicibus offenderint ac pro talibus suspecta habuerint, schedulam cum opere reverendissimo patri magistri Sacri Palatii reddant, ut correctis, deletis, emendatis et mutatis, quae videbuntur, approbationem in scriptis cum opere imprimendam apponant fidem facientes nihil invenisse contra catholicam fidem, bonos mores, Regulas Indicis et normam à reverendissimo patri magistro Sacri Palatii apostolici assignatam, quinimmo opus typis dignum esse.

B 7 | 1620 Juni 11: Feria-V.-Dekret des römischen Sanctum Officium

Papst Paul V. regelt die Zuständigkeiten bei der Imprimatur-Vergabe in der römischen Kirchenprovinz. Danach haben der Magister Sacri Palatii und der jeweilige Ordinarius an denjenigen Orten der Kirchenprovinz, für die kein Ortsinquisitor zuständig ist, dieselben Kompetenzen wie in der Stadt Rom der Magister Sacri Palatii und der Kardinalvikar (vgl. Dok. A 2). Um die Kontrolle über den Buchdruck in der römischen Kirchenprovinz besser ausüben zu können, setzten spätere Magistri Sacri Palatii zu diesem Zweck Vikare ein (vgl. Dok. B. 10). Vgl. Einf., Kapitel II.5.

Das Dekret Pauls V. wurde am 3. Juli 1620 in Rom per Bando publiziert. Der Text wurde im Dokumentenanhang der Index-Ausgabe von 1664 wiederabgedruckt, ein Bando des Magister Sacri Palatii von 1702 wiederholt die Bestimmungen (Dok. B 11).

***Lit.:** Giuseppe Catalani, De magistro sacri palatii apostolici libri duo, Romae: Typis Antonii Fulgoni, 1751, S. 23, 27f.*

***V.:** Druck (Bando), Romae: Typographia Camera Apostolica, 1620, Exemplar: BCas Per. est. 18/4, n° 513; Text-Abdruck auch in: Index 1664, S. 315f.; der entsprechende Eintrag im Dekret-Register des SO (mit Angabe der Sitzungsteilnehmer) in: ACDF Decreta 1620, fol. 211v–212r.*

Feria V. die XI. Iunii
anno à nativitate domini nostri Iesu Christi MDCXX

In generali congregatione Sacrae Romanae et universalis Inquisitionis
habita in palatio apostolico in Monte Quirinali,
coram S. D. N. Paulo divina providentia Papa V. [71]

S. D. N. Paulus divina providentia Papa V., ut erroribus, qui in librorum impressione obrepere et commiti solent, via penitus occludatur, opportuno remedio providere volens inhaerendo sacro concilio Lateranensi sub Leone X., sess. X.[72], et Regulis Indicis[73] librorum prohibitorum iussu concilii Tridentini editi à felicis recordationis Pio IV. et deinde à Clemente VIII. summis Pontificibus praedecessoribus suis approbatis[74] et confirmatis, re etiam cum illustrissimis et reverendissimis dominis cardinalibus congregationis S. Officii[75] communicata et maturè perpensa, motu proprio, ex certa scientia et mera deliberatione declaravit et decrevit:

---

[71] Vgl. Dok. B 4, Anm. 46. – Zu den Personen vgl. GruFo 1542–1700: (III) Personen.

[72] Dok. A 2.

[73] Dok. A 9.

[74] Dok. A 10, A 14.

[75] An der Kongregationssitzung vom 11.6.1620 nahmen die Kardinäle Roberto Bellarmino, Giovanni Garzia Millini, Fabrizio Verallo, Giovanni Bonsi und Pietro Campori teil.

Ut non solùm in hac alma urbe Roma à vicario Sanctitatis Suae et à magistro Sacri Palatii apostolici, iuxta eiusdem concilii decretum, omnes libri et quaecunque aliae scripturae imprimendae examinari et approbari debeant, antequam imprimantur, sed etiam in tota Romana provincia huiusmodi examinatio et approbatio accuratè fiat ab episcopo loci impressionis, vel alio de eiusdem episcopi mandato, ac ab eodem Sacri Palatii apostolici magistro ad id specialiter deputato à praedicta congregatione S. Officii. Ad quem simul et ad episcopos locorum eiusdem Romanae provinciae, in quibus non sunt inquisitores, Sanctitas Sua totum hoc impressionis librorum et aliarum scripturarum negotiam in eadem provincia Romana spectare voluit et declaravit. Mandans insuper Sanctitas Sua, ut eadem sacra congregatio in dicta Romana provincia omnia et singula in praedictis Indicis Regulis contenta exacte observari curet et faciat.

Inhibens propterea universis et singulis librorum impressoribus ac bibliopolis, sub censuris et poenis in dicta constitutione felicis recordationis Leonis X. et in praedictis Regulis Indicis contentis, eo ipso absque ulla declaratione incurrendis, aliisque arbitrio eiusdem sacrae congregationis etiam corporis afflictivis poenis, ne in dicta provincia Romana libros et scripturas, antequam ab episcopo loci seu alio de eiusdem episcopi mandato et praeterea à praedicto sacri Palatii Apostolici magistro examinatae et approbatae fuerint, quoque modo imprimere aut venales habere seu proponere audeant vel praesumant.

In contrarium facientibus ... Non obstantibus quibuscunque ...[76] Et ita mandavit perpetuis futuris temporibus inviolabiliter observari.

Voluit demum, ne praemissorum ignorantia à quoquam praetendi possit, quod praesens decretum seu illius exempla ad valvas basilicae Principis apostolorum de Urbe ac in acie Campi Florae affixa omnes ita arctent et afficiant perinde, ac si unicuique personaliter intimata fuissent; quodque praesentium transumptis, etiam impressis, manu notarii publici subscriptis et sigillo alicuius personae in dignitate ecclesiastica constitutae munitis eadem prorsus fides adhibeatur, quae praesentibus adhiberetur, si forent exhibitae vel ostensae.

Andreas de Pettinis[77], S. Romanae et universalis Inquisitionis notarius

Anno à nativitate D. N. Iesu Christi 1620, Indictione III., die verò 3 mensis Iulii, pontificatus autem sanctissimi in Christo patris et D. N. D. Pauli divina providentia Papae V. anno XVI. praesens decretum affixum et publicatum fuit ad valvas basilicae Principis apostolorum et in acie Campi Florae, per me Franciscum de Clericis, S. D. N. Papae cursorem.

Octavius Spada, magister cursorum

---

76 ‡ *In der Vorlage ohne Auslassungszeichen.*

77 Andrea Pettini (gest. 1624), von 1607 bis 1624 Notar des SO.

B 8 | 1625 September 18: Feria-V.-Dekret des römischen Sanctum Officium

In Anbetracht der wachsenden Zahl von »Exildrucken«, untersagt Papst Urban VIII. den Bewohnern des Kirchenstaats, von ihnen verfasste Bücher im Ausland drucken zu lassen. Ausnahmegenehmigungen können nur von den am Wohnort der Verfasser zuständigen Instanzen (Kardinalvikar und Magister Sacri Palatii bzw. Bischof und Ortsinquisitor) erteilt werden. Bücher, die gegen diese Vorschriften gedruckt wurden, gelten von Rechts wegen als verboten. Vgl. Einf., Kapitel II.5.

Das Dekret wurde am 3. Oktober 1625 in Rom per Bando publiziert und 1702 auf einem Bando des Magister Sacri Palatii wiederholt (Dok. B 11). Als Ergänzungsvorschrift (»Observatio«) zur X. Indexregel wurde es 1665 in den Index-Vorspann aufgenommen (Dok. A 19).

***Lit.:** Albizzi (wie Dok. A 16, Lit.), c. XXX, Nr. 128, S. 279; Bordoni, Sacrum Tribunal (wie Dok. A 2, Lit.), c. XV, Nr. 31f., S. 360f.; Sabina Brevaglieri, Editoria e cultura a Roma nei primi tre decenni del Seicento: lo spazio della scienza, in: Antonella Romano (Hg.), Rome et la science moderne entre Renaissance et Lumières (Collection de l'Ecole Française de Rome 403), Rom 2008, S. 257–319 (allgemein zu dem Phänomen der Exildrucke, das zu Beginn des 17. Jahrhunderts in Rom an Bedeutung gewann); Catalani, De magistro (wie Dok. B 7, Lit.), S. 28f.*

***V.:** Druck (Bando), Romae: Typographia Rev. Camerae Apostolicae, 1625, Exemplar: ACDF SO CL 1683–1685, fol. 227; Text-Abdruck auch in: Index 1664, S. 330f.; der entsprechende Eintrag im Dekret-Register des SO (mit Angabe der Sitzungsteilnehmer) in: ACDF Decreta 1625, fol. 159v–160r.*

Feria V. die 18. Septembris MDCXXV

In generali congregatione S. Romanae et universalis Inquisitionis habita in palatio apostolico Montis Quirinalis, coram S. D. N. domino Urbano divina providentia Papa VIII.[78] ac illustrissimis et reverendissimis dominis S. R. E. cardinalibus[79] adversus haereticam pravitatem inquisitoribus generalibus à Sancta Sede apostolica specialiter deputatis.

S. D. N. pro debito sui pastoralis officii corrigere volens abusus nonnullorum in statu Sedi apostolicae mediatè vel immediatè subiecto existentium, qui libros à se compositos extrà praefatum statum absque ulla ordinariorum et inquisitorum loci, ubi degunt, approbatione imprimendos transmittunt, statuit et decrevit, ut in posterum nemo in statu praedicto degens, cuiusvis conditionis, gradus, ordi-

[78] Vgl. Dok. A 16, Anm. 415. – Zu den Personen im Folgenden (wo nicht anders vermerkt) vgl. GruFo 1542–1700: (III) Personen.

[79] Neben dem Papst nahmen an dieser Sitzung die Kardinalinquisitoren Ottavio Bandini, Giovanni Garzia Millini, Gaspar de Borja y Velasco, Felice Centini d'Ascoli OFMConv, Scipione Cobellucci, Desiderio Scaglia OP und Antonio Barberini OFMCap teil.

nis et dignitatis existat, libros de quavis materia tractantes et ubicumque compositos audeat aliò deferre vel mittere imprimendos sine expressa in scriptis approbatione illustrissimi et reverendissimi domini cardinalis S. D. N. vicarii[80] et magistri Sacri Palatii, si in Urbe, si verò extra Urbem existat, sine ordinarii et inquisitionis loci illius sive ab iis deputatorum facultate et licentia operi praefigenda. Libros autem, quos contra praesentis decreti tenorem imprimi contigerit, praeter alias poenas arbitrio Suae Sanctitatis infligendas, absque alia declaratione, ex nunc prohibet et pro expressè prohibitis haberi vult et mandat. Contrariis quibuscumque non obstantibus etc.

Ioannes Antonius Thomasus[81], S. Romanae universalis Inquisitionis notarius

Anno Millesimo sexcentesimo vigesimo quinto, Indictione octava, pontificatus sanctissimi in Christo patris et D. N. D. Urbani divina providentia Papae VIII., anno eius tertio, die vero tertia mensis Octobris, supradictae literae apostolicae sive decretum affixum et publicatum fuit in acie Campi Florae et aliis locis solitis Urbis
per me, Brandimartem Latinum, praelibati S. D. N. Papae et S. Romanae Inquisitionis cursorem

[80] Vgl. Dok. A 2, Anm. 28.
[81] Giovanni Antonio Tomasi (gest. 1654), von 1624 bis 1654 Notar des SO.

B 9 | 1640 Januar 28: Zirkularschreiben des römischen Sanctum Officium an die Inquisitoren in Italien

Das Sanctum Officium in Rom gibt den lokalen Inquisitoren in Italien Befehl, zukünftig von sämtlichen in ihrem Amtsbezirk (neu) gedruckten Büchern die Frontispize an die römische Zentrale zu senden. Vgl. Einf., Kapitel II.4.2.

Hatte sich das Sanctum Officium früher nur auf Zuruf in die Imprimatur-Vergabe der lokalen Inquistoren eingemischt, beanspruchte es von nun an die direkte und flächendeckende Kontrolle über das Druckgeschehen in Mittel- und Norditalien. Infolge dieser Resolution, die am 30. Juni 1657 ein zweites Mal in Form eines Rundschreibens herausging, entstand die v. a. aus Frontispizen und Korrespondenz bestehende Aktenserie ACDF Tituli Librorum (Tit. Libr.).

***Lit.** Giovanni Angeli, Lettere del Sant'Ufficio di Roma all'inquisizione di Padova (1567–1660). Con nuovi documenti sulla carcerazione Padovana di Tommaso Campanella in Appendice (1594). A cura di Antonio Poppi. Presentazione di Stefania Malvasi, Padua 2013, S. 115f. (das Datum des Schreibens hier »18.« statt 28.1.1640); Cavarzere, Prassi (wie Dok. A 19, Lit.), S. 9; CollSO, Nr. 1153; Fragnito, Archivio (wie Dok. A 13, Lit.), S. 1276, Anm. 11; GruFo 1542–1700, 1701–1813: (II) Repertorium SO (Teilverzeichnis der Serie ACDF SO Tit. Libr.).*

***V.:** Hs. Kopie des Zirkularschreibens in: ACDF SO Tit. Libr. I: 1640–1658, fol. 1.*

Die 28. Ianuarii 1640.
A gl'inquisitori d'Italia[82]

Hà risoluto questa Sacra Congregatione, per degni rispetti, che di tutti i libri che si stampano[83] nel distretto di cotesta inquisitione, Vostra Paternità Reverenda[84] mandi quà nota del titolo, del nome dell'authore e del luogo della stampa. E perciò fare con maggior cautela, potrà inviare il frontispitio de' medesimi libri ove sono notate le cose accennate. In tal conformità Vostra Paternità Reverenda darà l'ordine a' vicarii del S. Officio del suo distretto etc.[85]

[82] ‡ *Am Rand:* 30. Iunii 1657 fuit missum dup<licat>um dictis inquisitoribus
[83] Ein späteres Dekret erläuterte, dass die Meldung nach Rom nicht erst nach dem Druck, sondern vorher zu geschehen habe, um Autoren und Drucker vor finanziellem Schaden zu schützen: ACDF SO Decreta 1657, fol. 184r (21.11.1657); CollSO (s. Lit.); Angeli (s. Lit.), S. 116.
[84] Vostra Paternità Reverenda: Die übliche Anrede der aus den Mendikantenorden rekrutierten Inquisitoren.
[85] Die Originalschreiben, etwa die Ausfertigung an den Inquisitor von Bologna, sind vom Kardinalsekretär des SO Francesco Barberini unterzeichnet: Fragnito, Archivio (s. Lit.).

B 10 | 1659 November 12: Bando des Gouverneurs von Rom

Der Gouverneur von Rom erinnert die Drucker in seinem Amtsbezirk an das Verbot, Schriften ohne das Imprimatur des Magister Sacri Palatii zu drucken. Dabei wird die Strafe gegen Übertreter der Imprimatur-Regeln heraufgesetzt. Das Bando war eine Maßnahme gegen die Verbreitung von Schmähschriften und steht mit früheren Verordnungen des Governatorats zu diesem Delikt im Zusammenhang (vgl. Dok. B 5). Der Inhalt wurde 1702 auf einem Bando des Magister Sacri Palatii wiederholt (Dok. B 11).

Lit.: *Petrucci (wie Dok. B 5, Lit.), S. 49.*

V.: *Druck (Bando), Roma: Stamparia della Reverenda Camera Apostolica, 1659, Exemplar: BCas Per. est. 18/9, n° 101.*

Bando contro stampatori

Monstrando l'esperienza che alcuni stampatori sono tanto temerarii che ardiscono stampare, senza le debite revisioni e licenze de superiori à ciò deputati, scritture il più delle volte lesive della fama e riputatione altrui e degne di castigo; e perche forsi detti stampatori si rendono facili ad incorrere in simili eccessi in riguardo delle pene leggiere imposte con altri bandi particolari à trasgressori, perciò volendo Msgr. illustrissimo reverendissimo Francesco Maria Baranzone[86], di Roma e suo Distretto generale governatore e vice-camerlengo, rimediare e togliere, per quanto sia possibile, simili inconvenienti et abbusi, non solo con l'autorità del suo offitio e carica di governatore, ma anco per ordine havuto à bocca dalla Santità di N. S. Alessandro VII.[87], per il presente bando, da durare à beneplacito della Santità Sua e della Santa Sede apostolica, ordina e commanda:

Che in avvenire non sia lecito ad alcun stampatore di qualsivoglia sorte, stato ò conditione, di stampare ò imprimere ò far stampare ò imprimere da altri, nè in Roma, nè fuori per il suo Distretto, alcuna compositione, ò in verso ò in prosa, ò in lingua latina ò volgare, ò in qualsivoglia lingua ò idioma, ò qualsivoglia altra materia, ò scrittura concernente qualisivoglia cosa, ò particolari tanto boni et honesti, quanto mali et indecenti ò in altro modo indifferenti, se prima non haverà ottenuto ò havuto nelle sue mani et appresso di se il solito »Imprimatur« ò sia licenza del padre Maestro del Sacro Palazzo apostolico, nella forma solita da ottenersi con farne espressione di detta licenza in fine della stampa, con l'impressione anco del nome dell'istesso stampatore, sotto pena in caso di contraventione in ciascuno de sudetti casi della galera perpetua[88].

[86] Francesco Maria Baranzone (gest. um 1680), von 1654 bis 1656 Assessor des SO, von 1656 bis 1660 Gouverneur von Rom und Vize-Kämmerer der Hl. Römischen Kirche. – Zu den Personen (wo nicht anders vermerkt) vgl. GruFo 1542–1700: (III) Personen.

[87] Vgl. Dok. A 17, Anm. 418.

[88] Zur Galeerenstrafe vgl. Einf., Kapitel II.5., Anm. 355.

Dichiarando che per il presente bando non intende Sua Signoria Illustrissima derogare ad altri bandi publicati sopra simili stampe e casi contro stampatori et altri, ma solo vuole habbia luogo il presente suo bando per augumento di pena alli già publicati.

Vuole in oltre che le sudette pene habbiano luogo contro qualsivoglia persona, ancorche fusse ecclesiastica, ò secolare ò regolare, che fara stampare, ò darà aiuto ò favore, ò in qualsivoglia modo farà complice ò partecipe di simili stampe et impressioni senza le debite licenze ò revisioni come sopra.

In oltre dichiara anco Sua Signoria Illustrissima, che se le materie stampate come sopra fossero libelli famosi[89], soggiacciono chi li farà stampare, ò chi li stamparà, ò complici ò partecipi, come sopra, alle pene contenute nelli bandi generali del Governo, nel cap. 32. »De libelli famosi«[90], à quali non s'intende derogato per il presente bando, ma restino nel suo vigore.

Et acciò non si possa allegare ignoranza del presente bando, ordina Sua Signoria Illustrissima, che publicato che sarà nelli luoghi soliti di Roma obblighi ciascuno, come se personalmente li fosse stato intimato; e commanda anco per ogni bon rispetto, che ciascun stampatore in Roma debbia tener affisso continuamente in sua bottega, ò stanza dove imprime, copia del presente bando, sotto pena di 200 sc. d'oro d'applicarsi alla reverenda Camera apostolica.

Dato in Roma, nel palazzo della nostra solita residenza[91], questo dì 12. novembre 1659.

Francesco Maria Baranzone, governatore, vice-camerlengo
Giovanni Andrea Genuense,
notaio per la carità[92]

---

89 Vgl. Dok. B 5, Anm. 53.

90 Bandi generali del Governo: die von den Gouverneuren bei Amtsantritt publizierte allgemeine Polizeiordnung, gedruckt u. d. T. »Bando Generale concernente il Governo di Roma e suo distretto«; das von Francesco Maria Baranzone publizierte Bando datiert vom 1.2.1658, § 32 lautet: »Item che niuna persona ancorche ecclesiastica secolare o regolare, come sopra, facci, componghi o attachi, dispensi, distribuisca o dia ad altri o facci fare o comporre o facci attaccare in qualsivoglia luogo o tempo overo dispensare, distribuire, o dare ad altri libelli famosi o Pasquinate di qualsivoglia sorte o maniera ancorche nelli detti libelli o Pasquinate si esponesse la verità; nè meno debba scrivere o dar lettere o memoriali senza nome che contenghino ingiuria o diffamatione d'altri ne scriva o facci scrivere scritture in prosa o in versi o di altra sorte che contenghino alcuna sorte di maledicenza o detrattione o calunnia de prencipi o persone graduate, ecclesiastiche o secolari o d'altre persone private, etiam sotto pretesto di facetie o altri colori in qualsivoglia lingua o idioma etiam con le cifre o figure ne quelle attaccare o dare o publicare ad altri o lasciare in luogo alcuno ne esemplare o ritenere simili libelli o Pasquinate o altre scritture come sopra la pena in ciascuno delli sudetti casi, sarà della vita, e confiscatione de beni e perpetua infamia«, hier n. dem Exemplar: BAV Editti 22 [=Stato Pontificio. Editti] (1658), fol. 12–23, hier: fol. 16v–17r.

91 Amtssitz des Gouverneurs war von 1624 bis 1755 der Palazzo Nardini, danach (bis 1847) der Palazzo Madama: Del Re, Monsignor Governatore (wie Dok. B 5, Anm. 58), S. 112f.

92 Vgl. Dok. B 5, Anm. 63.

Die 13. Novembris 1659 supradictum bandimentum affixum et publicatum fuit ad valvas Curiae illustrissimi et reverendissimi domini Almae Urbis gubernatoris et in acie Campi Florae ac aliis locis solitis et consuetis Urbis per me, Bernardinum Bonellum[93] decanum mandatariorum dicti illustrissimi domini gubernatoris.

[93] Bernardino Bonello, Oberst der Gerichtsboten des Gouverneurs: BLASTENBREI, Kriminalität (wie Dok. A 2, Anm. 28), S. 12.

B 11 | 1702 Juni 28: Durch den Magister Sacri Palatii veröffentlichtes »Sommario« der römischen Büchergesetzgebung

Paolino Bernardini OP, Magister Sacri Palatii, veröffentlicht eine Zusammenfassung der geltenden Büchergesetze für die Stadt und den Distrikt Rom. Eingeschärft werden dabei besonders die Strafen gegen Übertreter. Inhaber von Druckereien und Buchhandlungen werden zum Aushang des Plakats in ihren Geschäftsräumen verpflichtet. Vgl. Einf., Kapitel II.5.

Frühere oder spätere Beispiele eines solchen »Sommario« des Magister Sacri Palatii konnten nicht ermittelt werden.

***Lit:**. Flavia Cancedda, La stamperia Gonzaga a San Marcello al Corso. Storia e annali (Roma 1704–1719) (Bibliografia, bibliologia e biblioteconomia. Studi 7), Manziana 2000, S. 14–19.*

V.: Druck (Bando), In Roma: Nella Stamperia della Reverenda Camera Apostolica, 1702, Exemplar: BAV Editti [=Stato Pontificio. Editti] 66 (1702), fol. 82.

Sommario
delle costituzioni apostoliche
intorno all'impressione de libri
che si fa' in Roma

Fr. Paolino Bernardini[94] dell'ordine de Predicatori,
Maestro del Sacro Palazzo apostolico

Stimiamo opportuno dar alla luce questo Sommario non perche si creda che li stampatori non habbino tutto il rispetto che deve havere ogni vero cattolico a' decreti apostolici, essendo noi ben persuasi che'eglino siano stati e sempre saranno disposti à preferire la salute dell'anime loro ad ogni sordido lucro che offerto li fosse. Mà perche è facile che ad alcuno siano ignote le prefate costituzioni e le pene in esse stabilite contro gl'arditi trasgressori, dalla gravezza delle quali si può argomentare di quanta grand'importanza sia reputata da' Sommi Pontefici l'osservanza di tali leggi, perciò habbiamo creduto che sarà utilissimo, in ordine al fine delle loro altissime menti, il publicarne la notizia distinta in questo foglio che havendosi sotto gl'occhi. La trasgressione, quando pur avvenisse – che Dio ne guardi – non si potrà scusare d'ignoranza.

[94] Paolino Bernardini OP (1619–1713), von 1695 bis 1711 MSP: GruFo 1701–1813: (III) Personen.

Sommario delle costituzioni:

Nel concilio Lateranense V. sotto Leon X., sess. 10., decreto 3,[95] fù stabilito che non si possino stampare ò fare stampare in Roma libri ò scritture, di sorte ò condizione alcuna, senza precedente esame de' revisori e senza la facoltà in scriptis dell'Eminentissimo Vicario[96] ò di Msgr. Vicegerente[97] e del Maestro del Sacro Palazzo apostolico, sotto pena a' trasgressori di scommunica maggiore da incorrersi ipso facto. Soggiaceranno di più li medesimi trasgressori alla perdita de' libri et al pagamento di 100 sc. da impiegarsi per la Fabrica di S. Pietro, e li stampatori alla sospensione per un anno dall'esercizio di tal ministero. Il sudetto decreto conciliare ritrovasi parimente riportato nel Bollario Romano trà le bolle di Leon X., la 12.,[98] che comincia »Inter sollicitudines«. Parimente la medesima costituzione fù rinovata da Clemente VIII., come apparisce nelle regole dell'Indice la X[99].

S'aggiunge qualmente in virtù d'un bando publicato adì 20 novembre 1659[100], per ordine della santa memoria d'Alessandro VII., il vigore del quale dura à beneplacito della Santa Sede, ciascheduno, di qualunque stato ò condizione, che stampasse ò facesse stampare da altri, ò fosse complice ò partecipe di tale stampa, in Roma ò fuori per il suo Distretto[101] libri ò altre scritture ò compositione di qualsivoglia sorte ella fosse, se prima non haverà ottenuto il solito »Imprimatur« dal Maestro del Sacro Palazzo, con far espressione di detta licenza nel fine della stampa, col nome ancora dello stampatore, incorra nella pena della galera perpetua.

Per decreto della santa memoria di Paolo V. proferito nella sacra congregazione del Sant'Offizio, »coram Sanctissimo«, adì 11 giugno 1620, [102] non solo non è lecito stampare libri in tutta la provincia romana senza le licenze richieste dal concilio Lateranense e dalle regole dell'Indice confermate da Clemente VIII., mà ancora è proibito a' librari il vendere ò tener per vendere questi libri ò stampe, senza l'esame et approbazione de' superiori a' quali aspetta, sotto le pene contenute nella costituzione di Leon X.,[103] aggiungendo di più altre pene corporali afflittive. Avvertendosi che la prefata approbazione e licenze per la stampa, sicome in Roma aspetta all'Eminentissimo Vicario e Maestro del Sacro Palazzo, così nella Provincia Romana aspetta all'ordinario della città e luoghi ne' quali si fà la stampa; e, se non vi sarà Inquisitore, al vicario instituito sopra di ciò dal Maestro del Sacro Palazzo, come costa in vigore dell'istesso decreto di Paolo V.

---

95 Dok. A 2.
96 Vgl. Dok. A.2, Anm 28.
97 Ebd.
98 Vgl. z. B. Cocquelines-Mainardi III/3, S. 409f., hier: Nr. XIII.
99 Dok. A 9.
100 Dok. B 10, richtiges Datum: 13.11.1659.
101 Vgl. Einf., Kapitel II.5., zu Anm. 358.
102 Dok. B 7.
103 Dok. A 2.

Nel sacro concilio di Trento, sessione 4., decreto »De editione et usu sacrorum librorum«,[104] fù determinato che nessun libro ò trattato di cose sacre si possa stampare ò far stampare senza il nome dell'autore, se prima non sarà stato approvato da quelli a' quali aspetta, in conformità della dichiarazione Lateranense; e che i libri ò trattati stampati contro il tenore del prefato decreto, nessuno li possa tenere appresso di se, nè esitare ò vendere, sotto pena della scommunica e del pagamento di 100 sc. E referendosi al canone del concilio Lateranense conviene avvertire che la scommunica è da incorrersi ipso facto.

Nella regola dell'Indice aggiunta con l'autorità di Clemente VIII. al titolo »De Impressione Librorum«, § I,[105] assolutamente e generalmente si comanda che nessun libro si stampi, che non porti in fronte il nome, cognome e patria dell'autore; e conviene dire che queste disposizioni s'intendino del nome vero e non finto dell'autore, altrimente l'intenzione del Sacro Concilio e della regola dell'Indice restarebbe delusa. Aggiungendo però, che se per qualche giusta ragione convenisse permettere che si tacesse il nome dell'autore, non si possa omettere il nome de' revisori che tal libro approvarono.

Per disposizione dell'istesse regole dell'Indice al titolo citato, § III,[106] parimente si richiede che nel principio e nel fine del libro impresso si veda stampato il nome dell'impressore, il luogo dove è stampato e l'anno dell'impressione. Il che pure si deve intendere del nome, luogo et anno veri, reali, e non finti ò ideali, per l'istessa ragione sopra apportata, trattando del nome dell'autore.

Per decreto della santa memoria d'Urbano VIII. nella sua costituzione posta nel »Bollario Romano« la 50., che comincia »Sanctissimus Dominus Noster«[107], si comanda che non sia lecito ad alcuno commorante in Roma ò nello Stato Ecclesiastico, immediatè ò mediatè soggetto al Papa, trasmettere qualsivoglia libro, da esso in qualunque luogo composto, ad imprimer altrove, se prima non sarà stato, precedente la revisione, approvato in Roma dall'Eminentissimo Vicario e Maestro del Sacro Palazzo apostolico, e nello Stato Ecclesiastico fuori di Roma dall'ordinario del luogo di dove il libro si doverà trasmettere per stamparlo altrove, e dall'inquisitore, dove si trova, e dove non è l'inquisitore, dal vicario instituito dal Maestro del Sacro Palazzo apostolico. La pena che s'incorre per la trasgressione di questo decreto d'Urbano è, che i libri stampati contro il tenore di questo decreto siano ipso facto e senza aspettare altr'espressa dichiarazione proibiti, oltre altre pene da infligersi dalla Santità Sua à suo arbitrio. È però d'avvertire che in evento che questi libri trasmessi altrove per imprimersi, se nel luogo dove si stampassero non fossero riveduti et approvati da' superiori di quei luoghi a' quali s'aspetta, lo stampatore e chi li farebbe stampare incorrerebbero nelle pene tassate nel concilio Lateranense.

[104] Dok. A 3.
[105] Dok. A 13.
[106] Ebd.
[107] Dok. B 7, wurde abgedruckt z. B. in: Cocquelines-Mainardi V/4, S. 359f., hier: Nr. CXLVIII.

Finalmente si ricordano le proibitioni più rigorose contenute nella bolla »In Coena Domini«[108] contro chi stampasse ò facesse stampare libri ò scritture ereticali, qual delitto apparterrebbe al S. Offizio; e parimente la proibizione di stampare e far stampare libelli famosi, sotto le pene contenute non solo ne' sacri canoni, mà ancora nelle leggi civili[109].

Costituzioni e decreti apostolici cosi importanti, la trasgressione de quali è mortalmente peccaminosa, induce reato di scommunica e tant'altre gravi pene temporali, non potranno non esser esattamente e fedelmente osservate e dalli stampatori e da chiunque vorrà fare imprimer libri ò qualsivoglia scrittura. Et acciò non se ne possa haver ignoranza, con l'autorità del nostro offizio ordiniamo e comandiamo che ciascheduno stampatore nella stanza principale della sua stamperia sia obligato à tener affisso palesamente un esemplare di questo Sommario; e che egli stesso, prima d'applicare qualsivoglia persona al suo servizio per la stampa, sia obligato farli leggere distesamente tutto il presente Sommario, sotto pena della privazione dell'esercizio di stampare.

Et facto verbo cum Sanctissimo[110] praefatas constitutiones ac decreta servari mandavit. In quorum fidem etc.

Datum Romae, in Palatio Apostolico Vaticano, die 28. Iunii 1702.

Fr. Paulinus Bernardinius ordinis Praedicatorum,
Sacri Apostolici Palatii magister

---

[108] Dok. A 21.
[109] Z. D. Dok. D 5, D 10.
[110] Clemens XI.

B 12 | 1729 März 25: Edikt des Magister Sacri Palatii

Giovanni Benedetto Zuanelli OP, Magister Sacri Palatii, erlässt Vorschriften bezüglich der Patentierung, Vereidigung und Haftung römischer Drucker. Inhaber (einschließlich Erben) von Druckereien sind danach verpflichtet, ihr Gewerbe beim Magister Sacri Palatii anzumelden. Geschäftsumzüge und Eröffnungen von Filialen sind genehmigungspflichtig. Auch dürfen Pressen nicht außerhalb der Geschäftsräume betrieben oder aufbewahrt werden, die Räume mit den Druckerpressen dürfen von außen nicht einsehbar sein.

Lit.: *CANCEDDA (wie Dok. B 11, Lit.), S. 14–19, 33; Maria Iolanda PALAZZOLO, Banchi, botteghe, muriccioli. Luoghi e figure del commercio del libro a Roma nel Settecento, in: Roma moderna e contemporanea II/2 (1994), S. 419–444, hier: S. 423f.*

V.: Druck (Bando), Roma: Stamperia della Reverenda Camera Apostolica, 1729, Exemplar: BAV Editti [=Stato Pontificio. Editti] 93 (1729), fol. 96.

Editto
del Maestro del Sacro Palazzo

Richiedendo la raggione di buon governo, che s'impieghi tutta la vigilanza per impedire al possibile, colle dovute precauzioni, perchè non sieguano disordini ed inconvenienti nell'esercizio dell'arte d'impressore de' caratteri. Quindi è, che il reverendissimo padre Maestro del Sacro Palazzo apostolico di espresso ordine avuto à bocca dalla Santità di N. S.[111] e per l'autorità del suo offizio hà creduto di dover dare le seguenti providenze secondo la mente di Sua Beatitudine, ordinando e commandando come siegue:

1. Che niuna persona possa in avvenire intraprendere l'officio di stampatore con aprire à suo nome la stamperia, se prima non sarà stata da Sua Paternità Reverendissima approvata, e non averà prestato nelle sue mani il giuramento di fedelmente esercitare la professione, ed ottenuta insieme la patente quale à tutti quelli che verranno riconosciuti e giudicati abili sarà da Sua Paternità Reverendissima conceduta gratis e verranno contemporaneamente descritti à perpetua memoria nel suo registro. Il che vuole, che s'intenda anche disposto rispetto a' quelli stampatori principali[112], che attualmente hanno e ritengono à proprio nome la stamparia, li quali siano tenuti dentro il termine di giorni quindeci dal giorno della publicazione del presente editto presentarsi avanti la Paternità Sua Reverendissima per il fine ed effetto sudetti.
2. Che ciascun stampatore principale come sopra, che al presente ritiene sotto proprio nome la stamparia, ò che in avvenire la riterrà, non possa in altro luogo ò sito ritenerla che dove averà spiegato e gli sarà stato espresso nella

[111] Benedikt XIII.
[112] Principali: Druckherren, Geschäftsinhaber von Druckereien.

patente, talmente che se gli accada di dovere da poi mutar sito e trasportare altrove la stamparia, non possa farlo che doppo averà assegnato avanti Sua Paternità Reverendissima il nuovo luogo che similmente sarà notato nell'istessa patente siccome nel registro.

3. Che le stamparie, quando non si ritengano dentro le case, ma nelle botteghe publiche, non debbano queste ritenersi aperte ed esposte agl'occhi di tutti, mà chiuse con vetri ò altro riparo.
4. Che quelli principali che averanno la stamparia propria, ancorchè cantante sotto nome ereditario di alcun defonto e sotto nome e figura ò col titolo di erede, debbano ottenere da Sua Paternità Reverendissima la patente, come sopra vien disposto, con intestare à certa e determinata persona la medesima stamparia, in fàccia della quale, se sarà trovata abile, si dovrà spedire la patente col previo giuramento, come sopra. Altrimenti non sia lecito di esercitarla ò farla esercitare. Volendo la Paternità Sua Reverendissima, per evitare per quanto sia possibile tutte le male conseguenze, che vi sia la certa e determinata persona che in caso d'inconveniente e di contravenzione alli suoi bandi ed à quanto quì si dispone, debba render raggione ed esser soggetta alle pene che sono imposte contro li trasgressori.
5. Che nessuno possa in virtù di cessione, di contratto, di vendita e compra ò di donazione ò pure per successione ò per altro qualsivoglia legitimo titolo e raggione, per il quale abbia conseguita da altri la stamparia, esercitar questa se prima non sarà stato approvato e non averà ricevuto come sopra la patentè da Sua Paternità Reverendissima. La quale intende e dichiara che ogni volta che succeda mutarsi la persona del stampatore patentato, mutandosi in conseguenza allora le qualità personali, debba chi vuol subentrare nell'esecizio di quello esser similmente come sopra approvato, decritto e patentato.
6. Per togliere le occasioni e commodi di commettere le frodi e di contravenire alli bandi, si proibisce à tutti e singoli stampatori di trasportare altrove fuori della propria stamparia e del luogo del negozio, ò di tenere e di custodire anche dentro l'istesso negozio in quarti recondite e nascoste li torcoli ad uso della loro arte. Talmente che, ritrovandosi così trasportati e respettivamente occultati, se ne abbia da presumere il dolo e mal fine dello stampatore per potersi procedere contro di lui all'effettiva esecuzione delle pene.

Avverta pertanto ogn'uno di osservare puntualmente quanto si dispone nel presente editto, con obedire in tutti e singoli suoi respettivi casi alle ordinazioni date, perchè in ogni evento d'inobedienza e di contravenzione, in ciascun caso di trasgressione si procederà contro di esso, siccome contro li complici e partecipi che vi fossero, alla pena della privazione delli caratteri, torcoli ed altri stigli dell'arte ed alla privazione e perpetua inabilitazione dall'officio ed esercizio di stampatore ed insieme alla pena di 500 sc. da applicarsi ad arbitrio di sua Paternità Reverendissima ed ad altre anche corporali parimente à suo arbitrio, all'effettiva esecuzione delle quali si procederà irremisibilmente contro li trasgressori senza ammettergli scusa ò pretesto veruno.

Volendosi che il presente editto, publicato che sia in Roma nelli luoghi soliti e consueti, astringa ciascuno come se gli fosse stato personalmente intimato.

Dato nel Palazzo Apostolico Vaticano questo di 25. Marzo 1729.

fr. Ioannes Benedictus Zuanelli[113] ordinis Praedicatorum,
Sacri Palatii apostolici magister

Cesare Valentini[114],
notaro del Sagro Palazzo apostolico

Die 1. mensis Aprilis 1729 supradictum edictum affixum et publicatum fuit ad valvas Curiae Innocentianae[115] ac in aliis locis solitis et consuetis Urbis per me Franciscum Baldum, apostolicum cursorem.

[113] Giovanni Benedetto Zuanelli OP (1669–1738), von 1728 bis 1738 MSP: GruFo 1701–1813: (III) Personen.

[114] Giuseppe Cesare Valentini, Chef-Notar des Kammerauditors und Palastnotar: Saverio Franchi, Drammaturgia romana. Vol. 2: 1701–1750 (Sussidi eruditi 45), Rom 1997, S. 252, Anm. 493.

[115] Curia Innocenziana (auch: Palazzo Montecitorio): 1697 unter Papst Innozenz XII. bezogener Justizpalast, Sitz wichtiger stadtrömischer und kirchenstaatlicher Gerichte wie des Tribunals des Apostolischen Kammer, seit 1871 Sitz der Abgeordnetenkammer des italienischen Parlaments: Pastor 14 (1930), S. 1090–1093.

B 13 | 1730 August 30: Edikt des Camerlengo

Der Kardinalkämmerer der Hl. Römischen Kirche, zuständig für den päpstlichen Fiskus und somit auch die kulturellen Schätze Roms, untersagt in Rom den Handel mit alten Manuskripten. Ausnahmegenehmigungen müssen bei dem Leiter (Präfekten) des Archivs der Engelsburg oder dem Oberarchivar (Kustos) des Vatikanischen Geheimarchivs beantragt werden.

Bei dem Edikt handelt es sich um eine Maßnahme zum Schutz der römischen Altertümer, doch gibt es zwischen konservatorischen und zensorischen Regeln Überschneidungen, was die Aufführung unter den Zensurgesetzen hier begründet.

Lit.: *Andrea* E*MILIANI* *(Hg.), Leggi, bandi e provvedimenti per la tutela dei beni artistici e culturali negli antichi stati italiani, 1571–1860, Bologna 1996; Herman H.* S*CHWEDT*, *»Römische Bücherverbote«. Anmerkungen zu einer Edition, in: RQ 106 (2011), S. 278–300, hier: S. 294; Lorenz* W*OLF*, *Kirche und Denkmalschutz. Die päpstliche Gesetzgebung zum Schutz der Kulturgüter bis zum Untergang des Kirchenstaates im Jahr 1870 (Kirchenrechtliche Bibliothek 7), Münster 2003, S. 100–116, 143–145.*

V.: *Druck (Bando), In Roma: Stamperia della Rev. Cam. Apostolica, 1730, Exemplar: BAV Editti [=Stato Pontificio. Editti] 94 (1730), fol. 155; Edikt mit einigen Modifikationen erneuert am 1.12.1742, vgl. den Druck (Bando) in: ebd. 106 (1742), fol. 453.*

Editto
sopra le scritture e libri manuscritti

Annibale, per la divina misericordia vescovo di Sabina,
cardinale di S. Clemente
della S. R. C. camerlengo[116]

Premendo sommamente alla paterna carita e zelo di N. S.[117], che si conservano i libri manuscritti ed altre scritture, tanto publiche quanto private, che non sia lecito agl'artefici ed altre persone di Roma comprare e vendere respettivamente simili scritture senza le dovute licenze. Per tanto, d'ordine espresso di Sua Santità datoci à bocca e per autorità del nostro officio di camerlengato, rinovando e confermando ed ampliando i bandi altre volte da nostri antecessori e da Noi publicati e particolarmente quelle in data delli 30. settembre 1704,[118] di nuovo dichiariamo ed ordiniamo:

[116] Kard. Annibale Albani (1682–1751), von 1719 bis 1747 Kardinalkämmerer (Camerlengo): Miranda (Zugriff: 2.5.2013). – Zu den Personen (wo nicht anders vermerkt) vgl. GruFo 1701–1813: (III) Personen.

[117] Lorenzo Corsini, von 1730 bis 1740 Papst Clemens XII.

[118] Edikt des Camerlengo Giovanni Battista Spinola, 30.9.1704 (»Editto sopra le pitture, stucchi, mosaici ed altre antichità, che si trovano nelle cave, inscrizioni antiche, scritture e libri manoscritti«). Zur Begründung der konservatorischen Maßnahmen heißt es darin: »che si conservino quanto più si può, le antiche memorie et ornamenti di quest'Alma Città di Roma, quali tanto conferiscono à promovere la stima della sua magnificenza e splendore appresso

Che nessuna persona di qualsivoglia grado, conditione, sesso e qualità ardisca di vendere e comprare sotto alcun pretesto qualsivoglia sorte di libri scritti à mano, tanto volgari e latini quanto greci, hebraici e di qualunque altra lingua, così in carta pecora come in carta bambacina[119], tanto intieri quanto divisi, rotti e sciolti, come pure instromenti, processi, inventarii, lettere, bolle, brevi, diplomi e qualunque altra sorte di carte overo pergamene manoscritte, sotto che nome ò titolo siano, se non ne haverà ottenuta particolar licenza in scritto da Msgr. Domenico Riviera[120] (prefetto dell'archivio apostolico di Castel S. Angelo) overo dal signore canonico Pietro Donino de Pretis[121] (custode dell'archivio segreto vaticano), quali la daranno gratis in nome nostro, prima che si stabilisca la vendita ò almeno avanti che si consegnino al compratore le scritture e li libri sudetti. Sotto pena à quelli che contraveranno, tanto nel comprare quanto nel vendere senza licenza come sopra, e di esser tenuti in solido alla rifezzione di tutti li danni ed interessi che per occasione di tal compra e vendita patiranno li padroni delle scritture ò altri che in quelle habbino interesse, ed in oltre di tre tratti di corda[122] da darsegli subito in publico e di 200 sc. d'applicarsi alla reverenda Camera apostolica, de quali si promette e si darà la metà à chi revelarà le compre e vendite di simili libri e scritture fatte senza licenza ed esso revelante sarà tenuto segreto.

Per l'istesse raggioni ordiniamo e comandiamo à tutti i librari, pizzicaroli, battilori, cartolari, dipintori, tamburrari ed altri artegiani che dentro il termine di otto giorni prossimi dopo la publicatione del presente editto debbano haver notificato al sudetto Msgr. Riviera (prefetto dell'archivio di Castel S. Angelo) ò vero al detto signor canonico Pietro de Pretis (custode dell'archivio segreto vaticano) quei libri e scritture di sopra descritte che si troveranno di havere nelle loro botteghe ò altrove per uso e servitio delle loro arti. E che non ardischino ne presumino sotto qualsivoglia pretesto di sciogliere, dividere, rompere ò guastare detti libri e scritture, tanto ad effetto di vendere ò valersene per legare altri

---

le Nazioni straniere; come pur vagliono mirabilmente à confermare, et illustrare le notizie appartenenti all'Istoria, così sagra come profana [...]«: EMILIANI (s. Lit.), S. 66–69.

119 Carta bambacina: von »bambagia« (Baumwolle), aus Leinen und Hanf hergestelltes billiges Papier, im Gegensatz zum Pergament (»carta pecora«): Kirsten SCHRÖTER, Die Terminologie der italienischen Buchdrucker im 15. und 16. Jahrhundert. Eine wortgeschichtliche Untersuchung mit besonderer Berücksichtigung von Venedig, Tübingen 1998, S. 29–33; Anselm FREMMER, Venezianische Buchkultur: Bücher, Buchhändler und Leser in der Frührenaissance (Beihefte zum Archiv für Kulturgeschichte 51), Köln u. a. 2001, S. 153.

120 Domenico Riviera (1671–1752), von 1700 bis 1733 Präfekt des Archivs der Engelsburg.

121 Pietro Donnino De Pretis (gest. 1741), von 1727 bis 1741 Kustos des Vatikanischen Geheimarchivs: Christine Maria GRAFINGER, Die Ausleihe Vatikanischer Handschriften und Druckwerke (1563–1700) (StT 360), Vatikanstadt 1993, S. XXXVII.

122 Tratti di corda: »Seilfolter«, v. a. im Inquisitionsverfahren angewandte, überaus schmerzhafte Foltermethode. Dabei wird der Gefolterte an den hinter dem Rücken zusammengebundenen Armen an einem Seil in die Höhe gezogen, was zu einer Überdehnung der Sehnen führt. Seltener auch – wie in diesem Fall – als Körperstrafe angewandt: Peter SCHMIDT, Tortur als Routine. Zur Theorie und Praxis der römischen Inquisition in der frühen Neuzeit, in: Peter BURSCHEL u. a. (Hg.), Das Quälen des Körpers. Eine historische Anthropologie der Folter, Köln 2000, S. 201–215.

libri quanto per adoperarli ad uso delle loro arti, senza licenza di Msgr. Riviera (prefetto dell'archivio di Castel S. Angelo) overo del detto signor canonico Pietro de Pretis (custode del archivio segreto vaticano), sotto le pene stabilite in detto secondo capitolo da esseguirsi irremissibilmente contro li trasgressori.

In tutti li casi di sopra espressi vogliamo che s'intendano comprese anche le persone ecclesiastiche, tanto secolari quanto regolari, ed ogn'altra persona quantunque privilegiata, degna di special mentione, dichiarando che contro li disubbedienti si procederà rigorosamente anche ex officio ad istanza del fisco.

Dato in Camera apostolica questo dì 30 agosto 1730.

Annibale card. di S. Clemente, camerlengo
Niccolò Lana[123], commissario generale

Domenico Antonio Galosi,
segretario e cancelliere della reverenda Camera apostolica

Die, mense et anno, quibus supra, supradictum edictum affixum et publicatum fuit ad valvas Curiae Innocentianae[124] et in acie Campi Florae ac aliis locis solitis et consuetis Urbis per me Antonium Orsinum, apostolicum cursorem

Dominicus Martini, magister cursorum

[123] Niccolò Lana (1671–1749), von 1723 bis 1739(?) Generalkommissar der Camera Apostolica: Emanuele CERCHIARI, Capellani Papae et Apostolicae Sedis Auditores causarum Sacri Palatii Apostolici seu Sacra Romana Rota ab origine ad diem usque 20 Septembris 1870. Relatio historica-iuridica, 4 Bde., Rom 1919–1921, hier: Bd. 2, S. 234.

[124] Vgl. Dok. B 12, Anm. 115.

B 14 | 1734 August 3: Edikt des Magister Sacri Palatii

Giovanni Benedetto Zuanelli OP, Magister Sacri Palatii, verschärft die Bestimmungen zur Herstellung und Verwendung von Bilddrucken in seinem Amtsbezirk. Danach unterliegen sämtliche Holzschnitte und Kupferstiche der Vorzensur des Magisters; Herstellung und Vertrieb von Bilddrucken aller Art ohne Einholung des Incidaturs bzw. Publiceturs des Magisters sind straffbar. Vgl. Einf., Kapitel II.5., zu Anm. 356.

Anlass des Edikts war das Aufkommen der Mode, Lederschuhe mit Bildern oder Motti zu bedrucken. Zu diesem Erlass notierte der Diarist Francesco Valesio (1670–1742) leicht amüsiert in sein römisches Tagebuch: »Il maestro del sacro palazzo ha dato fuori un curioso editto circa coloro che intagliano rami per le scarpe delle donne, secondo l'usanza, e vuole che prendano la licenza« (Eintrag zum 7. August 1734).

***Lit.:** Diane H. Bodart, Verbreitung und Zensierung der königlichen Porträts im Rom des 16. und 17. Jahrhunderts, in: Vorträge aus dem Warburg-Haus 8 (2004), S. 3–67; Gaetano Scano (Hg.), Giuseppe Graglia (Mitarbeit), Diario di Roma di Francesco Valesio, 6 Bde., Mailand 1977–1979, hier: Bd. 5, S. 716.*

***V.:** Druck (Bando), Roma: Stamperia della Rev. Cam. Apost., 1734, Exemplar: BAV Editti [=Stato Pontificio. Editti] 96 (1734), fol. 207.*

Editto
del Maestro del Sagro Palazzo

Essendo capitato a nostra notizia che alcuni intagliatori si prendono l'arbitrio d'intagliare rami ò tavolette che servono all'uso de' calzolari, su i quali tirano sopra le pelli che pongono sopra le scarpe, senza il nostro »incidatur« e »publicetur«, e che in oltre li calzolari si prendono la libertà di tenere nelle loro case o botteghe i torchi per tirare sopra i sudetti rami ò tavolette le pelli contro lo stabilito nel nostro generale editto publicato il dì primo luglio 1728 al numero 12 e 13[125], con l'autorita del nostro officio ed ancora per ordine espresso avuto[126] a bocca della Santità di N. S. Clemente XII.[127], per impedire gl'inconvenienti che da questi abusi potrebbero nascere, crediamo nostro dovere darne le seguenti providenze secondo la mente di Sua Beatitudine ed ordinare come siegue.

1. Che nessuno intagliatore ardisca intagliare ò in rami ò in tavolette figure, fiori, lettere, imagini, legni o qualsivoglia altra cosa senza prima avere avuto in scritto il nostro »incidatur« e poi »publicetur«.
2. Che tutti, e specialmente li calzolari, che anno de' sudetti rami ò tavolette enunciate di sopra debbino nello spazio di otto giorni da cominciarsi dal

[125] Vgl. Dok. B 18.
[126] ‡ avuto: *V.* auto
[127] Papst Clemens XII.

giorno della publicazione del presente editto presentarli per averne il permesseo di servirsene.

3. Che quelli che non sono di professione torcolieri da noi riconosciuti non possino tenere, nè in bottega nè in casa, torcoli per tirare i rami o per stampare tavolette figurate mà debbino servirsi de' torcolieri e de' torchi di quelli che sono da noi destinati ed abilitati à quest'arte, sotto pena della perdita de' torcoli, rami e tavolette e di 50 sc. d'applicarsi al nostro arbitrio, ed anche d'altre pene corporali parimenti all'arbitrio nostro, all'effettiva esecuzione, delle quali si procederà irremissibilmente contro li trasgressori senza ammettersi scusa o pretesto veruno.

Volendosi che il presente editto publicato che sia in Roma nelli luoghi soliti e consueti astringa ciascuno come se gli fosse stato personalmente intimato.

Dato in Roma dal Palazzo Apostolico Quirinale questo dì 3. agosto 1734.

fr. Joannes Benedictus Zuanelli OP,
Sacri Palatii Apostolici magister

Angelo Antonio Cesari,
notaro del Sagro Palazzo apostolico

Die 7. mensis agosto[128] 1734 supradictum edictum affixum et publicatum fuit ad valvas Curiae Innocentianae ac in aliis locis solitis et consuetis Urbis per me Franciscum Baldum, apostolicum cursorem.

Ioannes Trifellius, magister cursorum

[128] ‡ agosto: *in V. hs. korrigiert aus* Iulii

B 15 | 1744 September 17: Feria-V-Dekret des Sanctum Officium

Mit Verweis auf die häufige Umgehung der Imprimatur-Vorschriften in der Stadt Rom bestätigt Papst Benedikt XIV. die älteren diesbezüglichen Gesetze. Dabei wird erläutert, dass sämtliche an einem Druck beteiligten Personen, somit auch die Autoren, den gesetzmäßigen Strafen unterliegen. Die dabei verhängte Exkommunikation ist als Reservatsfall zu verstehen. Als verschärfende Maßnahme soll jede Übertretung der Imprimatur-Vorschriften auch durch das Sanctum Officium untersucht werden. Selbstanzeigen wirken sich strafmildernd aus. Sonderregeln sieht das Dekret für juridische und kurieninterne Amtsdrucke vor. Vgl. Einf., Kapitel II.5., zu Anm. 379.

Das Dekret wurde am 7. Februar 1761 durch den Magister Sacri Palatii wiederholt (Dok. B 19).

***Lit.:** Catalani, De magistro (wie Dok. B 7, Lit.), S. 29–31; Luigia Fresco (Hg.), Lettere inedite di Benedetto XIV al cardinale Angelo Querini (1740–1750). Da un codice della Biblioteca arcivescovile di Udine, in: Nuovo Archivio Veneto 18 (1909), S. 5–93, 279–300 [I], 19 (1910), S. 159–215 [II], hier: [I], S. 88f. (Benedikt XIV. an Querini, 12.10.1744).*

***V.:** Druck (Bando), Romae: Ex Typographia Reverendae Camerae Apostolicae, 1744, Exemplar: ACDF SO St.St. M-2-m, fol. 173; der entsprechende Eintrag im Dekret-Register des SO (mit Angabe der Sitzungsteilnehmer) in: ACDF SO Decreta 1744, fol. 352v.*

Decretum
Feria 5. die 17. Septembris 1744

In generali congregatione S. Romanae et universalis Inquisitionis habitâ in palatio apostolico Quirinali coram S. D. N. Benedicto divina providentia Papa XIV. [129] ac eminentissimis et reverendissimis dominis S. R. E. cardinalibus[130] adversus haereticam pravitatem inquisitoribus generalibus a Sancta Sede specialiter deputatis.

Cum tanta sit petulantium ingeniorum temeritas, ut in hac Alma Urbe saepe libros aliaque scripta non petitâ prius minusque obtentâ superiorum ecclesiasticorum licentiâ et approbatione tacito quandoque, quandoque ementito praelo excussa in lucem prodire contingat, non sine gravi scandalo et providè institutarum legum contemptu et iniuriâ, S. D. N. pro pastoralis suae sollicitudinis debito animadvertentes huiusmodi abusum in hac urbe suâ stirpitùs convelli et aboleri, nec non id genus crimina impudenter attentantes in of-

[129] Papst Benedikt XIV.

[130] Neben dem Papst nahmen an dieser Sitzung teil die Kardinalinquisitoren Tommaso Ruffo, Antonio Saverio Gentili, Giovanni Antonio Guadagni OCD, Domenico Passionei, Silvio Valenti Gonzaga, Luigi Maria Lucini OP, Fortunato Tamburini OSB, Gioacchino Besozzi OCist und Neri Maria Corsini. – Zu den Personen vgl. GruFo 1701–1813: (III) Personen.

ficio contineri eo faciliùs posse quo deinceps poena fuerit gravior ac inquisitio solertior:

Primùm observari mandat et praecipit omnia et singula, quae aliàs super impressionis librorum negocio in sacro Lateranensi concilio habito sub felicis recordationis Leone Papa X. praedecessore suo, sess. 10,[131] praescripta sunt; itidemque Regulas Indicis librorum prohibitorum iussu sacrae Tridentinae synodi editas et publicatas et a Pio IV. et Clemente VIII. pontificibus approbatas et confirmatas[132]; ac demum omnium Romanorum Pontificum decreta, quibus cautum est nemini licere librum aliquem seu aliam quamcumque scripturam imprimere vel imprimi facere in Urbe, nisi omnia typis consignanda examinata primùm probataque fuerint a cardinali Urbis Vicario ac magistro Sacri Palatii apostolici, constitutâ transgressoribus poena anathematis ipso facto incurrendâ ac ultra librorum impressorum publicam combustionem mulctâ etiam pecuniariâ 100 duc. auri Fabricae Principis apostolorum de Urbe sine spe remissionis applicandorum ac severioribus etiam poenis contra inobedientes omninò ingravescente contumacia infligendis.

Praeterea S. D. N. praemissis Lateranensis concilii aliorumque Romanorum Pontificum poenalibus sanctionibus a se confirmatis et, quatenus opus sit, etiam innovatis nedum subiicit imprimentes vel imprimi in Urbe facientes librum seu libros et scripturas quascumque absque approbatione et licentiâ, ut praemissum est, cardinalis Vicarii et magistri Sacri Palatii apostolici, sed etiam eorum authores, quicumque sint, omnesque operam et auxilium in saepedictam vetitam impressionem conferentes et impressa per se vel per alios quomodolibet evulgantes; excipiendas tamen ab hac poenali lege Sanctitas Sua declarat scripturas pro forensi usu et causarum cognitione congregationibus S. R. E. cardinalium aliisque Urbis iudicibus exhiberi solitas, dummodo tamen illarum exemplaribus praelo committendis patroni causae, prout hactenus consuevit, proprio charactere se subscripserint castigatoque calamo eadem exemplaria fuerint exarata super quibus eorumdem Romanac Curiac iudicum ac magistri Palatii Apostolici vigilantiam impensè oneravit.

Statuit quoque ac praecipit Sanctissimus inoboedientes et contravenientes, qui excommunicatione maiori indictâ a memoratâ constitutione concilii Lateranensis innodantur, a nemine in posterum excepto mortis articulo quàm a Romano Pontifice pro tempore vel alio delegatâ sibi ab ipso Pontifice authoritate suffulto absolvi posse. Dictaeque censurae et reservationem subiici mandat transgressores, quoscumque cuiusvis sint gradus, status, conditionis et dignitatis, quae etiam speciali notâ ac mentione digna sit, facientes imprimi in Urbe dictos libros et scripturas omnes illosque vel illas imprimentes et publicantes, ut dictum est, sine dicta approbatione.

Comprehendi quoque vult Sanctitas Sua in dicta censura et reservatione eos, qui conscriptos in Urbe libros aliasque scripturas in dictarum legum fraudem malitiosè extra Urbem aliò transmittunt imprimendas et evulgandas non ha-

---

131 Dok. A 2.

132 Dok. A 9.

bitâ prius licentia cardinalis Vicarii Urbis et magistri Sacri Apostolici Palatii et in contemptum specialis prohibitionis felicis recordationis Urbani Papae VIII. contentae in decreto congregationis S. Officii edito coram eodem die Iovis, 17. Septembris 1625.[133]

Demum, ut pervicaces homines poenarum severitate deterriti a similibus in hac Alma Urbe perpetrandis retrahantur, mandat Sanctitas Sua, ut S. R. E. cardinales in tota republica christiana contra haereticam pravitatem generales inquisitores a Sancta Sede deputati, qua par est sedulitate et vigilantia, contra quoscumque inobedientes ac trangressores inquirant et in eos, quos reos compererint tam pro praeterito quam pro futuro, condignis poenis etiam corporis afflictivis rigidè animadvertant. Quod ut facilius assequi possint, Sanctiats Sua facultatem indulget sacrae congregationi Sancti Officii absolvendi ab excommunicatione praedicta sponte comparentes, quorum depositio inviolabilis secreti fide de more custodienda, in id plurimum conferet, ut contra alios eiusdem criminis socios, si qui fortè sint, iuxta praxim sacri tribunalis ritè per inquisitionem procedatur.

Paulus Antonius Cappellonus[134], S. Romanae et universalis Inquisitionis notarius

Die 16. Octobris 1744 supradictum decretum affixum et publicatum fuit ad valvas basilicae Principis apostolorum, palatii S. Officii ac in aliis locis solitis et consuetis Urbis per me Petrum Romolatium S. Romanae et universalis Inquisitionis cursorem.

[133] Dok. B 7, richtiges Datum: 18.9.1625.

[134] Paolo Antonio Cappellone (1684–1751), von 1736 bis 1751 Obernotar des SO.

B 16 | 1752 März 21: Bekanntmachung des Magister Sacri Palatii

Nicht nur gedruckte Texte, auch Bilddrucke und alle anderen für die Öffentlichkeit bestimmten Abbildungen unterlagen in Rom der Vorzensur des Magister Sacri Palatii. Die jeweils aktuellen Gesetze zur Bildzensur wurden in dem Generaledikt (Editto generale) zusammengefasst, das die Magister in der Regel am Beginn ihrer Amtszeit publizierten (vgl. Dok. B 18). Gelegentlich wurden die sich an Kupferstecher, Graveure, Medailleure, Schriftgießer usw. richtenden Zensurvorschriften aber auch separat auf einem Bando veröffentlicht, zuerst unter dem Titel »Editto«, dann – wie hier – als »Notificazione«. Vgl. Einf., Kapitel II.5.

Lit.: *Ruth S. Noyes, On the Fringes of Center: Disputed Hagiographic Imagery and the Crisis over the »Beati moderni« in Rome, ca. 1600, in: Renaissance Quarterly 64 (2011), S. 800–846, hier: S. 806–811; Maria Augusta Morelli Timpanaro, Autori, stampatori, librai. Per una storia dell'editoria in Firenze nel secolo XVIII. (Accademia toscana di scienze e lettere »La Colombaria« 182), Florenz 1999, S. 83.*

V.: *Druck (Bando), In Roma: nella Stamperia della Rev. Camera Apostolica, 1752, Exemplar: BAV Editti [=Stato Pontificio. Editti] 115 (1752), fol. 77; als Beispiel eines der älteren »Editti« vgl. die Ausfertigung des Magister Sacri Palatii Giacinto Petronio OP vom 21.11.1619, in: Hilgers, Index (wie Dok. A 1, Lit.), S. 528, n. der Vorlage ASV Misc. Arm. IV–V 30, fol. 180.*

Notificazione

Ancorchè con nostro editto stampato, affisso e pubblicato sin sotto li 5. luglio 1749, resti ne' capitoli 12 e 13,[135] a tutti l'intagliatori, medagliari, fonditori, sigillari, stampatori, venditori di figure in rame, ferro, bronzo, legno ed altro proibito di ritener torchi, d'intagliare, fondere o scolpire figura alcuna tanto sagra che profana, con lettere o senza, se prima non avrà ottenuta dal padre Maestro del Sagro Palazzo apostolico la licenza in scritto, sotto la pena comminata a' contravventori di 200 sc., di tre tratti di corda, sospensione dell'esercizio ed altre pene arbitrarie, secondo la qualità de' casi. Tuttavia si è avuta notizia che qualcuno, o sul pretesto dell'ignoranza di detto bando o che quello sia andato in dissuetudine, siasi fatto lecito contravvenire alla disposizione del bando sudetto. Quindi volendo Sua Santità[136] che quello sia inviolabilmente osservato, non ostante qualunque pretesto o consuetudine che si allegasse o potesse allegare in contrario, coll'oracolo della sua viva voce, non solo ci ha comandato di confermarlo, come facciamo colla presente, ma di più di notificare a tutti gli artefici

[135] Von Giuseppe Agostino Orsi OP, MSP, anlässlich seines Amtsbeginns publiziertes Generaledikt, 5.7.1749, vgl. z. B. das Exemplar: BCas Per. est. 18/50, n° 155. Die genannten Artikel sind auch auf dem unten edierten Antrittsbando seines Nachfolgers Ricchini zu finden (Dok. B 18, Nr. 12–13).

[136] Papst Benedikt XIV.

sudetti, ed altri che avessero bisogno d'individua e special menzione, che si contentino in avvenire di conformarsi in tutto e per tutto a ciò che resta disposto nei detti capituli 12 e 13 del bando sudetto.

Il tenore delli quali, cioè del primo, è il seguente: »Similmente si ordina agl'intagliatori, stampatori, venditori di figure in rame ed in legno, che debbano fra detto termine di 30 giorni dare la lista di tutte le figure che hanno in bottega, con il nome dell'autore, stampatore e il luogo e tempo delle stampe, farsi notare nel detto libro[137] e ogni altra cosa come sopra. Ordinando in oltre sotto la medesima pena, che niuno di essi possa tenere in casa il torchio da tirare le dette figure in rame«.

E del secondo, cioè del capitulo 13, è il seguente: »Che nessun medagliaro, fonditore e sigillaro, tanto in acciaio, ferro e bronzo quanto in altra materia, ardisca d'intagliare, fondere e scolpire figura alcuna, tanto sagra che profana, con lettere o senza, se prima non ha la licenza in scritto del Padre Maestro. Il che s'intende ancora di chi farà coni, polzoni ed altri istromenti da improntare le dette figure o lettere, sotto pena di 200 sc, e tre tratti di corda, e sospensione dell'esercizio, ed altre pene arbitrarie secondo la qualità dell'errore. E però sotto il termine d'un mese sia ogni uno tenuto presentare al P. Maestro suddetto la nota di tutte le figure e lettere che in detti coni sono intagliate, acciò in essa si possa sottoscrivere la licenza di poterle usare nella loro arte o professione«.

Altrimenti contro i contravventori si procederà irremisibilmente e senza ammettere veruna eccezione o scusa, e come se a ciascuno fosse stato detto bando ed il contenuto di esso, e particolarmente delli registrati capitoli 12 e 13, personalmente intimato, all'esecuzione delle pene in esso comminate.

Dato dalle nostre stanze nel Palazzo Apostolico Quirinale questo dì 21. Marzo 1752.

fr. Giuseppe Agostino Orsi[138], Maestro del Sagro Palazzo

Die, mense et anno, quibus supra, supradicta Notificatio affixa et publicata fuit ad valvas Curiae Innocentianae et in acie Campi Florae ac in aliis locis solitis et consuetis Urbis per me Franciscum Bartolotti apostolicum cursorem.

Antonius Befani, magister cursorum

---

[137] Das Gewerberegister des MSP, vgl. Dok. B 18, § 11.

[138] Giuseppe Agostino Orsi OP (1692–1761), von 1738 bis 1749 Sekretär der CIndex, von 1749 bis 1759 MSP, ab 1759 Kard.: GruFo 1700–1813: (III) Personen.

B 17 | 1753 September 5: Edikt des Sanctum Officium

Seit dem Mittelalter schrieb das Inquisitionsrecht eine Anzeigepflicht für Delikte vor, die auf Häresie bzw. einen Verstoß gegen die Ketzergesetze hindeuteten. Im Falle der Unterlassung einer Anzeige drohten dem Mitwisser oft dieselben Strafen, die gegen die Ketzer selbst verhängt werden sollten. Sowohl von der Spanischen Inquisition wie auch von den Tribunalen der Römischen Inquisition in Italien wurde die Anzeigepflicht regelmäßig per Edikt eingeschärft, oft verbunden mit einer Gnadenzusage. Vgl. Einf., Kapitel II.4.4.d), zu Anm. 292.

In dieser Tradition steht das hier abgedruckte, für Rom und die umliegenden Diözesen bestimmte Edikt. Unter dem Namen der Kardinalinquisitoren werden die Delikte aus dem Zuständigkeitsbereich des römischen Sanctum Officium aufgeführt, für die eine allgemeine Anzeigepflicht besteht. Das Edikt wurde in dem hier gebotenen Text seit 1666 mehrfach, immer im Namen der jeweils amtierenden Kardinalinquisitoren, veröffentlicht – zuletzt im Jahr 1779.

***Lit.:** Francesco Beretta, Galilée devant le tribunal de l'Inquisition. Une relecture des sources, Freiburg/Schweiz 1998, S. 165–167; Francisco Bethencourt, The Inquisition: A Global History, 1478–1834, Cambridge 2009 (zuerst: 1995), S. 181–200; Bordoni, Sacrum Tribunal (wie Dok. A 2, Lit.), c. XIV, S. 351f.; Andrea Del Col, L'Inquisizione in Italia. Dal XII al XXI secolo, Mailand 2006, S. 765–767; Adriano Garuti, La Santa Romana e Universale Inquisizione: strutture e procedure, in: Agostino Borromeo (Hg.), L'inquisizione. Atti del Simposio Internazionale (Studi e testi 417), Vatikanstadt 2003, S. 381–417, hier: S. 382, 389; Hinschius 5, S. 849–851; Peter Schmidt, De Sancto Officio Urbis. Aspekte der Verflechtung des Heiligen Offiziums mit der Stadt Rom im 16. und 17. Jahrhundert, in: QFIAB 82 (2002), S. 405–489, hier: S. 447; Schwedt, »Römische Bücherverbote« (wie Dok. B. 13, Lit.), S. 296 (zu 1779 als Termin der letzten Veröffentlichung des Edikts).*

***V.:** Druck (Bando), Romae: ex Typographia Reverendae Camerae Apostolicae, 1753, Exemplar: BAV Editti [=Stato Pontificio. Editti] 116 (1753), fol. 181; verglichen mit der Erstveröffentlichung vom 10.3.1666 (Datum des Anschlags: 2.7.1666), Exemplar: ACDF SO St.St. II-1-l, fasc. 1 (im Appart Sigle: 1666; dokumentiert werden hier nur die inhaltlichen Varianten); in dems. Bd. finden sich umfangreiche Akten zu diesem Edikt.*

Editto
del S. Offizio

Nos Raynerius episcopus Portuensis De Ilcio[139], fr. Joannes Antonius episcopus Tusculanus Guadagni[140], Sylvius episcopus Sabinensis Valenti[141], Nicolaus tituli S. Petri in Vinculis Lercari[142], Dominicus tituli S. Bernardi Passionei[143], Carolus

[139] Kard. Raniero D'Elci (1670–1761), seit 1752 Mitglied des SO. – Zu den Personen (wo nicht anders vermerkt) vgl. GruFo 1700–1813: (III) Personen.

[140] Kard. Giovanni Antonio Guadagni OCD (1674–1759), seit 1732 Mitglied des SO, seit 1739 auch der CIndex.

[141] Kard. Silvio Valenti Gonzaga (1690–1756), seit 1740 Mitglied der CIndex, seit 1743 auch des SO.

[142] Kard. Nicola Maria Lercari (1675–1757), seit 1726 Mitglied des SO und der CIndex.

[143] Kard. Domenico Passionei (1682–1761), seit 1738 Mitglied der CIndex, seit 1743 auch des SO, seit 1755 zudem Bibliothekar der Römischen Kirche.

Albertus S. Mariae de Pace Cavalchinus[144], dominus Fortunatus tituli S. Calisti Tamburinus[145] et dominus Joachim tituli S. Crucis in Hierusalem Besutius[146] presbyteri ac Nerius S. Eustachii Corsinus[147] diaconus miseratione divina S. R. E. cardinales in tota republica christiana contra haereticam pravitatem generales Inquisitores à S. Sede apostolica specialiter electi et deputati.

Essendo à noi per la continua esperienza manifesto, che molti per malizia, altri per inobedienza, et altri per ignoranza non sodisfano all'obligo, che hanno di denunziare al S. Offizio li delitti spettanti ad esso, e che perciò succedono grandissimi inconvenienti et errori, non solamente contro i buoni e cristiani costumi, mà ancora contro la fede cattolica. Noi per tanto, a' quali specialmente deve essere à cuore la gloria di Dio, la conservazione et augumento della cattolica fede e la salute dell'anime, volendo provedere à tanto disordine, con autorità apostolica à noi commessa, comandiamo in virtù di santa obedienza e sotto pena di sommunica di lata sentenza, oltre l'altre pene prescritte da' sagri canoni, decreti, costituzioni e bolle de' Sommi Pontefici, per tenore del presente editto à tutte et à ciascuna persona di qualunque stato, grado e condizione, ò dignità così ecclesiastica come secolare, che frà il termine di un mese, dieci giorni del quale per il primo, dieci per il secondo, e dieci per il terzo termine perentorio si debbano rivelare e giuridicamente notificare al S. Offizio ovvero à gli ordinari tutti e ciascuno di quelli de' quali sappiano ò habbiano havuto ò haveranno notizia.

Che siano eretici, ò sospetti, ò diffamati d'eresia, ò credenti, ò fautori, ò ricettatori, ò defensori loro, ò habbiano aderito, ò aderiscano à riti de' giudei, ò maumettani, ò de' gentili, ò habbiano apostatato dalla santa fede cristiana.

Che habbiano fatti ò facciano atti, da' quali si possa argomentare patto espresso ò tacito col demonio, esercitando incanti, magìe, sortilegi porgendogli suffomigi, incensi per trovar tesori et altri loro pravi fini, chiedendo da lui risposte, et invocandolo, et à questo effetto promettergli obedienza e consecrarli pentacoli, libri, spade, specchi ò altre cose, nelle quali intervenga il nome et opera sua.

Che si siano ingeriti ò ingeriscano in far' esperimenti di negromanzia, ò di qualsisia altra sorte di magìa, con entrare ne' circoli, far l'esperimento della caraffa[148], del crivello per trovar' i medesimi tesori, cose nascoste, rubbate ò perdute, e fare altre simili e superstiziose azzioni ad altri fini, massime con abuso de' sagramenti ò di cose sagre e benedette.

---

144 Kard. Carlo Alberto Guidobono Cavalchini (1683–1774), seit 1747 Mitglied des SO.
145 Kard. Fortunato Tamburini OSB (1683–1761), seit 1743 Mitglied des SO und der CIndex.
146 Kard. Gioacchino Besozzi OCist (1679–1755), seit 1743 Mitglied des SO und der CIndex.
147 Kard. Neri Maria Corsini (1685–1770), seit 1731 Mitglied des SO und der CIndex, seit 1753 Sekretär des SO.
148 Das n. der enghalsigen Flasche auch »anguistara« oder »ingestara« benannte Orakel war eine weit verbreitete magische Praxis in Italien, vgl. z. B. Elena BONORA, La Controriforma (BEL 35), Roma u. a. 2001, S. 94f.

Che senza licenza dovuta ritengano scritti, che contengano eresie ò libri eretici, che trattino ex professo di religione, ò che gli habbiano letti[149], ò tenuti, ò stampati, ò fatti stampare, ò li leggano, tengano, stampino, facciano stampare, intruducano, ò difendano, sotto qualsivoglia pretesto ò colore.

Che habbiano libri di negromanzia, magìa ò continenti incantesimi, sortilegi e simili superstizioni, massime con abuso di cose sagre.

Che contro il voto solenne fatto nella professione in qualsivoglia religione approvata ò dopo haver preso l'ordine sagro habbia contratto ò contragga matrimonio.

Che vivendo la prima moglie prenda la seconda, ò vivendo il primo marito prenda il secondo.

Che contro li decreti e costituzioni apostoliche habbiano abusato ò abusino il sagramento della penitenza, servendosi della confessione e confessionario[150] à fini disonesti, sollecitando in essi i penitenti ad turpia et havendo con essi discorsi di cose illecite e non convenienti al fine, per il quale è stato istituito.

Che habbiano proferito, ò proferiscano bestemmie ereticali contro Dio, la Beatissima Vergine e santi, ò procedano à qualunque atto di offesa ò disprezzo contro le imagini ò figure rappresentanti il medesimo.

Che habbiano tenute ò tengano occulte conventicole ò adunanze in pregiudizio, disprezzo ò contro la religione.

Che habbiano indotto qualche cristiano ad abbracciare il giudaismo ò altra setta contraria alla fede cattolica ò impedito i giudei ò turchi à battezzarsi.

Che non essendo ordinati sacerdoti, si habbiano con sagrilego ardire usurpato, ò si usurpino di celebrar messa, ancorche non habbiano proferito le parole della consagrazione, ò habbiano presunto di ministrare il sagramento della penitenza a' fedeli di Christo, ancorche non si sia venuto all'atto dell'assoluzione.

In oltre si dichiara, che quelli, i quali non denunciaranno come si ordina col presente editto, non possano essere da alcuno assoluti, se non[151] dopo che haveranno come sopra giuridicamente rivelato i delinquenti, al che non possano sodisfare con bollettini ò lettere senza nome e cognome dell'autore, ò altri modi incerti, de' quali non si tiene conto alcuno nel Santo Tribunale.

Si dichiara anche, che con la sudetta espressione de' casi di sopra da noi specificati da rivelarsi non si escludano gli altri casi spettanti al S. Offizio, che per altro sono compresi nei sagri canoni, costituzioni e bolle de' Sommi Pontefici; nè meno col presente editto s'intenda derogato alle altre provisioni canoniche, apostoliche et à gl'altri editti degli ordinari et inquisitori.

Et à fine che del presente editto non si possa pretendere ignoranza, comandiamo che sia affisso per i luoghi soliti di Roma, e si notifichi alli vescovi delle città vicine à Roma, nelle quali non sono inquisitori, acciò lo publichino et ordinino, che li parochi delle loro diocesi lo leggano ogn'anno la prima domenica dell'avvento e la prima domenica di quaresima. Il che parimente vogliamo,

---

149 ‡ letti: *V.* altri; *korrigiert n. 1666*

150 † confessionario: *V.* confessonario

151 ‡ se non: *1666 folgt* dal S. Offitio

che si faccia dalli parochi e regolari di Roma nelle loro chiese in tempo, che si troverà in esse congregato maggior numero di popolo, e poi farne attaccare alle porte delle loro chiese e sagrestie di esse un'esemplare del medemo, per osservare quanto in esso si ordina.

Dal palazzo del S. Offizio di Roma, questo dì 5. settembre 1753.

Eusebius Antonius Calabrinus[152], S. Romanae et universalis Inquisitionis notarius

Die 7. Septembris 1753 supradictum edictum affixum et publicatum fuit ad valvas basilicae Principis apostolorum, Palatii S. Officii ac alii locis solitis et consuetis Urbis per me Franciscum Romolatium, Sanctissimae Inquisitionis cursorem.

[152] Eusebio Antonio Calabrini (gest. 1763), von 1751 bis 1761 Obernotar des SO.

B 18 | 1759 November 12: Edikt des Magister Sacri Palatii

Bei einem Amtswechsel veröffentlichte der neu ernannte Magister Sacri Palatii üblicherweise ein Generaledikt (Editto generale), das alle wichtigen Presse-Vorschriften in Rom und im Distrikt der Stadt zusammenfasste. Die Plakate mussten an allen Produktions-, Vertriebs- und Umschlagplätzen für Druckerzeugnisse aushängen. Unterscheiden sich die Generaledikte des 16. Jahrhunderts noch relativ stark voneinander, sind sie zwischen 1629 und 1759 ihrem Inhalt und den verwendeten Formulierungen nach weitgehend stabil, wodurch sich die hier getroffene Text-Auswahl erklärt. Von 1759 bis zu den letzten Edikten dieser Art, die im ersten Drittel des 19. Jahrhunderts erlassen wurden, ist wieder eine regere Textentwicklungen zu verzeichnen, auf die hier aber nicht weiter eingegangen werden soll.

Lit.: *CATALANI, De magistro (wie Dok. B 7, Lit.), S. 43; Moroni 41 (1846), S. 199–219, hier: S. 206; Fabio TARZIA, Libri e rivoluzioni. Figure e mentalità nella Roma di fine Ancien Régime, 1770–1800 (Studi e ricerche di storia dell'editoria 7), Mailand 2000, S. 38–40, 46; Alberto ZUCCHI, Roma domenicana. Note storiche, Bd. 3, Florenz 1941, S. 66–86.*

V.: *Druck (Bando), In Roma: Nella Stamperia della Reverenda Camera Apostolica, 1759, Exemplar: BCas Per. est. 18/60, n° 224. Weitere Versionen (Auswahl, 16.–18. Jahrhundert):*

1566 Jan. 21	*Tomás Manrique OP*	*HILGERS, Index (wie Dok. 1, Lit.), S. 501*
1591 April 10	*Bartolomé de Miranda OP*	*Ebd., S. 526f.*
1597 September 1	*Giovanni Battista Lanci OP*	*ASV Misc. Arm. V 30, fol. 173*
1599 Mai 26	*Giovanni Maria Guanzelli OP*	*BCas Per. est. 18/1, n° 186*
1607 November 15	*Agostino Galamini OP*	*Ebd. 18/4, n° 111*
1608 September 17	*Luis Ystella OP*	*Ebd. 18/4, n° 166*
1615 März 30	*Giacinto Petronio OP*	*Ebd. 18/4, n° 391bis*
1616 Januar 5 / Februar 2	*Giacinto Petronio OP*	*Ebd. 18/4, n° 410*
1629 Juni 7	*Niccolò Riccardi OP*	*Ebd. 18/5, n° 323*
1639 Juli 7	*Vincenzo Maculano da Fiorenzuola OP*	*Ebd. 18/6, n° 343*
1643 Juni 8/13	*Michele Mazzarino OP*	*Ebd. 18/6, n° 554*
1645 Dezember 4/19	*Vincenzo Candido OP*	*ASV Misc. Arm. V 30, fol. 186*
1654 November 18/19	*Raimondo Capizucchi OP*	*BCas Per. est. 18/13, n° 25*
1665 September 20/23	*Giacinto Libelli OP*	*Ebd. 18/10, n° 294*
1673 Februar 16/17	*Raimondo Capizucchi OP*	*Ebd. 18/13, n° 25*
1681 November 11/17	*Domenico Maria Pozzobonelli OP*	*Ebd. 18/15, n° 209*
1688 November 13	*Tommaso Maria Ferrari OP*	*Ebd. 18/16, n° 354*
1695 Dezember 29	*Paolino Bernardini OP*	*Ebd. 18/19, n° 75bis*
1711 Juli 16	*Gregorio Selleri OP*	*Ebd. 18/23, n° 119*
1728 Juli 1	*Giovanni Benedetto Zuanelli OP*	*Ebd. 18/30, n° 116*

1739 Februar 10	*Luigi Niccolò Ridolfi OP*	*Ebd. 18/40, n° 30*
1749 Juli 5	*Giuseppe Agostino Orsi OP*	*Ebd. 18/50, n° 155*
1759 November 12	*Tommaso Agostino Ricchini OP*	*Ebd. 18/60, n° 224*
1779 August 1	*Pio Tommaso Schiara OP*	*ASV Misc. Arm. V 158, fol. 227*
1791 März 15	*Tommaso Maria Mamachi OP*	*Ebd. 18/92, n° 93*
1792 Juli 20	*Tommaso Vincenzo Pani OP*	*Ebd. 18/93, n° 221*

Editto
del Maestro del Sacro Palazzo

1. Essendo gravissimo il danno che suol apportare la lettura de' libri cattivi alla purità della fede cattolica e de' buoni costumi, in offesa notabilissima di Sua Divina Maestà e perdimento della salute dell'anime, il padre fr. Tommaso Agostino Ricchini[153], Maestro del Sacro Palazzo e giudice ordinario etc., con l'autorità dell'ufficio suo e ancora per ordine espresso avuto a bocca dalla Santità di N. S. Papa Clemente XIII.[154] comanda e proibisce sotto pena della perdita de' libri e di 300 sc. e altre pene, anche corporali ad arbitrio (oltre le censure e pene contenute ne' sacri canoni e negl'Indici de' libri proibiti e bolla »In Coena Domini«[155], ed altre costituzioni apostoliche), che niuno ardisca di portare dentro o fuori di Roma, o tenere, comprare, vendere, donare, imprestare libro alcuno proibito o sospeso di qualsivoglia titolo senza sua espressa licenza in iscritto. E in caso, che alcun libro proibito sia portato a vendere a qualche libraro, ordina Sua Paternità Reverendissima che sia dal libraro trattenuto alla presenza d'un'altro libraro più vicino e di due testimoni, che in capo ad otto giorni debba averlo portato ad esso Padre Maestro. Il che s'intenda ancora de medesimi libri in qualsivoglia altra maniera che gli abbiano, sotto l'istessa pena sopraddetta.
2. Di più, per il presente editto si rivocano tutte le licenze date da' Maestri del Sacro Palazzo, tanto in voce quanto in iscritro o in qualsivoglia altra maniera. E chi trasgredirà, s'intenda incorso nelle pene già dette contro quelli che tengono i libri proibiti senza licenza.
3. Che tutti i libri, istorie, orazioni, lunari, immagini o figure e qualsivoglia cosa stampata, ancorchè minima, che si porterà in Roma, debba essere consegnata alla Dogana o presentata a Sua Paternità Reverendissima o a' suoi compagni, da' quali abbiano espressa licenza. E le liste de' libri che usciranno di Roma, si facciano giuste, con esprimere il titolo del libro, l'autore, il luogo e tempo delle stampe e stampatore, sotto pena della perdita de' libri e di 50 sc., più e meno secondo la qualità de' libri e del delinquente.

---

[153] Tommaso Agostino Ricchini OP (1695–1779), von 1749 bis 1759 Sekretär der CIndex, von 1759 bis 1779 MSP. – Zu den Personen (wo nicht anders vermerkt) vgl. GruFo 1700–1813: (III) Personen.

[154] Carlo Rezzonico (1693–1769), von 1758 bis 1769 Papst Clemens XIII., über ihn: EncPapi 3, S. 461–475 von Luigi CAJANI und Anna FOA.

[155] Dok. A 21.

4. Che nessun circolatore ardisca di portare o vendere in Roma cosa alcuna con ricette, se prima non avrà presentate le suddette ricette ad esso Padre Maestro, dal quale, o da chi egli ordinerà, siano prima approvate, sotto pena della perdita di tutte le robe che anderanno vendendo e di 25 sc. d'oro.
5. Che[156] i corrieri e postieri, occorrendo loro portare libro alcuno, benchè piccolo, a qualsivoglia persona di qualunque stato, condizione e preminenza dentro o fuori di Roma, siano tenuti mostrarlo prima al Padre Maestro suddetto o a' suoi compagni ovvero lasciarlo in Dogana, sotto le pene di 50 sc. e tre tratti di corda.
6. Che nessun doganiero di Roma, o di terra o d'acqua, ardisca spedire o rilasciare alcuna[157] sorta di libri che giornalmente perverranno nelle loro Dogane, senza la suddetta licenza. Il che ancora dovranno osservare i custodi delle porte sotto la medesima pena.
7. Che nessun barcarolo, marinaro, condottiere, corriere o portatore di mercanzie faccia capo a' librari o altre persone alle quali portano libri o altre cose suddette spettanti a questo offizio, prima d'aver posto quello che portano in Dogana, sotto pena di 50 sc., se si troverà che prima di ciò abbiano consegnato alle parti alcuna cosa delle suddette; ed altrettanta pena con perdita delle robe a chi l'avrà ricevuta.
8. Che nessuno, nè merciari, nè rigattieri, artebianche, nè altri di qualsivoglia altro esercizio possa andar vendendo per Roma libri, libretti, istorie, orazioni, lunari, pronostici, lettere, ricette, immagini o figure o qualsivoglia altra cosa stampata, ancorchè minima, eziandio di musica, o tenere su le botteghe, o su le tavole, o nelle piazze, o in qualsivoglia altro luogo di Roma libri, o uffizi, breviari, o altri rossi e neri da vendere, o altre cose sopraddette, se non i librari ordinari dell'arte e quelli che avranno licenza in iscritto dal detto Padre Maestro. E si proibisce tanto a' librari quanto ad altri di qualsivoglia esercizio il vender libri sopra i banchi, in qualunque luogo di Roma, sotto qualsivoglia pretesto, conforme si ordina nello Statuto[158], quale ordiniamo che dai librari sia inviolabilmente osservato. Dichiarando che i legatori di libri e i cartolari non s'intendono compresi sotto nome o titolo di librari, e però non potranno vender libri, nè nuovi, nè vecchi, nè altra cosa stampata, nè cartolari legare alcun libro stampato, se non avranno particolar licenza e se non avranno dato il giuramento e fatto la professione della fede conforme a i decreti del nuovo Indice de' libri proibiti[159]. E nessuno possa aprir bottega di stampatore o di libraro o esercitare simili arti in modo alcuno, se non sarà approvato con le condizioni di sopra e avrà la patente sottoscritta da Sua

[156] Dieser Paragraf wurde am 13.1.1781 von Pio Tommaso Schiara OP (MSP von 1779 bis 1781) auch auf einem separaten Edikt publiziert, vgl. das Exemplar: BCas Per. est. 18/82, n° 10.

[157] ‡ alcuna: *V.* aluna

[158] Die Statuten der Gilde (Compagnia) der römischen Buchhändler und -binder: Statuti della venerab. Compagnia et Università de' Librari di Roma. Sotto l'invocatione di S. Tomaso d'Aquino nella chiesa di Santa Barbara. Riformati nuovamente e confermati in ampia forma dalla Santità di N. S. Papa Clemente X [20.2.1674], Roma: Corvo e Lupardi, 1674, S. 25f. (III, c. 3, § 7). Vgl. dazu: Maria Cristina Misiti, Le confraternite dei librai e stampatori a Roma, in: Rivista Storica del Lazio 7 (1999), S. 29–55, sowie Palazzolo, Banchi (wie Dok. B 12, Lit.), mit weiterer Lit. S. 421, Anm. 6.

[159] Dok. A 13, »De impr. libr., § VI«.

Paternità Reverendissima, sotto pena della perdita de' libri e di 50 sc., più e meno secondo la quantità e qualità de' libri del delinquente, la qual patente debba rinovarsi ogni qual volta che occorra la morte del detto.

9. Che gli eredi ed esecutori dell'ultime volontà de' defonti librari, e quelli che vorranno vendere i libri propri o d'altri, non possano vendere libri di qualsivoglia sorta e numero, nè mostrarli, inventariali, stimarli o trattar con alcuno per venderli, alienarli o in altra maniera disporne, se prima non ne avranno ottenuta licenza in iscritto del Padre Maestro, sotto pena della perdita de' libri e 200 sc. a' trasgressori.
10. Che i giudei, rigattieri ed altri artefici non possano vendere, né comprare, né pigliare in pegno libri d'alcuno sorta senza licenza del Padre Maestro suddetto. E se al presente ne avessero, in termine di otto giorni li diano in lista nel modo sopraddetto, sotto pena della perditta de' libri e di 50 sc. e altre pene, eziandio corporali ad arbitrio di Sua Paternità Reverendissima. E quando all'incanto degli ebrei o alla depositaria della Camera occorrerà che si vendano libri, ordina che siano tenuti quelli che vendono, dopo aver ottenuta la licenza ordinaria, che si ricerca, intimare la Banca de' librari, accio essi ancora possano concorrere. Ordinando strettamente di più, che fuor dell'incanto non si possa vendere alcun libro depositato o impegnato senza nuova licenza conceduta a quest'effetto sotto l'istessa pena come sopra.
11. Che i librari o venditori di libri siano tenuti, in termine di giorni trenta aportare al Padre Maestro o a' suoi compagni l'indice o inventario, fatto fedelmente per alfabeto di tutti i libri, così nuovi come vecchi, che si troveranno avere, esprimendo bene gli autori, il titolo, gli stampatori, tempi e luoghi delle stampe e numeri de' volumi per ciascuno sorta, e sotto scrivendolo di sua mano. Ed un altro simile indice ritengano per loro. E frà il detto termine ciascuno di essi librari venga personalmente a farsi rinnovar le patenti e scrivere nel libro che si terrà nell'offizio a questo effetto, ove si noteranno tutti i librari e venditori di libri, che avranno licenza di esercitare tal'arte. E passato questo tempo, si procederà contro quelli che non saranno notati, come che vendano senza la debita licenza, e si condanneranno nella pena sopranotata nel 8. capitolo.
12. Similmente si ordina agl'intagliatori, stampatori, venditori di figure in rame ed in legno, che debbano frà detto termine dare la lista di tutte le figure che hanno in bottega, con il nome dell'autore, stampatore e luogo e tempo delle stampe, farsi notare nel detto libro e ogn'altra cosa come sopra. Ordinando in oltre sotto la medesima pena, che niuno di essi possa tenere in casa il torchio da tirare le dette figure in rame.
13. Che nessun medagliaro, fonditore e sigillaro, tanto in acciaio, ferro e bronzo, quanto in altra materia, ardisca d'intagliare, fondere o scolpire figura alcuna, tanto sacra come profana, con lettere o senza, se prima non hà la licenza in iscritto dal Padre Maestro. Il che s'intende ancora di chi farà coni, polzoni ed altri istromenti da improntare le dette figure o lettere, sotto pena di 200 sc., e trè tratti di corda, e sospensione dall'esericizio, ed altre pene arbitrarie secondo la qualità dell'errore. E però sotto il termine d'un

mese sia ogn'uno tenuto presentare al Padre Maestro suddetto la nota di tutte le figure e lettere che in detti coni sono intagliate, acciò in essa si possa sottoscrivere la licenza di poterle usare nella loro arte o professione.[160]

14. Che de' libri di nuovo stampati o ristampati, che vengono di fuori, ne debba il libraro portare uno per sorta legato o infilzato al Padre Maestro, in modo che si possa leggere, acciocchè riveduto ed approvato per buono, se gli possa subito restituire e licenziare anche gli altri della medesima sorta, che a questo fine dovranno in tanto ritenersi in Dogana, con farne particolar nota da sottoscriversi da uno de' compagni. Dichiarando che tutti gli ordini, che si daranno dal compagno in simili e altre occorrenze in assenza de' librari a' loro garzoni o sostituti s'intenderanno e astringeranno come se a' medesimi padroni fossero personalmente intimati.
15. Che nell'istesso termine di un mese siano tenuti tutti gli stampatori venire personalmente a farsi registrare nel libro, nel modo che di sopra si è detto de' librari e figurari, nè alcuno possa aprire di nuovo stamperia di alcuna sorta, se prima non avrà giurato nel medesimo modo che si è detto de' librari, sotto le medesime pene.
16. Che nessuno stampatore pubblico o privato ardisca di stampare o ristampare libri scritti o qualsivoglia cosa, benche minima, senza licenza sua o de' compagni avuta in iscritto; nè ardisca mutare, aggiungere o sminuire pure una parola, nè di porre altro luogo dell'impressione che di Roma, mà stampi fedelmente secondo l'originale che gli sarà dato sottoscritto; e non pubblichi né in modo alcuno dia fuori le cose stampata da lui, sintanto che dal Padre Maestro suddetto o da' suoi compagni non sarà fatta la confrontazione con la copia sottoscritta da esso Padre Maestro o da' compagni, che dovrà sempre restare nell'offizio del Sacro Palazzo, sottoscritta di mano del proprio autore, e che non sarà data licenza di pubblicare e dar fuori essi libri e cose stampate. Ed occorrendo che l'opere già sottoscritte dal Padre Maestro e consegnate alli stampatori non si stampassero, debba esso stampatore, avanti le restituisca all'autore, riconsegnarle di nuovo al Padre Maestro a fine di levare o casssare la licenza già data, acciocchè se di nuovo quì o altrove volesse stamparle, siccome egli potrebbe aggiungervi o mutare alcuna cosa, così sia soggetto a nuovo revisione ed approvazione, sotto pena in tutti i predetti casi della perdita de' libri e di 50 sc. d'oro.
17. Inerendo ad un bando pubblicato per ordine della santa memoria d'Alessandro VII., adì 29 Novembre 1659,[161] aggiungiamo per quelli che stamperanno o faranno stampare in Roma o nel suo Distretto[162] alcuna composizione, o in verso o in prosa, o in lingua latina o volgare o in qualsivoglia lingua o idioma, o qualsivoglia altra materia o scrittura concernente qualsivoglia cosa, o particolari tanto buoni ed onesti, quanto mali e indecenti, o in altro modo

[160] Die Regeln für die Herstellung von Bilddrucken in §§ 12–13 wurden wiederholt auch auf separaten Bandi publiziert, vgl. Dok. B 16.
[161] Vgl. Dok. B 10, richtiges Datum: 13.11.1659.
[162] Vgl. Einf., Kapitel II.5, zu Anm. 358.

indifferenti, senza il solito »Imprimatur« o senza facoltà solita da imprimersi nella stampa, la pena della galera in vita. Inerendo parimente a un decreto della sacra e general congregazione dell'Inquisizione, promulgato per ordine della santa memoria d'Urbano VIII., adì 28. settembre 1625,[163] si commanda che nessuno esistente in Roma o suo Distretto possa portare o mandare i libri da se composti in altro luogo per farli stampare senza l'approvazione del signor cardinal Vicario e di Sua Paternità Reverendissima, aggiungendo d'ordine di N. S.[164] la pena della galera in vita a' trasgressori, oltre la probizione del libro o de' libri da incorrersi senza altra dichiarazione.[165]

18. Che tutti gli stampatori, librari, intagliatori, venditori di libri e di figure, doganieri, medagliari, corrieri, postieri, custodi e portinari delle porte, acciocchè sappiano quanto per il presente editto vien loro comandato e per poter obbedire, debbano nelle loro stamparie, librarie e botteghe, dogane e luoghi dove esercitano il loro offizio pubblicamente tenere una copia del presente editto affisso, sotto pena di 5 sc. per ciascheduna volta che saranno ritrovati senza. E di più, librari oltre l'editto siano obligati aver l'Indice de' libri proibiti, sotto la medesima pena.
19. Le quali cose tutte s'ordinano e si comandano sotto le sopraddette pene da applicarsi parte ad opere e luoghi pii, e parte agl'accusatori i quali saranno tenuti segreti. Riservandosi Sua Paternità Reverendissima l'arbitrio di sminuirle ed estenderle eziandio alle corporali, sospensioni, privazioni dell'arti ed esilio, secondo la qualità del delitto e delle persone, da aggravarsi anche più in quelli che altre volte sono stati e saranno ritrovati colpevoli. E si procederà inviolabilmente con ogni rigore contro i trasgressori.

Volendo che il presente editto affisso e pubblicato ne' luoghi soliti di Roma, astringa ogn'uno, come se a ciascheduno fosse personalmente intimato.

Dato dalle nostre stanze del Palazzo Apostolico il dì 12 novembre 1759.

fr. Thomas Augustinus Ricchinius ordinis Praedicatorum,
Sacri Palatii Apostolici magister

Donatus Antonius Lancionus,
curiae causarum Camerae apostolicae et Sacri Palatii notarius

Dic, mcnsc ct anno, quibus supra, supradictum edictum affixum et publicatum fuit ad valvas Sacri Palatii Apostolici et in acio Campi Florae, in Monte Citatorio ac aliis locis solitis et consuetis Urbis per me Petrum Righi S. D. N. Papae cursorem.

Antonius Befani, magister cursorum

[163] Dok. B 8, richtiges Datum: 18.9.1625.
[164] Papst Alexander VII.
[165] Dieser Paragraf erscheint erstmals auf dem Antrittsbando Giacinto Libellis OP (20.9.1665), vgl. das Exemplar: BCas Per. est. 18/10, n° 294 (§ 17).

B 19 | 1761 Februar 7: Edikt des Magister Sacri Palatii

Durch die zunehmende Nichtbeachtung der Pressegesetze veranlasst, bekräftigt Tommaso Agostino Ricchini OP, Magister Sacri Palatii, die Bestimmungen des Generaledikts vom 12. November 1759 (Dok. B 18). Darüber hinaus ergeht an die römischen Buchhändler die Vorschrift, zukünftig für jeden Titel ihres Verkaufssortiments die Freigabe durch den Magister Sacri Palatii zu beantragen, der auch monatlich über Neuzugänge im Sortiment der Händler informiert werden will. Jegliche früher ausgestellten Lizenzen zum Verkauf verbotener Bücher werden annulliert, wobei wirtschaftliche Schäden für die Händler vermieden werden sollen. Es wird außerdem das Feria-V-Dekret des SO vom 17. September 1744 (Dok. B 15) wiederholt. Vgl. Einf., Kapitel II.5.

Lit.: *Patrizia Delpiano, Il governo della lettura. Chiesa e libri nell'Italia del Settecento, Bologna 2007, S. 157; Maria Grazia Maiorini (Hg.), Bernardo Tanucci. Epistolario, Bd. 9: 1760–1761, Rom 1985, S. 382f. (Tanucci an Domenico Orsini, 14.2.1761).*

V.: *Druck (Bando), In Roma: Nella Stamperia della Reverenda Camera Apostolica, 1761, Exemplar: BCas Per. est. 18/62, n° 31.*

Editto
del Maestro del Sagro Palazzo

Quantunque con l'editto generale del Maestro del Sagro Palazzo[166], rinnovato sotto il di 12 novembre 1760[167], siasi fatto noto ad ognuno essere gravissimo il danno che recano alla purità della fede cattolica e de buoni costumi ed alla salute delle anime i libri proibiti, e però sotto le pene in tale editto comminate non solamente della perdita di tali libri, di 300 sc. ed altre corporali ad arbitrio, mà in oltre delle censure e pene contenute ne sagri canoni, nelle Regole dell'Indice[168] ed altre costituzioni apostoliche siasi espressamente proibito e vietato il leggere, ritenere, introdurre, contrattare, vendere ò donare tal sorta di libri senza l'espressa approvazione e licenza in iscritto del Maestro del Sagro Palazzo, tuttavia essendo non senza grave dispiacere pervenuto à notzia del medesimo che, non ostanti le sudette proibizioni e pene comminate ai disubbidienti e trasgressori, taluni si facciano lecito comprare, vendere, leggere, dispensare o imprestare tali libri perniciosi ò espressamente proibiti ò compresi nelle regole generali dell'Indice.

Quindi è che il padre fr. Tommaso Agostino Ricchini[169], Maestro del Sagro Palazzo, guidice ordinario etc., in virtù non solamente del suo ufficio, mà per oracolo avuto à viva voce dalla Santità di N. S. Clemente XIII.[170], felicemente

[166] Dok. B 18.
[167] Richtig wäre: 1759.
[168] Dok. A 9.
[169] Vgl. Dok. B 18, Anm. 153
[170] Vgl. ebd., Anm. 154.

regnante, ordina e comanda l'esatta e piena osservanza dell'editto sopra accennato sotte le pene in quelle espresse e comminate, volendo che lo stesso editto confermato e rinnovato si abbia, come se quì di parola in parola fosse[171] inserito e registrato.

In oltre col medesimo oracolo ricevuto à bocca da Sua Santità vuole, ordina e comanda che niun libraro possa esporre alla vendita libro alcuno senza la licenza in iscritto del detto Padre Maestro. Per avere la quale sieno tutti i librari dentro il termine di 30 giorni prossimi avvenire e da principiare à decorrere dall'affissione del presente, sieno dissi, tenuti ed obbligati di portare al medesimo Padre Maestro l'indice de libri che anno per vendere, e successivamente di mese in mese sieno similmente tenuti à portargli l'aggiunta a detto indice di quei libri che di nuovo loro perverranno ò da Roma ò di fuori. Indi sarà soltanto lecito ad essi librari di ritenere e vendere quei libri che saranno da lui approvati e posti nell'indice originale da lui sottoscritto, il quale dovrâ restare presso ciascun libraro, con darne una copia ad esso Padre Maestro. Altrimenti, trovandosi non meno nelle librerie che in casa loro alcun libro ò non registrato in detto Indice ò non approvato come si è detto da esso Padre Maestro, si procederà contro li contraventori alle pene di sopra comminate contro li detentori de libri proibiti.

Similmente non possa in avvenire vendersi ò comprarsi da essi librari ò altre persone veruna libreria, se prima non sarà esibito al detto Padre Maestro un catalogo esatto e fedele di tutti i libri e scritture che in essa si contengono, acciocche venga dal medesimo approvato per la vendita, con quelle riserve e condizioni ch'esso guidicherà necessarie ed opportune.

Ed affinchè taluni non presumano di esimersi da questi ordini e dal le pene di sopra comminate sotto qualsivoglia pretesto e specialmente col supporre ed allegare qualche licenza di già ottenuta, anche con rescritto appostolico, per poter ritenere e vendere libri proibiti, perciò d'ordine espresso della Santità Sua, a bocca come sopra communicato, si dichiara e si fa noto a tutti i venditori de' libri, che qualunque licenza finora sù questo particolare ottenuta, eziandio con breve ò rescritto appostolico, resta con il presente annullata, cassata ed abolita, talmente che in avvenire non abbia vigore alcuno, ne possa suffragare a chi l'avesse ottenuta per esimersi dalle pene sudette.

Come però Santità Sua considera il pregiudizio che soffrirebbero i detti librari, se dovessero restar privi di tutti i libri proibiti ò già comprati da essi ò da provvedersi in avvenire, così la Clemenza del Santo Padre ha commesso alla prudenza del sudetto Padre Maestro di prendere sopra di ciò que' rimedi e provedimenti che saranno opportuni, espedienti, acciocchè non risentano alcun danno e nocumento i loro negozi per l'adempimento di ciò che viene col presente ingiunto e comandato.

Vuole finalmente N. S., che sia richiamato alla memoria ed osservanza d'ognuno il decreto emanato dal Sant'Ufficio, per ordine espresso della santa memoria di Benedetto XIV. il di 17 settembre 1744,[172] nel quale, oltre le pene

---

[171] ‡ fosse: *in V. unleserlich*

[172] Dok. B 15.

pecuniarie e corporali accennate di sopra, si proibisce à qualsivoglia persona, di qualunque stato, condizione e grado ella sia, sotto pena di scomunica riservata al Sommo Pontefice il far imprimere, lo stampare, il vendere o divolgare qualunque libro o scrittura senza la previa approvazione, licenza o sia »imprimatur« del signor Cardinale Vicario e del Maestro del Sagro Palazzo, nelle quali pene e censure incorrono non solamente gli autori di tali libri e scritture, gli stampatori, venditori e divolgatori de medesimi, ma altresi quegli che in qualunque modo avranno cooperato alla loro impressione, vendita e divolgazione, dichiarando che contro simili disubbidienti e trasgressori e contro i loro complici si procederà non solamente per via di denunzia ed accusa, ma ancora per via d'inquisizione.

Ed acciocchè niuno possa allegare ignoranza di ciò che nel presente editto vien comandato, si ordina a tutti i librari, stampatori e venditori de libri, che nelle loro librerie, stamperie e botteghe tengano pubblicamente esposto un'esemplare del medesimo, volendo che lo stesso editto pubblicato ed affisso ne luoghi soliti di Roma obblighi ed astringa ognuno, come se fosse à ciascheduno personalmente intimato.

Dato dalle nostre stanze nel Palazzo Appostolico questo dì, 7 Febraio 1761.

fr. Tommaso Agostino Ricchini de' Predicatori,
maestro del Sagro Palazzo appostolico

Donato Antonio Lancioni, notaro

Die, mense et anno, quibus supra, supradictum edictum affixum et publicatum fuit ad valvas Curiae Innocentianae et in acie Campi Florae ac in aliis locis solitis et consuetis Urbis per me Antonium Befàni, apostolicum cursorem

Franciscus Romolatius, magister cursorum

B 20 | 1825 August 18: Edikt des Kardinalvikars von Rom

Der Kardinalvikar erlässt auf päpstlichen Befehl ein neues Pressegesetz für die Stadt und den Distrikt Rom mit aufhebender Wirkung für ältere Regelungen. Dabei kommt es zu einer weitreichenden Neuorganisation der stadtrömischen Zensur und des Buchhandels. Die Vorzensur z. B. wird einem neu einzurichtenden Zensurrat übertragen, der sich aus Mitgliedern der Universität zusammensetzt. Auch werden die Studienkongregation und das Staatssekretariat in die Pressekontrolle eingebunden. Der Magister Sacri Palatii behält zwar formal die Pressehoheit in Rom, seine Bedeutung im operativen Zensurbetrieb geht aber deutlich zurück. Körper- und Freiheitsstrafen, mit denen früher Pressedelikte geahndet wurden, verschwinden aus dem Strafenkatalog. Vgl. Einf., Kapitel II.6.2.

Dieses Edikt, das erste römische Pressegesetz der nachnapoleonischen Epoche, steht in der Nachfolge der früher von den Magistri Sacri Palatii bei Amtsantritt erlassenen Generaledikte (Dok. B 18). Es markiert das Ende der frühneuzeitlichen Organisation der Pressekontrolle in Rom. Vgl. dazu das ergänzende Edikt aus dem Staatssekretariat vom 15. März 1847 (Dok. B 22).

***Lit.:** Andrea Casadio, La censura nello Stato pontificio: le Legazioni (1815–1859), in: Domenico Maria Bruni (Hg.), Potere e circolazione delle idee. Stampa, accademie e censura nel Risorgimento italiano, Mailand 2007, S. 284–300, hier: S. 289; Renato Lefevre, Le riforme di Pio IX e la libertà di stampa, in: Studi Romani 3 (1955), S. 667–694, hier: S. 668f.; Olga Majolo-Molinari, La stampa periodica romana dell'Ottocento, 2 Bde., Rom 1963, hier: Bd. 1, S. XXIIf.; Giuseppe Monsagrati, Una moderata libertà di stampa (moderata): il Consiglio di censura di Pio IX, in: Dimensioni e problemi della ricerca storica 1997/1, S. 147–199, hier: S. 153, 158; Moroni 41 (1846), S. 206f.; Maria Iolanda Palazzolo, I circuiti dello scambio librario nella Roma di Leone XII. Prime ipotesi e ricerche, in: Dimensioni e problemi della ricerca storica 1997/1, S. 127–145; Lajos Pásztor, La Segreteria di Stato e il suo Archivio 1814–1833 (Päpste und Papsttum 23), 2 Bde., Stuttgart 1984–1985, hier: Bd. 1, S. 18.*

***V.:** Prospero Caterini (Hg.), Collectio legum et ordinationum de recta studiorum ratione jussu E.mi ac R.mi Domini Cardinalis Aloisii Lambruschini, 3 Bde., Rom 1841–1852, hier: Bd. 2, S. 271–280.*

Editto
sulla revisione delle stampe In Roma
dei 18 agosto 1825

Don Placido dell'ordine di S. Benedetto della congregazione Camaldolese, del titolo di S. Croce in Gerusalemme della S. R. C. prete cardinale Zurla[173], della Santità di N. S.[174] vicario generale, della Romana Curia e suo Distretto[175] giudice ordinario ecc.

---

[173] Kard. Placido Zurla OSBCam (1769–1834), von 1824 bis 1834 Kardinalvikar von Rom. – Zu den Personen (wo nicht anders vermerkt) vgl. GruFo 1814–1917: (III) Personen.

[174] Papst Leo XII.

[175] Vgl. Einf. Kapitel II.5., zu Anm. 358.

L'invenzione, il progresso ed il perfezionamento delle arti, che sono il frutto dello sviluppo successivo dell'umano ingegno, hanno sempre contribuito ai comodi della vita, alla polizia ed incivilimento dell'uomo, quante volte di esse siasi fatto quell'uso che la sana ed illuminata ragione prescrive, come al contrario l'abuso delle medesime ha sempre portato nella società la corruttela del costume ed il vizio, cause funeste di ogni disordine e del decadimento dello spirito umano. Fra le arti più utili deve sicuramente reputarsi la tipografica ed ogni maniera di stampa, con cui in modo facile e pronto si propagano i lumi, dei quali gl'individui vicendevolmente si giovano, nonché[176] le arti belle imitatrici della natura,[177] che destano nell'uomo i più vivi e delicati sentimenti, lo dirozzano e formano il suo buon gusto, mentre decorano i suoi stabimenti. Ma tanto è l'abuso che di queste arti sempre si è fatto, e specialmente ai dì nostri si fa, che invece di propagarsi colla stampa la verità, si propagano troppo spesso gli errori; invece di farne un'istrumento utile alla difesa ed all'insegnamento della nostra santa religione, se ne attaccano i dommi e le pratiche più sante e si cerca di convellerne i fondamenti; invece che colle arti belle si destino i sentimenti di costumata gentilezza, si svegliano e promuovono la scostumatezza, il libertinaggio ed ogni specie d'immoralità.

Quindi è che se in ogni tempo dai provvidi sovrani fu presa cura per ovviare ai disordini nascenti dall'abuso di dette arti, il bisogno non fu mai così grande come ai tempi nostri; e però il Santo Padre, a cui doppio dovere incombe di sovrano e di supremo pastore, volendo apporvi più efficace riparo, imitando l'esempio dei suoi gloriosi predecessori, nonché inerendo alle disposizioni segnatamente prese dall'ultimo concilio Lateranense, nella sessione X[178], alle Regole dell'Indice[179] ed ai decreti successivamente, con saggio consiglio in vari tempi emanati, ci ha comandato espressamente di prescrivere quanto siegue.

Titolo I.
Revisione per la stampa, »Imprimatur« e pubblicazione

1. Sarà creato in Roma un Consiglio di revisione diviso in cinque classi corrispondenti ai collegi dell'Università.
2. Ogni classe del nuovo Consiglio sarà composta di quattro soggetti scelti fra i membri dei detti collegii.
3. Siccome però qualunque siasi opera, oltre la revisione fattane dalla classe a cui appartiene per la sua natura, debbe essere esaminata altresì dalla classe

[176] ‡ nonché: *hier und im Folgenden anstatt* non che

[177] Die Nachahmung der Natur war seit der Renaissance ein ästhetisches Paradigma, vgl. z. B. Art. »Mimesis«, in: Gert UEDING (Hg.), Historisches Wörterbuch der Rhetorik. Bd. 5: L – Musi, Darmstadt 2001, Sp. 1232–1327, hier bes. Sp. 1257–1269; Art. »Mimesis/Nachahmung«, in: Karlheinz BARCK u. a. (Hg.), Ästhetische Grundbegriffe. Bd. 4: Medien – Populär, Stuttgart 2010, S. 84–121, hier bes. S. 86–91.

[178] Dok. A 2.

[179] Dok. A 9.

teologica, onde porvi in salvo i sacri interessi della religione e della buona morale, tutti i membri del Collegio teologico di Università saranno membri di diritto del Consiglio di revisione.

4. Il Maestro del Sagro Palazzo, a cui saranno dagli autori consegnati i manoscritti, commetterà la revisione a quelli del sopradetto Consiglio, a cui per qualità di materia si compete e che gli autori gli proporranno.
5. I revisori cosi prescelti saranno in obbligo di emettere il loro voto in iscritto, assegnando le ragioni per cui credono meritevole o indegna della pubblicazione l'opera esaminata, citando i passi che meritano correzione o soppressione. Il revisore teologo, dove l'opera non sia appartenente alla teologià, dovrà limitarsi ad apporvi il »Nihil obstat«, quando tale ne sia il suo giudizio. In caso contrario sarà tenuto ad esprimere il suo voto in iscritto corredato di ragioni e di citazioni dei passi da lui creduti sospetti o erronei.
6. Soddisfacendo il voto del revisore, il padre maestro del Sagro Palazzo dal conto suo segnerà l'»Imprimatur«, e passando in seguito il voto stesso così segnato a Noi, vi apporremo, non avendo niente in contrario, la nostra approvazione. Non rimanendo gli autori soddisfatti di questo primo giudizio emesso dal padre Maestro del Sagro Palazzo e da noi, potranno ricorrere in via di appellazione alla sagra congregazione[180] degli Studi.
7. Le opere di autori che siano pubblici professori o membri di alcun collegio di Università anderanno esenti da questa procedura e ne apparterrà la censura unicamente alla sagra congregazione degli Studi, la quale però sarà tenuta di partecipare a noi ed padre Maestro del Sagro Palazzo l'approvazione da lei data all'opera perchè abbia li due »Imprimatur« come tutte le altre.
8. Sarà dovere dei revisori, tanto del primo che del secondo esame, di avvertire nei loro voti scritti se l'opera, o per l'argomento in se stesso considerato, o per qualunque questione o espressione incidente, possa dare ragionevole motivo di doglianza agli esteri governi, o se tenda a suscitare controversie pericolose. In tali casi l'opera non potrà pubblicarsi senza il permesso della segreteria di Stato, la quale lo parteciperà a noi ed al padre Maestro del Sagro Palazzo o al cardinale prefetto degli Studi secondo la stasi, in cui si trovi l'esame dell'opera denunciata.[181]
9. I revisori saranno tenuti altresì a dichiarare nei loro voti se le opere esaminate, ancorchè nulla contengano contro la retta credenza, la buona morale e l'ordine pubblico, siano però indegne della pubblica luce per difetto d'ogni altro merito dal lato del buon senso e del gusto.
10. Sotto nome di opere non s'intendono soltanto i libri, ma altresì le stampe sopra qualunque materia e di qualunque genere fatte per mezzo d'incisione, di litografia o di altro ritrovato delle arti, esclusi gli oggetti di puro ornamento che non ammettano alcuna sospetta allusione.

[180] Vgl. Einf., Kapitel II.6.2.
[181] Dazu ergänzend Dok. B 22.

11. Niuno d'ora in poi potrà permettersi in Roma e sue adiacenze, ovunque si estendeva il potere esercitato già dal solo padre Maestro del Sagro Palazzo, di porre lapidi e affiggere iscrizioni in qualunque luogo esposto al pubblico, se non ne avrà riportato il permesso nelle forme prescritte per la pubblicazione di tutte le altre opere, e ciò ancora ad oggetto di porre in salvo il decoro di questa capitale a cui fanno gran torto tante scorrette epigrafi di ogni genere e poste al pubblico, nelle quali talvolta il minor difetto si è quello dell'ortografia.
12. Dopo che le opere avranno avuto l'»Imprimatur« resteranno presso il padre Maestro del Sagro Palazzo sinchè non vada lo stampatore scelto dall'autore a prenderle, a cui soltanto così sottoscritte si consegneranno coll'obbligo di riportarle al padre Maestro del Sagro Palazzo ed a noi in caso che la stampa non avesse ad effettuarsi, acciò loro si tolgano le ricevute approvazioni. Che se ne facesse richiesta diretta l'autore, a lui si restituiranno, cancellate prima le approvazione suddette, e tutto ciò per ovviare alle corruttele, che potessero farsi in seguito. Ed in caso di contravvenzione lo stampatore sarà sospeso per un mese dall'esercizio della sua professione.
13. Ad oggetto di assicurarsi che le nuove stampe esattamente corrispondano al manoscritto o altra copia approvata, sarà obbligo assoluto di ciascuno stampatore di portare lo scritto o copia approvata con un'esemplare della nuova stampa al padre Maestro del Sagro Palazzo per ottenere in seguito di rigoroso esame l'indispensabile »Publicetur«; ed in caso di contravvenzione lo stampatore sarà penato della confisca di tutta la nuova edizione.
14. Tuttociò che si è detto in ordine agli stampatori s'intenda anche per gl'incisori, litografi, fonditori, artisti di qualunque genere di stampa e di lavoro figurato, ad eccezione de' lavori di puro ornato di non sospetta allusione, sotto le comminate pene della confisca degli oggetti.

Titolo II.
Introduzione dei libri, stampe, oggetti figurati in Roma ed estrazione dei medesimi

1. Sarà da noi nominata una deputazione d'ispettori alla Dogana per la revisione dei libri, stampe, oggetti figurati.
2. Sarà obbligo preciso degl'ispettori di visitare gli oggetti sunnominati, e qualora non trovino ragione che faccia ostacolo alla introduzione, a norma delle istruzioni che da noi riceveranno, rilascieranno ai proprietari un certificato corrispondente, il quale sottoscritto dal padre Maestro del Sagro Palazzo potrà autorizzare li detti proprietari alla estrazione. Che se poi troveranno ragioni da impedire l'estrazione suddetta, dovranno darne parte al padre Maestro del Sagro Palazzo, perchè dia gli ordini opportuni.
3. I librai non potranno ricevere libri proibiti, o nelle regole generali della sagra congregazione dell'Indice o nominatamente ivi espressi, seppure non fosse per commissione di chi avesse le debite licenze, e non mai per loro traffico.

4. Per ovviare alle frodi che sotto tale pretesto potrebbero derivarne, ogni committente dovrà fare la sua petizione in iscritto e firmata di proprio pugno portata sarà al padre Maestro del Sagro Palazzo, il quale, se lo crederà opportuno, vi annuirà rilasciando la licenza in iscritto, colla quale resterà autorizzato il committente, e per lui il libraio del quale si serve a ricevere l'opera proibita richiesta.
5. I librai nel consegnare che faranno la suddetta opera proibita al committente dovranno dal medesimo ritrarne ricevuta, quale conserveranno per giustificare al padre Maestro del Sagro Palazzo il loro operato.
6. La deputazione d'ispettori a tale effetto dovrà registrare ogni opera proibita, che si rilascia dalla Dogana, indicando a qual libraio ed in favore di chi sia stata rilasciata, ed alla fine d'ogni mese dovrà trasmettere questo registro al padre Maestro del Sagro Palazzo.
7. Se la commissione dei libri non si dia ai librai, ma a persone particolari, restano a carico del committente tutte le sopra enunciate disposizioni, ed in caso di contravvenzione, si nell'uno che nell'altro caso, i librai ed i committenti saranno assoggettati alla confisca dei libri commessi.
8. A niuno sarà lecita l'estrazione dei libri o di altri oggetti figurati da Roma, senza averne prima riportato licenza dal padre Maestro del Sagro Palazzo, ed in caso di contravvenzione sarà assoggettato alla confisca dei libri, s'intenda anche delle stampe, oggetti figurati ecc. sotto le comminate pene della confisca.
9. Tuttociò che si è detto dei libri s'indenda anche delle stampe, oggetti figurati ecc. sotto le comminate pene della confisca.

Titolo III.
Della vendita dei libri e di altri oggetti come sopra

1. A niuno sarà lecito di esercitare la professione di stampatore e di libraio, se prima non sia stato abilitato da patente che da noi si rilascerà.
2. Sarà da noi nominata una deputazione d'ispettori delle botteghe e magazzini di libri ed oggetti come sopra.
3. Dentro lo spazio di un mese dalla data di questo nostro editto, chiunque vorrà esercitare le succennate professioni, dovrà avanzare a noi l'istanza per ottenerne la corrispondente patente.
4. Nello spazio d'un mese dalla data della sua patente, ciascuno dovrà dare l'assegna dei libri proibiti e degli oggetti osceni o immorali di qualunque natura, facendone dettagliata descrizione al padre Maestro del Sagro Palazzo.
5. I libri ed altri oggetti immorali così assegnati non potranno essere venduti neppure nelle vendite all'auzione, se non che a persone le quali riportino licenza dal padre Maestro del Sagro Palazzo di poterli comprare; ed in caso di contravvenzione li compratori saranno soggetti alla confisca dell'opera e li venditori alla sospensione dall'esercizio di loro professione per un mese.

6. Ogni qualvolta i librai vendano libri proibiti a chi abbia la suddetta licenza, dovranno ritirare dal compratore la ricevuta colla quale ogni sei mesi giustificheranno le loro vendite.
7. In ogni anno ciascun negoziante di oggetti che cadono sotto l'ispezione censoria, dovrà dare una nuova assegna degli oggetti proibiti, che si trovassero presso di lui, ed i contravventori a questo o all'articolo superiore saranno sospesi dall'esercizio di loro professione per lo spazio di un mese.
8. Le botteghe e magazzini dovranno essere soggetti alle visite degl'ispettori le quali si faranno ad arbitrio del padre Maestro del Sagro Palazzo, ed in caso di renuenza si chiuderà il negozio e si procederà colla forza.
9. Resta vietato a chicchesia di prendere libri proibiti in pegno o deposito, ed in caso di contravvenzione resta annullato il credito per cui si depositarono i libri.
10. Che se qualche persona particolare volesse vendere i suoi libri, deve prima mandare nota di questi al padre Maestro del Sagro Palazzo, dal quale riporterà la licenza. Ed in seguito di ciò ogni libraio o altro particolare potrà comprarli, coll'obbligo al venditore di denunziare al Padre Maestro suddetto il compratore, se nella licenza venga imposto.
11. Tale obbligo sarà indispensabilmente imposto se si tratti di libri proibiti, ed in tal caso debbono praticarsi le sopraddette cautele della licenza da parte del compratore, ed in caso di contravvenzione vi sarà la confisca dei libri.
12. Non sarà lecito a chicchessia di tenere privatamente torchi, caratteri ed istrumenti d'impressione, ma ai soli della professione nelle loro officine, ed in caso di contravvenzione le persone private saranno assoggettate alla confisca degli oggetti, e quei di professione alla sospensione dell'esercizio della medesima per tre mesi.
13. Gli spacciatori di libri, così detti di banchetto, o che girano per la città, d'ora innanzi non potranno in modo alcuno esercitare traffico di libri ed oggetti proibiti; ed in caso di contravvenzione perderanno i loro libri e stampe.
14. Oltre le pene comminate ai contravventori di ciascun'articolo di questo editto, si stabilisce la pena della multa di sc. romani 10 sino ai 100 per i recidivi, da eseguirsi in proporzione della gravità della delinquenza.
15. I libri confiscati saranno da noi depositati nelle biblioteche pubbliche di questa città, e ne diverranno proprietà. I direttori e gli addetti al servizio delle medesime ne permetteranno la lettura colle prescritte cautele e non altrimenti.
16. Le multe che si esigeranno dai recidivi saranno di trimestre in trimestre distribuite a titolo di gratificazione fra gl'ispettori da noi nominati, in proporzione dell'importanza dei servigi che avranno resi.
17. L'esecuzione di quanto si prescrive o prescriverà in seguito resta affidata al padre Maestro del Sagro Palazzo, il quale in caso di bisogna di forza si diriggerà al nostro tribunale criminale che dovrà prestare tutta la sua opera per l'esecuzione.

18. Tutte le disposizioni contenute in altri editti o altre notificazioni precedenti all'editto presente, nonché quelle le quali possono trovarsi espresse negli statuti particolari di qualunque corporazione, che non fossero altronde abrogati, saranno di niun vigore, se fossero in opposizione al quì prescritto da noi con autorizzazione di N. S.

Dal Vicariato li 18 Agosto 1825.

Don Placido, cardinale vicario

Antonio canonico Argenti[182], segretario

[182] Antonio Argenti (um 1768–1828), Sekretär des römischen Vikariats und Kanoniker an S. Anastasio (Rom): GruFo 1814–1917: (III) Personen (s. v. Angelo Argenti).

B 21 | 1836 Mai 11: Dekret der römischen Studienkongregation

Im Auftrag Gregors XVI. erlässt die Studienkongregation ein neues Rahmengesetz für die Pressekontrolle im Kirchenstaat. Danach haben außerhalb des Geltungsbereichs des Edikts des Kardinavikars vom 18. August 1825 (Dok. B 20), das unvermindert in Kraft bleibt, der jeweils zuständige Ortsinquisitor und Bischof (Ordinarius) die Hoheit über das Imprimatur. Fällt im Zuge der vorzensorischen Prüfung auf, dass eine Schrift ausländische Regierungen verärgern oder politische Kontroversen hervorvorrufen könnte, ist diese dem römischen Staatssekretariat zur Genehmigung vorzulegen. Die angeordneten Kontrollmittel gelten nicht nur für Schrift-, sondern auch für Bilddrucke, Inschriften, öffentliche Steintafeln usw. Vgl. Einf., Kapitel II.6.2.

Lit. *François GASNAULT, La Congrégation des Etudes de 1824 à 1870, in: AHP 22 (1984), S. 153–225, hier: S. 181f., 216; CASADIO (wie Dok. B 20, Lit.), S. 292.*

V.: *CATERINI (wie Dok. B 20), Bd. 2, S. 53–57 (Dekret in lat. und ital. Version, auf die Wiedergabe des ital. Textes wird hier verzichtet).*

Decretum
sacrae congregationis Studiorum
in evulgandis operibus servandum
diei XI. Maii MDCCCXXXVI

Cum S. D. N. Gregorius Papa XVI. [183] sacrae congregationi Studiis regundis institutae munus demandaverit certam generalem atque uniformem methodum praescribendi, quae in operum deinceps evulgandorum examine et adprobatione sequenda sit, eadem sacra congregatio facultatibus utens sibi factis has leges in pontificia ditione servari iubet, quoties scriptum aliquod typis edi contigerit:

1. Usitatam adprobationis formulam »Imprimatur« prior quibuslibet scriptis apponat inquisitor S. Officii aut illius vicarius, dein loci ordinarius, dummodo nihil sese offerat, quod illis probatu indignum videatur.
2. Erit illorum, quibus examen operum ab inquisitoribus vel ab ordinariis comissum est, scripto docere, num ipsa argumenti, de quo pertractatur, natura aut insertae questionis vel aliquid minus caute prolatum dolendi causam externis guberniis afferre possit aut controversias ciere, quae periculo non careant. Haec opera typis non amandentur, nisi prius secretariae status exquisita sententia vel eorum magistratuum, qui ab eadem ad id expresse fuerint designati. Hi omnes habita ratione ad statum, in quo

[183] Mauro Cappellari (1765–1846), von 1831 bis 1846 Papst Gregor XVI. – Zu den Personen (wo nicht anders vermerkt) vgl. GruFo 1814–1917: (III) Personen.

vulgandi operis examen versatur, datam illius edendi facultatem in inquisitoris vel ordinarii notitiam, non quidem per adprobationis formulam ipsi operi inscriptam, sed per epistolam perferent.

3. Sub operum nomine non tantum libri, sed publicae quoque inscriptionis et cuiuscumque rei formae, figurae atque imagines veniunt, sive aere sive marmore expressae, nisi forte ad ornatum tantummodo inserviant nec ad illicitum quidpiam referri posse videantur.
4. Ubi opera duplex »Imprimatur« obtinuerint, penes inquisitorem vel eius vicarium erunt, donec typographus, quem auctor delegerit, illa sibi reddi postulaverit. Tum ipsi tradantur, ea tamen lege, ut, sin minus operis editio secutura sit, ad inquisitorem et ordinarium vel quoscumque alios eorumdem personam gerentes manuscriptum remittat, nec prius typographo aut auctori restituatur, quam cum deletis adprobationum formulis cuilibet corruptelae, quae subinde intentari posset, aditus interclusus fuerit. In typographum huiusce legis infractorem menstruae suspensionis poena animadvertatur.
5. Ut certo innotescat, utrum exemplaria typis impressa manuscipto adprobato apprime respondeant, unicuique typographo iniungitur ipsummet manuscriptum una cum exemplari recens edito ad inquisitorem et ordinarium referre, ut deinceps necessariam publicationis veniam obtineat.
6. Quaecumque pro typographis sancita sunt, eadem ad incisores, lithographos et quoscumque alios graphici aut figurati operis auctores extendi debent, quibus adcensendi non sunt simplicis ornatus opifices, in quem nulla illicitae allusionis suspicio cadat.
7. Si quod opus recensitis superius conditionibus destitutum publici iuris fiat, fisco adiudicetur.
8. Ubicumque vero reverendissimus pater Sacri Palatii Apostolici magister auctoritatem suam exercet, edictum eminentissimi cardinalis in Urbe Vicarii sub die 18 Augusti 1825 suo robore persistet.[184]

Hoc decretum S. D. N. Gregorius XVI. P. M. ratum habuit et auctoritate sua confirmavit. Contrariis quibuscumque non obstantibus.

Datum ex sacra congregatione Studiorum die 11. Maii anni 1836.

Aloisius card. Lambruschini[185], praefectus

Luduvicus Altieri[186], a secretis

[184] Dok. B 20.

[185] Kard. Luigi Lambruschini (1776–1854), von 1834 bis 1845 Präfekt der Studienkongregation.

[186] Ludovico Altieri (1805–1867), von 1834 bis 1836 Sekretär der Studienkongregation.

B 22 | 1847 März 15: Edikt des Staatssekretärs

Das Staatssekretariat, seit 1825 verantwortlich für die politische Zensur (vgl. Dok. B 19), überträgt seine zensorischen Kompetenzen an Zensurräte, die in Rom und in allen Provinzhauptstädten des Kirchenstaats neu einzurichten sind. Die Zensurräte stehen in Rom unter der Leitung des Magister Sacri Palatii, in den Provinzen unter der des jeweiligen Provinzhauptmanns. Die Reform wurde durch den Gouverneur von Rom, Gasparo Grassellini, angeregt. Die Formulierung des Gesetzes erledigte im Auftrag Pius' IX. der Substitut des Staatssekretariats Giovanni Corboli Bussi.

Mit der Reform beabsichtigte die Regierung, das noch unterentwickelte politische Zeitungswesen im Kirchenstaat zu fördern und zugleich adäquate Strukturen zur Kontrolle des Journalismus zu schaffen. Die schon 1825 sich andeutende Trennung der geistlichen von der politischen Zensur setzte sich dabei fort. Die Zuständigkeit der »ordentlichen geistlichen Zensoren«, also der Bischöfe und Inquisitoren in den Kirchenstaatsprovinzen, wurde auf Werke mit wissenschaftlichen, moralischen und religiösen Inhalten beschränkt. Vgl. Einf., Kapitel II.6.2.

Schon mit dem Erlass des Grundgesetzes für den Kirchenstaat vom 14. März 1848 (Statuto fondamentale per il governo temporale degli stati di S. Chiesa) wurde das Edikt in weiten Teilen obsolet. Das Grundgesetz hob die Vorzensur für das politische Schrifttum auf, nur geistlich-religiöse Schriften unterlagen weiterhin einer vorzensorischen Prüfung (vgl. Dok. B 23). Die neuen Vorschriften für die Zeitungspresse nach der Aufhebung der politischen Vorzensur fasste Pius IX. in einem Motuproprio vom 3. Juni 1848 zusammen (Text in: Lefevre, S. 690–694).

Lit.: *Casadio (wie Dok. B 20, Lit.), S. 289f.; Franco Della Peruta, Il giornalismo italiano del Risorgimento. Dal 1847 all'unità (Studi e ricerche di storia dell'editoria 52), Mailand 2011, S. 22f.; Lefevre (wie Dok. B 20 Lit.), S. 678–683; Giacomo Martina, Pio IX, 3 Bde., Rom 1974–1990, hier: Bd. 1, S. 125–127, 208f.; Giovanni Ponzo, Le origini della libertà di stampa in Italia (1846–1852), Mailand 1980, bes. S. 31–36; Kerstin Singer, Konstitutionalismus auf Italienisch. Italiens politische und soziale Führungsschichten und die oktroyierten Verfassungen von 1848 (Bibliothek des Deutschen Historischen Instituts in Rom 119), Tübingen 2008, S. 147; Francesco Valentini, Il P. Taparelli d'Azeglio e il giornalismo cattolico, in: Miscellanea Taparelli (Analecta Gregoriana 133), Rom 1964, S. 503–528.*

V.: *Acta Pii IX, II/1, S. 40–45; das Edikt wurde gleich nach der Veröffentlichung vielfach nachgedruckt, z. B. in: La legge sulla stampa del 15 marzo e la circolare del 19 aprile del 1847 emanate in nome del pontefice Pio IX. dal cardinal Gizzi segretario di stato. Commenti di Antonio Montanari, Bologna 1847, S. 3–6.*

Editto

Pasquale del titolo di S. Pudenziana della S. R. C. prete cardinale Gizzi[187], della Santità di N. S. Papa Pio IX[188] segretario di Stato ec.

La stampa, siccome quella tra le moderne invenzioni che doveva di tanto ampliare la potenza della parola e moltiplicare i beni e i mali, le verità e gli errori, fu fin dai primi suoi principii argomento ai Sommi Pontefici di gravissime sollecitudini, sì per favorirne gli utili incrementi, e sì per toglierne i pericoli. Di che sono illustri monumenti le tipografie venute a grandissima celebrità in Roma sotto la protezione de' Pontefici, e fuori per quella dei vescovi, e le leggi con cui si vennero frenando gli abusi di quest'arte noblissima, affinchè mentre volevansi per essa giovare ed arricchire gl'ingegni, non si corrompesse la fede, nè si guastassero i costumi de' popoli.

La forma però di queste leggi ebbe di mano in mano a mutarsi, secondo che crescendo il numero degli autori e il lavoro dei tipografi, riusciva troppo lenta o imperfetta la revisione per opera di quei soli censori a cui era stata dapprincipio raccomandata. Quindi fu provvido consiglio della santa memoria di Leone XII[189] il rendere la censura più spedita e più sicura mediante l'editto pubblicato dall'eminentissimo cardinal suo Vicario il 18 agosto 1825[190]. Il quale è mente della Santità di N. S. felicemente regnante che rimanga in vigore per quanto si appartiene alla censura scientifica, morale e religiosa. Ma per quanto è della censura politica disponeva l'editto medesimo, nel § 8 del titolo 1, che dove le scritture da mettersi a stampa potessero dar cagione di lamento agli esteri governi o suscitare nello Stato pericolose controversie, si avesse a chiedere della segreteria di Stato la facoltà di pubblicarle. Ora in tanta copia di produzioni a cui dà occasione la qualità dei tempi e in cui direttamente o indirettamente[191], in tutto o in parte, si viene a parlare di cose che alla politica si riferiscono, è divenuto impossible che la segreteria di Stato soddisfaccia a tutte le richieste con la prontezza dagli autori desiderata.

Volendo adunque la Santità Sua che non per questo si scemasse la onesta libertà dello stampare, nè per altra parte si lasciasse degenerare in dannosa licenza, inteso il parere delle competenti autorità, ci ha ordinato di costituire, così in Roma come nelle provincie, un consiglio di Censura al quale i revisori ecclesiastici ordinarii dovranno d'ora in poi rimandare tutte le scritture di politico argomento dopo di averle esaminate essi stessi per consoscere se alcuna cosa vi si contenga contraria alla religione, alla sana morale ed alle leggi della chiesa.

---

[187] Kard. Tommaso Matteo Gizzi (1787–1849), von 1846 bis 1847 Staatssekretär. – Zu den Personen (wo nicht anders vermerkt) vgl. GruFo 1814–1917: (III) Personen.

[188] Giovanni Maria Mastai-Ferretti (1792–1878), von 1846 bis 1878 Papst Pius IX., über ihn: EncPapi 3, S. 560–575 von Giacomo MARTINA.

[189] Vgl. Dok. A 24, Anm. 579.

[190] Dok. B 20.

[191] † direttamente o indirettamente: *diese beiden Wörter ergänzte Pius IX. persönlich in einem Entwurf des Gesetzes: PONZO (s. Lit.), S. 32, 53f.*

In esecuzione pertanto dei sovrani voleri e con sovrana approvazione abbiamo stabilito il seguente regolamento.

Titolo I.
Del consiglio di Censura

1. In Roma il consiglio di Censura sarà presieduto dal padre Maestro del Sacro Palazzo e composto di non più che cinque membri, nominati dalla Santità Sua fra gli uomini cospicui per lettere.
2. Nei capi luoghi delle provincie il consiglio sarà composto di due censori eletti parimenti da Sua Santità a proposta del capo della provincia, il quale sosterrà le veci di presidente.
3. I consiglieri si rinnoveranno per metà ogni cinque anni. La prima volta a sorte. Potranno però essere per sovrano beneplacito confermati.
4. I membri del consiglio ripartiranno fra loro i vari argomenti scientifci o politici di ciascun giornale o d'altra opera soggetta al loro giudizio, con l'ordine e il metodo che dal presidente sarà determinato. E dal voto di un consigliere, quando tocchi la sostanza delle scritture proposte ad esaminarsi, si potrà appellare all'intero consiglio, come pure sarà libero a ciascuno de' consiglieri di proporre all'intero consiglio quelle cose che non credesse di poter sicuramente giudicare da se solo.
5. Il consiglio di Censura in Roma risolverà inappellabilmente con le norme spiegate quì appresso, e sotto la propria responsabilità verso il governo, le domande che gli saranno presentate.
6. Il voto dei censori delle provincie sarà sottoposto in caso di disparità al giudizio del preside, il quale sarà inappellabile quando si tratti di articoli di giornali o di opuscoli. Ove poi si tratti di opere di maggiore importanza il preside medesimo darà l'appello dal suo consiglio a quello di Roma.
7. Uno scritto disapprovato dal consiglio di Roma non potrà essere presentato ad alcuno dei consigli di provincia. E sarebbe nulla l'approvazione che si ottenesse in questo modo.

Titolo II.
Regole da seguirsi dal consiglio di Censura

1. Il consiglio di Censura non potrà approvare un giornale o altra pubblicazione periodica nuova senza prima farne relazione alla direzione generale di Polizia, la quale darà per iscritto le necessarie facoltà quando siano dichiarati gli argomenti del giornale, i nomi dei principali collaboratori, i modi di pubblicazione, i modi da sostenere l'impresa, e quando un editore responsabile assicuri, con proporzionata cauzione, l'adempimento delle leggi sopra la stampa.
2. Sarà lecito di trattare ogni argomento di scienze, lettere ed arti, la storia contemporanea e le materie appartenenti alla pubblica amministrazione,

con le cautele qui appresso spiegate; e tutto ciò che giovi a promuovere l'agricoltura, l'industria, il commercio, la navigazione, le imprese di opere pubbliche. Sarà lecito ancora di riprodurre gli atti di governo, quando siano già pubblicati nel giornale ufficiale, e d'inserire gli annunzi delle feste religiose, di pubblici spettacoli, della pubblicazione di opere a stampa o altri annunzi (non però giudiziarii), conformandosi per altro esattamente al disposto dal »Regolamento sul bollo e registro« del 29 dicembre 1827, art. 219, [192] per la esecuzione del quale articolo veglieranno le competenti autorità.

3. È vietato non solamente ogni cosa che torni in dispregio della religione, della chiesa, delle sue dignità e de' suoi ministri, ma tutto ancora che offenda l'onore de' magistrati, della milizia, delle private famiglie e dei cittadini, dei governi e delle potenze estere, delle famigli regnanti e dei loro pubblici rappresentanti.
4. È vietato parimenti ogni discorso per cui direttamente o indirettamente si rendano odiosi ai sudditi gli atti, le forme, gl'istituti del governo pontificio, o si alimentino le fazioni, o si eccitino popolari movimenti contro la legge.
5. È vietato di riprodurre a stampa i discorsi tenuti in adunanze non legalmente autorizzate.
6. Il consiglio sarà in obbligo d'informare il governo ogni volta che le stampe non riescano conformi ai manoscritti da esso approvati. Secondo queste relazioni del consiglio, e sentite le difese degli accusati, si procederà dal Ministero politico all'applicazione delle pene o contro l'editore responsabli se si tratti di giornali autorizzati o contro gli stampatori e distributori negli altri casi. Le quali pene consisteranno nella confisca degli esemplari ed in una multa che potrà variare fra i 10 e i 100 sc. Aggiuntovi una temporanea sospensione della loro industria se i rei sieno recidivi.

E ciò senza pregiudizio dell'azione criminale e civile che in forza delle vigenti leggi e secondo la natura della delinquenza le parti offese volessero esercitare contro i colpevoli avanti i tribunali competenti.

Dalla segreteria di Stato, il 15 marzo 1847.

Pasquale card. Gizzi

[192] Regolamento sul registro, tassa di successione e bollo a forma del Motu-proprio di Nostro Signore papa Leone XII. in data del 29. decembre 1827, Rom 1827.

B 23 | 1848 Juni 2: Schreiben Pius' IX. an den Episkopat im Kirchenstaat

Mit Verweis auf den stetigen Zuwachs der Zeitungsproduktion, der eine flächendeckende Kontrolle durch die geistlichen Zensoren unmöglich gemacht habe, beschränkt der Papst die Erforderlichkeit des kirchlichen Imprimaturs im Kirchenstaat auf Texte zu religiösen, moralischen und ethischen Themen. Auf diese Weise wird die sich bereits im Pressegesetz vom Vorjahr (Dok. B 22) abzeichnende Trennung zwischen religiös-geistlicher und weltlich-politischer Zensur vollzogen. Der von Rom über drei Jahrhunderte aufrechterhaltene »integralistische« Kontrollanspruch über das gedruckte Wort wird fallen gelassen. Darüber hinaus bleiben die päpstlichen Bücherverbote und die allgemeinen apostolischen Zensurgesetze in Kraft. Vgl. Einf., Kapitel II.6.2.

Das päpstliche Schreiben steht im Zusammenhang mit der Aufhebung der politischen Vorzensur im Kirchenstaat, die Pius IX. in einem tags darauf (3. Juni 1848) signierten »Motu-proprio sulla legge repressiva della stampa« vollzog. Nachdem in der nur wenige Monate bestehenden Römischen Republik 1849 jegliche Zensur aufgehoben worden war, ging die Restauration päpstlicher Herrschaft auch mit der Wiedereinführung zensorischer Kontrollmittel einher. Pressefreiheit hat es im päpstlichen Herrschaftsbereich bis zur Aufhebung des Kirchenstaats im Jahr 1870 nicht gegeben.

***Lit.:** Dominique Le Tourneau, Art. »Imprimatur«, in: Philippe Levillain (Hg.), The Papacy. An encyclopedia, Vol. 2, London 2002, S. 762–765, hier: S. 763.*

V.: Acta Pii IX, I/1, S. 99–101.

Venerabilibus fratribus archiepiscopis et episcopis et dilectis filiis,
qui librorum edendorum canonicae censurae in temporali
Sanctae Sedis ditione praepositi sunt.

Venerabiles fratres, dilecti filii, salutem et apostolicam benedictionem. In sess. X concilii Lateranensis V[193] atque iterum in postrema Regularum Indicis[194], quae a patribus conscriptae per Tridentinam synodum deputatis et a Pio IV. gloriosae memoriae decessore nostro approbatae fuerunt* [**Fußnote*: In constitutione »Dominici gregis«[195], 24. Martii 1564], nec non in aliis aliorum Romanorum Pontificum sanctionibus, interdictum habetur, ut nulli omnino libri aut scripta evulgentur, nisi antea ecclesiastica auctoritate examinati probatique sint. Iamvero scribendi legendique aviditas et librorum, maxime autem ephemeridum numerus nostra hac aetate ita in dies augetur, ut iam ecclesiasticis censoribus

---

193 Dok. A 2.
194 Dok. A 9, Rgl. X.
195 Dok. A 10.

perdifficile evaserit ipsos omnes ea, qua par est, maturitate expendere. Et latior etiam patuerit via illorum fraudibus, qui doctrinas perversas et sacrae publicaeque rei noxias disseminare connituntur pagellis et parvis praesertim libris clandestine editis, quorum porro improbitas eo maiorem inducit fidelium offensionem et scandalum, quod ad vigentium canonum tramites perpensi reputantur riteque probati.

Haec Nos serio considerantes et nonnullis venerabilibus fratribus nostris S. E. R. cardinalibus in consilium adhibitis habentesque ob oculos decretum sess. IV concilii Tridentini,[196] ubi peculiares sanctiones leguntur circa editionem et evulgationem librorum de rebus sacris, deliberavimus mitigare aliqua ex parte alias supra memoratas Regulas, ut ita ecclesiastici censores diligentius satisfacere valeant officio suo arctioribus limitibus definito, nec facile deinceps contingat, ut ipsorum iudicio probata omnino videantur, quae ex parte saltem eorum censurae fraudulenter subtracta sunt vel ab eisdem haud satis diligenter examinari potuerant.

Itaque motu proprio et apostolica nostra auctoritate decretum concilii Lateranensis et caeteras supradictas sanctiones moderando et declarando decernimus atque permittimus, ut posthac – et donec aliter ab hac apostolica Sede statuatur – censores ecclesiastici in locis temporali nostrae ditioni subditis de iis tantum solliciti sint, quae divinas scripturas, sacram theologiam, historiam ecclesiasticam, ius canonicum, theologiam naturalem, ethicen aliasque huiusmodi religiosas aut morales disciplinas respiciunt, ac generatim de omnibus, in quibus religionis vel morum honestatis speciatim intersit.

Iuxta haec igitur statuimus atque permittimus, ut in omni ephemeridum et librorum genere illi dumtaxat sine praevia ecclesiastica censura edi nequeant, qui moralis aut religiosi, uti diximus, argumenti sint. In caeteris vero ii tantum articuli, qui simile argumentum habeant, vel causam ipsam religionis aut morum honestatis proxime attingant. Verum nostrae huius permissionis obtentu nemini unquam licebit evulgare iterum, et ne in aliam quidem linguam conversos edere libros et scripta illa, quae praecedentibus ecclesiasticae auctoritatis decretis damnata et prohibita sint aut in posterum prohibebuntur.

Si quis autem scripta vel libros huiusmodi denuo ediderit aut evulgaverit vel aliter in iis, quae nostris hisce litteris permissa non sunt, supradictas canonum sanctaeque huius Sedis sanctiones violaverit, in posterum pariter illis tenebitur censuris et poenis, quae anterioribus ipsis sanctionibus statutae sunt. Nos enim easdem sanctiones in omnibus, in quibus a nobis derogatum illis non est, firmas esse volumus et apostolica iterum auctoritate roboramus. Confirmamus etiam nominatim pecuniariam poenam indictam in commemorato decreto concilii Lateranensis V, quam tamen eatenus mitigamus, ut gravioribus quoque in casibus summam 100 sc. nummum communis nunc romanae monetae non excedat atque ipsam in pios usus prudenti episcopi cuiusque arbitrio erogandam mandamus.

---

[196] Dok. A 3.

Haec sunt – venerabiles fratres, dilecti filii – quae circa pagellarum librorumque editionem in hac conditione temporum statuenda censuimus. Interea Deum, misericordiarum ac luminum patrem, orare suppliciter non intermittimus, ut vobis nobisque ipsis adsit semper propitius in abundantia gratia, et curis benedicat, quibus religionis bonorumque morum causam tueri et graviora ab his pericula amovere connitimur. Ac nostrae pignus studiosissimae caritatis apostolicam benedictionem vobis ipsis peramanter impertimur.

Datum Romae, apud S. Mariam Maiorem, die II. Iunii, anno MDCCCXLVIII, pontificatus nostri anno secundo.

Teil C: Normen für die Organisation der römischen »Zensurbehörden«

C 1 | 1542 Juli 21: Konstitution »Licet ab initio« Papst Pauls III.

Als Gegenmittel gegen die Ausbreitung der Reformation ernennt der Papst sechs Kardinäle zu »Beauftragten in Glaubensdingen« und »Obersten Generalinquisitoren« und erteilt ihnen weitreichende richterliche und administrative Befugnisse. Die Kardinalinquisitoren haben die Gewalt, in allen möglichen Fällen von Häresie bzw. Häresieverdacht zu ermitteln und den gerichtlichen Prozess als Erst- oder Appellationsinstanz bis zum definitiven Urteil zu führen. Ferner erhalten sie Vollmacht, überall dort, wo sie es für notwendig erachten, Subdelegierte zu ernennen, über die sie die volle Weisungsbefugnis behalten. Die Amtsbefugnis der Kardinalinquisitoren erstreckt sich auf Rom (Curia Romana), Italien und die gesamte Christenheit. Vgl. Einf., Kapitel II.3.1.

Die Bulle ist das Gründungsdokument der neuzeitlichen römischen Inquisition, sie markiert den Beginn des Sanctum Officium als Kurienbehörde, die bald begann, sich als stetige oberste Leitungsbehörde der Inquisition und zugleich als stetiges oberstes Inquisitionstribunal der Universalkirche zu verstehen. Kompetenzen auf dem Gebiet der Pressekontrolle wurden den Kardinalinquisitoren durch die Bulle nicht ausdrücklich übertragen, doch gehörte die Zensur des geschriebenen (und gesprochenen) Wortes zum natürlichen Aufgabenbereich der Inquisition. Schon ein Jahr nach der Einsetzung des neuen Organs erließ dieses auch ein erstes Pressegesetz (Dok. B 1).

Als Textgrundlage dieser Edition wurde der Eintrag aus den Registern Pauls III. genommen, der gegenüber den in der Literatur häufig zitierten Versionen aus den gedruckten Bullarien manche bessere Lesarten bietet.

Lit.: *Wolfram Benziger, Dezentralisierung und Zentralisierung. Mittelalterliche Ketzerinquisition und neuzeitliche Römische Inquisition, in: QFIAB 81 (2001), S. 67–106, bes. S. 74–76; Elena Bonora, Giudicare i vescovi. La definizione dei poteri nella Chiesa postridentina, Roma, Bari 2007, S. 147; DSI 2, S. 906f. von G. L. D'Errico; Hinschius 6, S. 343–345; Plöchl 3, S. 143f.; Adriano Prosperi, Tribunali della coscienza. Inquisitori, confessori, missionari, Nuova ed. (Piccola biblioteca Einaudi. N. S. 472), Turin 2009 (zuerst: 1996), S. 35–56; Wolf/Schmidt (wie Dok. A 22), S. 42f.*

V.: *ASV Reg. Vat. 1695, fol. 249r–251r: hs. Register-Eintrag (Sigle V.); verglichen mit BullTaur 6 (1860), S. 344–346, und BullLux 1 (1727), S. 762f.*

Paulus[1] episcopus
servus servorum Dei
ad futuram rei memoriam

Licet[2] ab initio nostre[3] ad summi apostolatus apicem assumptionis id[4] semper nobis cordi fixum instWiterit, ut fides catholica ubique floreret et augeretur ac omnis heretica pravitas a christifidelibus nostra diligentia procul pelleretur; necnon diabolica fraude seducti viam veritatis cognoscerent et ad gremium et unitatem ecclesie reducerentur; et si qui animi perversitate ducti in eorum damnato proposito persisterent, ita plecterentur, ut eorum pena aliis transiret in exemplum.

Nichilominus, sperantes quandoque eosdem sic seductos, tum Dei omnipotentis misericordia tum fidelium orationibus ac doctorum[5] virorum predicationibus, errores suos recognituros et illis abiuratis ad sanctam ecclesiam catholicam redituros, et si id aliqantum differrent, auctoritate sacri oecumenici et generalis concilii, quod ad id in primis propediem celebrare sperabamus, deterritos veram et catholicam fidem amplexuros et ea mediante in semitis iustitie ambulaturos fore, negocium inquisitionis heretice pravitatis huiusmodi in hanc usque diem distulimus.

Verum, cum concilium huiusmodi ex diversis rationabilibus causis, et presertim bellorum turbinibus, que[6] hactenus inter principes christianos viguerunt, nondum inchoari potuerit et humani generis hoste procurante fidelium animi novis[7] heresibus in dies magis polluantur omniaque schismatis dissidiis repleantur, lacereturque fere christiani nominis unitas[8] inconsutilisque Christi tunica scindatur,[9] Nos, ne, dum dies concilii per nos novissime indicti[10] expectatur, omnia in deterius labantur providere volentes, ac nequeuntes per nos solos aliis etiam arduis occupatos curis omnia exequi, dilectorumque filiorum nostrorum Ioannis Petri S. Clementis[11], Ioannis S. Sixti[12], Petri Pauli S. Balbine[13], Bar-

---

1 Papst Paul III., vgl. Dok. B 1, Anm. 7.

2 Am Rand »Blo<sius> el<ectus> Fulgin<ensis>«: Biagio Pallai, vgl. Dok. A 4, Anm. 45.

3 ‡ nostre: *BullLux* nostri | *V. verwendet kein »ae« oder e-caudata.*

4 ‡ id: *BullLux* ad

5 ‡ doctorum: *BullTaur, BullLux* dictorum

6 ‡ que: *BullLux* quas

7 ‡ novis: *BullLux* novi

8 ‡ *V. folgt durchstrichen* per nos novissime verum dum dies concilii

9 Jo 19,23–24.

10 ‡ nos ne … indicti: *am Rand nachgetragen* | Paul III. hatte wenige Wochen zuvor, mit einer auf den 22.5.1542 datierten Bulle, das Konzil für den 1.11. nach Trient einberufen: Pastor 5 (1928), S. 469.

11 Kard. Gian Pietro Carafa (Paul IV.), vgl. Dok. A 4, Anm. 39.

12 Kard. Juan Álvarez de Toledo OP, vgl. ebd., Anm. 40.

13 Kard. Pietro Paolo Parisio (1473–1545), seit dem 21.7.1542 Mitglied des SO: GruFo 1542–1700: (III) Personen.

tholomei S. Cesarei[14], Dionysii S. Marcelli[15] et Thome S. Silvestri[16] titulorum presbiterorum cardinalium fidem, doctrinam et virtutem perspectas habentes, ac de eis plurimum in Domino confidentes, eosdem Ioannem Petrum et Ioannem ac Petrum Paulum et Bartholomeum, necnon Dionisium et Thomam cardinales nostros et apostolice Sedis in omnibus et singulis reipublice christiane civitatibus, oppidis, terris et locis, tam citra quam ultra montes, ubilibet etiam in Italia consistentibus ac in Romana Curia, super negotio fidei commissarios et inquisitores generales et generalissimos auctoritate apostolica, tenore presentium constituimus et deputamus.

Ac eis contra omnes et singulos a via Domini et fide catholica aberrantes, seu de eadem fide male sentientes, aut alias quomodolibet de heresi suspectos illorumque sequaces, fautores et defensores ac eis auxilium, consilium vel favorem, publice vel occulte, directe vel indirecte, prestantes, cuiuscumque status, gradus, ordinis, conditionis vel[17] preeminentie fuerint, etiam absque ordinariis locorum, etiam in casibus[18], in quibus ipsi de iure intervenire habent, inquirendi et per viam inquisitionis vel investigationis, seu alias etiam[19] ex officio procedendi.

Ac culpabiles quoscumque seu suspectos precedentibus inditiis carceribus mancipandi, ac contra eos usque ad finalem sententiam inclusive procedendi; et culpabiles repertos penis iuxta canonicas sanctiones debitis puniendi; ac ultimo supplicio damnatorum bona, prout iuris fuerit, publicandi.

Necnon ad effectum premissorum procuratorem fiscalem et notarios publicos et alios officiales ad premissa necessarios et opportunos, etiam clericos sive religiosos cuiuscumque ordinis fuerint, deputandi et constituendi.

Et si necesse fuerit aliquos clericos seculares aut cuiuscumque ordinis regulares, etiam in sacris et presbiteratus ordinibus constitutos, propter premissa degradari, per quemcumque catholicum antistitem, quem prefati[20] cardinales duxerint[21] deputandum, convocatis et sibi ad hoc[22] assistentibus duobus abbatibus aut aliis personis in dignitate ecclesiastica constitutis, ad actualem degradationem eorumdem clericorum eorumque curie seculari traditionem seu dimissionem, alias, prout etiam iuris fuerit, procedi faciendi.

Ac contradictores quoslibet et rebelles sententiis, censuris et penis ecclesiasticis ac privationis omnium et singulorum beneficiorum et officiorum ecclesiasticorum per eos quomodolibet obtentorum, necnon inhabilitatis[23] ad illa et alia

---

14 Kard. Bartolomeo Guidiccioni, vgl. Dok. B 1, Anm. 5.

15 Kard. Dionisio Laurerio OSM (1497–1542), seit dem 21.7.1542 Mitglied des SO: GruFo 1542–1700: (III) Personen.

16 Kard. Tommaso Badia OP, vgl. Dok. B 1, Anm. 6.

17 ‡ vel: *BullTaur, BullLux stattdessen Komma*

18 ‡ casibus: *BullTaur, BullLux* causis

19 ‡ etiam: *BullLux fehlt*

20 ‡ prefati: *BullTaur, BullLux* praedicti

21 ‡ duxerint: *BullLux* dixerint

22 ‡ *BullLux folgt* convocatis et sibi ad hoc

23 ‡ inhabilitatis: *BullTaur, BullLux* inhabilitationis

imposterum obtinenda aliisque opportunis iuris remediis appellationis diffugio semoto compescendi.

Et auxilium brachii secularis invocandi omniaque et singula alia, que prefati[24] cardinales ad hereses et in fide huiusmodi errores ad presens[25] in republica christiana ubilibet vigentes reprimendos et radicitus extirpandos necessaria fore cognoverint et ad officium inquisitionis heretica pravitatis de iure pertinent, faciendi, gerendi, ordinandi, exercendi et exequendi.

Necnon ad premissa omnia et singula in quibusvis civitatibus, terris et locis, de quibus eisdem cardinalibus videbitur et quotiens[26] ipsi cardinales opus esse cognoverint, alias personas ecclesiasticas ydoneas, literatas et Deum timentes, in theologia magistros seu in altero iurium doctores, licentiatos, bacchalareos, in aliqua universitate studii generalis graduatos, in trigesimo eorum etatis anno ad minus constitutos, seu ecclesiarum cathedralium canonicos vel alia[27] dignitate ecclesiastica preditos, cum simili aut limitata facultate substituendi et subdelegandi ac eos, in toto vel in parte, simul vel sucessive, ad eorumdem cardinalium libitum, etiam in negotiis et causis per eos tunc inceptis, revocandi et loco ipsorum alios similiter qualificatos deputandi.

Ita tamen quod prefati[28] cardinales et alii ab eis pro tempore deputati de[29] absolutionibus et reconciliationibus reorum, qui ad veritatis lumen redire voluerint, quas nobis expresse reservamus, ac aliis quam heresis crimen sapientibus delicits et excessibus se intromittere nequeant, plenam et omnimodam facultatem eisdem auctoritate et tenore concedimus.

Et nichilominus auctoritate et tenore premissis statuimus et ordinamus, quod omnes et singule appellationes per eos, contra quos vigore presentium procedi contigerit, a quibuscumque per ipsos cardinales deputatis pro tempore interponende, ad eosdem cardinales devolvi debeant; ipsique cardinales causas appellationum huiusmodi cum omnibus et singulis earum incidentibus, dependentibus, emergentibus, annexis et connexis audire, cognoscere et decidere, ac, in quacumque instantia fuerint, fine debito terminare ac executione debite demandare.

Et tam in causis appellationum huiusmodi quam alias ad effectum premissorum omnium, quos opus fuerit, tam in dicta Curia quam extra eam et in partibus, etiam per edictum publicum, constito summarie et extraiudicialiter de non tuto ad eos accessu, citare ac quibus inhibendum fuerit inhibere; et appellantes simpliciter vel ad cautelam a quibuscumque excommunicationis et aliis sententiis, censuris et penis ecclesiasticis in eos latis absolvere possint, prout de iure fuerit faciendum.

---

24 ‡ prefati: *BullTaur*, *BullLux* praedicti

25 ‡ presens: *BullLux* praesentes

26 ‡ quotiens: *BullTaur* quoties

27 ‡ alia: *BullLux* aliàs

28 ‡ prefati: *BullTaur*, *BullLux* praedicti

29 ‡ *V. folgt durchstrichen* aliis quam heresis crimen sapientibus

Decernentes quecumque per ipsos cardinales seu ab eis deputatos in premissis quomodolibet pro tempore gesta plenam roboris firmitatem obtinere et perpetuo inviolabiliter observari debere.

Et sic per quoscumque iudices et commissarios, quavis auctoritate fungentes, sublata eis et eorum cuilibet quavis aliter iudicandi et interpretandi facultate et auctoritate, iudicari et definiri debere, necnon irritum et inane quicquid secus super his a quoque[30], quavis auctoritate, scienter vel ignoranter, contigerit attemptari.

Non obstantibus felicis recordationis Bonifacii pape VIII.[31] predecessoris nostri, qua cavetur, ne quis extra civitatem suam vel diocesim, nisi in certis expressis[32] casibus, et in illis ultra unam dietam a fine sue diocesis, ad iudicium evocetur; seu ne iudices, qui a Sede predicta deputati fuerint, extra civitatem et diocesim, in quibus deputati fuerint[33], contra quoscumque procedere aut aliis vices suas committere presumant; et de duabus dietis in concilio generali edita ac aliis constitutionibus et ordinationibus apostolicis contrariis quibuscumque; aut si personis predictis vel quibusvis aliis communiter vel divisim ab eadem sit Sede indultum, quod interdici, suspendi vel excommunicari aut extra vel ultra certa loca ad iudicium evocari non possint per literas apostolicas non facientes plenam et expressam ac de verbo ad verbum de indulto huiusmodi mentionem et quibusvis aliis privilegiis, indulgentiis et literis apostolicis, sub quibuscumque tenoribus et formis quomodolibet concessis, confirmatis et innovatis, per que presentium literarum et iurisdictionis ipsorum cardinalium in premissis executio impediri quomodolibet vel differri possit, que, quoad hoc, ipsis aut alicui eorum minime suffragari posse[34] vel debere decernimus.

Nulli ergo omnino hominum liceat hanc paginam nostre constitutionis, deputationis, reservationis, concessionis, statuti, ordinationis et decreti infringere vel ei ausu temerario contraire. Si quis autem hoc attemptare presumpserit, indignationem omnipotentis Dei ac beatorum Petri et Pauli apostolorum eius se noverit incursurum.[35]

Datum Rome, apud S. Marcum, anno incarnationis dominice millesimo quingentesimo quadragesimo secundo, duodecimo Kalendas Augusti, pontificatus nostri anno octavo.

---

30 ‡ quoque: *BullTaur, BullLux besser* quocumque.

31 Benedetto Caetani (um 1235–1303), von 1294 bis 1303 Papst Bonifaz VIII., über ihn: EncPapi 2, S. 442–493 von Eugenio Dupré Theseider.

32 ‡ expressis: *BullTaur, BullLux fehlt*

33 ‡ extra … fuerint: *BullTaur, BullLux fehlt*

34 ‡ posse: *BullLux* possit

35 ‡ vel ei … incursurum: *BullTaur* etc.

C 2 | 1564 August 27: Motuproprio »Cum inter crimina« Pius' IV.

Der Papst verleiht den Kardinalinquisitoren die Lizenz zum Lesen verbotener und häretischer Bücher aller Art (Generallizenz). Auch dürfen sie in Zukunft solche Lizenzen an Dritte ausgeben, sofern in einer Kongregationssitzungen ein entsprechender Mehrheitsbeschluss erzielt wurde. Alle nicht von den aktuellen Kardinalinquisitoren ausgestellten Leselizenzen dagegen werden widerrufen. Vgl. Einf., Kapitel II.4.5.

Spätere Päpste bestätigten den Kardinalinquisitoren die Generallizenz und dehnten sie außerdem auf die Konsultoren und Qualifikatoren des Sanctum Officium aus (vgl. CollSO, Nr. 1150: Dekret Clemens' IX., 14. September 1667). In der ersten Hälfte des 17. Jahrhunderts wurden bestimmte Autoren allerdings von den Generallizenzen ausgenommen (Dok. C 7). Zu Widerrufungen von Leselizenzen vgl. auch Dok. A 4f., A 16.

***Lit.:** Baldini-Spruit I/3, S. 2574; Plöchl 3, S. 134f.*

***V.:** Druck (Bando), [Rom 1564], ohne Impressum, in: ASV A.A. Arm. I–XVIII 2095, fol. 154; vgl. dazu den Abdruck in: HILGERS, Index (wie Dok. A 1, Lit.), S. 502–504, n. der hs. Kopie in: BAV Barb. lat. 1502, fol. 195r–202r (dort fol. 277 am Rand mit dem Quellenbeleg: »... est in libro facultatum [S. Officii]«). Ein Auszug auch in: CollSO, Nr. 875.*

Motus proprius
S. D. N. Pii Papae IV.[36]

Per quem datur facultas illustrissimis et reverendissimis cardinalibus de congregatione S. Inquisitionis existentibus legendi et tenendi libros prohibitos ac similem licentiam aliis concedendi et revocandi.

Motu proprio etc.[37] Cum inter crimina, quae animadversione digna sunt et in corrigendo exempla cunctis praebere debeant, haeresis sit gravius et caeteris detestabilius, ideo, cum nobis maxime displiceat et ne illud latius serpat, pro illo extirpando cunctis, etiam de crimine huiusmodi infectis et illius fautoribus, ne ad deteriora (quod Deus avertat) delabantur, per nos non modicum invigilandum sit. Cumque annis praeteritis et etiam forsan usque in hodiernum diem in diversis mundi partibus, proh dolor, haereses et falsa dogmata pullulaverint et adhuc pullulent, sollicitante humani generis inimico minusque etiam cuiuscumque correctionis praetextu pullulare cessent. Propterea dilectos filios nostros Ioannem Michaelem S. Anastasiae Sarracenum[38], Ioannem Baptistam

[36] Vgl. Dok. A 8, Anm. 93. – Zu den Personen (wo nicht anders vermerkt) vgl. GruFo 1542–1700: (III) Personen.

[37] † etc.: *die Vorlage kürzt die für den Urkunden Typ »Motuproprio« üblichen Formeln ab.*

[38] Kard. Gian Michele Saraceni (1498–1568), seit 1557 Mitglied des SO.

S. Clementis Cicadam[39], Ioannem Suavium S. Priscae Reomanum[40], Michaelem S. Sabinae Alexandrinum[41], Clementem Olera S. Mariae de Aracoeli[42], Ludovicum S. Ciriaci in Thermis Simonetam[43], Carolum S. Martini in Montibus Borromaeum[44] presbyteros, ac Vitellotium S. Mariae in Porticu diaconum Vitellium[45] cardinales nuncupatos, pro erroribus, qui occasione quarumcumque haeresum dietim contingunt, reprimendis et seu haeresibus huiusmodi et illarum fautoribus domino nostro Iesu Christo auxiliante extirpandis deputaverimus ac eos in inquisitores seu in S. Inquisitionis congregatione deputatos cum omnimoda potestate constituerimus.

Et eis saepe contingat, ne catholici et christicolae veneno huiusmodi sectae et illius fautorum afficiantur, ac etiam pro negotiorum et causarum pro tempore occurentium expeditione, ac haereticorum, qui etiam ad praesens carceribus in Alma Urbe nostra mancipati existunt ac pro tempore mancipentur, depraehensione et eorum ad veram doctrinam reductione, nonnullos seu quamplures libros ab ipsis impiis haereticis et sectae lutheranae fautoribus compositos et in lucem editos ac qui in dies successu temporis edentur et componentur, ac etiam aliquando oporteat, pro conservanda religione in cordibus catholicorum, eisdem libris et haereticorum deceptionibus, fraudibus et dolis ac machinationibus respondere, vel à viris catholicis ac sacrae doctrinae peritis responderi facere, stantibusque constitutionibus hactenus per nos editis, et per Indicem librorum correctorum, de mandato nostro vel alias factum[46] prohibitionibus factis, eosdem libros, pro huiusmodi erroribus reprimendis, tenere et legere dubitent, ac, ut filii obedientiae, eosdem libros perspicere, ut accepimus, non audeant.

Ad omnem igitur haesitandi materiam et conscientiae scrupulum in eis tollendum, motu simili et ex certa nostra scientia ac de apostolicae potestatis plenitudine, de eorundem Ioannis Michaelis, Ioannis Baptistae, Ioannis Suavii, Michaelis, Clementis, Ludovici, Caroli ac Vitellotii cardinalium fide, probitate et constantia singularem tum notitiam tum fiduciam habentes, eisdem cardinalibus, ut (durante eorum officio et quamdiu inquisitioni huiusmodi praefuerint) quoscunque, quaecunque, quotcunque et qualiacunque quorumcunque, tum antiquorum tum modernorum et futurorum infidelium et haereticorum aut haeresis et cuiuscunque impietatis vel superstitionis vel reprobatae lectionis condemnatorum vel suspectorum, ac etiam incertorum vel dissimulatorum auctorum et scriptorum, atque etiam huguenotorum, commentaria, tractatus, libros, collectanea, expositiones, annotationes, interpretationes, versiones et alia cuiuscunque inscriptionis et argumenti opera, quocunque nomine nuncupata, latino, graeco,

[39] Kard. Giambattista Cicala (auch: Cicada) (1510–1570), seit 1563 Mitglied des SO.
[40] Kard. Giovanni Reumano, vgl. Dok. B 2, Anm. 27.
[41] Kard. Michele Ghislieri (Pius V.), vgl. Dok. A 8, Anm. 91.
[42] Kard. Clemente d'Olera OFMObs, vgl. Dok. B 2, Anm. 29.
[43] Kard. Ludovico Simoneta (1500–1568), seit 1561 Mitglied des SO.
[44] Kard. Carlo Borromeo (1538–1584), Kardinalnepot Papst Pius' IV., seit 1564 Mitglied des SO, 1610 heiliggesprochen.
[45] Kard. Vitellozzo Vitelli (1532–1568), seit 1563 Mitglied des SO.
[46] Hier wird auf den eigentlich durch den Index 1564 abgelösten Index 1559 angespielt.

haebreo aut quocunque alio, etiam vulgari cuiuscunque regionis sermone composita, tam manu scripta quàm à quibuscunque impressoribus et in quibuscunque locis, etiam nominatìm prohibitis vel suspectis, seu etiam sine impressorum et locorum ac temporis titulo ac absque locorum ordinariorum et haereticae pravitatis inquisitorum aut aliorum ad id deputatorum licentia et approbatione impressa, etiam ex professo contra nos et pro tempore existentem Romanum Pontificem et S. R. E. ac Sedem apostolicam praedictam composita et conscripta ac etiam divulgata, necnon haereses et errores seu reprobatas et damnatas disciplinas continentia, necnon impressorum et auctorum aliorumque id genus hominum damnatorum memoriam et nomina praeseferentia, tam per officium S. Romanae et universalis Inquisitionis quàm alias quomodocunque et qualitercunque, in genere vel in specie, pro tempore prohibita, in quibusvis mundi partibus, ad quas eos accedere contigerit – et potissimum in Alma Urbe nostra et Romana Curia – habere, tenere, legere, absque aliquo conscientiae scrupulo et cuiuscunque suspitionis vel infamiae aut censurarum ecclesiasticarum incursu, libere et licite possint et valeant, ita quod in futurum nullatenus super retentione librorum, scripturarum, extractuum, explicationum et commentariorum huiusmodi impediri, molestari vel argui seu inquiri possint, plenam et liberam licentiam, facultatem et auctoritatem concedimus et impartimur ac desuper cum eis indulgemus.

Districtius inhibentes quibusvis aliis, tam ecclesiasticis quam saecularibus personis, etiam quacunque auctoritate, praecellentia et dignitate fungentibus, etiam cardinalatus honore praeditis, ne eosdem libros, extractus seu scripturas et commentaria huiusmodi, etiam, ut praefertur, specificata, quovis quaesito colore etiam cuiusvis privilegii a nobis et a praedecessoribus nostris vel ab ipso S. Inquisitionis officio hactenus concessi praetextu, penes se retinere aut tenere, legere et explicare, absque cardinalium praedictorum nova facultate et licentia, sub excommunicationis maioris et latae sententiae poena, quam eò ipso in his ferimus scriptis, ac aliis poenis et constitutionibus[47] à sacris canonibus inflictis et in Indice huiusmodi contentis, audeant seu praesumant. Ac decernentes irritum.[48]

Et nihilominus eisdem supranominatis cardinalibus, dilectis filiis nostris, quando eis vel eorum maiori parti videbitur et placuerit, in plena congregatione tantum, similem licentiam concedendi quibuscunque personis, cuiuscunque dignitatis, status, gradus, ordinis et praeeminentiae existentibus, supradictos libros, etiam cuiuscunque damnatae lectionis, tenendi, habendi, legendi et interpretandi seu explicandi ad tempus vel in perpetuum et concessam revocandi, similiter licentiam et facultatem concedimus et impartimur de gratia speciali.

---

[47] ‡ *besser*: censuris

[48] ‡ Ac decernentes irritum: *Die hier abgekürzte Nichtigkeitsklausel lautet in Dok. C 4*: [decernentes] irritum et inane, quicquid secus super his per quoscunque scienter vel ignoranter contigerit attentari […].

Non obstantibus Lateranensis[49] et quorumcunque conciliorum ac aliis apostolicis, necnon in provincialibus et synodalibus conciliis edictis, generalibus vel specialibus constitutionibus et ordinationibus, statutis etc., etiam iuramento roboratis, privilegiis quoque, indultis et literis apostolicis pro tempore existentibus S. Inquisitionis huiusmodi maioribus inquisitoribus et quibusvis etiam S. R. E. cardinalibus caeterisque ad dictum officium in dicta urbe et alibi deputatis, ac alias, in genere vel in specie, etiam cum censurarum et poenarum incursu aliisque decretis et clausulis, sub quibuscunque tenoribus et formis, etiam motu proprio etc. seu etiam consistorialiter ac alias quomodolibet concessis. Quibus omnibus, etiam si de illis etc. tenores etc.[50], hac vice latissime, specialiter et expresse derogamus ac sufficienter derogatum esse decernimus caeterisque contrariis quibuscunque, cum clausulis opportunis.

Fiat motu proprio I.[51]

Et de concessionibus, impartitionibus, indultis, inhibitione, singulis decretis, derogatione, declaratione, de ac pro omnibus et singulis praemissis, ut supra, latissime extendendis, et cum opportuna, si videbitur, exequutorum deputatione etc. etiam sub censuris etc. cum potestate aggravandi etc. invocato ad hoc, si opus fuerit, auxilio brachii saecularis. Et cum derogationibus constitutionum de una et de duabus dietis[52], non tamen ultra tres, ac praedictorum et quorumcunque aliorum quomodolibet contrariorum ad effectum etc. latissime extendendis. Et quod praesentis nostri motus proprii sola signatura sufficiat et ubique fidem faciat, in iudicio et extra, regula contraria non obstante, seu, si videbitur, literae per breve nostrum cum praemissorum omnium et singulorum etiam qualitatum ac nominum et cognominum consultorum[53] huiusmodi maiori et veriori specificatione et expressione expediri possint.[54]

Datum Romae, apud S. Marcum, sexto Kalendas Septembris, anno quinto.

---

49 Dok. A 2.

50 ‡ illis … tenores etc.: *die hier abgekürzte Formel lautet in Dok. C 5*: illis eorumque totis tenoribus specialis, specifica, expressa, non autem per clausulas generales idem importantes mentio aut quaevis alia expressio habenda esset, eorum tenores, ac si ad verbum insererentur, praesentibus pro expressis atque insertis habentes, illis aliàs in suo robore permansuris, hac vice […].

51 »I.« für »Ioannes Angelus«, den Taufnamen des Papstes; zu diesem für den Urkundentyp typischen Usus: Felix Grat, Étude sur le Motu Proprio des origines au debut du XVIe siécle, préface par Georges Tessier, Melun 1945, S. 8, 16.

52 Vgl. Dok. C 3, Anm. 69.

53 Zur Aufgabe der Konsultoren des SO vgl. Einf., Kapitel II.4.4.b), zu Anm. 235.

54 ‡ *Am Rand des Absatzes*: Fiat I.<oannes>

C 3 | 1570 November 19: Motuproprio »Licet alias postquam« Pius' V.

Der Papst setzt Tomás Manrique OP, Magister Sacri Palatii, zum Beauftragten für Bücher-Expurgationen im Sinne der II. und VIII. Trienter Indexregel ein (vgl. Dok. A 9). Er erhält zu diesem Zweck Weisungsbefugnis gegenüber allen Klerikern und Prälaten aus dem Welt- und Ordensklerus, in Rom und in der Universalkirche. Expurgierte Werke sollen unter seiner Aufsicht in der Stamperia del Popolo Romano erscheinen. Vgl. Einf., Kapitel II.3.4.b).

Nur Monate später richtet derselbe Papst die Indexkongregation ein und übertrug ihr beinahe identische Aufgaben. Kraft der von dem Nachfolger, Gregor XIII., dieser Kongregation gegebenen »Gründungsbulle« vom 13. September 1572 (Dok. C 4) musste das Motuproprio an Manrique als anulliert gelten. Mit der Einführung des Index Clementinus jedoch wurden dem Magister Sacri Palatii alle älteren Fakultäten restituiert (Dok. A 14). Die Folge waren lang andauernde Kompetenzstreitigkeiten zwischen dem Palast-Magisterium und der Indexkongregation. Im Jahr 1606 scheiterte ein Antrag des damals amtierenden Magisters Guanzelli an den Papst, das Motuproprio von 1570 zu erneuern.

***Lit.:** Fragnito, Bibbia (wie Dok. A 3, Lit.), S. 114f.; Dies., La censura ecclesiastica in Italia: volgarizzamenti biblici e letteratura all'Indice. Bilancio degli studi e prospettive di ricerca, in: Maria Vega u. a. (Hg.), Reading and Censorship in Early Modern Europe: Barcelona, 11–13 de diciembre de 2007 (Studia aurea monografica 2), Barcelona 2010, S. 39–56, hier: S. 48; Dies., »Zurai non legger mai più« (wie Dok. A 15, Lit.); Frajese, Nascita (wie Dok. A 2, Lit.), S. 276; IdLI 9 (1994), S. 23f.; Rebellato, Miraggio (wie Dok. A 13, Lit.), S. 723f.; Rozzo, Letteratura italiana (wie Dok. A 7, Lit.), S. 49f.*

***V.:** Einblattdruck, ohne Impressum, Exemplar: ASV Misc. Arm. IV 30, fol. 5 (von Hand unterschrieben und mit Spuren eines Siegels); n. ders. Vorlage auch bei Hilgers, Index (wie Dok. A 1, Lit.), S. 510–513.*

Pius Papa V. [55]
Motu proprio etc.[56]

Licet alias, postquam felicis recordationis Paulus IV. [57] praedecessor noster, fidei catholicae zelator egregius, ut fidelium saluti consuleret utque haereticorum memoriam damnaret, librorum prohibitorum Indicem[58] nomina et labores ipsorum haereticorum continentia folia prohiben<tem> promulgaverat, et sacrosancta Tridentina synodus propter multorum inobedientiam pro aliquali temperamento quibusdam praelatis inibi interessentibus mandaverat, ut novum Indicem[59] face-

[55] Vgl. Dok. A 8, Anm. 91.
[56] ‡ etc.: *die Vorlage kürzt die für den Urkunden-Typ »Motuproprio« üblichen Formeln ab.*
[57] Papst Paul IV., vgl. Dok. A 4, Anm. 39.
[58] Index 1559.
[59] Index 1564.

rent; ipsique inter alia Regula prima[60] super libris de religione non tractantibus edita voluerint, ut ii ipsorum et theologorum iussu a theologis revisi et approbati permittantur, ii vero, qui catholice conscripti tam ab illis, qui postea in haeresim lapsi sunt, quam ab illis, qui post lapsum ad ecclesiae gremium rediere, approbati a facultate theologica alicuius universitatis catholicae, ab inquisitore permitti possint; et per Regulam VIII.[61] statuerint, ut libri, quorum principale argumentum bonum est, in quibus tamen aliqua obiter inserta sint, quae ad haeresim aut suspicionem haeresis spectant, expurgati inquisitoris generalis auctoritate concedi possint; idemque sit iudicium de prologis, summariis, annotationibus, quae a damnatis auctoribus libris non damnatis apposita sunt, dummodo posthac non inemendati concedantur.

Cum tamen talis diligentia ab ordinariis seu inquisitoribus facta non sit, quinimmo quamplures christifideles, suae salutis immemores ac prohibitiones huiusmodi parvifacientes, libris prohibitis indifferenter utantur, in grave animarum suarum praeiudicium et gravamen, Nos, tam ex iniuncto generali apostolicae servitutis officio, quam particulari quadam charitate impulsi ac cupientes tam animarum saluti quam studiosorum conscientiis opportune providere, necnon singulorum Indicum praefatorum tenores ac formas et ordines praesentibus pro expressis habentes, motu simili etc.

Dilecto filio Thomae Manrique[62] ordinis Praedicatorum et theologiae professori, Sacri Palatii nostri magistro per praesentes committimus et mandamus, ut quoscunque libros, quos duxerit esse necessarios et opportunos ac ex eis aliquam utilitatem per christifideles percipi posse ad bene beateque vivendum, cuiuscumque idiomatis et facultatis, ratione additionum seu prooemiorum, traductionum et his similium sive quacunque alia ratione prohibitos, dummodo de religione ex professo non tractent nec ab haeresiarchis composita sint, officium[63] beatae Mariae virginis, in quo ad praesens multa superflua et quae ad varias superstitiones non sine maximo scandalo lectores inducunt, tam ratione rubricarum quam aliorum in eodem per impressores additorum consistunt, per se vel alium seu alios, quos ad id idoneos esse iudicaverit, arbitrio suo corrigat, emendet et purget, prout iam alias per ipsum exequutum fuit in »Consiliis«[64]

---

[60] »Regula prima«: tatsächlich die II. Indexregel, die hier aber verstellt wiedergegeben wird, vgl. Dok. A 9, Rgl. II.

[61] Ebd., Rgl. VIII.

[62] Tomás Manrique OP (gest. 1573), von 1565 bis 1573 MSP. – Zu den Personen (wo nicht anders vermerkt) vgl. GruFo 1542–1700: (III) Personen.

[63] Erschien u. d. T.: Officium b. Mariae Virginis nuper reformatum et Pii V Pont. Max. iussu editum, Romae: in aedibus Populi Romani, 1571. Das Marienoffizium wurde v. a. im Elementarunterricht verwendet und war um 1600 einer der verbreitetsten Texte überhaupt in Italien: Paul F. Grendler, Schooling in Renaissance Italy: Literacy and Learning, 1300–1600, Baltimore 1989, S. 353; vgl. auch Fragnito, Censura ecclesiastica (s. Lit.), S. 48 mit Anm. 35, und Dies., »Zurai non legger mai più« (wie Dok. A 15, Lit.), S. 369–371.

[64] Gemeint ist wohl der Druck: Purgatio Consiliorum Alexandri de Imola et Philippi Decii, Mediolani: Pacificus Pontius, 1570. Dabei handelt es sich um eine von Manrique publizierte 15-seitige Expurgation der von Charles Dumoulin herausgegebenen »Consilia«, vgl. Dok. A 7, Anm. 67f.

Decii et Alexandri Fusii[65]. Eosque sic correctos et emendatos in Officina populi romani impressoria[66] in hac alma urbe nostra ad hoc erecta diligenter et fideliter imprimi curet et mandet, ita quod dicta impressione non dum sequuta illi sic purgati lectoribus possint permitti, ea vero sequuta et illis, ut praemittitur, impressis Index Pauli praedecessoris huiusmodi statim suum pristinum obtineat vigorem, in illis tamen partibus et quoad illos, qui libros noviter impressos huiusmodi habere poterunt.

Sed cum huiusmodi providentia universis christifidelibus utilis futura sit et non solum unius sed multorum vires excedat, ut praemissa omnia eo celerius executioni demandentur, omnibus et singulis venerabilibus fratribus nostris patriarchis, archiepiscopis et episcopis ac dilectis filiis generalibus, abbatibus, prioribus, ecclesiarum praepositis, decanis et quibusvis aliis praelatis tam saecularibus quam regularibus et cuiusvis dignitatis, status, gradus, ordinis et conditionis existentibus ac quacunque dignitate et praeeminentia etiam maiori fungentibus in virtute sanctae obedientiae ac sub excommunicationis maioris latae sententiae aliisque arbitrio nostro moderandis, infligendis et imponendis poenis, ut iuxta ordinem nostrum per litteras supradicti Magistri eis significandum, quando et quoties pro parte dicti Thomae fuerint requisiti, huic provinciae per se vel subditos suos omni dilatione postposita incumbant et, quam primum poterunt, diligentias sic per eos factas ipsi Thomae transmittant, ut unicuique, quam maxime poterimus, purgatam doctrinam ac uniformitatem doctrinae tribuamus, nos enim tam eidem Thomae quam iis, quos idem Thomas ad hoc duxerit deputandos praemissa exequentibus, necnon tam in Urbe praefata, quam extra eam, etiam in alienis regnis, dominiis et terris, quos, quando et quoties sibi videbitur, etiam si episcopali, abbatiali aut alia tam maiori, etiam cardinalatus, quam inferiori dignitate praefulgeant, ad praemissa seu praemissorum aliqua facien<da> poenis sibi benevisis auctoritate nostra cogendi; necnon, ut libri sic correcti illibati usquequaque remaneant, quibuscunque aliis librorum impressoribus, ne illa infra terminum ab eo statuendum imprimere audeant, sub eisdem poenis inhiben<di>; aliaque in praemissis et circa ea necessaria et opportuna facien<di> et exequen<di> praemissa, plenam et liberam licentiam et facultatem concedimus.

Districtius inhibentes etc. Decernentes quoque praesentes et desuper conficiendas litteras ullo unquam tempore de subreptionis vel obreptionis vitio aut intentionis nostrae vel quoquam alio defectu notari, impugnari, invalidari non posse minusque sub quibusvis similium vel dissimilium gratiarum revocationibus, suspensionibus, limitationibus, derogationibus et aliis contrariis dispositionibus comprehendi, sed semper ab illis exceptas, et quoties illae emanabunt,

---

65 ‡ Fusii [=Fuchsii?]: *Bezug und Sinn hier unklar*

66 Stamperia del Popolo Romano: Von Pius IV. 1561 zum Druck der vom Trienter Konzil geforderten Editionen (Index, Brevier, Missale, Katechismus etc.) gegründete Druckerei im Besitz der römischen Kommune. Sie wurde bis Sommer 1570 von Paolo Manuzio (1512–1574) geführt, danach verlor sie unter der Führung Fabrizio Gallettis rasch an Bedeutung: Francesco BARBERI, Paolo Manuzio e la stamperia del popolo romano (1561–1570). Con documenti inediti, Rom 1986; D'AVRAY/WALWORTH (wie Dok. A 3, Lit.), S. 191, Anm. 11.

toties in pristinum statum restitutas, repositas et plenarie reintegratas esse. Sicque ab omnibus censeri, et ita per quoscunque iudices etc. sublata etc. iudicari debere, irritum quoque etc.

Non obstantibus praemissis ac quibusvis apostolicis, necnon in provincialibus et synodalibus ac universalibus conciliis editis, specialibus vel generalibus, constitutionibus ac quibusvis, etiam iuramento etc. roboratis statutis et consuetudinibus, privilegiis quoque, indultis etc., sub quibuscunque tenoribus ac formis ac cum quibusvis etiam derogatoriarum etc. etiam motu simili etc. concessis etc. quibus omnibus etc., illorum tenores etc. hac vice latissime derogamus, ceterisque contrariis quibuscunque cum clausulis opportunis et consuetis.

Fiat motu proprio M.[67]

Et cum absolutione a censuris ad effectum etc. Et quod Indicum, Regularum et ordinum etc. tenores habeantur pro expressis, seu in toto vel parte exprimi possint. Et mandato, commissione, inhibitione, decreto et aliis praemissis, quae hic pro repetitis habeantur, et ad partem in forma gratiosa et cum opportuna, si videbitur, iudicum et executorum deputatione, qui assistant et praemissa observari faciant, etiam sub censuris etc. cum potestate citandi etc. inhibendi etc. invocato etc. saecularis et cum derogatione Bonifacianae[68] et Concilii[69] de dietis, dummodo non ultra tres, latissime exten<dendis>. Et quod praesentis motus proprii sola signatura sufficiat et ubique fidem faciat in iudicio et extra, regula quacunque contraria non obstante. Et cum decreto, quod praesentium transumptis, etiam impressis, manu summatoris[70] seu eius praesidentis[71] subscriptis et eius sigillo munitis eadem prorsus fides adhibeatur, quae ipsis originalibus litteris adhiberetur, si forent exhibitae vel ostensae.[72]

Datum Romae, apud S. Petrum, tertio decimo Kalendas Decembris, anno quinto.

Nicolaus Aragonia[73] praesidens[74]

---

[67] »M.« für »Michele«, den Taufnamen des Papstes, vgl. Dok. C 2, Anm. 51.

[68] Vgl. Dok. C 1, Anm. 31.

[69] Kanon des IV. Laterankonzils (1215): Gerichtliche Ladungen mussten nicht befolgt werden, wenn das ladende Gericht mehr als zwei Tagreisen von der Diözese des Zitierten entfernt lag. Bonifaz VIII. setzte das Limit auf eine Tagreise herab (Liber Extra, lib. 1, tit. 3, c. 28: Friedberg 2, S. 32; Liber Sextus, lib. 1, tit. 3, c. 11: ebd., S. 941f.).

[70] Summator od. Summista der apostolischen Kanzlei: das Amt wurde im Jahr 1500 von Alexander VI. für die Ausfertigung von Urkunden in Kurzform (»in forma abbreviata«) eingeführt, näher umschrieben wurde es von Pius V. 1570, der es zu einem kardinalizischen Amt erhob, seit 1690 war der Vizekanzlers der Hl. Kirche stets auch Summator der Kanzlei: Del Re, Curia Romana (wie Dok. A 32, Lit.), S. 441.

[71] Praesidens cancellariae: der Stellvertreter des Summators.

[72] ‡ *Am Rand des Absatzes*: Fiat M.<ichele>

[73] Niccolò Aragonia (junior), über ihn: Dario Rezza, Mirko Stocchi, Il Capitolo di San Pietro in Vaticano dalle origini al XX. secolo. Vol. I: La storia e le persone (Archivum Sancti Petri I/1), Vatikanstadt 2008, S. 290.

[74] *von Hand unterschrieben*

C 4 | 1572 September 13: Bulle »Ut pestiferarum opinionum« Gregors XIII.

Am 5. März 1571 rief Papst Pius V. durch einen mündlichen Beschluss die Indexkongregation ins Leben. Am 27. März 1571 traten die Mitglieder zu ihrer ersten Sitzung zusammen, danach fanden Sitzungen ca. alle zwei bis drei Wochen statt. Der Papst hatte bei seinem Beschluss im März offenbar eine Ad-hoc-Kommission vor Augen gehabt, die nach getaner Arbeit bald wieder aufgelöst werden könnte. Tatsächlich aber erwies sich die Arbeit als überaus langwierig, so dass der Nachfolger Pius' V., Gregor XIII., das Gremium mit der vorliegenden Bulle verstetigte und dessen Kompetenzen festschrieb.

In dem Dokument erteilt der Papst der Kongregation weitreichende Vollmacht in allen Bereichen, die von dem Index und den allgemeinen Pressegesetzen tangiert wurden: Sie darf u. a. Bücherverbote aussprechen und (Druck-) Genehmigungen erteilen. Ferner entscheidet sie autoritativ alle Zweifelsfragen, die sich aus dem Index und den Indexregeln ergeben, wofür die Kardinalmitglieder mit Weisungsbefugnis und Strafgewalt gegenüber allen Prälaten, Klerikern und Laien (nicht jedoch Kardinälen!) in der Universalkirche ausgestattet werden. Ihren Konsultoren darf die Kongregation Leselizenzen erteilen. Vgl. auch Einf., Kapitel II.3.4.c).

Die Bulle wurde im Druck verbreitet. Eine ansonsten textidentische handschriftliche Überlieferung führt anstelle der sieben Kardinäle, welche die Druckversion nennt, nur fünf Namen auf. In der handschriftlichen Version fehlen die Kardinäle Michele Bonelli und Nicolas de Pellevé.

Papst Sixtus V. umschrieb 15 Jahre später noch einmal die Kompetenzen der Indexkongregation in der Bulle »Immensa aeterni Dei« (Dok. C 5).

***Lit.:** FRAGNITO, Bibbia (wie Dok. A 3, Lit.), S. 115f.; FRAJESE, Nascita (wie Dok. A 2, Lit.), S. 97f.; DERS., Politica (wie Dok. A 11, Lit.), S. 270f.; IdLI 9 (1994), S. 24f., 272f.; HILGERS, Index (wie Dok. A 1, Lit.), S. 11; WOLF/SCHMIDT (wie Dok. A 22, Lit.), S. 54.*

***V.:** Separatdruck, Romae: Heredes Antonii Bladii, 1572, 2 Bl., fol., Exemplar: BCas Per. est. 18/2, n° 263; identisches Exemplar in: BAV Editti 2 (1566–1585), fol. 141f.; verglichen mit der hs. Originalausfertigung für Kard. Gulielmo Sirleto, Pergament, 42 x 56 cm, ehemals mit (Blei-) Bulle am Faden, verso der zeitgenössische Vermerk »Pro cardinale Sirleto facultas supra Indicem librorum prohibitorum«: ASV Instr. Misc. 4038 D (im Apparat Sigle: ASV), danach auch der Text-Abdruck in: HILGERS, Index (wie Dok. A 1, Lit.), S. 514–516.*

***Weitere Quellen:** Pietro TACCHI-VENTURI (Hg.), Diario Concistoriale di Giulio Antonio Santori cardinale di S. Severina, in: Studi e documenti di storia e diritto 23 (1902), 24 (1903), 25 (1904), 297–347 [I], 73–142 [II], 89–135 [III], hier: [I] S. 322 (über das Konsistorium vom 5.3.1571 und den Beschluss zur Gründung der Indexkongregation).*

Bulla S. D. N. Gregorii Papae XIII. super recognitione Indicis et expurgatione librorum prohibitorum:[75]

Gregorius episcopus[76]
servus servorum Dei

Dilectis filiis Gulielmo S. Laurentii in Palisperna Sirleto[77], Gabrieli S. Martini in Montibus Paleoto[78], Michaeli S. Mariae super Minervam[79], Nicolao SS. Ioannis et Pauli de Pelve[80], Archangelo S. Caesarei Theanensi[81], Felici S. Hieronymi Illyricorum de Monte Alto[82] et Vincentio S. Nicolai Iustiniano[83] nuncupatis, presbyteris cardinalibus, salutem et apostolicam benedictionem.[84]

Ut pestiferarum opinionum disseminandarum omnis tollatur occasio et conscientiarum tranquillitati, quantum in nobis est, consulatur, vehementer cupimus Indicem librorum prohibitorum[85] in eam formam primo quoque tempore redigi, ut christifideles intelligant, quos libros tuto legere possint et a quibus abstinere debeant, neque ullus cuiquam super ea re scrupulus aut dubitatio relinquatur.

Cuius rei quoniam vobis cura ab hac Sancta Sede mandata est, ut in suscepto munere maiori cum auctoritate versari idque liberius atque expeditius ad finem, Deo favente, perducere valeatis, et praeterea hoc opus remotis aliorum expurgationibus, quae diversitatem afferre possent, in publicum uniformiter prodeat, omnes et quascunque facultates ad omnia infrascripta cuiuscunque status, ordinis et conditionis personis a praedecessoribus nostris et praedicta Sede, ex quibusvis causis ac sub quibuscunque tenoribus et formis concessas, revocantes et abolentes, neminique posthac quocunque modo suffragari debere, necnon irritum et inane, quicquid secus super his per quoscunque scienter vel ignoranter contigerit attentari, decernentes.[86]

---

75 ‡ Bulla … prohibitorum: *ASV fehlt*

76 Ugo Boncompagni (1502–1585), von 1572 bis 1585 Papst Gregor XIII. – Zu den Personen (wo nicht anders vermerkt) vgl. GruFo 1542–1700: (III) Personen.

77 Kard. Gulielmo Sirleto (1514–1585), Gründungsmitglied der CIndex (seit 3.1571), seit dem 27.11.1571 Dekan der Kongregation.

78 Kard. Gabriele Paleotti (1522–1597), hier erstmals als Mitglied der CIndex erwähnt, erste Teilnahme an einer Sitzung aber erst am 17.11.1582.

79 Kard. Michele Bonelli OP (1541–1598), hier erstmals als Mitglied der CIndex erwähnt, erste Teilnahme an einer Sitzung aber erst (wie Paleotti) am 17.11.1582.

80 Kard. Nicolas de Pellevé (1515–1594), hier erstmals als Mitglied der CIndex erwähnt, erste Teilnahme an einer Sitzung aber erst am 7.5.1580.

81 Arcangelo Bianchi OP (1516–1580), Gründungsmitglied der CIndex (seit 3.1571).

82 Kard. Felice Peretti da Montalto OFMConv (Sixtus V.), vgl. Dok. A 11, Anm. 156.

83 Vincenzo Giustiniani OP (1519–1582), Gründungsmitglied der CIndex (seit 3.1571).

84 ‡ Dilectis … benedictionem: *ASV* Dilectis filiis Gulielmo S. Laurentii in Palisperna Sirleto, Gabrieli S. Martini in Montibus Paleoto, Archangelo S. Cesarei Theanensis, Felici S. Hieronimi Illiricorum de Monte Alto et Vincentio S. Nicolai Iustiniano nuncupatis presbiteris cardinalibus saultem et apostolicam benedictionem.

85 Der letzte amtliche Index war der Index Tridentinus (Index 1564).

86 Unter diese Revokation dürfte v. a. auch Dok. C 3 gefallen sein.

Vobis, quorum fides, prudentia et experientia satis perspecta est, seu maiori vestrum parti, ut etiam adhibitis spectatae fidei viris sacrae theologiae et canonum peritis secularibus et regularibus, quibus solis et ad hunc duntaxat effectum libros prohibitos tenendi et legendi licentiam tribuere possitis, omnes et quascunque obscuritates et difficultates in ipso Indice et eius Regulis[87] exortas et in posterum emergentes declarare, aperire et definire; libros haereticorum aut suspectorum aut quoquomodo improbatorum scriptorum expurgare; quos libros prohibendos prohibere, quos permittendos esse censebitis permittere; in eo Indice non comprehensos reponere, permissos tollere; venales, qui videbuntur, ubique locorum etiam prohibere; prohibitos ac peritorum opera expurgatos et a vobis probatos legendos et tenendos permittere; quae videbuntur addere, mutare, supplere et emendare; utque res ipsa facilius utiliusque peragatur, universis et singulis patriarcis, archiepiscopis, episcopis, abbatibus caeterisque locorum ordinariis et praeterea doctoribus, magistris, bibliopolis, impressoribus, librariis, mercatoribus, gabellariis aliisque omnibus cuiuscunque gradus, ordinis aut dignitatis, ut in omnibus, quae ad dicti Indicis explicationem, reformationem et directionem pertinere videbuntur, vobis prorsus obtemperent vestramque sine ulla refragatione iussionem et auctoritatem sequantur, sub poenis et censuris arbitrio vestro imponendis praecipere, caeteraque omnia eodem pertinentia et alias super iis necessaria et opportuna, prout vobis in Domino animarum saluti et tranquillitati videbitur expedire,[88] facere et exequi valeatis, plenam et liberam auctoritatem et facultatem concedimus.

Non obstantibus constitutionibus et ordinationibus apostolicis caeterisque contrariis quibuscunque. Volumus autem harum literarum exemplis manu notarii publici aut secretarii[89] vestri subscriptis et sigillo alicuius vestrum munitis eandem prorsus ubique fidem adhiberi, quae ipsis praesentibus adhiberetur, si essent exhibitae vel ostensae. Nulli ergo omnino hominum liceat hanc paginam nostrae revocationis, abolitionis, decreti, concessionis et voluntatis infringere vel ei ausu temerario contraire. Si quis autem hoc attentare praesumpserit, indignationem omnipotentis Dei ac beatorum Petri et Pauli apostolorum eius se noverit incursurum.

---

[87] Dok. A 9.

[88] Zur Zwangsgewalt der CIndex über Personen vgl. Dok. C 6.

[89] Der (mit Ausnahme des ersten Amtsträgers) immer dem Dominikanerorden angehörige Sekretär der CIndex erfüllte in der Kongregation notarielle Aufgaben. Er zeichnete deshalb neben dem Dekan bzw. Präfekten auch die publizierten Kongregationsdekrete gegen. Zu beachten ist in diesem Zusammenhang das päpstliche Privileg an den Dominikanerorden vom 27.2.1554, mit dem Julius III. Brüdern des Dominikanerordens notarielle Funktionen in Inquisitionsprozessen gestattet, auch wenn sie vor ihrem Ordenseintritt nicht den Notarsberuf ausgeübt hatten: Fontana (Hg.), Documenti (wie Dok. A 4, Lit.), S. 426f. Im ersten Sitzungstagebuch bzw. Dekret-Register der Kongregation ist außerdem von der durch Sixtus V. dem »Index«-Sekretär verliehenen Fakultät die Rede, »in publicam formam notariorum acta Congregationis redigendi«: ACDF Index Diari 1 (1571–1606), fol. 69r.

Datum Romae, apud S. Marcum, anno incarnationis dominicae millesimo quingentesimo septuagesimo secundo, Idibus Septembris, pontificatus nostri anno primo.

Caesar Glorierius[90]

Matthaeus datarius[91]

Alexius de Alexiis[92]

Registrata apud Caesarem[93] secretarium

---

90 Cesare Glorierio bzw. César Grolier, von ca. 1556 bis 1585 päpstlicher Brevensekretär: Konrad M. Färber, Der Brevensekretär Cesare Glorierio. Ein Beitrag zur Geschichte der kurialen Sekretariate in der zweiten Hälfte des 16. Jahrhunderts, in: QFIAB 67 (1987), S. 198–220.

91 Matteo Contarelli bzw. Matthieu Cointerel (1519–1585), von 1572 bis 1585 Datar Gregors XIII., ab 1583 Kard.: Storti (wie Dok. A 11, Anm. 291), S. 169.

92 Vgl. Dok. A 11, Anm. 291.

93 Cesare Glorierio.

C 5 | 1588 Januar 22: Konstitution »Immensa aeterni Dei« Sixtus' V.

Als Hauptmaßnahme einer umfassenden Kurienreform richtet Papst Sixtus V. 15 Kardinalskongregationen ein und definiert deren jeweiligen Geschäftsbereich. Mit der Verteilung der zuvor im Konsistorium konzentrierten Geschäftstätigkeit auf diese »Ressortministerien« erhielt der Papsthof seine für die Neuzeit typische Struktur. Die Kongregationen für die Inquisition und den Index, die bereits vor der Kurienreform bestanden, werden bestätigt, ihr jeweiliger Kompetenzbereich aber zum Teil neu umschrieben. Erst im Jahr 1908 sollte wieder eine Reform der Kurie in vergleichbaren Dimensionen stattfinden (Dok. C 11). Vgl. auch Einf., Kapitel II.3.4.d).

Literatur und Quellenwerke drucken die Konstitution meist nach der Version im Bullarium Romanum ab. Der Text hier folgt hingegen dem Originaldruck, der im Unterschied zu späteren Versionen die Namen der Kongregationsmitglieder nennt und mit Randglossen versehen ist.

Lit.: *Paul Maria* B*AUMGARTEN*, *Neue Kunde von alten Bibeln. Mit zahlreichen Beiträgen zur Kultur- und Literaturgeschichte Roms am Ausgange des sechzehnten Jahrhunderts, Bd. 1, Rom 1922, S. 106–109 (u. a. zur Glossierung); Agostino* B*ORROMEO*, *La congregazione cardinalizia dell'Inquisizione (XVI–XVIII secolo), in:* D*ERS*. *(Hg.): L'inquisizione. Atti del simposio internazionale, Città del Vaticano, 29–31 ottobre 1998 (StT 417), Vatikanstadt 2003, S. 324–344, hier: S. 329–331, 334;* F*RAJESE*, *Politica (wie Dok. A 11, Lit.), S. 297–299;* D*EL* R*E*, *Curia romana (wie Dok. A 32, Lit.), S. 33–38 u. ö.; Birgit* E*MICH*, *Territoriale Integration in der Frühen Neuzeit. Ferrara und der Kirchenstaat, Köln 2005, passim;* F*RAGNITO*, *Bibbia (wie Dok. A 3, Lit.), S. 147; Marco* P*ELLEGRINI*, *Il Sacro Collegio cardinalizio tra Rinascimento e Controriforma. Orientamenti tematici e bibliografici, in: Jürgen* D*ENDORFER*, *Ralf* L*ÜTZELSCHWAB* *(Hg.), Die Kardinäle des Mittelalters und der Frühen Renaissance (Millennio Medievale 95 – Strumenti e studi N. S. 33), Florenz 2013, S. 321–356; Paolo* P*RODI*, *Lo sviluppo dell'assolutismo nello Stato pontificio (secoli XV.–XVI.). Vol. 1: La monarchia papale e gli organi centrali di governo. Dalle lezioni tenute nella Facoltà di Magistero dell'Universita di Bologna nell'anno accademico 1967–68, Bologna 1968, S. 87–114; Art. »Kurie, Römische (II.)«, in: TRE 20 (1990), S. 347–352 von E.* G*ATZ*.

V.: *Separatdruck, Rom: Blado, 1588, [8] Bl., fol., Exemplar: BNCR 68.13.E.2.32; n. diesem Druck wohl auch die (Teil-)Abschrift im Dekret-Register der Indexkongregation: ACDF Index Diari 1 (1571–1606), fol. 31; der Text der Vorlage verglichen mit dem Abdruck in: BullTaur 8 (1863), S. 986–999 (Tituli, Annotationen usw. bleiben beim Textvergleich außen vor).*

S. D. N. Sixti Papae quinti[94]
constitutio

Qua congregationes XV certo S. R. E. cardinalium numero instituuntur, ut Romanae Curiae, Status Ecclesiastici ac universae reipublica christianae negocia et causae quaecunque commodius audiantur et facilius expediantur, propriae denique uniuscuiusque congregationis functiones et facultates explicantur.

Sixtus episcopus
servus servorum Dei
ad perpetuam rei memoriam

Immensa aeterni Dei omnium opifex sapientia, a fine usque ad finem fortiter attingens sic cuncta inter se admirabili concordiae nexu copulavit suaviterque disposuit,[95] ut vicissim ad suorum se munerum functiones exercendas mutuis auxiliis sublevarent. Ipsa in coelesti Hierusalem varios beatorum spirituum ordines distinxit, quorum superiores de divinae providentiae rebus inferiores illuminarent.[96] Ipsa militantis ecclesiae, quae triumphantis illius imago est, corpus variis membris discrevit, quae capiti suo glutino charitatis compacta et connexa, mutuò se adiuvarent, ex quo totius corporis salus et conservatio existeret.[97]

Quare iure optimo Romanus Pontifex, quem Christus Dominus corporis sui, quod est ecclesia, visibile caput constituit omniumque ecclesiarum solicitudinem gerere voluit,[98] multos sibi tàm immensi oneris adiutores advocat atque adsciscit, cum venerabiles episcopos fratres suos, quos toto terrarum orbe ad singulos greges pascendos mittit, tum amplissimum ordinem S. R. E. cardinalium, qui tamquam nobilissima membra capiti propius cohaerentia eidem summo Pontifici sicut Christo Domino apostoli semper assistunt.[99] Quique primi laborum et consiliorum socii sunt et participes, ut partita inter eos aliosque Romanae Curie magistratus ingenti curarum negociorumque mole ipse tantae potestatis clavum tenens divina gratia adiutrice non succumbat.[100]

Nos igitur magni illius Moysi exemplo adducti, qui cum Deo loquens soceri sui Iethro consilium de variis iudicibus constituendis non repudiavit, quique Dei iussu insignem senatum septuaginta seniorum conscripsit, qui cum eo onus populi sustinerent, ne solus ipse gravaretur,[101] pontificium hoc onus angelicis plane

---

[94] Vgl. Dok. A 11, Anm. 156. – Zu den Personen (wo nicht anders vermerkt) vgl. GruFo 1542–1700.

[95] ‡ *Am Rand*: Sap. 8 *(Weish 8,1). – Bei einigen der folgenden Bibelstellen ist der inhaltliche Zusammenhang mit dem Text nicht klar ersichtlich.*

[96] ‡ *Am Rand*: Iud. 5. Iob. 38. *(Ri 5; Ijob 38)*

[97] ‡ *Am Rand*: Rom. 12. I. Corint. 12. Ephe. 4. *(Röm 12,4–5; 1 Kor 12,12–15; Eph 4,4)*

[98] ‡ *Am Rand*: Eph 1. Coloss. 1 *(Eph 1,22–23; Kol 1,18)*

[99] ‡ *Am Rand*: 2. Corint. II. Io. 21 *(2 Kor 11; Joh 21,15–17)*

[100] ‡ *Am Rand*: I. Reg. 1. *(1 Kön 1)*

[101] ‡ *Am Rand*: Exo. 18. Num.II. *(Ex 18; Num 11)*

humeris formidandum inter senatores orbis terrae, fratres nostros cardinales,[102] apta quadam distributione pro temporum conditione, negociorum multitudine et varietate ipsaque utilitatis ratione salubriter partiri decrevimus.

Ea in primis cogitatione permoti, ut qui ex omnibus nationibus ad hanc matrem, magistram perfugiumque fidelium,[103] apostolicam Sedem, devotionis salutisque studio, iuris persequendi, gratiae impetrandae aliarumque multarum rerum causa[104] frequentissime[105] confugiunt, ii quidem et tutò et commodè – quantum in provinciis nostris praestare possumus – Romam perveniant, et ut facilius celeriusque expediantur distinctos cardinalium conventus et congregationes ad certas rerum negociorumque tractationes paratas habeant; cardinalesque ipsi distributi muneris partem levius ferant, diligentius administrent, commodius nos consulant; et denique viri primarii publicis in rebus exercitati nullo unquam tempore desint.

Itaque, motu proprio et ex certa nostra scientia ac de eorundem fratrum nostrorum S. R. E. cardinalium consilio et assensu, ex eodem sacro collegio, quod per Dei gratiam viris pietate, doctrina rerumque usu praestantibus ex omni natione abundat, congregationes XV constituimus singulisque certa negocia assignavimus, ita ut graviores difficilioresque consultationes ad nos referant, ac unicuique earum suas facultates et auctoritatem in eum modum, qui infra descriptus est, dedimus atque attribuimus.

Congregatio pro S. Inquisitione

In primis igitur, quoniam fides, sine qua impossibile est placere Deo,[106] totius spiritualis aedificationis fundamentum est, cupientes hoc preciosum depositum, quod nobis potissimùm à Christo Domino in beato Petro apostolo est creditum,[107] adversus omnes inferorum portas integrum inviolatumque custodire, congregationem S. Inquisitionis hereticae pravitatis magna praedecessorum nostrorum providentia tanquam firmissimum catholicae fidei propugnaculum in Urbe institutum[108], cui ob summam rei gravitatem Romanus Pontifex praesidere solet,[109] nos quoque confirmamus et corroboramus.

Illiusque omnia instituta omnesque et singulas facultates a Romanis Pontificibus praedecessoribus nostris cardinalibus ad eam congregationem pro tempore delectis concessas omnemque auctoritatem et potestatem eis communicatam – scilicet inquirendi, citandi, procedendi, sententiandi et definiendi in omnibus causis tam haeresim manifestam quàm schismata, apostasiam à fide, magiam, sortilegia, divinationes, sacramentorum abusus et quaecunque alia, quae etiam

[102] ‡ *Am Rand*: Luc. 22. *(Lk 22,32)*
[103] ‡ *Am Rand*: 1 Tim 3 *(1 Tim 3)*
[104] ‡ aliarumque … causa: *BullTaur* aliasve multiplices ob causas
[105] ‡ frequentissime: *V.* frequentissimi
[106] ‡ *Am Rand*: Heb. II & I. Cor.3. *(Hebr 11,6; 1 Kor 3)*
[107] ‡ *Am Rand*: I. Timoth. 6. & 2. 1. *(1 Tim 6,20; 2 Tim 1,12)*
[108] ‡ institutum: *BullTaur* institutam | zur Gründung des SO: Dok. C 1.
[109] ‡ *Am Rand*: Cant. 4 & 8. *(Hld 4,4.8,9)*

praesumptam haeresim sapere videntur, concernentibus, non solùm in Urbe et statu temporali nobis et huic Sanctae Sedi subiecto, sed etiam in universo terrarum orbe, ubi christiana viget religio, super omnes patriarchas, primates, archiepiscopos, episcopos[110] et alios inferiores ac inquisitores, quocunque privilegio illi suffulti sint –, quorum ac aliorum praedictorum series his nostris literis ad verbum expressa censeatur, confirmamus. Ea denique omnia, veluti[111] per eosdem praedecessores circa eandem congregationem illiusque iurisdictionem et auctoritatem decreta fuerunt, nos itidem statuimus atque decernimus. Exemptiones quoque immunitates, privilegia atque indulta etiam eiusdem Officii ministris, vel in hunc usque diem concessa usuque[112] recepta, pariter approbamus.

Obnixè in Domino hortantes, et per viscera misericordiae Iesu Christi et per eius tremendum iudicium obtestantes, charissimos in Christo filios nostros in imperatorem electum omnesque reges ac dilectos filios nobiles viros rerumpublicarum aliosque duces illisque regendis et administrandis praepositos ac singulos orbis terrarum principes et magistratus, quibus gladii saecularis potestas ad malorum vindictam à Deo est tradita,[113] per eam ipsam, quam se tueri promiserunt, catholicam fidem, ut sic suas quisque partes sive in praestando ministris praedictis auxilio sive in criminum post ecclesiae sententiam animadversione interponat[114] (quod eos pro eorum pietate libenter facturos confidimus), ut eorum quoque praesidio ministri ipsi tantum munus tamque salutiferum pro regis aeterni gloria ac religionis incremento feliciter exequantur. Cuius pii christianique obsequii principes ipsi et magistratus amplissimum à Domino praemium recepturi sunt in aeternae beatitudinis consortio catholice fidei assertoribus et defensoribus praeparatum.

In his autem omnibus nostra est intentio, ne in officio S. Inquisitionis in regnis et dominiis Hispaniarum Sedis apostolicae auctoritate superioribus temporibus instituto, ex quo uberes in agro Domini fructus in dies prodire conspicimus, nobis aut successoribus nostris inconsultis aliquid innovetur.

Huius autem congregationis cardinales hi sunt:
Ludovicus Madrutius[115] tituli S. Anastasiae presbyter cardinalis
Iulius Antonius tituli S. Bartholomaei in Insula presbyter cardinalis
S. Severinae[116]
Petrus de Deza[117] tituli S. Hieronymi Illyricorum presbyter cardinalis
Ioanncs Antonius[118] tituli SS. Quatuor Coronatorum presbyter cardinalis

[110] ‡ episcopos: *BullTaur fehlt*
[111] ‡ veluti: *BullTaur* quae veluti
[112] ‡ usuque: *BullTaur fehlt*
[113] ‡ *Am Rand*: Rom. 13 & 1. Pet. 2. *(Röm 13; 1 Petr 2,14)*
[114] ‡ interponat: *BullTaur* interponant
[115] Kard. Ludovico Madruzzo, vgl. Dok. B 4, Anm. 40.
[116] Kard. Giulio Antonio Santori, vgl. ebd.
[117] Kard. Pedro de Deza, vgl. ebd.
[118] Kard. Giovanni Antonio Facchinetti (1519–1591), von ca. 1584 bis 1591 Mitglied des SO, vom 29.10. bis zum 30.12.1591 Papst (Innozenz IX.).

Ioannes Baptista[119] tituli S. Marcelli presbyter cardinalis
fr. Hieronymus tituli S. Thomae in Parione presbyter cardinalis Asculanus[120]
fr. Constantius Sarnanus[121] tituli S. Petri in Monte Aureo presbyter cardinalis

[*Es folgen Abschnitte über die Kongregation für die Signatura Gratiae (II.), die Konsistorialkongregation (III.), die Kongregation für die Lebensmittelversorgung des Kirchenstaats (IV.), die Ritenkongregation (V.) und die Flottenkongregation (VI.).*]

Congregatio pro Indice librorum

Quia verò haeresis morbus animae perniciosissmus ut cancer serpit,[122] et filii tenebrarum arcem catholicae veritatis omni machinationis genere oppugnant, libris praesertim haeresis veneno infectis promulgandis aliisque noxia doctrina aspergendis corrumpendisque postulat à nobis pastoralis officii solicitudo, ut vulpes dolosas et lupos rapaces[123] ab ovili Christi omnia vilgilantia arceamus.[124]

Quare, ut cardinales, qui ad libros prohibendos expurgandosve delecti sunt, in ea cura diligenter ac maiori cum fructu versentur, has illis facultates tribuimus: ut librorum eiusmodi catalogos et indices, aut olim aut proximò[125] confectos, eorumque regulas editas recognoscant atque examinent; certorum auctorum libros[126] prohibitos aut quovismodo in prioribus indicibus suspensos diligenter excutiant et, prout expedire iudicaverint, permittant; libros, qui post Indicem Tridentini concilii[127] iussu editum prodierunt, catholicae doctrinae christianorumque morum disciplinae repugnantes expendant et recognoscant ac, ubi nobis retulerint, nostra auctoritate reiicant; hominum verò iniuria et dolo depravatos emendent; eos libros, qui paucis erroribus reiectis, alioquin utiles studiosis esse possent, expurgandi atque corrigendi modum ineant; indicesque expurgatorios conficiant; novos praeterea libros approbandi et imprimendi rationem praescribant; universitatum Parisiensis, Bononiensis, Salmantin<ae>[128], Lovaniensis aliarumque probatarum studia ad librorum expurgationem et correctionem excitent earumque diligentem operam et industriam requirant.

Permittimus quoque eidem congregationi, ut theologis, canonistis aliisque peritis viris, piis atque idoneis, etiam aliunde accersitis, ad universum hoc neg-

---

[119] Kard. Giambattista Castagna (1521–1590), von 1584 bis 1590 Mitglied des SO, vom 15. bis 27.9.1590 Papst (Urban VII.).
[120] Kard. Girolamo Bernieri OP, vgl. Dok. A 12, Anm. 299.
[121] Kard. Costanzo Torri da Sarnano OFMConv (1531–1595), von 1587 bis 1595 Mitglied des SO, von 1587 bis 1588 Mitglied der CIndex.
[122] ‡ *Am Rand*: 2. Tim. 2. *(2 Tim 2,17)*
[123] ‡ *Am Rand*: Matth. 7. Io.10 *(Mt 7,15; Jo 10,12)*
[124] ‡ *Am Rand*: Iud. 15. Cant. 1. *(Ri 15; Hld 1)*
[125] ‡ proximò: *BullTaur* proxime
[126] Gemeint sind hier offenbar Bücher der 2. Indexklasse.
[127] Index 1564.
[128] ‡ Salamantin.: *BullTaur* Salamanticensis

ocium[129] reipublicae christianae tam in his temporibus necessarium adhibitis, eam ob rem tantùm, nec verò aliis, libros vetitos tenendi legendique etiam absque nostra licentia impertiatur[130] facultatem.

Huius congregationis cardinales hi sunt:
Marcus Antonius Columna[131] episcopus Praenestinus
Hieronymus de Ruvere[132] tituli S. Petri ad Vincula presbyter cardinalis
Philippus de Lenoncourt[133] tituli S. Honuphrii presbyter cardinalis
Gulielmus Alanus[134] tituli S. Martini in Montibus presbyter cardinalis
Ascanius Columna[135] SS. Viti, Modesti et Crescentie diaconus cardinalis

[*Es folgen Abschnitte über die Konzilskongregation (VIII.), die Kongregation für Steuerbeschwerden (IX.), die Kongregation für die Sapienza-Universität (X.), die Regularenkongregation (XI.), die Bischofskongregation (XII.), die Kongregation für die Verkehrswege (XIII.), die Kongregation für die Vatikandruckerei (XIV.) und die Kongregation für die Regierung des Kirchenstaats (XV.)*]

Denique, quò dictarum congregationum expeditiones validae existant, cardinales in qualibet congregatione non sint pauciores tribus.[136] Ad iudiciorum vero confusionem evitandam volumus, ut unaquaeque congregatio, quando aliqua causa, quaestio vel consultatio ad eam delata fuerit, diligenter perpendat, an ad ipsam propriè eius causae cognitio et expeditio pertineat. Et si ad se minimè spectare cognoverit, eandem ad iudices ordinarios vel ad propriam congregationem remittat.

Itidem cardinales dictarum congregationem proprios singillatim habeant secretarios, ab eisdem liberè deputandos et ad res, quae in dies geruntur, annotandas et in publicam formam, si opus fuerit, redigendas.

Et quoniam divinis oraculis admonemur, »ubi multa consilia, ibi salutem adesse«,[137] eaedem congregationes pro earum arbitrio viros sacrae theologiae, pontificii caesareique iuris peritos et rerum gerendarum usu pollentes in consultationibus advocent atque adhibeant; ut causis, quaestionibus et negociis quam optimè discussis, quae Dei gloriae,[138] animarum saluti et iustitiae[139] atque aequi-

---

129 ‡ ad … negocium: *BullTaur* ad hoc omne negocium
130 ‡ impertiatur: *BullTaur* impartiantur
131 Kard. Marco Antonio Colonna, vgl. Dok. A 11, Anm. 191.
132 Kard. Girolamo Della Rovere, vgl. ebd.
133 Kard. Philippe de Lenoncourt (1527–1591), mit dieser Bulle zum Mitglied der CIndex ernannt.
134 Kard. William Allen, vgl. Dok. A 11, Anm. 190.
135 Kard. Ascanio Colonna, vgl. ebd.
136 ‡ *Am Rand*: Matth. 18. *(Mt 18,19–20)*
137 ‡ *Am Rand*: Prover. II *(Spr 24,6)*
138 ‡ *Am Rand*: 1. Cor. 10. 2. Cor. 12 *(1 Kor 10; 2 Kor 12)*
139 ‡ *Am Rand*: Sap. I. *(Spr 1,1)*

tati consentanea maximè erunt, decernantur;[140] graviora[141] verò quaecunque ad nos vel successores nostros deferantur, ut, quid secundum Deum expediat, eius gratia adiuvante maturè statuamus.

Sicque et non aliter per quoscunque iudices ordinarios et delegatos, etiam dictos cardinales ac causarum palatii apostolici auditores – sublata eis et eorum cuilibet quavis aliter iudicandi et interpretandi facultate – iudicari et diffiniri debere irritumque et inane, quicquid secus super his à quoquam quavis auctoritate scienter vel ignoranter contigerit attentari, decernimus.

Non obstantibus praemissis ac quibusvis constitutionibus et ordinationibus apostolicis, privilegiis quoque indultis et literis apostolicis, quibuscunque formulis illa sint concepta. Quibus omnibus, etiamsi de illis eorumque totis tenoribus specialis, specifica, expressa, non autem per clausulas generales idem importantes mentio aut quaevis alia expressio habenda esset, eorum tenores, ac si ad verbum insererentur, praesentibus pro expressis atque insertis habentes, illis aliàs in suo robore permansuris, hac vice duntaxat specialiter, expressè ac latissimè derogamus caeterisque contrariis quibuscunque.

Demùm per paternam nostram charitatem et auctoritatem, quae nobis à Christo Domino data est,[142] admonemus et per ipsum, per quem[143] reges regnant, obtestamur charissimos in Christo filios nostros in imperatorem electum omnesque reges ac dilectos filios nobiles viros rerumpublicarum aliosque duces[144] ac caeteros saeculares principes, quos Deus in excelso loco constituit et temporali potestate communivit, ut fidei catholicae propugnatores et defensores sint,[145] de quorum pietate et erga apostolicam Sedem observantia atque obedientia magnoperè in Domino confidimus et quam etiam multis argumentis perspectam habemus. Alios verò ecclesiastica dignitate praeditos per haec apostolica scripta ac per debitae obedientiae vinculum statusque sui sublimem conditionem,[146] qua Deo arctius religati existent, obstringimus, ut his nostris conatibus ad Dei laudem, fidei propagationem, fidelium commoditatem et salutem assistant, ac auctoritatem, quae ecclesiae praesidibus[147] in beati Petri persona à Christo Domino credita et collata fuit,[148] ad fidei catholicae exaltationem et augmentum, prout ex eorum munere tenentur nosque eos piè facturos speramus, tueantur et defendant.

Ac operam dent studiumque demùm omne conferant, ut eadem auctoritas ecclesiastica omnino illaesa conservetur ac ecclesiae Dei ministris opem et auxilium in his omnibus impendant. Et de Sede apostolica ex sua maiorumque

---

140 ‡ *Am Rand*: I. Cor. 6. & 10. *(1 Kor 6.10)*

141 ‡ *Am Rand*: Exod. 18. *(Ex 18,26)*

142 ‡ *Am Rand*: 1.Cor.4. Phil.1. Matth. 16 Io. 21. *(1 Kor 4,1–16; Phil 1; Mt 16,16–19; Jo 21,15–23)*

143 ‡ *Am Rand*: Proverb. 8. *(Spr 8,15)*

144 ‡ ac dilectos … Duces: *BullTaur fehlt*

145 ‡ *Am Rand*: Zach. 9. 23.q.5.c. Principes, etc. Administratores *(Sach 9; Decretum Gratiani, C.23 q.5 c.20–26: Friedberg 1, S. 936–938)*

146 *Am Rand*: *1 Reg. 15. Matt.13. Heb. 13* (1 Kön 15; Mt 13; Hebr 13)

147 ‡ praesidibus: *BullTaur* praesulibus

148 ‡ *Am Rand*: Matth.16. Io.21. *(Mt 16,16–19; Jo 21,15–23)*

suorum pietate benemereri non desinant, memores se in susceptione imperialis ac regii diadematis et principatus ad id prae cateris devinctos esse, ut inde in hac mortali vita felicitatem nostramque et Sedis eiusdem benignitatem ac gratiam uberius valeant promereri,[149] post exactum verò mortalis huius vitae curriculum à Deo aeternam gloriam et beatitudinem consequantur.

Quod si secus ab eorum aliquo (quod minimè credimus) factum erit, divinam iram, donec sub potenti manu Dei humilientur, qui tarditatem poenae supplicii interdum gravitate compensat, se minimè effugere posse certò sciant.[150]

Ut autem hae nostrae literae quamprimùm ubique locorum et gentium innotescant, quas inter alias apostolicas perpetuasque constitutiones annumeramus, illas publicis in locis de more affigi earumque exemplis, vel[151] etiam impressis, sigillo obsignatae[152] alicuius personae ecclesiastica dignitate praeditae ac quibus notarius publicus subscripserit, eandem fidem haberi volumus, quae his exhibitis maxima cum reverentia omnino esset adhibenda.

Nulli ergo omnino hominum liceat hanc paginam nostrorum decretorum, constitutionum, assignationis, dationis, attributionis, confirmationum, corroborationis, statutorum, approbationis, declarationis, delectionum, praefectionum, tributionis, permissionis, reservationis, impartitionis, institutionis, concessionum, iniunctionis, impositionis, voluntatum, mandati, praepositionis, derogationis, admonitionis, obtestationis, obstrictionis et annumerationis infringere vel ei ausu temerario contraire. Si quis autem hoc attentare praesumpserit, indignationem omnipotentis Dei ac beatorum Petri et Pauli apostolorum eius se noverit incursurum.

Datum Romae, apud S. Petrum, anno incarnationis dominicae millesimo quingentesimo octuagesimo septimo,[153] XI. Kalendas Februarii, pontificatus nostri anno tertio.[154]

---

[149] ‡ *Am Rand*: Dist.63 c.Tibi domino et dist.97.c.Ecclesiae, et Clem. Unica de iureiur. *(Decretum Gratiani, D.63 c.33, D.97 c.1: Friedberg 1, S. 246, 346f.; Clem. 2, 9: Friedberg 2, S. 1147–1150)*

[150] ‡ *Am Rand*: Rom.2. I.Pet.5 *(Röm 2,1–11; 1 Petr 5). – Zitiert wird hier aber auch das Valerius Maximus zuschreibbare Sprichwort: »lento enim gradu ad uindictam sui diuina procedit ira, tarditatemque supplicii grauitate pensat« (1.1.ext.3), zit. n. John* Briscoe *(Hg.), Valeri Maximi Facta et dicta memorabilia (Bibliotheca scriptorum Graecorum et Romanorum Teubneriana), Bd. 1, Stuttgart – Leipzig 1998, S. 23.*

[151] ‡ vel: *BullTaur fehlt*

[152] ‡ obsignatae: *BullTaur* obsignatis

[153] Datierung n. Inkarnationsstil mit Jahreswechsel am 25.3., lies: 1588.

[154] ‡ *BullTaur endet hier*

Thomas Thomasius Gualterutius[155]

Registrata apud eundem Thomam secretarium

Alexius de Alexiis[156]

Anno à nativitate Domini, millesimo quingentesimo octavagesimo octavo, Indictione prima, die vero Mercurii vigesima tertia mensis Martii, pontificatus sanctissimi in Christo patris et D. N. D. Sixti divina providentia Papae V. anno eius tertio, retroscriptae litterae apostolicae affixae, lectae et publicatae fuerunt in valvis seu portis S. Ioannis Lateranensis et S. Petri Principis apostolorum de Urbe, necnon Cancellariae apostolicae et aciei Campi Florae et per aliquod temporis spatium dimissae, per nos Ioannem Baptistam Bagni et Hieronymum Lutium, S. D. N. Papae cursores.

Alexander Parabiachus, magister cursorum

---

[155] Tommaso Tommasio Gualteruzzi OFMConv (auch Gualterucci oder Tommasi dei Gualterucci), aus S. Angelo in Vado (Marken), Brevensekretär Sixtus' V.: Filippo VECCHIETTI, Biblioteca Picena, Bd. 5, Osimo: Quercetti, 1796, S. 160.

[156] Vgl. Dok. A 11, Anm. 292.

C 6 | 1600 Januar 29: Audienzdekret (»Oraculum vivae vocis«) Clemens' VIII.

Kard. Cesare Baronio, Mitglied der Indexkongregation, überbringt seinen Kollegen in der Kongregation eine mündliche Erklärung Papst Clemens' VIII. über die Kompetenzen der Indexkongregation. Danach besitze die Indexkongregation nicht nur Jurisdiktion über die Erzeugnisse der Presse, sondern auch über alle an diesen beteiligten Personen. Häresie-Sachen aber sollen dem Sanctum Officium vorbehalten bleiben. Vgl. auch Einf., Kapitel II.4.4.

Im Unterschied zum Sanctum Officium, dessen Doppelcharakter als Behörde und Tribunal in den frühneuzeitlichen Jahrhunderten stets präsent war, lud die Indexkongregation nur selten Personen gerichtlich vor. Weniger selten allerdings waren – zumindest im 17. Jahrhundert – Disziplinarmaßnahmen der Indexkongregation gegen Autoren, Leser, Drucker usw., die gegen bestimmte Pressegesetze verstoßen hatten. Der Strafbefehl wurde in solchen Fällen an die jeweiligen geistlichen Oberen (Bischöfe, Ordensobere, Inquisitoren usw.) übermittelt, die mit dem Vollzug der Strafen beauftragt wurden. Vgl. auch Dok. A 4.

Lit.: *Cavarzere, Prassi (wie Dok. A 19, Lit.), S. 6; Fragnito, Archivio (wie Dok. A 13, Lit.), S. 1279f.; Frajese, Licenze (wie Dok. A 13, Lit.), S. 784; Ders., Nascita (wie Dok. A 2, Lit.), S. 189; Pennacchi (wie Dok. A 29, Lit.), S. 516; Saverio Ricci, Inquisitori, censori, filosofi sullo scenario della Controriforma, Rom 2008, S. 370.*

V.: *Notat, gez. von Kard. Baronio, in: ACDF Index Prot. 22 (Z), fol. 178r; eine hs. Kopie des Stücks in: ACDF Index Prot. 18, fol. 220r; vgl. dazu den Eintrag in den Dekret-Registern der Indexkongregation: ACDF Index Diari 1 (1571–1606), fol. 128v, abgedruckt in: Pennacchi (s. Lit.), S. 516.*

In generali congregatione Indicis,
die 29. Ianuarii 1600

Habita in palatio S. Marci coram illustrissimis et reverendissimis dominis Augustino S. Marci de Verona[157], Hieronymo S. Mariae super Minervam Asculano[158], Ascanio S. Pudentianae de Columna[159], Federico S. Mariae Angelorum in Thermis Borromeo[160], Caesare S. Nerei et Archilei Baronio[161], Roberto S. Mariae in Via Bellarminio[162] titulorum presbiteris S. R. E. cardinalibus in universa republica christiana super librorum prohibitione, expurgatione, permissione et impressione à S. Sede apostolica specialiter deputatis, retulit illustrissimus et

157 Kard. Agostino Valier, vgl. Dok. A 12, Anm. 298.
158 Kard. Girolamo Bernieri OP, vgl. ebd., Anm. 299.
159 Kard. Ascanio Colonna, vgl. Dok. A 11, Anm. 188.
160 Kard. Federico Borromeo, vgl. ebd., Anm. 192.
161 Kard. Cesare Baronio (1538–1607), von 1596 bis 1607 Mitglied der CIndex: GruFo 1542–1700: (III) Personen.
162 Kard. Roberto Bellarmino (1542–1621), von 1599 bis 1621 Mitglied des SO und der CIndex: ebd.

reverendissimus cardinalis Baronius vivae vocis oraculo sibi facto S. D. N. Clementem Papam VIII. declarasse, quod illustrissimi et reverendissimi domini cardinales pro tempore deputati super congregatione Indicis habeant amplam et plenam potestatem et facultatem nedum super libros impressos et imprimendos, suspendendos, prohibendos et corrigendos, permittendos, concedendos, verum etiam super auctores librorum et eosdem imprimentes et legentes vel personas quomodocunque et qualitercunque Indicis materiam aut libros concernentes, dummodo in causa haeresis nullatenus se intromittant. Quod si quandoque id contingat, ad officium S. Romanae et universalis Inquisitionis personas statim transmittant, cuius est in materia haeresis iudicare etc.

Ita est Caesar card. Baronius

C 7 | 1631 Oktober 30: Erklärung Papst Urbans VIII. im Sanctum Officium

Der Papst erläutert in einer Feria-V.-Sitzung des Sanctum Officium Auswirkungen und Absichten seines Breve vom 2. April 1631 (Dok. A 16). Mit jenem Breve hatte der Papst sämtliche Leselizenzen widerrufen und die Ausstellung solcher Lizenzen zukünftig dem Sanctum Officium vorbehalten. In der hier vorliegenden nachträglichen Erklärung geht der Papst u. a. auf die Rechte der Indexkongregation und des Magister Sacri Palatii ein, denen (anders als im Breve) nun ebenfalls in begrenztem Umfang die Ausstellung von Leselizenzen erlaubt wird. Vgl. auch Einf., Kapitel II.4.5.

Die Erklärung wurde im Unterschied zu dem Breve, auf das sie Bezug nimmt, nicht der Allgemeinheit notifiziert. Alexander VII. bestätigte sie am 9. Juni 1666, nachdem das Sanctum Officium Zweifel an deren Gültigkeit angemeldet hatte.

***Lit.** Albizzi (wie Dok. A 16, Lit.), c. XXX, Nr. 262–270, S. 291f.*

V. Der Originaleintrag in dem Dekret-Register des Sanctum Officium weist Textverluste durch Tintenfraß und Papierbruch auf: ACDF SO Decreta 1631, fol. 186r–187r (im Apparat Sigle: D). Deshalb hier n. einer offiziellen Abschrift aus dem Jahr 1714, in: ACDF SO St.St. UV 57, Fasz. 38 (Papiere des Konsultors des SO Giovanni Damasceno Bragaldi OFMConv), verglichen mit dem Text-Abdruck in: Albizzi (s. Lit.), c. XXX, Nr. 262, S. 291 (im Apparat Sigle: A).

Die 30. Octobris 1631

S. D. N. Urbanus Papa VIII. declarat[163] suae intentionis fuisse et esse, ut in suo robore maneant omnes et singulae facultates eminentissimorum et[164] reverendissimorum dominorum cardinalium generalium inquisitorum tam quoscumque libros prohibitos, impressos vel manuscriptos, et quascumque scripturas similiter prohibitas <legendi et retinendi>[165], quam licentias, ut huiusmodi libri ab aliis legantur et retineantur, in Congregatione, ut moris est, concedendae[166].

Non intendit pariter Sanctitas Sua abrogare facultatem, quam circa huiusmodi licentias concedendas habet sacra congregatio Indicis librorum prohibitorum, nec non quae magistro Sacri Palatii à Sede apostolica attributa reperitur, cum limitatione tamen, quae à congregatione[167] Sancti Officii emanavit die 19. Ianuarii 1623[168]; neque revocare privilegia inquisitorum et comissariorum haereticae pravitatis à Sancta Sede apostolica deputatorum, neque quae consultoribus

[163] ‡ S. D. N. … declarat: *A* S. D. N. declaravit
[164] ‡ eminentissimorum et: *A fehlt*
[165] ‡ *Erg. n. A*
[166] ‡ concedendae: *A* concedendi
[167] ‡ congregatione: *A* sacra congregatione
[168] In einer Erklärung vom 19.1.1623 hatte Papst Gregor XV. die entsprechenden Kompetenzen des MSP auf dessen römischen Amtsbezirk begrenzt, vgl. Einf., Kapitel II.4.5., Anm. 339.

vel[169] officialibus huius Sanctae[170] universalis Inquisitionis à diversis summis Pontificibus indicta[171] fuerunt, quae denuò, quatenus opus sit, confirmat; nec etiam abolere licentias huiusmodi libros prohibitos legendi et retinendi personis ultrà montes[172] in locis, ubi haereses impunè grassantur, degentibus à Sede apostolica hucusque concessas, quibus personas praedictas durante tempore concessionis uti posse voluit.

Excipit autem[173] Sanctitas Sua ab hac declaratione omnes et quoscunque libros, qui contrà religionem catholicam ex professo tractant, nec non libros Nicolai Macchiavelli et Caroli Molinei[174], ac[175] eos, qui de astrologia iudiciaria principaliter vel incidenter agunt[176], etiam si illa, quae in eis continentur, non certò eventura asserantur. Quos omnes libros tam à personis praedictis quam aliis quibuscumque quavis[177] etiam ecclesiastica vel mundana diginitate fulgentibus, nec non collegiis ecclesiasticis vel secularibus, religionibus, societatibus, universitatibus, communitatibus, etiam speciali nota et mentione dignis, quae hic pro expressis haberi voluit, tam in Italia quam extra eam, etiam ubi haereses impunè grassantur, et alibi ubicumque existentibus legi aut publicè vel privatim, etiam in bibliothecis, retineri omnino prohibet.

Statuitque congregationibus aliisvè[178] supradictis, nec non apostolicae Sedis nuntiis aut legatis, etiam »de latere«, vel quibuscumque aliis quacumque auctoritate et facultate, etiam Sedis apostolicae, suffultis non licere huiusmodi licentias de caetero concedere, et hactenus ab eis concessas revocat et annullat et nemini, cuiuscumque dignitatis aut conditionis sit, suffragari decernit.

Declarat insuper Sanctitas Sua in quacumque licentia quantumvis generali, etiam à Sanctitate Sua et à Sede apostolica hactenus emanata vel imposterum emananda, libros praedictos minimè comprehendi neque illos praetextu cuiusvis[179] licentiae aut facultatis legi aut retineri posse, nisi in ea specialiter et individuo ac nominatim exprimantur ipsaque licentia ab ipsamet Sanctitate Sua in congegatione Sancti Officii, quae coram ipsa habetur, concessa fuerit vel per litteras Sanctitatis Suae in forma brevis vel chirographum eius propria manu subscriptum appareat.[180]

---

[169] ‡ vel: *A* et
[170] ‡ Sanctae: *A* Sanctae et
[171] ‡ indicta: *A* concessa
[172] ‡ ultra montes: *A* ultramontanis
[173] ‡ autem: *A* tamen
[174] Zu Dumoulin vgl. Dok. A 7, Anm. 66. Zum Umgang Roms mit den Werken Niccolò Machiavellis, dessen Name seit dem Index 1559 in der ersten Indexklasse zu finden war (Verbot aller Werke), vgl. DSI 2, S. 951–954 von V. FRAJESE. Beide Autoren blieben auch später von den Generallizenzen der Kardinalinquisitoren ausgenommen, so z. B. in der Generallizenz Clemens' IX. für die Kardinäle, Konsultoren und Qualifikatoren des SO vom 14.9.1667: ACDF SO Decreta 1667, fol. 192r/v; vgl. zudem FRAJESE, Licenze (wie Dok. A 13, Lit.), S. 814f.
[175] ‡ ac: *A* necnon
[176] ‡ agunt: *A* tractant
[177] ‡ quavis: *A* quamvis
[178] ‡ aliisve: *A* aliisque
[179] ‡ cuiusvis: *A* cuiuscunque
[180] ‡ *D am Rand von späterer Hand* Die 9. Iunii 1666 Sanctissimus mandavit observari decretum hoc Urbani VIII. sub die 30. Octobris 1631 in materia librorum, originale in vol. negotiorum Urb.

C 8 | 1673 Dezember 5: Breve »Cum sicut dilecti« Clemens' X.

Auf Antrag der Ordensleute unter den Konsultoren der Indexkongregation weist der Papst alle Ordensoberen an, ihre im Expertenrat der Kongregation tätigen Untergebenen in einem römischen Studienkonvent unterzubringen. Ein Dekret Alexanders VII. aus dem Jahr 1659 bestätigend, untersagt der Papst den Ordensoberen außerdem, die als Konsultoren dienenden Brüder ohne Zustimmung der Indexkongregation aus Rom abzuberufen.

Das Konsultoren-Privileg wurde ein halbes Jahrhundert später durch Benedikt XIII. bestätigt, allerdings mit Einschränkungen (Dok. C 9).

***Lit.:** Jyri HASECKER, »Decet enim de artibus solos artifices iudicare«. Beobachtungen zum Konsult der Indexkongregation im 18. Jahrhundert, in: Hubert WOLF (Hg.), Inquisition und Buchzensur im Zeitalter der Aufklärung (Römische Inquisition und Indexkongregation 16), Paderborn u. a. 2011, S. 67–86, hier: S. 79f.*

***V.:** Druck (Bando), Romae: Typographia Reverendae Camerae Apostolicae, 1727, Exemplar: BCas Per. est. 18/13, n° 145.*

Clemens Papa X.
Ad futuram rei memoriam

Cum – sicut dilecti filii consultores regulares congregationis venerabilium fratrum nostrorum S. R. E. cardinalium Indici librorum prohibitorum et expurgandorum praepositae nobis nuper exponi fecerunt – felicis recordationis Alexander Papa VII., praedecessor noster, anno MDCLIX decreverit et declaraverit non licere superioribus regularibus removere ab Urbe ac à suis conventibus suos subditos regulares inservientes dictae congregationi in officio Indicis consultorum, quia talis remotio cederet in praeiuditium eiusdem congregationis, quae alios consultores inexpertos veteranis et expertis substituere constringeretur, hocque decretum superioribus eorundem regularium à tunc existente congregationis praedictae secretario intimatum fuerit,[181] dicti vero exponentes, quò quietiùs maiorique studio huic Sanctae Sedi obsequium praestare valeant, opportunè sibi in praemissis à nobis provideri plurimùm desiderent.

[181] Das hier erwähnte Dekret Alexanders VII. ging zurück auf eine Privataudienz für den Kongregationssekretär Giacinto Libelli OP (vgl. Dok. A 17, Anm. 422) am 17.9.1659. In dieser Audienz bat Libelli den Papst im Auftrag der Kongregationskardinäle um Klärung der Frage, ob Ordensobere ihre als »Index«-Konsultoren wirkenden Untergebenen ohne Zustimmung der Kongregation aus Rom abberufen dürften. Alexander VII. erklärte ganz im Sinne der Kongregation: »minime licere Sacra Congregatione inaudita«: ACDF Index Diari 6 (1655–1664), fol. 85v–86r. Der Papst wies die Kongregation aber auch an, in dieser Sache nichts ohne seine Zustimmung zu unternehmen. Im Jahr 1667 fügte Clemens IX. dem Dekret seines Vorgängers erläuternd hinzu, dass der römische Gastkonvent auch für die Versorgung des Konsultors mit Speisen und Kleidung (»alimenta et vestimenta«) sorgen solle: ACDF Index Diari 7 (1665–1682), fol. 16r (7./10.9.1667). Beide Dekrete wurden nicht gedruckt publiziert.

Nos iustis eorundem exponentium petitionibus favorabilitèr annuere volentes et eorum singulares personas à quibusvis excommunicationis, suspensionis et interdicti aliisque ecclesiasticis sententiis, censuris et paenis, à iure vel ab homine quavis occasione vel causa latis, si quibus quomodolibet innodatae existunt, ad effectum praesentium dumtaxat consequendum, harum serie absolventes et absolutos fore censentes. Supplicationibus etiam memoratorum cardinalium nomine nobis humiliter porrectis inclinati ac supra expressum Alexandri praedecessoris decretum harum serie approbantes et confirmantes, omnibus et singulis, tam praesentibus quam futuris, superioribus generalibus et provincialibus cuiuscunque ordinis, congregationis et instituti auctoritate apostolica tenore praesentium praecipimus et mandamus, ut modernis et pro tempore existentibus consultoribus regularibus congregationis praedictae, suis respectivè subditis, conventualitatem in collegiis seu domibus regularibus in Urbe praedicta existentibus, in quibus litterarum studia vigeant, quò commodius eiusmodi studiis dictaeque Sedis obsequiis incumbere valeant (si adsint, sin minus in aliis monasteriis, conventibus seu domibus regularibus suorum respectivè ordinum, congregationum et institutorum in eadem Urbe positis), absque ulla mora vel tergiversatione concedant et assignent. Ipsos autem consultores indè, nisi causis ab eadem cardinalium congregatione illiusque secretario pro tempore existente benè examinatis, ammoveri nullo modo posse auctoritate et tenore praesentis statuimus et ordinamus.

Decernentes easdem praesentes litteras semper firmas, validas et efficaces existere et fore suosque plenarios et integros effectus sortiri et obtinere ac praedictis consultoribus regularibus in omnibus et per omnia plenissimè suffragari et ab illis, ad quos spectat et pro tempore spectabit, inviolabilitèr et inconcussè observari; sicque et non aliter in praemissis per quoscunque iudices ordinarios et delegatos, etiam causarum Palatii Apostolici auditores ac eiusdem S. R. E. cardinales, etiam »de latere« legatos aliosve quoslibet, quacunque praeeminentia et potestate fungentes et functuros, sublata eis et eorum cuilibet quavis aliter iudicandi et interpretandi facultate et auctoritate iudicari et definiri debere, ac irritum et inane, si secus super his à quoquam quavis auctoritate scientèr vel ignorantèr contigerit attentari.

Non obstantibus constitutionibus et ordinationibus apostolicis ac, quatenus opus sit, quorumvis ordinum, congregationum, institutorum, provinciarum, monasteriorum, conventuum, collegiorum et domorum regularium aliisve quibusvis, etiam iuramento, confirmatione apostolica vel quavis firmitate alias roboratis statutis et consuetudinibus, privilegiis quoque, indultis et litteris apostolicis, eisdem ordinibus, congregationibus, institutis, monasteriis, provinciis, conventibus, collegiis et domibus regularibus illorumque superioribus generalibus et provincialibus aliisque personis quibuslibet, sub quibuscunque verborum tenoribus et formis ac cum quibusvis etiam derogatariarum derogatoriis aliisque efficacioribus, efficacissimis et insolitis clausulis irritantibusque et aliis decretis in contrarium praemissorum quomodolibet concessis ac pluries confirmatis, innovatis et approbatis. Quibus omnibus et singulis, etiamsi pro sufficienti illorum derogatione de illis eorumque totis tenoribus specialis, specifica, expressa et individua ac de verbo ad verbum, non autem per clausulas generales idem importantes mentio seu quaevis expressio habenda aut aliqua alia exquisita forma ad hoc servanda foret, tenore huiusmodi, ac si de verbo ad verbum nihil penitùs ommisso et forma in illis tradita observata exprimerentur et insererentur, praesentibus pro plenè et sufficienter expressis et insertis habentes, illis alias in suo robore permansuris ad praemissorum effectum dumtaxat specialiter et expressè derogamus caeterisque contrariis quibuscunque.

Volumus autem, ut earundem praesentium litterarum transumptis seu exemplis, etiam impressis, manu alicuius notarii publici subscriptis et sigillo personae in ecclesiastica dignitate constitutae vel secretarii supradictae cardinalium congregationis munitis eadem prorsus fides in iudicio et extra adhibeatur, quae ipsis praesentibus adhiberetur, si forent exhibitae vel ostensae.

Datum Romae, apud S. Mariam Maiorem, sub annulo piscatoris, die 5. Decembris MDCLXXIII, pontificatus nostri anno quarto.

Ioannes Gualterius Slusius[182]

---

[182] Vgl. Dok. A 20, Anm. 447.

C 9 | 1727 August 21: Breve »Alias felicis recordationis« Benedikts XIII.

Der Papst bestätigt das Privileg der Ordensleute im Konsult der Indexkongregation vom 5. Dezember 1673 (Dok. C 8). Einschränkend fügt der Papst hinzu, dass jeweils nur ein Konsultor pro Orden dieses Privileg genießen darf. Wird zu Lebzeiten des einen ein weiterer Mann desselben Ordens Konsultor, so ist dieser zur Zahlung von Alimenten an den Gastkonvent verpflichtet und von seinen Oberen jederzeit aus Rom abberufbar. Auf diese Weise beabsichtigte der Papst, eine übermäßige Belastung der aufnehmenden römischen Ordenshäuser zu verhindern. Auch sollte verhindert werden, dass der Konsultorendienst zum Gehorsamsentzug gegenüber den Ordensoberen missbraucht wurde. Vgl. auch Einf., Kapitel II.4.4.a).

Lit.: *HASECKER, »Decet enim de artibus ...« (wie Dok. C 8, Lit.), S. 79f.*

V.: *Druck (Bando), Romae: Typographia Reverendae Camerae Apostolica, 1727, Exemplar: BAV Editti [=Stato Pontificio. Editti] 91 (1727), fol. 190.*

Benedictus Papa XIII.
Ad futuram rei memoriam

Aliàs felicis recordationis Clementi Papae X. praedecessori nostro pro parte tunc existentium consultorum congregationis, etiam tunc existentium S. R. E. cardinalium Indicis librorum prohibitorum et expurgandorum praepositae[183] exposito, quod recolendae memoriae Alexander Papa VII., pariter praedecessor noster, anno MDCLIX decreverat et declaraverat, non licere superioribus regularibus removere ab Urbe ac à suis conventibus suos subditos regulares inservientes dictae congregationi in officio Indicis consultorum, quià talis remotio cedebat in praeiudicium ipsius congregationis, quae alios consultores inexpertos veteranis et expertis substituere constringebatur, hocque decretum superioribus eorumdem regularium à tunc itidem existente congregationis praedictae secretario intimatum fuerat, dicti verò exponentes, quò quietiùs maiorique studio huic Sanctae Sedi obsequium praestare valerent, opportunè sibi in praemissis à praefato Clemente praedecessore provideri plurimùm desiderabant.

Idem Clemens praedecessor iustis eorumdem exponentium petitionibus favorabiliter annuere volens, supplicationibus etiam memoratorum cardinalium nomine sibi super hoc humiliter porrectis inclinatus, ac suprà expressum Alexandri praedecessoris decretum approbans et confirmans, omnibus et singulis, tam tunc praesentibus quàm futuris superioribus generalibus et provincialibus, cuiuscumque ordinis, congregationis et instituti, auctoritate apostolica praecepit et mandavit, ut tunc et pro tempore existentibus consultoribus regularibus

[183] ‡ praepositae: *V. sic!*

congregationis praedictae, suis respectivè subditis, conventualitatem in collegiis seù domibus regularibus in Urbe praedicta existentibus, in quibus literarum studia vigerent, quò commodiùs eiusmodi studiis dictaeque Sedis obsequiis incumbere valerent (si adessent, sin minùs in aliis monasteriis, conventibus seù domibus regularibus suorum respectivè ordinum, congregationum et institutorum in eadem Urbe positis), absque ulla mora vel tergiversatione concederent et assignarent. Ipsos autem consultores indè nisi causis ab eadem cardinalium congregatione illiusque secretario pro tempore existente benè examinatis amoveri nullo modo posse auctoritate praedicta statuit et ordinavit; et aliàs, proùt in praedicti Clementis praedecessoris literis die 5. Decembris MDCLXXIII desuper in simili forma brevis expeditis[184], quarum tenorem praesentibus pro expresso haberi volumus, uberiùs continetur.

Hinc est, quod Nos praemissorum robori et inviolabili observationi opportunè providere volentes, motu proprio et ex certa scientia ac matura deliberatione nostra deque apostolicae potestatis plenitudine enarratas Clementis praedecessoris litteras auctoritate praedicta tenore praesentium confirmamus et approbamus ac, quatenùs etiam opus sit, innovamus.

Praetereà, ne privilegium huiusmodi consultoribus dictae congregationis per supradictas literas concessum conventibus et domibus regularibus onerosum sit, eisque ab illa obedientia, quam professi sunt, sese subtrahendi stimuli addantur, motu, scientia et potestatis plenitudine paribus praecipimus et mandamus, ut in posterum unus dumtaxat ex ordinibus regularibus congregationis praedictae consultor esse ac eiusmodi privilegio frui possit. Illoque vivente alii, qui ad consultoris munus huiusmodi assumpti fuissent, eodem privilegio potiri nequeant, sed in eadem Urbe de superiorum suorum licentia permanere volentes conventibus, ubi ab iisdem superioribus collocabuntur, alimenta ad rationem duorum iuliorum[185] singulis diebus persolvere teneantur. Et inde à suis superioribus, totiès quotiès ipsis benè visum fuerit, etiam extra eamdem Urbem mitti possint. Nec isti privilegium praedictum etiam à nobis et Romanis Pontificibus succesoribus nostris absque speciali derogatione et praesentium nostrarum literarum mentione impetrare queant.

Declarantes ulteriùs, quod eiusmodi privilegium consultoribus praedictae congregationis dumtaxat concessum sit, et quod tam memorati consultores privilegio huiusmodi gaudentes quàm pariter alii illo minimè fruentes socium sibi addictum habere nec postulare valeant, sed illum volentes, et à suis superioribus permissum, alimenta pro eodem socio, sicut praemittitur, praestare debeant.

Decernentes easdem praesentes literas semper firmas, validas et efficaces existere et fore suosque plenarios et integros effectus sortiri et obtinere ac prae-

---

[184] Dok. C 8.

[185] Iulii (ital. giuli): n. Julius II. benannte Silbermünze im Kirchenstaat, 10 baiocchi ergaben 1 giulio, 10 giuli 1 scudo, das Feinsilbergewicht lag im Jahr 1727 bei 2,8 g: Friedrich von SCHRÖTTER (Hg.), Wörterbuch der Münzkunde, 2. unver. Aufl., Berlin 1970, S. 225; Francesco MUNTONI, Le monete dei papi e degli stati pontifici, Bd. 1, 2. Aufl., Rom 1996, S. XXVII, XXXIXf.

dictis consultoribus regularibus in omnibus et per omnia plenissimè suffragari et ab illis, ad quos spectat et pro tempore spectabit, inviolabiliter et inconcussè observari. Sicque et non aliter in praemissis per quoscumque iudices ordinarios et delegatos, etiam causarum Palatii Apostolici auditores ac eiusdem S. R. E. cardinales etiam »de latere« legatos aliosve quoslibet quâcumque praeeminentia et potestate fungentes et functuros, sublatâ eis et eorum cuilibet quavis aliter iudicandi et interpretandi facultate et auctoritate iudicari et definiri debere, ac irritum et inane, si secus super his à quoquam quâvis auctoritate scienter vel ignoranter contigerit attentari.

Non obstantibus constitutionibus et ordinationibus apostolicis ac, quatenùs opus sit, quorumvis ordinum, congregationum, institutorum, provinciarum, monasteriorum, conventuum, collegiorum et domorum regularium aliisve quibusvis, etiam iuramento, confirmatione apostolica vel quavis firmitate alia roboratis statutis et consuetudinibus, privilegiis quoque, indultis et literis apostolicis eisdem ordinibus, congregationibus, institutis, monasteriis, provinciis, conventibus, collegiis et domibus regularibus illorumque superioribus generalibus et provincialibus aliisque personis quibuslibet sub quibuscumque verborum tenoribus et formis ac cum quibusvis etiam derogatoriarum derogatoriis aliisque efficacioribus, efficacissimis et insolitis clausulis irritantibusque et aliis decretis in contrarium praemissorum quomodolibet concessis, ac pluriès confirmatis, innovatis et approbatis. Quibus omnibus et singulis, etiamsi pro illorum sufficienti derogatione de illis eorumque totis tenoribus specialis, specifica, expressa et individua et de verbo ad verbum, non autem per clausulas generales idem importantes mentio, seù quaevis alia expressio habenda aut aliqua alia exquisita forma ad hoc servanda foret, tenores huiusmodi, ac si de verbo ad verbum nihil penitùs omisso et forma in illis tradita observata exprimerentur et insererentur praesentibus pro plenè et sufficienter expressis et insertis habentes, illis aliàs in suo robore permansuris, ad praemissorum effectum hac vice dumtaxat specialiter et expressè derogamus, caeterisque contrariis quibuscumque.

Volumus autem, ut earumdem praesentium literarum transumptis seù exemplis, etiam impressis, manu alicuius notarii publici subscriptis et sigillo personae in ecclesiastica dignitate constitutae vel secretarii supradictae cardinalium congregationis munitis eadem prorsus fides in iudicio et extra illud habeatur, quae ipsis praesentibus haberetur, si forent exhibitae vel ostensae.

Datum Romae, apud S. Mariam Maiorem, sub annulo piscatoris, die XXI. Augusti MDCCXXVII, pontificatus nostri anno quarto.

Fabius card. Oliverius[186]

[186] Kard. Fabio Olivieri (1658–1738), von 1700 bis 1738 Brevensekretär: Miranda (Zugriff: 13.12.2012) | ‡ *V. folgt hs. die Unterschrift des* P<e>tr<us> A. de Propertiis, *der im Auftrag des Notars* P<e>tr<us> Nico<laus> Cantarellio *zeichnet.*

C 10 | 1753 Juli 9: Konstitution »Sollicita ac provida« Benedikts XIV.

Die anhaltende Kritik vieler katholischer Schriftsteller an der römischen Indizierungspraxis veranlasste Benedikt XIV. zu einer Reform des römischen Buchzensurverfahrens. Der Papst holte zu diesem Zweck von Vertrauten verschiedene Vorschläge ein, wobei den Stellungnahmen des Präfekten der Indexkongregation, Kard. Angelo Maria Querini, und der beiden aufeinander folgenden Kongregationssekretäre Giuseppe Agostino Orsi und Tommaso Angelo Ricchini besondere Bedeutung zukam.

Ergebnis der Erörterungen war die hier vorliegende, auf einem Konzept Ricchinis basierende Konstitution »Sollicita ac provida«, mit der erstmals ein genaues Prozedere für die Bücherzensur in den Kongregationen des Index und des Sanctum Officium festgelegt wurde. Hat die frühere Forschung die innovativen Aspekte dieser 1753 eingeführten Verfahrensnorm betont, muss nach heutiger Kenntnislage ein anderer Akzent gesetzt werden. Vielmehr als um eine Reform im modernen Sinn handelte es sich bei »Sollicita ac provida« um eine systematisierende Zusammenfassung von Verfahrensweisen, die in der Praxis der Zensurorgane längst üblich gewesen waren, die aber zuvor in keiner auch für die Öffentlichkeit verifizierbaren Weise verschriftlicht worden waren. Doch erbrachte die Reform auch neue Verfahrenselemente. Zu nennen ist z. B. die Einführung von vorbereitenden Konsultorensitzungen auch in der Indexkongregation, die es zuvor regelmäßig nur im Sanctum Officium gegeben hatte. Auch die besonderen Rücksichtnahmen des Zensurverfahrens auf lebende katholische Autoren dürften als neu betrachtet werden. Vgl. auch Einf., Kapitel II.4.4.a).

Die Konstitution wurde als Separatdruck publiziert und erscheint fortan, beginnend mit dem Index von 1758, im Vorspann der Ausgaben des Index Benedictinus und Leoninus, zuletzt im Index von 1925. Auch danach noch blieb die Konstitution bis zur Aufhebung des Index in Kraft (vgl. Dok. A 29, C 13, sowie Wolf/Schmidt, S. 97–101).

Lit.: *Garuti, Santa Romana e Universale Inquisizione (wie Dok. B 17, Lit.), S. 385–387; Hilgers, Index (wie Dok. A 1, Lit.), S. 59–67; Hans Paarhammer, »Sollicita ac provida«. Neuordnung von Lehrbeanstandung und Bücherzensur in der katholischen Kirche im 18. Jahrhundert, in: André Gabriels u. a. (Hg.), Ministerium Iustitiae (FS Heribert Heinemann), Essen 1985, S. 343–361; Rebellato, Fabbrica (wie Dok. A 18, Lit.), S. 198–205; Bernward Schmidt, Critica legittima ed efficace. Benedetto XIV, Sollicita ac provida e i significati di censura, in: Cristianesimo nella storia 33 (2012), S. 13–43; Ders., Sollicita ac provida vigilantia. Die »Indexreform« Benedikts XIV., in: Hubert Wolf (Hg.), Verbotene Bücher. Zur Geschichte des Index im 18. und 19. Jahrhundert (Römische Inquisition und Indexkongregation 11), Paderborn u. a. 2008, S. 345–360; Wolf/Schmidt (wie Dok. A 22, Lit.).*

V.: *Separatdruck, Romae: Typographia Reverendae Camerae Apostolicae, 1753, XVI S., 4°, Exemplar: BAV Editti [=Stato Pontificio. Editti] 116 (1753), fol. 158ff.; verglichen mit dem Abdruck in: Index 1758, S. xvii–xxx.*

Sanctissimi in Christo patris et D. N. D. Benedicti divina providentia Papae[187] XIV. constitutio qua methodus praescribitur in examine et proscriptione librorum servanda:

Benedictus episcopus
servus servorum Dei
ad perpetuam rei memoriam

Sollicita ac provida Romanorum Pontificum praedecessorum nostrorum vigilantia in eam semper curam incubuit, ut christifideles ab eorum librorum lectione averteret, ex quibus incauti ac simplices detrimenti quidpiam capere possent imbuique opinionibus ac doctrinis, quae vel morum integritati vel catholicae religionis dogmatibus adversantur. Nam, ut vetustissimum mittamus S. Gelasii I. decretum[188] quaeque iam pridem a Gregorio IX.[189] aliisque pontificibus hac de re statuta fuerunt, ignorare neminem arbitramur, quae fuerint a praedecessoribus nostris Pio IV.[190], S. Pio V.[191] et Clemente VIII.[192] diligentissimè praestita, ut saluberrimum opus a sacrosanctae Tridentinae synodi patribus susceptum, maturè discussum ac penè ad exitum perductum, de vetitae lectionis librorum Indice conficiendo atque vulgando, non absolverent solum atque perficerent, sed sapientissimis etiam decretis ac regulis communirent. Quod quidem negocium apostolica Sedes continenter urget ac promovet, ad id deputatis duabus S. R. E. cardinalium congregationibus, quibus onus inquirendi in pravos noxiosque libros impositum est cognoscendique quibus emendatio et quibus proscriptio debeatur. Id muneris congregationi quidem Romanae universalis Inquisitionis a Paolo IV.[193] commissum perhibent[194], idque adhuc ab ea exerceri pergit, ubi de libris ad certa rerum genera pertinentibus iudicandum occurrit. Certum est autem S. Pium V. primum fuisse congregationis Indicis institutorem[195], quam subsequentes deinde pontifices Gregorius XIII.[196], Sixtus V.[197] et Clemens VIII.[198] confirmarunt variisque privilegiis et facultatibus auxerunt, eiusque proprium ac ferè unicum officium est, in examen libros vocare, de quorum proscriptione, emendatione vel permissione capienda est deliberatio.

---

[187] ‡ Sanctissimi … Papae: *Index 1758* Sanctissimi domini nostri Benedicti Papae

[188] Vgl. Dok. A 11, Anm. 167.

[189] Vgl. ebd., Anm. 168.

[190] Dok. A 9–10.

[191] Dok. C 3.

[192] Dok. A 13–15.

[193] Vgl. Dok. A 4, Anm. 39.

[194] Wie hier durch die Wortwahl (»perhibent«) angedeutet wird, existiert kein schriftlicher Erlass über die Beauftragung des SO mit der Bücherzensur; in dem Gründungsdokument (Dok. C 1) ist von zensorischen Aufgaben des SO keine Rede.

[195] Dazu Einf., Kapitel II.3.4.c).

[196] Dok. C 4.

[197] Dok. C 5.

[198] Dok. A 13–15.

<§ 1>[199] Qua maturitate, consilio ac prudentia in congregatione universalis Inquisitionis de proscribendis vel dimittendis libris deliberetur, cum neminem latere putamus tum nos ipsi plane perspectum ac diuturna experientia compertum habemus. Nam in minoribus constituti de libris nonnullis in ea censuram tulimus et consultoris eiusdem congregationis munere diu perfuncti sumus[200], postremò inter S. R. E. cardinales cooptati inquisitoris generalis locum in ea obtinuimus, ac demum ad apostolicam Sedem (meritis licet imparibus) evecti non modo censorum animadversiones in libros nonnullos aliquando legere ac ponderare, sed etiam in congregationibus, quae singulis feriis quintis coram nobis habentur, cardinalium sententias atque suffragia, antequam de iisdem libris quid decernatur, audire et excipere consuevimus. Haud minoris diligentiae testimonium ferre possumus adeoque debemus pro altera congregatione Indicis, cui generaliter incumbit, ut supra diximus, de quorumvis librorum proscriptione decernere. Dum enim in minoribus versaremur, cum primi tum secundi censoris seu relatoris officium[201] in ea congregatione non semel obivimus. Ex quo autem supremum pontificatum gerimus, nullius libri proscriptionem ratam habuimus nisi audito congregationis secretario, qui libri materiem, revisorum censuras, cardinalium iudicia et suffragia accurate nobis exponeret.

<§ 2> Sed quoniam compertum est nobis atque exploratum multas librorum proscriptiones, praesertim quorum auctores catholici sunt, publicis – aliquando iniustisque – querelis in reprehensionem adduci, tanquam si temerè ac perfunctoriè in tribunalis nostris ea res ageretur, operae pretium duximus hac nostra perpetuò valitura constitutione certas firmasque regulas proponere, iuxta quas deinceps librorum examen iudiciumque peragatur, tametsi planè affirmari possit idipsum iampridem vel eadem prorsus ratione vel alia equipollenti constanter actum fuisse.

<§ 3> Porro, Romanae universalis Inquisitionis congregatio ex pluribus constat S. R. E. cardinalibus a Summo Pontifice delectis, quorum alii sacrae theologiae, alii canonici iuris doctrina, alii ecclesiasticarum rerum peritia munerumque Romanae Curiae exercitatione, prudentiae demum ac probitatis laude conspicui habentur. His adiungitur unus ex Romanae Curiae praesulibus, quem assessorem[202] vocant; unus etiam ex ordine Praedicatorum sacrae theologiae magister, quem commissarium appellant; certus praeterea consultorum numerus, qui ex utroque clero saeculari ac regulari assumuntur; alii demum praestantes doctrina viri, qui a congregatione iussi de libris censuram instaurant iisque qualificatorum nomen tributum est.[203] De variis in praefata congregatione iisque gravissimis rebus agitur, in primis autem de causis fidei ac de personis violatae religionis reis. At cum librum aliquem ad eam tanquam proscriptione dignum deferri contigerit – nisi ad Indicis congregationem, ut fieri plerumque solet,

---

199 ‡ *V. ohne Einteilung in Paragraphen; diese folgt hier Index 1758*

200 Zum kurialen Curriculum des Papstes vgl. Dok. A 23, Anm. 529.

201 Zur Aufgabe der Relatoren der CIndex vgl. Einf., Kapitel II.4.4.a).

202 Zu den hier aufgezählten Ämtern des SO vgl. die Artikel im DSI.

203 Zur Aufgabe der Qualifikatoren des SO vgl. Einf., Kapitel II.4.4.b).

iudicandum remittat, sed pro rerum temporumque ratione sibi de illo cognoscendum esse arbitretur –, Nos, inhaerentes decreto lato ab eadem congregatione feria quarta Kalendis Iulii anni millesimi septingentesimi quinquagesimi atque a nobis confirmato feria quinta insequente,[204] hac ratione et methodo iudicium institui mandamus:

<§ 4> Primò nimirum uni ex qualificatoribus aut consultoribus a congregatione designando liber tradatur, quem is attento animo legat ac diligenter expendat. Tum censuram suam scripto consignet locis indicatis et paginis, in quibus notati errores continentur. Mox liber cum animadversionibus revisoris ad singulos consultores mittatur, qui in congregatione pro more habenda singulis feriis secundis in aedibus S. Officii de libro et censura sententiam dicant. Ipsa deinde censura, cum libro et consultorum suffragiis, ad cardinales transmittantur[205], ut hi in congregatione, quae feria quarta haberi solet in fratrum Praedicatorum coenobio S. Mariae supra Minervam nuncupato, de tota re definitive pronuncient. Post ab assessore S. Officii acta omnia ad Pontificem referantur, cuius arbitrio iudicium omne absolvetur.

<§ 5> Cum autem sit veteri institutione receptum, ut auctoris catholici liber non unius tantum relatoris perspecta censura illicò proscribatur, ad normam praefati decreti mensis Iulii anni millesimi septingentesimi quinquagesimi volumus eam consuetudinem omninò servari, ita ut, si primus censor librum proscribendum esse iudicet, quamvis consultores in eandem sententiam conveniant, nihilominus alteri revisori ab eadem congregatione electo liber et censura tradantur suppressso primi censoris nomine, quo alter iudicium suum liberius exponat. Si autem secundus revisor primo assentiatur, tunc utriusque animadversiones ad cardinales mittantur, ut iis expensis de libro decernant. At si secundus a primo dissentiat ac librum dimittendum existimet, tertius eligatur censor, cui suppresso priorum nomine utraque censura communicetur. Huius autem relatio, si a priore consultorum sententia non abludat, cardinalibus immediatè communicetur, ut ipsi, quod opportunum fuerit, decernant. Sin minus, iterum consultores perspecta tertia censura suffragium ferant idque una cum omnibus praefatis relationibus cardinalibus exhibeatur, qui – re ità maturè perpensa – de controversia denique pronunciare debebunt. Quotiescumque autem Pontifex, vel ob rei, de qua in libro agitur, gravitatem, vel quia id auctoris merito aliisque circumstantiis tribuendum censeat, libri iudicium coram se ipso in congregatione feriae quintae habendum decrevit[206], quod saepe a nobis factum fuit et, quoties ita expedire iudicabimus, in posterum quoque fiet, tunc satis fuerit exhibere Pontifici et cardinalibus libri censuras et consultorum suffragia omisso examine congregationis feriae quartae eiusque relatione, quam per assessorem Pontifici faciendam diximus. Nam cardinalium suffragiis coram ipso Pontifice ferendis atque huius definitiva sententia vel alio opportuno consilio in eadem congregatione capiendo res absolvetur.

---

[204] Dekret des SO, 1.7.1750, abgedruckt in: Wolf/Schmidt (s. Lit.), S. 201.

[205] ‡ transmittantur: *Index 1758* transmittatur

[206] ‡ decrevit: *Index 1758 besser* decreverit

<§ 6> Altera quoque Indicis congregatio plures complectitur cardinales ipsi à Pontifice adscriptos iisdemque dotibus praeditos, quibus S. Officii cardinales pollere solent, quum etiam eorum aliquos in utraque congregatione locum habere contingat. Ex iis unus eiusdem congregationis praefectus existit. Assistens verò perpetuus est magister Sacri Palatii. Secretarius autem, a prima congregationis institutione usque in praesentem diem,[207] ex ordine fratrum Praedicatorum a Summo Pontifice pro tempore eligi consuevit. Sunt praeterea ex utroque clero saeculari et regulari eiusdem congregationis consultores et relatores selecti, et quidem, ubi aliquis librorum relationes coram congregatione semel, bis, tertiò laudabiliter peregerit, tum ipsa congregatio Pontificem rogare solet, ut eius auctoritate in consultorum numerum referatur.

<§ 7> Sub ipsa pontificatus nostri primordia ea nos subiit cogitatio, ut certam aliquam et immutabilem methodum pro examine iudicioque librorum in hac Indicis congregatione servandam statueremus. Qua de re non modo consilium exquisivimus dilecti filii nostri Angeli Mariae S. R. E. cardinalis Quirini[208] nuncupati eiusdem S. R. E. bibliothecarii et dictae congregationis praefecti, qui pari prudentia et doctrina suum nobis sensum scripto declaravit, verum etiam antiquiores aliquot eiusdem congregationis consultores coram dilecto filio Iosepho Augustino Orsi[209] ordinis Praedicatorum, tunc ipsius congregationis secretario, nunc autem Palatii Apostolici magistro, convenire iussimus suamque sententiam aperire, quae pariter scripto concepta, nobis iam tunc exhibita fuit. Cumque haec omnia diligenter apud nos asservata fuerint, nunc demum veterem deliberationem nostram resumentes quemadmodum ea, quae ad librorum examen atque iudicium in primodicta congregatione S. Officii peragendum pertinent, auctoritate nostra constabilivimus, ita etiam ea, quae ad congregationem Indicis et eiusdem generis negocia apud eam tractanda facere possunt, opportunis decretis constituere volentes, praelaudati cardinalis praefecti consiliis dictorumque consultorum votis inhaerendo haec deinceps servanda decernimus:

<§ 8> Cum congregatio Indicis ad librorum censuram unicè, ut dictum est, instituta, non ita crebrò convocari soleat ut altera S. Officii congregatio, quae ob causarum et negociorum multitudinem singulis hebdomadis ter haberi consuevit. Illius propterea secretario peculiare munus et officium recipiendi librorum denunciationes, ut fieri iam ante consuevit, committimus et demandamus. Is autem a libri delatore percunctabitur diligenter, quas ob causas illum prohiberi postulet. Tum librum ipsum haud perfunctoriè pervolvet, ut de propositae accusationis subsistentia cognoscat duobus etiam in eam rem adhibitis consultoribus ab ipso – praevia Summi Pontificis aut cardinalis praefecti vel eius, qui praefecti

[207] Tatsächlich waren die Sekretäre der CIndex erst von dem zweiten Amtsinhaber an Dominikaner, der erste Sekretär, Antonio Posio (im Amt von 1571 bis 1580), war Franziskaner(-Konventuale): GruFo 1542–1700: (III) Personen.

[208] Kard. Angelo Maria Querini OSB (1680–1755), von 1730 bis 1755 Bibliothekar der Römischen Kirche, von 1740 bis zum Tod Präfekt der CIndex (1740–1755). – Zu den im Folgenden genannten Personen (wo nicht anders vermerkt) vgl. GruFo 1542–1700: (III) Personen.

[209] Vgl. Dok. B 16, Anm. 138.

vices supplet, approbatione – eligendis. Quorum collato consilio, si liber censura et nota dignus videatur, unus aliquis relator ad ferendum de eo iudicium idoneus, illius nempe facultatis, de qua in libro agitur, peritus, eâdem, quam nuper innuimus, ratione eligendus erit, qui scripto referat animadversiones suas adnotatis paginis, quibus singula ab ipso reprehensa continentur. Sed antequam eius censura ad cardinalium congregationem feratur, haberi volumus privatam consultorum congregationem, quam olim »parvam« dixerunt, nos autem »praeparatoriam« vocabimus, ut relatoris animadversionibus ad librum collatis de earum pondere iudicium fiat. Huiusmodi congregatio semel omninò singulis mensibus aut etiam saepiùs, si oportuerit, ab ipso congregationis secretario convocanda erit, vel in suis cubiculis vel opportuniore, ut ipsi videbitur, loco intra praedicti coenobii aedes, ubi is commoratur. Eique semper intererit magister Sacri Palatii pro tempore existens una cum sex aliis e numero consultorum, singulis vicibus pro qualitate argumenti et materiae, de qua disputandum erit, ut supra de primis duobus consultoribus et de relatore constitutum est, a secretario eligendi[210], praeter secretarium ipsum, cuius partes erunt in tabulas referre consultorum sententias, quas deinde ad congregationem cardinalium mittet cum relatoris censura. In generali demum congregatione omnia illa servari debebunt, quae superius statuta sunt pro congregatione S. Officii circa librorum examen. Ac quemadmodum ad assessorem S. Officii pertinet de actis in congregatione Summum Pontificem certum reddere, ita ad secretarium congregationis Indicis spectabit, quoties haec librum aliquem proscribendum aut emendandum censuerit, eiusdem Pontificis assensum praevia diligenti actorum omnium relatione exquirere.

<§ 9> Quoniam verò in congregatione Indicis de sola librorum prohibitione agitur, nonnulla hoc loco adiungenda iudicavimus eidem congregationi potissimum usui futura, quae tamen ab altera etiam congregatione S. Officii, dum in huius quoque generis causis se immiscet, ubi similes rerum circumstantiae se offerant, aequè observanda erunt: Quotiescumque agatur de libro auctoris catholici, qui sit integrae famae et clari nominis vel ob alios editos libros vel fortè ob eum ipsum, qui in examen adducitur, et hunc quidem proscribi oporteat, prae oculis habeatur usu iamdiu recepta consuetudo prohibendi librum adiecta clausula »donec corrigatur« seu »donec expurgetur«, si locum habere possit, nec grave quidpiam obstet, quo minus in casu, de quo agitur, adhiberi valeat. Hac autem conditione proscriptioni adiecta non statim edatur decretum, sed suspensa illius publicatione res antea cum auctore vel quovis altero pro eo agente et rogante communicetur atque ei quid delendum, mutandum corrigendumve fuerit indicetur. Quod si nemo auctoris nomine compareat, vel ipse aut alter pro eo agens iniunctam correctionem libri detrectet, congruo definito tempore decretum edatur. Si vero idem auctor eiusve procurator congregationis iussa fecerit, hoc est novam instituerit libri editionem cum opportunis castigationibus ac mutationibus, tunc supprimatur proscriptionis decretum, nisi forte prioris

[210] ‡ eligendi: *Index 1758 besser* eligendis

editionis exemplaria magno numero distracta fuerint, tunc enim ita decretum publicandum erit, ut omnes intelligant primae editionis exemplaria dumtaxat interdicta fore, secundae verò iam emendatae permissa.

<§ 10> Conquestos scimus aliquando nonnullos, quod librorum iudicia et proscriptiones inauditis auctoribus fiant nullo ipsis loco ad defensionem concesso. Huic autem querelae responsum fuisse novimus nihil opus esse auctores in iudicium vocare, ubi non quidem de eorum personis notandis aut condemnandis agitur, sed de consulendo fidelium indemnitati atque avertendo ab ipsis periculo, quod ex nocua librorum lectione facilè incurritur. Si qua vero ignominiae labe auctoris nomen ex eo aspergi contingat, id non directè, sed obliquè ex libri damnatione consequi. Qua sane ratione minimè improbandas censemus huiusmodi librorum prohibitiones inauditis auctoribus factas, quum praesertim credendum sit quidquid pro se ipso aut pro doctrinae suae defensione potuisset auctor afferre, id minimè a censoribus atque iudicibus ignoratum neglectumve fuisse. Nihilo tamen minus, quod saepè aliàs summa aequitatis et prudentiae ratione ab eadem congregatione factum fuisse constat, hoc etiam in posterum ab ea servari magnoperè optamus, ut, quando res sit de auctore catholico aliqua nominis et meritorum fama illustri eiusque opus demptis demendis in publicum prodesse[211] posse dignoscatur, vel auctorem ipsum suam causam tueri volentem audiat vel unum ex consultoribus designet, qui ›ex officio‹ operis patrocinium defensionemque suscipiat.

<§ 11> Quemadmodum verò, ubi de congregatione S. Officii agebamus, eidem nos semper interfuturos recepimus, quotiescumque de libro, cuius materia gravioris momenti sit, iudicium agatur (quod erit nobis facillimum, quum eadem congregatio qualibet feria quinta coram nobis habeatur), sic et Indicis congregationi praesentiam nostram impendere parati sumus, quoties rei gravitas id promereri videbitur. Neque enim id opus esse dicendum est, quum vel haeretici hominis liber denunciatur, in quo auctor errores catholico dogmati adversantes consultò tradit aut tuetur, vel opus aliquod in examen adducitur, quo rectae morum regulae labefactantur ac vitiis et corruptelis fomenta praebentur. In his enim casibus, ne illas quidem, quas supra scripsimus, accuratiores cautelas adhibere necesse erit, sed haeretico dogmate vel pravo moris incitamento semel comperto proscriptionis decretum illicò sanciendum erit, iuxta primam, secundam et septimam Indicis Regulas[212] sacrosancti Tridentini concilii iussu editas atque vulgatas.

<§ 12> Cum in praelaudata congregatione S. Officii severissimis legibus cautum sit, ne de rebus eiusdem congregationis quisquam cum alio extra illam loquatur, nos hanc eamdem silentii legem a relatoribus, consultoribus et cardinalibus congregationis Indicis religiosè custodiendam praecipimus. Illius tamen secretario potestatem facimus, ut animadversiones in libros censurae subiectos, eorum auctoribus vel aliis illorum nomine agentibus et postulantibus sub eadem

---

211 ‡ prodesse: *Index 1758* prodire et prodesse
212 Dok. A 9, Rgl. I., II., VII.

secreti[213] lege communicare queat suppressis semper denunciatoris censorisque nominibus.

<§ 13> Examinandis corrigendisque libris peropportuna sunt, quae decem Regulis Indicis[214] a patribus Tridentinae synodi confectis atque editis continentur. In Instructione autem felicis recordationis Clementis Papae VIII. eisdem Regulis adiecta, tit. De correctione[215] librorum, § V[216], episcopis et inquisitoribus cura committitur, ut ad librorum edendorum examen »spectatae pietatis et doctrinae viros adhibeant, de quorum fide et integritate sibi polliceri queant, nihil eos gratiae daturos, nihil odio, sed omni humano affecto posthabito, Dei dumtaxat gloriam spectaturos et fidelis populi utilitatem.« His porro virtutibus animique dotibus, si non maiori at pari, certè de causa praestare oportet huius nostrae congregationis revisores et consultores. Cumque eos omnes, qui nunc huiusmodi munera obtinent, tales esse non ignoremus, optandum sperandumque est non absimiles deinceps futuros, qui ad id eligentur: homines nimirum vitae integros, probatae doctrinae, maturo iudicio, incorrupto affectu, ab omni partium studio personarumque acceptione alienos, qui aequitatem libertatemque iudicandi cum prudentia et veritatis zelo coniungant. Cum autem eorum numerus nunc certus et constitutus non sit, ab eiusdem congregationis cardinalibus consilium expectabimus atque capiemus, num eum pro futuris temporibus definire oporteat vel expediat. Hoc tamen iam nunc decernentes, quatenus eorum numerus definiatur, ut tamen relatores quam consultores ex utroque clero, seculari nempe et regulari, assumantur, alii quidem theologi, alii utriusque iuris periti, alii sacra et prophana eruditione praestantes, ut ex eorum coetu, pro varietate librorum, qui ad congregationem deferuntur, idonei viri non desint ad ferendum de unoquoque iudicium.

<§ 14> Ipsos autem relatores consultoresque, tam nunc existentes quam in posterum quandocumque futuros, monemus ac vehementer hortamur, ut in examine iudicioque librorum sequentes regulas diligenter inspiciant accuratèque custodiant:

<§ 15> Meminerint non id sibi muneris onerisque impositum, ut libri ad examinandum sibi traditi proscriptionem modis omnibus curent atque urgeant, sed ut diligenti studio ac sedato animo ipsum expendentes fideles observationes suas verasque rationes congregationi suppeditent, ex quibus rectum iudicium de illo ferre eiusque proscriptionem, emendationem aut dimissionem pro merito decernere valeat.

<§ 16> Tametsi hactenùs cautum sit cavendumque deinceps non dubitemus, ut ad referendum et consulendum in praedicta congregatione ii solum admittantur, qui scientiam rerum, quas libri delati respectivè continent, diuturno studio acquisitam possideant – decet enim de artibus solos artifices iudicare! –, nihilominus, si fortè eveniat, ut alicui per errorem materia aliqua discutienda

[213] ‡ secreti: *Index 1758* decreti
[214] Dok. A 9.
[215] ‡ correctione: *richtig wäre* impressionem
[216] Dok. A 13.

committatur ab illius peculiaribus studiis aliena, idque a censore aut consultore electo ex ipsa libri lectione deprehendatur, noverit is se neque apud Deum neque apud homines culpa vacaturum, nisi quamprimùm id congregationi aut secretario aperiat, seque ad ferendam de huiusmodi libro censuram minus aptum professus alium magis idoneum ad id muneris subrogari curet. Quo tantùm abest, ut existimationis suae dispendium apud Pontificem et cardinales passurus sit, ut magnam potiùs probitatis et candoris opinionem et laudem sibi sit conciliaturus.

<§ 17> De variis opinionibus atque sententiis in unoquoque libro contentis animo a praeiudiciis omnibus vacuo iudicandum sibi esse sciant. Itaque nationis, familiae, scholae, instituti affectum excutiant, studia partium seponant, ecclesiae sanctae dogmata et communem catholicorum doctrinam, quae conciliorum generalium decretis, Romanorum Pontificum constitutionibus et orthodoxorum patrum atque doctorum consensu continetur, unicè prae oculis habeant. Hoc de coetero cogitantes non paucas esse opiniones, quae uni scholae, instituto aut nationi certo certiores videntur et nihilominus, sine ullo fidei aut religionis detrimento, ab aliis catholicis viris reiiciuntur atque impugnantur oppositaeque defenduntur sciente ac permittente apostolica Sede, quae unamquamque opinionem huiusmodi in suo probabilitatis gradu relinquit.[217]

<§ 18> Hoc quoque diligenter animadvertendum monemus haud rectum iudicium de vero auctoris sensu fieri posse, nisi omni ex parte illius liber legatur quaeque diversis in locis posita et collocata sunt inter se comparentur. Universum praeterea auctoris consilium et institutum attentè dispiciatur, neque vero ex una vel altera propositione a suo contextu divulsa vel seorsim ab aliis, quae in eodem libro continentur, considerata et expensa de eo pronunciandum esse. Saepè enim accidit, ut quod ab auctore in aliquo operis loco perfunctorie aut suboscurè[218] traditum est, ita alio in loco distinctè, copiosè ac dilucidè explicetur, ut offusae priori sententiae tenebrae, quibus involuta pravi sensus speciem exhibebat, penitus dispellantur omnisque labis expers propositio dignoscatur.

<§ 19> Quod si ambigua quaedam exciderint auctori, qui alioquin catholicus sit et integrâ religionis doctrinaque famâ, aequitas ipsa postulare videtur, ut eius dicta benignè, quantum licuerit, explicata in bonam partem accipiantur.

<§ 20> Has porro similesque regulas, quae apud optimos scriptores de his agentes facilè occurrent, semper animo propositas habeant censores et consultores, quo valcant in hoc gravissimo iudicii genere conscientiae suae, auctorum famae, ecclesiae bono et fidelium utilitati consulere. Duo autem reliqua sunt in eum finem planè opportuna, quae hoc loco adiungenda omnino esse iudicamus:

<§ 21> Prodeunt aliquando libri, in quibus falsa et reprobata dogmata aut sisthemata religioni vel moribus exitiosa tanquam aliorum inventa et cogitata exponuntur et referuntur, absque eo quod auctor, qui opus suum pravis huiusmodi mercibus onerare sategit, ea refutandi curam in se recipiat. Putant vero, qui talia agunt, nulli sese reprehensioni aut censurae obnoxios esse, propterea

[217] Vgl. dazu Dok. A 17.

[218] ‡ suboscurè: *Index 1758 besser* subobscure

quod de alienis, ut aiunt, opinionibus nihil ipsi affirment, sed historicè agant. At quidquid sit de eorum animo et consilio deque personali in eos animadversione, de qua viderint, qui in tribunalibus ad coercenda crimina institutis ius dicunt, dubitari certè non potest magnam eiusmodi libris in christianam rempublicam labem ac perniciem inferri, quum incautis lectoribus venena propinent nullo exhibito vel parato, quo praeserventur, antidoto. Subtilissimum hoc humanae malitiae inventum ac novum seductionis genus, quo simplicium mentes facilè implicantur, quam diligentissimè revisores advertant ac censurae subiiciant, ut vel huiusmodi libri, si aliqua ex ipsis capi possit utilitas, emendentur vel in vetitorum Indicem omninò referantur.

<§ 22> In ea, quam superiùs laudavimus, praedecessoris nostri Clementis Papae VIII. Instructione[219], tit. De correctione librorum, § II, sapientissimè cautum legitur, ut »quae famae proximorum et praesertim ecclesiasticorum et principum detrahunt bonisque moribus et christianae disciplinae sunt contraria expungantur.« Et paulo post: »Facetiae etiam aut dicteria in perniciem aut praeiudicium famae et existimationis aliorum iactata repudientur.« Utinam vero in aspectum lucemque hominum libri eiusmodi in hac temporum licentia et pravitate non efferrentur, in quibus dissidentes auctores mutuis se iurgiis conviciisque proscindunt; aliorum opiniones nondum ab ecclesia damnatas censura perstringunt adversarios; eorumque scholas ac coetus sugillant et pro ridiculis ducunt, magno equidem bonorum scandalo, haereticorum vero contemptu, qui digladiantibus inter se catholicis seque mutuo lacerantibus, plane triumphant. Etsi vero fieri non posse intelligamus, ut disputationes omnes e mundo tollantur, praesertim cum librorum numerus continenter augeatur: »Faciendi enim plures libros nullus est finis«, ut est apud Ecclesiasten, cap. 12,[220] compertum praeterea nobis sit magnam aliquando utilitatem ex iis capi posse, modum tamen in defendendis opinionibus et christianam in scribendo moderationem servari meritò volumus. »Non inutiliter – inquit Augustinus in Enchiridione, cap. 59, prope finem – exercentur ingenia, si adhibeatur disceptatio moderata et absit error opinantium se credere[221] quod nesciunt.«[222] Qui veritatis studium et purioris doctrinae zelum, quo suarum scriptionum mordacitatem excusent, obtendere solent, ii primum intelligant non minorem habendam veritatis quam evangelicae mansuetudinis et christianae charitatis rationem. Charitas autem de corde puro patiens est, benigna est, non irritatur, non aemulatur, non agit perperam, utque addit idem Augustinus, lib. Contra litteras Petiliani, cap. 29, num. 31: »Sine superbia de veritate praesumit, sine saevitia pro veritate certat.«[223] Haec magnus ille non veritatis minus quam charitatis doctor et scripto et opere praemonstravit. Nam in suis adversus manichaeos, pelagianos, donatistas aliosque tam sibi

[219] Dok. A 13.

[220] Koh 12,12.

[221] ‡ credere: *Index 1758 besser* scire

[222] Aurelius Augustinus, Enchiridion ad Laurentium de fide et spe et caritate, hg. v. Ernest EVANS (Corpus Christianorum. Series Latina 46), Turnhout 1969, S. 81.

[223] Aurelius Augustinus, Contra litteras Petiliani libri tres, hg. v. Michael PETSCHENIG (Corpus scriptorum Ecclesiasticorum Latinorum 52/2), Wien 1909, S. 23.

quam ecclesiae adversantes assiduis conflictationibus id semper diligentissimè cavit, ne quempiam eorum iniuriis aut conviciis laederet atque exasperaret. Qui secus scribendo vel disputando fecerit, is profecto nec veritatem sibi praecipuè cordi esse nec charitatem sectari se ostendit.

<§ 23> Ii quoque non satis idoneam iustamque excusationem afferre videntur, qui ob singulare, quod profitentur, erga veteres doctores studium eam sibi scribendi rationem licere arbitrantur. Nam si carpere novos audeant, fortè ab laedendis veteribus sibi minimè temperassent, si in eorum tempora incidissent. Quod praeclarè animadversum est ab auctore Operis imperfecti in Matthaeum, homilia 42: »Cum audieris – inquit – aliquem beatificantem antiquos doctores, proba qualis sit circa suos doctores. Si enim illos, cum quibus vivit, sustinet et honorat, sine dubio illos, si cum illis vixisset, honorasset. Si autem suos contemnìt, si cum illis vixisset, et illos contempsisset.«[224] Quamobrem firmum ratumque sit omnibus, qui adversus aliorum sententias scribunt ac disputant, id quod graviter ac sapienter a venerando servo Dei, praedecessore nostro, Innocentio Papa XI.[225] praescriptum est in decreto edito die secunda Martii anni millesimi sexcentesimi septuagesimi noni: »Tandem – inquit – ut ab iniuriosis contentionibus doctores seu scholastici aut alii quicumque in posterum abstineant, ut paci et charitati consulatur, idem Sanctissimus in virtute sanctae obedientiae eis praecipit, ut tam in libris imprimendis ac manuscriptis quam in thesibus ac praedicationibus caveant ab omni censura et nota, nec non a quibuscumque conviciis contra eas propositiones, quae adhuc inter catholicos controversuntur, donec a Sancta Sede recognitae sint et super eis iudicium proferatur.«[226] Cohibeatur itaque ea scriptorum licentia, qui, ut aiebat Augustinus, lib. 12 Confessionum, cap. 25, num. 34, »sententiam suam amantes, non quia vera est, sed quia sua est«,[227] aliorum opiniones non modo improbant, sed illiberaliter etiam notant atque traducunt. Non feratur omninò privatas sententias veluti certa ac definita ecclesiae dogmata a quopiam in libris obtrudi, opposita[228] verò erroris insimulari, quo turbae in ecclesia excitantur, dissidia inter doctores aut feruntur aut foventur et christianae charitatis vincula persaepè abrumpuntur.

<§ 24> Angelicus scholarum princeps ecclesiaeque doctor, S. Thomas Aquinas, dum tot conscripsit nunquam satis laudata volumina, varias necessario offendit philosophorum theologorumque opiniones, quas veritate impellente refellere debuit. Caeteras verò tanti doctoris laudes id mirabiliter cumulat,

---

224 [Pseudo-Chrysostomos], Opus imperfectum in Matthaeum, PG 56, Sp. 611–946, hier: Sp. 887; von der modernen Edition von Jozef van Banning erschien 1988 nur der Einleitungsbd. (Corpus Christianorum. Series Latina 87B); der Text des Pseudo-Chrysostomos stand auf dem Index 1559, wurde danach aber (im Zuge der Trienter Indexreform?) aus der Verbotsliste gestrichen: IdLI 8 (1990), S. 298 (Nr. 080).

225 Benedetto Odescalchi (1611–1689), von 1676 bis 1689 Papst Innozenz XI., 1956 seliggesprochen, über ihn: EncPapi 3, S. 368–389 von Antonio Menniti Ippolito.

226 Dekret des SO, 2.3.1679 (Bando), in: GruFo 1542–1700: (I) Bandi.

227 Aurelius Augustinus, Confessionum libri XIII, hg. v. Luc Verheijen (Corpus Christianorum. Series Latina 27), Turnhout 1981, S. 235.

228 ‡ opposita: *Index 1758* oppositas

quod adversariorum neminem parvipendere, vellicare aut traducere visus sit, sed omnes officiosè ac perhumaniter demereri. Nam si quid durius, ambiguum obscurumve eorum dictis subesset, id leniter benignèque interpretando emolliebat atque explicabat. Si autem religionis ac fidei causa postulabat, ut eorum sententiam exploderet ac refutaret, tanta id praestabat modestia, ut non minorem ab iis dissentiendo quam catholicam veritatem afferendo laudem mereretur. Qui tam eximio uti solent ac gloriari magistro (quos magno numero esse pro singulari nostro erga ipsum cultu studioque gaudemus), ii sibi ad aemulandum proponant tanti doctoris in scribendo moderationem honestissimamque cum adversariis agendi disputandique rationem. Ad hanc caeteri quoque se se componere studeant, qui ab eius schola doctrinaque recedunt. Sanctorum enim virtutes omnibus in exemplum ab ecclesia propositae sunt. Cumque angelicus doctor sanctorum albo adscriptus sit, quamquam diversa ab eo sentire liceat, ei tamen contrariam in agendo ac disputando rationem inire omninò non licet. Nimium interest publicae tranquillitatis, proximorum aedificationis et charitatis, ut è catholicorum scriptis absit livor, acerbitas atque scurrilitas a christiana institutione ac disciplina et ab omni honestate prorsus aliena. Quamobrem in huiusmodi scriptorum licentiam graviter pro munere suo censuram intendant revisores librorum eamque congregationis cardinalibus cognoscendam subiiciant, ut eam pro zelo suo et potestate coerceant.

<§ 25> Quae hactenus a nobis proposita ac constituta sunt, praedecessorum nostrorum decretis planè consona, congregationum quoque nostrarum legibus et consuetudinibus comprobata, in librorum examine ac iudicio instituendo apostolica auctoritate deinceps servari decernimus. Mandantes universis et singulis, qui in praefatis congregationibus locum obtinet[229] seu illis quomodolibet operam suam praestant, ut adversus praemissa sic a nobis statuta nihil edicere, innovare, decernere aut intentare praesumant absque nostra vel successorum nostrorum pro tempore existentium Romanorum Pontificum expressa facultate.

<§ 26> Non obstantibus contrariis quibusvis etiam apostolicis constitutionibus et ordinationibus, necnon earundem congregationum, etiam apostolica auctoritate seù quavis firmitate alia roboratis, decretis, usibus, stilis et consuetudinibus, etiam immemorabilibus caeterisque in contrarium facientibus quibuscumque.

<§ 27> Nulli ergo omninò hominum liceat paginam hanc nostrorum decretorum, mandatorum, statutorum, voluntatum ac derogationum infringere vel ei ausu temerario contraire. Si quis autem hoc attentare praesumpserit, indignationem omnipotentis Dei ac beatorum Petri et Pauli apostolorum eius se noverit incursurum.

Datum Romae, apud S. Mariam Maiorem, anno incarnationis dominicae millesimo septingentesimo quinquagesimo tertio, septimo Idus Iulii, pontificatus nostri anno tertiodecimo.

---

[229] ‡ obtinet: *Index 1758 besser* obtinent

Domenicus card. Passioneus[230]
Ioannes[231], datarius
Visa de curia Ioannes Carolus Boschi[232]

I<oannes> B<aptista> Eugenius

Registrata in Secretaria brevium[233]

Anno a nativitate D. N. Iesu Christi millesimo septingentesimo quinquagesimo tertio, Indictione prima, die verò 23. mensis Iulii, pontificatus autem sanctissimi in Christo patris et D. N. D. Benedicti divina providentia Papae XIV. anno decimotertio, supradicta constitutio affixa et publicata fuit ad valvas basilicae Lateranensis et Principis apostolorum et Cancellariae apostolicae Curiaeque generalis in Monte Citatorio et in acie Campi Florae ac in aliis locis solitis et consuetis Urbis, per me Franciscum Bartolotti, apostolicum cursorem.

Antonius Pelliccia, magister cursorum

[230] Kard. Domenico Passionei, vgl. Dok. B 17, Anm. 143.
[231] Gian Giacomo Millo (1695–1757), von 1743 bis 1756 Datar, seit 1753 Kard. und Mitglied des SO.
[232] Giovanni Carlo Boschi (1715–1788), von 1744 bis 1759 Abbreviatore di Curia, ab 1766 Kard. und Mitglied der CIndex.
[233] ‡ *Index 1758 endet hier*

C 11 | 1908 Juni 29: Konstitution »Sapienti consilio« Pius' X.

Im Zusammenhang mit der Kodifizierung des Kirchenrechts (CIC 1917) ordnet Pius X. eine Neugliederung des kurialen Behördenwesens an. Das erste Mal seit 1588 (Bulle »Immensa aeterni Dei«, Dok. C 5) erhält die Kurie einen von Grund auf erneuerten Organisationsplan. Durch diese Neugliederung sollten die behördlichen Verhältnisse der Kurie an die veränderten Rahmenbedingungen nach der Auflösung des Kirchenstaats (1870) angepasst werden. Auch sollten die im Laufe der Zeit kumulierten Ressorts der einzelnen Dikasterien begradigt und die Arbeitslast besser verteilt, Justiz und Verwaltung klarer voneinander getrennt werden.

Im Vorfeld von »Sapienti consilio« gab es bereits Pläne, die Indexkongregation mit dem Sanctum Officium zusammenzulegen, wozu es jedoch erst 1917 (Dok. C 12) kam. Vorerst wurde die Eigenständigkeit beider Kongregationen bestätigt, wobei die Kompetenzen der Indexkongregation sogar gestärkt wurden: Statt lediglich auf Anzeige hin tätig zu werden, sollte sie nun auch (wieder) aktiv den Buchmarkt sondieren. Für das Sanctum Officium hatte »Sapienti consilio« den Verlust des Namens »Sancta Romana et universalis Inquisitio« zur Folge. Die Bezeichnung der obersten Kardinalskongregation lautete jetzt offiziell (bis 1965) »Congregatio Sancti Officii«. Vgl. auch Einf., Kapitel II.6.4.

Die Bestimmungen von »Sapienti consilio« wurden zum großen Teil vom CIC 1917, can. 247 §1, adaptiert. Als Nebengesetz der Konstitution wurde noch eine allgemeine Geschäftsordnung für die Römische Kurie erlassen, die auch die inneren Abläufe im Sanctum Officium und in der Indexkongregation regelt (»Ordo servandus in sacris Congregationibus«, s. Lit.).

Lit.: *Borromeo, Congregazione cardinalizia (wie Dok. C 5, Lit.), S. 327 mit Anm. 9; Jan Dirk Busemann, Katholische Laienemanzipation und römische Reaktion. Die Indexkongregation im Literatur-, Gewerkschafts- und Zentrumsstreit (Römische Inquisition und Indexkongregation 17), Paderborn 2016, S. 21–24; Del Re, Curia Romana (wie Dok. A 32, Lit.), S. 101; Godehard Josef Ebers, Die römische Kurie gemäß der Konstitution »Sapienti consilio« vom 29. Juni 1908. Vortrag gehalten auf der Generalversammlung der Görresgesellschaft zu Limburg am 13. Oktober 1908, in: Wissenschaftliche Beilage zur Germania 45/46 (1908), S. 353–363; Giuseppe Ferreto, La riforma del B. Pio X, in: Apollinaris 25 (1952), S. 35–84; Nikolaus Hilling, Die Neuorganisation der Römischen Kurie auf Grund der Konstitution Pius' X. »Sapienti consilio« vom 29. Juni 1908, in: Theologie und Glaube 1 (1909), S. 32–50; Stefan Killermann, Die Rota Romana: Wesen und Wirken des päpstlichen Gerichtshofes im Wandel der Zeit (Adnotationes in ius canonicum 46), Frankfurt am Main 2009, S. 170–192, bes. S. 182 (mit weiterer Lit.); Urbano Navarrete, Commentarium in documentum ›Integrae servandae‹, in: Periodica de re morali, canonica, liturgica 55 (1966), S. 614–652; Ordo servandus in sacris Congregationibus, Tribunalibus, Officiis Romanae Curiae, in: AAS 1 (1909), S. 36–108, hier bes. S. 78–81 (SO), 98 (CIndex), sowie in: CICF 8 (1938), S. 502–535; Plöchl 3, S. 140–179.*

V.: *AAS 1 (1909), S. 7–19; Text-Abdruck auch in: CICF (1933), S. 726–750.*

Constitutio apostolica de Romana Curia:

Pius[234] episcopus
servus servorum Dei
ad perpetuam rei memoriam

Sapienti consilio sanctae memoriae pontifex Xystus V.[235], decessorum vestigiis inhaerens eorumque coepta perficiens, sacros cardinalium coetus seu romanas congregationes, quarum aliquot iam erant ad certa negotia institutae, augeri numero voluit ac suis quamque finibus contineri. Quare apostolicis litteris, die XXII. mensis Ianuarii anno MDLXXXVII, queis initium »Immensa«,[236] eiusmodi congregationes constituit quindecim, ut »partita inter eos aliosque Romanae Curiae magistratus ingenti curarum negociorumque mole«, quae solet ad Sanctam Sedem deferri, iam necesse non esset tam multa in consistorio agi ac deliberari, simulque possent controversiae diligentius expendi et celerius faciliusque eorum expediri negotia, qui undique, sive studio religionis ac pietatis, sive iuris persequendi, sive gratiae impetrandae aliisve de causis ad Summum Pontificem confugerent.

Quantum vero utilitatis ex sacris his congregationibus accesserit, sive ad ecclesiasticam disciplinam tuendam, sive ad iustitiam administrandam, sive ad ipsos Romanos Pontifices relevandos crescentibus in dies curis negotiisque distentos, compertum ex ecclesiae historia exploratumque omnibus est. Verum decursu temporis ordinatio Romanae Curiae a Xysto potissimum per memoratas apostolicas litteras constituta haud integra perstitit. Nam et sacrarum congregationum numerus pro rerum ac temporum necessitatibus modo auctus est, modo deminutus; atque ipsa iurisdictio unicuique congregationi primitus attributa modo novis Romanorum Pontificum praescriptis, modo usu aliquo sensim inducto ratoque habito mutationibus obnoxia fuit. Quo factum est, ut hodie singularum iurisdictio seu ›competentia‹ non omnibus perspicua nec bene divisa evaserit. Plures ex sacris congregationibus eâdem de re ius dicere valeant. Et nonnullae ad pauca tantum negotia expedienda redactae sint, dum aliae negotiis obruuntur.

Quapropter haud pauci episcopi ac sapientes viri, maxime vero S. R. E. cardinales, tum scriptis tum voce, et apud decessorem nostrum felicis recordationis Leonem XIII. et apud nos ipsos, saepe institerunt, ut opportuna remedia hisce incommodis afferrentur. Quod nos quidem pro parte praestare curavimus datis litteris die XVII. mensis Decembris anno MCMIII »Romanis Pontificibus«[237] aliisque datis die XXVIII. mensis Ianuarii anno MCMIV »Quae in ecclesiae

[234] Giuseppe Sarto (1835–1914), von 1903 bis 1914 Papst Pius X., 1954 heiliggesprochen, über ihn: EncPapi 3, S. 593–608 von Maurilio Guasco.
[235] Papst Sixtus V., vgl. Dok. A 11, Anm. 156.
[236] Dok. C 5.
[237] ASS 36 (1903/1904), S. 385–387.

bonum«[238] itemque aliis datis die XXVI. mensis Maii anno MCMVI »Sacrae congregationi super Negotiis«[239].

Cum vero in praesenti res quoque sit de ecclesiasticis legibus in unum colligendis,[240] maxime opportunum visum est a Romana Curia ducere initium, ut ipsa modo apto et omnibus perspicuo ordinata Romano Pontifici ecclesiaeque operam suam praestare facilius valeat et suppetias ferre perfectius.

Quamobrem adhibitis in consilium pluribus S. R. E. cardinalibus statuimus ac decernimus, ut congregationes, tribunalia et officia, quae Romanam Curiam componunt et quibus ecclesiae universae negotia pertractanda reservantur,[241] post ferias autumnales decurrentis anni, hoc est a die III. mensis Novembris MDCCCCVIII, non alia sint (praeter consueta sacra consistoria), quam quae praesenti constitutione decernuntur eaque numero, ordine, competentia divisa et constituta maneant his legibus, quae sequuntur.

I. Sacrae Congregationes

1.) Congregatio S. Officii:

1. Haec sacra congregatio, cui Summus Pontifex praeest, doctrinam fidei et morum tutatur.
2. Eidem proinde soli manet iudicium de haeresi aliisque criminibus, quae suspicionem haeresis inducunt.
3. Ad ipsam quoque devoluta est universa res de indulgentiis, sive quae doctrinam spectet sive quae usum respiciat.[242]
4. Quidquid ad ecclesiae praecepta refertur, uti abstinentiae, ieiunia, festa servanda, id omne huic sacro consilio sublatum congregationi Concilii tribuitur. Quidquid ad episcoporum electionem spectat, sibi vindicat congregatio Consistorialis. Relaxationem vero votorum in religione seu in religiosis institutis emissorum congregatio negotiis Sodalium religiosorum praeposita.
5. Etsi peculiaris congregatio sit constituta de disciplina Sacramentorum, nihilominus integra manet S. Officii facultas ea cognoscendi, quae circa privilegium, uti aiunt, Paulinum[243] et impedimenta disparitatis cultus et

[238] Text in: CivCatt 55/1 (1904), S. 474–476.

[239] Text in: CivCatt 57/3 (1906), S. 102.

[240] Gemeint ist die mit dem Motuproprio »Arduum sane« (19.3.1904) von Pius X. in Gang gesetzte Kodifikation des Kirchenrechts: AAS 36 (1903/1904), S. 549–551.

[241] Die für die Verwaltung des Kirchenstaats eingesetzten Kongregationen waren seit 1870 erloschen.

[242] Nach Auflösung der Kongregation für die Indulgenzen und Reliquien, die Pius X. 1904 in der CRiti aufgehen ließ (Motuprorio »Quae in ecclesiae bonum«, s. o., Anm. 238); vgl. dazu auch Dok. C 12, § 4.

[243] Privilegium Paulinum: Aus 1 Kor 7,12–15 abgeleitete Ausnahmeregel zur Lösung einer nichtsakramentalen Ehe zwischen zwei Ungetauften oder einem getauften und einem ungetauften Ehepartner, wenn die Lösung der Ehe »zugunsten des wahren Glaubens« geschehe (»in favorem fidei«, »privilegium fidei«). Nimmt der Papst die Lösung per Dispens vor, spricht man vom »Privilegium Petrinum«: LThK 8 (1999), Sp. 606f. von Margit Weber.

mixtae religionis versantur, praeter ea, quae attingunt dogmaticam de matrimonio sicut etiam de aliis sacramentis doctrinam.

2.) Congregatio Consistorialis
1. Duas haec sacra congregatio easque distinctas partes complectitur.
2. Ad primam spectat non modo parare agenda in consistoriis, sed praeterea in locis congregationi de Propaganda Fide non obnoxiis novas dioeceses et ›capitula‹ tum ›cathedralia‹ tum ›collegiata‹ constituere; dioeceses iam constitutas dividere; episcopos, administratores apostolicos, adiutores et auxiliarios episcoporum eligere; canonicas inquisitiones seu ›processus‹ super eligendis indicere actosque diligenter expendere; ipsorum periclitari doctrinam. At si viri eligendi vel dioeceses constituendae aut dividendae sint extra Italiam, administri officii a publicis negotiis, vulgo ›secretariae Status‹, ipsi documenta excipient et ›positionem‹ conficient congregationi Consistoriali subiiciendam.
3. Altera pars ea omnia comprehendit, quae ad singularum dioecesium regimen, modo congregationi de Propaganda Fide subiectae non sint, universim referuntur quaeque ad congregationes Episcoporum et Concilii hactenus pertinebant et modo Consistoriali tribuuntur. Ad hanc proinde in posterum spectent vigilantia super impletis vel minus obligationibus, quibus ordinarii tenentur; cognitio eorum, quae ab episcopis scripto relata sint de statu suarum dioecesium; indictio apostolicarum visitationum examenque earum, quae fuerint absolutae; et post fidelem rerum expositionem ad nos delatam singulis vicibus praescriptio eorum, quae aut necessaria visa fuerint aut opportuna; denique ea omnia, quae ad regimen, disciplinam, temporalem administrationem et studia seminariorum pertinent.
4. Huius congregationis erit in conflictatione iurium dubia solvere circa competentiam sacrarum congregationum.
5. Huius sacri consilii Summus Pontifex perget esse praefectus. Eique cardinales a secretis S. Officii et secretarius Status semper ex officio accensentur, praeter alios, quos Summus Pontifex eidem adscribendos censuerit.
6. A secretis semper esto cardinalis a Summo Pontifice ad id munus eligendus; alter ab ipso erit praelatus, cui ›adsessoris‹ nomen, qui idem fungetur munere a secretis sacri collegii patrum cardinalium; et sub ipso sufficiens administrorum numerus.
7. Consultores huius congregationis erunt adsessor S. Officii et a secretis congregationis pro Negotiis ecclesiasticis extraordinariis durante munere; quibus accedent alii, quos Summus Pontifex elegerit.

[Die folgenden Abschnitte behandeln die Kongregation für die Sakramentenordnung, die Konzilskongregation, die Kongregation für Ordensangelegenheiten und die ›Propaganda Fide‹.]

7.) Congregatio Indicis:

1. Huius sacrae congregationis in posterum erit non solum delatos sibi libros diligenter excutere, eos (si oportuerit) prohibere et exemptiones concedere, sed etiam ex officio inquirere, qua opportuniore licebit via, si quae in vulgus edantur scripta cuiuslibet generis damnanda; et in memoriam ordinariorum reducere, quam religiose teneantur in perniciosa scripta animadvertere eaque Sanctae Sedi denunciare, ad normam constitutionis »Officiorum« XXV. Ian. MDCCCXCVII.[244]
2. Cum vero librorum prohibitio persaepe propositam habeat catholicae fidei defensionem, qui finis est etiam congregationis Sancti Officii, decernimus, ut in posterum omnia, quae ad librorum prohibitionem pertinent, eaque sola, utriusque congregationis patres cardinales, consultores, administri secum invicem communicare possint et omnes hac de re eodem secreto adstringatur.

[Die folgenden Abschnitte behandeln die Riten- und Zeremonialkongregation sowie die Kongregation für außerordentliche kirchliche Angelegenheiten.]

11.) Congregatio Studiorum:

Est huic sacrae congregationi commissa moderatio studiorum, in quibus versari debeant maiora athenaea seu quas vocant universitates seu facultates, quae ab ecclesiae auctoritate dependent comprehensis iis, quae a religiosae alicuius familiae sodalibus administrantur. Novas institutiones perpendit approbatque; facultatem concedit academicos gradus conferendi et, ubi agatur de viro singulari doctrina commendato, potest eos ipsa conferre.

[Es folgt Kapitel II über die Gerichtshöfe (›Tribunalia‹) mit Abschnitten über die Pönitentiarie, die Rota Romana und die Apostolische Signatur; dann Kapitel III über die Verwaltungsämter (›Officia‹) mit Abschnitten über die Apostolische Kanzlei, die Dataria Apostolica, die Apostolische Kammer, das Staats- und das Brevensekretariat; weitere Regelungen betreffen die Dombauhütte von Sankt Peter und weitere kleinere Dikasterien.]

In omnibus autem et singulis superius recensitis congregationibus, tribunalibus, officiis hoc in primis solemne sit, ut nil grave et extraordinarium agatur, nisi a moderatoribus eorumdem nobis nostrisque pro tempore successoribus fuerit ante significatum. Praeterea sententiae quaevis, sive gratiae via sive iustitiae, pontificia approbatione indigent exceptis iis, pro quibus eorumdem officiorum, tribunalium et congregationum moderatoribus speciales facultates tributae sint exceptisque semper sententiis tribunalis sacrae Rotae et Signaturae apostolicae de ipsarum competentia latis.

---

[244] Nach der Zusammenlegung von SO und CIndex im Jahr 1917 (vgl. Dok. C 12) fiel dieser § 1 unter die Aufgaben des SO: CIC 1917 can. 247 §4.

Huic constitutioni accedunt leges propriae ac normae, tum generales tum particulares, quibus disciplina et modus tractandi negotia in congregationibus, tribunalibus, officiis praestituitur, quas leges et normas ad unguem ab omnibus observari mandamus. Atque haec valere quidem debent apostolica Sede plena, vacuâ enim standum legibus et regulis in memorata constitutione »Vacante Sede apostolica«[245] statutis.

Decernentes praesentes litteras firmas, validas et efficaces semper esse ac fore suosque plenarios et integros effectus sortiri atque obtinere; et illis, ad quos spectat aut pro tempore quomodolibet spectabit, in omnibus et per omnia plenissime suffragari; atque irritum esse et inane, si secus super his a quoquam contigerit attentari. Non obstantibus nostra et Cancellariae apostolicae regula de iure quaesito non tollendo aliisque constitutionibus et ordinationibus apostolicis vel quavis firmitate alia roboratis statutis, consuetudinibus ceterisque contrariis quibuslibet etiam specialissima mentione dignis.

Datum Romae, apud S. Petrum, anno incarnationis dominicae millesimo nongentesimo octavo, die festo SS. apostolorum Petri et Pauli, III. Kalendas Iulias, pontificatus nostri anno quinto.

Antonius card. Di Pietro[246], pro-datarius

Raphaelus card. Merry Del Val[247], a secretis Status

Visa de curia Ioseph de Aquila e Vicecomitibus[248]

V. Cugnonius

Registrata in secretaria Brevium

---

[245] Die Konklaveordnung Pius' X. vom 25.12.1904, in: Acta Pii X, Bd. 3, S. 239–288.
[246] Kard. Angelo Di Pietro (1828–1914), seit 1902 Pro-Datar: GruFo 1813–1917: (III) Personen.
[247] Kard. Rafael Merry Del Val (1865–1930), von 1903 bis 1914 Staatssekretär, von 1903 bis 1914 Mitglied des SO, danach bis zum Tod Sekretär des SO: ebd.
[248] Giuseppe Dell'Aquila Visconti, vgl. Dok. A 29, Anm. 649.

C 12 | 1917 März 25: Motuproprio »Alloquentes« Benedikts XV.

Benedikt XV. nimmt die kurz bevorstehende Promulgation des CIC 1917 zum Anlass, die Indexkongregation als eigenständiges Dikasterium aufzulösen. Entsprechende Pläne hatte es bereits im Vorfeld der Kurienreform von 1908 gegeben (Dok. C 11), doch war damals die Eigenständigkeit der Indexkongregation vorerst beibehalten worden. Das Motuproprio »Alloquentes« überschreibt die Aufgaben der Indexkongregation dem Sanctum Officium, wo sich nun eine »Sektion für den Index« mit der Bücherzensur befassen soll. Auch das Personal der Indexkongregation soll in dieser Sektion aufgehen. Als Ausgleich für den daraus entstehenden Aufgabenzuwachs gibt das Sanctum Officium seine Kompetenzen im Bereich des Ablasswesens an die Apostolische Pönitentiarie ab. Vgl. auch Einf., Kapitel II.6.4.

Auf den Bestimmungen von »Alloquentes« basiert can. 247 §1–5 CIC 1917, der die Bücherzensur als Kompetenz des Sanctum Officium festlegt. In den Index-Ausgaben von 1922 bis 1925 wurde das Motuproprio im Vorspann abgedruckt.

***Lit.:** Antoine Villien, Le Saint-Office et la suppression de la Congrégation de l'Index, in: Le Canoniste contemporain 40 (1917), S. 98–111.*

***V.:** AAS 9 (1917), S. 167; vgl. auch die Abdrucke in Index 1922 und 1924, S. LVIIf., und Index 1925, S. LXIXf.; Text auch in: CICF 3 (1933), S. 858.*

Motu proprio
de attribuenda S. Officio censura librorum
et poenitentiariae apostolicae concessione indulgentiarum:

Benedictus Papa XV.[249]

Alloquentes proxime in consistorio sacrum cardinalium collegium ediximus consilium esse, ut ordinationem Romanae Curiae, praeclarum opus decessoris nostri felicis recordationis Pii X.[250], perficeremus in ea quoque parte, cui is ob quaedam rerum adiuncta supersedisset, id est sacras congregationes coniungendo Indicis et S. Officii. Inspecta enim natura utriusque congregationis, quum censura librorum, quod esset munus unius, contineretur munere »tutandi doctrinam fidei et morum«[251], quod esset alterius ex eis congregationibus, unum fieri omnino apparebat oportere, vel ad praecavendas de competentia controversias, quae facile inter eas orirentur. Nunc igitur id exsequentes consilium motu proprio haec constituimus et sancimus:

---

[249] Giacomo della Chiesa (1854–1922), von 1914 bis 1922 Papst Benedikt XV., über ihn: EncPapi 3, S. 608–617 von Gabriele De Rosa.
[250] Vgl. Dok. C 11.
[251] Zit. aus der Konstitution »Sapienti consilio«: Dok. C 11.

1. Sacra congregatio Indicis iam nunc non erit.
2. Quod fuit usque adhuc proprium munus sacrae congregationis Indicis, erit posthac S. Officii de libris ceterisque scriptis censuram facere.
3. Ad ministeria, quae sunt apud S. Officium, accedat peculiaris sectio de Indice; eique addicantur officiales, qui extinctae congregationi ministrabant. Rationem autem eius sectionis ordinandae sacra congregatio S. Offici definiet nobisque probandam proponet.
4. Ne autem S. Officii negotiorum moles nimis hac accessione crescat, quidquid ad indulgentias pertinet, omne iam esto[252] Poenitentiariae apostolicae. Quae quidem pro suo instituto iudicabit de omnibus, quae spectant ad usum et concessiones indulgentiarum, salvo iure S. Officii videndi ea, quae doctrinam dogmaticam circa novas orationes et devotiones respiciunt[253].
5. Sectio de indulgentiis, quae est apud S. Officium, cum suis officialibus, ad Poenitentiariam apostolicam transferatur, quam ipsam sectionem cardinalis poenitentiarius maior nobis consultis ordinandam curabit.

Haec statuimus et praecipimus contrariis quibuslibet, etiam speciali mentione dignis, non obstantibus.

Datum Romae, apud S. Petrum, die XXV. Martii MCMXVII, in festo incarnationis dominicae, pontificatus nostri anno tertio.

Benedictus Papa XV.

[252] ‡ esto: *Index 1922–1925* est
[253] ‡ Ad usum … respiciunt: *in der Vorlage hervorgehoben*

C 13 | 1965 Dezember 7: Motuproprio »Integrae servandae« Pauls VI.

Mit dem zwei Tage vor Schließung des II. Vatikanischen Konzils veröffenlichten Schreiben »Integrae servandae« ordnete Paul VI. eine Reform des Sanctum Officium an. Die erst 1908 (Dok. C 11) in »Congregatio Sancti Officii« umbenannte Inquisitionskongregation erhielt dabei die neue Bezeichnung »Kongregation für die Glaubenslehre«. Das früher zentrale inquisitorische Amt des Commissarius Sancti Officii wurde gemäß Art. 2 – wenn auch nur implizit – abgeschafft, wodurch der Dominikanerorden seine ehemals beherrschende Stellung in diesem Dikasterium verlor (vgl. dazu den Brief Pauls VI. an den Generalmagister der Dominikaner, s. Lit.). Die Bücherzensur wird zwar als Aufgabe der Kongregation grundsätzlich bestätigt, doch ist im Text nicht mehr von »verbieten« (prohibere), sondern nur noch von »missbilligen« (reprobare) die Rede, wodurch der Herausgabe eines Index der verbotenen (!) Bücher durch diese Behörde die rechtliche Grundlage genommen wird (vgl. Dok. A 32f.).

Das Motuproprio »Integrae servandae«, das zwar auf den 7. Dezember datiert ist, allerdings schon am 6. Dezember im Osservatore Romano erschienen war, war eine Vorstufe zu der zwei Jahre später begonnenen großen Kurienreform. Die Reform-Konstitution »Regimini ecclesiae universae« vom 15. August 1967 adaptiert die Art. 1–12 von »Integrae servandae« mit leichten Modifikationen (dazu Fitzsimmons, S. 27–38; Schmitz, S. 35, 86–88). Vgl. Einf., Kapitel II.6.4.

Lit.: *Giuseppe Alberigo, Storia del Concilio vaticano II. Bd. 5: Concilio di transizione: Il quarto periodo e la conclusione del Concilio, 1965, Bologna 2001, S. 479; Celso Alcaina Canosa, Nova agendi ratio in doctrinarum examine. Texto y comentario, in: Revista Española de Derecho Canónico 28 (1972), S. 61–91, bes. S. 70–75; Brief Pauls VI. an den Generalmagister Aniceto Fernández OP, 26. März 1966, in: AAS 58 (1966), S. 292–294; Borromeo, Congregazione cardinalizia (wie Dok. C 5, Lit.), S. 327 mit Anm. 9; Civ Catt 117/1 (1966), S. 91f.; Del Re, Curia Romana (wie Dok. A 32, Lit.), S. 95–107; Fitzsimmons (wie Dok. A 32, Lit.), bes. S. 27–38; Konstitution »Regimini ecclesiae universae«, 15.8.1967, in: AAS 59 (1967), S. 885–928, hier: S. 897–899; Heribert Schmitz, Kurienreform. Von den deutschen Bischöfen approbierte Übersetzung. Kommentiert und eingeleitet (Nachkonziliare Dokumentation 10), Trier 1968; Schwedt, Papst Paul VI. (wie Dok. A 29, Lit.), S. 321–323; Michael M. Tavuzzi, Renaissance Inquisitors. Dominican Inquisitors and Inquisitorial Districts in Northern Italy, 1474–1527 (Studies in the History of Christian Traditions 134), Leiden 2007, S. 211; Wolf/Arning (wie Dok. A 32), S. 108–110.*

V.: *AAS 57 (1965), S. 952–955; verglichen mit dem Text in: L'Osservatore Romano, 6.–7. Dezember 1965 (»La S. Congregazione del Sant'Uffizio diventa ›Congregatio pro doctrina fidei‹«), S. 1 (Sigle: OR).*

Litterae apostolicae motu proprio datae:
sacrae congregationis S. Officii nomen et ordo immutantur[254]

Paulus Papa VI.[255]

Integrae servandae revelatae religionis depositum sibi divino consilio commissum, ita per saeculorum decursum humanasque vicissitudines Romani Pontifices et cum iis coniunctus episcoporum coetus custodierunt, ut ad nostra usque tempora, non sine superni adiutorii significatione, intactum transmiserint, nimirum per eos operante Spiritu Sancto, qui mystici corporis Christi est veluti anima. Ecclesia porro, quae divinitus est instituta et divina pertractat, ex hominibus constat et inter homines degit. Unde ad explenda munera sua pro temporum humanique cultus diversa ratione diversis est usa instrumentis, cum nempe tot tantaque negotia dirimenda suscepisset, ad quae et ipsi Romani Pontifices et episcopi innumeris distenti sollicitudinibus per se non suffecissent. Ex rerum igitur natura instituta administrationis seu curiae ortum duxerunt. Quibus id muneris est attributum, ut expeditiorem redderent ecclesiae gubernationem, legum conditarum tuendo observantiam, inceptis favendo, quae ad ecclesiae finem adipiscendum conducerent, controversias forte subortas solvendo.

Nihil igitur mirum, si temporum mutatis adiunctis quaedam in huiusmodi institutis immutanda fuerunt. Et reapse non semel praeteritis temporibus Romani Pontifices decessores nostri curaverunt, ut opportunae in Romanae Curiae compaginem inducerentur reformationes. Ad quam rem, quod attinet, memoratu dignae in primis sunt constitutiones »Immensa aeterni Dei« Sixti V.[256] et »Sapienti consilio« S. Pii X.[257], quarum quidem praescripta Codex Iuris Canonici[258] fere integra recepit. At vero post hasce constitutiones, immo etiam post ipsum promulgatum Codicem magna rerum conversio temporumque inclinatio facta est, sicut nos ipsi affirmavimus in allocutione habita ad Romanae Curiae patres[259] cardinales et administros, die XXI. mensis Septembris anno MCMLXIII [*Fußnote:* cfr. AAS 55 (1963), p. 793ss.].

Quibus consideratis et venerabilium fratrum nostrorum S. R. E. cardinalium et episcoporum petitis consiliis Romanae Curiae quandam reformationem efficiendam decrevimus. Et initium esse ducendum[260] a congregatione S. Officii non est dubium, quippe cui potissima tributa sint inter Romanae Curiae negotia, qualia profecto sunt de fide moribusque doctrina et causae cum hac doctrina artius conexae.

[254] ‡ *Überschrift OR*: S. D. N. Pauli divina providentia Papae VI. litterae apostolicae motu proprio datae, quibus sacrae congregationis S. Officii nomen et ordo immutantur

[255] Giovanni Battista Montini (1897–1978), von 1963 bis 1978 Papst Paul VI., über ihn: EncPapi 3, S. 657–674 von Giovanni Maria VIAN.

[256] Dok. C 5.

[257] Dok. C 11.

[258] Dok. A 31.

[259] ‡ patres: *OR* Eminentissimos

[260] ‡ ducendum: *OR* faciendum

Etenim die XXI. mensis Iulii anno MDXXXXII decessor noster felicis recordationis Paulus III. constitutione apostolica »Licet ab initio«[261] condidit sacram congregationem Romanae et universalis Inquisitionis, cui finem proprium attribuit persequendi haereses et consequenter compescendi delicta contra fidem, libros proscribendi[262], inquisitores in universa ecclesia nominandi. His autem accessit persaepe potestas circa alia etiam negotia vel ob peculiares difficultates vel ob singulare eorumdem momentum.

Anno vero MCMVIII, cum temporum iam non congrueret adiunctis appellatio »Romanae et universalis Inquisitionis«, eam S. Pius X. constitutione »Sapienti consilio« in »congregationem S. Officii« mutavit.

Quoniam vero »caritas foras mittit timorem« [*Fußnote:* 1 Io. 4,18], tuendae fidei nunc melius consulitur per officium promovendae doctrinae, quo, dum corriguntur errores et errantes ad bonam frugem suaviter revocantur, evangelii praecones novas vires accipiunt. Praeterea humani cultus progressus, cuius momenta in re religiosa non sunt neglegenda, id efficit, ut fideles plenius et amantius ecclesiae ductum sequantur, si definitionum legumque perspectam habuerint rationem, quoad scilicet id materia fidei ac morum natura patitur.

Itaque, ut munus suum promovendae sanae doctrinae navitatisque ecclesiae circa summa apostolatus officia aptius deinceps haec sacra congregatio sustineat, suprema apostolica nostra auctoritate ad eius nomen ordinemque immutandum sequentia statuimus:

1. Quae hactenus appellata est »sacra congregatio S. Officii«, in posterum appellabitur »congregatio pro Doctrina Fidei«, cuius munus est doctrinam de fide et moribus in universo catholico orbe tutari.
2. Ei praeest Summus Pontifex, eamque dirigit cardinalis secretarius iuvantibus adsessore[263], substituto et promotore iustitiae.
3. Ad eam proinde spectant quaestiones omnes, quae fidei morumque doctrinam attingunt vel cum ipsa fide conectuntur.
4. Examinat novas doctrinas novasque opiniones, quavis ratione evulgatas; atque studia de hac re promovet congressusque virorum doctorum fovet; illas vero reprobat, de quibus constat fidei principiis esse oppositas, auditis tamen episcopis regionum, si eorumdem intersit.
5. Delatos sibi libros diligenter excutit, et eos – si oportuerit – reprobat audito tamen auctore eique facta facultate sese, etiam scripto, defendendi et nonnisi praemonito ordinario, uti iam cautum est in constitutione »Sollicita ac provida«[264] decessoris nostri felicis recordationis Benedicti XIV.
6. Eiusdem pariter est cognoscere in iure aut in facto, quae circa privilegium fidei[265] versantur.

---

261 Dok. C 1.

262 Tatsächlich ist in der Bulle »Licet ab initio« von Bücherverboten als Aufgabe des SO keine Rede, vgl. auch Dok. C 10, Anm. 194.

263 Zu den Amtsbezeichnungen vgl. Dok. A 32, Anm. 683–685.

264 Dok. C 10.

265 Vgl. Dok. C 11, Anm. 243.

7. Eidem competit iudicare de delictis contra fidem, iuxta processus ordinarii normas.
8. Agit ad sacramenti poenitentiae dignitatem tutandam secundum suas emendatas et probatas normas procedens. Quae quidem ordinariis locorum significabuntur facta reo sese defendendi facultate eligendive patronum ex iis, qui apud congregationem adprobati sunt.
9. Rationes opportunas fovet cum pontificia commissione de re Biblica.[266]
10. Eidem congregationi coetus consultorum adest, qui a Summo Pontifice ex viris doctrina, prudentia, usu praestantibus ex universo terrarum orbe eliguntur. Consultoribus adiungi possunt, si materia tractanda id exigat, viri periti praecipue ex magistris studiorum universitatum electi.
11. Congregatio duplici modo procedit: vel administrativo vel iudiciali, pro diversa rerum tractandarum natura.
12. Regulae ad ordinem internum congregationis spectantes peculiari data instructione publici iuris fient.[267]

Quaecumque vero a nobis hisce litteris motu proprio datis decreta sunt, ea omnia firma ac rata esse iubemus contrariis quibuslibet non obstantibus.

Datum Romae, apud S. Petrum, die VII. mensis Decembris anno MCMLXV, pontificatus nostri tertio.

Paulus Papa VI.

[266] Diese 1902 von Leo XIII. zur Förderung der Bibelwissenschaften ins Leben gerufene Kommission wurde 1971 an die Kongregation für die Glaubenslehre angegliedert, Del Re, Curia Romana (s. Lit.), S. 106.

[267] Für den Geschäftsbereich der Zensur war dies die »Nova agendi ratio in doctrinarum examine« vom 15.1.1971, in: AAS 63 (1971) S. 234–236, dazu: Alcaina Canosa (s. Lit.).

IV. Übersetzungen

Teil A: Pressegesetze für die Gesamtkirche

A 1 | 1487 November 17: Bulle »Inter multiplices« Innozenz' VIII.

Bulle Innozenz' VIII.
gegen die Drucker von verworfenen Büchern:

Bischof Innozenz
Diener der Diener Gottes
Möge dies ewig in Erinnerung bleiben

Von Unseren vielfachen Fürsorgepflichten erachten Wir in Anbetracht Unseres Hirtenamts diese als die vordringlichste: dafür zu sorgen, dass das, was unsere Zeit an Heilbringendem und Löblichem, an mit dem katholischen Glauben Übereinstimmendem und mit den guten Sitten Konformem hervorbringt, nicht nur bewahrt und vermehrt, sondern auch an die Nachwelt weitergegeben wird. Was schädlich, verdammenswert und gottlos ist, möge dagegen abgehackt und mit der Wurzel ausgerupft werden, damit es nirgendwo mehr hervorsprieße. Wir dulden auf dem Acker des Herrn und im Weinberg des Herrn Sabaoth nur gute Saat, an der sich die Gläubigen geistig weiden können, nicht aber Unkraut und wilde, fruchtlose Bäume.

Wir sehen nun Folgendes: Es steigert das Wohl der Menschheit, wenn gute Techniken und gute Sitten verbreitet und an die Menschen, die heutigen und zukünftigen, weitergegeben werden. Das geschieht gewöhnlich am besten durch die den Menschen geschenkte Fähigkeit zu schreiben. Denn die Tugenden werden an die Schrift praktisch angebunden und auf diese Weise für die Abwesenden und die Nachkommen überliefert, konserviert und bekannt gemacht. Im selben Maß aber ist es für die Menschen gefährlich und bedrohlich, wenn etwas, das schädlich und der gesunden Lehre, den anständigen Sitten und vor allem der Orthodoxie zuwider ist, veröffentlicht und auf dem Wege der Schrift vielen zur Kenntnis gebracht wird. Wie man nämlich meint, dass das Gute je allgemeiner desto nützlicher, göttlicher und größer ist, so soll man auch meinen, dass das Schlechte je weiter und massiger desto schlechter und verabscheuungswürdiger ist, gerade weil die fragile menschliche Befindlichkeit sich doch eher dem Schlechten als dem Guten zuneigt.

Auf die Druckkunst übertragen heißt dies, dass man sie für überaus nützlich erachten darf, sofern sie für die Vervielfältigung bewährter und nützlicher Bücher eingesetzt wird. Würden aber Drucker diese Technik missbrauchen, indem sie beliebig Schädliches druckten, müsste man die Druckkunst als einen Fluch betrachten. Die Drucker selbst also müssen konsequenterweise im Zaum gehalten werden, damit sie keine solchen Dinge drucken, die offensichtlich gegen den katholischen Glauben verstoßen oder mit großer Wahrscheinlichkeit Ärgernis bei den Gläubigen hervorrufen würden.

Wir haben nun aus glaubwürdiger Erzählung erfahren, dass durch den Einsatz des Buchdrucks viele Bücher und Traktate in verschiedenen Teilen der Welt gedruckt worden sind und noch allenthalben gedruckt werden, die Irrtümer in großer Zahl und gefährliche, sogar der heiligen christlichen Religion feindselige Dogmen enthalten. Wir, als irdischer Stellvertreter dessen, der zur Erleuchtung der Geister der Menschen und zur Auslöschung der Finsternis vom Himmel herabstieg, trachten deshalb danach, solcher verabscheuungswürdigen Sünde entgegenzuwirken, da Wir ja durch das Uns übertragene Hirtenamt dazu verpflichtet sind. Streng untersagen Wir mit apostolischer Autorität, mit den Worten dieses Schreibens, allen einzelnen dieses Gewerbes (den Druckern und ihren Bediensteten und den wie auch immer sich mit der Druckkunst Beschäftigenden, sowohl denen, die sich bei der Römischen Kurie aufhalten, wie denen, die sich in den übrigen Städten, Ländern, Burgen, Dörfern und anderen Orten Italiens oder in Deutschland, Frankreich, Spanien, England, Schottland oder einer anderen christlichen Nationen aufhalten), bei Strafe der ›ipso facto‹ eintretenden Exkommunikation und einer Geldstrafe, die nach dem Ermessen des Ortsordinarius erhoben wird, es zukünftig zu wagen, Bücher, Traktate oder welche Schriften auch immer zu drucken oder drucken zu lassen, es sei denn sie haben sich vorher mit dem Magister Sacri Palatii oder bei Abwesenheit mit seinem Stellvertreter oder, außerhalb der Kurie, mit dem Ortsordinarius beraten und deren spezielle und ausdrückliche Genehmigung – welche gratis zu erwerben ist – erwirkt.

Wir bürden es ihrem Gewissen auf, dass sie, bevor sie eine solche Genehmigung erteilen, das für den Druck bestimmte Manuskript sorgfältig prüfen oder durch Experten und Rechtgläubige prüfen lassen und dass sie sorgfältig verhüten mögen, dass irgendetwas gedruckt wird, was dem orthodoxen Glauben widerspricht oder was gottlos oder ärgerlich ist.

Und weil es wenig nützte, gegen zukünftige Drucke vorzugehen, wenn nicht auch die schon als irrig, gottlos und ärgerlich bekannten Drucke unterdrückt würden, befehlen Wir mit derselben Autorität den Ordinarien und dem Magister Sacri Palatii, dass nämlich der Magister an der Kurie und die genannten Ordinarien außerhalb der Kurie in ihren Städten und Diözesen alle Drucker und sonstigen Personen, in welcher Würde, welchem Stand, welchem Grad, welcher Position oder Präeminenz sie sich auch befinden, mit Unserer Autorität ermahnen und anhalten, Inventare aller gedruckten Bücher und Traktate jeweils den genannten Ordinarien und dem Magister vorzulegen und auszuhändigen, ohne jeden Lug und Betrug, binnen eines Zeitraums, den diese ihnen nach eigenem Ermessen vorschreiben.

Und gedruckte Bücher und Traktate, über die der Magister und ein Ordinarius, oder einer von ihnen, befunden und erklärt hat, dass sie dem katholischen Glauben Widersprechendes, Gottloses, Übles, Ärgerliches oder schlecht Klingendes enthalten, müssen sie diesen gleichfalls vorlegen und aushändigen, ebenfalls bei Strafe der ›ipso facto‹ eintretenden Exkommunikation und einer Geldstrafe, welche, wie oben erwähnt, nach deren Ermessen zu erheben ist. Und der Magister Sacri Palatii und die Ortsordinarien sollen sich auch darum kümmern, dass solche Bücher auch auf andere Weise an sie gelangen, je nachdem wie es ihnen günstig erscheint, und dass die ausgehändigten Bücher verbrannt werden. Und sie sollen unter gleichen Strafen, mit Unserer Autorität unterbinden, dass irgendjemand diese zu binden oder aufzubewahren versucht. Auch sollen sie nicht darauf verzichten, sorgfältig die Auftraggeber dieser Bücher zu ermitteln und von diesen in Erfahrung zu bringen, aus welchem Grund sie zum Schaden des katholischen Glaubens, den sie bekennen, den Druckauftrag gaben. Dabei ist zu prüfen, ob nicht die Auftraggeber selbst irgendeiner Häresie verdächtig sind. Die Widersacher sollen mit der kirchlichen Zensur, unter Ausschluss der Appellation, gezügelt werden, wobei auch die Hilfe des weltlichen Arms in Anspruch genommen werden kann, dem Wir – damit er Uns bereitwilliger zu Hilfe ist – die Hälfte der erhobenen Geldstrafe zuweisen.

Dem stehen keinerlei apostolische Konstitutionen und Verordnungen entgegen, selbst wenn Druckern und ihren Bediensteten und den wie auch immer sich mit der Druckkunst Beschäftigenden sowie den Auftraggebern und Anstiftern der Drucke, den vorgenannten wie auch allen anderen, allen zusammen oder einzeln, vom Hl. Stuhl ein Indult gewährt wurde, wodurch sie durch apostolische Schreiben nicht interdiziert, suspendiert oder exkommuniziert werden können, sofern diese nicht vollständig und ausdrücklich, Wort für Wort, das entsprechende Indult zitieren.

Und weil es schwierig wäre, die vorliegende Urkunde an jeden einzelnen Ort zu bringen, an dem der Name Christi verehrt wird, wollen und bestimmen Wir mit apostolischer Autorität, dass einer authentischen Abschrift dieser Urkunde, versehen mit dem Siegel eines kirchlichen Prälaten und mit der Unterschrift eines Beglaubigungsnotars, überall, vor Gericht und außerhalb, derselbe Glaube geschenkt wird, den man der vorliegenden Urkunde schenken würde, wenn man sie hervorholte und vorzeigte.

Wir fordern außerdem die Ordinarien und den Magister Sacri Palatii auf, dass sie sich, mit Glaubenseifer und den Blick auf ihr Seelenheil gerichtet, im Vorgenannten als sorgfältig und gewissenhaft erzeigen, damit ihnen von Gott der Preis des ewigen Lebens und von Uns ein entsprechender Dank zuteil wird.

Überhaupt niemandem ist es daher erlaubt, diese Urkunde Unseres Verbots, Unserer Aufbürdung, Unseres Mandats, Unserer Festlegung, Unseres Willens und Unserer Aufforderung zu verletzen bzw. dagegen leichtfertig zu verstoßen. Wenn sich aber einer anmaße, dies zu versuchen, so soll er wissen, dass er sich den Unmut des allmächtigen Gottes und der heiligen Apostel Petrus und Paulus zuziehen würde.

Gegeben zu Rom [...].

A 2 | 1515 Mai 4: Bulle »Inter sollicitudines« Leos X. (V. Laterankonzil, Sess. 10)

Auf Grundlage der Übers. von Josef Wohlmuth, Gabriel Sunnus und Johannes Uphus in: COD 2, S. 632f.

In der 10. Sitzung des Laterankonzils durch den Bischof von Nantes verlesene Bulle über den Buchdruck:

Bischof Leo
Diener der Diener Gottes
Möge dies ewig in Erinnerung bleiben
Mit Billigung des heiligen Konzils

Unter den Sorgen, die auf Unseren Schultern lasten, beschäftigt Uns ständig die Frage, wie Wir die Irrenden auf den Weg der Wahrheit zurückführen und für Gott – unter Mitwirkung seiner Gnade – gewinnen können. Das ist es, was Wir in der Tat immer wieder erforschen möchten; darauf richten Wir das Streben Unseres Geistes; darüber wachen Wir mit eifriger Sorgfalt.

Gewiss kann man durchs Bücherlesen ohne Schwierigkeit Bildung erwerben, und die Technik des Buchdrucks, die gerade in unseren Zeiten mit Gottes Hilfe erfunden bzw. verbessert und ausgefeilt wurde, hat den Menschen vielerlei Vorteile gebracht, da nun mit wenig Aufwand eine riesige Anzahl von Büchern zur Verfügung steht, mit denen sich die Begabten sehr bequem in das wissenschaftliche Studium einarbeiten können. Auf diese Weise können Männer heranwachsen, die in allen Sprachen versiert sind, katholische Männer vor allem, von denen es in der Hl. Römischen Kirche gar nicht genug geben könnte, die sich darauf verstehen und es vermögen, die Ungläubigen in den heiligen Grundsätzen zu unterweisen und sie durch die christliche Glaubenslehre zu ihrem Heil der Gemeinschaft der Gläubigen anzuschließen. Nun kam Uns und dem Apostolischen Stuhl aber vielfach die Klage zu Ohren, dass Drucker in verschiedenen Teilen der Welt griechische, hebräische, arabische und aramäische Bücher in lateinischer Übersetzung ebenso wie andere Bücher in Latein oder in der Volkssprache herausgeben und verkaufen, in denen Glaubensirrtümer oder gefährliche Lehren enthalten sind, oder die der christlichen Religion widersprechen oder sich gegen den Ruf von Würdenträgern oder anderen Personen richten. Durch deren Lektüre werden die Leser nicht nur nicht erbaut, sie fallen auch in die größtmöglichen Irrtümer in Glaubens-, Lebens- und Sittenfragen. Daraus sind, wie uns die Erfahrung als Lehrmeisterin gezeigt hat, schon oft verschiedene Ärgernisse entstanden, und man muss fürchten, dass von Tag zu Tag noch größere entstehen.

Damit diese segensreiche Erfindung, die der Verherrlichung Gottes, der Vermehrung des Glaubens und der Verbreitung der guten Künste dient, nicht ins Gegenteil verkehrt wird und dem Heil der Christen Schaden zufügt, haben Wir es daher als Unsere Pflicht erachtet, Uns hiermit dem Thema Buchdruck zu widmen, so dass in Zukunft nicht zusammen mit der guten Saat auch Dorngestrüpp aufwachse oder der Arznei Gift beigemischt werde.

Es ist folglich Unser Wille, diesbezüglich mit einem geeigneten Mittel Vorsorge zu treffen. Damit der Buchdruck um so glücklicher gedeihe je geschickter, gewissenhafter und vorsichtiger von nun an kontrolliert wird, bestimmen und ordnen Wir mit Billigung des heiligen Konzils an: In Zukunft und für alle Zeiten darf niemand ein Buch oder sonst eine Schrift in Unserer Stadt Rom oder in anderen Städten und Diözesen drucken oder drucken lassen, es sei denn, es wird zuvor hier in Rom durch Unseren Vikar und den Magister Sacri Palatii gewissenhaft geprüft und mit deren eigenhändiger Unterschrift gebilligt, die unter Strafe der Exkommunikation kostenlos und ohne Aufschub erfolgen muss. In anderen Städten und Diözesen geschieht dies durch den Bischof oder einen anderen, der als Fachmann auf dem Wissensgebiet des zu druckenden Buchs oder Schriftstücks vom Bischof dazu bestellt wurde, sowie durch den Inquisitor gegen die Häresie.

Wer dem zuwiderhandelt, wird mit dem Verlust der gedruckten Bücher, deren öffentlicher Verbrennung und der Zahlung von 100 duc. an die Kirchenfabrik von St. Peter in Rom ohne Aussicht auf Nachlass bestraft. Ferner wird er von der Ausübung des Buchdrucks für ein volles Jahr suspendiert. Darüber hinaus wird er mit der Exkommunikation belegt. Schließlich wird er bei zunehmender Hartnäckigkeit von seinem Bischof oder Unserem Vikar mit allen Mitteln des Rechts so gezüchtigt, dass andere auf keinen Fall sein Beispiel nachahmen.

Überhaupt niemandem ist es daher erlaubt, diese Urkunde Unseres Statuts und Unserer Anordnung zu verletzen bzw. dagegen leichtfertig zu verstoßen. Wenn sich aber einer anmaße, dies zu versuchen, so soll er wissen, dass er sich den Unmut des allmächtigen Gottes und seiner heiligen Apostel Petrus und Paulus zuziehen würde.

Gegeben zu Rom, in der öffentlichen Konzilssitzung, die in der Lateranbasilika im Jahr der Fleischwerdung des Herrn 1515, am 4. Mai, im dritten Jahr Unseres Pontifikats feierlich abgehalten wurde.

»Väter des Konzils, findet der von mir verlesene Text eure Zustimmung?«
Alle Väter haben geantwortet: »Ja, der Text soll ausgefertigt werden.«

A 3 | 1546 April 8: »Vulgata-Dekret« des Trienter Konzils (Trid. sess. 4., decr. 2)

Auf Grundlage der Übers. von Josef Wohlmuth, Gabriel Sunnus und Johannes Uphus in: COD 3, S. 664f.

Zweites Dekret:
Es wird die Vulgata-Bibel angenommen und die Art und Weise der Auslegung der Heiligen Schrift usw. vorgeschrieben

Die hochheilige Synode ist der Auffassung, dass es für die Kirche gewiss von Nutzen wäre, wenn sie bekanntgäbe, welche von allen im Umlauf befindlichen lateinischen Ausgaben der heiligen Bücher denn nun für authentisch zu halten sei. So bestimmt und erklärt sie, dass ebendiese alte und verbreitete Ausgabe, die durch eine lange Verwendung so vieler Jahrhunderte in der Kirche anerkannt ist, bei öffentlichen Vorlesungen, Disputationen, Predigten und Auslegungen als authentisch aufgefasst wird und dass niemand es wage oder sich herausnehme, diese (›Vulgata‹) unter irgendeinem Vorwand abzulehnen.

Außerdem beschließt das Konzil zur Zügelung leichtfertiger Geister, dass niemand, auf eigene Klugheit gestützt, es wagen soll, in Sachen des Glaubens und der Sitten, die zum christlichen Lehrgebäude gehören, die Hl. Schrift nach eigenem Verständnis und gegen jenen Sinn zu verdrehen, den die heilige Mutter Kirche, der es zukommt, über den wahren Sinn und über die Auslegung der heiligen Schriften zu urteilen, festgehalten hat und festhält, oder auch die Hl. Schrift gegen den einmütigen Konsens der Väter auszulegen, auch wenn diese Auslegungen nicht zur Veröffentlichung bestimmt sind. Wer dagegen verstößt, wird durch die Ordinarien angezeigt und nach dem gesetzten Recht bestraft.

Aber auch die Drucker will die Synode in diesem Punkt, wie es sich ziemt, mäßigen, die ja bis jetzt ohne Mäßigung, das heißt (in der Meinung, ihnen sei alles erlaubt, was beliebt) ohne Erlaubnis der kirchlichen Obrigkeit die Bücher der Hl. Schrift und darüber hinaus Anmerkungen und Auslegungen aller beliebigen Autoren unterschiedslos druckten. Oft wird die Druckerei verschwiegen, oft auch erfunden, und, was noch schwerer wiegt, sie drucken ohne Nennung des Autors. Unbekümmert bieten sie auch solche Bücher feil, die anderswo gedruckt wurden. Daher beschließt und legt die Synode fest, dass von nun an die Hl. Schrift, vor allem aber die alte und verbreitete (Vulgata-)Ausgabe, möglichst fehlerfrei gedruckt werde. Niemand darf zudem irgendwelche Bücher, die das Heilige betreffen, ohne Angabe des Verfassers drucken oder drucken lassen, sie in Zukunft verkaufen oder bei sich aufbewahren, es sei denn, sie wurden vorher vom Ordinarius geprüft und gebilligt. Dies gilt bei Strafe des Anathems und einer Geldstrafe, wie sie in einem Kanon des letzten Laterankonzils festgesetzt wurde.

Handelt es sich um Ordensleute, so sind sie verpflichtet, außer dieser Prüfung und Billigung auch noch die Erlaubnis ihrer Ordensoberen einzuholen, die sie erhalten, nachdem die Bücher von diesen gemäß den Ordensvorschriften geprüft worden sind.

Wer solche Bücher aber handschriftlich in Umlauf bringt oder verbreitet, ohne dass sie vorher geprüft und gebilligt worden sind, unterliegt denselben Strafen wie die Drucker. Wer solche Bücher besitzt oder liest, gilt als Verfasser, sofern die Bücher den Autor nicht ausweisen. Die Billigung solcher Bücher wird schriftlich erteilt und erscheint deshalb authentisch auf dem Frontispiz des handgeschriebenen oder gedruckten Buches. Das Ganze, das heißt Billigung und Prüfung, geschehe kostenlos, damit gebilligt wird, was zu billigen ist, und verworfen, was zu verwerfen ist.

Ferner will die Synode jene Leichtfertigkeit zurückdrängen, wodurch die Wörter und Sätze der Hl. Schrift ins Profane gewendet und verdreht werden, nämlich ins Possenhafte, Fabelhafte, Eitle, in Schmeicheleien, Verleumdungen, abergläubisches Geschwätz, gottlose und teuflische Zauberei, Wahrsagerei, Losorakel und Polemik. Um solche Unehrerbietigkeit und Missachtung zu beseitigen und damit es in Zukunft niemand wagt, irgendwie Worte der Hl. Schrift zu diesem oder einem ähnlichen Zweck zu missbrauchen, verordnet und befiehlt die Synode, dass alle Menschen dieser Art als Frevler und Verletzer des Gotteswortes von den Bischöfen nach Recht und nach Ermessen bestraft werden.

A 4 | 1550 April 29: Bulle »Cum meditatio cordis« Julius' III.

Bischof Julius
Diener der Diener Gottes
Möge dies ewig in Erinnerung bleiben

Da Unser Herz am meisten darauf sinnt, dass der katholische Glaube überall wächst und blüht, achten Wir darauf, dass Gelegenheiten, von diesem Glauben abzuweichen, auch beseitigt werden. Nun haben Wir vor Kurzem erfahren, dass aus den Genehmigungen zum Lesen und Aufbewahren von Büchern, die häretisch oder in Bezug auf den Glauben suspekt sind, nicht der erhoffte Nutzen erwachsen ist. Auch dann nicht, wenn solche Genehmigungen erteilt worden sind, um die Irrtümer in diesen Büchern zu widerlegen. Vielmehr zogen sie mancherlei Unannehmlichkeiten nach sich.

Um dem entgegenzutreten und für das Seelenheil der Gläubigen zu sorgen, widerrufen und annullieren Wir aus eigenem Antrieb, ohne damit auf eine von außen angetragene Bitte zu reagieren, sondern aus Unserer sicheren Kenntnis und nach sorgsamer Abwägung, sämtliche bislang erteilten Fakultäten und Lizenzen zum Lesen und Aufbewahren von lutheranischen oder anderen häretischen oder in Bezug auf den Glauben suspekten Büchern. Welche Personen auch immer solche Fakultäten und Lizenzen empfangen haben; welchen Stand, welchen Rang, welche Weihe oder welche Position diese Personen auch einnehmen; auch wenn sie sich durch die bischöfliche, erzbischöfliche oder eine andere hohe geistliche oder weltliche Würde auszeichnen; wer auch immer solche Fakultäten und Lizenzen ausgestellt haben mag, Unsere Vorgänger, Wir, der Hl. Stuhl oder seine Legaten, die Legaten de latere, der Großpönitentiar oder andere; in welcher Form, mit welchen Ausdrücken und mit welchen Klauseln diese Fakultäten und Lizenzen auch aufgesetzt wurden, mit solchen etwa, die eine Derogation ausschließen, oder mit anderen Dekreten, selbst wenn diese wie hier aus eigenem Antrieb und aus sicherer Kenntnis ergingen: alle solche Fakultäten und Lizenzen betrachten Wir mit den Worten dieses Schreibens für widerrufen, ungültig erklärt und in allen Bestandteilen vollständig entwertet, und so sollen sie auch von anderen betrachtet werden. Ausgenommen davon sind einzig und allein die den Inquisitoren und Kommissaren der Inquisition vom Hl. Stuhl für die Dauer ihres Amts erteilten Fakultäten und Lizenzen.

Bei den Sentenzen, Zensuren und Strafen, wie sie von den heiligen Kanones, von Uns oder dem Hl. Stuhl gegen Leser und Besitzer solcher Bücher festgelegt worden sind, untersagen Wir den oben genannten Personen streng jeden Versuch, solche Fakultäten und Lizenzen weiterhin zu gebrauchen und sich ihrer zu bedienen, um schon jetzt oder in Zukunft verbotene Bücher zu lesen oder zu behalten.

Ferner ermahnen und ersuchen Wir, mit den Worten dieses Schreibens, mit apostolischer Autorität und kraft des heiligen Gehorsams, alle Drucker und Buchhändler oder sonstigen Verkäufer von Büchern sowie alle anderen Personen, in welchem Stand, Grad, Orden oder in welcher Position und Präeminenz sie sich auch befinden mögen (Bischöfe und alle anderen hohen kirchlichen und weltlichen Würdenträger, wie gesagt, inbegriffen): Sollten sie aus irgendeinem Grund, etwa aufgrund einer von Uns oder vom Hl. Stuhl erteilten speziellen Lizenz oder Erlaubnis, lutheranische und andere häretische Bücher oder Bücher, die die lutherische oder eine andere falsche Lehre beinhalten, welche von Uns oder dem Hl. Stuhl auf irgendeine Weise verworfen wurde, bei sich haben, so befehlen Wir ihnen strikt, bei Strafe des Falls in die Häresie und bei allen gesetzmäßig von kirchlicher und weltlicher Seite gegen Häretiker gesprochenen und auferlegten Sentenzen, Zensuren und Strafen, dass sie diese Bücher, auch wenn sie diese allein aus kaufmännischen Gründen bei sich haben, dem Inquisitor der Stadt, in der sich diese Bücher befinden, real und tatsächlich aushändigen. Dies hat binnen einer peremptorischen Frist von 60 Tagen zu geschehen, wobei Wir die ersten 20 Tage als erste, die zweiten 20 als zweite und die letzten 20 als dritte kanonische Ermahnung festlegen. Gezählt wird vom Tag der Publikation dieses Schreibens, die in der unten beschriebenen Art und Weise zu geschehen hat. Ausgenommen sind, wie bereits gesagt, die Inquisitoren und Kommissare der Inquisition.

Nichtsdestoweniger geben Wir, ebenfalls »motu proprio« und durch apostolisches Schreiben, Unserem ehrwürdigen Bruder, dem Kardinalbischof von Frascati Gian Pietro Carafa, genannt Neapolitanus, sowie Unseren geschätzten Söhnen, den Kardinalpriestern Juan Alvarez de Toledo von S. Clemente, Marcello Cervini von S. Croce in Gerusalemme und Francesco Sfondrati von S. Anastasia, die die vom Hl. Stuhl deputierten Generalinquisitoren sind, den folgenden Befehl: Sollten die mit diesem Schreiben Aufgeforderten und Ermahnten Unserem Monitorium und Mandat nicht gehorchen und deshalb der Häresie und den anderen Sentenzen, Zensuren und Strafen verfallen, dann sollen die Generalinquisitoren oder ihre Beauftragten diese so lange öffentlich als Häretiker und den Sentenzen, Zensuren und Strafen (von jetzt an und rückwirkend) Verfallene verkünden oder verkünden lassen, bis sie alle ihre lutheranischen oder sonstigen häretischen Bücher dem für den Ort, an dem sich die Bücher befinden, zuständigen Inquisitor ausgehändigt haben und von diesem rehabilitiert worden sind.

Die Zuwiderhandelnden werden mit der kirchlichen Zensur, unter Ausschluss der Appellation, bestraft, ohne dass dem irgendwelche gegenteiligen apostolischen Konstitutionen oder Verordnungen entgegenstehen, auch nicht wenn einem einzelnen oder einer Gruppen vom Hl. Stuhl ein Indult erteilt wurde, wonach sie durch kein apostolisches Schreiben interdiziert, suspendiert oder exkommuniziert werden können, wenn dieses das Indult nicht Wort für Wort wiederholt.

Im Übrigen wollen und beschließen Wir mit besagter apostolischer Autorität – damit das Obenstehende allen, die es betrifft, zur Kenntnis gebracht wird und sich niemand in gerechter Weise mit Unkenntnis herausreden oder legitim entschuldigen kann –, dass dieses Schreiben durch Unsere Kurienboten in der Peterskirche und der Lateranbasilika während eines gut besuchten Gottesdienstes öffentlich und für alle hörbar verlesen wird. Danach soll es an den Toren der zwei Kirchen sowie an der Pforte der Apostolischen Kanzlei und am Campo de' Fiori angeschlagen werden und dort für eine Weile hängen bleiben, damit es jeder lesen und zur Kenntnis nehmen kann. Und wenn es von dort entfernt wird, so sollen dort Duplikate weiter hängen bleiben. Durch die Verlesung, den Anschlag und die Publikation sind alle darin eingeschlossenen Personen, eben nach 60 Tagen, an die Bestimmungen dieses Schreibens gebunden, als wäre es ihnen persönlich vorgelesen und eingeschärft worden. Kopien dieses Schreibens, die mit der Unterschrift eines öffentlichen Notars und dem Siegel eines kirchlichen Würdenträgers versehen sind, ist haargenau derselbe Glaube zu schenken, als wäre dieses Original hervorgeholt und vorgezeigt worden.

Auch wollen Wir, dass diejenigen, die ihre lutheranischen oder sonstigen häretischen Bücher innerhalb der vorgeschriebenen Frist dem Inquisitor aushändigen, sofern sie nicht noch aus einem anderen Grund Häretiker oder in Bezug auf den Glauben Verdächtige sind, ›eo ipso‹ und ohne irgendeine zusätzliche Abschwörung von den Zensuren und Strafen, welche sie sich deswegen zugezogen haben, in beiden Foren losgesprochen sind und für losgesprochen anzusehen sind, so wie Wir sie auch in genanntem Fall, von jetzt an und rückwirkend lossprechen, sofern sie denn die Buße, die ihnen ihr selbst gewählter Beichtvater nach seinem Ermessen auferlegt hat, vollständig abgeleistet haben.

Überhaupt niemandem ist es daher erlaubt, diese Urkunde Unserer Widerrufung, Ungültigmachung und Annullierung, Unseres Verbots, Ersuchens, Monitoriums, Mandats, Dekrets und Unseres Willens zu verletzen bzw. leichtfertig dagegen zu verstoßen. Wenn sich aber einer anmaße, dies zu versuchen, so soll er wissen, dass er sich den Unmut des allmächtigen Gottes und der heiligen Apostel Petrus und Paulus zuziehen würde.

Gegeben zu Rom […].

A 5 | 1558 Dezember 21: Breve »Quia in futurorum« Pauls IV.

Breve zur Widerrufung von sämtlichen bis heute erteilten Lizenzen und Fakultäten zum Lesen oder zum Besitz häretischer oder der Häresie verdächtiger Bücher:

Papst Paul IV.
Möge dies zukünftig in Erinnerung bleiben

Weil das menschliche Urteilsvermögen in Bezug auf die Zukunft so unsicher und trügerisch ist, dass sich etwas später als schädlich herausstellen kann, von dem man früher einmal angenommen hatte, dass es nützlich sein würde, widerruft der Papst von Zeit zu Zeit nach reiflicher Überlegung, was einst überlegt erlassen worden zu sein schien, wenn er es mit Rücksicht auf die Zeit und die Menschen für heilsam im Herrn erachtet.

Nun wurde Uns bekannt, dass Kleriker (Welt- wie auch Ordenskleriker aus den verschiedenen Orden) und Laien, die vorgaben, sich Lutheranern oder anderen Häretikern dieser Zeit widersetzen und deren Irrtümer und falsche Überzeugungen widerlegen zu können und zu diesem Zweck dem Hl. Stuhl Fakultäten zum Lesen der Bücher solcher Häretiker abgeschwatzt haben, sich derart der Lektüre dieser Bücher hingegeben haben, dass sie im Vertrauen auf ihre eigene Klugheit vom rechten Weg des Herrn abwichen und sich in den betrügerischen, abergläubischen und falschen neuen häretischen Lehren verfingen. Die leichtfertig glaubten, sie könnten andere von ihren Irrtümern bekehren, sind selbst ins Verderben gerutscht.

Weil der Heilige Geist, ohne dessen göttliche Macht nichts Gutes entstehen kann, weht, wo er will, halten Wir es für besser, sich mit einfachem Herzen an ihn zu wenden und mit seiner Hilfe in den katholischen und von der Hl. Römischen Kirche approbierten Büchern nach dem rechten Glauben zu forschen, als die Irrtümer der Häretiker durch Lektüre ihrer Bücher aufdecken zu wollen.

In der Absicht, diesen Ärgernissen, sofern Gott es zulässt, zu begegnen und mit geeigneten Mitteln dafür zu sorgen, dass sich ähnliches nicht mehr zuträgt, widerrufen, kassieren, entwerten und annullieren Wir sämtliche Lizenzen und -fakultäten zum Lesen der von Uns oder den in den einzelnen Provinzen oder Reichen zuständigen Generalinquisitoren verurteilten oder verworfenen häretischen und häresieverdächtigen Bücher. Das gilt für sämtliche Leselizenzen und -fakultäten, die Weltklerikern oder den oben erwähnten Regularklerikern oder Laien ausgestellt worden sind, ganz gleich welchen Stand, welchen Grad, welche Weihe, welche Position oder welchen Rang sie bekleiden; auch ist unerheblich, ob sie die Würde eines Abts, Bischofs, Erzbischofs, Patriarchen, Primas oder eine andere höhere geistliche Würde (einschließlich der Kardinalswürde) bekleiden, oder ob sie durch weltliche Erhabenheit, etwa als Markgrafen, Herzöge, Könige oder Kaiser, herausragen; ausgenommen sind lediglich die oben genannten Generalinquisitoren. Unerheblich ist auch, durch wen diese Leselizenzen und -fakultäten ausgestellt worden sind: durch einen Unserer Vorgänger, durch Uns (z. B. mündlich), durch den Hl. Stuhl oder dessen Großpönitentiar oder durch Ordinarien oder Diözesanbischöfe. Unerheblich ist auch, in welcher Form diese Leselizenzen und -fakultäten ausgestellt worden sind: etwa in Form eines apostolischen Breve oder mit Bleibulle; unerheblich ist auch, welchen Wortlaut oder welche Formeln diese aufweisen, oder mit welchen Klauseln (z. B. solchen, die die Derogation ausschließen oder noch stärkeren oder seltenen Klauseln oder anderen aufhebenden Dekreten) diese versehen sind. Ebenfalls unerheblich ist, aus welchem Grund und unter welchem Vorwand diese Leselizenzen und -fakultäten mit apostolischer Autorität ausgestellt worden sind: aus eigenem Antrieb, aus sicherer Kenntnis und mit der päpstlichen Vollgewalt. Alle diese Leselizenzen und -fakultäten sollen gemäß den Worte dieses Schreibens als widerrufen, kassiert, aufgehoben, nichtig und niemandem dienlich gehandhabt werden.

Wir verbieten streng allen Klerikern und Laien, auch den oben näher bezeichneten, nicht jedoch den vorgenannten Generalinquisitoren bzw. den Kardinälen, die von Uns der Inquisition zugeteilt wurden, kraft des heiligen Gehorsams und bei Strafe der Exkommunikation als Tatstrafe und bei weiteren Sentenzen, Zensuren und (kirchlichen und weltlichen) Strafen, die bislang gegen die Leser solcher Bücher erlassen und promulgiert wurden – von denen nur Wir oder der dann regierende Papst oder die einzelnen Generalinquisitoren lossprechen können, ausgenommen im Angesicht des unmittelbar bevorstehenden Todes –, den Versuch zu unternehmen, in Zukunft solche Bücher aus irgendeinem Grund oder Vorwand, öffentlich oder heimlich, zu lesen, zu behalten, zu drucken oder zu verkaufen.

Außerdem befehlen Wir ihnen bei den oben genannten Zensuren und Strafen, innerhalb der Frist, die von den einzelnen Inquisitoren in ihren öffentlichen Edikten bekanntgegeben wird, diese Bücher vollständig am Dienstsitz des Inquisitors abzugeben. Und wer irgendwie Kenntnis von verbotenen Büchern hat oder Personen kennt, die solche Bücher lesen, besitzen, drucken oder verkaufen, möge sein Wissen (Namen der Beschuldigten, Art der Bücher) der Inquisition preisgeben.

Dem stehen keine apostolischen Konstitutionen oder Erlasse entgegen, auch nicht, wenn Gruppen oder Einzelpersonen ein Indult gewährt wurde, wodurch sie durch apostolische Schreiben nicht interdiziert, suspendiert oder exkommuniziert werden können, sofern diese nicht vollständig und ausdrücklich, Wort für Wort, das entsprechende Indult erwähnen.

Damit dieses Schreiben allen, die es betrifft, bekannt wird, wollen Wir, dass es an den Toren der Peterskirche und der Apostolischen Kanzlei sowie am Campo de' Fiori von Unseren Boten publiziert und angeschlagen wird, wobei eine Kopie dort angeschlagen verbleiben möge. Nichtsdestoweniger tragen Wir allen Bischöfen, Erzbischöfen, Patriarchen und Primassen und anderen Ortsordinarien und Diözesanen auf und befehlen ihnen kraft des heiligen Gehorsams, dieses Schreiben bzw. Transsumpte, die von einem öffentlichen Notar unterschrieben und von einem geistlichen Würdenträger oder einer geistlichen Kurie gesiegelt wurden, in ihren Diözesen, Städten und Provinzen, ohne dass dies einer weiteren Aufforderung bedürfe, zu veröffentlichen oder veröffentlichen zu lassen, damit niemand Unwissenheit vorgeben oder andere Ausflüchte gegen die Befolgung dieses Schreibens vorbringen kann. Wir wollen nämlich, dass einem solchen unterschriebenem und gesiegeltem Transsumpt derselbe Glaube geschenkt werde wie dem Original, wenn es gezeigt würde.

Gegeben zu Rom [...].

A 6 | 1558 Dezember 30: Der erste römische Index (Index Paulinus, Auszüge)

Index der Autoren und Bücher,
vor denen auf Befehl der Hl. Römischen und Universalen Inquisition jeder Christ sich hüten möge, bei den Zensuren, die in der Abendmahlsbulle gegen Leser und Besitzer verbotener Bücher ausgesprochen werden, sowie bei weiteren Zensuren und Strafen, die im Dekret des Sanctum Officium genannt sind

Dieser Index ist zu kaufen bei dem Kammerdrucker Antonio Blado,
auf Befehl des Sanctum Officium,
Rom, im Jahr des Herrn 1559, im Monat Januar

Das Verbotsdekret
der Hl. Römschen und universalen Inquisition
im Wortlaut:

An alle Christgläubigen, ganz gleich wo sie wohnen und welchen Stand, welchen Rang, welchen Grad, welche Weihe, Position oder Würde sie bekleiden, ergeht folgendes Gebot und folgender Befehl, bei den in der Abendmahlsbulle und den Dekreten des V. Laterankonzils ausgesprochenen Zensuren und Strafen, außerdem bei Strafe des Häresieverdachts, des Verlusts aller Ränge, Ämter und Pfründen, ohne Möglichkeit, diese oder andere wieder zu erlangen, sowie bei Strafe ewiger Infamie und bei anderen Strafen nach unserem Ermessen: Niemand wage es zukünftig, die in diesem Index des Sanctum Officium aufgeführten Bücher und Schriften oder andere, die von der Sünde der Häresie befleckt sind oder von denen bekannt ist, dass sie von Häretikern veröffentlicht wurden, abzuschreiben, herauszugeben, zu drucken oder drucken zu lassen; zu verkaufen, zu kaufen oder im Tausch, als Geschenk oder auf andere Weise weiterzugeben; anzunehmen, öffentlich oder heimlich zu besitzen oder anderswo zu lagern oder aufbewahren zu lassen.

Wer dem nicht gehorcht und solche Bücher und Schriften allesamt nach Bekanntwerden dieses Dekrets, so rasch er kann, dem Ortsordinarius oder dem zuständigen Inquisitor oder dessen Vikar oder den Beauftragten der Römischen Inquisition getreu und in der Tat aushändigt, oder wer nicht mit allen Mitteln dafür sorgt, dass diese ausgehändigt werden, der zieht ›ipso facto‹ die erwähnte Strafe der Exkommunikation als Tatstrafe sowie weitere Strafen auf sich.

Am 30. Dezember 1559 [=*1558*] wurde das oben genannte Schreiben
an den Toren der Peterskirche, am Palast des Sanctum Officium
und am Campo de' Fiori angeschlagen und publiziert,

wo auch Kopien dieses Schreibens angeschlagen hinterlassen wurden,
durch uns,
Trifone Vitorello und Onofrio Montargul, Päpstliche Boten

Der Index ist alphabetisch aufgebaut.
In jedem Buchstaben-Abschnitt wird folgende Reihenfolge eingehalten:

Als Erstes werden Namen und Nachnamen derjenigen aufgelistet, die überführt worden sind, mehr als andere und erklärtermaßen geirrt zu haben, weshalb ausnahmslos alle ihre Texte, ohne Rücksicht auf das Thema, ganz und gar verboten sind.

Es folgen die Namen und Nachnamen bestimmter Autoren, von denen einige Bücher verworfen wurden, weil hinreichend bekannt ist, dass diese wiederholt zur Häresie, zu irgendeiner verblendeten Gottlosigkeit oder schlicht und ergreifend zu nicht hinnehmbaren Irrtümern verführt haben.

Zuletzt werden Buchtitel aufgelistet, deren häretische Verfasser oft nicht namentlich bekannt sind und die von pestilenzialischen Lehren durchsetzt sind.

A

Von den folgenden Autoren
sind allgemein sämtliche Bücher und Schriften und auch sonst alles, was unter ihrem oder ihrer Anhänger Namen geschrieben oder gedruckt wurde oder erst noch geschrieben oder gedruckt wird, verboten, auch wenn darin gar nichts gegen oder auch nur über die Religion gesagt wird. [...]

[*Es folgt der eigentliche Index. Zu jedem Buchstaben werden drei Listen geführt, jeweils eine Liste für jede der drei Indexklassen. Insgesamt enthält der Index in der 1. Indexklasse 603 Einträge, in der 2. Klasse (»Certorum auctorum libri prohibiti«) werden 126 Titel von 117 Autoren aufgeführt, in der 3. Klasse (»Libri prohibiti ab incerti nominis auctoribus compositi«) stehen 332 Titel.*]

L

[...]

Bücher, Hefte und alle Werke aus den letzten vierzig Jahren, die ohne Angabe des Autor- oder Druckernamens oder des Druckjahrs und Druckorts erschienen, ganz gleich zu welcher Fachrichtung und welchem Wissensgebiet sie gehören, welche Themen sie behandeln, oder in welcher Sprache sie geschrieben sind. Selbst dann, wenn sie sich gar nicht über Glauben und Religion äußern.

Bücher und sonstige Drucke, die künftig (ob mit oder ohne Angabe des Autors, Druckers, Druckjahrs oder -orts) ohne schriftliche Genehmigung und Approbation des für den Druckort zuständigen Bischofs und Inquisitors, oder anderer Beauftragter des Hl. Stuhls oder der Kardinalinquisitoren, und ohne ein im Buch abgedrucktes Zeugnis dieser Genehmigung und Approbation gedruckt werden.

Alle Bücher und Traktate, die von Druckern gedruckt worden sind, die in der Vergangenheit auch schon häretische Bücher gedruckt haben, sind als verdächtig zu betrachten und dürfen keinesfalls verkauft, gekauft oder gelesen und aufbewahrt werden, wenn nicht zuvor der Ordinarius zusammen mit dem Inquisitor oder mit einem Kommissar des Sanctum Officium festgestellt hat, dass die fraglichen Bücher weder Häresien noch Irrtümer enthalten, noch von Häretikern geschrieben oder herausgegeben worden sind, noch auf irgendeine Weise die Erinnerung an den Namen oder das Werk eines Häretiker wachhalten.

Alle Bücher und Traktate, die künftig von häretischen Druckern oder von Druckern häretischer Bücher gedruckt werden, ganz gleich welchen Titel sie tragen, in welcher Sprache, zu welchem Fach und zu welchem Thema sie geschrieben sind, sind so zu meiden, wie man verworfene und vollständig verbotene Bücher meidet.

Alle Bücher und Traktate, ganz gleich mit welchem Titel, zu welchem Fach oder Beruf, oder in welcher Sprache; ferner Auslegungen, Übersetzungen, Kommentare, Historien, Briefe, Lieder, Dialoge, Fabeln, Scholien, überhaupt alles, was von Häretikern geschrieben wurde oder noch geschrieben wird oder in deren Namen oder unter deren Schirm gedruckt wird, auch wenn Glaube und Religion darin nicht behandelt werden.

Alle Bücher und Schriften über das Handlesen, die Physiognomie, die Aero-, Geo-, Hydro-, Ono-, Pyro- oder Nekromantie, oder solche, in denen Sortilegien, Giftmischerei, Augurien, Auspizien, Beschwörungen, magische oder astrologische Weissagungen über zukünftige Ereignisse, über Glücksfälle oder Katastrophen aufgezeichnet sind. Ausgenommen davon sind allein Naturbeobachtungen, die der Schifffahrt, der Landwirtschaft oder der Medizin als Hilfe dienen.

Alle Bücher, die von Päpsten oder Konzilien verurteilt wurden.

[…]

M

[…]

Bücher und Schriften über Magie.

[…]

N

[…]

Werke und Schriften über die Nekromantie.

Werke zur Ars notoria.

[…]

P

[…]

Alle Pasquillen und alle Schriften, in denen Gott, die Heiligen, die Sakramente, die katholische Kirche oder ihr Ritus oder der Apostolische Stuhl herabgewürdigt werden.

T

[…]

Der Talmud der Juden mitsamt den zugehörigen Glossen, Anmerkungen, Auslegungen und Deutungen.

[…]

Verbotene Bibeln

[*Der ›Bibel-Anhang‹ listet insgesamt 45 verbotene Ausgaben der Bibel und des Neuen Testaments auf.*]

[…]

Bibeln, die in einer Volkssprache (Deutsch, Französisch, Spanisch, Italienisch, Englisch, Flämisch usw.) verfasst sind, dürfen in keinem Fall ohne Genehmigung des heiligen Amts der Hl. Römischen Inquisition gedruckt, gelesen oder behalten werden.

Neues Testament

[…]

Die Bücher des Neuen Testaments in einer Volkssprache dürfen in keinem Fall ohne Genehmigung des Amts der Hl. Römischen und Universalen Inquisition gedruckt oder behalten werden.

[…]

[*Ein zweiter Anhang besteht aus einer Liste mit den Namen von 61, mehrheitlich in den Gebieten nördlich der Alpen tätigen Druckern, deren gesamtes Verlagsprogramm für verboten erklärt wird.*]

A 7 | 1559 Februar: Die »Instructio circa Indicem« des Sanctum Officium

Instruktion zum Index der verbotenen Bücher:
An alle Inquisitoren und Bediensteten
der Hl. Römischen und Universalen Inquisition

Im Dekret des Sanctum Officium [*vom 30. Dezember 1558*] wird befohlen, Bücher auszuhändigen:

Die Absicht des Sanctum Officium ist folgende: Alle diese Bücher sollen grundsätzlich den Inquisitoren oder deren Vikaren oder, wo es solche nicht gibt, den Ortsordinarien übergeben werden. Die Inquisitoren, Vikare und Ortsordinarien dürfen niemandem Erlaubnis erteilen, die vollständig verbotenen Bücher zu Hause zu verbrennen oder zu vernichten, es sei denn es liegen gerechte und zwingende Gründe vor.

»Charles Dumoulin«:
In den von Dumoulin herausgegebenen Texten des Alessandro Tartagni, Filippo Decio und Dino da Mugello müssen die Anmerkungen und alle weiteren Spuren, die auf den Herausgeber verweisen, gelöscht werden. Allein die reinen Originalzitate sind eben noch zulässig. Die Ausgabe des Corpus Iuris Canonici, das an verschiedenen Stellen von Dumoulin kontaminiert wurde, darf weder gedruckt noch verkauft werden. Buchhändler und Drucker müssen die noch vorrätigen Exemplare abgeben, ganz gleich ob darin die Kommentare von Dumoulin gelöscht wurden oder nicht. Vor allem sollen Hugues de La Porte und Antoine Vincent, die die Gottlosigkeiten Dumoulins gedruckt haben, diese Bücher abgenommen werden. Außerdem sind sie nun zu den unter Häresieverdacht stehenden Druckern zu zählen. Die übrigen Gelehrten, die bereits arglos eine Ausgabe des Corpus Iuris gekauft haben, können erst dann eine Lizenz zur Benutzung des Werks erlangen, wenn alle Anmerkungen Dumoulins und dessen Name darin gelöscht worden sind, wobei die Inquisitoren prüfen sollen, ob der Text nicht irgendwo manipuliert wurde.

Im Index genannt wird »Gondissalvus«:
Dieser ist nicht identisch mit Gonzalo de Villadiego.

Im Index genannt wird »Gregorius Giraldus«:
Dieser ist nicht identisch mit Giglio Gregorio aus Ferrara.

Im Index genannt wird »Ioannes Diazius«:
Dieser ist nicht identisch mit Juan Bernal Díaz.

»Leonhart Fuchs«:
Alle seine Werke sind verboten. Auch die Bücher, die von Kräutern und Wurzeln handeln, sind verboten und dürfen ohne Erlaubnis des Sanctum Officium nicht behalten werden. Eine Erlaubnis muss schriftlich erteilt werden, wobei als Empfänger nur eine begrenzte Anzahl sehr guter Ärzte in Frage kommt; die Erlaubnis gilt nur so lange, bis die Empfänger das für ihren Beruf Benötigte aus dem Fuchs'schen Werk zusammengetragen haben, wobei nirgendwo der Name Fuchs erwähnt oder an ihn erinnert werden darf.

»Bücher, Hefte und Werke usw. aus den letzten vierzig Jahren, die ohne Namen usw. [*erschienen sind*]«:
Was in den letzten 40 Jahren [*anonym, ohne Angabe des Druckers, des Druckorts oder -jahrs*] gedruckt wurde, wird als verboten angesehen, wenn denn feststeht, dass das Werk nicht schon früher mit den später fehlenden Angaben gedruckt oder verfasst worden war. Wenn aber einzelne solcher Werke bei den Katholiken einmütig als unbedenklich aufgenommen wurden, und gute katholische Gelehrte dies bezeugen können, dürfen sie mit Erlaubnis der Inquisition benutzt werden.

»Ohne Namen des Autors oder Druckers, des Druckorts oder -jahrs«:
Diese einzelnen Angaben sind erforderlich. Lizenzen zum Behalten von Büchern ohne diese Angaben können aber problemlos erteilt werden, wenn die Inquisitoren befinden, dass man den Druckernamen, den Druckort oder das -jahr damals ohne böse Absicht unterschlagen habe.

Bücher guter Autoren, welche von schlechten Autoren übersetzt, gedruckt oder bearbeitet wurden:
In Bezug auf Bücher katholischer Kirchenväter oder anderer christlicher und nichtverbotener Autoren der Antike, die von Häretikern übersetzt, gedruckt oder herausgegeben wurden, wird festgelegt, dass sie ohne eine schriftliche Lizenz des Amts der Römischen Inquisition oder der Kommissare derselben oder eines Inquisitors oder dessen Vikars (oder – wo es keinen Inquisitor oder Inquisitionsvikar gibt – des Ortsordinarius) keinesfalls gelesen oder behalten werden dürfen. Eine solche Lizenz aber darf nur erteilt werden, wenn aus dem fraglichen Buch die Namen, Nachnamen, Anmerkungen, Scholien, Zensuren, Argumente, Summarien und alle anderen Spuren, die an einen Bearbeiter aus der Ersten Klasse des Index der Inquisition erinnern, abgeschabt oder übermalt wurden, und zwar so, dass man sie nicht mehr erkennen oder lesen kann. Sobald aber ein solcher von einem Häretiker übersetzter, bearbeiteter und herausgegebener Text von einem katholischen Autor neu aufgelegt wird, gilt ab der Lieferbarkeit der Neuausgabe jede für die alte Ausgabe erteilte Leselizenz als widerrufen und entwertet.

»Bücher und Schriften über die Physiognomie usw.«:
Die Physiognomie, die dazu dient, auf Grund der äußeren Erscheinung der Menschen Aussagen über gelbe Galle, Schleim und andere Säfte zu treffen, wird nicht verworfen, sondern jene Art der Physiognomie, die wie beim Handlesen zur Hellseherei verwendet wird.

»Robert Estienne«:
Der unter seinem Namen erschienene, aber von vielen anderen zusammengetragene »Thesaurus Latinae linguae« wird nur einigen ausgewählten und reputierten Männern gestattet, wobei die Leselizenz nur auf Zeit erteilt werden kann und das zu Tilgende getilgt werden muss (so wie oben im Fall des Herbarium von Fuchs beschrieben). Auf dieselbe Weise ist beim Wörterbuch und dem Terenz-Kommentar von Étienne Dolet zu verfahren. Alle anderen Schriften aber, von denen anzunehmen ist, dass Robert Estienne oder Étienne Dolet selbst deren Autoren sind, werden verworfen.

»Bibeln«:
Jene Bibeln, die im Index namentlich aufgeführt werden, sowie alle anderen, die diesen ähnlich sind, ganz gleich, wann und wo sie gedruckt wurden, sind allen streng untersagt, da doch die Katholiken sich stark davor fürchten müssen, Bücher der Hl. Schrift zu gebrauchen, die durch Anmerkungen, Randbemerkungen oder andere Spuren der treulosen und pestilenzialischen Häretiker entstellt worden sind.

Volkssprachliche Bibeln sind allen Frauen untersagt, auch den Nonnen in klösterlicher Klausur. Aber auch Männern dürfen Leselizenzen nicht wahllos erteilt werden. Allein die Ordensoberen können entscheiden, ob sie ihren subalternen Brüdern, die keine höheren Weihegrade besitzen, eine solche Lizenz erteilen wollen. Auch bestimmten anderen frommen und demütigen, bestens beleumundeten Personen können Lizenzen erteilt werden, nicht jedoch für alle übersetzten Bibeln, sondern nur für solche, die von Katholiken übersetzt und von Inquisitoren durchgesehen worden sind und die keine Zusammenfassungen, Argumente, Indizes oder Marginalien enthalten.

Priestern, Diakonen und Subdiakonen dürfen keine Lizenzen für volkssprachliche Bibeln erteilt werden. Diejenigen, die kein Latein lesen können oder es verschmähen oder die Lesungen nicht verstehen, sollen auch von der Ausübung ihrer Aufgaben als Priester, Diakone oder Subdiakone ferngehalten werden.

Leselizenzen für volkssprachliche Evangelien oder Episteln für den Tag können recht großzügig erteilt werden, wenn danach gefragt wird.

Volkssprachliche Messen, wie sie im Officium B. M. V. oder in anderen Drucken oder Schriften enthalten sind, sind gänzlich verboten. Dasselbe gilt für Stundengebete, die man in Kirchen auf Latein zu sprechen pflegt: wurden sie in die Volkssprache übersetzt, sollen sie eingezogen werden. Die Psaltern und Gebetsbüchern oft vorangestellten oder angehängten Rubriken, die bestimmten

Psalmen oder Gebeten Wunderkraft zuschreiben, müssen vernichtet oder gelöscht werden.

Die Befugnis, Leselizenzen für das von Dumoulin geschändete Corpus Iuris Canonici, für das Herbarium von Fuchs, die lateinischen Wörterbücher und die volkssprachlichen Bibeln unter den oben genannten Auflagen zu erteilen (und nicht auf andere Weise), liegt per Indult des römischen Sanctum Officium außerhalb Italiens bei den Generalinquisitoren der einzelnen Länder, die auch anordnen können, dass alle ganz verbotenen Bücher verbrannt werden. In Italien wird dies per Befehl des römischen Sanctum Officium angeordnet. [...]

A 8 | 1561 Juni 14: »Moderatio Indicis librorum prohibitorum«

Mäßigung des Index der verbotenen Bücher

Michele Ghislieri, durch Gottes Erbarmen Kardinalpriester von S. Sabina, gewöhnlich genannt ›Alexandrinus‹, vom Papst und vom Hl. Stuhl für die gesamte Christenheit eigens abgeordnet als oberster Inquisitor gegen die Häresie. Wir entbieten allen Christgläubigen, die das vorliegende Schreiben sehen, lesen oder irgendwie davon Kenntnis erhalten, Unseren Gruß im Herrn.

Ihr sollt wissen, dass Unser heiliger Vater in Christus, durch Gottes Vorsehung Papst Pius IV., als er erkannte, wie viele Seelen sich in den Zensuren des Index der von der Hl. Römischen Inquisition verbotenen Bücher verhaken und verstricken, nach reiflicher Anhörung von Ratschlägen und Gutachten von Theologen und Rechtsgelehrten, aus Mitleid für die menschliche Schwäche, soweit Gott es ihm erlaubt, diese Mäßigung des genannten Index einzuführen befohlen hat, nämlich:

Bücher, die nur aus dem einzigen Grund verboten sind, dass sie von suspekten, im Index namentlich aufgeführten Druckern stammen, sollen toleriert werden, wenn denn der Ordinarius oder Inquisitor festgestellt hat, dass sie keinen Glaubensirrtum enthalten.

Übersetzungen von Büchern guter Kirchenväter, die vorher vom Ordinarius und Inquisitor sorgfältig approbiert und geprüft wurden, ob sie auch keinen Glaubensirrtum enthalten, sollen, ganz gleich wer der Übersetzer war, toleriert werden, wenn daraus die Namen von Häretikern und deren Kommentare entfernt wurden, solange der Papst in dieser Frage keine andere Entscheidung fällt.

Bücher, die in den letzten 40 Jahren ohne Angabe des Autors gedruckt wurden, werden toleriert, sofern sie keinen Glaubensirrtum enthalten.

Alle Ausgaben der Vulgata, die von jeglichen verdächtigen Anmerkungen, Einführungen und Kapitelzusammenfassungen nach dem Urteil des Ordinarius und Inquisitors gereinigt wurden, können bei ihren Besitzern mit Erlaubnis des Ordinarius und Inquisitors verbleiben.

Den Inquisitoren gegen die Häresie wird überall zugestanden, dass sie – mit Zustimmung des Ordinarius und nach vorheriger Tilgung aller Namen von Häretikern und Glaubensirrtümern – Lizenzen zum Besitz und zur Lektüre der folgenden Bücher erteilen dürfen: Bücher von Leonhard Fuchs über Medizin und Kräuterkunde; die kommentierten Bücher zum Kirchenrecht von Charles Dumoulin, sofern sein Namen und seine Kommentare entfernt wurden; und die juristischen Bücher von Ulrich Zasius, sofern sie vorher geprüft wurden. Dabei sollen sie vermeiden, dass dies zu langsam geschehe, weil sie dann Schuld usw. auf sich lüden.

Lateinische Wörterbücher und volkssprachliche Bibeln können durch oben Genannte unter den Bedingungen der »Instructio circa Indicem« gestattet werden, wobei überhaupt in allem die Abmilderungen der »Instructio« bewahrt werden mögen.

Den Ordinarien und Inquisitoren und anderen von ihnen Beauftragten wird konzediert, dass sie im Forum der Beichte allen die Absolution erteilen können, die irgendwelche [*verbotenen*] Bücher, auch die der Ersten Klassen, lesen oder besitzen; und sie können in beiden Foren lossprechen, wenn jemand Bücher las oder besaß, die kraft dieser »Moderatio« vom Index genommen sind, sofern sie denn bereit sind, zukünftig zu gehorchen.

Die Ordinarien und Inquisitoren gegen die Häresie sollen all ihr Geschick und ihren ganzen Fleiß aufbringen, damit keine anderen Bücher in die Hände der ihrer Jurisdiktion unterworfenen Personen gelangen als solche, die von jeglichem Häresieverdacht gereinigt worden sind, sowohl die im Index enthaltenen und nicht enthaltenen, die gedruckten und zukünftig gedruckten. Sie sollen wissen, dass sie andernfalls Gott und Seiner Heiligkeit Rechenschaft geben müssen.

Zum Zeugnis dessen haben Wir dieses eigenhändig geschriebene Schriftstück durch Unseren Sekretär unterzeichnen und mit dem Abdruck Unseres üblichen Siegels versehen lassen.

Gegeben zu Rom […].

A 9 | 1563 Dezember [3]: Die zehn Trienter Indexregeln

Auf Grundlage der Übers. in: Reusch 1, S. 331–341.

I. Regel
Alle Bücher, die vor 1515 von Päpsten und Ökumenischen Konzilien verurteilt wurden und nicht auf dem Index stehen, gelten auf dieselbe Weise als verurteilt, wie sie einst verurteilt worden sind.

II. Regel
Bücher von Häresiarchen, sowohl denjenigen, die seit 1515 neue Ketzereien erfunden oder erregt haben, wie auch denjenigen, die Anführer der Ketzer waren, wie Luther, Zwingli, Calvin, Schwenckfeld und dergleichen, egal unter welchem Namen oder Titel die Bücher erschienen sind oder über welches Thema sie auch immer handeln, sind grundsätzlich verboten. Von den anderen Häretikern sind die Werke, die erklärtermaßen religiöse Themen behandeln, grundsätzlich verboten. Die nicht über die Religion handelnden können zugelassen werden, wenn sie denn auf Anordnung der Bischöfe und Inquisitoren von katholischen Theologen vorher geprüft worden sind. Auch können Bücher, die in einem katholischen Geist von denjenigen verfasst sind, die entweder später in die Häresie stürzten oder aber nach ihrem Sturz in den Schoß der Kirche zurückkehrten, erlaubt werden, wenn denn eine katholische Universität oder Generalinquisition die Approbation erteilt.

III. Regel
Übersetzungen von Kirchenschriftstellern, die bis zu diesem Zeitpunkt von verurteilten Bearbeitern besorgt worden sind, sind zulässig, solange sie nichts gegen die gesunde Lehre enthalten. Übersetzungen der Bücher des Alten Testaments dürfen Bischöfe nur den nach ihrem Ermessen gelehrten und frommen Männern gestatten, aber nur wenn diese sie rein als Kommentare zu einem besseren Verständnis der Vulgata verwenden, nicht aber als Hl. Schrift selbst. Übersetzungen des Neuen Testaments aber, die von Autoren der Ersten Klasse des Index angefertigt wurden, dürfen niemandem gestattet werden, weil die Lektüre dem Leser in der Regel wenig Nützliches, aber viel Gefahr beschert. Wenn die zulässigen Übersetzungen oder die Ausgaben der Vulgata mit Annotationen versehen sind, müssen verdächtige Stellen erst von einer katholischen Universität oder der Generalinquisition expurgiert werden, bevor sie denen gestattet werden können, denen auch die Übersetzungen gestattet sind. Unter diesen Bedingungen ist die gesamte so genannte Bibel des Vatablus, oder Teile daraus, frommen und gelehrten Männern zu gestatten. Von der Bibel des Isidor Clarius von Brescia sind Vorwort und Prolegomena abzutrennen, niemand soll außerdem den Text für den der Vulgata halten.

IV. Regel

Da die Erfahrung gezeigt hat, dass aus einer unterschiedslosen, allgemeinen Zulassung volkssprachlicher Bibeln wegen der Leichtfertigkeit der Menschen mehr Schaden als Nutzen entsteht, sollen der Bischof oder Inquisitor, nach Beratung mit dem Pfarrer oder Beichtvater, entscheiden, ob sie einem, von dem sie wissen, dass er durch die Lektüre keinen Schaden nehmen würde, sondern daraus Gewinn an Glaube und Frömmigkeit beziehen könne, die Lektüre volkssprachlicher, von katholischen Autoren angefertigter Bibelübersetzungen gestatten wollen. Die entsprechende Lizenz muss schriftlich vorliegen. Wer sich aber anmaße, ohne eine solche Lizenz Bibel-Übersetzungen zu lesen oder zu besitzen, darf keine Absolution der Sünden erhalten, bevor er diese Bibeln seinem Ordinarius ausgehändigt hat. Wenn ein Buchhändler jemandem, der sich nicht im Besitz einer solchen Lizenz befindet, volkssprachliche Bibeln verkauft oder ihm auf andere Weise aushändigt, muss er die Einnahmen aus dem Bibel-Verkauf zu frommen Zwecken – welche der Bischof festlegt – stiften. Darüber hinaus unterliegt er auch weiteren Strafen nach Ermessen des Bischofs. Ordensleute dürfen die Bibelübersetzungen nur lesen oder kaufen, wenn sie die Erlaubnis ihres Oberen eingeholt haben.

V. Regel

Gelegentlich geben Häretiker Bücher heraus, in denen sie nichts oder nur wenig Eigenes schreiben, sondern die Wörter anderer zusammentragen wie z. B. Lexika, Konkordanzen, Apophthegmata, Gleichnisse, Indizes und dergleichen. Enthalten solche Bücher Hinzufügungen der Herausgeber, die der Expurgation bedürfen, dürfen sie dennoch zugelassen werden, sofern Bischöfe und Inquisitoren unter Hinzuziehung katholischer Theologen diese Hinzufügungen entfernt oder verbessert haben.

VI. Regel

Volkssprachliche Bücher über Themen, die aktuell zwischen Katholiken und Häretikern kontrovers diskutiert werden, sind nicht unterschiedslos zulässig, sondern es gilt dasselbe wie für die volkssprachlichen Bibeln. Für volkssprachliche Bücher aber, die über die Lebenskunst, Kontemplation, Beichte und ähnliche Themen handeln, wenn sie denn die gesunde Lehre enthalten, gibt es keinen Grund, sie zu verbieten, ebenso wenig wie für Predigten, die in der Volkssprache gehalten werden. Wenn bislang in einem Reich oder in einer Provinz Bücher verboten wurden, weil sie manches enthalten, das nicht unterschiedslos von allen gelesen werden sollte, können diese – sofern es sich bei den Autoren um Katholiken handelt – nach vorangegangener Emendation von den Bischöfen und Inquisitoren zugelassen werden.

VII. Regel

Bücher, die schon von der ganzen Anlage her nur Schlüpfriges und Obszönes behandeln, erzählen oder lehren, sind – weil nicht nur auf den Glauben, sondern auch auf die Sitten Rücksicht zu nehmen ist, die durch solche Lektüre leicht verdorben werden können – grundsätzlich verboten. Wer solche besitzt, soll von den Bischöfen streng bestraft werden. Die alten, von den Heiden verfassten Schriften aber sollen wegen der Eleganz und besonderen Art ihrer Sprache gestattet werden. Auf keinen Fall aber sollen sie Kindern zu Unterrichtszwecken vorgelesen werden.

VIII. Regel

Bücher, deren Hauptthema gut ist, in denen aber verstreut etwas vorkommt, das in den Bereich der Häresie oder Gottlosigkeit, der Wahrsagerei oder des Aberglaubens gehört, können gestattet werden, wenn sie im Auftrag der Generalinquisition von katholischen Theologen expurgiert worden sind. Dasselbe gilt für Prologe, Zusammenfassungen und Anmerkungen, welche von verurteilten Autoren nicht verurteilten Büchern hinzugefügt wurden. Zukünftig aber sollen diese Bücher nur noch verbessert erscheinen.

IX. Regel

Alle Bücher und Schriften über Geomantie, Hydromantie, Aeromantie, Pyromantie, Onomantie, das Handlesen oder die Totenbeschwörung bzw. Bücher, in denen etwas zur Weissagekunst, Giftmischerei, zu Augurien, Auspizien oder magischen Beschwörungen enthalten ist, werden ausnahmslos verworfen. Die Bischöfe aber sollen dafür sorgen, dass keine Bücher, Traktate oder Indizes über die judizielle Astrologie gelesen oder aufbewahrt werden, die es wagen, über zukünftige Ereignisse, Glücks- oder Unglücksfälle oder solche Handlungen, die vom menschlichen Willen abhängen, etwas Bestimmtes vorherzusagen. Gestattet sind hingegen Voraussagen und Naturbeobachtungen, die zum Wohl der Seefahrt, Landwirtschaft oder Medizin verfasst wurden.

X. Regel

Beim Druck von Büchern oder anderen Schriften soll man sich daran halten, was das Laterankonzil unter Leo X. in seiner 10. Sitzung beschlossen hat. So muss ein Buch, das in der Stadt Rom in Druck gehen soll, durch den Vikar des Papstes und den Magister Sacri Palatii bzw. durch andere vom Papst dazu beauftragte Personen vorher geprüft werden. An anderen Orten aber stehen Prüfung und Approbation des Buches dem Bischof – bzw. einer anderen von diesem dazu eingesetzten Person, die etwas von dem zu druckenden Buch oder der zu druckenden Schrift versteht – und dem Inquisitor des Ortes oder der Diözese zu, wo der Druck erfolgen soll; und die Approbation geschehe durch eigenhändige Unterschrift, gratis und ohne Verzögerung, bei den im genannten Dekret enthaltenen Strafen und Zensuren.

Diesem ist allerdings hinzuzufügen, dass ein authentisches, vom Autor unterschriebenes Exemplar des zu druckenden Buches bei dem Prüfer verbleiben soll. Auch haben die deputierten Konzilsväter entschieden, dass diejenigen, die handgeschriebene Hefte in Umlauf bringen, ohne vorangegangene Prüfung und

Approbation, dieselben Strafen treffen wie die Drucker. Und wer diese Hefte besitzt und liest, der soll für den Autor gehalten werden, es sei denn ein Autor gehe klar aus dem Heft hervor. Die Approbation soll schriftlich erteilt werden und am Anfang des handschriftlichen oder gedruckten Buches authentisch wiedergegeben werden; und die Begutachtung und die Approbation und das Übrige sollen gratis erfolgen.

Ferner sollen in den einzelnen Städten und Diözesen von Personen, die dafür vom Bischof bzw. seinem Vikar und auch dem Inquisitor eingesetzt werden, Druckereien und Buchhandlungen regelmäßig visitiert werden, damit Bücher, die verboten werden würden, weder gedruckt noch verkauft noch behalten werden. Alle Buchhändler und anderen Buchverkäufer müssen in ihren Buchläden ein persönlich unterschriebenes Verzeichnis ihres Verkaufssortiments haben und dürfen ohne Erlaubnis der besagten Personen darüber hinaus keine anderen Bücher haben oder verkaufen oder aus irgendeinem anderen Grund weitergeben, bei Strafe des Verlustes der Bücher und weiteren Strafen nach Ermessen der Bischöfe und Inquisitoren. Nach Ermessen derselben sollen auch die Käufer, Leser und Drucker bestraft werden.

Wenn nun jemand Bücher in eine Stadt einführt, ist er gehalten, die oben erwähnten Deputierten darüber zu unterrichten, bzw. – wenn es einen öffentlichen Marktplatz für derartige Waren gibt – sind die Beamten dieses Marktes gehalten, den Deputierten anzuzeigen, dass Bücher eingetroffen sind. Niemand aber wage es, ein Buch, das er oder ein anderer in die Stadt eingeführt hat, jemandem zum Lesen zu übergeben, zu veräußern oder auszuleihen, wenn er vorher nicht die Erlaubnis der dafür eingesetzten Personen eingeholt hat, wenn denn nicht allgemein bekannt sein sollte, dass das Buch unterschiedslos für alle zugelassen ist. Das gleiche ist von Erben und Testaments-Exekutoren zu beachten, dass sie nämlich die Bücher aus der Hinterlassenschaft eines Verstorbenen oder ein Verzeichnis derselben den Deputierten vorlegen und von ihnen eine Erlaubnis einholen, ehe sie die Bücher benutzen oder an andere Personen auf irgendeine Weise abgeben. In allen diesen Dingen wird als Strafe der Verlust der Bücher festgesetzt oder eine andere Strafe nach Ermessen der Bischöfe oder Inquisitoren, je nach Beschaffenheit des Versäumnisses oder des Delikts.

In Bezug auf die Bücher, welche die deputierten Konzilsväter geprüft, expurgiert oder zum Expurgieren weitergegeben haben, oder deren Wiederabdruck sie unter bestimmten Bedingungen gestattet haben, mögen die Buchhändler das beachten, was die Konzilsväter dazu bestimmt haben. Doch soll es den Bischöfen und Generalinquisitoren gemäß den Vollmachten, die sie besitzen, freistehen, auch jene Bücher zu verbieten, die nach diesen Regeln gestattet zu sein scheinen, wenn sie dies in ihren jeweiligen Ländern, Provinzen oder Diözesen für angebracht erachten. Im Übrigen hat der Deputationssekretär eine Liste mit den Namen derjenigen Bücher, die von den Konzilsvätern expurgiert worden sind, sowie mit den Namen derer, denen diese den Auftrag zur Expurgation gegeben haben, dem Notar der Römischen Inquisition übergeben, so wie der Papst es befohlen hatten.

Als Letztes wird allen Gläubigen untersagt, gegen die Vorschrift dieser Regeln oder der Verbote des Index irgendwelche Bücher zu lesen oder zu besitzen. Wenn nun jemand Bücher von Häretikern oder wegen Häresie oder des Verdachts einer falschen Lehre verdammte und verbotene Schriften irgendeines Autors liest, verfällt er augenblicklich der Strafe der Exkommunikation. Wer aber Bücher liest oder besitzt, die aus einem anderen Grund untersagt sind, wird über das Verschulden einer Todsünde hinaus nach dem Ermessen des Bischofs streng bestraft.

A 10 | 1564 März 24: Breve »Dominici gregis« Pius' IV.

Papst Pius IV.
Möge dies ewig in Erinnerung bleiben

Durch göttlichen Ratschluss der Herde Gottes als Wächter vorgesetzt, lassen Wir, eben wie ein wachsamer Hirten, nicht davon ab, diese Herde vor den drohenden Gefahren mit der Uns größtmöglichen Sorgfalt und Gewissenhaftigkeit zu bewahren, damit nicht wegen Unserer Nachlässigkeit Schafe, die durch das kostbarste Blut unseres Herrn Jesus Christus erlöst worden sind, verenden. Zwar hat gerade erst das ökumenische Konzil von Trient unter gnädigem Beistand des Heiligen Geistes sehr deutlich die Dinge definiert und herausgeschält, die zum Erkennen des wahren Glaubens und zur Widerlegung der modernen Häresien notwendig sind, so dass es jedem leicht fallen dürfte, die gesunde katholische Lehre von der falschen und untergeschobenen zu unterscheiden. Doch hielten Wir es dennoch für nötig, Uns um diese Sache zu kümmern, weil die Lektüre von Büchern der Häretiker nicht nur die etwas Einfältigen zu verderben pflegt, sondern oft auch Gebildete und Gelehrte zu verschiedenen Irrtümern und zu Auffassungen verleitet, die dem katholischen Glauben fremd sind.

Da Wir nun wussten, dass es das beste Mittel gegen dieses Übel wäre, wenn ein Index bzw. Katalog der Bücher, die häretisch sind, unter Häresieverdacht stehen oder gewiss den Sitten oder der Frömmigkeit schaden, erstellt und publiziert würde, haben Wir diese Aufgabe an die heilige Synode von Trient abgegeben. Diese hat dann aus der Schar von Bischöfen und anderen gelehrten Männern die Anfertigung des Index an einige an Wissenschaft und Verstand ausgezeichnete Prälaten aus unterschiedlichen Nationen delegiert. Diese haben mit gewaltigem Arbeitsaufwand und in vielen Nachtschichten, mit Gottes Hilfe und von ausgezeichneten Theologen beraten, diesen Index verwirklicht. Nach Ende des Konzils, nachdem Uns per Konzilsdekret dieser Index übergeben worden war, weil er nicht ohne Unsere Approbation erscheinen sollte, haben Wir diesen einigen der gelehrtesten und bewährtesten Prälaten zur sorgfältigen Lektüre und Prüfung übergeben. Und auch Wir selbst haben ihn gelesen.

Da Wir nun erkannt haben, dass dieser Index mit großem Eifer, scharfem Verstand und großer Akribie zusammengestellt wurde und darüber hinaus sehr praktisch aufgebaut ist, approbieren Wir mit apostolischer Autorität und mit den Worten dieses Schreibens den Index zusammen mit den vorangestellten Regeln, in dem Wunsch, für das Seelenheil zu sorgen und aus diesem Grund Vorkehrungen zu treffen, dass in Zukunft von den Christen keine Bücher oder Schriften, welche im Index missbilligt werden – sei es weil sie unter Häresieverdacht stehen oder der Frömmigkeit und dem Anstand der Sitten abträglich oder zumindest korrekturbedürftig sind –, gelesen werden. Und Wir befehlen und bestimmen, dass der Index gedruckt und verbreitet und von allen katholischen Universitäten und allen anderen aufgenommen werde und dass dessen Regeln befolgt werden.

Wir verbieten allen weltgeistlichen und ordensgeistlichen Personen, welchen Rang, welchen Weihegrad und welche Würde sie auch bekleiden, wie auch allen Laien, in welchen Ehren und Würden sie auch sind, es zu wagen, irgendwelche Bücher entgegen der Vorschrift der Indexregeln oder den Verboten dieses Index zu lesen oder zu besitzen.

Wenn aber jemand diesen Regeln und Verboten zuwiderhandelt, verfällt derjenige, der Bücher von Häretikern oder Schriften eines Autors liest, die wegen Häresie oder des Verdachts des falschen Dogmas verdammt und verboten wurden, von Rechts wegen der Strafe der Exkommunikation, und es kann aus diesem Grund gegen ihn so wie gegen einen möglichen Häretiker ermittelt und verfahren werden, neben weiteren vom Hl. Stuhl und den heiligen Kanones dafür festgelegten Strafen. Wer aber Bücher liest oder besitzt, die aus einem anderen Grund verboten sind, soll wissen, dass er nicht nur eine Todsünde begeht, sondern auch nach Ermessen der Bischöfe bestraft wird.

Dem stehen keinerlei gegenteilige apostolische Konstitutionen und Verordnungen entgegen, auch wenn einigen zusammen oder einzeln vom Hl. Stuhl ein Indult gewährt wurde, wodurch sie durch apostolische Schreiben nicht exkommuniziert werden können, die nicht vollständig und ausdrücklich und Wort für Wort das entsprechende Indult wiedergeben.

Damit dies allen zur Kenntnis komme und niemand Unwissenheit als Entschuldigung anbringen könnte, wollen und befehlen Wir, dass dieses Schreiben von Unseren Kurienboten in der Peterskirche und in der Lateranbasilika, zu einem Zeitpunkt, da dort das Volk sich zu versammeln pflegt, wie bei den Messfeiern der Fall ist, öffentlich und mit lauter, deutlicher Stimme rezitiert wird; und nachdem man das Schreiben rezitiert hat, soll es an die Tore dieser Kirchen sowie an die Pforten der Apostolischen Kanzlei und am gewohnten Platz auf dem Campo de' Fiori angeschlagen werden und dort, damit es gelesen und allen verkündet werden kann, eine Weile verbleiben. Wenn es aber von dort entfernt wird, mögen dort Kopien des Schreibens angeschlagen bleiben. Wir wollen nämlich, dass durch diese Rezitation, Publizierung und den Anschlag alle, die dieses Schreiben zu verstehen in der Lage sind, nach drei Monaten – vom Tag der Publizierung und des Anschlags an gezählt – daran gebunden und darauf verpflichtet sind, so als wäre ihnen das Schreiben selbst zugegangen und vorgelesen worden. Auch befehlen und bestimmen Wir, dass Transsumpten der Urkunde, die von Hand eines öffentlichen Notars geschrieben oder unterschrieben wurden und mit Siegel und Unterschrift einer in geistlichen Würden stehenden Person versehen sind, Glaube ohne irgendeinen Zweifel geschenkt wird.

Gegeben zu Rom […].

A 11 | 1590 März 10: Bulle »Romanum Pontificem« Sixtus' V. und die Sixtinischen Indexregeln

Teilweise auf Grundlage der Übers. in: Reusch 1, S. 330–341, 510–513.

Bischof Sixtus
Diener der Diener Gottes
Möge dies ewig in Erinnerung bleiben

Der römische Pontifex, der auf Erden der Vikar ist unseres Herrn Jesus Christus, des obersten Seelenhirten und Bischofs, und der auf der Kathedra des hl. Apostelfürsten Petrus die von Gott verliehene Macht besitzt, für den gesamten Erdkreis Kanones und Gesetze zu erlassen, hat vor allem dafür Sorge zu tragen, dass die Einheit des Glaubens – um dessen Reinhaltung Christus selbst Uns gebeten hat, und der das starke Schild ist, an dem alle Feuerpfeile seiner bösen Feinde erlöschen – erhalten und in der katholischen Kirche die wahre katholische Lehre bewahrt wird, die der Herr mit eigener Stimme verkündete und von der er wollte, dass sie durch seine Apostel jeder Kreatur gepredigt werde.

Nun versuchen aber nach wie vor die bösen Söhne der Finsternis und der Sünde, die durch teuflische Eingebung vom Weg des Lichts und der Wahrheit abgekommen sind, mit rebellischer und selbstzerstörerischer Energie der Kirche den unversehrten Glauben zu nehmen und seinen Glanz mit einem trüben Nebel aus falschen Ansichten zu verdunkeln. Heimlich und heimtückisch richteten sie Schaden an, indem sie auf die gute Saat des Hausvaters das schlimmste Unkraut des Teufels säten und mit immer neuen Methoden die guten Sitten verdarben. Vor allem aber verfassten und druckten sie Bücher, die alle denkbaren Arten von Gottlosigkeiten und Fehlern beinhalten. Als Folge der Lektüre solcher Bücher werden viele dieser Menschen, die ihr eigenes Seelenheil übersehen haben, zu Fehlern verführt, die sie wie Stolperdraht zu Fall bringen, so dass sie kopfüber in die Grube ewiger Verdammnis stürzen.

Damit nun die unvorsichtigen und einfacheren Menschen auf solche faulen Tricks und Hinterhalte nicht hereinfallen, haben Unsere Vorgänger seligen Angedenkens Gelasius I., Gregor IX. und andere Päpste sich aus apostolischer Fürsorgepflicht wie eine Mauer um das Haus Israel postiert und sich den Feinden und Aufrührern des Glaubens und der Lehre, die sich in erster Linie doch selbst bekämpfen, entgegengestellt. Um die Einheit und Aufrichtigkeit von Glaube und Lehre auf ewig heil und gesund zu erhalten, haben sie das Licht von der Dunkelheit geschieden; sie haben das Falsche vom Wahren getrennt; sie haben vorgegeben, was zu befolgen und was zu vermeiden ist; sie haben festgelegt, welche Bücher rechtgläubig und gut sind, und nach sorgsamer Prüfung die apokryphen Bücher von den guten getrennt und zurückgewiesen; schließlich haben sie die gottlosen Lehren der Häretiker zusammen mit ihren Schriften durch

Konzilsdekrete, päpstliche Konstitutionen und geistliche Zensuren gebührend verurteilt.

Da aber in den jüngsten, schwierigen Zeiten der Widersacher der Menschheit zur Zerstörung des katholischen Glaubens alte pestilenzialische Häresien aus der Hölle hervorgeholt oder neue geschmiedet hat, wählte das Konzil von Trient, in dem Wunsch, die erschreckende Masse schädlicher Bücher zu verbieten und aus unserer Mitte zu entfernen, zunächst einige, vor allem hochgelehrte Männer aus, damit sie über diese Frage nachdachten und berieten. Dann, als die Delegierten mit ihrem Auftrag schon recht weit gekommen waren, hat aber das Konzil aus guten Gründen entschieden, die gesamte Sache dem Hl. Stuhl zu überlassen. Deshalb hat Unser Vorgänger seligen Angedenkens Papst Pius IV., der damals die Kirche regierte, unter Hinzuziehung einiger an Klugheit und Doktrin herausragender Prälaten, mit einem apostolischen Schreiben den »Index librorum prohibitorum« und einige allgemeine Regeln promulgiert, die darin ausführlich enthalten sind.

Zwar ist dies alles unter den damaligen Verhältnissen klug und angemessen verordnet worden, doch ist die List des Teufels groß, der Mensch aber schwach und die menschlichen Dinge unbeständig, weshalb nichts so weit im Voraus geregelt werden könnte, dass es nach einer gewissen Zeit nicht doch einer Nachbesserung bedürfte. Und weil seither viele scheußliche Bücher ans Licht kamen, als wollten sie wie Dornengestrüpp die gute Saat, das Wort Gottes, erdrücken, sagte die Erfahrung, die doch die beste Lehrerin ist, dass mit einer neuen Sense der Zensur und Strafe Abhilfe geschaffen werden müsse, um das Unkraut zu vernichten. Vor allem weil sich die Zeiten seit Pius IV. doch stark verändert haben. Aus diesem Grund haben sich Unsere Vorgänger, die auf diesen Papst folgten, dieser Frage sehr sorgfältig angenommen und das gesamte Vorhaben einigen Kardinälen – unter denen auch Wir Uns vor Unserem Pontifikat befanden – zur sorgsamen Erörterung und getreuen Durchführung anvertraut.

Als Wir aber durch göttlichen Ratschluss, wenn auch unverdient, zum apostolischen Diener berufen wurden, haben Wir Uns unter den vielen Aufgaben, die Uns immerfort zur Verherrlichung Gottes und zum Heil der Seelen antreiben, auch dieser mit Eifer angenommen und befohlen, dass sich die von Uns erwählten Kardinäle der Indexkongregation ihr ernsthaft widmen, nämlich: Unser ehrwürdiger Bruder Kardinalbischof von Palestrina Marco Antonio Colonna sowie Unsere lieben Söhne die Kardinalpriester Girolamo Della Rovere von S. Pietro in Vincoli und William Allen von SS. Silvestro e Martino ai Monti und die Kardinaldiakone Ascanio Colonna von S. Nicola in Carcere und Federico Borromeo von S. Agata in Suburra.

Und da Gott dem Werk wohlgesinnt war, haben diese Kardinäle, unter Hinzuziehung gelehrter und frommer Männer und nach stetiger Rücksprache mit Uns in den schwierigen Fragen, endlich diese Aufgabe gelöst. Der von ihnen vorgelegte Index ist wesentlich umfangreicher und beinhaltet mehr und klarere Regeln. Und weil Wir von Amts wegen für das Seelenheil Unserer Schützlinge zu sorgen haben, hielten Wir es für richtig, diesen Index publik machen. Möge er von allgemeinem Nutzen sein, die Gläubigen instruieren, die Häresie vernichten und jene, die katholisch sind, in ihrem gesunden Glauben festigen.

Der Index besteht aus zwei Hauptteilen: Im ersten sind Autoren und Bücher aufgeführt, die nach Unserem Willen ganz und gar verworfen, verdammt und verboten sind. Der zweite nennt einige Bücher, die nach ihrer Expurgation gestattet werden können. Und er liefert die Methode, mit der die Expurgation durchzuführen ist, und er schreibt vor, was man bei der Neuausgabe dieser Bücher beachten muss.

Und da ja dieser Index mit den zugehörigen Regeln vor allem darauf abzielt, die Reinheit des Glaubens zu bewahren, der an allen Orten einheitlich zu sein hat, damit die Vielzahl nicht Verwirrung, die Vielfalt nicht Uneinigkeit oder die Freiheit nicht Gefahr verursacht, widerrufen Wir alle Indizes, die bis heute von welcher Obrigkeit auch immer, auch der päpstlichen, und wo auch immer erlassen worden sind, und ersetzen sie durch diesen Unseren Index, der eine Vorschrift des Hl. Stuhls darstellt, dem es zusteht, für die ganze Kirche gesetzmäßig vorzuschreiben, was richtiges Denken, Glauben und Lehren ist.

Mit apostolischer Autorität und dem Wortlaut dieses Schreibens befehlen und gebieten Wir allen Personen, bei den Strafen, welche in der oben genannten Konstitution Pius' IV. genannt sind und die Wir hiermit erneuern, dass sie sich nach Abschaffung der übrigen Indizes nur noch an diesen Index und seine Regeln halten. Hierzu fordern Wir nachdrücklich im Herrn alle Unsere ehrwürdigen Brüder Patriarchen, Primasse, Erzbischöfe, Bischöfe und andere Ortsordinarien und Inhaber der Cura animarum auf. Und Wir gebieten ihnen kraft heiligen Gehorsams, dass sie, wenn sie zukünftig das Erscheinen von Büchern bemerken, die mit dem Glauben oder den guten Sitten unvereinbar sind, dieser Sache höchste Aufmerksamkeit schenken. Nach dem einstweiligen Sofortverbot gefährlicher Bücher sind dann umgehend die Kardinäle der Indexkongregation zu informieren, damit sie entscheiden können, was mit diesen Büchern zu tun sei, ob sie verboten, gereinigt oder auf andere Weise verbessert werden sollen. Wenn dagegen einfache Gläubige auf solche Bücher stoßen, müssen sie, angetrieben vom frommen Eifer, ihren Bischof oder den Inquisitor oder einen anderen für ihre Seelsorge Zuständigen unverzüglich in Kenntnis setzen. Niemand – kein Kollegium, keine Universität und auch kein Würdenträger – darf künftig im Widerspruch zu den von Uns publizierten Indexregeln Bücher verbieten oder ohne Rücksprache mit dem Hl. Stuhl einen Index der verbotenen Bücher herausgeben oder andere Korrekturvorschriften anordnen, bei Strafen, die nach Unserem oder dem Ermessen Unserer Nachfolger festgelegt werden.

Dem stehen die oben zitierte Urkunde Pius' IV. mit den darin erklärten Nonobstantien wie auch andere Konstitutionen und Verordnungen oder Privilegien, Indulte und apostolische Schreiben, die Universitäten, Kollegien oder deren Vorstehern oder anderen Personen gegeben, approbiert oder erneuert wurden, nicht entgegen. All diese, sofern sie dieser Unseren Konstitution in irgendeinem Punkt widersprechen, schaffen Wir ganz und gar ab und heben Wir auf.

Das gilt auch für alle übrigen vom Hl. Stuhl einzelnen Gruppen oder Personen gewährten Indulte, die eventuell besagen, dass es den Inhabern gestattet ist, solche Bücher zu verbieten, einen Index zu publizieren oder Korrekturvorschriften aufzustellen; oder dass sie deshalb nicht belangt oder bedrängt werden können; oder dass sie von einem apostolischen Schreiben, das nicht vollständig und ausdrücklich, Wort für Wort, das Indult zitiert, nicht interdiziert, suspendiert oder exkommuniziert werden können.

Damit allen die Kenntnisnahme dieses Schreibens erleichtert wird, wollen Wir, dass es an den Toren der Lateran- und Petersbasilika sowie an dem üblichen Ort am Campo de' Fiori veröffentlicht wird und Ausfertigungen dort angeschlagen bleiben. Auch wollen Wir, dass die Einwohner Roms nach Ablauf von 15 Tagen nach der Publikation der Urkunde, die Bewohner Italiens nach drei Monaten und die außerhalb Italiens nach sechs Monaten an die Bestimmungen gebunden sind, und zwar so, als wären sie persönlich darüber in Kenntnis gesetzt worden. Wir befehlen auch, dass den Ausfertigungen dieses Schreibens, auch den gedruckten, sofern sie von einem öffentlichen Notar gezeichnet und von einem geistlichen Würdenträger gesiegelt sind, im Gericht und außerhalb, derselbe Glaube geschenkt werde, der dem Original geschenkt würde, wenn es hervorgeholt und gezeigt würde.

Es folgt der Wortlaut der erwähnten, von Uns herausgegebenen Indexregeln, deren Befolgung Wir hiermit anordnen wollen:

I. Regel

Wer Bücher oder Schriften von Kirchenvätern, die den Glauben oder die Sitten behandeln und die von der Kirche bislang akzeptiert worden sind, verwirft, soll nach dem gesetzten Recht bestraft werden.

II. Regel

Da nun aber ebendiese heiligen Lehrer, die vor Glaubenseifer glühten, weil sie entweder gegen eine aufkommende oder gegen eine bereits aufgekommene Häresie ankämpften, sich zuweilen gewisser Formulierungen bedienten, die später von der durch den Heiligen Geist belehrten Kirche verworfen wurden, möge niemand diese Ausdrücke vertreten oder gebrauchen. Den heiligen Lehrer selbst aber, weil sie diese Dinge nicht in dem Ansinnen schrieben, die Kirche zu verlassen, soll die gebührende Verehrung zuteil werden.

III. Regel

Alle Bücher und Schriften, gleich welchen Titel sie tragen oder welchen Inhalts sie sind, die vor dem Jahr 1515 von Päpsten, Dekretalen, von Konzilien, die von der Kirche rezipiert sind, oder auf andere Art verurteilt worden sind, sind auch jetzt als verurteilt zu betrachten, auch wenn sie in diesem Index nicht einzeln aufgeführt werden. Ausgenommen sind Bücher, welche die Kirche in Kenntnis der darin enthaltenen Irrtümer schon früher angenommen hat zum Zeugnis der alten Riten, kirchlichen Traditionen und der Verdammung von Häretikern, worüber vor allem Gelasius im Kapitel »Sancta Romana« und andere an verschiedenen Stellen handeln.

IV. Regel

Verdammt werden Bücher, Traktate, Briefe, Prolegomena, Anmerkungen, Scholien, Indizes, Auszüge, Beweise und auf andere Weise bezeichnete Schriften von Häresiarchen (das heißt irgendwelchen Erfindern von Ketzereien bzw. Anstiftern, Anführern oder Oberhäuptern der Ketzer), ganz gleich ob sie von der Religion oder einem anderen Thema handeln, ob sie vor oder nach dem Fall in die Häresie geschrieben wurden. Das gilt auch für Sätze derselben in Büchern von Katholiken, wenn sie unter dem Namen der Häresiarchen eingefügt sind, außer sie sind zur Widerlegung angegeben. Ebenfalls sind bildliche Darstellungen der Häresiarchen, auf sie geschriebene Lobreden, Elogen usw. absolut verboten, damit die Erinnerung an sie unter den Getreuen der Kirche restlos ausgelöscht werde.

V. Regel

Schriften von Häretikern aber, ungeachtet des Themas, die keine Glaubens- oder Sitten-Irrtümer enthalten, sind, wenn deren Autoren am Ende zur Kirche zurückgefunden haben, erlaubt. Wenn sie aber vermischt Irrtümer beinhalten und deren Urheber nicht zur Kirche zurückkehrten, sind sie absolut verboten, ganz gleich ob die Autoren vor oder nach ihrem Fall in die Häresie schrieben, oder ob die Bücher von der Religion oder einem anderen Thema handeln. Von Häretikern zusammengestellte Lexika, Konkordantien, Indizes, Apophthegmen, Sentenzen und ähnliche Gattungen aber sind nach vorhergehender Expurgation erlaubt, wenn denn der Namen des Autors gelöscht, der des Expurgators hingegen genannt wird.

VI. Regel

Von Häretikern oder Häresiarchen herausgegebene Übersetzungen der Bibel-, in welcher Sprache auch immer, werden verdammt und verboten. Von ihnen übersetzte Texte der Kirchenväter und Kirchenschriftsteller dürfen nicht mehr gedruckt, verkauft oder behalten werden, sobald die Vatikanische Druckerei eine entsprechende Ausgabe herausgebracht hat. Übersetzungen der antiken Klassiker aber sind nach Löschung der (Übersetzer-)Namen gestattet, sofern die Texte nicht zur Bekämpfung der katholischen Lehre verdreht wurden, wofür die Häretiker bekannt sind. Dann nämlich sind sie auszusondern, bis sie von der Vatikanischen Druckerei gereinigt herausgegeben werden.

VII. Regel

Die Bibel oder Teile der Bibel, die in irgendwelche Volkssprachen übersetzt wurden, sind – auch wenn ein Katholik die Übersetzung erstellt hat – nirgendwo zu gestatten, es sei denn mit spezieller Erlaubnis des Hl. Stuhls. Volkssprachliche Paraphrasen hingegen sind ganz verboten.

VIII. Regel
Volkssprachliche katholische Bücher über die Glaubenskontroversen sind nur dort zulässig, wo Katholiken mit Häretikern gemischt leben oder wegen räumlicher Nähe mit diesen irgendwie verkehren. An anderen Orten aber sind sie verboten. Volkssprachliche Bücher gegen Juden und Muslime werden solchen Personen gestattet, deren Glaube und Frömmigkeit ersichtlich sind, allerdings nur mit Erlaubnis der Generalinquisition des Landes oder der Provinz.

IX. Regel
Thesen, Assertionen, Axiome, Problemata oder andere solche Gattungen, auch wenn sie zur Gedankenübung oder zur Erörterung oder aus einem anderen bestimmten Grund vorgetragen werden, sind, ganz gleich aus welcher wissenschaftlichen Disziplin sie kommen, gänzlich verboten, wenn sie Dinge gegen die Lehre des rechten Glaubens oder die christliche Frömmigkeit enthalten. Wenn solche von Häretikern zusammengetragen wurden, selbst wenn sie in keiner Weise dem Glauben widersprechen, sind sie zum Zeichen unserer Verachtung für die Häretiker verboten, es sei denn deren Namen wurden aus dem Text entfernt.

X. Regel
Neugriechische Bücher, auf Griechisch oder in lateinischer Übersetzung, ungeachtet des Namens, Titels oder Sujets, die erklärtermaßen gegen irgendein Dogma der katholischen Kirche oder gegen einen Artikel, Ritus oder gegen die katholische Lehre verfasst wurden, werden in keiner Weise gestattet.

XI. Regel
Ins Lateinische oder in eine andere Sprache übersetzte Bücher von Juden, Muslimen, Sarazenen und anderen solchen Feinden der christlichen Religion, alle die da sind, die irgendetwas gegen den christlichen Glauben und den Ritus und die Zucht der Kirche enthalten, sind auf dieselbe Weise verboten wie die Bücher von Häretikern.

XII. Regel
Alle Bücher, Traktate und Verzeichnisse über judizielle Astrologie oder Wahrsagerei, die sich zu zukünftigen Ereignissen, Glücks- oder Unglücksfällen oder menschlichen Handlungen äußern, die dem freien Willen unterliegen, sind ganz und gar verboten. Diejenigen aber, die von Vorhersagen und Natur-Beobachtungen handeln, um der Landwirtschaft und Medizin zu dienen, sind gestattet. Ferner werden alle Schriften über Sortilegien, Giftmischerei, Magie und Beschwörung ganz und gar verworfen.

XIII. Regel
Epigramme, Elegien, Embleme, Satiren und Gedichte, ferner Schmähschriften, Ehrabschneidungen und Famosbücher, Briefe, Apologien und andere Schriften,

welchen Titel sie auch tragen, die sich gegen den Anstand, die guten Sitten, die Ehre und den Ruf von Prälaten, Fürsten und anderen richten, gleich in welcher Sprache und aus welcher Überlegung heraus sie entstehen (etwa als Gedankenübung), sind absolut verboten, auch wenn der Name des Autors nicht genannt wird. Ferner werden Bücher und Schriften verdammt, in denen Worte der Hl. Schrift ins Skurrile, Fabulöse, Schmeichelhafte, Ehrabschneidende oder Polemische oder auf andere Weise in einen profanen Sinn verdreht werden.

XIV. Regel

Verboten werden alle (auch elegant geschriebene) Bücher, die obszöne, laszive oder amouröse Dinge in Volkssprache behandeln; außerdem Komödien, Tragödien, ausgedachte Fabeln in Volkssprache, die Ähnliches beinhalten und die auch nicht schriftlich von Gauklern, Vaganten, Mimen und Schauspielern verbreitet werden; ebenso obszöne Zeichnungen und Bilder sowie gewisse Bilderzyklen, welche die Sitten verderben können. Darunter fallen auch Musikbücher, die obszöne oder amouröse Lieder enthalten.

XV. Regel

Bücher, Briefe, Pamphlete, Schriften oder einzelne Kapitel über das Duell, in denen Duelle verteidigt, empfohlen und gelehrt werden, sind ganz und gar verboten, so wie auch das Duellieren selbst durch das Konzil von Trient rundheraus verboten worden ist. Wenn einige davon aber nützlich sind, um Streitigkeiten beizulegen und Frieden herzustellen, seien sie – expurgiert und approbiert – erlaubt.

XVI. Regel

Alle Bücher, die ohne den eigentlichen Namen des Autors oder unter einem Pseudonym im Umlauf sind, sollen zukünftig nicht gedruckt werden. Diejenigen aber, die bereits gedruckt sind, sollen verbessert und mit dem echten Namen des Korrektors oder Revisors ausgewiesen werden. Im Übrigen aber sollen Bücher – ganz gleich mit welchem Titel oder Namen sie versehen sind – ohne Nennung des echten Namens des Autors, des Namens des Approbators oder Revisors und des Druckorts und -jahrs nicht gedruckt werden. Andernfalls sind sie so zu handhaben wie Bücher, die eine falsche Lehre beinhalten. Außerdem dürfen noch nicht gedruckte Manuskripte nicht von Hand zu Hand weitergereicht werden, solange sie nicht von Hand des Autors unterschrieben oder von der Indexkongregation durchgesehen und vom Magister Sacri Palatii – bzw. an anderen Orten von den Inquisitoren und Ortsordinarien oder in Universitätsstädten vom Bischof und Dekan – unterzeichnet worden sind. Bücher aber, die vor 1515 gedruckt worden sind und im Gebrauch der Kirche angenommen wurden, sind zulässig.

XVII. Regel

Volkssprachliche Bücher über Methoden des guten Lebens, Meditierens oder Beichtens oder andere in Volkssprache gedruckte Andachtsschriften dieser Art werden in Rom von der Indexkongregation begutachtet, anderswo aber von einer Generalinquisition oder in Universitätsstädten vom Bischof und Dekan, und mit deren Approbation gedruckt, andernfalls sollen sie verboten sein. Auch dürfen zukünftig keine Bücher dieser Art oder andere, die von heiligen Dingen oder kirchlichen Dogmen handeln, von Laien – auch nicht von gelehrten Laien auf Latein – oder von Frauen, die in der Kirche öffentlich nicht lehren dürfen, ohne eine solche Approbation publiziert werden.

XVIII. Regel

Die Freiheit, Bücher und andere Schriften zu drucken, muss dort besonders gezügelt werden, wo man gewiss sein kann, dass die Kirche sonst täglich Schaden erleiden würde. Zuvörderst sollen in Rom, wo die Referenzdrucke für alle übrigen Provinzen und Regionen entstehen, die dazu berufenen Kardinalskongregationen das Recht besitzen, Bücher durchzusehen, zu prüfen und zu approbieren, und der Kardinalvikar und Magister Sacri Palatii sollen – wie vom Laterankonzil Leos X. und vom Tridentinum, 4. Sitzung, vorgeschrieben wurde – unterzeichnen. An anderen Orten aber erteilen der Bischof bzw. der Ordinarius und der Inquisitor die Druckerlaubnis. Wo kein Amt des Inquisitors existiert, es aber ein universitäres Studium gibt, dort soll der Bischof mit dem Dekan der Universität die Druckerlaubnis geben. An Orten, an denen es viele Offizinen gibt, möge der Bischof Experten auswählen, deren Mühe und Fleiß er zur Prüfung und Approbation der für den Druck bestimmten Bücher einspannen soll. Die Prüfer haben darauf zu achten, dass am Anfang des zu druckenden Buchs Name, Nachname und Herkunftsort des Autors zu lesen sind und am Ende dessen eigenhändige Unterschrift stehe. Nach Durchsicht und Approbation des Buchs soll dieses oder ein ähnliches Appobationsformular beigefügt werden:

»Ich, N., habe mit der Vollmacht, die ich dank Konzession des Hl. Stuhls zum Prüfen und Approbieren von Büchern besitze, sorgfältig das von N. eigenhändig verfasste und unterschriebene Manuskript N. gelesen, bewertet und geprüft. Darin ist mir nichts aufgefallen, was sich gegen den christlichen Glauben oder die christliche Lehre richten, was die Zucht und Unversehrtheit der Sitten verletzen, was den Namen oder Ruf katholischer Fürsten schädigen, oder was von den Druckvorschriften und Regeln abweichen würde, die Papst Sixtus V. für den Buchdruck nun vorgeschrieben hat. Deshalb approbiere ich dieses Buch und halte es für würdig, so dass es jetzt zum allgemeinen Gebrauch aller gedruckt werde und herausgehe. Zum Zeugnis dessen habe ich dies eigenhändig geschrieben und unterschrieben, Tag/Monat/Jahr. Ich, N. usw.«

Ferner soll die Approbation dem Werk vorangestellt werden. Wenn jemand ein Buch ohne ein solches Formular veröffentlicht, wird das Buch so behandelt, als stehe es auf dem Index. Die Approbation aber erfolge gratis.

XIX. Regel

Der Druck von heiligen und kirchlichen Büchern geschehe nicht an jedem beliebigen Ort, sondern in gehobenen großen und mittelgroßen Städten, wo auf die Arbeit und das Urteil eines Inquisitors, einer Universität und auf Zensoren zurückgegriffen werden kann. Der Druck geschehe auch nur auf Grundlage der vatikanischen Ausgabe, falls bereits eine erschienen ist. Auch möge der Druck nicht irgendwelchen, sondern den besten Druckern anvertraut werden, die nach dem Urteil der Oberen im Glauben und in ihrer Integrität bewährt und in der Druckkunst erfahren sind. Sie müssen zuerst einen Eid schwören, dass sie den Druckauftrag korrekt und getreu ausführen werden und in ihrem Geschäft keine von der Häresie befleckten oder der Häresie verdächtigten oder irgendeiner Ehrlosigkeit überführten Helfer beschäftigen. Auch dürfen beim Druck keine obszönen Bilder, auch nicht in den Zierinitialen, gebraucht werden. Dem gedruckten Buch sind am Ende die Namen des Druckers und des Druckorts beizufügen, auch Tag, Monat und Jahr des Drucks. Das gedruckte Buch aber darf nicht verkauft werden, bevor die Zensoren Druck und Manuskript verglichen haben. Ein Exemplar des Buchs ist schließlich in Rom im Archiv des Magister Sacri Palatii zu asservieren, andernorts bei den Inquisitoren oder Ordinarien. Was aber in den Regeln oben über den Druck von Büchern gesagt wurde, ist nicht nur auf noch zu druckende zu beziehen, sondern auch auf Neuausgaben bereits erschienener Bücher.

XX. Regel

Buchläden und Druckereien werden in Rom vom Magister Sacri Palatii, andernorts aber von den Ordinarien und Inquisitoren visitiert bzw. von deren Beauftragten; ebenso das Sortiment derer, die in Städten auf Plätzen oder in der Nachbarschaft Bücher anbieten oder diese in Dörfern, Städtchen oder an anderen Orten unter die Leute bringen. Dabei dürfen nur Bücher zum Kauf angeboten werden, die in ihrem Verkaufskatalog, welchen Obengenannte unterschreiben müssen, aufgeführt sind und keine anderen. Ansonsten verhängen die Obengenannten Strafen nach ihrem Ermessen.

An dem für den Zoll und die Wareneinfuhr bestimmten Platz sollen die örtlichen Beamten Bücher nur passieren lassen, wenn die Importeure oder Buchhändler der zuständigen Stelle einen Katalog gezeigt haben und eine Einfuhrerlaubnis vorzeigen können. Auch sollen Erben und Testamentsvollstrecker die vom Verstorbenen hinterlassenen Bücher nicht gebrauchen oder anderen zum Gebrauch überlassen oder aus einem anderen Motiv übergeben, bevor sie die Bücher oder eine Aufstellung darüber den Zuständigen vorgelegt und eine Genehmigung erhalten haben.

Alle sollen wissen, dass es nicht erlaubt ist, ein verbotenes Buch eigenmächtig zu zerreißen oder zu verbrennen, vielmehr muss es, in Rom, dem Magister Sacri Palatii übergeben werden, andernorts aber dem Ortsordinarius und dem Inquisitor, deren Aufgabe es ist, den Überbringer gründlich zu befragen. Wo es keinen Inquisitor, aber eine Universität gibt, führe diese Bestimmungen der Bischof zusammen mit dem Dekan der Universität aus.

Ist den Gläubigen der Gebrauch bestimmter Bücher untersagt, so dürfen auch Juden, Ungläubige oder andere Menschen dieser Art, die in christlichen Ländern und Regionen wohnen, solche nicht besitzen, lesen, verkaufen oder einführen. Bei Verstoß wird der Delinquent von den Obengenannten je nach Schwere der Schuld bestraft.

Endlich sind Bücher, die in irgendeiner Sprachfassung verboten wurden, auch in allen Übersetzungen verboten.

XXI. Regel

Heilige Bücher oder Bücher der heiligen Lehrer, der Dekretalen oder über die Kirchengeschichte, die von Häretikern oder anderen schlechten Menschen verderbt oder entstellt wurden, dürfen nur in Rom expurgiert werden, die übrigen Bücher auch andernorts. Bücher aber, die außerhalb von Rom expurgiert oder korrigiert werden sollen, sind von drei ausgewählten Männern zu expurgieren oder zu korrigieren und vom Bischof zu approbieren, andernfalls werden sie verboten.

Bei der Expurgation und Korrektur ist Folgendes aus den Büchern zu beseitigen: sämtliche Aussagen, die häretisch sind, nach Häresie schmecken, irrtümlich sind oder schlecht klingen, fromme Ohren verletzen, leichtfertig, skandalös, schismatisch, aufrührerisch, blasphemisch sind oder den Ruf eines Anderen (insbesondere der Fürsten) verletzen oder den guten Sitten und den Gesetzen christlicher Zucht widersprechen; alles was die Riten und Zeremonien der Sakramente gegen den akzeptierten Brauch und die Gewohnheit der Römischen Kirche verändern will; doppeldeutige oder zweifelhafte Worte, die die Leser im Geiste von der richtigen und katholischen Interpretation weg zu frevelhaften Auffassungen verleiten können; auch sind Worte aus der Hl. Schrift, die nach Übersetzungen von Häretikern zitiert werden – auch wenn sie zu weltlichen Zwecken vorgebracht werden – genau zu überprüfen; ebenso was gegen die Autorität der Kirchenväter einen verzerrten Sinn erhalten hat; außerdem müssen die Namen von Häretikern gelöscht werden, es sei denn sie werden zum Zweck der Widerlegung genannt; ebenso ihnen Lob spendende Epitaphien; leeres Gewäsch, welches die Häretiker oft zur Täuschung benutzen; alles was Sakrileg, Aberglauben, Traumdeutung, obszöne Laster und anderes dieser Art lehrt, wodurch die Gedanken der Menschen allzu leicht verschmutzt werden; alles was den menschlichen Geschicken eine Zwangsläufigkeit aufdrücken will, und diese von Schicksal, schicksalhaften Zeichen oder der Fortuna gelenkt darstellt; alles was die geistliche Autorität, Jurisdiktion oder Immunität verletzt oder beschneidet; in Apophthegmen, Adagia, Exempla und den übrigen Vertretern dieses Genres ist alles zu beseitigen, was die kirchlichen Riten, Geistliche oder deren Würde verletzt; zu löschen sind auch Witze, die dem Ruf Anderer schaden; außerdem Zynisches.

Expurgiert werden sollen nicht nur die eigentlichen Texte, sondern auch Marginalien, den Texten beigefügte obszöne Abbildungen, Indizes, Briefe, Vorwörter und alle übrigen Bestandteile des Buchs.

Auch werden Bücher von Katholiken, die im Schoß der Kirche lebten und starben, wenn sie Irrtümer beinhalten, nach Vorgabe dieses Index expurgiert, nicht aber sind sie als verboten aufgeführt – es sei denn mit dem Verweis auf die Expurgation –, damit durch ein solches Verbot keine Schande auf ihren Namen oder ihre Würde komme.

XXII. Regel
Abschließend gebieten Wir allen Gläubigen, ungeachtet ihres Geschlechts, ihres Rangs oder ihrer Position, dass sie keine Bücher lesen oder bei sich haben, die gegen die Gebote dieser Regeln oder die Verbote dieses Index verstoßen. Wenn nun jemand Bücher liest oder besitzt, die wegen Häresie oder des Verdachts des falschen Dogmas verdammt oder verboten wurden, verfalle er auf der Stelle der Strafe der Exkommunikation, von der nur Wir oder Unsere Nachfolger ihn absolvieren können – außer im Angesicht des Todes und dann auch nur, wenn er ein Zeichen wahrer Buße zeigt. Wer aber Bücher liest oder besitzt, die aus einem anderen Grund verboten worden sind, begeht nicht nur eine Todsünde, auch wird er von dem Bischof und Inquisitor streng bestraft.

Damit nun niemand in dieser bedeutenden Angelegenheit Unwissenheit als Entschuldigung anbringen kann, wollen Wir, dass Buchhändler unter denselben Strafen diesen Unseren Index bei sich haben. Die übrigen aber, die aus anderen Motiven Bücher besitzen, wollen Wir im Herrn ersuchen und auffordern, dass sie sich diesen Index beschaffen und lesen, um eine Übertretung zu vermeiden.

Niemandem ist es also erlaubt, diese Urkunde Unserer Widerrufung und Erneuerung, Unseres Befehls und Mandats, Unserer Aufforderung und Aufhebung und Unseres Willens zu verletzen bzw. dagegen leichtfertig zu verstoßen. Wenn sich aber einer anmaße, dies zu versuchen, so soll er wissen, dass er sich den Unmut des allmächtigen Gottes und der heiligen Apostel Petrus und Paulus zuziehen würde.

Gegeben zu Rom [...].

A 12 | 1593 Mai 17: Breve »Gregem dominicum« Clemens' VIII.

Papst Clemens VIII.
Möge dies ewig in Erinnerung bleiben

Wir wünschen Uns, dass sich die Herde des Herrn, die Uns als Inhaber des Hirtenamts anvertraut worden ist, an der heilsamen Nahrung katholischer Lehre weide und vor schädlichem Futter geschützt werde. Was gemäß einem Dekret des Trienter Konzils und mit Autorität des Apostolischen Stuhls heilsam in dieser Hinsicht angeordnet wurde, bekräftigen Wir deshalb auch gern öfter. Außerdem wenden Wir alle Uns zur Verfügung stehenden Heilmittel an, sofern Wir sie mit dem Herrn für das Seelenheil als nützlich erachten, damit nichts davon durch Betrug oder die Machenschaften irregeleiteter Menschen oder den Zahn der Zeit zerstört werde.

Vor einer Weile hat Unser Vorgänger Papst Pius IV. einen Index und Indexregeln herausgebracht, die von den Deputierten des Trienter Konzils nützlich und klug ausgearbeitet und dann von einigen Prälaten und weiteren gelehrten Männern im päpstlichen Auftrag geprüft worden sind. Dazu erschien auch eine Konstitution. Die Gläubigen sollten dadurch die verworfenen Autoren und Bücher, die sie wie schädliche, tödliche Nahrung meiden sollen, leicht identifizieren können. Da aber in der Folgezeit noch mehr schädliche Bücher und andere gottlos, leichtfertig oder zu ungenau geschriebene und in Druck gegebene Werke erschienen, deren unreine Lektüre nicht nur einfältige, sondern mitunter auch gebildete und gelehrte Menschen zu Irrtümern verleiten kann, haben Unsere Vorgänger, die nach Pius IV. Gottes Kirche vorstanden (vor allem Sixtus V., der vor frommem Eifer brannte und sehr viel Fleiß und Sorgfalt auf diese Sache verwandte), es mit Recht für nötig erachtet, den älteren Index und die Regeln zu ergänzen.

Was bis dahin lang und gründlich ausgearbeitet worden war, haben die von Uns deputierten Kardinälen – nämlich Unser Bruder, der Kardinalbischof von Palestrina Marco Antonio Colonna, und Unsere Söhne, die Kardinalpriester Agostino von S. Marco aus Verona, Girolamo von S. Maria sopra Minerva, Bischof von Ascoli, William Allen von SS. Silvestro e Martino ai Monti sowie die Kardinaldiakone Ascanio Colonna von S. Maria in Cosmedin und Federico Borromeo von S. Agata – zusammen mit anderen frommen und gelehrten Männern sorgsam geprüft und überarbeitet und nun schließlich, mit Gottes Beistand, abgeschlossen. Sowohl die Konstitution, den Index und die Indexregeln Unseres Vorgängers Pius IV., deren Inhalt und Strafbestimmungen Wir Uns hier wortgetreu wiedergeben vorstellen müssen, wie auch das diesen Stücken weiter unten neu Hinzugefügte, approbieren und bekräftigen Wir mit apostolischer Autorität mit den Worten und unter dem Schutz dieses Schreibens. Allen überall, sowohl Verbänden wie auch Einzelpersonen, gebieten und befehlen Wir Gehorsam demgegenüber.

Wir beschließen, dass den Ausfertigungen dieses Schreibens, auch gedruckten, die mit der Unterschrift eines öffentlichen Notars und dem Siegel eines geistlichen Prälaten versehen sind, derselbe Glaube geschenkt werde wie diesem Original, wenn es hervorgeholt und gezeigt werden würde.

Im Übrigen wollen Wir, dass eventuelle Zweifel oder Kontroversen bezüglich des Index, der Indexregeln und der neuen Zusätze zukünftig den vorgenannten Kardinälen bzw. denjenigen, die dann der Indexkongregation angehören, vorgetragen und durch eine Sentenz dieser Kardinäle – wenn es der Ernst der Sache erfordert, nach Rücksprache mit Uns oder Unseren Nachfolgern – entschieden und geklärt werden.

Gegeben zu Frascati [...].

A 13 | [1595 Oktober 17]: Die Instructio Clemens' VIII.

Instruktion für diejenigen, die sich sorgfältig und zuverlässig – wie es sich gehört – dem Verbot, der Expurgation wie auch dem Druck von Büchern widmen werden

Zur Erhaltung des katholischen Glaubens reicht es nicht aus nur zu wissen, welche von den bereits erschienenen Büchern verurteilt worden sind (was ja im Index und in den Indexregeln der Trienter Väter-Delegation in erster Linie festgelegt worden ist), würde man nicht auch darauf achten, dass diese nicht von Neuem aufkeimen oder andere, ähnliche Bücher gedruckt werden, die, da sie unvorsichtige Naturen unter den Gläubigen mit unsichtbarem Gift infizieren, eine Verurteilung zurecht verdienten.

Welche Bücher in Zukunft auch erscheinen, alte wie neue: Damit diese so rein wie möglich in Belangen des Glaubens und unbefleckt in Belangen der Sitten sein mögen, wird in den weiter unten stehenden Artikeln umsichtig geregelt, was der allgemeine Nutzen für das Verbot schlechter Bücher und für deren vollständige Vernichtung, sowohl von den Bischöfen und Inquisitoren wie von den übrigen, deren Eifer und Autorität bei dieser Aufgabe in Gottes Kirche verbürgt ist – über das hinaus, was die Trienter Konzilsväter in den oben genannten Indexregeln verordnet haben – erfordert. In diesen Artikeln wird auch festgelegt, was in Zukunft von Bischöfen, Inquisitoren und anderen, wie erwähnt, beim Verbieten und bei der Vernichtung schlechter Bücher, wie auch von den Korrektoren bei der kritischen Durchsicht und Korrektur von Büchern und anderen Schriften, wie auch von den Druckern beim Drucken der Bücher – im Fall der Drucker bei den vom Bischof und dem Inquisitor festgelegten Strafen – grundsätzlich und ohne Abstriche zu befolgen ist.

Das Bücherverbot

§ I

Bischöfe und Inquisitoren haben augenblicklich nach dem Erscheinen dieses Index dafür zu sorgen, dass die ihrer Jurisdiktion unterworfenen Personen ihnen Listen einreichen, auf denen genau die Namen der Bücher aufgeführt werden, welche diese Personen bei sich aus diesem Index finden.

Zu dieser Anzeige sind binnen einer Frist, die vom Bischof oder Inquisitor festgelegt wird, alle, gleich welchen Standes und welcher Position, unter schwerer, nach Ermessen der Bischöfe und Inquisitoren zu verhängender Strafe verpflichtet.

In Rom aber soll sich der Magister Sacri Palatii, freilich aus eigenem Antrieb, darum kümmern, dass ihm diese Listen vorgelegt werden, nachdem per Edikt die Frist dafür bekannt gegeben worden ist.

§ II

Wenn jemand in Zukunft die Erlaubnis begehrt, ein Buch oder mehrere von den verbotenen Büchern, die nach der Vorschrift der Indexregeln aber gestattet werden können, aus irgendeinem bestimmten Grund vor der Expurgation zu behalten und zu lesen, dann wird außerhalb der Stadt Rom das Recht, eine solche Erlaubnis zu erteilen, beim Bischof oder Inquisitor, in Rom aber beim Magister Sacri Palatii liegen.

Diese Erlaubnis wird gratis erteilt und muss eigenhändig unterschrieben werden. Sie ist alle drei Jahre zu erneuern. Dabei ist darauf zu achten, dass nur ausgewählten, würdigen, in der Lehre und Frömmigkeit umsichtigen Männern solche Erlaubnis erteilt wird, vor allem aber jenen, von denen man weiß, dass ihre Studien dem Allgemeinwohl und der Hl. Römischen Kirche nutzen werden.

Diese haben alle Auffälligkeiten in den gelesenen Büchern, mit Angabe der Kapitel und Seitenzahlen, dem Bischof oder Inquisitor zu melden.

§ III

Um den katholischen Glauben vor allem auch außerhalb Italiens zu bewahren, ist es erforderlich, dass sowohl die Bischöfe und Inquisitoren wie auch die für ihre Theologie berühmten Universitäten einen eigenen Index erstellen und herausbringen, der die in ihrem Land kursierenden Bücher verzeichnet, die von Häresie infiziert sind oder den guten Sitten widersprechen. Das können Bücher sein, die in der jeweiligen Landessprache oder in einer anderen Sprache verfasst sind.

Auch sollen die Bischöfe und Inquisitoren Strafen bekannt geben, mit denen Lektüre und Besitz solcher Bücher belegt werden, um die Menschen in diesen Ländern und Provinzen zu zügeln.

Außerhalb Italiens sollen die apostolischen Nuntien und Legaten die Bischöfe, Inquisitoren und Universitäten fleißig zur Ausführung dieser Bestimmung ermahnen.

§ IV

Die apostolischen Nuntien und Legaten außerhalb Italiens, in Italien die Bischöfe und Inquisitoren, sollen außerdem dafür Sorge tragen, dass jährlich ein sorgsam zusammengestellter Katalog der in ihren jeweiligen Regionen gedruckten Bücher, sowohl der verbotenen wie auch der expurgationswürdigen, an den Hl. Stuhl oder die von diesem eingesetzte Indexkongregation geschickt wird.

§ V

Die Bischöfe und Inquisitoren bzw. ihre bevollmächtigten Subdelegierten und Deputierten, sowohl in Italien wie außerhalb, sollen die Indizes der einzelnen Länder greifbar haben, damit sie, mit dem Wissen über die in den einzelnen Ländern verbotenen Bücher, leichter überschauen können, ob man diese, wenn man sie identifiziert hat, nicht auch von dem Gebiet ihrer eigenen Gerichtsbarkeit fernhalten sollte.

§ VI

Für alle schlechten und gefährlichen Bücher gilt allgemein: Wurden Bücher vom Apostolischen Stuhl in ihrer ursprünglichen Sprachfassung verboten und verurteilt, die dann in eine andere Sprache übersetzt worden sind, so müssen auch diese Übersetzungen überall auf der Welt bei denselben Strafen als verboten und verurteilt betrachtet werden.

Die Bücher-Korrektur

§ I

Bischöfe sollen im Verein mit den Inquisitoren die Vollmacht besitzen, jegliche Bücher gemäß der Vorschrift dieses Index zu expurgieren, auch in exemten Gebieten und solchen mit »nullius«-Status. Wo es aber keine Inquisitoren gibt, sollen diese Vollmacht die Bischöfe allein haben.

Die Expurgation von Büchern soll nur Männern von ausgezeichneter Bildung und Frömmigkeit anvertraut werden. Und diese sollen zu dritt sein, wenn nicht das Genre des Buches oder die Bildung der hierzu ausgewählten Expurgatoren Anlass dazu geben, ihre Zahl zu erhöhen oder zu reduzieren.

Wenn die Emendation abgeschlossen ist, wird sie unter Angabe der Kapitel, Absätze und Seiten, eigenhändig von denen unterschrieben, die expurgiert haben, den erwähnten Bischöfen und Inquisitoren übergeben. Wenn diese die Emendation approbieren, wird das Buch zugelassen.

§ II

Derjenige, der korrigiert und expurgiert, muss das Werk vollumfänglich betrachten. Er darf sich nicht darauf beschränken, Dinge anzumerken, über die er im Haupttext des Buchs stolpert, sondern er muss auch prüfen, ob sich hinter den Scholien, Summarien, Marginalien, Indizes, Vorwörtern und Widmungsbriefen etwas verbirgt.

Zu korrigieren und zu expurgieren ist im Wesentlichen das Folgende:

<1.> Häretische, irrige, nach Häresie schmeckende, skandalöse, für fromme Ohren anstößige, leichtfertige, schismatische, aufrührerische und blasphemische Sätze.

<2.> Was gegen die sakramentalen Riten und Zeremonien und gegen den akzeptierten Usus und die Gewohnheit der Hl. Römischen Kirche irgendeine Neuerung einführt.

<3.> Von Häretikern ausgedachte und zum Betrug eingeführte ›unheilige Neuerungen mit Worten‹.

<4.> Unklare und doppeldeutige Wörter, die den Geist der Leser vom rechten katholischen Empfinden zu frevelhaften Meinungen verleiten können.

<5.> Ungetreu wiedergegebene oder aus schlechten Übersetzungen der Häretiker zitierte Worte der Hl. Schrift, es sei denn sie werden zur Bekämpfung der Häretiker zitiert, um diesen aus ihren eigenen Waffen einen Strick zu drehen.

<6.> Expurgiert werden müssen auch jegliche Worte der Hl. Schrift, die für den profanen Gebrauch unfromm angepasst wurden, so dass sie in einen Sinn verdreht werden, der von der einhelligen Auffassung der katholischen Kirchenväter und Doktoren abweicht.

<7.> Auch sollen ehrende Beiwörter und überhaupt alle positiven Äußerungen über die Häretiker gelöscht werden.

<8.> Verworfen wird zudem alles, was nach Aberglauben und Wahrsagerei riecht.

<9.> Auch soll gelöscht werden, was immer die Freiheit des menschlichen Willens dem Schicksal, den trügerischen Zeichen oder der Fortuna der Heiden unterwirft.

<10.> Auch wird entfernt, was nach Paganismus riecht.

<11.> Expurgiert wird auch, was dem Ruf der Mitmenschen, vor allem der Geistlichen und der Fürsten, schadet, und was den guten Sitten und der christlichen Lehre widerspricht.

<12.> Expurgiert werden müssen auch Sätze, die sich gegen die kirchliche Freiheit, ihre Immunität und ihre Gerichtsbarkeit wenden.

<13.> Auch sollen Sätze getilgt werden, die mit den Maximen, Sitten und Beispielen der Heiden für eine Tyrannenpolitik werben und einführen wollen, was gemeinhin fälschlicherweise ›Staatsräson‹ genannt wird, mit dem christlichen Gesetz aber unverträglich ist.

<14.> Ausgetrieben werden sollen Exempel, die die kirchlichen Riten, Orden, Stand und Würde sowie Person von Ordensleuten verletzen und beschädigen.

<15.> Auch Sticheleien, böser Spott, Rufschädigung und Anwürfe gegen das Ansehen anderer sollen zurückgewiesen werden.

<16.> Schließlich möge Freizügiges, das die guten Sitten zu verderben vermag, getilgt werden.

<17.> Und wenn obszöne gedruckte Bilder in den genannten zu expurgierenden Büchern vorhanden sind, auch in den Zierinitialen, welche gern am Beginn von Büchern oder Kapiteln gedruckt werden, so sind alle solche Dinge vollständig zu löschen.

§ III

Wenn in Büchern von Katholiken der jüngeren Zeit, die nach dem Jahr 1515 verfasst worden sind, das, was korrekturwürdig erscheint, mit wenigen Tilgungen oder Hinzufügungen verbessert werden kann, so mögen das die Korrektoren tun. Wenn das aber nicht möglich ist, sollen die betroffenen Stellen im Ganzen gelöscht werden.

§ IV

In Büchern der alten Katholiken aber darf nichts am Text verändert werden außer dort, wo durch Betrug der Häretiker oder Unachtsamkeit des Druckers sich ein offensichtlicher Fehler eingeschlichen hat.

Wenn aber etwas von größerer Bedeutung oder als tadelnswert auffällt, darf dies in Neuausgaben mit Marginalien oder Scholien kenntlich gemacht werden. Dabei ist gründlich zu prüfen, ob nicht aus der Doktrin des Autors oder aus anderen seiner Texte der problematische Satz erhellt und die Intention des Autors besser erklärt werden kann.

§ V

Nachdem der »Codex expurgatorius« erstellt und auf Geheiß des Bischofs und Inquisitors gedruckt worden ist, können diejenigen, die zu expurgierende Bücher besitzen, diese mit Erlaubnis des Bischofs und Inquisitors auf die in diesem Codex angegebene Weise korrigieren und reinigen.

Der Druck von Büchern

§ I

In Zukunft darf kein Buch gedruckt werden, dass auf dem Titelblatt nicht Vor- und Zunamen sowie die Heimat des Autors ausweist.

Wenn nun die Autorschaft unsicher ist, oder es dem Bischof und Inquisitor aus irgendeinem Grund für angeraten erscheint, das Buch ohne den Autornamen erscheinen zu lassen, dann soll immerhin der Name desjenigen angegeben werden, der das Buch geprüft und approbiert hat.

Bei Büchern jedoch, die Zusammenstellungen aus Zitaten, Beispielen und Artikeln unterschiedlicher Verfasser darstellen, soll derjenige als Autor behandelt werden, der die Sammel- und Auswahlarbeit vorgenommen hat.

§ II

Ordensleute sollen nicht vergessen, dass sie durch das Dekret des Konzils von Trient dazu verpflichtet sind, zusätzlich zu der Lizenz des Bischofs und des Inquisitors, von der in der X. Indexregel die Rede ist, auch die Genehmigung ihres Ordensoberen einzuholen.

Beide Genehmigungen müssen am Anfang des Werkes abgedruckt werden.

§ III

Die Bischöfe und Inquisitoren mögen dafür Sorge tragen, dass Drucker bei öffentlich bekannt gemachten Strafen zukünftig in die gedruckten Bücher keine obszönen oder schamlosen Bilder mehr einfügen, auch nicht in die dafür oft benutzten Zierinitialen.

Bei Büchern aber, die von kirchlichen oder geistlichen Dingen handeln, sollen sie keine Zierinitialen verwenden, in denen rein profane Themen aufgenommen werden, geschweige denn Schamloses oder Obszönes.

Auch sollen sie ganz besonders darüber wachen, dass in den gedruckten Büchern zu Beginn und am Ende der Name des Druckers, der Druckort und das Druckjahr angegeben werden.

§ IV

Wer die Veröffentlichung eines Werks vorbereitet, muss ein vollständiges Exemplar dem Bischof oder Inquisitor vorlegen. Diese sollen es, sofern sie das Buch anerkennen und approbieren, bei sich aufbewahren. In der Stadt Rom wird das Exemplar im Archiv des Magister Sacri Palatii, außerhalb Roms an einem geeigneten Ort nach Wahl des Bischofs oder Inquisitors verwahrt.

Nachdem aber das Buch gedruckt wurde, darf niemand es zum Kauf anbieten oder auf irgendeine Weise unter das Volk bringen, ehe der dafür Zuständige das gedruckte Exemplar mit dem einbehaltenen Manuskript sorgfältig verglichen und die Verkaufs- und Verbreitungslizenz erteilt hat.

Und diese Lizenz darf erst erteilt werden, wenn es als erwiesen erachtet werden kann, dass der Drucker seine Aufgabe zuverlässig erfüllt hat und auch nicht im Mindesten von dem Manuskriptexemplar abgewichen ist.

Wer dem zuwiderhandelt, soll schwer und hart bestraft werden.

§ V

Bischöfe und Inquisitoren, in deren Aufgabenbereich die Erteilung von Druckgenehmigungen fällt, haben darauf zu achten, dass sie zur Prüfung der Bücher Männer von herausragender Frömmigkeit und Doktrin heranziehen, von deren Treue und Integrität sie sich versprechen können, dass diese sich bei der Prüfung nicht von Gunst oder Hass leiten lassen, sondern jegliche persönlichen Affekte unterdrücken und allein Gottes Ehre und das Wohl der Gläubigen vor Augen haben.

Die Approbation dieser Männer ist zusammen mit der des Bischofs und Inquisitors vor dem Anfang des Werks abzudrucken.

§ VI

Buchdrucker und -händler sollen vor dem Bischof oder Inquisitor (in Rom vor dem Magister Sacri Palatii) einen Eid ablegen, dass sie ihr Geschäft katholisch, aufrichtig und treu betreiben und die Dekrete und Regeln dieses Index sowie die ihren Beruf betreffenden Edikte der Bischöfe und Inquisitoren befolgen werden, und dass sie wissentlich keinen, der von der Häresie befleckt ist, als Gehilfen anstellen.

Wenn sich unter ihnen Herausragende und Gelehrte finden, können sie nach dem Ermessen ihrer Oberen angehalten werden, das katholische Glaubensbekenntnis abzulegen nach der Form, wie es Pius IV. seligen Angedenkens vorgeschrieben hat.

§ VII

Wenn ein Buch eines verurteilten Autors, das nach Vorschrift der Indexregeln expurgiert werden darf, neu aufgelegt werden soll, nachdem es sorgfältig geprüft und gesäubert und rechtmäßig zugelassen wurde, muss der Name des Autors im Titel mit einem Hinweis auf die Verurteilung versehen werden, schließlich ist (bis auf weiteres) das Buch akzeptiert, nicht aber der Autor.

Auch müssen am Beginn dieser Ausgabe sowohl das Verbot wie auch die Emendation und Zulassung erwähnt werden, nach dem Muster: »›Bibliotheca‹ von Conrad Gesner aus Zürich, einem verurteilten Autor, einst erschienen und verboten, nun auf Anweisung der Oberen expurgiert und zugelassen.«

A 14 | 1595 Oktober 17: Breve »Sacrosanctum catholicae fidei« Clemens' VIII.

Schreiben Papst Clemens' VIII.
über die Veröffentlichung des Index der verbotenen Bücher

Dass der hochheilige katholische Glaubensschatz, ohne den niemand Gott zu gefallen oder das ewige Heil zu erlangen vermag, heil in der Kirche Gottes verwahrt und unversehrt der Nachwelt überliefert werde, daran haben mit der Wachsamkeit des Hirten die römischen Päpste stets mit größtem Eifer und Kampfesmut gearbeitet. Waren es doch die Päpste, die von Christus, dem Stifter dieses kostbaren Schatzes, über den allerseligsten Petrus, dem Fürsten der Apostel, die besondere Fürsorgepflicht und die höchste Gewalt erhalten haben, die gute Saat des Hausvaters vom feindseligen Unkraut zu scheiden und die Kirche mit heilbringender Lehre zu erbauen.

Um die Reinheit des katholischen Glaubens und der katholischen Lehre heil und unbefleckt in Gottes Kirche zu bewahren, haben sich Unsere Vorgänger Gelasius I. und Gregor IX. und viele andere Päpste, die mit Leidenschaft für das Haus des Herrn der Heerscharen eintraten, mit dem Mut des Apostels als Mauer vor dem Haus Israel postiert und sich den Feinden des Glaubens entgegengestellt, damit die unwissenden und einfacheren Menschen nicht Opfer ihrer Fallen und Hinterhalte würden. Sie haben das Licht von der Finsternis, das Verkehrte vom Richtigen getrennt, den Gläubigen erklärt, was sie zu befolgen haben und wovor sie sich hüten mögen. Mit einzigartiger Sorgfalt haben sie die bewährten, guten und orthodoxen Bücher von den unechten, gefährlichen und apokryphen geschieden und schließlich die gottlosen Dogmen der Häretiker und ihre schädlichen und vergifteten Schriften durch Konzilsdekrete, päpstliche Konstitutionen oder andere angemessene Mittel der Zensur verurteilt.

Aber weil in diesen unseren unglücklichen und außergewöhnlichen Zeiten der alte Feind der Menschheit, der an Boshaftigkeit niemals nachlässt, zum Sturz der katholischen Lehre und der Wahrheit neue pestilenzialische Häresien und abscheuliche Irrtümer anfacht oder alte aus der Hölle hervorruft, hat das Konzil von Trient, in dem Wunsch, die krankmachende, über alle Maßen angewachsene Masse an schädlichen Büchern zu bezwingen und zu beseitigen, zunächst einige ausgesprochen gelehrte Männer erwählt, die die gesamte Materie durchdenken und beraten sollten. Dann aber, als sie in ihrer Aufgabe schon weit vorangeschritten waren, hat das dabei von gerechten Gründen geleitete Konzil die Übertragung der gesamten Sache an den Hl. Stuhl angeordnet.

Deshalb hat Unser Vorgänger Papst Pius IV., der damals die Kirche regierte, unter Hinzuziehung einiger durch Lehre und Weisheit hervorstechender Prälaten den Index der verbotenen Bücher und die Indexregeln durch ein Schreiben in Brevenform promulgiert und somit den durch gefährliche Bücher verursachten Schaden abzuwehren versucht. Zwar wurden der Index und die Indexregeln insgesamt nach den Anforderungen der Zeit damals gut ausgearbeitet, doch nahm durch Satans List das Übel im Buchwesen weiter täglich zu, weil andere schädliche Bücher – teils neu geschriebene und herausgebrachte, teils früher schon geschriebene, danach aber versteckte – an die Öffentlichkeit kamen, deren Lektüre einfachere und unvorsichtigere Menschen leicht zum Irrtum verleiten konnte.

Aus diesem Grund hat Unser Vorgänger Sixtus V. zunächst die Indexregeln um das Notwendige ergänzen und verdeutlichen lassen. Dann befahl er, dass der Index um einige weitere Buchtitel ergänzt werden solle. Papst Sixtus aber starb, noch bevor die Sache abgeschlossen war. Nun war es an Uns, mit Gottes Beistand das, was zuvor gut begonnen und von vielen lange vermisst worden war, zum Heil der Seelen zum Abschluss zu bringen und in Druck zu geben.

Wir haben Unserem ehrwürdigen Bruder: dem Kardinalbischof von Palestrina Marco Antonio Colonna, und Unseren geschätzten Söhnen: den Kardinalpriestern Agostino Valier von S. Marco, Bischof von Verona, Simone Tagliavia d'Aragona »Terranova« von S. Anastasia, Girolamo Bernerio von S. Maria sopra Minerva, Bischof von Ascoli, Federico Borromeo von S. Maria degli Angeli alle Terme, Francisco de Toledo von S. Maria in Traspontina, sowie dem Kardinaldiakon Ascanio Colonna von S. Maria in Cosmedin, die von Uns für den Index abgestellt worden sind, die Aufgabe erteilt, zusammen mit ihren frommen und gelehrten Beratern sorgfältig die Vorarbeiten aus der Zeit Sixtus' V. zu prüfen, was diese auch mit großem Eifer getan und mit Gottes Gunst jetzt abgeschlossen haben.

Mit apostolischer Autorität approbieren Wir mit den Worten dieses Schreibens die Konstitution, den Index und die Indexregeln Unseres Vorgängers Pius, deren Wortlaut man sich hier geschrieben vorstellen muss, sowie die neuen Hinzufügungen, die weiter unten einzeln beschrieben sind, und bekräftigen dies alles mit Hilfe dieser Urkunde. Wir gebieten und befehlen auch, dass dies überall von allen Verbänden und Einzelpersonen bei den in der genannten Pianischen Konstitution festgelegten Strafen befolgt werde.

Um die Aufgaben im Zusammenhang mit den Bücherverboten, mit der Expurgation und der Pressekontrolle zu erleichtern, bestätigen Wir und – sofern dies nötig ist – erneuern Wir alle jene Fakultäten, Privilegien und Indulte, welche Pius V., dessen Angedenken man wachhalten möge, zunächst dem Magister Sacri Palatii, dann Gregor XIII. und Sixtus V. den Kardinälen der vorgenannten Kongregation verliehen haben (deren Wortlaut man sich hier geschrieben vorstellen muss), sofern sie den neuen Hinzufügungen nicht widersprechen.

Und Wir wollen und beschließen, dass aufkommende Zweifel oder Kontroversen bezüglich dieses Index oder seiner Regeln oder der anderen ihm beigefügten Dinge in Zukunft den oben genannten Kardinälen bzw. den Kardinälen, die dann für die genannte Kongregation abgestellt sein werden, vorgetragen werden. Diese Zweifel oder Kontroversen werden dann durch einen Urteilsspruch derselben Kardinäle – die Uns vorher, wenn es der Ernst einer Sache gebietet, zu Rate gezogen haben werden – geklärt bzw. entschieden. Diese Kardinäle sollen im Bereich der Zulassung, des Verbots, der Expurgation und des Drucks von Büchern sowie den damit verbundenen Fragen höchste Autorität genießen. Und so befehlen Wir allen Unseren ehrwürdigen Brüdern Patriarchen, Erzbischöfen, Bischöfen und anderen Ortsordinarien wie auch den geschätzten Söhnen Inquisitoren, Universitäten, Magistern, Doktoren, Buchhändlern, Druckern, Kaufleuten, Zollbeamten und allen anderen, welchen Grad, welchen Stand oder welche Würde auch immer sie bekleiden, sowohl Welt- und Ordensgeistlichen wie auch Laien jeglicher Würden und Ehren, diesen Kardinälen unbedingt zu gehorchen.

Dem stehen weder apostolische oder auf Universal-, Provinzial- oder Synodalkonzilien erlassene allgemeine und spezielle Konstitutionen und Verordnungen noch irgendwelche durch Eid oder apostolische Bestätigung oder auf andere Weise bekräftigte Statuten und Gewohnheiten oder Privilegien, Indulte und apostolische Briefe, in welcher Form und mit welchen Worten auch immer sie verfasst sind, die im Widerspruch zum oben Gesagten gewährt, bestätigt, approbiert oder neu eingeführt worden sind, entgegen. Alle diese Schreiben, selbst wenn zu ihrer hinreichenden Aufhebung eine spezielle, spezifische und ausdrückliche Erwähnung notwendig wäre, die Wir Uns hier geschrieben vorstellen müssen, heben Wir speziell und ausdrücklich – nur dieses eine Mal – auf, wie auch alles Übrige, das dazu im Widerspruch steht.

Ferner ordnen Wir an, dass Ausfertigungen des vorliegenden Schreibens, auch gedruckten, welche von Hand eines öffentlichen Notars unterzeichnet und mit dem Siegel eines in geistlicher Würde stehenden Prälaten gesiegelt sind, derselbe Glaube geschenkt werde, wie dem vorliegenden gegeben werden sollte, wenn es ausgelegt und vorgezeigt würde.

Gegeben zu Frascati […].

A 15 | 1596 [April 27 – Mai 10]: Die Observatio Clemens' VIII.

Anmerkung

Zur IV. Indexregel:
Hinsichtlich der oben genannten IV. Regel aus dem Index Pius' IV. ist zu beachten, dass mit dem aktuellen Index-Druck nicht wieder Bischöfen, Inquisitoren oder Ordensoberen die Vollmacht gegeben wird, Kauf-, Lese- oder Besitzlizenzen für volkssprachliche Bibeln zu erteilen. Denn durch Mandat und Gewohnheit der Hl. Römischen und Universalen Inquisition war damals den Bischöfen, Inquisitoren und Ordensoberen die Vollmacht zur Erteilung solcher Lese- und Besitzlizenzen für volkssprachliche Bibeln oder für Teile der Hl. Schrift, aus dem Alten oder dem Neuen Testament, schon entzogen worden. Summarien und historische Kompendien der Bibel oder der Bücher der Hl. Schrift, ganz gleich in welcher Volkssprache sie geschrieben sind, inbegriffen. Dies soll unbedingt so beibehalten werden.

<Ergänzung
Wenn solche volkssprachlichen Bibelübersetzungen vom Hl. Stuhl approbiert wurden und mit Kommentaren aus den Kirchenvätern oder mit Anmerkungen von katholischen Theologen versehen sind, sollen sie gestattet werden. (Dekret der Indexkongregation, 13. Juni 1757)>

Zur IX. Regel:
Bezüglich der IX. Indexregel sollen Bischöfe und Inquisitoren die Gläubigen nachdrücklich ermahnen, dass gegen Leser und Besitzer von Büchern über die judizielle Astrologie und Wahrsagerei und über andere in derselben Regel genannte Themen nicht nur Bischöfe und Ordinarien vorgehen können, sondern auch die örtlichen Inquisitoren, gemäß der Konstitution Papst Sixtus' V. gegen die Ausübung judizieller Astrologie und anderer Arten der Wahrsagerei sowie gegen die Leser und Besitzer von Büchern über diese Themen, promulgiert unter dem Datum: »Rom, bei St. Peter, im Jahr der Fleischwerdung des Herrn 1585, an den Nonen des Januar, im ersten Jahr seines Pontifikats [=*5. Januar 1586*]«.

Zum Talmud und den anderen Büchern der Juden:
Der jüdische Talmud sowie alle dazu gehörigen Glossen, Annotationen, Auslegungen und Erklärungen werden zwar in der Dritten Klasse des Index Pius' IV. (unter »T«) verboten, doch seien sie danach zu tolerieren, sofern sie ohne die Bezeichnung »Talmud« und frei von Beleidigungen und Verleumdungen der christlichen Religion erscheinen. Nun hat aber Papst Clemens VIII. mit seiner

Konstitution gegen gottlose Schriften und die Bücher der Juden ebenjene Bücher verdammt und verboten, unter dem Datum: »Rom, bei St. Peter, im Jahr der göttlichen Fleischwerdung 1592, am Vortag der Kalenden des März, im zweiten Jahr seines Pontifikats [=*28. Februar 1593*]«. Der Wille dieser Konstitution ist nun gerade nicht, diese Bücher irgendwie, selbst unter den angeführten Bedingungen zuzulassen oder zu dulden. Vielmehr wird darin ausdrücklich bestimmt, dass solche gottlosen talmudischen und kabbalistischen und andere frevelhafte Bücher der Juden grundsätzlich verdammt und verboten bleiben und als solche anzusehen sind. Also soll in Bezug auf diese und andere solche Bücher diese vorgenannte Konstitution für immer und unbedingt befolgt werden.

Zum Machsor:
Zudem sollen die Bischöfe, Ordinarien und örtlichen Inquisitoren wissen, dass der Machsor der Juden, der einen Teil der Gebete und der Zeremonien der Juden und der Synagoge enthält, in portugiesischer, spanischer, französischer, deutscher, italienischer oder in irgendeiner anderen Sprache als Hebräisch, schon lange durch ein spezielles Dekret aus gutem Grund verboten ist. Deshalb sollen sie dafür sorgen, dass dieses Buch keinesfalls erlaubt oder geduldet wird, außer eben in der hebräischen Sprache.

Zu den Büchern Jean Bodins:
Im Appendix zur Zweiten Klasse [*des Index von 1596*] unter »I« steht: »Die ›Daemonomania‹ des Jean Bodin aus Angers soll grundsätzlich verboten sein, das Buch ›De Republica‹ sowie der ›Methodus ad facilem historiarum cognitionem‹ aber sollen nur so lange verboten sein, bis sie, vom Autor expurgiert, mit der Approbation des Magister Sacri Palatii erschienen sind«. Dies ist aber vermutlich auf einen Fehler des Druckers zurückzuführen, denn von Jean Bodin wurde zuerst »De Republica« am 15. Oktober 1592, dann die »Daemonomania« am 1. September 1594 von demselben Papst Clemens VIII. schlicht verboten, weshalb beide Titel als verdammt und verboten zu gelten haben.

A 16 | 1631 April 2: Breve »Apostolatus officium« Urbans VIII.

Widerrufung sämtlicher Lese- und Besitzlizenzen
für verbotene Bücher:

Papst Urban VIII.
Möge dies ewig in Erinnerung bleiben

Das Apostelamt, das Uns ohne Ansehen eigener Verdienste durch göttliche Vorsehung übertragen worden ist, erfordert von Uns, besonders darauf zu achten, dass die katholische Religion dort, wo sie durch die göttliche Gnade unbehindert waltet, bewahrt werde und dort, wo sie beschädigt wurde, wieder hergestellt werde.

Weil bekannt sein dürfte, dass die Lektüre verbotener Bücher den Anhängern eines ernsthaften Glaubens großen Schaden beibringt, die Zahl von Leselizenzen für verbotene Bücher aber, wie Wir erfahren haben, über alle Maßen angewachsen ist, wollen Wir (sofern Gott Uns lässt) dafür sorgen, dass diesem Übel rechtzeitig begegnet werde und in Zukunft nur noch mit größter Vorsicht solche Lizenzen erteilt werden. Deshalb widerrufen, kassieren und annullieren Wir, aus eigenem Antrieb und aus sicherer Kenntnis, nach reiflicher Überlegung und mit der apostolischen Vollgewalt, durch diese ewig gültige Konstitution alle Lizenzen zum Lesen und Aufbewahren verbotener Bücher, ganz gleich ob diese wegen Häresie oder wegen des Verdachts eines falschen Dogmas oder aufgrund apostolischer Konstitutionen oder auch wegen judizieller Astrologie oder aus anderen Gründen verboten worden sind. Dabei ist unerheblich, wem diese Lizenzen erteilt worden sind, ob Laien oder Welt- oder Ordensgeistlichen, ganz gleich welcher Gesellschaft, welchem Institut und welchem Orden sie auch angehören mögen, in welcher Würde (einschließlich der geistlichen) sie auch erstrahlen; ganz gleich auch welchen Stand, welchen Rang oder welche Position sie bekleiden; welche Qualitäten oder welche Präeminenz sie vorweisen können; auch ist unerheblich, ob man die Leselizenzen hier eigentlich explizit benennen müsste; ob sie durch Papsturkunden, auf Lebenszeit oder auf Zeit oder auf andere Weise aus welchem Grund auch immer, als Breve oder in anderer Form, von Unseren Vorgängern oder anderen von Uns Autorisierten und Bevollmächtigten erteilt wurden und deren Wortlaut Wir Uns hier ausgeschrieben und eingefügt vorstellen müssen. Sie alle sind als widerrufen, kassiert und annulliert zu betrachten und können keinem mehr dienlich sein. Ausgenommen sind die von Uns selbst durch ein apostolisches Schreiben, etwa in Form eines Breve, oder durch ein eigenhändig unterzeichnetes Chirograph ausgestellten Leselizenzen.

Wir wollen und erklären, dass diejenigen, die aufgrund solcher Lizenzen weiterhin verbotene Bücher lesen oder behalten, sich die Strafen zuziehen, die in den heiligen Kanones, den apostolischen Konstitutionen und den Indizes der verbotenen Bücher niedergeschrieben sind.

Wir entscheiden, dass dieses Schreiben, nachdem es an den Pforten der Lateranbasilika, der Peterskirche und des Palazzo della Cancelleria sowie auf dem Campo de' Fiori ausgehängt wurde, diesseits der Alpen innerhalb der nächsten zwei, jenseits der Alpen innerhalb der nächsten vier Monate jeden, den es betrifft, binde, so als wäre es jedem einzeln und persönlich bekannt gemacht worden. Jene, die verbotene Bücher besitzen, haben diese innerhalb dieser zwei bzw. vier Monate dem Bischof oder Inquisitor auszuhändigen, der diese so schnell wie möglich verbrennen soll. Wer von anderen weiß, dass sie solche verbotenen Bücher besitzen, ist zur Anzeige verpflichtet.

Im Übrigen mögen in Zukunft solche Leselizenzen allein durch das einmal wöchentlich in Unserer Gegenwart tagende Sanctum Officium oder durch die speziell von Uns Deputierten in dieser Kongregation ausgestellt werden.

Den Transsumpten dieses Schreibens, auch den gedruckten, die von der Hand eines öffentlichen Notars unterschrieben und mit dem Siegel eines geistlichen Würdenträgers versehen sind, ist vor Gericht und außerhalb derselbe Glaube zu schenken wie dem Original, wenn es ausgestellt und vorgezeigt würde.

Gegeben zu Rom [...].

A 17 | 1659 Februar 3: Dekret der Indexkongregation

Dekret der Indexkongregation
Montag, 3. Februar 1659

In der allgemeinen Sitzung der Indexkongregation, in Rom im apostolischen Palast auf dem Quirinal, in Anwesenheit der Kardinäle der Hl. Römischen Kirche, die von unserem heiligen Vater Alexander VII. und vom Apostolischen Stuhl eigens für den Index und die Genehmigung, das Verbot, die Expurgation und den Druck von Büchern in der gesamten Christenheit deputiert worden sind.

Die Kongregation stellt fest, dass im Weinberg des Herrn die ekelhafte und pestilenzialische Saat schlechter Bücher täglich wächst und sich ausbreitet, wodurch die Gläubigen beleidigt und in höchste Gefahr gebracht werden. Die Schuld für diesen Missstand liegt hauptsächlich bei denjenigen, die eigentlich mit der Ausrottung dieser schlechten Saat betraut sind, wenn sie nämlich bei der Prüfung neuer Druckwerke die Vorsichtsmaßnahmen und Vorgaben, insbesondere die von den jüngsten Konzilien (V. Lateran- und Trienter Konzil) vorgeschriebenen, bei der Ausübung ihrer Amtsaufgaben nicht berücksichtigen. Die Kongregation will diesem Übel, das, wenn nichts unternommen wird, sich zu einer Seelenpest und zum sicheren Verderben ausweiten würde, mit geeigneten Mitteln, mit allem was mit Gottes Hilfe in menschlicher Kraft steht, beikommen und dafür sorgen, dass die unreine Brut schwacher Geister nicht überall und ungehindert öffentlich werde und das Licht der Welt erblicke, dessen sie völlig unwürdig ist.

Aus diesem Grund hat die Kongregation, nach Rücksprache mit dem Heiligen Vater, beschlossen, alle Patriarchen, Erzbischöfe und ihre Vikare und Offizialen, Inquisitoren, Oberen aller möglichen Orden und alle anderen, die im Rahmen ihrer ordentlichen oder delegierten Gewalt Genehmigungen zur Edition, Publikation und zum Druck von Büchern erteilen, zusammen und einzeln, zu ermahnen. Die Kongregation ermahnt sie mit dem Wortlaut dieses Dekrets streng, alles dafür zu tun, dass zur Begutachtung von Büchern nicht solche Personen zugelassen werden, die den Autoren in irgendeiner Weise nahestehen, schon gar nicht, wenn sie ihnen durch Freundschaft oder durch auch noch so weit entfernte Verwandtschaft – die Verderberin eines wahren und ehrlichen Urteils – verbunden sind. Insbesondere aber sollen sie darauf Acht geben, dass den Zensoren während ihrer Arbeit von den Autoren keine Geschenke gemacht werden. Es sollen vielmehr nur solche Zensoren zum Zuge kommen, von denen sie wissen, dass diese in Lehre und sittlicher Integrität bewährt, von jeglichem Verdacht der Bestechlichkeit unberührt und – sofern das möglich ist – den Autoren unbekannt und auf das eine öffentliche Wohl und die Ehre Gottes bedacht sind.

Was Ordensschriftsteller betrifft, ganz gleich welchem Orden oder Institut sie angehören, müssen die oben Ermahnten noch Folgendes unbedingt beachten: Schriften und Werke von Ordensleuten dürfen bei Anträgen auf Druckerlaubnis nicht Personen desselben Ordens zur Prüfung anvertraut werden. (Dieser Passus des Dekrets findet nach Absicht der heiligen Kongregation jedoch nicht auf die ordensinterne Prüfung durch die jeweiligen Ordensoberen der Autoren Anwendung.) Es sollen für diese Aufgabe vielmehr fromme und gelehrte Männer aus einer anderen Ordensfamilie und einem anderen Orden gewählt werden, welche ganz fern sind von Parteilichkeit, Zuneigung und Hassgefühlen.

Außerdem ermahnt die Kongregation alle diejenigen, die einmal die Aufgabe erhalten werden, Bücher zu prüfen, dass sie eingedenk ihres Amts und eingedenk ihres Glaubens, dessentwegen sie ja von der Kirche ihres Amtes für würdig befunden worden sind, an die ihnen anvertraute Aufgabe den nötigen Eifer sowie Sorgfalt und Andacht anlegen, und dass sie nicht zulassen, dass die Nachteile und Schäden, die notwendigerweise aus der Lektüre schädlicher Schriften an den Seelen der Gläubigen bewirkt werden, auf sie selbst und ihr Gewissen zurückfallen; noch sollte es in ihrem Interesse sein, dass sie in dieser Welt durch den Hl. Stuhl und im letzten Gericht durch den strengen Richter zur Rechenschaft über die daraus entstehenden Sünden und schlimmen Beleidigungen Gottes gezogen werden.

Zur Beglaubigung dessen wurde dieses Dekret von Hand des Kardinalpräfekten der Indexkongregation, Seiner Eminenz dem hochwürdigen Herrn Kardinal Spada, Bischof von Palestrina, signiert und mit seinem Siegel versehen.

Gegeben zu Rom [...].

A 18 | 1664 März 5: Breve »Speculatores domus Israel« Alexanders VII.

Breve Papst Alexanders VII.
über die Befolgung des neuen Index der verbotenen Bücher:

Papst Alexander VII.
Möge dies ewig in Erinnerung bleiben

Als durch das unerforschliche Geheimnis göttlicher Vorsehung eingesetzter Wächter des Hauses Israel, das da ist die heilige Kirche Gottes, halten Wir beständig mit besonderem Eifer Unsere Hirtenwacht zum Abwenden drohender Gefahr für die Herde des Herrn, damit die durch das kostbare Blut Jesu Christi erlösten Schafe nicht vom Weg der Wahrheit weggelockt werden, sondern auf diesem Weg verbleiben und geleitet von der heilbringenden Lehre bei glücklichem Verlauf den Gipfel ewiger Seligkeit erklimmen. Da nun zur Lenkung dieser Kirche die Ordnung der Sitten und die Korrektur der Lehre von allergrößter Wichtigkeit ist, damit von Letzterem das Licht des Glaubens, von Ersterem das richtige Handeln hervorgehe, verwendet und verwandte der Apostolische Stuhl – wohl wissend, dass die Menschen am besten durchs Lesen lernen, was zu glauben und zu tun ist – stets große Sorgfalt auf die Auswahl von Büchern. Dadurch, dass Autoren und Schriften namentlich aufgeführt werden, von denen sich die Gläubigen fernhalten sollen, können schlechte von guten, schädliche von unschädlichen Büchern unterschieden werden.

In dieser Angelegenheit haben die ehrwürdigen Kardinäle der Hl. Römischen Kirche, die für den Index der verbotenen und expurgationsbedürftigen Bücher zuständig sind, nicht nur von sich aus und in Ausübung der ihnen übertragenen Amtsaufgabe, sondern auch auf Unsere spezielle Anweisung hin gehandelt, als sie bemängelten, dass seit dem Index Papst Clemens' VIII., der dem Beispiel des vorigen, im Namen des Trienter Konzils erschienenen Index folgte, kein Katalog mehr, der systematisch und im Einzelnen die verbotenen Bücher und verdammten Autoren aufführt, von der öffentlichen Gewalt erstellt worden ist, obwohl seither von den Päpsten und der Indexkongregation viele Bücher verboten und deren Autoren verdammt worden sind, weshalb in diesem Bereich die Verwirrung groß ist und noch täglich wachsen wird, wenn man jetzt nicht in angemessener Weise Abhilfe schaffen würde.

In dem Wunsch, die Suche nach der Wahrheit in dieser Frage zu erleichtern, haben Wir Uns mit einigen der genannten Kardinäle, die im Vorfeld diese Fragen erörtert haben, intensiv beraten und fassten dann den Entschluss, dass zuvörderst die Zusammenstellung eines neuen Index erfolgen müsse. Dieser Index sollte nicht nur die Bücher enthalten, die seit dem letzten Index verboten oder suspendiert worden sind, sondern auch diejenigen aus den früheren Katalogen, von denen oben schon die Rede war. Ferner haben Wir bezüglich des Aufbaus des Index den Entschluss gefasst, dass die Anordnung der Autoren und Sachen zukünftig streng alphabetisch erfolge, so dass nunmehr die Gliederung in drei Klassen wegfällt. Zwar war die Einführung dieser Klassen anfänglich sehr berechtigt, doch hat man beim Gebrauch des Index dann festgestellt, dass es durchaus noch eine gefälligere Methode gäbe, die auch kein Anfügen von Anhängen mehr verlangen würde, die im Laufe der Zeit ohnehin zahlreich und verwirrend werden würden. Wichtig ist doch gerade, dass die Benutzer beim Suchen nach Autoren keine Schwierigkeiten haben, besonders nicht die Buchhändler, denen es in erster Linie darauf ankommt, dass die Handhabung des Index leicht und klar ist, damit ihr Irrtum nicht wiederum anderen Anlass zum Irrtum gebe.

Hinzu kommt, dass die Einteilung in Klassen nicht nur manche gewöhnliche, sondern auch gebildete Benutzer häufig getäuscht hat, sofern sie meinten, aus der Anordnung nach Klassen den Schweregrad eines Verbots ableiten zu können, so als wäre das Delikt der Leser von Büchern der vorderen Klassen schwerer als das der Leser von Büchern der hinteren Klassen. Dass dem freilich nicht so ist, kann man leicht aus der Einführung dieser Klassen durch das Trienter Konzil ableiten. Da aber dort nur die Unterscheidung begegnet zwischen Büchern, die wegen Laster und Schuld ihrer Autoren oder wegen der darin enthaltenen gefährlichen Lehren und Irrtümer verboten wurden, und solchen, die einen Autor vortäuschen oder ihn verheimlichen, kommt es vor, dass viele Bücher mit unbekanntem Verfasser, die der 3. Klasse zugeschrieben werden, häufig schlimmer sind als in der 1. und 2. Klasse aufgeführte Bücher. Diesen falschen Eindruck wollten Wir kurieren, damit in dieser Angelegenheit nicht einer gefährlichen Willkür Vorschub geleistet wird.

Obgleich Wir befohlen haben, auf eine weitere Einteilung in Klassen zu verzichten, haben Wir dennoch gemeint, dass die frühere Bestimmung nachgehalten werden müsse, so dass bei jedem Verbotseintrag, wo es nötig ist, die jeweiligen Klassen und Anhänge angegeben werden sollen, zusammen mit den Dekreten, mit denen man die Bücher erstmals verboten hatte, damit der ursprüngliche Verlauf des Vorgangs deutlich werde. Aus diesem Grund haben Wir zum vorliegenden Generalindex den Index Tridentinus und Clementinus hinzugenommen und zugleich sämtliche Dekrete, die bis zum heutigen Tag in dieser Sache im Anschluss an den Index Clemens' VIII. erlassen worden sind, damit nicht der Eindruck erweckt wird, dass irgendetwas, was der gewissenhaften Neugier der Gläubigen nützen könnte, ausgelassen worden sei.

Dies alles wurde ganz in Unserem Sinne, sorgfältig und akkurat in dem angefertigten Generalindex verwirklicht, dem auch die Indexregeln des Trienter Konzils und die Observationen und die Instructio aus dem Index Clementinus beigefügt worden sind. Diesen Generalindex, der, wie gesagt, nach Beratung mit den besagten Kardinälen auf Unseren Befehl angefertigt und durchgesehen worden ist und bereits durch die Kammerdruckerei gedruckt vorliegt, und den man sich hier inseriert vorstelle, bestätigen und approbieren Wir in seinem gesamten Inhalt, mit apostolischer Autorität, durch den Wortlaut der vorliegenden Urkunde. Und Wir befehlen und gebieten, dass dieser Generalindex ohne Einschränkung und unerschütterlich von allen Korporationen und Einzelpersonen an jedem denkbaren Ort befolgt werde, bei den Strafen, welche in der zur Bestätigung des Tridentinischen Index erlassenen Konstitution Unseres Vorgängers, des in frischer Erinnerung befindlichen Papstes Pius IV., enthalten sind.

Um die Uneinheitlichkeit der alten Dekrete in Hinblick auf die Strafandrohung gegen Zuwiderhandelnde zu beseitigen, ziehen Wir zudem alle Strafen, welche von den älteren apostolischen Konstitutionen oder Dekreten verhängt worden sind, mit dieser Urkunde zurück, wenn auch jene Strafen bezüglich verurteilter Autoren und Bücher weiterhin gelten, welche gewöhnlich an Gründonnerstag in der päpstlichen Abendmahlsbulle bekräftigt werden, an denen Wir ganz und gar nichts ändern wollen, was auch nicht geschehen möge.

Deshalb befehlen Wir allen ehrwürdigen Brüdern Patriarchen, Erzbischöfen, Bischöfen und anderen Ortsordinarien, außerdem den geschätzten Söhnen ihren Vikaren und Offizialen und den Ketzer-Inquisitoren sowie den Oberen jeglicher Regularen und Orden, Kongregationen, Gesellschaften und Institute wie allen anderen, die es angeht oder in Zukunft auf irgendeine Weise angehen wird, dass sie nach Kräften für die Bekanntmachung und Befolgung dieses Generalindex sorgen, daran denkend, dass es zu dem ihnen übertragenen Amt gehört, dass sie die Schafe aus Gottes Herde vor schädlichem Futter schützen und mit heilsamer Kost füttern, und dass sie über dieses Amt, wenn sie – was ferne sei – von diesem durch Bosheit oder Vernachlässigung abweichen, vor einem strengen Richter genauestens Rechenschaft über alle Übel, aus denen notwendigerweise schwerere und größere Übel entstehen, ablegen müssen.

Dem stehen apostolische oder auf Universal-, Provinzial- oder Synodalkonzilien erlassene allgemeine und spezielle Konstitutionen und Verordnungen sowie auch jegliche durch Eid oder apostolische Bestätigung oder andere Mittel bekräftigte Statuten und Gewohnheiten wie auch Privilegien, Indulte und apostolische Briefe, in welcher Form und mit welchem Tenor und mit welchen Klauseln sie auch immer im Widerspruch zu dem oben Gesagten gewährt, bestätigt, approbiert und neu eingeführt wurden, nicht entgegen. Alle diese, selbst wenn zu ihrer hinreichenden Aufhebung eine spezielle, spezifische, ausdrückliche und einzelne – und zwar Wort für Wort, nicht durch allgemeine, dieses beinhaltende Klauseln – Erwähnung oder irgendeine andere Formulierung oder eine andere ausgesuchte Form notwendig wäre, die Wir im Wortlaut des vorliegenden Schreibens unter Wahrung der erforderlichen Form für hinreichend und ausreichend ausgedrückt und inseriert ansehen, heben Wir mit Blick auf die Wirkung des oben Gesagten im Besonderen und ausdrücklich auf wie auch alles Übrige dazu im Widerspruch stehende, wobei sie sonst weiterhin in Kraft bleiben.

Ferner wollen Wir, dass Ausfertigungen und Transsumpten der vorliegenden Urkunde, auch gedruckten, welche von Hand eines öffentlichen Notars unterzeichnet und mit dem Siegel eines geistlichen Würdenträgers versehen sind, an jedem Ort in jedem Land ganz und gar derselbe Glaube geschenkt werde, wie der vorliegenden geschenkt werden sollte, wenn sie ausgelegt und vorgezeigt würde.

Gegeben zu Rom [...].

A 19 | 1665: Ergänzungsvorschriften (»Observationes«) der Indexkongregation zur X. Indexregel

Auf Anordnung Papst Alexanders VII.
zur Indexregel Nr. X hinzugefügte Vorschriften

Bezüglich der X. Indexregel ist zu beachten, dass die Bewohner eines dem Hl. Stuhl mediat oder immediat unterworfenen Gebiets von ihnen verfasste Bücher nicht ausführen dürfen, um sie anderswo in Druck zu geben, ohne ausdrückliche und schriftliche Approbation des Kardinalvikars und des Magister Sacri Palatii, sofern sie in der Stadt Rom, sofern sie außerhalb wohnen, nicht ohne die im Werk mit zu druckende Vollmacht und Lizenz des Ortsordinarius oder der von diesem Beauftragten.

Diejenigen aber, die die ordentliche oder delegierte Machtbefugnis über den Buchdruck besitzen, sollen darauf Acht geben, dass zur Begutachtung von Büchern nicht solche Personen zugelassen werden, die den Autoren in irgendeiner Weise nahestehen oder durch Freundschaft oder wie auch immer weit entfernte Verwandtschaft – die Verderberin eines wahren und ehrlichen Urteils! – mit ihnen verbunden sind. Insbesondere aber sollen sie wachsam sein, dass den Zensoren während ihrer Arbeit von den Autoren keine Geschenke gemacht werden. Es sollen vielmehr nur solche Zensoren zum Zuge kommen, von denen sie wissen, dass diese in Lehre und sittlicher Integrität bewährt, von jeglichem Verdacht der Bestechlichkeit unberührt und – sofern das möglich ist – den Autoren unbekannt und auf das eine öffentliche Wohl und die Ehre Gottes bedacht sind.

Mit Blick auf die schreibenden Ordensleute, ganz gleich welchem Orden oder Institut sie angehören, ist vor allem zu beachten, dass ihre Schriften oder Werke nicht anderen aus demselben Orden oder Institut zur Begutachtung anvertraut werden, sondern es sollen fromme und gelehrte Männer aus einem anderen Orden oder Institut ausgewählt werden, welche ganz fern sind von Parteilichkeit, Zuneigung und Hassgefühlen. Damit ist aber nicht abgeschafft, dass die Bücher eines Ordensschriftstellers von Brüdern aus demselben Orden im Auftrag des Ordensoberen geprüft werden.

A 20 | 1673 April 6: Breve »Creditae nobis« Papst Clemens' X.

Papst Clemens X.
Möge dies ewig in Erinnerung bleiben

Wenn Wir sehen, dass in der Kirche Gottes Missstände aufkeimen und sich verbreiten, dann müssen Wir aus der Logik Unseres apostolischen Dieneramtes, welches Uns der Himmel anvertraut hat, alles daransetzen, diese durch angemessene Sanktionen auszumerzen und zu beseitigen. Die Kardinäle der Propaganda-Kongregation haben, wie Wir hörten, schon einmal aus gerechten Gründen verboten, dass Bücher und Schriften, die in irgendeiner Weise über die Mission handeln, ohne Genehmigung der Kongregation gedruckt werden. Nichtsdestoweniger haben manche Leute – entweder weil sie das Kongregationsdekret nicht kannten, oder weil sie sich leichtfertig darüber hinwegsetzten – Schriften und Bücher mit falschen oder unangemessenen Inhalten publiziert, zum Ärger der Frommen und Gelehrten. Durch den Ernst der Lage veranlasst, erneuern Wir auf den Rat der Kardinäle der Propaganda-Kongregation mit dem Wortlaut dieses Schreibens das Verbot mit apostolischer Autorität:

Niemandem, ohne Rücksicht auf seinen Stand, Grad oder seine Stellung, auch nicht Angehörigen irgendwelcher Orden, Kongregationen, Institute oder Gesellschaften, einschließlich der Gesellschaft Jesu oder anderer Verbände, die hier eigentlich einzeln genannt werden müssten, ist es erlaubt, ohne schriftliche Genehmigung der oben genannten Kongregation, welche am Anfang des Buchs abgedruckt werden muss, Bücher oder Schriften, die über die Mission oder Themen im Zusammenhang mit der Mission handeln, selbst oder durch andere zu veröffentlichen. Bei Strafe der Exkommunikation lata sententia, von der außer bei unmittelbarer Lebensgefahr nur Wir bzw. der jeweils regierende Papst lossprechen kann. Außerdem bei Verlust des Amtes und des aktiven und passiven Stimmrechts, und bei Strafe des Verbots des fraglichen Werkes. Diese Strafen zieht sich der Übertreter ipso facto zu.

Wir wollen, dass dieses Verbot den Generaloberen aller Orden, Kongregationen, Institute oder Gesellschaften, einschließlich der Gesellschaft Jesu, bekannt gemacht wird. Die Generaloberen sind selbst unter den genannten Strafen zur Befolgung dieses Schreibens verpflichtet und haben dafür Sorge zu tragen, dass ihre Untergebenen die Bestimmungen einhalten. Außerdem schreiben Wir den genannten Generaloberen bei Strafe des Entzugs des aktiven und passiven Stimmrechts vor, dass sie jedes Jahr das genannte Schreiben oder dessen Wortlaut im Kapitel verlesen oder verlesen lassen, damit niemand Unkenntnis vorschützen kann.

Dieses Schreiben möge stets rechtskräftig, gültig und wirksam sein und sein Inhalt vollständig umgesetzt werden. Es kann in keiner Weise unter Anführung von Subreption, Obreption oder von Nichtigkeit, von etwaigen Absprachen zwischen Uns und einer interessierten oder Interesse vorgebenden Partei oder von anderen möglichen, schwerwiegenden Formfehlern, die an dieser Stelle eigentlich einzeln aufgeführt werden müssten, angegriffen, angefochten, gebrochen, zurückgezogen oder in Zweifel gezogen oder auf das frühere Recht zurückgeführt werden. Alle ordentlichen und delegierten Richter, auch die Kardinäle und Auditoren der Rota Romana sowie Legaten de latere und Apostolische Nuntien und andere, ganz gleich welchen Vorrang und Welche Gewalt sie innehaben, müssen in Zukunft im Sinne dieses Schreibens urteilen. Jede Möglichkeit und Vollmacht, in dieser Sache anders zu urteilen, ist ihnen genommen. Wenn in dieser Sache, wissentlich oder unwissentlich, mit welcher Autorität auch immer, etwas anderes unternommen werden sollte, ist das Urteil ungültig.

Dem stehen keine gegenteiligen apostolischen oder auf Universal-, Provinzial- oder Synodalkonzilien erlassenen Konstitutionen und Verordnungen allgemeiner oder spezieller Art entgegen. Ebenso stehen dem keine etwaigen gegenteiligen Statuten und Gewohnheiten der Orden, Kongregationen, Institute oder Gesellschaften, einschließlich der Jesuiten usw., entgegen, auch wenn diese durch Eid, apostolische Bestätigung oder in anderer Form bekräftigt worden sind oder in unvordenkliche Zeit zurückgehen; auch keine Privilegien, Indulte und apostolischen Schreiben, die den Orden, Kongregationen, Instituten, oder Gesellschaften, einschließlich der Jesuiten, oder den Ordensoberen oder anderen Personen in irgendeiner Form und mit welchen Rechtsformeln auch immer gewährt wurden, auch wenn darin solche Klauseln enthalten sind, die die Derogation ausschließen, oder andere hochwirksame oder außergewöhnliche verungültigende Klauseln; auch keine dem Obenstehenden gegenteiligen speziellen oder allgemeinen Dekrete, auf welche Weise sie auch erteilt wurden und wie oft sie auch bestätigt, erneuert und approbiert worden sind. Sie alle setzen Wir, wenngleich nur für dieses eine Mal und allein zur Umsetzung des obigen Erlasses, außer Kraft. Das gilt auch dann, wenn die spezielle Außerkraftsetzung eigentlich nur in einer genau festgelegten, individuellen Form vorgenommen werden kann, denn diese erachten Wir hier, in diesem Schreiben, für vollständig und hinreichend gewahrt. Dasselbe gilt für alles andere, das dem Obenstehenden entgegensteht.

Wir wollen, dass Kopien und Ausfertigungen dieses Schreibens, auch gedruckten, die von einem öffentlichen Notar unterschrieben oder mit dem Siegel eines geistlichen Würdenträgers versehen sind, derselbe Glaube geschenkt werde wie dem Original, würde es hervorgeholt und gezeigt werden.

Gegeben zu Rom [...].

A 21 | 1729 April 14: Die ›Abendmahlsbulle‹ (›Bulla in coena Domini‹)

Übers. unter Benutzung von Johann Friedrich Le Bret, *Pragmatische Geschichte der so berufenen Bulle In Coena Domini und ihren fürchterlichen Folgen für den Staat und die Kirche, zur Beurtheilung aller Streitigkeiten unseres Jahrhunderts mit dem römischen Hof, 4 Vol., [Frankfurt/Main] 1769–1770, hier: Vol. 1, passim.*

Prozessurkunde Papst Benedikts XIII.
Veröffentlicht an Gründonnerstag 1729:

Bischof Benedikt
Diener der Diener Gottes
Möge dies ewig in Erinnerung bleiben

Der Römische Pontifex ist wachsam und fürsorglich wie der Hirte. Dies äußert sich darin, dass er sich gemäß seiner Amtspflicht ganz der Herstellung von Frieden und Ruhe in der Christenheit widmet. Vor allem aber will er die Einheitlichkeit und Unversehrtheit des katholischen Glaubens, ohne den man Gott nicht gefallen kann, bewahren und erhalten. Denn die Christen sollen doch keine wankelmütigen Kinder sein, die von jeder Lehre wie von Wind hin- und hergeschaukelt werden und an böse Menschen geraten, die sie zum Fehler verführen. Sie sollen stattdessen alle zusammenstehen in der Einheit des Glaubens und in der Erkenntnis des Sohnes Gottes, damit sie vollkommene Menschen werden. Auch sollen sie sich untereinander in der Gesellschaft und Gemeinschaft dieses Lebens keinen Schaden zufügen, niemand soll dem anderen Verletzungen beifügen, vielmehr sollen sie vom Band der Liebe geeint sein wie die Glieder eines Körpers, dessen Haupt Christus und auf Erden dessen Vikar, der Papst, Nachfolger des allerseligsten Petrus, ist, von dem die Einheit der ganzen Kirche ausgehe. Sie sollen in ihrer Erbauung wachsen und sich so mit Hilfe der göttlichen Gnade der Ruhe des jetzigen Lebens erfreuen, so wie sie auch an der zukünftigen Seligkeit teilhaben sollen.

Eben aus diesen Gründen pflegten die Päpste am heutigen Tag, welcher der feierliche Gedenktag an das Mahl des Herrn ist, feierlich zum geistlichen Schwert der Kirchenzucht und zu den heilsamen Waffen der Justiz zu greifen, als Aufgabe des höchsten Apostolats, zu Ehren Gottes und zum Heil der Seelen.

Wir, die Wir nichts sehnlicher wünschen, als die unverletzte Reinheit des Glaubens, den öffentlichen Frieden und die Gerechtigkeit mit Gottes Beistand zu bewahren, setzen nun diesen alten und feierlichen Brauch fort und:

1. Exkommunizieren und bannen im Namen Gottes, des allmächtigen Vaters und des Sohnes und des Heiligen Geistes, und auch mit der Autorität der seligen Apostel Petrus und Paulus und Unserer eigenen, jegliche Hussiten, Lutheraner, Zwinglianer, Calvinisten, Hugenotten, Anabaptisten, (Anti-) Trinitarier und vom christlichen Glauben Abgefallene (Apostaten) sowie alle anderen Häretiker, unter welcher Bezeichnung sie auch geführt werden und welcher Sekte sie auch angehören; und ihre Anhänger, Gastgeber, Gönner und allgemein die, die auf irgendeine Art für sie eintreten; sowie diejenigen, die ohne Genehmigung des Apostolischen Stuhls wissentlich ihre Bücher, die Häretisches enthalten oder über die Religion handeln, lesen, besitzen, drucken oder auf irgendeine Weise verteidigen, öffentlich oder heimlich, aus welchem Grund, unter welchem Vorwand und mit welcher Begabung auch immer; ferner Schismatiker und die, die den Gehorsam Uns oder Unseren Nachfolgern gegenüber hartnäckig untergraben oder sich diesem entziehen.
2. Weiterhin exkommunizieren und bannen Wir [... *es folgen 19 weitere Sentenzen, geahndet werden: Appellation an ein allgemeines Konzil, Piraterie, Strandraub, Fälschung von Papsturkunden, Lieferung von Kriegsgerät an Muslime und Häretiker, Belästigung von Rom-Reisenden, Anwendung des königlichen Plazets, Verletzungen der kirchlichen Immunität und des Privilegium fori usw.*].

Es ist Unser Wille, dass die vorliegende Exkommunikationsurkunde und alles und jedes, was in dieser Urkunde enthalten ist, in Kraft bleibe und umgesetzt werde, bis ein anderer solcher Prozess von Uns oder dem dann herrschenden Papst gemacht oder veröffentlicht wird.

Im Übrigen kann von den eben genannten Sentenzen niemand anderes als der Papst lossprechen – es sei denn der Tod des Betroffenen steht ganz unmittelbar bevor, und dann auch nur, wenn der Betroffene versichert, sich an die Befehle der Kirche zu halten und ihnen Folge zu leisten. Vollmachten oder Indulte, die durch Uns oder den Heiligen Stuhl oder durch irgendein Konzil per Dekret, mündlich oder durch einen Brief bzw. ein Schreiben, allgemein oder spezifisch, irgendwelchen geistlichen Personen, Welt- oder Ordensgeistlichen; Mitgliedern von Bettel- oder Ritterorden; Personen, die mit der Bischofswürde oder einer anderen höheren Würde ausgestattet sind; irgendwelchen Orden oder Klöstern, Konventen und Ordenshäusern; Kapiteln, Kollegien, Bruderschaften, Kongregationen, Hospitälern und frommen Stiftungen; oder auch Laien, solche, die in kaiserlichen, königlichen oder anderen weltlichen Würden erstrahlen inbegriffen, verliehen oder erneuert wurden oder noch verliehen oder erneuert werden, taugen nicht als Vorwand, anders zu handeln.

Wenn sich nun aber welche anmaßen, wider den Inhalt dieser Urkunde die von der Exkommunikation und dem Bann Getroffenen, oder einem einzelnen von ihnen, die Wohltat der Absolution zu schenken, dann werden Wir auch gegen sie die Sentenz der Exkommunikation richten, und je nach dem, wie es Uns für angebracht erscheint, werden Wir noch härter gegen sie, geistlich und weltlich, verfahren.

Weiter erklären und bezeugen Wir: Eine Absolution von einem Vergehen im Sinne dieser Urkunde, auch wenn diese Absolution von Uns förmlich vollzogen wurde, ist unwirksam, wenn die Absolvierten keinen echten Vorsatz besitzen, von dem Vergehen abzulassen und ähnliche Dinge nicht mehr anzustellen. Sollten sie – wie oben angeführt – Gesetze gegen die kirchliche Freiheit erlassen haben, ist die Absolution unwirksam, sofern sie nicht die Gesetze, Verordnungen, pragmatischen Konstitutionen und Dekrete öffentlich zurückgenommen und aus den Archiven, Kapitelssälen oder Büchern, in denen diese registriert wurden, entfernt und gelöscht und Uns darüber Bericht erstattet haben. Auch erklären und bezeugen Wir, dass den hier genannten und weiteren Rechten des Apostolischen Stuhls und der Römischen Kirche, woher und aus welcher Zeit sie auch abgeleitet werden, durch eine solche Absolution oder eine andere stillschweigende oder ausdrückliche Handlung dagegen oder durch Unsere oder Unserer Nachfolger Geduld oder Duldung, ganz gleich wie lange sie anhält, kein Schaden entstehen kann oder darf.

Dem stehen keine Privilegien, Ablässe, Indulte und keine allgemeinen oder speziellen päpstlichen Schreiben entgegen, welche den oben Genannten, einem von ihnen oder anderen – ganz gleich, welchen Weihegrad, welchen Stand, welchen Rang oder welche Würde sie auch bekleiden, und selbst dann nicht, wenn sie, wie bereits gesagt, irgendeine geistliche oder weltliche Würde, etwa die bischöfliche, kaiserliche oder königliche Würde, vorweisen – oder ihren Reichen, Provinzen, Städten oder Orten vom Hl. Stuhl aus welchem Grund auch immer, auch in Form des Vertrags oder der Vergeltung, in welcher Form, mit welchem Inhalt und mit welchen Klauseln auch immer, auch den die Derogation ausschließenden, gewährt worden sind. Das gilt auch für den Fall, dass die Privilegien usw. beinhalten, dass die Begünstigten durch apostolische Schreiben weder exkommuniziert noch gebannt noch interdiziert werden können, sofern diese apostolischen Schreiben nicht vollständig und ausdrücklich und Wort für Wort die fraglichen Privilegien, Ablässe und Indulte sowie die Orden, Orte, Eigennamen, Zunamen und Würden der Begünstigten erwähnen. Auch stehen dem keine Gewohnheiten, auch wenn diese in unvordenkliche Zeiten oder weit zurückreichen, und keine schriftlichen oder nichtschriftlichen Vorschriften entgegen, mit denen man sich gegen diesen Prozess und gegen diese Sentenzen behelfen oder schützen könnte. Alle Privilegien usw., deren Inhalt Wir hier als wiedergegeben betrachten, so als wären sie hier Wort für Wort ohne Auslassungen eingefügt, nehmen Wir hiermit in den diesbezüglichen Punkten ganz zurück und heben Wir hiermit ganz und gar auf wie auch alles Übrige, das dem Gesagten zuwiderläuft.

Damit aber Unser vorliegender Prozess und alles, was darin enthalten ist, jedem umso leichter zur Kenntnis gebracht werde, ordnen Wir an, dass Papier- oder Pergamentausfertigungen dieses Prozesses an den Toren der Lateranbasilika und der Peterskirche angeschlagen werden, so dass diejenigen, die dieser Prozess betrifft, nicht Unkenntnis vorschützen und entschuldigend vorbringen können, dass ihnen dieser nicht erreicht habe oder sie davon nichts gewusst hätten, denn es ist unwahrscheinlich, dass unbekannt bliebe, was so offensichtlich allen bekannt gemacht wird.

Damit die Prozesse bzw. diese Urkunde und alles, was darin enthalten ist, bekannter werde, indem sie in möglichst vielen Städten und an möglichst vielen Orten publiziert wird, tragen Wir darüber hinaus mit diesem Schreiben allen Patriarchen, Primassen, Erzbischöfen, Bischöfen und Ortsordinarien und Prälaten, wo immer sie sich auch aufhalten, auf und befehlen Wir ihnen kraft des heiligen Gehorsams strikt, dass sie selbst oder durch einen oder mehrere Vertreter diese Urkunde, nachdem sie sie erhalten oder auf anderem Weg davon Kenntnis erhalten haben, einmal im Jahr oder, wenn es ihnen notwendig erscheint, auch öfter in ihren Kirchen, wenn sich eine Menge Volk zum Gottesdienst darin eingefunden hat, feierlich veröffentlichen und den Gläubigen beibringen, verkünden und erklären.

Ferner sollen Patriarchen, Erzbischöfe, Bischöfe und andere Ortsordinarien und Prälaten der Kirche wie auch die Rektoren und übrigen Seelsorger und Priester aus dem Welt- und Ordensklerus, denen die Autorität zur Abnahme der Beichte verliehen worden ist, eine Kopie dieser Urkunde bei sich haben und diese aufmerksam lesen und durchdringen.

Wir wollen auch, dass einer Kopie, auch einer gedruckten Kopie, dieser Urkunde, wenn sie von Hand eines öffentlichen Notars unterzeichnet und mit dem Siegel des ordentlichen Richters der Römischen Kurie oder eines anderen geistlichen Würdenträgers versehen ist, vor Gericht und außerhalb, derselbe Glaube geschenkt werde wie dieser Urkunde, wenn sie hervorgeholt und vorgezeigt werden würde.

Überhaupt niemandem soll es daher erlaubt sein, diese Urkunde Unserer Exkommunikation, Unseres Banns, Unseres Interdikts, Unserer Erneuerung, Bindung, Erklärung, Protestation, Aufhebung, Widerrufung, Kommission, Unseres Befehls und Willens zu verletzen bzw. dagegen fahrlässig zu verstoßen. Wenn sich aber einer anmaße, dies zu versuchen, so soll er wissen, dass er sich den Unmut des allmächtigen Gottes und der heiligen Apostel Petrus und Paulus zuziehen würde.

Gegeben zu Benevent […].

A 22 | [1757 Dezember 23]: »Decreta de libris prohibitis«

Dekrete über verbotene, nicht aber namentlich im Index aufgeführte Bücher

Im Index können aus Platzgründen nicht alle Bücher, die kraft apostolischer Konstitutionen oder durch Dekrete des S. Officium und der Indexkongregation verboten worden sind, einzeln aufgeführt werden. Deshalb erschien es angebracht, manche Bücher auf ihre Kernaussagen zu reduzieren und eine Art Inhaltsverzeichnis der Themen, über die sie handeln, zusammenzustellen. Wenn nun bezüglich eines im Index nicht genannten oder nicht unter die Indexregeln fallenden Buchs Zweifel entstehen, erkennt man auf diese Weise, ob das fragliche Buch zu den verbotenen zählt.

§ I

Verbotene Bücher, die von Häretikern geschrieben oder herausgegeben wurden oder diese oder die Ungläubigen betreffen

1. Ihre Agenden, Gebetsformeln und Gebetsbücher.
2. Alle Apologien, die ihre Irrtümer verteidigen, erklären oder bestätigen.
3. Bibeln, welche auf ihre Initiative gedruckt oder durch ihre Annotationen, Erweiterungen, Summen, Scholien und Indizes ergänzt wurden.
4. Bibeln oder Teile daraus, die von ihnen metrisch bearbeitet wurden.
5. Kalender, Martyrologien und Nekrologien derselben.
6. Lieder, Erzählungen, Predigten, Bilder, Bücher, in denen ihr Glaube und ihre Religion angepriesen werden.
7. Alle Katechesen und Katechismen, wie immer sie auch betitelt sein mögen: Abecedarien, Erklärungen des apostolischen Glaubensbekenntnisses bzw. der Zehn Gebote, Lehrbücher und Einführungen in die christliche Religion, Grundbegriffe usw.
8. Kolloquien, Konferenzen, Disputationen, Synoden, Synodalbeschlüsse über den Glauben und die Dogmen des Glaubens, welche von ihnen herausgegeben wurden und in denen irgendwelche Auslegungen ihrer Irrtümer enthalten sind.
9. Bekenntnisse, Artikel oder Grundsätze ihres Glaubens.
10. Wörterbücher, Vokabularien, Lexika, Glossare, Thesauri und ähnliche Bücher aber, wie die von Henri und Charles Estienne, Johannes Scapula, Johann Jakob Hofmann usw., sind erlaubt, sofern denn die Stellen gegen die katholische Religion zuvor getilgt wurden.
11. Lehrbücher und Riten der Muslime.

§ II
Verbot von Büchern über bestimmte Themen

1. Bücher oder Arbeiten, die erklärtermaßen oder nebenbei oder auch unter dem Vorwand, Kommentare zu Thomas von Aquin oder zu einem anderen Kirchenvater zu sein, oder aus irgendeinem anderen Anlass über den Gnadenstreit handeln und ohne Erlaubnis der Kongregation des S. Officium gedruckt wurden.
2. Alle nach 1617 gedruckten Bücher, Predigten, Disputationen und Traktate über die Empfängnis Mariens, in denen behauptet wird, Maria wäre mit der Erbsünde empfangen worden, oder in welchen beteuert wird, diejenigen seien Häretiker, Gottlose oder begingen eine Todsünde, die meinen, Maria sei in der Erbsünde empfangen worden.
3. Erklärungen, Entscheidungen und Interpretationen der Konzilskongregation und deren Sammlungen, sowohl gedruckte wie für den Druck bestimmte, die fälschlich im Namen dieser Kongregation erschienen.
4. Jegliche Bücher über die Kontroverse zwischen dem Bischof von Chalkedon und den englischen Ordensleuten, gedruckte oder handschriftliche Traktate sowie alles andere, was direkt oder indirekt mit dieser Kontroverse zusammenhängt. Durch dieses Dekret beabsichtigt die Kongregation jedoch weder, etwas über die Schuld an diesem Fall festzulegen noch einen Autor oder ein Werk in Verruf zu bringen oder diesen den Makel einer schlechten Lehre einzutragen.
5. Alle Bücher und Pamphlete über die Lehre des Buchs »Augustinus« von Cornelius Jansen, Bischof von Ypern, sowie Briefe, gedruckte, handschriftliche oder für den späteren Druck bestimmte, in welchen die Lehre in der Weise, wie sie Alexander VII. verdammt hat oder wie sie in den Fünf Propositionen verdammt wurde, verbreitet oder irgendwie gebilligt oder verteidigt wird.
6. Bücher über die Konstitution »Unigenitus« Clemens' XI. und andere Schriften, in denen diese hinterhältig verspottet, frevelhaft kritisiert oder verachtet und angegriffen wird. Ferner Bücher und Pamphlete, handschriftliche, gedruckte oder für den Druck bestimmte, zur Verteidigung des Buchs mit dem Titel »Le Nouveau Testament en François avec des Reflexions morales sur chaque verset« bzw. »Abregé de la Morale de l'Evangile« usw. Ferner jegliche Akten oder Dokumente der Appellationen von der Konstitution »Unigenitus« an ein Allgemeines Konzil. Außerdem keine Gutachten von Theologen oder theologischen Fakultäten oder Akademien wie auch keine ihrer Verhandlungen, Empfehlungen, Akten, Dekrete, wie auch keine Mandate, Verordnungen, Gerichtsentscheide, Briefe, wie auch keine Interpretationen und Deklarationen und andere Schriften, in welchen unter dem Vorwand der Erklärung oder einem anderen Vorwand irgendetwas gesagt oder geschrieben wird, wodurch die Geltung und Autorität und Verbindlichkeit der besagten Konstitution vermindert oder gebrochen werden könnte.

7. Über das Duell handelnde Bücher, Briefe, Pamphlete und Schriften, in denen Duelle verteidigt, empfohlen oder gelehrt werden. Wenn aber solche Bücher zur Beilegung von Konflikten oder zum Herstellen des Friedens nützlich sein können, sind sie zulässig, sofern sie expurgiert und approbiert worden sind.
8. Bücher, Handschriften und sämtliche Flugblätter, handschriftliche oder gedruckte, über die vorgebliche Heiligkeit, die Wunder, Weissagungen, Visionen und andere Zeichen des angeblichen Anachoreten Johannes Calà.
9. Alle Bücher, die die Immunität geistlicher Besitztümer angreifen.
10. Alle Bücher, Traktate, Antworten, Expertisen, Kommentare, Glossen, Zusätze, Anmerkungen und alles andere Handschriftliche oder Gedruckte über die Bleibücher, die, geschrieben in arabischer Sprache und alter Schrift, in den Höhlen des als »heilig« bezeichneten Mons Illipulitanus, bei Granada, gefunden wurden, sowie über die Schriften, welche man im Torre Turpiana fand. Andere Bücher oder Traktate aber, die anderen Themen gewidmet sind, jedoch nebenbei über diese Bleibücher oder deren Aussagen handeln, werden zugelassen, wenn sie von den Stellen bereinigt sind, die über die Bleibücher handeln.
11. Alle gedruckten und handschriftlichen Bücher über die heiligen Apostel Petrus und Paulus, in denen behauptet und verteidigt wird, dass »der heilige Petrus und der heilige Paulus zwei Fürsten der Kirche sind, die einen einzigen ausmachen«, bzw. dass »sie die zwei Oberhäupter und höchsten Führer der katholischen Kirche sind, die in größter Einheit miteinander verbunden sind«, bzw. dass »sie die Doppelspitze der allgemeinen Kirche sind, die auf ganz wunderbare Weise zu einer zusammengewachsen ist«, bzw. »sie die zwei höchsten Hirten und Vorsteher der Kirche sind, die ein einziges Haupt bilden«, und dies so darstellen, als existiere eine völlige Gleichheit zwischen dem hl. Petrus und dem hl. Paulus, ohne Unterordnung des hl. Paulus unter den hl. Petrus in der höchsten Gewalt der allgemeinen Kirche.[1]
12. Alle gedruckten Bücher über die wahre und ungebrochene Nachfolge der Söhne des hl. Franz von Assisi und die wahre Form seiner Kapuze, sowie solche Bücher, die ohne Genehmigung der <Index->Kongregation gedruckt werden und diese Kontroverse behandeln.
13. Alle aus Worten der Hl. Schrift zusammengefügten Pasquillen. Ferner alle Pasquillen, auch handschriftliche, und Schriftwerke, in denen Gott, die Heiligen, die Sakramente, die katholische Kirche und deren Kultus oder der Apostolische Stuhl irgendwie herabgewürdigt werden.
14. Alle Bücher, die »Von der Zukunft und dem Schicksal« – wie sie gewöhnlich heißen – handeln.

1 Zitate übers. n. DH 1999.

§ III
Verbotene Bilder und Ablässe

1. Bilder mit Aureolen, Strahlenschein oder Glanz von solchen, die vom Hl. Stuhl weder mit der Ehre der Kanonisation noch mit jener der Beatifikation ausgezeichnet worden sind.
2. Bilder – Skulpturen wie Malereien jeglicher Art – unseres Herrn Jesus Christus und der Gottesgebärerin und Jungfrau Maria und der Engel, der Evangelisten und anderer männlicher und weiblicher Heiligen mit anderer Kleidung und in anderer Form, als man es in der katholischen und apostolischen Kirche seit alter Zeit zu tun pflegt, oder im speziellen Habit irgendeines geistlichen Ordens.
3. Für die Bruderschaften der Sklaven der Gottesmutter, auf Italienisch »Schiavi della Madre di Dio«, geprägte Medaillenbilder, welche die Mitglieder der Bruderschaft in Ketten darstellen. Ebenso Pamphlete, die diesen Bruderschaften Regeln geben. Bruderschaften aber, die an ihre Mitbrüder und -schwestern Kettchen verteilen, die um den Arm oder Hals zu binden und zu tragen sind, damit sie durch dieses Zeichen geloben, Eigentum der Heiligen Jungfrau zu sein, und deren eigentlicher Stiftungszweck in dieser Versklavung liegt, werden verurteilt und aufgehoben. Den Gesellschaften aber, die irgendeinen Ritus oder irgendetwas anderes anwenden, das an eine solche Versklavung erinnert, wird vorgeschrieben, dass sie dies unverzüglich einstellen.
4. Bilder, Kettchen, Flugblätter und Pamphlete zum Gebrauch von Maria-Immaculata, Sakraments- und Josef-Bruderschaften mit dem Namen »Herde des Guten Hirten«, die an Christus, der Pyxis, der hl. Jungfrau, dem hl. Josef oder irgendeinem anderen Heiligen baumelnde Menschen zeigen.
5. Bilder, die das Jesuskind hoch erhoben zeigen, unter dem drei Kirchenlehrer zu sehen sind; statt der drei Kirchenlehrer, die auf früher gedruckten Bildern dieser Art dargestellt werden, zeigen sie drei Ordenspriester, mit den Worten: »Jesus, Verbündeter der Lehrer, der Du das Dunkel der Unkenntnis vertreibst durch die Kraft der Gnade« usw.
6. Bilder – Malereien, Skulpturen oder Drucke –, auf denen Johannes Calà mit irgendeinem Zeichen der Heilig- oder Seligkeit dargestellt wird.
7. Bilder, auf denen die Heilige Jungfrau mit dem Sohn dargestellt wird, in der Mitte von zwei Heiligen aus der Gesellschaft Jesu, von denen sie einem ein Buch überreicht, dem anderen einen Rosenkranz, mit der Inschrift: »Die Jungfrau und Gottesmutter mit dem Sohn inspiriert und empfiehlt der Gesellschaft Jesu die Gründung von Bruderschaften und den Gebrauch des Offiziums und des Rosenkranzes«.
8. Alle Inschriften auf Bildern des hl. Franz von Assisi und des hl. Antonius von Padua, die besagen, der Habit, in dem sie dargestellt sind, sei derselbe wie der bei ihnen gebräuchliche, bzw. in denen behauptet wird, in diesem

oder jenem Zweig des Franziskanerordens gäbe es die wahre, rechtmäßige und ununterbrochene Sukzession vom hl. Franz auf seine Söhne.

9. Alle Ablässe, die vor dem Erlass des Dekrets »De forma Indulgentiarum« Clemens' VIII. von 1597 Rosenkränzen, Perlen oder »calculi«, Kreuzen oder hl. Bildern gewährt worden sind. Ebenso sind alle Ablässe für Orden, weltliche Bruderschaften, Kapitel, Kollegien oder deren Obere, welche vor der Konstitution »Quaecumque« Clemens' VIII. vom 7. Dezember 1604, der Konstitution »Romanus Pontifex« Pauls V. vom 13. Mai 1606 und der Konstitution »Quae salubriter« vom 23. November 1610 gewährt worden sind, widerrufen und haben als apokryph zu gelten, es sei denn sie wurden von diesen Päpsten oder ihren Nachfolgern erneuert und bestätigt.
10. Die von Alexander VI. dem Rosenkranz der hl. Birgitta gewährten Ablässe werden für apokryph und nichtig und ungültig erklärt, unbeschadet der von Leo X. am 10. Juli 1515 dem Birgittenrosenkranz gewährten Ablässen.
11. Die von Urban VIII. den Kreuzen des hl. Turibius gewährten Ablässe sind wie Fälschungen zu handhaben.
12. Alle Ablass-Bücher, -Diarien, -Summarien, -Pamphlete, -Flugblätter usw., in denen auch die Ablassgewährungen abgedruckt sind, dürfen ohne Genehmigung der Hl. Kongregation für die Ablässe nicht veröffentlicht werden.

§ IV
Verbotenes aus dem Bereich der heiligen Riten

1. Alle kirchlichen Segnungen, die nicht durch die Ritenkongregation approbiert worden sind.
2. Formeln für Exorzismen, die von jenen abweichen, die im Rituale Romanum vorgeschrieben sind, sowie deren Gebrauch ohne vorherige Prüfung durch den Ordinarius.
3. Alle Litaneien, außer den sehr alten und allgemein verbreiteten, welche in den Breviers, Missalen, Pontifikalen und Ritualen enthalten sind, und außer der Litanei der Hl. Jungfrau, welche man im Heiligen Haus zu Loreto zu singen pflegt.
4. Alle Exemplare des Missale Romanum, die von dem Edikt Pius' V. abweichen, vor allem jene, die ab 1596 in Venedig bei Giunta, Sessa, Misserini und »Im Zeichen der Sirene und Europas« oder einem anderen Zeichen gedruckt worden sind.
5. Stundengebete von der hl. Jungfrau Maria oder von männlichen oder weiblichen Heiligen und anderes solcher Art ohne Approbation der Ritenkongregation.
6. Bücher, Pamphlete, Relationen, Thesen, Flugblätter und alle sonstigen Schriften zu den Chinesischen Riten oder zu der darüber entstandenen Kontroverse, die nach dem 2. Oktober 1710 erschienen sind, in denen erklärtermaßen oder beiläufig darüber gehandelt wird, ohne ausdrückliche

und spezielle Genehmigung des Papstes, die dieser in der Kongregation der Hl. und Universalen Inquisition erteilt.

7. Alle ohne Approbation der Ritenkongregation erfolgten oder noch erfolgenden Zusätze zum Rituale Romanum nach der Erneuerung durch Paul V.
8. Jegliche bereits oder in Zukunft erfundene Rosenkränze ohne angemessene Vollmacht des Heiligen Stuhls, durch die der authentische, Gott und der hl. Jungfrau Maria gewidmete Rosenkranz ersetzt werden soll.

A 23 | 1757 Dezember 23: Breve »Quae ad catholicae« Benedikts XIV.

Benedikt XIV.
Möge dies ewig in Erinnerung bleiben

Weil dieser heilige, apostolische Stuhl zu allen Zeiten mit Weitsicht und Weisheit erlassen und bewahrt hat, was dem wirksamen Schutz der Reinheit der katholischen Religion und dem behutsamen Erhalt der züchtigen Sitten vor Verderbnis am meisten dient, haben Unsere Vorgänger mit Wachsamkeit und Eifer insbesondere Vorkehrungen getroffen und dafür gesorgt, dass durch schlechte und verderbliche Bücher, durch die Glaube und Frömmigkeit häufig ins Schwanken gebracht werden, den Seelen der Gläubigen kein Schaden oder Verlust entstehe. Aus diesem Grund pflegten die Päpste, solche Bücher nicht nur zu ächten und zu missbilligen, sondern sie befahlen auch, dass diese gefährlichen Bücher auf Plakaten und in Katalogen aufgeführt und beschrieben werden, damit das Leseverbot nicht in Vergessenheit gerate oder auf irgendeine Weise Unkenntnis vorgeschützt werde. Durch das öffentliche Anzeigen und das Vor-Augen-Führen der Schlechtheit der Bücher sollte es leichter fallen, diese den Gläubigen aus den Händen zu nehmen.

Da aber die verderbliche Saat und ihre Frucht täglich anwuchsen, mussten die Indizes mehrmals erneuert und erweitert werden. Der erste offizielle Index der Kirche wurde von den überaus weisen Trienter Konzilsvätern ausgearbeitet, mit ausgezeichneten Regeln versehen und von Papst Pius IV. vollendet und, ausgestattet mit apostolischer Autorität, in Umlauf gebracht. Darauf gab Papst Clemens VIII. einen neuen, um eine Anzahl von Büchern erweiterten und mit einigen Vorschriften zu den eben genannten Indexregeln versehenen Index heraus. Schließlich befahl Alexander VII., einen Index in seinem Namen zu erstellen und zu promulgieren, der nach einer anderen Methode als die früheren Indizes geordnet und unterteilt war.

Wenn auch bei der Erstellung dieser Indizes, an den Erfordernissen der Zeit gemessen, immer ausreichend gründlich und effizient gearbeitet wurde, zeigte die Erfahrung und der täglich Gebrauch doch, dass die genannten Indizes weder ausreichend genau noch wirklich praxistauglich waren. Mit Blick auf den allgemeinen Nutzen erschien es deshalb angebracht zu sein, dass ein neuer, in einer passenderen Weise redigierter und von den vielen Fehlern, die sich bei den vorigen Indizes eingeschlichen hatten, bereinigter Index erstellt würde. Dieses zweifellos mühevolle Anliegen haben Wir schon im Sinn gehabt, als Wir bestimmte verbindliche Regeln für die Prüfung und das Verbot von Büchern vorlegten, in Form Unserer Konstitution, die mit den Worten »Sollicita ac provida« beginnt, datierend vom 9. Juli 1753, aus dem 13. Jahr Unseres Pontifikats. Gleich darauf haben Wir die schon reiflich diskutierte Angelegenheit Unseren

Brüdern Kardinälen der Indexkongregation zur weiteren Bearbeitung übergeben. Diese haben alles, was ihnen aufgetragen wurde, wunschgemäß, rasch und akkurat erledigt, wobei sie auf die beratende und tätige Mithilfe von gelehrten und fleißigen Männern zurückgegriffen hatten.

Wir wollten deshalb, dass der nach Unseren Vorstellungen fertig gestellte und von denselben Kardinälen revidierte und durchgesehene Index von der Druckerei der Apostolischen Kammer verlegt werde, und Wir approbieren und bestätigen mit dem Inhalt dieses Schreibens diesen Index – den Wir an dieser Stelle als wörtlich inseriert betrachten – mit apostolischer Autorität, und Wir gebieten und befehlen, dass der Index von allen überall genauestens befolgt werde, bei den Strafen, welche in den Indexregeln und früheren apostolischen Schreiben und Konstitutionen formuliert sind, welche Wir hiermit bestätigen und erneuern.

Dem stehen keinerlei anders lautende allgemeine oder spezielle apostolische Schreiben, Konstitutionen und etwaige Statuten, Dekrete und Gewohnheitsrechte, auch wenn diese in unvordenkliche Zeit zurückreichen, entgegen.

Auch wollen Wir, dass Kopien und Ausfertigungen dieses Schreibens, auch gedruckten, die von einem öffentlichen Notar unterschrieben und mit dem Siegel eines in geistlichen Würden stehenden Prälaten versehen sind, derselbe Glauben geschenkt werde, als würde diese vorliegende Urkunde hervorgeholt und gezeigt werden.

Gegeben zu Rom […].

A 24 | 1825 April 18: Mandat Leos XII.

Mandat Seiner Majestät Leos XII.
Hinzugefügt dem Dekret der Indexkongregation
von Samstag, dem 26. März 1825

Seine Heiligkeit hat befohlen, dass allen Patriarchen, Erzbischöfen, Bischöfen und anderen zur Regierung der Kirche Berufenen in Erinnerung gerufen werde, was dem Index in Form der vom Trienter Konzil veranlassten Indexregeln und in Form der Observationes, der Instructio, der Additio und der Decreta generalia auf Befehl von Clemens VIII., Alexander VII. und Benedikt XIV. vorangestellt ist: dass sie nämlich – da es vollkommen unmöglich ist, alle schädlichen Bücher, welche ohne Unterlass auf den Markt gebracht werden, in den Index aufzunehmen – kraft eigener Autorität die schädlichen Bücher den Gläubigen aus den Händen reißen mögen; und dass die Gläubigen von ihnen darüber aufgeklärt werden sollen, welche Art von Nahrung ihnen guttut, und welche sie für schädlich und tödlich halten sollen, damit sie beim Verzehr der Schein nicht trügt und sie durch die Verlockung verdorben werden.

A 25 | 1828 März 4: Monitum der Indexkongregation

Monitum der Indexkongregation
Veröffentlicht am Mittwoch, dem 4. März 1828

Die Kongregation ruft allen Patriarchen, Erzbischöfen, Bischöfen, Ordinarien und Ortsinquisitoren in Erinnerung, was die Nr. II der auf Anweisung des Trienter Konzils veröffentlichten Indexregeln vorschreibt: »Bücher von Häretikern, die erklärtermaßen religiöse Themen behandeln, sind grundsätzlich verboten«; außerdem das, was Seine Majestät Clemens VIII. mit den folgenden Worten in § VI der Instructio über das Bücherverbot befohlen hat: »Für alle schlechten und gefährlichen Bücher gilt allgemein: Wurden Bücher vom Apostolischen Stuhl in ihrer ursprünglichen Sprachfassung verboten und verurteilt, die dann in eine andere Sprache übersetzt worden sind, so müssen auch diese Übersetzungen überall auf der Welt bei denselben Strafen als verboten und verurteilt betrachtet werden.«

A 26 | 1836 Januar 7: Monitum der Indexkongregation

Die [Index-]Kongregation ermahnt.
Veröffentlicht am Donnerstag, dem 7. Januar 1836

Der Kongregation wurde glaubwürdig berichtet, dass mancherorts volkssprachliche Ausgaben der heiligen Bücher der Bibel erscheinen, ohne dass die äußerst heilsamen diesbezüglichen Gesetze beachtet würden. Aus diesem Grund, und weil befürchtet werden muss, dass – so wie es liederliche Menschen zurzeit wünschen – sich Fehler, im Gewand des göttlichen Worts verhüllt, einschleichen, hat die Kongregation dekretiert, dass die alten Gesetze noch einmal in allgemeine Erinnerung gerufen werden mögen, nämlich: dass volkssprachliche Bibeln nicht zugelassen sind, außer jenen, »die vom Hl. Stuhl approbiert wurden und mit Kommentaren aus den Kirchenvätern oder mit Anmerkungen von katholischen Theologen versehen sind« (Dekret der Indexkongregation zur Ergänzung der Indexregeln, 13. Juni 1757). Außerdem wird auf den Vorschriften der Indexregel IV und dem späteren Mandat Clemens' VIII. zu diesem Thema bestanden.

A 27 | [1876]: Auszüge aus der Konstitution »Apostolicae Sedis« Pius' IX. (12. Oktober 1869)

Neueste Ergänzung

Unser Heiliger Vater Papst Pius IX. hat am 12. Oktober 1869 die Konstitution mit den Anfangsworten »Apostolicae Sedis« erlassen, worin erklärt wird, welche Zensuren und anderen in älteren Zeiten festgelegten kirchlichen Strafen in Kraft bleiben, welche modifiziert und welche abgeschafft werden. Wir nehmen dies zum Anlass, allen Gläubigen Folgendes in Erinnerung zu rufen, nämlich:

1. Dass die Tatstrafe der dem Papst speziell reservierten Exkommunikation diejenigen trifft, »die wissentlich und ohne Lizenz des Apostolischen Stuhls Häresie verbreitende Bücher von Apostaten und Häretikern lesen oder Bücher solcher Autoren, die speziell durch ein päpstliches Schreiben verboten worden sind, oder diese besitzen, drucken oder irgendwie verteidigen.
2. Dass hingegen die nicht-reservierte Exkommunikation, von der im Dekret der 4. Sitzung des Trienter Konzils die Rede ist, nur diejenigen trifft, »die über die christliche Religion handelnde Bücher ohne Approbation des Ordinarius drucken oder in Druck geben«.

Im Übrigen gelten sowohl die Trienter Indexregeln wie auch die späteren Ergänzungsverordnungen fort, außer sie stimmen nicht mit den oben genannten Artikeln aus der Konstitution »Apostolicae Sedis« überein.

A 28 | [1876]: Erklärung der Indexkongregation anlässlich der Bulle »Ineffabilis Deus« (8. Dezember 1854)

Erklärung

Auch wenn nach der dogmatischen Definition der unbefleckten Empfängnis der seligsten Jungfrau Maria, vom 8. Dezember 1854, einige Werke, welche darüber handeln und im Index genannt werden, daraus hätten entfernt werden müssen, schien es dennoch nicht angeraten gewesen zu sein, in dieser Sache tätig zu werden, weil diese Werke auch aus noch anderen Motiven verboten worden waren. Deshalb wird nun erklärt: für die Teile, welche die unbefleckte Empfängnis betreffen und vertreten, sind die Verbote nicht bindend.

A 29 | 1897 Januar 25: Konstitution »Officiorum ac munerum« Leos XIII.

Auf Grundlage der Übers. in: Kirchliches Amtsblatt der Diöcese Münster 32/2 (1898), S. 9–16; weitere dt. Übers. in: HILGERS, Index (wie Dok. A 1, Lit.), S. 27–36.

Konstitution Papst Leos XIII.
über das Verbot und die Zensur von Büchern:

Bischof Leo
Diener der Diener Gottes
Möge dies ewig in Erinnerung bleiben

Von den Ämtern und Pflichten, die es in diesem apostolischen Beruf sorgsamst und gewissenhaft zu erfüllen gilt, ist diese die oberste und wichtigste: stets darüber zu wachen und mit aller Kraft zu verhindern, dass die Unversehrtheit des Glaubens und der christlichen Sitten Schaden erleide. Und dies ist heutzutage nötiger denn je, da infolge der Zügellosigkeit in Gesinnung und Lebenswandel nahezu jede Lehre, die der Erlöser der Menschen dem Schutz seiner Kirche zum Heil des Menschengeschlechts anvertraut hat, täglich in Frage gestellt und herausgefordert wird. In diesem Kampf greifen die Feinde zwar zu enorm vielen unterschiedlichen Tricks und Mitteln, um Schaden anzurichten. Mit am gefährlichsten aber ist die Zügellosigkeit, mit der Verderbliches geschrieben und unters Volk gebracht wird. Man kann sich nämlich gar nichts Gefährlicheres vorstellen, als durch Verachtung der Religion und durch Anreize zur Sünde Seelen zu vergiften.

Deshalb hat die Kirche aus Furcht vor einem so großen Übel als Hüterin der Unversehrtheit des Glaubens und Verteidigerin der Sitten sehr früh erkannt, dass Maßnahmen gegen diese Pest ergriffen werden müssen. Und aus diesem Grund trachtete sie stets danach, die Menschen, sofern es in ihrer Macht stand, von der Lektüre verderblicher Bücher, welche das schlimmste Gift sind, fernzuhalten. Die Anfangszeiten des Christentums haben den Eifer des hl. Paulus in dieser Sache gesehen. Und in ähnlicher Weise sah die gesamte Folgezeit die Wachsamkeit der heiligen Väter, die Anordnungen der Bischöfe, die Dekrete der Konzilien. Besonders aber bezeugen die historischen Schriftquellen, mit wie viel Sorge und Gründlichkeit die Päpste darüber wachten, dass sich die Schriften von Häretikern nicht ungestraft zum öffentlichen Schaden ausbreiteten. Das Altertum ist voll von Beispielen: Anastasius I. verurteilte die nicht ungefährlichen Schriften des Origenes, Innozenz I. die Werke des Pelagius, Leo der Große die der Manichäer durch scharfe Edikte. Bekannt sind im selben Zusammenhang auch die Dekretalen, die Gelasius in angemessener Weise über die Aufnahme und Nichtaufnahme von Büchern erlassen hat. Ebenso wurden im Lauf der Zeit die verderblichen Bücher der Monotheleten, des Abaelard, des Marsilius von Padua, des Wyclif und des Hus durch den Urteilsspruch des Apostolischen Stuhls verboten.

Im 15. Jahrhundert, als der Buchdruck erfunden worden war, wurde nicht bloß gegen bereits erschienene böse Schriften eingeschritten, sondern auch damit begonnen, das Erscheinen derartiger Schriften zu verhindern. Nicht irgendein geringfügiger Grund erforderte damals diese Maßnahme, sondern geradezu der Schutz der Sittlichkeit und des öffentlichen Wohls, weil nämlich viele rasch die an sich sehr gute, höchst nützliche, zur Verbreitung der christlichen Kultur unter den Völkern entstandene Kunst als eine zerstörerische Waffe missbrauchten. Das große Übel solcher bösen Schriften war durch die Geschwindigkeit der Verbreitung größer und deren Wirkung beschleunigt worden. Deshalb erließen mit gesundem Rat sowohl Alexander VI. wie auch Leo X. bestimmte, jedenfalls den damaligen Zeiverhältnissen angemessene Gesetze, damit die Betreiber von Druckereien gezügelt würden.

Nachdem bald darauf ein viel heftigerer Sturm losgebrochen war, musste man noch wachsamer und wirkungsvoller die Ansteckung durch Häresien bekämpfen. Deshalb verbot derselbe Leo X., und nach ihm Clemens VII., auf das Strengste Lektüre und Besitz der Bücher Luthers. Als aber aufgrund unglücklicher Zeitumstände die Kloake von verderblichen Büchern über jedes Maß anstieg und sich nach allen Richtungen ausbreitete, schien ein weiter reichendes und zeitgemäßeres Mittel notwenig. Ein solches Mittel ergriff zuerst Paul IV., indem er ein Verzeichnis der Bücher und Schriften vorlegte, vor deren Gebrauch die Gläubigen sich hüten sollten. Bald darauf kümmerten sich die Konzilsväter von Trient in einem neuen Beschluss darum, die zunehmende Freiheit beim Lesen und Schreiben zu zügeln. Die auf ihren Wunsch und Befehl ausgewählten Prälaten und Theologen haben nämlich nicht nur den von Paul IV. herausgegebenen Index verbessert und erweitert, sondern auch Regeln über Herausgabe, Lektüre und Gebrauch von Büchern zusammengestellt. Diesen Regeln erteilte dann Pius IV. die apostolische Bestätigung.

Aber dieselbe Rücksicht auf das öffentliche Wohl, die vorher die Trienter Indexregeln hervorgebracht hatte, gebot im Lauf der Zeit, Änderungen daran vorzunehmen. Darum haben Päpste, vor allem Clemens VIII., Alexander VII. und Benedikt XIV., in kluger Berücksichtigung der jeweils aktuellen Verhältnisse mehrere Verfügungen erlassen, die der Erklärung und zeitgemäßen Anpassung jener Regeln dienten.

Dadurch bestätigt sich sehr deutlich, dass die Hauptsorge der Päpste immer darauf gerichtet war, irrige Meinungen und verdorbene Sitten, dieses doppelte Unheil der Staaten, das durch schlechte Bücher erzeugt und verbreitet zu werden pflegt, von der bürgerlichen Gesellschaft fernzuhalten. Diese Bemühungen waren auch nicht fruchtlos, solange in den Staaten die Richtschnur jeder Gesetzgebung das ewige Gesetz war und Konsens zwischen Politikern und der geistlichen Gewalt herrschte.

Was später geschah, ist allgemein bekannt: Weil das Empfinden der Menschen und die äußeren Zeitumstände sich gewandelt hatten, tat die Kirche mit gewohnter Klugheit, was in Anbetracht der Zeitverhältnisse für das Heil der Menschen das Ersprießlichste und Nützlichste zu sein schien. Viele Vorschriften der Indexregeln, die ihre frühere Zweckmäßigkeit eingebüßt zu haben schienen, hob die Kirche entweder selbst per Dekret auf, oder sie ließ sie durch eine hier und dort erstarkende Sitte und Übung mit Güte und Vorsicht veralten. Vor kurzem erst schwächte Pius IX. in einem Schreiben an die Erzbischöfe und Bischöfe des Kirchenstaats die X. Indexregel deutlich ab. Als das große Vatikanische Konzil näher rückte übergab er zudem den für die Vorbereitungsarbeiten berufenen Männern den Auftrag, sämtliche Regeln des Index zu prüfen und abzuwägen und ein Urteil darüber zu fassen, was in dieser Sache zu unternehmen sei. Sie sprachen sich einstimmig für deren Abänderung aus. Ebenso erklärten viele von den Konzilsvätern offen, dass sie derselben Ansicht seien und an das Konzil eine Petition richten würden. Zu dieser Frage existiert ein Brief französischer Bischöfe, in dem sie zu dem Schluss kommen, dass es dringend notwendig sei, dass »die Indexregeln, wie auch der Index insgesamt, in eine unserer Zeit angepasste und leichter befolgbare Form gebracht werden«. Derselben Auffassung waren zu jener Zeit die deutschen Bischöfe, die offen darum baten, dass »die Indexregeln … einer neuen Revision und Abschwächung unterzogen werden möchten«. Viele Bischöfe aus Italien und aus anderen Ländern pflichteten ihnen bei.

Was sie fordern ist – wenn die Zeiten, die weltlichen Gesetze, die Sitten der Völker in Rechnung gestellt werden – nur billig und passt zur mütterlichen Liebe der Kirche. Denn in diesem rasanten Wettlauf der Geister gibt es kein Wissensgebiet, auf dem die Literatur nicht zügellos hervorsprießt. Daher die tägliche Kloake krankmachender Bücher. Was aber noch schlimmer ist: Die staatlichen Gesetze sind in diesem großen Übel nicht nur zu nachsichtig, sondern sie gewähren auch zu große Freiheit. Daher die einesteils schwankende Frömmigkeit vieler Menschen, andernteils die Möglichkeit, ungestraft alles Beliebige zu lesen.

Um nun diesen Missständen abzuhelfen, haben Wir zweierlei zu tun erachtet, woraus sich eine sichere und klare Norm des Handelns ergibt. Wir haben befohlen, den Index der verbotenen Bücher sorgfältig zu revidieren und ihn nach Vollendung dieser Arbeit neu herauszugeben. Außerdem haben Wir die Indexregeln überdacht und bestimmt, ohne Veränderung ihres Wesens sie etwas milder zu gestalten, so dass, sofern man nicht bösen Willens ist, es nicht schwierig sein wird, sie exakt zu befolgen. Darin folgen Wir nicht nur dem Beispiel Unserer Vorgänger, sondern ahmen Wir auch die mütterliche Hingabe der Kirche nach, die doch nichts mehr wünscht, als sich gütig zu erweisen, und die ihre kranken Kinder stets so pflegte und pflegt, dass sie ihre Schwäche liebevoll und bestimmt verschont.

Deshalb haben Wir nach reiflicher Überlegung und mit dem Rat der Kardinäle der Indexkongregation beschlossen, die unten stehenden und an diese Konstitution angeschlossenen Allgemeinen Dekrete zu erlassen. Nach diesen wird sich die Indexkongregation von nun an richten und diesen sollen alle Katholiken weltweit gewissenhaft gehorchen. Wir wollen, dass allein sie Gesetzeskraft haben, wohingegen die vom Trienter Konzil erlassenen Indexregeln, die Observationes, die Instructio, die Dekrete und Monita sowie alle weiteren Verordnungen Unserer Vorgänger in dieser Sache abgeschafft sind, mit Ausnahme der Konstitution »Sollicita ac provida« Benedikts XIV., die vollständig in Kraft bleibe, so wie sie bisher in Kraft war.

Allgemeine Dekrete über das Verbot und die Zensur von Büchern

I. Abschnitt
Das Bücherverbot

Kapitel I. Verbotene Bücher von Apostaten, Häretikern, Schismatikern und anderen Schriftstellern

1. Alle Bücher, die vor dem Jahr 1600 von Päpsten oder Ökumenischen Konzilien verurteilt wurden und die im neuen Index nicht aufgeführt werden, gelten in derselben Weise als verurteilt, wie sie früher verurteilt worden sind, ausgenommen jene, die auf Basis dieser Allgemeinen Dekrete erlaubt sind.
2. Bücher von Apostaten, Häretikern, Schismatikern und jeglichen anderen Schriftstellern, in denen Häresie oder das Schisma verfochten oder die Grundlagen der Religion selbst irgendwie untergraben werden, sind absolut verboten.
3. Ebenso sind die Bücher von Nichtkatholiken, die erklärtermaßen über die Religion handeln, verboten, wenn nicht feststeht, dass sie nichts gegen den katholischen Glauben enthalten.
4. Bücher ebengenannter Autoren, die nicht schon vom Ansatz her über Religion handeln, sondern nur nebenbei die Wahrheiten des Glaubens berühren, sind nach kirchlichem Recht als nicht verboten zu erachten, solange sie nicht durch ein spezielles Dekret verboten worden sind.

Kapitel II. Ausgaben des Originaltexts und nicht-volkssprachlicher Übersetzungen der Hl. Schrift

5. Von Nichtkatholiken herausgegebene Ausgaben des Originaltexts und der alten katholischen Übersetzungen der Heiligen Schrift, auch die der orientalischen Kirchen, sind – auch wenn die Ausgaben vollständig und zuverlässig erscheinen – nur jenen erlaubt, die theologische oder biblische Studien betreiben, sofern denn nicht in den Einleitungen und Anmerkungen die katholischen Dogmen angegriffen werden.
6. Auf dieselbe Weise und unter denselben Bedingungen sind andere von Nichtkatholiken herausgegebene, sowohl lateinische als auch sonstige nicht in einer Volkssprache geschriebene Übersetzungen der Bibel erlaubt.

Kapitel III. Übersetzungen der Heiligen Schrift in den Volkssprachen

7. Da die Erfahrung erwiesen hat, dass, wenn die Bibel in den Landessprachen unterschiedslos gestattet wird, daraus wegen der Leichtfertigkeit der Menschen mehr Schaden als Nutzen entsteht, so sind alle, auch von Katholiken besorgte volkssprachliche Übersetzungen ganz und gar verboten, sofern sie nicht vom Apostolischen Stuhl approbiert oder unter Aufsicht der Bischöfe herausgegeben und mit Anmerkungen der Kirchenväter und katholischen Gelehrten versehen sind.
8. Verboten sind alle von irgendwelchen Nichtkatholiken verfassten Bibelübersetzungen in eine Volkssprache, vor allem solche, die von den durch die römischen Päpste mehr als einmal verurteilten Bibelgesellschaften verbreitet werden, da in ihnen die heilsamen Gesetze der Kirche über die Herausgabe der heiligen Bücher ganz und gar hintangesetzt werden. Nichtsdestoweniger werden diese Übersetzungen jenen, die sich mit theologischen oder biblischen Studien befassen, unter Beobachtung des oben (Nr. 5) Verordneten, gestattet.

Kapitel IV. Obszöne Bücher

9. Bücher, die erklärtermaßen Schlüpfriges oder Obszönes behandeln, erzählen oder lehren, sind ganz und gar verboten, da man nicht bloß auf den Glauben, sondern auch auf die Sitten Rücksicht nehmen muss, die durch Lektüre solcher Bücher leicht verdorben werden.
10. Die Bücher von antiken oder neueren Autoren, die aufgrund der Eleganz oder Eigenart der Sprache zu den Klassikern zählen, aber mit diesem schändlichen Makel behaftet sind, sind nur denjenigen erlaubt, welche die Rücksicht auf ihr Lehramt oder ihren Beruf entschuldigt, doch dürfen sie keinesfalls Knaben oder Heranwachsenden in die Hand gegeben oder vorgelesen werden, es sei denn sie wurden sorgfältig expurgiert.

Kapitel V. Bücher über bestimmte Themen

11. Verboten sind Bücher, in denen Gott oder die seligste Jungfrau Maria, die Heiligen, die katholische Kirche und ihr Gottesdienst oder ihre Sakramente oder der Hl. Stuhl verunglimpft werden. Dasselbe gilt für Werke, in denen der Begriff der Inspiration der Heiligen Schrift verkehrt oder zu eng gefasst wird. Auch solche Bücher sind verboten, die darauf abzielen, die kirchliche Hierarchie oder den Kleriker- und Ordensstand in Verruf zu bringen.
12. Verboten ist es, Bücher herauszugeben, zu lesen oder zu besitzen, in denen Zauberei, Wahrsagerei, Geisterbeschwörung und andere Arten ähnlichen Aberglaubens gelehrt oder empfohlen werden.
13. Verboten sind Bücher und Schriften, die neue Erscheinungen, Offenbarungen, Visionen, Prophezeiungen, Wunder erzählen, oder die neue Andachten einführen, auch mit der Ausrede, diese seien privat, sofern sie ohne gültige Erlaubnis eines kirchlichen Oberen erscheinen.

14. Verboten sind ferner Bücher, die Duell, Selbstmord oder Ehescheidung als erlaubt hinstellen; die von den Freimaurersekten oder ähnlichen Gesellschaften handeln und den Standpunkt vertreten, diese seien für Kirche und bürgerliche Gesellschaft nicht schädlich; und solche, die Irrtümer vertreten, die vom Apostolischen Stuhl verurteilt worden sind.

Kapitel VI. Heilige Bilder und Ablässe

15. Gedruckte Bilder unseres Herrn Jesus Christus, der seligsten Jungfrau Maria, der Engel und der Heiligen oder anderer Diener Gottes, die auf irgendeine Weise von der Auffassung und den Dekreten der Kirche abweichen, sind ganz und gar verboten. Neue Bilder aber, ob sie nun mit oder ohne beigefügtem Gebet erscheinen, dürfen nicht ohne Erlaubnis der kirchlichen Autorität veröffentlicht werden.
16. Niemand darf apokryphe und vom apostolischen Stuhl verworfene oder widerrufene Ablässe irgendwie verbreiten. Die schon verbreiteten sollen den Gläubigen abgenommen werden.
17. Alle Ablassbücher, -Summarien, -Hefte, -Blätter usw., in denen die Ablass-Verleihung selbst enthalten ist, sollen ohne Lizenz der zuständigen Stelle nicht veröffentlicht werden.

Kapitel VII. Liturgische Bücher und Gebetsbücher

18. Niemand darf an den authentischen Ausgaben des Missale, des Breviers, des Rituale, des Zeremoniale für die Bischöfe, des römischen Pontifikale und anderer vom heiligen apostolischen Stuhl approbierten liturgischen Bücher irgendwelche Änderungen vornehmen. Ist dies trotzdem geschehen, so sind diese neuen Ausgaben verboten.
19. Sämtliche Litaneien, abgesehen von den sehr alten und allgemein bekannten, welche in den Brevieren, Missalen, Pontifikalen und Ritualen enthalten sind, und außer der Litanei der seligsten Jungfrau, die im heiligen Haus zu Loreto gesungen wird, und der vom Hl. Stuhl bereits approbierten Litanei vom heiligsten Namen Jesu, sollen ohne Prüfung und Approbation des Ordinarius nicht veröffentlicht werden.
20. Gebets- und Andachtsbücher oder -broschüren oder Lehr- und Unterrichtsbücher über die Religion, Moral, Askese, Mystik und dergleichen, auch wenn sie zur Steigerung der Frömmigkeit des christlichen Volks beizutragen scheinen, soll niemand ohne Erlaubnis der zuständigen Obrigkeit veröffentlichen, andernfalls sind sie verboten.

Kapitel VIII. Zeitungen, Blätter und Zeitschriften

21. Zeitungen, Blätter und Zeitschriften, die darauf abzielen, die Religion oder die guten Sitten anzugreifen, sind nicht nur durch das natürliche, sondern auch durch das kirchliche Recht als verboten zu erachten. Wo es nötig ist, mögen die Ordinarien dafür sorgen, die Gläubigen über die Gefahren und den Schaden solcher Lektüre angemessen aufzuklären.

22. Kein Katholik, erst recht kein Geistlicher, soll in derartigen Zeitungen, Blättern und Zeitschriften irgendetwas veröffentlichen, es sei denn er hat ein gerechtes und vernünftiges Motiv.

Kapitel IX. Bevollmächtigungen zum Lesen und Besitz verbotener Bücher

23. Bücher, die durch spezielle Dekrete oder diese Allgemeinen Dekrete verboten sind, dürfen nur von jenen gelesen und behalten werden, die vom Apostolischen Stuhl oder von dessen Stellvertretern die entsprechende Bevollmächtigungen erlangt haben.
24. Mit der Gewährung von Lizenzen zum Lesen und Besitz aller möglichen verbotenen Bücher haben die Päpste zuvörderst die Indexkongregation betraut. Dazu ebenso berechtigt sind aber auch die Kongregation des S. Officium sowie, in ihrem Zuständigkeitsbereich, die Kongregation der Propaganda Fide. In Rom, und nur dort, ist für diese Lizenzen der Magister Sacri Palatii zuständig.
25. Bischöfe und Prälaten mit quasibischöflicher Amtsgewalt dürfen nur für einzelne Bücher und auch nur in dringenden Fällen eine derartige Lizenz gewähren. Haben dieselben vom Apostolischen Stuhl eine allgemeine Vollmacht erwirkt, den Gläubigen Lesen und Besitz verbotener Bücher gestatten zu können, so sollen sie diese Erlaubnis nur sparsam und aus einem gerechten und vernünftigen Grund erteilen.
26. Alle, die eine apostolische Erlaubnis zur Lektüre und zum Besitz verbotener Bücher erlangt haben, dürfen deswegen noch nicht die von den Ordinarien verbotenen Bücher und Zeitungen lesen und besitzen, wenn denn nicht in einem apostolischen Indult ausdrücklich die Befugnis dazu erteilt wurde, von wem auch immer verbotene Bücher zu lesen und zu behalten. Überdies mögen die, welche eine Leselizenz erlangt haben, daran denken, dass ihnen die schwere Verpflichtung obliegt, solche Bücher so aufzubewahren, dass sie nicht in die Hände anderer geraten.

Kapitel X. Die Anzeige schlechter Bücher

27. Obwohl es die Pflicht eines jeden Katholiken ist, vor allem der Gebildeten, verderbliche Bücher den Bischöfen oder dem Apostolischen Stuhl anzuzeigen, so gehört sich dies insbesondere für die apostolischen Nuntien und Delegaten sowie für die Ortsordinarien und Rektoren von Universitäten mit einer bedeutenden theologischen Fakultät.
28. Es empfiehlt sich, dass bei der Anzeige schlechter Bücher nicht bloß der Titel des Buchs, sondern auch nach Möglichkeit die Gründe angegeben werden, weshalb das Buch für zensurwürdig erachtet wird. Jenen aber, die eine Anzeige entgegennehmen, muss es heilige Pflicht sein, die Namen der Denunzianten geheimzuhalten.
29. Die Ordinarien, auch in der Eigenschaft als apostolische Delegaten, sind angehalten, die in ihren Diözesen erschienenen und verbreiteten schädlichen Bücher und Schriften zu verbieten und den Gläubigen zu entreißen.

Dem apostolischen Urteil mögen jene Werke unterbreitet werden, die einer eingehenderen Prüfung bedürfen oder bei denen zur Erreichung einer heilsamen Wirkung der Spruch der obersten Autorität erforderlich erscheint.

II. Abschnitt
Die Bücherzensur

Kapitel I. Die für die Bücherzensur zuständigen Prälaten

30. Wer die Vollmacht besitzt, die Ausgaben und Übersetzungen der Hl. Schrift zu approbieren oder zu gestatten, geht aus dem oben (Nr. 7) Verordneten hervor.
31. Keiner darf Bücher, die vom Apostolischen Stuhl einmal verboten wurden, neu herausgeben. Wenn aus einem wichtigen und vernünftigen Grund hiervon eine besondere Ausnahme zulässig erscheint, so darf dies nur mit vorheriger Erlaubnis der Indexkongregation und unter Einhaltung ihrer Vorschriften geschehen.
32. Dinge, die die Selig- und Heiligsprechung der Diener Gottes in irgendeiner Weise betreffen, dürfen nicht ohne Zustimmung der Ritenkongregation veröffentlicht werden.
33. Dasselbe gilt für die Sammlungen von Dekreten der einzelnen römischen Kongregationen. Diese Dekrete dürfen nämlich nicht herausgegeben werden außer mit Erlaubnis des Vorsitzenden der betreffenden Kongregation und unter Beachtung der Vorschriften der jeweiligen Kongregation.
34. Die apostolischen Vikare und Missionare sollen die Dekrete der Propagandakongregation über die Herausgabe von Büchern getreu beachten.
35. Die Approbation von Büchern, deren Zensur kraft dieser Dekrete nicht dem Apostolischen Stuhl bzw. den Römischen Kongregationen reserviert ist, steht dem Ordinarius des Ortes zu, an dem sie veröffentlicht werden.
36. Die Ordensleute sollen daran denken, dass sie gemäß dem Trienter Dekret gehalten sind, für die Herausgabe eines Buchs außer der Erlaubnis des Bischofs auch die Erlaubnis des Prälaten, dem sie unterstehen, einzuholen. Beide Konzessionen sind am Anfang oder am Schluss des Buchs abzudrucken.
37. Wenn ein in Rom ansässiger Verfasser sein Buch nicht in Rom, sondern anderswo publiziert, so bedarf es keiner anderen Approbation als der des Kardinalvikars von Rom und des Magister Sacri Palatii.

Kapitel II. Das Amt der Zensoren zur präventiven Prüfung von Büchern

38. Die Bischöfe, deren Aufgabe es ist, die Erlaubnis zum Druck von Büchern zu erteilen, mögen dafür Sorge tragen, bei der Prüfung der Bücher Männer von anerkannter Frömmigkeit und Gelehrsamkeit einzusetzen, von deren Treue und Integrität sie sich versprechen können, dass diese weder der Gunst noch dem Hass nachgeben, sondern jede menschliche Neigung hintansetzen und nur Gottes Ehre und den Nutzen der Gläubigen im Auge haben werden.

39. Die Zensoren sollen wissen, dass sie (gemäß der Vorschrift Benedikts XIV.) vollkommen unvoreingenommen über die verschiedenen Ansichten und Meinungen zu urteilen haben. Deshalb sollen sie sich von Neigungen zu einer Nation, einer Familie, einer Schule oder einem Orden freihalten, sich fernhalten von den Interessen einer bestimmten Gruppe, und einzig und allein die Dogmen und die gemeine Lehre der katholischen Kirche vor Augen haben, wie sie in den Dekreten der Ökumenischen Konzilien, in den päpstlichen Konstitutionen und der übereinstimmenden Meinung der Theologen enthalten ist.
40. Wenn nach Abschluss der Prüfung der Veröffentlichung eines Buchs nichts entgegen zu stehen scheint, soll der Ordinarius die am Anfang oder Ende des Buchs abzudruckende Publikationsgenehmigung dem Verfasser schriftlich und vollkommen unentgeltlich erteilen.

Kapitel III. Der Präventivzensur unterliegende Bücher

41. Alle Gläubigen sind gehalten, der kirchlichen Präventivzensur mindestens jene Bücher zu unterbreiten, die die Hl. Schrift, die Theologie, Kirchengeschichte, das Kirchenrecht, die natürliche Theologie, die Ethik und andere dergleichen religiöse oder moralische Fächer betreffen, und ganz allgemein alle Schriften, die von Religion und Sittlichkeit im Besonderen handeln.
42. Weltkleriker sollen nicht einmal Bücher aus den Geistes- und Naturwissenschaften ohne Wissen ihrer Ordinarien veröffentlichen, damit sie ein Beispiel der Ergebenheit den Ordinarien gegenüber abgeben. Ihnen ist erst recht untersagt, ohne vorherige Erlaubnis der Ordinarien die Redaktion von Zeitungen oder Zeitschriften zu übernehmen.

Kapitel IV. Buchdruckereien und -Verlage

43. Kein der kirchlichen Zensur unterliegendes Buch soll gedruckt werden, wenn es nicht am Anfang den Vor- und Zunamen des Verfassers und des Verlegers sowie den Ort und das Jahr des Drucks und der Ausgabe aufnimmt. Wenn in einem Fall aus gerechten Gründen der Name des Verfassers verschwiegen werden soll, so kann der Ordinarius dies gestatten.
44. Buchdrucker und Verleger sollen wissen, dass neue Auflagen approbierter Bücher eine neue Approbation erfordern, und dass die Approbation des Originals sich nicht auf Übersetzungen desselben in eine andere Sprache erstreckt.
45. Die vom Apostolischen Stuhl verurteilten Bücher gelten überall und in jeder Übersetzung als verboten.
46. Alle Buchhändler, besonders die sich mit dem Namen »katholisch« rühmen, sollen Bücher, die schon vom Ansatz her über obszöne Dinge handeln, weder verkaufen noch verleihen noch behalten. Die sonstigen verbotenen Bücher sollen sie nur führen, wenn sie über ihren Ordinarius eine Genehmigung der Indexkongregation erwirkt haben, und sie sollen sie niemandem verkaufen, von dem sie nicht mit Fug annehmen können, dass dieser berechtigt sei, solche zu erwerben.

Kapitel V. Festlegung der Strafen gegen Übertreter dieser Allgemeinen Dekrete

47. Alle, die wissentlich ohne Ermächtigung des Apostolischen Stuhls Häresie verbreitende Bücher von Apostaten und Häretikern oder Bücher von irgendwelchen Autoren, die namentlich durch apostolische Schreiben verboten wurden, lesen oder solche besitzen, drucken oder irgendwie verteidigen, verfallen ipso facto der dem Papst reservierten Exkommunikation.
48. Wer ohne Erlaubnis des Ordinarius Bücher der Heiligen Schrift oder dazu Anmerkungen oder Kommentare druckt oder drucken lässt, verfällt ipso facto der niemandem reservierten Exkommunikation.
49. Diejenigen, die gegen andere Vorschriften der Allgemeinen Dekrete verstoßen, sollen je nach Schwere der Schuld vom Bischof ernst zurechtgewiesen und, wenn es angemessen erscheint, auch mit kanonischen Strafen belegt werden.

Wir bestimmen, dass das vorliegende Schreiben und sein gesamter Inhalt niemals ob des Fehlers der Subreption oder Obreption oder Unserer Absicht oder ob eines anderen Defekts bemängelt oder angefochten werden kann, sondern stets gültig und in Kraft bleibe und von allen, was immer für einen Rang oder Vorrang sie aufweisen, unverletzt inner- und außerhalb des Gerichts befolgt werde. Wir erklären auch für nichtig, was immer von irgendjemandem unter was immer für einer Autorität oder Vorwand wissentlich oder unwissentlich dagegen unternommen werden mag, ohne dass etwas dagegen aufkommen könnte.

Wir wollen aber, dass den Exemplaren dieses Schreibens, auch den gedruckten, wenn sie von einem Notar unterschrieben und mit dem Siegel eines kirchlichen Würdenträgers versehen sind, derselbe Glaube beigemessen werde, der dem Ausdruck Unseres Willens erwiesen würde, würde dieses vorliegende Schreiben hervorgezeigt werden.

Niemandem soll es daher erlaubt sein, diese Urkunde Unserer Konstitution, Verordnung, Einschränkung, Abschaffung und Willenserklärung zu verletzen bzw. dagegen leichtfertig zu verstoßen. Wenn das aber einer zu tun versuchen sollte, möge er wissen, dass er der Ungnade des allmächtigen Gottes und der heiligen Apostel Petrus und Paulus verfällt.

Gegeben zu Rom […].

A 30 | 1900 September 17: Breve »Romani Pontifices« Leos XIII.

Papst Leo XIII.
Möge dies ewig in Erinnerung bleiben

Die Päpste, denen in Petrus, dem heiligen Apostelfürsten, die große Aufgabe anvertraut wurde, die gesamte Herde Christi zu weiden, waren allesamt darin beständig, den überaus kostbaren Schatz des Glaubens heil und unverletzt zu erhalten und das ganze christliche Volk auf der Welt mit der Kost heilsamer Lehre zu ernähren. Daraus erklärt sich ihr stets gezeigtes hartnäckiges und fürsorgliches Bestreben, dass, so wie die gute Saat vom Unkraut, so auch gesunde und gute Bücher von verfälschten bzw. apokryphen und gefährlichen getrennt werden, damit der Glaube und die Sitten der Christen durch unvorsichtigen oder leichtfertigen Gebrauch dieser Bücher keinen Schaden erleiden. In dieser Hinsicht haben es weder die Päpste selbst noch die Konzilien nie versäumt, verschiedene, der jeweiligen Zeit angemessene Heilmittel gegen diese Übel anzuwenden.

Als dann aber nach der Erfindung des Buchdrucks im 15. Jahrhundert die Bücher-Menge täglich zunahm, und sich außerdem die Pest der Häresien ausbreitete, erschien es dringend notwendig, sich verstärkt dem Problem schlechter Bücher zu widmen, um einerseits Gefahren abzuwenden, andererseits entstandenen Schaden bereits früh zu reparieren. Die Trienter Konzilsväter, denen Pius IV. die Angelegenheit übergeben hatte, einigten sich deshalb darauf, der großen Ansteckungsgefahr, die von häretischen, unter Häresieverdacht stehenden oder Frömmigkeit und Sitten schädigenden Büchern ausging, mit einer doppelten Methode zu begegnen. Erstens, haben die dazu ausgewählten Prälaten und Theologen des Konzils einige allgemeine Regeln aufgestellt, die es den Gläubigen ermöglichen sollten, Bücher, von denen es sich fernzuhalten gilt, leichter zu erkennen. Zweitens, fertigten sie einen akkuraten und in sich geschlossenen Katalog bzw. Index verbotener Bücher an. Nach Ende des Konzils wurde gemäß Konzilsdekret der Index zusammen mit den genannten Regeln Papst Pius IV. vorgelegt, da der Index nicht ohne Bekräftigung durch die päpstliche Autorität veröffentlicht werden sollte. Nach erneuter, gründlicher Redaktion hat der Papst dann den Index mitsamt den Regeln approbiert und für allgemein verbindlich erklärt.

Es liegt in der Natur der Sache, dass dieser Index im Laufe der Zeit mit dem Erscheinen immer neuer böser und schädlicher Bücher mancher Ergänzungen bedurfte. Und niemandem dürfte verborgen geblieben sein, dass der Apostolische Stuhl in dieser Sache wieder und wieder tätig geworden ist. So haben nacheinander Clemens VIII., Alexander VII. und Benedikt XIV. jeweils den Index geradezu neu erfunden, als sie ihn in eine bessere und angemessenere

Form überführten und jene Bücher mit aufnahmen, die Päpste entweder durch apostolische Schreiben oder durch die römischen Kongregationen, vor allem die Kongregationen des Index und der Inquisition, neu verboten hatten.

Als aber seit dem großen Pontifikat Benedikts XIV. eine Zeit von fast 140 Jahren vergangen war, erschien diese Angelegenheit doch etwas Größeres und Effektiveres zu erfordern. Denn in diesem Zeitraum waren nicht nur viele schlechte Bücher verurteilt worden, auch haben sich manche Fehler und Irrtümer in den Index eingeschlichen. Wir haben es deshalb für notwendig befunden – auch nach dem, was in den Voten einiger Konzilsväter auf dem Vatikanischen Konzil zu vernehmen war –, Uns der Verbesserung und Vollendung des Index zu widmen.

Als Erstes haben Wir angeordnet, die Regeln, welche Pius IV. nach den Vorstellungen des Trienter Konzils aufgestellt hat, etwas aufzuweichen und sie der Zeit anzupassen. Dies haben Wir mir der apostolischen Konstitution »Officiorum ac munerum« vom 25. Januar 1897 realisiert. Was nun den Index betrifft, haben Wir befohlen, diesen gründlich durchzusehen, von Fehlern zu bereinigen und so zu gliedern und zu gestalten, dass sein Inhalt mit den Regeln bzw. den Allgemeinen Dekreten nahtlos übereinstimmt. Diese wahrlich mühevolle Aufgabe haben Wir Unseren Brüdern, den Kardinälen der Indexkongregation übertragen, die die ganze Angelegenheit mit Unterstützung einiger herbeigerufener Gelehrter mit unermüdlichem Eifer so ausgezeichnet erledigten, dass der neue Index im Vergleich zu den Vorläufern nicht nur stark verbessert, sondern auch praktischer handhabbar erscheint, da doch viele Bücher, deren Verbot – das früher notwendig und angemessen gewesen war – sich heute im Grunde genommen als unnötig erwiesen hat, daraus entfernt worden sind.

Diesen allgemeinen Index, der auf Unseren Befehl revidiert, verbessert und in der Vatikanischen Druckerei gedruckt worden ist, und den Wir hier in diesem Schreiben als wörtlich wiedergegeben erachten, approbieren und bestätigen Wir kraft apostolischer Autorität mit dem Inhalt dieser Urkunde, und Wir gebieten allen Gläubigen überall, den Index vollständig und ohne Abstriche zu befolgen, bei den in Unserer Konstitution »Officiorum ac munerum« angesetzten Strafen. Allen Ortsordinarien und Ordensoberen und allen anderen, denen diese Aufgabe zufällt oder in Zukunft zufallen wird, tragen Wir auf, nach Kräften dafür zu sorgen, dass der Index verbreitet und befolgt werde.

Dem steht nichts Anderslautendes entgegen.

Gegeben zu Rom […].

A 31 | 1929: Der CIC 1917 (Auszüge)

Übers. unter Benutzung von: Heribert JONE (Hg.), Gesetzbuch des kanonischen Rechtes. Erklärung der Kanones, 3 Bde., Paderborn u. a. 1939–1940.

Aus dem CIC

Kanon 1385 – § 1. Ohne vorangegangene kirchliche Zensur darf Folgendes nicht veröffentlicht werden, auch nicht von Laien:

1. die Bücher der Hl. Schrift sowie Anmerkungen und Kommentare zu denselben;
2. Bücher, die die Hl. Schrift, die Theologie, Kirchengeschichte, das Kirchenrecht, die natürliche Theologie, die Ethik und andere religiöse oder moralische Fächer betreffen; Gebets- und Andachtsbücher oder -broschüren oder Lehr- und Unterrichtsbücher über die Religion, Moral, Askese, Mystik und dergleichen, auch wenn sie zur Steigerung der Frömmigkeit des christlichen Volks beizutragen scheinen; ferner generell alle Schriften, in denen sich etwas findet, das in besonderer Weise in Beziehung zur Religion oder zur Sittlichkeit steht;
3. heilige Bilder, auf welche Art und Weise sie auch gedruckt werden sollen, ob mit einem Gebetstext versehen oder nicht.

§ 2. Die in § 1 verlangte Erlaubnis für die Herausgabe von Büchern oder Bildern kann erteilt werden vom eigentlichen Ortsordinarius des Verfassers, von dem Ordinarius des Verlagsortes oder vom Ordinarius des Druckortes. Hat einer der genannten Ordinarien die erbetene Erlaubnis verweigert, dann darf von einem anderen Ordinarius diese Erlaubnis nur unter Angabe der erfolgten Abweisung erbeten werden.
§ 3. Ordensleute müssen im Vorfeld auch die Erlaubnis ihres höheren Oberen erhalten haben.

Kanon 1386 – § 1. Es ist Weltklerikern verboten, ohne Erlaubnis ihrer Ordinarien, und es ist Ordensleuten verboten, ohne Erlaubnis ihrer Ordinarien und höheren Oberen, Bücher zu verfassen oder für Zeitungen, Blätter und Zeitschriften zu schreiben oder deren Redaktion zu führen, auch wenn sie lediglich Profanes traktieren.
§ 2. Für Zeitungen, Blätter und Zeitschriften aber, welche die katholische Religion und die guten Sitten zu bekämpfen pflegen, sollen auch Laien nicht schreiben, abgesehen von dem Ausnahmefall, dass ein gerechter Grund, der vom Ortsordinarius als solcher anerkannt wurde, dies nahelegen würde.

Kanon 1391 – Übersetzungen der Hl. Schrift in eine Volkssprache dürfen nur gedruckt werden, wenn sie entweder vom Apostolischen Stuhl approbiert sind oder unter Aufsicht der Bischöfe herausgegeben und mit Anmerkungen versehen werden, die vornehmlich den Schriften der Kirchenväter und katholischen Gelehrten entnommen werden.

Kanon 1395 – § 1. Das Recht und die Pflicht, aus einem gerechten Grund Bücher zu verbieten, steht nicht nur der höchsten kirchlichen Autorität für die Gesamtkirche zu, sondern auch den Partikularsynoden und den Ortsordinarien für ihre jeweiligen Untergebenen.
§ 2. Im Fall eines Verbots durch einen Bischof oder eine Synode ist ein Rekurs an den Hl. Stuhl möglich, doch hat der Rekurs keine aufschiebende Wirkung auf das Verbot.
§ 3. Auch der Abt eines selbständigen Klosters und der höchste Obere eines klerikalen, exemten Ordens können mit ihrem Kapitel bzw. ihrem Rat aus einem gerechten Grund Bücherverbote für ihre Untergebenen erlassen. Ist Gefahr im Verzug, dann können auch die übrigen höheren Oberen mit ihrem Beirat ein solches Verbot erlassen, jedoch mit der Auflage, dass sie die Angelegenheit schnellstmöglich dem höchsten Oberen unterbreiten.

Kanon 1396 – Die Bücher, die vom Apostolischen Stuhl verboten wurden, sind überall verboten. Das Verbot bleibt für diese Bücher auch in Kraft, wenn sie in eine beliebige andere Sprache übersetzt wurden.*
* [*Fußnote*]: Alle Gläubigen, ganz gleich welchem Ritus sie angehören, sind an die Verbots-Dekrete »Librorum et diariorum« des Sanctum Officium gebunden, vgl. Erklärung des Hl. Offiziums für die orientalischen Kirchen vom 26. Mai 1928.

Kanon 1397 – § 1. Alle Gläubigen, vor allem aber Kleriker, kirchliche Würdenträger und Gelehrte haben die Pflicht, Bücher, die sie selbst für schädlich halten, dem Ortsordinarius oder Apostolischen Stuhl anzuzeigen. In besonderer Weise obliegt diese Pflicht den päpstlichen Legaten, den Ortsordinarien und den Rektoren katholischer Universitäten.
§ 2. Es empfiehlt sich, dass bei der Anzeige schlechter Bücher nicht bloß der Titel des Buchs, sondern auch nach Möglichkeit die Gründe angegeben werden, weshalb das Buch für verbotswürdig erachtet wird.
§ 3. Jene aber, die eine Anzeige entgegennehmen, haben die heilige Pflicht, die Namen der Denunzianten geheimzuhalten.
§ 4. Die Ortsordinarien sollen entweder persönlich oder, wenn nötig, mittels geeigneter Priester über die Bücher wachen, die in ihrem Sprengel erscheinen oder verkauft werden.
§ 5. Bücher, die einer gründlicheren Prüfung bedürfen oder bei denen zur Erreichung einer heilsamen Wirkung der Spruch der obersten Autorität erforderlich erscheint, sollen die Ordinarien dem Urteil des Hl. Stuhls übergeben.

Kanon 1398 – § 1. Das Verbot eines Buches bewirkt, dass es ohne die nötige Erlaubnis weder publiziert noch gelesen noch aufbewahrt noch verkauft noch übersetzt noch in irgendeiner Weise anderen überlassen werden darf.

§ 2. Damit ein Buch, das auf irgendeine Weise verboten worden ist, wieder veröffentlicht werden kann, ist es nötig, dass nach Verbesserung der beanstandeten Stellen derjenige, der das Buch verboten hat (bzw. sein Vorgesetzter oder sein Nachfolger), die Neuausgabe gestattet.

Kanon 1399 – Von Rechts wegen sind folgende Schriften ohne weiteres Urteil verboten:*
*[*Fußnote*]: AAS 36 (1944), S. 25.

1. Von Nicht-Katholiken besorgte Ausgaben des Originaltexts und der alten katholischen Übersetzungen der Hl. Schrift, auch die der orientalischen Kirche; dasselbe gilt auch für alle möglichen Übersetzungen solcher Texte, die von Nicht-Katholiken herrühren.
2. Bücher, egal von welchem Autor, die Häresie oder das Schisma verfechten oder die Grundlagen der Religion selbst in irgendeiner Weise zu untergraben versuchen.
3. Bücher, welche vorsätzlich die Religion und guten Sitten bekämpfen.
4. Bücher von Nicht-Katholiken, die ihrem Hauptinhalt nach über die Religion handeln, außer es stehe fest, dass diese Bücher nichts gegen den katholischen Glauben enthalten.
5. Die in Kanon 1385 § 1 Nr. 1 und Kanon 1391 genannten Bücher. Ferner aus den in Kanon 1385 § 1 Nr. 2 genannten Schriftwerken jene Bücher und Broschüren, die neue Erscheinungen, Offenbarungen, Visionen, Prophezeiungen, Wunder erzählen, oder die neue Andachten einführen, auch unter dem Einwand, diese seien privat, sofern sie nicht nach den kanonischen Vorschriften erschienen sind.
6. Bücher, die ein katholisches Dogma bekämpfen oder verspotten; die vom Apostolischen Stuhl verworfene Irrtümer verteidigen; den Gottesdienst schmähen; die kirchliche Disziplin zu untergraben suchen; die kirchliche Hierarchie oder den Kleriker- oder Ordensstand vorsätzlich verunglimpfen.
7. Bücher, die irgendeine Art von Aberglauben, Sortilegium, Wahrsagerei, Zauberei, Geisterbeschwörung und dergleichen lehren oder empfehlen.
8. Bücher, die Duell, Selbstmord oder Ehescheidung als erlaubt darstellen; die über Freimaurerei und ähnliche Gesellschaften handeln und dieselben als nützlich oder wenigstens als ungefährlich für die Kirche und die bürgerliche Gesellschaft hinstellen.
9. Bücher, die erklärtermaßen schlüpfrige oder obszöne Dinge behandeln, erzählen oder lehren.
10. Ausgaben der vom Apostolischen Stuhl approbierten liturgischen Bücher, an denen irgendetwas verändert wurde, so dass sie mit den authentischen, vom Apostolischen Stuhl approbierten Ausgaben nicht mehr übereinstimmen.
11. Bücher, durch die unechte bzw. vom Apostolischen Stuhl verworfene oder widerrufene Ablässe weiterverbreitet werden.

12. Auf irgendeine Weise gedruckte Bilder unseres Herrn Jesus Christus, der seligsten Jungfrau Maria, der Engel, der Heiligen oder anderer Diener Gottes, die gegen den Geist und die Vorschriften der Kirche verstoßen.

Kanon 1400 – Der Gebrauch von Büchern, die in Kanon 1399 Nr. 1 angeführt sind, oder die entgegen den Bestimmungen des Kanons 1391 erschienen sind, ist nur jenen gestattet, die sich in irgendeiner Weise mit theologischen oder biblischen Studien beschäftigen, vorausgesetzt dass die Ausgaben getreu und vollständig sind und in ihren Einleitungen und Anmerkungen nicht ein katholisches Dogma bekämpft wird.

Kanon 1401 – Für Kardinäle, Bischöfe, auch Titularbischöfe, sowie für alle Ordinarien gilt das kirchliche Bücherverbot nicht, solange gewisse Vorsichtsmaßnahmen eingehalten werden.

Kanon 1402 – § 1. Die Erlaubnis zum Lesen der von Rechts wegen oder durch ein Dekret des Apostolischen Stuhls verbotenen Bücher können die Ordinarien nur für einzelne Bücher erteilen und nur in dringenden Fällen.
§ 2. Falls die Ordinarien vom Apostolischen Stuhl eine Generallizenz erwirkt haben, die sie in Stand versetzt, ihren Untergebenen das Lesen und Aufbewahren verbotener Bücher erlauben zu können, so sollen sie diese Leselizenzen nur mit Auswahl und nur aus einem gerechten Grund gewähren.

Kanon 1403 – § 1. Diejenigen, die vom Apostolischen Stuhl eine Erlaubnis erhalten haben, verbotene Bücher zu lesen und aufzubewahren, dürfen deshalb nicht grundsätzlich auch die durch ihre Ordinarien verbotenen Bücher lesen und aufbewahren, es sei denn ein apostolisches Indult besage ausdrücklich, dass man Bücher lesen dürfe, von wem immer sie auch verboten worden sein mögen.
§ 2. Außerdem sind sie strikt dazu angehalten, verbotene Bücher so zu verwahren, dass sie nicht in die Hände Unbefugter gelangen.

Kanon 1404 – Buchhändler dürfen Bücher, die vom Hauptinhalt her obszöne Dinge behandeln, weder verkaufen noch ausleihen noch aufbewahren. Damit sie andere verbotene Bücher anbieten können, müssen sie die entsprechende Erlaubnis dcs Apostolischen Stuhls erhalten haben. Solche Bücher dürfen sie dann nur an jene verkaufen, von denen sie annehmen können, dass sie zum Lesen und Behalten dieser Bücher berechtigt sind.

Kanon 1405 – § 1. Die Erlaubnis, von wem sie auch erworben wurde, enthebt niemanden von dem Naturrecht, wonach es verboten ist, Bücher zu lesen, die eine unmittelbare geistige Gefahr darstellen.
§ 2. Die Ortsordinarien und die übrigen Seelenhirten sollen bei passender Gelegenheit ihre Schutzbefohlenen in geeigneter Weise auf die Gefahr und Schädlichkeit falscher Lektüre, insbesondere der verbotenen Bücher aufmerksam machen.

Kanon 2318 – § 1. Der in spezieller Weise dem Apostolischen Stuhl reservierten Exkommunikation verfallen Herausgeber von Büchern von Apostaten, Häretikern oder Schismatikern, welche die Apostasie, die Häresie oder das Schisma verteidigen; ebenso diejenigen, die solche Bücher oder andere namentlich durch apostolische Schreiben verbotene Bücher verteidigen oder ohne Erlaubnis wissentlich lesen oder aufbewahren.

§ 2. Autoren und Verleger, die Bücher der Hl. Schrift oder Anmerkungen bzw. Kommentare dazu ohne die nötige Erlaubnis drucken lassen, verfallen ohne weiteres der Exkommunikation, die niemandem reserviert ist.

A 32 | 1966 Juni 14: Bekanntmachung der Kongregation für die Glaubenslehre

Kongregation für die Glaubenslehre
Verlautbarung

Nach Veröffentlichung des Motu proprio »Integrae servandae« vom 7. Dezember 1965 haben den Hl. Stuhl viele Anfragen bezüglich des Status des Index der verbotenen Bücher erreicht, den die Kirche bis zuletzt gebraucht hat, um die Integrität des Glaubens und der Sitten gemäß ihres göttlichen Auftrags zu schützen. In Abstimmung mit dem Papst gibt die Kongregation für die Glaubenslehre folgende Antwort auf diese Anfragen: Der Index behält seine moralische Kraft bei, insofern er den Gläubigen ins Gewissen redet, dass sie sich – wie es auch das Naturrecht fordert – von solchen Schriften fernhalten mögen, welche den Glauben und die guten Sitten gefährden. Allerdings hat der Index nicht mehr die Kraft eines kirchlichen Gesetzes und zieht keine Zensuren mehr nach sich. Die Kirche vertraut deshalb auf das reife Gewissen der Gläubigen, insbesondere der katholischen Autoren und Verleger sowie der Lehrerschaft. Sie hat auch festes Vertrauen in die wachsame Amtsauffassung der einzelnen Ordinarien und der Bischofskonferenzen, deren Recht und Pflicht es ist, schädliche Bücher zu untersuchen, zu verhindern und, wenn angebracht, zu tadeln und zu missbilligen.

Die Kongregation für die Glaubenslehre wird sich im Sinne des apostolischen Schreibens »Integrae servandae« und der Dekrete des 2. Vatikanischen Konzils bemühen, mit den Ordinarien der katholischen Welt zusammenzuarbeiten und sie wird ihnen, wenn nötig, dabei behilflich sein, Veröffentlichungen zu begutachten und die gesunde Kultur gegen die verfängliche zu fördern, unter Herbeiziehung auch von Lehreinrichtungen und katholischen Universitäten. Wenn aber Lehren und Meinungen in irgendeiner Weise publik werden, die dem Glauben und den sittlichen Prinzipien entgegengesetzt sind, und deren Urheber nicht willens sind, ihre Fehler trotz gütlicher Aufforderung zu korrigieren, wird der Hl. Stuhl sein Recht und seine Pflicht wahrnehmen, diese Schriften auch öffentlich zu missbilligen, damit dem Wohl der Seelen mit der angemessenen Härte gedient werde. Nicht zuletzt soll in angemessener Weise dafür Sorge getragen werden, dass den Gläubigen das Urteil der Kirche über Presse-Erzeugnisse zur Kenntnis gebracht wird.

Gegeben zu Rom […].

A 33 | 1966 November 15: Dekret der Kongregation für die Glaubenslehre

Unter Benutzung der Übers. in: Kirchliches Amtsblatt für die Diözese Münster 101/7 (1967), S. 39.

Kongregation für die Glaubenslehre
Dekret

Nach Veröffentlichung der Verlautbarung vom 14. Juni dieses Jahres bezüglich des Index der verbotenen Bücher erreichte die Kongregation die Anfrage, ob can. 1399 CIC, in dem Bücher von Rechts wegen verboten werden, und can. 2318 CIC, in dem Strafen für Verstöße gegen die Zensurgesetzgebung festgelegt werden, in Kraft bleiben.

Diese Zweifelsfälle wurden in der Plenarsitzung am Mittwoch, dem 12. Oktober 1966, vorgetragen. Die für den Schutz der Glaubensdinge verantwortlichen Kardinäle haben auf diese Fragen wie folgt geantwortet:

1. Negativ in beiden Fällen, soweit die Geltung der Kanones als Kirchengesetz betroffen ist. Es muss aber auf die moralische Gültigkeit hingewiesen werden, die besagt, dass es absolut verboten ist, den Glauben und die guten Sitten zu gefährden.
2. Diejenigen aber, die eventuell mit den Zensuren belegt sind, von denen in can. 2318 die Rede ist, gelten ohne weiteren Rechtsakt mit der Abschaffung dieses Kanons als von den Zensuren absolviert.

Und in der dem Kardinal Propräfekten der Kongregation am 14. Oktober gewährten Audienz wurde das oben notierte Dekret von Papst Paul VI. wohlwollend approbiert und seine Veröffentlichung angeordnet.

Gegeben zu Rom […].

Teil B: Pressegesetze für Rom und den Kirchenstaat

B 1 | 1543 Juli 12: Edikt des römischen Sanctum Officium

Edikt gegen Buchhändler, Drucker und Zollbedienstete

Sie sollen es nicht wagen, weder öffentlich noch heimlich, verurteilte, verworfene, verbotene oder unter Häresieverdacht stehende Bücher ohne ausdrückliche Erlaubnis zu verkaufen oder zu drucken oder den Besitzern auszuhändigen. Und gegen die Verkäufer, Käufer, Leser, Zuhörer und Verbreiter solcher Bücher. Und gegen diejenigen, die darüber lehren oder predigen. Und gegen diejenigen, die wissentlich solche Bücher nicht melden, nicht zurückgeben oder nicht aushändigen. Bei den verschiedenen unten stehenden Strafen.

Wir, die Kardinalpriester Gian Pietro von S. Clemente, Juan von S. Sisto, Bartolomeo von S. Cesareo und Tommaso von S. Silvestro, die wir von Papst Paul III. und vom Hl. Stuhl speziell zu Generalinquisitoren in der gesamten Christenheit gegen die Häresie bestellt worden sind, entbieten allen Personen, in welchem Stand, in welchem Rang, in welchem Weihegrad, in welchem Beruf und in welcher Würde sie auch sein mögen, in Rom wie an allen anderen Orten ganz Italiens und anderswo, die dieses Schreiben zu Gesicht bekommen, einen Gruß und wünschen ehrlichen und wahren Glauben im Herrn.

Was wir zurzeit sehen, erfüllt uns mit großem Schmerz. Viele Schriften, Traktate, Briefe und Bücher, von denen manche längst von den Vätern, von Konzilien, vom Papst und vom Hl. Stuhl als irrig, skandalös, fromme Ohren verletzend, leichtfertig, aufrührerisch oder sogar offenkundig häretisch missbilligt oder verurteilt worden sind, werden sowohl bei der Römischen Kurie wie an allen anderen Orten Italiens verkauft, gekauft, gelesen und von Hand zu Hand weitergereicht. Täglich kommen neue hinzu, werden öffentlich gemacht und gedruckt. Die Verpester und Höllensöhne versuchen dadurch, diese edelste Weltgegend, die seit den ersten Anfängen der Kirche im Glauben fest und unversehrt geblieben ist, zu verführen und zum Aufruhr anzustiften, indem sie nämlich falsche, sakrilegische und schädliche Lehre lügnerisch, schädlich und verdammenswert verbreiten, zum allergrößten Ärger der Rechtgläubigen und mit Gefahr für die gesamte Christenheit.

Wir haben vor, diese Häretiker und ihre Bücher aus den christlichen Ländern herauszujagen und ihre falschen Lehren und verrückten Irrtümer, sofern es in unserer Kraft steht, auszurotten, damit der katholische und orthodoxe Glaube heil und unverletzt bleibe und das Christenvolk aufrichtig und unverrückbar in diesem Glauben verharre, ohne dass ein Schleier ihn verdunkelt. Folgendes gebieten und befehlen wir deshalb allen Buchhändlern, in Rom wie in allen anderen Gegenden, Städten, Orten Italiens, kraft des heiligen Gehorsams und bei Strafe der Exkommunikation als Tatstrafe und bei 1.000 duc., die halb der Apostolischen Kammer, halb dem Anzeigesteller zugute kommen, und bei weiteren Strafen, die wir nach unserem (bzw. die von uns deputierten Subdelegierten nach ihrem) Ermessen festlegen, sowie bei Strafe des Verlusts der Bücher und dreier Peitschenhiebe:

Die Buchhändler sollen es nicht wagen, Bücher, Traktate, kleinere Schriften, Briefe oder irgendwelche anderen Schriften, in welcher Sprache diese auch geschrieben oder aus welcher Sprache diese auch übersetzt sein mögen, häretische oder unter Häresieverdacht stehende, die durch Seine Heiligkeit und den Apostolischen Stuhl oder frühere Päpste verurteilt, missbilligt oder verboten worden sind, öffentlich oder heimlich zu verkaufen, ohne uns – in Rom – bzw. andernorts den von uns delegierten oder noch zu delegierenden Personen vorher ein Verzeichnis ihres gesamten Sortiments gezeigt und für den Verkauf eine schriftliche Genehmigung erhalten zu haben. Darunter fallen auch die vor kurzem gedruckten Predigten von Bernardino Ochino oder diese gewissen Hefte, die mit »Pasquilli in Ecstasi« betitelt sind, oder alle anderen neu verfassten und neu veröffentlichten Bücher aller möglichen Fachrichtungen, vor allem wenn sie ohne Autornamen und Titel erscheinen. Andernfalls, wenn sie ein zweites Mal zuwiderhandeln, erhalten sie zusätzlich zu den oben genannten Strafen ein Berufsverbot als Buchhändler und werden aus der Stadt, in der sie bis dahin gelebt haben, auf immer verbannt.

Ferner gebieten und befehlen wir allen Buchdruckern und Prägern, sowohl in Rom wie an allen anderen Orten in ganz Italien, bei den oben genannten Strafen und Zensuren, dass keiner von ihnen es versuche, die oben genannten Bücher, auch wenn diese bereits anderswo gedruckt worden sind, oder irgendwelche anderen zu irgendeinem Thema oder Fach neu verfassten Bücher zu drucken, ohne dass diese, in Rom, von uns oder vom Vikar des Papstes genehmigt und von uns oder vom jeweils amtierenden Magister Sacri Palatii geprüft worden sind. Außerhalb von Rom geschehe dies durch die Personen, die von uns, wie oben gesagt, delegiert wurden oder werden. Dabei ist am Ende der Bücher stets der Name des Druckers sowie Ort, Tag, Monat und Jahr des Drucks anzugeben.

Wenn jemand dem zuwiderhandelt, erhält er zusätzlich zu den oben genannten Strafen ein ewiges Berufsverbot als Drucker und muss seinen Heimatort für alle Zeiten ins Exil verlassen. Und die Drucker werden auch dann von den oben genannten Strafen getroffen, wenn in ihrer Werkstatt, auch ohne ihr Wissen, eine Frau oder ein Angestellter gegen diese Vorschriften verstößt.

Ferner gebieten und befehlen wir allen Zollbeamten, sowohl in Rom wie an jedem anderen Ort in ganz Italien, bei Strafe von 2.000 duc. und der unwiderruflichen Entlassung aus ihrem Dienst, dass sie, gleich nachdem gedruckte Bücher oder Manuskripte in ihren Bezirk oder in ihre Zollstelle gelangt sind, uns oder die oben genannten Delegierten darüber in Kenntnis setzen, damit wir oder die Delegierten diese Bücher inspizieren können. Ohne unsere ausdrückliche Genehmigung dürfen diese Bücher nicht den Eigentümern ausgehändigt werden.

Ferner untersagen wir bei denselben Strafen und Zensuren allen, die oben genannt wurden, die genannten häretischen, irrigen und leichtfertigen und aufrührerischen Bücher irgendwie zu kaufen, zu verkaufen oder von anderen anzunehmen. Auch dürfen diese Bücher nicht gelesen werden, Lesungen daraus dürfen nicht gehört werden. Auch darf man sich vor anderen nicht schriftlich oder mündlich über diese Bücher äußern, daraus lehren oder darüber predigen. Auch darf man diese Bücher nicht aus anderen Ländern nach Italien importieren oder einführen lassen. Wer solche aber bei sich hat, übergebe diese umgehend, wirklich und tatsächlich, in Rom uns, anderswo den für den jeweiligen Bezirk zuständigen Subdelegierten. Diese Zensuren und Strafen ziehen auch all jene auf sich, denen die Autoren, Finanziers und Drucker solcher Bücher bekannt sind und diese nicht preisgeben.

Weil wir aber nicht im Stande sind, die oben genannten Bestimmungen an allen Orten selbst umzusetzen, und weil wir der Lehre, dem aufrichtigen Glauben und der Frömmigkeit des ehrwürdigen Paters fr. Tommaso Maria da Bologna, Inquisitor in den Städten Ferrara und Modena, vertrauen, bestellen wir diesen und seinen Substituten L., beide jeweils fürs Ganze, mit dieser Urkunde zu unseren Subdelegaten bzw. Substituten, mit dem Auftrag, dieses Edikt zu publizieren und dafür zu sorgen, dass es eingehalten werde und dass alle anderen oben genannten Vorschriften in den Städten und im gesamten Herrschaftsgebiet von Ferrara und Modena, wo unser Edikt publiziert werden soll, umgesetzt und ausgeführt werden. Außerdem übertragen wir ihnen, beiden und jedem einzelnen, als unseren Vertretern weitreichende Vollmacht zum Betreten aller möglicher Läden und Werkstätten der Buchhändler und Drucker, und auch zum Betreten von Privathäusern, Kirchen und Klöstern, wo sie sorgfältig nachforschen sollen, ob sich dort solche Bücher befinden. Werden sie fündig, obliegt es ihrer Entscheidung, die Bücher öffentlich oder heimlich zu verbrennen und alle anderen Schritte einzuleiten, die ihnen zur Ausrottung der Häresie und zur Beseitigung von häretischen Büchern nötig erscheinen.

Aus diesem Grund ermahnen wir alle, die den christlichen Glauben bekennen, Kaiser, Könige, Herzöge, Fürsten, Markgrafen, Grafen, Barone, Ritter, Podestaten, Rektoren, Konsuln, Prokonsuln, Kommunitäten und Universitäten überall sowie alle anderen Inhaber weltlicher Gewalt, in ganz Italien und außerhalb, und fordern sie im Herrn auf, dass sie diese oder spätere Subdelegaten und jeden einzelnen von ihnen in ihrem Territorium nach Kräften und so, wie es sich für echte rechtgläubige Männer gehört, mit Hilfe, Rat und Gunst bei der Ausführung der oben genannten Bestimmungen unterstützen. Und sie sollen alle sicher überführten Häretiker wie kranke, die Herde des Herrn ansteckende Schafe aus ihren Herrschaftsgebieten vertreiben, sofern sie nicht vom Papst oder von uns, die wir den Papst in dieser Sache vertreten, oder von anderen dem Glauben und der Gemeinschaft mit der Römischen Kirche die Treue haltenden geistlichen Richtern oder den ordentlichen Inquisitoren oder unseren Subdelegaten andere Weisungen erhalten. Außerdem dürfen sie nicht zulassen, dass solche Häretiker in ihrem Herrschaftsgebiet predigen, eine Wohnung besitzen, wohnen, Verträge schließen, ein Gewerbe ausüben oder Handel treiben oder menschlichen Trost von Christen empfangen.

Zum Zeugnis dessen haben wir unserem Sekretär befohlen, dieses von uns eigenhändig unterzeichnete Schreiben gegenzuzeichnen und mit dem Abdruck unseres Siegels zu versehen.

Gegeben zu Bologna […].

B 2 | 1562 Mai 13: Generaledikt (Bando Generale) des römischen Sanctum Officium

Allgemeines Bando
gegen Buchhändler, Bücherverkäufer und Drucker

Wir, die Kardinalbischöfe Rodolfo Pio von Porto und Cristoforo Madruzzo von Albano, und die Kardinalpriester, durch Gottes Erbarmen, Otto Truchsess von S. Maria in Trastevere, Bartolomé de la Cueva von S. Croce in Gerusalemme, Giacomo Puteo von S. Maria in Via, Bernardino Scotti von S. Matteo in Merulana, Giovanni Reumano von S. Prisca, Michele Ghislieri von S. Sabina genannt Alexandrinus, Clemente di Moneglia von S. Maria in Aracoeli und Giacomo Savelli von S. Maria in Cosmedin, vom Hl. Stuhl speziell eingesetzt als Generalinquisitoren für die gesamte Christenheit.

Für jeden, am meisten aber für uns, ist es nach längerer Beobachtung nun offensichtlich, dass durch Ungehorsam und Nachlässigkeit bzw. Boshaftigkeit gottloser Häretiker oder aber durch die böse Heimtücke einiger Drucker eine Menge infame oder häretische Bücher gedruckt worden sind, durch deren Lektüre die Leser nicht nur nicht erbaut werden, sondern auch in Irrtümer fallen, sowohl hinsichtlich der guten, christlichen Sitten als auch des katholischen Glaubens, weshalb schon einige Seelen verloren gingen und Skandale entstanden und noch täglich entstehen. Wir aber, denen Gottes Ehre, die Erhaltung und Vermehrung des katholischen Glaubens und das Seelenheil des Einzelnen ganz besonders am Herzen liegen müssen, dürfen es nicht versäumen, und wollten es auch nie versäumen, alles Mögliche dafür zu tun, dieses Übel zu beseitigen.

Mit diesem Bando wird allen Druckern, Buchhändlern und Bücherverkäufern zu verstehen gegeben und befohlen, dass sie die unten stehenden Paragrafen ausnahmslos befolgen müssen. Verstöße dagegen werden mit einer Geldstrafe in Höhe von 500 sc. bestraft sowie mit dem Verlust sämtlicher Bücher, die sie im Kirchenstaat besitzen. Die Geldstrafe kommt dem römischen Sanctum Officium zugute, das diese zu drei Vierteln für fromme oder notwendige Zwecke verwenden wird, wohingegen ein Viertel oder der Gegenwert dem Denunzianten gebührt, dessen Name anonym bleibt. Die Zensuren und Strafen, die sich die Angesprochenen bis zum heutigen Tag bereits zugezogen haben und die sie sich bei erneutem Verstoß wieder zuziehen werden, bleiben davon unberührt.

Erstens soll niemand ein Buch, ein Werk oder eine Schrift gegen die Vorschrift des unter Leo X. gefeierten Laterankonzils drucken.

In Rom wie auch an allen anderen Orten des Kirchenstaats dürfen Buchhändler (und solche, die Bücher zum Verkauf oder Verleih vorhalten) unter keinen Umständen Bücher bei sich haben, ohne diese vorher in eine Liste eingetragen zu haben. Diese Liste ist unterschrieben und mit Datum versehen in Rom dem Magister Sacri Palatii vorzulegen, andernorts im Kirchenstaat dem örtlichen

Inquisitor oder einem Kommissar der Inquisition, oder aber, wenn nicht vorhanden, dem Inquisitor des nächstgelegenen Ortes.

Niemand von den oben Genannten soll es außerdem wagen, Bücher zu kaufen oder zu verkaufen, die im jüngst veröffentlichten Index genannt sind, sofern nicht der Magister Sacri Palatii in Rom bzw. – außerhalb – der Inquisitor feststellen konnte, dass diese Bücher gemäß der Vorschrift, welche wir dem Magister Sacri Palatii und dem Inquisitor gegeben haben, gut expurgiert wurden.

Um Betrügereien vorzubeugen, sollen sie außerdem bei derselben Strafe, in Rom innerhalb von drei Monaten, außerhalb von Rom innerhalb von vier Monaten, das unterschriebene Gesamtverzeichnis ihrer Bücher unter Angabe der jeweiligen Drucker, dem Magister Sacri Palatii oder an den anderen Orten, vor allem im Kirchenstaat, dem Inquisitor bzw., bei Fehlen, dem Inquisitor am nächstgelegenen Ort übergeben.

Bei derselben Strafe sollen alle Buchhändler und solche, die mit Büchern handeln, an ihre Geschäftspartner außerhalb des Kirchenstaats schreiben, dass diese ihnen keine verbotenen Bücher schicken sollen. Wenn diese ihnen nach dem Warnschreiben dennoch verbotene Bücher schicken, dann sollen sie – wie wir jetzt schon befehlen – für diese nicht bezahlen, sondern gleich, in Rom, den Magister Sacri Palatii (andernorts, wie oben, den Inquisitor oder den Inquisitor am Nachbarort) darüber informieren, dem sie die Bücher dann auch aushändigen. Auch sollen sie mit solchen ungehorsamen Lieferanten keine Geschäftsbeziehungen mehr unterhalten.

Ferner, bei derselben Strafe, sollen sie zukünftig eine Liste oder ein Buch führen, worin sie eintragen, an wen sie welche Bücher verkauft, verliehen, veräußert oder in irgendeiner Form weitergegeben haben. Das gilt insbesondere für Bücher, die gegen den Index verstoßen, die gegebenenfalls aber Inhabern einer Sondergenehmigung gemäß der »Moderatio« ausgehändigt werden.

Trödler, die von Büchern nichts verstehen, dürfen in ihren Läden oder Häusern Bücher nur vorhalten, wenn sie zuvor eine Liste, wie sie oben beschrieben wurde, eingereicht haben.

Ein Händler, der kein eigentlicher Buchhändler ist, darf bei denselben Strafen Bücher nicht mit anderen Waren vermischt von einem Ort zum anderen transportieren. Außerdem wird mit demjenigen, bei dem Bücher versteckt zwischen Stoffen, Laken und anderen Waren gefunden werden, wie mit einem hochgradig (Häresie-)Verdächtigen verfahren, und als solcher muss er öffentlich abschwören.

Gegen die, bei denen Bücher von Häretikern oder Bücher, die Häresie enthalten, gefunden werden, oder welche die oben genannten Gesetze nicht befolgen, wird zusätzlich zu den obengenannten Strafen wie oben mit Verdächtigen verfahren.

Und damit niemand Unwissenheit vorschützen kann, befehlen wir, dass das vorliegende Bando gedruckt werde und dass Kopien, die von unserem Notar mit dem Original verglichen, unterschrieben und mit dem Siegel des Sanctum Officium versehen worden sind, an den üblichen öffentlichen Orten in Rom ausgehängt werden, und dass jeder Buchhändler durch den Boten ein Exemplar davon erhalte.

Gegeben zu Rom [...].

B 3 | 1596 Mai 17: Edikt des Magister Sacri Palatii

Edikt des Magister Sacri Palatii
über die Offenlegung verbotener Bücher
gemäß der Vorschrift des neuen Index Clemens' VIII.

Damit die Vorgaben des eben erschienenen Index Clemens' VIII. so schnell wie möglich (wie es sich gebührt) umgesetzt werden, gebieten Wir allen, die sich bei der Römischen Kurie aufhalten, ganz gleich welche Würde, welchen Grad oder welche Position sie bekleiden, Uns oder den von Uns Beauftragten innerhalb von drei Monaten (gezählt ab dem Datum unten) eine Aufstellung über ihre durch den Index verbotenen Bücher zu bringen oder zu schicken. Andernfalls soll man wissen, dass sich diejenigen, die nicht gehorchen und ihre verbotenen Bücher nach Ablauf der Dreimonatsfrist weiter ohne Genehmigung bei sich behalten, die Strafen auf sich ziehen, die in der päpstlichen Konstitution im Vorspann des Index genannt werden. Darüber hinaus werden sie nach Unserem Ermessen, mit Rücksicht auf die Schwere des Ungehorsams und die Art der Bücher, bestraft werden.

Gegeben zu Rom [...].

B 4 | 1599 März 4: Feria-V.-Dekret des römischen Sanctum Officium

Donnerstag, 4. März 1599

In der Generalkongregation der Hl. Römischen und Universalen Inquisition, versammelt im Apostolischen Palast bei St. Peter, vor unserem Hl. Vater Clemens VIII. und den durchlauchtesten und hochwürdigsten Herren Ludovico Madruzzo, Kardinalbischof von Sabina, Giulio Antonio Santori von S. Severina, Kardinalbischof von Palestrina, Pedro de Deza, Kardinalpriester von S. Lorenzo in Lucina, Domenico Pinelli, Kardinalpriester von S. Crisogono, fr. Girolamo Bernieri von Ascoli, Kardinalpriester von S. Maria sopra Minerva, Lucio Sassi, Kardinalpriester von SS. Quirico e Giulitta, Camillo Borghese, Kardinalpriester von S. Eusebio, und Pompeo Arrigoni, Kardinalpriester von S. Balbina, die in der gesamten Christenheit Generalinquisitoren gegen die Häresie sind. Zu Gunsten des Amts des ehrwürdigen Pater Magister Sacri Palatii. Nach Lesung der im Namen des genannten Pater Magister vorgebrachten Bittschrift und nach deren reiflicher Abwägung erließ der Hl. Vater das Dekret, dass Druckgenehmigungen für Bücher und Schriften zunächst der ehrwürdige Vicegerente des durchlauchtesten und hochwürdigsten Vikars Seiner Heiligkeit in Rom unterschreibe, danach der Magister Sacri Palatii. Derselbe Vicegerente darf auch einen Beauftragten benennen, der die Bibliotheken nach verbotenen Büchern absucht. Er selbst darf die (konfiszierten) Bücher aber nicht einbehalten, wie er auch keine Genehmigungen zum Behalten verbotener Bücher ausstellen darf. Vielmehr werden diese verbotenen Bücher beim Magister Sacri Palatii verwahrt.

B 5 | 1600 [1599] Dezember 28: Bando des Gouverneurs von Rom

Gegen Rufschädigungen und Ehrabschneidungen
in »Avvisi«, Gedichten, Prosa usw.

Durch päpstliche Konstitutionen, Bandi und andere Verordnungen sind schon viele Vorkehrungen getroffen worden, um die Unverschämtheit von einigen zu zügeln, die einst hier in Rom (der Hauptstadt der Religion und dem Refugium tugendhafter Menschen), ohne Furcht vor Gott und der Justiz, ihre pestilenzialische Sprache gebrauchten, um überallhin »Avvisi« voll von Lügen und Verleumdungen zu schreiben. In Rom schufen auch vermeintliche Schöngeister spaßige Stichelreden, gereimte oder in Prosa geschriebene Schmähschriften und Pasquinaten, mit denen sie den Ruf und die Ehre ihres Nächsten verletzten. Ungebührend für Christen beachteten sie dabei nicht, welche Strafe der verdient, der den Ruf und die Ehre des Nächsten verletzt. Anlässlich des Heiligen Jahres möchte nun der Papst, dass die genannten Verbote erneut in Erinnerung gerufen werden, und somit vorsorgen, dass solche Delikte nicht wieder begangen werden.

Zu diesem Zweck erlässt der durchlauchtigste und hochwürdigste Msgr. Ferrante Taverna, Referendar der Signaturen und Generalgouverneur der Stadt und des Distrikts Rom sowie Vizekämmerer, auf ausdrückliche Anweisung des Papstes mit diesem Bando folgenden Befehl, wobei die genannten älteren Verbote in keiner Weise abgeändert, sondern nur in allgemeine Erinnerung gerufen werden sollen:

Niemand soll es wagen oder versuchen, schon gar nicht während des bevorstehenden Heiligen Jahres, da man sich dem Jubiläumsablass und der Andacht widmen soll, an irgendjemanden unter irgendeinem Vorwand »Avvisi« oder andere Arten von Briefen zu schreiben oder schreiben zu lassen, in denen Infames, Ehrabschneidendes oder Verleumderisches über irgendeine Person geschrieben wird, schon gar nicht über Fürsten und ranghohe Geistliche und Laien. Unter das Verbot fallen auch gereimte oder in Prosa verfasste Pasquinaten, Schmähschriften und weitere Schriften, in denen ähnliche Flüche oder Ehrabschneidungen enthalten sind, und die angeschlagen oder von Hand zu Hand weitergereicht werden, damit sie öffentlich und bekannt werden. Es gelten die körperlichen und pekuniären Strafen, die in den Gesetzen, den apostolischen Konstitutionen, Bandi und anderen Anordnungen bislang zu dieser Materie festgelegt und bekanntgegeben worden sind.

Diese Strafen ziehen ipso facto auch diejenigen auf sich, die in irgendeiner Weise Beihilfe geleistet haben oder Mitwisser sind. Das gilt auch für diejenigen, die solche Schriften erhalten oder gefunden haben, oder die davon Kenntnis erhalten hatten, ohne dies gleich dem Gouverneur zur Anzeige gebracht zu haben. Die angedrohten Strafen gegen Ungehorsame und Übertreter kommen ohne Ansehen der Person ungemildert zur Ausführung.

Es wird darauf hingewiesen, dass gegen die Übertreter auch ohne Anzeige ermittelt wird und dass heimliche Anzeigen wie auch weitere zweckdienliche Mittel zulässig sind. Man wird keine Anstrengung meiden, um die beschriebenen Missstände zu beseitigen, doch wird jeder selbst darauf achten müssen, dass er die Vorschriften nicht übertritt. Gegenüber den Denunzianten, deren Anonymität gewahrt werden wird, wird man sich erkenntlich zeigen. Sind diese auch Delinquenten, so wird man ihnen Straffreiheit gewähren, sofern sie nicht die Haupttäter sind.

Gegeben im Palast des hochwürdigsten Herrn Gouverneurs von Rom […].

B 6 | [1607–1611]: Instructio des Magister Sacri Palatii an seine Zensoren

Instruktion an die Gelehrten,
denen im Namen des Magister Sacri Palatii Bücher vor dem Druck
zur Prüfung und Approbation übergeben werden

Bevor die Gelehrten die ihnen zur Prüfung anvertrauten Werke und Bücher approbieren und mit ihrem Zertifikat versehen, sollen sie auf einem Extrazettel sehr genau die Textstellen notieren, an denen sie sich bei der Durchsicht gestört haben und die der Korrektur oder genaueren Untersuchung bedürfen. Dabei sollen sie die Zitate mit der genauen Seitenangabe belegen, im Buch soll die Fundstelle mit einem Strich oder Stern am Rand gekennzeichnet werden, damit die Stellen, auf die sich das Extrablatt bezieht, leicht auffindbar sind.

Angemerkt werden soll Folgendes:

1. Sofern enthalten: häretische, irrige, nach Häresie schmeckende, skandalöse, für fromme Ohren anstößige, leichtfertige, schismatische, aufrührerische und blasphemische Sätze.
2. Was gegen die sakramentalen Riten und Zeremonien und gegen den akzeptierten Usus und die Gewohnheit der Hl. Römischen Kirche irgendeine Neuerung einführt.
3. Von Häretikern ausgedachte und zum Betrug eingeführte ›unheilige Neuerungen mit Worten‹.
4. Unklare und doppeldeutige Wörter, die den Geist der Leser vom rechten katholischen Empfinden zu frevelhaften Meinungen verleiten können.
5. Ungetreu wiedergegebene oder aus schlechten Übersetzungen der Häretiker zitierte Worte der Hl. Schrift.
6. Worte der Hl. Schrift, die für den profanen Gebrauch unfromm angepasst wurden, so dass sie in einen Sinn verdreht werden, der von der einhelligen Auffassung der katholischen Kirchenväter und Doktoren abweicht.
7. Ehrende Beiwörter und überhaupt alle positiven Äußerungen über die Häretiker.
8. Alles nach Aberglauben und Wahrsagerei Riechende.
9. Was immer die Freiheit des menschlichen Willens dem Schicksal, den trügerischen Zeichen oder der Fortuna der Heiden unterwirft.
10. Was nach Paganismus riecht.
11. Was dem Ruf von Mitmenschen schadet, vor allem Geistlichen und Fürsten, und was den guten Sitten und der christlichen Lehre widerspricht.
12. Sätze, die sich gegen die kirchliche Freiheit, ihre Immunität und ihre Gerichtsbarkeit wenden.
13. Wenn Maximen, Sitten und Beispiele der Heiden angeführt werden, um für eine Tyrannenpolitik zu werben, die gemeinhin fälschlicherweise ›Staats-

räson‹ genannt wird, die aber mit dem evangelischen und christlichen Gesetz unverträglich ist.

14. Exempel, die die geistlichen Riten, den Orden, den Stand und die Würde sowie die Person von Ordensleuten verletzen und beschädigen
15. Sticheleien, böser Spott, Rufschädigung und Anwürfe gegen das Ansehen anderer.
16. Freizügiges, das die guten Sitten zu verderben vermag.

Die obigen Punkte sind dem Kapitel »Die Bücher-Korrektur« im Index Clemens' VIII. entnommen. Darüber hinaus sollen die Zensoren auch ganz genau auf die folgenden Dinge achten:

17. Wenn etwas geschrieben wird, um den höheren Rang oder den Umfang der Herrschaftsrechte bestimmter weltlicher Fürsten gegenüber anderen oder auch gegenüber den Päpsten und den Bischöfen oder umgekehrt zu beweisen; in diesem Fall möge der Magister Sacri Palatii entscheiden, ob sich Druck empfiehlt.
18. Wenn ein Autor beim Referieren seiner eigenen Meinung gegen einen anders meinenden Autor im Stil eines Apologeten schreibt oder den anders meinenden Autor auf eine Weise beschreibt, die seinem Ansehen schadet, oder mit Bezeichnungen wie »Gegner«, »Kontrahent«, »Antagonist« oder ähnlich tituliert. Das gilt vor allem für anders meinende Autoren, die in unserer Zeit leben oder lebten und die Würdenträger – vor allem kirchliche – waren oder sind.
19. Wenn der Text etwas enthält, was bestimmte Fürsten, Nationen, Orden oder Städte herabwürdigt oder, andersherum, diese über andere erhebt.
20. Wenn irgendein Ausspruch eines ehrwürdiger Mannes, insbesondere eines Herrn Kardinals unserer Gegenwart verächtlich dargestellt wird und der Ehrenmann namentlich oder durch Andeutungen und Umschreibungen genannt wird.
21. Wenn es im Text um Fragen der Gnadenlehre geht, und wenn die Namen der Autoren, gegen die der Text sich richtet, zitiert werden; ebenso wenn irgendein im Text als strittig dargestellter Lehrsatz aus der Gnadenthematik implizit oder explizit als »irrig«, »falsch«, »häretisch«, »verwegen« usw. zensuriert wird.
22. Wenn irgendetwas gegen die Vorschrift des Konzils von Trient über die Empfängnis bzw. Heiligung der jungfräulichen Gottesgebärerin Maria geschrieben wird.
23. Wenn es denn überhaupt notwendig ist, dass häretische Autoren zitiert werden, muss beachtet werden, dass im Text bei dem Namen des Häretikers der Zusatz »damnatae memoriae« steht.
24. Wenn der Autor in mehrdeutigen, kryptischen, metaphorischen oder rhetorischen Äußerungen Angriffe gegen einen Dritten oder Anzüglichkeiten quasi in einem Hinterhalt verbirgt.
25. Wenn die Aussage mancher Passagen so obskur ist, dass sie nach dem Urteil der Gelehrten auch zu Ungunsten des Autors aufgenommen werden können.

26. Wenn Heiliges und Profanes vermischt werden, insbesondere in Bezug auf Worte aus der Hl. Schrift.
27. Wenn Textstellen der Hl. Schrift nicht nach der Vulgata zitiert werden und die benutzte Version der Bibel nicht angegeben wird.
28. Wenn neue Meinungen eingeführt werden, die die Ohren der Frommen und der Theologen auch nur im Geringsten stören.
29. Wenn Wörter wie »Erretter« anstelle von Erlöser, »Göttlicher« für Heiliger, »Predigt« für Wort usw. im Text benutzt werden.
30. Wenn jemand – vor allem aus der neueren Zeit – als »Seliger« bezeichnet wird, obwohl er noch nicht vom Hl. Stuhl selig gesprochen wurde.
31. Wenn in den Text – was bei volkssprachlichen Dichtungen leicht geschieht – Wörter wie »Halbgötter«, »Gottheit«, »Numen«, »Göttin«, »allmächtig« usw. eingeflochten werden, obwohl es um menschliche Geschöpfe geht, oder wenn Wörter wie »Seligkeit«, »Paradies«, »Herrlichkeit des Himmels« zur Bezeichnung der Wonnen dieses Lebens benutzt werden, oder das Wort »anbeten« für die Verehrung profaner Sachen, oder wenn die Wörter »Schicksal«, »Glück« usw. missbräuchlich verwendet werden.
32. Wenn jemand gegen Häretiker nur ganz leidenschaftslos schreibt, ohne dabei, wie es sich eigentlich gehört, deren Argumente auf kluge und klare Weise vollkommen zu entkräften und ihnen den Boden zu entziehen. Besonders wenn dazu noch die Äußerungen und Argumente der Häretiker in aller Ausführlichkeit angeführt werden.
33. Wenn im Text Litaneien enthalten sind außer jenen über die Heiligen im Römischen Brevier und den üblichen über die Selige Jungfrau und jener aus dem Heiligtum von Loreto.
34. Wenn Maßnahmen von Fürsten – vor allem der Gegenwart – gegen andere Fürsten oder gegen ihre Untertanen thematisiert werden, die diesen als Schande ausgelegt werden können.
35. Wenn im Text etwas enthalten ist, dessen Verkündung eigentlich der Ritenkongregation vorbehalten ist (wie z. B. kirchliche Zeremonien, neue Heiligenoffizien o. ä.), aber von dieser noch nicht approbiert worden ist.
36. Wenn Dekrete der Konzilskongregation, der Kongregation für die Bischöfe und Ordensleute oder anderer Kongregationen zitiert werden.

Damit der Zensor sich selbst und seine Kollegen vor vielerlei Belästigungen bewahrt, soll er sich davor hüten, dem Autor des Werkes, das ihm zur Prüfung übergeben wurde, seine Tätigkeit zu offenbaren.

Wenn die Zensoren alles Anstößige, oder was ihnen in dem Werk selbst, in den Marginalien, Überschriften, Widmungsbriefen, Vorbemerkungen, Kapiteln bzw. Traktaten oder in den Paragraphen, Zusammenfassungen, Scholien, Anhängen und Registern suspekt vorkam, in der gewohnten Form auf einem Extrazettel notiert haben, reichen sie diesen zusammen mit dem Manuskript dem Magister Sacri Palatii ein. Vorbehaltlich der Korrekturen, Tilgungen, Emendationen und Änderungen, die sie für notwendig erachten, liefern sie die schriftliche Approbation ab, die im Buch mit abgedruckt wird, in der sie bezeugen, dass sich in dem Buch nichts gegen die katholische Religion, die guten Sitten, die Indexregeln oder die vorliegenden Vorschriften des Magister Sacri Palatii findet, es vielmehr gedruckt zu werden verdient.

B 7 | 1620 Juni 11: Feria-V.-Dekret des römischen Sanctum Officium

Donnerstag, 11. Juni 1620

In der Generalkongregation der Hl. Römischen und Universalen Inquisition, abgehalten im apostolischen Palast auf dem Quirinal, im Beisein unseres heiligsten Herrn durch Gottes Vorsehung Papst Pauls V.

Um den absichtlichen und unabsichtlichen Verfehlungen beim Druck von Büchern durch Ergreifung angemessener Maßnahmen endgültig einen Riegel vorzuschieben, hat unser heiligster Herr durch Gottes Vorsehung Papst Paul V., in Absprache mit den in die Sache eingeweihten durchlauchtigsten und hochwürdigsten Herren Kardinälen des Sanctum Officium, aus eigenem Antrieb, sicherer Kenntnis und reiner Überlegung, auf dem Boden des V. Laterankonzils und der durch Pius IV. erlassenen und durch Clemens VIII. approbierten Indexregeln, folgendes Dekret erlassen und folgende Erklärung abgegeben:

Nicht nur hier in Rom sollen Bücher und alle anderen für den Druck bestimmten Schriften gemäß dem Dekret des V. Laterankonzils durch den Vikar des Papstes und den Magister Sacri Palatii geprüft und approbiert werden, bevor sie gedruckt werden dürfen. Auch in der gesamten römischen Provinz soll eine sorgfältige Prüfung und Approbation der zu druckenden Bücher stattfinden, und zwar durch den jeweiligen Bischof am Druckort bzw. seinen Beauftragten und durch den Magister Sacri Palatii, der hierzu von der Kongregation des Sanctum Officium speziell abgeordnet wurde. Überhaupt soll nach dem Befehl des Papstes an jenen Orten der römischen Provinz, die nicht im Bezirk eines Inquisitors liegen, die gesamte Presse der Aufsicht des Magister Sacri Palatii und des jeweiligen Ortsbischofs unterstehen, wobei dies mit dem Auftrag an die Kongregation des Sanctum Officium einhergeht, für die exakte Befolgung der oben genannten Indexregeln in der römischen Provinz zu sorgen.

Buchdruckern und -händlern ist deshalb jeder Versuch untersagt, in der römischen Provinz Bücher oder andere Schriften zu drucken, zu verkaufen oder in irgendeiner Weise anzubieten, ehe diese vom Ortsbischof bzw. seinem Beauftragten und dazu auch vom Magister Sacri Palatii geprüft und approbiert wurden – bei den Strafen und Zensuren der oben genannten Konstitution Leos X., die von selbst und ohne irgendeine weitere Erklärung anfallen, sowie bei weiteren Strafen (auch Körperstrafen!), welche die Kongregation nach ihrem Ermessen verhängt.

Den Zuwiderhandelnden … Dem stehen keinerlei … entgegen. Und der Papst befahl, dies alles möge für alle Zeiten ausnahmslos befolgt werden.

Schließlich wollte der Papst, damit niemand Unwissenheit vorschützen könnte, dass das vorliegende Dekret oder Ausfertigungen desselben, die an den Türen der Peterskirche in Rom sowie am Campo de' Fiori angeschlagen werden, alle so betrifft, als ob es ihnen persönlich eingeschärft wurde. Transsumpten dieser Urkunde, auch gedruckten, die von Hand eines öffentlichen Notars unterzeichnet und mit dem Siegel einer in geistlicher Würde stehenden Person versehen sind, soll dabei ganz und gar derselbe Glaube geschenkt werden, wie der vorliegenden geschenkt werden würde, wenn sie ausgelegt und vorgezeigt würde. […]

B 8 | 1625 September 18: Feria-V.-Dekret des römischen Sanctum Officium

Donnerstag, 18. September 1625

In der Generalkongregation der Hl. Römischen und Universalen Inquisition, abgehalten im apostolischen Palast auf dem Quirinal, im Beisein unseres heiligsten Herrn durch Gottes Vorsehung Papst Urbans VIII. und den durchlauchtigsten und hochwürdigsten Herren Kardinälen der Hl. Römischen Kirche, vom hl. Apostolischen Stuhl eigens abgeordneten Generalinquisitoren gegen das Verbrechen der Häresie.

Der Papst will in Erfüllung seines Hirtenamts das Fehlverhalten einiger Bewohner des dem Apostolischen Stuhl unmittelbar oder mittelbar unterworfenen Staates korrigieren, die Bücher, die sie verfasst haben, außerhalb des Kirchenstaates in Druck geben, ohne dafür eine Genehmigung des Ordinarius oder des Inquisitors des Ortes, an dem sie beheimatet sind, erhalten zu haben. So ergeht der Erlass, dass die Bewohner des Kirchenstaats, ungeachtet ihrer Position, ihres Rangs, ihres Weihegrads und ihrer Würde, zukünftig jeden Versuch unterlassen, Bücher über jedwede Themen, an welchem Ort sie auch verfasst sein mögen, zum Druck an einen anderen Ort zu bringen oder zu schicken, ohne dafür die ausdrückliche, schriftliche Billigung des Herrn Kardinalvikar und des Magister Sacri Palatii erhalten zu haben, sofern der Autor in Rom zu Hause ist. Falls er außerhalb Roms wohnt, benötigt er die Vollmacht und Befugnis des Ordinarius und des Inquisitors seines Wohnorts bzw. ihrer Beauftragten. Die Genehmigung ist vorn im Buch abzudrucken. Bücher aber, die entgegen dem Wortlaut des vorliegenden Dekrets gedruckt werden, verbietet der Papst von jetzt ab, ohne weitere Erklärung, und befiehlt, sie als verboten zu erachten, zusätzlich zu den weiteren Strafen, die der Papst nach seinem Ermessen verhängen wird. Nichts, was dazu im Widerspruch stehen könnte, steht dem entgegen usw. […]

B 9 | 1640 Januar 28: Zirkularschreiben des römischen Sanctum Officium an die Inquisitoren in Italien

28. Januar 1640
An die Inquisitoren in Italien

Die Hl. Kongregation hat aus guten Gründen entschieden, dass Ihr, ehrwürdiger Pater, uns Mitteilung über sämtliche Bücher macht, die in Eurem Inquisitionsdistrikt gedruckt werden, unter Angabe des Titels, des Autornamens und des Druckorts. Damit dies mit ausreichender Sorgfalt geschehe, könnt Ihr jeweils auch das Frontispiz einsenden, dem die genannten Informationen zu entnehmen sind. Diese Anweisung ist von Euch den Vikaren des Hl. Offiziums in eurem Bezirk weiterzuleiten usw.

B 10 | 1659 November 12: Bando des Gouverneurs von Rom

Bekanntmachung an die Drucker

Die Erfahrung zeigt, dass die Leichtfertigkeit mancher Drucker so weit geht, dass sie es wagen, ohne die nötigen Prüfungen und Genehmigungen der zuständigen Oberen Schriften zu drucken, die oft rufschädigenden Charakter haben und gegen die Maßnahmen ergriffen werden müssen. Vielleicht liegt es daran, dass die in anderen Bekanntmachungen zu diesem Bereich angedrohten Strafen zu milde waren, um die Drucker hinreichend abzuschrecken. Der durchlauchtigste und hochehrwürdige Msgr. Francesco Maria Baranzone, General-Gouverneur der Stadt und des Distrikts Rom und Vize-Kämmerer, hat die Absicht, so gut es geht solche Unannehmlichkeiten und Missbräuche abzustellen und zu beseitigen. Mit der vorliegenden Bekanntmachung, die er nicht nur gemäß seiner Amtsgewalt als Gouverneur, sondern auch gemäß einer mündlich von Seiner Heiligkeit Alexander VII. empfangenen Order tätigt, und die so lange in Kraft bleibe, wie es dem Papst und dem Hl. Stuhl beliebt, ergeht deshalb der folgende Befehl:

Drucker aller Art, gleich welchen Standes und welcher Herkunft, dürfen zukünftig weder in Rom noch außerhalb im Distrikt der Stadt ein Werk drucken oder durch andere drucken lassen, ohne im Besitz des üblichen Imprimaturs bzw. der Genehmigung des Magister Sacri Palatii zu sein, wobei diese Genehmigung am Anfang des Werks abzudrucken ist, wie auch der Name des Druckers genannt werden muss. Dies gilt für alle erdenklichen Werke und Schriften, gereimte oder in Prosa geschriebene, auf Latein, in der Volkssprache oder in irgendeiner anderen Sprache oder in einem Dialekt verfasste, über jegliche Themen, sowohl über gute und anständige wie über schlechte und unanständige oder in irgendeiner Weise indifferente. Zuwiderhandelnde werden mit der ewigen Galeerenstrafe bestraft.

Dabei wird erklärt, dass Seine Herrlichkeit der Gouverneur mit der vorliegenden Bekanntmachung die früheren Bandi, die über das Druckwesen bzw. ähnliche Fälle veröffentlicht worden sind, nicht außer Kraft setzen möchte. Diese Bekanntmachung dient lediglich dazu, die in den älteren Bekanntmachungen festgelegte Strafe zu verschärfen.

Auch will Seine Herrlichkeit der Gouverneur, dass alle Personen denselben Strafen unterliegen, auch die Welt- und Ordensgeistlichen, wenn sie, wie gesagt, ohne die nötigen Prüfungen und Genehmigungen solche Drucke produzieren lassen oder begünstigen oder sich am Druck beteiligen oder dabei helfen.

Ferner erklärt der Gouverneur, dass, wenn es sich bei den oben genannten Drucksachen um Schmähschriften handelt, die Urheber und die Beteiligten im oben beschriebenen Sinne jenen Strafen unterliegen, die in der allgemeinen Polizeiordnung des Governatorats, Kapitel 32 »Über Schmähschriften«, festgelegt sind, und die durch diese Bekanntmachung nicht etwa abgeschafft werden, sondern in Kraft bleiben.

Und damit niemand sich mit der Unkenntnis dieser Bekanntmachung herausreden kann, befiehlt Seine Herrlichkeit, dass nach der Publikation an den gewohnten Plätzen in Rom jeder zur Befolgung dieses Bando verpflichtet ist, so als wäre es ihm persönlich bekannt gemacht worden. Und aus gutem Grunde befiehlt er auch, dass jeder Drucker in Rom in seinem Geschäft oder in der Druckerei ein Exemplar dieses Bando anschlage, bei Strafe von 200 sc. Gold, zu zahlen an die Apostolische Kammer.

Gegeben zu Rom [...].

B 11 | 1702 Juni 28: Durch den Magister Sacri Palatii veröffentlichtes »Sommario« der römischen Büchergesetzgebung

Summarium
der Apostolischen Konstitutionen
über das Römische Buchwesen

fr. Paolino Bernardini OP, Magister Sacri Palatii

Dass Wir es für opportun halten, dieses Summarium zu drucken, liegt nicht etwa daran, dass Wir meinen, die Drucker würden den apostolischen Gesetzen nicht den Respekt entgegenbringen, wie man ihn von jedem echten Katholiken erwarten würde. Wir sind denn auch völlig überzeugt, dass die Drucker immer geneigt waren und in Zukunft auch geneigt sein werden, ihr Seelenheil jedem schnöden Profit, der ihnen winken könnte, vorzuziehen. Doch könnte es durchaus sein, dass einigen die genannten Gesetze und die darin festgelegten Strafen gegen dreiste Übertreter nicht bekannt sind. Aus den Strafen aber lässt sich ableiten, welche Bedeutung die Päpste der Beachtung dieser Gesetze beigemessen haben. Deshalb glaubten Wir, dass es für das Verständnis der Gesetzesintentionen von größtem Nutzen wäre, diese Gesetze auf dem vorliegenden Plakat separat zu veröffentlichen. Sollte es zu einer Übertretung kommen, was Gott verhüten möge, wird man diese nicht mit Unwissenheit entschuldigen können.

Summarium der Konstitutionen:

Auf dem V. Laterankonzil, unter Leo X., 10. Sitzung, 3. Dekret, wurde festgelegt, dass in Rom keine Bücher oder Schriften irgendwelcher Art ohne vorherige Prüfung durch die Revisoren und ohne schriftliche Erlaubnis des Kardinalvikars oder des Vicegerente und des Magister Sacri Palatii gedruckt werden dürfen, bei Strafe der großen Exkommunikation als Tatstrafe. Übertreter werden zudem mit dem Verlust der Bücher und der Zahlung von 100 sc. an die Kirchenfabrik von St. Peter bestraft, die Drucker mit einem einjährigen Berufsverbot. Dieses Konzilsdekret findet sich zum einen im »Bullarium Romanum«, als Nr. 12 unter den Bullen Leos X., mit dem Inzipit »Inter sollicitudines«. Zum anderen wurde diese Konstitution von Clemens VIII. erneuert, wie aus der 10. Indexregel deutlich wird.

Dazu bedenke man das am 20. [*richtig: 13.*] November 1659 auf Befehl Alexanders VII. veröffentlichte Bando mit, welches so lange in Kraft bleiben soll, wie es im Ermessen des Hl. Stuhls liegt: Danach zieht sich jeder, gleich welchen Standes und welcher Position, die lebenslängliche Galeerenstrafe zu, der in Rom oder im Distrikt der Stadt irgendwelche Bücher oder Schriften oder

Werke druckt oder drucken lässt oder sich daran beteiligt, ehe er das übliche Imprimatur des Magister Sacri Palatii erhalten hat, das am Ende des Drucks ausdrücklich erwähnt werden muss, auch mit dem Namen des Druckers.

Gemäß dem Dekret Pauls V. in der Inquisitionskongregation »coram Sanctissimo« vom 11. Juni 1620 ist es in der gesamten Provinz Rom verboten, Bücher ohne die vom Laterankonzil und von den durch Clemens VIII. bestätigten Indexregeln vorgeschriebenen Genehmigungen zu drucken. Auch dürfen Buchhändler keine solchen Bücher oder Drucksachen verkaufen, die ohne Vorprüfung und Approbation der zuständigen Oberen erschienen sind, bei den Strafen der Konstitution Leos X. und zusätzlichen Körperstrafen. Man beachte auch, dass Approbation und Druckgenehmigung, die in Rom der Kardinalvikar und der Magister Sacri Palatii erteilen, in der römischen Provinz durch den Ordinarius am Druckort und – sofern es keinen zuständigen Inquisitor gibt – durch den vom Magister Sacri Palatii eingesetzten Vikar erteilt werden, gemäß demselben Dekret Pauls V.

Im Dekret der 4. Sitzung des Trienter Konzils über Druck und Gebrauch sakraler Bücher (»Vulgata-Dekret«) wurde bestimmt, dass Bücher oder Traktate über sakrale Themen ohne Nennung des Autors weder gedruckt noch in Druck gegeben werden dürfen, sofern sie nicht vorher durch die zuständigen Oberen approbiert worden sind, in Übereinstimmung mit der Erklärung des V. Laterankonzils. Auch wurde bestimmt, dass niemand Bücher oder Traktate bei sich haben, vertreiben oder verkaufen darf, die im Widerspruch zu diesem Dekret entstanden sind, bei Strafe der Exkommunikation und einer Geldstrafe von 100 sc. Und mit Verweis auf den Kanon des Lateranense wollen Wir darauf hinweisen, dass die Exkommunikation ipso facto erfolgt.

Die im Namen Clemens' VIII. ergänzte Indexregel »Der Druck von Büchern. § I« schreibt absolut und allgemein vor, dass auf dem Titelblatt Vorname, Nachname und Herkunft des Autors ausgewiesen sein müssen. Dazu ist zu sagen, dass der richtige Name des Autors, nicht aber ein Pseudonym gemeint ist, denn sonst würde die Intention des Konzils und die Indexregel bewusst falsch ausgelegt werden. Unter bestimmten Voraussetzungen jedoch könnte es opportun sein, ein Buch zu genehmigen, das den Namen des Autors verschweigt, wobei dann die Namen der Revisoren, die das Buch approbiert haben, genannt werden müssen.

Dieselbe Indexregel, § III, enthält die Vorschrift, dass am Beginn und am Ende des Buchs der Name des Druckers, Druckort und -jahr erscheinen. Auch darunter sind die echten und realen Angaben zu Drucker, Druckort und -jahr zu verstehen, nicht aber falsche oder Phantasienamen und -orte, und zwar aus denselben Gründen, die oben bei der Behandlung der Autorennamen genannt wurden.

Per Dekret Urbans VIII., das im »Bullarium Romanum« die Konstitution Nr. 50 ist und mit den Worten »Sanctissimus Dominus Noster« beginnt, ergeht folgende Verordnung: Keinem Bewohner Roms und des Kirchenstaats, in den mediat oder immediat der päpstlichen Herrschaft unterworfenen Gebieten, ist es erlaubt, ein von ihnen an irgendeinem Ort verfasstes Buch andernorts in Druck zu geben, ohne dass dieses vorher durchgesehen und, in Rom, durch den Kardinalvikar und Magister Sacri Palatii bzw. außerhalb durch den Ordinarius jenes Ortes, von dem es verschickt werden soll, und – wenn vorhanden – den Inquisitor bzw. – wenn nicht vorhanden – durch den vom Magister Sacri Palatii eingesetzten Vikar approbiert worden ist. Der Verstoß gegen dieses Dekret wird mit dem Verbot der widerrechtlich gedruckten Bücher bestraft, das ipso facto und ohne weitere ausdrückliche Bekanntmachung des Verbots eintrete. Zudem drohen Strafen, die der Papst nach seinem Ermessen festlegt. Auch ist darauf hinzuweisen, dass im Fall, dass die zum Druck ausgeführten Bücher an dem Druckort ohne Prüfung und Approbation der zuständigen Oberen erscheinen, sich die Drucker bzw. die Auftraggeber diejenigen Strafen zuziehen, die das Lateranense vorgeschrieben hat.

Schließlich erinnern Wir an die noch schärferen Strafen, welche die Bulle »In coena Domini« gegen diejenigen vorsieht, die häretische Bücher oder Schriften drucken oder drucken lassen. Gleichermaßen erinnern Wir an das Verbot, Schmähschriften zu drucken oder drucken zu lassen, nicht nur bei den Strafen der heiligen Kanones, sondern auch der zivilen Gesetze.

Derart wichtige apostolische Konstitutionen und Dekrete, deren Übertretung Todsünde, Exkommunikation und viele schwere zeitliche Strafen nach sich zieht, müssen unbedingt von den Druckern und allen anderen, die Bücher oder irgendwelche Schriften drucken lassen wollen, exakt und treu beachtet werden. Und damit niemand Unwissenheit vorschützen kann, ordnen Wir kraft Unserer Amtsgewalt an, dass jeder Drucker im Hauptraum seiner Druckerei ein Exemplar dieses Summarium sichtbar anschlägt; und dass er jeden seiner Mitarbeiter vor Einstellung auffordert, sich dieses Summarium gründlich durchzulesen, bei Strafe des Berufsverbots.

Nach Rücksprache mit dem Papst ordnete der Unterzeichnete an, die genannten Konstitutionen und Dekrete einzuhalten. Zum Zeugnis dessen usw.

Gegeben zu Rom […].

B 12 | 1729 März 25: Edikt des Magister Sacri Palatii

Edikt
des Magister Sacri Palatii

Zu einer guten Regierung gehört, dass mit aller Wachsamkeit, aber auch der gebotenen Umsicht Vorkehrungen getroffen werden, damit aus der Druckkunst keine Missstände und Unannehmlichkeiten erwachsen. Also erlaubt sich der hochwürdigste Pater Magister Sacri Palatii, auf ausdrücklichen mündlichen Befehl des Papstes und aufgrund eigener Amtsgewalt, die folgenden Vorkehrungen im Sinne Seiner Heiligkeit zu treffen, und erteilt den folgenden Befehl:

1. Keiner darf in Zukunft eine Druckerei unter eigenem Namen betreiben, ehe er vom Magister Sacri Palatii approbiert worden ist, den Eid vorschriftsmäßiger Berufsausübung in dessen Hände geleistet und bei dieser Gelegenheit auch ein entsprechendes Patent erworben hat. Dieses Patent stellt der Magister Sacri Palatii gratis denjenigen aus, die er für diesen Beruf geeignet befunden hat, und hält es für die Zukunft in seinem Patentregister fest. Dies ist so zu verstehen, dass auch Druckherren, die schon eine Druckerei unter eigenem Namen betreiben, innerhalb von 15 Tagen nach Veröffentlichung dieses Edikts vor dem Magister Sacri Palatii zu dem genannten Zweck zu erscheinen haben.
2. Ein Drucker, der jetzt oder in Zukunft eine Druckerei unter eigenem Namen betreibt, darf diese an keinem anderen als an dem von ihm angegebenen und im Patent genannten Ort betreiben. Sollte er veranlasst sein, die Druckerei an einen anderen Ort zu verlegen, darf die Verlegung erst geschehen, nachdem der Magister Sacri Palatii darüber in Kenntnis gesetzt worden ist und der neue Ort im Patent und im Patentregister notiert wurde.
3. Sofern eine Druckerei nicht in einem Haus, sondern einem frei zugänglichen Ladengeschäft untergebracht ist, darf diese nicht offen und für alle Augen einsehbar betrieben werden, sondern hinter Fenstern oder anderem Sichtschutz.
4. Inhaber von Druckereien, die unter dem Namen Verstorbener oder unter dem Namen, Zeichen oder Titel »Erben« geführt werden, müssen dennoch vom Pater Magister das oben vorgeschriebene Patent erwirken, damit die Druckerei einer bestimmten Person, die auch persönlich zur Tauglichkeitsfeststellung zu erscheinen und den Eid wie oben angegeben abzulegen hat, zuschreibbar ist. Andernfalls besteht keine Betriebserlaubnis für die Druckerei. Zur Abwendung möglicher negativer Folgen will der Pater Magister, dass stets eine bestimmte Person benennbar ist, die bei einem Gesetzesverstoß zur Rechenschaft gezogen und haftbar gemacht werden kann.
5. Wenn eine Person durch Überlassung, Vertrag, Verkauf, Kauf, Schenkung oder Nachfolge oder auf andere Weise in den Besitz einer Druckerei gelangt ist, darf er diese erst betreiben, nachdem er vom Pater Magister approbiert

wurde und das oben genannte Patent erhalten hat. Dies ist so zu verstehen, dass jedes Mal, wenn ein neuer Drucker ein Geschäft übernimmt, dieser auch auf die oben genannte Weise approbiert und patentiert werden muss, denn mit dem Wechsel der Person des Druckers findet schließlich auch ein Wechsel der persönlichen Eigenschaften statt.

6. Um Gelegenheiten und Einladungen zu Betrügereien und Verstößen gegen die Gesetze zu beseitigen, wird den Druckern untersagt, Druckerpressen aus ihrer Druckerei oder ihrem Geschäft wegzuschaffen oder sie in ihrem Ladengeschäft an einem versteckten Winkel aufzustellen. Wurden Pressen fortgeschafft oder versteckt, muss eine Täuschungsabsicht des jeweiligen Druckers angenommen werden, so dass gegen ihn unter Ausschöpfung des vollen Strafumfangs vorgegangen werden kann.

Es ergeht die Mahnung an alle, dieses Edikt und die darin enthaltenen Anordnungen peinlich genau zu befolgen. Wer sich als ungehorsam erweist oder gegen einzelne Anordnungen verstößt, wird – ebenso wie etwaige Komplizen und Mittäter – mit dem Verlust der Typen, Pressen und der anderen Arbeitsinstrumente wie auch mit ewigem Berufsverbot plus einer Geldstrafe in Höhe von 500 sc., über deren Verwendung der Magister Sacri Palatii nach seinem Ermessen entscheidet, gegebenenfalls auch mit Körperstrafen bestraft, wobei die Bestrafung tatsächlich und unnachgiebig vorgenommen wird, ohne dass eine Entschuldigung oder Ausrede angenommen würde.

Dieses Edikt verpflichtet, sobald es in Rom an den üblichen Orten veröffentlicht worden ist, jeden einzelnen so, als sei es ihm persönlich bekannt gemacht worden.

Gegeben im Vatikan-Palast […].

B 13 | 1730 August 30: Edikt des Camerlengo

Edikt
über Handschriften und Manuskripte

Kardinal Annibale von S. Clemente, durch Gottes Erbarmen
Bischof von Sabina, Camerlengo der Hl. Römischen Kirche

In seiner väterlichen Liebe und seinem Eifer liegt es dem Papst sehr am Herzen, dass gebundene Manuskripte und andere Handschriften, sowohl privaten wie öffentlichen Charakters, erhalten bleiben, weshalb es untersagt werden soll, dass Gewerbetreibende oder andere Personen in Rom solche Schriften ohne die nötige Erlaubnis kaufen oder verkaufen. Auf ausdrücklichen, mündlich erteilten Befehl Seiner Heiligkeit und aufgrund eigener Amtsgewalt wollen Wir deshalb die früher von Uns oder Unseren Vorgängern erlassenen Bandi, vor allem das Bando vom 30. September 1704, erneuern, bestätigen und ergänzen, indem Wir Folgendes erneut erklären und befehlen:

Niemand, welchen Standes und welchen Geschlechtes er auch sei, wage es, unter irgendeinem Vorwand irgendwelche handschriftlichen Bücher (italienische, lateinische, griechische, hebräische oder anderssprachige; aus Pergament oder Papier; ganze oder auch zerteilte, beschädigte oder ungebundene) oder Urkunden, Prozessakten, Inventare, Briefe, Bullen, Breven, Diplome oder andere handgeschriebenen Schriftstücke, wie immer man sie auch bezeichnen könnte, zu verkaufen oder zu kaufen. Es sei denn man hat vor dem tatsächlichen Verkauf oder spätestens vor der Aushändigung der Handschriften an den Käufer eine spezielle schriftliche Lizenz des Präfekten des Archivs der Engelsburg (Msgr. Domenico Riviera) oder des Kustoden des Vatikanischen Geheimarchivs (Herr Kanoniker Pietro Donino de Pretis) erhalten, die eine solche Lizenz gratis in Unserem Namen erteilen. Übertreter, also solche, die ohne die besagte Lizenz Handschriften kaufen oder verkaufen, haften jeweils auf das Ganze für alle Verluste und Zinsen, die dem rechtmäßigen Eigentümer der Handschriften oder anderen Interessierten durch den Kauf oder Verkauf entstanden sind. Außerdem werden sie mit öffentlich vollzogenem dreimaligen Hochziehen an der Winde sowie mit einer Geldstrafe in Höhe von 200 sc. bestraft, die an die Camera Apostolica zu entrichten ist, die wiederum die Hälfte davon dem Denunzianten auszahlt, der den verbotenen Kauf bzw. Verkauf angezeigt hat und dessen Identität geheim gehalten wird.

Aus denselben Gründen befehlen Wir allen Buchhändlern, Gemischtwarenhändlern, (Blatt-)Goldschlägern, Papierwarenhändlern, Malern, Trommelbauern und anderen Gewerbetreibenden, innerhalb von acht Tagen nach Bekanntgabe dieses Edikts, an den genannten Msgr. Riviera oder Herrn Kanoniker De Pretis Meldung zu machen über etwaige Handschriften im oben genannten Sinne, die sich in ihren Läden oder Werkstätten befinden. Und sie sollen es ohne

Lizenz der oben genannten Herren nicht wagen oder versuchen, unter irgendeinem Vorwand Manuskripte und Schriften aufzulösen, zu zerteilen, zu zerbrechen oder überhaupt kaputtzumachen, sei es um sie zu verkaufen oder daraus Bindungen für andere Bücher herzustellen, sei es um sie auf eine andere Weise für ihr Handwerk zu gebrauchen. Bei den im zweiten Absatz genannten Strafen, die gnadenlos gegen die Übertreter zur Anwendung kommen werden.

An die oben genannten Bestimmungen sind auch alle Geistlichen aus dem Welt- und dem Ordensklerus gebunden wie auch alle anderen irgendwie privilegierten Personen, die besonders genannt zu werden verdienten. Wir erklären außerdem, dass gegen Ungehorsame rigoros vorgegangen wird, auch ex officio auf Antrag des Fiskals.

Gegeben in der Camera Apostolica [...].

B 14 | 1734 August 3: Edikt des Magister Sacri Palatii

Edikt
des Magister Sacri Palatii

Es ist Uns zur Kenntnis gekommen, dass manche Graveure ohne Unser »Incidatur« und Publicetur nach ihrem Gutdünken Kupferplatten oder Täfelchen schneiden, die von Schustern benutzt werden, um Schuhleder zu verzieren. Darüber hinaus nehmen sich die Schuster die Freiheit, die Pressen, mit denen sie das Leder über die besagten Kupferplatten und Holzbrettchen ziehen, in ihren Häusern bzw. Geschäften aufzustellen, worin Wir eine Verletzung von § 12 und § 13 Unseres allgemeinen Edikts vom 1. Juli 1728 erkennen. Wir halten es deshalb für Unsere Pflicht, aufgrund eigener Amtsgewalt und auf ausdrücklichen mündlichen Befehl Papst Clemens' XII. die Unannehmlichkeiten, die aus diesen Missständen entstehen könnten, abzuwenden und treffen daher die folgenden Vorkehrungen im Sinne Seiner Heiligkeit und ordnen Folgendes an:

1. Kein Graveur wage es, Kupferplatten oder Täfelchen mit Figuren, Blumen, Buchstaben, Bildern, Kreuzen oder anderen Motiven zu stechen, ohne zuerst Unser schriftliches »Incidatur« und dann das Publicetur erhalten zu haben.
2. Alle, besonders aber die Schuster, welche sich im Besitz solcher oben beschriebenen Kupferplatten oder Täfelchen befinden, müssen binnen acht Tagen nach Veröffentlichung dieses Edikts, die Druckplatten präsentieren, um sich deren Gebrauch genehmigen zu lassen.
3. Wer von Beruf kein von Uns anerkannter Drucker ist, darf weder in seinem Haus noch in seinem Geschäft Pressen zum Druck von Kupferstichen und Holzschnitten aufstellen, sondern muss diese von Druckern und Druckereien anfertigen lassen, die von Uns geprüft und anerkannt sind. Bei Strafe des Verlustes der Pressen, Kupferplatten und Täfelchen und 50 sc., über deren Verwendung Wir nach Unserem Ermessen entscheiden. Außerdem bei Körperstrafen nach Unserem Ermessen, wobei die Bestrafung tatsächlich und unnachgiebig ausgeführt wird, ohne dass eine Entschuldigung oder Ausrede angenommen würde.

Dieses Edikt verpflichtet, sobald es in Rom an den üblichen Orten veröffentlicht worden ist, jeden einzelnen so, als sei es ihm persönlich bekannt gemacht worden.

Gegeben zu Rom […].

B 15 | 1744 September 17: Feria-V-Dekret des Sanctum Officium

Dekret
Donnerstag, 17. September 1744

In der Generalkongregation der Hl. Römischen und Universalen Inquisition, abgehalten im apostolischen Palast auf dem Quirinal, im Beisein unseres heiligsten Herrn durch Gottes Vorsehung Papst Benedikts XIV. und der durchlauchtigsten und hochwürdigsten Herren Kardinäle der Hl. Römischen Kirche, vom hl. Apostolischen Stuhl eigens abgeordneten Generalinquisitoren gegen das Verbrechen der Häresie.

Der Frevel einiger dreister Menschen hat solche Ausmaße angenommen, dass hier in Rom Bücher und andere Schriften im Druck erscheinen, für welche die Druckerlaubnis und Approbation der geistlichen Oberen weder beantragt, geschweige denn erteilt wurden. Oft erscheinen sie mit falschen oder erfundenen Angaben zum Druckort und Drucker. Das ist ein ernster Skandal und eine Verachtung und Beleidigung der mit Umsicht erlassenen Gesetze. Die Hirtenpflicht gebietet unserem Heiligen Vater, hier in Rom diesen Missstand von der Wurzel her auszumerzen, wobei er der Ansicht ist, dass diejenigen, die ohne Scham derlei Verbrechen begehen, desto leichter zum Gehorsam gebracht werden können, je härter zukünftig die Strafe ausfällt und je gründlicher ermittelt wird:

Deshalb befiehlt und gebietet der Heilige Vater die Befolgung all dessen, was einst das Laterankonzil unter Leo X. in seiner 10. Sitzung zum Thema »Bücher« vorgeschrieben hat. Ebenso befiehlt er die Befolgung der Indexregeln, die auf Anweisung des Trienter Konzils ergingen und von Pius IV. und Clemens VIII. approbiert bzw. bestätigt wurden. Ferner sind die päpstlichen Dekrete zu befolgen, die davor warnen, irgendwelche Bücher oder Schriften in Rom ohne die vorherige Prüfung und Approbation durch den Vikar von Rom und den Magister Sacri Palatii zu drucken oder drucken zu lassen, bei Strafe des Anathems als Tatstrafe, des Verlustes der Bücher durch Verbrennung und Zahlung von 100 duc. an die Kirchenfabrik von St. Peter, wobei gegen Ungehorsame auch schwerere Strafen verhängt werden können, je nach dem wie trotzig sie sich zeigen.

Darüber hinaus unterwirft der Heilige Vater nicht nur die Drucker oder die Auftraggeber von Drucken den Strafsanktionen, mit denen das genannte Laterankonzil und spätere Päpste den Druck von Büchern in Rom ohne Approbation bzw. Lizenz des Kardinalvikars und Magister Sacri Palatii belegten und die hiermit bestätigt und, wenn nötig, auch erneuert werden. Vielmehr unterliegen diesen Strafen auch die Autoren und alle, die einen Beitrag zur Herstellung oder Verbreitung solcher illegalen Drucke leisten. Ausgenommen von diesem Strafgesetz sind nach dem Willen Seiner Heiligkeit jedoch Schriften, die dem forensischen Gebrauch und den Verhandlungen der Kardinalskongregationen oder anderer römischer Tribunale dienen. Die Advokaten müssen die für den Druck vorgesehenen Exemplare allerdings, wie üblich, eigenhändig unterschreiben und die Exemplare müssen auch mit züchtigem Griffel verfasst worden sein. Die Richter der Römischen Kurie und der Magister Sacri Palatii haben dies sorgsam zu überwachen!

Auch legt Seine Heiligkeit fest und gebietet, dass die Übertreter dieser Vorschriften, die sich gemäß der genannten Konzilskonstitution die Große Exkommunikation zugezogen haben, zukünftig (außer bei akuter Lebensgefahr) von keinem anderen als dem jeweils amtierenden Papst absolviert werden können, es sei denn jemand kann sich auf die ihm übertragene päpstliche Autorität stützen. Seine Heiligkeit ordnet außerdem an, dass die angeführten Zensuren und Reservationen auf alle Übertreter dieser Vorschriften anzuwenden sind, ungeachtet ihres Weihegrads und Stands oder ihrer Stellung und Würde, selbst wenn diese hier eigentlich eine spezielle Erwähnung verdienen würden.

Unter die Zensur und die Reservation fallen nach dem Willen des Papstes auch diejenigen, die diese Vorschriften in betrügerischer Weise umgehen und ihre Bücher und Schriften aus Rom herausschaffen, um sie an einem anderen Ort ohne Erlaubnis des Kardinalvikars und des Magister Sacri Palatii zu drucken und zu verbreiten, was eine klare Missachtung des speziellen Verbotsdekrets Urbans VIII. darstellt, das mit einem Edikt des Sanctum Officium vom Donnerstag, dem 17. September 1625, publiziert wurde.

Damit nun die Hartnäckigen durch die Härte der Strafen davon abgeschreckt werden, derartige Taten hier in Rom zu begehen, befiehlt Seine Heiligkeit schließlich, dass die für die gesamte Christenheit deputierten Kardinalinquisitoren mit angemessener Tatkraft und Wachsamkeit Übertreter ermitteln und diese, wenn sie früherer oder späterer Verstöße überführt worden sind, rigoros – auch mit Körperstrafen – bestrafen. Damit dies besser geschehen kann, erteilt der Papst der Kongregation des Sanctum Officium die Fakultät, diejenigen von der genannten Exkommunikation zu lösen, die sich aus eigenem Antrieb selbst anzeigen. Deren bei der Anzeige gemachte Aussage ist nach alter Herkunft unter dem unverbrüchlichen Siegel des Schweigens zu hüten. Sie dient dazu, dass gegen eventuelle Mittäter nach den Regeln des hl. Tribunals inquisitorisch ermittelt werden kann. […]

B 16 | 1752 März 21: Bekanntmachung des Magister Sacri Palatii

Bekanntmachung

Zwar ist durch Unser gedrucktes, angeschlagenes und publiziertes Edikt vom 5. Juli 1749, Artikel 12–13, den Graveuren, Medailleuren, Gießern, Petschierern, Druckern und Verkäufern von Abbildungen in Kupfer, Eisen, Bronze, Holz usw. bereits – bei Strafe von 200 sc., dreimaligem Hochziehen an der Winde, vorübergehendem Berufsverbot und weiteren arbiträren Strafen, je nach Lage des Falls – verboten worden, Pressen zu besitzen oder irgendwelche sakralen oder profanen Motive (ob mit oder ohne Inschriften) zu stechen, zu gießen oder zu modellieren, ohne zuvor die schriftliche Erlaubnis des Magister Sacri Palatii eingeholt zu haben. Doch wurde bekannt, dass manch einer, angeblich aus Unkenntnis dieses Bando oder in der Meinung, es sei nicht mehr gültig, sich herausgenommen hat, gegen die Vorschriften zu verstoßen. Seine Heiligkeit will nun, dass das besagte Bando vollumfänglich befolgt wird, ungeachtet irgendwelcher Vorwände oder Gewohnheiten, die für das Gegenteil angebracht werden könnten, und hat Uns den mündlichen Befehl gegeben, das Bando zu bestätigen – was Wir hiermit tun – und darüber hinaus die oben genannten Handwerker – und alle anderen, die der speziellen Erwähnung bedürfen – dazu aufzufordern, sich genauestens an die Bestimmungen der Artikel 12 und 13 zu halten.

Deren Wortlaut ist folgender, erstens: »Gleichermaßen sind alle Graveure, Drucker und Verkäufer von Kupferstichen und Holzschnitten aufgefordert, innerhalb von 30 Tagen eine Liste aller Abbildungen aus ihrem Sortiment, unter Angabe der Künstler, Drucker, Druckorte und -daten einzureichen, sich in das Buch einzutragen und alles weitere oben Genannte auszuführen. Ferner untersagen Wir bei derselben Strafe den Genannten die Unterhaltung einer Presse in ihren Häusern zum Druck der genannten Kupferstiche«.

Der zweite Artikel, also Nr. 13, lautet: »Medailleure, Schriftgießer und Petschierer, ob sie nun mit Stahl, Eisen, Bronze oder mit andere Materialien arbeiten, dürfen ohne schriftliche Lizenz des Pater Magister keine Abbildungen, weder sakrale noch profane, mit oder ohne Inschrift, stechen, gießen oder modellieren. Dasselbe gilt für alle, die Stempel, Prägeeisen oder andere Instrumente zum Abdruck der Abbildungen oder Inschriften herstellen, bei Strafe von 200 sc., dreimaligem Hochziehen an der Winde, vorübergehendem Berufsverbot und weiteren arbiträren Strafen, je nach Art des Vergehens. Ferner ist ein jeder von ihnen angehalten, Abzüge aller Abbildungen und Bildinschriften, die in die Stempel geschnitten sind, binnen eines Monats dem Pater Magister vorzulegen, damit dieser auf den Abzügen mit seiner Unterschrift die Nutzungsgenehmigung erteile.«

Gegen Übertreter wird mit unerbittlicher Härte vorgegangen, Ausnahmen und Entschuldigungen werden nicht berücksichtigt, und die hier angedrohten Strafen werden so angewandt, als wäre jedem persönlich der Inhalt dieses Bando, speziell die Artikel 12 und 13, mitgeteilt worden.

Gegeben in Unserer Wohnung im Apostolischen Palast auf dem Quirinal [...].

B 17 | 1753 September 5: Edikt des Sanctum Officium

Edikt des Sanctum Officium

Wir, Raniero D'Elci, Kardinalbischof von Porto, Giovanni Antonio Guadagni, Kardinalbischof von Frascati, Silvio Valenti, Kardinalbischof von Sabina, Nicola Lercari, Kardinalpriester von S. Pietro in Vincoli, Domenico Passionei, Kardinalpriester von S. Bernardo alle Terme, Carlo Alberto Cavalchini, Kardinalpriester von S. Maria della Pace, Don Fortunato Tamburini, Kardinalpriester von S. Callisto, und Don Gioacchino Besozzi, Kardinalpriester von S. Croce in Gerusalemme, sowie Neri Corsini, Kardinaldiakon von S. Eustachio, durch göttliches Erbarmen Kardinäle der Hl. Römischen Kirche, vom Hl. Stuhl auserwählt und deputiert als Generalinquisitoren für die gesamte Christenheit.

Die Erfahrung hat uns wiederholt gelehrt, dass manche – sei es aus Boshaftigkeit, Ungehorsam oder Unwissenheit – ihrer Pflicht nicht nachkommen, Delikte, die in den Bereich des Sanctum Officium fallen, zur Anzeige zu bringen, wodurch nicht nur die guten und christlichen Sitten, sondern auch der katholische Glaube beschädigt werden. Wir, denen uns die Ehre Gottes, die Bewahrung und Verbreitung des katholischen Glaubens und das Heil der Seelen besonders am Herzen liegen müssen, wollen deshalb mit der uns übertragenen apostolischen Autorität Vorkehrungen gegen diesen Missstand treffen. So befehlen wir mit diesem Edikt kraft des heiligen Gehorsams, bei Strafe der Exkommunikation als Tatstrafe und bei den weiteren Strafen, welche die heiligen Kanones und die päpstlichen Dekrete, Konstitutionen und Bullen vorschreiben, dass jeder, gleich welchen Standes, welchen Weihegrades oder welcher Stellung, ob in geistlichen oder weltlichen Würden, innerhalb einer Monatsfrist (mit drei peremptorischen Fristen nach 10, 20 und 30 Tagen) dem Sanctum Officium oder den Ordinarien offenbart und rechtsverbindlich anzeigt, wenn er Kenntnis besitzt oder erhält von den im Folgenden genannten Personen.

Häretiker oder solche, von denen man denkt oder denen man nachsagt, sie wären Häretiker; deren Gläubiger, Gönner, Gastgeber oder Verteidiger; Anhänger von jüdischen, islamischen oder heidnischen Riten; Apostaten.

Die Handlungen vollziehen oder vollzogen haben, aus denen man schließen kann, dass sie einen ausdrücklichen oder stillen Pakt mit einem Dämon geschlossen haben, auf die Weise nämlich, dass sie Zauber, Magie oder Wahrsagerei betreiben und dem Dämon Dampf- oder Rauchopfer darbringen, um ihn zu beschwören und seine Hilfe bei der Suche nach Schätzen oder bei anderen bösen Plänen zu erhalten, wofür sie sich dem Dämon unterwerfen und ihm Pentagramme, Bücher, Degen, Spiegel oder andere Dinge weihen, durch die der Dämon wirken solle.

Die Nekromantie oder irgendeine andere Art von Magie betreiben oder betrieben haben, bei der man sich in einem Kreis aufstellt, aus einer Flasche oder in einem Sieb liest, um Schätze oder versteckte, gestohlene oder verlorene Sachen zu finden, oder ähnliche abergläubische Handlungen zu einem anderen Zweck vollzieht, wozu meist die Sakramente oder andere heilige oder gesegnete Objekte missbraucht werden.

Die ohne gültige Lizenz Schriften zurückhalten, in denen Häresien enthalten sind, bzw. die von Häretikern verfasst sind und erklärtermaßen über die Religion handeln; oder die solche Bücher gelesen, besessen, gedruckt oder drucken lassen haben, oder solche lesen, besitzen, drucken oder drucken lassen oder importieren oder verteidigen, ganz gleich unter welchem Vorwand oder mit welcher Erklärung.

Besitzer von Büchern über Nekromantie, Magie, Zauberei oder Wahrsagerei und anderen Aberglauben, besonders wenn dieser mit dem Missbrauch heiliger Objekte einhergeht.

Die nach Ablegung des feierlichen Gelübdes in einem approbierten religiösen Orden oder nach der Ordination eine Ehe eingegangen sind oder eingehen.

Männer, die zu Lebzeiten der ersten Frau erneut heiraten, und Frauen, die zu Lebzeiten des ersten Ehemanns erneut heiraten.

Die gegen päpstliche Dekrete und Konstitutionen das Bußsakrament missbraucht haben oder missbrauchen, weil sie die Beichte oder den Beichtstuhl zu unanständigen Zwecken benutzten oder benutzen, indem sie dort zu sexuellen Handlungen verleiten oder verbotene Dinge besprechen, die mit dem Zweck der Beichte nicht vereinbar sind.

Die gegen Gott, die Hl. Jungfrau und die Heiligen häretische Gotteslästerungen geäußert haben oder äußern, oder die sich irgendwie gegen bildliche Repräsentationen dieser Heiligen missachtend äußern.

Teilnehmer von okkulten Zirkeln oder von Zusammenkünften, die die Religion schädigen oder missachten.

Die Christen dazu veranlasst haben, zum Judentum oder einer anderen dem katholischen Glauben widersprechenden Sekte überzutreten, oder die Juden oder Muslime daran gehindert haben, die Taufe zu empfangen.

Die ohne Empfang der Priesterweihe das Sakrileg gewagt haben oder es wagen, die Messe zu zelebrieren, auch wenn sie die Einsetzungsworte nicht gesprochen haben; oder die sich ohne Empfang der Priesterweihe angemaßt haben, den Gläubigen das Bußsakrament zu spenden, auch wenn es nicht zur eigentlichen Absolution gekommen ist.

Außerdem erklären wir, dass wer keine Anzeige im Sinne dieses Dekrets stellt, von niemandem die Absolution empfangen kann, bevor er die Delinquenten nicht auf die oben beschriebene Weise rechtswirksam denunziert hat, wobei anonym eingereichte Zettel oder Briefe, ohne Vor- und Zunamen des Denunzianten, im Inquisitionstribunal nicht anerkannt werden.

Auch erklären wir, dass wir mit den oben genannten Fällen, in denen das Sanctum Officium ermittelt und über die man Mitteilung machen muss, die anderen in dessen Verantwortung fallenden Fälle, die unter anderem in den heiligen Kanones und den päpstlichen Konstitutionen und Bullen erwähnt werden, nicht ausschließen. Auch wollen wir mit diesem Edikt keine anderen kanonischen oder apostolischen Verordnungen oder andere Edikte von Inquisitoren oder Ordinarien entkräften.

Damit nun niemand Unkenntnis dieses Edikts vorschützen kann, befehlen wir, dass es an den üblichen Orten in Rom ausgehängt werde, und dass man es den Bischöfen in den Orten nahe Rom, an denen es keine Inquisitoren gibt, bekannt mache, damit diese das Edikt publizieren und die Pfarrer der Diözese anweisen, es jährlich am ersten Advent und am ersten Sonntag der Osterfasten zu verlesen. Dasselbe ordnen wir für die Pfarr- und Ordenskirchen in Rom an, wo das Edikt verlesen werden möge, wenn sich eine größere Gemeinde in der Kirche versammelt hat; danach soll es an die Pforten der Kirche und der Sakristei geschlagen werden, damit beachtet werde, was hier verordnet wird.

Aus dem Palast des Sanctum Officium […].

B 18 | 1759 November 12: Edikt des Magister Sacri Palatii

Edikt des Magister Sacri Palatii

1. Da die Lektüre übler Bücher der Reinheit des katholischen Glaubens und der guten Sitten ernsten Schaden zufügt und mit der Beleidigung der Göttlichen Majestät und dem Untergang der Seelen einhergeht, erlässt Pater fr. Tommaso Agostino Ricchini, Magister Sacri Palatii und ordentlicher Richter usw., aus eigener Amtsbefugnis und auch auf ausdrücklichen, mündlichen Befehl von Papst Clemens XIII. folgende Anordnung und folgendes Verbot. Niemand wage es, ohne Erlaubnis des Magisters irgendein verbotenes oder verdächtiges Buch nach Rom ein- oder aus der Stadt auszuführen, ein solches zu behalten, zu kaufen, zu verkaufen, zu verschenken oder zu verleihen, bei Strafe des Verlustes der Bücher, einer Geldstrafe von 300 sc. und weiteren (auch körperlichen) Strafen nach Ermessen des Magisters, und dazu noch bei den in den heiligen Kanones, den Indizes der verbotenen Bücher, der Bulle »In Coena Domini« und anderen apostolischen Konstitutionen enthaltenen Zensuren und Strafen. Und falls irgendein verbotenes Buch einem Buchhändler zum Kauf angeboten werden sollte, so befiehlt es der ehrwürdige Pater, möge dieses von dem Buchhändler in Gegenwart eines benachbarten Buchhändlers und zweier Zeugen in Verwahrung genommen werden und binnen einer Frist von acht Tagen dem Pater Magister übergeben werden. Auf dieselbe Art möge auch mit Büchern verfahren werden, die auf andere Weise an den Händler gelangen, bei denselben obigen Strafen.
2. Ferner werden durch das vorliegenden Edikt sämtliche von früheren Magistri Sacri Palatii schriftlich oder mündlich erteilten Lizenzen widerrufen. Wer dem zuwiderhandelt, wird sich die bereits genannten Strafen für unerlaubten Buchbesitz zuziehen.
3. Alle Bücher, Histörchen, Gebete, Kalender, Bilder oder Abbildungen und alle nur erdenklichen Presse-Erzeugnisse, die nach Rom eingeführt werden, müssen, seien sie auch noch so geringfügig, der Zollstelle übergeben oder dem Magister bzw. seinen Gehilfen (Socii) angezeigt werden, damit diese eine ausdrückliche Lizenz ausstellen. Und die Listen der aus Rom auszuführenden Bücher sind korrekt zu führen, unter Angabe des Buchtitels, Autors und des Druckers, Druckorts und -datums, bei Strafe des Verlustes der Bücher und einer Geldstrafe von etwa 50 sc., je nachdem um was für ein Buch und was für einen Delinquenten es sich handelt.
4. Kein fliegender Händler darf nach Rom Mittel mit Rezepten einführen oder dort verkaufen, sofern diese nicht dem Pater Magister vorgezeigt und von diesem oder seinen Beauftragten approbiert worden sind; bei Strafe des Verlustes der Ware und einer Geldstrafe von 25 sc. Gold.
5. Haben Boten und Postbedienstete den Auftrag erhalten, ein Buch, sei dies auch noch so klein, an eine Person innerhalb oder außerhalb von Rom zu

liefern, müssen sie dieses vorher dem Pater Magister oder seinen Gehilfen vorzeigen oder es in der Dogana hinterlegen, bei Strafe von 50 sc. und dreimaligem Hochziehen an der Winde.

6. Römische Zollbeamte dürfen die Bücher, die täglich an ihrer Zollstelle anlanden, ohne die oben genannte Lizenz in keinem Fall für den Weitertransport auf dem Wasser- oder Landweg freigeben. Dieselbe Vorschrift gilt für die Torwächter, bei denselben Strafen.
7. Bootsführer, Matrosen, Kutscher, Boten oder fahrende Händler dürfen Buchhändler oder andere Abnehmer von Büchern bzw. anderen Waren aus Unserem Zuständigkeitsbereich nicht direkt anfahren, also ohne vorher ihre Waren in der Zollstelle deponiert zu haben, bei Strafe von 50 sc., wenn herauskommt, dass sie die Zollstelle umgangen haben. Die gleiche Strafe trifft auch den Abnehmer, zusätzlich zum Verlust der Waren.
8. Außer den anerkannten ordentlichen Buchhändlern, die über eine schriftliche Lizenz des Pater Magister verfügen, dürfen keine anderen Gewerbetreibenden – keine Krämer, Trödler oder Papierhändler – in Rom Bücher, Broschüren, Histörchen, Gebetstexte, Kalender, Horoskope, Briefe, Rezepte, Bilder, Abbildungen, Musikalien oder irgendwelche anderen, auch noch so kleinen Drucksachen verkaufen oder in Läden, auf Tischen, auf den Plätzen oder an anderen Orten der Stadt Rom Bücher, Stundengebete, Breviere oder anderes Rot-schwarz-Gedrucktes oder andere der oben genannten Sachen feilbieten. Außerdem ist es Buchhändlern (und allen anderen Berufen auch) in Rom verboten, Bücher auf Tischen zu verkaufen, gleich welche Erklärung sie dafür haben, gemäß dem Statut, das wir allen Buchhändlern zur Befolgung vorschreiben. Dazu erklären wir, dass auch Buchbinder und Papierhändler, die ja nicht unter den Begriff »Buchhändler« fallen, weder neue noch gebrauchte Bücher oder andere Druckerzeugnisse verkaufen dürfen, wie auch die Papierhändler keine gedruckten Bücher binden dürfen, sofern sie keine spezielle Erlaubnis besitzen und bevor sie keinen Eid geleistet und kein Glaubensbekenntnis gemäß den Vorschriften des neuen Index abgelegt haben. Und keiner darf eine Druckerei oder Buchhandlung oder ein ähnliches Geschäft eröffnen, ohne die Approbation unter den obigen Bedingungen und ohne ein vom Pater Magister unterzeichnetes Patent, bei Strafe des Verlustes der Bücher und einer Geldstrafe in Höhe von 50 sc., je nachdem um was für ein Buch und was für einen Delinquenten es sich handelt. Dieses Patent muss nach dem Tod des Inhabers erneuert werden.
9. Erben und Testamentsvollstrecker verstorbener Buchhändler sowie Personen, die ihren eigenen oder fremden Buchbesitz veräußern möchten, dürfen ohne eine schriftliche Lizenz des Pater Magister keine Bücher, gleich welcher Art und in welcher Anzahl, verkaufen, ausstellen, inventarisieren, schätzen lassen, in Kommission geben, veräußern oder über sie irgendwie verfügen. Verstöße werden mit dem Verlust der Bücher und einer Geldstrafe in Höhe von 200 sc. bestraft.

10. Juden, Trödler und andere Gewerbetreibende dürfen ohne Erlaubnis des Pater Magister keine Art von Büchern verkaufen, kaufen oder als Pfand annehmen. Ist dies aber schon geschehen, so müssen sie binnen acht Tagen eine Aufstellung über diese Bücher in der oben beschriebenen Art und Weise einreichen. Verstöße werden mit dem Verlust der Bücher, 50 sc. und weiteren Strafen, auch körperlichen, nach Ermessen des Pater Magister geahndet. Für den Fall, dass bei einer Pfandversteigerung durch Juden oder den Depositar der Apostolischen Kammer auch Bücher angeboten werden, sind die Verkäufer angehalten, eine ordentliche Verkaufslizenz zu beantragen und darüber hinaus die Banca de' Librari zu informieren, damit diese mitbieten kann. Ferner ordnen wir an, dass außerhalb der Auktion kein als Kaution hinterlegtes oder gepfändetes Buch verkauft werden darf, es sei denn es wurde eine neue Lizenz erteilt, bei denselben Strafen wie oben.
11. Buchhändler und Buch-Verkäufer sind gehalten, innerhalb von 30 Tagen dem Pater Magister oder seinen Gehilfen das Verzeichnis bzw. Inventar vorzulegen. Das Inventar muss sorgfältig angefertigt und persönlich unterschrieben sein. Alle Bücher im Besitz des Händlers oder Verkäufers, neue und gebrauchte, müssen darin alphabetisch aufgeführt werden, unter Nennung der Autoren, Titel, Drucker, Druckorte und -daten sowie der Anzahl der Exemplare. Eine Ausfertigung des Inventars behalten die Händler oder Verkäufer bei sich. Und innerhalb der genannten Frist hat ein jeder Buchhändler persönlich zu erscheinen, um sein Patent zu erneuern und sich in das Buch einzutragen, das zu diesem Zweck im Büro des Pater Magister geführt wird, in dem alle Buchhändler und -verkäufer notiert werden, die über eine Lizenz zur Ausübung dieses Gewerbes verfügen. Lassen sie aber diese Frist verstreichen, wird gegen die, die nicht eingeschrieben sind, so verfahren wie gegen solche, die ohne die erforderliche Lizenz Bücher verkaufen, und man wird auf sie die in Punkt 8 genannten Strafen anwenden.
12. Gleichermaßen sind alle Graveure, Drucker und Verkäufer von Kupferstichen und Holzschnitten aufgefordert, in der genannten Frist ein Verzeichnis aller Abbildungen aus ihrem Sortiment mit den Namen des Künstlers, des Druckers und unter Angabe des Druckorts und -datums einzureichen, sich in das Buch einzutragen und alles weitere oben Genannte auszuführen. Ferner untersagen Wir bei derselben Strafe den Genannten die Unterhaltung einer Presse in ihren Häusern zum Druck solcher Kupferstiche.
13. Medailleure, Schriftgießer und Petschierer, ob sie nun mit Stahl, Eisen, Bronze oder einem anderen Material arbeiten, dürfen ohne schriftliche Lizenz des Pater Magister keine Abbildungen, weder sakrale noch profane, mit oder ohne Schrift stechen, gießen oder modellieren. Dasselbe gilt für alle, die Stempel, Prägeeisen oder andere Instrumente zum Druck der Abbildungen oder Schriften herstellen, bei Strafe von 200 sc., dreimaligem Hochziehen an der Winde, vorübergehendem Berufsverbot und weiteren arbiträren Strafen, je nach Art des Vergehens. Ferner ist ein jeder von diesen gehalten, Abzüge aller Abbildungen und Bildin-

schriften, die in die Stempel geschnitten sind, binnen eines Monats dem Pater Magister vorzulegen, damit dieser darauf mit seiner Unterschrift die Nutzungsgenehmigung erteilen kann.

14. Bei von außerhalb kommenden Neu- oder Nachdrucken muss der Buchhändler dem Pater Magister jeweils ein gebundenes oder genähtes Exemplar der Lieferung vorlegen, so dass es gelesen kann. Wurde es durchgesehen und für gut erklärt, erhält der Händler es sofort zurück und die gesamte Lieferung, die in der Zwischenzeit in der Zollstelle aufbewahrt wurde, darf nach Vorlage einer schriftlichen Bescheinigung eines Gehilfen des Pater Magister eingeführt werden. Ferner wird erklärt, dass alle Anordnungen, die von dem Gehilfen des Pater Magister aus diesen oder aus anderen Anlässen in Abwesenheit der Händler an deren Angestellte oder Lehrlinge gehen, so aufzufassen und verbindlich sind, als wären sie unmittelbar den Chefs bekanntgegeben worden.
15. Ebenfalls binnen Monatsfrist haben die Drucker persönlich zu erscheinen und sich in das Buch einzuschreiben, auf dieselbe Weise wie es oben den Buchhändlern und Verkäufern von Illustrationen vorgeschrieben wird. Auch darf niemand eine Druckerei neu eröffnen, bevor er nicht wie die Buchhändler einen Eid geleistet hat, bei denselben Strafen.
16. Kein öffentlicher oder privater Drucker wage es, Bücher oder etwas anderes, auch Kleinstes, ohne schriftliche Lizenz des Pater Magister oder seiner Gehilfen zu drucken oder nachzudrucken. Auch wage es keiner, auch nur ein Wort am Text zu verändern oder einen anderen Druckort als Rom anzugeben. Stattdessen ist getreu nach dem Original zu drucken, das der Magister dem Drucker unterschrieben ausgehändigt hat. Die Auslieferung der Bücher hat zu warten, bis der Pater Magister oder einer seiner Gehilfen den Druck mit dem unterschriebenen Original, das dann, vom Autor unterschrieben, im Büro des Magister Sacri Palatii verbleibt, verglichen und schließlich die Vertriebserlaubnis erteilt hat. Tritt der Fall ein, dass ein vom Pater Magister unterschriebenes und dem Drucker bereits ausgehändigtes Manuskript doch nicht gedruckt wird, darf der Drucker das Werk nicht sofort dem Autor zurückgeben, sondern muss es zunächst wieder dem Pater Magister vorlegen, damit dieser die erteilte Lizenz wieder aufhebe, so dass, wenn der Autor es erneut hier oder woanders drucken wollte, er es erneut zur Revision und Approbation einreichen muss, da er ja am Text Änderungen vorgenommen haben könnte. Bei Strafe des Verlusts der Bücher und einer Geldstrafe in Höhe von 50 sc. Gold in allen vorgenannten Fällen.
17. Dem am 29. [*richtig: 13.*] November 1659 veröffentlichten Bando Alexanders VII. folgend, erheben wir hiermit die lebenslängliche Galeerenstrafe zur Strafe für alle diejenigen, die in Rom oder im Distrikt der Stadt ohne das übliche Imprimatur bzw. ohne die übliche Druckerlaubnis Bücher oder Schriften (gereimte oder in Prosa; lateinische, italienische oder anderssprachige; zu guten und anständigen oder zu schlechten, unanständigen oder auch indifferenten Themen) drucken oder drucken lassen. Dem auf Befehl

Urbans VIII. am 28. September 1625 promulgierten Dekret der Hl. und Universalen Inquisition, das den Bewohnern Roms und des Distrikts untersagt, Bücher andernorts ohne Erlaubnis des Kardinalvikars und des Magister Sacri Palatii drucken zu lassen, fügen wir auf Befehl des Papstes als Strafe ebenfalls die lebenslängliche Galeere hinzu, zusätzlich zum Verbot des Buchs bzw. der Bücher, das ohne weitere Erklärung erfolgt.

18. Damit ihnen bekannt werde, was dieses Edikt ihnen befiehlt, und sie dieses befolgen können, sind alle Drucker, Buchhändler, Graveure, Verkäufer von Büchern und Abbildungen, Zollbedienstete, Medailleure, Boten, Spediteure, Torwächter und -schließer aufgefordert, ein Exemplar dieses Edikts in ihren Druckereien, Buchhandlungen, Läden, Zollstellen und Arbeitsräumen für jeden sichtbar auszuhängen, bei Strafe von 5 sc., die jedes Mal erhoben wird, wenn ein Versäumnis festgestellt wird. Zudem sind die Buchhändler verpflichtet, zusätzlich zu diesem Edikt einen Index librorum prohibitorum zu haben, bei derselben Strafe.
19. Alle diese Dinge werden angeordnet und befohlen bei den obengenannten Geldstrafen, die zu einem Teil guten Werken oder wohltätigen Einrichtungen oder Schreinen, zum anderen Teil den Denunzianten zugute kommen sollen, deren Identität nicht preisgegeben wird. Der Pater Magister behält sich vor, nach seinem Ermessen diese Strafen herabzusetzen oder zu verschärfen, wobei auch Körperstrafen, befristete oder unbefristete Berufsverbote sowie Exil verordnet werden können, je nachdem um was für ein Vergehen und was für Personen es sich handelt, wobei sich bei Wiederholungstaten die Strafen verschärfen. Gegen Übertreter wird mit unerbittlicher Härte vorgegangen.

Wir wollen, dass jeder an dieses Edikt, das an den üblichen Orten in Rom ausgehängt und veröffentlicht werden soll, so gebunden ist, als wäre es jedem persönlich mitgeteilt worden.

Gegeben in Unserer Wohnung im Apostolischen Palast […].

B 19 | 1761 Februar 7: Edikt des Magister Sacri Palatii

Edikt
des Magister Sacri Palatii

Trotz der Tatsache, dass mit dem zuletzt am 12. November 1760 [*richtig: 1759*] erneuerten Generaledikt allgemein darauf hingewiesen wurde, wie groß der Schaden ist, den verbotene Bücher am reinen Glauben, an den guten Sitten und am Seelenheil anrichten. Und trotz der Tatsache, dass es nicht nur bei den in jenem Edikt angedrohten Strafen, die den Verlust solcher Bücher, 300 sc. Strafgeld und auch Körperstrafen umfassen, sondern auch bei den Zensuren und Strafen des allgemeinen Kirchenrechts, der Index-Regeln und weiterer Apostolischer Konstitutionen ausdrücklich verboten ist, solche Art Bücher ohne ausdrückliche schriftliche Genehmigung des Magister Sacri Palatii zu lesen, zu behalten, einzuführen, zu verpfänden, zu verkaufen oder zu verschenken. Trotzdem haben Wir zu Unserem großen Missfallen Kenntnis davon erhalten, dass sich einige die Freiheit nehmen, gefährliche oder explizit oder durch die allgemeinen Index-Regeln verbotene Bücher zu kaufen, zu verkaufen, zu lesen, zu verteilen oder zu leihen.

Daher ordnet Pater fr. Tommaso Agostino Ricchini, Magister Sacri Palatii, Ordentlicher Richter usw., kraft eigener Amtsgewalt, aber auch auf mündliche Anweisung Papst Clemens' XIII. an, das oben genannte Edikt bei den angegebenen Strafen genau und vollständig zu befolgen. Das Edikt, das man sich hier Wort für Wort wiedergegeben vorstelle, wird somit also bestätigt und erneuert.

Darüber hinaus ordnet der Pater Magister gemäß der mündlichen Anweisung des Papstes an, dass kein Buchhändler Bücher ohne seine schriftlich erteilte Erlaubnis anbieten darf. Um eine solche Lizenz zu erhalten, sind die Buchhändler gehalten, innerhalb von 30 Tagen nach Anschlag dieses Edikts dem Pater Magister ein Verzeichnis aller bei ihnen zum Verkauf vorrätigen Bücher vorzulegen und Monat für Monat ein Ergänzungsverzeichnis mit den neu ins Sortiment aufgenommenen römischen und von außerhalb eingeführten Titeln einzureichen. Von da an dürfen die Buchhändler ausschließlich jene Bücher vorrätig halten und verkaufen, die von dem Pater Magister auf Grundlage des eingereichten Verzeichnisses approbiert worden sind. Dieses vom Pater Magister unterschriebene Originalverzeichnis verbleibe bei dem jeweiligen Buchhändler, während der Magister eine Kopie behält. Wird aber in der Buchhandlung oder im Haus eines Buchhändlers ein Buch gefunden, welches im Verzeichnis fehlt oder vom Pater Magister nicht approbiert wurde, wird gegen den Buchhändler wie gegen einen vorgegangen, der verbotene Bücher besitzt.

Ebenso dürfen künftig weder Buchhändler noch andere Personen Bibliotheken kaufen oder verkaufen, ohne vorher dem Pater Magister ein Verzeichnis der darin enthaltenen Bücher vorgelegt zu haben. Der Pater Magister erteilt dann die nötige Genehmigung, gegebenenfalls aber nur unter bestimmten Auflagen, wenn er dies für notwendig und opportun erachtet.

Und damit Buchhändler sich nicht den genannten Anordnungen und Strafen unter Berufung auf bestimmte ältere Lizenzen oder päpstliche Reskripte entziehen, erklären Wir gemäß der mündlichen päpstlichen Anordnung und geben bekannt, dass sämtliche eventuellen Lizenzen, selbst wenn sie in Form eines päpstlichen Breve oder Reskripts ergingen, mit diesem Edikt annulliert, kassiert und abgeschafft bleiben, so dass sie in Zukunft keine Geltung mehr haben und niemandem bei der Umgehung der Strafen von Nutzen sein können.

Mit Blick auf den Schaden aber, den die besagten Buchhändler erleiden würden, wenn sie sich aller gekauften oder noch zu kaufender verbotener Bücher entledigen müssten, hat es unser Heiliger Vater, der die Verkörperung der Milde ist, dem Pater Magister anheimgestellt, Gegenmaßnahmen zu ergreifen, die ihm geeignet erscheinen, um Schaden vom Geschäft der Buchhändler abzuwenden, der möglicherweise aus der Umsetzung des vorliegenden Edikts resultieren könnte.

Zuletzt will der Heilige Vater noch allgemein an das Dekret erinnern, welches das Sanctum Officium auf Befehl Benedikts XIV. seligen Angedenkens am 17. September 1744 ausgegeben hat. Dieses beinhaltet – außer den oben angeführten Geld- und Körperstrafen – das allgemeine Verbot, Bücher und Schriften zu drucken, drucken zu lassen, zu verkaufen oder zu verbreiten, die nicht durch Approbation, Genehmigung bzw. Imprimatur des Kardinalvikars und des Magister Sacri Palatii genehmigt worden sind, und dies bei Strafe der Exkommunikation, von der nur der Papst lösen kann, wobei den angedrohten Strafen und Zensuren nicht nur die Autoren, Drucker, Verkäufer oder Verbreiter der Bücher verfallen, sondern auch diejenigen, die auf irgendeine Weise sich am Druck, Verkauf oder Vertrieb beteiligt haben. Erklärend dazu sei darauf hingewiesen, dass gegen Ungehorsame und Übertreter und ihre Komplizen nicht nur nach Eingang einer Anzeige oder nach einer Klage, sondern auch von Amts wegen vorgegangen wird.

Und damit nun niemand Unkenntnis der Vorschriften dieses Edikts vorschützen kann, ergeht an alle Buchhändler, Drucker und Verkäufer die Anordnung, ein Exemplar dieses Edikts in ihren Geschäftsräumen offen sichtbar auszuhängen. Außerdem ist es an den üblichen Plätzen in Rom öffentlich anzuschlagen, wodurch es für jeden so verbindlich wird, als wäre es einem jeden persönlich zur Kenntnis gebracht worden.

Gegeben in Unserer Wohnung im Apostolischen Palast [...].

B 20 | 1825 August 18: Edikt des Kardinalvikars von Rom

Edikt
über die Prüfung von Druckschriften in Rom
vom 18 August 1825

Don Placido Zurla OSBCam, der Hl. Römischen Kirche
Kardinalpriester von S. Croce in Gerusalemme, Generalvikar
Seiner Heiligkeit, Ordentlicher Richter von Rom
und dem Distrikt der Stadt usw.

Die Erfindung, der Fortschritt und die Vollendung der Techniken, welche die Frucht sind der sukzessiven Weiterentwicklung menschlichen Ideenreichtums, haben immer dann dazu beitragen, das Leben angenehmer zu machen, und den Menschen Ordnung und Zivilisation beschert, wenn man sie mit gesundem und lichtem Verstand gebrauchte. Immer dann aber, wenn man sie missbrauchte, brachte die Technik der Gesellschaft Sittenverfall und Laster, die unheilvolle Vorboten gesellschaftlicher Unruhe und des Verfalls des menschlichen Geistes sind. Zu den nützlichsten Techniken müssen sicherlich die Typographie und jede weitere Art des Drucks gezählt werden, wodurch sich Erhellendes leicht und schnell verbreiten lässt und sich die Menschen auf diese Weise untereinander helfen, außerdem die Kunsttechniken, die die Natur nachahmen und die im Menschen lebhafte und feine Empfindungen hervorrufen, den Geschmack formen und den Menschen erziehen und seine Bauten schmücken. Aber der Missbrauch, der mit dieser Technik betrieben wurde, und den man besonders heute betreibt, ist so groß, dass statt mit der Presse die Wahrheit zu propagieren, viel häufiger Lügen verbreitet werden. Statt die Presse als Mittel zur Verteidigung und zur Lehre unserer heiligen Religion zu verwenden, benutzt man sie lieber, um die Dogmen und den Kultus anzugreifen und die Fundamente der Religion zum Einsturz zu bringen. Statt mit den schönen Künsten nach gesitteter Liebenswürdigkeit zu streben, verbreitet und erweckt man Sittenlosigkeit, Libertinage und Unmoral aller Art.

Stets haben kluge Herrscher Maßnahmen gegen den Missbrauch dieser Technik und die daraus resultierenden Unruhen ergriffen, doch war der Bedarf daran nie größer als heutzutage. Der Heilige Vater – dem dies als Herrscher und oberstem Hirte doppelt obliegt, und der den Wunsch hat, uns besser zu schützen, und der dem Beispiel seiner glorreichen Vorgänger und den Spuren des letzten Laterankonzils, 10. Sitzung, den Indexregeln und den späteren, mit klugem Rat zu verschiedenen Zeiten erlassenen Dekreten folgt – hat Uns deshalb ausdrücklich befohlen, die folgende Verordnung zu erlassen.

Abschnitt I
Revision vor dem Druck, Imprimatur und Veröffentlichung

1. In Rom wird ein Rat für die Vor-Druck-Revision gebildet, der in fünf Klassen gemäß den Kollegien der Universität eingeteilt wird.
2. Jede Klasse des neuen Rats wird sich aus vier Personen zusammensetzen, die aus den Mitgliedern des entsprechenden Universitätskollegiums ausgewählt werden.
3. Da nun aber jedes Werk zusätzlich zur Revision in der Klasse, in die es gehört, auch von der theologischen Klasse geprüft wird, damit dort nichts gegen die heiligen Interessen der Religion und der guten Moral stehen bleibe, sollen alle Mitglieder des theologischen Kollegiums ex officio auch Mitglieder des Rats für die Revision sein.
4. Der Magister Sacri Palatii, dem die Autoren ihre Manuskripte einreichen, beauftragt mit der Revision diejenigen Mitglieder des Rates, die nach Art des Werkes dafür zuständig sind und welche die Autoren ihm vorschlagen.
5. Die auf diese Weise ausgewählten Revisoren sind verpflichtet, ihre Voten schriftlich zu verfassen, wobei sie die Gründe darlegen sollen, weshalb sie die Veröffentlichung des beurteilten Buchs empfehlen oder davon abraten. Korrekturbedürftige oder zu tilgende Passagen müssen zitiert werden. Der theologische Revisor hat sich, wenn das Buch nicht in den Bereich der Theologie gehört, auf die Erteilung des »Nihil obstat« zu beschränken, sofern er das Buch befürwortet. Fällt seine Beurteilung jedoch negativ aus, ist er gehalten, ein schriftliches Votum zu verfassen, in dem er die Gründe nennt und die Passagen zitiert, welche er für suspekt oder für irrig erachtet.
6. Ist das Votum des Revisors zufriedenstellend, gibt der Magister Sacri Palatii von seiner Seite aus das Imprimatur und gibt das mit dem »Imprimatur«-Vermerk versehene Votum an Uns weiter. Gibt es Unsererseits keine Einwände, fügen Wir Unsere Approbation an. Sind die Autoren mit Unserer oder der Entscheidung des Magister Sacri Palatii aber nicht einverstanden, haben sie die Möglichkeit, auf dem Weg der Appellation an die Studienkongregation heranzutreten, um eine zweite Prüfung zu beantragen.
7. Sind die Autoren öffentliche Professoren oder Mitglieder eines Kollegiums der Universität, sind ihre Werke von diesem Verfahren ausgenommen. Die Zensur fällt in diesem Fall in den alleinigen Zuständigkeitsbereich der Studienkongregation, die allerdings gehalten ist, Uns und dem Magister Sacri Palatii ihre Approbation weiterzureichen, damit das Werk, wie alle anderen Werke auch, beide Imprimaturen erhalte.
8. Die Revisoren müssen sowohl bei der ersten wie bei der zweiten Prüfung in ihren schriftlichen Voten deutlich davor warnen, wenn sie denken, dass das Thema des Buchs als Ganzes oder einzelne Aspekte oder Ausdrücke in dem Buch geeignet sind, den Ärger auswärtiger Regierungen zu erregen oder gefahrliche Kontroversen auszulösen. In solchen Fällen darf das Buch

nicht ohne Erlaubnis des Staatssekretariates publiziert werden, die es Uns und dem Magister Sacri Palatii bzw. dem Präfekten der Studienkongregation mitteilt, je nach dem in welcher Instanz sich das Verfahren gegen das gemeldete Werk befindet.

9. Ferner müssen die Revisoren in ihren Gutachten erklären, falls ein Buch, wenn es zwar nichts gegen den rechten Glauben, die guten Sitten und die öffentliche Ordnung enthält, dennoch nicht in Druck gehen sollte, weil es keinen Sinn hat oder gegen den guten Geschmack verstößt.
10. Unter dem Begriff »Werk« sind hier nicht nur Bücher zu verstehen, sondern darüber hinaus alle weiteren Presse-Erzeugnisse, etwa solche, die durch Gravur oder Lithografie oder mit anderen Techniken hergestellt werden. Ausgenommen sind allein reine Schmuckobjekte, bei denen keine verdächtigen Anspielungen zu befürchten sind.
11. Niemand erlaube sich zukünftig, in Rom oder in den umliegenden Orten, die sich im Zuständigkeitsbereich des Magister Sacri Palatii befinden, ohne Genehmigung öffentlich sichtbare Monumente mit Inschriften zu setzen. Bei der Genehmigung gelten dieselben Regeln wie für alle anderen Publikationen, wobei zusätzlich die Würde dieser Stadt zu berücksichtigen ist, welche durch unkorrekte öffentliche Inschriften verletzt werden könnte, wobei Rechtschreibfehler noch das kleinste Übel sind.
12. Nachdem die Werke das Imprimatur erhalten haben, verbleiben sie so lange beim Magister Sacri Palatii, bis der vom Autor beauftragte Drucker diese abholt. Dem Drucker werden sie nur unterschrieben ausgehändigt, mit der Verpflichtung, sie dem Magister und Uns zurückzugeben, falls die Werke doch nicht gedruckt werden, damit Wir die erteilte Druckerlaubnis widerrufen können. Sollte der Autor die Werke zurückfordern, erhält er diese erst nach der Tilgung der genannten Approbationen zurück, um etwaigen Betrügereien vorzubeugen. Bei Verstoß gegen diese Vorschrift erwartet den Drucker eine einmonatige Suspendierung von seinem Beruf.
13. Um sicherzustellen, dass das gedruckte Werk auch exakt dem Manuskript oder einer anderen approbierten Kopie entspricht, hat jeder Drucker die unbedingte Pflicht, das Manuskript oder die approbierte Kopie zusammen mit einem Exemplar des Drucks dem Magister Sacri Palatii zu bringen, der nach genauer Prüfung dann das unbedingt erforderliche Publicetur erteilt. Bei Verstoß gegen diese Vorschrift erwartet den Drucker die Konfiszierung der gesamten Auflage des Drucks.
14. Alles, was oben in Bezug auf die Drucker gesagt wurde, gilt auch für Graveure, Lithografen, Gießer und alle anderen Druck- und Bildkünstler, mit Ausnahme von reinen Schmuckobjekten ohne verdächtige Anspielungen, bei der oben angedrohten Strafe der Konfiszierung.

Abschnitt II
Ein- und Ausfuhr von Büchern, Drucken und Bildwerken nach und aus Rom

1. Von Uns wird eine Deputation von Inspektoren eingesetzt zur Revision von Büchern, Drucken und Bildwerken an der Zollstelle.
2. Aufgabe der Inspektoren wird sein, die oben genannten Objekte zu inspizieren. Ergibt sich aus der Inspektion kein Anlass, die Einfuhr zu stoppen, stellen die Inspektoren den Eigentümern nach den von uns ausgegebenen Vorschriften ein Zertifikat aus, das, vom Magister Sacri Palatii unterschrieben, den Eigentümer zur Entnahme der Gegenstände aus der Zollstelle berechtigt. Ergeben sich aus der Inspektion allerdings Hinderungsgründe für die Freigabe der Objekte, ist dem Magister Sacri Palatii Meldung zu machen, der dann die weiteren Anweisungen erteilt.
3. Buchhändler dürfen keine Bücher annehmen, die durch die allgemeinen Indexregeln oder durch einen eigenen Eintrag im Index verboten sind, es sei denn sie handeln im Auftrag eines Inhabers einer Sondergenehmigung, nie aber dürfen diese Bücher in den freien Verkauf gelangen.
4. Um möglichem Betrug vorzubeugen, hat jede Bestellung von verbotenen Büchern schriftlich zu geschehen. Sie muss eigenhändig vom Kunden unterschrieben und dann dem Magister Sacri Palatii vorgelegt werden, der den Antrag nach eigenem Ermessen genehmigt. Die Genehmigung wird dem Antragsteller schriftlich erteilt und sie gestattet dem Kunden und für ihn dem beauftragten Buchhändler, das gewünschte verbotene Werk zu empfangen.
5. Die Buchhändler müssen sich vom Kunden die Aushändigung des verbotenen Werkes quittieren lassen. Die Quittung müssen sie aufheben, um dem Magister Sacri Palatii Rechenschaft über ihr Gebaren geben zu können.
6. Die Deputation der Inspektoren hat zu diesem Zweck jedes verbotene Werk zu registrieren, das die Zollstelle verlässt. Dabei ist zu notieren, an welchen Buchhändler und zu wessen Gunsten das Werk freigegeben wurde, und am Ende eines jeden Monats ist dieses Register dem Magister Sacri Palatii zu übermitteln.
7. Wenn die Bestellung nicht über einen Buchhändler, sondern über Privatpersonen erfolgt, ist es der Besteller, der sämtliche oben genannte Vorschriften zu beachten hat. Bei Verstoß trifft in beiden Fällen Buchhändler und Besteller die Konfiszierung der bestellten Bücher.
8. Niemand darf Bücher oder Bildwerke aus Rom ausführen, ohne an der Zollstelle die entsprechende Genehmigung des Magister Sacri Palatii vorzuzeigen. Andernfalls wird er mit der Konfiszierung der Bücher, Drucke, Bildwerke usw. bestraft.
9. Alles hier Gesagte gilt für Bücher gleichermaßen wie für Drucke, Bildwerke usw. bei Strafe der Konfiszierung.

Abschnitt III
Verkauf von Büchern
und anderen oben genannten Objekten

1. Niemand darf den Beruf des Druckers oder Buchhändlers ausüben, ehe er unsere Genehmigung in Form des von Uns ausgestellten Patents erhalten hat.
2. Es wird von Uns eine Inspektoren-Deputation zur Überprüfung der Läden und Lager für die oben genannten Objekte ernannt.
3. Innerhalb eines Monats ab dem Datum dieses Edikts hat jeder, der die oben genannten Berufe ausüben möchte, bei Uns einen Antrag auf Erteilung des entsprechenden Patents zu stellen.
4. Nach Erhalt des Patents muss der Inhaber innerhalb eines Monats verbotene Bücher und obszöne oder unmoralische Objekte jeder Art anmelden und dem Magister Sacri Palatii eine genaue Beschreibung darüber vorlegen.
5. Die so angemeldeten unmoralischen Bücher und Objekte dürfen außer an Personen, die eine entsprechende Sondergenehmigung des Magister Sacri Palatii vorlegen, nicht verkauft werden, auch nicht auf Auktionen. Im Falle eines Verstoßes werden die Käufer mit der Konfiszierung ihres Kaufs bestraft, die Verkäufer mit einer einmonatigen Suspendierung von ihrem Beruf.
6. Jedes Mal, wenn ein Buchhändler ein verbotenes Buch an einen Inhaber einer Sondergenehmigung verkauft, muss er sich vom Käufer eine Quittung geben lassen, mit der er alle sechs Monate Rechenschaft über seine Verkäufe geben muss.
7. Wer mit Waren handelt, die der zensorischen Aufsicht unterliegen, muss jedes Jahr neu Auskunft über die verbotenen Stücke in seinem Sortiment geben. Die Übertreter dieses oder des vorigen Artikels werden mit einer einmonatigen Suspendierung von ihrem Beruf bestraft.
8. Die Läden und Lager unterliegen den Visitationen der Inspektoren, wann immer der Magister Sacri Palatii diese anordnet. Bei Widerstand wird der Laden geschlossen und mit Gewalt vorgegangen.
9. Das allgemeine Verbot, Bücher als Pfand oder Sicherheit anzunehmen, bleibt bestehen. Bei Verstoß wird der Kredit, für den die Bücher hinterlegt worden sind, annulliert.
10. Möchte eine Einzelperson seine Bücher verkaufen, muss er zuerst eine Aufstellung darüber dem Magister Sacri Palatii vorlegen, der den Verkauf genehmigt. Danach kann jeder Buchhändler oder eine Privatperson die Bücher kaufen. Wenn der Pater Magister die Genehmigung unter einer entsprechenden Auflage erteilt hat, ist der Verkäufer verpflichtet, diesem den Namen des Käufers zu nennen.
11. Diese Auflage wird dringend erforderlich, wenn es sich um verbotene Bücher handelt, wobei es dann der Käufer ist, der die Pflicht hat, die in der Genehmigung genannten Kautelen umzusetzen. Der Verstoß wird mit der Konfiszierung der Bücher geahndet.

12. Wer nicht einen entsprechenden Beruf ausübt, darf keine Pressen, Typen oder Druckinstrumente besitzen. Diese dürfen nicht zu Hause, sondern nur in den Werkstätten aufbewahrt werden. Der Verstoß wird bei Privatleuten mit der Konfiszierung der Gegenstände geahndet, im anderen Fall mit einer dreimonatigen Suspendierung vom Beruf.
13. Straßenhändler oder auch fliegende Händler dürfen in Zukunft keinerlei Handel mit verbotenen Büchern oder Objekten betreiben. Bei Verstoß verlieren sie ihre Bücher und Drucke.
14. Zusätzlich zu den in diesem Edikt gegen die Übertretung der Artikel angedrohten Strafen wird je nach Schwere des Verstoßes eine Geldstrafe von 10 bis 100 römischen sc. für Wiederholungstäter festgelegt.
15. Die konfiszierten Bücher werden von Uns in den öffentlichen römischen Bibliotheken deponiert, die somit zu Eigentümern werden. Die Direktoren und das Personal dürfen die Benutzung nur unter Einhaltung der Sicherheitsvorschriften gestatten, anders nicht.
16. Die Geldstrafen, die bei Wiederholungstaten erhoben werden, werden trimesterweise als Gratifikation an die von Uns ernannten Inspektoren verteilt, in Proportion zu dem geleisteten Dienst.
17. Die Ausführung der hier stehenden oder zukünftigen Vorschriften bleibt dem Magister Sacri Palatii anvertraut. Ist dazu Gewaltanwendung erforderlich, wendet er sich an Unser Kriminalgericht, das ihm nach Kräften bei der Durchsetzung Hilfe leistet.
18. Alle Verfügungen früherer Edikte oder Bekanntmachungen, inklusive etwaiger Bestimmungen in korporativen Partikularstatuten, sind, wenn sie nicht ohnehin bereits abgeschafft worden sind, außer Kraft gesetzt, sofern sie den Unseren, vom Papst autorisierten Vorschriften hier widersprechen.

Aus dem Vikariat […].

B 21 | 1836 Mai 11: Dekret der römischen Studienkongregation

Dekret der Hl. Studienkongregation
Zu befolgen bei der Veröffentlichung von Werken,
11. Mai 1836

Die Studienkongregation hat in Ausführung eines entsprechenden Auftrags Papst Gregors XVI. und auf Grundlage der ihr verliehenen Vollmachten ein festes, allgemeines und einheitliches Regelwerk für die Prüfung und Approbation von Druckwerken erlassen, so dass von nun an vor jeder Veröffentlichung einer Schrift im Kirchenstaat die folgenden Vorschriften einzuhalten sind:

1. Sofern die zur Veröffentlichung bestimmte Schrift nichts enthält, was einer Approbation entgegensteht, bringt als Erster der Inquisitor des Sanctum Officium bzw. sein Vikar, danach der Ordinarius die übliche Approbationsformel »Imprimatur« an die Schrift an.
2. Wer vom Inquisitor oder dem Bischof den Auftrag erhalten hat, ein Werk vor dem Druck zu prüfen, muss in seinem schriftlichen Gutachten erörtern, ob bereits das Thema des Werkes an sich oder ein bestimmter Aspekt oder eine darin enthaltene unvorsichtige Äußerung auswärtige Regierungen verärgern oder potenziell gefährliche Kontroversen in Gang setzen könnte. Ein solches Werk darf nicht in Druck gegeben werden, bevor nicht auch das Staatssekretariat bzw. der vom Staatssekretariat extra damit beauftragte Beamte ein Urteil darüber abgegeben hat. Sie alle geben, je nachdem in welchem Stadium der Prüfung sich das Werk befindet, die Druckerlaubnis an den Inquisitor oder den Ordinarius weiter, nicht jedoch in Form einer im Werk abzudruckenden Approbationsformel, sondern in Form eines Schreibens.
3. Unter den Begriff »Werk« fallen nicht nur Bücher, sondern auch öffentliche Inschriften und Bildwerke wie Marmor- oder Metallskulpturen, außer sie haben einen rein dekorativen Charakter oder sind zur Darstellung verbotener Inhalte ungeeignet.
4. Hat ein Werk das doppelte Imprimatur erhalten, geht es an den Inquisitor bzw. an den Vikar des Inquisitors, bis der Drucker, den der Autor beauftragt hat, um die Aushändigung bittet. Das Werk wird ihm dann unter der Auflage ausgehändigt, es dem Inquisitor oder dem Ordinarius oder deren Stellvertretern zurückzugeben, sollte es doch nicht zum Druck kommen. Danach darf das Manuskript dem Drucker oder Autor erst zurückgegeben werden, wenn darin die Approbationsformeln gelöscht worden sind, wodurch jede Möglichkeit einer betrügerischen Veränderung des Textes unterbunden wird. Der Drucker, der gegen dieses Gesetz verstößt, wird mit einem einmonatigen Berufsverbot bestraft.

5. Damit klar wird, dass das gedruckte Werk auch eins zu eins dem approbierten Manuskript entspricht, ist jeder Drucker verpflichtet, das Druckmanuskript und eines der gerade gedruckten Exemplare dem Inquisitor und Ordinarius zu bringen, die dann die notwendige Publikationsgenehmigung erteilen.
6. Alle Vorschriften, die hier für Drucker formuliert sind, gelten auch für Graveure, Lithografen und alle anderen Autoren von grafischen oder figürlichen Werken, zu denen aber nicht die rein schmückende Kunst zu zählen ist, sofern auf sie kein Verdacht fällt, dass sie unerlaubte Anspielungen enthalten könnte.
7. Wenn nun ein Werk ohne Einhaltung der oben stehenden Konditionen erschienen ist, fällt es an den Fiskus.
8. Überall dort, wo der Magister Sacri Palatii seine Amtsgewalt ausübt, bleibt das Edikt des Kardinalvikars vom 18. August 1825 in Kraft.

Das vorliegende Dekret wurde von Papst Gregor XVI. genehmigt und durch seine Autorität bestätigt. Nichts, was dazu im Widerspruch stehen könnte, steht dem entgegen.

Gegeben in der Studienkongregation […].

B 22 | 1847 März 15: Edikt des Staatssekretärs

Edikt

Pasquale Gizzi, Kardinalpriester von S. Pudenziana,
Staatssekretär Papst Pius' IX. usw.

Der Buchdruck ist eine Erfindung, welche die Macht des Wortes ungeheuer gesteigert hat, und durch die Gutes wie Schlechtes, Wahres wie Falsches verbreitet worden ist. Von Beginn an haben sich deshalb die Päpste intensiv mit diesem Thema beschäftigt, sie förderten die nutzbringende Verwendung des Buchdrucks, die daraus resultierenden Gefahren aber bekämpften sie. Strahlende Zeugnisse dieser Politik sind die römischen Druckereien, die unter päpstlicher Protektion zu großer Berühmtheit gelangt sind, sowie außerhalb von Rom die Druckereien, die unter der Protektion der Bischöfe entstanden, und ferner die päpstlichen Gesetze, welche dem Missbrauch dieser edlen Technik Einhalt gebieten sollen, so dass diese die Geister bereichere, nicht aber den Glauben und die Sitten der Menschen verderbe.

Inhaltlich mussten diese Gesetze freilich nach und nach angepasst werden, denn mit der steigenden Zahl der Autoren und Druckerzeugnisse erwies sich die Revision der Texte durch Zensoren der herkömmlichen Art als zu langsam und fehleranfällig. In kluger Vorausschau leitete Papst Leo XII. deshalb durch das Edikt seines Kardinalvikars vom 18. August 1825 Maßnahmen zur Beschleunigung und Gewährleistung der Zensur ein. Dieses Edikt soll nach dem Willen des gegenwärtigen Papstes in Hinblick auf die wissenschaftliche, moralische und religiöse Zensur in Kraft bleiben. In Hinblick auf die politische Zensur aber schreibt das Edikt (Abschn. 1, § 8) vor, dass, wenn eine für den Druck vorgesehene Schrift ausländischen Regierungen einen Beschwerdegrund liefern oder im (Kirchen-)Staat gefährliche Kontroversen hervorrufen könnte, die Druckerlaubnis des Staatssekretariats eingeholt werden muss. Bei der gegenwärtigen Masse an Publikationen aber, die sich aufgrund der gegenwärtigen Zeitumstände direkt oder indirekt, ganz oder in Teilen, über politische Themen äußern, ist es dem Staatssekretariat unmöglich geworden, alle Anträge mit der von den Autoren gewünschten Zügigkeit zu bearbeiten.

Seine Heiligkeit will nun verhindern, dass durch diese Situation einerseits einem, der redliche Absichten hat, die Freiheit genommen wird zu publizieren, sich andererseits gefährliche Freiräume ergeben. Nach Einholung der Meinung der zuständigen Stellen hat Seine Heiligkeit Uns deshalb angewiesen, sowohl in Rom wie auch in den Provinzen einen Zensurrat einzurichten, an den die ordentlichen geistlichen Zensoren von nun an die ihnen eingereichten Schriften politischen Inhalts weiterleiten sollen, nachdem sie diese vorher auf Verstöße gegen die Religion, die gesunde Moral und die Gesetze der Kirche geprüft haben.

In Ausführung des herrscherlichen Willens und mit der Approbation des Souveräns haben Wir deswegen das folgende Regelwerk erlassen.

Abschnitt I
Der Zensurrat

1. Den Vorsitz im römischen Zensurrat hat der Magister Sacri Palatii. Der Rat setzt sich aus höchstens fünf Mitgliedern zusammen, die durch den Papst ernannt werden, der dafür literarisch Gebildete auswählt.
2. In den Provinzhauptstädten besteht der Rat aus zwei Zensoren. Sie werden ebenfalls vom Papst ernannt, wobei der Chef der Provinz, der auch den Vorsitz im Rat übernimmt, Vorschläge macht.
3. Die Räte werden alle fünf Jahre zur Hälfte ausgewechselt. Beim ersten Wechsel entscheidet das Los. Doch können die Räte im Amt bestätigt werden, wenn der Herrscher dies wünscht.
4. Der Vorsitzende verteilt im Zensurrat die Zuständigkeiten für einzelne politische und wissenschaftliche Themen, so dass die zu begutachtenden Zeitschriften und Werke auf die jeweils zuständigen Ratsmitglieder aufgeteilt werden. Vom Votum eines Rates kann, sofern das Votum die Substanz des zu begutachtenden Werks betrifft, an den gesamten Zensurrat appelliert werden. Ebenso ist jeder der Räte frei, dem gesamten Zensurrat jene Dinge vorzutragen, über die er allein kein sicheres Urteil fällen zu können glaubt.
5. Der Zensurrat in Rom entscheidet gemäß den nachfolgenden Normen und auf eigene Verantwortung gegenüber der Regierung letztinstanzlich die an ihn angetragenen Fragen.
6. Fällt das Votum der Zensoren in den Provinzen uneinheitlich aus, obliegt das Urteil dem Vorsitzenden. Dieses Urteil ist unanfechtbar, wenn es sich um Zeitungsartikel oder um kleinere Werke handelt. Wenn es sich aber um ein Werk von größerer Bedeutung handelt, ist durch den Vorsitzenden der Zensurrat in Rom anzurufen.
7. Eine vom Zensurrat in Rom abgelehnte Schrift darf nicht einem Zensurrat der Provinzen wiedervorgelegt werden. Eine auf diese Weise erwirkte Approbation ist ungültig.

Abschnitt II
Regeln für den Zensurrat

1. Bevor der Zensurrat eine Zeitung oder ein anderes neues Periodikum approbieren kann, hat er der Generaldirektion der Polizei darüber zu berichten. Diese erteilt dann schriftlich die nötige Genehmigung, sofern über die Themen der Zeitung, die hauptsächlich beteiligten Mitarbeiter, die Erscheinungsweise und die Art der Finanzierung des Unternehmens Klarheit herrscht. Außerdem hat der verantwortliche Herausgeber bei einer angemessenen Kaution zu versichern, die Pressegesetze einzuhalten.

2. Erlaubt ist die Behandlung sämtlicher Themen aus den Bereichen Natur- und Geisteswissenschaft, Kunst und Technik sowie Politik und Zeitgeschichte, sofern die unten stehenden Vorsichtsmaßnahmen befolgt werden; auch alles, was für Landwirtschaft, Industrie, Handel, Seefahrt und Volkswirtschaft von Belang ist. Erlaubt ist auch, Regierungserlasse zu reproduzieren, nachdem sie vorher im offiziellen Anzeiger publiziert worden sind. Ebenfalls dürfen Ankündigungen religiöser Feste, öffentlicher Feiern oder Werbung, z. B. für neu erschienene Bücher, eingefügt werden, nicht aber die gerichtlichen Mitteilungen. Hierbei ist genau die Vorschrift in Art. 219 der »Regeln für Stempelung und Registratur« vom 29. Dezember 1827 einzuhalten, worauf die zuständigen Stellen Acht geben.
3. Verboten ist nicht nur alles, wodurch die Religion, die Kirche, ihre Würdenträger und ihre Diener in Verruf gebracht würden, sondern auch solches, was dem Ansehen der Magistrate, der Miliz, privater Familien und Bürger, auswärtiger Regierungen oder Mächte, von Herrscherfamilien oder ihrer Repräsentanten Schaden zufügen würde.
4. Verboten sind auch Diskussionen, durch die, direkt oder indirekt, die Untertanen zum Hass auf die Politik, die Regierungsform und die Institutionen der Papstherrschaft aufgestachelt werden würden, die die Untertanenschaft spalten oder die Auflehnung gegen das Gesetz hervorrufen würden.
5. Verboten ist die Wiedergabe von Debatten, welche auf nicht genehmigten Versammlungen stattgefunden haben.
6. Der Zensurrat ist verpflichtet, die Regierung zu informieren, wenn Drucke nicht mit den approbierten Manuskripten übereinstimmen. Auf Grundlage des Berichts des Zensurrats und nach Anhörung der Verteidigung der Beschuldigten leitet das politische Ministerium schließlich die Bestrafung des verantwortlichen Herausgebers (im Fall von autorisierten Zeitungen) bzw. des Druckers oder Vertreibers (in den anderen Fällen) ein. Die Strafen bestehen in der Konfiszierung der Exemplare und einer Geldstrafe zwischen 10 und 100 sc. Handelt es sich um Wiederholungstäter, kommt ein vorübergehendes Berufsverbot hinzu.

Die straf- oder zivilrechtliche Klage der geschädigten Parteien bei den zuständigen Gerichten bleibt hierdurch unberührt.

Aus dem Staatssekretariat [...].

B 23 | 1848 Juni 2: Schreiben Pius' IX. an den Episkopat im Kirchenstaat

An die ehrwürdigen Brüder Bischöfe und Erzbischöfe und an die geschätzten Söhne, die im Kirchenstaat mit der kanonischen Vor-Zensur von Büchern betraut sind

Ehrwürdige Brüder, geschätzte Söhne, Unseren Gruß und apostolischen Segen! In der 10. Sitzung des V. Laterankonzils und erneut in der Nr. X der von den Trienter Konzilsvätern verfassten und von Unserem Vorgänger Pius IV. approbierten Indexregeln, wie auch in anderen päpstlichen Verordnungen ist das Verbot enthalten, Bücher und Schriften ohne vorherige Prüfung und Genehmigung einer kirchlichen Autorität zu veröffentlichten. Nun wächst aber in unserer Zeit die Lust zu lesen und zu schreiben, und vor allem wächst mit jedem Tag die Zahl der Zeitungen, so dass es für die kirchlichen Zensoren jetzt schon äußerst schwierig ist, all dies mit derselben Gründlichkeit, wie man sie eigentlich erwarten müsste, zu bearbeiten. So weitet sich die Straße für die Schandtaten derer, die vorzugsweise mit Flugblättern und kleinen klandestinen Büchern die Lehre verderben und dem sakralen und öffentlichen Bereich Schaden beibringen wollen. Deren Unredlichkeit verletzt und ärgert die Gläubigen umso mehr, da man glaubt, die Bücher und Blätter seien im Rahmen der geltenden Kanones ordnungsgemäß geprüft und genehmigt worden.

Nach sorgsamer Abwägung und Beratung durch einige Unserer Brüder, die ehrwürdigen Kardinäle der Hl. Römischen Kirche, und mit Blick auf das Dekret der IV. Sitzung des Trienter Konzils, wo besondere Sanktionen bezüglich des Drucks und der Verbreitung von Büchern zu sakralen Themen zu lesen sind, haben Wir entschieden, die oben genannten Indexregeln teilweise abzuschwächen, damit die geistlichen Zensoren sorgfältiger ihre jetzt enger definierte Aufgabe erfüllen können. So wird es zukünftig nicht mehr so leicht passieren, dass Druckerzeugnisse für kirchlich approbiert gehalten werden, obschon sie in Wirklichkeit der geistlichen Zensur nur vorenthalten wurden oder aber von den geistlichen Zensoren nicht mit der gebotenen Genauigkeit untersucht werden konnten.

Indem Wir aus eigenem Antrieb und mit Unserer apostolischen Autorität das Dekret des Lateranense und die übrigen Strafbestimmungen abschwächen und neu auslegen, bestimmen und erlauben Wir, dass sich zukünftig – und zwar bis der Hl. Stuhl ein anders lautendes Gesetz erlässt – die kirchlichen Zensoren im Kirchenstaat lediglich um Texte aus den Bereichen Hl. Schrift, Theologie, Kirchengeschichte, Kirchenrecht, Natürliche Theologie, Ethik und weiteren Bereichen aus Religion und Moral kümmern, generell also um alles, was speziell Religion, Anstand und Sitte betrifft.

Demgemäß bestimmen und erlauben Wir also, dass von sämtlichen Zeitungen und Büchern allein solche nicht ohne vorherige kirchliche Zensur gedruckt werden dürfen, die, wie bereits gesagt, religiöse oder moralische Themen aufgreifen. Darüber hinaus gilt dies auch für einzelne Artikel, die ähnliche Themen aufgreifen oder an Fragen der Religion und Sitten dicht dran sind. Doch bedeutet der Erhalt dieser Unserer Erlaubnis nicht, dass einem jetzt gestattet wäre, Bücher oder Schriften neu zu verlegen oder zu übersetzen, die in früheren Dekreten von der kirchlichen Gewalt verurteilt oder verboten worden sind oder in Zukunft verboten werden.

Wenn aber jemand solche Bücher und Schriften neu verlegt und verbreitet oder auf andere Weise darin die oben genannten Bestimmungen der Kanones und des Hl. Stuhls verletzt, wird dieser auch in Zukunft mit den Zensuren und Strafen bestraft, die einst in den früheren Bestimmungen verordnet worden sind. Diese Bestimmungen nämlich wollen Wir in allen ihren nicht von Uns abgeschafften Aspekten bestätigen und erneut mit apostolischer Autorität bekräftigen. Wir bestätigen darüber hinaus namentlich die im besagten Dekret des V. Laterankonzils festgelegte Geldstrafe, die Wir aber insofern abschwächen, als auch in schwereren Fällen die Summe von 100 sc., der heutigen römischen Währung, nicht überschritten werden soll, wobei Wir befehlen, dass diese Summe dann nach klugem Ermessen des Bischofs zu frommen Zwecken ausgegeben werde.

Das ist es, ehrwürdige Brüder, geschätzte Söhne, was Wir als Maßnahme gegen den Druck von Blättern und Büchern zu diesem Zeitpunkt für angemessen halten. In der Zwischenzeit lassen Wir nicht davon ab, Gott, den Vater der Barmherzigkeit und des Lichts, eindringlich zu bitten, dass er Uns und euch mit einem Überfluss an Gnade immer geneigt sei, und dass er eure und Unsere Anstrengungen segne, mit denen wir die Sache der Religion und der guten Sitten zu schützen und Gefahren davon fernzuhalten gedenken. Und als Unterpfand Unserer eifrigen Nächstenliebe erteilen Wir auch den herzlichsten apostolischen Segen.

Gegeben zu Rom […].

Teil C: Normen für die Organisation der römischen »Zensurbehörden«

C 1 | 1542 Juli 21: Konstitution »Licet ab initio« Papst Pauls III.

Bischof Paul
Diener der Diener Gottes
Möge dies in Erinnerung bleiben

Natürlich lag es Uns schon von Beginn Unseres Pontifikats an ungemein am Herzen, dass der katholische Glaube überall floriere und sich vermehre und dass jede Häresie von den Gläubigen ferngehalten werde; dass außerdem diejenigen, die durch die Gaukeleien des Teufels von der Wahrheit abgelenkt worden sind, in den Schoß und die Gemeinschaft der katholischen Kirche zurückgeholt werden; und dass diejenigen, deren Verstand derart verdreht ist, dass sie von ihrem schlimmen Vorhaben nicht ablassen wollen, so hart bestraft werden, dass andere dadurch abgeschreckt werden.

Nichtsdestoweniger haben Wir bis zum heutigen Tag das Mittel der Ketzerinquisition erst einmal zurückgestellt, da Wir nun einmal gehofft haben, dass die Verführten durch die Barmherzigkeit des allmächtigen Gottes, durch die Gebete der Gläubigen und durch die Predigten gelehrter Männer ihre Irrtümer schon erkennen, sie abschwören und in die heilige katholische Kirche zurückkehren würden. Die noch zauderten, würde die Autorität eines Ökumenischen Konzils, das Wir zu diesem Zweck bald feiern zu können erhofften, dazu bringen, den wahren und katholischen Glauben anzunehmen und damit den Pfad der Gerechtigkeit zu beschreiten.

Nun konnte das Konzil aber aus manchen triftigen Gründen, vor allem aber wegen des Krieges, der bis heute zwischen den christlichen Fürsten tobt, noch nicht beginnen, während die Häresie sich mit Zutun des Teufels immer weiter ausbreitet. Überall ist der Spalt des Schismas zu spüren, fast schon ist die Einheit des christlichen Namens zerrissen und das nahtlose Gewand Christi zerschnitten. Während Wir nun auf den Beginn des eben von Uns einberufenen Konzils warten, wollen Wir dafür sorgen, dass sich die Dinge nicht noch weiter verschlechtern. Da Wir Uns aber noch um vieles anderes kümmern müssen und deshalb nicht in der Lage wären, dies alles allein zu bewältigen, Wir aber von dem Glauben, der Lehre und den Tugenden der Kardinalpriester Gian Pietro Carafa, Juan Alvarez de Toledo, Pietro Paolo Parisio, Bartolomeo Guidiccioni, Dionisio Laurerio und Tommaso Badia überzeugt sind, und Wir ihnen im

Herrn vertrauen wie keinen anderen, ernennen Wir diese besagten Kardinäle mit den Worten dieses Schreibens, mit apostolischer Autorität zu Unseren und des Hl. Stuhls Kommissaren in der Glaubensfrage und zu Generalinquisitoren und Obergeneralinquisitoren für alle Städte, Dörfer, Gebiete und Orte in der gesamten Christenheit, diesseits und jenseits der Alpen, einschließlich ganz Italiens und der Römischen Kurie.

Und Wir verleihen ihnen mit diesem Schreiben, mit apostolischer Autorität, die weitestgehende Vollmacht, gegen all jene, die vom katholischen Glauben abweichen, schlecht über diesen Glauben denken oder irgendwie unter Häresieverdacht stehen, wie auch gegen deren Anhänger, Gönner und Beschützer, die diesen öffentlich oder heimlich, mittel- oder unmittelbar, Hilfe und Rat spenden, ganz gleich durch welchen Stand, Rang und Weihegrad, durch welche Position und welchen Vorrang diese sich auch auszeichnen, auch ohne den Ortsordinarius (selbst in Fällen, in denen von Rechts wegen eine Beteiligung des Ordinarius vorgesehen ist), zu inquirieren und auf dem Weg der Inquisition bzw. der Ermittlung, sonst aber auch von Amts wegen vorzugehen.

Die sie für schuldig oder verdächtig befinden, dürfen sie bei Vorliegen von Indizien inhaftieren und ihnen bis einschließlich zum Schlussurteil den Prozess machen; die Schuldigen dürfen sie gemäß dem kirchlichen Strafrecht bestrafen; erging das Todesurteil, dürfen sie den Besitz des Verurteilten, wie es das Recht vorsieht, entprivatisieren.

Zur Umsetzung dessen verleihen Wir ihnen außerdem die Vollmacht, einen Fiskalprokurator sowie öffentliche Notare und andere geeignete Beamte, die sie für die oben genannten Aufgaben benötigen, auch aus dem Klerus und allen möglichen Orden, einzustellen.

Sollte es notwendig werden, Welt- oder Ordenskleriker, einschließlich Inhaber der höheren Weihen und Priester, wegen der oben genannten Vergehen zu degradieren, haben die oben genannten Kardinäle die Vollmacht, einen Bischof ihrer Wahl anzuweisen, assistiert von zwei Äbten oder anderen geistlichen Würdenträgern, den eigentlichen Akt der Degradierung und die Überstellung an die weltliche Gerichtsbarkeit durchzuführen oder auch anders zu verfahren, je nach dem wie es das Recht vorsieht.

Zuwiderhandelnde und Ungehorsame dürfen sie mit Sentenzen, Zensuren und kirchlichen Strafen, etwa mit dem Verlust sämtlicher erworbener Benefizien und kirchlicher Ämter und auch mit dem Verbot, diese oder andere Benefizien und Ämter in Zukunft wiederzuerwerben, oder mit anderen wirksamen Heilmitteln des Rechts bestrafen, wobei das Rechtsmittel der Appellation ausgeschlossen ist.

Und die genannten Kardinäle besitzen die Vollmacht, die Hilfe des weltlichen Arms anzurufen und alle anderen Maßnahmen zu ergreifen, anzuordnen und auszführen, welche sie zur Unterdrückung und Ausrottung der zurzeit grassierenden Häresien und Glaubensirrtümer für notwendig erachten und welche de jure in den Bereich der Ketzerinquisition fallen.

Die erwähnten Kardinäle verfügen außerdem über die Vollmacht, für die beschriebenen Aufgaben überall dort, wo sie es für nötig erachten, und sooft es ihnen nötig erscheint, Subdelegierte einzusetzen, und sie mit den vollen oder nur mit beschränkten Vollmachten auszustatten. Diese Subdelegierten müssen geeignete, gebildete und gottesfürchtige Geistliche, Magister der Theologie oder Doktoren des kanonischen Rechts, Lizentiaten, Bakkalaureaten, Graduierte einer Universität und mindestens dreißig Jahre alt sein, oder sie sind Kanoniker an einer Kathedralkirche oder Träger einer anderen geistlichen Würde. Wann immer es die Kardinäle für angebracht erachten, dürfen sie – auch bei laufenden Fällen – die Subdelegierten insgesamt oder einzeln, zugleich oder nacheinander, abberufen und durch neue, ähnlich qualifizierte ersetzen.

Für all dies erteilen Wir mit dem vorliegenden Schreiben und mit apostolischer Autorität den genannten Kardinälen die weitestgehende Vollmacht. Nicht aber dürfen sich die genannten Kardinäle oder ihre Subdelegierten in die Absolution und Rekonziliation von Straftätern, die zum Licht der Wahrheit zurückkehren wollen, einmischen, denn diese wollen Wir ausdrücklich Uns reservieren. Ebenso dürfen sich die Kardinäle nicht in andere als in die auf Häresie hindeutenden Delikte und Vergehen einmischen.

Nichtsdestoweniger legen Wir mit dem Wortlaut dieses Schreibens mit apostolischer Autorität fest und ordnen an: Sollte jemand, gegen den kraft dieses Schreibens prozessiert wird, von dem Urteil eines der Deputierten der Kardinäle appellieren, darf die Appellation nur bei den besagten Kardinälen eingelegt werden, die den Appellationsfall mit allem, womit dieser zusammenhängt oder sich noch verbindet, anhören, untersuchen und entscheiden. Und in welcher Instanz sich diese auch befinden mögen, sollen die genannten Kardinäle die Fälle gebührend abschließen und das Urteil gebührend umsetzen.

Und in Appellationsfällen ebenso wie in anderen Fällen dürfen die genannten Kardinäle, wenn nötig, zum Zweck der Wirsamkeit der oben stehenden Bestimmungen, in Rom wie auch an allen anderen Orten, die Zitation der Angeklagten veranlassen, und zwar – wenn summarisch und außergerichtlich festgestellt wurde, dass kein sicherer Zugriff auf sie besteht – auch durch ein öffentliches Edikt; die sie aber anhalten wollen, dürfen sie anhalten. Die Appellanten dürfen sie, einfach oder unter Auflagen, von der Exkommunikation und allen möglichen gegen sie verhängten Sentenzen, Zensuren und kirchlichen Strafen lossprechen, wie es sich von Rechts wegen gebührt.

Was von den Deputierten bzw. den Kardinälen selbst in dem oben genannten Bereich zur jeweiligen Zeit unternommen wird, soll uneingeschränkte Gültigkeit haben und unbedingt befolgt werden.

Alle Richter und Kommissare, ganz gleich welche Gewalt sie auch ausüben, müssen in Zukunft im Sinne dieses Schreibens urteilen und entscheiden. Jede Möglichkeit und Vollmacht, in dieser Sache anders zu urteilen, ist ihnen genommen. Wenn in dieser Sache, wissentlich oder unwissentlich, mit welcher Autorität auch immer, etwas anderes unternommen werden sollte, ist das Urteil ungültig.

Die Konstitution Bonifaz' VIII., welche untersagt, dass jemand vor einen Richter außerhalb seiner Stadt oder Diözese gerufen wird, außer in bestimmten ausdrücklichen Fällen, dann aber auch nur an einen Ort, der nicht über eine Tagreise von den Grenzen der Heimatdiözese entfernt liegt, steht dem nicht entgegen; auch nicht das Verbot, dass delegierte Richter des Hl. Stuhls außerhalb der Stadt oder der Diözese, für die sie eingesetzt worden sind, gegen jemanden selbst oder durch Stellvertreter vorgehen; auch nicht die im Konzil erlassene Konstitution über die zwei Tagreisen; ebenso wenig wie alle anderen hierzu in Widerspruch stehenden apostolischen Konstitutionen und Erlasse. Auch steht dem nicht entgegen, wenn oben Genannte oder andere, einzeln oder als Gemeinschaft, im Besitz eines Indults des Apostolischen Stuhls sind, das besagt, dass sie von einem apostolischen Schreiben, welches nicht Wort für Wort das Indult wiedergibt, nicht interdiziert, suspendiert, exkommuniziert oder vor ein Gericht außer an bestimmten Orten geladen werden können; auch nicht irgendwelche anderen Privilegien, Indulte oder apostolischen Schreiben, in welcher Form und mit welchen Formulierungen sie auch erlassen, bestätigt oder erneuert sein mögen, durch welche die Exekution dieses Schreibens bzw. die Jurisdiktion der genannten Kardinäle behindert oder beeinträchtigt werden könnte. Was das hier Behandelte angeht, sind die genannten Indulte für den Inhaber usw. nicht zu gebrauchen.

Überhaupt niemandem soll es daher erlaubt sein, diese Urkunde Unserer Konstitution, Unserer Deputation, Reservation, Konzession, Unseres Statuts, Erlasses und Dekrets zu verletzen bzw. dagegen leichtfertig zu verstoßen. Wenn sich aber einer anmaße, dies zu versuchen, so soll er wissen, dass er sich den Unmut des allmächtigen Gottes und der heiligen Apostel Petrus und Paulus zuziehen würde.

Gegeben zu Rom [...].

C 2 | 1564 August 27: Motuproprio »Cum inter crimina« Pius' IV.

Motu proprio
Papst Pius' IV.

Die durchlauchtesten und hochehrwürdigen Kardinäle der Kongregation der Hl. Inquisition erhalten die Vollmacht, verbotene Bücher zu lesen und zu behalten und anderen eine solche Lizenz zu erteilen bzw. zu entziehen.

Aus eigenem Antrieb usw. Von allen Verbrechen, die mit Beispielwirkung bestraft werden müssen, ist die Häresie die schwerste und verabscheuungswürdigste. Weil Unsererseits das Missfallen an der Häresie besonders groß ist und Wir verhindern wollen, dass sie sich weiter verbreitet, müssen Wir, um die Häresie auszurotten, jeden gut überwachen, auch diejenigen, die davon infiziert sind oder die die Häresie begünstigen, damit sie nicht weiter abrutschen. Leider sprossen in den vergangenen Jahren – und sprießen sogar bis heute – in verschiedenen Teilen der Welt weiter Häresien und falsche Dogmen hervor und werden, da der Teufel seine Hände im Spiel hat, auch nicht bei Androhung von Strafen aufhören zu sprießen. Wir haben deshalb Unsere geschätzten Söhne die Kardinalpriester Gian Michele Saraceni von S. Anastasia, Giambattista Cicala von S. Clemente, Giovanni Reumano von S. Prisca, Michele »Alexandrinus« von S. Sabina, Clemente d'Olera von S. Maria in Aracoeli, Ludovico Simoneta von S. Ciriaco alle Terme, Carlo Borromeo von S. Martino ai Monti und den Kardinaldiakon Vitellozzo Vitelli von S. Maria in Portico deputiert und sie zu Inquisitoren bzw. zu Mitgliedern der Kongregation der Hl. Inquisition ernannt und mit allen möglichen Vollmachten ausgestattet, um die Irrtümer zu unterdrücken, welchen wir täglich durch die Existenz der Häresien begegnen, und Häresien und ihre Förderer mit Beistand unseres Herrn Jesus Christus auszumerzen.

Diese müssen verhindern, dass Katholiken und Christen mit dem Gift dieser Sekten und ihrer Unterstützer in Berührung kommen. Sie haben die jetzt und in Zukunft anfallenden Fälle zu bearbeiten und Prozesse zu führen. Und sie müssen die Häretiker, die auch gegenwärtig und zukünftig in Unseren Gefängnissen in Rom eingesperrt sind und sein werden, in die Enge treiben und sie zur wahren Lehre zurückführen. Dabei kommt es oft vor – und manchmal geht es gar nicht anders –, dass sie sich zur Erhaltung der Religion in den Herzen der Katholiken mit Büchern, die von gottlosen Häretikern und von Unterstützern der lutherischen Sekte veröffentlicht worden sind und im Laufe der Zeit noch veröffentlicht werden, auseinandersetzen müssen. Schließlich müssen sie auf Täuschung, Betrug und List der Häretiker antworten bzw. durch kundige und katholische Theologen antworten lassen. Angesichts der bisher von Uns veröffentlichten Konstitutionen und der heiligen Verbote, die in dem von Uns oder schon früher in Auftrag gegebenen Index enthalten sind, schrecken die Kardinalinquisitoren als gehorsame Söhne davor zurück, sich solche Bücher zur Bekämpfung der darin enthaltenen Irrtümer genau anzusehen, da sie Zweifel haben, ob ihnen Aufbewahrung und Lektüre dieser Bücher überhaupt erlaubt seien.

Um ihnen jeden Anlass zum Zögern und alle Gewissensskrupel zu nehmen, erteilen Wir, aus eigenem Antrieb und aus Unserer sicheren Kenntnis und apostolischen Machtfülle, den genannten Kardinälen Gian Michele, Giambattista, Giovanni, Michele, Clemente, Ludovico, Carlo und Vitellozzo, in deren Glauben, Redlichkeit und Standhaftigkeit Wir aus eigener Erfahrung völlig vertrauen können, gnadenhalber die folgende volle und freie Lizenz, Vollmacht und Gewalt. Sie können und dürfen für die Dauer ihres Amtes, und solange sie dieser Inquisition vorstehen, an jedem Ort, besonders aber hier in Rom und an der Römischen Kurie, die im Folgenden bezeichneten Schriften ohne irgendwelche Skrupel und ohne dass sie in Verdacht, Verruf oder unter kirchliche Zensuren geraten würden, frei und legal besitzen, behalten und lesen: alle möglichen Kommentare, Traktate, Bücher, Sammlungen, Auslegungen, Anmerkungen, Interpretationen, Übersetzungen und andere Schriftwerke zu allen erdenklichen Themen, ganz gleich wie man sie bezeichnet, von sämtlichen alten, heutigen und zukünftigen Ungläubigen und Häretikern (oder von solchen, die wegen Häresie, Gottlosigkeit, Aberglaube oder falscher Lehre verurteilt oder in Verdacht geraten sind), von unbekannten oder unter einem Pseudonym schreibenden Autoren oder auch von Hugenotten; lateinische, griechische, hebräische oder in einer Volkssprache geschriebene; in Form von Manuskripten oder als Drucke aus irgendeiner wo auch immer gelegenen Druckerei; speziell namentlich verbotene oder für verdächtig erklärte; ohne Impressum und ohne Genehmigung und Approbation des Ordinarius oder des Inquisitors erschienene; auch direkt gegen Uns oder zukünftige Päpste, die Hl. Römische Kirche oder den Hl. Stuhl verfasste und veröffentlichte; Häresie und Irrtümer oder verworfene und verurteilte Lehren enthaltende; die Erinnerung an verurteilte Autoren und Drucker oder andere häretische Personen wach haltende; auf welche Weise auch immer durch die Hl. Römische und Universale Inquisition oder durch eine andere Instanz, speziell oder allgemein, verbotene. Somit können die Kardinalinquisitoren in Zukunft in keiner Weise wegen des Besitzes solcher Bücher, Schriften, Auszüge, Erklärungen oder Kommentare behindert, bedrängt, bedroht oder gerichtlich angegangen werden.

Allen anderen Klerikern und Laien, ungeachtet ihrer Macht, ihres Vorrangs oder ihrer Würde, einschließlich Kardinälen, ist es streng untersagt, ohne eine durch die oben genannten Kardinalinquisitoren neu erteilte Fakultät und Lizenz die oben näher bezeichneten Bücher, Auszüge, Schriften oder Kommentare bei sich aufzubewahren, zu behalten, zu lesen oder sich darüber zu äußern. Irgendwelche Begründungen, auch der Verweis auf ein von Uns oder von einem Unserer Vorgänger oder von der Hl. Inquisition früher gewährtes Privileg, werden nicht anerkannt. Wer es wagt, dem zuwiderzuhandeln, wird mit der großen Exkommunikation, die als Tatstrafe mit dieser Urkunde ausgesprochen wird, und mit weiteren, von den heiligen Kanones und vom Index vorgesehenen Strafen bestraft. Wir erklären für ungültig usw.

Nichtsdestoweniger erteilen Wir den oben genannten Kardinalinquisitoren, Unseren geschätzten Söhnen, in ähnlicher Weise, als spezielle Gnade, die Lizenz und Vollmacht, in den Sitzungen der Kongregation, auch per Mehrheitsbeschluss, bestimmten Personen, ungeachtet ihrer Würde, ihres Rangs, ihres Weihegrads oder ihres Vorrangs, befristete oder unbefristete Lizenzen zum Besitz, zur Lektüre, Interpretation und Erklärung oben genannter Bücher, auch solcher, die verurteilte Lehren vertreten, zu erteilen oder zu entziehen.

Dem stehen die vom V. Laterankonzil oder anderen Konzilien, von Päpsten oder in Provinzial- oder Diözesansynoden erlassenen allgemeinen oder speziellen Konstitutionen, Verordnungen, Statuten usw., auch wenn sie durch Eid bekräftigt wurden, nicht entgegen; auch keine in spezieller oder allgemeiner Weise den Großinquisitoren oder den deputierten Kardinälen oder anderen für das Sanctum Officium in Rom oder anderswo tätigen Personen erteilten Privilegien, Indulte oder apostolischen Breven, auch wenn diese unter Androhung von Zensuren und Strafen und weiteren Dekreten und Klauseln, in einer speziellen Form oder mit speziellen Formulierungen, etwa als Motuproprio oder im Konsistorium konzediert worden sind. Sie alle, auch wenn darin usw. [*vgl. die vollständige Klausel in Dok. C 5*], schaffen Wir für diesen konkreten Fall so weit es geht ab und erachten sie für hinreichend abgeschafft wie auch alles übrige Zuwiderlaufende mit den üblichen Klauseln.

So geschehe es, aus eigenem Antrieb, I.

[*Auf die Übers. der hierauf folgenden, die Formeln nur andeutenden »repetitio clausularum« wird verzichtet. Die Klauseln besagen, dass zur Durchsetzung der Bestimmungen Exekutoren deputiert werden können; dass der weltliche Arm um Hilfe ersucht werden darf; dass als Gültigkeitsnachweis die Unterschrift genügt usw.*]

C 3 | 1570 November 19: Motuproprio »Licet alias postquam« Pius' V.

Papst Pius V.
Aus eigenem Antrieb usw.

Papst Paul IV., ein herausragender Kämpfer für den katholischen Glauben, hat, weil er sich um das Seelenheil der Gläubigen sorgte und weil er über die Häretiker die Damnatio memoriae verhängen wollte, einen Index der verbotenen Bücher promulgiert, in dem Schriften verboten werden, die die Namen und Werke dieser Häretiker enthalten. Weil viele diesem Index nicht gehorchten, gab später das Trienter Konzil einigen teilnehmenden Prälaten den Auftrag, einen neuen, etwas moderateren Index anzufertigen. Unter anderem wollten sie – mit der I. Indexregel –, dass Werke von Häretikern zu nicht-religiösen Themen, die auf Befehl der Prälaten und Theologen von Theologen durchgesehen und approbiert wurden, erlaubt werden können. Bücher dagegen, die im katholischen Geist verfasst wurden (weil sie entweder vor dem Fall des Verfassers in die Häresie geschrieben wurden, oder zu einem Zeitpunkt, als der Verfasser in den Schoß der Kirche heimgekehrt war) und von einer theologischen Fakultät irgendeiner katholischen Universität approbiert worden sind, sollte der Inquisitor erlauben können. Mit der VIII. Indexregel legten sie fest, dass Bücher, die im Ansatz gut sind, aber verstreut Dinge beinhalten, die häretisch sind oder unter dem Verdacht der Häresie stehen, nach vorheriger Expurgation mit Befugnis des Generalinquisitors benutzt werden könnten. Dasselbe sollte für Prologe, Zusammenfassungen und Anmerkungen gelten, welche von verurteilten Autoren nicht verurteilten Büchern hinzugefügt wurden, sofern sie nur fortan nicht mehr unemendiert zugelassen werden.

Die Ordinarien und Inquisitoren haben nun aber keineswegs eine derartige Gewissenhaftigkeit an den Tag gelegt. Vielmehr haben die Gläubigen, ohne Rücksicht auf ihr Seelenheil, die Verbote kaum beachtet und verbotene Bücher unterschiedslos benutzt, was Beschwernisse und ernste Nachteile für ihre Seelen nach sich zieht. Wir, die Wir allgemein durch Unser apostolisches Amt und im Besonderen durch eine gewisse Wertschätzung [*gegenüber dem Urkunden-Empfänger*] angetrieben sind, erlassen in dem Wunsch, für das Seelenheil und das Gewissen der Gelehrten etwas zu tun, und unter Anerkennung der einzelnen Indizes, deren Wortlaut, Form und Ordnung Wir hier als ausdrücklich wiedergegeben erachten, folgendes Motuproprio:

Wir geben dem geschätzten Sohn Tomás Manrique aus dem Dominikanerorden, Theologieprofessor und Magister Sacri Palatii, folgenden Auftrag und Befehl. Er möge jedwede Bücher, die auf Grund von Hinzufügungen, Vorworten, Übersetzungen oder aus anderen ähnlichen Gründen verboten wurden, von denen er aber meint, sie seien irgendwie für ein gutes und glückseliges Leben der Christen nützlich, egal in welcher Sprache sie geschrieben wurden und zu welcher Fachrichtung sie gehören, sofern sie nicht schon vom Ansatz her religiöse Dingen behandeln oder von Häresiarchen verfasst worden sind (wie auch das Marienoffizium, in dem gegenwärtig viel Überflüssiges enthalten ist, was den Leser in manchen Punkten recht skandalös zum Aberglauben verleitet, was sowohl an den Rubriken als auch an den anderen auf die Drucker zurückgehenden Hinzufügungen liegt), nach eigenem Ermessen korrigieren, emendieren und purgieren oder durch Beauftragte, die er für geeignet hält, korrigieren, emendieren und purgieren lassen, so wie er dies auch schon früher im Fall der »Consilia« von Filippo Decio und Alessandro Tartagni getan hat. Die auf diese Weise korrigierten und emendierten Bücher möge er dann in Rom in der dafür eingerichteten Stamperia del Popolo Romano in Druck geben und getreu und sorgfältig herstellen lassen. Solange diese römischen Ausgaben aber noch nicht gedruckt sind, können den Lesern die auf die beschriebene Weise gereinigten Bücher gestattet werden. Wenn der Druck aber abgeschlossen ist, gewinnt der Index Pauls IV. für die Personen, die Zugang zu den neuen Ausgaben haben, wieder seine frühere Gültigkeit in den entsprechenden Abschnitten.

Weil nun dieses Vorhaben allen Christen zugute kommen soll, es aber nicht von einem einzelnen oder einigen wenigen gestemmt werden kann, befehlen Wir, damit das oben Ausgeführte auch schnell umgesetzt werde, allen Patriarchen, Erzbischöfen und Bischöfen sowie allen Ordensoberen, Äbten, Prioren, Pröpsten, Dekanen und allen anderen Prälaten, sowohl aus dem Ordens- wie auch dem Weltklerus, ganz gleich welche Würde, welchen Stand, welchen Weihegrad und welche Herkunft sie vorweisen und durch welche Würde und höhere Präeminenz sie sich auszeichnen, kraft des heiligen Gehorsams und bei Strafe der großen Exkommunikation als Tatstrafe und bei sonstigen Strafen, die Wir gegebenenfalls abschwächen, verhängen und anordnen, dass sie ihren Auftrag gemäß Unserer Anordnung, die ihnen durch Brief des genannten Magister Sacri Palatii zugeht, wann immer sie von diesem darum gebeten werden, ohne Umschweife ausführen oder durch Untergebene ausführen lassen und ihre Ergebnisse, so schnell es ihnen möglich ist, dem genannten Tomás Manrique zukommen lassen, damit Wir einem jeden einzelnen, so gut es geht, Zugriff auf die gereinigte und uniforme Lehre gewähren können. Außerdem verleihen Wir dem genannten Tomás und denjenigen, die dieser beauftragt, wann und so oft es ihm notwendig erscheint, die Vollmacht und Fakultät, Zwang auszuüben, in Rom wie auch in anderen Ländern, Herrschaften und Orten, auch gegenüber den Trägern der Bischofs-, Abts- oder der Kardinalswürde; dazu zählt auch die Vollmacht und Fakultät, zum Schutz der so korrigierten Bücher bei den oben genannten Strafen Verbote gegenüber allen Druckern auszusprechen, damit diese die unkorrigierten Bücher nach dem festgelegten Termin nicht mehr herstellen; des Weiteren gehört dazu die Vollmacht und Fakultät, alle anderen zur Durchführung des genannten Vorhabens notwendigen und angemessenen Maßnahmen zu ergreifen.

Wir untersagen streng usw. Wir bestimmen auch, dass die vorliegende Urkunde und die mit ihr zusammenhängenden Briefe zu keiner Zeit ob des Fehlers der Subreption oder Obreption oder Unserer Absicht oder ob eines anderen Defekts bemängelt oder angefochten werden können. Auch ist die Urkunde ausgenommen von jeglichen ähnlichen und andersartigen Widerrufungen, Suspendierungen, Beschränkungen, Abschaffungen von Gnadenerweisen und anderen ihr zuwiderlaufenden Verordnungen. Und wann immer solche Verordnungen ergehen sollten, möge diese Urkunde in ihrem ursprünglichen Zustand vollständig wiederhergestellt werden. Und so möge es von allen aufgefasst werden [... *sinngemäß wird mit der hier abgekürzt wiedergegebenen Formel Richtern jeglicher Spielraum genommen, die Urkunde mit den o. g. Argumenten zu entkräften*].

Dem oben Geschriebenen stehen keine apostolischen oder von Provinzial- bzw. Diözesansynoden oder allgemeinen Konzilien speziell oder generell erlassenen Edikte oder Konstitutionen entgegen, auch keine durch Eid usw. bekräftigten Statuten, Gewohnheiten, Privilegien oder Indulte usw., mit welchem Wortlaut und in welcher Form sie auch gewährt wurden, mit derogatorischen Formeln usw. oder Motu proprio usw. Sie alle schaffen Wir für diesen konkreten Fall ab, wie auch alles übrige Zuwiderlaufende mit den üblichen und bekannten Klauseln.

So geschehe es, aus eigenem Antrieb, M.

[*Auf die Übers. der hier folgenden, die Formeln nur andeutenden »repetitio clausularum« wird verzichtet. Die Klauseln besagen u. a., dass der Begünstigte mit dieser Urkunde die zum Gnadenerhalt notwendige Absolution erhält; die Indizes und Indexregeln hier als wörtlich wiedergegeben erachtet werden; zur Durchsetzung der Bestimmungen delegierte Richter eingesetzt werden können; bei Zuwiderhandlungen Vorladungen erfolgen; als Nachweis der Gültigkeit der Urkunde die Unterschrift genügt usw.*]

Gegeben zu Rom [...].

C 4 | 1572 September 13: Bulle »Ut pestiferarum opinionum« Gregors XIII.

Vgl. die Teil-Übers. in: Reusch 1, S. 430f.

Bulle Papst Gregors XIII. bezüglich der Überholung des Index und der Expurgation verbotener Bücher:

Bischof Gregor
Diener der Diener Gottes

Den geschätzten Söhnen, die da heißen: Guglielmo Sirleto, Kardinalpriester von San Lorenzo in Panisperna, Gabriele Paleotti, Kardinalpriester von S. Martino ai Monti, Michele Bonelli, Kardinalpriester von S. Maria sopra Minerva, Nicolas de Pellevé, Kardinalpriester von SS. Giovanni e Paolo, Archangelo Bianchi, Kardinalpriester von S. Cesareo in Palatio und Bischof von Teano, Felice Peretti Montalto, Kardinalpriester von S. Girolamo degli Schiavoni, und Vincenzo Giustiniani, Kardinalpriester von S. Nicola fra le Immagini, Unseren Gruß und den apostolischen Segen!

Damit jede Gelegenheit zur Verbreitung pestilenzialischer Ansichten beseitigt wird und – soweit dies an Uns ist – für Gewissensruhe gesorgt wird, wünschen Wir mit Nachdruck, dass der Index der verbotenen Bücher zunächst einmal in eine solche Form gebracht wird, dass die Gläubigen erkennen können, welche Bücher sie ohne Gefahr lesen und von welchen sie sich fernhalten sollten, und dass niemand mehr in dieser Sache im Zweifel gelassen wird.

Weil der Heilige Stuhl diese Sache in *eure* Obhut gegeben hat, und damit ihr euch dieser Aufgabe mit größerer Autorität widmen und sie leichter und besser – mit Gottes Gunst – zu einem Ende führen könnt und damit das Werk, nachdem andere Expurgationen, die zu Widersprüchen führen könnten, entfernt worden sind, in einheitlicher Form herausgeht, widerrufen Wir alle und jedwede Vollmachten in den weiter unten genannten Dingen, die Unsere Vorgänger oder der Heilige Stuhl an Personen gleich welchen Ranges und Standes früher in welcher Form auch immer erteilt haben, und bestimmen, dass sich niemand in Zukunft auf solche berufen kann, und erklären für null und nichtig, was dieser Verordnung Zuwiderlaufendes, wissentlich oder unwissentlich, unternommen wird.

Euch, deren Glaube, Weisheit und Erfahrung ausreichend ersichtlich sind, bzw. [*bei Abstimmungen*] der Mehrheit von euch, gewähren Wir volle Autorität und Vollmacht – wie ihr auch den zu Rate gezogenen, im Glauben bewährten Theologen und Kanonisten aus dem Welt- und Ordensklerus, diesen allein und nur zu diesem Zweck, Lizenzen für den Besitz und die Lektüre verbotener Bücher erteilen dürft –, alle aus dem Index selbst und dessen Regeln entstandenen und noch entstehenden Zweifelsfälle und Schwierigkeiten aufzudecken, zu entscheiden und abzustellen; von Häretikern oder Verdächtigen oder Unverschämten geschriebene Bücher zu expurgieren; Bücher, die ihr für verwerflich haltet, zu verbieten, die ihr für statthaft haltet, zu erlauben; Bücher, die in diesem Index nicht enthalten sind, wieder einzufügen, die erlaubten aber aus dem Index zu entfernen; wenn angebracht, auch käufliche Bücher an jedem beliebigen Ort zu verbieten; Besitz und Lektüre von verbotenen und dann von Experten expurgierten und von euch approbierten Büchern zu gestatten; wenn angebracht, etwas hinzuzufügen, abzuändern, zu ersetzen und zu verbessern; und damit dies leichter und effektiver vonstatten geht, gewähren Wir euch volle Autorität und Vollmacht, allen Patriarchen, Erzbischöfen, Bischöfen, Äbten und den übrigen Ordinarien wie darüber hinaus auch Doktoren, Magistern, Buchhändlern, Buchdruckern, Kaufleuten, Zollbeamten und allen anderen Personen, gleich welchen Ranges, Standes und Weihegrades, damit sie euch gehorchen und euren Anordnungen ohne Widerstand Folge leisten, unter Androhung von euch selbständig bestimmter Strafen, in allem, was die Auslegung, Reform und Aufrechterhaltung des genannten Index betrifft, Vorschriften zu machen; und alle anderen zugehörigen und sonst dafür für notwendig erachteten Maßnahmen, so wie es euch angezeigt erscheint für das Heil und die Ruhe der Seelen im Herrn, zu ergreifen.

Dem stehen irgendwelche widersprechenden apostolischen Konstitutionen oder Verordnungen usw. in keinerlei Weise entgegen. Wir wollen ferner, dass Kopien dieses Schreibens, die von eurem Sekretär oder einem öffentlichen Notar unterzeichnet und von einem von euch gesiegelt sind, überall derselbe Glaube wie dem Original geschenkt wird, wenn dieses hervorgeholt und vorgezeigt werden würde. Niemandem schließlich ist es erlaubt, diese Urkunde Unserer Widerrufung, Unserer Abschaffung, Unserer Konzession und Unseres Dekrets zu brechen oder fahrlässig dagegen zu verstoßen. Wer das aber wagen sollte, der wisse, dass er sich den Unmut des allmächtigen Gottes und seiner heiligen Apostel Petrus und Paulus zuziehen würde.

Gegeben zu Rom […].

C 5 | 1588 Januar 22: Konstitution »Immensa aeterni Dei« Sixtus' V.

Konstitution Papst Sixtus' V.

Es wird eine feste Zahl von 15 Kardinalskongregationen eingerichtet,
damit die Geschäfte und Rechtsfälle der Römischen Kurie,
des Kirchenstaats und der gesamten Christenheit besser verhandelt
und leichter abgeschlossen werden.
Dabei werden ferner auch die Aufgaben und Vollmachten
jeder einzelnen Kongregation dargelegt.

Bischof Sixtus
Diener der Diener Gottes
Möge dies ewig in Erinnerung bleiben

Des ewigen Gottes unermessliche Weisheit ist die Schöpferin aller Dinge, machtvoll umfängt sie alles, vom Anfang bis zum Ende, und verknüpft die einzelnen Dinge derart harmonisch und sanft zu einem geordneten Ganzen, dass die Teile sich gegenseitig bei der Ausübung ihrer Funktionen behilflich sind. Gottes Weisheit hat im Himmlischen Jerusalem den Seligen bestimmte Ränge zugewiesen, von denen die oberen die weiter unten stehenden über die Dinge der göttlichen Vorsehung aufklären. Sie hat den Körper der streitenden Kirche, die ein Abbild der siegreichen Kirche ist, in verschiedene Glieder unterteilt, die durch den Kitt der Liebe mit dem Haupt verbunden und verknüpft sind und sich gegenseitig helfen. Genau davon hängen das Heil und der Erhalt des ganzen Körpers ab.

Der Papst, den Christus der Herr zum sichtbaren Haupt seines Körpers, der die Kirche ist, bestimmte und dem er die Verantwortung für sämtliche Kirchen übertrug, ruft also mit vollem Recht viele Helfer herbei, die ihn bei dieser enormen Aufgabe unterstützen, sowohl die ehrwürdigen Bischöfe, seine Brüder, die er in die ganze Welt entsendet, damit sie die einzelnen Herden weiden, als auch den erhabenen Ordo der Kardinäle, die wie die edelsten Glieder, die dem Kopf am nächsten sind, dem Papst stets zu Diensten sind, wie die Apostel Christus dem Herrn. Diese sind seine ersten Genossen und Teilhaber in Rat und Tat. Der Papst teilt den Riesenberg an Geschäften und Sorgen unter ihnen und den anderen Dienststellen der Römischen Kurie auf, damit er selbst, der die Schlüsselgewalt innehat, nicht – die göttliche Gnade stehe ihm bei! – darunter begraben werde.

Der große Mose wies im Gespräch mit Gott den Rat seines Schwiegervaters Jitro, Richter einzusetzen, nicht zurück, und er berief auf Gottes Geheiß den Senat der 70 Ältesten, damit diese mit ihm zusammen die Last des Volkes trügen und nicht er allein damit beschwert würde. Diesem Beispiel folgend, haben Wir verfügt, dass die Last des päpstlichen Amtes, die selbst ein Engel ungern schultern würde, auf die Weltsenatoren, gemeint sind Unsere Brüder die Kardinäle, verteilt werde, wobei sich die Verteilung nach den aktuellen Erfordernissen und nach der Menge und Vielfalt der Geschäfte richtet und mit Rücksicht auf die Nützlichkeit erfolgt.

Uns bewog dabei in erster Linie die Überlegung, dass fortwährend aus der ganzen Welt Menschen zum Hl. Stuhl, dieser Mutter, Lehrerin und Zufluchtstätte der Gläubigen, reisen, weil sie andächtig beten oder sich heilen wollen, weil sie ein juristisches Anliegen haben oder weil sie um einen Gnadenerweis bitten wollen, oder weil andere Gründe sie dazu veranlassen. Diese sollen – soweit dies in Unserer Macht steht – bequem und sicher nach Rom gelangen und, damit sie ihre Anliegen leichter und schneller erledigen können, dort unterschiedliche Vereinigungen oder Kongregationen von Kardinalen vorfinden, die jeweils für die Bearbeitung bestimmter Anliegen bereitstehen; die Kardinäle ihrerseits sollen die ihnen zugeteilten Aufgaben besser bewältigen und gründlicher verwalten und Uns leichter beraten können; endlich soll es auch nie mehr Mangel geben an eingearbeiteten Männern für die hohen Ämter im öffentlichen Dienst.

Deshalb haben Wir – aus eigenem Antrieb, aus Unserer sicheren Kenntnis und mit Rat und Zustimmung der Kardinäle – aus dem Heiligen Kollegium, das durch Gottes Gnade reich ist an ausgezeichneten frommen, theologisch gebildeten und praxiserfahrenen Männern aus aller Welt, 15 Kongregationen gebildet und diesen jeweils einen bestimmten Geschäftsbereich zugewiesen, wobei sie Uns die wichtigeren und schwierigeren Beratungsgegenstände referieren. Weiter unten wird beschrieben, welche Amtsgewalt und welche Vollmachten Wir den einzelnen Kongregationen jeweils gegeben und zugeteilt haben.

Die Kongregation für die Hl. Inquisition

Der Glaube, ohne den es unmöglich ist Gott zu gefallen, ist das Fundament des gesamten spirituellen Gebäudes. Wir trachten danach, diesen kostbaren Schatz, den Christus über den hl. Apostel Petrus Uns am meisten anvertraut hat, gegen die Mächte der Unterwelt zu bewachen, damit er ganz und unversehrt bleibe. Wir bestätigen und bekräftigen deshalb zuerst die Kongregation der Hl. Inquisition, die dank der Vorausschau Unserer Vorgänger als eine starke vorgelagerte Festung des katholischen Glaubens in Rom eingerichtet wurde und der wegen der Wichtigkeit der Materie der Papst selbst vorzusitzen pflegt.

Auch bestätigen Wir die Ausstattung und die Fakultäten, die Unsere Vorgänger den jeweils in die Kongregation berufenen Kardinälen gewährt haben, sowie die zur Amtsgewalt gehörigen Vollmachten, die da sind: in allen Fällen, die manifeste Häresie oder Schisma, Apostasie, Magie, Wahrsagerei, Missbrauch der Sakramente oder auch jede Form mutmaßlicher Häresie betreffen, zu ermitteln, vorzuladen, zu prozessieren, zu urteilen und zu entscheiden, und zwar nicht nur in Rom und dem Unserer und des Hl. Stuhls weltlichen Herrschaft unterworfenen Staat, sondern in der ganzen Welt, wo die christliche Religion gilt, und zwar gegenüber allen Patriarchen und Primassen, Erzbischöfen, Bischöfen und Nachgeordneten und Inquisitoren, ganz gleich auf welches Privileg diese sich stützen können. Man soll es so halten, als ob der Wortlaut dieser päpstlichen Konzessionen hier Wort für Wort wiedergegeben ist. Alles schließlich, was von Unseren Vorgängern zur Jurisdiktion und Amtsgewalt dieser Kongregation dekretiert wurde, wollen Wir ebenso statuieren und dekretieren. Auch approbieren Wir in gleicher Weise die Exemtionen und Immunitäten und die Privilegien und Indulte der Beamten der Kongregation, die diesen gewährt wurden oder aus Gewohnheit zugefallen sind.

Unsere allerliebsten Söhne, den erwählten Kaiser und alle Könige, und Unsere geschätzten Söhne, die Edelleute in den Republiken und die anderen Führer, die diese regieren oder verwalten, und auch alle Fürsten und Magistrate dieser Welt, denen von Gott das Schwert weltlicher Herrschaft zur Befreiung vom Bösen übergeben worden ist, fordern Wir mit Nachdruck im Herrn hierzu auf und beschwören sie bei der barmherzigen Liebe Christi und seines schrecklichen Gerichts wie auch beim katholischen Glauben, den sie zu beschützen versprachen: Dass jeder seinen Beitrag leiste, indem er die Beamten der Inquisition beschütze und die kirchlich verurteilten Verbrecher bestrafe (wobei Wir darauf vertrauen, dass jeder dies seiner Frömmigkeit wegen, gern tun wird), damit die Beamten der Inquisition unter ihrem Schutz diese große und heilvolle Aufgabe zur Ehre des ewigen Königs und zur Festigung der Religion erfolgreich erfüllen können. Der Herr wird die Fürsten und Magistrate für ihren frommen und christlichen Dienst überreich beschenken, mit dem Lohn, der den Beschützern und Verteidigern des katholischen Glaubens in der Genossenschaft der ewigen Seligkeit bereitet ist.

Bei alldem ist es Unsere Absicht, dass ohne Unsere oder Unserer Nachfolger Zustimmung nichts an der Spanischen Inquisition geändert wird, die vor Zeiten eingerichtet und vom Papst autorisiert worden ist und die täglich, wie wir sehen, dem Acker des Herrn reiche Frucht bringt.

Die Kardinäle dieser Kongregation sind:
Ludovico Madruzzo, Kardinalpriester von S. Anastasia
Giulio Antonio von S. Severina, Kardinalpriester von S. Bartolomeo all'Isola
Pedro de Deza, Kardinalpriester von S. Girolamo degli Illirici
Giovanni Antonio, Kardinalpriester von SS. Quattro Coronati
Giovanni Battista, Kardinalpriester von S. Marcello
fr. Girolamo von Ascoli, Kardinalpriester von S. Tommaso in Parione
fr. Costantino da Sarnano, Kardinalpriester von S. Pietro in Montorio

[*Es folgen Abschnitte über die Kongregation für die Signatura Gratiae (II.), die Konsistorialkongregation (III.), die Kongregation für die Lebensmittelversorgung des Kirchenstaats (IV.), die Ritenkongregation (V.) und die Flottenkongregation (VI.)*]

Die Kongregation für den Bücherindex

Weil die Häresie, diese bösartige Krankheit der Seele, sich wie Krebs ausbreitet, und weil die Söhne der Finsternis aus allen Geschützen gegen die Festung katholischer Wahrheit feuern, vor allem indem sie Bücher selbst veröffentlichen, die mit dem Gift der Häresie infiziert sind, oder andere Bücher mit schädlicher Lehre betröpfeln und dadurch verderben, sind Wir durch die Verantwortung des Hirtenamts dazu verpflichtet, mit größter Wachsamkeit die listigen Füchse und raubgierigen Wölfe vom Schafstall Christi fernzuhalten.

Damit nun die Kardinäle, die für das Verbieten und Expurgieren von Büchern ausgewählt wurden, ihre Aufgaben besser und wirksamer bewältigen können, statten Wir sie mit diesen Fakultäten aus: Sie sollen sowohl die alten als auch die kürzlich erschienenen Kataloge und Verzeichnisse verbotener Bücher sowie deren Regeln durchsehen und überprüfen; Bücher bestimmter Autoren, die verboten oder von den früheren Indizes auf irgendeine Weise suspendiert worden sind, sollen sie gründlich durchkämmen und, sofern sie es für opportun befinden, erlauben; der katholischen Lehre oder den christlichen Sitten widersprechende Bücher, die nach dem Index Tridentinus erschienen sind, sollen sie begutachten und nach Rücksprache mit Uns kraft Unserer Autorität verbieten; die Bücher, die unzutreffend oder hinterlistig entstellt wurden, sollen sie emendieren; für Bücher, die außer einigen wenigen Fehlern den Gelehrten insgesamt nützlich sein können, sollen sie eine Korrektur- und Expurgationsanleitung ausarbeiten; auch sollen sie »Indices expurgatorii« erstellen; außerdem sollen sie Vorschriften für die Approbation und den Druck neuer Bücher erarbeiten; die Universitäten von Paris, Bologna, Salamanca, Löwen und andere bewährte Studieneinrichtungen sollen sie zur Expurgation und Korrektur von Büchern ermuntern und sie um einen engagierten Beitrag ersuchen.

Wir genehmigen dieser Kongregation auch die Fakultät, dass sie ohne Rücksprache mit Uns den Theologen, Kanonisten und den anderen frommen und fähigen Experten, die sie, auch von auswärts, zur Erledigung dieses jetzt so wichtigen Auftrags herbeigezogen hat, Lizenzen zum Lesen und Behalten verbotener Bücher erteilen darf – aber nur diesen, und nur zu diesem Zweck!

Die Kardinäle dieser Kongregation sind:
Marco Antonio Colonna, Kardinalbischof von Palestrina
Girolamo Della Rovere, Kardinalpriester von S. Pietro in Vincoli
Philippe de Lenoncourt, Kardinalpriester von S. Onofrio
William Allen, Kardinalpriester von S. Martino ai Monti
Ascanio Colonna, Kardinaldiakon von SS. Vito, Modesto e Crescenzia

[*Es folgen Abschnitte über die Konzilskongregation (VIII.), die Kongregation für Steuerbeschwerden (IX.), die Kongregation für die Sapienza-Universität (X.), die Regularenkongregation (XI.), die Bischofskongregation (XII.), die Kongre-*

gation für die Verkehrswege (XIII.), die Kongregation für die Vatikandruckerei (XIV.) und die Kongregation für die Regierung des Kirchenstaats (XV.)]

Damit schließlich die Entscheidungen der Kongregationen auch Gültigkeit haben, dürfen in den einzelnen Sitzungen nicht weniger als drei Kardinäle anwesend sein. Um die einzelnen Gerichte aber nicht zu vermengen, wollen Wir, dass jede Kongregation, wann immer ein Fall, eine Untersuchung oder eine Konsultation an sie überwiesen wird, genau prüft, ob denn die Behandlung und Erledigung des Falls auch wirklich in ihren Bereich fällt. Sollte dies nicht zutreffen, muss sie den Fall dem ordentlichen Richter oder der tatsächlich zuständigen Kongregation abgeben.

Außerdem sollen die Kongregationen zur Niederschrift der täglichen Geschäfte und zur eventuellen öffentlichen Ausfertigung von Entscheidungen jeweils einen eigenen Sekretär haben, den die Kardinäle jeder Kongregation frei auswählen können.

Und weil Uns der göttliche Spruch lehrt, »wo viele Ratgeber sind, da ist der Sieg«, sollen die Kongregationen erfahrene Sachverständige für Theologie und päpstliches und kaiserliches Recht nach ihrem Gutdünken als Berater hinzuziehen und einsetzen. Nach bestmöglicher Erörterung der Fälle, Untersuchungen und Geschäfte soll so entschieden werden, wie es sich am besten mit der Ehre Gottes, dem Heil der Seelen und der Gerechtigkeit und Billigkeit verträgt. Alle wichtigeren Fälle aber sollen Uns oder Unseren Nachfolgern überwiesen werden, damit Wir mit Hilfe der göttlichen Gnade die Entscheidung treffen, die in Gottes Sinne erforderlich ist.

Wir ordnen an, dass von allen ordentlichen und delegierten Richtern, auch von den in Rede stehenden Kardinälen sowie den Rotarichtern – denen Wir zusammen und einzeln jede Vollmacht entziehen, anders zu urteilen und auszulegen –, so und nicht anders geurteilt und entschieden werden muss, und Wir erklären für ungültig und wirkungslos, was möglicherweise jemand wissentlich oder unwissentlich entgegen diesen Bestimmungen zu tun versucht, auf welche Autorität er sich dabei auch stützt.

Dem stehen keine der im Text genannten oder anderen apostolischen Konstitutionen oder Verordnungen oder Privilegien, Indulte oder apostolischen Schreiben entgegen, mit welchen Formeln diese auch versehen sind. Alle entgegenstehenden Urkunden, deren Wortlaut Wir hier Wort für Wort als wiedergegeben erachten, heben Wir in diesem einen Punkt, dieses eine Mal, speziell, ausdrücklich und umfänglich, auf (in anderen Punkten bleiben sie gültig), auch wenn darin steht, dass der Gehalt der Urkunden nur aufgehoben werden kann, wenn diese in der Aufhebung speziell, spezifisch und ausdrücklich genannt wird, nicht aber durch allgemeine Klauseln.

Schließlich ermahnen Wir mit der väterlichen Liebe und Autorität, die Uns von Christus dem Herrn gegeben wurde, und beschwören durch den, durch den die Könige regieren, die allerliebsten Söhne in Christus, den erwählten Kaiser und alle Könige, und die geschätzten Söhne, die Edelleute der Republiken und die anderen Führer und weltlichen Fürsten, die Gott erhöht und mit weltlicher Macht ausgestattet hat, damit sie Vorkämpfer und Verteidiger des katholischen Glaubens sind. An ihrer Frömmigkeit und ihrem Gehorsam gegenüber dem Heiligen Stuhl, von dem Wir Uns häufig überzeugen ließen, hegen Wir überhaupt keinen Zweifel. Die Geistlichen dagegen verpflichten Wir bei diesem Apostolischen Schreiben und bei der Fessel des geschuldeten Gehorsams und bei der Erhabenheit ihres Standes, durch den sie enger an Gott gebunden sind, dass sie Unser Anliegen zum Lob Gottes, zur Verbreitung des Glaubens, zum Wohlergehen und Heil der Gläubigen unterstützen. Und sie sollen die Machtbefugnis, die Christus durch die Person des hl. Petrus den Kirchenvorstehern anvertraut und übertragen hat, zur Erhöhung und Verfestigung des Glaubens beschützen und verteidigen, was sie von Amts wegen ohnehin tun müssen und von dem Wir hoffen, dass sie es auch gewissenhaft tun werden.

Und die Fürsten usw. sollen sich alle Mühe geben, dass diese kirchliche Machtbefugnis vollständig erhalten bleibe, und den Dienern der Kirche Gottes sollen sie in all diesen Dingen Hilfe und Unterstützung zuteil werden lassen. Und aus ihrer und ihrer Vorfahren Frömmigkeit sollen sie nicht davon ablassen, sich um den Heiligen Stuhl verdient zu machen, eingedenk der Tatsache, dass sie die Annahme des kaiserlichen bzw. königlichen Diadems oder des Fürstentums genau dazu verpflichtet, damit sie sich dadurch in diesem vergänglichen Leben mehr Glück und mehr von Unserem Wohlwollen und Dank verdienen können und nach Ablauf dieses Lebens von Gott ewige Ehre und Seligkeit erhalten können.

Wenn nun einer von ihnen sich anders verhalten sollte (was Wir gar nicht glauben mögen), solle er wissen, dass er dem göttlichen Zorn ganz gewiss nicht entkommen werde, bis er »unter der mächtigen Hand Gottes« erniedrigt werde, der die Verzögerung bei der Buße mit einer umso härteren Strafe kompensieren wird.

Damit nun dieses Unsere Schreiben, das Wir zu den apostolischen und ewigen Konstitutionen zählen, schnellstmöglich überall bekannt werde, wollen Wir, dass es wie üblich an öffentlichen Orten angeschlagen wird und dass den Kopien, auch den gedruckten, die mit dem Siegel eines geistlichen Würdenträgers versehen und von einem öffentlichen Notar unterschrieben sind, derselbe Glaube geschenkt werde, der auch dem hier gezeigten Original mit größter Ehrfurcht entgegenzubringen ist.

Niemandem ist es also erlaubt, diese Urkunde Unserer Dekrete, Unserer Konstitutionen, Anweisung, Vergabung, Zuteilung, Bestätigungen, Bekräftigung, Statuten, Approbation, Erklärung, Ernennungen, Vorstandseinsetzungen, Erteilung, Erlaubnis, Reservation, Verteilung, Gründung, Konzessionen, Übertragung, Auferlegung, Unseres Willens, Mandats, Unserer Voranstellung, Abschaffung, Ermahnung, Beschwörung, Verpflichtung und Einordnung zu verletzen bzw. dagegen frevelhaft zu verstoßen. Wenn sich aber einer anmaße, dies zu versuchen, so soll er wissen, dass er sich den Unmut des allmächtigen Gottes und der heiligen Apostel Petrus und Paulus zuziehen würde.

Gegeben zu Rom [...].

C 6 | 1600 Januar 29: Audienzdekret (»Oraculum vivae vocis«) Clemens' VIII.

Hauptsitzung der Indexkongregation,
29. Januar 1600

In der Hauptsitzung der Indexkongregation am 29. Januar 1600 im Palazzo S. Marco, im Beisein der durchlauchtesten und hochehrwürdigen Kardinalpriester Agostino Valier von S. Marco genannt von Verona, Girolamo Bernieri von S. Maria sopra Minerva genannt von Ascoli, Ascanio Colonna von S. Pudenziana, Federico Borromeo von S. Maria degli Angeli bei den Thermen, Cesare Baronio von SS. Nereo ed Achilleo und Roberto Bellarmino von S. Maria in Via Lata, die die Beauftragten des Hl. Stuhls für das Verbot, die Expurgation, die Zulassung und den Druck von Büchern in der gesamten Christenheit sind, referierte Kard. Baronio, dass Papst Clemens VIII. ihm gegenüber die folgende Erklärung in Form eines mündlichen Dekrets abgegeben habe: Die Vollgewalt und Vollmacht der jeweils für die Indexkongregation deputierten Kardinäle erstrecke sich nicht allein auf das Suspendieren, Verbieten und Korrigieren, Erlauben und Zulassen von gedruckten und zu druckenden Büchern, sondern auch auf die Autoren sowie Drucker und Leser und alle anderen Personen, die mit dem »Index« und mit Büchern im Zusammenhang stehen, sofern diese nicht mit einem Fall von Häresie in Verbindung stehen. Sollte dies einmal der Fall sein, sind die Kardinäle angehalten, die Personen unverzüglich der Behörde der Hl. Römischen und Universalen Inquisition zu überstellen, der das Urteil in Häresie-Sachen obliegt usw. [...]

C 7 | 1631 Oktober 30: Erklärung Papst Urbans VIII. im Sanctum Officium

30. Oktober 1631

Unser heiligster Herr Papst Urban VIII. erklärt, dass es seine Absicht gewesen war und ist, dass die Fakultäten der Kardinalinquisitoren, alle möglichen verbotenen Bücher und Schriften (als Drucke oder als Manuskripte) zu lesen und aufzubewahren, gültig bleiben, genau so wie ihre Fakultäten gültig bleiben, anderen Leselizenzen für verbotene Bücher und Schriften zu erteilen, was wie gewohnt in einer Kongregationssitzung geschieht.

Seine Heiligkeit beabsichtigt dagegen nicht, die Fakultät der Indexkongregation, die diese in Bezug auf die Erteilung von Leselizenzen besitzt, abzuschaffen. Auch nicht beabsichtigt er, die diesbezüglich vorhandene Fakultät des Magister Sacri Palatii abzuschaffen, mit jener Einschränkung aber, die aus der Sitzung des Sanctum Officium vom 19. Januar 1623 hervorging. Auch beabsichtigt er nicht, die Privilegien der Inquisitoren und der vom Hl. Stuhl deputierten Kommissare der Inquisition zu widerrufen, ebenso wenig wie jene Privilegien, welche verschiedene Päpste den Konsultoren und Beamten des Sanctum Officium erteilt haben. Sie alle bestätigt der Papst, sofern dies nötig ist, aufs Neue. Auch nicht beabsichtigt er, die Leselizenzen abzuschaffen, welche der Hl. Stuhl bis jetzt Personen in Gebieten jenseits der Alpen, wo die Häresie ungestraft grassiert, gewährt hat. Er will, dass die genannten Personen diese Lizenzen innerhalb der jeweiligen Geltungsdauer weiterhin benutzen können.

Folgende Bücher aber klammerte Seine Heiligkeit aus dieser Erklärung aus: Alle sich erklärtermaßen gegen die katholische Religion richtenden Bücher, außerdem die Bücher Niccolò Machiavellis und Charles Dumoulins sowie jene, die hauptsächlich oder beiläufig von der urteilenden Astrologie handeln, auch wenn darin behauptet wird, dass die Prognosen sich nicht zwangsläufig erfüllen würden. Ausnahmslos niemandem, ob innerhalb Italiens oder außerhalb, auch nicht Personen, die durch irgendwelche kirchlichen oder weltlichen Würden ausgezeichnet sind, auch nicht irgendwelchen geistlichen oder weltlichen Kollegien, Orden, Gesellschaften, Universitäten, Kommunitäten, nicht einmal solchen, die es verdienten, hier ausdrücklich genannt zu werden, und die man sich hier ausdrücklich genannt vorstelle, ist es erlaubt, die hier speziell genannten Bücher zu lesen oder offen oder verborgen, auch nicht in Bibliotheken, aufzubewahren, auch nicht an jenen Orten, wo die Häresie ungestraft grassiert.

Er legte außerdem fest, dass es weder den beiden Kongregationen oder anderen oben Genannten noch den Nuntien und Legaten des Hl. Stuhls, auch nicht den Legaten de latere oder anderen, die sich in irgendeiner Weise auf die apostolische Autorität oder Vollmacht berufen könnten, gestattet ist, entsprechende Leselizenzen zu erteilen. Wurden solche früher erteilt, widerruft und annulliert sie der Papst hiermit, so dass sich niemand mehr, gleich welcher Würde oder welchen Standes, darauf zu stützen vermag.

Ferner erklärt Seine Heiligkeit, dass selbst in den so allgemein wie möglich gefassten Generallizenzen, die vom Hl. Stuhl oder sogar vom Papst selbst ausgestellt wurden oder werden, Leselizenzen für diese speziell genannten Bücher nicht inbegriffen sind. Niemand kann unter irgendeinem Vorwand behaupten, diese Bücher lesen oder aufbewahren zu dürfen, wenn die Lizenz nicht gesondert, ausdrücklich und vollständig diese Bücher nennt. Sie muss außerdem in einer Sitzung des Sanctum Officium in Anwesenheit des Papstes erteilt worden sein oder in einem päpstlichen Schreiben erscheinen, das in Form eines Breve oder Chirographs erging und von Seiner Heiligkeit persönlich unterschrieben wurde.

C 8 | 1673 Dezember 5: Breve »Cum sicut dilecti« Clemens' X.

Papst Clemens X.
Möge dies zukünftig in Erinnerung bleiben

Wie Uns die Regularen-Konsultoren der Indexkongregation kürzlich erklärten, erließ Unser Vorgänger seligen Angedenkens Alexander VII. im Jahr 1659 ein Dekret, das den Ordensoberen untersagte, ihre Untergebenen, die als Konsultoren im Dienst der Indexkongregation stehen, aus Rom und aus ihren Konventen zu entfernen, da eine solche Abberufung die Kongregation schädigen würde, wäre sie doch gezwungen, die routinierten und erfahrenen Konsultoren durch Anfänger zu ersetzen. Dieses Dekret wurde den Ordensoberen durch den damaligen Sekretär der Indexkongregation zur Kenntnis gebracht wurde. Damit sich aber die Antrag stellenden »Index«-Konsultoren noch ruhiger und intensiver ihrem Dienst für den Heiligen Stuhl widmen können, wünschen sie sich sehr, dass (auch) Wir in der oben genannten Sache eine Regelung treffen.

Wir wollen deshalb dem berechtigten Antrag im Sinne der Bittsteller wohlwollend stattgeben und lösen sie einzeln von jeglichen durch richterliches Urteil oder von Rechts wegen gefällten Exkommunikationen, Suspendierungen und Interdikten und anderen geistlichen Sentenzen, Zensuren und Strafen, mit denen sie möglicherweise belegt sind, allerdings nur zum Zweck des Erhalts der hier gewährten Gnade, und betrachten sie durch den Wortlaut dieses Schreibens als absolviert. Auch geben Wir den Bitten statt, die Uns im Namen der erwähnten Kardinäle demütig vorgebracht worden sind, und bestätigen und approbieren hiermit das oben erwähnte Dekret Alexanders VII. So befehlen und gebieten Wir mit apostolischer Autorität und mit dem Wortlaut dieses Schreibens allen heutigen und künftigen General- und Provinzialoberen aller Orden, Kongregationen und Institute, dass sie den gegenwärtigen und zukünftigen »Index«-Konsultoren ihres Ordens die Konventualität in einem römischen Kolleg oder Regularenhaus mit Studium zugestehen und zuschreiben, damit diese bequemer ihren Studien und Aufgaben im Dienst des Hl. Stuhls nachgehen können. Dies geschehe ohne Verzögerungen und Ausflüchte. Besitzt ein Orden kein Haus mit Studium in Rom, dann erfolge die Unterbringung in einem anderen Kloster, Konvent oder Regularenhaus des Ordens ebenda. Auch legen Wir mit apostolischer Autorität und dem Wortlaut dieses Schreibens fest, dass die Konsultoren, ohne vorherige sorgsame Prüfung der Gründe durch die Kardinäle und den Sekretär der Indexkongregation, von ihren Ordensoberen auf keinen Fall aus Rom abberufen werden dürfen.

Das vorliegende Schreiben ist stets rechtskräftig, gültig und wirksam und sein Inhalt möge vollständig umgesetzt werden. Es möge vollständig den Regularen-Konsultoren zugute kommen und von all denen, die es betrifft, vollständig befolgt werden. Alle ordentlichen und delegierten Richter, auch die Kardinäle und Auditoren der Rota Romana sowie Legaten de latere und andere, ganz gleich welchen Vorrang und welche Gewalt sie innehaben, müssen in Zukunft im Sinne dieser Urkunde urteilen. Jede Möglichkeit und Vollmacht, in dieser Sache anders zu urteilen, ist ihnen genommen. Wenn in dieser Sache, wissentlich oder unwissentlich, etwas anderes unternommen werden sollte, sei das Urteil ungültig.

Dem stehen keine gegenteiligen apostolischen Konstitutionen und Verordnungen entgegen. Ebenso stehen dem keine etwaigen gegenteiligen Statuten und Gewohnheiten der Orden, Kongregationen, Institute, Klöster usw. entgegen, auch wenn diese durch Eid, apostolische Bestätigung oder in anderer Form bekräftigt worden sind; auch keine Privilegien, Indulte und apostolischen Schreiben, die den Orden, Kongregationen, Instituten, Klöstern usw. oder den Ordensoberen oder anderen Personen in irgendeiner Form und mit welchen Rechtsformeln auch immer gewährt wurden, auch wenn darin solche Klauseln enthalten sind, die die Derogation ausschließen, oder andere hochwirksame oder außergewöhnliche verungültigende Klauseln; auch keine gegenteiligen Dekrete, auf welche Weise sie auch erteilt wurden und wie oft sie auch bestätigt, erneuert und approbiert worden sind. Sie alle setzen Wir speziell und ausdrücklich außer Kraft, allerdings nur für den Zweck dieser Urkunde, in allen sonstigen Teilen behalten sie ihre Gültigkeit. Das gilt auch dann, wenn die Außerkraftsetzung eigentlich nicht durch allgemeine Klauseln möglich wäre, sondern die außer Kraft setzende Urkunde die außer Kraft gesetzte Wort für Wort und ohne Auslassungen wiedergeben oder eine andere Form eingehalten werden müsste: Wir betrachten diese als hier vollständig und ausreichend wiedergegeben.

Wir wollen, dass Kopien dieses Schreibens, auch den gedruckten, die von einem öffentlichen Notar unterschrieben und mit dem Siegel eines geistlichen Würdenträgers oder des Sekretärs der Indexkongregation versehen sind, derselbe Glaube geschenkt werde, der dem Original entgegengebracht wird, würde es hervorgeholt und gezeigt werden.

Gegeben zu Rom […].

C 9 | 1727 August 21: Breve »Alias felicis recordationis« Benedikts XIII.

Papst Benedikt XIII.
Möge dies zukünftig in Erinnerung bleiben

Einst ist Clemens X., Unserem Vorgänger glücklichen Angedenkens, von Seiten der damaligen Konsultoren und Kardinäle der Indexkongregation berichtet worden, dass Papst Alexander VII. im Jahr 1659 ein Dekret erlassen habe, das den Ordensoberen untersagte, ihre Untergebenen, die als Konsultoren im Dienst der Indexkongregation stehen, aus Rom und aus ihren Konventen zu entfernen, da eine solche Abberufung die Kongregation schädigen würde, wäre sie doch gezwungen, die routinierten und erfahrenen Konsultoren durch Anfänger zu ersetzen. Dieses Dekret war den Ordensoberen durch den damaligen Sekretär der Indexkongregation zur Kenntnis gebracht worden. Um sich aber noch ruhiger und intensiver ihrem Dienst für den Heiligen Stuhl widmen zu können, wünschten sich die Antrag stellenden »Index«-Konsultoren sehr, dass (auch) der genannte Papst Clemens in der obigen Sache eine Regelung treffe.

Papst Clemens wollte dem berechtigten Antrag im Sinne der Bittsteller wohlwollend stattgeben und auch den Bitten, die ihm im Namen der erwähnten Kardinäle demütig vorgebracht worden waren, und so bestätigte und approbierte er das oben erwähnte Dekret Alexanders VII. und gebot und befahl, mit apostolischer Autorität, allen damaligen und künftigen General- und Provinzialoberen aller Orden, Kongregationen und Institute, dass sie den damaligen und zukünftigen »Index«-Konsultoren des jeweiligen Ordens die Konventualität in einem römischen Kolleg oder Regularenhaus mit Studium zugestehen und zuschreiben, damit diese bequemer ihren Studien und Aufgaben im Dienst des Heiligen Stuhls nachgehen können. Dies sollte ohne Verzögerungen und Ausflüchte geschehen. Besäße ein Orden kein Haus mit Studium in Rom, dann sollte die Unterbringung in einem anderen Kloster, Konvent oder Regularenhaus des Ordens in Rom erfolgen. Auch legte er mit apostolischer Autorität fest, dass die Konsultoren, ohne vorherige sorgsame Prüfung der Gründe durch die Kardinäle und den Sekretär der Indexkongregation, von ihren Ordensoberen auf keinen Fall aus Rom abberufen werden dürfen. Und so weiter, wie es in dem Breve Clemens' X. vom 5. Dezember 1673, das Wir hier für wörtlich wiedergegeben erachten, ausführlich enthalten ist.

Daher, weil Wir in angemessener Weise für die Gültigkeit und strenge Befolgung des Gesagten sorgen wollen, bestätigen, approbieren und – wenn überhaupt nötig – erneuern Wir aus eigenem Antrieb und aus sicherer Kenntnis und nach reiflicher Überlegung und mit der apostolischen Vollgewalt mit dem Wortlaut dieses Schreibens die Urkunde Unseres Vorgängers.

Außerdem: Damit das Privileg, welches den »Index«-Konsultoren durch das oben genannte Schreiben gewährt wurde, den Konventen und Regularenhäusern nicht zu Lasten falle, und damit die Konsultoren aus den Orden nicht dazu animiert werden, sich dem einmal gelobten Gehorsam zu entziehen, gebieten und befehlen Wir aus Antrieb, Kenntnis und Vollgewalt wie oben, dass zukünftig höchstens jeweils nur einer aus den geistlichen Orden Konsultor sein und dieses Privileg genießen kann. So lange dieser lebt, können andere aus demselben Orden, die in den Konsultorendienst berufen werden, dieses Privileg nicht genießen. Wenn sie in Rom bleiben wollen und ihr Oberer ihnen dies erlaubt, müssen sie vielmehr den Konventen, denen sie von den Oberen zugeteilt worden sind, Alimente im Wert von 2 giuli pro Tag zahlen. Auch können sie von ihren Oberen, so oft es diesen beliebt, auch aus Rom weg, versetzt werden. Das vorgenannte Privileg können diese Konsultoren nicht ohne eine spezielle Derogation und Nennung des vorliegenden Schreibens von Uns oder Unseren Nachfolgern erwerben.

Darüber hinaus erklären Wir, dass das obige Privileg allein den Konsultoren der Indexkongregation gewährt wird, und dass die privilegierten Konsultoren wie auch die nichtprivilegierten keinen Anspruch auf einen eigenen Sozius besitzen; sollten sie einen Sozius haben wollen und von ihrem Oberen dafür die Erlaubnis erhalten, müssen sie dem Kloster für diesen Alimente in oben genannter Höhe bezahlen.

Das vorliegende Schreiben ist stets rechtskräftig, gültig und wirksam und sein Inhalt möge vollständig umgesetzt werden. Es möge vollständig den Regularen-Konsultoren zugute kommen und von all denen, die es betrifft, vollständig befolgt werden. Alle ordentlichen und delegierten Richter, auch die Kardinäle und Auditoren der Rota Romana sowie Legaten de latere und andere, ganz gleich welchen Vorrang und welche Gewalt sie innehaben, haben in Zukunft so und nicht anders zu urteilen. Jede Möglichkeit und Vollmacht, in dieser Sache anders zu urteilen, ist ihnen genommen. Wenn in dieser Sache, wissentlich oder unwissentlich, etwas anderes unternommen werden sollte, ist es ungültig.

Dem stehen keine gegenteiligen apostolischen Konstitutionen und Verordnungen entgegen. Ebenso stehen dem keine etwaigen gegenteiligen Statuten und Gewohnheiten der Orden, Kongregationen, Institute, Klöster usw. entgegen, auch wenn diese durch Eid, apostolische Bestätigung oder in anderer Form bekräftigt worden sind; auch keine Privilegien, Indulte und apostolischen Schreiben, die den Orden, Kongregationen, Instituten, Klöstern usw. oder den Ordensoberen oder anderen Personen in irgendeiner Form und mit welchen Rechtsformeln auch immer gewährt wurden, auch wenn darin solche Klauseln enthalten sind, die die Derogation ausschließen, oder andere hochwirksame oder außergewöhnliche verungültigende Klauseln; auch keine gegenteiligen Dekrete, auf welche Weise sie auch erteilt und wie oft sie auch bestätigt, erneuert und approbiert worden sind. Sie alle setzen Wir speziell und ausdrücklich außer Kraft, allerdings nur für den Zweck dieses Schreibens und nur für dieses eine Mal, in allen sonstigen Teilen behalten sie ihre Gültigkeit. Das gilt auch dann, wenn die Außerkraftsetzung eigentlich nicht durch allgemeine Klauseln möglich wäre, sondern die außer Kraft setzende Urkunde die außer Kraft gesetzte Wort für Wort und ohne Auslassungen wiedergeben oder eine andere Form eingehalten werden müsste: Wir betrachten diese als hier vollständig und ausreichend wiedergegeben.

Wir wollen, dass Kopien dieser Urkunde, auch den gedruckten, die von einem öffentlichen Notar unterschrieben und mit dem Siegel eines geistlichen Würdenträgers oder des Sekretärs der Indexkongregation versehen sind, derselbe Glaube geschenkt werde, der dem Original entgegengebracht wird, würde es hervorgeholt und gezeigt werden.

Gegeben zu Rom [...].

C 10 | 1753 Juli 9: Konstitution »Sollicita ac provida« Benedikts XIV.

Der Text dieser Konstitution liegt in einer modernen dt. Übers. vor in: Hubert Wolf, Bernward Schmidt, Benedikt XIV. und die Reform des Buchzensurverfahrens. Zur Geschichte und Rezeption von »Sollicita ac provida« (Römische Inquisition und Indexkongregation 13), Paderborn 2011, S. 117–165; sie ersetzt die ältere Übers. von Hans Paarhammer, »Sollicita ac provida«. Neuordnung von Lehrbeanstandung und Bücherzensur in der katholischen Kirche im 18. Jahrhundert, in: André Gabriels u. a. (Hg.), Ministerium Iustitiae (FS Heribert Heinemann), Essen 1985, S. 343–361.

C 11 | 1908 Juni 29: Konstitution »Sapienti consilio« Pius' X.

Unter Benutzung der engl. Übers. in: Nikolaus HILLING, *Procedure at the Roman Curia. A Concise and Practical Handbook, 2. Aufl., New York 1909, S. 349–368.*

Apostolische Konstitution über die Römische Kurie:

Bischof Pius
Diener der Diener Gottes
Möge dies ewig in Erinnerung bleiben

In einem weisen Beschluss wollte Papst Sixtus V. auf den Spuren seiner Amtsvorgänger die heiligen Zusammenkünfte der Kardinäle bzw. die »Römischen Kongregationen«, von denen bereits früher einige für bestimmte Aufgaben eingesetzt worden waren, vermehren und ihre Aufgabenbereiche definieren. Aus diesem Grund setzte er durch das apostolische Schreiben »Immensa« vom 22. Januar 1588 15 solcher Kongregationen ein, um »den gewaltigen Berg an Verantwortlichkeiten und Aufgaben«, mit dem der Hl. Stuhl gewöhnlich konfrontiert ist, »auf die Kongregationen und anderen römischen Behörden aufzuteilen«. Auf diese Weise sollte umgangen werde, dass derartig viel im Konsistorium be- und verhandelt werden musste. Außerdem sollte so gewährleistet werden, dass strittige Themen tiefer gehend behandelt und die Geschäfte, die von allen Seiten an den Papst herangetragen werden, und welche die Religion und Frömmigkeit, gerichtliche Fälle, Gnadengesuche usw. betreffen, schneller und leichter abgewickelt werden.

Jeder, der sich mit der Kirchengeschichte auskennt, weiß, wie nützlich diese Kongregationen für den Erhalt der kirchlichen Disziplin, für die Rechtsprechung und die Entlastung der Päpste waren, die durch die täglich anwachsende Arbeitslast immer mehr beansprucht wurden. Die Gliederung der Kurie, die in weiten Teilen auf die erwähnte Konstitution Sixtus' V. zurückging, blieb im Laufe der Zeit allerdings nicht unverändert. Je nach den Anforderungen der Zeit wurde die Zahl der Kongregationen mal angehoben, mal vermindert; die den Kongregationen ursprünglich zugewiesene Jurisdiktion war Veränderungen unterworfen, entweder weil Päpste dies direkt angewiesen haben, oder aber weil nach und nach eine Gewohnheit eingekehrt war, die nachträglich genehmigt wurde. Daher kommt es, dass heute die Jurisdiktion bzw. die ›Kompetenz‹ der einzelnen Kongregationen nicht jedem einleuchtend und gut verteilt erscheint. Über ein und dieselbe Sache können mehrere Kongregationen Urteile fällen; einigen Kongregationen sind nur noch wenige Aufgaben verblieben, während andere von ihrer Arbeitslast erdrückt werden.

Oft haben Bischöfe und Experten, vor allem aber Kardinäle sowohl Unseren Vorgänger Leo XIII. als auch Uns selbst schriftlich wie mündlich gebeten, diesen Missstand abzustellen. Wir sind dem durch Unsere Schreiben »Romanis Pontificibus« vom 17. Dezember 1903, »Quae in ecclesiae bonum« vom 28. Januar 1904 und »Sacrae congregationi super Negotiis« vom 26. Mai 1906 teilweise auch schon nachgekommen.

Weil momentan aber die Kodifizierung der kirchlichen Gesetzgebung ansteht, erscheint es dringend angebracht, bei der Römischen Kurie den Anfang zu machen, damit diese, in einer angemessenen und jedem einleuchtenden Weise gegliedert, ihre Aufgaben leichter zu erledigen und Uns noch besseren Beistand zu geben vermag.

Aus diesem Grund haben Wir nach Beratung mit den Kardinälen beschlossen und bestimmt, dass es nach den diesjährigen Herbstferien, also ab dem 3. November 1908, außer den heiligen Konsistorien nur noch diejenigen zur Kurie gehörigen und mit gesamtkirchlichen Aufgaben betrauten Kongregationen, Tribunale und Behörden geben wird, die in dieser Konstitution aufgeführt sind und deren Zahl, innere Organisation und Kompetenz an die folgenden Gesetze gebunden sind.

I. Die heiligen Kongregationen

1.) Die Kongregation des Sanctum Officium:

1. Diese heilige Kongregation, welcher der Papst vorsteht, hütet die Glaubens- und die Sittenlehre.
2. Ihr allein obliegt deshalb weiterhin das Urteil in Fällen von Häresie und anderen Vergehen, die den Verdacht der Häresie begründen.
3. Ihr ist auch der gesamte Bereich des Ablasswesens zugefallen, sowohl was die dogmatische Seite als auch was den Gebrauch der Ablässe betrifft.
4. Alles, was in den Bereich der Kirchengebote gehört, wie z. B. Abstinenz-, Fasten-, Feiertagsgebote, wurde dieser Kongregation abgenommen und der Konzilskongregation zugeschlagen. Die Bischofswahlen liegen im Zuständigkeitsbereich der Konsistorialkongregation. Für die Entbindung von den Gelübden, die in Orden und geistlichen Instituten abgelegt wurden, ist die Kongregation für Ordensangelegenheiten zuständig.
5. Auch wenn eine spezielle Kongregation für die Sakramentenordnung eingesetzt wurde, bleibt doch die Vollmacht des Sanctum Officium davon unberührt, Fälle zu bearbeiten, die mit dem sogenannten Privilegium Paulinum und mit Ehehindernissen durch Konfessionsverschiedenheit zusammenhängen. Dasselbe gilt für alles, was die dogmatischen Aspekte der Ehe und der anderen Sakramente berührt.

2.) Die Konsistorialkongregation

1. Diese Kongregation setzt sich aus zwei unterschiedlichen Teilen zusammen.

2. Der eine Teil befasst sich einerseits damit, die Agenda der Sitzungen des Konsistoriums vorzubereiten, andererseits fällt die Einrichtung neuer Diözesen und Dom- und Kollegiatkapitel in jenen Regionen, für die nicht die Kongregation der Propaganda Fide zuständig ist, in ihren Bereich. Sie befasst sich mit der Teilung bestehender Diözesen; mit der Wahl der Bischöfe, apostolischen Administratoren, Koadjutoren und Weihbischöfe; mit der Bestellung und Auswertung des kanonischen Informativprozesses für die Kandidaten; und mit der Überprüfung von deren Lehre. Bei der Einsetzung von Bischöfen und der Einrichtung von Diözesen außerhalb Italiens erhalten aber die Beamten des Staatssekretariats selbst diese Dokumente, die daraus die ›Positionen‹ anfertigen, die dann der Konsistorialkongregation zu unterbreiten sind.
3. Der andere Teil befasst sich mit allem, was mit der Leitung der einzelnen Diözesen zusammenhängt, sofern diese nicht der Kongregation der Propaganda Fide unterstehen. Allgemein fällt in ihren Bereich, was früher im Bereich der Bischofs- und der Konzilskongregation lag, nun aber der Konsistorialkongregation zugewiesen wurde. Dazu gehören: Aufsicht über die Erfüllung und Nichterfüllung der Amtspflichten der Bischöfe; Prüfung der Berichte der Bischöfe über den Zustand ihrer Diözesen; Anordnung apostolischer Visitationen und die Kontrolle abgeschlossener Visitationen. Wurde Uns die Lage detailliert und wahrheitsgetreu geschildert, macht die Kongregation Vorgaben, was sie für die einzelnen Orte für notwendig oder angemessen erachtet. Schließlich befasst sie sich mit allem, was mit der Führung, Disziplin, weltlichen Verwaltung und der Lehre in den Seminarien zusammenhängt.
4. Bei Konflikten zwischen den Kongregationen über die jeweiligen Zuständigkeiten ist es Aufgabe der Konsistorialkongregation, diese Zweifelsfälle zu lösen.
5. Präfekt dieser Kongregation ist weiterhin der Papst. Zu den Kardinalsmitgliedern gehören ex officio der Sekretär des Sanctum Officium und der Staatssekretär. Die weiteren Kardinalsmitglieder werden vom Papst bestimmt.
6. Der Sekretär der Kongregation ist stets ein vom Papst ausgewählter Kardinal; der zweite Sekretär soll ein Prälat mit dem Titel ›Assessor‹ sein, der gleichzeitig das Amt des Sekretärs des Kardinalskollegiums ausüben soll; hinzu kommt auf der unteren Ebene eine ausreichende Zahl von Beamten.
7. Konsultoren dieser Kongregation sind, jeweils für die Dauer ihres Amtes, der Assessor Sancti Officii sowie der Sekretär der Kongregation für außerordentliche kirchliche Angelegenheiten; dazu kommen weitere, die der Papst bestimmt.

[*Die folgenden Abschnitte behandeln die Kongregation für die Sakramentenordnung, die Konzilskongregation, die Kongregation für Ordensangelegenheiten und die ›Propaganda Fide‹.*]

7.) Die Indexkongregation:

1. Es wird zukünftig die Aufgabe dieser Kongregation sein, nicht nur ihr angezeigte Bücher sorgfältig zu prüfen, sie (wenn angebracht) zu verbieten und Dispense zu erteilen. Auch soll sie aus eigener Initiative und mit den Methoden ihrer Wahl untersuchen können, ob unter den Veröffentlichungen aus den verschiedenen Genres welche dabei sind, die besser verurteilt werden sollten. Auch soll sie den Bischöfen in Erinnerung rufen, wie strikt sie dazu verpflichtet sind, auf gefährliche Schriften zu achten und diese dem Hl. Stuhl anzuzeigen, gemäß der Konstitution »Officiorum« vom 25. Januar 1897.
2. Weil nun Bücherverbote meistens die Verteidigung des Glaubens zum Zweck haben, diese aber auch die Aufgabe der Kongregation des Sanctum Officium ist, bestimmen Wir, dass die Kardinäle, Konsultoren und Beamten beider Kongregation alle mit den Bücherverboten zusammenhängenden Informationen, aber nur diese, untereinander austauschen können, wobei sie allesamt der Verschwiegenheit verpflichtet sind.

[*Die folgenden Abschnitte behandeln die Riten- und Zeremonialkongregation sowie die Kongregation für außerordentliche kirchliche Angelegenheiten.*]

11.) Die Studienkongregation:
Dieser Kongregation obliegt die Aufsicht über das Studium in den höheren Schulen, also in den Universitäten und Fakultäten, die der kirchlichen Autorität unterstehen, einschließlich der Ordenshochschulen. Sie prüft Neugründungen und erteilt diesen die Approbation. Sie erteilt ihnen Vollmacht, akademische Grade zu verleihen und kann solche auch selbst an wissenschaftlich besonders verdiente Männer verleihen.

[*Es folgt Kapitel II über die Gerichtshöfe (›Tribunalia‹) mit Abschnitten über die Pönitentiarie, die Rota Romana und die Apostolische Signatur; dann Kapitel III über die Verwaltungsämter (›Officia‹) mit Abschnitten über die Apostolische Kanzlei, die Dataria Apostolica, die Apostolische Kammer, das Staats- und das Brevensekretariat; weitere Regelungen betreffen die Dombauhütte von Sankt Peter und weitere kleinere Dikasterien.*]

Für alle oben genannten Kongregationen, Tribunale und Verwaltungsämter gilt als eine der obersten Regeln, dass sie keine wichtigen und außergewöhnlichen Dinge behandeln, ohne dass vorher deren Leiter Uns oder Unsere Nachfolger darüber informiert haben. Außerdem bedürfen alle Gnadenerweise und Urteilssprüche der päpstlichen Approbation, außer jenen, für welche die Leiter der Verwaltungsämter, Tribunale und Kongregationen Vollmacht besitzen und außer den Urteilen, welche die Rota Romana und die Apostolische Signatur aus eigener Kompetenz fällen.

Diese Konstitution wird ergänzt durch die Eigengesetze und die allgemeinen und speziellen Normen, durch welche die Disziplin und der Geschäftsgang in den Kongregationen, Tribunalen und Verwaltungsämtern geregelt wird, und an die sich weiterhin alle peinlich genau zu halten haben. Sie gelten sede plena, bei Sedisvakanz hingegen sind die Gesetze und Regeln der Konstitution »Vacante Sede Apostolica« anzuwenden.

Wir bestimmen, dass dieses Schreiben stets unveränderlich, gültig und wirksam sei und vollständig umgesetzt werde. Alle, die dies irgendwie angeht, mögen sich stets darauf berufen können. Was entgegen diesem Schreiben unternommen wird, erklären Wir für null und nichtig. Dem stehen die von Uns und der Apostolischen Kanzlei vertretene Regel, dass wohlerworbenes Recht nicht entzogen werden kann, wie auch alle anderen gegenteiligen apostolischen Konstitutionen und Verordnungen oder auf anderem Weg erlassenen Statuten, Gewohnheiten usw. nicht entgegen, auch wenn sie hier besonders genannt zu werden verdienten.

Gegeben zu Rom […].

C 12 | 1917 März 25: Motuproprio »Alloquentes« Benedikts XV.

Motuproprio
über die Zuteilung der Bücherzensur an das Sanctum Officium und über die Zuteilung der Gewährung von Ablässen an die Apostolische Pönitentiarie

Papst Benedikt XV.

Als Wir soeben im Konsistorium zu den Kardinälen des Hl. Kollegiums sprachen, verkündeten Wir Unseren Plan, die Neugliederung der Römischen Kurie, dieses großartige Werk Unseres Vorgängers Pius X., in einem Punkt, den dieser aus bestimmten Erwägungen verschoben hat, zu vollenden: dem Zusammenschluss der Indexkongregation mit dem Sanctum Officium. Als man nämlich den Charakter beider Kongregationen genau besah, erschien es sehr angebracht, sie zu vereinen, vor allem um Kompetenzstreitigkeiten zu vermeiden, die zwischen den beiden Kongregationen leicht entstehen. Schließlich gehört die Bücherzensur, mit der sich die eine Kongregation befasst, doch zu der Aufgabe der anderen Kongregation, »die Glaubens- und Sittenlehre zu hüten«, mit dazu. Zur Umsetzung dieses Plans erlassen Wir dies und legen Folgendes aus eigenem Antrieb fest:

1. Die Indexkongregation besteht mit sofortiger Wirkung nicht mehr.
2. Die Zensur von Büchern und anderen Schriften, bislang die eigentliche Aufgabe der Indexkongregation, gehört jetzt in den Bereich des Sanctum Officium.
3. Zu den Abteilungen des Sanctum Officium kommt eine spezielle ›Sektion für den Index‹ hinzu, welche die Beamten der ehemaligen Indexkongregation aufnimmt. Das Sanctum Officium aber arbeitet eine Geschäftsordnung für diese Sektion aus und unterbreitet sie Uns zur Prüfung.
4. Damit aber die Arbeitslast des Sanctum Officium durch den Zugewinn an Aufgaben nicht zu groß wird, übertragen Wir den gesamten Bereich der Ablässe der Apostolischen Pönitentiarie. Sie entscheidet gemäß ihrem Zweck über alles, was mit dem Gebrauch und der Gewährung von Ablässen zusammenhängt, wobei das Recht des Sanctum Officium, die dogmatischen Aspekte neuer Gebete und Andachten zu prüfen, davon unbenommen bleibt.
5. Die ›Sektion für die Ablässe‹ beim Sanctum Officium wird mitsamt ihren Beamten in die Apostolische Pönitentiarie eingegliedert, wobei der Großpönitentiar in Abstimmung mit Uns eine Geschäftsordnung für die Sektion entwirft.

Wir erlassen und gebieten dies, ohne dass dem etwas Gegenteiliges, auch wenn es hier gesondert erwähnt zu werden verdiente, entgegensteht.

Gegeben zu Rom […]

C 13 | 1965 Dezember 7: Motuproprio »Integrae servandae« Pauls VI.

Unter Benutzung der ital. Übers. in: Paolo VI. Tutti i principali documenti. Latino – italiano (Collectio vaticana 5), Vatikanstadt 2002, S. 282–287.

Apostolisches Schreiben Motuproprio:
Änderung des Namens und der Verfahrensordnung der Kongregation
des Sanctum Officium

Papst Paul VI.

Den Päpsten ist es zusammen mit der Gemeinschaft der Bischöfe gelungen, die ihnen von Gott wie ein Schatz zur Bewahrung anvertraute geoffenbarte Religion die Jahrhunderte hindurch und über alle menschlichen Wechselfälle hinweg zu beschützen, so dass dieser Schatz unversehrt unsere Gegenwart erreicht hat. Sie besaßen dabei göttlichen Beistand, denn es wirkte durch sie der Hl. Geist, der gleichsam die Seele des mystischen Leibes Christi ist. Die Kirche aber, wenn auch sie durch göttliche Eingebung gestiftet wurde und sich mit den göttlichen Geheimnissen befasst, besteht aus Menschen, und sie existiert bei den Menschen. Bei der Erfüllung ihrer Aufgaben musste sich die Kirche daher, je nach den unterschiedlichen Maßgaben der Zeit und dem Stand der menschlichen Kultur, unterschiedlicher Hilfsmittel bedienen. So groß war die Menge der Anliegen, denen sich die Kirche widmete, dass die Päpste und Bischöfe diese wegen der unermesslich vielen Aufgaben, um die sie sich kümmerten, alleine nicht mehr bewältigen konnten. Es lag also in der Natur der Sache, dass Verwaltungen bzw. Kurien eingerichtet wurden. Sie sollten die Regierung der Kirche erleichtern, indem sie die Einhaltung der Kirchengesetze bewachten, Unternehmungen unterstützten, die den Zielen der Kirche dienten, und etwaige Konflikte lösten.

Man muss sich also nicht wundern, wenn aufgrund der sich wandelnden Zeitumstände an einigen Einrichtungen Anpassungen nötig wurden. Und tatsächlich haben Unsere Vorgänger in der Vergangenheit dafür gesorgt, dass das Gefüge der Römischen Kurie angemessenen Reformen unterzogen wurde. In dieser Hinsicht verdienen die apostolischen Konstitutionen »Immensa aeterni Dei« Sixtus' V. und »Sapienti consilio« des hl. Pius X. erwähnt zu werden, deren Bestimmungen beinahe vollständig in den CIC eingegangen sind. Doch haben sich seit diesen Konstitutionen, ja sogar seit der Einführung des CIC die Zeiten sehr verändert, wie Wir in Unserer Ansprache an die Kardinäle und Mitarbeiter der Kurie am 21. September 1963 ausgeführt haben.

Nachdem Wir dies alles berücksichtigt und den Rat von Kardinälen und Bischöfen eingeholt haben, sind Wir zu dem Entschluss gelangt, eine gewisse

Reform der Römischen Kurie durchzuführen, wobei kein Zweifel daran besteht, dass diese Reform bei der Kongregation des Sanctum Officium beginnen muss. Ihr sind schließlich die wichtigsten Geschäfte der Kurie übertragen, darunter vor allem die Lehre in Bezug auf den Glauben und die Sitten sowie Fälle, die hinreichend eng mit der Glaubenslehre verknüpft sind.

Unser Vorgänger Paul III. hat nämlich am 21. Juli 1542 mit der apostolischen Konstitution »Licet ab initio« die Kongregation der Römischen und Universalen Inquisition gegründet zu dem Zweck, die Häresie zu verfolgen und folgerichtig auch Vergehen gegen den Glauben zu ahnden, Bücher zu verbieten und Inquisitoren in der gesamten Kirche einzusetzen. Oft, wenn besonders schwierige oder wichtige Dinge anstanden, erhielt sie weitere Kompetenzen.

Weil die Bezeichnung »Römische und Universale Inquisition« nicht mehr zeitgemäß war, änderte der hl. Pius X. 1908 mit der Konstitution »Sapienti consilio« den Namen in »Kongregation des Sanctum Officium«.

Da »die Liebe die Furcht austreibt«, ist dem Schutz des Glaubens jetzt aber besser mit der Förderung der Lehre gedient, die den Herolden des Evangeliums neue Kraft verleiht, während Irrtümer korrigiert und die Irrenden sanft zur Vernunft gebracht werden. Außerdem bewirkt der Fortschritt der menschlichen Kultur, deren Auswirkungen auf die Religion nicht zu unterschätzen sind, dass die Gläubigen die Vorgaben der Kirche bereitwilliger und leidenschaftlicher befolgen, wenn sie den Sinn von Definitionen und Gesetzen auch verstehen, insofern dies im Bereich des Glaubens und der Sitten denn möglich ist.

Damit diese Kongregation zukünftig ihren Auftrag zur Förderung der gesunden Lehre und des Apostolats als wichtigster Aktivität der Kirche besser erfüllen kann, legen Wir folgende Änderungen in Bezug auf den Namen und die Verfahrensordnung der Kongregation kraft Unserer höchsten apostolischen Autorität fest:

1. Die bisher als »Kongregation des Sanctum Officium« bezeichnete Kongregation heißt zukünftig »Kongregation für die Glaubenslehre«, deren Aufgabe es ist, in der gesamten katholischen Welt die Glaubens- und Sittenlehre zu schützen.
2. Ihr steht der Papst vor. Der Kardinalsekretär leitet sie. Er wird dabei vom Assessor, Substituten und Promotor iustitiae unterstützt.
3. Der Kongregation fallen alle Fragen zu, die die Glaubens- und Sittenlehre berühren oder die mit dem Glauben selbst zusammenhängen.
4. Sie prüft neue Lehren und neue Auffassungen, auf welche Art und Weise diese auch verbreitet werden. Sie fördert Studien auf diesem Feld und wissenschaftliche Tagungen. Lehren aber, von denen feststeht, dass sie den Grundsätzen des Glaubens zuwiderlaufen, verurteilt sie nach vorheriger Anhörung der örtlichen Bischöfe, sofern diese involviert sind.
5. Sie untersucht gründlich die Bücher, die ihr angezeigt werden, und missbilligt diese wenn nötig. Doch muss vorher der Autor gehört werden, dem auch die Möglichkeit gegeben werden muss, sich – auch schriftlich – zu verteidigen. Außerdem ist im Vorfeld der Bischof zu unterrichten. Dies

entspricht dem schon in der Konstitution »Sollicita ac provida« Benedikts XIV. vorgeschriebenen Vorgehen.

6. Ebenso untersucht sie unter rechtlichen und tatsächlichen Gesichtspunkten die Angelegenheiten, die mit dem Privilegium fidei zu tun haben.
7. Es steht ihr zu, gemäß den Normen des ordentlichen Prozesses über Delikte gegen den Glauben zu urteilen.
8. Die Kongregation führt die Verfahren zum Schutz des Bußsakraments, wobei sie gemäß den verbesserten und geprüften Normen vorgeht. Die Ortsordinarien werden darüber in Kenntnis gesetzt und der Angeklagte muss im Vorfeld die Möglichkeit erhalten, sich zu verteidigen und sich einen bei der Kongregation akkreditierten Anwalt zu nehmen.
9. Sie unterhält ausreichend enge Beziehungen zur Päpstlichen Bibelkommission.
10. Zu der Kongregation gehört die Gruppe der Konsultoren. Diese sind Männer mit besonderen theologischen Fähigkeiten, Intellektuelle oder Spezialisten, die vom Papst weltweit ausgewählt werden. Zusätzlich zu den Konsultoren können weitere Experten herangezogen werden, wenn es die behandelte Materie erfordert. Vor allem Hochschullehrer kommen hierfür infrage.
11. Die Kongregation kann auf zweierlei Art und Weise verfahren: als Behörde oder als Gericht, je nach der Natur der vorliegenden Sachen.
12. Nach erfolgter Genehmigung soll die Kongregation ihre interne Geschäftsordnung veröffentlichen.

Wir befehlen, dass Unsere in diesem Motuproprio enthaltenen Dekrete sämtlich fest und gültig sind. Gegenteiliges steht ihnen nicht entgegen.

Gegeben zu Rom [...].

Abkürzungsverzeichnis

Allgemeine Abkürzungen und editorische Zeichen

[ ]	Auflösung unsicher (bei Abkürzungen in der Vorlage)
[…]	Auslassung des Bearbeiters
< >	Konjektur des Bearbeiters
…	Auslassung in der Vorlage
‡	textkritische Anmerkung
Abs.	Absatz
Abschn.	Abschnitt
Anm.	Anmerkung
Art.	Artikel
Aufl.	Auflage
Ausg.	Ausgabe
Bd./Bde.	Band/Bände
Bearb./bearb. v.	Bearbeiter/bearbeitet von
bes.	besonders
Bf.	Bischof
c.	Kapitel
CIC	Codex Iuris Canonici
CIndex	Indexkongregation
CProp	Kongregation für die Glaubensverbreitung
CRiti	Ritenkongregation
CStudi	Studienkongregation
ders./dies.	derselbe/dieselbe, dieselben
Dok.	Dokument
dt.	Deutsch
duc.	Dukaten
ebd.	ebenda
Ebf.	Erzbischof
Einf.	Einführung in die Dokumente (Kapitel II)
Einl.	Einleitung (Kapitel I)
erg. n.	ergänzt nach
Fasz.	Faszikel
fr.	frater/Frà (Anrede von Ordensleuten)
franz.	französisch
FS	Festschrift
gest.	gestorben

Hg/hg. v.	Herausgeber/herausgegeben von
Hs/hs.	Handschrift/handschriftlich
ital.	italienisch
Kard.	Kardinal
lat.	lateinisch
Lit.	Literatur
Ms.	Manuskript
Msgr.	Monsignore
MSP	Magister Sacri Palatii
n.	nach
ND	Neudruck
o.	oben
OFMCap	Kapuzinerorden
OP	Dominikanerorden
OSA	Augustinereremiten
OSM	Serviten
Rgl.	Regel
S. D. N.	Sanctissimus Dominus Noster
S. R. E.	Sancta Romana Ecclesia
S./SS.	Sanctus/Sancti usw.
sc.	scudi (Währung des Kirchenstaats)
sess.	Session
SO	Sanctum Officium (römische Kardinalskongregation)
Trid.	Konzil von Trient
u.	unten
u. d. T.	unter dem Titel
u. ö.	und öfter
Übers./übers.	Übersetzung/übersetzt
V.	(Text-)Vorlage
zit. n.	zitiert nach

Abgekürzte Literatur, Zeitschriften und Siglen

AAS	Acta Apostolicae Sedis
AAug	Analecta Augustiniana
ACDF	Archivio della Congregazione per la Dottrina della Fede
– Index Prot.	Congregazione dell'Indice, Protocolli
– SO CL	Sanctum Officium, Censurae Librorum
– SO Priv.	Sanctum Officium, Privilegia

– SO St.St.	Sanctum Officium, Stanza Storica
– SO Tit.Libr.	Sanctum Officium, Tituli Librorum
Acta Pii IX	Pii IX Pontificis Maximi acta, 9 Bde., Rom 1854ff. (ND Graz 1971)
Acta Pii X	Pii X. Pontificis Maximi acta, 5 Bde., Rom 1905–1914 (ND Graz 1971)
ADB	Allgemeine Deutsche Biographie, hg. v. der Historischen Commission bei der Königlichen Akademie der Wissenschaften, 56 Bde., Leipzig 1875–1910
AFH	Archivum Franciscanum Historicum
AFP	Archivum Fratrum Praedicatorum
AHP	Archivum Historiae Pontificiae
AISP	Archivio italiano per la storia della pietà
ASRSP	Archivio della R. Societá Romana di Storia Patria
ASV	Archivio Segreto Vaticano
– A. A.	Archivum Arcis
– Instr. Misc.	Instrumenta Miscellanea
– Misc. Arm.	Miscellanea Armadio
– Reg. Vat	Registri Vaticani
– Secr. Brev.	Secretaria Brevium
Baldini-Spruit	Ugo Baldini, Leen Spruit (Hg.), Catholic Church and Modern Science. Documents from the Archives of the Roman Congregations of the Holy Office and the Index. Volume I: Sixteenth-Century Documents (Fontes Archivi Sancti Officii Romani 5), 4 Bde., Rom 2009
BAV	Biblioteca Apostolica Vaticana
– Barb. lat.	Barberiani latini
– Vat. lat.	Vaticani latini
BBKL	Biographisch-bibliographisches Kirchenlexikon, hg. v. Friedrich Wilhelm Bautz u. a., 24 Bde., Hamm u. a. 1990–2005
BCas	Biblioteca Casanatense, Rom
– Per. est.	Periodici estinti
BEL	Biblioteca Essenziale Laterza
BNCR	Biblioteca nazionale centrale di Roma
BrevRom	Breviarium Romanum, ex decreto sacrosancti concilii Tridentini restitutum S. Pii V. Pontificis Maximi jussu editum, Clementis VIII., Urbani VIII. et Leonis XIII. auctoritate recognitum, 4 Bde., Regensburg 1888
BSB	Bayerische Staatsbibliothek, München
BullLux	Magnum Bullarium Romanum, 19 Bde., Luxemburg: Chevalier, 1727–1758

BullTaur	Bullarum, Diplomatum et Privilegiorum Sanctorum Romanorum Pontificum Taurinensis Editio, 27 Bde., Turin – Neapel 1857–1885
CatRom	Catechismus ex Decreto Concilii Tridentini ad parochos Pii V. Pont. Max. iussu editus, Romae: Manutius, 1566
CICF	Codicis Iuris Canonici Fontes, hg. v. Pietro GASPARRI, Jusztinián Serédi, 9 Bde., Rom 1923–1939.
CivCatt	La Civiltà cattolica
Cocquelines-Mainardi	Charles COCQUELINES (Hg.), Bullarum, privilegiorum ac diplomatum Romanorum pontificum amplissima collectio, 28 Bde., Romae: Mainardi, 1733–1762 (ND Graz 1964–1967)
COD	Dekrete der Ökumenischen Konzilien [= Conciliorum Oecumenicorum Decreta, hg. v. Giuseppe ALBERIGO u. a.], hg. v. Josef WOHLMUTH, unter Mitarbeit von Gabriel SUNNUS und Johannes UPHUS, 3 Bde., Paderborn u. a. 2002
CollCProp	Collectanea S. Congregationis de Propaganda Fide seu Decreta, Instructiones, Rescripta pro Apostolicis Missionibus ex Tabulario eiusdem Sacrae Congregationis deprompta, Rom 1893
CollLac	Acta et decreta sacrorum conciliorum recentiorum. Collectio Lacensis, hg. v. Gerhard SCHNEEMANN, 7 Bde., Freiburg/Breisgau 1873–1892
CollSO	Collectio Decretorum Responsorumque S. Officii, hg. v. Felix CADÈNE, in: Analecta Ecclesiastica 2 (1894), S. 318–321, 360–362, 407–412, 493–495; 3 (1895), 32f., 115–122, 167–169, 262f., 297–302, 352–354, 457–465, 494–498; 4 (1896), 76–83, 123–128, 179–192, 273–276, 361–366, 420f., 462–465
CT	Concilium Tridentinum. Diariorum, actorum, epistularum, tractatuum. Nova collectio, hg. v. Societas Gorresiana, 13 Bde., Freiburg/Breisgau 1901–2001
DBI	Dizionario biografico degli Italiani, hg. v. Istituto della Enciclopedia Italiana, Rom 1960–
Decreta CRiti	Decreta authentica Congregationis Sacrorum Rituum ex actis eiusdem collecta eiusque auctoritate promulgata, 6 Bde., Rom 1898–1912
DH	Heinrich DENZINGER, Enchiridion symbolorum definitionum et declarationum de rebus fidei et morum. Kompendium der Glaubensbekenntnisse und kirchlichen Lehrentscheidungen. Lat.-dt., hg. von Peter HÜNERMANN, 40. Aufl., Freiburg/Breisgau u. a. 2005

DHGE	Dictionnaire d'histoire et de géographie ecclésiastiques, hg. v. Alfred BAUDRILLART, Paris 1912–
DSI	Dizionario storico dell'Inquisizione, hg. v. Adriano PROSPERI unter Mitarbeit von Vincenzo LAVENIA und John TEDESCHI, 4 Bde., Pisa 2010
DTHC	Dictionnaire de théologie catholique, hg. v. Alfred VACANT und Eugène MANGENOT, 15 Bde., Paris 1903–1950; tables gén., 3 Bde., Paris 1951–1972
EncPapi	Enciclopedia dei papi, hg. v. Massimo BRAY, 3 Bde., Rom 2000
Friedberg 1	Emil FRIEDBERG, Emil RICHTER (Hg.), Corpus iuris canonici. Editio Lipsiensis secunda. Decretum magistri Gratiani, Leipzig 1879
Friedberg 2	DIES. (Hg.), Corpus iuris canonici. Editio Lipsiensis secunda. Decretalium Collectiones, Leipzig 1881
GruFo	Hubert WOLF (Hg.), Römische Inquisition und Indexkongregation. Grundlagenforschung, Paderborn u. a. 2005–
1542–1700:	
– (I) Bandi	Hubert WOLF (Hg.), Römische Bücherverbote. Edition der Bandi von Inquisition und Indexkongregation. Bearbeitet von Thomas BROCKMANN, Florian WARNSLOH und Andrea Katharina OTTENS unter Mitarbeit von Hedwig ROSENMÖLLER, Paderborn u. a. [2017]
– (II) Repertorium	DERS. (Hg.), Systematisches Repertorium zur Buchzensur. Inquisition. Bearbeitet von Bruno BOUTE und Andrea Katharina OTTENS unter Mitarbeit von Gian Luca D'ERRICO und Florian WARNSLOH, Paderborn u. a. [2017]
– (III) Personen	DERS. (Hg.), Personen und Profile. Bearbeitet von Jyri HASECKER und Judith SCHEPERS, Paderborn u. a. [2017]
1701–1813:	Hubert WOLF (Hg.), Römische Inquisition und Indexkongregation. Grundlagenforschung, Paderborn u. a. 2009–2011
– (I) Bandi	DERS. (Hg.), Römische Bücherverbote. Edition der Bandi von Inquisition und Indexkongregation. Auf der Basis von Vorarbeiten von Herman H. SCHWEDT bearb. v. Ursula PAINTNER und Christian WIESNETH, Paderborn u. a. 2009
– (II) Repertorium	DERS. (Hg.), Systematisches Repertorium zur Buchzensur. Indexkongregation/Inquisition, bearb. v. Andreea B. BADEA, Jan Dirk BUSEMANN, Volker DINKELS, Bruno BOUTE, Cecilia CRISTELLON, 2 Bde., Paderborn u. a. 2009

– (III) Personen	DERS. (Hg.), Prosopographie von Römischer Inquisition und Indexkongregation. Von Herman H. SCHWEDT unter Mitarbeit von Jyri HASECKER, Dominik HÖINK und Judith SCHEPERS, 2 Bde., Paderborn u. a. 2010
– (IV) Register	DERS. (Hg.), Register 1701–1813, bearb. v. Bruno BOUTE, Jyri HASECKER und Judith SCHEPERS, Paderborn u. a. 2011
1814–1917:	
– Einleitung	Hubert WOLF, Einleitung, Paderborn u. a. 2005
– (I) Bandi	DERS. (Hg.), Römische Bücherverbote. Edition der Bandi von Inquisition und Indexkongregation. Auf der Basis von Vorarbeiten von Herman H. SCHWEDT bearb. v. Judith SCHEPERS und Dominik BURKARD, Paderborn u. a. 2005
– (II) Repertorium	DERS. (Hg.), Systematisches Repertorium zur Buchzensur. Indexkongregation/Inquisition, bearb. v. Sabine SCHRATZ, Jan Dirk BUSEMANN und Andreas PIETSCH, 2 Bde., Paderborn u. a. 2005
– (III) Personen	DERS. (Hg.), Prosopographie von Römischer Inquisition und Indexkongregation. Von Herman H. SCHWEDT unter Mitarbeit von Tobias LAGATZ, 2 Bde., Paderborn u. a. 2005
– (IV) Register	DERS. (Hg.), Register 1814–1917, bearb. v. Dominik HÖINK und Christian WIESNETH, Paderborn u. a. 2007
HC	Hierarchia Catholica medii aevi sive summorum pontificum, S. R. E. cardinalium, ecclesiarum antistitum series, hg. v. Konrad EUBEL u. a., 9 Bde., München – Passau 1898–2002
Hinschius	Paul HINSCHIUS, System des katholischen Kirchenrechts mit besonderer Rücksicht auf Deutschland, 6 Bde., Berlin 1869–1897 (ND Graz 1959)
HJb	Historisches Jahrbuch
IdLI	Index des Livres Interdits, hg. v. Jesús Martinez DE BUJANDA, 11 Bde., Sherbrooke 1984–2002
IurPont CProp	Iuris Pontificii de Propaganda Fide pars I complectens Decreta, Instructiones, Encyclicas, Literas etc. ab eadem congregatione latae, hg. v. Raffaele DE MARTINIS, 7 Bde., Rom 1888–1897
LCI	Lexikon der christlichen Ikonographie, hg. v. Engelbert KIRSCHBAUM, 8 Bde., Freiburg/Breisgau 1968–1976
LThK	Lexikon für Theologie und Kirche, hg. v. Walter KASPER, 3. Aufl., 11 Bde., Freiburg/Breisgau 1993–2001
Miranda	Salvador MIRANDA, The Cardinals of the Holy Roman Church (www2.fiu.edu/~mirandas/cardinals.htm)

Moroni	Gaetano MORONI, Dizionario di erudizione storico-ecclesiastica da S. Pietro sino ai nostri giorni, 103 Bde. (6 Bde. Indici), Venedig 1840–1879
N. F.	Neue Folge
NRL	Nouvelles de la République des Lettres
Pastor	Ludwig VON PASTOR, Geschichte der Päpste seit dem Ausgang des Mittelalters,16 Bde., Freiburg/Breisgau 1885–1933 (ND ebd. 1955–1962)
PG	Patrologia Graeca, hg. v. Jacques Paul MIGNE, 161 Bde., Paris 1857–1866
Plöchl	Willibald M. PLÖCHL, Geschichte des Kirchenrechts, 5 Bde., Wien – München 1953–1969
QFIAB	Quellen und Forschungen aus italienischen Archiven und Bibliotheken
Reinhard: Datenbank	Wolfgang REINHARD, Paul V. Borghese (1605–1621). Mikropolitische Papstgeschichte. Mit CD-ROM: Mitglieder und Positionen der Kurie Pauls V. (Päpste und Papsttum 37), Stuttgart 2009
Reusch	Franz Heinrich REUSCH, Der Index der verbotenen Bücher. Ein Beitrag zur Kirchen- und Literaturgeschichte, 2 Bde., Bonn 1883–1885 (ND Aalen 1967)
RORC	Repertorium Officiorum Romanae Curiae, hg. v. Thomas FRENZ (www.phil.uni-passau.de/histhw/RORC).
RQ	Römische Quartalschrift für christliche Altertumskunde und Kirchengeschichte
RSI	Rivista Storica Italiana
RSLR	Rivista di Storia e Letteratura Religiosa
RSPT	Revue des sciences philosophique et théologique
StT	Studi e Testi
TRE	Theologische Realenzyklopädie, hg. v. Gerhard KRAUSE und Gerhard MÜLLER, 36 Bde., Berlin – New York 1977–2004
UB	Universitätsbibliothek

Quellen- und Literaturverzeichnis

Textvorlagen und Quellen

Akten, Ediktsammlungen, Manuskripte, Konvolute:

ACDF Index Diari 1 (1571–1606); 2 (1607–1620); 3 (1621–1628); 4 (1628–1650); 5 (1650–1654); 6 (1655–1664); 7 (1665–1682); 10 (1692–1696); 17 (1749–1763); 20 (1866–1889)
ACDF Index Prot. 1 (A); 9 (K); 10 (L); 14 (P); 18; 19 (V); 20; 21; 22; 26; 33 (1650–1659); 34 (1659–1663); 35 (1650–1659); 85 (1755–1757); 126; 135
ACDF Index VIII/1 (»Registrum licentiarum legendi libros expurgabiles«, 1596–1616)
ACDF Index XIII (»Acta et Formulae«)
ACDF Index XIX/1 (Miscellanea)
ACDF Index XVI (Index Clementinus, Ms. mit gedrucktem Titelblatt)
ACDF Index XVIII (Miscellanea)
ACDF SO CL 1683–1685
ACDF SO Decreta 1548–1558; 1563–1565; 1565–1567; 1576–1577; 1581; 1585; 1592; 1594; 1597–1599; 1601; 1605; 1608; 1612; 1616; 1620; 1623; 1625; 1631; 1649; 1657; 1658; 1661; 1667; 1690; 1744
ACDF SO Priv. 1669–1699
ACDF SO St.St.
- A-1-a
- D-2-f, g, h: »Della origine, giurisdizione, privilegi e rendite dell'inquisizione di mons. Pier Gerolamo Guglielmi, assessore del S. Offizio«, 3 Bde. (1749)
- E-4-b: »Collectio decretorum veterum et resolutionum S. O.«
- I-2-g: »Collectio decretorum Sacrae Congregationis S. Officii«
- I-3-a: »Strumenti e Sentenze 1588–1600«
- M-2-m: »Notizie e decisioni del S. O. raccolte da mons. Guglielmi, assessore del S. O. dal 1743 al 1753«)
- N-4-c: »Censure di vari opuscoli, 1676«
- Q-1-a: »Extensorum S. O.«
- Q-2-c: Eid-Buch der Inquisition von Cremona, Kolphon: »de mandato Reverendissimi Patris in Theologia nec non in provincia Magistri Fratris Hermengildi Todeschini de Mantua Generalis Fidei Quaesitoris Cremonensis Dioecesis scribebat F.N. anno 1740«
- Q-2-g: »Desiderio Scaglia, Pratica del S. Officio ò sia breve instruttione per i cardinali, che di nuovo entrano nella congregatione del S. Officio«
- Q-2-n: »Collectio diversorum decretorum Sancti Officii Urbis à Sacra Congregatione Eminentissimorum diversis temporibus editorum quae novissime ordine alphabetico digesta sunt. Hanc collectionem novis additionibus locupletavit Fr. Laurentius Ganganelli Urbinas S. R. U. Inquis. Consultor«

- Q-2-p: »Collectio diversorum decretorum Sacrae Congregationis S. Officii ordine alphabetico digestorum«
- II-2-m: »Elenco de qualificatori e revisori«, 1760
- II-1-l: »Edicta generalia pro omnibus Inquisitoribus ab 1666 ad 1686«
- UV 25: »S. O. Damasceno consultore. Censurae propositionum in materia fidei et morum ab anno 1653 ad 1658«
- UV 57: »S. O. Damasceno consultore. Vota et scripturae«

ACDF SO Tit. Libr. I: 1640–1658
ASV A.A. Arm. I–XVIII 1995; 2095
ASV Arm. XLIV 20
ASV Fondo Benedetto XIV., Bolle e Costituzioni 22
ASV Fondo Borghese Ser. II, 31–32
ASV Instr. Misc. 4038
ASV Misc. Arm. IV–V 30; 31; 158
ASV Misc. Arm. IX 55
ASV Reg. Vat. 692; 1695
ASV Secr. Brev. 1510
BAV Barb. lat. 1502 (»Decreta generalia Sancti Officii et non nullae literae apostolicae non impressae«)
BAV Editti [=Stato Pontificio. Editti] 1 (–1565); 2 (1566–1585); 4 (1590–1600); 5 (1601–1605); 12 (1631–1633); 22 (1658); 23 (1659); 28 (1644); 54 (1690); 66 (1702); 78 (1714); 91 (1727); 93 (1729); 94 (1730); 96 (1734); 106 (1742); 115 (1752); 116 (1753); 117 (1754)
BAV Vat. Lat. 3958; 6207 (ehemals evt. ACDF Index Prot. E)
BCas Per. est. 18/1–10; /13; /15f.; /19; /23; /30; /40; /50; /60; /62; 82; /92f.

Mehrseitige Separatdrucke, Inquisitoren-Manuale, moderne Text-Ausgaben, Editionen usw.:

AAS 1 (1909); 9 (1917); 20 (1928); 30 (1897/98); 36 (1903/04); 57 (1965); 58 (1966); 59 (1967); 63 (1971)

ALBERGHINI, Giovanni, Manuale Qualificatorum Sanctae Inquisitionis […], Saragossa: Verges, 1671.

Aurelius Augustinus, Confessionum libri XIII, hg. v. Luc VERHEIJEN (Corpus Christianorum. Series Latina 27), Turnhout 1981.

Aurelius Augustinus, Contra litteras Petiliani libri tres, hg. v. Michael PETSCHENIG (Corpus scriptorum Ecclesiasticorum Latinorum 52/2), Wien 1909.

Aurelius Augustinus, Enchiridion ad Laurentium de fide et spe et caritate, hg. v. Ernest EVANS (Corpus Christianorum. Series Latina 46), Turnhout 1969.

BARIOLA, Luigi, Flores directorii inquisitorum […]. Nova hac impressione omnia ab eodem recognita et aucta, Mailand: Da Ponte erede & Piccaglia, 1625.

Benedicti XIV. Pont. Opt. Max. olim Prosperi cardinalis de Lambertinis Bullarium Tom. III., Pars II., Prati 1847.

BORDONI, Francesco, Manuale consultorum in causis S. Officii contra haereticam pravitatem refertum [...] opera posthuma undequaque absolutissima, nunc primum edita, Parma: de Rosatis, 1693.

BORDONI, Francesco, Operum tomus primus quo continetur sacrum tribunal iudicum in causis sanctae fidei [...], Lyon: Huguetan-Ravaud, 1665.

Brief Pauls VI. an den Generalmagister Aniceto Fernández OP, 26. März 1966, in: AAS 58 (1966), S. 292–294.

BRISCOE, John (Hg.), Valeri Maximi Facta et dicta memorabilia (Bibliotheca scriptorum Graecorum et Romanorum Teubneriana), Bd. 1, Stuttgart – Leipzig 1998.

Bulla S. D. N. Innocentii contra impressores librorum reprobatorum, Rom: [Eucarius Silber], 1487, Exemplar: UB Freiburg Ink. A 1403.

Bulla super impressione librorum lecta in decima sessione sacrosancti Lateranensis concilii, [Rom: Marcellus Silber], 1515, Exemplare: BSB München Conc. 108/ books.google.com; BAV Stamp. Ross. 4315, n.° 5(4), fol. 13r–14v, und: ASV A.A. Arm. I–XVIII 2095, fol. 22–25.

CARENA, Cesare, Tractatus de officio sanctissimae Inquisitionis et modo procedendi in causis fidei [...], Cremona: Belpierus, 1641.

CATERINI, Prospero (Hg.), Collectio legum et ordinationum de recta studiorum ratione jussu E.mi ac R.mi Domini Cardinalis Aloisii Lambruschini, 3 Bde., Rom 1841–1852.

Code de la librairie et imprimerie de Paris [...], Paris: Communauté des imprimeurs et libraires de Paris, 1744.

DANESI SQUARZINA, Silvia (Hg.), La collezione Giustiniani, Bd. 3: Documenti, Turin – Mailand 2003.

DOBSCHÜTZ, Ernst von, Das Decretum Gelasianum de libris recipiendis et non recipiendis, Leipzig 1912.

EMILIANI, Andrea (Hg.), Leggi, bandi e provvedimenti per la tutela dei beni artistici e culturali negli antichi stati italiani, 1571–1860, Bologna 1996.

FONTANA, Bartolomeo (Hg.), Documenti vaticani contro l'eresia Luterana in Italia, in: ASRSP 15 (1892).

FRESCO, Luigia (Hg.), Lettere inedite di Benedetto XIV al cardinale Angelo Querini (1740–1750). Da un codice della Biblioteca arcivescovile di Udine, in: Nuovo Archivio Veneto 18 (1909), S. 5–93, 279–300 [I], 19 (1910), S. 159–215 [II].

GUTIÉRREZ, David (Hg.), Hieronymi Seripandi »Diarium de vita sua«, in: AAug 26 (1963), S. 5–193.

Journal du voyage de Michel de Montaigne en Italie par la Suisse & l'Allemagne en 1580 & 1581, avec des notes par M. de Querlon, 2 Bde., Rom: Le Jay, 1774.

KOLLER, Alexander (Bearb.), Nuntiaturberichte aus Deutschland 1572–1585. Bd. 10: Nuntiaturen des Orazio Malaspina und des Ottavio Santacroce. Interim des Cesare Dell'Arena (1578–1581), Berlin 2012.

Konstitution »Regimini ecclesiae universae«, 15.8.1967, in: AAS 59 (1967), S. 885–928.

La legge sulla stampa del 15 marzo e la circolare del 19 aprile del 1847 emanate in nome del pontefice Pio IX. dal cardinal Gizzi segretario di stato. Commenti di Antonio Montanari, Bologna 1847.

La S. Congregazione del Sant'Uffizio diventa ›Congregatio pro doctrina fidei‹, in: L'Osservatore Romano, 6.–7. Dez. 1965, S. 1.

Litterae processus S. D. N. Benedicti Papae XIII. publicatae die Coenae Domini anno MDCCXXIX, Romae: Typis Rev. Camerae Apostolicae, 1729.

MAFFEI, Paolo (Hg.), Giuseppe Settele, il suo diario e la questione galileiana, Foligno 1987.

MAIORINI, Maria Grazia (Hg.), Bernardo Tanucci. Epistolario, Bd. 9: 1760–1761, Rom 1985.

MARUCCI, Valerio u. a. (Hg.), Pasquinate Romane del Cinquecento (Testi e documenti di letteratura e di lingua 7), 2 Bde., Rom 1983.

MIRTO, Alfonso (Hg.), Un inedito del Seicento sull'Inquisizione, in: NRL 1986/1, S. 99–138.

Nova agendi ratio in doctrinarum examine, in: AAS 63 (1971) S. 234–236.

Ordo servandus in sacris Congregationibus, Tribunalibus, Officiis Romanae Curiae, in: AAS 1 (1909), S. 36–108.

P.[ietro Parente], Le nuove disposizioni per la tutela della fede e della morale nelle manifestazioni della stampa, in: L'Osservatore Romano 136 (15.6.1966), Sp. 6f.

Paolo VI. Tutti i principali documenti. Latino – italiano (Collectio vaticana 5), Vatikanstadt 2002.

PASTOR, Ludwig von (Hg.), Allgemeine Dekrete der Römischen Inquisition aus den Jahren 1555–1597, in: HJb 33 (1912), S. 479–549.

PEÑA, Francisco (Hg.), Nicolás Eymerich, Directorium inquisitorum […]. Cum commentariis Francisci Pegnae […]. In hac postrema editione iterum emendatum et auctum, et multis litteris apostolicis locupletatum, Rom: Ferrarius, 1587.

[Pseudo-Chrysostomos], Opus imperfectum in Matthaeum, PG 56, Sp. 611–946.

Regolamento sul registro, tassa di successione e bollo a forma del Motu-proprio di Nostro Signore papa Leone XII. in data del 29. decembre 1827, Rom 1827.

REUSCH, Franz Heinrich (Hg.), Die Indices librorum prohibitorum des sechzehnten Jahrhunderts (Bibliothek des Literarischen Vereins in Stuttgart 176), Tübingen 1886 (ND Leipzig 1936).

ROTONDÒ, Antonio (Hg.), Nuovi documenti per la storia dell'Indice dei libri proibiti (1572–1638), in: Rinascimento. N. S. 3 (1963), S. 145–211.

S. D. N. Sixti Papae Quinti Constitutio, qua congregationes XV certo S. R. E. cardinalium numero instituuntur […], Rom: Blado, 1588, Exemplar: BNCR 68.13.E.2.32.

Sanctissimi in Christo patris et D. N. D. Benedicti divina providentia papae XIV. constitutio qua methodus praescribitur in examine et proscriptione librorum servanda, Romae: Typographia Reverendae Camerae Apostolicae, 1753, Exemplar: BAV Editti [=Stato Pontificio. Editti] 116 (1753), fol. 158ff.

SCANO, Gaetano (Hg.); GRAGLIA, Giuseppe (Mitarbeit), Diario di Roma di Francesco Valesio, 6 Bde., Mailand 1977–1979.

SCARAMELLA, Pierroberto, Le lettere della congregazione del Sant'Ufficio ai Tribunali di Fede di Napoli, 1563–1625 (Inquisizione e società. Fonti 2), Triest 2002.

Scriniolum Sanctae Inquisitionis Astensis, in quo quaecumque ad id muneris obeundum spectare visa sunt [...], Asti: de Zangrandis, 1610.

Statuta provincialia et synodalia ecclesie Coloniensis, Coloniae: Impressa per me Johannem Koelhoff de Lubyck, 29.IX.1492, fol. [88f.], Exemplar: ULB Darmstadt Inc IV 158.

Statuti della venerab. Compagnia et Università de' Librari di Roma. Sotto l'invocatione di S. Tomaso d'Aquino nella chiesa di Santa Barbara. Riformati nuovamente e confermati in ampia forma dalla Santità di N. S. Papa Clemente X [20.2.1674], Roma: Corvo e Lupardi, 1674.

STELLA, Pietro (Hg.), Il giansenismo in Italia. Collezione di documenti, bislang 4 Bde., Zürich – Rom 1966–1995.

TACCHI-VENTURI, Pietro (Hg.), Diario Concistoriale di Giulio Antonio Santori cardinale di S. Severina, in: Studi e documenti di storia e diritto 23 (1902), S. 297–347 (I); 24 (1903), S. 73–142 (II); 25 (1904), S. 89–135 (III).

TAMBURINI, Filippo; SCHMUGGE, Ludwig (Hg.), Häresie und Luthertum. Quellen aus dem Archiv der Pönitentiarie in Rom (15. und 16. Jahrhundert) (Quellen und Forschungen aus dem Gebiet der Geschichte. N. F. 19), Paderborn u. a. 2000.

TEDESCHI, John (Hg.), Florentine Documents for a History of the Index of Prohibited Books, in: MOLHO, Anthony; TEDESCHI, John (Hg.), Renaissance. Studies in Honor of Hans Baron, Florenz 1971, S. 577–605.

Index-Ausgaben:

Index 1559 (Paulinus)	Index Auctorum et Librorum, qui ab officio Sanctae Romanae et universalis Inquisitionis caveri ab omnibus et singulis in universa christiana republica mandantur, sub censuris contra legentes vel tenentes libros prohibitos in bulla, quae lecta est in Coena Domini expressis, et sub aliis poenis in decreto eiusdem Sacri Officii contentis, Romae: Antonius Bladus, Januar 1559, Exemplar: BSB Rar 1630.
Index 1564 (Tridentinus)	Index Librorum Prohibitorum, cum regulis confectis per patres a Tridentina synodo delectos, auctoritate Sanctiss. D. N. Pii IV. Pont. Max. comprobatus, Romae: Paulus Manutius, 1564, Exemplar: Faksimile in: IdLI 8 (1990), S. 802–872.
Index 1590 (Sixtinus)	Bulla Sanctissimi D. N. Sixti Papae V. Emendationis indicis cum suis regulis super librorum prohibitione, expurgatione et revisione, necnon cum abrogatione caeterorum Indicum hactenus editorum, et revocatione facultatis edendorum, nisi ad praescriptam harum regularum normam, Romae: Paulus Bladus, 1590, Exemplar: BAV Stamp. Barb. Z.XIV. 100, Faksimile, in: IdLI 9 (1994), S. 789–847.

Index 1593 (Sixto-Clementinus) Index Librorum Prohibitorum cum regulis confectis per patres à Tridentina synodo delectos auctoritate Pii IV. primum editus. Postea vero à Sixto V. et nunc demum à Sanctissimo D. N. Clemente Papa VIII. recognitus et auctus. Instructione adiecta de imprimendi et emendandi libros ratione, Romae: Paulus Bladus, 1593, Exemplar: BAV Raccolta I.IV.1649, Faksimile, in: IdLI 9 (1994), S. 850–911.

Index 1596 (Clementinus) Index Librorum Prohibitorum cum regulis confectis per patres à Tridentina synodo delectos auctoritate Pii IV. primum editus, postea vero a Syxto V. auctus et nunc demum S. D. N. Clementis PP. VIII. iussu recognitus et publicatus. Instructione adiecta dè exequendae prohibitionis dèque sincerè emendandi et imprimendi libros ratione, Romae: Impressores Camerales, 1596, Exemplar: Washington, DC, Folger Shakespeare Library, Faksimile, in: IdLI 9 (1994), S. 913–977.

Index Brisighella (Expurgatorius) GUANZELLI, Giovanni Maria (Hg.): Indicis Librorum Expurgandorum in studiosorum gratiam confecti. Tomus primus. In quo quinquaginta auctorum libri prae caeteris desiderati emendantur, Romae: Typographia Reverendae Camerae Apostolicae, 1608, Exemplar: Staatliche Bibliothek Regensburg 999/Hist. lit.142

Index 1664 (Alexandrinus) Index Librorum Prohibitorum Alexandri VII. Pontificis Maximi iussu editus, Romae: Typographia Reverendae Camerae Apostolicae, 1664, Exemplar: UB Gent Ju 234/books.google.com.

Index 1665 (Alexandrinus) Index Librorum Prohibitorum Alexandri VII. Pontificis Maximi iussu editus, Romae: Typographia Reverendae Camerae Apostolicae, 1665, Exemplar: BSB N.libr. 148.

Index 1758 (Benedictinus) Index librorum prohibitorum Sanctissimi D. N. Benedicti XIV. Pontificis Maximi iussu recognitus atque editus, Romae: Ex typographia Rev. Camerae Apostolicae, 1758, Exemplar: UB Michigan Z 1020.1758/books.google.com.

Index 1835 (Benedictinus) Index librorum prohibitorum Sanctissimi Domini Nostri Gregorii XVI Pontificis Maximi iussu editus, Rom 1835.

Index 1841 (Benedictinus) Index librorum prohibitorum Sanctissimi Domini Nostri Gregorii XVI Pontificis Maximi iussu editus, Rom 1841.

Index 1876 (Benedictinus) Index Librorum Prohibitorum Sanctissimi Domini Nostri Pii IX Pont. Max. iussu editus. Editio novissima, in qua libri omnes ab Apostolica Sede usque ad annum 1876 proscripti suis locis recensentur, Romae: Ex Typographia Polyglotta S. C. de Propaganda Fide, 1876.

Index 1884 (Benedictinus)	Index librorum prohibitorum sanctissimi domini nostri Leonis XIII. pont. max. iussu editus. Editio novissima, in qua libri omnes ab Apostolica Sede usque ad annum 1880 proscripti suis locis recensentur. Cum appendice usque ad mensem maii 1884 inclusive, Romae: Typographia polyglotta S. C. de Propaganda Fide, 1884.
Index 1900 (Leoninus)	Index librorum prohibitorum SS.mi D.N. Leonis XIII. iussu et auctoritate recognitus et editus, praemittuntur Constitutiones Apostolicae de examine et prohibitione librorum, Rom 1900.
Index 1922 und 1924 (Leoninus)	Index librorum prohibitorum Leonis XIII summi pontificis auctoritate recognitus SS.mi D. N. Pii PP. XI iussu editus, Rom 1922 (unveränderter ND ebd. 1924).
Index 1925 (Leoninus)	Index librorum prohibitorum Leonis XIII. summi pontificis auctoritate recognitus, SS.mi D. N. Pii PP. XI iussu editus, Rom 1925.
Index 1929 (Pianus)	Indice dei libri proibiti riveduto e pubblicato per ordine di Sua Santità Pio Papa XI., Vatikanstadt 1929.
Index 1938 (Pianus)	Index librorum prohibitorum SS.mi Pii PP. XI. iussu editus anno MCMXXXVIII, [Vatikanstadt] 1938.
Index 1940 (Pianus)	Index librorum prohibitorum SS.mi Pii PP. XII. iussu editus anno MCMXL, [Vatikanstadt] 1940.
Index 1948 (Pianus)	Index librorum prohibitorum SS.mi Pii PP. XII. iussu editus anno MCMXLVIII, [Vatikanstadt] 1948.

Literatur

Adversi, Aldo, Saggio di un catalogo delle edizioni del »Decretum Gratiani« posteriori al secolo XV, in: Studia Gratiana 6 (1959), S. 281–451.

Al Kalak, Matteo, La macchina dell'omologazione. A proposito di alcuni recenti studi sull'Inquisizione Romana tra Cinque e Seicento, in: Bolletino della Società di Studi Valdesi 208 (2011), S. 160–166.

Alberigo, Giuseppe, Storia del Concilio vaticano II. Bd. 5: Concilio di transizione: Il quarto periodo e la conclusione del Concilio, 1965, Bologna 2001.

Alcaina Canosa, Celso, Nova agendi ratio in doctrinarum examine. Texto y comentario, in: Revista Española de Derecho Canónico 28 (1972), S. 61–91.

Amabile, Luigi, Il Santo Officio della Inquisizione in Napoli. Narrazione con molti documenti inediti, Città di Castello 1892 (ND Soveria Mannelli 1987).

Amann, Fridolin, Die Vulgata Sixtina von 1590. Eine quellenmässige Darstellung ihrer Geschichte mit neuem Quellenmaterial aus dem venezianischen Staatsarchiv (Freiburger Theologische Studien 10), Freiburg/Breisgau 1912.

ANCEL, René, La secrétairerie pontificale sous Paul IV, in: Revue des questions historiques 79 (1906), S. 408–470.

DERS., Paul IV et le Concile, in: Revue d'Histoire Ecclésiastique 8 (1907), S. 716–741.

ANGELI, Giovanni, Lettere del Sant'Ufficio di Roma all'inquisizione di Padova (1567–1660). Con nuovi documenti sulla carcerazione Padovana di Tommaso Campanella in Appendice (1594). A cura di Antonio POPPI. Presentazione di Stefania Malvasi, Padua 2013.

Arbeitskreis »Editionsprobleme der Frühen Neuzeit«: Empfehlungen zur Edition frühneuzeitlicher Texte, in: Jahrbuch der historischen Forschung 1980, S. 85–96.

ARMANDO, David, Nel cantiere dell'Inquisizione: la riapertura dei tribunali del Sant'Uffizio negli anni della Restaurazione, in: Andrea CICERCHIA u.a. (Hg.), Prescritto e proscritto. Religione e società nell'Italia moderna (secc. XVI-XIX), Rom 2015, S. 233–254.

ARMSTRONG, Elizabeth, Robert Estienne, Royal Printer. An Historical Study of the Elder Stephanus, Cambridge 1954.

ARNOLD, Claus, Die Römische Zensur der Werke Cajetans und Contarinis (1558–1601). Grenzen der theologischen Konfessionalisierung (Römische Inquisition und Indexkongregation 10), Paderborn 2008.

AVANZINI, Pietro, De constitutione Apostolicae Sedis, qua censurae latae sententiae limitantur, commentarii. Ex latinis ephemeridibus, quibus titulus Acta Sanctae Sedis excerpti, Editio quarta manualis, Rom 1876.

BALDINI, Artemio Enzo, Jean Bodin e l'Indice dei Libri proibiti, in: STANGO (Hg.), S. 79–100.

BANNING, Jozef van (Hg.), Anonymus. Opus imperfectum in Matthaeum Praefatio (Corpus Christianorum. Series Latina 87B), Turnhout 1988.

BARBERI, Francesco, Libri e stampatori nella Roma dei papi, in: DERS., Per una storia del libro. Profili, note, ricerche (Il Bibliotecario 7), Rom 1981, S. 197–235.

DERS., Paolo Manuzio e la stamperia del popolo romano (1561–1570). Con documenti inediti, Rom 1986.

BARCK, Karlheinz u. a. (Hg.), Ästhetische Grundbegriffe. Bd. 4: Medien – Populär, Stuttgart 2010.

BASSANI, Riccardo; BELLINI, Fiora, Caravaggio assassino. La carriera di un valenthuomo fazioso nella Roma della Controriforma, Rom 1994.

BÄUMER, Remigius, Leo X. und die Kirchenreform, in: WEITLAUFF, Manfred; HAUSBERGER, Karl (Hg.), Papsttum und Kirchenreform. FS Georg Schwaiger, St. Ottilien 1990, S. 281–299.

BAUMGARTEN, Paul Maria, Die Vulgata Sixtina von 1590 und ihre Einführungsbulle. Aktenstücke und Untersuchungen (Alttestamentliche Abhandlungen 3/2), Münster/Westfalen 1911.

DERS., Neue Kunde von alten Bibeln. Mit zahlreichen Beiträgen zur Kultur- und Literaturgeschichte Roms am Ausgange des sechzehnten Jahrhunderts, 2 Bde., Rom 1922–1927.

BEDESCHI, Lorenzo, Riforma religiosa e curia romana all'inizio del secolo, Mailand 1968.

BELLINGRADT, Daniel, Flugpublizistik und Öffentlichkeit um 1700. Dynamiken, Akteure und Strukturen im urbanen Raum des Alten Reiches (Beiträge zur Kommunikationsgeschichte 26), Stuttgart 2011.

DERS., Wenig Papier, viel Aufwand. Öffentliche Buchverbrennungen der Frühen Neuzeit als materielles Problem, in: Jahrbuch für Kommunikationsgeschichte 16 (2014), S. 28–48.

BENRATH, Karl, Bernardino Ochino von Siena. Ein Beitrag zur Geschichte der Reformation, 2. Aufl., Braunschweig 1892.

BENTIVOGLIO, Enzo (Hg.), Blosio Palladio di Collevecchio in Sabina nella Roma tra Giulio II. e Giulio III. (Collana di studi storici e artistici sulla Sabina 1), Collevecchio 1990.

BENZIGER, Wolfram: Dezentralisierung und Zentralisierung. Mittelalterliche Ketzerinquisition und neuzeitliche Römische Inquisition, in: QFIAB 81 (2001), S. 67–106.

BERETTA, Francesco, Galilée devant le tribunal de l'Inquisition. Une relecture des sources, Freiburg/Schweiz 1998.

DERS., L'Archivio della Congregazione del Sant'Ufficio: bilancio provvisorio della storia e della natura dei fondi d'antico regime, in: RSLR 37 (2001), S. 29–58.

DERS., Le procès de Galilée et les Archives du Saint-Office, in: RSPT 83 (1999), S. 441–490.

BERTOLINI, Manuel, Poesia, musica, censura. Testi italiani del XVI e del XVII secolo, in: RSLR 46 (2010), S. 272–301.

BETHENCOURT, Francisco, Die Inquisition und die Paradoxa der Moderne, in: Zeitsprünge 1 (1997), S. 670–683.

DERS., The Inquisition: A Global History, 1478–1834, Cambridge 2009 (zuerst: 1995).

BIAGIONI, Mario; FELICI, Lucia, La riforma radicale nell'Europa del Cinquecento (Biblioteca essenziale Laterza 96), Rom u. a. 2012.

BIRN, Raymond, La censure royale des livres dans la France des Lumières. Préface de Daniel Roche (Collège de France), Paris 2007.

BLACK, Christopher F., The Italian Inquisition, New Haven – London 2009.

BLASIO, Maria Grazia, Cum gratia et privilegio. Programmi editoriali e politica pontificia, Roma 1487–1527, Rom 1988.

BLASTENBREI, Peter, Kriminalität in Rom 1560–1585 (Bibliothek des Deutschen Historischen Instituts in Rom 82), Tübingen 1995.

DERS., Zur Arbeitsweise der römischen Kriminalgerichte im späteren 16. Jahrhundert, in: QFIAB 71 (1991), S. 425–481.

BLOUIN, Francis X. (Hg.), Vatican Archives. An Inventory and Guide to Historical Documents of the Holy See. Supplement #1: The Archives of the Congregation for the Doctrine of the Faith, Ann Arbor 2003.

BODART, Diane H., Verbreitung und Zensierung der königlichen Porträts im Rom des 16. und 17. Jahrhunderts, in: Vorträge aus dem Warburg-Haus 8 (2004), S. 3–67.

BONACCHI, Gabriella, Legge e peccato. Anime, corpi, giustizia alla corte dei papi, Rom u. a. 1995.

BONORA, Elena, Conflitti d'autorità tra vescovi, papato e Sant'Ufficio, in: ARABEYRE, Patrick; BASDEVANT, Brigitte (Hg.), Les clercs et les princes. Doctrines et pratiques de l'autorité ecclésiastique à l'époque moderne (Études et rencontres de l'École des chartes 419), Paris 2013, S. 30–46, bes. 33f.

DIES., Giudicare i vescovi. La definizione dei poteri nella Chiesa postridentina, Rom – Bari 2007.

DIES., La Controriforma (BEL 35), Rom u. a. 2001.

DIES., Roma 1564. La congiura contro il papa, Rom 2011.

BORCHI, Nicola, Jean-Jacques Rousseau et Jean-Baptiste René Robinet devant le Saint-Office, in: Dix-Huitième Siècle 34 (2002), S. 335–348.

BORRACCINI, Rosa Maria; RUSCONI, Roberto (Hg.), Libri, biblioteche e cultura degli Ordini regolari nell'Italia moderna attraverso la documentazione della Congregazione dell'Indice. Atti del Convegno, Macerata, 30 maggio – 1 giugno 2006 (StT 434), Vatikanstadt 2006.

BORROMEO, Agostino (Hg.), L'inquisizione. Atti del simposio internazionale, Città del Vaticano, 29–31 ottobre 1998 (StT 417), Vatikanstadt 2003.

DERS., La congregazione cardinalizia dell'Inquisizione (XVI–XVIII secolo), in: DERS. (Hg.), Inquisizione, S. 324–344.

BORSA, Gédéon, Drucker in Italien vor 1601, in: Gutenberg Jahrbuch, 52 (1977), S. 166–169.

BORTOLOTTI, Roberto, Librorum prohibitio iuxta Notificationem sacrae congregationis pro Doctrina Fidei, die 14 iun. 1966, in: Periodica de re morali, canonica, liturgica 56 (1967), S. 116–138.

BOUTRY, Philippe, Souverain et Pontife. Recherches prosopographiques sur la curie romaine à l'âge de la restauration, 1814–1846 (Collection de l'École française de Rome 300), Rom 2002.

BRADY, William Maziere, The Episcopal Succession in England, Scotland and Ireland, A.D. 1400 to 1875, 3 Bde., Rom 1876–1877.

BRAMBILLA, Elena, Alle origini del Sant'Uffizio. Penitenza, confessione e giustizia spirituale dal Medioevo al XVI. secolo, Bologna 2000.

DIES, Confessione sacramentale e inquisizione: ritorno su di un dibattito, in: RSI 122 (2010), S. 176–245.

BRAUN, Karl-Heinz, Pugna spiritualis. Anthropologie der katholischen Konfession: Der Freiburger Theologieprofessor Jodocus Lorichius (1540–1612) (Quellen und Forschungen aus dem Gebiet der Geschichte. Neue Folge 23), Paderborn u. a. 2003.

BRERA, Matteo, »Non istà bene in buona teologia«: Four Italian Translations of ›Paradise Lost‹ and the Vatican's Policies of Book Censorship (1732–1900), in: Italien Studies 68 (2013), S. 99–122.

BREUER, Dieter, Geschichte der literarischen Zensur in Deutschland, Heidelberg 1982.

BREVAGLIERI, Sabina, Editoria e cultura a Roma nei primi tre decenni del Seicento: lo spazio della scienza, in: ROMANO, Antonella (Hg.), Rome et la science moderne entre

Renaissance et Lumières (Collection de l'Ecole Française de Rome 403), Rom 2008, S. 257–319.

Broggio, Paolo, La teologia e la politica. Controversie dottrinali, curia romana e monarchia spagnola tra Cinque e Seicento (Biblioteca della RSLR. Studi 22), Florenz 2009.

Bujanda, Jesús Martinez de, Censure romaine et censure espagnole aux temps de Galilée, in: I primi Lincei e il Sant'Uffizio. Questioni di scienza e di fede (Roma, 12–13 giugno 2003), Rom 2005, S. 15–30.

Ders., L'inquisition, l'index et l'imprimerie, in: Borromeo (Hg.), L'inquisizione, S. 607–631.

Burkard, Dominik; Thanner, Tanja (Hg.), Der Jansenismus – eine »katholische Häresie«? Das Ringen um Gnade, Rechtfertigung und die Autorität Augustins in der frühen Neuzeit (Reformationsgeschichtliche Studien und Texte 159), Münster 2014.

Burkardt, Albrecht; Schwerhoff, Gerd (Hg.), Tribunal der Barbaren? Deutschland und die Inquisition in der Frühen Neuzeit. Unter Mitwirkung von Dieter R. Bauer (Konflikte und Kultur – Historische Perpektiven 25), Konstanz – München 2012.

Burke, Peter, Rome as Center of Information and Communication for the Catholic World, 1550–1650, in: Jones, Pamela M.; Worcester, Thomas (Hg.), From Rome to Eternity: Catholicism and the Arts in Italy, ca. 1550–1650, Leiden u. a. 2002.

Busemann, Jan Dirk, Katholische Laienemanzipation und römische Reaktion. Die Indexkongregation im Literatur-, Gewerkschafts- und Zentrumsstreit (Römische Inquisition und Indexkongregation 17), Paderborn 2016.

Caffiero, Marina, I libri degli Ebrei. Censura e norme della revisione in una fonte inedita, in: Stango (Hg.), S. 203–223.

Campana, Lorenzo, Monsignor Giovanni Della Casa e i suoi tempi, in: Studi storici 17 (1908), S. 145–282, 381–606.

Cancedda, Flavia, La stamperia Gonzaga a San Marcello al Corso. Storia e annali (Roma 1704–1719) (Bibliografia, bibliologia e biblioteconomia. Studi 7), Manziana 2000.

Cantimori, Delio, Eretici italiani del Cinquecento [zuerst: 1939] e Prospettive di storia ereticale italiana del Cinquecento. A cura di Adriano Prosperi, Turin 2002.

Caravale, Giorgio, Forbidden prayer. Church Censorship and Devotional Literature in Renaissance Italy. Translated by Peter Dawson, Farnham 2011 (zuerst: Florenz 2003).

Casadio, Andrea, La censura nello Stato pontificio: le Legazioni (1815–1859), in: Bruni, Domenico Maria (Hg.), Potere e circolazione delle idee. Stampa, accademie e censura nel Risorgimento italiano, Mailand 2007, S. 284–300.

Casciano (Hg.), Paola u. a., Indice delle edizioni romane a stampa, 1467–1500, Vatikanstadt 1980.

Catalani, Giuseppe, De magistro sacri palatii apostolici libri duo, Romae: Fulgoni, 1751.

Cavarzere, Marco, Il diario di un Maestro del Sacro Palazzo (1678–1681). Raimondo Capizucchi e la censura romana, in: Dimensioni e problemi della ricerca storica 2012/1, S. 215–295.

DERS., La prassi della censura nell'Italia del Seicento. Tra repressione e mediazione (Temi e testi 92), Rom 2011.

DERS., Suppliche di denuncia e censura ecclesiastica alla metà del Seicento (1620–1650), in: AISP 20 (2007), S. 145–168.

DERS., Un cantiere aperto della storiografia religiosa: alcuni nuovi studi sulla censura in Italia, in: RSLR 48 (2012), S. 179–192.

CAVAZZA, Silvano, Inquisizione e libri proibiti in Friuli e a Gorizia tra Cinquecento e Seicento, in: Studi goriziani 43 (1976), S. 29–80.

CERCHIARI, Emanuele, Capellani Papae et Apostolicae Sedis Auditores causarum Sacri Palatii Apostolici seu Sacra Romana Rota ab origine ad diem usque 20 Septembris 1870. Relatio historica-iuridica, 4 Bde., Rom 1919–1921.

CIPRIANI, Giovanni, La mente di un inquisitore. Agostino Valier e l'Opusculum De cautione adhibenda in edendis libris (1589–1604), Florenz 2008.

CIRINEI, Alfredo, Bandi e giustizia criminale a Roma nel Cinque e Seicento, in: Roma moderna e contemporanea 5,1 (1997), S. 81–95.

COSTA, Gustavo, La Congregazione dell'Indice e Jonathan Swift. Documenti sulla recezione italiana di »A Tale of a Tub«, in: Paratesto 1 (2004), S. 145–165.

DERS., La Santa Sede di fronte a Locke, in: NRL 2003/1-2, S. 37–122.

DERS., La Santa Sede e Milton: contributo alla ricezione delle State Letters e del Paradise Lost in Italia, in: NRL 26 (2006), S. 23–79.

DERS., Malebranche e Roma. Documenti dell'archivio della Congregazione per la dottrina della fede (Le corrispondenze letterarie, scientifiche ed erudite dal Rinascimento all'età moderna. Subsidia 3), Florenz 2003.

DERS., Thomas Burnet e la censura pontificia. Con documenti inediti (Le corrispondenze litterarie, scientifiche ed erudite dal Rinascimento all'Età moderna. Subsidia 6), Florenz 2006.

DERS., Vico e l'Inquisizione, in: NRL (1999), S. 93–124.

CREYTENS, Raymond, Le »Studium Romanae Curiae« et le Maître du Sacré Palais, in: AFP 12 (1942), S. 5–83.

D'ANNIBALE, Giuseppe, In constitutionem apostolicae sedis, qua censurae latae sententiae limitantur, commentari, editio IV., Prati 1894.

D'AVRAY, David; WALWORTH, Julia, The Council of Trent and Print Culture: Documents in the archive of the Congregatio Concilii, in: Zeitschrift für Kirchengeschichte 121 (2010), S. 188–204.

D'ERRICO, Gian Luca, Il ruolo di Ludovico Marracci nelle congregazioni del Sant'Uffizio e dell'Indice: consultore, censore o interprete di un cambiamento?, in: DERS. (Hg.), Il Corano e il pontefice. Ludovico Marracci fra cultura islamica e curia papale (Studi storici Carocci 224), Rom 2014. S. 30–47.

DAINVILLE-BARBICHE, Ségolène de, Autour du gallicanisme politique. La réception en France des bulles, brefs et autres expéditions de la cour de Rome (XVIIIe siècle – 1802), in: QUANTIN/WAQUET, S. 143–160.

DAINVILLE-BARBICHE, Ségolène de; BARBICHE, Bernard, La diplomatie pontificale à l'épreuve de la réception du concile de Trente en France (XVIe–XVIIe siècles), in:

ARABEYRE, Patrick; BASDEVANT, Brigitte (Hg.), Les clercs et les princes. Doctrines et pratiques de l'autorité ecclésiastique à l'époque moderne (Études et rencontres de l'École des chartes 419), Paris 2013, S. 297–308.

DAMMIG, Enrico, Il movimento giansenista a Roma nella seconda metà del secolo XVIII., Rom 1988 (zuerst 1945).

DE FREDE, Carlo, Gli Umanisti e l'invenzione della Stampa, in: GARZYA, Antonio (Hg.), Per la storia della tipografia napoletana nei secoli XV–XVIII. Atti del convegno internazionale, Napoli 2005, 16–17 dicembre (Quaderni dell'Accademia Pontaniana 44), Neapel 2006, S. 41–89.

DE LUCA, Giovanni Battista, Relatio Curiae Romanae [...], Köln: Metternich, 1683.

DE PABLO MAROTO, Daniel, El índice de libros prohibidos en el Concilio de Trento, in: Revista Española de Teologia 36 (1976), S. 39–64.

DEL COL, Andrea. L'Inquisizione in Italia. Dal XII al XXI secolo, Mailand 2006.

DEL RE, Niccolò, Il Vicegerente del Vicariato di Roma, Rom 1976.

DERS., La Curia romana. Lineamenti storico-giuridici, 4. Aufl., Vatikanstadt 1998.

DERS., Monsignor Governatore di Roma, Rom 1972.

DELGADO, Mariano, Spanische Inquisition und Buchzensur, in: Stimmen der Zeit 224 (2006), S. 461–474.

DELL'AQUILA-VISCONTI, Giuseppe, Del prelato abbreviatore de curia. Sinossi istorica e catalogo cronologico dal 1382 al 1870, Rom 1870.

DELLA PERUTA, Franco, Il giornalismo italiano del Risorgimento. Dal 1847 all'unità (Studi e ricerche di storia dell'editoria 52), Mailand 2011.

DELPIANO, Patrizia, Il governo della lettura. Chiesa e libri nell'Italia del Settecento, Bologna 2007.

DIES., Per una storia della censura ecclesiastica nel Settecento. Aspetti e problemi, in: Società e Storia 105 (2004), S. 487–530.

EBERS, Godehard Josef, Die römische Kurie gemäß der Konstitution »Sapienti consilio« vom 29. Juni 1908. Vortrag gehalten auf der Generalversammlung der Görresgesellschaft zu Limburg am 13. Oktober 1908, in: Wissenschaftliche Beilage zur Germania 45/46 (1908), S. 353–363.

EHSES, Stephan, Zur Vorgeschichte des Trienter Index verbotener Bücher, in: Vorträge und Abhandlungen der Herren Grauert, Scharnagl, Lübeck, Ehses, Köln 1921, S. 68–82.

EISENHARDT, Ulrich, Die kaiserliche Aufsicht über Buchdruck, Buchhandel und Presse im Heiligen Römischen Reich Deutscher Nation (1496–1806). Ein Beitrag zur Geschichte der Bücher- und Pressezensur (Studien und Quellen zur Geschichte des deutschen Verfassungsrechts. Reihe A: Studien 3), Karlsruhe 1970.

EISENSTEIN, Elizabeth L., Die Druckerpresse. Kulturrevolutionen im frühen modernen Europa, Wien u. a. 1997.

EMICH, Birgit, Territoriale Integration in der Frühen Neuzeit: Ferrara und der Kirchenstaat, Köln 2005.

ERNST, Germana, Religione, ragione e natura. Ricerche su Tommaso Campanella e il tardo Rinascimento, Mailand 1991.

EYKENS, Cyriel, Het Concilie van Trente (vierde zitting, 8 april 1546) en de boekencensuur, in: Ephemerides Theologicae Lovanienses 34 (1958), S. 496–521.

FÄRBER, Konrad M., Der Brevensekretär Cesare Glorierio. Ein Beitrag zur Geschichte der kurialen Sekretariate in der zweiten Hälfte des 16. Jahrhunderts, in: QFIAB 67 (1987), S. 198–220.

FATTORI, Marta, »Vafer Baconus«: la storia della censura del »De augmentis scientiarum«, in: NRL 2000/2, S. 97–130.

DIES., La filosofia moderna e il S. Uffizio: »Hobbes haereticus est, et Anglus«, in: Rivista di storia della filosofia 2007/1, S. 83–108.

DIES., Le censure di Antonio Baldigiani alla rivista »Nouvelles de la République des Lettres« di Pierre Bayle, in: NRL 2006/2, S. 105–121.

FERRETO, Giuseppe, La riforma del B. Pio X, in: Apollinaris 25 1952, S. 35–84.

FINOCCHIARO, Giuseppe, Cesare Baronio e la Tipografia dell'Oratorio. Impresa e ideologia (Storia della tipografia e del commercio librario 6), Florenz 2005.

FIRPO, Luigi, Ancora sulla condanna di Bodin, in: Il pensiero politico 14 (1981), S. 173–186.

FIRPO, Massimo, Da Inquisitori a pontefici. Il Sant'Ufficio Romano e la svolta del 1552, in: RSI 122 (2010), S. 911–950.

DERS., Pasquinate romane del Cinquecento, in: RSI 96 (1984), S. 600–621.

FIRPO, Massimo; MARCATTO, Dario (Hg.), I processi inquisitoriali di Pietro Carnesecchi, 1557–1567 (Collectanea Archivi Vaticani 43; 48/1–3), 2 Bde., Vatikanstadt 1998–2000.

FIRPO, Massimo; MARCATTO, Dario (Hg.), Il processo inquisitoriale del cardinal Giovanni Morone, Edizione critica, 6 Bde., Rom 1981–1995 (2. Aufl. Rom 2011–2013).

FITZSIMMONS, Eugene J., Competence of the Sacred Congregations in the Reform of Pope Paul VI., Rom 1971.

FONTANA, Paolo, I confini della repubblica e i confini della fede. Eresia e inquisizione nella Repubblica di Genova tra XVI e XVII secolo tra centro e periferia, in: ANTONIELLI, Livio; LEVATI, Stefano (Hg.), Controllare il territorio. Norme, corpi e conflitti tra medioevo e prima guerra mondiale, Soveria Mannelli 2013, S. 469–488.

FRAGNITO, Gigliola (Hg.); BELTON, Adrian (Übers.), Church, Censorship and Culture in Early Modern Italy, Cambridge 2001.

FRAGNITO, Gigliola, Girolamo Savonarola e la censura ecclesiastica, in: RSLR 35 (1999), S. 501–530.

DIES., »In questo vasto mare de libri prohibiti et sospesi tra tanti scogli di varietà et controversie«: la censura ecclesiastica tra la fine del Cinquecento e i primi del Seicento, in: STANGO (Hg.), S. 1–36.

DIES., »Zurai non legger mai più«: censura libraria e pratiche linguistiche nella penisola italiana, in: DIES., Cinquecento italiano. Religione, cultura e potere dal Rinascimento alla Controriforma. A cura di Elena Bonora e Miguel Gotor, Bologna 2011 (zuerst: 2007), S. 364–388.

DIES., Diplomazia pontificia e censura ecclesiastica durante il regno di Enrico IV, in: Rinascimento 42 (2002), S. 143–167.

DIES., La Bibbia al rogo. La censura ecclesiastica e i volgarizzamenti della Scrittura (1471–1605), Bologna 1997.

DIES., La censura ecclesiastica in Italia: volgarizzamenti biblici e letteratura all'Indice. Bilancio degli studi e prospettive di ricerca, in: VEGA, Maria u. a. (Hg.), Reading and Censorship in Early Modern Europe: Barcelona, 11–13 de diciembre de 2007 (Studia aurea monografica 2), Barcelona 2010, S. 39–56.

DIES., La censura libraria tra Congregazione dell'Indice, Congregazione dell'Inquisizione e Maestro del Sacro Palazzo (1571–1596), in: ROZZO (Hg.), La censura libraria nell'Europa, S. 163–175.

DIES., Per una geografia delle traduzioni bibliche nell'Europa cattolica (sedicesimo e diciassettesimo secolo), in: QUANTIN/WAQUET, S. 51–77.

DIES., Proibito capire. La Chiesa e il volgare nella prima età moderna, Bologna 2005.

DIES., Un archivio conteso: Le »carte« dell'Indice tra congregazione e Maestro del Sacro Palazzo, in: RSI 119 (2007), S. 1276–1317.

FRAJESE, Vittorio, Il processo a Galileo Galilei. Il falso e la sua prova, Brescia 2010.

DERS., La politica dell'Indice dal Tridentino al Clementino (1571–1596), in: AISP 11 (1998), S. 269–356.

DERS., La revoca dell'Index sistino e la Curia romana (1588–1596), in: NRL 1 (1986), S. 15–49.

DERS., Vittorio, Le licenze di lettura tra vescovi ed inquisitori. Aspetti della politica dell'Indice dopo il 1596, in: Società e storia 86 (1999), S. 767–818.

DERS., Nascita dell'Indice. La censura ecclesiastica dal Rinascimento alla Controriforma, Brescia 2006.

DERS., Regolamentazione e controllo delle pubblicazioni negli antichi stati italiani (sec. XV–XVIII), in: CAVACIOCCHI, Simonetta (Hg.), Produzione e commercio della carta e del libro (secc. XIII–XVIII) (Atti della Settimana di Studi, 15-20 aprile 1991), Florenz 1992, S. 677–624.

FRANCHI, Saverio (Hg.); SARTORI, Orietta (Mitarbeit), Le impressioni sceniche. Dizionario bio-bibliografico degli editori e stampatori romani e laziali di testi drammatici e libretti per musica dal 1579 al 1800, 2 Bde. (Sussidi eruditi 44, 57), Rom 1994–2002.

FRANCHI, Saverio, Drammaturgia romana. Vol. 2: 1701–1750 (Sussidi eruditi 45), Rom 1997.

FREMMER, Anselm, Venezianische Buchkultur: Bücher, Buchhändler und Leser in der Frührenaissance (Beihefte zum Archiv für Kulturgeschichte 51), Köln u. a. 2001.

FRENZ, Thomas, Die Kanzlei der Päpste der Hochrenaissance (1471–1527) (Bibliothek des Deutschen Historischen Instituts in Rom 63), Tübingen 1986.

FUMI, Luigi, L'Inquisizione Romana e lo Stato di Milano, in: Archivio Storico Lombardo 13–14 (1910), S. 5–124 (I.), 285–414 (II.), 145–220 (III.).

GANZER, Klaus, Die religiösen Bewegungen im Italien des 16. Jahrhunderts (Katholisches Leben und Kirchenreform im Zeitalter der Glaubensspaltung 63), Münster 2003.

GARUTI, Adriano, La Santa Romana e Universale Inquisizione: strutture e procedure, in: BORROMEO (Hg.), Inquisizione, S. 381–417.

DERS., S. Pietro unico titolare del primato. A proposito del decreto del S. Uffizio del 24 gennaio 1647 (Collectio Antoniana 6), Bologna 1993.

GASNAULT, François, La Congrégation des Etudes de 1824 à 1870, in: AHP 22 (1984), S. 153–225.

GAY, Jean-Pascal, Morales en conflit. Théologie et polémique au Grand Siècle 1640–1700, Paris 2011.

GEROSA, Libero, La scomunica e una pena? Saggio per una fondazione teologica del diritto penale canonico (Studia Friburgensia. N. S. 64), Freiburg/Schweiz 1984.

GIANNINI, Massimo Carlo, Tra politica, fiscalità e religione: Filippo II di Spagna e la pubblicazione della bolla »In Coena Domini« (1567–1570), in: Annali dell'Istituto storico italo-germanico in Trento 23 (1997), S. 83–152.

GINGERICH, Owen, The Censorship of Copernicus »De Revolutionibus«, in: Annali dell'Istituto e Museo di Storia della Scienza di Firenze 6 (1981), S. 45–61.

GODMAN, Peter, The Saint as Censor. Robert Bellarmine between Inquisition and Index, Leiden u. a. 2000.

GÖLLER, Emil, Die päpstliche Pönitentiarie von ihrem Ursprung bis zu ihrer Umgestaltung unter Pius V. (Bibliothek des Kgl. Preussischen Historischen Instituts in Rom 3), 2 Bde., Rom 1907–1911.

GOTOR, Miguel, I beati del papa. Santità, Inquisizione e obbedienza in età moderna (Biblioteca della RSLR. Studi 16), Florenz 2002.

GRAFINGER, Christine Maria, Die Ausleihe Vatikanischer Handschriften und Druckwerke (1563–1700) (StT 360), Vatikanstadt 1993.

GRAT, Felix, Étude sur le Motu Proprio des origines au debut du XVIe siécle, préface par Georges Tessier, Melun 1945.

GRENDLER, Paul F., Schooling in Renaissance Italy: Literacy and Learning, 1300–1600, Baltimore 1989.

DERS., The »Adages« of Paolo Manuzio. Erasmus and the Roman Censors, in: MEHL, James V. (Hg.), In laudem Caroli. Renaissance and Reformation Studies for Charles G. Nauert (Sixteenth Century Essays and Studies 49), Kirksville 1998, S. 1–21.

DERS., The Roman Inquisition and the Venetian Press, 1540–1605, in: The Journal of Modern History 47 (1975), S. 48–65.

GUNDERT, Wilhelm, Geschichte der deutschen Bibelgesellschaften im 19. Jahrhundert (Texte und Arbeiten zur Bibel 3), Bielefeld 1987.

HAEFS, Wilhelm; MIX, York-Gothart (Hg.), Zensur im Jahrhundert der Aufklärung. Geschichte – Theorie – Praxis (Das achtzehnte Jahrhundert. Supplementa 12), Göttingen 2007.

HASECKER, Jyri, »Decet enim de artibus solos artifices iudicare«. Beobachtungen zum Konsult der Indexkongregation im 18. Jahrhundert, in: WOLF (Hg.), Inquisition und Buchzensur im Zeitalter der Aufklärung, S. 67–86.

DERS., Abbé Vertots antipäpstliche Geschichte des Johanniterordens: Ein Fall für die Zensur auf Malta und in Rom 1727/1728, in: HJb 131 (2011), S. 285–313.

DERS., Die Römische Buchzensur im europäischen Kontext. Überlegungen zum 18. Jahrhundert, in: PELIZAEUS, Ludolf; PELGEN, Franz Stephan (Hg.), Kontrolle und Nutzung – Medien in geistlichen Gebieten Europas 1680–1800 (Mainzer Studien zur Neueren Geschichte 28), Frankfurt/Main u. a. 2011, S. 113–134.

DERS., Zensurexemplare der Mainzer Stadtbibliothek als Quelle für die Umsetzung des römischen Index der verbotenen Bücher (17./18. Jahrhundert), in: Mainzer Zeitschrift 108 (2013), S. 63–75.

HAUBST, Rudolf, Der Reformentwurf Pius des Zweiten (sic), in: RQ 49 (1954), S. 188–242.

HAUSMANN, Mathias, Geschichte der päpstlichen Reservatfälle. Ein Beitrag zur Rechts- und Sittengeschichte, Regensburg 1868.

HEINER, Franz, Die kirchlichen Censuren, oder: Praktische Erklärung aller noch zu Recht bestehenden Exkommunikationen, Suspensionen und Interdikte l. s. der Bulle »Apostolicae Sedis«, des Konzils von Trient und der Konstitution »Romanus Pontifex«, Paderborn 1884.

HIERONYMUS, Frank, Griechischer Geist aus Basler Pressen. Herausgegeben und für das Internet aufbereitet von Christoph Schneider und Benedikt Vögeli, Basel 2011 (www.ub.unibas.ch/cmsdata/spezialkataloge/gg, Zugriff: 2.3.2014).

HILGERS, Joseph, Bücherverbot und Bücherzensur des sechzehnten Jahrhunderts in Italien, in: Zentralblatt für Bibliothekswesen 28 (1911), S. 108–122.

DERS., Die Bücherverbote in Papstbriefen. Kanonistisch-Bibliographische Studie, Freiburg/Breisgau1907.

DERS., Der Index der verbotenen Bücher. In seiner neuen Fassung dargelegt und rechtlich-historisch gewürdigt, Freiburg/Breisgau 1904.

HILLING, Nikolaus, Die Neuorganisation der Römischen Kurie auf Grund der Konstitution Pius' X. »Sapienti consilio« vom 29. Juni 1908, in: Theologie und Glaube 1 (1909), S. 32–50.

DERS., Procedure at the Roman Curia. A Concise and Practical Handbook, 2. Aufl., New York 1909.

HIRSCH, Rudolf, Bulla Super Impressione Librorum, 1515, in: Gutenberg Jahrbuch 1973, S. 248–251.

HOLLWECK, Joseph, Das kirchliche Bücherverbot. Ein Commentar zur Constitution Leo's XIII., »Officiorum ac munerum« vom 24. Januar 1897, Mainz 1897.

HÖPFL, Hildebrand, Beiträge zur Geschichte der Sixto-Klementinischen Vulgata. Nach gedruckten und ungedruckten Quellen (Biblische Studien 18/1–23), Freiburg/Breisgau 1913.

HORST, Ulrich, Das Dogma von der Unbefleckten Empfängnis Marias (1854). Vorgeschichte und Folgen, in: WEITLAUFF, Manfred (Hg.), Kirche im 19. Jahrhundert, Regensburg 1998, S. 95–114.

DERS., Der Streit um die Autorität der Vulgata. Zur Rezeption des Trienter Schriftdekrets in Spanien, in: Revista da Universidade de Coímbra 29 (1983), S. 157–252.

DERS., Melchior Cano und Dominicus Báñez über die Autorität der Vulgata. Zur Deutung des Trienter Vulgatadekrets, in: Münchener Theologische Zeitschrift 51 (2000), S. 331–351.

INFELISE, Mario, Gli Avvisi di Roma. Informazione e politica nel secolo XVII, in: SIGNOROTTO, Gianvittorio; VISCEGLIA, Maria Antonietta (Hg.), La Corte di Roma tra Cinque e Seicento. »Teatro« della politica europea (Biblioteca del Cinquecento 84), Rom 1998, S. 189–205.

INFELISE, Mario, I libri proibiti da Gutenberg all'Encyclopédie (BEL 18), 9. Aufl., Rom – Bari 2009 (zuerst: 1999).

DERS., La censure dans les pays méditerranéens, 1500–1750, in: BOTS, Hans; WAQUET, Françoise (Hg.), Commercium litterarium. La communication dans la république des lettres, 1600–1750 (Études de l'Institut Pierre Bayle 25), Amsterdam 1994, S. 261–279.

DERS., Prima dei giornali. Alle origini della pubblica informazione, secoli XVI e XVII, Bari 2002.

JASER, Christian, Ecclesia maledicens. Rituelle und zeremonielle Exkommunikationsformen im Mittelalter (Spätmittelalter, Humanismus, Reformation 75), Tübingen 2013.

JONE, Heribert (Hg.), Gesetzbuch des kanonischen Rechtes. Erklärung der Kanones, 3 Bde., Paderborn u. a. 1939–1940.

JUNG, Frank, Zensur, Buchmarkt und öffentliche Meinung im Großherzogtum Toskana während des 18. Jahrhunderts, in: QFIAB 82 (2002), S. 702–729, hier: S. 708–710.

KILLERMANN, Stefan, Die Rota Romana: Wesen und Wirken des päpstlichen Gerichtshofes im Wandel der Zeit (Adnotationes in ius canonicum 46), Frankfurt/Main 2009.

KÖSTER, Peter, Der verbotene Philosoph. Studien zu den Anfängen der katholischen Nietzsche-Rezeption in Deutschland (1890–1918) (Supplementa Nietzscheana 5), Berlin – New York 1998.

KOWALSKY, Nikolaus, Die S. Congregatio de Propaganda Fide und die Bücherzensur der Apostolischen Missionare, in: Neue Zeitschrift für Missionswissenschaft 9 (1953), S. 41–48.

KRAUS, Andreas, Das päpstliche Staatssekretariat unter Urban VIII. 1623–1644 (RQ. Supplementheft 29), Freiburg/Breisgau 1964.

LAGATZ, Tobias, Die Prosopographie von Römischer Inquisition und Indexkongregation – Einblicke in das Innenleben beider Dikasterien (1814–1917), in: WOLF (Hg.), Verbotene Bücher, S. 139–151.

LE BACHELET, Xavier Marie, Bellarmin à l'Index. Documents nouveaux, in: Ètudes 111 (1907), S. 227–246.

LE BRET, Johann Friedrich, Pragmatische Geschichte der so berufenen Bulle In Coena Domini und ihren fürchterlichen Folgen fur den Staat und die Kirche, zur Beurtheilung aller Streitigkeiten unseres Jahrhunderts mit dem römischen Hof, 4 Bde., [Frankfurt/Main] 1769–1770.

LE TOURNEAU, Dominique, Art. »Imprimatur«, in: LEVILLAIN, Philippe (Hg.), The Papacy. An encyclopedia, Vol. 2, London 2002, S. 762–765, hier: S. 763.

LEFEVRE, Renato, Le riforme di Pio IX e la libertà di stampa, in: Studi Romani 3 (1955), S. 667–694.

LOPEZ, Pasquale, Inquisizione, stampa e censura nel Regno di Napoli tra '500 e '600, Neapel 1974.

MACÉ, Laurence, Les Lumières françaises au tribunal de l'Index et du Saint-Office, in: Dix-Huitième Siècle 34 (2002), S. 11–25.

MAJOLO-MOLINARI, Olga, La stampa periodica romana dell'Ottocento, 2 Bde., Rom 1963.

MALENA, Adelisa, L'eresia dei perfetti. Inquisizione romana ed esperienze mistiche nel seicento italiano (Temi e Testi 47), Rom 2003.

MARCATTO, Dario (Hg.), Lorenzo Davidico (1513–1574) e il suo processo inquisitoriale (Biblioteca della RSLR. Studi 4), 2 Bde., Florenz 1992.

MARON, Gottfried, Die nachtridentinische Kodifikationsarbeit in ihrer Bedeutung für die katholische Konfessionalisierung, in: SCHILLING, Heinz; REINHARD, Wolfgang (Hg.), Die Katholische Konfessionalisierung. Wissenschaftliches Symposion der Gesellschaft zur Herausgabe des Corpus Catholicorum und des Vereins für Reformationsgeschichte 1993 (Reformationsgeschichtliche Studien und Texte 135), Münster 1995, S. 104–124.

MARTINA, Giacomo, Pio IX., 3 Bde., Rom 1974–1990.

MASETTI ZANNINI, Gian Lodovico, Stampatori e librai a Roma nella seconda metà nel Cinquecento. Documenti inediti. Prefazione di Francesco Barberi, Rom 1980.

MASS, Edgar, Literatur und Zensur in der frühen Aufklärung: Produktion, Distribution und Rezeption der »Lettres persanes« (Analecta Romanica 46), Frankfurt/Main 1981.

MAYAUD, Pierre-Noël, La condamnation des livres Coperniciens et sa révocation à la lumière des documents inédits des Congrégations de l'Index et de l'Inquisition (Miscellanea Historiae Pontificiae 64), Rom 1997.

MERGENTHEIM, Leo, Die Quinquennalfakultäten pro foro externo. Ihre Entstehung und Einführung in deutschen Bistümern (Kirchenrechtliche Abhandlungen 52/53), 2 Bde., Stuttgart 1908 (ND Amsterdam 1965).

METZLER, Josef, Die Kongregation in der zweiten Hälfte des 17. Jahrhunderts, in: DERS. (Hg.), Sacrae Congregationis de Propaganda Fide memoria rerum. 350 anni a servizio delle missioni 1622–1972, 3 Bde., Rom 1971–1976, Bd. 1/1, S. 244–305.

MIGLIO, Massimo; ROSSINI, Orietta (Hg.), Gutenberg e Roma. Le origini della stampa nella città dei papi (1467–1477), Neapel 1997.

MINNICH, Nelson H., The Participants of the Fifth Lateran Council, in: AHP 12 (1974), S. 157–206.

MISITI, Maria Cristina, Le confraternite dei librai e stampatori a Roma, in: Rivista Storica del Lazio 7 (1999), S. 29–55.

MONSAGRATI, Giuseppe, Una moderata libertà di stampa (moderata): il Consiglio di censura di Pio IX, in: Dimensioni e problemi della ricerca storica 1997/1, S. 147–199.

MONTANARI, Anna Paola, Il controllo della stampa »ramo di civile polizia«. L'affermazione delle censura di Stato nella Lombardia austriaca del XVIII secolo, in: Roma moderna e contemporanea 2 (1994), S. 343–378.

MORELLI TIMPANARO, Maria Augusta, Autori, stampatori, librai. Per una storia dell'editoria in Firenze nel secolo XVIII (Accademia toscana di scienze e lettere »La Colombaria« 182), Florenz 1999.

MUNTONI, Francesco, Le monete dei papi e degli stati pontifici, Bd. 1, 2. Aufl., Rom 1996.

NAVARRETE, Urbano, Commentarium in documentum ›Integrae servandae‹, in: Periodica de re morali, canonica, liturgica 55 (1966), S. 614–652.

NILLES, Nikolaus, Die päpstlichen (Quinquennal-)Fakultäten pro foro externo, und der Index librorum exceptorum in denselben, in: Zeitschrift für katholische Theologie 15 (1891), S. 550–557.

NINI, Roberto, Il Sant'Uffizio di Spoleto. Repertorio delle fonti di un'Inquisizione umbra, Foligno 2015.

NOYES, Ruth S., On the Fringes of Center: Disputed Hagiographic Imagery and the Crisis over the »Beati moderni« in Rome, ca. 1600, in: Renaissance Quarterly 64 (2011), S. 800–846.

O'MALLEY, John W. (Hg.), Catholicism in Early Modern History. A Guide to Research (Reformation Guides to Research 2), Ann Arbor 1988.

DERS., Praise and Blame in Renaissance Rome. Rhetoric, Doctrine, and Reform in the Sacred Orators of the Papal Court, c. 1450–1521, Durham 1979.

PAARHAMMER, Hans, »Sollicita ac provida«. Neuordnung von Lehrbeanstandung und Bücherzensur in der katholischen Kirche im 18. Jahrhundert, in: GABRIELS, André u. a. (Hg.), Ministerium Iustitiae (FS Heribert Heinemann), Essen 1985, S. 343–361.

PAGANO, Sergio (Hg.), I documenti vaticani del processo di Galileo Galilei. Nuova edizione accresciuta, rivista e annotata (Collectanea Archivi Vaticani 69), Vatikanstadt 2009.

PAINTNER, Ursula, »Mio Dio! meno di questo preteso lume, e più fede.« – Kritik und Rechtfertigung des Index im 18. Jahrhundert, in: WOLF (Hg.), Inquisition und Buchzensur, S. 43–65.

PALAZZOLO, Maria Iolanda, Banchi, botteghe, muriccioli. Luoghi e figure del commercio del libro a Roma nel Settecento, in: Roma moderna e contemporanea 2/2 (1994), S. 419–444.

DIES., I circuiti dello scambio librario nella Roma di Leone XII. Prime ipotesi e ricerche, in: Dimensioni e problemi della ricerca storica 1997/1, S. 127–145.

DIES., I libri il trono l'altare. La censura nell'Italia della restaurazione (Studi e ricerche di storia dell'editoria 21), Mailand 2003.

PANELLA, Antonio, L'introduzione a Firenze dell'Indice di Paolo IV, in: Rivista Storica degli Archivi Toscani 1 (1929), S. 11–25.

PARENTE, Fausto, La chiesa e il Talmud, in: Storia d'Italia. Annali 11 (1996), S. 524–643.

PÁSZTOR, Lajos, La Segreteria di Stato e il suo Archivio 1814–1833 (Päpste und Papsttum 23), 2 Bde., Stuttgart 1984–1985.

PATTENDEN, Miles, Pius IV and the Fall of the Carafa. Nepotism and Papal Authority in Counter-Reformation Rome, Oxford 2013.

PAULS, Emil, Aus der Geschichte der Inquisition in der Erzdiözese Köln. Ein päpstlicher Inquisitor im Jahre 1735, in: Annalen des Historischen Vereins für den Niederrhein 74 (1902), S. 127–138.

PELIZAEUS, Ludolf; PELGEN, Franz Stephan (Hg.), Kontrolle und Nutzung. Medien in geistlichen Gebieten Europas 1680–1800 (Mainzer Studien zur neueren Geschichte 28), Frankfurt/Main u. a. 2011.

PELLEGRINI, Marco, Il Sacro Collegio cardinalizio tra Rinascimento e Controriforma. Orientamenti tematici e bibliografici, in: DENDORFER, Jürgen; LÜTZELSCHWAB, Ralf (Hg.), Die Kardinäle des Mittelalters und der Frühen Renaissance (Millennio Medievale 95 – Strumenti e studi N. S. 33), Florenz 2013, S. 321–356.

PENNACCHI, Giuseppe, In Constitutionem Apostolicam »Officiorum ac Munerum« de prohibitione et censura librorum a Leone divina providentia Papa XIII latam brevis commentatio, in: AAS 30 (1897/98), S. 33–96, 161–224, 289–352, 385–416, 481–536, 761–766.

PETRUCCI, Armando (Hg.), Scrittura e popolo nella Roma barocca, 1585–1721, Rom 1982.

PFAFF, Karl, Beiträge zur Geschichte der Abendmahlsbulle vom 16. bis 18. Jahrhundert, in: RQ 38 (1930), S. 23–76.

PIGNATELLI, Giuseppe, Aspetti della propaganda cattolica a Roma da Pio VI a Leone XII (Istituto per la storia del Risorgimento italiano. Memorie 29), Rom 1974.

PIGNATTI, Franco, Niccolò Franco a Roma 1558–1570, in: ASRSP 121 (1998), S. 119–166.

PINTO DE OLIVEIRA, Carlos-Josaphat, Le premier document pontifical sur la presse. La constitution »Inter multiplices« d'Innocent VIII, in: RSPT 50 (1966), S. 628–643.

PONZO, Giovanni, Le origini della libertà di stampa in Italia (1846–1852), Mailand 1980.

POPPI, Antonino (Hg.), Giovanni Angeli: Lettere del Sant'Ufficio di Roma all'Inquisizione di Padova (1567–1660). Con nuovi documenti sulla carcerazione padovana di Tommaso Campanella in appendice (1594). Presentazione di Stefania Malavasi (Centro studi antoniani 51), Padua 2013.

PRINTY, Michael, Enlightenment and the Creation of German Catholicism, Cambridge 2009, S. 25-101.

PRODI, Paolo, Lo sviluppo dell'assolutismo nello Stato pontificio (secoli XV.–XVI.). Vol. 1: La monarchia papale e gli organi centrali di governo. Dalle lezioni tenute nella Facoltà di Magistero dell'Universita di Bologna nell'anno accademico 1967–68, Bologna 1968.

PROSPERI, Adriano, Eresie e devozioni. La religione italiana in età moderna, 3 Bde., Rom 2010.

DERS., L'Inquisizione romana. Letture e ricerche (Storia e letteratura 214), Rom 2003.

DERS., La Chiesa e la circolazione della cultura nell'Italia della Controriforma. Effetti imprevisti della censura, in: ROZZO (Hg.), La censura libraria, S. 147–161.

DERS., Tribunali della coscienza. Inquisitori, confessori, missionari, Nuova ed. (Piccola biblioteca Einaudi. N. S. 472), Turin 2009 (zuerst: 1996).

QUANTIN, Jean-Louis; WAQUET, Jean-Claude (Hg.), Papes, princes et savants dans l'Europe moderne. FS Bruno Neveu (Hautes Études médiévales et modernes 90), Genf 2007.

RAFETSEDER, Hermann, Bücherverbrennungen. Die öffentliche Hinrichtung von Schriften im historischen Wandel (Kulturstudien 12), Wien u. a. 1988.

DERS., Buchhinrichtungen. Öffentliche Schriftenverbrennungen durch Henkershand als Extremfälle der Zensur, in: GÖPFERT, Herbert G.; WEYRAUCH, Erdmann (Hg.), »Unmoralisch an sich ...«: Zensur im 18. und 19. Jahrhundert (Wolfenbütteler Schriften zur Geschichte des Buchwesens 13), Wiesbaden 1988, S. 89–104.

RAGOT-DELCOURT, Véronique, Un révélateur des rapports entre Rome et les missions au XIXe siècle. Le contrôle des livres publiés en Extrême-Orient, in: Bibliothèque de l'École des Chartes 163 (2005), S. 505–524.

RAZ-KRAKOTZKIN, Amnon, The Censor, the Editor and the Text. The Catholic Church and the Shaping of the Jewish Canon in the Sixteenth Century, Philadelphia 2007.

REBELLATO, Elisa, Il miraggio dell'espurgazione. L'indice di Guanzelli del 1607, in: Società e storia 122 (2008), S. 715–742.

DIES., La fabbrica dei divieti. Gli Indici dei libri proibiti da Clemente VIII a Benedetto XIV, Mailand 2008.

REZZA, Dario; STOCCHI, Mirko, Il Capitolo di San Pietro in Vaticano dalle origini al XX. secolo. Vol. I: La storia e le persone (Archivum Sancti Petri I/1), Vatikanstadt 2008.

RICCI, Saverio, Inquisitori, censori, filosofi sullo scenario della Controriforma, Rom 2008.

ROMEO, Giovanni, L'Inquisizione nell'Italia moderna (Biblioteca Essenziale Laterza 48), 4. Aufl., Rom – Bari 2009 (zuerst: 2002).

ROMEO, Giovanni, Una città, due Inquisizioni. L'anomalia del Sant'Ufficio a Napoli nel tardo '500, in: RSLR 24 (1988), S. 43–67.

ROZZO, Ugo (Hg.), La censura libraria nell'Europa del secolo XVI. Convegno Internazionale di Studi, Cividale del Friuli, 9/10 Novembre 1995, Udine 1997,

DERS., L'espurgazione dei testi letterari nell'Italia del Secondo Cinquecento, in: DERS. (Hg.), La censura libraria nell'Europa, S. 219–271.

DERS., La letteratura italiana negli »Indici« del Cinquecento, Udine 2005.

RUSSELL, Camilla, Religious Reforming Currents in Sixteenth-Century Italy: The »Spirituali« and the Tridentine Debates over Church Reform, in: Journal of Religious History 38 (2014), S. 457–475.

SACK, Vera, Die Inkunabeln der Universitätsbibliothek und anderer öffentlicher Sammlungen in Freiburg im Breisgau und Umgebung: Teil 2, Wiesbaden 1985.

SALLMANN, Jean Michel, Naples et ses saints à l'âge baroque (1540–1750), Paris 1994.

SANTORO, Marco, Geschichte des Buchhandels in Italien. Übers. von Heribert Streicher (Geschichte des Buchhandels 8), Wiesbaden 2003.

SAVELLI, Rodolfo, Da Venezia a Napoli: diffusione e censura delle opere di Du Moulin nel Cinquecento italiano, in: STANGO (Hg.), S. 101–154.

DERS., The Censoring of Law Books, in: FRAGNITO (Hg.), Church, S. 223–253.

SCHATZ, Klaus, Pius IX., in: GRESCHAT, Martin (Hg.), Das Papsttum II. Vom Großen Abendländischen Schisma bis zur Gegenwart (Gestalten der Kirchengeschichte 12), Stuttgart u. a. 1985, S. 184–202.

SCHMIDT, Bernward, »Wie ein Hund, der den Stein beißt, weil er den Werfer nicht mehr fangen kann.« Überlegungen zu einer Rezeptionsgeschichte des Index librorum prohibitorum, in: Rottenburger Jahrbuch für Kirchengeschichte 28 (2009), S. 23–37.

DERS., Critica legittima ed efficace. Benedetto XIV, Sollicita ac provida e i significati di censura, in: Cristianesimo nella storia 33 (2012), S. 13–43.

DERS., Die Praxis des Zensierens. Zur Bedeutung von Proposition und Qualifikation im römischen Buchzensurverfahren der Frühen Neuzeit, in: HJb 134 (2014), S. 221–250.

DERS., Sollicita ac provida vigilantia. Die »Indexreform« Benedikts XIV., in: WOLF (Hg.), Verbotene Bücher, S. 345–360.

DERS., Virtuelle Büchersäle. Lektüre und Zensur gelehrter Zeitschriften an der römischen Kurie 1665–1765 (Römische Inquisition und Indexkongregation 14), Paderborn 2009.

SCHMIDT, Peter, De Sancto Officio Urbis. Aspekte der Verflechtung des Heiligen Offiziums mit der Stadt Rom im 16. und 17. Jahrhundert, in: QFIAB 82 (2002), S. 405–489.

DERS., Tortur als Routine. Zur Theorie und Praxis der römischen Inquisition in der frühen Neuzeit, in: BURSCHEL, Peter u. a. (Hg.), Das Quälen des Körpers. Eine historische Anthropologie der Folter, Köln 2000, S. 201–215.

SCHMITZ, Heribert, Kurienreform. Von den deutschen Bischöfen approbierte Übersetzung. Kommentiert und eingeleitet (Nachkonziliare Dokumentation 10), Trier 1968.

SCHNEIDER, Philipp, Die neuen Büchergesetze der Kirche. Ein Kommentar zur Bulle »Officiorum ac munerum« und zu den »Decreta generalia de prohibitione et censura librorum«, Mainz 1900.

SCHRÖTER, Kirsten, Die Terminologie der italienischen Buchdrucker im 15. und 16. Jahrhundert. Eine wortgeschichtliche Untersuchung mit besonderer Berücksichtigung von Venedig, Tübingen 1998.

SCHRÖTTER, Friedrich von (Hg.), Wörterbuch der Münzkunde, 2. unver. Aufl., Berlin 1970.

SCHWARZ, Brigide, Im Auftrag des Papstes. Die päpstlichen Kursoren von ca. 1200 bis ca. 1470, in: MEYER, Andreas u. a. (Hg.), Päpste, Pilger, Pönitentiarie. FS Ludwig Schmugge, Tübingen 2004, S. 49–71.

DIES., Kurienuniversität und stadtrömische Universität von ca. 1300 bis 1471, Leiden 2012.

SCHWEDT, Herman H., Die Anfänge der römischen Inquisition: Kardinäle und Konsultoren 1542 bis 1600 (RQ. Supplementbd. 62), Freiburg/Breisgau 2013.

DERS., Die Römischen Kongregationen des Inquisition und des Index: Die Personen (16.–20. Jh.), in: Wolf (Hg.), Inquisition, Index, Zensur, S. 89–101.

DERS., Kölns Inquisitor Sebastian Knippenberg OP († 1733) auf dem »Index der verbotenen Bücher«, in: FINGER, Heinz u. a. (Hg.), Ortskirche und Weltkirche in der Geschichte. Kölnische Kirchengeschichte zwischen Mittelalter und Zweitem Vatikanum. FS Norbert Trippen, Köln u. a. 2011, S. 591–626.

DERS., Papst Paul VI. und die Aufhebung des römischen Index der verbotenen Bücher in den Jahren 1965–1966, in: LAGATZ, Tobias; SCHRATZ, Sabine (Hg.), Censor Censorum. Gesammelte Aufsätze von Herman H. Schwedt. FS zum 70. Geburtstag (Römische Inquisition und Indexkongregation 7), Paderborn u. a. 2006 (zuerst: 1999), S. 279–328.

DERS., »Römische Bücherverbote«. Anmerkungen zu einer Edition, in: RQ 106 (2011), S. 278–300.

SEIDEL MENCHI, Silvana, Erasmus als Ketzer. Reformation und Inquisition im Italien des 16. Jahrhunderts (Studies in Medieval and Reformation Thought 49), Leiden u. a. 1993.

SIEBENHÜNER, Kim, Zwischen Justiz, Pädagogik und Bürokratie. Zur Gewalt der römischen Inquisition (1600–1750), in: VON GREYERZ, Kaspar u. a. (Hg.), Religion und Gewalt. Konflikte, Rituale, Deutungen (1500–1800) (Veröffentlichungen des Max-Planck-Instituts für Geschichte 215), Göttingen 2006, S. 383–401.

SIMONCELLI, Paolo, Clemente VIII e alcuni provvedimenti del Sant'Uffizio (»De Italis habitantibus in partibus haereticorum«), in: Critica storica 13 (1976), S. 129–171.

DERS., Documenti interni alla Congregazione dell'Indice, 1571–1590. Logica e ideologia dell'intervento censorio, in: Annuario dell'Istituto storico italiano per l'età moderna e contemporanea 35–36 (1983–1984), S. 189–215.

DERS., Inquisizione romana e riforma in Italia, in: RSI 100 (1988), S. 5–125.

SINGER, Kerstin, Konstitutionalismus auf Italienisch. Italiens politische und soziale Führungsschichten und die oktroyierten Verfassungen von 1848 (Bibliothek des Deutschen Historischen Instituts in Rom 119), Tübingen 2008.

SOKOLOVSKI, Augustin, Matrix omnium conclusionum: Den »Augustinus« des Jansenius lesen. Mit einem Geleitwort von Barbara Hallersleben (Studia oecumenica Friburgensia 51), Freiburg/Schweiz 2013.

STANGO, Cristina (Hg.), Censura ecclesiastica e cultura politica in Italia tra Cinquecento e Seicento, Florenz 2001.

STEINHAUER, Eric W., Das kanonische Bücherrecht in Vergangenheit und Gegenwart: ein Überblick, in: Kirchliches Buch- und Bibliothekswesen. Jahrbuch 5 (2004), S. 149–164.

STORTI, Nicola, La storia e il diritto della Dataria Apostolica dalle origini ai nostri giorni, Neapel 1968.

TALLON, Alain, La France et le concile de Trente (1518–1563) (Bibliothèque des écoles françaises d'Athènes et de Rome 295), Rom 1997.

DERS., Le concile de Trente et l'Inquisition romaine. À propos des procès en matière de foi au concile, in: Mélanges de l'Ecole française de Rome. Italie et Méditerranée 106 (1994), S. 129–159.

TARZIA, Fabio, Libri e rivoluzioni. Figure e mentalità nella Roma di fine Ancien Régime, 1770–1800 (Studi e ricerche di storia dell'editoria 7), Mailand 2000.

TAVONI, Maria Gioia, Il banco del libraio e lo scaffale del giurista. Carlo Trenti nella Bologna di fine Settecento. Prefazione di Andrea Padovani, Bologna 1993.

TAVUZZI, Michael M., Renaissance Inquisitors. Dominican Inquisitors and Inquisitorial Districts in Northern Italy, 1474–1527 (Studies in the History of Christian Traditions 134), Leiden 2007.

DERS., Giovanni Rafanelli da Ferrara OP († 1515), Inquisitor of Ferrara and Master of the Sacred Palace, in: AFP 67 (1997), S. 113–149.

TEDESCHI, John (Hg.); LATTIS, James M. (Mitarb.); FIRPO, Massimo (Einl.), The Italian Reformation of the Sixteenth Century and the Diffusion of Renaissance Culture. A Bibliography of the Secondary Literature, ca. 1750–1997, Modena 2000.

TELLECHEA IDIGORAS, José Ignacio, La aprobación del Catecismo de Carranza en Trento con noticias sobre la Comisión del Index (1563), in: Scriptorium Victoriense 34 (1987), S. 348–402.

TINTO, Alberto, Gli annali tipografici di Eucario e Marcello Silber (1501–1527), Florenz 1968.

TORTAROLO, Edoardo (Hg.), Censorship in Early Modern Europe (Journal of Modern European History III/1), München 2005.

TOTARO, Pina, Documenti su Spinoza nell'Archivio del S. Uffizio dell'Inquisizione, in: NRL 2000/1, S. 95–128.

TRIPPEN, Norbert, Josef Kardinal Frings (1887–1978) (Veröffentlichungen der Kommission für Zeitgeschichte. Reihe B, Forschungen 94 und 104), 2 Bde., Paderborn u. a. 2003–2005.

UEDING, Gert (Hg.), Historisches Wörterbuch der Rhetorik. Bd. 5: L – Musi, Darmstadt 2001.

VALENTE, Michaela, Bodin in Italia. La »Démonomanie des sorciers« e le vicende della sua traduzione. Con un saggio introduttivo di Diego Quaglioni, Florenz 1999.

VALENTINI, Francesco, Il P. Taparelli d'Azeglio e il giornalismo cattolico, in: Miscellanea Taparelli (Analecta Gregoriana 133), Rom 1964, S. 503–528.

VAN DER STOCK, Jan; LEESBERG, Marjolein (Hg.), Hollnstein's Dutch and Flemish Etchings, Engravings and Woodcuts, 1450–1700. Vol. 61: The Wierix Family 3, Rotterdam 2003.

VECCHIETTI, Filippo, Biblioteca Picena. Bd. 5, Osimo: Quercetti, 1796.

VILLIEN, Antoine, Le Saint-Office et la suppression de la Congrégation de l'Index, in: Le Canoniste contemporain 40 (1917), S. 98–111.

VISINTIN, Dario, L'attività dell'inquisitore fra Giulio Missini in Friuli (1645–1653). L'efficienza della normalità. Prefazione di Andrea Del Col (Inquisizione e società. Studi 4), Triest 2008.

VOULLIÉME, Ernst, Der Buchdruck Kölns bis zum Ende des fünfzehnten Jahrhunderts. Ein Beitrag zur Inkunabelbibliographie, Bonn 1903 (ND Düsseldorf 1978).

WERNER, Thomas, Den Irrtum liquidieren. Bücherverbrennungen im Mittelalter (Veröffentlichungen des Max-Planck-Instituts für Geschichte 225), Göttingen 2007.

WIDMANN, Hans, Gutenberg im Urteil der Nachwelt, in: DERS. (Hg.), Der gegenwärtige Stand der Gutenberg-Forschung (Bibliothek des Buchwesens 1), Stuttgart 1972.

WOLF, Hubert (Hg.), Inquisition und Buchzensur im Zeitalter der Aufklärung (Römische Inquisition und Indexkongregation 16), Paderborn u. a. 2011.

DERS. (Hg.), Inquisition, Index, Zensur. Wissenskulturen der Neuzeit im Widerstreit (Römische Inquisition und Indexkongregation 1), Paderborn 2001.

DERS. (Hg.), Verbotene Bücher. Zur Geschichte des Index im 18. und 19. Jahrhundert (Römische Inquisition und Indexkongregation 11), Paderborn u. a. 2008.

DERS., Die »deutsche« Indexreform Leos XIII. Oder: Der ausgefallene Fall des Altkatholiken Franz Heinrich Reusch, in: Historische Zeitschrift 272 (2001), S. 63–116.

DERS., Index. Der Vatikan und die verbotenen Bücher, München 2007 (zuerst: 2006).

DERS.; ARNING, Holger, Das Ende des ›Index der verbotenen Bücher‹, in: MIX, York-Gothart (Hg.), Kunstfreiheit und Zensur in der Bundesrepublik Deutschland, Berlin – Boston 2014, S. 96–118.

DERS.; SCHMIDT, Bernward, Benedikt XIV. und die Reform des Buchzensurverfahrens. Zur Geschichte und Rezeption von »Sollicita ac provida« (Römische Inquisition und Indexkongregation 13), Paderborn u. a. 2011.

WOLF, Lorenz, Kirche und Denkmalschutz. Die päpstliche Gesetzgebung zum Schutz der Kulturgüter bis zum Untergang des Kirchenstaates im Jahr 1870 (Kirchenrechtliche Bibliothek 7), Münster 2003.

ZACCARIA, Francesco Antonio, Storia polemica delle proibizioni de' libri, Rom: Salomoni, 1777.

ZUCCHI, Alberto, Roma domenicana. Note storiche., Bd. 3, Florenz 1941.

Register

Hinweis zur Benutzung: Die Fundstellen verweisen ausschließlich auf die Originalfassung der Dokumente. Der Übersetzungsteil wie auch die Einleitungskapitel sind durch das Register nicht erschlossen. Bei der Durchnummerierung der Absätze der Dokumente werden Über-, Zwischenüber- und Unterschriften nicht mitgezählt. Die Datierung am Schluss hingegen wird immer als Absatz gezählt.